LITERATURA ESPAÑOLA

TOMO 1

**Desde los orígenes
hasta el Romanticismo**

HOLT, RINEHART AND WINSTON
New York   Toronto   London

Literatura Española

selección

INTRODUCCIONES Y NOTAS

por

DIEGO MARÍN

University of Toronto

con la colaboración de
Evelyn Rugg

PREFACIO

La presente antología ha sido concebida como complemento de la *Breve historia de la literatura española* (Diego Marín y Ángel del Río), con la cual coincide en su objetivo principal de presentar un número restringido de autores y obras que por su valor intrínseco o representativo sirvan de introducción al estudio de las letras hispanas. Tal restricción numérica permite dar a cada autor seleccionado una extensión mayor de la usual en estas antologías generales, habiéndose incluido textos íntegros siempre que su extensión lo hiciera factible, y amplias selecciones de obras como el *Poema del Cid*, *La Celestina* o el *Quijote*. De esta suerte el alumno que empieza su estudio de la literatura española encontrará reunidas, en estos dos volúmenes, bastantes obras básicas para un curso de conjunto o para dos cursos separados (antes y después del siglo XIX). El criterio seguido en la selección refleja sobre todo esta consideración práctica de carácter docente, lo más representativa posible en cuanto a géneros, épocas y movimientos, al mismo tiempo que se ha procurado buscar la más alta calidad literaria. En el caso de algunos autores contemporáneos, sin embargo, las exigencias de los derechos de propiedad literaria han restringido en parte la libre elección de textos.

Las obras seleccionadas se reproducen sin alteraciones, aunque en ciertos casos se hayan omitido trozos no esenciales, cuyo contenido queda explicado en las notas. Los textos medievales han sido parcialmente modernizados en su ortografía, sintaxis y léxico para facilitar su lectura al estudiante, excepto cuando las necesidades métricas requerían conservar los arcaísmos, que se explican en las notas. Cada autor va precedido de una introducción biográfica y bibliográfica que trata de presentar clara y concisamente su figura humana y su significación literaria. Las notas al pie del texto explican aquellas palabras y locuciones que pueden causar dificultad al alumno por su rareza o ambigüedad, pero no las que sean fácilmente comprensibles con ayuda de un diccionario. Tanto las introducciones como las notas están en un castellano asequible al estudiante de nivel intermedio, con lo que éste puede aumentar su práctica lingüística sin esfuerzo visible.

Deseo expresar mi gratitud a la profesora Evelyn Rugg por su cuidadosa preparación de los textos y revisión general del manuscrito y de las pruebas.

Me es también muy grato renovar aquí mi reconocimiento a todos los autores o sus herederos que han autorizado la inclusión de obras contemporáneas en esta antología, y particularmente a los siguientes señores que han hecho generosa dejación de sus derechos: «Azorín», (fallecido), Julio Caro Baroja, Jorge Guillén, Francisco Hernández Pinzón, José Hierro, José Ortega Spottorno, Ramón J. Sender y Carlos del Valle-Inclán.

University of Toronto, 1968.   D.M.

ÍNDICE GENERAL

SIGLO XV

SIGLO XVI

SIGLO XVII

SIGLO XVIII

SIGLO XIX

SIGLO XII

Poema del Cid

(1ª mitad del siglo XII)

El *Cantar de Mio Cid* es la más antigua obra escrita que se conserva de la literatura castellana. Es también la obra maestra de los «cantares de gesta» o epopeyas en España. Se cree haber sido compuesto hacia 1140 por un juglar anónimo de la región de Medinaceli (Soria), en la frontera entre la España cristiana y la musulmana. Según el filólogo Menéndez Pidal, máxima autoridad en la materia, es posible que existiese una versión anterior, por otro juglar más próximo a los hechos que se relatan con detallado verismo. El manuscrito original se ha perdido; sólo conocemos una copia hecha por cierto Per Abbat en 1307 y no publicada hasta el siglo XVIII. Al códice le faltan algunos trozos (entre ellos la primera hoja, que llevaría el desconocido título del poema), pero se han podido reconstruir a través de las versiones prosificadas hechas en *Crónicas* medievales, que utilizaron el *Poema del Cid* como material histórico.

El *Poema* es el principal testimonio que queda de la poesía épica en España, y la historicidad es su característica más distintiva, en contraste con otras epopeyas, como la francesa, que en algunos aspectos le sirve de modelo. El asunto lo constituyen las hazañas militares del Cid Campeador, Ruy Díaz de Vivar, muerto en 1099, poco antes de componerse el poema. Su tema inspirador es el ideal caballeresco de la conquista de la gloria y la reivindicación del hombre honrado ante una injusticia del poder. El Cid encarna por ello todas las virtudes caballerescas (valor, lealtad, generosidad, moderación), pero sin falsa idealización. No pierde nunca su básica cualidad humana de buen padre de familia, y el poema dedica tanta atención a los asuntos domésticos del héroe como a los públicos. En vez de un superhombre mítico y remoto, como solían ser los héroes épicos, el Cid es un gran hombre al alcance de todos.

Pese a la multiplicidad de episodios y personajes, el poema preserva su unidad artística gracias a la figura central del héroe, para cuya exaltación el autor utiliza tanto elementos ficticios como históricos. El genio realista español se muestra ya aquí al tomar el material de la vida actual para transformarlo poéticamente al infundirle un sentido ideal y trascendente.

El *Poema* consta de 3730 versos (sin contar los perdidos), con una versificación muy irregular y asonantada. Hay versos cortos y otros muy largos, pero con predominio de los alejandrinos (14 sílabas), y siempre divididos en dos hemistiquios por una fuerte cesura. Ésta marca el ritmo, más regular e importante que la medida silábica en esta poesía del *mester de juglaría*, compuesta para ser recitada con animación dramática y no para ser leída. Su lenguaje es por ello dinámico, ligero y espontáneo, con frases yuxtapuestas sin enlaces sintácticos, giros familiares y cambios bruscos de la expresión directa a la indirecta. Los versos se agrupan en series de una misma asonancia, pero también de número muy variable (hay series de unos cuantos versos y otras de más de un centenar).

El arte literario del *Poema del Cid* resulta secamente austero y un poco gris, sin despliegues imaginativos ni descripciones brillantes (sólo cuatro versos dedica el sobrio autor castellano a la impresionante vista de Valencia, con su espléndida huerta junto al Mediterráneo). Sin embargo, es un arte menos tosco y primitivo de lo que parece. El juglar sabe caracterizar con agudeza psicológica a los personajes, incluso a los menores, evocar el movimiento de las batallas, sugerir el fondo paisajístico; en una palabra, darnos una fuerte sensación de algo vivido, en un estilo sobrio, sin adornos retóricos.

Los trozos aquí seleccionados recogen momentos de asunto diverso, pero igualmente intensos, de las tres partes en que se suele dividir el poema: el destierro del Cid en tierras de moros, las bodas de sus hijas con unos nobles indignos que las maltratan, y la reivindicación personal y política del Cid ante la corte real.

TEXTO: *Poema de Mio Cid* (ed. R. Menéndez Pidal), «Clásicos Castellanos». Madrid, 1946.

POEMA DEL CID

SELECCIÓN

Cantar Primero : El destierro

[*El códice empieza con la salida del Cid Campeador, Rodrigo Díaz de Vivar, para el destierro, víctima de la envidia de unos cortesanos que le han acusado de haberse apropiado parte de los tributos pagados por los moros de Andalucía al rey Alfonso VI de Castilla y León. Éste le expulsa del reino y el Cid, acompañado de sus parientes y vasallos, se despide de la esposa, doña Jimena, y sus dos hijas, niñas todavía. Para sostenerse en el territorio de los moros, los del Cid combaten contra éstos y llegan a imponerles tributos en una extensa zona desde Zaragoza a Teruel. El Cid envía entonces un rico presente al rey en testimonio de lealtad.*]

LLegada del Cid y sus vasallos a Burgos

Mio Cid[1] salió de Vivar[2] — para Burgos encaminado,
así deja sus palacios — yermos e desheredados.
De los sus ojos — tan fuertemente llorando,
tornaba la cabeza — y estábalos mirando.
Vio puertas abiertas — e cerrojos sin candados,
las perchas vacías — sin pieles e sin mantos
e sin falcones — e sin azores mudados.[3]
Suspiró Mio Cid, — ca había[4] muchos grandes cuidados.
Habló Mio Cid — bien e tan mesurado:
«¡Gracias a ti, Señor — Padre, que estás en alto!
Esto me han tramado — míos enemigos malos.»
　　Allí piensan de aguijar, — allí sueltan las riendas.
A la salida de Vivar, — hubieron la corneja diestra,[5]
e entrando en Burgos — hubiéronla siniestra.
Movió Mio Cid los hombros — e sacudió la testa:[6]
«Albricias,[7] Álvar Fáñez,[8] — ca echados somos de tierra,
mas con gran honra — tornaremos a Castiella.»[9]
　　Mio Cid Ruy Díaz — por Burgos entró,
en su compaña — sesenta pendones;[10]
salían a verle — mujeres e varones,
burgueses e burguesas, — a las ventanas se ponen,
llorando de los ojos, — tanto habían el dolor.
De las sus bocas — todos decían una razón:
«Dios, ¡qué buen vasallo, — si hubiese buen señor!»[11]
　　Le convidarían de grado, — mas ninguno non[12] osaba:
el rey don Alfonso[13] — le había tanta saña.
Antes de la noche — en Burgos de él entró su carta,
con gran recaudo[14] — e fuertemente sellada:
que a Mio Cid Ruy Díaz — que nadie le diese posada
e aquel que se la diese — supiese por su palabra
que perdería los haberes[15] — e más los ojos de la cara,
e aun demás — los cuerpos e las almas.

---

[1] del árabe *seid* («señor»), título dado por los moros a algunos jefes cristianos que tenían vasallos musulmanes y ha quedado identificado con Ruy Díaz. El posesivo «mio» (mío) se acentuaba también «mió», pero dejamos la forma original del texto, usando mayúscula para indicar que se trata de un título arcaico.

[2] pueblo natal del Cid, a 10 Kms. de Burgos, de donde salió desterrado en 1081

[3] pasada la época difícil de la muda, cuando los azores eran más valiosos

[4] porque tenía («haber» se usaba como hoy «tener»)

[5] derecha (era buen presagio que la corneja volase a la derecha del camino, y malo a la izquierda o siniestra)

[6] sacudió la cabeza (como rechazando el mal presagio)

[7] interjección de alegría

[8] sobrino del Cid y notable personaje de la corte de Alfonso VI

[9] Castilla (forma arcaica)

[10] caballeros (por la banderola que llevaba cada uno en la lanza)

[11] Una de las frases más discutidas del poema por el doble sentido de «si», como conjunción condicional (si tuviese) o adverbio modal (así) de interjecciones desiderativas (ojalá tuviese).

[12] no (usado en ambas formas)

[13] Alfonso VI, rey de León (1065–1109) y de Castilla (1072–1109)

[14] prevenciones severas

[15] bienes

Gran duelo habían — todas las gentes cristianas;
escóndense de Mio Cid, — ca non le osan decir nada.

El Campeador[16] — encamínase a su posada;
así como llegó a la puerta, — hallóla bien cerrada,
por miedo del rey Alfonso, — así lo acordaran:
que si non la quebrantase, — que non se la abriesen por nada.
Los de Mio Cid — a altas voces llaman,
los de dentro — non les querían tornar palabra.
Aguijó Mio Cid, — a la puerta se llegaba,
sacó el pie de la estribera, — un golpe le daba;
non se abre la puerta, — ca bien era cerrada.

Una niña de nueve años — delante se paraba:
«¡Ah,[17] Campeador, — en buen hora ceñisteis espada![18]
El rey lo ha vedado, — anoche de él entró su carta,
con gran recaudo — e fuertemente sellada.
Non vos osaríamos — abrir nin acoger por nada;
si non perderíamos — los haberes e las casas,
e aun demás — los ojos de las caras.
Cid, en el nuestro mal — vos non ganáis nada;
mas el Criador[19] vos valga — con todas sus virtudes santas.»
Ya lo ve el Cid — que del rey non había gracia.
Partióse de la puerta, — por Burgos aguijaba,
llegó a Santa María,[20] — luego descabalga;
hincó los hinojos, — de corazón rogaba.
La oración hecha, — luego[21] cabalgaba;
salió por la puerta — e Arlanzón[22] pasaba.
Cabo[23] esa villa de Burgos — en la glera[24] acampaba,
fijaba la tienda — e luego descabalgaba.
Mio Cid Ruy Díaz, — el que en buen hora ciñó espada,
acampó en la glera — cuando non le acoge nadie en casa,
derredor de él — una buena compaña.
Así acampó Mio Cid — como si fuese en montaña.[25]
Vedada le han compra — dentro de Burgos la casa[26]
de todas cosas — cuantas son de vianda;
non le osarían vender — al menos dinarada.[27]

Martín Antolínez,[28] — el burgalés cumplido,[29]
a Mio Cid e a los suyos — abástales de pan e de vino;
non lo compra, — ca él se lo había consigo;
de toda comida — bien los hubo abastido.[30]

---

[16] batallador, vencedor (el epíteto más frecuente del Cid, usado ya en vida)

[17] interjección árabe para invocar al que se habla (escrito *Ya* o *Hya*)

[18] uno de los epítetos frecuentes del Cid, al estilo épico

[19] Creador

[20] la catedral de Burgos edificada por Alfonso VI y derribada en el siglo XIII para construir la famosa de hoy

[21] en seguida

[22] río que pasa por Burgos

[23] cerca de

[24] arenal del río

[25] bosque (aunque fuese terreno llano, como aún se dice en el Perú)

[26] la ciudad de Burgos

[27] ni siquiera una ración (de víveres comprada por un «dinero»)

[28] uno de los pocos personajes no identificados históricamente, que el poema destaca entre los mejores vasallos del Cid

[29] perfecto, excelente

[30] abastecido

Contento fue Mio Cid, — el Campeador cumplido
e todos los otros — que van a su servicio.
    Habló Martín Antolínez, — oiréis lo que ha dicho:
«¡Ah, Campeador, — en buen hora fuisteis nacido!
Esta noche reposemos — e vayámonos al matino.
Ca acusado seré — de lo que vos he servido,
en ira del rey Alfonso — yo seré metido.
Si con vos — escapo sano o vivo,
aun cerca o tarde el rey — me querrá por amigo;
si non, cuanto dejo — no lo precio un higo.»[31]

[*El Cid, muy necesitado de dinero, lo obtiene fraudulentamente de dos judíos burgaleses, bajo la falsa fianza de unas arcas de arena.*]

El Cid se despide de su familia en el monasterio de Cardeña

    Estas palabras dichas, — la tienda es recogida.
Mio Cid e sus compañas, — cabalgan tan aína.[1]
La cara del caballo — tornó a Santa María,
alzó su mano diestra, — la cara se santigua:
«A ti lo agradezco, Dios, — que cielo e tierra guías;
¡válganme tus virtudes, — gloriosa santa María!
De aquí dejo Castilla, — pues que el rey he en ira;
non sé si entraré allí más — en todos los míos días.
¡Vuestra virtud me valga, — Gloriosa, en mi salida
e me ayude e me socorra — de noche e de día!
Si vos así lo hiciereis — e la ventura me fuere cumplida
mando al vuestro altar — buenas donas[2] e ricas;
esto yo lo adeudo, — que haga cantar allí mil misas.»
    Despidióse el caboso[3] — de corazón e de voluntad.[4]
Sueltan las riendas — e piensan de aguijar.
Dijo Martín Antolínez, — el burgalés leal:
«Veré a la mujer — a todo mío solaz,
les advertiré — lo que hacer habrán.
Si el rey me lo[5] quisiere tomar, — a mí non me incal;[6]
antes seré con vos — que el sol quiera[7] rayar.»
    Tornábase don Martín a Burgos — e Mio Cid aguijó
para San Pedro de Cardeña[8] — cuanto pudo a espolón,
con estos caballeros — que le sirven a su sabor.[9]
Aprisa cantan los gallos — e va quebrando el albor,
cuando llegó a San Pedro — el buen Campeador;
el abad don Sancho, — cristiano del Criador;
rezaba los maitines — al tiempo del albor.

---

[31] expresión que indica el poco valor de algo
[1] muy aprisa
[2] regalos
[3] cabal, excelente (otro epíteto frecuente del Cid)
[4] con afecto y devoción
[5] sus propiedades
[6] importa
[7] empiece a
[8] monasterio próximo a Burgos, donde se refugian la mujer e hijas del Cid. Es posible que allí se compusiera el poema.
[9] a gusto del Cid

Allí estaba doña Jimena[10] — con cinco dueñas de pro,[11]
rogando a San Pedro — e al Criador:
«Tú que a todos guías, — val a Mio Cid el Campeador.»
        Llamaban a la puerta, — allí supieron el mandado;
¡Dios, qué alegre fue — el abad don Sancho!
Con lumbres e con candelas — al corral dieron salto,
con tan gran gozo reciben — al que en buen hora nació.
«Agradézcolo a Dios, Mio Cid», — dijo el abad don Sancho;
«Pues que aquí vos veo, — seáis de mí hospedado.»
Dijo el Cid, — el que en buen hora fue nacido:
«Gracias, don abad, — contento de vos he quedado;
yo prepararé comida — para mí e para mis vasallos,
mas porque me voy de tierra, — vos doy cincuenta marcos,[12]
si yo algún tiempo viviere — vos serán doblados.
Non quiero hacer en el monasterio — un dinero[13] de daño;
he aquí para doña Jimena — vos doy cien marcos;
a ella e a sus hijas e a sus dueñas — servidlas este año.
Dos hijas dejo niñas — e a vuestro buen cuidado;
aquí vos las encomiendo — a vos, abad don Sancho;
de ellas e de mi mujer — haced todo recaudo.[14]
Si esa provisión se acabare — o vos faltare algo,
bien las abasteced, — yo así vos lo mando;
por un marco que despendáis[15] — al monasterio daré yo cuatro.»
Otorgado se lo había — el abad de grado.
        He aquí a doña Jimena — con sus hijas do va llegando;
sendas dueñas[16] las traen — llevándolas en los brazos.
Ante el Campeador doña Jimena — hincó los hinojos ambos.
Lloraba de los ojos, — quísole besar las manos:
«Merced,[17] Campeador, — en hora buena fuisteis nado.[18]
Por malos calumniadores — de tierra sois echado.
Merced, oh Cid, — barba tan cumplida.[19]
Heme ante vos — yo e vuestras hijas,
infantes son — e de días chicas,[20]
con estas mis dueñas — de quien soy yo servida.
Yo lo veo — que estáis vos de partida,
e nos de vos — nos partiremos en vida.
Dadnos consejo[21] — por amor de santa María.»
        Inclinó las manos — el de la barba vellida,[22]
a las sus hijas — en brazo las prendía,
llególas al corazón, — ca mucho las quería.
Llora de los ojos, — tan fuertemente suspira:
«Ah, doña Jimena, — la mi mujer tan cumplida,

[10] la mujer del Cid, Jimena Díaz, hija de un conde de Asturias y sobrina de Alfonso VI
[11] señoras excelentes (aquí damas de servicio, pero el término se aplica también a las hijas del Cid)
[12] media libra de oro o plata
[13] moneda de poco valor, cantidad insignificante (hoy se diría «un céntimo»).
[14] cuidados, prevenciones
[15] gastéis
[16] cada una trae a una niña
[17] favor o gracia os pido (fórmula usual para hacer una petición)
[18] nacido
[19] excelente (uno de los epítetos alusivos a la barba del Cid como símbolo del personaje mismo)
[20] son niñas de corta edad
[21] amparo, remedio
[22] bella

como a la mi alma — yo tanto vos quería.
Ya lo veis — que nos partiremos en vida,
yo iré y vos — quedaréis remanida.[23]
Plega[24] a Dios — e a santa María,
que aun con mis manos — case estas mis hijas,
e quede ventura — y algunos días vida,
c vos, mujer honrada,[25] — de mí seáis servida.»
     Gran yantar[26] le hacen — al buen Campeador.
Tañen las campanas — en San Pedro con clamor.
Por Castilla — oyendo van los pregones,
cómo se va de la tierra — Mio Cid el Campeador.
Unos dejan casas — e otros honores.[27]
En aquel día — por el puente de Arlanzón
ciento quince caballeros — todos juntados son;
todos demandan — por Mio Cid el Campeador.
Martín Antolínez — con ellos se juntó;
vanse para San Pedro — do[28] está el que en buena[29] nació.
     Cuando lo supo — Mio Cid el de Vivar,
que le crece su compañía, — por lo que más valdrá,[30]
aprisa cabalga, — a recibirlos sal*e*.[31]
Cuando a ojo los hubo, — tornóse a sonrisar;[32]
lléganse todos a él, — la mano le van a besar.
Habló Mio Cid — de toda voluntad:
«Yo ruego a Dios, — el Padre espiritual,
que vos que por mí dejáis — casas e heredades,
antes que yo muera, — algún bien vos pueda dar;
lo que perdéis, — doblado vos lo cobrar.»[33]
Plugo[34] a Mio Cid — que fuesen más para yantar,
plugo a los otros hombres todos — cuantos con él están.
     Seis días de plazo — pasado los han,
tres han por pasar, — sabed que non más.
Mandó el rey — a Mio Cid vigilar,
que, si después del plazo — en su tierra le pudiese tomar,
por oro nin por plata — non podría escapar.
El día se acaba, — la noche quería entrar;[35]
a sus caballeros — mandólos todos juntar:
«Oíd, varones, — non vos caiga en pesar;
poco haber traigo, — dar vos quiero vuestra part*e*.
Cómo lo debéis hacer, — bien vos recordar
a la mañana, — cuando los gallos cantarán,
non vos tardéis, — mandad ensillar;
en San Pedro a maitines — tañerá el buen abad,

---

[23] significa también «quedar» (pleonasmo)
[24] quiera
[25] llena de honor, de buenas cualidades (adjetivo encomiástico aplicado a personas y cosas)
[26] comida
[27] heredades, propiedades
[28] donde
[29] buena hora

[30] él será más poderoso
[31] Cuando la rima lo exige, damos la palabra original con la adición moderna en cursiva.
[32] sonreír
[33] cobraréis
[34] contentó
[35] iba entrando

la misa nos dirá, — de santa Trinidad.
La misa dicha, — empecemos a cabalgar,
ca el plazo viene cerca, — mucho habemos de andar.»

[*Asisten a misa y Jimena reza una larga oración narrativa implorando la protección divina para el Cid, a imitación de los cantares de gesta franceses.*]

La oración hecha, — la misa acabada la han,
salieron de la iglesia, — ya van a cabalgar.
El Cid a doña Jimena — iba a la abrazar;
doña Jimena al Cid — la mano le va a besar,
llorando de los ojos, — que non sabe qué se hará.
E él a las niñas — tornólas a mirar:
«A Dios vos encomiendo, — nuestro Padre espiritual;
agora[36] nos partimos, — Dios sabe el ajuntar.»[37]
Llorando de los ojos, — como nunca visteis tal,
así se parten unos de otros — como la uña de la carne.
Mio Cid con los sus vasallos — se puso a cabalgar,
a todos esperando, — la cabeza tornando va.
Con gran acierto — habló Minaya Álvar Fáñez:
«Cid, ¿dó son vuestros esfuerzos? — En buen hora naciste de madre.
Habemos de ir nuestra vía, — esto debe cesar.
Aún todos estos duelos — en gozo se tornarán;
Dios que nos dio las almas, — remedio nos dará.»
Al abad don Sancho — tornan a encomendar
cómo sirva a doña Jimena — e a las hijas que ha,
e a todas sus dueñas — que con ellas están;
bien sepa el abad — que buen galardón de ello recibirá.
Tornado es don Sancho, — e habló Álvar Fáñez:
«Si vierais gentes venir — para unirse a nosotros, abad,
decidles que tomen el rastro — y se echen a andar,
ca en yermo o en poblado — nos podrán alcanzar.»

[*Los del Cid llegan al reino moro de Toledo, saquean el pueblo de Castejón y Ruy Díaz vende su botín a los mismos moros. Pasan a tierras de Zaragoza y se disponen a tomar Alcocer.*]

El Cid ocupa Alcocer, en el reino moro de Valencia

Por todas esas tierras[1] — iban los mandados,[2]
que el Campeador Mio Cid — allí había poblado,[3]
venido es a los moros, — salido es de cristianos.
En la su vecindad — non se atreven a labrar el campo.
Alegrando se va Mio Cid — con todos sus vasallos;
el castillo de Alcocer[4] — en paria va entrando.[5]

---

[36] ahora
[37] cuándo nos juntaremos
[1] en Zaragoza, pero pertenecientes al rey moro de Valencia
[2] avisos

[3] se había establecido
[4] hoy desaparecido, estaba a orillas del río Jalón, entre los pueblos de Ateca y Terrer (prov. de Zaragoza)
[5] paga «parias» o tributo

Los de Alcocer — a Mio Cid ya le dan parias,
y también los de Ateca — e los de Terrer las pagan;
a los de Calatayud,[6] — sabed, mal les pesaba.[7]
Allí asedió Mio Cid — cumplidas quince semanas.
Cuando vio Mio Cid — que Alcocer non se le daba,
él pensó un ardid — y non lo retardaba:
deja una tienda puesta — e las otras levantaba,
cogió[8] Jalón abajo, — la su enseña alzada,
las lorigas vestidas — e ceñidas las espadas,
a guisa de[9] prudente, — por atraerlos a la celada.
Viéronlo los de Alcocer, — ¡Dios, cómo se alababan!
«Le ha faltado a Mio Cid — el pan e la cebada.
Las tiendas apenas lleva, — una deja abandonada.
De guisa va Mio Cid — como quien derrotado escapa:
«Asaltémosle — e haremos gran ganancia,
antes que los del pueblo — de Terrer lo hagan,
ca si ellos le prenden, — non nos darán de ello nada;
la paria que él ha tomado — nos la tornará doblada.»
Salieron de Alcocer — con una prisa muy extraña.
Mio Cid, cuando los vio fuera, — hizo como si escapara.
Siguió Jalón abajo, — con los suyos revuelto anda.
Dicen los de Alcocer: — «¡Ya se nos va la ganancia!»
Los grandes e los chicos — fuera asalto daban,
con el deseo del prender, — de otra cosa non piensan;
abiertas dejan las puertas — que ninguno non las guarda.
El buen Campeador — la su cara tornaba,
vio que entre ellos y el castillo — muy gran espacio quedaba;
mandó tornar la enseña, — aprisa espoleaban.
«¡Heridlos, caballeros, — todos sin temer nada;
con la merced del Criador, — nuestra es la ganancia!»
Revueltos van con ellos — por medio de la tierra llana.
¡Dios, qué bueno es el gozo — por aquesta[10] mañana!
Mio Cid e Álvar Fáñez — adelante aguijaban;
tienen buenos caballos, — sabed, a su gusto les llevan;
entre los moros y el castillo — entonces se lanzaban.
Los vasallos de Mio Cid — sin piedad les daban;
en un poco de tiempo — trescientos moros matan.
Dando grandes alaridos — los que están en la celada,
van dejándolos delante, — para el castillo se tornaban;
las espadas desnudas, — a la puerta se paraban.
Presto llegaban los otros, — que la victoria está ganada.
Mio Cid ganó Alcocer, — sabed, por esta maña.
Vino Pedro Bermúdez,[11] — que la enseña tiene en mano,
púsola arriba — en todo lo más alto.
Habló Mio Cid Ruy Díaz, — el que en buen hora fue nado:
«Gracias a Dios del cielo — e a todos los sus santos,

---

[6] otro pueblo de Zaragoza
[7] mucho lo sentían
[8] siguió (la dirección del río)

[9] a la manera de, como
[10] esta
[11] sobrino y portaestandarte del Cid

ya mejoraremos posadas — a dueños e a caballos.
   Oídme, Álvar Fáñez, — e todos los caballeros.
En este castillo — gran riqueza habemos preso.[12]
Los moros yacen muertos, — de vivos pocos veo.
Los moros e las moras — venderlos non podremos,
con que los descabecemos, — nada ganaremos;
recojámoslos dentro, — ca el señorío tenemos;
posaremos en sus casas — e de ellos nos serviremos.»

[*El rey moro de Valencia manda un fuerte ejército para recobrar Alcocer, pero el Cid lo derrota, vende el pueblo a los moros y saca un cuantioso botín.*]

El Cid envía un presente al rey y empieza a ganarse su gracia

   «Oíd, Minaya, — sois mi diestro brazo.
De aquesta riqueza — que el Criador nos ha dado
a vuestro gusto — tomad con vuestra mano.
Enviarvos quiero — a Castilla con recado
de esta batalla — que habemos ganado;
al rey Alfonso — que me ha desterrado,
quiero enviarle — en don treinta caballos,
todos con sillas — e muy bien enfrenados,
con sendas espadas — de los arzones colgando.»
Dijo Minaya Álvar Fáñez: — «Esto haré yo de grado.»
   «He aquí — oro e plata fina,
una bota[1] llena, — que nada se le quita;
en Santa María de Burgos — pagaréis mil misas;
lo que quedase — dadlo a mi mujer e a mis hijas,
que rueguen por mí — las noches e los días;
si yo les vivo, — serán dueñas[2] ricas.»
   Minaya Álvar Fáñez — de esto se ha alegrado;
para ir con él — unos hombres son nombrados.
Agora[3] daban cebada, — ya la noche había entrado.
Mio Cid Ruy Díaz — con los suyos está tratando:
   «¿Vais vos, Minaya, — a Castilla la gentil?[4]
A nuestros amigos — bien les podéis decir:
Dios nos valió — e vencimos la lid.
A la vuelta, — si nos hallaréis aquí,
e si non, do supierais que somos,[5] — a buscarnos id.
Con lanzas e con espadas — habemos de subsistir;
si non, en esta tierra pobre — non podríamos vivir,
e según me parece, — habremos de irnos de aquí.»
   Ya está preparado, — de mañana sale Minaya,
e el Campeador — se quedó allí con su mesnada.[6]

---

[12] cogido
[1] la bota alta que servía de bolsa por falta de bolsillos
[2] damas
[3] ahora

[4] interrogación retórica de despedida
[5] estamos (*ser* se usaba para indicar lugar)
[6] conjunto de vasallos

La tierra es pobre — e extremadamente mala.
Todos los días — a Mio Cid le vigilaban
moros de las fronteras — e unas gentes extrañas.
Sanó el rey Fáriz, — con él se aconsejaban.
Entre los de Ateca — e los de Terrer la casa,[7]
e los de Calatayud, — que es más honrada,[8]
así lo han acordado — e puesto en carta:[9]
que les venda Alcocer — por tres mil marcos de plata.
    Mio Cid Ruy Díaz — Alcocer ha vendido;
¡qué bien pagó — a sus vasallos mismos!
A caballeros e a peones — los ha hecho ricos,
en todos los suyos — no hallaríais un mezquino.[10]
Quien a buen señor sirve, — siempre vive en delicio.[11]
    Cuando Mio Cid — el castillo quiso dejar,
moros e moras — comenzáronse a quejar:
«¿Te vas, Mio Cid? — ¡Nuestras oraciones te vayan delante!
Nosotros contentos quedamos, — señor, de la tu parte.»[12]
Cuando salió de Alcocer — Mio Cid el de Vivar,
moros e moras — comenzaron a llorar.
Alzó su enseña, — el Campeador se va.
Pasó Jalón abajo, — aguijó hacia delante,
al salir del Jalón — mucho hubo buenas aves.[13]
Agradó a los de Terrer — e a los de Calatayud más,
pesó a los de Alcocer, — ca provecho les hacía grande.
Aguijó Mio Cid, — íbase adelante
y se asentó en un cerro — que es sobre Mont Real;[14]
alto es el cerro, — maravilloso e grande;
non teme guerra, — sabed, de ninguna parte.
Metió en paria — a Daroca antes,
después a Molina, — que es de la otra parte,
la tercera Teruel, — que estaba delante;
en su mano tenía — a Celfa la del Canal.[15]
    ¡Mio Cid Ruy Díaz — de Dios haya su gracia!
Ido es a Castilla — Álvar Fáñez Minaya,
treinta caballos — al rey los presentaba;
violos el rey, — satisfecho sonreía:
«¿Quién me los dio éstos, — así vos valga Dios, Minaya?»
«Mio Cid Ruy Díaz, — que en buen hora ciñó espada.
Después que lo desterrasteis, — a Alcocer ganó por maña;
al rey de Valencia — de ello el mensaje llegaba,
mandólo cercar allí — e quitáronle el agua.
Mio Cid salió del castillo, — en el campo lidiaba,
venció a dos reyes de moros — en aquesta batalla,
enorme es, — señor, la su ganancia.

---

[7] el pueblo de Terrer
[8] de más importancia
[9] por escrito
[10] pobre
[11] delicia
[12] acogida, favor

[13] pronósticos
[14] el cerro llamado El Poyo junto al moderno Monreal del Campo (Teruel), sobre el río Jaloca
[15] Canal de Celfa, pueblo próximo a Teruel (moderno Cella); con inversión para la asonancia

A vos, rey honrado, — envía esta presentaja;[16]
vos besa los pies — e las manos ambas,[17]
que le hagáis merced, — así el Criador vos valga.»
Dijo el rey: — «La hora es aún temprana
para que el desterrado, — que de su señor non ha gracia,
acogido sea — al cabo de pocas semanas.
Mas puesto que de moros fue, — tomo esta presentaja;
aun me place de Mio Cid — que hizo tal ganancia.
Sobre todo esto, — a vos os exonero, Minaya;
honores e tierras — habedlas condonadas,
id e venid, — que desde agora vos doy mi gracia;
mas del Cid Campeador, — yo non vos digo nada.»
     «Sobre todo aquesto, — vos quiero decir, Álvar Fáñez,
que de todo mi reino — los que se quisieren marchar,
buenos e valientes — para a Mio Cid ayudar,
dejo libres sus cuerpos — e salvas sus heredades.»
Besóle las manos — Minaya Álvar Fáñez:
«Gracias vos doy, rey, — como a señor natural;[18]
esto hacéis agora, — más haréis adelante;
con Dios[19] nosotros lograremos — que vos lo hagáis.»
Dijo el rey: «Minaya, — de eso mejor es no hablar.
Id por Castilla — e que vos dejen andar,
sin ningún temor — id a Mio Cid a buscar.»

[*Siguen las correrías del Cid hacia el norte, por tierras que están bajo la protección del conde de Barcelona, quien le ataca y es vencido. Generosamente, el Cid le deja en libertad. El Cantar termina aludiendo a las riquezas de los desterrados.*]

Cantar Segundo: Las bodas de las hijas del Cid

[*El Cid prosigue su conquista hasta el Mediterráneo y toma Valencia, gran capital de un reino hispano-árabe. El rey Alfonso VI, a quien el Cid hace repetidos regalos del cuantioso botín, al fin perdona al desterrado y permite que su mujer e hijas se reúnan con él en Valencia. En una entrevista con su ya famoso vasallo, el rey pide la mano de sus hijas para los infantes de Carrión, dos jóvenes de la alta nobleza codiciosos de la fortuna del Campeador. Aunque a éste le repugna la idea de emparentar con unos nobles vanidosos y, además, del bando enemigo, accede por consideración al rey, y las bodas se celebran espléndidamente en Valencia.*]

---

[16] regalo
[17] fórmula de cortesía: «os pide que»

[18] señor por nacimiento y no por convenio, según el sistema feudal
[19] con la ayuda de Dios

El triunfo del Cid en Valencia

Grandes son los gozos — que van por ese lugar
cuando Mio Cid ganó a Valencia[1] — e entró en la ciudad.
Los que fueron a pie — caballeros se hacen;
el oro e la plata — ¿quién vos lo podría contar?
Todos eran ricos — cuantos que allí están.
Mio Cid don Rodrigo — la quinta[2] mandó tomar,
del haber monedado[3] — treinta mil marcos le caen,
e los otros haberes[4] — ¿quién los podría contar?
Alegre era el Campeador — con todos los que allí hay,
cuando su enseña caudal — estuvo en lo alto del alcázar.[5]
    Ya holgaba Mio Cid — con todas sus mesnadas.
A aquel rey de Sevilla — el mensaje llegaba
que tomada es Valencia, — que non se la amparan;[6]
vino a atacarlos — con treinta mil de armas.
Cerca de la huerta — hubieron la batalla,
derrotólos Mio Cid — el de la luenga barba.
Hasta dentro de Játiva — duró la arrancada,[7]
al pasar el Júcar — allí veríais barata;[8]
moros ronceando[9] — sin querer beben agua.
Aquel rey de Sevilla — con tres golpes escapa.
Tornado es Mio Cid — con toda esta ganancia.
Buena fue la de Valencia — cuando la ciudad era ganada,
pero más provechosa fue, — sabed, esta batalla;
a todos los vasallos menores — cayeron cien marcos de plata.
Los asuntos del caballero — ya veis do llegaban.
    Gran alegría hay — entre todos esos cristianos
con Mio Cid Ruy Díaz, — el que en buen hora era nato.
Ya le crece la barba — e se le va alargando,
ca así dijera Mio Cid — por su misma boca hablando:
«Por amor del rey Alfonso, — que de la tierra me ha echado,
nin entrará en ella tijera, — nin un pelo será cortado,[10]
e que hablasen de esto — moros e cristianos.»[11]
    Mio Cid don Rodrigo — en Valencia está holgando,
con él Minaya Álvar Fáñez, — que non se le aparta de su brazo.
Los que dejaron su tierra — de riqueza son colmados;
a todos les dio en Valencia — el Campeador afamado
casas e heredades — de que contentos quedaron;
el amor de Mio Cid — ya lo iban probando.
Los que vinieron después — también contentos quedaron.

---

[1] en 1094, a los trece años del destierro
[2] la quinta (o el quinto) parte del botín de guerra, que correspondía al jefe
[3] dinero
[4] bienes
[5] la torre más alta de una ciudad fortificada, donde solía habitar el señor

[6] defienden
[7] persecución
[8] la confusión (en el río)
[9] andando penosamente contra la corriente
[10] una costumbre de la época como expresión de tristeza
[11] todo el mundo

Ya ve Mio Cid — que con los haberes que habían tomado,
que si se pudiesen ir, — lo harían de grado.
Esto mandó Mio Cid, — Minaya lo hubo aconsejado:
que cualquiera de los suyos — que con él ganaron algo,
si non se despidiese de él, — o non le besase la mano,[12]
que le pudiesen prender — donde fuese alcanzado,
le tomasen el haber — e le colgasen de un palo.
He aquí todo aquesto — puesto en buen recaudo;[13]
con Minaya Álvar Fañez — él se va aconsejando:
«Si vos quisiereis, Minaya, — quiero saber recado[14]
de los que son aquí — e conmigo ganaron algo.
Los pondremos por escrito — e todos sean contados,
que si alguno se ocultare — o de menos sea echado,
el haber[15] me habrá de tornar — para estos mis vasallos
que guardan a Valencia — e la andan rondando.»[16]
Allí dijo Minaya: — «Consejo es acertado.»

Mandólos venir a su corte[17] — e a todos los hizo juntar;
cuando allí los halló, — uno a uno hízolos nombrar:
tres mil e seiscientos — había Mio Cid el de Vivar.
Alégrasele el corazón — e púsose a sonrisar:[18]
«¡Gracias a Dios, Minaya, — e a santa María madre!
Con mucho menos salimos — del pueblo de Vivar.
Agora habemos riqueza, — más habremos en adelante.»
«Si a vos pluguiere, Minaya, — e non vos causa pesar,
vos quiero enviar a Castilla, — do habemos heredad.[19]
Al rey Alfonso, — mi señor natural,
de estas mis ganancias, — .que habemos hecho acá,
darle quiero cien caballos, — e vos ídselos a llevar.
Por mí besadle la mano — e firmemente le rogad
por mi mujer doña Jimena — e mis hijas naturales,[20]
así fuera su merced — que me las deje sacar.
Enviaré por ellas, — e vos sabed el mensaje:
la mujer de Mio Cid — e sus hijas las infantes
de guisa irán por ellas — que a gran honra vendrán
a estas tierras extrañas — que nosotros pudimos ganar.»
Entonces dijo Minaya: — «De buena voluntad.»
Así que esto han hablado, — pónense a preparar.
Cien hombres le dio — Mio Cid a Álvar Fáñez
para servirle en el camino — a toda su voluntad,
e mandó mil marcos de plata — a San Pedro llevar
e que quinientos diese — a don Sancho el abad.

[*Minaya es recibido por el rey, quien agradece los regalos del Cid y permite que la familia de éste se vaya a Valencia.*]

---

[12] fórmula feudal de renunciar al vasallaje
[13] queda asegurado
[14] el número
[15] lo ganado
[16] haciendo la ronda de vigilancia por fuera de las murallas

[17] salón de reuniones
[18] sonreír
[19] tierra de labor
[20] de su propio linaje o naturaleza

Reunión del Cid con su familia en Valencia

Alegre fue Mio Cid, — que nunca más nin tanto,
ca de lo que más amaba — ya le viene el recado.
Doscientos caballeros — al punto salir ha mandado,
que reciban a Minaya, — e a las dueñas hijasdalgo;[1]
él se está en Valencia — guardando e vigilando,
ca bien sabe que Álvar Fáñez — tiene de todo cuidado.
He aquí que todos éstos — reciben a Minaya
e a las dueñas e a las niñas — e a las otras compañas.
Mandó Mio Cid — a los que tiene en su casa
que guardasen el alcázar — e las otras torres altas
e todas las puertas — e las salidas e las entradas,
e le trajesen a Babieca,[2] — que hacía poco él ganara
de aquel rey de Sevilla — en la derrota pasada.
Aun no sabía Mio Cid, — el que en buen hora ciñó espada,
si sería corredor — o si tendría buena parada;
a la puerta de Valencia, — do en su salvo estaba,
delante de su mujer e de sus hijas — quería jugar las armas.
Recibidas las dueñas — con muy gran honranza,[3]
el obispo don Jerónimo — adelante se entraba,
allí dejaba el caballo, — para la capilla andaba;
con cuantos él reunir pudo, — que con tiempo se preparan,
vestidas las sobrepellices — e con cruces de plata,
salían a recibir a las dueñas — e al bueno de Minaya.
El que en buen hora nació — non se retrasaba;
vistióse el sobregonel,[4] — larga trae la barba.
Ensíllanle a Babieca, — las coberturas le echaban;
Mio Cid montó sobre él — e armas de fuste[5] tomaba.
En el caballo de nombre — Babieca cabalga,
hizo una corrida, — ésta fue tan rápida
que cuando hubo corrido — todos se maravillaban.
Desde ese día se admiró a Babieca — en toda la extensión de España.
Al fin de la carrera — Mio Cid descabalgaba,
dirigióse a su mujer — e a sus hijas ambas.
Cuando lo vio doña Jimena, — a sus pies se le echaba:
«¡Merced, Campeador, — en buen hora ceñiste espada!
Me habéis sacado — de muchas vergüenzas malas;
heme aquí, señor, — yo e vuestras hijas ambas,
con la ayuda de Dios e de vos — buenas son e criadas.»
A la madre e a las hijas — bien las abrazaba,
del gozo que habían — de los sus ojos lloraban.
Todas las sus mesnadas — en gran deleite estaban,
jugaban las armas — e los tablados quebrantaban.

---

[1] damas nobles
[2] famoso caballo del Cid
[3] ceremonia
[4] túnica de seda (?)
[5] madera

Oíd lo que dijo — el que en buen hora ciñó espada:
«Vos doña Jimena, — querida mujer e honrada,
e ambas mis hijas — —mi corazón e mi alma—,
entrad conmigo — en la ciudad de Valencia,
en esta heredad — que yo vos tengo ganada.»
Madre e hijas — las manos le besaban.
A tan gran honra — ellas en Valencia entraban.
    Dirigióse Mio Cid — con ellas al alcázar,
allá las subía — en el más alto lugar.
Sus ojos hermosos — miran a todas partes,
contemplan a Valencia — cómo yace la ciudad,
e de la otra parte — a la vista han el mar,
miran la huerta, — que espesa es e grande,
e todas las otras cosas — que eran de solaz;
alzan las manos — para a Dios rezar
por esta ganancia — que es tan buena e grande.

[*El rey de Marruecos, Yúsef, viene a rescatar Valencia, pero es derrotado y el Cid gana otro enorme botín, del que envía nuevos presentes al rey Alfonso. Codiciosos de tanta riqueza, los infantes de Carrión desean casarse con las hijas del Cid, y el rey las pide a éste, a la vez que le perdona, en una entrevista a orillas del río Tajo. Muchos del séquito real se marchan con el Cid a Valencia.*]

LAS BODAS DE LAS HIJAS DEL CID

    Todos esa noche — fueron a sus posadas,
Mio Cid el Campeador — al alcázar entraba;
recibiólo doña Jimena — e sus hijas ambas:
«¿Venís, Campeador, — que buena ceñisteis espada!
¡Muchos días vos veamos — con los ojos de las caras!»
—«Gracias al Criador, — vengo, mujer honrada.
Yernos vos traigo — de quienes habremos honranza;[1]
agradecédmelo, mis hijas, — ca bien vos tengo casadas.»
    Besáronle las manos — la mujer e las hijas
e todas las dueñas — de quien son servidas.
«¡Gracias al Criador — e a vos, Cid, barba vellida!
Todo lo que vos hacéis — es de buena guisa.
Non serán pobres — en todos vuestros días.»
—«Cuando vos nos caséis — bien seremos ricas.»
    —«Mujer doña Jimena, — gracias al Criador.
A vos digo, mis hijas, — doña Elvira e doña Sol,
con este vuestro casamiento — creceremos en honor;
mas bien sabed la verdad, — que non lo propuse yo;
vos ha pedido e rogado[2] — el mi señor Alfonso,
tan firmemente — e de todo corazón
que yo de ninguna manera — supe decir que no.

---

[1] honra   [2] en matrimonio, como intercesor

Vos puse en sus manos, — hijas, ambas a dos.
Bien me lo creáis — que él vos casa e non yo.»
    Comenzaron entonces — a arreglar el palacio,
por el suelo e por los muros — tan bien encortinado,[3]
tanta púrpura e tanta seda — e tanto paño preciado.
Gusto habríais de estar — e de comer en palacio.
Todos sus caballeros — aprisa se juntaron.
    Por los infantes de Carrión[4] — entonces enviaron;
cabalgan los infantes, — dirigiéndose al palacio,
con buenas vestiduras — e lujosamente ataviados;
a pie e con prestancia, — ¡Dios, qué quedos[5] entraron!
Recibiólos Mio Cid — con todos sus vasallos;
ante él e su mujer — ambos se inclinaron
e fueron a sentarse — en un precioso escaño.
Todos los de Mio Cid, — tan bien son acordados,[6]
están observando — a su señor bienhadado.
    El Campeador — en pie se ha levantado:
«Pues que hemos de hacerlo, — ¿por qué irlo retardando?
Venid acá, Álvar Fáñez, — el que yo quiero e amo.
He aquí ambas mis hijas, — las pongo en vuestra mano;
sabéis que al rey — así se lo he otorgado,
non quiero faltar en nada — de cuanto hay concertado.
A los infantes de Carrión — dadlas con vuestra mano,
e reciban las bendiciones — e vayamos despachando.»
Entonces dijo Minaya: — «Esto haré yo de grado.»
Levántanse ambas — e el Cid se las puso en mano.[7]
A los infantes de Carrión, — Minaya va hablando:
«Aquí ante Minaya — sois ambos hermanos.
Por mano del rey Alfonso, — que a mí me lo ha mandado,
vos doy estas dueñas — —ambas son hijasdalgo—,
para que las toméis por mujeres — a vuestra honra e cuidado.»
Ambos las reciben — con amor e de grado;
a Mio Cid e a su mujer — van a besar la mano.
    Cuando hubieron hecho aquesto — salieron del palacio,
para Santa María — aprisa caminando.
El obispo don Jerónimo — muy pronto se ha ataviado,
a la puerta de la iglesia — los estaba esperando;
dioles las bendiciones, — la misa luego ha cantado.
    Al salir de la iglesia — muy de prisa cabalgaron,
al arenal de Valencia, — allí fuera se marcharon.
¡Dios, qué bien jugaron las armas — el Cid e sus vasallos!
Tres caballos cambió — el que nació bienhadado.
Mio Cid de lo que vio — muy contento ha quedado:
los infantes de Carrión — bien han cabalgado.

---

[3] cubierto con tapices
[4] Diego y Fernando González, pertenecientes a la más alta nobleza de León (la clase de los «ricos hombres», superior a la del Cid, que era «infanzón»). «Infantes» se llamaba a los hijos de tales nobles. Hoy Carrión de los Condes está en la provincia de Palencia.

[5] comedidos, humildes
[6] tan prudentes
[7] se las entregó a Minaya

Tórnanse con las dueñas, — en Valencia han entrado.
Ricas fueron las bodas — en el alcázar honrado,
e al otro día hizo Mio Cid — alzar siete tablados;[8]
antes que entrasen a yantar, — todos los quebraron.

Quince días enteros — en las bodas gastaron,
al cabo de los quince días — ya se van los hijosdalgo.
Mio Cid don Rodrigo, — el que nació bienhadado,
entre palafrenes e mulas — e corredores caballos,
en bestias nada más — un ciento ha regalado;
mantos, pieles — e otros vestidos han abundado,
sin hacer cuenta — de los haberes monedados.
Los vasallos de Mio Cid — así también han obrado,
cada uno por sí — sus dones había dado.
Quien dinero quiere tomar — bien era abastado;[9]
ricos tornan a Castilla — los que a las bodas llegaron.
Ya se iban partiendo — aquestos hospedados,[10]
despidiéndose de Ruy Díaz, — el que nació bienhadado,
e de todas las dueñas — e de los hijosdalgo.
Satisfechos se parten — de Mio Cid e de sus vasallos,
mucho bien dicen de ellos — como era apropiado.
Muy alegres estaban — Diego e Fernando,
éstos que eran hijos — del conde don Gonzalo.

Venidos son a Castilla — aquestos hospedados;
el Cid e sus yernos — en Valencia son quedados.
Allí moran los infantes — bien cerca de dos años;
los agasajos que les hacen — eran muy extremados.
Alegre estaba el Cid — e todos sus vasallos.
¡Plegue a Santa María — e al Padre Santo
que satisfecho quede del casamiento — Mio Cid o el que lo estimó en algo.[11]

Las coplas de este cantar — aquí se van acabando.
El Criador vos valga — con todos los sus santos.

Cantar Tercero: La afrenta de Corpes

[*El rey de Marruecos trata de recuperar Valencia y es vencido y muerto por el Cid. Los infantes de Carrión demuestran tanta cobardía en la lucha (y en cierto espisodio con un león escapado) que son la burla de todos. Resentidos, deciden vengarse en sus mujeres, las hijas del Cid, a quienes abandonan en un bosque camino de su tierra, tras azotarlas brutalmente. El Cid reclama justicia al rey, quien reúne su corte al efecto en Toledo. Allí comparecen los infantes y son acusados por el Cid, que deja a dos de sus parientes la tarea de retarlos y vencerlos en duelo judicial, quedando así declarados traidores. Durante el juicio se presentan unos mensajeros a pedir las dos hijas del Cid para los infantes de Navarra y Aragón. Tanto el rey como el Cid acogen con gozo este honroso matrimonio que emparentará al Cid con los reyes de España.*]

---

[8] artefactos de madera para ser derribados con lanzas en los torneos
[9] proveído
[10] huéspedes, invitados
[11] alusión al rey Alfonso que propuso el casamiento

Episodio del león y la cobardía de los infantes de Carrión

En Valencia estaba — Mio Cid con todos los suyos,
con él sus dos yernos — los infantes de Carrión.
Echado en un escaño, — dormía el Campeador,
cuando mala sorpresa — sabed que les aconteció:
salióse de la jaula — e suelto quedó el león.
En gran miedo se vieron — por toda la corte;
embrazan los mantos — los del Campeador,
e cercan el escaño — e guardan a su señor.
Fernando González, — infante de Carrión,
non vio allí do esconderse, — nin cámara abierta nin torre;
metióse bajo el escaño, — tanto era su pavor.
Diego González — por la puerta salió,
diciendo a gritos: — «¡Non veré Carrión!»
Tras una viga de lagar — metióse con gran pavor;
el manto e el brial[1] — todo sucio lo sacó.
En esto despertó — el que en buen hora nació;
vio cercado el escaño — de sus buenos varones:
«¿Qué es esto, mesnadas, — o qué queréis vos?»
—«¡Oh, señor honrado, — qué susto nos dio el león!»
Mio Cid apoyó el codo, — en pie se levantó,
el manto se puso al cuello — e se fue para el león.
El león cuando lo vio — mucho se atemorizó,
ante Mio Cid la cabeza — bajó e el rostro hincó.
Mio Cid don Rodrigo — del cuello lo tomó,
e llévalo de la mano, — en la jaula lo metió.
A maravilla lo tienen — cuantos allí son,
e tornáronse al palacio — para la corte.
Mio Cid por sus yernos — preguntó e non los halló;
aunque los están llamando, — ninguno responde.
Cuando los hallaron, — cómo quedaron sin color;
nunca visteis tal burla — como la que iba por la corte;
mandóla cesar Mio Cid — el Campeador.
Mucho se tuvieron por avergonzados — los infantes de Carrión,
fieramente les pesa — esto que les ocurrió.

[*El rey Búcar de Marruecos ataca a Valencia con un ejército muy numeroso, pero el Cid lo derrota y gana otro enorme botín. Los infantes de Carrión se muestran cobardes en la batalla y, resentidos de la burla, deciden vengarse en las hijas del Cid. Con ellas y el rico ajuar que les da el Cid, emprenden el viaje de vuelta a su tierra.*]

---

[1] vestido largo, en forma de túnica

La venganza de los infantes sobre sus esposas

Ya se tornó para Valencia — el que en buen hora nació,
e se disponen a marchar — los infantes de Carrión;
por Santa María de Albarracín[2] — de noche se descansó.
Aguijan cuanto pueden — los infantes de Carrión,
llegan a Molina — donde está el moro Abengalbón.[3]
El moro cuando lo supo, — se alegró de corazón;
con grandes alborozos — a recibirlos salió.
¡Dios, qué bien los sirvió — a todo su sabor!
Otro día de mañana — con ellos cabalgó,
con doscientos caballeros — que a acompañarlos mandó;
atravesaban los montes, — los que llaman de Luzón,[4]
pasaron por Arbujuelo[5] — e llegaron al Jalón,
en un lugar llamado Ansarera[6] — ellos hospedados son.
A las hijas del Cid — el moro sus dones dio,
sendos caballos buenos — a los infantes de Carrión;
todo esto les hizo el moro — por el amor del Cid Campeador.
Ellos viendo la riqueza — que el moro sacó,
ambos hermanos — maquinaron una traición:
«Pues que ya hemos de dejar — a las hijas del Campeador,
si pudiésemos matar — al moro Abengalbón,
cuanta riqueza tiene — la habríamos nos.
Tan en salvo lo habremos — como lo de Carrión;
ningún derecho habrá — contra nos el Cid Campeador.»
Cuando esta falsedad[7] — decían los de Carrión,
un moro latinado[8] — bien se lo entendió;
non guarda el secreto, — díjolo a Abengalbón:
«Alcaide, guárdate de éstos, — ca eres mi señor:
tu muerte oí tratar — a los infantes de Carrión.»
El moro Abengalbón, — mozo esforzado y cabal,
con doscientos que tiene — salió a cabalgar;
iba jugando las armas, — paróse ante los infantes;
lo que el moro les dijo — a los infantes non place:
«Si no lo dejase — por Mio Cid el de Vivar,[9]
tal cosa vos haría — que por el mundo sonase,
e luego llevaría sus hijas — al Campeador leal;
vos nunca en Carrión — entraríais jamás.
Decidme, ¿qué vos hice, — infantes de Carrión?
Yo vos servía sin malicia — e vosotros concertáis mi muerte.
Aquí me parto de vos — como de malos e de traidores.
Me iré con vuestro permiso, — doña Elvira e doña Sol;

---

[2] pueblo tributario del Cid (prov. de Teruel)
[3] alcaide o jefe militar de Molina (prov. de Guadalajara) y buen amigo del Cid
[4] entre Molina y Sigüenza (prov. de Guadalajara)
[5] valle cerca de Medinaceli (Soria)
[6] cerca de Medinaceli
[7] alevosía
[8] que sabe la lengua romance
[9] por respeto al Cid

poco aprecio el renombre — de los de Carrión.
Dios lo quiera e lo haga, — pues de todo el mundo es señor,
que de aqueste casamiento — se complazca el Campeador.»
Esto les ha dicho, — e el moro se tornó;
jugando iba las armas — al atravesar el Jalón,
como hombre de buen seso — a Molina se tornó.

Ya se fueron de Ansarera — los infantes de Carrión,
no dejan de andar — de día e de noch*e*;
a la izquierda dejan Atienza,[10] — ese fuerte mont*e*,
la sierra de Miedes[11] — pasáronla entonc*es*,
por los Montes Claros[12] — aguijan a espolón;
a la izquierda dejan a Griza,[13] — la que Álamos[14] pobló,
allí son las cuevas — do a Elpha[15] se encerró;
a la derecha dejan a San Esteban[16] — que más lejos quedó.
Entrados son los infantes — al robredo de Corpes;[17]
los árboles son altos, — las ramas junto a las nubes son,
e las bestias muy fieras — que andan alrededor.
Hallaron un vergel — con una limpia fuont*e*;[18]
mandan plantar la tienda — los infantes de Carrión,
con cuantos ellos traen — allí pasan esa noch*e*;
con sus mujeres en brazos — demuéstranles amor:
¡mal se lo cumplieron — cuando salió el sol!

Mandaron cargar las acémilas — con los numerosos dones;
han recogido la tienda — donde se albergaron de noch*e*;
adelante eran idos — los que criados son.
Así lo mandaron — los infantes de Carrión,
que non quedase allí ninguno, — mujer nin varón,
sinon sus dos mujeres — doña Elvira e doña Sol:
solazarse quieren con ellas — a todo su sabor.

Todos eran idos, — ellos cuatro solos son,
tanto mal concibieron — los infantes de Carrión:
«Creedlo bien, — doña Elvira e doña Sol,
aquí seréis escarnidas — en estos fieros montes.[19]
Hoy nos partiremos — e dejadas seréis de nos;
non habréis parte — en nuestras tierras de Carrión.
Irán estas noticias — al Cid Campeador;
nos vengaremos con ésta — por lo del león.»

Allí les quitan — los mantos e los pellizones,[20]
déjanlas a cuerpo — con sólo la camisa y el ciclatón.[21]
Espuelas tienen calzadas — los malos traidores,
en mano cogen las cinchas — que fuertes e duras son.

---

[10] monte en Guadalajara
[11] entre las provincias de Guadalajara y Soria
[12] en la Cordillera Carpeto-Vetónica (entre Guadalajara y Soria)
[13] pueblo cercano a San Esteban, hoy desconocido
[14] personaje desconocido que pobló Griza
[15] nombre de mujer corriente en la Edad Media, aquí asociado a alguna leyenda local desconocida

[16] San Esteban de Gormaz, sobre el Duero (prov. de Soria)
[17] bosque de robles que existía cerca de San Esteban de Gormaz. Todo este territorio era muy conocido del autor del poema.
[18] fuente
[19] bosques
[20] vestido de piel
[21] vestido de seda

Cuando esto vieron las dueñas, — hablaba doña Sol:
«Por Dios vos rogamos, — don Diego e don Fernando,
dos espadas tenéis — fuertes e tajadoras,
a la una dicen Colada — e a la otra Tizón,[22]
cortadnos las cabezas, — mártires seremos nos.
Moros e cristianos — hablarán de esta sazón,
que por lo que nosotras merecemos — no lo recibimos nos.
Tan malas acciones — non hagáis sobre nos:
si nosotras fuéramos azotadas, — envileceréis a vos,
vos lo demandarán — en juicio o en cortes.»
Lo que ruegan las dueñas — non les sirve de pro.[23]
Entonces las empiezan a golpear — los infantes de Carrión;
con las cinchas corredizas — azótanlas tan sin sabor;[24]
con las espuelas agudas, — donde sienten gran dolor;
rompían las camisas — e las carnes a ellas ambas a dos;
limpia salía la sangre — sobre los ciclatones.
Ya lo sienten ellas — en los sus corazones.
¡Qué ventura sería ésta, — si plugiese al Criador
que asomase entonces — el Cid Campeador!
Tanto las maltrataron — que desfallecidas son,
sangrientas en las camisas — e todos los ciclatones.
Cansados son de herir — ellos ambos a dos,
esforzándose ambos — sobre cuál dará mejores golpes.
Ya non pueden hablar — doña Elvira e doña Sol,
por muertas las dejaron — en el robredo de Corpes.

Lleváronse los mantos — e las pieles armiñas,
mas déjanlas desmayadas — en briales y en camisas,
para las aves del monte — e las bestias de fiera guisa.[25]
Por muertas las dejaron, — sabed, que non por vivas.
¡Qué ventura sería — si asomase entonces el Cid Ruy Díaz!
Los infantes de Carrión — por muertas las dejaron,
que una a la otra — de hablarse cesaron.
Por los montes do iban, — ellos íbanse alabando:
«De nuestros casamientos — agora estamos vengados.
Non las debimos tomar ni aun por barraganas,[26]—si no fuésemos rogados,[27]
pues para esposas — non eran dignas de nuestros brazos.
La deshonra del león — así se irá vengando.»

[*Un caballero del Cid encuentra a las hijas abandonadas y, al conocer la afrenta, el Cid reclama justicia del rey. Muy apesadumbrado, éste se la promete y convoca para ello una corte en Toledo. Ante ella presenta el Cid su demanda.*]

---

[22] famosas espadas del Cid, la «Colada» ganada al conde de Barcelona y la «Tizón» (o Tizona) al rey de Marruecos
[23] provecho
[24] cruelmente

[25] condición
[26] concubinas
[27] por un «rogador» que pide solemnemente a la novia

24

El Cid ante la corte de Toledo

Con aquestos cien hombres — que preparar mandó,
aprisa cabalga, — de San Servando[1] salió;
así iba Mio Cid — ataviado a la corte.
A la puerta de fuera — descabalga a sabor;[2]
cuerdamente[3] entra — Mio Cid con todos los que suyos son:
él va en medio — e los ciento alrededor.
Cuando lo vieron entrar — al que en buen hora nació,
levantóse en pie — el buen rey don Alfonso
e el conde don Enrique — e el conde don Ramón,[4]
e de seguido, sabed, — todos los otros de la corte;
con gran honra lo reciben — al que en buen hora nació.
Non se quiso levantar — el Crespo de Grañón,[5]
nin todos los del bando — de los infantes de Carrión.
El rey a Mio Cid — de las manos le tomó:
«Venid acá a sentaros — conmigo, Campeador,
en aqueste escaño — que me disteis vos en don;
aunque a algunos pesa, — mejor sois vos que nos.»
Entonces dio mil gracias — el que Valencia ganó:
«Sentaos en vuestro escaño — como rey e señor;
acá me sentaré yo — con todos aquestos míos.»
Lo que dijo el Cid — al rey plugo[6] de corazón.
En un escaño torneado — entonces Mio Cid se sentó,
los ciento que le guardan — lo hacen alrededor.
Mirando están a Mio Cid — cuantos hay en la corte,
a la barba que tenía luenga — e atada con el cordón;[7]
en todos sus arreos[8] — bien parece gran varón.
Non le pueden mirar de vergüenza — los infantes de Carrión.
Entonces se levantó en pie — el buen rey don Alfonso:
«Oíd, mesnadas, — ¡así vos valga el Criador!
Yo, desde que soy rey, — non tuve más de dos cortes:
la una fue en Burgos, — e la otra en Carrión,
esta tercera en Toledo — la vengo a tener hoy,
por el amor de Mio Cid — el que en buen hora nació,
para que reciba su derecho — de los infantes de Carrión.
Gran tuerto[9] le han hecho, — sabémoslo todos nos;
jueces sean de esto — los condes don Enrique e don Ramón,
e estos otros condes — que del bando[10] non sois.

---

[1] iglesia donde pasa la noche el Cid, fuera de Toledo
[2] con prestancia
[3] prudentemente
[4] los primos Enrique y Ramón de Borgoña, aquél Conde de Portugal y éste de Galicia, yernos del rey Alfonso VI
[5] el conde García Ordóñez, gobernador de Grañón (La Rioja), muy influyente en la corte y enemigo del Cid

[6] agradó
[7] Aquí la barba atada con un cordón era una precaución y casi desafío contra sus enemigos, que podían hacerle la afrenta de mesársela.
[8] equipo
[9] afrenta
[10] de Carrión

Todos considerad el caso, — ca sois conocedores,[11]
para escoger lo justo, — ca injusticia non mando yo.
De una y otra parte — en paz seamos hoy.
Juro por San Isidro, — el que perturbare mi corte
será echado del reino, — perderá mi amor.
Con el que tuviere derecho — yo de esa parte soy.
Agora demande — Mio Cid el Campeador,
sabremos qué responden — los infantes de Carrión.»
    Mio Cid la mano besó al rey — e en pie se levantó:
«Mucho vos lo agradezco — como a rey e a señor,
por cuanto esta corte — hicisteis por mi amor.
Esto les demando — a los infantes de Carrión:
porque a mis hijas dejaron — yo non he deshonor;
ca vos las casasteis, rey, — sabréis qué hacer hoy;
mas cuando sacaron a mis hijas — de Valencia la mayor,[12]
yo bien los quería — de alma e de corazón.
Les di dos espadas, — a Colada e a Tizón
—éstas yo las gané — a guisa de[13] varón,—
para que se honrasen con ellas — e vos sirviesen a vos;
cuando dejaron a mis hijas — en el robredo de Corpes,
conmigo non quisieron haber nada — e perdieron mi amor.
Denme mis espadas — puesto que ya mis yernos non son.»
    Así lo otorgan los jueces: — «Todo esto es razón.»
Dijo el conde don García: — «De esto hablemos nos.»
Entonces salieron aparte — los infantes de Carrión
con todos sus parientes — e los que del bando son;
aprisa lo iban tratando — e acuerdan esta razón:
«Aún gran favor nos hace — el Cid Campeador
cuando la deshonra de sus hijas — no nos demanda hoy;
bien nos avendremos — con el rey don Alfonso.
Démosle sus espadas, — puesto que en eso queda la petición,
e cuando las tuviere — se partirá la corte.
Ya non habrá más derecho — sobre nos el Cid Campeador.»
Con estas palabras — tornaron a la corte.
«¡Merced, oh rey don Alfonso, — sois nuestro señor!
No lo podemos negar, — ca dos espadas nos dio;
cuando las demanda — e de ellas ha sabor,[14]
dárselas queremos — delante estando vos.»
    Sacaron las espadas — Colada e Tizón,
pusiéronlas en mano — del rey su señor;
sacan las espadas — e relumbra toda la corte:
los pomos e los arriaces[15] — todos de oro son;
maravíllanse de ellas — los hombres buenos de la corte.
A Mio Cid llamó el rey, — las espadas le dio;
recibió las espadas, — las manos le besó;

---

[11] entendidos, expertos
[12] epíteto frecuente aplicado a la gran ciudad mora
[13] como corresponde a

[14] deseo
[15] gavilanes, los dos hierros cruzados en la empuña-
dura de la espada para proteger la mano y la cabeza

tornóse al escaño — de donde se levantó.
En las manos las tiene — e ambas las miró;
non se las pueden cambiar — ca del Cid bien conocidas son.
Alegrósele todo el cuerpo, — sonrióse de corazón,
alzando la mano, — la barba se cogió:
«Por esta barba — que nadie non mesó,
así se irán vengando — doña Elvira e doña Sol.»
A su sobrino don Pedro — por su nombre lo llamó,
extendió el brazo, — la espada Tizón le dio:
«Tomadla, sobrino, — ca mejora en señor.»
A Martín Antolínez, — el burgalés de pro,
entendió el brazo, — la espada Colada le dio:
«Martín Antolínez, — mi vasallo de pro,
tomad a Colada, — la gané de buen señor,
Ramón Berenguer — de Barcelona la mayor.
Por eso vos la doy — para que la guardéis vos.
Sé que si vos acaeciere — o viniere ocasión,
con ella ganaréis — gran prez[16] e gran valor.»
Besóle la mano, — la espada recibió.

[*Prosigue el juicio con las demás reclamaciones del Cid.*]

Petición de las hijas para los infantes de Aragón y Navarra

Reto contra los de Carrión

Así que acababan — esta razón,
he aquí dos caballeros — que entraron en la cort*e*;
al uno llaman Ojarra — e al otro Íñigo Jimenón;
el uno es del infante — de Navarra rogador,[1]
e el otro es — del infante de Aragón.
Besan las manos — al rey don Alfons*o*,
piden sus hijas — a Mio Cid el Campeador
para ser reinas — de Navarra e de Aragón,[2]
e que se las diesen — a honra e con bendición.[3]
A esto callaron — e toda la corte escuchó.
Levantóse en pie — Mio Cid el Campeador:
«¡Merced, rey Alfonso, — vos sois mi señor!
Gracias doy yo — al Criador,
cuando me las piden — de Navarra e de Aragón.
Vos las casasteis antes, — ca yo non,
ahí están mis hijas, — en vuestras manos son;
sin vuestro mandado — nada haré yo.»
Levantóse el rey, — hizo callar la cort*e*:
«Vos ruego, Cid, — cabal Campeador,
que aceptéis vos, — e lo otorgaré yo;

---

[16] honor, valía
[1] Véase p. 24, nota 27
[2] No llegaron a ser reinas. Una hija del Cid, Cristina, casó con Ramiro, infante de Navarra, y su hijo fue rey.

La otra, María, casó con el Conde de Barcelona, Ramón Berenguer III, sobrino del conde vencido por el Cid.

[3] en matrimonio honroso y como mujeres legítimas

este casamiento — hoy se otorgue en esta cort*e*,
ca vos crece en honra, — e tierra e honor.»[4]
Levantóse Mio Cid, — al rey las manos le besó;
«Si a vos place, — otórgolo yo, señor.»
Entonces dijo el rey: — «¡Dios vos dé por ello buen galardón!
A vos, Ojarra, — e a vos, Íñigo Jimenón,
este casamiento — vos lo otorgo yo
de las hijas de Mio Cid, — doña Elvira e doña Sol,
con los infantes — de Navarra e de Aragón;
que él vos las dé — a honra e con bendición.»
Levantóse en pie Ojarra — e Íñigo Jimenón,
besaron las manos — del rey don Alfonso,
e después las — de Mio Cid el Campeador;
se hicieron las promesas, — e los homenajes[5] dados son,
que como se ha dicho — así sea o mejor.
A muchos place — en toda esta cort*e*,
mas non place — a los infantes de Carrión.

   Minaya Álvar Fáñez — en pie se levantó:
«Merced vos pido — como a rey e a señor,
e que non pese esto — al Cid Campeador;
bien dejé de hablar — en toda esta cort*e*,
decir querría — algo de lo que sé yo.»
Dijo el rey: — «Pláceme de corazón.
Decid, Minaya, — todo lo que hubiereis sabor.»
—«Yo vos ruego — que me oigáis toda la cort*e*,
ca gran queja he — de los infantes de Carrión.
Yo les di mis primas — por mano del rey Alfons*o*,
ellos las tomaron — a honra e con bendición;
grandes haberes les dio — Mio Cid el Campeador,
ellos las han dejado — a pesar de nos.
Rétoles a los dos — por malos e por traidores.
Del linaje sois — de los de Beni-Gómez,[6]
de donde salieron condes — de prez e de valor;
mas bien sabemos — las costumbres que ellos han hoy.
Por esto agradezco — yo al Criador,
que pidan a mis primas, — doña Elvira e doña Sol,
los infantes — de Navarra e de Aragón;
antes las teníais — como mujeres legítimas las dos,
agora habréis de besar sus manos — e llamarlas señor;[7]
las habréis de servir — mal que vos pese a vos.
¡Gracias a Dios del cielo — e a aquel rey don Alfons*o*,
así crece la honra — a Mio Cid el Campeador!
De todas guisas[8] — tales sois cual digo yo;
si hay quien responda — o dice que no
yo soy Álvar Fáñez — para todo el mejor.»

---

[4] «rentas e honores», rentas y otros derechos feudales sobre territorios concedidos por el rey a cambio de ayuda militar

[5] juramento feudal que se hacía poniendo las manos entre las del que lo recibía

[6] «hijos de Gómez», según término tomado de los árabes. El antecesor, Gómez Díaz, fue un conde leonés del siglo X.

[7] aplicable, en este caso, a una mujer

[8] maneras

Gómez Peláez[9] — en pie se levantó:
«¿Qué vale, Minaya, — toda esa razón?
Ca en esta corte — hartos hay para vos,
e quien otra cosa dijese — sería de su mal ocasión.
Si Dios quisiere — que de ésta bien salgamos nos,
después veréis — qué dijisteis o qué no.»
Dijo el rey: — «Acabe esta discusión;
non diga ninguno — de ello más alegación.
Mañana sea la lid, — cuando saliere el sol,
de los tres contra tres — que se retaron en la corte.»
Luego hablaron — los infantes de Carrión:
«Dadnos más plazo, rey, — ca mañana non podremos nos.
Armas e caballos — dímoslos al Campeador;
antes habremos de ir nos — a tierras de Carrión.»
Se dirigió el rey — al Campeador:
«Sea esta lid — donde mandareis vos.»
Entonces dijo Mio Cid: — «No lo haré, señor;
más quiero ir a Valencia — que a tierras de Carrión.»
Entonces dijo el rey: — «Desde luego, Campeador.
Dadme a vuestros caballeros — con todas sus guarniciones;[10]
vayan ellos conmigo, — yo seré el protector.
Yo vos lo garantizo — como a buen vasallo hace el señor,
que non sufran violencia — de conde nin de infanzón.
Aquí les pongo plazo — desde esta mi corte
al cabo de tres semanas, — en las vegas de Carrión
que hagan esta lid — delante estando yo.
Quien non viniere al plazo — pierda la razón,[11]
sea declarado vencido — e quede por traidor.»
Recibieron el juicio — los infantes de Carrión.
Mio Cid al rey — las manos le besó:
«Estos tres caballeros míos — en vuestra mano son;
aquí vos los encomiendo — como a rey e a señor.
Ellos están preparados — para cumplir su misión;
honrados enviádmelos a Valencia, — por amor del Criador.»
Entonces repuso el rey: — «¡Así lo mande Dios!»
Allí se quitó el capillo[12] — el Cid Campeador,
la cofia[13] de hilo, — que blanca era como el sol,
e se soltó la barba[14] — e sacóla del cordón.
No se hartan de mirarle — cuantos en la corte son.
Dirigióse al conde don Enrique — e al conde don Ramón,
abrazólos con afecto — e ruégales de corazón
que tomen de sus riquezas — cuanto hubieren sabor.
A ésos e a los otros — que de buena parte son,
a todos les rogaba — que tomasen a su sabor;
unos hay que aceptan, — otros hay que non.

---

[9] uno del bando de Carrión
[10] armadura
[11] su derecho

[12] Puede ser el casco o un cubrecabeza de tela, pues el Cid no iba armado.
[13] gorra para recogerse el pelo
[14] por sentirse ya seguro de posible ultraje

Los doscientos marcos — al rey los perdonó;
de lo demás tanto tomó el rey — cuanto hubo sabor.
«Merced vos pido, rey, — por amor del Criador,
ya que todos estos negocios — así arreglados son,
beso vuestras manos — con vuestra gracia, señor,
e irme quiero para Valencia, — la que con afán gané yo.»

[*El Cid regresa a Valencia, mientras en Carrión se celebra la lid ante el rey y los infantes son vencidos por los caballeros del Cid.*]

CULMINACIÓN DE LA GLORIA DEL CID Y SU MUERTE

El rey a los de Mio Cid — de noche los envió,
que no los asaltasen — nin hubiesen pavor.
Como son prudentes — andan días e noches;
helos en Valencia — con Mio Cid el Campeador.
Por infames los dejaron — a los infantes de Carrión,
han cumplido el encargo — que les mandó su señor;
alegre fue de aquesto — Mio Cid el Campeador.
Grande es la deshonra — de los infantes de Carrión.
Quien a buena dueña escarnece — e la deja despuós,[1]
otro tal le acontezca — o aun sea peor.
Dejémonos de pleitos — con los infantes de Carrión,
de lo que han recibido — mucho han mal sabor;
hablemos nosotros de aqueste — que en buen hora nació.
Grandes son los gozos — en Valencia la mayor,
porque tan honrados — fueron los del Campeador.
Cogióse la barba — Ruy Díaz su señor:
«¡Gracias al rey del cielo, — mis hijas vengadas son!
Agora quedan ellas libres — de las heredades de Carrión.
Sin vergüenza las casaré, — que pese a unos o que non.»
Anduvieron en tratos — con los de Navarra e de Aragón,
hubieron una junta — con Alfonso el de León.
Hicieron sus casamientos — doña Elvira e doña Sol;
los primeros fueron grandes, — mas aquéstos mejores son;
a mayor honra las casa — de lo que primero fue*ron*.
Ved cómo la honra le crece — al que en buen hora nació,
cuando señoras son sus hijas — de Navarra e de Aragón.
Hoy los reyes de España — sus parientes son.
A todos alcanza honra — por el que en buen hora nació.
Pasado es de este mundo — Mio Cid, de Valencia señor,
el día de cincuesma.[2] — ¡De Cristo haya perdón!
¡Así sea con nosotros todos, — justos e pecadores!
Estas son las nuevas[3] — de Mio Cid el Campeador;
en este lugar — se acaba esta razón.

---

[1] después

[2] Pentecostés, 50 días después de la Pascua de Resurrección. El Cid murió en 1109, pero se ignora el día exacto.

[3] hechos famosos

SIGLO XIII

Gonzalo de Berceo

(¿1195-1265?)

Gonzalo de Berceo es el primer poeta castellano cuyo nombre conocemos, pero apenas se sabe de él poco más de lo que nos dice en sus obras: que era natural de Berceo (pequeño pueblo de La Rioja, entre Castilla la Vieja y Aragón), y que se educó y fue clérigo en el cercano monasterio benedictino de San Millán de la Cogolla. Se ignora cuándo nació y murió, pero su obra se produce en la primera mitad del siglo XIII.

Fue un poeta fecundo que compuso diez obras extensas de asunto religioso, de las que sólo algunas se han conservado. Entre ellas tres vidas de santos locales de su especial devoción (Santo Domingo de Silos, San Millán y Santa Oria); dos didácticas (*Los signos que aparecerán antes del Juicio* y *El Santo Sacrificio de la Misa*); poesías exaltadoras del culto a la Virgen María, bien en forma lírica (*Loores de Nuestra Señora*) o narrativa (*Los milagros de Nuestra Señora*). En todas sus obras empleó la cuaderna vía, estrofas de cuatro versos alejandrinos (14 sílabas) de rima uniforme, que era la forma métrica adoptada por los poetas letrados del «mester de clerecía», en contraste con la versificación irregular de los juglares épicos. Pero al mismo tiempo que medía cuidadosamente sus versos, Berceo quería que éstos fuesen para todos, como eran los poemas juglarescos, y se pudiesen también recitar en público. Para ello adopta un lenguaje popular, elimina los efectos retóricos de los libros en latín que le sirven de fuente, narra los hechos con sobrio realismo, algo prosaico a veces, pero sin faltarle las notas humorísticas. Era un modesto clérigo de poca erudición pero con un gran fervor religioso y afán de divulgar la cultura cristiana en una época de resurgimiento intelectual, cuando se fundan las primeras universidades y se crean nuevas órdenes monásticas. Frente a los héroes caballerescos de la época, él quería oponer los héroes de la vida religiosa, sintiéndose un «juglar a lo divino». Pero lo hace siempre con típico realismo castellano, combinando ingenuamente lo sobrenatural y lo cotidiano como dos aspectos integrantes de la creación divina.

Aquí damos una muestra de *Los milagros de Nuestra Señora*, su obra de más interés humano y poético. Es una serie de 25 relatos breves con milagros de la Virgen María como protectora de sus fieles. Uno de tantos libros medievales dedicados a exaltar el culto mariano en toda la Cristiandad, que ha sido especialmente popular siempre en España. Berceo traduce unos «exemplos» milagrosos del latín con gran fidelidad y escasa inventiva, pero les da actualidad de hechos vividos a fin de acercarlos a la mentalidad del pueblo. Los milagros son muy diversos, mas el tema inspirador es siempre el poder de la «Gloriosa» para salvar a sus devotos en situaciones difíciles, incluso cuando por debilidad humana o por la tentación del demonio han caído en pecado. Tal es el *milagro* que reproducimos del ladrón a quien la Virgen salva de la horca sosteniéndole los pies.

Como ilustración del sentimiento lírico de Berceo incluimos una buena parte de la celebrada «Introducción» a los *Milagros*. Frente al sobrio realismo narrativo de éstos, aquí Berceo expresa con gran emoción y belleza imaginativa toda la ternura que le inspira el amor divino, y su fina sensibilidad aparece al evocar un paisaje simbólico de gratos colores, sonidos y olores que viene a ser una transcripción humana del paraíso celestial.

TEXTO: GONZALO DE BERCEO, *Milagros de Nuestra Señora* (ed. Solalinde), «Clásicos Castellanos». Madrid, 1922.

MILAGROS DE NUESTRA SEÑORA

(1245-55)

INTRODUCCIÓN

Amigos e vasallos de Dios omnipotent,[1]
si vos me escuchaseis por vuestro consiment,[2]
querría vos contar un buen aveniment:[3]
tendréislo en cabo[4] por bueno verament.[5]

Yo, maestro[6] Gonzalo de Berceo nombrado,
yendo en romería me encontré en un prado
verde e bien crecido, de flores bien poblado,
lugar codiciadero para hombre cansado.

Daban olor extremado las flores bien olientes,
refrescaban en hombre las caras e las mientes,
manaban de cada canto fuentes claras corrientes,
en verano bien frías, en invierno calientes.

Había allí abundancia de buenas arboledas,
granados e higueras, peros e manzanedas,
e muchas otras frutas de diversas monedas;[7]
mas non había ningunas podridas nin acedas.

La verdura del prado, la olor de las flores,
las sombras de los árboles, de templados sabores
refrescáronme todo e perdí los sudores:

---

[1] La vocal final de «omnipotente» está apocopada, lo cual se repite en los versos siguientes.
[2] favor, benevolencia
[3] suceso
[4] al fin

[5] Berceo imita a menudo el estilo oral de los juglares dirigiéndose a unos supuestos oyentes, y es posible que sus versos edificantes fueran recitados en público.
[6] en el sentido eclesiástico de «maestro de confesión»
[7] precios, clases

podría vivir el hombre con aquellos olores.

    Nunca encontré en el mundo lugar tan deleitoso,
nin sombra tan templada ni[8] olor tan sabroso.
Descargué mi ropilla por yacer más vicioso,[9]
poséme a la sombra de un árbol hermoso.

    Yaciendo a la sombra perdí todos cuidados,
oí sones de aves dulces e modulados:
nunca oyeron hombres órganos más templados,
nin que formar pudiesen sones más acordados. [. . .][10]

    El prado que vos digo había otra bondad:
por calor nin por frío non perdía su beldad,
siempre estaba verde en su integridad,
non perdía la verdura por ninguna tempestad.

    En cuanto que fui en tierra acostado,
de todo el lacerio[11] fui luego aliviado:
olvidé toda cuita, el lacerio pasado.
¡Quien allí se morase[12] sería bien venturado!

    Los hombres e las aves cuantas acaecían,[13]
llevaban de las flores cuantas llevar querían;
mas mengua en el prado ninguna non hacían:
por una que llevaban, tres e cuatro nacían.

    Semeja este prado igual que el paraíso,
en que Dios tan gran gracia, tan gran bendición miso;[14]
el que crió tal cosa, maestro fue anviso:[15]
hombre que allí morase, nunca perdería el viso.[16]

    El fruto de los árboles era dulce e sabrido,[17]
si don[18] Adán hubiese de tal fruto comido,
de tan mala manera non sería decibido,[19]
nin tomarían tal daño Eva nin su marido.

    Señores e amigos, lo que dicho habemos,
palabra es oscura, exponerla queremos:
quitemos la corteza, al meollo entremos,
prendamos lo de dentro, lo de fuera dejemos.

    Todos cuantos vivimos que en piedes[20] andamos,
aunque en prisión o en lecho yagamos,
todos somos romeros que camino andamos:
san Pedro lo dice esto, por él vos lo probamos.

    Cuanto aquí vivimos, en ajeno moramos;
la estancia durable arriba la esperamos,
la nuestra romería entonces la acabamos
cuando a paraíso las almas enviamos.

---

[8] Berceo no suele usar sinalefa, por lo que el verso tiene 14 sílabas; se usan indistintamente las formas *no, non; ni, nin.*

[9] cómodo

[10] [*Siguen dos estrofas describiendo las cualidades musicales de las aves.*]

[11] sufrimiento

[12] viviese

[13] aparecían

[14] puso

[15] avisado, sabio

[16] compostura, serenidad

[17] sabroso (hoy sólo queda el contrario «desabrido»)

[18] señor (se aplicaba entonces incluso a personajes mitológicos)

[19] engañado

[20] pies

En esta romería habemos un buen prado,
en que halla refugio todo romero cansado,
la Virgen Gloriosa, madre del buen criado,[21]
del cual otro ninguno igual non fue encontrado.

Este prado fue siempre verde en honestad,[22]
ca[23] nunca hubo mácula la su virginidad,
post partum et in partu[24] fue Virgen de verdad,
ilesa, incorrupta en su integridad.

Las cuatro fuentes claras que del prado manaban,
los cuatro evangelios eso significaban,
ca los cuatro evangelistas que los dictaban,
cuando los escribían, con ella se hablaban. [. . .][25]

Arriba lo dijimos que eran los frutales[26]
en que hacían las aves los cantos generales,
los sus santos milagros grandes e principales,
los cuales entonamos en las fiestas capitales.

Quiero dejar con tanto las aves cantadores,[27]
las sombras e las aguas, las antedichas flores:
quiero de estos frutales, tan plenos de dulzores,
hacer unos pocos versos, amigos e señores.

Quiero en estos árboles un ratillo subir,
e de los sus milagros algunos escribir;
la Gloriosa me guíe que lo pueda cumplir,
ca yo non me atrevería en ello a venir.

Tendrélo por milagro que lo hace la Gloriosa,
si guiarme quisiere a mí en esta cosa:
madre plena de gracia, Reína[28] poderosa,
tú me guías en ello, ca eres piadosa.

En España deseo de luego[29] empezar:
en Toledo la magna, un afamado lugar,
ca non sé de cual cabo empiece a contar,
ca más son que arenas a orilla de la mar.

El ladrón devoto

Era un ladrón malo que más quería hurtar
que ir a la iglesia ni a puentes alzar:[1]
sabía con mal provecho[2] su casa gobernar,
uso malo que cogía non lo podía dejar.

Si hacía otros males, esto non lo leemos;
sería mal condenarlo por lo que non sabemos;

---

[21] Cristo
[22] honestidad, pureza
[23] pues
[24] despés del parto y en el parto
[25] [*Siguen 21 estrofas explicando el simbolismo religioso de los demás elementos naturales: árboles, flores, aves, etc.*]
[26] árboles frutales

[27] Los adjetivos en *-or* no solían tener femenino.
[28] acento procedente del latín *regina*
[29] inmediato
[1] construir
[2] El texto dice «porcalzo», palabra desconocida, quizá equivocada.

mas bástenos esto que dicho vos habemos:
si ál[3] hizo, perdónele Cristo en quien creemos.

    Entre las otras malas había una bondad
que le valió al cabo e diole salvedad:[4]
creía en la Gloriosa de toda voluntad,
saludábala siempre ante la su majestad.

    Decía Ave María e más de escritura,[5]
siempre se inclinaba ante la su figura;
decía Ave María e más de escritura,[6]
tenía su voluntad con esto más segura.

    Como quien en mal anda en mal ha de caer,
con hurto a este ladrón hubiéronlo de prender,
non hubo ningún concejo[7] con que se defender,
juzgaron que lo fuesen en la horca poner.

    Llevólo la justicia para la crucejada[8]
do estaba la horca por el concejo alzada,
cubriéronle los ojos con toca[9] bien atada,
alzáronlo de tierra con soga bien tirada.

    Alzáronlo de tierra cuanto alzar quisieron,
cuantos cerca estaban por muerto lo tuvieron:
si antes lo supiesen lo que después supieron,
no le hubieran hecho eso que le hicieron.

    La Madre Gloriosa, ducha de acorrer,[10]
que suele a sus siervos en las cuitas valer,
a este condenado quísole pro[11] tener,
recordó el servicio[12] que le solía hacer.

    Metióle so los piedes do estaba colgado
las sus manos preciosas; túvolo aliviado,
non se sintió de cosa ninguna embargado,[13]
non fue más gustoso nunca ni más pagado.[14]

    Ende[15] al día tercero vinieron los parientes,
vinieron los amigos e los sus conocientes,
venían por descolgarlo rascados[16] e dolientes;
estaba mejor la cosa que metían ellos mientes.[17]

    Halláronlo con alma alegre e sin daño,
non sería tan gustoso si yaciese en baño;
decía que so los piedes tenía un tal escaño,
non sentiría mal ninguno, si[18] colgase un año.

    Cuando lo entendieron los que lo ahorcaron
pensaron que el lazo falso se lo dejaron,
fueron arrepentidos que no lo degollaron;
tanto gozarían de eso cuanto después gozaron.

---

[3] otra cosa
[4] salvación
[5] las demás oraciones
[6] caso infrecuente de verso repetido
[7] organismo local, aquí como tribunal
[8] encrucijada, cruce de caminos
[9] paño de cabeza
[10] experimentada en socorrer
[11] provecho

[12] la adoración del creyente, igual que si fuera un servicio feudal del vasallo al señor, quien por ello quedaba obligado a protegerle
[13] abrumado
[14] satisfecho
[15] de allí
[16] con la cara arañada en señal de duelo
[17] de lo que ellos pensaban
[18] aunque

Fueron en un acuerdo toda esa mesnada,[19]
que fueron engañados en la mala lazada,
mas que lo degollasen con hoz o con espada;
por un ladrón non fuese tal villa deshonrada.

Fueron por degollarlo los mancebos más livianos,
con buenos serraniles[20] grandes e adianos.[21]
Metió Santa María entre medio las manos,
quedaron los gorgueros[22] de la goliella[23] sanos.

Cuando esto vieron que no lo podían herir,
que la Madre Gloriosa lo quería encubrir,
hubiéronse con tanto del pleito a partir;
hasta que Dios quisiese, dejáronlo vivir.

Dejáronlo en paz, que se fuese su vía,
ca ellos non querían ir contra Santa María.
Mejoró en su vida, apartóse de folía;[24]
cuando cumplió su curso[25] murióse de su día.

Madre tan piadosa de tal benignidad,
que en buenos e en malos hace su piedad,
debemos bendecirla de toda voluntad:
los que la bendijeron ganaron gran rictad.[26]

Las mañas[27] de la Madre y las del que parió
semejan bien iguales a quien bien las conoció:
Él por buenos e malos por todos descendió,
Ella si la rogaron, a todos acorrió.

---

[19] comunidad
[20] instrumento cortante (de sierra)
[21] valiosos, probados
[22] el interior de la garganta (palabra dudosa)
[23] cuello
[24] locuras
[25] vida
[26] riqueza
[27] poderes

SIGLO XIV

Don Juan Manuel

(1282-1348)

En la primera mitad del siglo XIV se destaca la figura del infante don Juan Manuel como uno de los magnates feudales más poderosos y uno de los prosistas más representativos de su tiempo. Era descendiente de reyes (su abuelo fue Fernando III el Santo y su tío Alfonso X el Sabio), infante de Castilla, señor de numerosos castillos y de una hueste feudal con la que intervino a menudo en las guerras del reino, tanto contra los moros como contra sus rivales cristianos, incluido el propio rey. Como escritor quiso dar expresión a los problemas prácticos y morales que planteaba la vida política, así como al ideal caballeresco de la nobleza que por entonces empezaba a dominar la sociedad a expensas de la corona.

A pesar de las muchas precauciones tomadas por don Juan Manuel para preservar sus obras, varias de ellas se han perdido, como la que trataba del arte de versificar; pero se conservan dos importantes sobre el ideal de vida caballeresco en el que se combinan las cualidades para el éxito material en este mundo con las virtudes cristianas para la salvación del alma en el otro. Una es el *Libro del caballero y el escudero*, dedicada a instruir a un joven sobre «qué cosa es la caballería» y sobre los fines para los que Dios creó el mundo, con cuyo motivo hace una demostración enciclopédica del saber de su época en teología, astronomía y ciencias naturales.

La otra obra es el *Libro de los Estados*, de mayor interés por su descripción de la sociedad feudal y de la función de sus clases componentes, así como por sus ideas sobre los principales problemas políticos y morales del día. La fórmula novelesca que don Juan Manuel usa es también interesante por indicar el fuerte influjo de la literatura oriental a través de las traducciones que se venían haciendo desde el siglo anterior bajo el estímulo de Alfonso X el Sabio. Sin embargo, el elemento novelesco está poco desarrollado en este tratado práctico de gobierno.

Donde el arte novelístico de don Juan Manuel alcanza más importancia es en una obrita maestra, *El Conde Lucanor*, colección de 50 «exemplos» o cuentos breves acabada en 1335. Es una de las primeras manifestaciones de la narración novelesca en Europa y un interesante ejemplo del cruce de elementos orientales y occidentales que ofrece la literatura medieval española. Su estructura formal, procedente de las narraciones orientales, es la de un marco unificador dentro del cual se insertan unos relatos inconexos. Aquí el marco

41

lo constituye el diálogo entre el conde Lucanor y su ayo Patronio sobre la conducta a seguir en casos difíciles. El ayo ilustra su respuesta a la consulta del señor con una fábula de animales, un cuento o apólogo ejemplarizador, cuya moraleja se resume al final en un par de versos bastante prosaicos. Los temas son muy variados, pero el objetivo principal es ilustrar las malas cualidades del hombre contra las que es preciso estar prevenido: envidia, avaricia, ingratitud, hipocresía, maledicencia, soberbia, etc. Es una guía práctica de la conducta en que incluso se recomienda el disimulo y la desconfianza como medios de triunfar en la vida, con una moral derivada de las obras orientales más que de la ética cristiana o caballeresca.

Muy variadas son también las fuentes que utiliza el autor del *Conde Lucanor*. Unas son orientales, como el *Calila y Dimna* y la tradición oral de la España musulmana, a la cual pertenecen los *exemplos* de «Doña Truhana» y «Don Illán, el mago de Toledo». Otras fuentes son clásicas, especialmente las fábulas de Esopo y Fedro, que circulaban mucho en colecciones latinas para uso de predicadores. También utiliza casos ejemplares de la historia española, tanto cristiana como árabe, y de la extranjera.

Aparte de su valor histórico, el *Conde Lucanor* tiene el mérito literario de pintar la naturaleza humana con gran expresividad y fina ironía, en un estilo claro y conciso. La mayor novedad de los cuentos que recoge está en la nota personal que pone en ellos, animándolos con observaciones propias y cuidando el estilo con un sentido artístico que ningún prosista había tenido todavía en castellano. También en su prosa se advierte una doble influencia: la de las obras didáctico-morales que se venían componiendo en castellano desde el siglo anterior y de las obras orientales, con sus oraciones simples enlazadas por repetidas conjunciones y sin complicaciones retóricas.

TEXTO: DON JUAN MANUEL, *El Conde Lucanor* (ed. A. González Palencia), «Clásicos Ebro». Zaragoza, 1962.

LIBRO DEL CONDE LUCANOR

EXEMPLO DE LO QUE ACONTECIÓ A UNA MUJER QUE LLAMABAN DOÑA TRUHANA

Otra vez hablaba el conde Lucanor con Patronio en esta guisa:[1]

—Patronio, un hombre me dijo una razón e mostróme la manera cómo podría ser. E bien vos digo que tantas maneras de aprovechamiento hay en ella que, si Dios quiere que se haga así como él me dijo, que sería mucho mi pro,[2] ca tantas cosas son que nacen las unas de las otras que al cabo es muy gran hecho[3] además.

E contó a Patronio la manera cómo podría ser. Desque[4] Patronio escuchó aquellas

---

[1] manera
[2] provecho
[3] negocio
[4] cuando

razones, respondió al conde de esta manera:

—Señor conde Lucanor, siempre oí decir que era buen seso atenerse uno a las cosas ciertas e non a las vanas esperanzas, que muchas veces a los que se atienen a las esperanzas acontéceles lo que aconteció a doña Truhana.

E el conde preguntó cómo fuera aquello.

—Señor conde —dijo Patronio—, una mujer fue que tenía por nombre doña Truhana e era asaz[5] más pobre que rica; e un día iba al mercado e llevaba una olla de miel en la cabeza. E yendo por el camino comenzó a pensar que vendería aquella olla de miel e que compraría una partida de huevos, e de aquellos huevos nacerían gallinas e después de aquellos dineros que valdrían compraría ovejas, e así fue comprando de las ganancias que hacía hasta que hallóse más rica que ninguna de sus vecinas.

E con aquella riqueza que ella cuidaba[6] que había[7] estimó cómo casaría sus hijos e sus hijas, e cómo iría acompañada por la calle con yernos e con nueras, e cómo dirían por ella de su buena ventura en llegar a tan gran riqueza, siendo tan pobre como solía ser.

E pensando en esto comenzó a reír con gran placer que había de la su buena andanza,[8] e en riendo dio con la mano en su frente; entonces cayó la olla de miel en tierra e quebróse. Cuando vio la olla quebrada, comenzó a hacer muy gran duelo teniendo como perdido todo lo que cuidaba que habría si la olla non le quebrara. E porque puso todo su pensamiento en una confianza vana, non se hizo al cabo nada de lo que ella cuidaba.

E vos, señor conde, si queréis que lo que vos dijeren e lo que vos cuidéis sea todo cosa cierta, creed e cuidad siempre todas las cosas tales que sean razonables e non esperanzas dudosas e vanas. E si las quisiereis probar, guardadvos que non aventuréis; non pongáis de lo vuestro cosa que vos estiméis por confiar en la pro de lo que non sois cierto.

Al conde plugo[9] lo que Patronio le dijo, e hízolo así e hallóse ende[10] bien.

E porque don Juan gustó de este exemplo, hízolo poner en este libro e hizo estos versos:

A las cosas ciertas vos encomendad
e de las esperanzas vanas vos dejad.

EXEMPLO DE LO QUE ACONTECIÓ A UN DEÁN DE SANTIAGO CON DON ILLÁN, EL MAGO DE TOLEDO

Otro día hablaba el conde Lucanor con Patronio e contaban su negocio en esta guisa:

—Patronio, un hombre vino a rogarme que le ayudase en un hecho[1] para el que había menester mi ayuda, e prometióme que haría por mí todas las cosas que fuesen mi pro e mi honra. E yo comencé a ayudarle cuanto pude en aquel hecho. E antes que el pleito fuese acabado, teniendo él que ya su pleito era librado,[2] acaeció una cosa en que cumplía[3] que la hiciese por mí e roguéle que la hiciese e él púsome excusa. E después acaeció otra cosa que pudiera hacer por mí e púsome excusa como a la otra; e esto me hizo en todo lo que le rogué que hiciese por mí. E aquel hecho por el que me rogó non es aún librado, nin se librará si yo non quisiere. E por la confianza que yo he en vos e en el vuestro entendimiento, ruégovos que me aconsejéis lo que haga en esto.

—Señor conde —dijo Patronio—, para que vos hagáis en esto lo que vos debéis, mucho querría que supieseis lo que aconteció a un deán de Santiago con don Illán, el gran maestro[4] que moraba[5] en Toledo.

El conde le preguntó cómo fuera aquello.

—Señor conde —dijo Patronio—, en Santiago había un deán que había muy gran talante[6] de saber el arte de la nigromancia, e oyó decir que don Illán de Toledo sabía ende[7]

---

[5] bastante
[6] pensaba
[7] usado como verbo principal («tenía»)
[8] suerte
[9] gustó
[10] con ello

[1] asunto
[2] resuelto
[3] correspondía, era justo
[4] mago
[5] vivía
[6] voluntad, deseo
[7] de esto

más que ninguno que fuese en aquella sazón;[8] e por ende vínose a Toledo para aprender de aquella ciencia. E el día en que llegó a Toledo aderezó[9] luego[10] a casa de don Illán e hallólo que estaba leyendo en una cámara[11] muy apartada; e luego que llegó a él, recibióle muy bien e díjole que non quería que le dijese ninguna cosa de por qué venía hasta que hubiese comido. E lo trató muy bien, dándole muy buenas posadas[12] e todo lo que hubo menester, e diole a entender que le placía mucho con su venida.

E después que hubieron comido, apartóse con él e contóle la razón porque allí viniera, e rogóle muy ahincadamente que le mostrase aquella ciencia, e que él había muy gran talante de aprender. E don Illán díjole que él era deán e hombre de gran guisa[13] e que podía llegar a gran estado, e los hombres que gran estado tienen, de que todo lo suyo han librado a su voluntad, olvidan muy aína[14] lo que otro ha hecho por ellos; e que él se recelaba que, después que él hubiese aprendido de él aquello que quería saber, non le haría tanto bien como él le prometía. E el deán le prometió e le aseguró que de cualquier bien que él hubiese que nunca haría sinon lo que él mandase.

E en estas fablas[15] estuvieron desde que hubieron yantado[16] hasta que fue hora de cena. Cuando su pleito fue bien arreglado entre ellos, dijo don Illán al deán que aquella ciencia non se podía aprender sinon en lugar muy apartado e que luego esa noche le quería demostrar dó habían de estar hasta que hubiese aprendido aquello que quería saber. E tomóle por la mano e llevóle a una cámara. E en apartándose de la otra gente llamó a una manceba[17] de su casa e díjole que tuviese perdices para que cenasen esa noche, mas que non las pusiese a asar hasta que él se lo mandase.

E desque[18] esto hubo dicho, llamó al deán e entraron ambos por una escalera de piedra muy bien labrada e fueron descendiendo por ella muy gran pieza,[19] en guisa que parecía que estaban tan bajos que pasaba el río Tajo[20] por encima de ellos. E desque fueron al cabo de la escalera hallaron una posada muy buena e una cámara muy bien puesta[21] que allí había, do estaban los libros e el estudio en que habían de leer. De que[18] se sentaron estaban parando mientes en[22] cuáles libros habían de comenzar. E estando ellos en esto entraron dos hombres por la puerta e diéronle una carta que le enviaba el arzobispo, su tío, en que le hacía saber que estaba muy mal doliente[23] e que le enviaba rogar que si le quería ver vivo que se fuese luego para él. E al deán le pesó mucho con estas nuevas,[24] lo uno por la dolencia de su tío e lo otro porque receló que había de dejar su estudio que había comenzado. Pero puso en su corazón de non dejar aquel estudio tan aína e hizo sus cartas de respuesta e enviólas al arzobispo su tío.

E dende[25] a tres o cuatro días llegaron otros hombres a pie que traían otras cartas al deán en que le hacían saber que el arzobispo era finado, e que estaban todos los de la iglesia en favor de su elección e que fiaban en la merced de Dios que elegirían a él, e por esta razón que non se molestase en ir a la iglesia, ca mejor era para él que le eligiesen siendo en otra parte que non estando en la iglesia.

E dende a cabo de siete o de ocho días vinieron dos escuderos muy bien vestidos e muy bien aparejados[26] e cuando llegaron a él besáronle la mano e mostráronle las cartas en

---

[8] tiempo
[9] se dirigió
[10] en seguida
[11] sala
[12] alojamiento
[13] calidad
[14] presto
[15] conversación
[16] comido (a mediodía)
[17] sirvienta

[18] luego que
[19] rato
[20] río que pasa por Toledo y desemboca en Lisboa
[21] amueblada
[22] considerando
[23] enfermo
[24] noticias
[25] de allí
[26] equipados (con armas, caballos y arreos de montar)

que le habían elegido por arzobispo. Cuando don Illán esto oyó fue al electo e díjole cómo agradecía mucho a Dios que estas buenas nuevas le llegaron a su casa, e pues Dios tanto bien le hiciera que le pedía por merced que el deanazgo[27] que quedaba vacante se lo diese a un su hijo. E el electo díjole que le rogaba que quisiese consentir que aquel deanazgo lo hubiese un su hermano, mas que él le haría bien de guisa que él fuese pagado,[28] e que rogaba que fuese con él para Santiago e que llevase aquel su hijo. Don Illán dijo que lo haría.

Fuéronse para Santiago. Cuando allí llegaron fueron muy bien recibidos e muy honradamente. E desque moraron allí algún tiempo, un día llegaron al arzobispo mandaderos[29] del Papa con sus cartas en que le daba el obispado de Tolosa,[30] e que le autorizaba que pudiese dar el arzobispado a quien quisiese. Cuando don Illán oyó esto, repitiéndole al arzobispo muy ahincadamente lo que con él había pasado,[31] pidióle merced que lo diese a su hijo; e el arzobispo le rogó que consintiese que lo hubiese un su tío, hermano de su padre; e don Illán dijo que bien entendía que le hacía gran tuerto,[32] pero que esto lo consentía con tal que fuese seguro que se lo enmendaría en adelante. E el arzobispo le prometió en toda guisa[33] que lo haría así e rogóle que fuere con él a Tolosa e que llevase su hijo.

E desque llegaron a Tolosa fueron muy bien recibidos de condes e de cuantos hombres buenos[34] había en la tierra. E desque hubieron morado allí hasta dos años, llegaron los mandaderos del Papa con sus cartas en que le hacía el Papa cardenal e le autorizaba que diese el obispado de Tolosa a quien quisiese. Entonces fue a él don Illán e díjole que, pues tantas veces le había fallado en lo que con él tratara, que ya non había lugar de poner excusa ninguna para no darle alguna

de aquellas dignidades a su hijo. El cardenal rogóle que le consintiese que hubiese aquel obispado un su tío, hermano de su madre, que era hombre bueno anciano; mas que pues él cardenal era, que se fuese con él para la corte,[35] que asaz habría en que hacerle bien. E don Illán quejóse ende mucho, pero consintió en lo que el cardenal quiso e fuese con él para la corte.

E desque allí llegaron, fueron bien recibidos de los cardenales e de cuantos en la corte eran e allí moraron muy gran tiempo. E don Illán instando cada día al cardenal que hiciese alguna gracia a su hijo e él poníale sus excusas.

E estando así en la corte finó[36] el Papa, e todos los cardenales eligieron aquel cardenal por Papa. Entonces fue a él don Illán e díjole que ya non podía poner excusa de non cumplir lo que le había prometido. El Papa le dijo que non le ahincase[37] tanto, que siempre habría lugar de hacerle merced según fuese razón. E don Illán se comenzó a quejar mucho, recordándole cuántas cosas le prometiera e que nunca le había cumplido ninguna, e diciéndole que aquello recelaba la primera vez que con él hablara, e pues aquel estado era llegado e non le cumplía lo que le prometiera, que ya non le quedaba lugar a esperar de él bien ninguno. De esta queja se quejó mucho el Papa, comenzóle a maltraer diciéndole que si más le ahincase que le haría meter en una cárcel, que era hereje e encantador, que bien sabía que non había otra vida nin otro oficio en Toledo, do él moraba, sinon vivir por aquella arte de nigromancia.

Desque don Illán vio cuán mal le galardonaba[38] el Papa lo que por él había hecho, despidióse de él e non le quiso dar el Papa siquiera que comiese por el camino. E entonces don Illán dijo al Papa que pues otra cosa non tenía de comer, que se habría de

---

[27] deanato (cargo de deán)
[28] satisfecho
[29] enviados, representantes
[30] Toulouse, capital del Languedoc, al sureste de Francia, muy importante en la vida eclesiástica de la Edad Media
[31] tratado

[32] injusticia
[33] muy de veras
[34] principales
[35] la corte pontificia
[36] murió
[37] apretase, instase
[38] pagaba

tornar a las perdices que mandara asar aquella noche, e llamó a la mujer e díjole que asase las perdices.

Cuando esto dijo don Illán, hallóse el Papa en Toledo, deán de Santiago, como lo era cuando allí vino, e tan grande fue la vergüenza que hubo que non supo qué decir. E don Illán díjole que se fuese en buena ventura e que bastante había probado lo que tenía en él e que tendría por muy mal empleado si comiese su parte de las perdices.

E vos, señor conde Lucanor, pues veis que tanto hacéis por aquel hombre que vos demanda ayuda e non vos da por ello mejores gracias, creo que non habéis por qué trabajar ni aventurarvos mucho porque llegue a lugar en que vos dé tal galardón como el deán dio a don Illán.

El conde tuvo esto por buen consejo, e hízolo así e hallóse ende bien.

E porque entendió don Juan que era éste muy buen exemplo, hízolo poner en este libro e hizo estos versos que dicen así:

Del que mucho ayudares e non te lo reconociere,
menos ayuda habrás desque a gran honra subiere.

EXEMPLO DE LO QUE ACONTECIÓ A UN RAPOSO[1] QUE SE TENDIÓ EN LA CALLE E SE HIZO MUERTO

Otra vez hablaba el conde Lucanor con Patronio, su consejero, e díjole así:

—Patronio, un pariente mío vive en una tierra do non ha tanto poder que pueda evitar cuantos agravios le hacen, e los que han poder en la tierra querrían muy de grado[2] que hiciese él alguna cosa por la que hubiesen achaque para ser contra él. E aquel mío pariente ve que le es muy grave cosa de sufrir aquellos atropellos que le hacen, e querría aventurarlo todo antes que sufrir tanto pesar de cada día. E porque yo querría que él acertase en lo mejor, ruégovos que me digáis en qué manera le aconseje porque pase lo mejor que pudiere en aquella tierra.

—Señor conde Lucanor —dijo Patronio—, para que vos le podáis aconsejar en esto, me placería que supieseis lo que aconteció una vez a un raposo que se hizo muerto.

El conde le preguntó cómo fuera aquello.

—Señor conde —dijo Patronio—, un raposo entró una noche en un corral do había gallinas e, andando ocupado con las gallinas, cuando él cuidó que se podría ir, era ya de día e las gentes andaban ya todas por las calles. E desque él vio que non se podía esconder, salió escondidamente a la calle e tendióse así como si fuese muerto.

E cuando las gentes lo vieron cuidaron que era muerto, e no cató ninguno por él.[3]

E al cabo de una pieza[4] pasó por allí un hombre e dijo que los cabellos de la frente del raposo eran buenos para poner en la frente de los mozos pequeños para que non los aojen.[5] E trasquiló con unas tijeras los cabellos de la frente del raposo.

E después vino otro e dijo eso mismo de los cabellos del lomo; e otro, de las ijadas. E tanto dijeron esto hasta que lo trasquilaron todo. E a todo esto, nunca se movió el raposo porque entendía que non le hacía daño perder aquellos cabellos.

E después vino otro e dijo que la uña del pulgar del raposo era buena para curarse de los panadizos[6] e sacósela. E el raposo non se movió.

E después vino otro que dijo que el diente del raposo era bueno para el dolor de los dientes e sacóselo. E el raposo non se movió.

E después al cabo de otra pieza, vino otro que dijo que el corazón era bueno para el dolor del corazón, e metió mano a un cuchillo para sacarle el corazón. E el raposo vio que le querían sacar el corazón e que si se lo sacasen non era cosa que se pudiese cobrar,[7] e que la vida era perdida, e pensó que era mejor aventurarse a cualquier cosa que le pudiese venir que sufrir cosa por la que perdiese todo. E aventuróse e pugnó por librarse, e escapó muy bien.

---

[1] zorro
[2] con gusto
[3] nadie se ocupó de él
[4] rato

[5] les echen mal de ojo
[6] inflamación de los dedos
[7] recuperar

E vos, señor conde, aconsejad a aquel vuestro pariente que si Dios le echó en tierra do non puede evitar lo que le hacen como él querría o como le convendría, que en cuanto las cosas que le hicieren fueren tales que se puedan sufrir sin gran daño e sin gran mengua, que dé a entender que non se siente de ello e que les dé pasada;[8] ca en cuanto da uno a entender que non se tiene por maltrecho de lo que contra él han hecho, non está tan avergonzado, mas desque da a entender que se tiene por maltrecho de lo que ha recibido, si en adelante non hace todo lo que debe por non quedar menguado,[9] non está tan bien como antes. E por ende a las cosas pasaderas, pues non se pueden evitar como deben, es mejor darles pasada, mas si llegare el hecho a alguna cosa que sea gran daño o gran mengua, entonces que se aventure e non lo sufra, ca mejor es la pérdida o la muerte, defendiendo uno su derecho o su honra e su estado, que vivir pasando en estas cosas mal e deshonradamente.

El conde tuvo éste por buen consejo.

E don Juan hízolo escribir en este libro, e hizo estos versos que dicen así:

Sufre las cosas en cuanto debieres.
Evita las otras en cuanto pudieres.

EXEMPLO DE LO QUE ACONTECIÓ A UN MANCEBO QUE CASÓ CON UNA MUJER MUY BRAVA[1]

Otra vez hablaba el conde Lucanor con Patronio e díjole:

—Patronio, un mío criado[2] me dijo que trataban de casarle con una mujer muy rica, e aunque es más honrada[3] que él, e que es el casamiento muy bueno para él sinon por un embargo[4] que hay, y el embargo es éste: que le dijeron que aquella mujer era la más fuerte[5] e más brava cosa del mundo. E agora[6] ruégovos que me aconsejéis si mandarle que case con aquella mujer, pues sabe de cuál manera es, o si le mandaré que non lo haga.

—Señor conde —dijo Patronio—, si él fuera tal como fue un hijo de un hombre bueno[7] que era moro, aconsejadle que se case con ella, mas si non fuese tal, non se lo aconsejéis.

El conde le rogó que dijese cómo fuera aquello.

Patronio le dijo que en una villa había un hombre bueno que había un hijo, el mejor mancebo que podía ser, mas non era tan rico que pudiese cumplir tantos hechos e tan grandes como su corazón le daba a entender que debía cumplir. E por esto era él en gran cuidado,[8] ca había la buena voluntad e non había el poder.

E en aquella villa misma había otro hombre más honrado[9] e más rico que su padre, e tenía una hija non más, e era muy contraria de aquel mancebo, ca cuanto aquel mancebo había de buenas maneras tanto las había aquella hija del hombre bueno de malas e revesadas;[10] e por ende ningún hombre del mundo quería casar con aquel diablo.

E aquel tan buen mancebo vino un día a su padre e díjole que bien sabía que él non era tan rico que pudiese darle con que él pudiese vivir a su honra, e que pues debería hacer vida menguada[11] e lacerada[12] o irse de aquella tierra, que si él por bien lo tuviese que le parecía mejor seso[13] buscar algún casamiento con que pudiese haber alguna pasada.[14] E el padre le dijo que le placía mucho si pudiese hallar para él casamiento que le conviniese.

E entonces le dijo el hijo que, si él quisiese, que podría guisar[15] que aquel

---

[8] las deje pasar, las disimule
[9] perjudicado
[1] fiera
[2] deudo o sujeto criado bajo la autoridad feudal del señor
[3] noble
[4] inconveniente
[5] dura, arisca
[6] ahora

[7] de buena clase o posición (es cualidad social, no moral)
[8] preocupación
[9] principal
[10] torcidas, aviesas
[11] modesta
[12] penosa
[13] más sensato
[14] medio de pasar la vida
[15] arreglar

hombre bueno que había aquella hija que se la diese para él. Cuando el padre esto oyó, fue maravillado e díjole que cómo cuidaba en tal cosa, que non había hombre que la conociese que por pobre que fuese quisiese casar con ella. El hijo le dijo que le pedía por merced que guisase aquel casamiento. E tanto insistió que, aunque el padre lo tuvo por extraño, se lo otorgó.

E el padre fuese luego para aquel hombre bueno, que ambos eran muy amigos, e díjole todo lo que pasara con su hijo e rogóle que, pues su hijo se atrevía a casar con su hija, que le pluguiese que se la diese para él. E cuando el hombre bueno esto oyó a aquel su amigo díjole:

—Por Dios, amigo, si yo tal cosa hiciese vos sería ya muy falso amigo, ca vos habéis muy buen hijo e me parecería que hacía muy gran maldad si yo consintiese su mal nin su muerte; e soy cierto que, si con mi hija casase, que o sería muerto o le valdría más la muerte que la vida; e non entendáis que vos digo esto por non cumplir vuestro talante, ca si la quisiereis, a mí mucho me place de la dar a vuestro hijo o a quienquiera que me la saque de casa.

E el su amigo le dijo que le agradecía mucho cuanto le decía, e que pues su hijo quería aquel casamiento que le rogaba que lo aprobase.

E el casamiento se hizo, e llevaron la novia a casa de su marido. E los moros han por costumbre preparar la cena a los novios e pónenles la mesa e déjanlos en su casa hasta otro día. E aquéllos lo hicieron así; pero estaban los padres e las madres e los parientes del novio e de la novia con gran recelo, cuidando que otro día hallarían al novio muerto o muy maltrecho.

E luego que ellos se quedaron solos en casa, sentáronse a la mesa, e antes que ella hubiese a decir cosa, miró el novio en derredor de la mesa e vio un perro e díjole ya muy bravamente:[16]

—¡Perro, danos agua a las manos!

E el perro non lo hizo. E él comenzóse a ensañar[17] e díjole más bravamente que les diese agua a las manos. E el perro non lo hizo. E cuando vio que non lo hacía, levantóse muy sañudo de la mesa e metió mano a la espada e se dirigió al perro. Cuando el perro lo vio venir contra sí comenzó a huir e él en pos, saltando ambos por la ropa e por la mesa e por el fuego, e tanto anduvo en pos de él hasta que lo alcanzó e cortóle la cabeza e las piernas e los brazos, e hízolo todo pedazos e ensangrentó toda la casa e toda la mesa e la ropa.

E así muy sañudo e todo ensangrentado tornóse a sentar a la mesa e miró en derredor e vio un gato e díjole que le diese agua a las manos, e porque non lo hizo díjole:

—¿Cómo, don falso traidor, e non vistes lo que hice al perro porque non quiso hacer lo que le mandé yo? Prometo a Dios que, si poco sin más[18] conmigo porfías, que eso mismo haré a ti que al perro.

El gato non lo hizo, ca tampoco es su costumbre dar agua a las manos, como non lo es del perro. E porque non lo hizo, levantóse e tomólo por las piernas e dio con él a la pared e hizo de él más de cien pedazos, e mostrándole mucha mayor saña que contra el perro.

E así bravo e sañudo e haciendo muy malos gestos, tornóse a la mesa e miró a todas partes. La mujer que le vio esto hacer pensó que estaba loco o fuera de seso e non decía nada.

E desque hubo mirado a cada parte e vio un caballo que había en casa (e él non había más de aquél), díjole muy bravamente que les diese agua a las manos; e el caballo non lo hizo. E desque vio que non lo hizo, díjole:

—¿Cómo, don caballo, cuidáis que porque non he otro caballo, que por eso vos dejaré si non hiciereis lo que yo vos mandare? De eso vos guardad, que si por vuestra mala ventura non hiciereis lo que yo mandare, yo juro a Dios que tan mala muerte vos dé como a los otros. E non hay cosa viva en el mundo que si no hace lo que yo mandare, que eso mismo non le haga.

El caballo estuvo quedo. E desque vio

---

[16] furiosamente
[17] enfurecer

[18] si un poco no más

que non hacía su mandado, fue a él e cortóle la cabeza con la mayor saña que podía mostrar e despedazólo todo.

E cuando la mujer vio que mataba el caballo, non habiendo otro, e que decía que esto haría a quienquiera que su mandado non cumpliese, pensó que esto ya non se hacía por juego, e hubo tan gran miedo que non sabía si era muerta o viva.

E él así bravo e sañudo e ensangrentado tornóse a la mesa, jurando que si mil caballos e hombres e mujeres hubiese en casa que desobedeciesen su mandado, que todos serían muertos. E sentóse e miró a cada parte teniendo la espada sangrienta en el regazo; e desque miró a una parte e a otra e non vio cosa viva, volvió los ojos contra su mujer muy bravamente e díjole con gran saña, teniendo la espada en la mano:

—Levantadvos e dadme agua a las manos.

La mujer que non esperaba otra cosa sinon que la despedazaría toda, levantóse muy aprisa e diole agua a las manos. E díjole él:

—¡Ah, cómo agradezco a Dios que hiciste lo que vos mandé, ca de otra guisa, por el pesar que estos locos me hicieron, eso mismo hubiera hecho a vos que a ellos!

E después mandóle que le diese de comer, e ella hízolo.

E cada [vez] que le decía alguna cosa, tan bravamente se lo decía e con tal son, que ella ya cuidaba que la cabeza era ida del polvo.[19]

E así pasó el hecho entre ellos aquella noche, que nunca ella habló, mas hacía lo que él mandaba. E desque hubieron dormido una pieza, díjole él:

—Con esta saña que hube esta noche non pude bien dormir. Mirad que non me despierte mañana ninguno e tenedme bien adobado[20] de comer.

E cuando fue gran mañana,[21] los padres e las madres e parientes llegaron a la puerta, e porque non hablaba ninguno cuidaron que el novio estaba muerto o herido. E desque vieron por entre las puertas a la novia e non al novio cuidáronlo más.

E cuando ella los vio a la puerta llegó muy paso[22] e con gran miedo e comenzóles a decir:

—Locos traidores, ¿qué hacéis? ¿Cómo osáis llegar a la puerta nin hablar? ¡Callad!, si non todos, también vos como yo, todos somos muertos.

E cuando todos esto oyeron, fueron maravillados e desque supieron cómo pasaron la noche, apreciaron mucho al mancebo porque así supiera hacer lo que le cumplía e enseñar tan bien a su casa.

E de aquel día adelante, fue aquella su mujer muy bien mandada e hubieron muy buena vida.

E dende[23] a pocos días su suegro quiso hacer así como hiciera su yerno, e por aquella manera mató un gallo, e díjole su mujer:

—A la fe,[24] don Fulano, tarde vos acordaste, ca ya non vos valdría nada si mataseis cien caballos, que antes lo hubierais a comenzar, ca ya bien nos conocemos.

E vos, señor conde, si aquel vuestro criado quiere casar con tal mujer, si fuere él tal como aquel mancebo, aconsejadle que se case con toda seguridad, ca él sabrá cómo pasa en su casa; mas si non fuere tal que entienda lo que debe hacer e lo que le cumpla, dejadle pase su ventura.[25] E aun aconsejo a vos que con todos los hombres que hubiereis de tratar, que siempre les deis a entender en cuál manera han de obrar con vos.

El conde tuvo éste por buen consejo, e hízolo así e hallóse ende bien.

E porque don Juan lo tuvo por buen exemplo, hízolo escribir en este libro, e hizo estos versos que dicen así:

Si al comienzo non muestras quién eres,
nunca podrás después cuando quisieres.

---

[19] la tenía cortada (en el suelo)
[20] preparado
[21] ya entrada la mañana
[22] sigilosamente

[23] de allí
[24] en verdad
[25] siga su suerte o destino

Juan Ruiz, Arcipreste de Hita

(¿1283-1350?)

Por su originalidad y mérito literario, el *Libro de Buen Amor* es la obra cumbre de la poesía medieval española y su autor el primer gran poeta que produce España. Su originalidad no reside en la materia literaria misma, que Juan Ruiz suele tomar de diversas fuentes latinas y medievales, sino en la manera tan personal de tratarla, poniendo él su propia gracia narrativa y su experiencia de la gente y del ambiente castellanos. La personalidad del autor es el elemento sobresaliente y unificador de esta obra compleja, multiforme. Pero de él sólo sabemos los pocos datos que nos da en su libro, compuesto en forma autobiográfica y con un expresivo retrato del autor-protagonista como hombre corpulento, sensual y sanguíneo que puede ser una mezcla de ficción literaria y de realidad. Parece ser que nació en Alcalá de Henares (cerca de Madrid), que fue arcipreste en Hita (Guadalajara) y que estuvo encarcelado trece años en Toledo por orden eclesiástica. Se desconocen las causas de tal encarcelamiento, contra el que protesta vehementemente como inmerecido y del que culpa a sus calumniadores. Es posible que parte al menos del *Libro de Buen Amor* lo escribiese en la prisión.

La personalidad del Arcipreste que emana del libro es la de un hombre alegre, aficionado al amor mundano y al goce de la vida; tolerante de las flaquezas humanas y más dispuesto a reírse de ellas con historias divertidas que a condenarlas con sermones graves; excelente observador de la «comedia humana» y bien dotado para describirla con espontaneidad y vigor. Era un clérigo culto pero de gustos populares; moralista cristiano deseoso de enseñar el bien a los demás, pero también poeta y humorista inclinado a burlarse un poco de todo.

El *Libro de Buen Amor*, compuesto en 1330 (con adiciones importantes en 1343), está animado del propósito didáctico-moral que caracteriza a casi toda la literatura medieval, pero lo que presenta es un vasto cuadro satírico de la sociedad contemporánea, con tan buen humor y gozo vital que se ha dudado de la seria intención moralista del autor. La interpretación del *Libro* ha suscitado largas controversias, aceptándose por unos el carácter moralizante que propone Juan Ruiz, otros viendo en sus palabras un pretexto para escribir una obra picaresca, desvergonzada e irreverente, impropia de un clérigo. Más aceptable, y hoy más aceptada en general, es la tesis de que el Arcipreste pudo tener una intención seria y moralizante, pero que de hecho queda subordinada al propósito artístico de parodiar los principios morales y prácticas religiosas de su tiempo, lo cual era compatible con la adhesión a las creencias de un público al que trataba sobre todo de divertir.

El título *Libro de Buen Amor* también ha sido interpretado de diversas maneras. Aunque no se lo puso el propio autor, sino los eruditos modernos (antes se le llamaba *Libro del Arcipreste*), se menciona con frecuencia en la obra, en contraposición al «amor loco» o mundano y sensual. Pero la ambigüedad irónica del título está en que unas veces significa «amor de Dios» y otras «amor cortés», el cual era en la sociedad feudal un culto herético de la mujer como objeto amoroso. En realidad, Juan Ruiz no quiere presentar el amor divino y el mundano como incompatibles, sino como dos formas del amor, posibles dentro del mismo hombre; y si bien reconoce la superioridad del primero, ve en el segundo una muestra de la débil naturaleza humana, no una perversión condenable con inflexible rigor. Sólo ante la realidad de la muerte, destructora de todo goce vital, llega a comprender bien el pecador su error y a buscar la salvación en la caridad divina, como hace el propio Arcipreste en su obra con indudable sinceridad.

El asunto del *Libro de Buen Amor* lo forman una larga serie de aventuras amorosas que tienen por protagonista al propio autor, enlazadas por comentarios morales o picarescos e intercaladas con ilustraciones en forma de fábulas y apólogos. Sus tres primeras aventuras son un fracaso, hasta que aconsejado por el Amor y Venus consigue tener éxito con la joven y hermosa viuda doña Endrina, gracias a la ayuda de la vieja Trotaconventos, prototipo de la «celestina» o mediadora. Como estos felices amores terminan en matrimonio, el Arcipreste es aquí sustituido por el galán don Melón de la Huerta. Las demás aventuras amatorias terminan en fracaso, o son una sardónica caricatura del amor, como en sus encuentros de viaje con las horribles serranas que le fuerzan a satisfacer sus deseos. Al llegar la Cuaresma, época de penitencia y ascetismo, el autor hace unas composiciones religiosas y presenta una alegoría del conflicto entre el cuerpo y el alma en forma de combate épico-burlesco entre las fuerzas de don Carnal y doña Cuaresma, que acaba con la derrota de ésta y la entrada triunfal de don Amor. El Arcipreste vuelve a sus amoríos, pero la inesperada muerte de Trotaconventos le abruma con la preocupación del más allá y termina el libro con piadosas disertaciones. Como adiciones misceláneas inserta una serie de canciones diversas (a la Virgen, para escolares y ciegos, etc.).

En cuanto a la forma, es un extenso poema de más de 7,000 versos, con gran diversidad de elementos y de estructura métrica, que marca la culminación del *mester de clerecía*. Su principal originalidad está en romper con la monótona regularidad métrica de la cuaderna vía, dando mayor flexibilidad al verso y espontaneidad al estilo, que se acerca al lenguaje hablado, e introduciendo otros tipos de verso, unos cortos y de aire popular (de 3 a 8 sílabas), otros largos y cultos (de 11 y 12 sílabas). Aplicando el principio de la polimetría, tiende a dedicar los alejandrinos para las partes narrativas o descriptivas y los versos cortos para los trozos líricos. Finalmente, el autor utiliza hábilmente todas las tradiciones poéticas existentes: populares, juglarescas, cortesanas, religiosas y didácticas.

TEXTO: *Libro de Buen Amor* (ed. J. Corominas). Madrid, 1967.

LIBRO DE BUEN AMOR
(1330)

SELECCIÓN

Intención del «Libro de buen amor» y fábula de la disputa entre griegos y romanos

Palabra es de sabio e dícelo Catón,[1]
que el hombre, a sus cuidados que tiene en corazón,
entreponga placeres e alegre razón
que la mucha tristeza mucho pecado pon*e*.[2]

E porque de buen seso[3] non puede nadie reír,
habré algunas burlas aquí a injerir:
cada vez que las oyeres non quieras comedir,[4]
salvo en la manera del trovar e decir.

Entiende bien mis dichos e piensa la sentencia,
no me acontezca contigo como al doctor de Grecia
con el ribaldo[5] romano e su poca sabiencia,
cuando demandó Roma a Grecia la ciencia.

Así fue que los romanos ningunas leyes habían,
fuéronlas demandar a griegos, que las tenían,
respondieron los griegos que non las merecían
nin las podrían entender, pues que tan poco sabían.

Pero si las querían para por ellas usar,
que antes les convenía con sus sabios disputar
por ver si las entenderían e merecían llevar.
Esta respuesta hermosa[6] daban por se excusar.

Respondieron romanos que les placía de grado;
para la disputación pusieron pleito firmado,
mas porque non entenderían el lenguaje non usado,
que disputasen por señas e por signos de letrado.

Pusieron día sabido[7] todos para contender;
fueron romanos en cuita,[8] non sabían qué se hacer,
porque non eran letrados nin podrían entender
a los doctores de Grecia nin a su mucho saber.

Estando en su cuita dijo un ciudadano
que tomasen un ribaldo o un bellaco romano;
según Dios le demostrase[9] hacer señas con la mano
que tales las hiciese; e fueles consejo sano.

---

[1] Marcus Porcius Cato, autor y estadista romano (234–149 a.C.)
[2] es; véase pág. 9, n. 31
[3] con asuntos de juiciosa gravedad
[4] pensar
[5] hombre ingenioso y apicarado, sin escrúpulos
[6] especiosa, insincera
[7] fijo
[8] en apuros, afligidos
[9] inspirase (de cualquier manera)

Fueron a un bellaco muy grande e muy ardid,[10]
dijéronle: «Nos habemos con los griegos nuestro convid[11]
para disputar por señas: lo que tú quisieres pide
e nos te lo daremos; excúsanos de esta lid.»

Vistiéronlo muy ricos paños de gran valía,
como si fuese doctor en la filosofía;
subió en alta cátedra,[12] dijo con bavoquía:[13]
«Desde hoy que vengan los griegos con toda su porfía.»

Vino ahí un griego, doctor muy esmerado,
escogido de los griegos, entre todos loado;
subió en otra cátedra, todo el pueblo juntado.
Comenzaron sus signos, como era tratado.

El griego se levantó, sosegado, de vagar,[14]
e mostró sólo un dedo, que está cerca del pulgar;
e luego[15] se sentó en el mismo lugar.
Levantóse el ribaldo, bravo e de mal pagar.[16]

Mostró luego tres dedos hacia el griego tendidos:
el pulgar e otros dos, que con él son contenidos,
en manera de arpón, los otros dos encogidos;
sentóse luego el necio, mirando sus vestidos.

Levantóse el griego, tendió la palma llana
e sentóse luego con su memoria sana.[17]
Levantóse el bellaco con fantasía vana,
mostró el puño cerrado, de porfía había gana.

A todos los de Grecia dijo el sabio griego:
«Merecen los romanos las leyes, non se las niego.»
Levantáronse todos en paz e con sosiego;
gran honra hubo Roma por un vil andariego.[18]

Preguntaron al griego qué fue lo que dijera
por signos al romano e qué le respondiera.
Diz:[19] «Yo le dije que es un Dios, el romano que era
uno en tres personas, e tal señal hiciera.

«Yo dije luego que era todo a la su voluntad;
respondió que en su poder tenía el mundo, e dice verdad.
Desque[20] vi que entendían e creían la Trinidad,
entendí que merecían de las leyes certenidad.»[21]

Preguntaron al bellaco cuál fuera su antojo.[22]
«Díjome que con su dedo que me quebrantaría el ojo;
de esto hube gran pesar e tomé gran de enojo,
e respondíle con saña, con ira e con cordojo[23]

que yo le quebrantaría ante todas las gentes
con dos dedos los ojos, e con el pulgar los dientes.

---

[10] audaz
[11] invitación
[12] pedestal
[13] fanfarronería
[14] con lentitud, sin prisa
[15] en seguida
[16] de gesto malhumorado

[17] con tranquilidad de espíritu
[18] vagabundo
[19] dice
[20] cuando
[21] certeza, seguridad
[22] su manera de entender las señas
[23] indignación

Díjome luego después de esto que le parase mientes[24]
que me daría gran palmada en los oídos retiñentes.[25]

    Yo le respondí que le daría a él una tal puñada
que en tiempo de su vida nunca la viese vengada.
Desque vio que la pelea tenía mal aparejada,
dejóse de amenazar do[26] non se lo precian nada.»[27]

    Por esto dice la pastraña[28] de la vieja ardida:[29]
«Non hay mala palabra si non es a mal tenida.»
Verás qué bien es dicha, si bien fuese entendida;
entiende bien mi libro e habrás dueña garrida.[30]

    La burla que oyeres non la tengas en vil;[31]
la manera del libro entiéndela sutil:
Saber mal e bien decir, cubierto e doñeguil,[32]
tú non hallarás uno de trovadores mil.[33]

    Hallarás muchas garzas, non hallarás un huevo;
remendar bien non sabe todo alfayate[34] nuevo.
A trovar con locura non creas que me muevo;
lo que buen amor dice con razón te lo pruebo.

    En general a todos habla la Escritura:
los cuerdos con buen seso entenderán la cordura,
los mancebos livianos guárdense de locura,
escoja lo mejor el de buena ventura.

    Las del buen amor son razones encubiertas:
trabaja dó hallares[35] las sus señales ciertas;[36]
si la razón entiendes o en el seso[37] aciertas,
non dirás mal del libro que agora[38] rehertas.[39]

    Do cuidares[40] que miente, dice mayor verdad,
en las coplas pintadas yace la fealdad;[41]
dicha[42] buena o mala, por puntos la juzgad:[43]
las coplas por los puntos[44] load o denostad.

    De todos los instrumentos yo, libro, soy pariente;
bien o mal, cual puntares,[45] tal diré ciertamente.
Cuál tú decir quisieres, haz punto y tente;[46]
si puntarme supieres, siempre me habrás en miente.[47]

[*Siguen los dos primeros fracasos amorosos del Arcipreste, con una dama discreta y otra frívola*]

---

[24] tuviese cuidado
[25] resonantes
[26] donde
[27] le hacen caso
[28] proverbio
[29] astuta
[30] hermosa
[31] en desprecio
[32] gentil, propio de dueñas o damas
[33] Raro es el poeta que sabe hablar del mal con encantador disimulo.
[34] sastre
[35] cavila por hallar
[36] señales de dichas «razones encubiertas»
[37] sentido
[38] ahora
[39] repruebas
[40] pensares
[41] En los versos de apariencia más vistosa puede haber fealdad moral.
[42] palabra, discurso
[43] Juzgad si la obra es buena o mala por su significado, variable según la ocasión («puntos») a que se aplica.
[44] notas musicales (que han de leerse bien para interpretar la obra)
[45] según lo interpretares
[46] detente en aquel lugar del libro que te interese
[47] irás conmigo sin perderte.

El Arcipreste, nacido bajo el signo de Venus, elogia al amor

Non sé astrología nin soy ende[1] maestro,
nin sé el astrolabio más que buey de cabestro,
mas porque cada día veo pasar aquesto,
por aqueso lo digo; otrosí veo esto:[2]

Muchos nacen en Venus, que lo más de su vida
es amar las mujeres, nunca se les olvida;
trabajan e afanan mucho e sin medida,
e los más non alcanzan la cosa más querida.

En este signo tal creo que yo nací,
siempre pugné en servir dueñas[3] que conocí;
el bien que me hicieron no lo desagradecí:
a muchas serví mucho, que nada no acabecí.[4]

Como quiera que he probado mi signo ser atal,[5]
en servir a las dueñas pugnaré e non en ál;[6]
pero aunque non guste[7] la pera del peral,
en estar a la sombra es placer comunal.

Muchas noblezas hay en el que a dueñas sirve:
lozano, hablador, en ser franco se avive;
en servir a las dueñas el bueno non se esquive,
que si mucho trabaja, en mucho placer vive.

El amor hace sutil al hombre que es rudo,
hácele hablar hermoso al que antes es mudo,
al hombre que es cobarde hácelo atrevudo,[8]
al perezoso hace ser presto e agudo.

Al mancebo mantiene mucho en mancebez,
al viejo hace perder mucho la vejez,
hace blanco e hermoso del negro como pez,
lo que una nuez non vale, amor le da gran prez.[9]

El que es enamorado, por muy feo que sea,
otrosí su amiga aunque sea muy fea,
el uno e el otro non hay cosa que vea
que tan bien le parezca nin que tanto desea.

El babieca, el torpe, el necio e el pobre,
a su amiga bueno parece e rico-hombre,[10]
más noble que los otros; por ende todo hombre,
como un amor pierde, luego otro cobre.

Porque aunque su signo sea de tal natura
como es este mío, dice una escritura
que «buen esfuerzo vence a la mala ventura»,
e «a toda pera dura gran[11] tiempo la madura.»

---

[1] de ello
[2] «aqueso», eso; «otrosí», así como; «aquesto», esto
[3] señoras
[4] logré
[5] tal, así
[6] otra cosa

[7] coma
[8] atrevido
[9] valor
[10] noble
[11] el mucho (tiempo)

Una tacha le hallo al amor poderoso,
la cual, dueñas, a vos, yo descubrir non oso;
mas, porque no me tengáis por decidor medroso,
es ésta: que el amor siempre habla mentiroso,

ca[12] según vos he dicho en la otra conseja,
lo que en sí es torpe, con amor bien semeja,[13]
tiene por noble cosa lo que non vale arveja;[14]
lo que semeja no es: oiga bien tu oreja.

Si las manzanas siempre hubiesen tal sabor
de dentro cual de fuera dan vista e color,
non habría de las plantas fruta de tal valor;
más antes pudren que otras, pero[15] dan buen olor.

Bien atal es amor, que da palabra llena,
toda cosa que dice parece mucho buena:
non es todo cantar cuanto ruido suena;
por vos descubrir esto, dueña, non haya pena.

Dicen que por las verdades se pierden los amigos,
e por las non decir se hacen desamigos:
así entended sano[16] los proverbios antiguos
e nunca vos creáis loores de enemigos.

[*La tercera dama, muy virtuosa, prefiere el amor de Dios al del Arcipreste*]

DISPUTA DEL ARCIPRESTE CON EL AMOR

Dirévos la pelea que una noche me avino,
pensando en mi ventura, sañudo[1] e non con vino:
Un hombre grande, hermoso, mesurado a mí vino;
yo le pregunté quién era, dijo: «Amor, tu vecino.»

Con saña que tenía fuilo a denostar,
díjele: «Si Amor eres, non puedes aquí estar;
eres mentiroso, falso, en muchos enartar,[2]
salvar non puedes uno, puedes cien mil matar.

Con engaños, lisonjas e sutiles mentiras
emponzoñas las lenguas, enherbolas[3] tus viras;[4]
al que mejor te sirve a él hieres cuando tiras,
párteslo[5] de la amiga al hombre que aíras.[6]

Traes enloquecidos a muchos con tu saber,
háceslos perder el sueño, el comer y el beber;
haces a muchos hombres tanto se atrever[7]
en ti, hasta que el cuerpo e el alma van a perder.

---

[12] pues
[13] parece
[14] guisante
[15] aunque
[16] bien
[1] irritado

[2] engañar
[3] envenenas (con hierbas)
[4] flechas
[5] sepáraslo
[6] repudias
[7] confiar

Non tienes regla cierta nin tienes en ti tiento;
a veces prendes con gran arrebatamiento,
a veces poco a poco, con maestrías ciento;
de cuanto yo te digo, tú sabes que non miento.

Desque los hombres prendes, non das por ellos nada,
tráeslos de hoy a mañana en vida muy penada,
haces al que te cree penar en tu mesnada,[8]
e por placer poquillo andar luenga jornada.

Eres tan enconado que, do hieres de golpe,
non lo sana medicina, emplasto nin jarope.[9]
Non sé de fuerte nin recio que contigo se tope
que no[10] lo abatas luego por mucho que se enforce.[11]

De cómo enflaqueces a las gentes e las dañas,
muchos libros hay de esto, de cómo las engañas;
con tus muchos doñeos[12] e con tus malas mañas
siempre tiras[13] la fuerza, dícenlo en hazañas.[14]

[Siguen varios apólogos y una larga invectiva en que el Arcipreste acusa al Amor de los siete pecados capitales, replicando ahora éste]

El Amor con mesura diome respuesta luego:
«Arcipreste, sañudo non seas, yo te ruego,
non digas mal de amor en verdad nin en juego,
que a las veces poca agua hace bajar gran fuego.

Por poco maldecir se pierde gran amor,
por pequeña pelea nace un gran rencor,
por mala dicha[15] pierde vasallo su señor;
el habla siempre buena hace de bueno mejor.

Escucha la mesura,[16] pues dijiste baldón,
amenazar non debe quien quiere haber perdón;
do bien eres oído, escucha mi razón:
si mis consejos sigues, no te dirá mujer non.

Si tú hasta agora cosa non alcanzaste
de dueñas[17] e de otras que dices que amaste,
tórnate a tu culpa, pues por ti lo erraste,
porque a mí non viniste nin viste nin probaste.

Quisiste antes maestro que discípulo ser,
non sabrías mi manera sin de mí la aprender;
oye e lee mis consejos e sábelos bien hacer:
alcanzarás la dueña, sabrás otras traer.

Para todas mujeres tu amor non conviene;
non quieras amar dueña que a ti non aviene:[18]

---

[8] séquito (los que servían con las armas a un señor feudal)
[9] jarabe medicinal
[10] sin «n» final delante de «l»
[11] resista
[12] galanteos
[13] quitas
[14] apólogos
[15] palabra
[16] lo razonable
[17] aquí «señoras», frente a las «otras» de clase inferior
[18] te corresponda

es un amor baldío, de gran locura viene;
siempre será mezquino quien amor vano tiene.

Si leyeres a Ovidio, el que fue mi criado,[19]
en él hallarás hablas[20] que le hube yo mostrado,
muchas buenas maneras para enamorado.
A Pánfilo[21] e Nasón[22] yo hube adoctrinado.

Si quieres amar dueña o otra cualquier mujer,
muchas cosas habrás primero de aprender
para que ella te quiera en su amor acoger;
sabe primeramente la mujer escoger.

Busca mujer hermosa, donosa e lozana,
que non sea muy luenga[23] ni otrosí[24] enana;
si pudieres, non quieras amar mujer villana,
ca de amor non sabe, es como bausana.[25]

Busca mujer de talla[26] e de cabeza pequeña,
cabellos amarillos, non sean de alheña,[27]
las cejas apartadas, luengas, altas, en peña,[28]
ancheta de caderas: ésta es talla de dueña.

Ojos grandes, someros,[29] pintados,[30] relucientes
e de luengas pestañas, bien claras,[31] parecientes,[32]
las orejas pequeñas, delgadas; párale mientes[33]
si ha el cuello alto: tal quieren las gentes.

La nariz afilada, los dientes menudillos,
iguales e bien blancos, un poco apartadillos;
las encías bermejas, los dientes agudillos,
los labios de la boca bermejos, angostillos.[34]

La su boca pequeña así de buena guisa,[35]
la su faz sea blanca, sin pelos, clara e lisa;
pugna de haber mujer que veas en camisa,
la talla del cuerpo te dirá esto a guisa.[36]

La mujer que enviares,[37] de ti sea parienta,
que bien leal te sea, non sea su sirvienta,
non lo sepa la dueña, porque la otra non mienta;
non puede ser quien mal casa que non se arrepienta.

Pugna, en cuanto puedas, que la tu mensajera
sea bien razonada, sutil e costumera,[38]
sepa mentir hermoso e siga la carrera,[39]
ca «más hierve la olla con la su cobertera».

Si parienta non tienes atal, toma una de esas viejas
que andan las iglesias e saben las callejas;

---

[19] discípulo
[20] sentencias, consejos
[21] *Pamphilus de amore*, comedia latina (siglo XII) de la que el autor tomó el episodio de don Melón, doña Endrina y Trotaconventos
[22] Ovidio (Publius Ovidius Naso), cuyo *Ars amandi* parafraseó el Arcipreste
[23] alta
[24] tampoco
[25] espantapájaros
[26] buena figura
[27] teñidos con polvos de «henna» (árabe)

[28] bien arqueadas
[29] no hundidos
[30] vivos de color
[31] brillantes
[32] destacadas
[33] observa
[34] delgados
[35] bien formada
[36] convenientemente
[37] como tercera o mediadora
[38] experta
[39] el camino de su engaño

grandes cuentas al cuello, saben muchas consejas,
con lágrimas de Moisés[40] encantan las orejas.

Grandes maestras son aquestas paviotas,[41]
andan por todo el mundo, por plazas e por cotas;[42]
a Dios alzan las cuentas[43] querellando[44] sus cuitas.
¡Ay!, cuánto mal saben estas viejas arlotas.[45]

Toma una de esas viejas que se hacen herboleras,
andan de casa en casa e llámanse parteras;
con polvos e afeites[46] e con alcoholeras[47]
echan a la moza mal de ojo e ciegan bien de veras.

E busca mensajera de unas negras picazas[48]
que usan mucho frailes, monjas e beatas;
son mucho andariegas e merecen las zapatas[49]:
estas trotaconventos[50] hacen muchas baratas.[51]

[*Continúan los consejos sobre las cualidades que debe tener tanto la mujer como el galán que la corteja*]

CONQUISTA DE LA VIUDA DOÑA ENDRINA

Partióse Amor de mí e dejóme dormir;
desque vino el alba, púseme a comedir[1]
en lo que me aconsejó e, por verdad decir,
hallé que según sus consejos usé siempre vivir.

Maravilléme mucho desque en ello pensé,
cómo en servir dueñas toda hora non cansé;
mucho las guardé[2] siempre, nunca me alabé,
¿cuál fue la razón negra[3] por que nada acabé?

Contra mi corazón yo mismo me torné,
porfiando le dije: «Agora yo te pondré
con dueña halaguera[4] e de esta vez tendré[5]
que si bien non avengo,[6] nunca más avendré.»

Mi corazón me dijo: «Hazlo e lo alcanzarás;
si hoy non lo alcanzas, torna ahí luego cras;[7]
lo que en muchos días acabado non has,
cuando tú non cuidares, otra hora lo habrás.»

---

[40] dudoso: quizá un rosario milagroso u otro objeto de magia
[41] intrigantes (nombre dado a tales viejas)
[42] dudoso: especie de albergue
[43] del rosario
[44] lamentando
[45] bribonas
[46] untos para la cara
[47] frascos de tinte para los ojos
[48] urracas (palabra dudosa, quizá alusiva a la rapacidad de estos pájaros negros, como ellas iban vestidas)
[49] el dinero que ganan
[50] terceras en amores
[51] tratos ilícitos
[1] pensar
[2] salvaguardé, traté con consideración
[3] desafortunada
[4] afable
[5] consideraré
[6] «avenir bien», tener éxito
[7] mañana

Sentencia es usada, proverbio non mentiroso:
«más vale rato acucioso[8] que día perezoso».
Partíme de[9] tristeza, de cuidado dañoso,
busqué e hallé dueña de cual soy deseoso:

De talle muy apuesta, de gestos amorosa,
doñeguil, muy lozana, placentera e hermosa,
cortés e mesurada, halaguera, donosa,
graciosa e risueña, amor en toda cosa.

La más noble figura de cuantas ver pud*e*;
viuda, rica es mucho e moza de juventud,[10]
e bien acostumbrada: es de Calatayud.
De mí era vecina, mi muerte e mi salud.

[*El Arcipreste recibe consejos de Venus sobre conducta amorosa*]

¡Ay, Dios, cuán hermosa viene doña Endrina[11] por la plaza!
¡Qué talle e qué donaire, qué alto cuello de garza!
¡Qué cabellos, qué boquilla, qué color, qué buenandanza![12]
Con saetas de amor hiere cuando los sus ojos alza.

Pero tal lugar non era para hablar de amores;
a mí luego me vinieron muchos miedos e temblores,
los mis pies e las mis manos non eran de sí señores,
perdí seso, perdí fuerza, mudáronse mis colores.

Unas palabras tenía pensadas por le decir,
el miedo de las compañas[13] hacía otras departir;[14]
apenas me conocía nin sabía por dó ir,
con mi voluntad mis dichos non se podían seguir.

Hablar con mujer en plaza es cosa muy descubierta,
difícil es tener perro malo atado tras puerta abierta;
bueno es jugar hermoso,[15] echar alguna cubierta;[16]
donde es lugar seguro es bien hablar cosa cierta.

«—Señora, la mi sobrina, que en Toledo vivía,
se vos encomienda mucho, mil saludos vos envía;
si hubiese lugar e tiempo, por cuanto de vos oía,
desea mucho veros e conoceros querría.

Querían allá mis parientes casarme en esta sazón
con una doncella rica, hija de don Pepión;[17]
a todos di por respuesta que no la quería, non:
de aquella sería mi cuerpo que tiene mi corazón.»

Bajé más la palabra, díjele que en juego hablaba,
porque toda aquella gente de la plaza nos miraba;
desque vi que eran idos, que nadie allí non fincaba,[18]
comencéle a decir mi queja del amor que me afincaba[19] [...]

---

[8] diligente
[9] aparté de mí
[10] llena de juventud
[11] nombre de la «ciruela silvestre», dado a la viuda que ha venido describiendo
[12] felicidad
[13] gente
[14] expresar
[15] disimular (diciendo cosas bonitas)
[16] simulación
[17] nombre de moneda de poco valor (irónico)
[18] quedaba
[19] apremiaba, abrumaba [*A continuación hay una copla incompleta en el manuscrito.*]

«En el mundo non hay cosa que yo ame a par de vos,
tiempo es ya pasado, de los años más de dos,
que por vuestro amor me pena: vos amo más que a Dios;
non oso poner persona que lo hable entre nos.

Con la gran pena que paso, vengo a vos decir mi queja:
vuestro amor e deseo, que me afinca e me aqueja,
non se me quita, non se me parte, non me suelta, non me deja,
tanto más me da la muerte cuanto más se me aleja.

Recelo que non me oís esto que vos he hablado:
hablar mucho con el sordo es mal seso e mal recado;[20]
creed que vos amo tanto que non he mayor cuidado,
esto sobre todas cosas me trae más afincado.

Señora, yo non me atrevo a decirvos más razones
hasta que me respondáis a estos pocos sermones;[21]
decidme vuestro talante,[22] veremos los corazones.»
Ella dijo: «Vuestros dichos non los precio dos piñones.

Bien así engañan muchos a otras muchas Endrinas,
el hombre tan engañoso así engaña a sus vecinas;
non cuidéis que soy loca por oír vuestras parlinas,[23]
buscad a quien engañéis con vuestras falsas espinas.»

Yo le dije: «Ah, sañuda, anden hermosos trebejos;[24]
están los dedos en las manos, pero non son todos parejos:[25]
todos los hombres non somos de iguales hechos nin consejos;
la piel tienen blanca o prieta,[26] pero todos son conejos.

A veces pagan justos por pecadores,
a muchos perjudican los ajenos errores;
hace mal culpa de malo a buenos e a mejores:
debe ser la pena para sus hacedores.

El yerro que otro hizo, a mí no me haga mal;
habed por bien que vos hable allí so aquel portal,
non vos vean aquí todos los que andan por la cal;[27]
aquí uno vos hablé, allí vos hablaré ál.»[28]

Paso a paso doña Endrina so el portal es entrada,
bien lozana e orgullosa, bien mansa e sosegada,
los ojos bajos por tierra, en el poyo asentada;
yo torné en la mi habla, que tenía comenzada:

«Escúcheme, señora, la vuestra cortesía
un poquillo, que vos diga la muerte mía;
pensáis que vos hablo en engaño e folía,[29]
e non sé qué me haga contra vuestra porfía.

A Dios juro, señora, por aquesta tierra,
que cuanto vos he dicho de la verdad non yerra;
estáis enfriada más que la nieve de la sierra,
e sois tan moza que esto me atierra.[30]

---

[20] necedad
[21] consideraciones
[22] voluntad
[23] charla
[24] oídme unas bromas
[25] iguales

[26] negra
[27] calle
[28] *uno*, de un modo; *ál*, de otro modo
[29] locura
[30] atemoriza

Hablado he a la ventura con vuestra mocedad,
pensáis que vos hablo lisonja e vanidad;
non me puedo entender en vuestra chica edad,
¿querríais jugar con la pelota más que estar en poridad?[31]

Aunque sea más preciada para placentería[32]
e para estos juegos la edad de mancebía,
la vejez en el seso lleva la mejoría:[33]
a entender las cosas el mucho tiempo la guía.

Todas las cosas hace el mucho uso entender,
el arte e el uso muestran todo el saber;
sin el uso e arte iríamos a perecer;
do se usan[34] los hombres, puédense conocer.

Id e venid a la charla otro día por mesura,[35]
pues que hoy non me creéis o non es mi ventura;
id e venid a la charla, esa creencia tan dura:[36]
usando[37] oír mi pena entenderéis mi quexura. [38]

Otorgadme, oh señora, aquesto de buena mente,[39]
que vengáis otro día para hablar solamente;
yo pensaré en la charla e sabré vuestro talente,[40]
más non oso demandar, vos venid seguramente.[41]

Por el habla se conocen los más de los corazones;
yo escucharé de vos algo, e oiréis vos mis razones;
id e venid a la charla, que mujeres e varones
por palabras se conocen, son amigos, compañones.[42]

Aunque el hombre non coma nin comience la manzana,
es el color e la vista alegría palaciana;[43]
es el habla e la vista de la dueña tan lozana
para el hombre consuelo grande e placentería bien sana.»

Esto dijo doña Endrina, esta dueña de prestar:[44]
«Honra es e non deshonra cuerdamente hablar;
las dueñas e mujeres deben su respuesta dar
a cualquiera que las hablare o con ellas razonare.

Cuanto esto vos otorgo, a vos o a otro cualquier:
hablad vos, salva mi honra, cuando hablaros quisiere,
de las palabras en juego dirélas si las oyere;
non vos consentiré engaño cada vez que lo entendiere.

Estar sola con vos solo, esto yo non lo haría,
non debe la mujer sola estar en tal compañía,
nace dende[45] mala fama, mi deshonra sería;
ante testigos que nos vean, vos hablaré algún día.»

«—Señora, por la mesura que agora prometéis
non sé gracias que lo valgan cuantas vos merecéis;

---

[31] secreto
[32] regocijos
[33] ventaja
[34] con el trato
[35] cortesía
[36] a pesar de esa obstinada desconfianza
[37] a fuerza de
[38] congoja
[39] voluntad
[40] talante
[41] confiada
[42] compañeros
[43] magnífica (cosa de «palacio»)
[44] excelente
[45] de eso

a la merced que agora de palabra me hacéis,
igualar non se podrían ningunas otras mercedes.

Pero fío yo de Dios que aún tiempo vendrá
que cuál es el buen amigo por las obras parecerá;
querría hablar, non oso: temo que vos pesará.»
Ella dijo: «Pues decidlo e veré qué tal será.»

«—Señora, que me prometáis, de lo que de amor queremos,
que si hubiese lugar e tiempo, cuando juntos estemos,
según que yo lo deseo, vos e yo nos abracemos;
para vos non pido mucho, ca con esto pasaremos.»

Esto dijo doña Endrina: «Es cosa muy probada
que por sus besos la dueña finca muy engañada;
pone encendimiento grande el abrazar a la amada,
toda mujer es vencida desque esta joya es dada.

Esto yo non vos otorgo, salva la charla, de mano;[46]
mi madre vendrá de misa, quiérome ir de aquí temprano,
non sospeche contra mí que ando con seso vano;
tiempo vendrá que podremos hablarnos este verano.»

Fuese mi señora, tras la charla, su vía;
desque yo fui nacido, nunca vi mejor día,
solaz tan placentero e tan grande alegría:
quísome Dios bien guiar e la ventura mía.

Cuidados muchos me aquejan, a que non hallo consejo:
si mucho trato a la dueña con palabras de trebejo,[47]
puede ser tanta la fama que saliera a concejo;[48]
así perdería la dueña, que sería pesar sobejo.[49]

Si non la sigo, non la trato, el amor se perderá;
si ve que la olvido, ella otro amará.
El amor con uso crece, desusando menguará;
si la mujer olvidares, ella te olvidará.

Do añadieres la leña, crece sin duda el fuego,
si la leña se tirare, el fuego menguará luego;
el amor e bienquerencia crecen con usar juego;
si la mujer olvidares, poco preciará tu ruego.

[*Siguen las reflexiones del Arcipreste*]

Busqué trotaconventos, cual me mandó el Amor,
de todas las maestras escogí la mejor;
Dios e la mi ventura que me fue guiador:
acerté en la tienda del sabio corredor.

Hallé una tal vieja cual había menester,
artera e maestra e de mucho saber:
Doña Venus por Pánfilo non pudo más hacer
de cuanto hizo ésta por me hacer placer.

---

[46] por ahora
[47] de juego amoroso
[48] se hiciera público
[49] enorme

Era vieja buhona,[50] de las que venden joyas;
éstas echan el lazo, éstas cavan las hoyas,[51]
non hay tales maestras como estas viejas croyas,[52]
éstas dan la mazada;[53] si tienes orejas, oigas.

Como lo han de uso estas tales buhonas,
andan de casa en casa vendiendo muchas donas,[54]
nadie se guarda dellas, están con las personas,
hacen con mucho viento andar las tahonas.[55]

Desque fue en mi casa esta vieja sabida,
díjele: «Madre señora, tan bien seáis venida,
en vuestras manos está mi salud e mi vida;
si vos non me socorréis, mi vida es perdida.

Oí decir de vos siempre mucho bien e aguisado,[56]
de cuántos bienes hacéis al que vos viene cuitado,
cómo halla bien e ayuda quien de vos es ayudado;
por la vuestra buena fama yo he por vos enviado.

Quiero hablar con vos bien como en penitencia,[57]
toda cosa que vos diga, oídla con paciencia;
sinon[58] vos, otro non sepa mi queja e mi dolencia.»
Diz la vieja: «Pues decidlo e habed en mí creencia.[59]

Conmigo seguramente[60] vuestro corazón hablad,
haré por vos cuanto pueda, vos guardaré lealtad;
oficio de correderas[61] es de mucha poridad,
más encubiertas[62] cubrimos que mesón de vecindad.[63]

Si a cuantos de esta villa les vendemos las alhajas
supiesen unos de otros, muchas serían las barajas;[64]
muchas bodas ayuntamos que vienen a repintajas,[65]
muchos panderos vendemos que non suenan las sonajas.»[66]

Yo le dije: «Amo una dueña sobre cuantas nunca vi;
ella, si non me engaña, parece que ama a mí.
Por excusar mil peligros hasta hoy lo encubrí;
toda cosa deste mundo temo mucho e temí.

De pequeña cosa nace fama[67] en la vecindad,
desque nace, tarde muere, aunque non sea verdad;
siempre con envidia algunos levantan gran falsedad,
poca cosa empece[68] al mezquino en mezquindad.[69]

Aquí vive mi vecina; ruégovos[70] que allá vayáis
e hablad entre nos ambos lo mejor que entendáis;

---

[50] buhonera, vendedora ambulante de baratijas
[51] donde caen las víctimas
[52] malas
[53] golpe
[54] artículos de regalo
[55] expresiva imagen de la verbosidad y movilidad de estas terceras, capaces de mover los molinos de viento
[56] bueno y razonable
[57] confesión
[58] excepto
[59] confianza
[60] confiadamente

[61] mediadoras
[62] mujeres de incógnito
[63] casa grande de vecinos
[64] riñas
[65] acaban en arrepentimiento
[66] alusión a la virginidad de las mujeres que ella «vende»
[67] rumor
[68] daña
[69] al pobre en su pobreza
[70] os ruego

encubrid aqueste pleito[71] lo más mucho que podáis,
acertad el hecho todo, cuando veáis las voluntades.»[72]

  Dijo: «Yo iré a su casa de esa vuestra vecina
e le haré tal encanto[73] e le daré tal atalvina[74]
para que esa vuestra llaga sane por mi medicina;
decidme quién es la dueña.» Yo le dije: «Doña Endrina.»

  Díjome que esta dueña era bien su conocienta.[75]
Yo le dije: «Por Dios, amiga, guardadvos de sobrevienta.»[76]
Ella diz: «Pues fue casada, creed que non se arrepienta,
que non hay mula de albarda[77] que la carga non consienta.

  La cera que es muy dura, muy áspera e helada,
desque ya entre las manos una vez está amasada,
después con poco fuego cien veces será doblada:
así se doblará toda dueña que sea bien encantada.

  Acordadvos, buen amigo, de lo que decirse suele,
que «grano en el molino, quien antes viene antes muele»:
mensaje que mucho tarda, a muchos hombres desmuele,[78]
el hombre apercibido nunca tanto se duele.

  Amigo, non vos durmáis, que la dueña que decís
otro quiere casar con ella, pide lo que vos pedís,
es hombre de buen linaje, viene de donde vos venís;
vayan antes vuestros ruegos que los ajenos convites.

  Yo lo traigo estorbado por cuanto non lo afinco,[79]
que es hombre muy escaso[80] aunque sea bien rico;
prometióme por vestuario una piel e un pellico,
diómelo tan bien medido que nin es grande nin chico.

  El presente que se da pronto, si es grande de valor,
quebranta leyes e fueros e es del derecho señor;
a muchos es grande ayuda, a muchos estorbador;
tiempo hay que aprovecha e tiempo hay que non hace peor.

  Esta dueña que decís, mucho está en mi poder;
si non por mí, non la puede hombre del mundo haber;
yo sé toda su hacienda,[81] e cuanto ha de hacer
por mi consejo lo hace más que por su querer.

  Non vos diré más razones, que asaz vos he hablado;
de aqueste oficio vivo, non he de otro cuidado.
Muchas veces he tristeza del lacerio[82] ya pasado,
porque non me es agradecido nin me es galardonado.

  Si vos me diereis ayuda de que pase un poquillo
a esa dueña e a otras mocetas de cuello albillo[83]
yo haré con mi encanto que se vengan paso a pasillo:
en aqueste mi harnero[84] las traigo yo al zarcillo.»[85]

---

[71] asunto
[72] la disposición de ambos
[73] encantamiento
[74] condimento para hechicerías
[75] conocida
[76] evitadme sorpresas
[77] carga
[78] inquieta

[79] apresuro
[80] avaro
[81] sus asuntos
[82] fatigas, trabajos
[83] blanco
[84] bandeja o caja del vendedor ambulante
[85] cautivas (expresión dudosa)

«Madre señora», le dije, «yo vos quiero bien pagar;
el mi algo[86] e mi casa sean en vuestro mandar
de mano tomad pellote[87] e id, no lo hagáis demorar;
pero antes que vayáis, quiero vos yo aconsejar.

Todo el vuestro cuidado sea en aqueste hecho,
trabajad en tal manera por que hayáis provecho;
de todo vuestro trabajo habréis ayuda e pecho,[88]
pensad bien lo que hablaréis, con seso e con derecho.[89]

Del comienzo hasta el cabo pensad bien lo que le digáis,
hablad tanto e tal cosa que non vos arrepintáis;
en el fin está la honra e deshonra, bien creáis;
do bien acaba la cosa, allí son todas bondades.

Mejor cosa es al hombre, el cuerdo e el entendudo[90]
callar do non le empece e tiénenlo por sesudo,
que hablar lo que no le cumple,[91] que se arrepiente a menudo;
o piensa bien lo que hablas o calla, hazte mudo.»

La buhona con harnero va tañendo cascabeles,
meneando sus joyas, sortijas e alfileres.
Decía, por toallas:[92] «¡Compradme estos manteles!»
Viola doña Endrina e dijo: «Entrad, non receléis.»

Entró la vieja en casa, díjole: «Señora hija,
para esa mano bendita quered esta sortija;
si vos non me descubrís, vos diré una pastrija[93]
que pensé aquesta noche.» Poco a poco la aguija.

«Hija, siempre estáis en casa tan encerrada,
sola envejeceréis; quered alguna vegada[94]
salir, andar en la plaza, con vuestra beldad loada:
entre aquestas paredes non vos aprestará nada.[95]

En aquesta villa mora muy hermosa mancebía;[96]
mancebillos apostados e de mucha lozanía
en todas buenas costumbres crecen de día en día;
nunca ver pudo uno tan buena compañía.

Muy bien me reciben todos en esta mi pobredad;
el mejor e el más noble de linaje e de beldad
es don Melón de la Huerta,[97] mancebillo de verdad;
a todos los otros supera en hermosura e bondad.

Todos cuantos en su tiempo en esta tierra nacieron
en riquezas e en costumbres tanto como él non crecieron;
con los locos hácese loco, los cuerdos de él bien dijeron,
manso más que un cordero, nunca pelear lo vieron.»

---

[86] patrimonio
[87] manto
[88] pago
[89] razón
[90] entendido
[91] conviene
[92] refiriéndose a unas toallas
[93] historieta
[94] vez

[95] servirá de nada (su belleza)
[96] juventud
[97] Discretamente el Arcipreste deja aquí la forma autobiográfica y crea un sustituto que haga más apropiado el casamiento final con doña Endrina. El humorístico nombre, típico del libro, ha sido muy discutido. Más que al fruto, parece referirse al tejón, animal que come endrinas y daña las huertas.

[Siguen los elogios de Trotaconventos y la proposición matrimonial en nombre de don Melón de la Huerta.]

«Agora, señora hija, decid vuestro corazón,
esto que vos he hablado si vos place o si non;
vos guardaré el secreto, celaré vuestra razón,
sin miedo hablad conmigo todas cuantas cosas son.»
Respondióle la dueña con mesura e bien:
«Buena mujer, decidme cuál es ése o quién
que vos tanto loáis, e cuántos bienes tien*e*;
yo pensaré en ello, si para mí convien*e*.»
Dijo Trotaconventos: «¿Quién es, hija señora?
Es aparado[1] bueno que Dios vos trajo agora,
mancebillo guisado,[2] en vuestro barrio mora:
don Melón de la Huerta, queredlo en buena hora.
Creedme, hija señora, que cuantos vos demandaron,
a par deste mancebillo ningunos non llegaron;
el día que vos nacistes, hadas albas vos hadaron,[3]
que para ese donaire tal cosa vos guardaron.»
Dijo doña Endrina: «Callad ese predicar,
que ya ese parlero[4] me quiso engañar;
muchas otras veces me vino a retentar,[5]
mas de mí ni él nin vos os podréis alabar.
La mujer que vos cree las mentiras parlando
e cree a los hombres con amores jurando,
sus manos se retuerce, del corazón trabando;
mal se lava la cara con lágrimas, llorando.
Dejadme de ruido, yo tengo otros cuidados
de muchos que me tienen los mis bienes forzados;[6]
non me traigas a la mente esos malos recados,
nin te cumple agora decirme esos mandados.»
«A la fe»,[7] dijo la vieja, «desque vos ven viuda,
sola, sin compañero, non sois tan temida;
es la viuda tan sola, como vaca, corrida;[8]
por eso aquel hombre vos tendría defendida.»

[Siguen las entrevistas con doña Endrina, quien al fin acepta a don Melón en casa de Trotaconventos.]

Despúes fue de Santiago, otro día siguiente,
a hora de mediodía, cuando yanta la gente;
vino doña Endrina con mi vieja sabiente,
entró con ella en casa bien sosegadamente.

---

[1] partido (matrimonial)
[2] discreto
[3] hadas buenas os favorecieron
[4] charlatán

[5] persuadir
[6] usurpados
[7] En verdad
[8] perseguida

Como la mi vejezuela me había apercibido,
non me detuve mucho, para allá fui luego ido;
hallé la puerta cerrada, mas la vieja bien me vido.[9]
«¡Yuy!» dice, «¿qué es aquello que hace aquel ruido?

¿Es hombre o es el viento? Creo que es hombre, non miento;
¡ved, ved cómo otea[10] el pecado carboniento![11]
¿Es aquél? ¿Non es aquél? ¡Él me parece, yo lo siento!
¡A la fe, él es, don Melón, yo lo conozco, lo viento![12]

Aquella es la su cara e su ojo de becerro;[13]
¡mirad, mirad cómo acecha! Barrúntanos como perro;
allí rabiará agora, que non puede sacar el hierro,[14]
mas quebrantará las puertas, menéalas como cencerro.

Cierto aquí quiere entrar. Mas ¿por qué yo non le hablo?
¡Don Melón, marchadvos de aquí! ¿Vos trajo ahí el diablo?
Non quebrantéis mis puertas, que del abad de San Pablo
las he ganado, vos non pusisteis ahí un clavo.[15]

Yo vos abriré la puerta. Esperad, non la quebréis,
e con bien[16] e con sosiego decid si algo queréis;
luego vos id de mi puerta, non nos afrentéis.
Entrad muy en buen hora, yo veré lo que haréis.»

—«¡Señora doña Endrina! ¡Vos, la mi enamorada!
Vieja, por esto teníais a mí la puerta cerrada.
¡Tan buen día es hoy éste que hallé tal celada![17]
Dios e mi buena ventura me la tuvieron guardada.» [...][18]

Trotaconventos da consejos a doña Endrina, que se lamenta de su caída

«Cuando yo salí de casa, pues que veíais las redes,
¿por qué vos quedasteis sola con él entre estas paredes?
A mí non reprendáis, hija, que vos lo merecéis;
el mejor remedio que tiene vuestro mal, que lo calléis.

Menos de mal será que esto poco ocultéis
que non que vos descubráis e así vos pregonéis.
Casamiento que vos venga, por esto non lo perderéis;
mejor me parece esto que non que vos infaméis.

E pues que vos decís que es el daño hecho,
él vos defienda e ayude a tuerto e a derecho.[19]
Hija, «a daño hecho habed ruego e pecho.»[20]
Callad, guardad la fama,[21] non salga de so techo.

---

[9] vio
[10] mira (intensamente)
[11] el diablo negro
[12] huelo
[13] ojos grandes
[14] cerrojo
[15] La astuta e interesada Trotaconventos no pierde ocasión de aludir al pago de sus servicios.
[16] de buenas maneras
[17] sorpresa
[18] [*Faltan 32 estrofas del códice, sin duda por lo atrevido de la escena amorosa.*]
[19] con razón o sin ella
[20] refrán que exhorta a aceptar los daños con plegarias y entereza
[21] reputación

Si non parlase la picaza más que la codorniz,
non la colgarían en plaza nin reirían de lo que diz;
aprended vos, amiga, de otra tal cocatriz[22],
que todos los hombres hacen como don Melón Ortiz.»
    Doña Endrina le dijo: «¡Ay, viejas tan perdidas!
A las mujeres traéis engañadas, vendidas.
Ayer mil medios me dabais, mil artes, e mil salidas,
hoy que soy escarnecida[23], todas me son fallidas.
    Si las aves lo pudiesen bien saber e entender
cuántos lazos les preparan, non las podrían prender:
cuando el lazo ven, ya las llevan a vender;
mueren por el poco cebo, non se pueden defender.
    Así los peces de las aguas, cuando ven el anzuelo,
ya el pescador los tiene e los trae por el suelo;
la mujer ve su daño cuando ya queda con duelo,
non la quieren los parientes, padre, madre nin abuelo.
    El que la ha deshonrado déjala, non la mantiene;
vase a perder por el mundo, pues otro medio non tiene,
pierde el cuerpo e el alma; a muchos esto aviene.
Pues yo non he otro medio, así hacer me conviene.»
    Está en los antiguos seso e sapiencia,
es en el mucho tiempo el saber e ciencia;
la mi vieja maestra hubo ya conciencia
e dio en este pleito una buena sentencia:
    —«El cuerdo gravemente non se debe quejar
cuando el quejamiento no le puede pro tornar;[24]
lo que nunca se puede reparar ni enmendar
débelo cuerdamente sufrir e endurar.
    A las grandes dolencias e a las desaventuras,
a los acaecimientos,[25] yerros e locuras,
debe buscar consejo, medicinas e curas;
el sabedor se prueba en cuitas e en presuras.[26]
    La ira e la discordia a los amigos mal haz*e*,
pone sospechas malas en el pecho do yaz*e*;
habed entre vosotros ambos concordia e paz,
el pesar e la saña tórnese en buen solaz.
    Pues que por mí decís que el daño es venido,
por mí quiero que sea el vuestro bien habido;
vos sed mujer suya e él vuestro marido,
todo vuestro deseo es por mí bien cumplido.»
    Doña Endrina e don Melón en uno casados son;
alégranse las compañas en las bodas con razón.
Si villanía he dicho, haya de vos perdón,
que lo feo de la historia dícenlo Pánfilo e Nasón.

[*El Arcipreste conoce a dos damas: una joven que muere a los pocos días y otra vieja*]

---

[22] cocodrilo (por sus lágrimas)
[23] burlada
[24] traer provecho

[25] desgracias
[26] dificultades

Aventura del Arcipreste con la serrana de Malangosto

Probar todas las cosas el Apóstol[1] lo manda;
fui a probar la sierra e hice loca demanda,
luego perdí la mula, non hallaba vianda.
Quien más que pan de trigo busca,[2] sin seso anda.

En el mes era de marzo, el día de San Meder,[3]
por el paso de Lozoya[4] fui el camino a emprender;
de nieve e de granizo non hube do me esconder.
Quien busca lo que non pierde, lo que tiene debe perder.

Encima de ese puerto vime en gran rebata,[5]
hallé la vaqueriza cerca de una mata;
preguntéle quién era, respondióme: «¡La Chata!
Yo soy la Chata recia, que a los hombres ata.

Yo guardo el portazgo[6] e el peaje cojo;
el que de grado me paga, non le hago enojo,
al que non me quiere pagar, presto lo despojo.
Págame, si non verás cómo trillan rastrojo».[7]

Detúvome el camino como era estrecho,
una vereda angosta, vaqueros la habían hecho;
desque me vi en cuita, arrecido, maltrecho,
«Amiga», díjele, «amidos[8] hace el can barbecho.[9]

Déjame pasar, amiga, te daré joyas de sierra;
si quieres, dime cuáles usan en esta tierra,
ca según dice el refrán, «quien pregunta non yerra»,
e por Dios dame posada que el frío me atierra».[10]

Respondióme la Chata: «Quien pide non escoge;
prométeme cualquier cosa antes que me enoje,
non temas, si me das algo, que la nieve mucho te moje;
aconséjote que te avengas antes que te despoje.»

Como dice la vieja cuando bebe su madeja:[11]
«comadre, quien más non puede, a la fuerza morir se deja.»[12]
Yo, desque me vi con miedo, con frío e con queja,
prometíle plancha[13] con broche e zurrón de coneja.

Echóme a su pescuezo por las buenas respuestas
e a mí no me pesó porque me llevó a cuestas,
excusóme de pasar los arroyos e cuestas;
hice de lo que allí pasó las coplas abajo puestas:

---

[1] San Pablo
[2] Buscar lo imposible, pues el pan de trigo es el mejor.
[3] San Emeterio
[4] paso y pueblo en la Sierra de Guadarrama, norte de Madrid
[5] sobresalto
[6] puesto donde se paga el peaje o contribución por pasar el puerto

[7] cómo te apaleo, igual que se trilla el cereal segado (*rastrojo*)
[8] de mala gana
[9] campo sin sembrar, donde nada tiene que cazar o comer el perro
[10] tiene postrado
[11] cuando está hilando y moja con los labios el hilo para adaptarlo al huso
[12] hay que ceder cuando ya no se puede más
[13] medallón

Cántica de serrana

Pasando una mañana
el puerto de Malangosto,[14]
salteóme[15] una serrana
al asomante del rostro:[16]
—«Hadeduro»,[17] dijo, «¿dónde andas,
qué buscas o qué demandas
por aqueste puerto angosto?»

Díjele yo a la pregunta:
«Me voy hacia Sotos Albos.»[18]
Diz: «El pecado te barrunta[19]
en hablar vocablos tan bravos,[20]
que por esta encontrada[21]
que yo tengo guardada,
non pasan los hombres salvos.»

Paróseme en el sendero
la gafa[22] ruin e fea.
«A la fe», dijo, «escudero,
aquí estaré yo queda
hasta que algo me prometas.
Por mucho que te arremetas,
non pasarás la vereda.»

Díjele yo: «Por Dios, vaquera,
non me estorbes mi jornada;
quítate e dame carrera[23]
que non traje para ti nada.»
Ella dijo: «Desde aquí te torna,
por Somosierra[24] trastorna;[25]
ca no habrás aquí pasada.»

La Chata endiablada,
¡que Santillán[26] la confunda!
arrojóme la cayada
e rodeóme[27] la honda,
lanzóme el pedrero:[28]
«Por el Padre verdadero,
tú me pagarás hoy la ronda.»[29]

Hacía nieve e granizaba;
díjome la Chata luego,
casi que me amenazaba:
«Págame, si non verás juego.»[30]
Díjele yo: «Por Dios, hermosa,
vos diré una cosa:
más querría estar al fuego.»

Diz: «Yo te llevaré a casa
e te mostraré el camino,
te haré fuego e brasa,
te daré del pan e del vino.
¡Alaúd!,[31] prométeme algo
e te tendré por hidalgo.
¡Buena mañana te vino!»

Yo, con miedo, arrecido,
prometíle una garnacha[32]
e le ofrecí para el vestido
un broche e una plancha.
Ella diz: «De hoy más, amigo,
anda acá, vente conmigo,
non hayas miedo a la escarcha.»

Tomóme recio por la mano,
en su pescuezo me puso
como a zurrón liviano
e llevóme la cuesta ayuso:[33]
«Hadeduro, non te espantes
que bien te daré qué yantes[34]
como es de la sierra uso.»

Púsome mucho aína[35]
en la venta con su enhoto,[36]
diome hoguera de encina,
mucho gazapo[37] de soto,
buenas perdices asadas,
hogazas[38] mal amasadas
e buena carne de choto;

---

[14] paso de la Sierra de Guadarrama, cerca de Lozoya
[15] me asaltó
[16] lo alto de la cuesta, por donde asoma el rostro del caminante
[17] desdichado
[18] pueblo próximo a Segovia
[19] el demonio te acecha (quiere llevarte)
[20] atrevidos
[21] camino
[22] persona deforme (*lit.* «leprosa»)
[23] paso
[24] paso de la Sierra de Guadarrama
[25] da la vuelta
[26] San Julián, protector de los caminantes
[27] hizo girar
[28] la piedra (colocada en el pedrero)
[29] tributo pagado para la guardia rural
[30] verás lo que te hago
[31] ¡Por favor!, exclamación de origen árabe (*ala' Wud*, «con amor»)
[32] vestido largo de abrigo
[33] abajo
[34] comas
[35] de prisa
[36] la casilla rústica con su acogedora intimidad
[37] conejo
[38] panes grandes

de buen vino un cuartero,
manteca de vacas mucha,
mucho queso asadero,[39]
leche, natas e una trucha.
Diz luego: «Hadeduro,
comamos deste pan duro,
después haremos la lucha.»

Desque fui un poco estando,
fuime desaterizando;[40]
como me iba calentando
así me iba sonriendo.
Oteóme la pastora,
dijo: «Ah, compañón,[41] agora . . .
Creo que voy entendiendo.»

La vaqueriza traviesa
dice: «Luchemos un rato,
levántate dende[42] apriesa,
desnúdate de aquese hato.»[43]
Por la muñeca me priso,[44]
hube de hacer cuanto quiso:
¡Creed que hice buen barato![45]

[*El Arcipreste cuenta encuentros parecidos con otras tres serranas, dedica versos religiosos a la Virgen y a Cristo, relata la contienda entre don Carnal y doña Cuaresma, con el triunfo final de don Amor, y refiere otras cuatro aventuras amorosas, poco afortunadas.*]

LAMENTO DEL ARCIPRESTE POR LA MUERTE DE TROTACONVENTOS

Dice un filósofo, en su libro se anota,
que pesar e tristeza el ingenio embota;
e yo con pesar grande non puedo decir gota,
porque Trotaconventos ya non anda nin trota.

Así fue ¡mal pecado! que mi vieja es muerta,
murió a mí sirviendo, lo que me desconuerta.[1]
Non sé cómo lo diga, que mucha buena puerta
me fue después cerrada que antes me era abierta.

¡Ay muerte! ¡muerta seas! ¡muerta e malandante!
Matásteme mi vieja, ¡matases a mí ante!
Enemiga del mundo, que non has semejante,
de tu memoria amarga non hay quien non se espante.

Muerte, al que tú hieres, llévaslo de belmez[2]
al bueno e al malo, al noble e al rehez;[3]
a todos los igualas e los llevas por un prez,[4]
por papas e por reyes non das una vil nuez.

Non miras señorío, deudo nin amistad;
con todo el mundo tienes cotidiana enemistad;
non hay en ti mesura, amor nin piedad,
sinon dolor, tristeza, pena e gran crueldad.

---

[39] para asar
[40] entrando en calor
[41] compañero
[42] de ahí
[43] ropa (entre pastores)
[44] cogió
[45] negocio

[1] desconsuela
[2] sin piedad (expresión dudosa); el *belmez* era un vestido que se llevaba bajo la cota de malla para resguardar el cuerpo
[3] humilde
[4] el mismo precio

Non puede huir nadie de ti nin se esconder,
nunca fue quien contigo pudiese bien contender;
la tu venida triste non se puede entender,[5]
desque vienes non quieres a nadie atender.[6]

Dejas el cuerpo yermo a gusanos en la huesa,[7]
al alma que lo puebla llévastela de priesa;
non es el hombre cierto de tu carrera aviesa.
De hablar en ti, muerte, espanto me atraviesa.

Eres en tal manera del mundo aborrecida
que, por bien que lo amen al hombre en la vida,
en punto que tú vienes con tu mala venida,
todos huyen dél luego como de res podrida.

Los que le aman e quieren en vida su compaña,
aborrécenlo muerto, como a cosa extraña;
parientes e amigos, todos le tienen saña,
todos huyen dél luego, como si fuese araña.

De padres e de madres los hijos tan queridos,
amigos de amigas deseados, servidos,
de mujeres leales los sus buenos maridos,
desque tú vienes, muerte, luego son aborrecidos.

Haces al muy rico yacer en gran pobreza,
non tiene una miaja[8] de toda su riqueza;
el que vivo es bueno e con mucha nobleza,
vil, hediondo es muerto, aborrecida vileza.

Non hay en el mundo libro nin escrito nin carta,
hombre sabio nin necio que de ti bien departa;
en el mundo non hay cosa que con bien de ti se parta,
salvo el cuervo negro que de ti, muerte, se harta.

Cada día le dices que tú le hartarás;
el hombre non es cierto cuándo o cuál matarás,
el que bien hacer pudiese, hoy le valdría más
que non atender a ti ni a tu amigo *cras cras*.[9]

Señores, non queráis ser amigos del cuervo,
temed sus amenazas, non hagáis su ruego;
el bien que hacer pudiereis, hacedlo luego luego;
creed que cras moriréis, ca la vida es juego.

La salud e la vida muy aína se muda,
en un punto se pierde, cuando el hombre non cuida;[10]
«el bien que te haré cras», palabra es desnuda:
vestidla con la obra, antes que la muerte acuda.

Quien en mal juego porfía, más pierde que non cobra;
piensa echar la suerte, echa mala zozobra.[11]
Amigos, apercibidvos e haced buena obra,
que, desque viene, la muerte a toda cosa sobra.

---

[5] oír
[6] esperar
[7] *yermo*, vacío, sin alma; *huesa*, sepultura
[8] moneda de poco valor

[9] juego de palabras con el latinismo *cras*, mañana y el sonido del cuervo
[10] menos lo piensa
[11] en los dados, el lado que pierde, frente al que gana (*la suerte*)

Muchos piensan ganar cuando dicen: ¡A todo!;
viene un mal azar, trae dados en rodo;[12]
allega el hombre tesoros por lograrlos, apodo:[13]
viene la muerte luego e déjalo con lodo.

Pierde luego el habla e el entendimiento;
de sus muchos tesoros e de su allegamiento[14]
non puede llevar nada nin hacer testamento,
los haberes allegados derrámalos mal viento.

Desque los sus parientes la su muerte barruntan,
por heredarlo todo a menudo se ayuntan;
cuando por su dolencia al físico[15] preguntan,
si dice que sanará, todos se lo repuntan.[16]

Los que son más cercanos, hermanos e hermanas,
non cuidan más que ver la hora que toquen las campanas;
más precian la herencia cercanos e cercanas
que non al parentesco nin a las barbas canas.

Desque sale el alma al rico pecador,
déjanlo en tierra solo, todos han dél pavor;
roban todo el algo[17], primero lo mejor;
el que lleva lo menos tiénese por peor.

Mucho hacen porque pronto lo vayan a enterrar,
témense que las arcas les han de descerrajar;
por oír luenga misa non lo quieren tardar,
de todos sus tesoros danle chico ajuar.[18]

Non dan por Dios a los pobres nin cantan sacrificios,
nin dicen oraciones nin cumplen los oficios;
lo más que en esto hacen los herederos novicios
es dar voces al sordo,[19] mas non otros servicios.

Entiérranlo de grado e, desque a gracias[20] van,
apenas tarde o nunca en misa por él están,
por lo que ellos andaban, ya hallado lo han;
ellos llevan el algo, el alma lleva Satán.

Si deja mujer moza, rica o pareciente,[21]
antes de misa dicha, otros la han en miente;
o casa con más rico o mozo más valiente;[21]
nunca da el trentanario, del duelo mucho se siente[22].

Allegó el mezquino e non supo para quién,
e aunque cada día esto así aviene,
non hay hombre que haga su testamento bien
hasta que ya por ojo la muerte ve que viene.

¡Muerte, por más decirte a mi corazón fuerzo!
Nunca das a los hombres consuelo nin esfuerzo,

---

[12] apuestan *todo* en el juego de dados, pero la mala suerte los hace rodar (y ellos pierden)

[13] por disfrutarlos, imagino

[14] riqueza acumulada

[15] médico

[16] reprochan

[17] sus bienes

[18] Aquí el dinero que lleva el difunto para la eternidad, por comparación con el «ajuar» de la novia.

[19] lamentos al difunto

[20] quizá la ceremonia de despedida o gracias a los asistentes

[21] de buen parecer, hermosa; *valiente*, lozano

[22] no paga las 30 misas por el difunto prescritas por la Iglesia, y se lamenta de tener que llevar luto

sinon de que es muerto, que lo coma el escuerzo;[23]
en ti tienes la tacha que tiene el mestuerzo:[24]

hace doler la cabeza al que lo mucho coma;
otrosí tu mal mazo, en punto que asoma,
en la cabeza hiere, a todo fuerte doma,
non le valen medicinás desque tu rabia le toma.

Los ojos tan hermosos póneslos en el tccho,[25]
ciégaslos en un punto, non han en sí provecho;
enmudeces el habla, haces ronco el pecho;
en ti es todo mal, congoja e despecho.

El oír, el oler, el tocar, el gustar,
todos los cinco sentidos los vienes a gastar;
non hay hombre que te sepa del todo denostar:
¡cuánto eres denostada do te llegas a acostar![26]

Quitas toda vergüenza, afeas la hermosura,
descompones la gracia, denuestas la mesura,
enflaqueces la fuerza, enloqueces la cordura,
lo dulce haces hiel con tu mucha amargura.

Desprecias lozanía, el oro oscureces,
deshaces la hechura,[27] alegría entristeces,
mancillas la limpieza, cortesía envileces;
muerte, matas la vida, al amor aborreces.

Non places a ninguno, a ti con todos place;
con quien mata e muere e con quien hiere e mal hace;
toda cosa bien hecha tu mazo la deshace,
non hay cosa que nazca que tu red non enlace.

Enemiga del bien e del mal amador,
natura tienes de gota, del mal e de dolor;
al lugar do más sigues, aquél va muy peor,
do tú tarde requieres, aquél está mejor.

Tu morada por siempre es infierno profundo;
tú eres mal primero e él es el segundo;
pueblas mala morada e despueblas el mundo,
dices a cada uno: «Yo sola a todos hundo.»

[*Continúa el Arcipreste con referencias bíblicas, invocando la protección divina*]

Muerte desmesurada, ¡matases a ti sola!
¿Qué hubiste conmigo? ¿Mi leal vieja, dóla?[28]
¡Tú me la mataste, muerte! Jesucristo compróla
por la su santa sangre, por ella perdonóla.

¡Ay! Mi Trotaconventos, mi leal verdadera,
muchos te seguían viva, muerta yaces señera.[29]
¿Dó te me han llevado? Non sé cosa certera,
nunca torna con nuevas[30] quien anda esta carrera.

---

[23] sapo (palabra dudosa)
[24] berro (*nasturtium*)
[25] Quizá se refiera a la mirada de la moribunda.
[26] acercar

[27] figura
[28] ¿dónde está ella?
[29] sola
[30] noticias

Cierto en paraíso estás tú asentada,
con los mártires debes estar acompañada:
siempre en este mundo fuiste por Dios martirizada.
¿Quién te me arrebató, vieja por mí lacerada?[31]

A Dios merced le pido que te dé la su gloria,
que más leal trotera nunca fue en memoria;
te haré un epitafio escrito con historia,[32]
pues que a ti non viere, veré tu triste historia.

Daré por ti limosna e haré oración,
misas haré cantar e daré oblación;
la mi Trotaconventos, ¡Dios te dé redención!
¡El que salvó el mundo, te dé su salvación!

Dueñas, non me regañéis ni me digáis nezuelo,
que si a vos sirviera vos habríais de ella duelo,
lloraríais por ella, por su sutil anzuelo,
que cuantas seguía, tantas iban por ella al suelo.

Alta mujer nin baja, encerrada, escondida,
non se le detenía do hacía debatida.[33]
Non sé de hombre nin dueña que tal tuviese perdida
que non tomase tristeza e pesar sin medida.

[Siguen el epitafio, consejos edificantes para vencer a los enemigos del alma (Mundo, Demonio y Carne), un elogio de la mujer pequeña, y la última aventura (fracasada) con una dama]

Cántica de loores de Santa María

Quiero seguir
a ti, flor de las flores,
siempre decir,
cantar de tus loores,
non me partir
de te servir,
¡mejor de las mejores!

Grande fianza
he yo en ti, Señora;
la mi esperanza
en ti es toda hora;
de tribulanza,[34]
sin tardanza
venme librar agora.

Virgen muy santa,
yo paso atribulado
pena tanta
con dolor tormentado,
e me espanta
cuita[35] tanta
que veo, ¡mal pecado!

Estrella del mar
e puerto de holgura,
del mi pesar
cumplido[36] e de tristura
venme librar
e confortar,
Señora de la altura.

Nunca fallece[37]
la tu merced cumplida,[38]
siempre guarece
de cuitas e da vida;
nunca perece
nin entristece
quien a ti non olvida.

Sufro gran mal
sin merecer, a tuerto,[39]
esquivo[40] tal
que pienso ser muerto;
mas tú me val,
que non veo ál[41]
que me saque a puerto.

[El libro termina con varios cantares más a la Virgen, para escolares, para ciegos, y una composición satírica sobre los clérigos amancebados[42] de Talavera]

---

[31] sufridora
[32] palabra dudosa, quizá error del copista pues la autorrima es rara en J. Ruiz
[33] caza (cayendo sobre la víctima como un halcón)
[34] tribulación
[35] aflicción
[36] lleno

[37] falla
[38] perfecta, absoluta
[39] sin razón
[40] esquivez, hostilidad
[41] a otro
[42] que tienen concubina

SIGLO XV

El Marqués de Santillana
(1398-1458)

Como magnate feudal y hombre de letras, don Íñigo López de Mendoza, primer marqués de Santillana, es una de las figuras más destacadas y representativas de su tiempo, en la transición del espíritu medieval al renacentista. Nacido en Carrión de los Condes (Palencia) en 1398, pertenecía a una de las principales familias castellanas, tomó parte muy activa en la política de intrigas cortesanas y de luchas civiles (unas veces en favor del rey Juan II, otras en contra), así como en la guerra contra los moros de Granada. También fue bibliófilo entusiasta y gran mecenas del nuevo humanismo. Su palacio de Guadalajara, con una excelente biblioteca, se convirtió en centro de estudiosos donde se traducía a los clásicos (Platón y Homero, éste por primera vez, las tragedias de Séneca, las *Metamorfosis* de Ovidio, la *Eneida* de Virgilio). Interesado igualmente en la literatura moderna, Santillana compuso el primer ensayo de historia literaria en las lenguas románicas (la *Carta proemio al condestable don Pedro de Portugal*, 1449), en que muestra su inclinación por las obras italianas sobre las francesas, hasta entonces las más influyentes en la literatura castellana. Allí expresa también su concepto de la poesía, combinando el didacticismo medieval con el nuevo sentido estético del Renacimiento: «fingimiento de cosas útiles, cubiertas o veladas con muy hermosa cobertura.» A la manera platónica, atribuye la creación poética a una inspiración divina. También se debe a Santillana la primera colección de proverbios en lengua vulgar, bajo el título curioso de *Refranes que dicen las viejas tras el fuego*, con una afición por el espíritu popular muy típica desde el Renacimiento. Murió en Guadalajara a los 60 años y de él ha dejado un excelente retrato el escritor Hernando del Pulgar, contemporáneo suyo: «. . . Era hombre agudo e discreto e de tan gran corazón que ni las grandes cosas le alteraban, ni en las pequeñas le placía entender . . . Era cortés e honrador de todos los que a él venían, especialmente de los hombres de ciencia . . . Tenía gran fama e claro renombre en muchos reinos fuera de España; pero reputaba muy mucho más la estimación entre los sabios que la fama entre los muchos . . .»

La obra literaria de Santillana presenta gran variedad de temas y estilos por haber recogido las tendencias dominantes entonces. A la tradición medieval y moralizante pertenecen sus poemas de inspiración estoico-cristiana, como el *Diálogo de Bías contra Fortuna*, reflexiones sobre la vanidad y transitoriedad de las grandezas humanas, junto a un fuerte sentimiento de la dignidad del individuo y del poder de su razón frente a los caprichos de la Fortuna; o el *Doctrinal de privados*, contra el poderoso favorito Álvaro de Luna, censurando los vicios de la vida pública. De otro lado está su poesía alegórica, imitada de los italianos, en extensos poemas llenos de elementos simbólicos, alusiones mitológicas, nombres clásicos y latinismos, como la *Comedieta de Ponza*, donde aplica a ciertos sucesos históricos de su patria la interpretación visionaria de Dante, pero tomando de éste aspectos externos más que el verdadero espíritu de su poesía. Aún mayor es la imitación de Petrarca, tanto en sus alegorías amorosas (el *Triunfete de Amor*) como en sus sonetos. Se conservan 42 de los *Sonetos hechos al itálico modo*, sobre temas diversos (amorosos, morales, religiosos y patrióticos), interesantes sobre todo por ser el primer intento de establecer esta forma lírica en la poesía castellana, aunque tampoco consigue dominar bien su técnica difícil ni preservar la honda emoción humana de Petrarca. Sus versos endecasílabos aparecen a menudo deformados por el influjo rítmico de otros versos tradicionales, como los de «arte mayor», de doce sílabas divididos en dos hemistiquios simétricos.

Es en la combinación de la lírica popular con el arte refinado de la escuela trovadoresca (galaico-portuguesa y provenzal) donde Santillana alcanza sus mejores resultados poéticos y los que más fama le han dado. Se trata de una lírica menor, pero de gran frescura y belleza, en forma de *serranillas*, *villancicos*, *cantares* y *decires*, con las formas métricas tradicionales de los *cancioneros* castellanos (versos de 6 y 8 sílabas). Las célebres *serranillas* transforman el realismo rústico y sensual de las *cantigas de serrana* castellanas en cuadritos idealizados con el arte aristocrático de las *pastorelas* francesas. El poeta narra su encuentro con una bella serrana durante sus viajes por el país, y sus intentos de seducción casi siempre fallidos. El mérito está en convertir esta prosaica realidad en una nueva realidad poética, de encantadora gracia y elegancia, sin perder la sensación de algo vivido y del ambiente rústico. Es una visión embellecedora de la vida del campo, como un sueño de amor y belleza primaveral, anuncio del género pastoril que pronto tendrá su desarrollo en el Renacimiento.

TEXTO: MARQUÉS DE SANTILLANA, *Canciones y decires* (ed. V. García de Diego), «Clásicos castellanos». Madrid, 1932.

Soneto XIV

Cuando yo soy delante aquella dona,[1]
a cuyo mando me sojuzgó Amor,[2]
cuido ser uno de los que en Tabor[3]
vieron la gran claror que se razona,[4]

o que ella sea fija[5] de Latona,[6]
según su aspecto e grande resplandor:
así que punto[7] yo non he vigor
de mirar fijo su deal[8] persona.

El su grato fablar[9] dulce, amoroso,
es una maravilla ciertamente,
e modo nuevo en humanidad:

el andar suyo es con tal reposo,
honesto e manso, e su continente,[10]
que, libre, vivo en cautividad.

Soneto XVIII

Lejos de vos e cerca de cuidado,[11]
pobre de gozo e rico de tristeza,
fallido[12] de reposo e abastado
de mortal pena, congoja e braveza;

desnudo de esperanza e abrigado
de inmensa cuita e visto[13] de aspereza,
la mi vida me huye, mal mi grado,
la muerte me persigue sin pereza.

Nin son bastantes a satisfacer
la sed ardiente de mi gran deseo
Tajo al presente, nin me socorrer

la enferma Guadiana,[14] nin lo creo:[15]
sólo Guadalquivir tiene poder
de me guarir[16] e sólo aquél deseo.

---

[1] dama (italianismo)

[2] Versos agudos como éste son uno de los defectos del soneto de Santillana.

[3] el monte Tabor, donde tres discípulos de Cristo presenciaron la Transfiguración; «cuido», pienso

[4] se dice

[5] hija

[6] Latona, diosa de la fertilidad y madre de Diana, la «fija» a que se refiere el verso.

[7] nada de (vigor)

[8] divina (Este elogio hiperbólico de la dama como un ser casi divino sigue la tradición trovadoresca del «amor cortés», pero los versos siguientes evitan el efecto artificioso con cualidades más humanas de gran delicadeza.)

[9] hablar

[10] aire o compostura

[11] Con una serie de antítesis primero y de hipérboles después, el poeta realza en términos simples y emocionados su nostalgia amorosa.

[12] falto

[13] vestido

[14] el río Guadiana está «enfermo» o débil porque desaparece bajo tierra durante su trayecto por la Mancha

[15] ripio o relleno de la rima

[16] curar

Villancico a unas tres hijas suyas

Por una gentil floresta
de lindas flores e rosas,[17]
vide tres damas fermosas[18]
que de amores han recuesta.[19]
Yo con voluntad muy presta
me llegué a conocellas;
comenzó la una de ellas
esta canción tan honesta:
   «Aguardan[20] a mí;
   nunca tales guardas vi.»
Por mirar su fermosura
de estas tres gentiles damas,
yo cubríme con las ramas,
metíme so la verdura.
La otra con gran tristura
comenzó de suspirar
e decir este cantar
con muy honesta mesura:
   «La niña que amores ha,
   sola, ¿cómo dormirá?»

Por non les facer turbanza[21]
non quise ir más adelante
a las que con ordenanza
cantaban tan consonante.
La otra con buen semblante
dijo: «Señoras de estado,[22]
pues las dos habéis cantado,
a mí conviene que cante:
   Dejadlo, al villano pene;[23]
   véngueme Dios delle.»[24]
Desque ya hubieron cantado
estas señoras que digo,
yo salí desconsolado,[25]
como hombre sin abrigo.
Ellas dijeron: «Amigo,
non sois vos el que buscamos,
mas cantad, pues que cantamos:
   Suspirando iba la niña
   e non por mí,
   que yo bien se lo entendí.»

Serranilla III

Después que nací
non vi tal serrana[26]
como esta mañana.
   Allá en la vegüela[27]
a Mata el Espino,[28]
en ese camino
que va a Lozoyuela,
de guisa la vi
que me fizo gana[29]
la fruta temprana.
   Garnacha traía
de oro,[30] presada

con broncha[31] dorada,
que bien relucía.
A ella volví
diciendo: «Lozana,[32]
¿e sois vos villana?»
—«Sí soy, caballero;
si por mí lo habedes,[33]
decid, ¿qué queredes?
Fablad verdadero.»
Yo le dije así:
«Juro por Santa Ana
que non sois villana.»

---

[17] La rosa tenía una categoría especial como reina de las flores (la expresión pasó del latín al castellano y todavía subsiste en el folklore).
[18] vi; hermosas
[19] demanda (andan enamoradas)
[20] me guardan o vigilan
[21] hacer o causar turbación
[22] nobles, gentiles
[23] que el ingrato sufra
[24] de él
[25] con irónica tristeza al ver que el amor de sus hijas ya no es para él
[26] una serrana tan hermosa (idealización poética hecha con gran sencillez y economía)
[27] pequeña vega
[28] en la sierra de Guadarrama, al norte de Madrid
[29] hizo o dio gana
[30] túnica bordada de oro con amplias mangas
[31] broche
[32] hermosa
[33] si a mí os referís

Serranilla VI:

LA VAQUERA DE LA FINOJOSA[34]

Moza tan fermosa
non vi en la frontera[35]
como una vaquera
de la Finojosa.

Faciendo la vía
del Calatraveño
a Santa María,
vencido del sueño,
por tierra fragosa[36]
perdí la carrera,
do vi la vaquera
de la Finojosa.

En un verde prado
de rosas e flores,
guardando ganado
con otros pastores,
la vi tan graciosa
que apenas creyera
que fuese vaquera
de la Finojosa

Non creo las rosas
de la primavera
sean tan fermosas
nin de tal manera,
fablando sin glosa[37]
si antes supiera
de aquella vaquera
de la Finojosa.

Non tanto mirara
su mucha beldad,
porque me dejara
en mi libertad.
Mas dije: «Donosa,
(por saber quién era),
¿dónde es la vaquera
de la Finojosa?»

Bien como riendo,
dijo: «Bien vengades,
que ya bien entiendo
lo que demandades;
non es deseosa
de amar, nin lo espera,
aquesa vaquera
de la Finojosa.»

---

[34] Esta es la serranilla más famosa de Santillana. Se distingue por el melodioso efecto de sus ligeros versos de seis sílabas y la repetición del estribillo que le ha dado su nombre.

[35] La frontera de Sierra Morena con la Andalucía árabe, donde Santillana fue Adelantado o comandante militar.

[36] abrupta, accidentada

[37] claramente o, quizá, sin exageración (*glosa* en latín era «palabra oscura»)

Serranilla IX

Mozuela de Bores,[38]
allá do la Lama,[39]
púsome en amores.

Cuidé que olvidado
amor me tenía,
como quien se había
gran tiempo dejado
de tales dolores,
que más que la llama
queman amadores.
　　Mas vi la fermosa
de buen continente,
la cara placiente,
fresca como rosa,
de tales colores
cual nunca vi dama
nin otra, señores.
　　Por lo cual: «Señora,
(le dije), en verdad
la vuestra beldad
saldrá desde agora
de entre estos alcores,
pues merece fama
de grandes loores.»

Dijo: «Caballero,
tiradvos afuera:[40]
dejad la vaquera
pasar al otero;
ca dos labradores
me piden de Frama,
entrambos pastores.»
　　—«Señora, pastor
seré si queredes;
mandarme podedes,
como a servidor;
mayores dulzores
será a mí la brama[41]
que oír ruiseñores.»
　　Así concluimos
el nuestro proceso
sin facer exceso,
e nos avenimos.
E fueron las flores
de cabe[42] Espinama
los encubridores.

Canción [43]

Bien cuidaba yo servir[44]
　　en tal lugar,
do me ficieran penar,
　　mas non morir.
Ya mi pena non es pena:
　　¡tanto es fuerte!
Non es dolor nin cadena,
　　mas es muerte.
¿Cómo se puede sufrir
　　tan gran pesar?

Ca cuidaba yo penar,
　　mas non morir.
Ciertamente non cuidara
　　nin creyera
que de este mal peligrara,
　　nin muriera.
Mas el triste despedir,
　　sin recabdar[45]
non me fue sólo penar,
　　mas fue morir.

---

[38] pueblo de Santander
[39] nombre de mujer
[40] apartaos
[41] los bramidos del ganado
[42] cerca de
[43] El tema conceptuoso de los cancioneros, «morir de amor», es desarrollado aquí con la intensidad de sentimiento y gracia melodiosa de una canción folklórica.
[44] pensaba servir a la dama al estilo del «amor cortés»
[45] recaudar o recibir algún favor de su dama (el motivo de esta queja amorosa)

Jorge Manrique

(¿1440?-1479)

Entre los muchos poetas de la escuela trovadoresca o cortesana del siglo XV, con sus convencionales versos amorosos, satíricos y moralizantes, se destaca la figura de Jorge Manrique con un gran poema elegíaco, las *Coplas por la muerte de su padre*, que da expresión auténtica a una honda experiencia humana, a la vez individual y universal. Aparte de este acierto genial, la vida y la obra de Manrique son las de un típico aristócrata del Renacimiento, que combina las actividades militares y políticas con las literarias. Su breve *Cancionero* contiene unos cincuenta poemas con los usuales versos de amor, conceptuosos y alegóricos, sátiras ingeniosas y moralizaciones sobre la brevedad de la vida y los altibajos de la fortuna, aunque en algún momento se vislumbre al verdadero poeta a través de los convencionalismos, como en la expresión de su dolorido corazón o de su preocupación ante la idea de la muerte. En su vida de soldado también alcanzó fama de valiente, luchando como su padre en el bando de Isabel la Católica contra el rey de Portugal y un sector de la nobleza castellana que deseaban mantener bajo su influencia a la corona de Castilla. En uno de estos combates, frente al castillo de Garci-Muñoz (Cuenca), defendido por el marqués de Villena, encontró muerte heroica a los 39 años.

Tres años antes, en 1476, había muerto su padre, don Rodrigo Manrique, conde de Paredes, condestable de Castilla y maestre de la Orden de Santiago, uno de los más poderosos y admirados magnates del reino, vencedor en muchas batallas contra los moros de Granada y contra parte de la nobleza. El hecho conmovió profundamente al poeta y le inspiró un canto fúnebre sobre la fugacidad de las glorias humanas en el que expresa con sencillez austera su cariño filial, su sentimiento íntimo del paso del tiempo y su visión cristiana de la vida eterna como una glorificación del espíritu merecedor de tal premio por su conducta en este mundo. El tema central de las *Coplas* era muy común en la poesía del siglo XV, como lo era su tono ascético y religioso de tradición medieval. Pero la originalidad de Manrique está en haber dado expresión artística a este lugar común, trasformando su emoción personal en sentimiento colectivo de la humanidad. El modo de hacerlo consiste en presentar el tema, no en términos abstractos y generales, como un sermón moralizante, sino como una experiencia individual, hondamente sentida, y que el poeta logra transmitir íntegramente al lector. Para ello hace desfilar ante nosotros sus propios recuerdos de reyes y nobles que hasta poco antes gozaban de una vida fastuosa de riquezas y placeres, o se afanaban por ambiciones políticas, y que ya se han desvanecido en el mar inmenso de la muerte. En vez de evocar las grandes figuras de la antigüedad clásica, según la fórmula literaria usual del *ubi sunt?*, Manrique aplica ésta al pasado inmediato, cuya realidad parecía tan sólida, con lo cual nos da una impresión más vívida del presente como un instante fugaz condenado a desaparecer.

Esta visión triste y negativa de la existencia no le lleva, sin embargo, al lamento desesperado ni al temor de la muerte, como era lo frecuente en la poesía contemporánea. Se lo impide, por un lado, su firme fe cristiana en la salvación eterna y su sentido estoico de la dignidad humana, que nos exige aceptar nuestro destino con ecuanimidad; por otro lado, su concepto renacentista de la fama terrena, como una tercera forma de vida que los hombres notables alcanzan en la relativa inmortalidad de la historia. Tal confianza en los valores humanos, encarnados en la vida ejemplar del maestre de Santiago, imprime al poema un carácter afirmativo y consolador frente a la trágica experiencia de la muerte.

El mayor mérito artístico de las *Coplas* está, como en todo buen poema, en la perfecta adaptación de la forma al sentido y sentimiento expresados. Esa forma tampoco era nueva, sino la usual en esta clase de composiciones elegíacas. Emplea estrofas de pie quebrado, con versos octosílabos interrumpidos a intervalos regulares por otros de 4 sílabas; se vale de recursos retóricos, como la serie de interrogaciones sin respuesta para expresar su lamento, o la enumeración de modelos clásicos para ensalzar al difunto. A pesar de todo ello, Manrique logra evitar los excesos retóricos y emocionales, dando al poema un tono de serenidad, equilibrio y austeridad, apropiado a su visión poética. El lenguaje es natural, sencillo y elegante, habiendo quedado como ejemplo perenne de buena dicción. El mismo ritmo uniforme del verso quebrado, algo monótono a lo largo de las cuarenta coplas, contribuye al efecto fúnebre. Como resultan muy propios los contrastes de ideas e imágenes sobre la vida y la muerte, el placer y el dolor, el presente y el pasado, en un estilo vagamente bíblico. La estructura del poema está también sabiamente dividida en tres partes: una meditación sobre la vida efímera y la muerte (coplas 1–13); una evocación del pasado inmediato con sus fiestas cortesanas y sus personajes ya fallecidos, formando una especie de cortejo fúnebre (coplas 14–24); y un elogio del padre difunto que acaba con la escena de su muerte como ejemplo de «buen morir» dado por un caballero cristiano.

El resultado de todo ello es una feliz combinación de solemnidad, sinceridad y sencillez que transforma un hecho ordinario en una inolvidable experiencia poética. No es extraño que las *Coplas* se hicieran famosas en seguida, fuesen glosadas muchas veces, traducidas incluso al latín, y que no falten en ninguna antología de la poesía española.

TEXTO: JORGE MANRIQUE, *Obras completas* (ed. J. García López).
Barcelona, 1942.

COPLAS POR LA MUERTE DE SU PADRE

Recuerde[1] el alma dormida,
avive el seso y despierte
contemplando
cómo se pasa la vida,
cómo se viene la muerte
tan callando;
cuán presto se va el placer,
cómo, despúes de acordado[2]
da dolor,
cómo a nuestro parecer
cualquiera tiempo pasado
fue mejor.

Pues si vemos lo presente
cómo en un punto se es ido
y acabado,
si juzgamos sabiamente,
daremos[3] lo no venido
por pasado.
No se engañe nadie, no,
pensando que ha de durar
lo que espera
más que duró lo que vio,
pues que todo ha de pasar
por tal manera.

Nuestras vidas son los ríos
que van a dar en la mar,
que es el morir;
allí van los señoríos
derechos a se acabar
y consumir;
allí los ríos caudales,
allí los otros, medianos
y más chicos;
allegados, son iguales
los que viven por sus manos
y los ricos.

Dejo las invocaciones
de los famosos poetas
y oradores;
no curo[4] de sus ficciones,
que traen yerbas[5] secretas
sus sabores.
Aquél sólo me encomiendo,[6]
aquél sólo invoco yo
de verdad,
que en este mundo viviendo,
el mundo no conoció
su deidad.[7]

Este mundo es el camino
para el otro, que es morada
sin pesar;
mas cumple tener buen tino
para andar esta jornada
sin errar.
Partimos cuando nacemos,
andamos mientras vivimos,
y llegamos
al tiempo que fenecemos;
así que cuando morimos
descansamos.

---

[1] despierte
[2] recordado
[3] consideraremos
[4] no me interesan
[5] veneno

[6] a Cristo, más apropiadamente que a los maestros
de la palabra, según la tradición literaria
[7] de *San Juan*, I, 10

Este mundo bueno fue[8]
si bien usásemos dél[9]
   como debemos,
porque, según nuestra fe,
es para ganar aquel
   que atendemos.[10]
Y aun aquel hijo de Dios,
para subirnos al cielo,
   descendió
a nacer acá entre nos,
y a vivir en este suelo
   do murió.

Ved de cuán poco valor
son las cosas tras que andamos
   y corremos;
que, en este mundo traidor,
aun primero que muramos
   las perdemos:
dellas[11] deshace la edad,
dellas casos desastrados
   que acaecen,
dellas, por su calidad,
en los más altos estados
   desfallecen.

Decidme: la hermosura,
la gentil frescura y tez
   de la cara,
la color y la blancura,
cuando viene la vejez
   ¿cuál se para?[12]
Las mañas y ligereza
y la fuerza corporal
   de juventud,
todo se torna graveza[13]
cuando llega al arrabal
   de senectud.

Pues la sangre de los godos,[14]
y el linaje y la nobleza
   tan crecida,
¡por cuántas vías y modos
se pierde su gran alteza
   en esta vida!
Unos, por poco valer,
¡por cuán bajos y abatidos
   que los tienen!
Y otros que, por no tener,[15]
con oficios non debidos[16]
   se mantienen.

Los estados y riqueza
que nos dejan a deshora,
   ¿quién lo duda?
no les pidamos firmeza,
pues que son de una señora
   que se muda.
Que bienes son de Fortuna
que revuelven[17] con su rueda
   presurosa,
la cual no puede ser una,[18]
ni ser estable ni queda
   en una cosa.

Pero digo[19] que acompañen[20]
y lleguen hasta la huesa[21]
   con su dueño;
por eso no nos engañen,
pues se va la vida apriesa[22]
   como sueño;
y los deleites de acá
son, en que nos deleitamos,
   temporales,
y los tormentos de allá
que por ellos esperamos,
   eternales.

---

[8] sería
[9] de él
[10] esperamos
[11] «de ellas», unas . . . otras (partitivo arcaico)
[12] ¿qué les pasa?
[13] pesadez
[14] Los visigodos gobernaron en España del siglo V al VII y se les consideraba antepasados de la nobleza.
[15] no tener riqueza
[16] trabajos impropios
[17] giran
[18] siempre igual
[19] aun suponiendo
[20] El sujeto es «bienes».
[21] tumba
[22] aprisa

Los placeres y dulzores
de esta vida trabajada
        que tenemos,
¿qué son sino corredores,[23]
y la muerte la celada
        en que caemos?
No mirando a nuestro daño,
corremos a rienda suelta
        sin parar;
desque vemos el engaño
y queremos dar la vuelta,
        no hay lugar.

Si fuese en nuestro poder
tornar la cara hermosa
        corporal,[24]
como podemos hacer
el ánima tan gloriosa
        angelical,[25]
¡qué diligencia tan viva
tuviéramos toda hora,
        y tan presta,
en componer la cativa,[26]
dejándonos la señora[27]
        descompuesta!

Esos reyes poderosos
que vemos por escrituras
        ya pasadas,
con casos tristes, llorosos,
fueron sus buenas venturas
        trastornadas;
así que no hay cosa fuerte;
que a papas y emperadores
        y prelados
así los trata la muerte
como a los pobres pastores
        de ganados.

Dejemos a los troyanos,
que sus males no los vimos,
        ni sus glorias;
dejemos a los romanos,
aunque oímos o leímos
        sus historias;
no curemos de saber
lo de aquel siglo pasado
        qué fue de ello;
vengamos a lo de ayer,
que tan bien es olvidado
        como aquello.

¿Qué se hizo el rey don Juan?[28]
Los infantes de Aragón[29]
        ¿qué se hicieron?
¿Qué fue de tanto galán,
qué fue de tanta invención
        como trujeron?
Las justas y los torneos,
paramentos, bordaduras
        y cimeras
¿fueron sino devaneos?
¿Qué fueron sino verduras
        de las eras?

¿Qué se hicieron las damas,
sus tocados, sus vestidos,
        sus olores?
¿Qué se hicieron las llamas
de los fuegos encendidos
        de amadores?
¿Qué se hizo aquel trovar,
las músicas acordadas
        que tañían?
¿Qué se hizo aquel danzar,
aquellas ropas chapadas[30]
        que traían?

---

[23] soldados que hacían incursiones en territorio enemigo
[24] adjetivo de «cara»
[25] adjetivo de «ánima»
[26] en cuidarnos la cara o el cuerpo (*cativo* era cautivo o siervo y también malo, ruin)
[27] el alma
[28] El tradicional tema medieval del «ubi sunt?» es aplicado aquí a los tiempos recientes, dando más realismo y viveza a su evocación. Don Juan II de Castilla patrocinó en su corte la poesía y la música (1406–54).
[29] hijos del rey Fernando I de Aragón, que tuvieron un papel destacado en la historia política y militar de Castilla
[30] bordadas con láminas de oro y plata

Pues el otro su heredero,
don Enrique,[31] ¡qué poderes[32]
    alcanzaba!
¡Cuán blando, cuán halaguero
el mundo con sus placeres
    se le daba!
Mas verás cuán enemigo,
cuán contrario, cuán cruel
    se le mostró;
habiéndole sido amigo,
¡cuán poco duró con él
    lo que le dio!

Las dádivas desmedidas,
los edificios reales
    llenos de oro,
las vajillas tan febridas[33]
los enriques[34] y reales
    del tesoro;
los jaeces, los caballos
de su gente y atavíos
    tan sobrados,
¿dónde iremos a buscallos?[35]
¿Qué fueron sino rocíos
    de los prados?

Pues su hermano[36] el inocente
que en su vida sucesor
    se llamó,
¡qué corte tan excelente
tuvo y cuánto gran señor
    le siguió!
Mas como fuese mortal,
metióle la Muerte luego
    en su fragua.
¡Oh juicio divinal!
Cuando más ardía el fuego
    echaste agua.

Pues aquel gran Condestable,[37]
maestre que conocimos
    tan privado,
no cumple que dél se hable,
sino sólo que lo vimos
    degollado.
Sus infinitos tesoros,
sus villas y sus lugares,
    su mandar,
¿qué le fueron sino lloros?
¿Qué fueron sino pesares
    al dejar?

Y los otros dos hermanos,[38]
maestres tan prosperados
    como reyes,
que a los grandes y medianos
trujeron tan sojuzgados
    a sus leyes;
aquella prosperidad
que tan alta fue subida
    y ensalzada,
¿qué fue sino claridad,
que cuando más encendida
    fue amatada?[39]

Tantos duques excelentes,
tantos marqueses y condes
    y varones
como vimos tan potentes,
di, Muerte, ¿dó los escondes
    y traspones?
Y las sus claras hazañas
que hicieron en las guerras
    y en las paces,
cuando tú, cruda,[40] te ensañas,
con tu fuerza las atierras[41]
    y deshaces.

---

[31] Enrique IV de Castilla (1454–74), más dado al placer que al gobierno
[32] riquezas
[33] bruñidas, resplandecientes
[34] moneda de oro y plata acuñada por Enrique de Castilla (1339–79)
[35] buscarlos
[36] Don Alfonso, hermano de Enrique IV, proclamado rey por el bando de Manrique y envenenado a los 14 años.

[37] el Condestable de Castilla, don Álvaro de Luna, privado o favorito de Juan II y enemigo de los Manrique, ejecutado en 1453
[38] dos favoritos de Enrique IV: el marqués de Villena y don Pedro Girón, enemigos de los Manrique
[39] apagada
[40] cruel
[41] echas por tierra

Las huestes innumerables,
los pendones, estandartes
    y banderas,
los castillos impugnables,
los muros y baluartes
    y barreras,
la cava[42] honda, chapada,[43]
o cualquier otro reparo[44]
    ¿qué aprovecha?
Cuando tú vienes airada,
todo lo pasas de claro[45]
    con tu flecha.

Aquel de buenos abrigo,
amado por virtuoso
    de la gente,
el maestre Don Rodrigo
Manrique, tanto famoso
    y tan valiente;
sus grandes hechos y claros
no cumple que los alabe,
    pues los vieron,
ni los quiero hacer caros,[46]
pues que el mundo todo sabe
    cuáles fueron.

¡Qué amigo de sus amigos!
¡Qué señor para criados
    y parientes!
¡Qué enemigo de enemigos!
¡Qué maestro de esforzados
    y valientes!
¡Qué seso[47] para discretos!
¡Qué gracia[48] para donosos!
    ¡Qué razón!
¡Qué benigno a los sujetos!
¡A los bravos y dañosos
    qué león!

En ventura Octaviano;
Julio César en vencer
    y batallar;

en la virtud, Africano;
Aníbal en el saber
    y trabajar [...][49]

No dejó grandes tesoros,
ni alcanzó muchas riquezas
    ni vajillas,
mas hizo guerra a los moros,
ganando sus fortalezas
    y sus villas;
y en las lides que venció,
cuántos moros y caballos
    se perdieron;
y en este oficio ganó
las rentas y los vasallos
    que le dieron.

Pues por su honra y estado
en otros tiempos pasados
    ¿cómo se hubo?
Quedando desamparado,
con hermanos y criados
    se sostuvo.
Después que hechos famosos
hizo en esta dicha guerra
    que hacía,
hizo tratos tan honrosos,
que le dieron aún más tierra
    que tenía.

Estas sus viejas historias
que con su brazo pintó
    en juventud,
con otras nuevas victorias
agora las renovó
    en senectud.
Por su gran habilidad,
por méritos y anciania
    bien gastada,
alcanzó la dignidad
de la gran caballería
    del Espada.[50]

---

[42] foso
[43] fortificada
[44] defensa
[45] de parte a parte
[46] encarecer, alabar
[47] sensatez

[48] ingenio
[49] [*Sigue la enumeración retórica de emperadores romanos como modelos de las virtudes del difunto.*]
[50] Orden de Caballería de Santiago, de la cual fue Maestre en 1474, y cuyo emblema es una espada roja

Y sus villas y sus tierras
ocupados de tiranos[51]
    las halló,
mas por cercos y por guerras
y por fuerza de sus manos
    las cobró.
Pues nuestro rey natural,[52]
si de las obras que obró
    fue servido,
dígalo el de Portugal,[53]
y en Castilla quien siguió
    su partido.

Después de puesta la vida
tantas veces por su ley
    al tablero;[54]
después de tan bien servida
la corona de su rey
    verdadero;
después de tanta hazaña
a que no puede bastar
    cuenta cierta,
en la su villa de Ocaña[55]
vino la Muerte a llamar
    a su puerta,

diciendo: «Buen caballero,
dejad el mundo engañoso
    y su halago;
vuestro corazón de acero
muestre su esfuerzo famoso
    en este trago;
y pues de vida y salud
hiciste tan poca cuenta
    por la fama,
esfuércese la virtud[56]
para sufrir esta afrenta[57]
    que vos llama.»

«No se os haga tan amarga
la batalla temerosa
    que esperáis,
pues otra vida más larga
de fama tan gloriosa
    acá dejáis;

aunque esta vida de honor
tampoco no es eternal
    ni verdadera,
mas con todo es muy mejor
que la otra temporal
    perecedera. »

«El vivir que es perdurable
no se gana con estados
    mundanales,
ni con vida delectable
en que moran los pecados
    infernales;
mas los buenos religiosos
gánanlo con oraciones
    y con lloros;
los caballeros famosos
con trabajos y aflicciones
    contra moros. »

«Y pues vos, claro varón,
tanta sangre derramastes
    de paganos,[58]
esperad el galardón
que en este mundo ganastes
    por las manos;
y con esta confianza
y con la fe tan entera
    que tenéis,
partid con buena esperanza,
que esta otra vida tercera[59]
    ganaréis. »
(Responde el Maestre)
«No gastemos tiempo ya
en esta vida mezquina
    por tal modo,
que mi voluntad está
conforme con la divina
    para todo;
y consiento en mi morir
con voluntad placentera,
    clara y pura,
que querer hombre vivir
cuando Dios quiere que muera
    es locura. »

---

[51] usurpadores (los enemigos políticos de Manrique)
[52] la reina legítima Isabel la Católica
[53] Alfonso V de Portugal que luchó contra los Reyes Católicos y fue vencido en 1476
[54] puesta la vida al tablero: jugarse la vida
[55] prov. de Toledo
[56] valor (latinismo)
[57] prueba del valor y por tanto de la honra
[58] los no cristianos (moros aquí)
[59] la vida celestial

Oración[60]

«Tú, que por nuestra maldad
tomaste forma servil
          y bajo nombre;
Tú, que a tu divinidad
juntaste cosa tan vil
          como el hombre;
Tú, que tan grandes tormentos
sufriste sin resistencia
          en tu persona,
no por mis merecimientos,
mas por tu sola clemencia
          me perdona.»

Así con tal entender,
todos sentidos humanos
          conservados,
cercado de su mujer,
y de sus hijos y hermanos
          y criados,
dio el alma a quien se la dio,
(el cual la ponga en el cielo
          en su gloria),
que, aunque la vida perdió,
nos dejó harto consuelo
          su memoria.

El Romancero

Se llama Romancero a las colecciones de romances o baladas tradicionales que empezaron a publicarse a mediados del siglo XVI y que han seguido apareciendo y aumentando de volumen hasta el siglo pasado. Pasan de dos mil los romances recogidos, formando una de las colecciones más ricas de poesía popular en la literatura occidental, así como una de las expresiones más espontáneas y artísticas del espíritu nacional. Originalmente el romance era un corto poema épico-lírico destinado a ser cantado, el cual vino a sustituir al extenso cantar de gesta a fines de la Edad Media. Después del siglo XVI el término «romance» sirvió también para designar el metro particular de estas composiciones (versos octosílabos con asonancia en los pares), muy utilizados por poetas y dramaturgos en el Siglo de Oro.

Aunque los romances más antiguos que conocemos datan en general del siglo XV (cuando se empezaron a imprimir en pliegos sueltos), provenían de una tradición oral anterior derivada de las epopeyas. Su nota distintiva es por ello, frente a las baladas contemporáneas europeas, el tratar con mucha frecuencia temas épicos españoles, tanto remotos como recientes. En forma de episodios dramáticos ofrecen una visión popular de la historia nacional, con mezcla de elementos narrativos y líricos.

Respecto al origen de los romances, la teoría más aceptada hoy es la de

---

[60] a Cristo

que proceden de cantares épicos como el *Poema del Cid*, en forma de fragmentos que recogen ciertos episodios de gran intensidad y que, al irse transmitiendo oralmente de generación en generación, se fueron diferenciando del original y dando múltiples variantes. Como ha dicho Menéndez Pidal, principal exponente de esta tesis, los romances son la creación individual de un poeta, anónimo siempre, pero se hacen obra colectiva al ser incorporados a la tradición oral y sufrir variaciones en el curso de su transmisión. Junto a estos romances fragmentarios, hubo otros inspirados directamente en los poemas épicos o en las crónicas históricas. A todos ellos, anteriores al siglo XV, se les llama romances viejos, y presentan muchas de las características de los cantares épicos: sencillez formal y sobriedad de expresión, realismo descriptivo y ausencia de lo sobrenatural, nobleza de sentimientos y elevación moral. Sin originalidad temática o de forma, el arte de los romances consiste en su poder de síntesis y sugestión, al evocar con unos pocos detalles significativos toda una escena dramática o un estado emocional.

El mayor número de estos romances *viejos* lo constituyen los llamados «históricos», en torno a algún personaje de la tradición heroica nacional (como el conde Fernán González, fundador de la independencia de Castilla, o el Cid). A mediados del siglo XV, y a imitación de éstos, empiezan a componerse los romances *juglarescos*, por juglares que los cultivan en los palacios señoriales al pasar de moda los cantares de gesta. Los temas de algunos son caballerescos, generalmente de la epopeya francesa (ciclos carolingio y bretón), con sus elementos exóticos y sobrenaturales. Su técnica es muy artificiosa, con más narración y riqueza decorativa que lirismo. Otros toman sus asuntos de la historia contemporánea, como los romances *fronterizos*, con episodios bélicos de la guerra contra los moros de Granada. O bien, son romances *moriscos* que pintan escenas idealizadas de la vida y costumbres hispano-árabes, desde el punto de vista moro, mezclando el valor caballeresco con el amor galante y la decoración vistosa. Hay también romances sobre sucesos recientes y patéticos de interés nacional, como la lucha fratricida de Pedro I y Enrique de Trastámara (1369). Finalmente están los romances *novelescos* y *líricos*, de temas variados pero con predominio del elemento sentimental al presentar hechos dramáticos de la vida ordinaria. Los novelescos tienen más artificio y una acción más compleja, mientras que los puramente líricos se limitan a expresar un cierto sentimiento o estado de ánimo con un mínimo de elementos descriptivos (como el «Conde Arnaldos», aquí reproducido).

La creación de los romances cesó con la conquista de Granada (1492), sin que el descubrimiento y colonización del Nuevo Mundo, a pesar de sus grandes hazañas, inspirasen nuevos romances, quizá por su lejanía del pueblo en cuyo seno el romance nace y se propaga. Los españoles que salen del país como guerreros o exilados (especialmente los judíos expulsados), llevan consigo romances tradicionales, muchos de los cuales han sobrevivido en Hispanoamérica y los Balcanes. La mayor vitalidad del Romancero se mostró al inspirar a los poetas más famosos del Siglo de Oro la composición de romances *nuevos* o *artísticos*, en los que se armoniza el aire popular con el refinamiento técnico y el culto estético. La popularidad del romance se extiende también al teatro, donde sirve de tema central o motivo folklórico, y a la literatura religiosa, adaptado a lo divino. Tras un eclipse del romance bajo el neoclasicismo del siglo XVIII, resurge el interés con los románticos, publicándose las colecciones que facilitaron su difusión escrita e inspirando un nuevo tipo de romance en las leyendas del duque de Rivas y de Zorrilla. El resurgimiento se ha mantenido hasta hoy día, con poetas como García Lorca que les han dado una expresión simbolista sin perder nunca su forma y gracia tradicional.

TEXTO: *Flor nueva de romances viejos* (ed. R. Menéndez Pidal).
Madrid, 1941.

ROMANCE HISTÓRICO

La jura en Santa Gadea[1]

En Santa Gadea de Burgos,
do juran los hijosdalgo,
allí toma juramento
el Cid al rey castellano,[2]
sobre un cerrojo de hierro
y una ballesta de palo.
Las juras eran tan recias
que al buen rey ponen espanto.
«Villanos te maten, rey,
villanos, que no hidalgos;
abarcas traigan calzadas,
que no zapatos con lazo;
traigan capas aguaderas,[3]
no capuces ni tabardos;[4]
con camisones de estopa,
no de holanda ni labrados;[5]
cabalguen en sendas burras,
que no en mulas ni en caballos;
las riendas traigan de cuerda,
no de cueros fogueados;

mátente por las aradas,[6]
no en camino ni en poblado;
con cuchillos cachicuernos,[7]
no con puñales dorados;
sáquente el corazón vivo,
por el derecho costado,
si no dices la verdad
de lo que te es preguntado:
si tú fuiste o consentiste
en la muerte de tu hermano.»
Las juras eran tan fuertes
que el rey no las ha otorgado.
Allí habló un caballero
de los suyos más privado:
«Haced la jura, buen rey,
no tengáis de eso cuidado,
que nunca fue rey traidor
ni Papa descomulgado.»
Jura entonces el buen rey
que en tal nunca se ha hallado.

---

[1] Ésta es una de las variantes conservadas del romance (impresa en el *Cancionero de Romances*, 1550). Hay más de 200 romances sobre el Cid, a quien presentan en una actitud arrogante y desafiadora ante el rey, tan diferente de la moderación y respeto que muestra en el poema original. Sobre una base histórica, el romance crea imaginativamente un episodio de gran intensidad dramática.

[2] Alfonso VI, que por heredar la corona tras el asesinato de su hermano Sancho II ha de jurar su inocencia.

[3] capas toscas para la lluvia

[4] el «capuz» y el «tabardo» eran capas con capucha usados por las clases altas

[5] bordados

[6] campos arados

[7] con las «cachas» o mango de «cuerno»

Después habla contra el Cid
malamente y enojado:
«Mucho me aprietas, Rodrigo,
Cid, muy mal me has conjurado;[8]
mas si hoy me tomas la jura,
después besarás mi mano.»
«Aqueso[9] será, buen rey,
como fuere galardonado,[10]
porque allá en cualquiera tierra
dan sueldo a los hijosdalgo.»
«¡Vete de mis tierras, Cid,
mal caballero probado,
y no me entres más en ellas
desde este día en un año!»
«Que me place —dijo el Cid—,
que me place de buen grado,
por ser la primera cosa
que mandas en tu reinado.
Tú me destierras por uno,
yo me destierro por cuatro.»
Ya se partía el buen Cid

sin al rey besar la mano;
ya se parte de sus tierras,
de Vivar y sus palacios:
las puertas deja cerradas,
los alamudes[11] echados,
las cadenas deja llenas
de podencos y de galgos;
sólo lleva sus halcones,
los pollos y los mudados.[12]
Con él iban los trescientos
caballeros hijosdalgo;
los unos iban a mula
y los otros a caballo;
todos llevan lanza en puño,
con el hierro acicalado,[13]
y llevan sendas adargas
con borlas de colorado.
Por una ribera arriba
al Cid van acompañando;
acompañándolo iban
mientras él iba cazando.

ROMANCE CAROLINGIO

Doña Alda[14]

En París está doña Alda
la esposa de don Roldán,
trescientas damas con ella
para la acompañar:
todas visten un vestido,
todas calzan un calzar,[15]
todas comen a una mesa,
todas comían de un pan,
si no era doña Alda,
que era la mayoral.[16]
Las ciento hilaban oro
las ciento tejen cendal,

las ciento tañen instrumentos
para doña Alda holgar.[17]
Al son de los instrumentos
doña Alda adormido se ha:
ensoñado había un sueño,
un sueño de gran pesar.
Recordó despavorida
y con un pavor muy grande,
los gritos daba tan grandes,
que se oían en la ciudad.
Allí hablaron sus doncellas,
bien oiréis lo que dirán:

---

[8] duramente me has tomado juramento
[9] eso
[10] Condicional: «si me pagaras»
[11] cerrojos
[12] los que ya han mudado la pluma
[13] bruñido, reluciente

[14] Del *Cancionero de romances*, 1550. Aunque el episodio proviene de la *Chanson de Roland*, su fuente directa es una adaptación española de otra versión francesa tardía.
[15] igual calzado
[16] principal
[17] entretener

«¿Qué es aquesto, mi señora?
¿quién es el que os hizo mal?»
«Un sueño soñé, doncellas,
que me ha dado gran pesar;
que me veía en un monte
en un desierto lugar;
de so los montes muy altos
un azor vide[18] volar,
tras dél viene una aguililla
que lo ahinca[19] muy mal.
El azor con grande cuita
metióse so mi brial;[20]
el aguililla con grande ira
de allí lo iba a sacar;
con las uñas lo despluma,
con el pico lo deshace.»
Allí habló su camarera,

bien oiréis lo que dirá:
«Aquese sueño, señora,
bien os lo entiendo soltar:[21]
el azor es vuestro esposo,
que viene de allén[22] la mar;
el águila sedes[23] vos,
con la cual ha de casar,
y aquel monte es la iglesia
donde os han de velar.»[24]
«Si así es, mi camarera,
bien te lo entiendo pagar.»
Otro día de mañana
cartas de fuera le traen;
tintas venían de dentro,
de fuera escritas con sangre,
que su Roldán era muerto
en la caza de Roncesvalles.[25]

ROMANCES FRONTERIZOS Y MORISCOS

Abenámar[26]

«¡Abenámar, Abenámar,
moro de la morería,[27]
el día que tú naciste
grandes señales había!
Estaba la mar en calma,
la luna estaba crecida:
moro que en tal signo nace,
no debe decir mentira.»
Allí respondiera el moro,
bien oiréis lo que decía;
«Yo te la diré, señor,

aunque me cueste la vida,
porque soy hijo de un moro
y una cristiana cautiva;
siendo yo niño y muchacho
mi madre me lo decía:
que mentira no dijese,
que era grande villanía;
por tanto pregunta, rey,
que la verdad te diría.»
«Yo te agradezco, Abenámar,
aquesa tu cortesía.

---

[18] vi
[19] acosa, persigue
[20] túnica de tela rica
[21] interpretar
[22] de la parte del
[23] sois
[24] casar (con «velo» nupcial)
[25] El paso de los Pirineos, en Navarra, donde la retaguardia de Carlomagno, mandada por Roldán, fue destruida en el año 778.

[26] Aunque hay versiones anteriores, ésta de Pérez de Hita, en su *Guerras civiles de Granada* (1595) es la mejor y más popular de todas. Abenámar (Yusef Ibn Alahmar) era un príncipe hispano-árabe que buscó la ayuda de Juan II de Castilla contra sus rivales granadinos, y fue proclamado rey tras la victoriosa campaña aquí mencionada (1431). El que habla al principio es Juan II.
[27] tierra mora (pues había también moros en territorio cristiano)

¿Qué castillos son aquéllos?
¡Altos son y relucían!»[28]
«El Alhambra era, señor,
y la otra la mezquita;
los otros los Alixares,[29]
labrados a maravilla.
El moro que los labraba
cien doblas ganaba al día,
y el día que no los labra
otras tantas se perdía;
desque los tuvo labrados,
el rey le quitó la vida,
porque no labre otros tales
al rey del Andalucía.[30]

El otro es Generalife,[31]
huerta que par no tenía;
el otro Torres Bermejas,
castillo de gran valía.»
Allí habló el rey don Juan,
bien oiréis lo que decía:
«Si tú quisieses, Granada,
contigo me casaría;[32]
daréte en arras y dote[33]
a Córdoba y a Sevilla.»
«Casada soy, rey don Juan,
casada soy, que no viuda;
el moro que a mí me tiene,
muy grande bien me quería.»

La pérdida de Alhama[34]

Paseábase el rey moro[35]
por la ciudad de Granada,
desde la puerta de Elvira
hasta la de Vivarrambla.
¡Ay de mi Alhama!
Cartas le fueron venidas
que Alhama era ganada;
las cartas echó en el fuego,
y al mensajero matara.
¡Ay de mi Alhama!
Descabalga de una mula,
y en un caballo cabalga;
por el Zacatín arriba
subido se había al Alhambra.
¡Ay de mi Alhama!

Como en el Alhambra estuvo,
al mismo punto mandaba
que se toquen sus trompetas,
sus añafiles[36] de plata.
¡Ay de mi Alhama!
Y que las cajas[37] de guerra
apriesa toquen al arma,
porque lo oigan sus moros,
los de la Vega y Granada.
¡Ay de mi Alhama!
Los moros que el son oyeron
que al sangriento Marte llama,
uno a uno y dos a dos
juntado se ha gran batalla.[38]
¡Ay de mi Alhama!

---

[28] relucen (el cambio brusco de tiempo verbal no obedece meramente a la rima, sino a un cambio de perspectiva narrativa, alternando la presentación directa con la evocación histórica)

[29] palacio hoy desaparecido

[30] Fernando III de Castilla, conquistador de Sevilla, capital de Andalucía en 1246. Hay aquí una adaptación de la leyenda árabe de Sinimar, arquitecto bizantino del siglo V.

[31] palacio y jardines de la Alhambra; el nombre significa «jardín del arquitecto»

[32] La imagen de la ciudad sitiada como una bella mujer solicitada por el sitiador era corriente en la poesía árabe, y a través de España pasó a otras literaturas europeas.

[33] donación matrimonial

[34] Versión de Pérez de Hita (*Guerras civiles de Granada*, 1595), quien presenta el romance como creación de los moros de Granada. En realidad es un romance *morisco*, compuesto por un poeta cristiano desde el punto de vista moro. El estribillo es un detalle musical propio de los romances nuevos. Alhama era un pueblo del reino de Granada, tomado por los cristianos en 1482.

[35] Muley Abul Hasán, muerto tres años después de este episodio

[36] trompeta morisca

[37] tambores

[38] batallón

Allí habló un moro viejo,
de esta manera hablara:
«¿Para qué nos llamas, rey,
para qué es esta llamada?»
¡Ay de mi Alhama!
«Habéis de saber, amigos,
una nueva desdichada;
que cristianos de braveza
ya nos han ganado Alhama.»
¡Ay de mi Alhama!

Allí habló un alfaquí[39]
de barba crecida y cana:
«¡Bien se te emplea,[40] buen rey,
buen rey, bien se te empleara!
¡Ay de mi Alhama!
Mataste los Bencerrajes,[41]
que eran la flor de Granada;
cogiste los tornadizos[42]
de Córdoba la nombrada.[43]
¡Ay de mi Alhama!

Por eso mereces, rey,
una pena muy doblada:
que te pierdas tú y el reino,
y aquí se pierda Granada.»
¡Ay de mi Alhama!

ROMANCES LÍRICOS Y NOVELESCOS

El Conde Arnaldos[44]

¡Quién hubiese tal ventura
sobre las aguas del mar,
como hubo el conde Arnaldos
la mañana de San Juan![45]
Con un falcón en la mano
la caza iba cazar,
vio venir una galera
que a tierra quiere llegar.[46]
Las velas traía de seda,
la ejercia de un cendal,[47]
marinero que la manda
diciendo viene un cantar
que la mar hacía[48] en calma,

los vientos hace amainar,
los peces que andan en el hondo
arriba los hace andar,
las aves que andan volando
en el mástil las hace posar.
Allí habló el conde Arnaldos,
bien oiréis lo que dirá:
«Por Dios te ruego, marinero,
dígasme ora ese cantar.»
Respondióle el marinero,
tal respuesta le fue a dar:[49]
«Yo no digo esta canción
sino a quien conmigo va.»

---

[39] sabio de la ley musulmana (*Corán*)
[40] te lo mereces
[41] Abencerrajes, familia poderosa destruida por sus rivales, los Zegríes y Gomeles, a instigación del rey, en las guerras civiles que precedieron a la caída de Granada
[42] renegados (que cambian de religión)
[43] famosa
[44] Compuesto hacia 1440, es un excelente ejemplo de la técnica «fragmentarista», dejando cortada la narración en el punto de máxima tensión poética. Las variantes que dan la continuación producen el efecto de un anticlímax.
[45] el solsticio de verano, fórmula para evocar un día alegre y luminoso
[46] se acerca despacio
[47] jarcia o cuerdas de gasa o seda
[48] ponía
[49] le dio

Fonte frida[50]

Fonte frida, fonte frida,
fonte frida y con amor,
do todas las avecicas
van tomar consolación,
si no es la tortolica
que está viuda y con dolor.
Por allí fuera a pasar
el traidor[51] de ruiseñor;
las palabras que le dice
llenas son de traición:
«Si tú quisieses, señora,
yo sería tu servidor.»
«Vete de ahí, enemigo,
malo, falso, engañador,
que no poso en ramo verde,
ni en prado que tenga flor;
que si el agua hallo clara,
turbia la bebía yo;
que no quiero haber marido,
porque hijos no haya, no;
no quiero placer con ellos,
ni menos consolación.
¡Déjame, triste enemigo,
malo, falso, mal traidor,
que no quiero ser tu amiga
ni casar contigo, no!»

El prisionero

«Por el mes era de mayo[52]
cuando hace la calor,
cuando canta la calandria
y responde el ruiseñor,
cuando los enamorados
van a servir al amor,
sino yo triste, cuitado,
que vivo en esta prisión,
que ni sé cuándo es de día,
ni cuándo las noches son,
sino por una avecilla
que me cantaba al albor:
matómela un ballestero;
¡déle Dios mal galardón!»

El Enamorado y la Muerte[53]

Un sueño soñaba anoche,
soñito del alma mía,
soñaba con mis amores,
que en mis brazos los tenía.
Vi entrar señora tan blanca,
muy más que la nieve fría.
«¿Por dónde has entrado, amor?
¿Cómo has entrado, mi vida?
Las puertas están cerradas,
ventanas y celosías.»
«No soy el amor, amante:
la Muerte que Dios te envía.»

---

[50] «Fuente fría» (*Cancionero general*, 1511). En este romance alegórico que ensalza la fidelidad de la mujer cristiana a la memoria del difunto esposo y la vida de castidad, la fuente simboliza al amor y el ruiseñor al amante.

[51] Es traidor por sugerir que ella traicione al esposo muerto y rompa su voto de castidad.

[52] Romance derivado probablemente de las *mayas* o canciones de mayo. Hay versiones más largas que nada añaden al intenso efecto emocional de este fragmento.

[53] Poco conocido hasta su publicación en 1933 por Menéndez Pidal, este romance se conserva todavía en la tradición oral del norte de España y entre los sefarditas españoles de Grecia.

«Ay, Muerte tan rigorosa,
¡déjame vivir un día!»
«Un día no puede ser,
un hora tienes de vida.»

    Muy de prisa se calzaba,
más de prisa se vestía;
ya se va para la calle,
en donde su amor vivía.

«Ábreme la puerta, blanca,[54]
ábreme la puerta, niña!»
«¿Cómo te podré yo abrir
si la ocasión no es venida?
Mi padre no fue al palacio,
mi madre no está dormida.»

«Si no me abres esta noche,
ya no me abrirás, querida;
la Muerte me está buscando,
junto a ti vida sería.»

«Vete bajo la ventana
donde labraba y cosía,
te echaré cordón de seda
para que subas arriba,
y si el cordón no alcanzare
mis trenzas añadiría.»

    La fina seda se rompe;
la Muerte que allí venía:
«Vamos, el enamorado,
que la hora ya está cumplida.»

Fernando de Rojas

(¿1465?-1541)

Una de las obras más excepcionales de la literatura española, tanto por su calidad artística como por su carácter singular, es la *Tragicomedia de Calisto y Melibea*, generalmente conocida como *La Celestina*, por el nombre del personaje central. Es la obra más representativa de los comienzos del Renacimiento en España por su compleja mezcla de elementos medievales y modernos. Mas a pesar de su gran influencia y de los muchos estudios eruditos que se le han dedicado, la obra y su autor siguen rodeados de incógnitas. La primera edición conocida apareció anónimamente en 1499 (Burgos) como novela dialogada de 16 actos, pero su autor, el bachiller Fernando de Rojas, reveló discretamente su nombre en unos versos acrósticos al final de la segunda edición (1500). Aquí declara además que había continuado el primer acto hallado en cierto manuscrito de Salamanca, y en la cuarta edición (1502) se hicieron muchas adiciones en el texto y se intercalaron cinco actos más a fin de retrasar el desenlace trágico y satisfacer así las demandas del público, que tan favorablemente acogió la obra desde un principio. Con ello el efecto final de la obra quedó bastante alterado. El título de «comedia» fue también sustituido por el más apropiado de «tragicomedia.»

---

[54] hermosa

Todavía se discute si hubo o no más de un autor, pues aunque existen claras diferencias lingüísticas y de técnica entre el primer acto y los restantes, no son prueba decisiva contra la posibilidad de cambios de estilo en un mismo autor. La crítica moderna tiende a creer que Rojas reelaboró el Acto I, tomado de otro autor como él dice, y que añadió los demás actos, con lo cual se explicarían tanto las diferencias como las semejanzas entre ellos. Tampoco se sabe mucho de Fernando de Rojas, quien parece haber compuesto la obra en su juventud. Nacido en la Puebla de Montalbán (Toledo), pertenecía a una familia hidalga de judíos conversos, estudió leyes en Salamanca y ejerció de abogado en Talavera de la Reina (Toledo), donde llegó a ser alcalde mayor y falleció en 1541. Aparte de *La Celestina* no hay referencias a su actividad literaria, que debió de abandonar pronto en favor de la profesión jurídica. Ni la impersonalidad dramática de su obra permite adivinar nada de su carácter. Pero la obra nos da una visión pesimista de la vida, con su juego de pasiones ciegas que llevan a la destrucción, sin que haya un orden moral o una creencia religiosa como explicación y consuelo. Quizá en este pesimismo desolador y en el misterioso silencio que rodea el nombre de Rojas se pueda ver al hombre cuya familia de conversos había sido víctima de la Inquisición, recientemente establecida, y que vivía en una sociedad emponzoñada por el odio en nombre de la religión cristiana.

El asunto central de la obra es el simple y trágico amor de Calisto y Melibea, dos jóvenes de clase hidalga que, con ayuda de la vieja alcahueta Celestina, logran gozar clandestinamente y por breve tiempo de su pasión hasta que la muerte pone fin a todo con una cadena inexorable de hechos inesperados.

Los codiciosos criados de Calisto matan a Celestina para quitarle su ganancia y éstos a su vez son asesinados en venganza por unos amigos de la vieja; Calisto muere accidentalmente al caerse de la escala con que salía del jardín de Melibea y ésta se suicida al verlo muerto. La obra termina con un lamento elegíaco del padre de Melibea que sirve de comentario a una vida humana tan efímera como falta de sentido, sin la menor alusión a la religión o a la honra familiar, como en tales circunstancias hubiera sin duda hecho cualquier «cristiano viejo». Rojas expone su propósito moral a la manera medieval, como «reprehensión de los locos enamorados» y «aviso de los engaños de las alcahuetas y malos y lisonjeros criados», pero sin referencia a una providencia divina que regule la vida humana y sancione a los infractores de la ley moral. Crea así la primera obra moderna de la literatura europea con una visión secular de la vida, dedicada a la observación naturalista de las pasiones y al penetrante retrato psicológico de los personajes. No es de extrañar por ello su enorme difusión, con más de 63 ediciones en el siglo XVI y numerosos imitadores, aunque se la admirase con ciertas reservas por su carácter amoral, como hace Cervantes al llamar al libro «divino, si encubriera más lo humano».

Entre los muchos aciertos de la obra (hábil caracterización, descripción realista del ambiente picaresco, viveza de acción y diálogo, belleza lírica en el idilio amoroso) está el haber creado en Celestina uno de los grandes símbolos de la literatura española (junto a Don Quijote y Don Juan). Sin ser original, pues había precedentes latinos del personaje, y el más inmediato de la Trotaconventos de Juan Ruiz, ahora adquiere mayor estatura al convertirse en centro de la obra. Está dotada de tal poder persuasivo, lúcida inteligencia e indiferencia moral que puede manipular a los demás como un verdadero genio maléfico de la corrupción.

La Celestina presenta la vida en dos planos que se repetirán en la literatura del Siglo de Oro: uno, el de los sentimientos y personajes idealizados poéticamente, con la refinada exaltación del goce vital y de la belleza, a la manera renacentista; otro, el mundo plebeyo, materialista y apicarado de la baja sociedad, descrito con todo realismo. El lenguaje también se adapta a este doble plano. Los personajes nobles usan un lenguaje elegante y literario, con tendencia a abusar de la erudición clásica; los plebeyos hablan con toda la viveza, naturalidad y riqueza idiomática del lenguaje callejero, aunque a veces incurren también en alardes de erudición. En el acertado uso del lenguaje popular, así como en el realismo del ambiente y tipos picarescos está la modernidad de *La Celestina* y su contribución principal al desarrollo del arte literario, como directo antecesor de la novela realista y de la *comedia* del Siglo de Oro.

TEXTO: *Tragicomedia de Calisto y Melibea* (ed. M. Criado del Val y G. D. Trotter). Madrid, 1958.

LA CELESTINA

(1499-1502)

SELECCIÓN

La tragicomedia de Calisto y Melibea, compuesta en reprehensión de los locos enamorados, que, vencidos en su desordenado apetito, a sus amigas llaman y dicen ser su Dios. Asimismo hecha en aviso de los engaños de las alcahuetas y malos y lisonjeros sirvientes.

ARGUMENTO

Calisto fue de noble linaje, de claro ingenio, de gentil disposición, de linda crianza, dotado de muchas gracias, de estado mediano. Fue preso en el amor de Melibea, mujer moza, muy generosa, de alta y serenísima sangre, sublimada en próspero estado, una sola heredera a su padre Pleberio, y de su madre Alisa muy amada. Por solicitud del pungido[1] Calisto, vencido el casto propósito de ella (entreviniendo Celestina, mala y astuta mujer, con dos sirvientes del vencido Calisto, engañados y por ésta tornados desleales, presa su fidelidad con anzuelo de codicia y de deleite), vinieron los amantes y los que les ministraron, en amargo y desastrado fin. Para comienzo de lo cual dispuso la adversa fortuna lugar oportuno, donde a la presencia de Calisto se presentó la deseada Melibea.

---

[1] enamorado

Acto I

ARGUMENTO

Entrando Calisto[2] *en una huerta en pos de un falcón suyo, halló ahí a Melibea,*[3] *de cuyo amor preso, comenzóle de hablar; de la cual rigorosamente despedido, fue para su casa muy angustiado. Habló con un criado suyo llamado Sempronio, el cual, después de muchas razones, le enderezó a una vieja llamada Celestina, en cuya casa tenía el mismo criado una enamorada llamada Elicia. La cual, viniendo Sempronio a casa de Celestina con el negocio de su amo, tenía a otro consigo, llamado Crito, al cual escondieron. Entretanto que Sempronio está negociando con Celestina, Calisto está razonando con otro criado suyo, por nombre Pármeno; el cual razonamiento dura hasta que llega Sempronio y Celestina a casa de Calisto. Pármeno fue conocido de Celestina, la cual mucho le dice de los hechos y conocimiento de su madre, induciéndole a amor y concordia de Sempronio.*

[CALISTO, MELIBEA]

CALISTO. —En esto veo, Melibea, la grandeza de Dios.

MELIBEA. —¿En qué, Calisto?

CAL. —En dar poder a natura[4] que de tan perfecta hermosura te dotase y hacer a mí, inmérito,[5] tanta merced que verte alcanzase y en tan conveniente lugar, que mi secreto dolor manifestarte pudiese. Sin duda incomparablemente es mayor tal galardón que el servicio, sacrificio, devoción y obras pías, que por este lugar alcanzar tengo yo a Dios ofrecido. ¿Quién vio en esta vida cuerpo glorificado de ningún hombre como agora[6] el mío? Por cierto los gloriosos santos, que se deleitan en la visión divina, no gozan más que yo agora en el acatamiento tuyo. Mas ¡oh triste!, que en esto diferimos: que ellos puramente se glorifican sin temor de caer de tal bienaventuranza y yo, mixto,[7] me alegro con recelo del esquivo[8] tormento que tu ausencia me ha de causar.

MEL. —¿Por gran premio tienes esto, Calisto?

CAL. —Téngolo por tanto en verdad que, si Dios me diese en el cielo la silla sobre sus santos, no lo tendría por tanta felicidad.

MEL. —Pues aún más igual galardón te daré yo, si perseveras.

CAL. —¡Oh bienaventuradas orejas mías, que indignamente tan gran palabra habéis oído!

MEL. —Más desventuradas de que me acabes de oír. Porque la paga será tan fiera cual merece tu loco atrevimiento. Y el intento de tus palabras, Calisto, ha sido de ingenio de tal hombre como tú, haber de salir para se perder en la virtud de tal mujer como yo. ¡Vete! ¡vete de ahí, torpe! Que no puede mi paciencia tolerar que haya subido[9] en corazón humano conmigo el ilícito amor comunicar su deleite.[10]

CAL. —Iré como aquel contra quien solamente la adversa fortuna pone su estudio[11] con odio cruel.

---

[2] *Calisto* significa «hermosísimo» en griego.

[3] *Melibea*, nombre usado por Virgilio en las Églogas, significa «la de voz dulce».

[4] naturaleza (sin artículo por ser latinismo)

[5] sin merecerlo (latinismo)

[6] ahora

[7] mixto de cuerpo y espíritu, a diferencia de los santos o espíritus puros que están en el cielo

[8] terrible

[9] entrado ocultamente (latinismo)

[10] hipérbaton latino: «el comunicar conmigo su deleite el ilícito amor». Esta negativa de Melibea no justifica que Calisto busque la ayuda de Celestina para lograr sus deseos, en vez de pedirla a sus padres en «lícito amor». Tal decisión, base de la tragicomedia, queda inexplicada.

[11] empeño

[CALISTO, SEMPRONIO]

CAL. —¡Sempronio, Sempronio, Sempronio! ¿Dónde está este maldito?

SEMPRONIO. —Aquí estoy, señor, curando[12] estos caballos.

CAL. —Pues, ¿cómo sales de la sala?

SEMP. —Abatióse el gerifalte y vínele a enderezar en el alcándara.[13]

CAL. —¡Así[14] los diablos te ganen! ¡Así por infortunio arrebatado perezcas o perpetuo intolerable tormento consigas, el cual en grado incomparablemente a la penosa y desastrada muerte que espero traspasa. ¡Anda, anda, malvado, abre la cámara y endereza la cama.

SEMP. —Señor, luego hecho es.[15]

CAL. —Cierra la ventana, y deja la tiniebla acompañar al triste y al desdichado la ceguedad. Mis pensamientos tristes no son dignos de luz. ¡Oh bienaventurada muerte aquella que deseada a los afligidos viene! ¡Oh, si vinieseis agora, Hipócrates y Galeno, médicos, sentiríais mi mal! ¡Oh piedad celestial, inspira en el plebérico corazón,[16] porque sin esperanza de salud no envíe el espíritu perdido con el desastrado Píramo y de la desdichada Tisbe![17]

SEMP. —¿Qué cosa es?

CAL. —¡Vete de ahí! No me hables; si no, quizá antes de tiempo, de rabiosa muerte mis manos causarán tu arrebatado fin.

SEMP. — Iré, pues solo quieres padecer tu mal.

CAL. —¡Ve con el diablo!

SEMP. —No creo, según pienso, ir conmigo el que contigo queda. ¡Oh desventura! ¡Oh súbito mal! ¿Cuál fue tan contrario acontecimiento, que así tan presto robó la alegría de este hombre y, lo que peor es, junto con ella el seso? ¿Dejarle he solo o entraré allá? Si le dejo, matarse ha; si entro allá, matarme ha. Quédese; no me curo.[18] Más vale que muera aquel a quien es enojosa la vida, que no yo, que huelgo con ella. Aunque por ál[19] no desease vivir sino por ver a mi Elicia, me debería guardar de peligros. Pero si se mata sin otro testigo, yo quedo obligado a dar cuenta de su vida. Quiero entrar; mas aunque entre, no quiere consolación ni consejo. Asaz[20] es señal mortal no querer sanar.[21] Con todo, quiérole dejar un poco desbrave,[22] madure; que oído he decir que es peligro abrir o apremiar las postemas duras, porque más se enconan. Esté un poco. Dejemos llorar al que dolor tiene, que las lágrimas y suspiros mucho desenconan[23] el corazón dolorido.[24] Y aun si delante me tiene, más conmigo se encenderá que el sol más arde donde puede reverberar. La vista, a quien objeto no se antepone, cansa; y cuando aquél es cerca, agúzase. Por eso quiérome sufrir un poco. Si entretanto se matare, muera. Quizá con algo me quedaré que otro no lo sabe, con que mude el pelo malo.[25] Aunque malo es esperar salud en muerte ajena, y quizá me engaña el diablo. Y si muere, matarme han e irán allá la soga y el calderón.[26] Por otra parte dicen los sabios que es grande descanso a los afligidos tener con quien puedan sus cuitas llorar, y que la llaga interior más empece.[27] Pues en estos extremos, en que estoy perplejo, lo más sano es entrar y sufrirle y consolarle. Porque si

---

[12] cuidando (latinismo)
[13] percha para aves de presa
[14] ojalá
[15] en seguida será hecho (el pasado refuerza la intención de hacerlo)
[16] el corazón de Melibea, hija de Pleberio
[17] los amantes Píramo y Tisbe, de la mitología clásica, que se suicidaron por un error fatal
[18] importa
[19] otra cosa
[20] bastante
[21] proverbio
[22] que se desahogue
[23] alivian (como si se tratase de una herida enconada o infectada)
[24] proverbio
[25] mejore de estado (como los caballos, que tienen mejor pelo cuando engordan)
[26] Refrán: tras el caldero (o calderón) de sacar agua del pozo se irá al fondo la soga con que va atado; o sea, que perdido lo principal, se perderá también lo secundario.
[27] daña

posible es sanar sin arte ni aparejo, más ligero es guarecer[28] por arte y por cura.[29]

CAL. —¡Sempronio!

SEMP. —¿Señor?

CAL. —Dame acá el laúd.

SEMP. —Señor, veslo aquí.

CAL. —¿Cuál dolor puede ser tal,
que se iguale con mi mal?

SEMP. —Destemplado está ese laúd.

CAL. —¿Cómo templará el destemplado? ¿Cómo sentirá la armonía aquel que consigo está tan discorde; aquel en quien la voluntad a la razón no obedece; quien tiene dentro del pecho aguijones, paz, guerra, tregua, amor, enemistad, injurias, pecados, sospechas, todo a una causa? Pero tañe y canta la más triste canción que sepas.

SEMP. Mira— Nero de Tarpeya[30]
a Roma cómo se ardía;
gritos dan niños y viejos
y él de nada se dolía.

CAL. —Mayor es mi fuego y menor la piedad de quien agora dijo.

SEMP. —No me engaño yo, que loco está este mi amo.

CAL. —¿Qué estás murmurando, Sempronio?

SEMP. —No digo nada.

CAL. —Di lo que dices, no temas.

SEMP. —Digo que ¿cómo puede ser mayor el fuego que atormenta un vivo, que el que quemó tal ciudad y tanta multitud de gente?

CAL. —¿Cómo? Yo te lo diré. Mayor es la llama que dura ochenta años, que la que en un día pasa; y mayor la que mata un ánima, que la que quema cien mil cuerpos. Como de la apariencia y la existencia, como de lo vivo a lo pintado,[31] como de la sombra a lo real, tanta diferencia hay del fuego que dices al que me quema. Por cierto si el del purgatorio es tal, más querría que mi espíritu fuese con los de los brutos animales, que por medio de aquél ir a la gloria de los santos.

SEMP. —¡Algo es lo que digo! A más ha de ir este hecho. No basta loco, sino hereje.

CAL. —¿No te digo que hables alto cuando hablares? ¿Qué dices?

SEMP. —Digo que nunca Dios quiera tal; que es especie de herejía lo que agora dijiste.

CAL. —¿Por qué?

SEMP. —Porque lo que dices contradice la cristiana religión.

CAL. —¿Qué a mí?[32]

SEMP. —¿Tú no eres cristiano?

CAL. —¿Yo? Melibeo[33] soy, a Melibea adoro, en Melibea creo, y a Melibea amo.

SEMP. —Tú te lo dirás. Como Melibea es grande, no cabe en el corazón de mi amo, que por la boca le sale a borbollones. No es más menester. Bien sé de qué pie cojeas.[34] Yo te sanaré.

CAL. —Increíble cosa prometes.

SEMP. —Antes fácil, que el comienzo de la salud es conocer hombre la dolencia del enfermo.

CAL. —¿Cuál consejo puede regir lo que en sí no tiene orden ni consejo? [...][35]

SEMP. —Yo te lo diré. Días ha muchos que conozco en fin[36] de esta vecindad una vieja barbuda que se dice Celestina, hechicera, astuta, sagaz en cuantas maldades hay. Entiendo que pasan de cinco mil virgos los que se han hecho y deshecho por su autoridad en esta ciudad. A las duras peñas promoverá y provocará a lujuria, si quiere.

CAL. —¿Podríale yo hablar?

SEMP. —Yo te la traeré hasta acá. Por eso, aparéjate, séle gracioso, séle franco. Estudia, mientras voy yo, de le decir tu pena tan bien como ella te dará el remedio.

CAL. —¿Y tardas?

SEMP. —Ya voy. Quede Dios contigo.

CAL. —Y contigo vaya. ¡Oh todopoderoso,

---

[28] curar
[29] cuidados
[30] *Saxum Tarpejum*, la roca del Monte Capitolino desde donde se arrojaba a los presos políticos
[31] expresión familiar: como la diferencia entre lo vivo y su pintura
[32] ¿Qué [me importa] a mí?

[33] creyente en Melibea
[34] proverbial: conocer la debilidad o defecto de alguien
[35] [*Sigue el diálogo, tratando Sempronio en vano de que Calisto se olvide de Melibea, cuya belleza éste ensalza.*]
[36] en las afueras

perdurable Dios! Tú que guías los perdidos y los reyes orientales por la estrella precedente a Belén trajiste y en su patria los redujiste, humildemente te ruego que guíes a mi Sempronio, en manera que convierta mi pena y tristeza en gozo y yo, indigno, merezca venir en[37] el deseado fin.

[CELESTINA, ELICIA, CRITO]

CELESTINA. —¡Albricias! ¡albricias![38] Elicia. ¡Sempronio! ¡Sempronio!

ELICIA. —¡Ce! ¡ce! ¡ce![39]

CEL. —¿Por qué?

ELIC. —Porque está aquí Crito.

CEL. —¡Métolo en la camarilla de las escobas! ¡Presto! Dile que viene tu primo y mi familiar.

ELIC. —Crito, retráete ahí. Mi primo viene. ¡Perdida soy!

CRITO. —Pláceme. No te congojes.

[SEMPRONIO, CELESTINA, ELICIA]

SEMP. —¡Madre bendita! ¡Qué deseo traigo! ¡Gracias a Dios que te me dejó ver!

CEL. —¡Hijo mío! ¡Rey mío! Turbado me has. No te puedo hablar. Torna y dame otro abrazo. ¿Y tres días pudiste estar sin vernos? ¡Elicia! ¡Elicia! ¡Cátale[40] aquí!

ELIC. —¿A quién, madre?

CEL. —A Sempronio.

ELIC. —¡Ay triste, saltos me da el corazón! ¿Y qué es de él?

CEL. —Vesle aquí, vesle. Yo me le abrazaré, que no tú.

ELIC. —¡Ay, maldito seas, traidor! Postema y landre te mate y a manos de tus enemigos mueras y por crímenes dignos de cruel muerte en poder de rigurosa justicia te veas. ¡Ay, ay!

SEMP. —¡Ji, ji, ji![41] ¿Qué has, mi Elicia? ¿De qué te congojas?

ELIC. —Tres días ha que no me ves. ¡Nunca Dios te vea, nunca Dios te consuele ni visite! ¡Guay[42] de la triste, que en ti tiene su esperanza y el fin de todo su bien!

SEMP. —¡Calla, señora mía! ¿Tú piensas que la distancia del lugar es poderosa de apartar el entrañable amor, el fuego que está en mi corazón? Do yo voy, conmigo vas, conmigo estás. No te aflijas ni me atormentes más de lo que yo he padecido. Mas di, ¿qué pasos suenan arriba?

ELIC. —¿Quién? Un mi enamorado.

SEMP. —Pues créolo.

ELIC. —¡A la fe,[43] verdad es! Sube allá y verle has.

SEMP. —Voy.

CEL. —¡Anda acá! Deja esa loca, que ella es liviana, y turbada de tu ausencia, sácasla agora de seso.[44] Dirá mil locuras. Ven y hablemos. No dejemos pasar el tiempo en balde.

SEMP. —Pues, ¿quién está arriba?

CEL. —¿Quiéreslo saber?

SEMP. —Quiero.

CEL. —Una moza que me encomendó un fraile.

SEMP. —¿Qué fraile?

CEL. —No lo procures.

SEMP. —Por mi vida, madre, ¿qué fraile?

CEL. —¿Porfías? El ministro, el gordo.

SEMP. —¡Oh desventurada, y qué carga espera!

CEL. —Todo lo llevamos. Pocas mataduras[45] has tú visto en la barriga.

SEMP. —Mataduras, no; mas petreras,[46] sí.

CEL. —¡Ay, burlador!

SEMP. —Deja, si soy burlador; muéstramela.

ELIC. —¡Ha, don malvado! ¿Verla quieres? Los ojos se te salten, que no basta a ti una ni otra. ¡Anda! vela y deja a mí para siempre.

SEMP. —¡Calla, Dios mío! ¿Y enójaste? Que

---

[37] alcanzar

[38] exclamación de bienvenida por llegar el amante de Elicia

[39] sonido para llamar la atención, con la «s» antigua. Aquí Elicia quiere advertir a Celestina que está con un cliente.

[40] mírale

[41] expresión de risa

[42] ¡Ay!

[43] exclamación aseverativa

[44] la has perturbado

[45] llagas en el lomo de las bestias de carga producidas por la montura o albarda

[46] probablemente la señal del petral o atadura en la barriga de las bestias

ni la quiero ver a ella ni a mujer nacida.[47] A mi madre[48] quiero hablar, y quédate adiós.

ELIC. —¡Anda, anda! ¡Vete, desconocido, y está otros tres años que no me vuelvas a ver!

SEMP. —Madre mía, bien tendrás confianza y creerás que no te burlo. Toma el manto y vamos, que por el camino sabrás lo que, si aquí me tardase en decirte, impediría tu provecho y el mío.

CEL. —Vamos. Elicia, quédate adiós, cierra la puerta. ¡Adiós, paredes!

[SEMPRONIO, CELESTINA]

SEMP. —¡Oh madre mía! Todas cosas dejadas aparte, solamente seas atenta e imagina en lo que te dijere y no derrames tu pensamiento en muchas partes, que quien junto en diversos lugares lo pone, en ninguno lo tiene, sino por caso determina lo cierto. Y quiero que sepas de mí lo que no has oído y es que jamás pude, después que mi fe contigo puse, desear bien de que no te cupiese parte.

CEL. —Parta Dios, hijo, de lo suyo contigo, que no sin causa lo hará, siquiera porque has piedad de esta pecadora de vieja.[1] Pero di, no te detengas, que la amistad que entre ti y mí se afirma, no ha menester preámbulos ni correlarios[2] ni aparejos para ganar voluntad. Abrevia y ven al hecho, que vanamente se dice por muchas palabras lo que por pocas se puede entender.

SEMP. —Así es. Calisto arde en amores de Melibea. De ti y de mí tiene necesidad. Pues juntos nos ha menester, juntos nos aprovechemos; que conocer el tiempo y usar el hombre de la oportunidad hace los hombres prósperos.

CEL. —Bien has dicho, al cabo estoy.[3] Basta para mí mecer[4] el ojo. Digo que me alegro de estas nuevas, como los cirujanos de los descalabrados. Y como aquéllos dañan en los principios las llagas y encarecen el prometimiento de la salud, así entiendo yo hacer a Calisto. Alargarle he la certenidad[5] del remedio, porque, como dicen, la esperanza luenga aflige el corazón; y cuanto él la perdiere, tanto se la promete. ¡Bien me entiendes!

SEMP. —Callemos, que a la puerta estamos; como dicen, las paredes han oídos.

[CELESTINA, SEMPRONIO, CALISTO, PÁRMENO]

CEL. —Llama.

SEMP. —Ta, ta, ta.

CAL. —Pármeno.

PÁRMENO. —Señor.

CAL. —¿No oyes, maldito sordo?

PÁRM. —¿Qué es, señor?

CAL. —A la puerta llaman; corre.

PÁRM. —¿Quién es?

SEMP. —Abre a mí y a esta dueña.

PÁRM. —Señor, Sempronio y una puta vieja alcoholada[6] daban aquellas porradas.

CAL. —Calla, calla, malvado, que es mi tía. Corre, corre, abre. Siempre lo vi, que por huir hombre de un peligro cae en otro mayor. Por encubrir este hecho de Pármeno, a quien amor o fidelidad o temor pusieran freno, caí en indignación de ésta, que no tiene menor poderío en mi vida que Dios.

PÁRM. —¿Por qué, señor, te matas? ¿Por qué, señor, te congojas? ¿Y tú piensas que es vituperio en las orejas de ésta el nombre que le llamé? No lo creas; que así se glorifica en le oír, como tú, cuando dicen: Diestro caballero es Calisto. Y demás,[7] de esto es nombrada[8] y por tal título conocida.

---

[47] ninguna
[48] nombre afectuoso dado a esta clase de viejas
[1] pecadora vieja (más enfático y afectivo con la preposición «de»)
[2] corolario (vulgarismo)
[3] estoy enterada del asunto
[4] mover
[5] certidumbre
[6] con los ojos pintados de negro
[7] además
[8] tiene fama

Si entre cien mujeres va y alguno dice: «¡puta vieja!», sin ningún empacho[9] luego vuelve la cabeza y responde con alegre cara. En los convites, en las fiestas, en las bodas, en las cofradías, en los mortuorios, en todos los ayuntamientos de gentes, con ella pasan tiempo. Si pasa por los perros, aquello[10] suena su ladrido; si está cerca las aves, otra cosa no cantan; si cerca los ganados, balando lo pregonan; si cerca las bestias, rebuznando dicen: «¡puta vieja!». Las ranas de los charcos otra cosa no suelen mentar. Si va entre los herreros, aquello dicen sus martillos. Carpinteros y armeros, herradores, caldereros, arcadores,[11] todo oficio de instrumento forma en el aire su nombre. Cántanla los carpinteros, péinanla los peinadores, tejedores, labradores en las huertas, en las aradas,[12] en las viñas, en las segadas,[13] con ella pasan el afán[14] cotidiano. Al perder en los tableros,[15] luego suenan sus loores. Todas cosas que són hacen, a do quiera que ella está, el tal nombre representan. ¡Oh qué comedor de huevos asados era su marido! ¿Qué quieres más sino que si una piedra topa con otra, luego suena «¡puta vieja!»?

CAL. —Y tú ¿cómo lo sabes y la conoces?

PÁRM. —Saberlo has. Días muchos son pasados que mi madre, mujer pobre, moraba en su vecindad; la cual, rogada por esta Celestina, me dio a ella por sirviente. Aunque ella no me conoce, por lo poco que la serví y por la mudanza que la edad ha hecho.

CAL. —¿De qué la servías?

PÁRM. —Señor, iba a la plaza y traíale de comer y acompañábala; suplía en aquellos menesteres que mi tierna fuerza bastaba. Pero de aquel poco tiempo que la servía recogía la nueva memoria lo que la vejez no ha podido quitar. Tiene esta buena dueña al cabo de la ciudad, allá cerca de las tenerías,[16] en la cuesta del río, una casa apartada, medio caída, poco compuesta[17] y menos abastada.[18] Ella tenía seis oficios, conviene a saber: labrandera,[19] perfumera, maestra de hacer afeites y de hacer virgos, alcahueta y un poquito hechicera. Era el primer oficio cobertura de los otros, so color del cual muchas mozas de estas sirvientes entraban en su casa a labrarse y a labrar camisas y gorgueras[20] y otras muchas cosas. Ninguna venía sin torrezno, trigo, harina o jarro de vino, y de las otras provisiones, que podían a sus amas hurtar. Y aun otros hurtillos de más cualidad allí se encubrían. Asaz era amiga de estudiantes y despenseros y mozos de abades.[21] A éstos vendía ella aquella sangre inocente de las cuitadillas,[22] la cual ligeramente aventuraban en esfuerzo de la restitución que ella les prometía. Subió su hecho a más: que por medio de aquéllas comunicaba con las más encerradas, hasta traer a ejecución su propósito. Y aquéstas en tiempo honesto, como estaciones, procesiones de noche, misas del gallo,[23] misas del alba y otras secretas devociones, muchas encubiertas vi entrar en su casa. Tras ellas hombres descalzos, contritos[24] y rebozados, desatacados,[25] que entraban allí a llorar sus pecados. ¡Qué tráfagos, si piensas, traía! Hacíase física[26] de niños, tomaba estambre de unas casas, dábalo a hilar en otras, por achaque[27] de entrar en todas. Las unas: «¡madre, acá!»; las otras: «¡madre, acullá!»; «¡mira la vieja!»; «¡ya viene el ama!»: de todas muy conocida. Con todos estos afanes, nunca pasaba sin misa ni

---

[9] turbación
[10] la expresión «¡puta vieja!»
[11] los que limpian y sacuden la lana para hilarla
[12] tierras labradas
[13] siegas
[14] trabajo
[15] juego
[16] lugar donde se curten las pieles
[17] arreglada
[18] abastecida

[19] costurera
[20] cuello de pliegues
[21] criados de clérigos
[22] desgraciadas
[23] misa de medianoche en Navidad
[24] inclinados como si fueran penitentes haciendo contrición de sus pecados
[25] con los calzones sueltos
[26] médico
[27] pretexto

vísperas ni dejaba monasterios de frailes ni de monjas. Esto porque allí hacía ella sus aleluyas[28] y conciertos. Y en su casa hacía perfumes, falsaba estoraques,[29] menjuy,[30] ánimes,[31] ámbar, algalia,[32] polvillos, almizcles, mosquetes.[33] [...][34] Venían a ella muchos hombres y mujeres y a unos demandaba el pan do mordían; a otros, de su ropa; a otros, de sus cabellos; a otros, pintaba en la palma letras con azafrán; a otros, con bermellón; a otros, daba unos corazones de cera,[35] llenos de agujas quebradas y otras cosas en barro y en plomo hechas, muy espantables al ver. Pintaba figuras, decía palabras en tierra. ¿Quién te podrá decir lo que esta vieja hacía? Y todo era burla y mentira.

CAL. —Bien está, Pármeno. Déjalo para más oportunidad. Asaz soy de ti avisado, téngotelo en gracia.[36] No nos detengamos, que la necesidad desecha[37] la tardanza. Oye, aquélla viene rogada, espera más que debe. Vamos, no se indigne. Yo temo, y el temor reduce la memoria y a la providencia despierta. ¡Sus! Vamos, proveamos. Pero ruégote, Pármeno, la envidia de Sempronio, que en esto me sirve y complace, no ponga impedimento en el remedio de mi vida: que si para él hubo jubón, para ti no faltará sayo. Ni pienses que tengo en menos tu consejo y aviso, que su trabajo y obra. Como lo espiritual sepa yo que precede a lo corporal y que, aunque las bestias corporalmente trabajen más que los hombres, por eso son alimentadas y curadas; pero no amigas de ellos. En tal diferencia serás conmigo en respecto de Sempronio. Y so secreto sello, pospuesto el dominio, por tal amigo a ti me concedo.

PÁRM. —Quéjome, señor, de la duda de mi fidelidad y servicio, por los prometimientos y amonestaciones tuyas. ¿Cuándo me viste, señor, envidiar o por ningún interés ni resabio[38] tu provecho impedir?

CAL. —No te escandalices que sin duda tus costumbres y gentil crianza en mis ojos ante todos los que me sirven están. Mas como en caso tan arduo, do todo mi bien y vida pende, es necesario proveer, proveo a los acontecimientos. Como quiera que creo que tus buenas costumbres sobre buen natural florecen, como el buen natural sea principio del artificio ... Y no más, sino vamos a ver la salud.

[CELESTINA, SEMPRONIO]

CEL. —Pasos oigo. Acá descienden. Haz, Sempronio, que no lo oyes. Escucha y déjame hablar lo que a ti y a mí me conviene.

SEMP. —Habla.

CEL. —No me congojes ni me importunes, que sobrecargar el cuidado es aguijar al animal congojoso. Así sientes la pena de tu amo Calisto, que parece que tú eres él y él tú, y que los tormentos son en un mismo sujeto. Pues cree que yo no vine acá por dejar este pleito indeciso o morir en la demanda.

[CALISTO, PÁRMENO]

CAL. —Pármeno, detente. ¡Ce! Escucha qué hablan éstos. Veamos en qué vivimos. ¡Oh notable mujer! ¡Oh bienes mundanos, indignos de ser poseídos de tan alto corazón! ¿Qué me dices, rincón de mi secreto y consejo y alma mía?

PÁRM. —Protestando mi inocencia a la primera sospecha y cumpliendo con la fidelidad, porque me concediste, hablaré. Óyeme, y el afecto no te ensorde ni la esperanza del deleite te ciegue. Témplate y no te apresures, que muchos con codicia de

---

[28] aquí «alcahueterías»

[29] Falsificaba (por ser caro) perfume extraído de la resina del árbol de este nombre.

[30] benjuí (aceite oloroso)

[31] especie de incienso

[32] perfume extraído del gato índico

[33] musco (otro perfume)

[34] [Sigue una prolija lista de tales ingredientes para afeites, curas y hechicerías.]

[35] como imagen de la víctima de sus hechicerías

[36] te lo agradezco

[37] no tolera

[38] disgusto

dar en el fiel yerran el blanco. Aunque soy mozo, cosas he visto asaz y el seso[39] y la vista de las muchas cosas demuestran la experiencia. De verte o de oírte descender por la escalera, parlan lo que éstos fingidamente han dicho, en cuyas falsas palabras pones el fin de tu deseo.

[SEMPRONIO, CELESTINA]

SEMP. —Celestina, ruinmente suena lo que Pármeno dice.

CEL. —Calla, que para la mi santiguada[40] do vino el asno vendrá la albarda.[41] Déjame tú a Pármeno, que yo te le haré uno de nos, y de lo que hubiéremos, démosle parte; que los bienes, si no son comunicados, no son bienes. Ganemos todos, partamos todos, holguemos todos. Yo te le traeré manso y benigno a picar el pan en el puño[42] y seremos dos a dos, como dicen, tres al mohíno.[43]

[CALISTO, SEMPRONIO, CELESTINA, PÁRMENO]

CAL. —¡Sempronio!

SEMP. —¿Señor?

CAL. —¿Qué haces, llave de mi vida? Abre. ¡Oh Pármeno! ¡Ya la veo! ¡Sano soy, vivo soy! ¡Mira qué reverenda persona, qué acatamiento! Por la mayor parte,[44] por la fisonomía es conocida la virtud interior. ¡Oh vejez virtuosa! ¡Oh virtud envejecida! ¡Oh gloriosa esperanza de mi deseado fin! ¡Oh fin de mi deleitosa esperanza! ¡Oh salud de mi pasión, reparo de mi tormento, regeneración mía, vivificación de mi vida, resurrección de mi muerte! Deseo llegar a ti, codicio besar esas manos llenas de remedio. La indignidad de mi persona lo embarga. Desde aquí[45] adoro la tierra que huellas y en reverencia tuya beso.

CEL. (*Aparte*) —Sempronio, ¡de aquéllas vivo yo![46] ¡Los huesos que yo roí piensa este necio de tu amo de darme a comer![47] Pues ál le sueño.[48] Al freír lo verá.[49] Dile que cierre la boca y comience abrir la bolsa, que de las obras dudo, cuanto más de las palabras. ¡Jo, que te estriego, asna coja![50] Más habías de madrugar.

PÁRM. (*Aparte*) —¡Guay de orejas que tal oyen! Perdido es quien tras perdido anda. ¡Oh Calisto desventurado, abatido, ciego! ¡Y en tierra está adorando a la más antigua y puta tierra, que fregaron sus espaldas en todos los burdeles! Deshecho es, vencido es, caído es: no es capaz de ninguna redención ni consejo ni esfuerzo.

CAL. —¿Qué decía la madre? Paréceme que pensaba que le ofrecía palabras por excusar galardón.

SEMP. —Así lo sentí.

CAL. —Pues ven conmigo; trae las llaves, que yo sanaré su duda.

SEMP. —Bien harás, y luego vamos. Que no se debe dejar crecer la yerba entre los panes ni la sospecha en los corazones de los amigos, sino limpiarla luego con la escardilla[51] de las buenas obras.

CAL. —Astuto hablas. Vamos y no tardemos.

[CELESTINA, PÁRMENO]

CEL. —Pláceme, Pármeno, que habemos habido oportunidad para que conozcas el amor mío contigo y la parte que en mí inmérito[52] tienes. Y digo inmérito, por lo que te he oído decir, de que no hago caso;

---

[39] buen sentido
[40] expresión de juramento dicha al santiguarse y equivalente a «por esta cruz»
[41] refrán desconocido: lo subordinado sigue a lo principal
[42] Se dice de las ovejas y otros animales mansos.
[43] «dos a dos», en parejas; «tres al mohíno», tres contra uno, que como víctima está disgustado (mohíno)
[44] en general
[45] ahora
[46] «aquéllas» se refiere a «manos», con las que ella

se gana la vida, sin importarle tales cortesías y elogios
[47] No me contento con palabras.
[48] otra cosa quiero
[49] Cuando llegue el momento verá lo que quiero.
[50] proverbial para desechar algo por fingido, como aquí los elogios de Calisto, comparados a los que se harían a un asno malo; «estregar», halagar
[51] instrumento para quitar malas hierbas (del trigo o «panes»)
[52] inmerecidamente (por haber hablado mal de ella antes)

porque virtud nos amonesta sufrir las tentaciones y no dar mal por mal y especial cuando somos tentados por mozos y no bien instruidos en lo mundano, en que con necia lealtad pierden a sí y a sus amos, como agora tú a Calisto. Bien te oí y no pienses que el oír con los otros exteriores sesos mi vejez haya perdido. Que no sólo lo que veo, oigo y conozco, mas aun lo intrínseco con los intelectuales ojos penetro. Has de saber, Pármeno, que Calisto anda de amor quejoso. Y no lo juzgues por eso por flaco, que el amor impervio[53] todas las cosas vence. Y sabe, si no sabes, que dos conclusiones son verdaderas: la primera, que es forzoso el hombre amar a la mujer y la mujer al hombre; la segunda, que el que verdaderamente ama es necesario que se turbe con la dulzura del soberano deleite, que por el hacedor de las cosas fue puesto, porque el linaje de los hombres perpetuase, sin lo cual perecería. Y no sólo en la humana especie, mas en los peces, en las bestias, en las aves, en los reptiles; y en lo vegetativo algunas plantas han este respecto, si sin interposición de otra cosa en poca distancia de tierra están puestas: en que hay determinación de herbolarios y agricultores ser machos y hembras. ¿Qué dirás a esto, Pármeno? [...][54]

PÁRM. —Celestina, todo tremo en oírte. No sé que haga, perplejo estoy. Por una parte téngote por madre; por otra, a Calisto por amo. Riqueza deseo; pero quien torpemente sube a lo alto, más aína[55] cae que subió. No querría bienes mal ganados.

CEL. —Yo sí. A tuerto o a derecho, nuestra casa hasta el techo.[56]

PÁRM. —Pues yo con ellos no viviría contento y tengo por honesta cosa la pobreza alegre. Y aún más te digo: que no los que poco tienen son pobres, mas los que mucho desean. Y por esto, aunque más digas, no te creo en esta parte. Querría pasar la vida

sin envidia, los yermos y aspereza sin temor, el sueño sin sobresalto, las injurias con respuesta, las fuerzas sin denuesto, los apremios con resistencia.

CEL. —¡Oh hijo! Bien dicen que la prudencia no puede ser sino en los viejos, y tú mucho eres mozo.

PÁRM. —Mucho segura es la mansa pobreza.

CEL. —Más di, como mayor,[57] que la fortuna ayuda a los osados. Y demás de esto, ¿quién es, que tenga bienes en la república, que escoja vivir sin amigos? Pues, loado Dios, bienes tienes. ¿Y no sabes que has menester amigos para los conservar? Y no pienses que tu privanza con este señor te hace seguro, que cuanto mayor es la fortuna, tanto es menos segura. Y por tanto, en los infortunios el remedio es a los amigos. ¿Y a dónde puedes ganar mejor este deudo, que donde las tres maneras de amistad concurren, conviene a saber: por bien y provecho y deleite? Por bien, mira la voluntad de Sempronio conforme a la tuya y la gran similitud, que tú y él en la virtud tenéis. Por provecho, en la mano está, si sois concordes. Por deleite, semejable[58] es, como seáis en edad dispuestos para todo linaje de placer, en que más los mozos que los viejos se juntan, así como para jugar, para vestir, para burlar, para comer y beber, para negociar amores, juntos de compañía. ¡Oh si quisieses, Pármeno, qué vida gozaríamos! Sempronio ama a Elicia, prima de Areusa.

PÁRM. —¿De Areusa?

CEL. —De Areusa.

PÁRM. —¿De Areusa, hija de Eliso?

CEL. —De Areusa, hija de Eliso.

PÁRM. —¿Cierto?

CEL. —Cierto.

PÁRM. —Maravillosa cosa es.

CEL. —¿Pero bien te parece?

PÁRM. —No cosa mejor.

CEL. —Pues tu buena dicha quiere, aquí está quien te la dará.

---

[53] capaz de saltar por todo (latinismo)
[54] [*Celestina sigue persuadiendo a Pármeno para que la ayude a explotar a Calisto.*]
[55] aprisa

[56] Refrán: sea justo o injusto, llenemos de bienes nuestra casa.
[57] mayor de edad
[58] parecido (es Sempronio a ti)

PÁRM. —Mi fe, madre, no creo a nadie.

CEL. —Extremo es creer a todos y yerro no creer a ninguno.

PÁRM. —Digo que te creo, pero no me atrevo. ¡Déjame!

CEL. —¡Oh mezquino! De enfermo corazón es no poder sufrir el bien. Da Dios habas a quien no tiene quijadas.[59] ¡Oh simple! Dirás que a donde hay mayor entendimiento hay menor fortuna y donde más discreción allí es menor la fortuna. Dichos[60] son.

PÁRM. —¡Oh Celestina! Oído he a mis mayores que un ejemplo de lujuria o avaricia mucho mal hace y que con aquéllos debe hombre conversar, que le hagan mejor y aquellos dejar, a quien él mejores piensa hacer. Y Sempronio en su ejemplo no me hará mejor ni yo a él sanaré su vicio. Y aunque yo a lo que dices me incline, sólo yo querría saberlo; porpue a lo menos por el ejemplo fuese oculto el pecado. Y, si hombre vencido del deleite va contra la virtud, no se atreva a la honestad.[61]

CEL. —Sin prudencia hablas, que de ninguna cosa es alegre posesión sin compañía. No te retraigas ni amargues, que la natura huye lo triste y apetece lo delectable. El deleite es con los amigos en las cosas sensuales y especial en recontar las cosas de amores y comunicarlas: esto hice, esto otro me dijo, tal donaire pasamos, de tal manera la tomé, así la besé, así me mordió, así la abracé, así se allegó. ¡Oh qué habla! ¡Oh qué gracia! ¡Oh qué juegos! ¡Oh qué besos! Vamos allá, volvamos acá, ande la música, pintemos los motes, cantemos canciones, invenciones, justemos. ¿Qué cimera sacaremos o qué letra?[62] Ya va a la misa, mañana saldrá, rondemos su calle, mira su carta, vamos de noche, tenme la escala, aguarda a la puerta. ¿Cómo te fue? Mira el cornudo,[63] sola la deja. Dale otra vuelta, tornemos allá. Y para esto, Pármeno, ¿hay deleite sin compañía? A la fe, a la fe, la que las sabe las tañe.[64] Éste es el deleite; que lo otro, mejor lo hacen los asnos en el prado.

PÁRM. —No querría, madre, me convidases a consejo con amonestación de deleite, como hicieron los que, careciendo de razonable fundamento, opinando hicieron sectas envueltas en dulce veneno para captar y tomar las voluntades de los flacos y con polvos de sabroso efecto cegaron los ojos de la razón.

CEL. —¿Qué es razón, loco? ¿Qué es efecto, asnillo? La discreción, que no tienes, lo determina, y de la discreción mayor es la prudencia, y la prudencia no puede ser sin experimento, y la experiencia no puede ser más que en los viejos, y los ancianos somos llamados padres, y los buenos padres bien aconsejan a sus hijos, y especial yo a ti, cuya vida y honra más que la mía deseo.[65] ¿Y cuándo me pagarás tú esto? Nunca, pues a los padres y a los maestros no puede ser hecho servicio igualmente.[66]

PÁRM. —Todo me recelo, madre, de recibir dudoso consejo.

CEL. —¿No quieres? Pues decirte he lo que dice el sabio: al varón que con dura cerviz[67] al que corrige menosprecia, arrebatado quebrantamiento[68] le vendrá y sanidad ninguna le conseguirá. Y así, Pármeno, me despido de ti y de este negocio.

PÁRM. (*Aparte*) —Ensañada[69] está mi madre. Duda tengo en su consejo. Yerro es no creer y culpa creerlo todo. Más humano es confiar, mayormente en ésta que interés promete, a do provecho nos puede allende de amor conseguir. Oído he que debe hombre a sus mayores creer. Ésta ¿qué me aconseja? Paz con Sempronio. La paz no

---

[59] mandíbulas (muelas)
[60] frases que no siempre son verdad
[61] no se atreva a ofender la virtud además de dejarse vencer por el deleite
[62] emblemas y divisas con mensajes que los caballeros sacaban en los torneos para « justar »
[63] el marido engañado

[64] Refrán: quien sabe (tiene experiencia) puede tocar las campanas (hablar así de estas cosas).
[65] razonamiento encadenado, a la manera escolástica, llamado «sorites»
[66] comparable
[67] con soberbia
[68] violento daño
[69] enojada

se debe negar, que bienaventurados son los pacíficos, que hijos de Dios serán llamados. Amor no se debe rehuir; caridad a los hermanos. Interés pocos le apartan.[70] Pues quiérola complacer y oír.

Madre, no se debe ensañar el maestro de la ignorancia del discípulo. Si no, raras veces la ciencia, que es de su natura comunicable y en pocos lugares, se podría infundir. Por eso perdóname, háblame, que no sólo quiero oírte y creerte, mas en singular merced recibir tu consejo. Y no me lo agradezcas, pues el loor y las gracias de la acción, más al dante que no al recibiente se deben dar. Por eso manda, que a tu mandado mi consentimiento se humilla.

CEL. —De los hombres es errar, y bestial es la porfía. Por ende[71] gózome, Pármeno, que hayas limpiado las turbias telas de tus ojos y respondido al reconocimiento, discreción e ingenio sutil de tu padre, cuya persona, agora representada en mi memoria, enternece los ojos piadosos, por do tan abundantes lágrimas ves derramar. Algunas veces, duros propósitos como tú defendía, pero luego tornaba a lo cierto. En Dios y en mi ánima, que en ver agora lo que has porfiado y cómo a la verdad eres reducido, no parece sino que vivo le tengo delante. ¡Oh qué persona! ¡Oh qué hartura! ¡Oh qué cara tan venerable! Pero callemos, que se acerca Calisto y tu nuevo amigo Sempronio, con quien tu conformidad para más oportunidad dejo. Que dos en un corazón viviendo son más poderosos de hacer y de entender.

[CALISTO, CELESTINA]

CAL. —Duda traigo, madre, según mis infortunios, de hallarte viva. Pero más es maravilla, según el deseo, de cómo llego vivo. Recibe la dádiva pobre de aquel que con ella la vida te ofrece.

CEL. —Como en el oro muy fino, labrado por la mano de sutil artífice, la obra sobrepuja a la materia, así se aventaja a tu magnífico dar la gracia y forma de tu dulce liberalidad. Y sin duda la presta dádiva su efecto ha doblado, porque la que tarda, el prometimiento muestra negar y arrepentirse del don prometido.

[PÁRMENO, SEMPRONIO]

PÁRM. —¿Qué le dio, Sempronio?

SEMP. —Cien monedas en oro.

PÁRM. —¡Ji! ¡Ji! ¡Ji!

SEMP. —¿Habló contigo la madre?

PÁRM. —Calla, que sí.

SEMP. —Pues ¿cómo estamos?

PÁRM. —Como quisieres; aunque estoy espantado.[72]

SEMP. —Pues calla, que yo te haré espantar dos tanto.[73]

PÁRM. —¡Oh Dios! No hay pestilencia más eficaz que el enemigo de casa para empecer.[74]

[CALISTO, CELESTINA]

CAL. —Ve agora, madre, y consuela tu casa y después ven y consuela la mía y luego.[75]

CEL. —Quede Dios contigo.

CAL. —Y Él te guarde.

---

[70] Pocos se apartan de su interés o provecho.
[71] eso
[72] asombrado

[73] doblemente
[74] causar daño
[75] presto

Acto X

ARGUMENTO

Mientras andan Celestina y Lucrecia por el camino, está hablando Melibea consigo misma. Llegan a la puerta. Entra Lucrecia primero. Hace entrar a Celestina. Melibea, después de muchas razones, descubre a Celestina arder en amor de Calisto. Ven venir a Alisa, madre de Melibea. Despídense de en uno.[1] Pregunta Alisa a Melibea de los negocios de Celestina; prohibióle su mucha conversación.

MEL. —¡Oh lastimada de mí! ¡Oh malproveída doncella! ¿Y no me fuera mejor conceder su petición y demanda ayer a Celestina, cuando de parte de aquel señor, cuya vista me cautivó, me fue rogado, y contentarle a él y sanar a mí, que no venir por fuerza a descubrir mi llaga, cuando no me sea agradecido, cuando ya desconfiando de mi buena respuesta haya puesto sus ojos en amor de otra? ¡Cuánta más ventaja tuviera mi prometimiento rogado que mi ofrecimiento forzoso! ¡Oh mi fiel criada Lucrecia! ¿Qué dirás de mí? ¿Qué pensarás de mi seso, cuando me veas publicar lo que a ti jamás he querido descubrir? ¡Cómo te espantarás del rompimiento de mi honestidad y vergüenza, que siempre como encerrada doncella acostumbré tener! No sé si habrás barruntado[2] de dónde proceda mi dolor. ¡Oh, si ya vinieses con aquella medianera de mi salud! ¡Oh soberano Dios! A ti, que todos los atribulados llaman, los apasionados piden remedio, los llagados medicina; a ti, que los cielos, mar y tierra, con los infernales centros obedecen; a ti, el cual todas las cosas a los hombres sojuzgaste, humildemente suplico des a mi herido corazón sufrimiento y paciencia, con que mi terrible pasión pueda disimular. No se desdore aquella hoja de castidad que tengo asentada sobre este amoroso deseo, publicando ser otro mi dolor que no el que me atormenta. Pero ¿cómo lo podré hacer, lastimándome tan cruelmente el ponzoñoso bocado, que la vista de su presencia de aquel caballero me dio? ¡Oh género femíneo, encogido y frágil! ¿Por qué no fue también a las hembras concedido poder descubrir su congojoso y ardiente amor, como a los varones? Que ni Calisto viviera quejoso ni yo penada.

[LUCRECIA, CELESTINA, MELIBEA]

LUCR. —Tía, detente un poquito cabe[3] esta puerta. Entraré a ver con quién está hablando mi señora. Entra, entra, que consigo lo ha.[4]

MEL. —Lucrecia, echa esa antepuerta.[5] ¡Oh vieja sabia y honrada, tú seas bienvenida! ¿Qué te parece, cómo ha ido mi dicha y la fortuna ha rodeado que yo tuviese de tu saber necesidad, para que tan presto me hubieses de pagar en la misma moneda el beneficio que por ti me fue demandado para ese gentilhombre, que curabas con la virtud de mi cordón?[6]

CEL. —¿Qué es, señora, tu mal, que así muestra las señas de tu tormento en las coloradas colores de tu gesto?

MEL. —Madre mía, que me comen este corazón serpientes dentro de mi cuerpo.

CEL. (*Aparte*) —Bien está. Así lo quería yo. Tú me pagarás, doña loca, la sobra de tu ira.

MEL. —¿Qué dices? ¿Has sentido en verme alguna causa, donde mi mal proceda?

CEL. —No me has, señora, declarado la cualidad del mal. ¿Quieres que adivine la

---

[1] una de la otra
[2] adivinado
[3] junto a
[4] habla consigo

[5] cortina que cubre la puerta
[6] el cordón del vestido que, según Celestina, tenía virtudes curativas para la «enfermedad» de Calisto

causa? Lo que yo digo es que recibo mucha pena de ver triste tu graciosa presencia.

MEL. —Vieja honrada, alégramela tú, que grandes nuevas me han dado de tu saber.

CEL. —Señora, el sabidor sólo Dios es; pero, como para salud y remedio de las enfermedades fueron repartidas las gracias en las gentes de hallar las medicinas, unas por experiencia, otras por arte, otras por natural instinto, alguna partecica[7] alcanzó a esta pobre vieja, de la cual al presente podrás ser servida.

MEL. —¡Oh, qué gracioso y agradable me es oírte! Saludable es al enfermo la alegre cara del que le visita. Paréceme que veo mi corazón entre tus manos hecho pedazos. El cual, si tú quisieses, con muy poco trabajo juntarías con la virtud de tu lengua. No de otra manera que, cuando vio en sueños aquel grande Alejandro, rey de Macedonia, en la boca del dragón, la saludable raíz con que sanó a su criado Tolomeo del bocado de la víbora. Pues, por amor de Dios, te despojes para más diligente entender en mi mal y me des algún remedio.

CEL. —Gran parte de la salud es desearla, por lo cual creo menos peligroso ser tu dolor. Pero para yo dar, mediante Dios, congrua y saludable medicina, es necesario saber de ti tres cosas. La primera, a qué parte de tu cuerpo más declina y aqueja el sentimiento. Otra, si es nuevamente por ti sentido, porque más presto se curan las tiernas enfermedades en sus principios, que cuando han hecho curso en la perseveración de su oficio. Mejor se doman los animales en su primera edad, que cuando ya es su cuero endurecido, para venir mansos a la melena;[8] mejor crecen las plantas que tiernas y nuevas se trasponen, que las que fructificando ya se mudan; muy mejor se despide el nuevo pecado, que aquel que por costumbre antigua cometemos cada día. La tercera, si procede de algún cruel pensamiento que asentó en aquel lugar. Y esto sabido, verás obrar mi cura. Por ende

cumple que al médico, como al confesor, se hable toda verdad abiertamente.

MEL. —Amiga Celestina, mujer bien sabia y maestra grande, mucho has abierto el camino por donde mi mal te pueda especificar. Por cierto, tú lo pides como mujer bien experta en curar tales enfermedades. Mi mal es de corazón, la izquierda teta es su aposentamiento, tiende sus rayos a todas partes. Lo segundo, es nuevamente nacido en mi cuerpo. Que no pensé jamás que podía dolor privar el seso, como éste hace. Túrbame la cara, quítame el comer, no puedo dormir, ningún género de risa querría ver. La causa o pensamiento, que es la final cosa por ti preguntada de mi mal, ésta no sabré decir. Porque ni muerte de deudo, ni pérdida de temporales bienes, ni sobresalto de visión, ni sueño desvariado, ni otra cosa puedo sentir que fuese, salvo la alteración que tú me causaste con la demanda que sospeché de parte de aquel caballero Calisto, cuando me pediste la oración.

CEL. —¿Cómo, señora? ¿Tan mal hombre es aquél? ¿Tan mal nombre es el suyo que en sólo ser nombrado trae consigo ponzoña su sonido? No creas que sea esa la causa de tu sentimiento, antes otra que yo barrunto. Y pues que así es, si tú licencia me das, yo, señora, te la diré.

MEL. —¿Cómo, Celestina? ¿Qué es ese nuevo salario que pides? ¿De licencia tienes tú necesidad para me dar la salud? ¿Cuál físico jamás pidió tal seguro para curar al paciente? Di, di, que siempre la tienes de mí, tal que mi honra no dañes con tus palabras.

CEL. —Véote, señora, por una parte quejar el dolor, por otra temer la medicina. Tu temor me pone miedo; el miedo, silencio; el silencio, tregua entre tu llaga y mi medicina. Así que será causa, que ni tu dolor cese ni mi venida aproveche.

MEL. —Cuanto más dilatas la cura, tanto más me acrecientas y multiplicas la pena y pasión.[9] O tus medicinas son de polvos de

---

[7] pequeña parte
[8] ser dóciles, manejables

[9] sufrimiento

116

infamia y licor de corrupción, confeccionados con otro más crudo dolor que el que de parte del paciente se siente, o no es ninguno tu saber. Porque si lo uno o lo otro no impidiese, cualquiera remedio otro darías sin temor, pues te pido le muestres, quedando libre mi honra.

CEL. —Señora, no tengas por nuevo ser más fuerte de sufrir al herido la ardiente trementina y los ásperos puntos que lastiman lo llagado, doblan la pasión, que no la primera lesión, que dio sobre sano. Pues si tú quieres ser sana y que te descubra la punta de mi sutil aguja sin temor, haz para tus manos y pies una ligadura de sosiego, para tus ojos una cobertura de piedad, para tu lengua un freno de silencio, para tus oídos unos algodones de sufrimiento y paciencia, y verás obrar a la antigua maestra de estas llagas.

MEL. —¡Oh, cómo me muero con tu dilatar! Di, por Dios, lo que quisieres, haz lo que supieres, que no podrá ser tu remedio tan áspero que iguale con mi pena y tormento. Agora toque en mi honra, agora dañe mi fama, agora lastime mi cuerpo, aunque sea romper mis carnes para sacar mi dolorido corazón, te doy mi fe ser segura y, si siento alivio, bien galardonada.

LUCR. (*Aparte*) —El seso tiene perdido mi señora. Gran mal es éste. Cautivádola ha esta hechicera.

CEL. (*Aparte*) —Nunca me ha de faltar un diablo acá y acullá. Escapóme Dios de Pármeno, tópome con Lucrecia.

MEL. —¿Qué dices, amada maestra? ¿Qué te hablaba esa moza?

CEL. —No le oí nada. Pero diga lo que dijere, sabe que no hay cosa más contraria en las grandes curas delante los animosos cirujanos que los flacos corazones, los cuales con su gran lástima, con sus dolorosas hablas, con sus sentibles meneos,[10] ponen temor al enfermo, hacen que desconfíe de la salud y al médico enojan y turban, y la turbación altera la mano, rige sin orden la aguja. Por donde se puede conocer claro

que es muy necesario para tu salud que no esté persona delante. Así que la debes mandar salir. Y tú, hija Lucrecia, perdona.

MEL. —Salte fuera presto.

LUCR. —(¡Ya! ¡ya! ¡Todo es perdido!) Ya me salgo, señora.

CEL. —También me da osadía tu gran pena, como ver que con tu sospecha has ya tragado alguna parte de mi cura; pero todavía es necesario traer más clara medicina y más saludable descanso de casa de aquel caballero Calisto.

MEL. —Calla, por Dios, madre. No traigan de su casa cosa para mi provecho ni le nombres aquí.

CEL. —Sufre, señora, con paciencia, que es el primer punto y principal. No se quiebre; si no, todo nuestro trabajo es perdido. Tu llaga es grande, tiene necesidad de áspera cura. Y lo duro con duro se ablanda más eficazmente. Y dicen los sabios que la cura del lastimero médico deja mayor señal, y que nunca peligro sin peligro se vence. Ten paciencia, que pocas veces lo molesto sin molestia se cura. Y un clavo con otro se expele, y un dolor con otro. No concibas odio ni desamor, ni consientas a tu lengua decir mal de persona tan virtuosa como Calisto, que si conocido fuese . . .

MEL. —¡Oh por Dios, que me matas! ¿Y no te tengo dicho que no me alabes ese hombre ni me le nombres en bueno ni en malo?

CEL. —Señora, éste es otro y segundo punto, el cual si tú con tu mal sufrimiento no consientes, poco aprovechará mi venida, y si, como prometiste, lo sufres, tú quedarás sana y sin deuda, y Calisto sin queja y pagado. Primero te avisé de mi cura y de esta invisible aguja que, sin llegar a ti, sientes en sólo mentarla en mi boca.

MEL. —Tantas veces me nombrarás ese tu caballero que ni mi promesa baste, ni la fe que te di, a sufrir tus dichos. ¿De qué ha de quedar pagado? ¿Qué le debo yo a él? ¿Qué le soy en cargo?[11] ¿Qué ha hecho por mí? ¿Qué necesario es él aquí para el

---

[10] tristes gesticulaciones

[11] deuda

propósito de mi mal? Más agradable me sería que rasgases mis carnes y sacases mi corazón, que no traer esas palabras aquí.

CEL. —Sin te romper las vestiduras se lanzó en tu pecho el amor; no rasgaré yo tus carnes para le curar.

MEL. —¿Cómo dices que llaman a este mi dolor, que así se ha enseñoreado[12] en lo mejor de mi cuerpo?

CEL. —Amor dulce.

MEL. —Eso me declara qué es, que en sólo oírlo me alegro.

CEL. —Es un fuego escondido, una agradable llaga, un sabroso veneno, una dulce amargura, una deleitable dolencia, un alegre tormento, una dulce y fiera herida, una blanda muerte.

MEL. —¡Ay, mezquina de mí! Que si verdad es tu relación, dudosa será mi salud. Porque, según la contrariedad que esos nombres entre sí muestran, lo que al uno fuere provechoso acarreará al otro más pasión.

CEL. —No desconfíe, señora, tu noble juventud de salud. Cuando el alto Dios da la llaga, tras ella envía el remedio. Mayormente que sé yo en el mundo nacida una flor que de todo esto te libre.

MEL. —¿Cómo se llama?

CEL. —No te lo oso decir.

MEL. —Di, no temas.

CEL. —Calisto ... ¡Oh, por Dios, señora Melibea, qué poco esfuerzo[13] es éste! ¡Qué descaecimiento![14] ¡Oh mezquina yo! ¡Alza la cabeza! ¡Oh malaventurada vieja! ¿En esto han de parar mis pasos? Si muere, matarme han; aunque viva, seré sentida, que ya no podrá sufrir de no publicar su mal y mi cura. Señora mía Melibea, ángel mío, ¿qué has sentido? ¿Qué es de tu habla graciosa? ¿Qué es de tu color alegre? Abre tus claros ojos. ¡Lucrecia! ¡Lucrecia! ¡Entra presto acá! Verás amortecida a tu

señora entre mis manos. Baja presto por un jarro de agua.

MEL. —Paso, paso, que yo me esforzaré. No escandalices la casa.

CEL. —¡Oh cuitada de mí! No te descaezcas, señora, háblame como sueles.

MEL. —Y muy mejor. Calla, no me fatigues.

CEL. —Pues ¿qué me mandas que haga, perla preciosa? ¿Qué ha sido este tu sentimiento? Creo que se van quebrando mis puntos.[15]

MEL. —Quebróse mi honestidad, quebróse mi empacho, aflojó mi mucha vergüenza y, como muy naturales, como muy domésticos, no pudieron tan livianamente despedirse de mi cara, que no llevasen consigo su color por algún poco de espacio, mi fuerza, mi lengua y gran parte de mi sentido. ¡Oh!, pues ya, mi buena maestra, mi fiel secretaria, lo que tú tan abiertamente conoces, en vano trabajo por te lo encubrir. Muchos y muchos días son pasados que ese noble caballero me habló en amor. Tanto me fue entonces su habla enojosa cuanto, después que tú me le tornaste a nombrar, alegre. Cerrado han tus puntos mi llaga, venida soy en tu querer. En mi cordón le llevaste envuelta la posesión de mi libertad. Su dolor de muelas[16] era mi mayor tormento, su pena era la mayor mía. Alabo y loo tu buen sufrimiento, tu cuerda osadía, tu liberal trabajo, tus solícitos y fieles pasos, tu agradable habla, tu buen saber, tu demasiada solicitud, tu provechosa importunidad. Mucho te debe ese señor y más yo, que jamás pudieron mis reproches aflacar[17] tu esfuerzo y perseverar, confiando en tu mucha astucia. Antes, como fiel servidora, cuando más denostada,[18] más diligente; cuando más disfavor, más esfuerzo; cuando peor respuesta, mejor cara; cuando yo más airada, tú más humilde. Pospuesto todo temor, has sacado de mi pecho lo que jamás a ti ni a otro pensé descubrir.

---

[12] hecho señor
[13] ánimo
[14] desfallecimiento
[15] los «puntos» con que había cerrado su herida de amor

[16] dolor inventado por Celestina para apiadar a Melibea
[17] enflaquecer
[18] insultada

CEL. —Amiga y señora mía, no te maravilles, porque estos fines, con efecto, me dan osadía a sufrir los ásperos y escrupulosos desvíos de las encerradas doncellas como tú. Verdad es que antes que me determinase, así por el camino como en tu casa, estuve en grandes dudas si te descubriría mi petición. Visto el gran poder de tu padre, temía; mirando la gentileza de Calisto, osaba; vista tu discreción, me recelaba; mirando tu virtud y humanidad, me esforzaba. En lo uno hablaba el miedo y en lo otro la seguridad. Y pues así, señora, has querido descubrir la gran merced que nos has hecho, declara tu voluntad, echa tus secretos en mi regazo, pon en mis manos el concierto de este concierto. Yo daré forma cómo tu deseo y el de Calisto sean en breve cumplidos.

MEL. —¡Oh mi Calisto y mi señor, mi dulce y suave alegría! Si tu corazón siente lo que agora el mío, maravillada estoy cómo la ausencia te consiente vivir. ¡Oh mi madre y mi señora!, haz de manera cómo luego le pueda ver, si mi vida quieres.

CEL. —Ver y hablar.

MEL. —¿Hablar? Es imposible.

CEL. —Ninguna cosa a los hombres que quieren hacerla, es imposible.

MEL. —Dime cómo.

CEL. —Yo lo tengo pensado, y te lo diré: por entre las puertas de tu casa.

MEL. —¿Cuándo?

CEL. —Esta noche.

MEL. —Gloriosa me serás, si lo ordenas. Di a qué hora.

CEL. —A las doce.

MEL. —Pues ve, mi señora, mi leal amiga, y habla con aquel señor, y que venga muy paso[19] y de allí se dará concierto, según su voluntad, a la hora que has ordenado.

CEL. —Adiós, que viene hacia acá tu madre.

MEL. —Amiga Lucrecia, mi leal criada y fiel secretaria, ya has visto cómo no ha sido más en mi mano.[20] Cautivóme el amor de aquel caballero. Ruégote, por Dios, se cubra con secreto sello, porque yo goce de tan suave amor. Tú serás de mí tenida en aquel lugar que merece tu fiel servicio. [...][21]

[ALISA, CELESTINA]

ALISA (A Celestina) —¿En qué andas acá, vecina, cada día?

CEL. —Señora, faltó ayer un poco de hilado al peso y vínelo a cumplir, porque di mi palabra; y, traído, voime.[22] Quede Dios contigo.

ALI. —Y contigo vaya.

[ALISA, MELIBEA, LUCRECIA]

ALI. —Hija Melibea, ¿qué quería la vieja?

MEL. —Venderme un poquito de solimán.[23]

ALI. —Eso creo yo más que lo que la vieja ruin dijo. Pensó que recibiría yo pena de ello y mintióme. Guárdate, hija, de ella, que es gran traidora. Que el sutil ladrón siempre rodea las ricas moradas. Sabe ésta con sus traiciones, con sus falsas mercadurías, mudar los propósitos castos. Daña la fama. A tres veces que entra en una casa, engendra sospecha.

LUCR. (Aparte). —Tarde acuerda[24] nuestra ama.

ALI. —Por amor mío, hija, que si acá tornare sin verla yo, que no hayas por bien su venida ni la recibas con placer. Halle en ti honestidad en tu respuesta y jamás volverá. Que la verdadera virtud más se teme que espada.

MEL. —¿De ésas es? ¡Nunca más! Bien huelgo,[25] señora, de ser avisada, por saber de quién me tengo de guardar.

---

[19] calladamente
[20] no ha estado en mi mano [evitarlo]
[21] [Sigue un largo párrafo de Lucrecia, casi todo añadido en la edición de 1502.]
[22] me voy
[23] sublimado corrosivo (para la piel)
[24] lo recuerda
[25] me alegro

Acto XIV

ARGUMENTO

Está Melibea muy afligida hablando con Lucrecia sobre la tardanza de Calisto, el cual le había hecho voto de venir en aquella noche a visitarla, lo cual cumplió, y con él vinieron Sosia y Tristán.[1] *Y después que cumplió su voluntad, volvieron todos a la posada y Calisto se retrae en su palacio y quéjase por haber estado tan poca cantidad de tiempo con Melibea, y ruega a Febo*[2] *que cierre sus rayos, para haber de restaurar su deseo.*

[MELIBEA, LUCRECIA]

MEL. —Mucho se tarda aquel caballero que esperamos. ¿Qué crees tú o sospechas de su estada,[3] Lucrecia?

LUCR. —Señora, que tiene justo impedimento y que no es en su mano venir más presto.

MEL. —Los ángeles sean en su guarda, su persona esté sin peligro, que su tardanza no me da pena. Mas, cuitada,[4] pienso muchas cosas que desde su casa acá le podrían acaecer. [...][5] Mas escucha, que pasos suenan en la calle y aun parece que hablan de esta otra parte del huerto.

[SOSIA, TRISTÁN, CALISTO]

SOSIA. —Arrima esa escala, Tristán, que éste es el mejor lugar, aunque alto.

TRISTÁN. —Sube, señor. Yo iré contigo, porque no sabemos quién está dentro. Hablando están.

CAL. —Quedaos, locos, que yo entraré solo, que a mi señora oigo.

MEL. —Es tu sierva, es tu cautiva, es la que más tu vida que la suya estima. ¡Oh mi señor! No saltes de tan alto, que me moriré en verlo, baja, baja poco a poco por la escala; no vengas con tanta presura.

CAL. —¡Oh angélica imagen! ¡Oh preciosa perla, ante quien el mundo es feo! ¡Oh mi señora y mi gloria! En mis brazos te tengo y no lo creo. Mora en mi persona tanta turbación de placer, que me hace no sentir todo el gozo que poseo.

MEL. —Señor mío, pues me fié en tus manos, pues quise cumplir tu voluntad, no sea de peor condición por ser piadosa que si fuera esquiva[6] y sin misericordia; no quieras perderme por tan breve deleite y en tan poco espacio. Que las cosas mal hechas, después de cometidas, más presto se pueden reprender que enmendar. Goza de lo que yo gozo, que es ver y llegar a tu persona; no pidas ni tomes aquello que, tomado, no será en tu mano volver. Guárdate, señor, de dañar lo que con todos los tesoros del mundo no se restaura.

CAL. —Señora, pues por conseguir esta merced toda mi vida he gastado, ¿qué sería, cuando me la diesen, desecharla? Ni tú, señora, me lo mandarás ni yo podría acabarlo[7] conmigo. No me pidas tal cobardía. No es hacer tal cosa de ninguno[8] que hombre sea, mayormente amando como yo. Nadando por este fuego de tu deseo toda mi vida, ¿no quieres que me arrime al dulce puerto a descansar de mis pasados trabajos?

MEL. —Por mi vida, que aunque hable tu lengua cuanto quisiere, no obren las manos cuanto pueden. Está quedo, señor mío. [...][9]

---

[1] criados
[2] el Sol
[3] tardanza
[4] afligida
[5] [*Párrafo añadido en la ed. 1502 con las suposiciones de Melibea sobre la suerte de Calisto.*]

[6] desdeñosa
[7] forzarme a hacerlo
[8] nadie es capaz de hacerlo
[9] [*párrafo añadido en ed. 1502*]

CAL. —¿Para qué, señora? ¿Para que no esté queda mi pasión? ¿Para penar de nuevo? ¿Para tornar el[10] juego de comienzo? Perdona, señora, a mis desvergonzadas manos, que jamás pensaron de tocar tu ropa con su indignidad y poco merecer; agora gozan de llegar a tu gentil cuerpo y lindas y delicadas carnes.

MEL. —Apártate allá, Lucrecia.

CAL. —¿Por qué, mi señora? Bien me huelgo que estén semejantes testigos de mi gloria.

MEL. —Yo no los quiero de mi yerro. Si pensara que tan desmesuradamente te habías de haber[11] conmigo, no fiara mi persona de tu cruel conversación.

SOS. —Tristán, bien oyes lo que pasa. ¡En qué términos anda el negocio!

TRIST. —Oigo tanto, que juzgo a mi amo por el más bienaventurado hombre que nació. Y por mi vida que, aunque soy muchacho, que diese tan buena cuenta como mi amo.

SOS. —Para con tal joya quienquiera se tendría manos;[12] pero con su pan se la coma,[13] que bien caro le cuesta: dos mozos entraron en la salsa de estos amores.

TRIST. —Ya los tiene olvidados. ¡Dejaos morir sirviendo a ruines, haced locuras en confianza de su defensa! Viviendo con el conde, que no matase al hombre,[14] me daba mi madre por consejo. Veslos a ellos alegres y abrazados y sus servidores con harta mengua degollados.

MEL. —¡Oh mi vida y mi señor! ¿Cómo has querido que pierda el nombre y corona de virgen por tan breve deleite? ¡Oh pecadora de mi madre,[15] si de tal cosa fueses sabedora, cómo tomarías de grado tu muerte y me la darías a mí por fuerza! ¡Cómo serías cruel verdugo de tu propia sangre! ¡Cómo sería yo fin quejoso de tus días! ¡Oh mi padre honrado, cómo he dañado tu fama[16] y dado causa y lugar a quebrantar tu casa! ¡Oh traidora de mí, cómo no miré primero el gran yerro que seguía de tu entrada, el gran peligro que esperaba!

SOS. —¡Antes quisiera yo oírte esos milagros! Todas sabéis esa oración después que no puede dejar de ser hecho. ¡Y el bobo de Calisto, que se lo escucha!

CAL. —Ya quiere[17] amanecer. ¿Qué es esto? No parece que ha una hora que estamos aquí, y da el reloj las tres.

MEL. —Señor, por Dios, pues ya todo queda por ti, pues ya soy tu dueña,[18] pues ya no puedes negar mi amor, no me niegues tu vista de día, pasando por mi puerta; de noche, donde tú ordenares. Sea tu venida por este secreto lugar a la misma hora, porque siempre te espere apercibida del gozo con que quedo, esperando las venideras noches. Y por el presente vete con Dios, que no serás visto, que hace muy oscuro; ni yo en casa sentida, que aún no amanece.

CAL. —Mozos, poned la escala.

SOS. —Señor, vesla aquí. Baja.

MEL. —Lucrecia, vente acá, que estoy sola. Aquel señor mío es ido. Conmigo deja su corazón, consigo lleva el mío. ¿Hasnos oído?

LUCR. —No, señora, durmiendo he estado. [. . .][19]

---

[10] volver al
[11] portar
[12] cualquiera podría obrar así
[13] que haga con ella lo que guste (proverbial)
[14] Refrán: no es prudente confiar demasiado en la protección de los poderosos.
[15] desgraciada madre
[16] reputación, honra
[17] empieza a
[18] mujer
[19] [*El resto del acto, intercalado en 1502, es casi todo un largo monólogo de Calisto y un episodio de sus criados. Se interrumpe así el trágico desenlace que tenía lugar en este momento y que se aplaza hasta el Acto XIX.*]

Acto XX

ARGUMENTO[1]

Lucrecia llama a la puerta de la cámara de Pleberio. Pregúntale Pleberio lo que quiere. Lucrecia le da prisa que vaya a ver a su hija Melibea. Levantado Pleberio, va a la cámara de Melibea. Consuélala, preguntando qué mal tiene. Finge Melibea dolor de corazón. Envía Melibea a su padre por algunos instrumentos músicos. Sube ella y Lucrecia en una torre. Envía de sí[2] a Lucrecia. Cierra tras ella la puerta. Llégase su padre al pie de la torre. Descúbrele Melibea todo el negocio que había pasado. En fin, déjase caer de la torre abajo.

[PLEBERIO, LUCRECIA, MELIBEA]

PLEB. —¿Qué quieres, Lucrecia? ¿Qué quieres tan presurosa? ¿Qué pides con tanta importunidad y poco sosiego? ¿Qué es lo que mi hija ha sentido? ¿Qué mal tan arrebatado puede ser, que no haya yo tiempo de me vestir ni me des aun espacio a me levantar?

LUCR. —Señor, apresúrate mucho, si la quieres ver viva, que ni su mal conozco de fuerte ni a ella ya de desfigurada.

PLEB. (*A Melibea*) —¿Qué es esto, hija mía? ¿Qué dolor y sentimiento es el tuyo? ¿Qué novedad es ésta? ¿Qué poco esfuerzo es éste? Mírame, que soy tu padre. Habla conmigo, cuéntame la causa de tu arrebatada pena. ¿Qué has? ¿Qué sientes? ¿Qué quieres? Háblame, mírame, dime la razón de tu dolor, porque presto sea remediado. No quieras enviarme con triste postrimería al sepulcro. Ya sabes que no tengo otro bien sino a ti. Abre esos alegres ojos y mírame.

MEL. —¡Ay dolor!

PLEB. —¿Qué dolor puede ser que iguale con ver yo el tuyo? Tu madre está sin seso en oír tu mal. No pudo venir a verte de turbada.[3] Esfuerza tu fuerza, aviva tu corazón, arréciate de manera que puedas tú conmigo ir a visitar a ella. Dime, ánima mía, la causa de tu sentimiento.

MEL. —¡Pereció mi remedio!

PLEB. —Hija, mi bien amada y querida del viejo padre, por Dios, no te ponga desesperación el cruel tormento de esta tu enfermedad y pasión, que a los flacos corazones el dolor los arguye.[4] Si tú me cuentas tu mal, luego será remediado. Que ni faltarán medicinas ni médicos ni sirvientes para buscar tu salud, agora consista en yerbas o en piedras o en palabras, o esté secreta en cuerpos de animales. Pues no me fatigues más, no me atormentes, no me hagas salir de mi seso y dime qué sientes.

MEL. —Una mortal llaga en medio del corazón, que no me consiente hablar. No es igual a los otros males; menester es sacarlo para ser curada, que está en lo más secreto de él.

PLEB. —Temprano cobraste los sentimientos de la vejez. La mocedad toda suele ser placer y alegría, enemiga de enojo. Levántate de ahí. Vamos a ver los frescos aires de la ribera; alegrarte has con tu madre, descansará tu pena. Mira, si huyes del placer, no hay cosa más contraria a tu mal.

MEL. —Vamos donde mandares. Subamos, señor, a la azotea alta, porque desde allí goce de la deleitosa vista de los navíos:[5] por ventura aflojará algo mi congoja.

PLEB. —Subamos, y Lucrecia con nosotros.

---

[1] En la versión original, este acto era el XV, o penúltimo.

[2] fuera

[3] por su turbación (alarma)

[4] demuestra (de Virgilio, *Aeneida*, IV, 13: «Degeneres animos timor arguit»).

[5] Esta alusión naviera ha suscitado discusiones sobre la ciudad en que tiene lugar la acción, pero pudo ser debida a una influencia literaria (como el suicidio de Hero, tras la muerte de Leandro, al arrojarse de una torre al mar). Por otras referencias del texto la ciudad parece ser Salamanca, donde Rojas estudió.

MEL. —Mas, si a ti placerá, padre mío, mandar traer algún instrumento de cuerdas con que se sufra mi dolor o tañendo o cantando, de manera que, aunque aqueje por una parte la fuerza de su accidente,[6] mitigarlo han por otra los dulces sones y alegre armonía.

PLEB. —Eso, hija mía, luego es hecho. Yo lo voy a aparejar.[7]

MEL. —Lucrecia, amiga, muy alto es esto. Ya me pesa por dejar la compañía de mi padre. Baja a él y dile que se pare al pie de esta torre, que le quiero decir una palabra que se me olvidó que hablase a mi madre.

LUCR. —Ya voy, señora.

MEL. —De todos soy dejada. Bien se ha aderezado la manera de mi morir. Algún alivio siento en ver que tan presto seremos juntos yo y aquel mi querido amado Calisto. Quiero cerrar la puerta, porque ninguno suba a me estorbar mi muerte. No me impidan la partida, no me atajen[8] el camino, por el cual en breve tiempo podré visitar en este día al que me visitó la pasada noche. Todo se ha hecho a mi voluntad. Buen tiempo tendré para contar a Pleberio mi señor la causa de mi ya acordado fin. Gran sinrazón hago a sus canas, gran ofensa a su vejez; gran fatiga le acarreo con mi falta, en gran soledad le dejo; [. . .][9] pero no es más en mi mano. Tú, Señor, que de mi habla eres testigo, ves mi poco poder, ves cuán cautiva tengo mi libertad, cuán presos mis sentidos de tan poderoso amor del muerto caballero, que priva al que tengo con los vivos padres.

[PLEBERIO, MELIBEA]

PLEB. —Hija mía, Melibea, ¿qué haces sola? ¿Qué es tu voluntad decirme? ¿Quieres que suba allá?

MEL. —Padre mío, no pugnes ni trabajes por venir adonde yo estoy, que estorbarás la presente habla que te quiero hacer. Lastimado serás brevemente con la muerte de tu única hija. Mi fin es llegado, llegado es mi descanso y tu pasión, llegado es mi alivio y tu pena, llegada es mi acompañada hora y tu tiempo de soledad. No habrás, honrado padre, menester instrumentos para aplacar mi dolor, sino campanas para sepultar mi cuerpo. Si me escuchas sin lágrimas, oirás la causa desesperada de mi forzada y alegre partida. No la interrumpas con lloro ni palabras; si no, quedarás más quejoso en no saber por qué me mato, que doloroso por verme muerta. Ninguna cosa me preguntes ni respondas, más de lo que de mi grado[10] decirte quisiere. Porque cuando el corazón está embargado de pasión,[11] están cerrados los oídos al consejo y en tal tiempo las fructuosas palabras, en lugar de amansar, acrecientan la saña. Oye, padre mío, mis últimas palabras y, si como yo espero, las recibes, no culparás mi yerro. Bien ves y oyes este triste y doloroso sentimiento que toda la ciudad hace. Bien oyes este clamor de campanas, este alarido de gentes, este aullido de canes, este estrépito de armas. De todo esto fui yo la causa. Yo cubrí de luto y jergas[12] en este día casi la mayor parte de la ciudadana caballería, yo dejé hoy muchos sirvientes descubiertos[13] de señor, yo quité muchas raciones y limosnas a pobres y envergonzantes,[14] yo fui ocasión que los muertos tuviesen compañía del más acabado hombre que en gracia nació, yo quité a los vivos el dechado de gentileza, de invenciones galanas, de atavíos y bordaduras, de habla, de andar, de cortesía, de virtud; yo fui causa que la tierra goce sin tiempo[15] el más noble cuerpo y más fresca juventud que al mundo era en nuestra edad criada. Y porque estarás espantado con el són de

---

[6] el dolor de su corazón
[7] preparar, hacer
[8] corten
[9] [*Sigue una larga e inoportuna serie de casos históricos de crímenes cometidos contra los propios familiares, intercalada en la edición de* 1502.]
[10] voluntad
[11] dominado por el sufrimiento
[12] tela basta para lutos
[13] privados
[14] pobres que por vergüenza no piden en público
[15] antes de tiempo

mis no acostumbrados delitos, te quiero más aclarar el hecho. Muchos días son pasados, padre mío, que penaba por mi amor un caballero que se llamaba Calisto, el cual tú bien conociste. Conociste asimismo a sus padres y claro linaje; sus virtudes y bondad a todos eran manifiestas. Era tanta su pena de amor y tan poco el lugar para hablarme, que descubrió su pasión a una astuta y sagaz mujer que llamaban Celestina. La cual, de su parte venida a mí, sacó mi secreto amor de mi pecho. Descubrí a ella lo que a mi querida madre encubría. Tuvo manera cómo ganó mi querer, ordenó cómo su deseo y el mío hubiesen efecto. Si él mucho me amaba, no vivía engañado. Concertó el triste concierto de la dulce y desdichada ejecución de su voluntad. Vencida de su amor, dile entrada en tu casa. Quebrantó con escalas las paredes de tu huerto, quebrantó mi propósito. Perdí mi virginidad. Del cual deleitoso yerro de amor gozamos casi un mes. Y como esta pasada noche viniese, según era acostumbrado, a la vuelta de su venida, como de la fortuna mudable estuviese dispuesto y ordenado, según su desordenada costumbre; como las paredes eran altas, la noche oscura, la escala delgada, los sirvientes que traía no diestros en aquel género de servicio, y él bajaba presuroso a ver un ruido que con sus criados sonaba en la calle, con el gran ímpetu que llevaba, no vio bien los pasos, puso el pie en vacío y cayó. De la triste caída sus más escondidos sesos quedaron repartidos por las piedras y paredes. Cortaron las hadas[16] sus hilos, cortáronle

sin confesión su vida, cortaron mi esperanza, cortaron mi gloria, cortaron mi compañía. Pues ¡qué crueldad sería, padre mío, muriendo él despeñado,[17] que viviese yo penada! Su muerte convida a la mía, convídame y fuerza que sea presto, sin dilación; muéstrame que ha de ser despeñada por seguirle en todo. No digan por mí: «A muertos y a idos . . .»[18] Y así contentarle he en la muerte, pues no tuve tiempo en la vida. ¡Oh mi amor y señor Calisto! Espérame, ya voy; detente, si me esperas; no me acuses la tardanza que hago, dando esta última cuenta a mi viejo padre, pues le debo mucho más. ¡Oh padre mío muy amado! Ruégote, si amor en esta pasada y penosa vida me has tenido, que sean juntas nuestras sepulturas, juntas nos hagan nuestras exequias. Algunas consolatorias palabras te diría antes de mi agradable fin, colegidas y sacadas de aquellos antiguos libros que tú, por más aclarar mi ingenio, me mandabas leer; sino que ya la dañada memoria con la gran turbación me las ha perdido, y aun porque veo tus lágrimas mal sufridas descender por tu arrugada faz. Salúdame a mi cara y amada madre; sepa de ti largamente la triste razón porque muero. ¡Gran placer llevo de no la ver presente! Toma, padre viejo, los dones de tu vejez, que en largos días[19] largas se sufren tristezas. Recibe las arras[20] de tu senectud antigua, recibe allá tu amada hija. Gran dolor llevo de mí, mayor de ti, muy mayor de mi vieja madre. Dios quede contigo y con ella. A Él ofrezco mi ánima. Pon tú en cobro[21] este cuerpo que allí baja.

---

[16] Parcas, las tres divinidades que tejen y cortan el hilo de la vida humana
[17] caído de un precipicio
[18] Refrán: [. . . pocos amigos]
[19] los días prolongados de la vejez
[20] dote o donación matrimonial
[21] en lugar seguro

Acto XXI

ARGUMENTO

Pleberio, tornado a su cámara con grandísimo llanto, pregúntale Alisa, su mujer, la causa de tan súbito mal. Cuéntale la muerte de su hija Melibea, mostrándole el cuerpo de ella todo hecho pedazos, y haciendo su planto[1] concluye.

[PLEBERIO, ALISA]

ALI. —¿Qué es esto, señor Pleberio? ¿Por qué son tus fuertes alaridos? Sin seso estaba, adormida del pesar que hube cuando oí decir que sentía dolor nuestra hija; agora, oyendo tus gemidos, tus voces tan altas, tus quejas no acostumbradas, tu llanto y congoja de tanto sentimiento, en tal manera penetraron mis entrañas, en tal manera traspasaron mi corazón, así avivaron mis turbados sentidos, que el ya recibido pesar lancé de mí. Un dolor sacó otro, un sentimiento otro. Dime la causa de tus quejas. ¿Por qué maldices tu honrada vejez? ¿Por qué pides la muerte? ¿Por qué arrancas tus blancos cabellos? ¿Por qué hieres tu honrada cara? ¿Es algún mal de Melibea? Por Dios, que me lo digas, porque si ella pena, no quiero yo vivir.

PLEB. —¡Ay, ay, noble mujer! Nuestro gozo en el pozo.[2] Nuestro bien todo es perdido. ¡No queramos más vivir! Y porque el incogitado[3] dolor te dé más pena, todo junto sin pensarlo, porque más presto vayas al sepulcro, porque no llore yo solo la pérdida dolorida de entrambos, ves allí a la que tú pariste y yo engendré, hecha pedazos. La causa supe de ella; más la he sabido por extenso de esta su triste sirvienta.

¡Ayudadme a llorar nuestra llagada postrimería,[4] ¡oh gentes que venís a mi dolor! ¡Oh amigos y señores, ayudadme a sentir mi pena! ¡Oh mi hija y mi bien todo! Crueldad sería que viva yo sobre ti;[5] más dignos eran mis sesenta años de la sepultura que tus veinte. Turbóse la orden del morir con la tristeza que te aquejaba. ¡Oh mis canas, salidas para haber pesar! Mejor gozara de vosotras la tierra que de aquellos rubios cabellos que presentes veo. Fuertes[6] días me sobran para vivir; quejarme he de la muerte; acusarle he su dilación cuanto tiempo me dejare solo, después de ti. Fálteme la vida, pues me faltó tu agradable compañía. ¡Oh mujer mía! Levántate de sobre ella y, si alguna vida te queda, gástala conmigo en tristes gemidos, en quebrantamiento[7] y suspirar. Y si por caso tu espíritu reposa con el suyo, si ya has dejado esta vida de dolor, ¿por qué quisiste que lo pase yo todo? En esto tenéis ventaja las hembras a los varones, que puede un gran dolor sacaros del mundo sin lo sentir o a lo menos perdéis el sentido, que es parte de descanso. ¡Oh duro corazón de padre! ¿Cómo no te quiebras de dolor, que ya quedas sin tu amada heredera? ¿Para quién edifiqué torres? ¿Para quién adquirí honras? ¿Para quién planté árboles? ¿Para quién fabriqué navíos? ¡Oh tierra dura! ¿Cómo me sostienes? ¿Adónde hallará abrigo mi desconsolada vejez? ¡Oh fortuna variable, ministra y mayordoma de los temporales bienes!, ¿por qué no ejecutaste tu cruel ira, tus mudables ondas, en aquello que a ti es sujeto? ¿Por qué no destruiste mi

---

[1] lamento por los difuntos
[2] refrán para expresar la pérdida de un esperado bien (como si se cayera en un pozo)
[3] impensado (latinismo)

[4] vejez
[5] te sobreviva yo
[6] penosos
[7] dolor

patrimonio? ¿Por qué no quemaste mi morada? ¿Por qué no asolaste mis grandes heredamientos? Dejárasme aquella florida planta, en quien tú poder no tenías; diérasme, fortuna fluctuosa,[8] triste la mocedad con vejez alegre, no pervertieras el orden. Mejor sufriera persecuciones de tus engaños en la recia y robusta edad, que no en la flaca postrimería.

¡Oh vida de congojas llena, de miserias acompañada! ¡Oh mundo, mundo! Muchos mucho de ti dijeron, muchos en tus cualidades metieron la mano, diversas cosas por oídas de ti contaron; yo por triste experiencia lo contaré, como a quien las ventas y compras de tu engañosa feria no prósperamente sucedieron, como aquel que mucho ha hasta agora callado tus falsas propiedades, por no encender con odio tu ira, porque no me secases sin tiempo esta flor que este día echaste de tu poder. Pues agora sin temor, como quien no tiene qué perder, como aquel a quien tu compañía es ya enojosa, como caminante pobre, que sin temor de los crueles salteadores[9] va cantando en alta voz. Yo pensaba en mi más tierna edad que eras y eran tus hechos regidos por algún orden; agora, visto el pro y la contra de tus bienandanzas, me pareces un laberinto de errores, un desierto espantable, una morada de fieras, juego de hombres que andan en corro, laguna llena de cieno, región llena de espinas, monte alto, campo pedregoso, prado lleno de serpientes, huerto florido y sin fruto, fuente de cuidados, río de lágrimas, mar de miserias, trabajo sin provecho, dulce ponzoña, vana esperanza, falsa alegría, verdadero dolor. Cébasnos,[10] mundo falso, con el manjar de tus deleites y al mejor sabor nos descubres el anzuelo: no lo podemos huir, que nos tiene ya cazadas las voluntades. Prometes mucho, nada cumples; échasnos de ti, porque no te podamos pedir que mantengas tus vanos prometimientos. Corremos por los prados de tus viciosos[11] vicios, muy descuidados, a rienda suelta; descúbresnos la celada[12] cuando ya no hay lugar de volver. Muchos te dejaron con temor de tu arrebatado dejar: bienaventurados se llamarán, cuando vean el galardón que a este triste viejo has dado en pago de tan largo servicio. Quiébrasnos el ojo y úntasnos con consuelos el casco.[13] Haces mal a todos, porque ningún triste se halle solo en ninguna adversidad, diciendo que es alivio a los míseros como yo tener compañeros en la pena. Pues desconsolado viejo, ¡qué solo estoy! [. . .][14]

¡Oh amor, amor! Que no pensé que tenías fuerza ni poder de matar a tus sujetos! Herida fue de ti mi juventud, por medio de tus brasas pasé. ¿Cómo me soltaste, para me dar la paga de la huida en mi vejez? Bien pensé que de tus lazos me había librado cuando los cuarenta años toqué, cuando fui contento con mi conyugal compañera, cuando me vi con el fruto que me cortaste el día de hoy. No pensé que tomabas en los hijos la venganza de los padres. Ni sé si hieres con hierro ni si quemas con fuego. Sana dejas la ropa, lastimas el corazón. Haces que feo amen y hermoso les parezca. ¿Quién te dio tanto poder? ¿Quién te puso nombre que no te conviene? Si amor fueses, amarías a tus sirvientes. Si los amases, no les darías pena. Si alegres viviesen, no se matarían, como agora mi amada hija. ¿En qué pararon tus sirvientes y sus ministros? La falsa alcahueta Celestina murió a manos de los más fieles compañeros que ella para su servicio emponzoñado jamás halló. Ellos murieron degollados; Calisto, despeñado. Mi triste hija quiso tomar la misma muerte por seguirle. Esto todo causas. Dulce nombre te dieron; amargos hechos haces. No das iguales galardones. Inicua es la ley

---

[8] fluctuante, inestable (latinismo)
[9] bandidos
[10] aliméntanos
[11] sabrosos

[12] emboscada
[13] cabeza (proverbial)
[14] [*Siguen citas históricas de muertes semejantes.*]

que a todos igual no es. Alegra tu sonido, entristece tu trato. Bienaventurados los que no conociste o de los que no te curaste. Dios te llamaron otros, no sé con qué error de su sentido traídos. Mira que Dios mata los que crió; tú matas los que te siguen. Enemigo de toda razón, a los que menos te sirven das mayores dones hasta tenerlos metidos en tu congojosa danza. Enemigo de amigos, amigo de enemigos, ¿por qué te riges sin orden ni concierto? Ciego te pintan, pobre y mozo. Pónente un arco en la mano, con que tiras a tiento;[15] más ciegos son tus ministros, que jamás sienten ni ven el desabrido galardón que se saca de tu servicio. Tu fuego es de ardiente rayo, que jamás hace señal do llega. La leña que gasta tu llama son almas y vidas de humanas criaturas, las cuales son tantas, que de quien comenzar pueda, apenas me ocurre. No sólo de cristianos, mas de gentiles y judíos, y todo en pago de buenos servicios. ¿Qué me dirás de aquel Macías[16]

de nuestro tiempo, cómo acabó amando, cuyo triste fin tú fuiste la causa? ¿Qué hizo por ti Paris?[17] ¿Qué Elena? ¿Qué hizo Hipermestra? ¿Qué Egisto? Todo el mundo lo sabe. Pues a Safo, Ariadna, Leandro, ¿qué pago les diste? Hasta David y Salomón no quisiste dejar sin pena. Por tu amistad Sansón pagó lo que mereció, por creerse de quien tú le forzaste a darle fe. Otros muchos que callo, porque tengo harto que contar en mi mal.

Del mundo me quejo, porque en sí me crió, porque no me dando vida, no engendrara en él a Melibea; no nacida, no amara; no amando, cesara mi quejosa y desconsolada postrimería. ¡Oh mi compañera buena y mi hija despedazada! ¿Por qué no quisiste que estorbase tu muerte? ¿Por qué no hubiste lástima de tu querida y amada madre? ¿Por qué te mostraste tan cruel con tu viejo padre? ¿Por qué me dejaste penado? ¿Por qué me dejaste triste y solo *in hac lachrymarum valle*?[18]

---

[15] sin ver
[16] «Macías el Enamorado», trovador gallego del siglo XV, muerto por el amor de una dama y prototipo literario del amante desgraciado

[17] Como los demás personajes citados, representa a las trágicas víctimas del amor.
[18] en este valle de lágrimas (latín)

SIGLO XVI

Juan del Encina

(1468-1529)

Con la era renacentista que se abre en España al finalizar el siglo XV, empieza a cultivarse el teatro como arte literario y aparecen los primeros autores dramáticos de nombre conocido. Frente al teatro medieval, anónimo y dedicado solamente a las representaciones religiosas o las farsas plebeyas, el nuevo teatro trata de mostrar más a fondo la personalidad humana y los resortes que la mueven: sentimientos, pasiones e idiosincrasias de carácter. Su modelo principal son las recién descubiertas obras latinas, que le ofrecen una alta calidad literaria y facilitan su progreso técnico y artístico.

Entre estos primeros cultivadores del drama moderno se destaca la figura de Juan del Encina como «patriarca del teatro español», en torno al cual se forma la primera escuela dramática del país. Nacido probablemente en Salamanca o en el cercano pueblo de Encina, por cuyo nombre cambió el suyo de Fermoselle, estudió en la Universidad salmantina, donde entró en contacto con el nuevo humanismo y fue discípulo y gran amigo del famoso gramático Nebrija. Muy pronto se distinguió como músico y poeta, entrando en calidad de tal al servicio de los duques de Alba, en cuyo castillo de Alba de Tormes se representaron sus primeras obras, tanto religiosas como pastoriles (1492–1498). Hombre ambicioso y emprendedor, marcha a Roma hacia 1500, donde es nombrado cantor de la capilla pontificia y goza de la protección papal, como tantos otros artistas y escritores de entonces. Consigue además, con su influencia y prestigio, diversos beneficios eclesiásticos en España. La mayor parte de los veinte años siguientes los pasó en Roma, absorbiendo el seductor ambiente pagano de la Italia renacentista, aunque sin perder el fondo religioso tan arraigado en su alma española. Como resultado de una crisis espiritual, se hizo sacerdote a los 50 años y, tras una peregrinación a Jerusalén (relatada en verso en la *Trivagia*), regresa a su patria, donde muere en 1529 (o principios de 1530).

Casi toda la obra de Encina fue compuesta antes de cumplir éste los treinta años, o sea, antes de ir a Roma, y forma el contenido principal de su *Cancionero* (1496): poesías cortesanas de asunto amoroso o burlesco, poemas religiosos y alegóricos, poesías líricas de tipo popular (villancicos, canciones y romances), muchas con música; así como obras dramáticas. Sus primeras piezas teatrales tienen todavía un carácter medieval, con asuntos religiosos en que lo pastoril se emplea con fines didácticos y edificantes, como las *Églogas de Navidad;* o bien son farsas profanas de carácter cómico, como las de *Antruejo* (Carnaval). Su técnica es también medieval, como sucesión de escenas estáticas, sin verdadera acción dramática; pero los personajes son ya seres vivos y no figuras simbólicas o convencionales. Sus pastores están tomados del campo salmantino, hablan el dialecto «sayagués» (que quedará como lenguaje rústico del teatro español) y comentan sucesos de actualidad. Todo ello contribuye al efecto realista y ameno con que se presenta la vida del pueblo, mientras que el talento musical de Encina le lleva a incorporar a la trama canciones y bailes populares, iniciando una tradición típica del arte escénico español.

En su segunda época, con la experiencia italiana, su teatro se hace más secular y moderno. Compone los tres dramas principales en forma de églogas amoroso-pastoriles inspiradas en Virgilio y los poetas italianos. Los pastores son ahora amantes idealizados que sufren la tiranía de un amor todopoderoso, aunque su caracterización no carece de verismo psicológico. La novedad principal de estas églogas es la actitud plenamente renacentista de exaltación de la pasión amorosa y de entrega al goce vital, con la aceptación del suicidio como escape ante el dolor de esta vida. Así, en la *Égloga de tres pastores*, primera tragedia del teatro español, el amante desdichado se suicida al no poder tolerar la indiferencia de su amada ni encontrar mejor remedio en los dos pastores a quienes consulta. En la *Égloga de Cristino y Febea*, el amor mundano prevalece sobre el divino, haciendo que un ermitaño renuncie a la vida ascética, por incitación de Cupido, para gozar del amor de Febea y de la vida pastoril.

En la *Égloga de Plácida y Vitoriano* (hacia 1513), el amor llega a triunfar de la misma muerte, al ser resucitada por el dios Mercurio la fiel amante que se había suicidado por desesperación amorosa. Es la última y mejor obra de Juan del Encina, en la que los elementos renacentistas están más desarrollados. Pero en contraste con ellos, la versificación es la tradicional castellana, con la métrica menor de los *cancioneros* del siglo XV; en este caso, las *coplas de pie quebrado*, estrofas uniformes de versos octosílabos con uno de cuatro, y rima consonante (esquema ABAABcCB).

NOTA: Se han omitido del texto sólo algunas escenas episódicas que no afectan al desarrollo del drama.

TEXTO: *Églogas de Juan del Encina*, I. *Texto* (ed. H. López Morales), New York, 1963.

ÉGLOGA DE PLÁCIDA Y VITORIANO

(hacia 1513)

ARGUMENTO

Égloga trovada por Juan del Encina, en la cual se introducen dos enamorados, llamada ella Plácida y él Vitoriano. Los cuales, amándose igualmente de verdaderos amores, habiendo entre sí cierta discordia, como suele acontecer, Vitoriano se va y deja a su amiga Plácida, jurando de nunca más la ver. Plácida, creyendo que Vitoriano así lo haría y no quebrantaría sus juramentos, ella como desesperada se va por los montes con determinación de dar fin a su vida penosa. Vitoriano, queriendo poner en obra su propósito, tanto se le hace grave, que no hallando medio para ello acuerda de buscar con quién aconsejarse; y entre otros amigos suyos escoge a Suplicio, el cual, después de ser informado de todo el caso, le aconseja que procure de olvidar a Plácida, para lo cual le da por medio que tome otros nuevos amores, dándole muchas razones de ejemplos por donde le atrae a recibir y probar su parecer. El cual así tomando, Vitoriano finge pendencia[1] de nuevos amores con una señora llamada Flugencia, la cual asimismo le responde fingidamente. Vitoriano, descontento de tal manera de negociación, creciéndole cada hora el deseo de Plácida y acrecentándosele el cuidado de verse desacordado della,[2] determina de volver a buscalla,[3] y no la hallando, informado de ciertos pastores de su penoso camino y lastimeras palabras que iba diciendo, él y Suplicio se dan a buscalla, y a cabo de largo espacio de tiempo la van a hallar a par[4] de una fuente muerta de una cruel herida por su misma mano dada con un puñal que Vitoriano por olvido dejó en su poder al tiempo que della se partió. Partiendo tan desesperado y lastimado de tan gran desastre, con el mismo puñal procuró de darse la muerte; lo cual no pudiendo hacer por el estorbo de Suplicio, su amigo, entrambos acuerdan de enterrar el cuerpo de Plácida. Y porque para ello no tienen el aparejo necesario, Suplicio va a buscar algunos pastores para que les ayuden y dejando solo a Vitoriano, el enamorado de la muerta, con ella solo, tomándole la fe de no hacer ningún desconcierto con su persona, Vitoriano, viéndose solo, después de haber rezado una vigilia[5] sobre el cuerpo de esta señora Plácida, determina de matarse, quebrantando la fe por él dada a su amigo Suplicio. Y estando ya a punto de meterse un cuchillo por los pechos, Venus le apareció y le detiene, que no desespere, reprendiéndole su propósito y mostrándole su locura, como todo lo pasado haya sido permisión suya y de su hijo Cupido para experimentar su fe. La cual le promete de resucitar a Plácida; y poniéndolo luego en efecto, invoca a Mercurio que venga del cielo, el cual la resucita y la vuelve a esta vida como de antes era. Por donde los amores entre estos dos amantes quedan reintegrados y confirmados por muy verdaderos.

[*Sale un pastor que relata el argumento de la comedia en verso.*]

[PLÁCIDA, *en su casa*]

PLÁCIDA. Lastimado corazón,
   mancilla[6] tengo de ti.
   ¡Oh gran mal, cruel presión!
   No tendría compasión
   Vitoriano de mí
   si se va.
   Triste, ¿de mí qué será?
   ¡Ay, que por mi mal le vi!

      No lo tuve yo por mal,
   ni lo tengo, si quisiese
   no ser tan esquivo y tal.
   Esta mi llaga mortal
   sanaría si le viese.
   ¿Ver o qué?
   Pues que no me tuvo fe,
   más valdría que se fuese.

---

[1] cuestión (pendiente de decisión)
[2] de ella
[3] buscarla, con asimilación de la «r» del infinitivo a la «l» siguiente, como en otros verbos del texto
[4] al lado
[5] oración por los muertos
[6] lástima

¡Que se vaya! Yo estoy loca,
que digo tal herejía.
¡Lástima que tanto toca!
¿Cómo salió de mi boca?
¡Oh, qué loca fantasía,
fuera, fuera!
Nunca Dios tal cosa quiera,
que en su vida está la mía.

   Mi vida, mi cuerpo y alma
en su poder se trasportan,
toda me tiene en su palma;
en mi mal jamás hay calma
y las fuerzas se me acortan,
y se alargan
penas que en mí tanto tardan
que con muerte se confortan.

   Confórtase con morir
la que pena como yo,
mas sólo por le servir
querría, triste, vivir.
¡Oh traidor! ¿Si se partió?
No lo creo.
Mas sí creo, que mi deseo
tarde o nunca se cumplió.

   Cúmplase lo que Dios quiera;
venga ya la muerte mía,
si le place que yo muera.
¡Oh, quién le viera y oyera
los juramentos que hacía
por me haber![7]
¡Oh, maldita la mujer
que en juras de hombre confía! [...][8]

   Hora[9] yo quiero tomar
algún modo de olvidallo.
Bien será determinar
de poblado me apartar;
mas no podrá soportallo.
Sí podré
pensando en su poca fe.
Yo determino tentallo.

   Quiero sin duda ninguna
procurar de aborrecello;[10]
mas niña, desde la cuna
creo que Dios o Fortuna

me predestinó en querello.
¡Qué lindeza!
¡Qué saber y qué firmeza,
qué gentil hombre y qué bello!

   No le puedo querer mal,
aunque a mí peor me trate.
No veo ninguno tal,
ni a sus gracias nadie igual,
por más que entre mil lo cate.[11]
Mas con todo
vivir quiero de este modo,
por más que siempre me mate.

   Por las ásperas montañas
y los bosques más sombríos,
mostrar quiero mis entrañas
a las fieras alimañas
y a las fuentes y a los ríos,
que aunque crudos,
aunque sin razón y mudos,
sentirán los males míos.

   ¡Sin remedio son mis males!
Sólo Dios curarlos puede,
porque son tantos y tales,
que de crudos y mortales
no hay remedio que les quede,
ni ventura,
sino sólo sepultura
que en partir se me concede.

   Partirme quiero sin duda;
haga mi vida mudanza;
que dicen que quien se muda
a las veces Dios le ayuda.
Mas ya no espero bonanza;
mi tormenta
cada día se acrecienta;
va perdida mi esperanza.

   Yo me voy. Quedaos a Dios,
palacios de mi consuelo;
de aquel amor de los dos
dad testimonio entre nos,
no tengáis ningún recelo.
¡Los clamores
de mis penas y dolores
suenen tierra, mar y cielo!

---

[7] tenerme
[8] [*Siguen 8 estrofas más del soliloquio lamentándose ella de su infortunio amoroso.*]
[9] ahora

[10] aborrecerle, como más adelante *querello* por *quererle* (Se usan *le* y *lo* indistintamente como objeto directo de persona.)
[11] mire

[PLÁCIDA *se va. Sale* VITORIANO, *en la calle, de noche.*]

VITORIANO. ¡Oh desdichado de mí!
 ¿Qué es de ti, Vitoriano?
 Corazón, ¿estás aquí?
 Yo me acuerdo que te vi
 preso, libre, enfermo y sano.
 Mas agora[12]
 cautivo de tal señora,
 ¿cómo saldrás de su mano?
  Nunca espero libertarme
 de tan dichosa prisión
 ni de aquesta fe apartarme;
 es ya imposible mudarme,
 que allá queda el corazón.
 Mi deseo
 crece cuando no la veo
 y acrecienta mi pasión.
  Pues es forzado dejalla,
 corazón, mira qué haces.
 Sin dejar la fe de amalla,
 enciendes mayor batalla
 en lugar de poner paces.
 Sí, no puedes;
 porque según son las redes,
 necesario es que te enlaces.[13][. . .][14]

  ¡Oh Plácida, mi señora,
 que no sientes tal cual ando
 buscando remedio agora,
 y mi mal siempre empeora!
 ¿Tú durmiendo y yo velando?
 No lo creo.
 Paréceme que te veo,
 ¿o mi fe te está soñando?
  Hora yo me determino
 a Suplicio ir a llamar
 y éste es el mejor camino.
 Siempre me fue buen vecino;
 dél[15] me quiero aconsejar
 que es discreto,
 amigo leal, secreto,
 que él me puede consolar.

  Tan desatinado voy,
 que no sé su casa ya.
 ¡Santo Dios! ¿Adónde estoy?
 ¿Yo Vitoriano soy?
 Mi sentido, ¿dónde está?
 ¿Si es aquí?
 Allí debe ser, allí.
 Mas ¿quién le despertará?
  A voces lo acordaré.[16]
 ¿Estás acá, di, Suplicio?
 ¡Suplicio!

[VITORIANO, SUPLICIO]

SUPLICIO. ¿Qué quieres, qué?
VITORIANO. Párate[17] aquí, por tu fe.
SUPLICIO. Pláceme por tu servicio.
 ¿Qué me quieres?
 Vitoriano, ¿tú eres?
VITORIANO. Hablar contigo codicio.
  Quiero de mi gran cuidado
 darte cuenta muy entera.
SUPLICIO. Muchas veces te he rogado
 y pedido y suplicado
 que de noche no andes fuera.
 Ten reposo,
 y en tiempo tan peligroso
 no salgas desta[18] manera.
VITORIANO. ¿Tú piensas que es en mi mano
 reposar solo un momento?
SUPLICIO. ¿Por qué no, Vitoriano?
VITORIANO. Sábete que no es liviano,
 mas muy grave mi tormento.
SUPLICIO. ¿Y por quién?
VITORIANO. Suplicio, yo sé muy bien
 que estás en mi pensamiento.
SUPLICIO. Plácida, según te place,
 ella cierto debe ser
 la que tanto mal te hace.
VITORIANO. Ningún medio satisface
 que me aparte de querer.
SUPLICIO. Yo pensaba
 que tu fe ya la olvidaba.

---

[12] ahora
[13] caigas en los lazos o redes del amor
[14] [*Siguen tres estrofas en que Vitoriano nombra a varios amigos que podría consultar, decidiéndose por Suplicio.*]

[15] de él
[16] despertaré
[17] levántate
[18] de esta

VITORIANO. Eso no es en mi poder.
　　　　Verdad es que lo quisiera,
　　　　por haberlo prometido,
　　　　si remedio alguno hubiera.
SUPLICIO. Pues yo te daré manera
　　　　para ponella en olvido.
VITORIANO. Dime cómo.
　　　　Siempre tu consejo tomo,
　　　　y aun por eso a ti he venido.
SUPLICIO. Un león muy fuerte y bravo
　　　　por maña y arte se aplaca,
　　　　y consiente ser esclavo;
　　　　un muy atorado[19] clavo
　　　　con otro clavo se saca;
　　　　con pasión,
　　　　la muy recia complexión
　　　　tiempo viene que se aflaca.[20]
　　　　Y lo que tiñe la mora
　　　　ya madura y con color,
　　　　la verde lo descolora;
　　　　y el amor de una señora
　　　　se quita con nuevo amor.
　　　　Si queremos
　　　　mil ejemplos hallaremos,
　　　　como tú sabes mejor. [. . .][21]

VITORIANO. Aunque más los amadores
　　　　que son y serán y fueron
　　　　hayan cabo sus dolores,
　　　　los míos son muy mayores
　　　　que cuantos ellos sufrieron.
　　　　Ni su fe
　　　　cual la mía nunca fue
　　　　ni tal amiga tuvieron.
　　　　Contra razón creo yo
　　　　que es imposible soltarse
　　　　la fe que una vez prendió,
　　　　y el que tal consejo dio
　　　　no supo bien emplearse.
SUPLICIO. Prueba, prueba;
　　　　que place la cosa nueva,
　　　　y a veces es bien mudarse.
VITORIANO. Suplicio, porque no digas
　　　　que desprecio tu consejo,
　　　　tú dispone en mis fatigas;

porque en las cosas de amigas
ya tú eres perro viejo.
SUPLICIO. Sigue agora
　　　　amores de otra señora,
　　　　pues tienes buen aparejo.[22]
VITORIANO. Dime tú, ¿quién te parece
　　　　que debo seguir amando?
SUPLICIO. A Flugencia, que florece
　　　　y más que todas merece,
　　　　la tu Plácida dejando,
　　　　que es la flor
　　　　y una sola en gran primor.
VITORIANO. ¡Ay, que en ella estoy pensando!
SUPLICIO. Donoso camino es ése
　　　　para habella de olvidar.
VITORIANO. ¡Oh Suplicio, quién pudiese!
SUPLICIO. ¿No decías que te diese
　　　　medio para te apartar?
VITORIANO. Sí decía,
　　　　y muy mucho me cumplía
　　　　si a otra pudiese amar.
　　　　Mas hay tanta diferencia
　　　　como del sol a la luna
　　　　entre Plácida y Flugencia,
　　　　aunque es de gran excelencia
　　　　Flugencia, más que ninguna.
SUPLICIO. Tu querer
　　　　fuérzalo que vaya a ver
　　　　de amores nueva fortuna.
VITORIANO. Forzar, Suplicio, me quiero
　　　　a seguir nuevos amores
　　　　aunque por Plácida muero;
　　　　en tu discreción espero
　　　　que remedies mis dolores. [. . .][23]

[VITORIANO, FLUGENCIA]

VITORIANO. ¡Ay, ay, ay, Flugencia mía!
　　　　¡Mi señora y mi deseo,
　　　　Dios os dé tanta alegría,
　　　　tanta buena noche y día
　　　　cuanta para mí deseo!
FLUGENCIA. ¡Qué placer!
　　　　No tenemos más que hacer.
　　　　¿Creído tenéis que os creo?

---

[19] apretado
[20] enflaquece
[21] [*Sigue una lista de amantes que cambiaron de amada en la mitología griega.*]

[22] oportunidad
[23] [*Sigue el diálogo, mientras los dos van a casa de Flugencia.*]

VITORIANO. Señora, ¿por qué cerráis?
¡Ah señora!

FLUGENCIA. ¡Qué nobleza!
Caballero, ¿qué mandáis
o qué es lo que aquí buscáis?

VITORIANO. Escuchad, por gentileza.

FLUGENCIA. ¿Quién sois vos?
Descortés venís, por Dios.

VITORIANO. Siervo de vuestra belleza.

FLUGENCIA. ¿Siervo mío?

VITORIANO. Sí por cierto.
De vuestra merced cautivo,
penado, vencido y muerto,
el morir traigo encubierto
en esta vida que vivo.

FLUGENCIA. ¿Qué queréis?

VITORIANO. ¿Tan presto desconocéis
con vuestro querer esquivo?

FLUGENCIA. ¡Oh señor Vitoriano!

VITORIANO. Todos van, señora, así
tratados de vuestra mano.

FLUGENCIA. A vos tengo por hermano,
siempre os quise más que a mí;
mas los otros
así como a bravos potros
los suelen domar aquí.

VITORIANO. Brava oveja sois, señora.

FLUGENCIA. ¿Motejáisme mi razón?
¿Quién os trajo aquí a tal hora?

VITORIANO. La beldad que me enamora
de vuestra gran perfección.

FLUGENCIA. ¡Bueno es eso!
Aun yo soy de carne y hueso;
allá a las que piedras son.
Espejo tengo muy claro
que me dice la verdad
cuando a remirar me paro.
A muchos cuesta muy caro
creerse de liviandad.

VITORIANO. Bien sabéis
que cautivo me tenéis
preso de vuestra beldad.

FLUGENCIA. Vos, señor, tenéis amores
con quien yo ni nadie iguala;
los mayores, los mejores,
los de más altos primores,
de más hermosura y gala.
Podéis ver
¿cómo puedo yo creer
vuestro mal de vida mala?

VITORIANO. Eso fue paso,[24] solía,
tiempos fueron que pasaron;
ya Flugencia, vida mía,
los placeres que tenía
en pesares se tornaron.
Mas agora
amores de vos, señora,
son los que me cautivaron.

FLUGENCIA. Bueno, bueno, ¡por mi vida!
¿a burlar venís aquí?

VITORIANO. Señora, sois tan querida
de mi firme fe crecida,
que el burlar sería de mí
por perderme,
porque no queréis creerme.

FLUGENCIA. ¡Pluguiese a Dios fuese así!

VITORIANO. Así nos junte a los dos.
¡Vuestra crueldad me espanta!
Juramento hago a Dios
y pleito homenaje[25] a vos
y voto a la casa santa,[26]
que es mi fe
tal con vos cual nunca fue,
ni con nadie tuve tanta.
Por eso suplícoos yo
que por vuestro me tengáis,
pues vuestro amor me prendió.

FLUGENCIA. Y a mí el vuestro me venció.

VITORIANO. Pues por merced que me abráis.

FLUGENCIA. ¡Dios me guarde
de abrir a nadie tan tarde!
Antes os ruego que os vais.

VITORIANO. ¿Y cuándo mandáis que venga
para ser del todo vuestro?

FLUGENCIA. Cuando tiempo y lugar tenga.
No temáis que no mantenga
esta voluntad que os muestro.

VITORIANO. Por serviros
ya no quiero más deciros,
pues un querer es el nuestro.

---

[24] pasado
[25] acto de acatamiento al señor feudal
[26] la casa de Dios, por antonomasia la de Jerusalén, donde está el santo sepulcro de Cristo

FLUGENCIA. Hora, pues, vamos de aquí;
    dadme licencia, señor,
    que no sé quién viene allí.
VITORIANO. Mas dádmela vos a mí,
    que vos sois mi dios de amor.
FLUGENCIA. Quiérome ir.
VITORIANO. ¿Quién podrá sin vos vivir,
    viendo en vos tanto primor?
FLUGENCIA. Démonos, señor, licencia;
    quitad, señor, y poned,
    toda es vuestra la potencia.
VITORIANO. ¡Oh mi señora Flugencia,
    cuánto estorba una pared!
FLUGENCIA. No más hora.
VITORIANO. Con vuestra merced, señora.
FLUGENCIA. Señor, con vuestra merced. [. . .][27]

[VITORIANO, SUPLICIO]

VITORIANO. ¿Piensas hora tú, Suplicio,
    que todo está remediado?
    Verdad es que tu servicio
    me fuera gran beneficio
    no siendo tal mi cuidado;
    mas mis males
    han cobrado fuerzas tales,
    que son de fuerza y de grado.
SUPLICIO. Pues Flugencia ¿qué te dice?
VITORIANO. Por Dios que es mujer de pro.
    Yo de muy penado[28] hice,
    y muy bien la satisfice,
    y ella bien me respondió.
    Mas no creas
    que jamás salir tú veas
    la fe que una vez entró.
SUPLICIO. Sábete, Vitoriano,
    que es Flugencia bien hermosa.
VITORIANO. Suplicio, daca[29] la mano;
    la fe te doy como a hermano,
    que a mí no me agrada cosa.[30]
    Y bien sé

qué lo hace, que mi fe
sin Plácida no reposa.
    En mirar sus perfecciones
se despiden mis enojos,
he por buenas mis pasiones.
¡Oh, qué rostro y qué facciones,
qué garganta, boca y ojos!
    Y ¡qué pechos
tan perfectos, tan bien hechos,
que me ponen mil antojos!
    ¡Oh, qué glorioso mirar,
qué lindeza en el reír,
qué gentil aire en andar,
qué discreta en el hablar,
y cuán prima[31] en el vestir!
    ¡Cuán humana,
cuán generosa y cuán llana!
No hay quien lo pueda decir.
    Dentro en mí contemplo en ella;
siempre con ella me sueño;
no puedo partirme della.
Si en placer está muy bella,
tan hermosa está con ceño.
¡Qué franqueza!
Para según su grandeza
todo el mundo es muy pequeño.
SUPLICIO. Desde agora me despido
    de te dar consejo más.
    Estás della tan vencido,
    que jamás pondrás olvido
    ni otra nunca bien querrás.
VITORIANO. Eso tenlo por muy cierto,
    que mil veces seré muerto
    sin morir la fe jamás.
SUPLICIO. Que bien sabes Vitoriano,
    que yo estoy a tu mandar.
VITORIANO. Bien lo sé, Suplicio hermano;
    tú me tienes en tu mano,
    que no te puedo faltar.
    Pues ¿qué quieres?
SUPLICIO. Haz lo que por bien tuvieres,
    que no te quiero estorbar. [. . .][32]

---

[27] [*Flugencia charla con la vieja Eritea de partos y otros tratos amorosos en que ésta, como «celestina», ha intervenido. Es una escena apicarada donde Flugencia se revela como mujer liviana, interesada sólo en el dinero de Vitoriano.*]
[28] enamorado
[29] da acá, dame
[30] nada
[31] excelente
[32] [*Vitoriano decide ir en busca de Plácida, y Suplicio se queda lamentando el estado de su amigo.*]

VITORIANO. ¡Oh Suplicio, muerto soy!
　　　　No hay remedio ya en mi vida,
　　　　¡del todo perdido voy!
　　　　En muy gran tormento estoy,
　　　　que es mi Plácida partida.
　　　　¡No sé dónde
　　　　mi desdicha me la esconde!
SUPLICIO. ¿No te dicen dónde es ida?
VITORIANO. No hay quien lo sepa decir,
　　　　mas de[33] un pastor solamente
　　　　que la vio llorando ir
　　　　y de poblado huir,
　　　　por alejarse de gente,
　　　　con tristura[34]
　　　　maldiciendo su ventura
　　　　y aun el dios de Amor potente.
SUPLICIO. ¿No te dijo otra cosa
　　　　de sus nuevas el pastor?
VITORIANO. Dijo que iba tan hermosa
　　　　que le pareciera[35] diosa,
　　　　según su gran resplandor
　　　　soberano,
　　　　y diciendo: «Vitoriano,
　　　　¿por qué trocaste el amor?
　　　　　　¿Por qué trocaste la fe,
　　　　el querer y la afición?
　　　　¡Oh Vitoriano! ¿Por qué
　　　　a la que tan tuya fue
　　　　le diste tal galardón?
　　　　Siendo tal,
　　　　sin poderte querer mal,
　　　　¿consientes mi perdición?»
　　　　　　Mas si bien ella supiera
　　　　el amor que le tenía,
　　　　bien creo que no se fuera
　　　　ni tales cosas dijera
　　　　dejando mi compañía.
　　　　¡Ay de mí,
　　　　que tanta gloria perdí
　　　　que morir más me valiera!
SUPLICIO. ¿Qué determinas agora?
　　　　Dime lo que te parece.
VITORIANO. De morir por tal señora,
　　　　pues que mi mal empeora

y con mucha razón crece,
y en montañas
padecer penas extrañas,
pues ella por mí padece.
　　Y allí vida quiero hacer
que peor sea que muerte,
muy ajena de placer,
por mejor satisfacer
a mi desastrada[36] suerte.
SUPLICIO. No sé cuál
　　　　es el que da mal por mal.
VITORIANO. Yo, que siento mal tan fuerte.
　　　　Soy contento de morir
　　　　por los yermos despoblados,
　　　　pues que no supe seguir,
　　　　amar, querer y servir
　　　　amores tan acabados.
　　　　Desde aquí
　　　　castigo[37] tomen en mí
　　　　todos los enamorados.
　　　　　　El que buen amor tuviere,
　　　　por la vida, ¡no lo deje!
　　　　porque si volver quisiere
　　　　y cobrar no le pudiere,
　　　　de sí mismo no se queje
　　　　como yo;
　　　　que tal bien mi fe perdió,
　　　　que es razón de mí se aleje.
　　　　　　Suplicio, mi buen amigo,
　　　　hora vete ya a dormir.
SUPLICIO. Sábete que he de ir contigo.
VITORIANO. Yo te juro que conmigo
　　　　persona no tiene de ir.
SUPLICIO. ¿Dónde vas?
VITORIANO. Do nunca más me verás.
SUPLICIO. De ti no me he de partir.
　　　　　　Por eso ve do quisieres,
　　　　que no tengo de dejarte.
　　　　Yo tengo de ir do tú fueres,
　　　　y del mal que tú sufrieres
　　　　yo quiero también mi parte.
　　　　Y anda allá
　　　　al pastor, que él nos dirá
　　　　todo el caso muy sin arte.

---

[33] que
[34] tristeza
[35] uso frecuente como pretérito de indicativo

[36] infeliz
[37] escarmiento, lección

VITORIANO. Mas llámalo acá, Suplicio,
    que dentro allí lo verás
    con su ganado a su vicio,[38]
    y por hacerme servicio
    que tú le preguntes más.
SUPLICIO. ¿Quieres?
VITORIANO. Sí.
SUPLICIO. Pastorcillo, llega aquí,
    que luego te volverás.

[DICHOS, PASCUAL]

PASCUAL. Mía fe, ¿cuidás que ha?[39]
    Sé que no sois vos mi amo.
    Por Dios, venid vos acá,
    que no puedo ir yo allá.
SUPLICIO. Ven, que por tu bien te llamo.
PASCUAL. ¿Por mi bien?
SUPLICIO. Sí, pastor, por eso. Ven.
    Corre, corre como gamo.
PASCUAL. Ya no puedo aballar[40]
    que en la lucha del domingo
    que salimos a luchar,
    hubiera de reventar
    de un baque[41] que me dio Mingo
    allá en villa,
    que me armó la zancadilla.[42]
    Ya no salto ni respingo.
    Tal dolor tengo y pasión,[43]
    que ya no juego al cayado,
    ni a la chueca, ni al mojón,
    ni aun a cobra compañón,[44]
    ni corro tras el ganado;
    que no puedo
    sino estar aquí a pie quedo
    jugando al puto del dado.[45]
SUPLICIO. Vente así como pudieres.
    Si mucho jugar codicias,
    yo te jugaré, si quieres
    y unas nuevas me dijeres,
    darte he yo buenas albricias.[46]
PASCUAL. Soy contento,
    sin más me parar momento,

aunque sabes mil malicias.
    ¿Qué nuevas quieres saber?
    que yo diré si las sé.
SUPLICIO. Una muy gentil mujer,
    de muy lindo parecer,
    si sabes por dónde fue.
PASCUAL. Por aquí
    vino, y nunca más la vi,
    días ha, por buena fe.
    Iba con ansias tamañas[47]
    y con pena tan esquiva,
    por tan ásperas montañas
    y por sierras tan extrañas,[48]
    que es imposible ser viva.
    Y aunque sea,
    que jamás hombre la vea,
    según yo la vi cuál iba.
    Porque fui presente yo,
    quiero daros estas cuentas.
    Y aun allí se desmayó,
    que cuasi muerta cayó
    traspasada de tormentas.
SUPLICIO. ¡Ay cuitado,
    triste de mí, desdichado!
    Mira, pastor, que no mientas.

[Sálese VITORIANO]

PASCUAL. ¡Lóbado[49] malo me acuda
    si la verdad yo no os digo!
    En eso no pongáis duda;
    mi lengua se torna muda
    pensando en su desabrigo.
SUPLICIO. ¡Oh qué nuevas
    de tan lastimosas pruebas!
PASCUAL. Cierto, yo soy buen testigo.
    Y nombraba sus amores
    con afición muy extraña,
    suspirando con dolores,
    recontando sus primores
    de franqueza, fuerza y maña
    y osadía. [. . .][50]

---

[38] gusto, placer
[39] Por mi fe, ¿qué es lo que hay? (lenguaje rústico)
[40] avanzar, ir
[41] golpe
[42] me hizo caer al suelo (con un golpe del pie en las piernas)
[43] sufrimiento
[44] diversos juegos pastoriles

[45] al maldito dado
[46] recompensa
[47] tan grandes
[48] inhóspitas
[49] tumor (del ganado)
[50] [Sigue un diálogo episódico entre Pascual y otro pastor, que juegan a los dados y ofrecen contraste cómico.]

[PLÁCIDA, *en la montaña*]

PLÁCIDA. Soledad penosa, triste,
más que aprovechas me dañas;
mal remedio en ti consiste
para quien de mí se viste;[51]
y se abrasan las entrañas
con tal fuego,
que con su mismo sosiego,
con sus fuerzas muy extrañas,
muy extraño pensamiento
a mi flaqueza combate,
sin tener defendimiento.
Para salir de tormento
cumple, triste, que me mate
sin tardanza.
Ya está seca mi esperanza;
no sé qué remedio cate.
Remedio para mi llaga
no lo siento ni lo espero.
¡Cuitada! No sé qué haga.
Mil veces la muerte traga
quien muere como yo muero.
Ven ya, muerte,
acaba mi mala suerte
con un fin muy lastimero.
Lastimada de tal modo,
es de fuerza que de grado
rompa la llaga del todo;
póngase el cuerpo del lodo,
pues tal fin del alma ha dado.
¡Oh Cupido!
que la recibas te pido
entre cuantas has robado.
No soy yo menos que Iseo,[52]
ni la fe ni causa mía;
mas más fe y más causa veo
para dar fin al deseo
como hice a la alegría.
Corazón,
esfuerza con la pasión,
fenezca ya tu porfía.

¡Oh Vitoriano mío!
No mío, mas que[53] lo fuiste;
este suspiro te envío,
aunque de tu fe confío
que el oído no le preste.
Huelga ya,
que Plácida morirá
siendo tú de amor la peste.
A sabiendas olvidaste,
¡oh traidor! este puñal.
Cierto muy bien lo miraste,
y aparejo me dejaste
para dar fin a mi mal.
¡Oh cruel!
Recibe la paga dél[54]
y este despojo final.
No fue más cruel Nerón
que tú eres, y esto creas;
yo Filis, tú Demofón;[55]
yo Medea, tú Jasón;[56]
yo Dido, tú otro Eneas.[57]
En él, tigre,
aunque causas que peligre,
nunca en tanto mal te veas.
Sus,[58] brazo de mi flaqueza,
dad conmigo en el profundo
sin temor y sin pereza;
memoria de fortaleza
dejarás en este mundo.
Cuerpo tierno,
aunque vayas al infierno
tendrás pena; más no dudo.
Por menos embarazarme
en los miembros impedidos,
para más presto matarme,
muy bien será desnudarme
y quitarme los vestidos
que me estorban.
Ya los miembros se me encorvan
y se turban mis sentidos.

---

[51] quien va vestida con mi propio cuerpo
[52] Isolda o Iseult, la amada de Tristán en la leyenda medieval
[53] aunque
[54] [del puñal]
[55] guerrero homérico cuya prolongada ausencia hizo suicidarse a su prometida Filis (hija del rey de Tracia) creyéndose olvidada y siendo metamorfoseada en árbol

[56] Jasón, jefe de los Argonautas, abandonó a Medea para casarse con una joven princesa, y Medea se vengó matando a ésta y a los dos hijos habidos de Jasón.
[57] Dido, supuesta fundadora de Cartago, se quemó viva al verse abandonada por Eneas (según Virgilio, *Eneida*).
[58] exclamación exhortativa

No te turbes ni embaraces;
recobra, Plácida, fuerzas;
cumple[59] que te despedaces
y con la muerte te abraces;
deste[60] camino no tuerzas.
Mano blanca,
sé muy liberal y franca
en herir, que ya te esfuerzas.
　　¡Oh Cupido, dios de amor!
Recibe mis sacrificios,
mis primicias de dolor,
pues me diste tal señor
que despreció mis servicios.
Ve, mi alma,
donde amor me da por palma
la muerte por beneficios.

[*Muere* PLÁCIDA; *entran* VITORIANO *y* SUPLICIO]

VITORIANO. Suplicio, no sé manera
　　cómo podamos hallar
　　aquella luz verdadera
　　que me causa que yo muera
　　por no la poder mirar.
SUPLICIO. Acabemos.
　　Por este valle busquemos,
　　que nos queda de buscar.
VITORIANO. Aunque yo triste me seco,
　　　　eco[61]
　　retumba por mar y tierra.
　　　　Yerra;
　　que a todo, el mundo o fortuna,
　　　　una
　　es la causa sola dello.[62]
　　　　Ello
　　sonara siempre jamás.
　　　　Mas
　　adonde quiera que voy,
　　　　hoy,
　　hallo mi dolor delante.
　　　　Ante[63]
　　va con la queja cruel
　　　　él,

dando a la amorosa fragua
　　agua.
Soy de lágrimas de amar
　　mar,
y daría por más lloro
　　oro;
que el llorar me satisface,
　　hace
desenconar mi postema.
　　¡Tema[64]
tengo ya con el consuelo!
　　Suelo
buscar de doblar cuidado;[65]
　　dado
soy del todo a los enojos.
　　¡Ojos,
debéis ya con los suspiros
　　iros
a buscar la soledad!
　　Dad
a mí la guía vosotros.
　　Otros
no querrán a tal vivir
　　ir.
¿Quién es el que tal desea?
　　Ea,
amadores, ¿hay alguno?
　　Uno
es el más que me destruye.
　　Huye
la esperanza y el remedio [. . .][66]

　　¡Oh, si ya pluguiese a Dios
　　dar descanso a mi fatiga!
SUPLICIO. ¡Él haya merced de nos
　　y nos dé gracia a los dos
　　que topemos con tu amiga!
VITORIANO. ¿Por dó quieres?
SUPLICIO. Por doquiera que tú fueres,
　　cierto estás que yo te siga.
VITORIANO. Allí, cabe[67] aquella fuente,
　　parece estar no sé qué.
SUPLICIO. Puede ser que sea gente.

---

[59] conviene
[60] de este
[61] composición métrica llamada «eco», aquí apropiada al lugar
[62] de ello
[63] delante
[64] trabajo
[65] sentimiento fúnebre (como el *doblar* a muerto)
[66] [*Continúa el lamento de Vitoriano en la misma forma.*]
[67] junto a

VITORIANO. Vamos allá prestamente,
    no paremos, por tu fe.
SUPLICIO. ¡Por mi vida,
    parece mujer dormida!
    Si es aquélla no lo sé.
        Si por ventura es aquélla,
    gran dicha será la nucstra.
VITORIANO. Mas ¡triste de mí si es ella!
    Porque me parece vella
    como muerta, según muestra.
SUPLICIO. ¡Ella es, cierto!
VITORIANO. ¡Desdichado, yo soy muerto,
    si buena suerte no adiestra!
        ¡Oh, maldita mi ventura!
    Cierto es ella, ¡muerta está!
    ¡Hoy entró en la sepultura
    lo menos de mi tristura![68]
    Para más mal, basta ya.
    Mi dolor
    ya no puede ser mayor.
    ¡Ay, que el alma se me va!
SUPLICIO. ¡Torna en ti, Vitoriano!
    No te desmayes así
    como muy flaco y liviano.
VITORIANO. ¡Mi fe! Ya, Suplicio hermano,
    no hagas cuenta de mí.
SUPLICIO. ¿Qué es aquesto?
    ¿Así te mueres tan presto?
    ¡Oh desdichado de ti!
        En mal hora y en mal punto
    uno del otro os vencistes,
    ella muerta y tú difunto.
    Un sepulcro os haré junto,
    pues ambos juntos moristes.
    ¡Vivo está!
    Puede ser que tornará,
    que laten sus pulsos tristes.
        Desta agua le quiero echar,
    por ver si tornará en sí.
    ¡Maldito sea el amar,
    que tanto mal y pesar
    trae continuo tras sí!
    Ah, mi hermano,
    ah, gentil Vitoriano,
    ¿no me conoces a mí?
VITORIANO. ¡Ay, Suplicio! Mira bien

si de todo punto es muerta.
SUPLICIO. Por muerta cierto la ten;
    mas mira quién es muy bien,
    no te desmayes, despierta
    y levanta.
VITORIANO. Pues mi desventura es tanta,
    ten mi muerte por muy cierta.
        Veamos cómo murió,
    cuál fue su llaga mortal.
SUPLICIO. Ella misma se mató;
    por el corazón se dio.
    Hincado tiene un puñal.
VITORIANO. ¡Oh cruel,
    que mi puñal es aquél!
    ¡Yo di causa a tanto mal!
        Yo le dejé por olvido,
    burlando un día entre nos.
    Mira cómo lo ha tenido
    muy guardado y escondido
    para dar fin a los dos.
    Muestra acá,
    ¡deja, deja!
SUPLICIO. ¡Ta, ta, ta![69]
VITORIANO. Déjame matar, por Dios.
SUPLICIO. Sosiega tu corazón.
    Tu prudencia ¿ya es perdida?
    Da lugar a la razón,
    que estás agora con pasión.
VITORIANO. ¡Y estaré toda mi vida!
    ¿Vida o qué?
    Yo cierto me mataré,
    aunque tu fe me lo impida.
SUPLICIO. ¿Tú quieres perder el alma
    con el cuerpo? ¿Tú estás loco?
    ¿Quieres de loco haber palma?
    Deja estar tu fama en calma,
    no la tengas en tan poco.
VITORIANO. ¡Oh mi Dios!
    ¡Oh, muerte, mata a los dos!
    ¡Ven ya, muerte, que te invoco!
SUPLICIO. Procuremos de enterrar
    aquesta que tanto amaste
    en algún noble lugar.
    Deja agora de llorar,
    lo llorado agora baste.
    ¿Qué atormentas

---

[68] a causa de mi tristura, por lo menos voy a la sepultura

[69] (sonido denegatorio producido al chascar la lengua contra los dientes)

el alma que da las cuentas
de culpas que tú causaste?

VITORIANO. Pues anda, Suplicio amigo,
busca modo, por tu fe.

SUPLICIO. Anda, vente acá conmigo.
Sin que alguno esté contigo
yo dejarte no osaré.

VITORIANO. No hayas miedo;
la fe te doy de estar quedo.
Sobre mi palabra ve.

SUPLICIO. ¿Das la fe de caballero
de estar quedo y sosegado,
con seso y reposo entero
hasta venir yo primero?

VITORIANO. Yo te doy
aquesta fe de quien soy
de me estar aquí asentado.

SUPLICIO. Yo me voy, Vitoriano,
a buscar ciertos pastores;
por eso, toca[70] la mano
de buen amigo y hermano.
Que refrenes tus dolores
entre tanto,
y no des lugar al llanto;
mas reza por tus amores. [. . .][71]

[SUPLICIO, *los pastores* GIL *y* PASCUAL]

SUPLICIO. ¡Oh pastores,
duélanvos nuestros dolores,
nuestra perdición y daño.

GIL. ¿Qué daño, qué perdición,
qué dolores son los vuestros?

SUPLICIO. Son tan sin comparación
que ningunos otros son
semejables de los nuestros.
La fortuna
no guía vida ninguna
que no lleve mil siniestros.

PASCUAL. ¿Qué es ello? ¿Qué es ello, qué?
Decídnoslo, gentil hombre.

SUPLICIO. Un caso que nunca fue:[72]
matóse por mucha fe

una que Plácida ha nombre,
muy hermosa;
de muerte tan dolorosa
no siento quien no se asombre.

GIL. ¿Ella misma se mató?

SUPLICIO. Ella misma por su mano.

PASCUAL. Cata, cata en qué paró
la que por aquí pasó
diciendo: ¡mi Vitoriano!

GIL. ¡Oh cuitada!

PASCUAL. ¡Triste de ella, desdichada!
¡Pésame por Dios, hermano!
Pues ¿qué queréis hora vos?

SUPLICIO. Hermanos, quiero os rogar
que vais conmigo los dos,
por amor de un solo Dios,
a ayudármela a enterrar;
que está solo
mi compañero.

GIL. Y ¿adólo?[73]

SUPLICIO. Allá queda, a la guardar.

PASCUAL. ¡Oh, cuerpo de san Llorente
cuán gentil era y tan bella!
¿Qué te parece qué gente?

GIL. ¿Dónde está?

SUPLICIO. Cabe la fuente,
y sentado allí cabe ella.
Si le veis,
yo juro que dél habréis
mayor mancilla que della.
Vamos, no tardemos nada.

GIL. Durmamos primero un poco,
que hemos hecho gran velada.

PASCUAL. Iremos la madrugada,
yo de sueño ya debroco.[74]

SUPLICIO. Desdichado
Vitoriano cuitado,
que en peligro queda y loco.

GIL. Echémonos hora un rato
en medio de esta arboleda,
dormiremos sobre el hato.

SUPLICIO. Con tan triste desbarato[75]
yo no sé quién dormir pueda.

---

[70] dame
[71] [*Oración fúnebre de Vitoriano al dios Cupido por la enamorada muerta, seguida de un diálogo de pastores cuya ayuda busca Suplicio.*]
[72] como nunca existió
[73] ¿adónde?
[74] me caigo
[75] desconcierto

PASCUAL. ¡Mía fe, nos!
　　　Velad si quisiereis vos,
　　　mas tened la lengua queda.
SUPLICIO. Dormid, que yo probaré
　　　también si podré dormir,
　　　y si no, yo callaré
　　　velando, y vos llamaré
　　　cuando será tiempo de ir.
GIL. Así sea,
　　　cúmplase lo que desea.
SUPLICIO. Vuestro deseo cumplid.

[*Sale* VITORIANO]

VITORIANO. Heme aquí, Plácida, vengo
　　　para contigo enterrarme,
　　　mi vivir es ya muy luengo;
　　　hora, sus, cuchillo tengo
　　　con que pueda bien matarme
　　　sin tardanza;
　　　muera ya sin esperanza,
　　　sin más ni más consejarme.

　　　Quiero dar fin al cuidado,
　　　rómpase mi corazón
　　　sin confesar su pecado;
　　　que quien va desesperado
　　　no ha menester confesión.
　　　Pues Cupido
　　　siempre me pone en olvido,
　　　a Venus hago oración:

Oración de VITORIANO *a* VENUS

　　　«Oh Venus, dea[76] graciosa,
　　　a ti quiero y a ti llamo;
　　　toma mi alma penosa,
　　　pues eres muy piadosa.
　　　A ti sola agora llamo;
　　　que tu hijo
　　　tiene conmigo litigio,
　　　nunca escucha mi reclamo.

　　　A ti, mi bien verdadero,
　　　mis sacrificios se den,
　　　como te los dio primero
　　　tu siervo Leandro y Hero,
　　　Tisbe y Píramo también.[77]

　　　Tú, señora,
　　　recibe mi alma agora.»

[*Sale* VENUS]

VENUS. ¡Ten queda la mano, ten!
　　　Vitoriano, ¿qué es esto?
　　　¿Así te quieres matar?
　　　¿Así desesperas? Presto
　　　torna la color al gesto,
　　　no quieras desesperar,
　　　que esto todo
　　　ha sido manera y modo
　　　de tu fe experimentar.

　　　Si Cupido te olvidó,
　　　aquí me tienes a mí.
　　　No te desesperes, no;
　　　Plácida no se mató
　　　sino por matar a ti,
　　　y no es muerta;
　　　yo te la daré despierta
　　　antes que vamos de aquí.

　　　Confía en mi poderío,
　　　y jamás no te acontezca
　　　apartarte de ser mío;
　　　da libertad y albedrío
　　　a quien es de amor cabeza;
　　　no contrastes
　　　do con tus fuerzas no bastes
　　　y tu soberbia fenezca.
VITORIANO. ¿Dó me vino tanto bien,
　　　que tú, mi bien y señora,
　　　sin soberbia, sin desdén,
　　　sin mirar quién soy ni quién,[78]
　　　a mi clamor vengas ahora?
VENUS. Tú ten fe,
　　　que del modo que antes fue
　　　te la daré viva agora.
VITORIANO. ¡Oh mi señora y mi dea,
　　　remedio de mi consuelo!
　　　Si te place que te crea,
　　　haz de manera que vea
　　　Mercurio venir del cielo,
　　　pues su oficio
　　　es conceder beneficio,
　　　de dar vida en este suelo.

---

[76] diosa (latinismo)
[77] amantes mitológicos que murieron en forma
trágica por culpa de su amor
[78] lo que soy ni quién soy

VENUS.   Sosiégate, Vitoriano,
cumple oír, ver y callar;
que de reino soberano
vendrá Mercurio, mi hermano,
prestamente, sin tardar.
Calla y mira
que el que a Apolo dio la lira[79]
la vendrá a resucitar.

INVOCACIÓN

Ven, Mercurio, hermano mío,
ruégote que acá desciendas
y muestres tu poderío.
En aqueste cuerpo frío
cumple que el ánima enciendas
y la influyas;
pues mis cosas son tan tuyas,
conviene que las defiendas.
Tus potencias no son pocas,
Mercurio, si bien discierno.
Das elocuencia en las bocas,
y las ánimas revocas
y las sacas del infierno
con tu verga.[80]
Haz que se levante y yerga
este cuerpo lindo y tierno.

[*Sale* MERCURIO]

MERCURIO. Venus, por amor de ti
yo soy contento y pagado.[81]
Vete, hermana, tú de aquí,
y déjame el cuerpo a mí,
que este oficio a mí me es dado.
VENUS.   Yo me voy
y aqueste cargo te doy.
MERCURIO. Yo cumpliré tu mandado.
Cuerpo de elemento escuro,[82]
por mi poder soberano
te requiero y te conjuro
que de aqueste suelo duro
te levantes vivo y sano.

Alma triste,
que mis hechos ya bien viste,
torna a tu cuerpo mundano.
Torna, torna, no hayas miedo
de volver en este mundo,
que con el poder que puedo
te haré vivir muy ledo,[83]
muy alegre y muy jocundo.
No te tardes,
que el amor por quien tú ardes
no tiene par ni segundo.
Según la vida pasada,
y muerte, que todo es uno,
tú serás bien consolada.
Despierta, no tardes nada;
ya no habrás vivir fortuno[84]
ni tempero;[85]
que recuerdes te requiero;
por mi madre dea Juno.[86]
Los que vieren levantarse
un cuerpo sin corazón,
y sin corazón mudarse,
no deben maravillarse
de aquesta resurrección.
Sus, levanta,
no tengas pereza tanta,
que yo vuelvo a mi región.
VITORIANO. ¡Oh Plácida, mi señora!
¿Es posible que estás viva?
¿Estás viva, matadora
de este siervo que te adora?
¡Ya sin merced se cautiva,
oh, mi alma!
¡Hoy ganas triunfo y palma
de una gloria muy altiva!
¿Es sueño aquesto que veo?
Aún no creo que es verdad
que te veo y no lo creo.
¡Gozase tanto el deseo
cuánto penó mi maldad!
PLÁCIDA. ¡Oh, mi amor,
pues que se secó el dolor,
florezca nuestra beldad!

---

[79] Según una versión mitológica, Apolo, dios de la música y la poesía, recibió la lira de Mercurio; según otra, fue invención suya.
[80] vara
[81] satisfecho
[82] oscuro
[83] contento
[84] desafortunado
[85] destemplado
[86] reina del Olimpo y protectora del sexo femenino

Desque[87] del mundo partí
y al infierno me llevaron,
¡oh, cuántas cosas que vi!
Mas de tal agua bebí
que todas se me olvidaron.[88]
No me queda
cosa que acordarme pueda,
sino a ti que allá nombraron.
     Y aun diéronme tales nuevas,
que muy presto allá serías.
VITORIANO. De eso no hay que dudar debas,
que aún aquí traigo las pruebas.
PLÁCIDA. ¿También matarte querías?
VITORIANO. Sí, por Dios.
PLÁCIDA. Dios nos dé vida a los dos
de placeres y alegrías.
     Muchas gracias y loores
al dios Mercurio se den
y a Venus, que los amores
de estos dos sus servidores
resucitaron también;
y a Cupido,
aunque me puso en olvido
y dio de mí gran desdén.
VITORIANO. ¡Oh, váleme Dios del cielo,
en cuánto estrecho[89] me vi!
Suplicio, lleno de duelo,
fue a buscar muy sin consuelo
adónde enterrarte a ti.
Yo me espanto[90]
cómo se ha tardado tanto.
Vístete, vamos de aquí.

[SUPLICIO, *los pastores*]

SUPLICIO. ¡Sus, pastores, que es ya tarde!
Vamos ya, por vuestra vida,
porque el corazón se me arde;
no cumple que más se aguarde,
pues que el alba ya es venida.
GIL. Vamos.
PASCUAL. Vamos.
SUPLICIO. Ea, no nos detengamos,

vamos presto y de corrida.
GIL. Pues no debes prisa tanta
que os hayáis de tornar solo.
PASCUAL. Sus, levanta, Gil, levanta,
que aquesta nueva me espanta.
GIL. Y aun a mí, ¡juro a san Polo!
Demos prisa,
antes que diga misa
el nuestro crego[91] Bartolo.
     Traigamos el cuerpo luego
a la ermita de San Pablo.
SUPLICIO. Aguijemos,[92] yo os lo ruego.
GIL. Y aun haremos con el crego
que la entierre par del lauro[93]
que allí está.
SUPLICIO. Y mi mano le pondrá
un lindo título de auro.[94]
     Mas en el mismo laurel
se pondrá con un cuchillo.
PASCUAL. Pues vamos pensando en él.
GIL. Y el caso fue tan cruel,
que es gran dolor escribillo
y aun pensallo;
pero no puedo acaballo.
PASCUAL. Yo, soncas,[95] me maravillo.
SUPLICIO. Porque su fama no muera,
déjame, yo labraré
un título dentro y fuera
que diga desta manera:
«Yo, Plácida, me maté
con mi mano,
por dar a Vitoriano
los despojos de la fe.»[96]
GIL. Muy bien dice, juro a nos,
esta crónica; a mi ver,
letrado debéis de ser.
Mas cata, allí vienen dos,
un hombre y una mujer.
PASCUAL. ¿Quién[97] serán?
GIL. Semejan Benita y Juan.
PASCUAL. ¡Ellos, soncas, deben ser!
SUPLICIO. Antes me parece a mí
que es Vitoriano aquél...

[87] desde que
[88] referencia clasicista al río Lete, causante del olvido en el más allá
[89] apuro, agonía
[90] asombro
[91] clérigo (término rústico)
[92] apresuremos
[93] a la par (lado) del laurel
[94] inscripción de oro (latinismo)
[95] (exclamación rústica)
[96] el amor, y el cuerpo que, como los despojos de un combate, quedará tras la muerte
[97] quiénes (era frecuente este uso del singular)

¡Es él, cierto!; ¡cierto, sí!
Y aun Plácida viene allí
viva y sana, y aun con él.

GIL. ¿Es posible?

SUPLICIO. ¡Oh milagro tan terrible!

PASCUAL. ¡Dios me guarde della y dél!
　　　　Debe ser cualquier fantasma,
o vos nos habéis burlado.
Cata, cata,
una mujer que se mata
¿puede a vida haber tornado? [. . .]⁹⁸

[*Salen* VITORIANO *y* PLÁCIDA]

VITORIANO. Ven a mí, Suplicio, ven;
plégate⁹⁹ de mi ventura,
de mi tesoro y mi bien,
que tengo ya viva a quien
es gozo de mi tristura;
que Mercurio
vino con tan buen augurio
que excusó la sepultura.

SUPLICIO. ¿Cómo, cómo, cómo fue?
Dímelo, Vitoriano.

VITORIANO. El misterio no lo sé;
mas sé que por mi gran fe
yo soy libre, vivo y sano
con mi amiga;
no sé cómo te lo diga,
Suplicio, mi buen hermano.

SUPLICIO. ¿Quién te la resucitó?

VITORIANO. Mercurio del cielo vino
y Venus se lo rogó,

y a la vida la tornó
como clemente y benino.¹

SUPLICIO. ¡Oh, qué gloria,
qué triunfo y qué victoria!
¡Quién fuera de vello dino!²

PASCUAL. Juro a nos que es gran placer
agasajar estos garzones³
que de tanto padecer
se pudieron guarecer.⁴

SUPLICIO. Sus, a ello, compañones.

PASCUAL. Compañero,
¿queréis que os traiga un gaitero
que nos haga fuertes⁵ sones?

GIL. Corre, ve a traello, Pascual.
No te pares, ve saltando,
aguija presto, zagal,
no te vayas paseando.
Y si estuviese cenando
y de recuesto,⁶
dale priesa y tráelo presto,
que quedamos ya cantando.

FIN

El gaitero, soncas, viene,
sus, a la danza priado;⁷
salte quien buenos pies tiene;
y aun vos, Plácida, conviene
que saltéis por gasajado⁸
sin tardanza.

VITORIANO. ¡Todos entremos en danza!

PLÁCIDA. ¡Soy contenta y muy de grado!
　　　　　　　　　　　　[. . .]⁹

---

⁹⁸ [*Faltan los tres versos siguientes de la estrofa.*]
⁹⁹ alégrate
¹ benigno
² digno de verlo
³ jóvenes
⁴ librar

⁵ buenos
⁶ descanso
⁷ de prisa
⁸ agasajo, celebración
⁹ [*Siguen los cantos y el baile con que acaba la representación.*]

Amadís de Gaula

(1508)

Una de las novelas más populares y difundidas en toda Europa durante el siglo XVI es el *Amadís de Gaula*, modelo inspirador y la mejor del género caballeresco. Su importancia histórica está en haber revivido el espíritu de la épica medieval, cuando ésta era ya un anacronismo, adaptándolo en forma novelesca a la imaginación y al gusto de la sociedad renacentista con una serie de aventuras fantásticas, heroicidades inverosímiles e idealizaciones sentimentales. Es una glorificación del individuo como superhombre capaz de las más extraordinarias hazañas, al modo épico, pero también capaz de los más refinados sentimientos, conforme al ideal cortesano del Renacimiento.

El *Amadís* que conocemos es una refundición hecha a fines del siglo XV por Garci Rodríguez de Montalvo, regidor municipal de Medina del Campo (Valladolid), y publicada póstumamente en 1508. Montalvo refundió los tres libros o partes existentes del *Amadís* y compuso el *Libro IV*, de mano propia, así como una continuación sobre el hijo de Amadís, *Las sergas de Esplandián* (1510), que inicia la larga progenie de libros de caballería derivados de *Amadís de Gaula*. Todavía no se ha podido descubrir quién creó la obra original, ni en qué lengua o sitio se compuso, pero a mediados del siglo XIV ya se menciona en España una versión de dos libros, a los que se añadió el tercero antes de 1379. Se discute si fue escrita en España, Portugal o Francia. Una de las teorías más plausibles es que se compuso en la corte de Alfonso XI de Castilla (1312–1350), rey que estimuló el espíritu caballeresco, pero el autor quizá no fuese castellano, lo cual explicaría los elementos extranjeros de la obra. En efecto, el material novelesco proviene de los poemas épico-amorosos del *ciclo bretón* (compuestos en Francia en los siglos XII y XIII), acerca del rey Artur y los Caballeros de la Tabla Redonda, en cuyo reino de Bretaña se sitúa la Galia («Gaule» en francés), de donde Amadís toma su apellido. Tales ficciones caballerescas atrajeron más a los gallego-portugueses que a los castellanos, por su carácter sentimental y fantástico, y de aquéllos pudo irradiar la moda al resto de la Península. Es de notar, sin embargo, la mayor sobriedad del *Amadís* en el uso de la fantasía por comparación con los modelos franceses.

El tema de la novela es la conquista de la gloria, personificada en una mujer de belleza ideal, y el asunto central la vida y aventuras de Amadís, el «Doncel del Mar», quien tras interminable serie de combates con malos caballeros, gigantes y monstruos, logra unirse a su amada Oriana. Aunque su estilo artificioso y la acumulación de hazañas increíbles hacen monótona la obra y le restan mérito literario, su contribución al desarrollo de la novela es indudable por haber introducido la técnica del relato extenso, en prosa, con una multiplicidad de episodios en torno a un héroe y a un tema central.

La novela crea un mundo poéticamente idealizado y simbólico, donde el héroe y su amada representan las fuerzas del bien y las virtudes (incluida la virtud nada cristiana del culto amoroso a la mujer), frente a los adversarios vencidos que simbolizan los vicios y los pecados capitales (soberbia, tiranía, envidia, lujuria, etc.). Junto al elevado fin moral de contraponer así las virtudes y los vicios, esta novela de ambiente cortesano se proponía también mostrar el peligro de los malos consejeros para los reyes y los pueblos.

El estilo refleja el mismo ideal de perfección y belleza que inspira toda la obra. A pesar de su afectación, es un modelo del habla elegante propia de la vida cortesana, en la transición del estilo medieval al moderno, y mereció por ello elogios de literatos y lingüistas.

A título de muestra, dada la gran longitud de la obra, hemos seleccionado un capítulo de cada uno de los tres libros primitivos del *Amadís*, que ilustran facetas salientes del protagonista: su enamoramiento juvenil de Oriana e iniciación en la vida caballeresca, su retirada a la vida solitaria al verse privado del favor de su amada, y el rescate de Oriana, prometida a otro, tras heroica batalla naval.

TEXTO: *Amadís de Gaula* (ed. E. B. Place), 3 tomos. Madrid, 1959–1965.

LOS CUATRO LIBROS DEL VIRTUOSO
CABALLERO AMADÍS DE GAULA

SELECCIÓN

ARGUMENTO

[*El Libro I narra el nacimiento de Amadís, hijo natural del rey Perión de Gaula y la infanta Elisena de la pequeña Bretaña, a quien ésta arroja a un río en un arca y es hallado en el mar por un caballero escocés, Gandales. Por eso fue llamado «Doncel del Mar». La maga Urganda la Desconocida profetiza que será «flor de los caballeros», y cuando tiene sólo unos siete años, el rey Languines de Escocia, admirado del valor y gallardía del muchacho, se lo lleva a su corte, donde conoce a Oriana, hija del rey Lisuarte, y se enamora inmediatamente de ella. El joven Amadís es armado caballero y, acompañado de su escudero Gandalín (el hijo de Gandales), empieza sus aventuras poniendo en libertad a Perión, su padre, y derrotando al usurpador del trono. Es encantado por Arcalaus, pero con la ayuda de su hada protectora Urganda logra vencerle y libertar a Lisuarte y a Oriana, reuniéndose al final con sus hermanos Galaor y Florestán en la corte de Briolanja.*

El Libro II relata los encantamientos de la Ínsula Firme y el éxito de Amadís en la prueba del Arco de los Leales Amadores, que sólo podían pasar los amantes absolutamente fieles, siendo por ello proclamado señor de la isla. Pero Oriana cree que le había sido infiel y le escribe una carta

reprochándoselo. Amadís se siente anonadado y se retira a hacer vida de ermitaño en el islote de la Peña Pobre, con el nombre de Beltenebrós, hasta que otra carta de Oriana le saca de allí y los dos amantes se reúnen en el castillo de Miraflores.

El Libro III contiene las intrigas cortesanas de malos consejeros del rey Lisuarte y algunas aventuras fantásticas, como el singular combate de Amadís (bajo su nuevo nombre de Caballero de la Verde Espada) con el Endriago, fiera monstruosa que encarna el mal, en la Ínsula del Diablo. Nace Esplandián, el hijo de Amadís y Oriana, sin haberse legitimado la unión de éstos. El emperador de Roma solicita la mano de Oriana en matrimonio y, en ausencia de Amadís, el rey Lisuarte se la concede por consideraciones políticas. Amadís y los suyos derrotan a la flota de los romanos que llevaba a Oriana y la rescatan.

El Libro IV, añadido por Montalvo, presenta la legitimación del matrimonio de Amadís y Oriana en la Ínsula Firme, con cuyo motivo se reúnen casi todos los personajes de la novela y, entre otros muchos episodios bélicos, se inician las aventuras de Esplandián, al que Urganda profetiza un futuro tan heroico como el del padre.]

Libro I

CAPÍTULO IV

Cómo el rey Lisuarte navegó por la mar y aportó al reino de Escocia, donde con mucha honra fue recibido.

[. . .]¹ El autor deja reinando a Lisuarte con mucha paz y sosiego en la Gran Bretaña y torna al Doncel del Mar, que en esta sazón era de doce años y en su grandeza y miembros parecía bien de quince. Él servía ante la reina y así de ella como de todas las dueñas y doncellas era mucho amado. Mas desde que allí fue Oriana, la hija del rey Lisuarte, diole la reina al Doncel del Mar que la sirviese, diciendo: «Amiga, éste es un doncel que os servirá.»

Ella dijo que le placía. El doncel tuvo esta palabra en su corazón de tal guisa que después nunca de la memoria la apartó, que sin falta, así como esta historia lo dice, en días de su vida no fue enojado de la servir y en ella su corazón fue siempre otorgado, y este amor duró cuanto ellos duraron, que así como él la amaba, así amaba ella a él. En tal guisa que una hora nunca de amarse dejaron. Mas el Doncel del Mar, que no conocía ni sabía nada de cómo ella le amaba, teníase por muy osado en haber en ella puesto su pensamiento según la grandeza y hermosura suya, sin cuidar de ser osado a le decir una sola palabra. Y ella, que lo² amaba de corazón, guardábase de hablar con él más que con otro, porque ninguna cosa sospechasen, mas los ojos habían gran placer de mostrar al corazón la cosa del mundo que más amaban. Así vivían encubiertamente sin que de su hacienda ninguna cosa el uno al otro se dijesen.

Pues pasando el tiempo, como os digo,

entendió el Doncel del Mar en sí que ya podría tomar armas, si hubiese quien le hiciese caballero, y esto deseaba él, considerando que él sería tal y haría tales cosas por donde muriese, o viviendo su señora le preciaría, y con este deseo fue al rey que en una huerta estaba e hincados los hinojos le dijo: «Señor, si a vos pluguiese, tiempo sería de ser yo caballero.» El rey dijo: «¿Cómo, Doncel del Mar, ya os esforzáis para mantener caballería? Sabed que es ligero de haber y grave de mantener. Y quien este nombre de caballería ganar quisiere y mantenerlo en su honra, tantas y tan graves son las cosas que ha de hacer que muchas veces se le enoja el corazón, y si tal caballero es que por miedo o cobardía deja de hacer lo que conviene, más le valdría la muerte que en vergüenza vivir, y por ende³ tendría por bien que por algún tiempo os sufráis.»

El Doncel del Mar le dijo: «Ni por todo eso no dejaré yo de ser caballero, que si en mi pensamiento no tuviese de cumplir eso que habéis dicho no se esforzaría mi corazón para lo ser. Y pues a la vuestra merced soy criado, cumplid en esto conmigo lo que debéis, si no buscaré otro que lo haga.»

El rey, temiendo que así lo haría, dijo: «Doncel del Mar, yo sé cuándo os será menester que lo seáis y más a vuestra honra y prométoos que lo haré; y en tanto ataviarse han vuestras armas y aparejos. Pero ¿a quién cuidabais⁴ vos ir?» «Al rey Perión —dijo él— que me dicen que es buen caballero.» «Agora —dijo el rey—, estad, que cuando sazón fuere honradamente lo haréis.» Y luego mandó que le aparejasen las cosas a la orden de caballería necesarias e hizo saber a Gandales todo cuanto con su criado la aconteciera, de que Gandales fue muy alegre y envióle por una doncella la espada y el anillo y la carta envuelta en la cera⁵ como la hallara en el arca donde a él halló.

Y estando un día la hermosa Oriana con

---

¹ [Empieza el capítulo relatando la llegada del rey Lisuarte de Gran Bretaña a Escocia, acompañado de la reina y de su hija Oriana, de unos 10 años, a quien deja en la corte del rey Languines.]

² El uso de lo y le como objeto directo de persona es muy vacilante en el texto.

³ eso

⁴ pensabais

⁵ la carta recubierta de cera en que habían escrito el nombre del niño abandonado en el río, con las palabras «Éste es Amadís, Sin-Tiempo, hijo de rey» (Libro I, cap. 1)

otras dueñas y doncellas en el palacio holgando en tanto que la reina dormía, era allí con ellas el Doncel del Mar, que sólo mirar no osaba a su señora y decía entre sí: «¡Ay, Dios, por qué os plugo de poner tanta beldad en esta señora, y en mí tan gran cuita y dolor por causa de ella! En fuerte punto mis ojos la miraron, pues que perdiendo la su lumbre, con la muerte pagarán aquella gran locura en que al corazón han puesto.»

Y así estando, casi sin ningún sentido, entró un doncel y díjole: «Doncel del Mar, allí fuera está una doncella extraña que os trae donas[6] y os quiere ver.» Él quiso salir a ella, mas aquella que lo amaba, cuando lo oyó estremeciósele el corazón, de manera que si en ello alguno mirara, pudiera ver su gran alteración; mas tal cosa no la pensaban. Y ella dijo: «Doncel del Mar, quedad y entre la doncella y veremos las donas.» Él estuvo quedo y la doncella entró. Y ésta era la que enviaba Gandales, y dijo: «Señor Doncel del Mar, vuestro amo Gandales os saluda mucho, así como aquel que os ama, y envíaos esta espada y este anillo y esta cera, y ruégaos que traigáis esta espada en cuanto os durare, por su amor.» Él tomó las donas y puso el anillo y la cera en su regazo y comenzó a desenvolver de la espada un paño de lino que la cubría, maravillándose cómo no traía vaina, y en tanto Oriana tomó la cera que no creía que en ella otra cosa hubiere, y díjole: «Esto quiero yo de estas donas.» A él pluguiera más que tomara el anillo, que era uno de los hermosos del mundo. Y mirando la espada entró el rey, y dijo: «Doncel del Mar, ¿qué os parece de esa espada?» «Señor, paréceme muy hermosa, mas no sé por qué está sin vaina.» «Bien ha quince años —dijo el rey— que no la hubo»; y tomándole por la mano se apartó con él y díjole: «Vos queréis ser caballero y no sabéis si de derecho os conviene y quiero que sepáis vuestra hacienda como yo la sé.» Y contóle cómo fuera en la mar hallado con aquella espada y anillo en el arca metido, así como lo oísteis.

Dijo él: «Yo creo lo que me decís, porque aquella doncella me dijo que mi amo Gandales me enviaba esta espada y yo pensé que errara en su palabra en no me decir que mi padre era. Mas a mí no pesa de cuanto me decís, sino por no conocer mi linaje, ni ellos a mí; pero yo me tengo por hidalgo, que mi corazón a ello me esfuerza. Y agora, señor, me conviene más que antes caballería, y ser tal que gane honra y prez, como aquel que no sabe parte de donde viene, y como si todos los de mi linaje muertos fuesen, que por tales los cuento, pues que no me conocen ni yo a ellos.»

El rey creyó que sería hombre bueno y esforzado para todo bien, y estando en estas hablas vino un caballero que le dijo: «Señor, el rey Perión de Gaula es venido en vuestra casa.» «¿Cómo en mi casa?», dijo el rey. «En vuestro palacio está», dijo el caballero. Y fue allá muy aína, como aquel que sabía honrar a todos; y como se vieron saludáronse ambos, y Languines le dijo: «Señor, ¿aquí vinisteis a esta tierra tan sin sospecha?» «Vine a buscar amigos —dijo el rey Perión—, que los he menester agora más que nunca, que el rey Abies de Irlanda me guerrea y es con todo su poder en mi tierra, y acógese en la desierta y viene con él Daganel, su cohermano,[7] y ambos han tan gran gente ayuntado contra mí, que mucho me son menester parientes y amigos, así por haber en la guerra mucha gente de la mía perdido, como por me fallecer otros muchos en que me fiaba.»

Languines le dijo: «Hermano, mucho me pesa de vuestro mal, y yo os haré ayuda como mejor pudiera.» Agrajes era ya caballero e hincando los hinojos ante su padre, dijo: «Señor, yo os pido un don.» Y él, que lo amaba como a sí, dijo: «Hijo, demanda lo que quisieres.» «Demándoos, señor, que me otorguéis que yo vaya a defender a la reina mi tía.» «Yo lo otorgo —dijo él—, y te enviaré lo más honradamente y más apuesto que yo pudiere.» El rey Perión fue ende muy alegre. El Doncel del Mar, que ahí estaba, miraba mucho al rey Perión, no por padre, que no lo sabía, mas por la gran bondad de armas que de él oyera decir, y más deseaba ser caballero de su mano que de otro ninguno que en el mundo fuese. Y creyó que el ruego de la

---

[6] regalos

[7] medio hermano

reina valdría mucho para ello. Mas hallándola muy triste por la pérdida de su hermana, no le quiso hablar, y fuese donde su señora Oriana era, e hincados los hinojos ante ella, dijo: «Señora Oriana, ¿podría yo por vos saber la causa de la tristeza que la reina tiene?» Oriana, que así vio ante sí aquel que más que a sí amaba, sin que él ni otro alguno lo supiese, al corazón gran sobresalto le ocurrió y díjole: «¡Ay, Doncel de la Mar!, ésta es la primera cosa que me demandáis, y yo la haré de buena voluntad.» «¡Ay, señora! —dijo él—, que yo no soy tan osado ni digno de tal señora ninguna cosa pedir, sino hacer lo que por vos me fuere mandado.» «Y, ¿cómo —dijo ella— tan flaco es vuestro corazón que para rogar no basta?» «Tan flaco —dijo él—, que en todas las cosas contra[8] vos me debe fallecer, sino en vos servir como aquel que sin ser suyo es todo vuestro.» «Mío —dijo ella—, ¿desde cuándo?» «Desde cuando os plugo», dijo él. «Y, ¿cómo me plugo?», dijo Oriana. «Acuérdese, señora —dijo el Doncel—, que el día que de aquí vuestro padre partió me tomó la reina por la mano y poniéndome ante vos dijo: «Este doncel os doy que os sirva», y dijisteis que os placía. Desde entonces me tengo y me tendré por vuestro para os servir sin que otro ni yo mismo sobre mi señorío tenga en cuanto viva.» «Esa palabra —dijo ella— tomasteis vos con mejor entendimiento que a la fin que se dijo, mas bien me place que así sea.»

Él fue tan atónito del placer que ende hubo que no supo responder ninguna cosa; y ella vio que todo señorío tenía sobre él, y de él se partiendo se fue a la reina y supo que la causa de su tristeza era por la pérdida de su hermana, lo cual tornando al Doncel del Mar le manifestó. El Doncel le dijo: «Si a vos, señora, pluguiese que yo fuese caballero, sería en ayuda de esa hermana de la reina, otorgándome vos la ida.» «Y si yo no la otorgase —dijo ella— ¿no iríais allá?» «No —dijo él—, porque este mi vencido corazón, sin el favor de cuyo es, no podría ser sostenido en ninguna

afrenta, ni aun sin ella.» Ella se rió con buen semblante y díjole: «Pues que así os he ganado, otórgoos que seáis mi caballero y ayudéis aquella hermana de la reina.»

El Doncel le besó las manos y dijo: «Pues que el rey mi señor no me ha querido hacer caballero, más a mi voluntad lo podría agora ser de este rey Perión a vuestro ruego.» «Yo haré en ello lo que pudiere —dijo ella—, mas menester será de lo decir a la infanta Mabilia, que su ruego valdría mucho ante el rey su tío.» Entonces se fue a ella y díjole cómo el Doncel del Mar quería ser caballero por mano del rey Perión y que había menester para ello el ruego suyo y de ellas. Mabilia, que muy animosa era, y al Doncel del Mar amaba de sano amor, dijo: «Pues hagámoslo por él, que lo merece, y véngase a la capilla de mi madre, armado de todas armas y nos le haremos compañía con otras doncellas. Y queriendo el rey Perión cabalgar para se ir, que según he sabido será antes del alba, yo le enviaré a rogar que me vea y allí hará el nuestro ruego, que mucho es caballero de buenas maneras.» «Bien decís,» dijo Oriana. Y llamando entrambas al Doncel del Mar, le dijeron cómo lo tenían acordado. Él se lo tuvo en merced.

Así se partieron de aquella habla en que todos tres fueron acordados, y el Doncel llamó a Gandalín y díjole: «Hermano, lleva mis armas todas a la capilla de la reina encubiertamente, que pienso esta noche ser caballero, y porque en la hora me conviene de aquí partir, quiero saber si querrás irte conmigo.» «Señor —respondió—, yo os digo que a mi grado nunca de vos seré partido.» Al Doncel le vinieron las lágrimas a los ojos, y besóle en la faz y díjole: «Amigo, agora haz lo que te dije.»

Gandalín puso las armas en la capilla en tanto que la reina cenaba; y los manteles alzados, fuese el Doncel a la capilla y armóse de sus armas todas, salvo la cabeza y las manos, e hizo su oración ante el altar rogando a Dios que así en las armas como en aquellos mortales deseos que por su señora tenía lo diese victoria. Desque[9] la reina fue a dormir,

---

[8] respecto a

[9] cuando

Oriana y Mabilia con algunas doncellas se fueron a él por le acompañar. Y como Mabilia supo que el rey Perión quería cabalgar, envióle decir que la viese antes. Él vino luego y díjole Mabilia: «Señor, haced lo que os rogare Oriana, hija del rey Lisuarte.» El rey dijo que de grado lo haría, que el merecimiento de su padre a ello le obligaba. Oriana vino ante el rey, y como la vio tan hermosa, bien creía que en el mundo su igual no se podría hallar, y dijo: «Yo os quiero pedir un don.» «De grado —dijo el rey— lo haré.» «Pues hacedme ese mi doncel, caballero.» Y mostróselo, que de rodillas ante el altar estaba. El rey vio al Doncel tan hermoso que mucho fue maravillado y llegándose a él, dijo: «¿Queréis recibir orden de caballería?» «Quiero,» dijo él. «En nombre de Dios —respondió el rey—, y Él mande que tan bien empleada en vos sea y tan crecida en honra como Él os creció en hermosura»; y poniéndole la espuela diestra le dijo: «Agora sois caballero y la espada podéis tomar.» El rey la tomó y diósela, y el doncel la ciñó muy apuestamente; y el rey dijo: «Cierto, este acto de os armar caballero según vuestro gesto y apariencia, con mayor honra lo quisiera haber hecho; mas yo espero en Dios que vuestra fama será tal que dará testimonio de lo que con más honra se debía hacer.» Y Mabilia y Oriana quedaron muy alegres y besaron las manos al rey y encomendando el Doncel a Dios se fue su camino.

Aquéste fue el comienzo de los amores de ese caballero y de esta infanta, y si al que lo leyere estas palabras simples le parecieren, no se maraville de ello, porque no sólo a tan tierna edad como la suya, mas a otras que con gran discreción muchas cosas en este mundo pasaron, el grande y demasiado[10] amor tuvo tal fuerza, que el sentido y la lengua en semejantes autos[11] les fue turbado. Así que con mucha razón ellos en las decir y el autor en más pulidas palabras no las escribir, deben ser sin culpa, porque a cada cosa se debe dar lo que le conviene.

Siendo armado caballero el Doncel del Mar, como de suso[12] es dicho, y queriéndose despedir de Oriana, su señora, y de Mabilia y de las otras doncellas que con él en la capilla velaron, Oriana que le parecía partírsele el corazón, sin se lo dar a entender, le sacó aparte y le dijo: «Doncel del Mar, yo os tengo por tan bueno que no creo que seáis hijo de Gandales; si él[13] en ello sabéis, decídmelo.»

El Doncel le dijo de su hacienda aquello que del rey Languines supiera, y ella quedando muy alegre en lo saber lo encomendó a Dios. Y él halló a la puerta del palacio a Gandalín, que le tenía la lanza y escudo y el caballo, y cabalgando en él se fue su vía, sin que de ninguno visto fuese, por ser aún de noche, y anduvo tanto que entró por una floresta donde, el mediodía pasado, comió de lo que Gandalín le llevaba, y siendo ya tarde oyó a su diestra parte unas voces muy dolorosas, como de hombre que gran cuita sentía, y fue aína contra[14] allá, y en el camino halló un caballero muerto y pasando por él vio otro que estaba mal llagado[15] y estaba sobre él una mujer que le hacía dar las voces, metiéndole las manos por las llagas; y cuando el caballero vio al Doncel del Mar, dijo: «¡Ay, señor caballero! Socorredme y me dejéis así matar a esta alevosa.»

El Doncel le dijo: «Tiraos afuera,[16] dueña, que no os conviene lo que hacéis.» Ella se apartó y el caballero quedó amortecido, y el Doncel del Mar descendió del caballo, que mucho deseaba saber quién fuese, y tomó al caballero en sus brazos, y tanto que acordado fue[17] dijo: «¡Oh señor!, muerto soy, y llevadme donde haya consejo de mi alma.»

El Doncel le dijo: «Señor caballero, esforzad y decidme si os pluguiere qué fortuna es ésta en que estáis.» «La que yo quise tomar —dijo el caballero—, que yo siendo rico y de gran linaje casé con aquella mujer que visteis, por gran amor que le había, siendo ella en todo al contrario. Y

---

[10] en demasía, extraordinario
[11] actos
[12] arriba
[13] otra cosa

[14] hacia (lusitanismo)
[15] herido
[16] apartaos
[17] cuando volvió en sí

esta noche pasada íbaseme con aquel caballero que allí muerto yace, que nunca le vi sino esta noche que se aposentó conmigo. Y después que en batalla lo maté, díjele que la perdonaría si juraba de no me hacer más tuerto ni deshonra. Y ella así lo otorgó, mas de que[18] vio írseme tanta sangre de las heridas que no tenía esfuerzo, quísome matar metiéndome en ellas las manos, así que soy muerto y ruégoos que me llevéis aquí adelante donde mora un ermitaño que curará de mi alma.»

El Doncel lo hizo cabalgar ante Gandalín; y cabalgó, y fuéronse yendo contra la ermita. Mas la mala mujer mandara[19] decir a tres hermanos suyos que viniesen por aquel camino con recelo de su marido que tras ella iría; y éstos encontráronla y preguntaron cómo andaba así. Ella dijo: «¡Ay, señores, acorredme, por Dios! que aquel mal caballero que allí va mató ese que ahí veis y a mi señor lleva tal como muerto. Id tras él y matadlo, y a un hombre que consigo lleva, que hizo tanto mal como él.»

Esto decía ella porque muriendo ambos no se sabría su maldad, que su marido no sería creído. Y cabalgando en su palafrén se fue con ellos por se los mostrar. El Doncel del Mar dejara ya el caballero en la ermita y tornaba a su camino, mas vio cómo la dueña venía con los tres caballeros que decían: «¡Estad, traidor, estad!» «Mentís —dijo él—, que traidor no soy, antes me defenderé bien de traición, y venid a mí como caballeros.» «¡Traidor —dijo el delantero—, todos te debemos hacer mal y así lo haremos!»

El Doncel del Mar que su escudo tenía y el yelmo enlazado, dejóse ir al primero, y él a él, e hirióle en el escudo tan duramente que se lo pasó y el brazo en que lo tenía y derribó a él y al caballo en tierra, tan bravamente que el caballero hubo la espalda diestra quebrada y el caballo de la gran caída, la una pierna; de guisa que ni el uno ni el otro se pudieron levantar; y quebró la lanza y echó mano a su espada que le guardara Gandales, y dejóse ir a los dos y ellos a él, y encontráronle en el escudo, que se lo falsaron[20] mas no el arnés, que fuerte era. Y el Doncel hirió al uno por encima del escudo, y cortóselo hasta la embrazadura, y la espada alcanzó en el hombro, de guisa que con la punta le cortó la carne y los huesos, que el arnés no le valió, y al tirar la espada fue el caballero en tierra y fuese al otro que lo hería con su espada y diole por encima del yelmo e hirióle de tanta fuerza en la cabeza que le hizo abrazar con la cerviz del caballo, y dejóse caer por no le atender otro golpe, y la alevosa quiso huir, mas el Doncel del Mar dio voces a Gandalín que la tomase.

El caballero que a pie estaba dijo: «Señor, no sabemos si esta batalla fue a derecho o a tuerto.» «A derecho no podía ser —dijo— el que aquella mujer mala mataba a su marido.» «Engañados somos —dijo él—, y dadnos seguranza y sabréis la razón por qué os acometimos.» «La seguranza —dijo—os doy, mas no os quito[21] la batalla.» El caballero contó la causa por qué a él vinieron. El Doncel se santiguó muchas veces de lo oír, y díjoles lo que sabía: «Veis aquí su marido en esta ermita, que así como yo os lo dirá.» «Pues que así es —dijo el caballero—, nos seamos en la vuestra merced.» «Eso no haré yo si no juráis como leales caballeros que llevaréis este caballero herido y a su mujer con él a casa del rey Languines, y diréis cuanto de ella aconteció, y que la envía un caballero novel que hoy salió de la villa donde él es, y que mande hacer lo que por bien tuviere.»

Esto otorgaron los dos, y el otro después que muy malo lo sacaron debajo del caballo.

---

[18] cuando
[19] mandó (uso antiguo del imperfecto de subjuntivo como pretérito de indicativo)

[20] rompieron
[21] libro (de las consecuencias del combate)

Libro II

CAPÍTULO V

De cómo don Galaor y Florestán y Agrajes se fueron en busca de Amadís, y de cómo Amadís, dejadas las armas y mudado el nombre, se retrajo con un buen viejo en una ermita a la vida solitaria.

Cómo Amadís se partió con gran cuita de la Ínsula Firme,[22] ya se os dijo que fue tan encubierto que don Galaor y don Florestán, sus hermanos, y su primo Agrajes no lo sintieron y cómo tomó seguridad de Isanjo[23] que no se lo dijese hasta que otro día después de haber oído misa. Pues Isanjo así lo hizo, que habiendo oído la misa ellos preguntaron por Amadís y él les dijo: «Armaos y deciros he su mandado.» Y desde que armados fueron, Isanjo comenzó a llorar muy fieramente y dijo: «¡Oh señores!, qué cuita y qué dolor vino sobre nosotros en nos durar tan poco nuestro señor.»

Entonces les contó cómo Amadís se partiera del castillo y la cuita y el duelo que hiciera, y todo cuanto les mandara decir y lo que a él mandaba hacer de aquella tierra, y cómo les rogaba que no fuesen en pos de él, que no podían por ninguna manera ponerle remedio ni darle conorte[24] y por Dios no tomasen pesar por la su muerte.

«¡Oh Santa María, val![25] —dijeron ellos—; a morir va el mejor caballero del mundo, menester es que pasando su mandato lo vayamos a buscar y si con nuestra vida no le pudiéramos dar consuelo, será nuestra muerte en compañía de la suya.»

Isanjo dijo a don Galaor cómo le rogaba que hiciesen caballero a Gandalín y trajese consigo a Ardián, el enano. Y esto decía Isanjo haciendo muy gran duelo y ellos por el semejante. Galaor tomó entre sus brazos al enano, que hacía gran duelo y daba con la cabeza en una pared, y díjole: «Ardián, vete conmigo como lo mandó tu señor, que lo que de mí fuera será de ti.» El enano le dijo: «Señor, yo os aguardaré,[26] mas no por señor, hasta que sepa nuevas ciertas de Amadís.»

Entonces cabalgaron en sus caballos y mostrándoles Isanjo el camino que Amadís llevara, por él todos tres se metieron y anduvieron todo el día sin que hallasen a quien preguntar; y llegaron donde estaba el Patín[27] llagado y su caballo muerto y sus escuderos que eran venidos y andaban cortando madera y ramas en que lo llevasen, que estaba muy desmayado de la mucha sangre que perdiera y no les pudo decir nada, e hízoles señal que lo dejasen, y preguntaron a los escuderos que quién hiriera a aquel caballero. Ellos dijeron que no sabían sino tanto que cuando ellos a él llegaron que les dijo[28] que había justado con un caballero que de la Ínsula Firme venía y que lo derribara del primer encuentro muy ligeramente y que luego tornara a cabalgar y de un solo golpe de la espada le hiciera aquella llaga y le matara el caballo; y desde que de él se partió dijo que había sabido de un doncel que aquel caballero era el que ganó el señorío de la Ínsula Firme.

Don Galaor les dijo: «Buenos escuderos, ¿visteis vos a la parte que[29] ese caballero fue?» «No —dijeron ellos—, pero antes que allí llegásemos vimos por esta floresta ir un caballero armado encima de un gran caballo llorando y maldiciendo su ventura, y un escudero en pos de él que las armas le llevaba; y el escudo había el campo de oro y dos leones cárdenos en él; y asimismo el escudero muy fuertemente llorando.» Ellos dijeron: «Aquél es.»

Entonces se fueron contra aquella parte a más andar y a la salida de aquella floresta

---

[22] isla fortificada, llena de deleites y maravillas, cuyo señorío ganó Amadís al triunfar en la prueba del Arco encantado de los amadores
[23] el gobernador de la Ínsula Firme
[24] consuelo
[25] válenos, ayúdanos

[26] serviré
[27] el hermano del «emperador de Roma», a quien Amadís había derrotado en singular combate al ser provocado
[28] solamente lo que les dijo al llegar ellos a él
[29] a qué parte

hallaron un gran campo en que había muchas carreras a todas partes en las que había rastros, así que no podían en el suyo atinar. Entonces acordaron de se partir y que, para saber lo que cada uno había en aquella demanda buscado y por las tierras que anduviera, fuesen juntos en el día de San Juan en casa del rey Lisuarte; y si hasta entonces su ventura les fuese tan contraria que de él no supiesen, que allí tomarían otro acuerdo; y luego se abrazaron llorando y se partieron de en uno[30] llevando muy firme en sus corazones de tomar todo el afán que en la demanda ocurrir pudiese hasta la acabar; mas esto fue en vano, que comoquiera muchas tierras anduvieron en que grandes cosas y muy peligrosas en armas pasaron, como aquellos que de fuertes y bravos corazones eran y sufridores de mucho afán, no fue su ventura de saber de él ninguna nueva; las cuales[31] no serán aquí recontadas, porque de la demanda fallecieron no la acabando; y la causa de ello fue que Amadís se partió donde llagado dejó al Patín, anduvo por la floresta y a la salida de ella halló un campo en que había muchas carreras y desvióse de él, porque de allí no tomasen rastro, y metióse por un valle y por una montaña, e iba pensando tan fieramente que el caballo se iba por donde quería, y a la hora del mediodía llegó el caballo a unos árboles que eran en una ribera de un agua que de la montaña descendía, y con el gran calor y trabajo de la noche paró allí, y Amadís recordó de su cuidado[32] y miró a todas partes y no vio poblado ninguno, de que hubo placer.

Entonces se apeó y bebió del agua, y Gandalín llegó, que tras él iba, y tomando los caballos y poniéndolos donde paciesen de la hierba, se tornó a su señor y hallólo tan desmayado que más semejaba muerto que vivo, mas no le osó quitar de su cuidado y echóse delante de él.

Amadís acordó de su pensar[33] a tal hora que el sol se quería poner y levantándose dio del pie a Gandalín y dijo: «¿Duermes, o qué haces?» «No duermo —dijo él—, mas estoy pensando en dos cosas que os atañen y si me quisiereis oír, decíroslas he; si no, dejarme he de ello.» Amadís le dijo: «Ve, ensilla los caballos e irme he, que no querría que me hallasen los que me buscan.» «Señor —dijo Gandalín—, vos estáis en lugar apartado y vuestro caballo según que está laso[34] y cansado, si no le dais algún reposo no os podrá llevar.» Amadís le dijo llorando: «Haz lo que por bien tuvieres, que holgando ni andando no tengo yo de haber descanso.»

Gandalín curó de los caballos y tornó a él y rogóle que comiese de una empanada que traía, mas no lo quiso hacer, y díjole: «Señor, ¿queréis que os diga las dos cosas en que pensaba?» «Di lo que quisieres —dijo él—, que ya, por cosa que se diga ni se haga, no doy nada, ni querría más vivir en el mundo de cuanto a confesión llegado fuese.» Gandalín dijo: «Todavía, señor, os ruego que me oigáis.» Entonces dijo: «Yo he pensado mucho en esta carta que Oriana os envió y en las palabras que el caballero con que os combatisteis dijo, y como la firmeza de muchas mujeres sea muy liviana, mudando su querer de unos en otros, puede ser que Oriana os tiene errado[35] y quiso, antes que vos lo supieseis, fingir enojo contra vos. Y la otra cosa es que yo la tengo por tan buena y tan leal que no así se movería sin alguna cosa que falsamente de vos le habrán dicho que por verdadera ella la tendrá, sintiendo por su corazón, que tan firme os ama, que así el vuestro debía hacer a ella; y pues que vos sabéis que nunca la errasteis,[36] y si algo le fue dicho que se ha de saber la verdad en que seréis sin culpa, por donde no solamente se arrepentirá de lo que hizo, mas con mucha humildad os demandará perdón y tornaréis con ella a aquellos grandes deleites que vuestro corazón desea, ¿no es mejor que esperando este remedio comáis y toméis tal consuelo, con que la vida sostenerse pueda, que muriendo con tan poca esperanza y corazón perdáis a ella y perdáis la honra de

---

[30] uno del otro
[31] El antecedente es «cosas».
[32] despertó de su ensimismamiento
[33] Véase nota anterior.

[34] flojo
[35] engañado
[36] engañasteis

este mundo y aun el otro que tengáis en condición?» «¡Por Dios, cállate! —dijo Amadís—, que tal locura y mentira has dicho que con ello se enojara todo el mundo; y tú dícesmelo por me conortar, lo que no pienses que pueda ser. Oriana, mi señora, nunca erró en cosa ninguna y si yo muero es con razón, no porque yo lo merezca, mas porque con ello cumplo su voluntad y mando; y si yo no entendiese que por me conortar lo has dicho, yo te tajaría la cabeza; y sábete que me has hecho muy gran enojo y de aquí adelante no seas osado de me decir lo semejante.» Y quitándose de él, se fue paseando por la ribera ayuso[37] pensando tan fuertemente que ningún sentido en sí tenía.

Gandalín adormecióse, como aquel que había dos días y una noche que no durmiera; y tornando Amadís, partido ya de su cuidado, y viendo cómo tan sosegadamente dormía, fue a ensillar su caballo y escondió la silla y el freno de Gandalín entre unas espesas matas porque no pudiese ir en pos de él; y tomando sus armas se metió por lo más espeso de la montaña, con gran saña de[38] Gandalín por lo que le dijera.

Pues así anduvo toda la noche y otro día hasta vísperas. Entonces entró en una gran vega que al pie de una montaña estaba, y en ella había dos árboles altos que estaban sobre una fuente, y fue allá por dar agua a su caballo, que todo aquel día anduviera sin hallar agua; y cuando a la fuente llegó, vio un hombre de orden,[39] la cabeza y barbas blancas, y daba de beber a un asno y vestía un hábito muy pobre de lana de cabras. Amadís le saludó y preguntóle si era de misa. El hombre bueno le dijo que bien había cuarenta años que lo era. «¡A Dios merced! —dijo Amadís—. Agora os ruego que holguéis aquí esta noche, por el amor de Dios, y oírme habéis de penitencia, que mucho lo he menester.» «En el nombre de Dios,» dijo el buen hombre.

Amadís se apeó y puso las armas en tierra, desensilló el caballo y dejólo pacer por la hierba; y él desarmóse e hincó los hinojos ante el buen hombre y comenzóle a besar los pies. El hombre bueno lo tomó por la mano y alzándolo lo hizo sentar cabe sí y vio cómo era el más hermoso caballero que en su vida visto había; pero viole descolorido y las faces y los pechos bañados en lágrimas que derramaba, y hubo de él duelo y dijo: «Caballero, parece que habéis gran cuita, y si es por algún pecado que habéis hecho y estas lágrimas de arrepentimiento de él os vienen, en buena hora acá[40] nacisteis; mas si os lo causan algunas temporales cosas que según vuestra edad y hermosura por razón no debéis ser muy apartado de ellas, membraos de Dios y demandadle merced que os traiga a su servicio.» Y alzó la mano y bendíjole y díjole: «Agora decid todos los pecados que se os acordaren.» Amadís así lo hizo diciéndole toda su hacienda, que nada faltó. El hombre bueno le dijo: «Según vuestro entendimiento y el linaje tan alto donde venís, no os deberíais matar ni perder por ninguna cosa que os aviniese, cuanto más por hecho de mujeres, que se ligeramente gana y pierde, y os aconsejo que no paréis en tal cosa mientes y os quitéis de tal locura que no hagáis por amor de Dios, a quien no place de tales cosas y aun por la razón del mundo se debería hacer, que no puede hombre, ni debe, amar a quien no le amare.»

«Buen señor —dijo Amadís—, yo soy llagado a tal punto que no puedo vivir sino muy poco, y ruégoos por aquel Señor poderoso cuya fe vos mantenéis, que os plega de me llevar con vos este poco tiempo que durare, y habré con vos consejo de mi alma. Pues que ya las armas ni el caballo no me hacen menester, dejarlo he aquí e iré con vos de pie, haciendo aquella penitencia que me mandares, y si esto no hacéis erraréis a Dios, porque andaré perdido por esta montaña sin hallar quien me remedie.»

El buen hombre que lo vio tan apuesto y de todo corazón para hacer bien, díjole: «Ciertamente, señor, no conviene a tal caballero como vos sois que así se desampare, como si todo el mundo le falleciese, y muy

---

[37] abajo
[38] contra

[39] orden (religiosa)
[40] en este mundo

menos por razón de mujer, que su amor no es más de cuanto sus ojos lo ven y cuanto oyen algunas palabras que les dicen y pasado aquello, luego olvidan, especialmente en aquellos falsos amores que contra el servicio del alto Señor se toman; que aquel mismo pecado que los engendra, haciéndolos al comienzo dulces y sabrosos, aquél los hace revesar[41] con tan cruel y amargoso parto como agora vos tenéis. Mas vos, que sois tan bueno y tenéis señorío y tierra sobre muchas gentes y sois leal abogado y guardador de todos y todas aquellas que sinrazón reciben y tan mantenedor de derecho, y sería gran malaventura y gran daño y pérdida del mundo, si vos así lo fueseis desamparando; y yo no sé quién es aquella que vos a tal estado ha traído, mas a mí parece que si en una mujer sola hubiese toda la bondad y hermosura que hay en todas las otras, que por ella tal hombre como vos no se debería perder.»

«Buen señor —dijo Amadís—, yo no os demando consejo en esta parte, que a mí no es menester, mas demándoos consejo de mi alma y que os plega de me llevar con vos; y si no lo hiciereis no tengo otro remedio sino morir en esta montaña.» Y el hombre bueno comenzó de llorar con gran pesar que de él había, así que las lágrimas le caían por las barbas, que eran largas y blancas, y díjole: «Mi hijo, señor, yo moro en un lugar muy esquivo y trabajoso de vivir, que es en una ermita metida en la mar bien siete leguas, en una peña muy alta, y es tan estrecha la peña que ningún navío a ella se puede llegar sino es en el tiempo de verano, y allí moro yo ha treinta años, y quien allí morase conviénele que deje los vicios[42] y placeres del mundo; y mi mantenimiento es de limosnas que los de la tierra me dan.»

«Todo eso —dijo Amadís— es a mi grado, y a mí place pasar con vos tal vida, esta poca que me queda, y ruégoos, por amor de Dios, que me lo otorguéis.» El hombre bueno se lo otorgó mucho contra su voluntad, y Amadís le dijo: «Agora me mandad, padre,

lo que haga, que en todo os seré obediente.»

El hombre bueno le dio la bendición y luego dijo vísperas, y sacando un dobler[43] de pan y pescado dijo a Amadís que comiese; mas él no lo hacía aunque pasaran ya tres días que no comiera. El dijo: «Vos habéis de estar a mi obediencia y mando que comáis, si no vuestra alma sería en gran peligro si así murieseis.»

Entonces comió, pero muy poco, que no podía de sí partir aquella grande angustia en que estaba; y cuando fue hora de dormir, el buen hombre se echó sobre su manto y Amadís a sus pies, que en todo lo más de la noche no hizo con la gran cuita sino revolverse y dar grandes suspiros; y ya cansado y vencido del sueño adormecióse, y en aquel dormir soñaba que estaba encerrado en una cámara oscura, que ninguna vista tenía, y no hallando por do salir quejábasele el corazón; y parecíale que su prima Mabilia y la doncella de Dinamarca a él venían, y ante ellas estaba un rayo de sol que quitaba la oscuridad y alumbraba la cámara, y que ellas le tomaban por las manos y decían: «Señor, salid a este gran palacio,» y parecíale que había gran gozo, y saliendo veía a su señora Oriana cercada alrededor de una gran llama de fuego, y él que daba grandes voces diciendo: «¡Santa María, acórrela!», y pasaba por medio del fuego que no sentía ninguna cosa, y tomándola entre sus brazos la ponía en una huerta, la más verde y hermosa que nunca viera. Y a las grandes voces que él dio despertó el hombre bueno y tomóle por la mano diciéndole qué había. Él dijo: «Mi señor, yo hube agora, durmiendo, tan gran cuita que a pocas fuera muerto.» «Bien pareció en las vuestras voces —dijo él—; mas tiempo es que nos vayamos.» Y luego cabalgó en un asno y entró en el camino.

Amadís se iba a pie con él, mas el buen hombre le hizo cabalgar en su caballo con gran premia que le puso, y así fueron de consuno[44], como oís. Y Amadís le rogó que le diese un don en que no aventuraría ninguna

---

[41] salir del revés
[42] deleites

[43] bolsa
[44] juntos

cosa. Él se lo otorgó de grado, y Amadís le pidió que en cuanto con él morase no dijese a ninguna persona quién era ni nada de su hacienda, y que no le llamase por su nombre, mas por otro, cual él le quisiese poner, y de que fuese muerto que lo hiciese saber a sus hermanos, porque le llevasen a su tierra. «La vuestra muerte y la vida es en Dios —dijo él—, y no habléis más en ello que Él os dará remedio si le conocéis y amáis y servís como debéis, mas decidme: ¿qué nombre os place tener?» «El que vos por bien tuviereis,» dijo él. El hombre bueno lo iba mirando como era tan hermoso y de tan buen talle, y la gran cuita en que estaba, y dijo: «Yo os quiero poner un nombre que será conforme a vuestra persona y angustia en que sois puesto, que vos sois mancebo y muy hermoso y vuestra vida está en grande amargura y en tinieblas; quiero que hayáis nombre Beltenebrós.»

A Amadís plugo de aquel nombre y tuvo al buen hombre por entendido en se le haber con tan gran razón puesto; y por este nombre fue él llamado en cuanto con él vivió y después gran tiempo que no menos que por el de Amadís fue loado, según las grandes cosas que hizo, como adelante se dirá.

Pues hablando en esto y en otras cosas, llegaron a la mar siendo ya noche cerrada, y hallaron allí una barca en que habían de pasar al hombre bueno a su ermita; y Beltenebrós dio su caballo a los marineros y ellos le dieron un pelote[45] y un tabardo de gruesa lana parda, y entraron en la barca y fuéronse contra la peña, y Beltenebrós preguntó al buen hombre cómo llamaban aquella su morada y él cómo había nombre.

«La morada —dijo él— es llamada la Peña Pobre, porque allí no puede morar ninguno sino en gran pobreza, y mi nombre es Andalod; fui clérigo asaz entendido y pasé mi mancebía en muchas vanidades, mas Dios por la su merced me puso en pensar que los que lo han de servir tienen grandes inconvenientes y entrevalos contratando[46] con las gentes, que según nuestra flaqueza antes a lo malo que a lo bueno inclinados somos y por esto acordé me retraer a este lugar tan solo, donde ya pasan de treinta años que nunca de él salí, sino agora, que vine a un enterramiento de una mi hermana.

Mucho se pagaba[47] Beltenebrós de la soledad y esquiveza de aquel lugar, y en pensar de allí morir recibía algún descanso. Así fueron navegando en su barca hasta que a la Peña llegaron. El ermitaño dijo a los marineros que se volviesen y ellos se tornaron a tierra con su barca; y Beltenebrós, considerando aquella estrecha y santa vida de aquel hombre bueno, con muchas lágrimas y gemidos, no por devoción, mas por gran desesperación, pensaba juntamente con él sostener todo lo que viviese, que a su pensar sería muy poco. [. . .][48]

Libro III

CAPÍTULO XVII

DE CÓMO EL REY LISUARTE ENTREGÓ SU HIJA MUY CONTRA SU GANA, Y DEL SOCORRO QUE AMADÍS CON TODOS LOS OTROS CABALLEROS DE LA ÍNSULA FIRME HICIERON A LA MUY HERMOSA ORIANA.

Como determinado estuviese el rey Lisuarte en entregar a su hija Oriana a los romanos, y el pensamiento tan firme en ello que ninguna cosa de las que habéis oído le pudo remover, llegado el plazo por él prometido habló con ella, tentando muchas maneras para la traer que por su voluntad entrase en aquel camino que a él tanto le agradaba; mas por ninguna guisa pudo sus llantos y dolores amansar. Así que, siendo

---

[45] vestido largo, usualmente de pieles
[46] intervalos tratando
[47] apreciaba

[48] [*El capítulo termina con la alarma de Gandalín por la desaparición de Amadís y su salida en busca de éste.*]

muy sañudo, se apartó de ella y se fue a la reina, diciéndole que amansase a su hija, pues que poco le aprovechaba lo que hacía que no se podía excusar aquello que él prometiera.

La reina, que muchas veces con él hablara sobre ello, pensando hallar algún estorbo y siempre en su propósito le halló sin le poder ninguna cosa mudar, no quiso decirle otra cosa sino hacer su mandado, aunque tanta angustia su corazón sintiese que más ser no podía; y mandó a todas las infantas y otras doncellas que con Oriana habían de ir, que luego a las barcas se acogiesen. Solamente dejó con ella a Mabilia y Olinda, y la doncella de Dinamarca, y mandó llevar a las naves todos los paños y atavíos ricos que ella le daba. Mas Oriana cuando vio a su madre y a su hermana, fuese para ellas haciendo muy gran duelo, y trabando de la mano a su madre comenzósela de besar, y ella le dijo: «Bueno, hija, ruégoos agora que seáis alegre en esto que os el rey manda, que fío en la merced de Dios que será por vuestro bien y no querrá desamparar a vos y a mí.»

Oriana le dijo: «Señora, yo creo que este apartamiento de vos y de mí será para siempre, porque la mi muerte es muy cerca.» Y diciendo esto cayó amortecida, y la reina otrosí, así que no sabían de su parte. Mas el rey, que luego allí sobrevino,[49] hizo tomar a Oriana como estaba y que la llevasen a las naos,[50] y Olinda con ella, la cual hincados los hinojos, le pedía por merced con muchas lágrimas que la dejase ir a casa de su padre, no la mandase ir a Roma. Pero él era tan sañudo que no la quiso oír e hízola luego llevar tras Oriana, y mandó a Mabilia y a la doncella de Dinamarca que asimismo se fuesen luego.

Pues todas recogidas a la mar y los romanos como oísteis, el rey Lisuarte cabalgó y fuese al puerto donde la flota estaba. Y allí consolaba a su hija con piedad de padre, mas no de forma que esperanza se pusiese de ser su propósito mudado. Y como vio que ésta no tenía tanta fuerza que a su pasión algún descanso diese, hubo en alguna manera piedad, así que las lágrimas le vinieron a los ojos, y partiéndose de ella habló con Salustanquidio y con Brondajel de Roca, y el arzobispo de Talancia, encomendándosela que la guardasen y sirviesen, que de allí se la entregaba como lo prometiera. Y volvióse a su palacio dejando en las naves los mayores llantos y cuitas en las dueñas y doncellas, cuando ir lo vieron, que escribir ni contar se podrían.

Salustanquidio y Brondajel de Roca, después que el rey Lisuarte fue de ellos partido, teniendo ya en su poder a Oriana y a todas sus doncellas metidas en las naves, acordaron de la poner en una cámara, que para ella muy ricamente estaba ataviada; y puesta allí y con ella Mabilia, que sabían ser ésta la doncella del mundo que ella más amaba, cerraron la puerta con fuertes candados y dejaron en la nave a la reina Sardamira con su compaña y otras muchas dueñas y doncellas de las de Oriana. Y Salustanquidio, que moría por los amores de Olinda, la hizo llevar a su nave con otra pieza[51] de doncellas, no sin grandes llantos, por se ver así apartar de Oriana su señora; la cual oyendo en la cámara donde estaba lo que ellas hacían, y cómo se llegaban a la puerta de la cámara abrazándola[52] y llamándola a ella que las socorriese, muchas veces se amortecía en los brazos de Mabilia.

Pues así todo enderezado, dieron las velas al viento y movieron su vía[53] con gran placer por haber acabado aquello que el emperador, su señor, tanto deseaba; e hicieron poner una muy grande seña del emperador encima del mástil de la nave donde Oriana iba, y todas las otras naves alderredor[54] de ella guardándola. Y yendo así muy lozanos y alegres miraron a su diestra y vieron la flota de Amadís que mucho se les llegaba en la delantera, entrando entre ellos y la tierra donde salir querían, y así era

---

[49] vino
[50] naves
[51] cantidad

[52] (a Olinda)
[53] emprendieron su viaje
[54] alrededor

en ello que Agrajes y don Cuadragante y Dragonís y Listorán de la Torre Blanca pusieron entre sí que antes que Amadís llegase, ellos se envolviesen con los romanos y pugnasen de socorrer a Oriana, y por eso se metían entre su flota y la tierra.

Mas don Florestán y el bueno de don Gavarte de Valtemeroso y Orlandín e Imosil de Borgoña otrosí habían puesto[55] con sus amigos y vasallos de ser los primeros en el socorro, e iban a más andar metidos entre la flota de los romanos y la nave de Agrajes. Y Amadís con sus naves muy acompañadas de gentes, así de sus amigos como de los de la Ínsula Firme, venían a más andar porque el primero que el socorro hiciese fuese él.

Dígoos de los romanos que cuando la flota de lueñe[56] vieron, pensaron que alguna gente de paz sería que por la mar, de un cabo a otro, pasaban; mas viendo que en tres partes se partían y que las dos les tomaban la delantera a la parte de la tierra y la otra los seguía, mucho fueron espantados, y luego fue entre ellos hecho gran ruido, diciendo a altas voces: «¡Armas, armas, que extraña gente viene!»

Y luego se armaron muy presto, y pusieron los ballesteros, que muy buenos traían donde habían de estar, y la otra gente. Y Brondajel de Roca con muchos y buenos caballeros de la mesnada[57] del emperador estaba en la nave donde Oriana era y donde pusieran la seña que ya oísteis del emperador.

A esta sazón se juntaron los unos y otros; y Agrajes y don Cuadragante se juntaron a la nave de Salustanquidio, donde la hermosa Olinda llevaban, y comenzaron de se herir muy bravamente. Y don Florestán y Gavarte de Valtemeroso, que por medio de las flotas entraron, hirieron en las naves que iban el duque de Ancona y el arzobispo de Talancia, que gran gente tenían de sus vasallos, que muy armados y recios eran. Así que la batalla fue fuerte entre ellos, y Amadís hizo aderezar su flota a la que la seña del emperador

llevaba, y mandó a los suyos que lo aguardasen; y poniendo la mano en el hombro de Angriote le dijo así: «Señor Angriote, mi buen amigo, membréseos[58] la gran lealtad que siempre hubisteis y tenéis a los vuestros amigos; pugnad de me ayudar esforzadamente en este hecho, y si Dios quiere que yo con bien lo acabe, aquí acabará toda mi honra y toda mi buena ventura cumplidamente; y no os apartéis de mí en tanto que pudiereis.»

Él le dijo: «Mi señor, no puedo más hacer sino perder la vida en vuestro favor y ayuda, porque vuestra honra sea guardada, y Dios sea por vos.» Luego fueron juntas las naves, y grande era allí el herir de saetas y piedras y lanzas de la una y de la otra parte, que no parecía sino que llovía, tan espesas andaban. Y Amadís no entendía con los suyos en otra cosa sino en juntar su fusta[59] con la de los contrarios; mas no podían, que ellos, aunque muchos eran, no se osaban llegar, viendo cuán denodadamente eran acometidos, y defendíanse con grandes garfios de hierro y otras armas muchas de diversas guisas. Entonces, Tantilis de Sobradisa, mayordomo de la reina Briolanja, que en el castillo[60] estaba, como vio que la voluntad de Amadís no podía haber efecto, mandó traer una áncora muy gruesa y pesada trabada a una fuerte cadena, y desde el castillo lanzáronla en la nave de los enemigos, y así él como otros muchos que le ayudaban tiraron tan fuerte por ella que por gran fuerza hicieron juntar las naves unas con otras, así que no se podían partir en ninguna manera si la cadena no quebrase. Cuando Amadís esto vio, pasó por toda la gente con gran afán,[61] que estaban muy apretados, y por la vía que él entraba iban tras él Angriote y don Bruneo, y como llegó en los delanteros puso el un pie en el borde de su nave y saltó en la otra, que nunca los contrarios quitar ni estorbarlo pudieron. Y como el salto era grande y él iba con gran furia, cayó de hinojos, y allí le dieron

---

[55] también habían apostado
[56] lejos
[57] hueste
[58] recordad
[59] barco ligero
[60] cubierta alta del barco, cerca de la proa
[61] dificultad

muchos golpes, pero él se levantó mal de su grado de los que le herían tan malamente y puso mano a la su buena espada ardiente. Y vio cómo Angriote y don Bruneo habían con él entrado y herían a los enemigos de muy fuertes y duros golpes, diciendo a grandes voces: «Gaula, Gaula, que aquí es Amadís,» que así se lo rogaba él que lo dijesen si la nave pudiesen entrar.

Mabilia, que en la cámara encerrada estaba con Oriana, que oyó el ruido y las voces y después aquel apellido, tomó a Oriana por los brazos, que más muerta que viva estaba, y díjole: «Esforzad, señora, que socorrida sois de aquel bienaventurado caballero, vuestro vasallo y leal amigo.» Y ella se levantó en pie, preguntando qué sería aquello que del llorar estaba desvanecida, que no oía ninguna cosa y la vista de los ojos casi perdida.

Y después que Amadís se levantó y puso mano a la espada y vio las maravillas que Angriote y don Bruneo hacían, y cómo los otros de su nave se metían de rendón[62] con ellos, fue con su espada en la mano contra Brondajel de Roca, que delante sí halló, y diole por cima del yelmo tan fuerte golpe que dio con él tendido a sus pies, y si el yelmo tal no fuera, hiciera la cabeza dos partes. Y no pasó adelante porque vio que los contrarios eran rendidos y demandaban merced. Y como vio las armas muy ricas que Brondajel tenía, bien cuidó que aquél era al que los otros aguardaban, y quitándole el yelmo de la cabeza dábale con la manzana de la espada en el rostro, preguntándole dónde estaba Oriana. Y él le mostró la cámara de los candados, diciendo que allí la hallaría. Amadís se fue aprisa contra allá y llamó a Angriote y a don Bruneo; y con la gran fuerza que de consuno pusieron derribaron la puerta y entraron dentro y vieron a Oriana y a Mabilia. Y Amadís fue hincar los hinojos ante ella por le besar manos, mas ella lo abrazó y tomóle por la manga de la loriga, que toda era tinta de sangre de los enemigos.

«¡Ay Amadís! —dijo ella—, lumbre de todas las cuitadas, agora parecerá vuestra gran bondad en haber socorrido a mí y a estas infantas, que en tanta amargura y tribulación puestas éramos. Por todas las tierras del mundo se ha sabido y ensalzado vuestro loor.»

Mabilia estaba de hinojos ante él y teníale por la falda de la loriga, que teniendo él los ojos en su señora no la había visto; mas como la vio levantóla, y abrazándola con mucho amor le dijo: «Mi señora y prima, mucho os he deseado.» Y quísose partir de ellas por ver lo que se hacía, mas Oriana le tomó por la mano y dijo: «Por Dios, señor, no me desamparéis.» «Mi señora —dijo él—, no temáis, que dentro en esta fusta está Angriote de Estravaus y don Bruneo y Gandales con treinta caballeros que os aguardarán; y yo iré acorrer a los nuestros, que muy gran batalla han.»

Entonces salió Amadís de la cámara y vio a Landín de Fajarque, que había combatido los que en el castillo estaban y se le habían dado; y mandó que pues a prisión se daban, que no matasen a ninguno. Y luego se pasó a una muy hermosa galera en que estaban Enil y Gandalín con hasta cuarenta caballeros de la Ínsula Firme, y mandóla guiar contra aquella parte que oía el apellido de Agrajes, que se combatía con los de la gran nave de Salustanquidio. Y cuando él llegó vio que ya la habían entrado, y llegóse con su galera hasta el borde por entrar en la nao, y el que le ayudó fue don Cuadragante, que ya dentro estaba. Y la prisa y el ruido era muy grande, que Agrajes y los de su compaña los andaban hiriendo y matando muy cruelmente. Mas desde que a Amadís vieron los romanos, saltaban en los bateles y otros en el agua, y de ellos morían y otros se pasaban a las otras naves que aún no eran perdidas. Mas Amadís iba todavía adelante por entre la gente, preguntando por Agrajes, su primo, y hallólo y vio que tenía a sus pies a Salustanquidio, que le diera una gran herida en un brazo y pedíale merced; mas Agrajes, que de antes sabía cómo amaba a Olinda, no dejaba de lo herir y llegarlo a la muerte, como aquel que mucho desamaba. Y don Cuadragante le

---

[62] impetuosamente (galicismo)

decía que no lo matase, que buen preso tendría en él. Mas Amadís le dijo riendo: «Señor don Cuadragante, dejad a Agrajes cumpla su voluntad, que si ende lo partimos todos somos muertos cuantos de nos hallare, que no dejará hombre a vida.»

Pero en estas razones la cabeza de Salustanquidio fue cortada, y la nave libre de todos, y los pendones de Agrajes y don Cuadragante puestos encima de los castillos, y ambos muy bien guardados de muy caballeros y muy esforzados.

Esto hecho, Agrajes se fue luego a la cámara, donde le dijeron que estaba Olinda, su señora, que demandaba por él. Y Amadís y don Cuadragante y Landín y Listorán de la Torre Blanca, todos juntos fueron a ver cómo le iba a don Florestán y a los que le guardaban; y luego entraron en la galera que allí Amadís trajera, y luego encontraron otra galera de don Florestán en que venía un caballero, su pariente de parte de su madre, que había nombre Isanes, y díjoles: «Señores don Florestán y Gavarte de Valtemeroso os hace saber cómo han muerto y preso todos los de aquellas fustas y tienen al duque de Ancona y al arzobispo de Talancia.»

Amadís, que de ello mucho placer hubo, envióles decir que juntasen su galera con la que él había tomado, donde estaba Oriana, y que allí habrían consejo de lo que hiciesen. Entonces miraron a todas partes y vieron que la flota de los romanos era destrozada, que ninguno de ellos se pudo salvar, aunque lo probaron en algunos bateles. Mas luego fueron alcanzados y tomados, de forma que no quedó quien la nueva pudiese llevar. Y fuéronse derechamente a la nave de Oriana, y allí era preso Brondajel de Roca. Entraron dentro y desarmaron las cabezas y las manos y laváronse de la sangre y sudor, y Amadís preguntó por don Florestán, que no le veía allí. Landín de Fajarque le dijo: «Está con la reina Sardamira en su cámara, que a altas voces demandaba por él, diciendo que se lo llamasen prestamente, que él sería su ayudador; y ella está ante los pies de Oriana pidiéndole merced, que no la deje matar ni deshonrar.

Amadís se fue allá y preguntó por la reina Sardamira, y Mabilia se la mostró, que estaba con ella abrazada, y don Florestán la tenía por la mano. Y fue ante ella muy humildoso,[63] y quísole besar las manos, y ella las tiró a sí, y díjole: «Buena señora, no temáis nada, que teniendo a vuestro servicio y mandado a don Florestán, a quien todos aguardamos y seguimos, todo se hará a vuestra voluntad, dejando aparte nuestro deseo, que es servir y honrar todas las mujeres, a cada una según su merecimiento. Y como vos, buena señora, entre todas muy señalada y extremada seáis, así extremadamente es razón que mucho se mire vuestro contentamiento.»

La reina dijo contra[64] don Florestán: «Decidme, buen señor, ¿quién es este caballero que tan mesurado y tan vuestro amigo es?» «Señora —dijo él—, es Amadís, mi señor y mi hermano, con quien aquí todos somos en este socorro de Oriana.» Cuando ella esto oyó, levantóse a él con gran placer, y dijo: «Buen señor Amadís, si no os recibí como debía no me culpéis, que el no tener conocimiento de vos fue la causa. Y mucho agradezco a Dios que en esta tanta tribulación me haya puesto en la vuestra mesura[65] y en la guarda y amparo de don Florestán.»

Amadís la tomó por la otra mano y lleváronla al estrado[66] de Oriana, y allí la hicieron sentar; y él se sentó con Mabilia, su prima, que mucho deseo tenía de la hablar, mas en todo esto la reina Sardamira, como quiera que supiese ser la flota de los romanos vencida y destrozada y la gente muchos muertos y otros presos, aún no había venido a su noticia la muerte del príncipe Salustanquidio, a quien ella de bueno y leal amor mucho amaba y tenía por el más principal y grande de todos los del señorío de Roma, ni lo supo de esa gran pieza.[67] Estando así sentados como oís, Oriana dijo a la reina

---

[63] humilde
[64] dijo a
[65] discreción

[66] lugar de la sala donde se sentaban las damas, en una plataforma con cojines
[67] de esa [muerte] hasta mucho después

Sardamira: «Reina señora, hasta aquí fui yo enojada de vuestras palabras que al comienzo me dijisteis, porque eran dichas sobre cosa que tan aborrecida tenía; mas conociendo cómo vos de ellas partisteis y la mesura y cortesía vuestra en todo lo otro que por vos pasa, dígoos que siempre os amaré y honraré y acataré de todo corazón, porque a lo que a mí pesaba erais constreñida sin poder hacer otra cosa, y lo que me daba contentamiento manaba y sucedía de vuestra noble condición y propia virtud.»

«Señora —dijo ella—, pues que tal es vuestro conocimiento, excusado será hacer yo de ello más salva.»[68] En esto hablando, llegó Agrajes con Olinda y las doncellas que con ella se habían apartado. Cuando Oriana la vio, levantóse a ella y abrazábala como si mucho tiempo pasara que no la viera, y ella le besaba las manos. Y volviéndose a Agrajes, lo abrazó con gran amor, y así recibió a todos los caballeros que con él venían, y dijo contra Gavarte de Valtemeroso: «Mi amigo Gavarte, bien os quitasteis de la promesa que me disteis; y cómo os lo agradezco y el deseo que tengo de lo galardonar, el Señor del mundo lo sabe.» «Señora —dijo él—, yo he hecho lo que debía como vuestro vasallo que soy. Y vos, señora, como mi señora natural, cuando el tiempo fuere acuérdeseos de mí, que siempre seré en vuestro servicio.»

A esta sazón eran allí juntos todos los más honrados caballeros de aquella compaña, los cuales a un cabo de la nao se apartaron por hablar qué consejo tomarían. Y Oriana llamó a Amadís a un cabo del estrado y muy paso le dijo: «Mi verdadero amigo, yo os ruego y mando, por aquel verdadero amor que me tenéis, que agora más que nunca se guarde el secreto de nuestros amores y no habléis conmigo apartadamente, sino ante todos, y lo que os pluguiere decirme secreto habladlo con Mabilia. Y pugnad cómo de aquí nos llevéis a la Ínsula Firme, porque estando en lugar seguro Dios proveerá en mis cosas, como Él sabe que tengo la justicia.»

«Señora —dijo Amadís—, yo no vivo sino en esperanza de os servir, que si ésta me faltase, faltarme había la vida, y como lo mandáis se hará. Y en esta ida de la Ínsula bien será que con Mabilia lo enviéis a decir a estos caballeros, porque parezca que más de vuestra gana y voluntad que de la mía procede.» «Así lo haré —dijo ella—, y bien me parece. Agora vos id —dijo— a aquellos caballeros.»

Amadís así lo hizo, y hablaron en lo que adelante se debía hacer; mas como eran muchos, los acuerdos eran diversos, que a los unos parecía que debían llevar a Oriana a la Ínsula Firme, otros a Gaula y otros a Escocia, a la tierra de Agrajes, así que no se acordaban.

En esto llegó la infanta Mabilia y cuatro doncellas con ella. Todos la recibieron muy bien y la pusieron entre sí, y ella les dijo: «Señores, Oriana os ruega por vuestras bondades y por el amor que en este socorro le habéis mostrado, que la llevéis a la Ínsula Firme, que allí quiere estar hasta que sea en el amor de su padre y madre; y ruégaos, señores, que a tan buen comienzo deis el cabo mirando su gran fortuna y fuerza que se le hace, y hagáis por ella lo que por las otras doncellas hacer soléis que no son de tal alta guisa.»

«Mi buena señora —dijo don Cuadragante—, el bueno y muy esforzado de Amadís y todos los caballeros que en su socorro hemos sido, estamos de voluntad de la servir hasta la muerte, así con nuestras personas como con las de nuestros parientes y amigos, que mucho pueden y mucho serán; y todos seremos juntos en defensa contra su padre y contra el emperador de Roma, si a la sazón y justicia no se allegaren con ella. Y decidle que si Dios quisiere, que así como dicho tengo se hará sin falta, y así lo tenga firme en su pensamiento, y ayudándonos Dios, por nosotros no faltará. Y si con deliberación y esfuerzo este servicio se le ha hecho, que así con otro mayor y mayor acuerdo será por nos socorrida hasta que su seguridad y nuestras honras satisfechas sean.»

Todos aquellos caballeros tuvieron por bien aquello que don Cuadragante respondió,

---

[68] justificación, excusa

y con mucho esfuerzo[69] otorgaron que de esta demanda nunca serían partidos hasta que Oriana en su libertad y señorío restituida fuese, siendo cierta y segura de los haber si ella más que su padre y madre la vida poseyese. La infanta Mabilia se despidió de ellos y se fue a Oriana, y por ella sabida la respuesta y recado que de su mensaje le traía fue muy consolada, creyendo que la permisión del justo juez lo guiaría de forma que la fin fuese la que ella deseaba.

Con este acuerdo se fueron aquellos caballeros a sus naves por mandar poner reparo en los presos y despojo que muchos eran. Dejaron con Oriana todas sus doncellas y a la reina Sardamira con las suyas, y don Bruneo de Bonamar y Landín de Fajarque, y a don Gordán, hermano de Angriote de Estravaus; y a Sarquiles, su sobrino, y Orlandín, hijo del conde de Irlanda; y a Enil, que andaba llagado de tres llagas, las cuales él encubría como aquel que era esforzado y sufridor de todo afán. A estos caballeros fue encomendada la guarda de Oriana y de aquellas señoras de gran guisa que con ella eran y no se partiesen de ellas hasta que en la Ínsula Firme puestas fuesen, donde tenían acordado de las llevar.

ACÁBASE EL TERCERO LIBRO DEL NOBLE Y VIRTUOSO CABALLERO AMADÍS DE GAULA.

---

[69] vigor

Lazarillo de Tormes

(¿1525?-1554)

Frente al tipo de novela idealizada que trae consigo el Renacimiento, como la novela de caballerías o la pastoril, se produce en España el fenómeno de la novela picaresca, que viene a ser su reverso: una pintura satírica de la sociedad contemporánea en sus más sórdidos aspectos, hecha con un crudo realismo que tiende a lo grotesco. Su eje central es la figura de un pícaro, antihéroe que lucha por la vida como parásito de una sociedad injusta y dura, libre de escrúpulos morales o religiosos. Aunque el género picaresco tiene su pleno desarrollo a principios del siglo XVII (la primera novela picaresca auténtica, *Guzmán de Alfarache*, de Mateo Alemán, es de 1599), le sirve de precursora una novelita aparecida unos cincuenta años antes, bajo el título de *La vida de Lazarillo de Tormes y de sus fortunas y adversidades*. En ella quedan ya fijados muchos de sus rasgos característicos: la forma autobiográfica de un pícaro (o sea, un tipo de la más baja condición social) que narra sus experiencias al servicio de amos diversos y en actividades deshonestas o antisociales; la sátira más o menos amarga de ciertos tipos y clases sociales; el hambre como móvil primordial de la conducta del pícaro, y el ingenio como su arma de lucha, en vez de la espada del héroe caballeresco.

La estructura de esta clase de novela es, como la de la novela de caballerías, una sucesión de episodios diversos ligados entre sí por la persona del protagonista, que sirve de elemento unificador. El interés de cada episodio es doble: ir revelando el carácter del pícaro a través de sus reacciones ante la nueva situación, y presentar un tipo o vicio social satirizado en un ambiente costumbrista y pintoresco. Más aún que por la crítica social, el *Lazarillo* tiene importancia por su forma tan viva y directa de mostrar la sórdida realidad y de caracterizar a sus personajes como individuos inolvidables, a pesar de ser tipos sin nombre propio (el mendigo ciego y egoísta, el clérigo avaro, el hidalgo pretencioso y hambriento, etc.). Su arte sobresale especialmente en la figura del narrador protagonista, único que tiene nombre y que conocemos también por dentro, haciéndonos compartir su visión del mundo.

A diferencia de las novelas picarescas posteriores, que acentúan la visión sombría y pesimista de la vida, el *Lazarillo* conserva una sana actitud de buen humor en su crítica social, y los tipos que describe no son meras caricaturas sino que tienen una dimensión humana. Lazarillo incluso es capaz de algún sentimiento noble, como al compadecerse del pobre hidalgo que pasa más necesidad que él por culpa de la honra. La sátira más dura va dirigida contra las malas costumbres de los clérigos y los abusos eclesiásticos, como la venta de bulas, actitud muy corriente en la Europa de entonces y que en España sólo desaparece bajo la Contrarreforma. De ahí que el *Lazarillo* fuese prohibido por la Inquisición en 1559, aunque su enorme popularidad, dentro y fuera del país, hizo que se autorizase después, previa supresión de los trozos más anticlericales. De esa popularidad da buena idea el haber quedado la palabra «lazarillo» como nombre común del guía de ciegos.

No obstante la sencillez de su composición y el carácter tradicional de las anécdotas que narra, el mérito literario de esta obrita maestra es grande, tanto por la aguda y sobria impresión de una realidad vivida como por el lenguaje llano, castizo y expresivo. Frente a la tendencia anterior a mezclar la prosa popular y la culta, el *Lazarillo* mantiene un estilo uniforme, que da la impresión de parecerse a la lengua hablada, con sus giros familiares, frases proverbiales e incluso descuidos sintácticos, aunque no le falten ciertos artificios, como los juegos de palabras, que revelan a un autor consciente de su arte.

Respecto al autor del *Lazarillo*, nada se ha podido averiguar con certeza hasta ahora, a pesar de los varios nombres que se vienen sugiriendo desde su aparición. Tampoco se sabe cuándo fue compuesta la obra, aunque por referencias internas a sucesos contemporáneos hubo de ser posterior a 1525 y anterior a 1554, año en que aparecieron las tres primeras ediciones, probablemente precedidas de alguna otra desconocida. Es muy probable también que se escribiese en Toledo, como dice el narrador.

La obra va precedida de un Prólogo de Lázaro, como autor-protagonista, dedicado a un supuesto señor que le había pedido la relación de sus aventuras. Expresa allí su esperanza de merecer elogios a pesar del «grosero estilo», propio de tan humilde pluma, y recomienda su lección a «los que heredaron nobles estados» para que consideren «cuán poco se les debe, pues fortuna fue con ellos parcial, y cuánto más hicieron los que siéndoles contraria, con fuerza y maña remando, salieron a buen puerto.»

TEXTO: *La vida de Lazarillo de Tormes* (ed. R. O. Jones). Manchester, 1963.

LA VIDA DE
LAZARILLO DE TORMES

Y DE SUS FORTUNAS Y ADVERSIDADES

Tratado Primero

Cuenta Lázaro su vida y cúyo hijo fue

Pues sepa V. M.[1] ante todas cosas, que a mí llaman Lázaro[2] de Tormes, hijo de Tomé González y de Antona Pérez, naturales de Tejares, aldea de Salamanca. Mi nacimiento fue dentro del río Tormes, por la cual causa tomé el sobrenombre, y fue desta[3] manera. Mi padre, que Dios perdone, tenía cargo de proveer una molienda de una aceña[4] que está ribera de aquel río, en la cual fue molinero más de quince años; y estando mi madre una noche en la aceña, preñada de mí, tomóle el parto y parióme allí; de manera que con verdad me puedo decir nacido en el río.

Pues siendo yo niño de ocho años achacaron a mi padre ciertas sangrías mal hechas[5] en los costales de los que allí a moler venían, por lo cual fue preso, y confesó, y no negó, y padeció persecución por justicia.[6] Espero en Dios que está en la Gloria, pues el Evangelio los llama bienaventurados. En este tiempo se hizo cierta armada[7] contra moros, entre los cuales fue mi padre, que a la sazón estaba desterrado por el desastre ya dicho, con cargo de acemilero de un caballero que allá fue; y con su señor, como leal criado, feneció su vida.

Mi viuda madre, como sin marido y sin abrigo se viese, determinó arrimarse a los buenos por ser uno dellos,[8] y vínose a vivir a la ciudad y alquiló una casilla, y metíase a guisar de comer[9] a ciertos estudiantes, y lavaba la ropa a ciertos mozos de caballos del Comendador de la Magdalena[10]; de manera que fue frecuentando las caballerizas. Ella y un hombre moreno,[11] de aquellos que las bestias curaban,[12] vinieron en conocimiento. Éste algunas veces se venía a nuestra casa y se iba a la mañana; otras veces de día llegaba a la puerta, en achaque de comprar huevos, y entrábase en casa. Yo, al principio de su entrada, pesábame con él y habíale miedo, viendo el color y mal gesto que tenía; mas de que vi que con su venida mejoraba el comer, fuile queriendo bien, porque siempre traía pan, pedazos de carne, y en el invierno leños, a que nos calentábamos.

---

[1] *vuestra merced*, la persona para quien dice en el Prólogo haber escrito el libro

[2] nombre tradicionalmente asociado con la idea de vida pobre y desgraciada (por el mendigo del Nuevo Testamento). Erróneamente, la etimología popular lo derivaba de *lacerar* (sufrir) en frases proverbiales como «por Lázaro laceramos», «más pobre que Lázaro.»

[3] de esta

[4] estaba encargado de la operación de un molino (movido por el agua del río)

[5] (*fig.*) extracciones ilícitas del contenido de los sacos

[6] irónicos ecos de frases evangélicas

[7] [expedición] armada

[8] los de buena posición (Refrán: «Arrímate a los buenos y serás uno de ellos»)

[9] hacer la comida

[10] Comendador de la Orden de Alcántara, a la que pertenecía la iglesia de la Magdalena en Salamanca

[11] negro (eufemismo)

[12] cuidaban

De manera que continuando la posada y conversación, mi madre vino a darme un negrito muy bonito, el cual yo brincaba[13] y ayudaba a calentar. Y acuérdome que estando el negro de mi padrastro trebejando[14] con el mozuelo, como el niño veía a mi madre y a mí blancos, y a él no, huía dél con miedo para mi madre, y señalando con el dedo decía: «¡Madre, coco!»[15] Respondió él riendo: «¡Hideputa!»[16]

Yo, aunque bien muchacho, noté aquella palabra de mi hermanico, y dije entre mí: «¡Cuántos debe de haber en el mundo que huyen de otros porque no se ven a sí mismos!»

Quiso nuestra fortuna que la conversación del Zaide, que así se llamaba, llegó a oídos del mayordomo, y hecha pesquisa, hallóse que la mitad por medio[17] de la cebada que para las bestias le daban hurtaba; y salvados,[18] leña, almohazas,[19] mandiles, y las mantas y sábanas de los caballos hacía[20] perdidas; y cuando otra cosa no tenía, las bestias desherraba, y con todo esto acudía a mi madre para criar a mi hermanico. No nos maravillemos de un clérigo ni de un fraile porque el uno hurta de los pobres y el otro de casa para sus devotas y para ayuda de otro tanto, cuando a un pobre esclavo el amor le animaba a esto.

Y probósele cuanto digo y aun más, porque a mí con amenazas, me preguntaban, y como niño respondía, y descubría cuanto sabía con miedo, hasta ciertas herraduras que por mandado de mi madre a un herrero vendí.

Al triste de mi padrastro azotaron y pringaron[21], y a mi madre pusieron pena por justicia, sobre el acostumbrado centenario,[22] que en casa del sobredicho comendador no entrase, ni al lastimado Zaide en la suya acogiese.

Por no echar la soga tras el caldero,[23] la triste se esforzó y cumplió la sentencia; y por evitar peligro y quitarse de malas lenguas se fue a servir a los que al presente vivían en el mesón de la Solana[24] y allí, padeciendo mil importunidades, se acabó de criar mi hermanico hasta que supo andar, y a mí hasta ser buen mozuelo, que iba a los huéspedes[25] por vino y candelas, y por lo demás que me mandaban.

En este tiempo vino a posar al mesón un ciego, el cual, pareciéndole que yo sería para adestrarle[26], me pidió a mi madre, y ella me encomendó a él diciéndole cómo era hijo de un buen hombre, el cual, por ensalzar la fe, había muerto en la de los Gelves[27], y que ella confiaba en Dios no saldría peor hombre que mi padre, y que le rogaba me tratase bien y mirase por mí, pues era huérfano.

Él respondió que así lo haría y que me recibía no por mozo sino por hijo. Y así le comencé a servir y adestrar a mi nuevo y viejo amo.

Como estuvimos en Salamanca algunos días, pareciéndole a mi amo que no era la ganancia a su contento, determinó irse de allí; y cuando nos hubimos de partir, yo fui a ver a mi madre y, ambos llorando, me dio su bendición y dijo:

—Hijo, ya sé que no te veré más; procura de ser bueno, y Dios te guíe. Criado te he y con buen amo te he puesto; válete por ti.

Y así, me fui para mi amo, que esperándome estaba.

Salimos de Salamanca, y llegando a la puente, está a la entrada della un animal

---

[13] cogía en brazos
[14] mi padrastro el negro jugando
[15] fantasma con que se asusta a los niños
[16] ¡Hijo de puta!
[17] *la ... medio*, la mitad
[18] cáscara del grano después de molido
[19] cepillo de hierro para las caballerías
[20] fingía
[21] Como esclavo, fue condenado a ser azotado y luego untado con grasa muy caliente.
[22] cien azotes
[23] por no perderlo todo (proverbio)
[24] posada donde hoy está el Ayuntamiento, en la Plaza Mayor de Salamanca
[25] hacía recados para los huéspedes
[26] guiarle (llevándole de la mano diestra)
[27] la derrota naval de 1510 frente a los moros en la isla de Gelves, cerca de Túnez (África del Norte)

de piedra, que casi tiene forma de toro, y el ciego mandóme que llegase cerca del animal y, allí puesto, me dijo:

—Lázaro, llega el oído a este toro y oirás gran ruido dentro dél.

Yo simplemente[28] llegué, creyendo ser así; y como sintió que tenía la cabeza par de[29] la piedra, afirmó recio la mano y diome una gran calabazada[30] en el diablo del toro, que más de tres días me duró el dolor de la cornada, y díjome:

—Necio, aprende, que el mozo del ciego un punto ha de saber más que el diablo.

Y rió mucho la burla.

Parecióme que en aquel instante desperté de la simpleza en que como niño dormido estaba. Dije entre mí: «Verdad dice éste, que me cumple[31] avivar el ojo y avisar[32], pues solo soy, y pensar cómo me sepa valer.»

Comenzamos nuestro camino, y en muy pocos días me mostró jerigonza;[33] y como me viese de buen ingenio, holgábase mucho y decía: «Yo oro ni plata no te lo puedo dar;[34] mas avisos para vivir muchos te mostraré.» Y fue así, que, después de Dios, éste me dio la vida, y siendo ciego me alumbró y adestró en la carrera de vivir.

Huelgo de contar a V. M. estas niñerías, para mostrar cuánta virtud sea saber los hombres subir siendo bajos, y dejarse bajar siendo altos cuánto vicio.

Pues, tornando al bueno de mi ciego y contando sus cosas, V. M. sepa que desde que Dios crió el mundo, ninguno formó más astuto ni sagaz. En su oficio era un águila; ciento y tantas oraciones sabía de coro;[35] un tono bajo, reposado y muy sonable, que hacía resonar la iglesia donde rezaba; un rostro humilde y devoto, que con muy buen continente ponía cuando rezaba, sin hacer gestos ni visajes con boca ni ojos como otros suelen hacer. Allende desto,[36] tenía otras mil formas y maneras para sacar el dinero. Decía saber oraciones para muchos y diversos efectos: para mujeres que no parían, para las que estaban de parto, para las que eran malcasadas que sus maridos las quisiesen bien. Echaba pronósticos a las preñadas, si traían hijo o hija. Pues en caso de medicina, decía que Galeno no supo la mitad que él para muelas, desmayos, males de madre.[37] Finalmente, nadie le decía padecer alguna pasión,[38] que luego[39] no le decía; «Haced esto, haréis esto otro, coged tal yerba, tomad tal raíz.» Con esto andábase todo el mundo tras él, especialmente mujeres, que cuanto les decía creían. De éstas sacaba él grandes provechos con las artes que digo, y ganaba más en un mes que cien ciegos en un año.

Mas también quiero que sepa V. M. que con todo lo que adquiría y tenía, jamás tan avariento ni mezquino hombre no vi, tanto que me mataba a mí de hambre, y así no me demediaba[40] de lo necesario. Digo verdad: si con mi sutileza y buenas mañas no me supiera remediar, muchas veces me finara[41] de hambre; mas con todo su saber y aviso le contraminaba[42] de tal suerte, que siempre, o las más veces, me cabía lo más y mejor. Para esto le hacía burlas endiabladas, de las cuales contaré algunas, aunque no todas a mi salvo.[43]

Él traía el pan y todas las otras cosas en un fardel[44] de lienzo que por la boca se cerraba con una argolla de hierro y su candado y llave, y al meter de las cosas y sacarlas, era con tanta vigilancia y tan por contadero[45], que no bastara todo el mundo hacerle menos[46] una migaja. Mas yo tomaba

---

[28] como un simple o tonto
[29] junto a
[30] golpe con la cabeza (de «calabaza»)
[31] conviene
[32] estar prevenido
[33] jerga o lenguaje de delincuentes
[34] otro eco evangélico (Actos III, 6)
[35] de memoria
[36] además de esto
[37] de la matriz

[38] dolor
[39] inmediatamente
[40] no me daba ni la mitad
[41] hubiera muerto
[42] le dañaba secretamente (robándole)
[43] favor
[44] saco
[45] con tan estricta cuenta, como las ovejas al pasar una a una por el *contadero*
[46] para quitarle

aquella laceria[47] que él me daba, la cual en menos de dos bocados era despachada. Después que cerraba el candado y se descuidaba, pensando que yo estaba entendiendo en otras cosas, por un poco de costura, que muchas veces del un lado del fardel descosía y tornaba a coser, sangraba el avariento fardel, sacando no por tasa[48] pan, mas buenos pedazos, torreznos y longaniza. Y así, buscaba conveniente tiempo para rehacer, no la chaza,[49] sino la endiablada falta que el mal ciego me faltaba.

Todo lo que podía sisar y hurtar traía en medias blancas;[50] y cuando le mandaban rezar y le daban blancas, como él carecía de vista, no había el que se la daba amagado con ella,[51] cuando yo la tenía lanzada en la boca y la media aparejada, que por presto que él echaba la mano, ya iba de mi cambio aniquilada[52] en la mitad del justo precio. Quejábaseme el mal ciego, porque al tiento luego conocía y sentía que no era blanca entera, y decía:

—¿Qué diablo es esto, que después que conmigo estás no me dan sino medias blancas, y de antes una blanca y un maravedí[53] hartas veces me pagaban? En ti debe estar esta desdicha.

También él abreviaba el rezar y la mitad de la oración no acababa, porque me tenía mandado que, en yéndose el que la mandaba rezar, le tirase por cabo del capuz. Yo así lo hacía. Luego él tornaba a dar voces, diciendo: «¿Mandan rezar tal y tal oración?», como suelen decir.

Usaba poner cabe[54] sí un jarrillo de vino cuando comíamos. Yo muy de presto le asía y daba un par de besos[55] callados y tornábale a su lugar; mas duróme poco, que en los tragos conocía la falta, y por reservar su vino a salvo nunca después

desamparaba el jarro, antes lo tenía por el asa asido. Mas no había piedra imán que así trajese a sí como yo con una paja larga de centeno, que para aquel menester tenía hecha, la cual metiéndola en la boca del jarro, chupando el vino lo dejaba a buenas noches.[56] Mas como fuese el traidor tan astuto, pienso que me sintió, y dende[57] en adelante mudó propósito y asentaba su jarro entre las piernas y atapábale con la mano, y así bebía seguro.

Yo como estaba hecho[58] al vino, moría por él; y viendo que aquel remedio de la paja no me aprovechaba ni valía, acordé en el suelo del jarro hacerle una fuentecilla y agujero sutil, y delicadamente con una muy delgada tortilla[59] de cera taparlo, y al tiempo de comer, fingiendo haber frío, entrábame entre las piernas del triste ciego a calentarme en la pobrecilla lumbre que teníamos, y al calor de ella luego derretida la cera, por ser muy poca, comenzaba la fuentecilla a destilarme en la boca, la cual yo de tal manera ponía que maldita la gota que se perdía. Cuando el pobreto iba a beber, no hallaba nada. Espantábase,[60] maldecíase, daba al diablo el jarro y el vino, no sabiendo qué podía ser.

—No diréis, tío,[61] que os lo bebo yo —decía—, pues no le quitáis de la mano.

Tantas vueltas y tientos dio al jarro, que halló la fuente, y cayó en la burla; mas así lo disimuló como si no lo hubiera sentido. Y luego otro día, teniendo yo rezumando mi jarro como solía, no pensando el daño que me estaba aparejado, ni que el mal ciego me sentía, sentéme como solía; estando recibiendo aquellos dulces tragos, mi cara puesta hacia el cielo, un poco cerrados los ojos por mejor gustar el sabroso licor, sintió el desesperado ciego que agora tenía tiempo

---

[47] miseria (poca cosa)
[48] no en escasa cantidad
[49] *rehacer la chaza* es repetir una jugada dudosa en el juego de pelota. Aquí Lazarillo pone remedio a la *falta* de comida, que no está en duda.
[50] moneda de plata y cobre
[51] apenas mostraba la moneda (el que se la daba)
[52] reducida
[53] Valía dos blancas.
[54] junto a
[55] bebía un par de veces
[56] vacío (por decir «buenas noches» al apagar la luz para dormir y quedar todo a oscuras y como vacío)
[57] de allí
[58] acostumbrado
[59] trozo delgado y aplastado
[60] se asombraba
[61] término vulgar para dirigirse a un viejo

de tomar de mí venganza, y con toda su fuerza, alzando con dos manos aquel dulce y amargo jarro, le dejó caer sobre mi boca, ayudándose, como digo, con todo su poder, de manera que el pobre Lázaro, que de nada desto se guardaba,[62] antes, como otras veces, estaba descuidado y gozoso, verdaderamente me pareció que el cielo, con todo lo que en él hay, me había caído encima. Fue tal el golpecillo, que me desatinó y sacó de sentido, y el jarrazo tan grande, que los pedazos de él se me metieron por la cara, rompiéndomela por muchas partes, y me quebró los dientes, sin los cuales hasta hoy día me quedé. Desde aquella hora quise mal al mal ciego; y aunque me quería y regalaba y me curaba, bien vi que se había holgado del cruel castigo. Lavóme con vino las roturas que con los pedazos del jarro me había hecho, y sonriéndose decía:

—¿Qué te parece, Lázaro? Lo que te enfermó te sana y da salud—. Y otros donaires, que a mi gusto no lo eran.

Ya que estuve medio bueno de mi negra trepa[63] y cardenales, considerando que a pocos golpes tales el cruel ciego ahorraría[64] de mí, quise yo ahorrar dél; mas no lo hice tan presto por hacerlo más a mi salvo y provecho. Aunque yo quisiera asentar mi corazón y perdonarle el jarrazo, no daba lugar el mal tratamiento que el mal ciego desde allí adelante me hacía, que sin causa ni razón me hería, dándome coscorrones y repelándome. Y si alguno le decía por qué me trataba tan mal, luego contaba el cuento del jarro, diciendo:

—¿Pensáis que este mi mozo es algún inocente? Pues oíd si el demonio ensayara otra tal hazaña.

Santiguándose los que lo oían, decían:

—¡Mirad quién pensara de un muchacho tan pequeño tal ruindad!

Y reían mucho el artificio, y decíanle:

—Castigadlo, castigadlo, que de Dios lo habréis.[65]

Y él con aquello, nunca otra cosa hacía. Y en esto yo siempre le llevaba por los peores caminos, y adrede, por le hacer mal y daño; si había piedras, por ellas; si lodo, por lo más alto,[66] que aunque yo no iba por lo más enjuto, holgábame a mí de quebrar un ojo por quebrar dos al que ninguno tenía.[67] Con esto siempre con el cabo alto del tiento[68] me atentaba[69] el colodrillo, el cual siempre traía lleno de tolondrones[70] y pelado de sus manos; y aunque yo juraba no lo hacer con malicia, sino por no hallar mejor camino, no me aprovechaba, ni me creía más: tal era el sentido y el grandísimo entendimiento del traidor.

Y porque vea V. M. a cuánto se extendía el ingenio deste astuto ciego, contaré un caso de muchos que con él me acaecieron, en el cual me parece dio bien a entender su gran astucia. Cuando salimos de Salamanca, su motivo fue venir a tierra de Toledo, porque decía ser la gente más rica, aunque no muy limosnera. Arrimábase a este refrán: «Más da el duro que el desnudo.» Y vinimos a este camino por los mejores lugares. Donde hallaba buena acogida y ganancia, deteníamos nos; donde no, a tercero día hacíamos San Juan.[71]

Acaeció que llegando a un lugar que llaman Almorox[72] al tiempo que cogían las uvas, un vendimiador le dio un racimo dellas en limosna. Y como suelen ir los cestos maltratados, y también porque la uva en aquel tiempo está muy madura, desgranábasele el racimo en la mano; para echarlo en el fardel tornábase mosto y lo que a él se llegaba.[73] Acordó de hacer un banquete, así por no lo poder llevar como por contentarme, que aquel día me había dado muchos rodillazos y golpes. Sentámonos en un valladar, y dijo:

---

[62] sospechaba de esto
[63] malditos golpes
[64] se desharía o desprendería
[65] de Dios tendréis recompensa
[66] hondo
[67] proverbial: alegrarse del daño propio con tal de causarlo también al prójimo
[68] el extremo superior del palo

[69] tentaba, tocaba
[70] chichones
[71] nos mudábamos de sitio; el día de San Juan (24 de junio, a la mitad del año) era la fecha en que caducaban los alquileres de casas y se solían hacer las mudanzas.
[72] provincia de Toledo
[73] lo que el racimo tocaba también

—Agora quiero yo usar contigo de una liberalidad, y es que ambos comamos este racimo de uvas, y que hayas dél tanta parte como yo, partirlo hemos desta manera: tú picarás una vez y yo otra, con tal que me prometas no tomar cada vez más de una uva. Yo haré lo mismo hasta que lo acabemos, y desta suerte no habrá engaño.

Hecho así el concierto, comenzamos; mas luego al segundo lance, el traidor mudó propósito y comenzó a tomar de dos en dos, considerando que yo debería hacer lo mismo. Como vi que él quebraba la postura,[74] no me contenté ir a la par con él, mas aun pasaba adelante: dos a dos, y tres a tres, y como podía, las comía. Acabado el racimo, estuvo un poco con el escobajo en la mano y, meneando la cabeza, dijo:

—Lázaro, engañado me has; juraré yo a Dios que has tú comido las uvas tres a tres.

—No comí —dije yo—; mas ¿por qué sospecháis eso?

Respondió el sagacísimo ciego:

—¿Sabes en qué veo que las comiste tres a tres? En que comía yo dos a dos y callabas.

Reíme entre mí, y aunque muchacho, noté mucho la discreta consideración del ciego.

Mas por no ser prolijo, dejo de contar muchas cosas, así graciosas como de notar,[75] que con este mi primer amo me acaecieron, y quiero decir el despidiente[76] y con él acabar. Estábamos en Escalona,[77] villa del duque della, en mesón, y diome un pedazo de longaniza que le asase. Ya que la longaniza había pringado y comídose las pringadas[78], sacó un maravedí de la bolsa y mandó que fuese por él de vino a la taberna. Púsome el demonio el aparejo[79] delante los ojos, el cual, como suelen decir, hace al ladrón, y fue que había cabe el fuego un nabo pequeño, larguillo y ruinoso, y tal que por no ser[80] para la olla, debió ser echado allí.

Y como al presente nadie estuviese sino él y yo solos, como me vi con apetito goloso, habiéndome puesto dentro el sabroso olor de la longaniza, del cual solamente sabía que había de gozar, no mirando qué me podría suceder, pospuesto todo el temor por cumplir con el deseo, en tanto que el ciego sacaba de la bolsa el dinero, saqué la longaniza y muy presto metí el sobredicho nabo en el asador, el cual mi amo, dándome el dinero para el vino, tomó y comenzó a dar vueltas al fuego, queriendo asar al que de ser cocido, por sus deméritos había escapado.

Yo fui por el vino, con el cual no tardé en despachar la longaniza, y cuando vine hallé al pecador del ciego que tenía entre dos rebanadas apretado el nabo, al cual aún no había conocido por no lo haber tentado con la mano. Como tomase las rebanadas y mordiese en ellas, pensando también llevar parte de la longaniza, hallóse en frío con el frío nabo; alteróse y dijo:

—¿Qué es eso, Lazarillo?

—¡Lacerado[81] de mí! —dije yo—. ¿Si queréis a mí echar algo? ¿Yo no vengo de traer el vino? Alguno estaba ahí y por burlar haría esto.

—No, no —dijo él—, que yo no he dejado el asador de la mano; no es posible.

Yo torné a jurar y perjurar que estaba libre de aquel trueco y cambio, mas poco me aprovechó, pues a las astucias del maldito ciego nada se le escondía. Levantóse y asióme por la cabeza y llegóse a olerme. Y como debió sentir el huelgo,[82] a uso de buen podenco, por mejor satisfacerse de la verdad, y con la gran agonía que llevaba, asiéndome con las manos, abrióme la boca más de su derecho y desatentadamente metía la nariz, la cual él tenía luenga y afilada, y a aquella sazón,[83] con el enojo, se había aumentado un palmo, con el pico de la cual me llegó a la gulilla.[84]

---

[74] lo propuesto
[75] dignas de notar
[76] el incidente final que trajo su despedida
[77] prov. de Toledo
[78] rebanadas de pan con «pringue» o grasa de la longaniza, la cual se pringa poniéndola sobre el fuego
[79] oportunidad, recurso
[80] ser [bueno]
[81] el que sufre (juego de palabras con *Lázaro*)
[82] aliento
[83] ocasión
[84] garganta

Con esto, y con el gran miedo que tenía, y con la brevedad del tiempo, la negra[85] longaniza aún no había hecho asiento en el estómago, y lo más principal, con el destiento[86] de la cumplidísima[87] nariz medio casi ahogándome, todas estas cosas se juntaron y fueron causa que el hecho y golosina se manifestase y lo suyo fuese vuelto a su dueño; de manera que antes que el mal ciego sacase de mi boca su trompa, tal alteración sintió mi estómago, que le dio con el hurto en ella, de suerte que su nariz y la negra mal mascada longaniza a un tiempo salieron de mi boca.

¡Oh gran Dios, quién estuviera aquella hora sepultado, que muerto ya lo estaba! Fue tal el coraje del perverso ciego que, si al ruido no acudieran, pienso no me dejara con la vida. Sacáronme de entre sus manos, dejándoselas llenas de aquellos pocos cabellos que tenía, arañada la cara y rasguñado el pescuezo y la garganta. Y esto bien lo merecía, pues por su maldad[88] me venían tantas persecuciones.

Contaba el mal ciego a todos cuantos allí se allegaban mis desastres, y dábales cuenta una y otra vez, así de la del jarro como de la del racimo, y agora de lo presente. Era la risa de todos tan grande, que toda la gente que por la calle pasaba entraba a ver la fiesta; mas con tanta gracia y donaire contaba el ciego mis hazañas, que aunque yo estaba tan maltratado y llorando, me parecía que hacía injusticia en no se las reír.

Y cuando esto pasaba, a la memoria me vino una cobardía y flojedad que hice, por que[89] me maldecía, y fue no dejarle sin narices, pues tan buen tiempo tuve para ello que la mitad del camino estaba andado; que con sólo apretar los dientes se me quedaran en casa, y con[90] ser de aquel malvado, por ventura lo retuviera mejor mi estómago que retuvo la longaniza, y no pareciendo ellas pudiera negar la demanda.[91] Pluguiera a Dios que lo hubiera hecho, que eso fuera así que así.[92]

Hiciéronnos amigos la mesonera y los que allí estaban, y con el vino que para beber le había traído, laváronme la cara y la garganta. Sobre lo cual discantaba[93] el mal ciego donaires, diciendo:

—Por verdad, más vino me gasta este mozo en lavatorios al cabo del año que yo bebo en dos. A lo menos, Lázaro, eres en más cargo[94] al vino que a tu padre, porque él una vez te engendró, mas el vino mil te ha dado la vida.

Y luego contaba cuántas veces me había descalabrado y arpado[95] la cara, y con vino luego sanaba.

—Yo te digo —dijo—, que si hombre en el mundo ha de ser bienaventurado con vino, que serás tú.

Y reían mucho los que me lavaban con esto, aunque yo renegaba. Mas el pronóstico del ciego no salió mentiroso, y después acá muchas veces me acuerdo de aquel hombre, que sin duda debía tener espíritu de profeta, y me pesa de los sinsabores que le hice, aunque bien se lo pagué, considerando lo que aquel día me dijo salirme tan verdadero como adelante V. M. oirá.

Visto esto y las malas burlas que el ciego burlaba de mí, determiné de todo en todo[96] dejarle y como lo traía pensado y lo tenía en voluntad, con este postrer juego que me hizo afirmélo más. Y fue así, que luego otro día salimos por la villa a pedir limosna y había llovido mucho la noche antes; y porque el día también llovía, y andaba rezando debajo de unos portales que en aquel pueblo había, donde no nos mojábamos; mas como la noche se venía y el llover no cesaba, díjome el ciego:

—Lázaro, esta agua es muy porfiada, y cuanto la noche más cierra, más recia; acojámonos a la posada con tiempo.

---

[85] maldita
[86] sobresalto (por el tiento o toque de la nariz)
[87] enorme
[88] la maldad de la garganta de Lázaro, tan aficionada a beber y comer
[89] por la cual yo
[90] a pesar de

[91] frase judicial: al no aparecer las narices (el «cuerpo del delito») no habría *demanda* posible
[92] no hubiera sido mala cosa
[93] repetía (como glosa o comentario)
[94] deuda
[95] arañado
[96] definitivamente

Para ir allá, habíamos de pasar un arroyo que con la mucha agua iba grande. Yo le dije:

—Tío, el arroyo va muy ancho; mas si queréis, yo veo por donde travesemos más aína[97] sin nos mojar, porque se estrecha allí mucho, y saltando pasaremos a pie enjuto.

Parecióle buen consejo, y dijo:

—Discreto eres, por esto te quiero bien. Llévame a ese lugar donde el arroyo se ensangosta,[98] que agora es invierno y sabe mal el agua, y más llevar los pies mojados.

Yo que vi el aparejo a mi deseo, saquéle debajo de los portales, y llevélo derecho de un pilar o poste de piedra que en la plaza estaba, sobre el cual y sobre otros cargaban saledizos[99] de aquellas casas, y díjele:

—Tío, éste es el paso más angosto que en el arroyo hay.

Como llovía recio y el triste se mojaba, y con la priesa que llevábamos de salir del agua que encima nos caía, y lo más principal, porque Dios le cegó aquella hora el entendimiento (fue por darme dél venganza), creyóse de mí y dijo:

—Ponme bien derecho y salta tú el arroyo.

Yo le puse bien derecho enfrente del pilar, y doy un salto y póngome detrás del poste como quien espera tope de toro y díjele:

—¡Sus! Saltad, todo lo que podáis, porque deis de este cabo del agua.

Aun apenas lo había acabado de decir cuando se abalanza el pobre ciego como cabrón, y de toda su fuerza arremete, tomando un paso atrás de la corrida[1] para hacer mayor salto, y da con la cabeza en el poste, que sonó tan recio como si diera con una gran calabaza, y cayó luego para atrás, medio muerto y hendida la cabeza.

—¿Cómo, y olistes la longaniza y no el poste? ¡Oled! ¡Oled!—le dije yo.

Y dejéle en poder de mucha gente que lo había ido a socorrer, y tomé la puerta de la villa en los pies de un trote,[2] y antes que la noche viniese di conmigo en Torrijos[3]. No supe más lo que Dios dél hizo, ni curé[4] de lo saber.

Tratado Segundo

Cómo Lázaro se asentó con un clérigo, y de las cosas que con él pasó

Otro día, no pareciéndome estar allí seguro, fuime a un lugar que llaman Maqueda[5], adonde me toparon mis pecados con un clérigo, que llegando[6] a pedir limosna, me preguntó si sabía ayudar a misa. Yo dije que sí, como era verdad; que aunque maltratado, mil cosas buenas me mostró el pecador del ciego, y una dellas fue ésta. Finalmente, el clérigo me recibió por suyo.

Escapé del trueno y di en el relámpago, porque era el ciego para con éste[7] un Alejandro Magno, con ser la misma avaricia, como he contado. No digo más sino que toda la laceria del mundo estaba encerrada en éste. No sé si de su cosecha era o lo había anexado con el hábito de clerecía.

El tenía un arcaz[8] viejo y cerrado con su llave, la cual traía atada con una agujeta del paletoque,[9] y en viniendo el bodigo[10] de la iglesia, por su mano era luego allí lanzado, y tornada a cerrar el arca. Y en toda la casa no había ninguna cosa de comer, como suele estar en otros: algún tocino colgado al humero,[11] algún queso puesto en alguna tabla o en el armario, algún canastillo con algunos pedazos de pan que de la mesa sobran,

---

[97] a prisa
[98] estrecha
[99] salientes del tejado
[1] en su carrera
[2] en una carrera
[3] prov. de Toledo
[4] me preocupé
[5] prov. de Toledo

[6] llegando [yo]
[7] comparado con éste
[8] arca grande (aumentativo arcaico)
[9] especie de capa que cae por delante y por detrás hasta las rodillas
[10] pan votivo que se ofrecía a las iglesias y era comido por los curas
[11] chimenea

que me parece a mí que aunque dello no me aprovechara, con la vista dello me consolara.

Solamente había una horca de cebollas,[12] y tras la llave en una cámara en lo alto de la casa. Déstas tenía yo de ración una para cada cuatro días, y cuando le pedía la llave para ir por ella, si alguno estaba presente, echaba mano al falsopeto[13], y con gran continencia la desataba y me la daba, diciendo:

—Toma y vuélvela luego, y no hagas sino golosinar.[14]

Como si debajo della estuvieran todas las conservas de Valencia,[15] con no haber en la dicha cámara, como dije, maldita la otra cosa que las cebollas colgadas de un clavo, las cuales él tenía tan bien por cuenta, que si por malos de mis pecados me desmandara a más de mi tasa, me costara caro.

Finalmente, yo me finaba de hambre. Pues ya que[16] conmigo tenía poca caridad, consigo usaba más. Cinco blancas de carne era su ordinario para comer y cenar. Verdad es que partía conmigo del caldo, que de la carne, ¡tan blanco el ojo![17] sino un poco de pan, y ¡pluguiera a Dios que me demediara!

Los sábados cómense en esta tierra cabezas de carnero,[18] y enviábame por una que costaba tres maravedís. Aquélla le cocía y comía los ojos y la lengua y el cogote y sesos y la carne que en las quijadas tenía, y dábame todos los huesos roídos y dábamelos en el plato, diciendo:

—Toma, come, triunfa, que para ti es el mundo; mejor vida tienes que el Papa.

«¡Tal te la dé Dios!», decía yo paso[19] entre mí.

A cabo de tres semanas que estuve con él, vine a tanta flaqueza que no me podía tener en las piernas de pura hambre. Vime claramente ir a la sepultura, si Dios y mi saber no me remediaran. Para usar de mis mañas, no tenía aparejo, por no tener en qué darle salto[20] y aunque algo hubiera, no pudiera cegarle, como hacía al que Dios perdone, si de aquella calabazada feneció, que todavía, aunque astuto, con faltarle aquel preciado sentido, no me sentía; mas estotro[21] ninguno hay que tan aguda vista tuviese como él tenía.

Cuando al ofertorio estábamos, ninguna blanca en la concha[22] caía que no era dél registrada: el un ojo tenía en la gente y el otro en mis manos. Bailábanle los ojos en el casco como si fueran de azogue. Cuantas blancas ofrecían tenía por cuenta, y acabado el ofrecer, luego me quitaba la concha y la ponía sobre el altar.

No era yo señor[23] de asirle una blanca todo el tiempo que con él viví, o por mejor decir morí. De la taberna nunca le traje una blanca de vino, mas aquel poco que de la ofrenda había metido en su arcaz, compasaba de tal forma que le duraba toda la semana. Y por ocultar su gran mezquindad, decíame:

—Mira, mozo, los sacerdotes han de ser muy templados en su comer y beber, y por esto yo no me desmando como otros.

Mas el lacerado[24] mentía falsamente, porque en cofradías y mortuorios que rezamos, a costa ajena comía como lobo y bebía más que un saludador.[25]

Y porque dije de mortuorios, Dios me perdone, que jamás fui enemigo de la naturaleza humana sino entonces; y esto era porque comíamos bien y me hartaban. Deseaba y aun rogaba a Dios que cada día

---

[12] atadas en forma de collar
[13] bolsillo interior junto al pecho
[14] no andes golosineando (probando cosas dulces)
[15] famosa hoy todavía por sus dulces y turrones, de origen oriental
[16] aunque
[17] me quedaba sin probar nada (tan en blanco como el *blanco del ojo*)
[18] Por un voto hecho en la España cristiana a raíz de la victoria de las Navas de Tolosa (1212), no se podía comer los sábados, pero con el tiempo se fueron haciendo ciertas concesiones locales, como ésta de comer cabeza de carnero.
[19] en voz baja
[20] asalto
[21] este otro
[22] usada para recoger el dinero
[23] capaz
[24] miserable
[25] Frase hecha: eran curanderos que usaban la saliva, entre otras cosas, para males como la rabia, por lo que necesitarían beber mucho.

matase el suyo.[26] Y cuando dábamos sacramento a los enfermos, especialmente la Extremaunción, como manda el clérigo rezar a los que están allí, yo cierto no era el postrero de la oración, y con todo mi corazón y buena voluntad rogaba al Señor, no que la echase a la parte que más scrvido fuese,[27] como se suele decir, mas que le llevase deste mundo. Y cuando alguno déstos escapaba (Dios me lo perdone), que mil veces le daba al diablo, y el que se moría, otras tantas bendiciones llevaba de mí dichas. Porque en todo el tiempo que allí estuve, que sería casi seis meses, solas veinte personas fallecieron, y éstas bien creo que las maté yo o por mejor decir, murieron a mi recuesta[28]. Porque viendo el Señor mi rabiosa y continua muerte, pienso que holgaba de matarlos por darme a mí vida. Mas de lo que al presente padecía, remedio no hallaba; que si el día que enterrábamos y vivía, los días que no había muerto, por quedar bien vezado[29] de la hartura, tornando a mi cotidiana hambre, más lo sentía. De manera que en nada hallaba descanso, salvo en la muerte, que yo también para mí como para los otros, deseaba algunas veces; mas no la veía, aunque estaba siempre en mí.

Pensé muchas veces irme de aquel mezquino amo, mas por dos cosas lo dejaba: la primera, por no me atrever a mis piernas, por temer de la flaqueza, que de pura hambre me venía; la otra, porque consideraba y decía: «Yo he tenido dos amos: el primero traíame muerto de hambre y, dejándole, topé con estotro, que me tiene ya con ella en la sepultura; pues si déste desisto y doy en otro más bajo, ¿qué será sino fenecer?»

Con esto no me osaba menear, porque tenía por fe[30] que todos los grados había de hallar más ruines. Y a abajar[31] otro punto, no

sonara Lázaro[32] ni se oyera en el mundo.

Pues estando en tal aflicción (cual plega[33] al Señor librar della a todo fiel cristiano), y sin saber darme consejo, viéndome ir de mal en peor, un día que el cuitado, ruin y lacerado de mi amo había ido fuera del lugar, llegóse acaso a mi puerta un calderero, el cual yo creo que fue ángel enviado a mí por la mano de Dios en aquel hábito. Preguntóme si tenía algo que adobar. «En mí tenías bien que hacer, y no harías poco si me remediases» —dije de paso, que no me oyó.

Mas como no era tiempo de gastarlo en decir gracias, alumbrado por el Espíritu Santo, le dije:

—Tío, una llave deste arcaz he perdido, y temo mi señor me azote. Por vuestra vida veáis si en ésas que traéis hay alguna que le haga,[34] que yo os lo pagaré.

Comenzó a probar el angélico calderero una y otra de un gran sartal que dellas traía, y yo a ayudarle con mis flacas oraciones. Cuando no me cato,[35] veo en figura de panes, como dicen, la cara de Dios dentro del arcaz; y, abierto, díjele:

—Yo no tengo dineros que os dar por la llave, mas tomad de ahí el pago.

Él tomó un bodigo de aquéllos, el que mejor le pareció, y dándome mi llave se fue muy contento, dejándome más a mí.

Mas no toqué en nada por el presente, porque no fuese la falta sentida, y aun porque me vi de tanto bien señor parecióme que la hambre no se me osaba llegar. Vino el mísero de mi amo, y quiso Dios no miró en la oblada,[36] que el ángel había llevado.

Y otro día, en saliendo[37] de casa, abro mi paraíso panal,[38] y tomo entre las manos y dientes un bodigo, y en dos credos[39] le hice invisible, no se me olvidando el arca abierta;

---

[26] uno cada día
[27] que Dios hiciese su voluntad con la oración de Lázaro
[28] petición
[29] acostumbrado a
[30] creía firmemente
[31] si bajara
[32] doble alusión: a Lázaro de Tormes y a las tablillas

de San Lázaro que se sonaban al pedir dinero para los hospitales
[33] quiera el Señor (exhortativo)
[34] sirva
[35] cuando menos lo esperaba
[36] pan que se ofrenda a la iglesia
[37] sujeto: el clérigo
[38] de pan (por analogía humorística con «terrenal»)
[39] en dos segundos (el tiempo de rezar dos credos)

y comienzo a barrer la casa con mucha alegría, pareciéndome con aquel remedio remediar dende en adelante la triste vida. Y así estuve con ello aquel día y otro gozoso. Mas no estaba en mi dicha que me durase mucho aquel descanso, porque luego, al tercer día, me vino la terciana derecha.[40] Y fue que veo a deshora al que me mataba de hambre sobre nuestro arcaz, volviendo y revolviendo, contando y tornando a contar los panes. Yo disimulaba, y en mi secreta oración y devociones y plegarias, decía: «¡San Juan y ciégale!»[41].

Después que estuvo un gran rato echando la cuenta, por días y dedos contando, dijo:

—Si no tuviera a tan buen recaudo esta arca, yo dijera que me habían tomado della panes; pero de hoy más, sólo por cerrar la puerta a la sospecha, quiero tener buena cuenta con ellos: nueve quedan y un pedazo.

«¡Nuevas malas te dé Dios!», dije yo entre mí.

Parecióme con lo que dijo pasarme el corazón con saeta de montero, y comenzóme el estómago a escarbar de hambre, viéndose puesto en la dieta pasada. Fue fuera de casa. Yo, por consolarme, abro el arca y, como vi el pan, comencélo de adorar, no osando recibirlo.[42] Contélos, si a dicha[43] el lacerado se errara, y hallé su cuenta más verdadera que yo quisiera. Lo más que yo pude hacer fue dar en ellos mil besos y lo más delicado que yo pude, del partido partí un poco al pelo[44] que él estaba, y con aquél pasé aquel día, no tan alegre como el pasado.

Mas como la hambre creciese, mayormente que tenía el estómago hecho a más pan aquellos dos o tres días ya dichos, moría mala muerte; tanto, que otra cosa no hacía en viéndome solo sino abrir y cerrar el arca y contemplar en aquella cara de Dios, que así dicen los niños. Mas el mismo Dios, que socorre a los afligidos, viéndome en tal estrecho, trajo a mi memoria un pequeño remedio; que, considerando entre mí, dije:

«Este arquetón es viejo y grande y roto por algunas partes, aunque pequeños agujeros. Puédese pensar que ratones, entrando en él, hacen daño a este pan. Sacarlo entero no es cosa conveniente, porque verá la falta el que en tanta me hace vivir. Esto bien se sufre.»

Y comienzo a desmigajar el pan sobre unos no muy costosos manteles que allí estaban; y tomo uno y dejo otro, de manera que en cada cual de tres o cuatro desmigajé su poco. Después, como quien toma grajea, lo comí, y algo me consolé. Mas él, como viniese a comer y abriese el arca, vio el mal pesar,[45] y sin duda creyó ser ratones los que el daño habían hecho, porque estaba muy al propio contrahecho de como ellos lo suelen hacer. Miró todo el arcaz de un cabo a otro y viole ciertos agujeros, por do sospechaba habían entrado. Llamóme diciendo:

—¡Lázaro! ¡Mira, mira qué persecución ha venido aquesta noche por nuestro pan!

Yo híceme muy maravillado, preguntándole qué sería.

—¡Qué ha de ser! —dijo él—. Ratones, que no dejan cosa a vida.

Pusímonos a comer, y quiso Dios que aun en esto me fue bien, que me cupo más pan que la laceria que me solía dar, porque rayó con un cuchillo todo lo que pensó ser ratonado, diciendo:

—Cómete eso, que el ratón cosa limpia es.

Y así, aquel día, añadiendo la ración del trabajo de mis manos, o de mis uñas por mejor decir, acabamos de comer, aunque yo nunca empezaba.

Y luego me vino otro sobresalto, que fue verle andar solícito quitando clavos de las paredes y buscando tablillas, con las cuales clavó y cerró todos los agujeros de la vieja arca.

«¡Oh Señor mío!», dije yo entonces. «¡A cuánta miseria y fortuna y desastres estamos puestos los nacidos, y cuán poco

---

[40] (fig.) un mal vino derecho sobre mí (comparado a la terciana como fiebre que se repite cada tres días)

[41] San Juan como patrono de los sirvientes

[42] alusión a «recibir» la Comunión

[43] por si acaso

[44] del lado y en el sentido que ya estaba partido

[45] la mala obra

duran los placeres desta nuestra trabajosa vida! Heme aquí que pensaba con este pobre y triste remedio remediar y pasar mi laceria, y estaba ya cuanto que[46] alegre y de buena ventura. Mas no quiso mi desdicha, despertando a este lacerado de mi amo y poniéndole más diligencia de la que él de suyo se tenía (pues los míseros por la mayor parte nunca de aquélla carecen), agora, cerrando los agujeros del arca, cerrase la puerta a mi consuelo y la abriese a mis trabajos.»

Así lamentaba yo, en tanto que mi solícito carpintero, con muchos clavos y tablillas, dio fin a sus obras, diciendo:

—Agora, donos[47] traidores ratones, conviéneos mudar propósito, que en esta casa mala medra tenéis.

De que salió de su casa, voy a ver la obra, y hallé que no dejó en la triste y vieja arca agujero ni aun por donde le pudiese entrar un mosquito. Abro con mi desaprovechada llave, sin esperanza de sacar provecho, y vi los dos o tres panes comenzados, los que mi amo creyó ser ratonados, y dellos todavía saqué alguna laceria, tocándolos muy ligeramente, a uso de esgrimidor diestro. Como la necesidad sea tan gran maestra, viéndome con tanta siempre, noche y día estaba pensando la manera que tendría en sustentar el vivir. Y pienso, para hallar estos negros remedios, que me era luz la hambre, pues dicen que el ingenio con ella se avisa y al contrario con la hartura, y así era por cierto en mí.

Pues estando una noche desvelado en este pensamiento, pensando cómo me podría valer y aprovecharme del arcaz, sentí que mi amo dormía, porque lo mostraba con roncar y en unos resoplidos grandes que daba cuando estaba durmiendo. Levantéme muy quedito y, habiendo en el día pensado lo que había de hacer y dejado un cuchillo viejo que por allí andaba en parte do le hallase, voime al triste arcaz, y por do había mirado

tener menos defensa le acometí con el cuchillo, que a manera de barreno dél usé. Y como la antiquísima arca, por ser de tantos años, la hallase sin fuerza y corazón, antes muy blanda y carcomida, luego se me rindió, y consintió en su costado, por mi remedio, un buen agujero. Esto hecho, abro muy paso la llagada arca y, al tiento, del pan que hallé partido, hice según deyuso[48] está escrito. Y con aquello algún tanto consolado, tornando a cerrar, me volví a mis pajas, en las cuales reposé y dormí un poco. Lo cual yo hacía mal y echábalo al no comer; y así sería, porque cierto en aquel tiempo no me debían de quitar el sueño los cuidados del rey de Francia[49].

Otro día fue por el señor mi amo visto el daño, así del pan como del agujero que yo había hecho, y comenzó a dar al diablo los ratones y decir:

—¿Qué diremos a esto? ¡Nunca haber sentido ratones en esta casa sino agora!

Y sin duda debía de decir verdad. Porque si casa había de haber en el reino justamente dellos previlegiada, aquélla de razón había de ser, porque no suelen morar donde no hay qué comer. Torna a buscar clavos por la casa y por las paredes, y tablillas a atapárselos.[50] Venida la noche y su reposo, luego yo era puesto en pie con mi aparejo, y cuanto él tapaba de día destapaba yo de noche.

En tal manera fue y tal prisa nos dimos, que sin duda por esto se debió decir: «Donde una puerta se cierra, otra se abre.» Finalmente, parecíamos tener a destajo[51] la tela de Penélope, pues cuanto él tejía de día rompía yo de noche; y en pocos días y noches pusimos la pobre dispensa de tal forma, que quien quisiera propiamente della hablar, más corazas viejas de otro tiempo que no arcaz la llamara, según la clavazón y tachuelas sobre sí tenía.

De que vio le aprovechar nada su remedio, dijo:

---

[46] un poco
[47] plural irónico de *don*
[48] arriba
[49] Puede ser Francisco I, que estuvo preso en Madrid (1526) tras su derrota por el emperador Carlos V; o bien tratarse de una expresión proverbial.

[50] a tapar los agujeros del arca
[51] sin descanso (como Penélope, la mujer de Ulises, que destejía de noche la tela tejida de día para prolongar la espera de sus pretendientes)

—Este arcaz está tan maltratado y es de madera tan vieja y flaca, que no habrá ratón a quien se defienda. Y va ya tal, que si andamos más con él nos dejará sin guarda. Y aun lo peor que, aunque hace poca, todavía hará falta faltando y me pondrá en costa de tres o cuatro reales. El mejor remedio que hallo, pues el de hasta aquí no aprovecha, armaré[52] por dentro a estos ratones malditos.

Luego buscó prestada una ratonera, y con cortezas de queso que a los vecinos pedía, contino el gato[53] estaba armado dentro del arca, lo cual era para mí singular auxilio; porque, puesto caso que[54] yo no había menester muchas salsas para comer, todavía me holgaba con las cortezas del queso que de la ratonera sacaba, y sin esto no perdonaba el ratonar[55] del bodigo.

Como hallase el pan ratonado y el queso comido y no cayese el ratón que lo comía, dábase al diablo, preguntaba a los vecinos qué[56] podría ser comer el queso y sacarlo de la ratonera; y no caer ni quedar dentro el ratón, y hallar caída la trampilla del gato. Acordaron los vecinos no ser el ratón el que este daño hacía, porque no fuera menos[57] de haber caído alguna vez. Díjole un vecino:

—En vuestra casa yo me acuerdo que solía andar una culebra, y ésta debe de ser sin duda. Y lleva razón,[58] que como es larga, tiene lugar de tomar el cebo, y aunque la coja la trampilla encima, como no entre toda dentro, tórnase a salir.

Cuadró a todos lo que aquél dijo y alteró mucho a mi amo; y dende en adelante no dormía tan a sueño suelto, que cualquier gusano de la madera que de noche sonase pensaba ser la culebra que le roía el arca. Luego era puesto en pie, y con un garrote que a la cabecera, desde que aquello le dijeron, ponía, daba en la pecadora del arca grandes garrotazos, pensando espantar la culebra. A los vecinos despertaba con el estruendo que hacía y a mí no me dejaba dormir. Íbase a mis pajas y trastornábalas, y a mí con ellas, pensando que se iba[59] para mí y se envolvía en mis pajas o en mi sayo, porque le decían que de noche acaecía a estos animales, buscando calor, irse a las cunas donde están criaturas y aun morderlas y hacerles peligrar.

Yo las más veces hacía del[60] dormido, y en la mañana decíame él:

—¿Esta noche, mozo, no sentiste nada? Pues tras la culebra anduve, y aun pienso se ha de ir para ti a la cama, que son muy frías y buscan calor.

—Plega a Dios que no me muerda —decía yo—, que harto miedo le tengo.

Desta manera andaba tan elevado[61] y levantado del sueño que, mi fe,[62] la culebra (o culebro,[63] por mejor decir) no osaba roer de noche ni levantarse al arca; mas de día, mientras estaba en la iglesia o por el lugar, hacía mis saltos. Los cuales daños viendo él, y el poco remedio que les podía poner, andaba de noche, como digo, hecho trasgo.[64]

Yo hube miedo que con aquellas diligencias no me topase con la llave que debajo de las pajas tenía, y parecióme lo más seguro meterla de noche en la boca. Porque ya, desde que viví con el ciego, la tenía tan hecha bolsa, que me acaeció tener en ella doce o quince maravedís, todo en medias blancas, sin que me estorbasen el comer; porque de otra manera no era señor de una blanca que el maldito ciego no cayese con ella,[65] no dejando costura ni remiendo que no me buscaba muy a menudo. Pues así, como digo, metía cada noche la llave en la boca y dormía sin recelo que el brujo de mi amo cayese con ella; mas cuando la desdicha ha de venir, por demás es[66] diligencia.

Quisieron mis hados, o mejor decir, mis

---

[52] pondré una trampa
[53] continuamente la trampa
[54] aunque
[55] morder (como un ratón)
[56] cómo
[57] no podía dejar
[58] es natural
[59] [la culebra]

[60] me fingía
[61] distraído
[62] en verdad
[63] masculino por aludir a Lázaro
[64] como un fantasma
[65] no la encontrase
[66] es superflua la

pecados, que una noche que estaba durmiendo, la llave se me puso en la boca, que abierta debía tener, de tal manera y postura que el aire y resoplo que yo durmiendo echaba salía por lo hueco de la llave, que de cañuto era, y silbaba, según mi desastre quiso, muy recio, de tal manera que el sobresaltado de mi amo lo oyó y creyó sin duda ser el silbo de la culebra; y cierto lo debía parecer.

Levantóse muy paso con su garrote en la mano, y al tiento y sonido de la culebra se llegó a mí con mucha quietud por no ser sentido de la culebra. Y como cerca se vio, pensó que allí en las pajas do yo estaba echado, al calor mío se había venido. Levantando bien el palo, pensando tenerla debajo y darle tal garrotazo que la matase, con toda su fuerza me descargó en la cabeza tan gran golpe que sin ningún sentido y muy mal descalabrado me dejó.

Como sintió que me había dado, según yo debía hacer gran sentimiento con el fiero golpe, contaba él que se había llegado a mí y, dándome grandes voces llamándome, procuró recordarme[67]. Mas, como me tocase con las manos, tentó la mucha sangre que se me iba, y conoció el daño que me había hecho. Y con mucha prisa fue a buscar lumbre y, llegando con ella, hallóme quejando, todavía con mi llave en la boca, que nunca la desamparé, la mitad fuera, bien de aquella manera que debía estar al tiempo que silbaba con ella.

Espantado el matador de culebras qué podría ser aquella llave, miróla, sacándola del todo de la boca, y vio lo que era, porque en las guardas[68] nada de la suya diferenciaba. Fue luego a probarla, y con ella probó el maleficio.[69] Debió de decir el cruel cazador: «El ratón y culebra que me daban guerra y me comían mi hacienda he hallado.»

De lo que sucedió en aquellos tres días siguientes ninguna fe daré, porque los tuve en el vientre de la ballena;[70] mas[71] de cómo esto que he contado oí, después que en mí torné, decir a mi amo, el cual, a cuantos allí venían lo contaba por extenso.

A cabo de tres días yo torné en mi sentido y vime echado en mis pajas, la cabeza toda emplastada y llena de aceites y ungüentos, y espantado dije:

—¿Qué es esto?

Respondióme el cruel sacerdote:

—A fe que los ratones y culebras que me destruían ya los he cazado.

Y miré por mí, y vime tan maltratado, que luego sospeché mi mal.

A esta hora entró una vieja que ensalmaba,[72] y los vecinos, y comiénzame a quitar trapos de la cabeza y curar el garrotazo. Y como me hallaron vuelto en mi sentido, holgáronse mucho y dijeron:

—Pues ha tornado en su acuerdo, placerá a Dios no será nada.

Ahí tornaron de nuevo a contar mis cuitas y a reírlas, y yo pecador a llorarlas. Con todo esto, diéronme de comer, que estaba transido de hambre, y apenas me pudieron remediar. Y así de poco en poco, a los quince días me levanté y estuve sin peligro, mas no sin hambre, y medio sano.

Luego otro día que fui levantado, el señor mi amo me tomó por la mano y sacóme la puerta afuera, y puesto en la calle, díjome:

—Lázaro, de hoy más eres tuyo y no mío. Busca amo y vete con Dios. Que yo no quiero en mi compañía tan diligente servidor. No es posible sino que hayas sido mozo de ciego.

Y santiguándose de mí como si yo estuviera endemoniado, se torna a meter en casa y cierra su puerta.

---

[67] despertarme
[68] el diseño
[69] agravio, daño
[70] como el profeta Jonás (estuvo inconsciente por los golpes)

[71] pero sí
[72] curaba con ensalmos (oraciones y a veces medicinas)

Tratado Tercero

CÓMO LÁZARO SE ASENTÓ CON UN ESCUDERO[1] Y DE LO QUE LE ACAECIÓ CON ÉL

Desta manera me fue forzado sacar fuerzas de flaqueza y, poco a poco, con ayuda de las buenas gentes, di conmigo en esta insigne ciudad de Toledo, adonde con la merced de Dios, dende a quince días se me cerró la herida. Y mientras estaba malo siempre me daban alguna limosna, mas después que estuve sano, todos me decían:

—Tú bellaco y gallofero[2] eres. Busca, busca un buen amo a quien sirvas.

—¿Y adónde se hallará ése —decía yo entre mí—, si Dios agora de nuevo, como crió el mundo, no le criase?

Andando así discurriendo[3] de puerta en puerta, con harto poco remedio, porque ya la caridad se subió al cielo, topóme Dios con un escudero que iba por la calle con razonable vestido, bien peinado, su paso y compás[4] en orden. Miróme, y yo a él, y díjome:

—Muchacho, ¿buscas amo?

Yo le dije:

—Sí, señor.

—Pues vente tras mí —me respondió—, que Dios te ha hecho merced en topar conmigo. Alguna buena oración rezaste hoy.

Y seguíle, dando gracias a Dios por lo que le oí, y también que me parecía, según su hábito y continente, ser el que yo había menester.

Era de mañana cuando este mi tercero amo topé y llevóme tras sí gran parte de la ciudad. Pasamos por las plazas do se vendía pan y otras provisiones. Yo pensaba y aun deseaba que allí me quería cargar de lo que se vendía, porque ésta era propia hora, cuando se suele proveer de lo necesario; mas muy a tendido paso pasaba por estas cosas. «Por ventura no lo ve aquí a su contento —decía yo— y querrá que lo compremos en otro cabo.»[5]

Desta manera anduvimos hasta que dio las once. Entonces se entró en la iglesia mayor, y yo tras él, y muy devotamente le vi oír misa y los otros oficios divinos, hasta que todo fue acabado y la gente ida. Entonces salimos de la iglesia, y a buen paso tendido comenzamos a ir por una calle abajo. Yo iba el más alegre del mundo en ver que no nos habíamos ocupado en buscar de comer. Bien consideré que debía ser hombre, mi nuevo amo, que se proveía en junto, y que ya la comida estaría a punto[6] y tal como yo la deseaba y aun la había menester.

En este tiempo dio el reloj la una después de mediodía, y llegamos a una casa ante la cual mi amo se paró, y yo con él; y derribando el cabo de la capa sobre el lado izquierdo, sacó una llave de la manga y abrió su puerta y entramos en casa. La cual tenía la entrada oscura y lóbrega de tal manera que parece que ponía temor a los que en ella entraban, aunque dentro della estaba un patio pequeño y razonables cámaras.

Desque[7] fuimos entrados, quita de sobre sí su capa, y preguntando si tenía las manos limpias, la sacudimos y doblamos, y muy limpiamente soplando un poyo que allí estaba, la puso en él. Y hecho esto, sentóse cabo[8] della, preguntándome muy por extenso de dónde era y cómo había venido a aquella ciudad. Y yo le di más larga cuenta que quisiera, porque me parecía más conveniente hora de mandar poner la mesa y escudillar la olla[9] que de lo que me pedía. Con todo eso, yo le satisface de mi persona lo mejor que mentir supe, diciendo mis bienes

---

[1] Hidalgo que originariamente llevaba el escudo al señor en la guerra y servía a veces a la señora en la paz, pero que en esta época solía vivir en su casa con recursos propios, o sin ellos como el de esta historia.

[2] holgazán que vive de limosna (*gallofa* era la comida dada a los pobres en los conventos)

[3] pasando

[4] porte (mesurado)

[5] lado, sitio

[6] preparada

[7] después que

[8] al lado

[9] distribuir la comida de la olla en escudillas o platos

y callando lo demás, porque me parecía no ser para en cámara[10].

Esto hecho, estuvo así un poco, y yo luego vi mala señal, por ser ya casi las dos y no le ver más aliento de comer que a un muerto. Después desto, consideraba aquel tener cerrada la puerta con llave, ni sentir arriba ni abajo pasos de viva persona por la casa. Todo lo que yo había visto eran paredes, sin ver en ella silleta, ni tajo,[11] ni banco, ni mesa, ni aun tal arcaz como el de marras.[12] Finalmente, ella parecía casa encantada. Estando así, díjome:

—Tú, mozo, ¿has comido?

—No, señor —dije yo—, que aún no eran dadas las ocho cuando con V. M. encontré.

—Pues, aunque de mañana, yo había almorzado, y cuando así como algo, hágote saber que hasta la noche me estoy así. Por eso, pásate como pudieres, que después cenaremos.

V. M. crea, cuando esto le oí, que estuve en poco[13] de caer de mi estado,[14] no tanto de hambre como por conocer de todo en todo la fortuna serme adversa. Allí se me representaron de nuevo mis fatigas, y torné a llorar mis trabajos; allí se me vino a la memoria la consideración que hacía cuando me pensaba ir del clérigo, diciendo que aunque aquél era desventurado y mísero, por ventura toparía con otro peor; finalmente, allí lloré mi trabajosa vida pasada, y mi cercana muerte venidera. Y con todo, disimulando lo mejor que pude, le dije:

—Señor, mozo soy que no me fatigo mucho por comer, bendito Dios. Deso me podré yo alabar entre todos mis iguales por de mejor garganta, y así fui yo loado della hasta hoy día de los amos que yo he tenido.

—Virtud es ésa —dijo él—, y por eso te querré yo más; porque el hartar es de los puercos, y el comer regladamente es de los hombres de bien.

«¡Bien te he entendido!», dije yo entre mí. «¡Maldita tanta medicina y bondad como aquestos mis amos que yo hallo hallan en la hambre!»

Púseme a un cabo del portal y saqué unos pedazos de pan del seno, que me habían quedado de los de por Dios[15]. Él, que vio esto, díjome:

—Ven acá, mozo. ¿Qué comes?

Yo lleguéme a él y mostréle el pan. Tomóme él un pedazo, de tres que eran el mejor y más grande, y díjome:

—Por mi vida que parece éste buen pan.

—¡Y cómo! ¿Agora —dije yo—, señor, es bueno?

—Sí, a fe dijo él—. ¿Adónde lo hubiste? ¿Si es amasado de manos limpias?

—No sé yo eso —le dije—; mas a mí no me pone asco el sabor dello.

—Así plega a Dios —dijo el pobre de mi amo.

Y llevándolo a la boca, comenzó a dar en él tan fieros bocados como yo en lo otro.

—Sabrosísimo pan está —dijo—, por Dios.

Y como le sentí de qué pie cojeaba,[16] dime priesa, porque le vi en disposición, si acababa antes que yo, se comediría[17] a ayudarme a lo que me quedase. Y con esto acabamos casi a una. Comenzó a sacudir con las manos unas pocas de migajas, y bien menudas, que en los pechos se le habían quedado, y entró en una camareta que allí estaba, y sacó un jarro desbocado y no muy nuevo, y desque hubo bebido convidóme con él. Yo, por hacer del continente, dije:

—Señor, no bebo vino.

—Agua es —me respondió—; bien puedes beber.

Entonces tomé el jarro y bebí. No mucho, porque de sed no era mi congoja.

Así estuvimos hasta la noche, hablando en cosas que me preguntaba, a las cuales yo le respondí lo mejor que supe. En este

---

[10] para dicho ante personas respetables
[11] bloque redondo de madera para sentarse y cortar carne
[12] antes (referencia irónica a algo ya mencionado)
[13] a punto
[14] de desmayarme
[15] los trozos de pan pedidos *por Dios* (como limosna)
[16] cuál era su punto débil (su condición)
[17] dispondría

tiempo metióme en la cámara donde estaba el jarro de que bebimos y díjome:

—Mozo, párate allí, y verás como hacemos esta cama, para que la sepas hacer de aquí adelante.

Púseme de un cabo y él del otro, e hicimos la negra[18] cama, en la cual no había mucho que hacer, porque ella tenía sobre unos bancos un cañizo, sobre el cual estaba tendida la ropa[19] encima de un negro colchón que por no estar muy continuada[20] a lavarse, no parecía colchón aunque servía dél, con harta menos lana que era menester. Aquél tendimos, haciendo cuenta de ablandarle; lo cual era imposible, porque de lo duro mal se puede hacer blando. El diablo del enjalma[21] maldita la cosa tenía dentro de sí, que puesto sobre el cañizo, todas las cañas se señalaban, y parecían a lo propio entrecuesto[22] de flaquísimo puerco. Y sobre aquel hambriento colchón, un alfamar del mismo jaez,[23] del cual el color yo no pude alcanzar.

Hecha la cama y la noche venida, díjome:

—Lázaro, ya es tarde, y de aquí a la plaza hay gran trecho. También en esta ciudad andan muchos ladrones que siendo de noche capean.[24] Pasemos como podamos y mañana, venido el día, Dios hará merced; porque yo por estar solo no estoy proveído; antes he comido estos días por allá fuera, mas agora hacerlo hemos de otra manera.

—Señor, de mí —dije yo— ninguna pena tenga V. M., que bien sé pasar una noche y aun más, si es menester, sin comer.

—Vivirás más y más sano —me respondió— porque, como decíamos hoy, no hay tal cosa en el mundo para vivir mucho, que comer poco.

«Si por esa vía es», dije entre mí, «nunca yo moriré, que siempre he guardado esa regla por fuerza, y aun espero en mi desdicha tenerla toda mi vida.»

Y acostóse en la cama, poniendo por cabecera las calzas y el jubón, y mandóme echar a sus pies, lo cual yo hice. Mas ¡maldito el sueño que yo dormí! Porque las cañas y mis salidos huesos en toda la noche dejaron de rifar[25] y encenderse, que con mis trabajos, males y hambre pienso que en mi cuerpo no había libra de carne; y también, como aquel día no había comido casi nada, rabiaba de hambre, la cual con el sueño no tenía amistad. Maldíjeme mil veces (Dios me lo perdone), y a mi ruin fortuna, allí lo más de la noche y, lo peor, no osándome revolver por no despertarle, pedí a Dios muchas veces la muerte.

La mañana venida levantámonos, y comienza a limpiar y sacudir sus calzas y jubón, sayo y capa —y yo que le servía de pelillo—,[26] vístese muy a su placer, despacio. Echéle aguamanos, peinóse y puso su espada en el talabarte, y al tiempo que la ponía díjome:

—¡Oh, si supieses, mozo, qué pieza es ésta! No hay marco de oro en el mundo por que yo la diese, mas así, ninguna de cuantas Antonio[27] hizo, no acertó a ponerle los aceros tan prestos como ésta los tiene.

Y sacóla de la vaina y tentóla con los dedos, diciendo:

—¿Vesla aquí? Yo me obligo con ella a cercenar un copo de lana.

Y yo dije entre mí: «Y yo con mis dientes, aunque no son de acero, un pan de cuatro libras.»

Tornóla a meter y ciñósela, y un sartal de cuentas gruesas del talabarte. Y con un paso sosegado y el cuerpo derecho, haciendo con él y con la cabeza múy gentiles meneos, echando el cabo de la capa sobre el hombro y a veces so el brazo, y poniendo la mano derecha en el costado, salió por la puerta, diciendo:

—Lázaro, mira por la casa en tanto que voy a oír misa, y haz la cama, y ve por la vasija de agua al río, que aquí bajo está, y

---

[18] maldita

[19] ropa [de cama]

[20] acostumbrada (es poco clara la referencia a *ropa* y la siguiente a *colchón*; que no parecen ser la misma cosa aunque así lo crean algunos comentaristas)

[21] colchón delgado

[22] espinazo

[23] un cobertor de la misma clase (muy delgado)

[24] roban las capas

[25] contender

[26] de mera ceremonia, por cumplido

[27] famoso fabricante de espadas (siglo XV)

cierra la puerta con llave, no nos hurten algo, y ponla aquí al quicio,[28] porque si yo viniere en tanto pueda entrar.

Y súbese por la calle arriba con tan gentil semblante y continente que quien no le conociera pensara ser muy cercano pariente al conde de Arcos[29], o a lo menos camarero que le daba de vestir.

«¡Bendito seáis vos, Señor», quedé yo diciendo, «que dais la enfermedad, y ponéis el remedio. ¿Quién encontrará a aquel mi señor que no piense, según el contento de sí lleva, haber anoche bien cenado, y dormido en buena cama, y aunque agora es de mañana, no le cuenten por muy bien almorzado? ¡Grandes secretos son, Señor, los que Vos hacéis y las gentes ignoran! ¿A quién no engañara aquella buena disposición y razonable capa y sayo? ¿Y quién pensara que aquel gentil hombre se pasó ayer todo el día con aquel mendrugo de pan, que su criado Lázaro trajo un día y una noche en el arca de su seno, do no se le podía pegar mucha limpieza, y hoy lavándose las manos y cara, a falta de paño de manos se hacía servir de la falda del sayo? Nadie por cierto lo sospechara. ¡Oh, Señor, y cuántos de aquéstos debéis Vos tener por el mundo derramados, que padecen por la negra[30] que llaman honra lo que por Vos no sufrirían!»

Así estaba yo a la puerta, mirando y considerando estas cosas, hasta que el señor mi amo traspuso la larga y angosta calle. Torné a entrar en casa, y en un credo[31] la anduve toda, alto y bajo, sin hacer represa[32] ni hallar en qué. Hago la negra dura cama, y tomo el jarro y doy conmigo en el río, donde en una huerta vi a mi amo en gran recuesta[33] con dos rebozadas mujeres, al parecer de las que en aquel lugar no hacen falta, antes[34] muchas tienen por estilo de irse

a las mañanicas del verano a refrescar y almorzar, sin llevar qué, por aquellas frescas riberas, con confianza que no ha de faltar quién se lo dé, según las tienen puestas en esta costumbre aquellos hidalgos del lugar.

Y como digo, él estaba entre ellas hecho un Macías,[35] diciéndoles más dulzuras que Ovidio escribió. Pero como sintieron dél que estaba bien enternecido, no se les hizo de vergüenza pedirle de almorzar con el acostumbrado pago.

Él, sintiéndose tan frío de bolsa cuanto caliente del estómago, tomóle tal calofrío, que le robó la color del gesto,[36] y comenzó a turbarse en la plática, y a poner excusas no válidas. Ellas, que debían ser bien instituidas,[37] como le sintieron la enfermedad, dejáronle para el que era[38].

Yo, que estaba comiendo ciertos tronchos de berzas, con los cuales me desayuné con mucha diligencia, como mozo nuevo, sin ser visto de mi amo, torné a casa, de la cual pensé barrer alguna parte, que bien era menester, mas no hallé con qué. Púseme a pensar qué haría, y parecióme esperar a mi amo hasta que el día demediase, y si viniese y por ventura trajese algo que comiésemos; mas en vano fue mi experiencia.

Desque vi ser las dos y no venía y la hambre me aquejaba, cierro mi puerta y pongo la llave do mandó y tórnome a mi menester[39]. Con baja y enferma voz y inclinadas mis manos en los senos, puesto Dios ante mis ojos y la lengua en su nombre,[40] comienzo a pedir pan por las puertas y casas más grandes que me parecía. Mas como yo este oficio le hubiese mamado en la leche, quiero decir que con el gran maestro el ciego lo aprendí, tan suficiente[41] discípulo salí, que aunque en este pueblo no había caridad ni el año fuese muy abundante, tan buena maña me di, que antes que el reloj

---

28 entre la puerta y la pared
29 desconocido; probablemente alude a algún personaje del romancero u otras leyendas populares
30 maldita cosa
31 presto (el poco tiempo que se tarda en rezar el *Credo*)
32 presa o caza de algo comestible
33 galanteo
34 no faltan nunca, sino que

35 como Macías el Enamorado, trovador gallego del siglo XV y modelo de amantes
36 cara
37 instruidas (en su profesión)
38 sabiendo lo que era (pobre)
39 negocio
40 el nombre de Dios en la lengua
41 competente

diese las cuatro ya yo tenía otras tantas libras de pan ensiladas[42] en el cuerpo, y más de otras dos en las mangas y senos. Volvíme a la posada, y al pasar por la tripería pedí a una de aquellas mujeres, y diome un pedazo de uña[43] de vaca con otras pocas de tripas cocidas.

Cuando llegué a casa, ya el bueno de mi amo estaba en ella, doblada su capa y puesta en el poyo, y él paseándose por el patio. Como entré, vínose para mí. Pensé que me quería reñir la tardanza, mas mejor lo hizo Dios. Preguntóme dó venía. Yo le dije:

—Señor, hasta que dio las dos estuve aquí, y de que vi que V. M. no venía, fuime por esa ciudad a encomendarme a las buenas gentes, y hanme dado esto que veis.

Mostréle el pan y las tripas, que en un cabo de la falda traía, a lo cual él mostró buen semblante, y dijo:

—Pues esperado te he a comer, y de que vi que no viniste, comí. Mas tú haces como hombre de bien en eso, que más vale pedirlo por Dios que no hurtarlo, y así Él me ayude como ello me parece bien. Y solamente te encomiendo no sepan que vives conmigo, por lo que toca a mi honra, aunque bien creo que será secreto, según lo poco que en este pueblo soy conocido. ¡Nunca a él yo hubiera de venir!

—De eso pierda, señor, cuidado —le dije yo—, que maldito aquel[44] que ninguno tiene de pedirme esa cuenta ni yo de darla.

—Agora pues, come, pecador, que si a Dios place, presto nos veremos sin necesidad. Aunque te digo que después que en esta casa entré, nunca bien me ha ido. Debe ser de mal suelo,[45] que hay casas desdichadas y de mal pie, que a los que viven en ellas pegan[46] la desdicha. Ésta debe de ser, sin duda, dellas; mas yo te prometo, acabado el mes no quede en ella, aunque me la den por mía.

Sentéme al cabo del poyo y, porque no me tuviese por glotón, callé la merienda; y comienzo a cenar y morder en mis tripas y pan, y disimuladamente miraba al desventurado señor mío, que no partía sus ojos de mis faldas, que aquella sazón servían de plato. Tanta lástima haya Dios de mí como yo había dél, porque sentí lo que sentía, y muchas veces había por ello pasado, y pasaba cada día. Pensaba si sería bien comedirme a convidarle, mas por me haber dicho que había comido, temíame no aceptaría el convite. Finalmente, yo deseaba que el pecador ayudase a su trabajo del mío[47] y se desayunase como el día antes hizo, pues había mejor aparejo,[48] por ser mejor la vianda y menos mi hambre.

Quiso Dios cumplir mi deseo, y aun pienso que el suyo, porque como comencé a comer él se andaba paseando, llegóse a mí y díjome:

—Dígote, Lázaro, que tienes en comer la mejor gracia que en mi vida vi a hombre, y que nadie te lo ve hacer que no le pongas gana aunque no la tenga.

«La muy buena que tú tienes», dije yo entre mí, «te hace parecer la mía hermosa.»

Con todo, parecióme ayudarle, pues se ayudaba y me abría camino para ello, y díjele:

——Señor, el buen aparejo hace buen artífice. Este pan está sabrosísimo, y esta uña de vaca tan bien cocida y sazonada, que no habrá a quién no convide con su sabor.

—¿Uña de vaca es?

—Sí, señor.

—Dígote que es el mejor bocado del mundo, y que no hay faisán que así me sepa.

—Pues pruebe, señor, y verá qué tal está.

Póngole en las uñas la otra[49] y tres o cuatro raciones de pan de lo más blanco, y asentóseme al lado y comienza a comer como

---

[42] almacenadas (en silo)
[43] pie o mano
[44] Se refiere a *cuidado* (preocupación).
[45] mala suerte (por analogía con «ser de mal pie»)
[46] contagian

[47] que el pobre remediase su sufrimiento con el fruto de mi trabajo (irónico juego de la palabra *trabajo*)
[48] provisión
[49] uña de vaca

aquel que lo había gana, royendo cada huesecillo de aquéllos mejor que un galgo suyo lo hiciera.

—Con almodrote[50] —decía— es este singular manjar.

«Con mejor salsa lo comes tú», respondí yo paso.

—Por Dios, que me ha sabido como si hoy no hubiera comido bocado.

«¡Así me vengan los buenos años como es ello!»,[51] dije yo entre mí.

Pidióme el jarro del agua y díselo como lo había traído. Es señal que, pues no le faltaba el agua,[52] que no le había a mi amo sobrado la comida. Bebimos, y muy contentos nos fuimos a dormir como la noche pasada.

Y por evitar prolijidad, desta manera estuvimos ocho o diez días, yéndose el pecador en la mañana con aquel contento y paso contado a papar[53] aire por las calles, teniendo en el pobre Lázaro una cabeza de lobo.[54]

Contemplaba yo muchas veces mi desastre, que escapando de los amos ruines que había tenido, y buscando mejoría, viniese a topar con quien no sólo no me mantuviese, mas a quien yo había de mantener. Con todo, le quería bien, con ver que no tenía ni podía más, y antes le había lástima que enemistad; y muchas veces, por llevar a la posada con que él lo pasase,[55] yo lo pasaba mal. Porque una mañana, levantándose el triste en camisa, subió a lo alto de la casa a hacer sus menesteres,[56] y en tanto yo, por salir de sospecha, desenvolvíle el jubón y las calzas, que a la cabecera dejó, y hallé una bolsilla de terciopelo raso hecha cien dobleces y sin maldita la blanca ni señal que la hubiese tenido mucho tiempo[57]

«Éste, decía yo, es pobre, y nadie da lo que no tiene. Mas el avariento ciego y el malaventurado mezquino clérigo que, con dárselo[58] Dios a ambos, al uno de mano besada[59] y al otro de lengua suelta[60], me mataban de hambre, aquéllos es justo desamar y aquéste de haber mancilla.»[61]

Dios es testigo que hoy día, cuando topo con alguno de su hábito, con aquel paso y pompa, le he lástima con pensar si padece lo que aquél le vi sufrir; al cual, con toda su pobreza, holgaría de servir más que a los otros por lo que he dicho. Sólo tenía dél un poco de descontento; que quisiera yo que no tuviera tanta presunción, mas que abajara un poco su fantasía con lo mucho que subía su necesidad. Mas, según me parece, es regla ya entre ellos usada y guardada; aunque no haya cornado de trueco,[62] ha de andar el birrete en su lugar.[63] El Señor lo remedie, que ya con este mal han de morir.

Pues, estando yo en tal estado, pasando la vida que digo, quiso mi mala fortuna, que de perseguirme no era satisfecha, que en aquella trabajada y vergonzosa vivienda[64] no durase. Y fue: como el año en esta tierra fuese estéril de pan,[65] acordaron el Ayuntamiento que todos los pobres extranjeros se fuesen de la ciudad, con pregón que el que de allí adelante topasen fuese punido[66] con azotes. Y así ejecutando la ley, desde a cuatro días que el pregón se dio, vi llevar una procesión de pobres azotando por las Cuatro Calles,[67] lo cual me puso tan gran espanto, que nunca osé desmandarme a demandar.

Aquí viera quien verlo pudiera, la abstinencia de mi casa y la tristeza y silencio de los moradores, tanto que nos acaeció estar dos o tres días sin comer bocado ni

---

[50] salsa de aceite, ajo, queso, yerbas, etc.

[51] «Eso es tan verdad como quisiera que lo fuera mi prosperidad futura».

[52] no había bebido agua (señal de que no había comido)

[53] tomar

[54] recurso para vivir (por la antigua costumbre de mostrar la cabeza del lobo a los vecinos para obtener una recompensa por su muerte)

[55] tuviese algo de comer

[56] necesidades del cuerpo

[57] desde hacía mucho tiempo

[58] aunque se lo dio

[59] besada su mano por los fieles al hacer su ofrenda

[60] con su lengua lista siempre para pedir limosna

[61] compadecer

[62] El cornado era una moneda inferior que servía para *trueco* o cambio de las de más valor.

[63] se han de guardar las apariencias

[64] modo de vivir

[65] trigo

[66] castigado

[67] plaza de Toledo, en la intersección de cuatro calles

hablar palabra. A mí diéronme la vida unas mujercillas hilanderas de algodón, que hacían bonetes y vivían par[68] de nosotros, con las cuales yo tuve vecindad y conocimiento; que de la laceria que les traían me daban alguna cosilla, con la cual muy pasado me pasaba.[69]

Y no tenía tanta lástima de mí como del lastimado de mi amo, que en ocho días maldito el bocado que comió. A lo menos en casa bien los estuvimos sin comer. No sé yo cómo o dónde andaba y qué comía. ¡Y verle venir a mediodía la calle abajo con estirado cuerpo, más largo que galgo de buena casta! Y por lo que toca a su negra que dicen honra, tomaba una paja, de las que aun asaz no había en casa, y salía a la puerta escarbando los[70] que nada entre sí tenían[71], quejándose todavía de aquel mal solar, diciendo:

—Malo está de ver, que la desdicha desta vivienda lo hace. Como ves, es lóbrega, triste, oscura. Mientras aquí estuviéremos hemos de padecer. Ya deseo que se acabe este mes por salir della.

Pues estando en esta afligida y hambrienta persecución un día, no sé por cuál dicha o ventura, en el pobre poder de mi amo entró un real, con el cual vino a casa tan ufano como si tuviera el tesoro de Venecia, y con gesto muy alegre y risueño me lo dio, diciendo:

—Toma, Lázaro, que Dios ya va abriendo su mano. Ve a la plaza y merca pan y vino y carne; ¡quebremos el ojo al diablo![72] Y más te hago saber, porque te huelgues que he alquilado otra casa, y en ésta desastrada[73] no hemos de estar más de en cumpliendo el mes.[74] ¡Maldita sea ella y el que en ella puso la primera teja, que con mal en ella entré! Por Nuestro Señor, cuanto ha que en ella vivo, gota de vino ni bocado de carne no he comido, ni he habido descanso ninguno; mas ¡tal vista tiene y tal oscuridad

y tristeza! Ve y ven presto, y comamos hoy como condes.

Tomo mi real y jarro y a los pies dándoles priesa, comienzo a subir mi calle encaminando mis pasos para la plaza muy contento y alegre. Mas ¿que me aprovecha si está constituido en mi triste fortuna que ningún gozo me venga sin zozobra? Y así fue éste; porque yendo la calle arriba, echando mi cuenta en lo que le emplearía que fuese mejor y más provechosamente gastado, dando infinitas gracias a Dios que a mi amo había hecho con dinero,[75] a deshora me vino al encuentro un muerto, que por la calle abajo muchos clérigos y gente en unas andas traían. Arriméme a la pared por darles lugar,[76] y desque el cuerpo pasó, venía luego a par del lecho una que debía ser mujer del difunto, cargada de luto, y con ella otras muchas mujeres; la cual iba llorando a grandes voces y diciendo:

Marido y señor mío: ¿adónde os me llevan? ¡A la casa triste y desdichada, a la casa lóbrega y oscura, a la casa donde nunca comen ni beben!

Yo, que aquello oí, juntóseme el cielo con la tierra[77] y dije: «¡Oh, desdichado de mí! Para mi casa llevan este muerto.»

Dejo el camino que llevaba y hendí por medio de la gente, y vuelvo por la calle abajo a todo el más correr que pude para mi casa; y entrando en ella cierro a grande priesa, invocando el auxilio y favor de mi amo, abrazándome dél, que me venga ayudar y a defender la entrada. El cual, algo alterado, pensando que fuese otra cosa, me dijo:

—¿Qué es eso, mozo? ¿Qué voces das? ¿Qué has? ¿Por qué cierras la puerta con tal furia?

—¡Oh, señor —dije yo—, acuda aquí, que nos traen acá un muerto!

—¿Cómo así? —respondió él.

—Aquí arriba lo encontré, y venía

---

[68] al lado
[69] me arreglaba aunque con hambre
[70] [dientes]
[71] (por no haber comido)
[72] ¡que se fastidie el diablo!

[73] casa ominosa (de mala suerte)
[74] el mes (del contrato)
[75] le había proporcionado dinero
[76] Las calles de Toledo eran, y son, muy estrechas.
[77] creí que se caía el cielo

diciendo su mujer: «¡Marido y señor mío! ¿Adónde os llevan? ¡A la casa lóbrega y oscura, a la casa triste y desdichada, a la casa donde nunca comen ni beben!» Acá, señor, nos le traen.

Y ciertamente, cuando mi amo esto oyó, aunque no tenía por qué estar muy risueño, rió tanto, que muy gran rato estuvo sin poder hablar. En este tiempo tenía ya yo echada el aldaba a la puerta y puesto el hombro en ella por más defensa. Pasó la gente con su muerto, y yo todavía me recelaba que nos le habían de meter en casa. Y desque fue ya más harto de reír que de comer el bueno de mi amo, díjome:

—Verdad es, Lázaro; según la viuda lo va diciendo, tú tuviste razón de pensar lo que pensaste; mas, pues Dios lo ha hecho mejor y pasan adelante, abre, abre, y ve por de comer.

—Déjelos, señor, acaben de pasar la calle —dije yo.

Al fin vino mi amo a la puerta de la calle y ábrela esforzándome, que bien era menester, según el miedo y alteración, y me torno a encaminar. Mas aunque comimos bien aquel día, maldito el gusto yo tomaba en ello, ni en aquellos tres días torné en mi color; y mi amo muy risueño todas las veces que se le acordaba aquella mi consideración.

Desta manera estuve con mi tercero y pobre amo, que fue este escudero, algunos días, y en todos deseando saber la intención de su venida y estada en esta tierra. Porque desde el primer día que con él asenté[78] le conocí ser extranjero, por el poco conocimiento y trato que con los naturales della tenía. Al fin se cumplió mi deseo y supe lo que deseaba. Porque un día que habíamos comido razonablemente y estaba algo contento, contóme su hacienda[79] y díjome ser de Castilla la Vieja y que había dejado su tierra no más de por no quitar el bonete[80] a un caballero su vecino.

—Señor —dije yo—, si él era lo que decís y tenía más que vos, ¿no errabais en quitárselo primero, pues decís que él también os lo quitaba?

—Sí es, y sí tiene, y también me lo quitaba él a mí; mas, de cuantas veces yo se lo quitaba primero, no fuera malo comedirse[81] él alguna y ganarme por la mano.[82]

—Paréceme, señor —le dije yo—, que en eso no mirara, mayormente con mis mayores que yo y que tienen más.

—Eres muchacho —me respondió— y no sientes las cosas de la honra, en que el día de hoy está todo el caudal de los hombres de bien. Pues te hago saber que yo soy, como ves, un escudero; mas, ¡vótote a Dios!, si al conde topo en la calle y no me quita muy bien quitado del todo el bonete, que otra vez que venga me sepa yo entrar en una casa, fingiendo yo en ella algún negocio, o atravesar otra calle, si la hay, antes que llegue a mí, por no quitárselo. Que un hidalgo no debe a otro que a Dios y al rey nada, ni es justo, siendo hombre de bien, se descuide un punto de tener en mucho su persona. Acuérdome que un día deshonré en mi tierra a un oficial,[83] y quise poner en él las manos, porque cada vez que le topaba, me decía: «Mantenga Dios a V. M.» «Vos, don villano ruin —le dije yo— ¿por qué no sois bien criado? ¿Manténgaos Dios, me habéis de decir, como si fuese quienquiera?» De allí adelante, de aquí acullá me quitaba el bonete y hablaba como debía.

—¿Y no es buena manera de saludar un hombre a otro —dije yo— decirle que le mantenga Dios?

—¡Mira mucho de enhoramala![84] —dijo él—. A los hombres de poca arte dicen eso; mas a los más altos, como yo, no les han de hablar menos de: «Beso las manos de V. M.», o por lo menos: «Bésoos, señor, las manos», si el que me habla es caballero. Y así, a aquél de mi tierra que me atestaba de mantenimiento[85] nunca más le quise sufrir, ni sufriría ni sufriré a hombre del mundo, del rey abajo,[86] que: «Manténgaos Dios» me diga.

---

[78] entré en su servicio
[79] sus asuntos
[80] saludar con el sombrero
[81] estar dispuesto
[82] saludarme el primero

[83] insulté a un artesano
[84] ¡Mira bien lo que dices! (excl. de desagrado)
[85] me repetía hasta hartarme el «Manténgaos Dios»
[86] aparte del rey

«Pecador de mí —dije yo—, por eso tiene tan poco cuidado de mantenerte, pues no sufres que nadie se lo ruegue.»

—Mayormente —dijo— que no soy tan pobre que no tengo en mi tierra un solar de casas, que a estar ellas en pie y bien labradas, diez y seis leguas de donde nací, en aquella costanilla[87] de Valladolid, valdrían más de doscientos mil maravedís, según se podrían hacer grandes y buenas; y tengo un palomar que, a no estar derribado como está, daría cada año más de doscientos palominos; y otras cosas que me callo, que dejé por lo que tocaba a mi honra. Y vine a esta ciudad pensando que hallaría un buen asiento[88]; mas no me ha sucedido como pensé. Canónigos y señores de la iglesia muchos hallo,[89] mas es gente tan limitada que no los sacara de su paso[90] todo el mundo. Caballeros de media talla también me ruegan; mas servir a éstos es gran trabajo, porque de hombre os habéis de convertir en malilla,[91] y si no: «Andad con Dios», os dicen. Y las más veces son los pagamentos a largos plazos, y las más y las más ciertas comido por servido. Ya cuando quieren reformar conciencia y satisfaceros vuestros sudores, sois librados en la recámara,[92] en un sudado jubón, o raída capa o sayo. Ya cuando asienta un hombre con un señor de título, todavía pasa su laceria. ¿Pues por ventura no hay en mí habilidad para servir y contentar a éstos? Por Dios, si con él topase, muy gran su privado[93] pienso que fuese, y que mil servicios le hiciese, porque yo sabría mentirle tan bien como otro, y agradarle a las mil maravillas; le reiría mucho sus donaires y costumbres, aunque no fuesen las mejores del mundo; nunca decirle cosa que le pesase, aunque mucho le cumpliese;[94] ser muy diligente en su persona, en dicho y hecho; no me matar por no hacer bien las cosas que él no había de ver; y

ponerme a reñir donde él lo oyese con la gente de servicio, porque pareciese tener gran cuidado de lo que a él tocaba; si riñese con algún su criado, dar unos puntillos[95] agudos para le encender la ira y que pareciesen en favor del culpado; decirle bien de lo que bien le estuviese,[96] y por el contrario, ser malicioso, mofador, malsinar[97] a los de casa y a los de fuera, pesquisar[98] y procurar de saber vidas ajenas para contárselas, y otras muchas galas desta calidad, que hoy día se usan en palacio y a los señores de él parecen bien. Y no quieren ver en sus casas hombres virtuosos; antes los aborrecen y tienen en poco y llaman necios, y que no son personas de negocios ni con quien el señor se puede descuidar; y con éstos los astutos usan, como digo, el día de hoy, de lo que yo usaría; mas no quiere mi ventura que le halle.

Desta manera lamentaba también su adversa fortuna mi amo, dándome relación de su persona valerosa.

Pues estando en esto entró por la puerta un hombre y una vieja. El hombre le pide el alquiler de la casa y la vieja el de la cama. Hacen cuenta, y de dos meses le alcanzaron[99] lo que él en un año no alcanzara.[1] Pienso que fueron doce o trece reales. Y él les dio muy buena respuesta: que saldría a la plaza a trocar una pieza de a dos[2] y que a la tarde volviesen. Mas su salida fue sin vuelta. Por manera que a la tarde volvieron, mas fue tarde. Yo les dije que aún no era venido. Venida la noche y él no, yo hube miedo de quedar en casa solo, y fuime a las vecinas y contéles el caso, y allí dormí.

Venida la mañana, los acreedores vuelven y preguntan por el vecino, mas a esta otra puerta. Las mujeres les responden:

—Veis aquí su mozo y la llave de la puerta.

Ellos me preguntaron por él, y díjeles

---

[87] calle en cuesta
[88] empleo
[89] [a quienes servir]
[90] tan poco gastadora que no se les puede hacer cambiar su costumbre
[91] comodín o naipe que sirve para todo en el juego; en el «juego del hombre», el que elige el palo se llama *hombre* y la segunda carta es la *malilla*.
[92] pagados (con ropa vieja) del guardarropa
[93] favorito
[94] fuese por su bien
[95] palabras maliciosas
[96] lo que a él le interesase
[97] calumniar
[98] inquirir
[99] pidieron
[1] había ganado
[2] doblón (moneda de oro)

que no sabía adónde estaba y que tampoco había vuelto a casa desque salió a trocar la pieza, y que pensaba que de mí y de ellos se había ido con el trueco.

De que[3] esto me oyeron, van por un alguacil y un escribano. Y helos do vuelven luego[4] con ellos, y toman la llave, y llámanme, y llaman testigos, y abren la puerta, y entran a embargar la hacienda de mi amo hasta ser pagados de su deuda. Anduvieron toda la casa, y halláronla desembarazada,[5] como he contado, y dícenme:

—¿Qué es de la hacienda de tu amo, sus arcas y paños de pared y alhajas de casa?[6]

—No sé yo eso —les respondí.

—Sin duda —dicen— esta noche lo deben de haber alzado y llevado a alguna parte. Señor alguacil, prended a este mozo, que él sabe dónde está.

En esto vino el alguacil y echóme mano por el collar del jubón, diciendo:

—Muchacho, tú eres preso si no descubres los bienes deste tu amo.

Yo, como en otra tal no me hubiese visto, porque asido del collar sí había sido muchas veces, mas era mansamente dél trabado,[7] para que mostrase el camino al que no veía, yo hube mucho miedo, y llorando prometíle de decir lo que preguntaban.

—Bien está —dicen ellos—, pues di lo que sabes y no hayas temor.

Sentóse el escribano en un poyo para escribir el inventario, preguntándome qué tenía.

—Señores —dije yo—, lo que éste mi amo tiene, según él me dijo es un buen solar de casas y un palomar derribado.

—Bien está —dicen ellos—. Por poco que eso valga, hay para nos entregar[8] de la deuda. ¿Y a qué parte de la ciudad tiene eso? —me preguntaron.

—En su tierra —les respondí.

—Por Dios, que está bueno el negocio —dijeron ellos—. ¿Y adónde es su tierra?

—De Castilla la Vieja me dijo él que era —les dije.

Riéronse mucho el alguacil y el escribano, diciendo:

—Bastante relación es ésta para cobrar vuestra deuda, aunque mejor fuese.

Las vecinas que estaban presentes, dijeron:

—Señores, éste es un niño inocente y ha pocos días que está con ese escudero, y no sabe dél más que vuestras mercedes, sino cuanto el pecadorcico se llega aquí a nuestra casa, y le damos de comer lo que podemos por amor de Dios, y a las noches se iba a dormir con él.

Vista mi inocencia, dejáronme, dándome por libre. Y el alguacil y el escribano piden al hombre y a la mujer sus derechos. Sobre lo cual tuvieron gran contienda y ruido. Porque ellos allegaron no ser obligados a pagar, pues no había de qué ni se hacía el embargo. Los otros decían que habían dejado de ir a otro negocio que les importaba más por venir a aquél.

Finalmente, después de dadas muchas voces, al cabo carga un porquerón[9] con el viejo alfamar de la vieja, aunque no iba muy cargado.[10] Allá van todos cinco dando voces. No sé en qué paró. Creo yo que el pecador alfamar pagara[11] por todos, y bien se empleaba, pues el tiempo que había de reposar y descansar de los trabajos pasados se andaba alquilando.[12]

Así, como he contado, me dejó mi pobre tercero amo, do acabé de conocer mi ruin dicha, pues, señalándose todo lo que podía[13] contra mí, hacía mis negocios tan al revés, que los amos, que suelen ser dejados de los mozos, en mí no fuese así, mas que mi amo me dejase y huyese de mí.

---

[3] cuando
[4] y en seguida vuelven
[5] vacía
[6] colgaduras, muebles y otros accesorios
[7] cogido
[8] recuperarnos
[9] empleado judicial que prende a los delincuentes

[10] El alfamar (manta o cobertor) era muy ligero por lo gastado y viejo que estaba.
[11] pagó
[12] se seguía alquilando (en vez de reposar en su vejez)
[13] Se refiere a *dicha*, que le era adversa.

Tratado Cuarto[14]

CÓMO LÁZARO SE ASENTÓ CON UN FRAILE DE LA MERCED Y DE LO QUE LE ACAECIÓ CON ÉL

Hube de buscar el cuarto, y éste fue un fraile de la Merced, que[15] las mujercillas que digo me encaminaron. Al cual, ellas le llamaban pariente. Gran enemigo del coro y de comer en el convento, perdido[16] por andar fuera, amicísimo de negocios seglares y visitas. Tanto, que pienso que rompía él más zapatos que todo el convento. Éste me dio los primeros zapatos que rompí en mi vida; mas no me duraron ocho días; ni yo pude con su trote[17] durar más. Y por esto, y por otras cosillas que no digo, salí dél.

Tratado Quinto

CÓMO LÁZARO SE ASENTÓ CON UN BULDERO, Y DE LAS COSAS QUE CON ÉL PASÓ

En el quinto por mi ventura di, que fue un buldero,[18] el más desenvuelto y desvergonzado, y el mayor echador de ellas[19] que jamás yo vi ni ver espero ni pienso que nadie vio. Porque tenía y buscaba modos y maneras y muy sutiles invenciones.

En entrando en los lugares do había de presentar la bula, primero presentaba a los clérigos o curas algunas cosillas, no tampoco de mucho valor ni sustancia: una lechuga murciana, si era por el tiempo un par de limas o naranjas, un melocotón, un par de duraznos, cada sendas[20] peras verdiñales[21]. Así procuraba tenerlos propicios porque favoreciesen su negocio y llamasen sus feligreses a tomar la bula.

Ofreciéndosele a él las gracias,[22] informábase de la suficiencia[23] dellos. Si decían que entendían, no hablaba palabra en latín, por no dar tropezón; mas aprovechábase de un gentil y bien cortado romance[24] y desenvoltísima[25] lengua. Y si sabía que los dichos clérigos eran de los reverendos, digo que más con dineros que con letras y con reverendas[26] se ordenan, hacíase entre ellos un santo Tomás[27] y hablaba dos horas en latín. A lo menos, que lo parecía, aunque no lo era.

Cuando por bien[28] no le tomaban las bulas, buscaba cómo por mal[29] se las tomasen. Y para aquello hacía molestias al pueblo, y otras veces con mañosos artificios. Y porque todos los que le veía hacer sería largo de contar, diré uno muy sutil y donoso, con el cual probaré bien su suficiencia.

En un lugar de la Sagra de Toledo[30] había predicado dos o tres días, haciendo sus acostumbradas diligencias, y no le habían tomado bula, ni a mi ver tenían intención de se la tomar. Estaba dado al diablo[31] con aquello y, pensando qué hacer, se acordó[32] de convidar al pueblo para otro día de mañana despedir[33] la bula.

Y esa noche, después de cenar, pusiéronse a jugar la colación[34] él y el alguacil, y sobre el juego vinieron a reñir y a haber malas palabras. Él llamó al alguacil ladrón, y el otro a él falsario. Sobre esto, el señor comisario, mi señor, tomó un lanzón que en el

---

[14] Este capítulo parece un apunte o plan que quedó sin desarrollar por causas desconocidas.
[15] a quien
[16] apasionado
[17] andar constante
[18] el que predicaba y vendía la bula papal de la Cruzada
[19] [bulas]
[20] para cada uno
[21] las de piel verde
[22] cuando venían a darle las gracias
[23] saber
[24] romance [castellano]
[25] elocuente
[26] las cartas que empezaban con la expresión *Reverendo in Christo*, por las que un obispo autoriza la ordenación de un sacerdote en otra diócesis
[27] Santo Tomás de Aquino, el gran teólogo y filósofo italiano del siglo XIII
[28] voluntariamente
[29] sin su voluntad
[30] comarca al NE. de Toledo
[31] furioso
[32] decidió
[33] vender
[34] jugar apostándose la confitura y la bebida

portal do jugaban estaba. El alguacil puso mano a su espada, que en la cinta tenía.

Al ruido y voces que todos dimos, acuden los huéspedes y vecinos, y métense en medio, y ellos muy enojados procurándose de desembarazar de los que en medio estaban para se matar. Mas como la gente al gran ruido cargase,[35] y la casa estuviese llena della, viendo que no podían afrentarse con las armas, decíanse palabras injuriosas entre las cuales el alguacil dijo a mi amo que era falsario y las bulas que predicaba eran falsas.

Finalmente, que los del pueblo, viendo que no bastaban a ponerlos en paz, acordaron de llevar al alguacil de la posada a otra parte. Y así quedó mi amo muy enojado. Y después que los huéspedes y vecinos le hubieron rogado que perdiese el enojo y se fuese a dormir, se fue; y así nos echamos[36] todos.

La mañana venida, mi amo se fue a la iglesia y mandó tañer a misa y al sermón para despedir la bula. Y el pueblo se juntó, el cual andaba murmurando de las bulas, diciendo cómo eran falsas y que el mismo alguacil, riñendo, lo había descubierto. De manera que, atrás[37] que tenían mala gana de tomarla, con aquello del todo la aborrecieron.

El señor comisario[38] se subió al púlpito, y comienza su sermón, y a animar la gente a que no quedasen sin tanto bien e indulgencia como la santa bula traía.

Estando en lo mejor del sermón, entra por la puerta de la iglesia el alguacil, y desque[39] hizo oración, levantóse, y con voz alta y pausada, cuerdamente[40] comenzó a decir:

—Buenos hombres, oídme una palabra, que después oiréis a quien quisiereis. Yo vine aquí con este echacuervo[41] que os predica, el cual me engañó, y dijo que le favoreciese en este negocio, y que partiríamos la ganancia. Y agora, visto el daño que haría a mi conciencia y a vuestras haciendas, arrepentido de lo hecho, os declaro claramente que las bulas que predica son falsas y que no le creáis ni las toméis, y que yo, *directe* ni *indirecte*, no soy parte en ellas, y que desde agora dejo la vara y doy con ella en el suelo.[42] Y si en algún tiempo éste fuere castigado por la falsedad, que vosotros me seáis testigos cómo yo no soy con él ni le doy a ello ayuda, antes os desengaño, y declaro su maldad. Y acabó su razonamiento.

Algunos hombres honrados que allí estaban se quisieron levantar y echar al alguacil fuera de la iglesia, por evitar escándalo. Mas mi amo les fue a la mano[43] y mandó a todos que, so pena de excomunión, no le estorbasen, mas que le dejasen decir todo lo que quisiese. Y así él también tuvo silencio mientras el alguacil dijo todo lo que he dicho.

Como calló, mi amo le preguntó si quería decir más, que lo dijese.

El alguacil dijo:

—Harto más hay que decir de vos, y de vuestra falsedad; mas por agora basta.

El señor comisario se hincó de rodillas en el púlpito, y puestas las manos[44] y mirando al cielo, dijo así:

—Señor Dios, a quien ninguna cosa es escondida, antes todas manifiestas, y a quien nada es imposible, antes todo posible: tú sabes la verdad y cuán injustamente yo soy afrentado. En lo que a mí toca, yo le perdono, porque tú, Señor, me perdones. No mires a aquel que no sabe lo que hace ni dice; mas la injuria a ti hecha te suplico, y por justicia te pido, no disimules; porque alguno que está aquí, que por ventura pensó tomar aquesta santa bula, dando créditos a las falsas palabras de aquel hombre lo dejará de hacer. Y, pues es tanto perjuicio del prójimo, te suplico yo, Señor, no lo disimules, mas luego muestra aquí milagro, y sea desta manera:

---

[35] acudiese
[36] acostamos
[37] además de
[38] delegado del Papa
[39] después que
[40] tranquilamente
[41] el que engaña con fraudes a los simples: se solía llamar así a los bulderos y clérigos hipócritas e inmorales
[42] al dejar en el suelo la *vara*, símbolo de su autoridad, indica que no quiere hacer uso de ésta
[43] les contuvo
[44] [juntas] en actitud orante

que si es verdad lo que aquél dice y que yo traigo maldad y falsedad, este púlpito se hunda conmigo y meta siete estados[45] debajo de tierra, do él ni yo jamás parezcamos,[46] y si es verdad lo que yo digo y aquél, persuadido del demonio, (por quitar y privar a los que están presentes de tan gran bien) dice maldad, también sea castigado y de todos conocida su malicia.

Apenas había acabado su oración el devoto señor mío, cuando el negro alguacil cae de su estado,[47] y da tan gran golpe en el suelo, que la iglesia toda hizo resonar, y comenzó a bramar y echar espumajos por la boca y torcerla y hacer visajes con el gesto, dando de pie y de mano, revolviéndose por aquel suelo a una parte y a otra.

El estruendo a voces de la gente era tan grande, que no se oían unos a otros. Algunos estaban espantados y temerosos.

Unos decían: «El Señor le socorra y valga». Otros: «Bien se le emplea,[48] pues levantaba tan falso testimonio.»

Finalmente, algunos que allí estaban, y a mi parecer no sin harto temor, se llegaron y le trabaron de los brazos, con los cuales daba fuertes puñadas a los que cerca dél estaban. Otros le tiraban por las piernas y tuvieron reciamente, porque no había mula falsa en el mundo que tan recias coces tirase. Y así le tuvieron un gran rato. Porque más de quince hombres estaban sobre él, y a todos daba las manos llenas,[49] y si se descuidaban, en los hocicos.

A todo esto, el señor mi amo estaba en el púlpito de rodillas, las manos y los ojos puestos en el cielo, transportado en la divina esencia, que el planto,[50] y ruido y voces que en la iglesia había no eran parte[51] para apartarle de su divina contemplación.

Aquellos buenos hombres llegaron a él, y dando voces le despertaron, y le suplicaron quisiese socorrer a aquel pobre, que estaba muriendo, y que no mirase a las cosas pasadas ni a sus dichos malos, pues ya dellos tenía el pago; mas si en algo podía aprovechar para librarle del peligro y pasión[52] que padecía, por amor de Dios lo hiciese, pues ellos veían clara la culpa del culpado, y la verdad y bondad suya, pues a su petición y venganza el Señor no alargó el castigo.

El señor comisario, como quien despierta de un dulce sueño, los miró, y miró al delincuente y a todos los que alrededor estaban, y muy pausadamente les dijo:

—Buenos hombres, vosotros nunca habíais de rogar por un hombre en quien Dios tan señaladamente se ha señalado; mas, pues Él nos manda que no volvamos mal por mal, y perdonemos las injurias, con confianza podremos suplicarle que cumpla lo que nos manda y Su Majestad perdone a éste, que le ofendió poniendo en su santa fe obstáculo. Vamos todos a suplicarle.

Y así, bajó del púlpito y encomendó aquí muy devotamente suplicasen a Nuestro Señor tuviese por bien de perdonar a aquel pecador y volverle en su salud y sano juicio, y lanzar dél el demonio, si Su Majestad había permitido que por su gran pecado en él entrase.

Todos se hincaron de rodillas, y delante del altar, con los clérigos, comenzaban a cantar con voz baja una letanía. Y viniendo él con la cruz y agua bendita, después de haber sobre él cantado, el señor mi amo, puestas las manos al cielo y los ojos que casi nada se le parecía[53] sino un poco de blanco, comienza una oración no menos larga que devota, con la cual hizo llorar a toda la gente, como suelen hacer en los sermones de Pasión, de predicador y auditorio devoto, suplicando a Nuestro Señor, pues no quería la muerte del pecador, sino su vida y arrepentimiento, que aquel encaminado por el demonio y persuadido de la muerte y pecado, le quisiese perdonar y dar vida y salud, para que se arrepintiese y confesase sus pecados.

Y esto hecho, mandó traer la bula y púsosela en la cabeza.[54] Y luego el pecador

---

[45] un estado = 7 pies
[46] salgamos
[47] cae desmayado
[48] se lo merece
[49] daba golpes en abundancia

[50] lamentos
[51] bastante
[52] sufrimiento
[53] se le veía (por estar mirando al cielo)
[54] [del alguacil] como señal de aceptación

del alguacil comenzó, poco a poco, a estar mejor y tornar en sí. Y desque fue bien vuelto en su acuerdo, echóse a los pies del señor comisario y demandóle perdón; confesó haber dicho aquello por la boca y mandamiento del demonio, lo uno, por hacer a él daño y vengarse del enojo; lo otro, y más principal, porque el demonio recibía mucha pena del bien que allí se hiciera en tomar la bula.

El señor mi amo le perdonó, y fueron hechas las amistades entre ellos. Y a tomar la bula hubo tanta prisa, que casi ánima viviente en el lugar no quedó sin ella, marido y mujer, e hijos e hijas, mozos y mozas.

Divulgóse la nueva de lo acaecido por los lugares comarcanos, y cuando a ellos llegábamos no era menester sermón ni ir a la iglesia, que a la posada la venían a tomar, como si fueran peras que se dieran de balde. De manera que, en diez o doce lugares de aquellos alrededores donde fuimos, echó el señor mi amo otras tantas mil bulas sin predicar sermón.

Cuando él hizo el ensayo,[55] confieso mi pecado que también fui dello espantado,[56] y creí que así era, como otros muchos; mas con ver después la risa y burla que mi amo y el alguacil llevaban y hacían del negocio, conocí cómo había sido industriado[57] por el industrioso[58] inventivo de mi amo.

Y aunque muchacho, cayóme mucho en gracia y dije entre mí: «¡Cuántas destas deben hacer estos burladores entre la inocente gente!»

Finalmente, estuve con este mi quinto amo cerca de cuatro meses, en los cuales pasé también hartas fatigas.[59]

Tratado Sexto

Cómo Lázaro se asentó con un capellán, y de lo que con él pasó

Después desto, asenté con un maestro de pintar panderos para molerle los colores, y también sufrí mil males.

Siendo ya en este tiempo buen mozuelo, entrando un día en la iglesia mayor, un capellán della me recibió por suyo, y púsome en poder un asno y cuatro cántaros y un azote, y comencé a echar[60] agua por la ciudad. Éste fue el primer escalón que yo subí para venir a alcanzar buena vida, porque mi boca era medida.[61] Daba cada día a mi amo treinta maravedís ganados, y los sábados ganaba para mí, y todo lo demás, entre semana, de treinta maravedís.[62]

Fueme tan bien en el oficio, que al cabo de cuatro años que lo usé, con poner en la ganancia buen recaudo,[63] ahorré para me vestir muy honradamente de la ropa vieja, de la cual compré un jubón de fustán[64] viejo y un sayo raído, de manga tranzada y puerta[65], y una capa que había sido frisada,[66] y una espada de las viejas primeras de Cuéllar[67]. Desque me vi en hábito de hombre de bien, dije a mi amo se tomase su asno, que no quería más seguir aquel oficio.

---

[55] truco, engaño
[56] asombrado
[57] arreglado
[58] habilidoso
[59] Una de las ediciones (Alcalá, 1554) añade aquí esta lógica aclaración: *aunque me daba bien de comer, a costa de los curas y otros clérigos do iba a predicar.*
[60] vender
[61] mis necesidades estaban satisfechas
[62] durante los otros días ganaba el exceso de los 30 marevedís.
[63] cuidado
[64] tela inferior de lino y algodón
[65] de manga bordada con trenza o cordoncillo y abierto por delante (con puerta)
[66] de pelo levantado y brillante
[67] pueblo de Segovia donde se hacían buenas espadas

Tratado Séptimo

Cómo Lázaro se asentó con un alguacil, y de lo que le acaeció con él

Despedido del capellán, asenté por hombre de justicia con un alguacil. Mas muy poco viví con él, por parecerme oficio peligroso. Mayormente, que una noche nos corrieron a mí y a mi amo a pedradas y a palos unos retraídos.[68] Y a mi amo, que esperó, trataron mal, mas a mí no me alcanzaron. Con esto renegué del trato.

Y pensando en qué modo de vivir haría mi asiento,[69] por tener descanso y ganar algo para la vejez, quiso Dios alumbrarme, y ponerme en camino y manera provechosa. Y con favor que tuve de amigos y señores, todos mis trabajos y fatigas hasta entonces pasados fueron pagados con alcanzar lo que procuré, que fue un oficio real, viendo que no hay nadie que medre, sino los que le tienen. En el cual día de hoy yo vivo y resido a servicio de Dios y de V. M. Y es que tengo cargo de pregonar los vinos que en esta ciudad se venden, y en almonedas y cosas perdidas,[70] acompañar los que padecen persecuciones por justicia y declarar a voces sus delitos: pregonero, hablando en buen romance.[71]

Hame sucedido tan bien, y yo le he usado tan fácilmente, que casi todas las cosas al oficio tocantes pasan por mi mano. Tanto que en toda la ciudad, el que ha de echar vino a vender o algo, si Lázaro de Tormes no entiende en ello, hacen cuenta de no sacar provecho.

En este tiempo, viendo mi habilidad y buen vivir, teniendo noticia de mi persona el señor arcipreste de San Salvador,[72] mi señor, y servidor y amigo de V. M., porque le pregonaba sus vinos, procuró casarme con una criada suya. Y visto por mí que de tal persona no podía venir sino bien y favor, acordé de lo hacer. Y así, me casé con ella, y hasta agora no estoy arrepentido. Porque, allende de ser buena hija, y diligente, servicial, tengo en mi señor arcipreste todo favor y ayuda; y siempre en el año le da en veces al pie de[73] una carga de trigo, por las Pascuas su carne, y cuándo[74] el par de bodigos, las calzas viejas que deja. E hízonos alquilar una casilla par de la suya. Los domingos y fiestas casi todas las comíamos en su casa.

Mas malas lenguas, que nunca faltaron ni faltarán, no nos dejan vivir, diciendo no sé qué y sí sé qué, de que ven a mi mujer irle a hacer la cama y guisarle de comer. Y mejor les ayude Dios que ellos dicen la verdad.[75]

Porque, allende de no ser ella mujer que se pague[76] destas burlas, mi señor me ha prometido lo que pienso cumplirá. Que él me habló un día muy largo delante della y me dijo:

—Lázaro de Tormes, quien ha de mirar a dichos de malas lenguas, nunca medrará. Digo esto porque no me maravillaría alguno,[77] viendo entrar en mi casa a tu mujer y salir della . . . Ella entra muy a tu honra y suya, y esto te lo prometo. Por tanto, no mires a lo que puedan decir, sino a lo que te toca, digo a tu provecho.

—Señor —le dije—, yo determiné de arrimarme a los buenos. Verdad es que algunos de mis amigos me han dicho algo de eso, y aun por más de tres veces me han certificado que antes que conmigo casase había parido tres veces, hablando con reverencia de V. M., porque está ella delante.

Entonces mi mujer echó juramentos sobre sí, que yo pensé la casa se hundiera con

---

[68] fugitivos de la justicia refugiados en alguna iglesia
[69] me establecería
[70] [pregonar] cosas perdidas
[71] clara y llanamente
[72] parroquia de Toledo

[73] en varias veces da aproximadamente
[74] algunas veces
[75] Dios sea más bondadoso con ellos de lo que merecen (por no decir la verdad).
[76] se complazca
[77] no me sorprendería que alguno (pensase mal)

nosotros, y después tomóse a llorar y a echar mil maldiciones sobre quien conmigo la había casado, en tal manera, que quisiera ser muerto antes que se me hubiera soltado aquella palabra de la boca. Mas yo de un cabo y mi señor de otro, tanto le dijimos y otorgamos,[78] que cesó su llanto, con juramento que le hice de nunca más en mi vida mentarle nada de aquello, y que yo holgaba y había por bien de que ella entrase y saliese, de noche y de día, pues estaba bien seguro de su bondad. Y así quedamos todos tres bien conformes. Hasta el día de hoy nunca nadie más nos oyó sobre el caso; antes, cuando alguno siento que quiere decir algo della, le atajo y le digo:

—Mirad, si sois mi amigo, no me digáis cosa con que me pese, que no tengo por mi amigo al que me hace pesar; mayormente si me quieren meter mal[79] con mi mujer, que es la cosa del mundo que yo más quiero y la amo más que a mí. Y me hace Dios con ella mil mercedes y más bien que yo merezco; que yo juraré sobre la hostia consagrada, que es tan buena mujer como vive dentro de las puertas de Toledo. Quien otra cosa me dijere, yo me mataré con él.

Desta manera no me dicen nada, y yo tengo paz en mi casa.

Esto fue el mismo año que nuestro victorioso Emperador en esta insigne ciudad de Toledo entró, y tuvo en ella Cortes,[80] y se hicieron grandes regocijos y fiestas, como V. M. habrá oído. Pues en este tiempo estaba en mi prosperidad y en la cumbre de toda buena fortuna.

---

[78] prometimos
[79] indisponer

[80] Carlos V entró en Toledo en 1525, tras la victoria de Pavía contra los franceses, pero celebró las Cortes en 1538.

Jorge de Montemayor

(¿1520?-1561)

Jorge de Montemayor es uno de los escritores portugueses que, atraídos por el prestigio de la corte imperial española, escribieron en castellano y ganaron distinción e influencia entre los literatos de su tiempo. Su *Diana* fue el modelo de la novela pastoril en España, y además trajo a las letras hispanas el sentimiento lírico de la «saudade» portuguesa (soledad nostálgica producida por la ausencia). De su vida hay pocos datos seguros. Nació en Montemôr-o-Velho, cerca de Coimbra, hacia 1520, y de allí tomó su nombre castellanizado. De origen humilde, se dedicó a la música y a la poesía, alcanzando pronto suficiente reputación para entrar de cantor en una capilla de la corte de Carlos V, cargo que conservó bajo Felipe II. En 1544 publicó un *Cancionero* de sus poesías, unas de carácter profano (amorosas principalmente) y otras religiosas. Estas últimas fueron condenadas como heréticas, hecho que se ha relacionado con el supuesto origen judío de Montemayor. Fue soldado en las guerras de Flandes y pasó sus últimos años en Italia, donde murió según parece en un lance amoroso.

Hacia 1559 publicó *Los siete libros de la Diana*, obra tan popular que a fines del siglo contaba con más de veinte ediciones. Fue traducida a varios idiomas y se usó como libro bilingüe para aprender el español. Pronto surgieron imitadores dentro y fuera de España, ejerciendo bastante influencia en el género pastoril de Francia e Inglaterra. Aunque ya existía la poesía pastoril, traída de Italia por Garcilaso, y las églogas dramáticas de Juan del Encina, la *Diana* introduce la novela de pastores en prosa y verso conforme al modelo de *La Arcadia* de Sannazaro (1504) y de otros autores clásicos (como Virgilio) e italianos (como Boccaccio), junto con elementos de la lírica gallego-portuguesa, con sus tristes lamentos de ausencia amorosa. En común con sus modelos bucólicos, la *Diana* presenta una visión idealizada de la Naturaleza y de la vida amorosa de unos pastores con sensibilidad de cortesanos. El móvil único de todas las acciones es el amor idealizado conforme a la teoría neoplatónica del Renacimiento (que es también tema discutido por los pastores). Ese amor no es nunca una pasión violenta o fatal, sino un deseo limpio de toda sensualidad, que ennoblece al espíritu, y cuya conclusión es el matrimonio feliz o la triste resignación. Es el símbolo de la felicidad humana y por eso todos lo buscan aunque sea a menudo elusivo, produzca cambios inesperados en las relaciones personales y vaya acompañado de las lágrimas que tanto abundan en la novela. Pero aunque predomine una atmósfera de melancolía y soledad en la búsqueda del amor, no hay desenlaces trágicos como era el caso en la novela sentimental.

La *Diana* tiene, sin embargo, rasgos originales que le dan cierta complejidad y la hacen precursora de la novela moderna. El narrador es un observador ajeno a la acción y no uno de los personajes. El argumento está compuesto de varias acciones convergentes, más que de una central y otras subordinadas. En realidad, la acción principal de los amores desgraciados de la pastora Diana con Sireno y de su matrimonio de conveniencia con el rico Delio no se desarrolla hasta los últimos libros, aunque esté siempre presente en la memoria de los demás pastores. Entre tanto se suceden otros tres relatos principales en ambientes distintos (rústico, urbano y cortesano), hasta encontrar todos solución conjunta en el palacio de la sabia Felicia y su coro de ninfas, con el elemento mágico y alegórico de la fuente del olvido. Estas historias paralelas suelen aparecer en forma de narración hecha ante los demás personajes, no como acción, y ello contribuye al ritmo lento y efecto estático de la novela. A pesar del tono uniforme, hay una gran diversidad de caracteres, con sus problemas íntimos bien analizados.

Como toda novela pastoril, la *Diana* tiene en el fondo algo de libro de cortesanos con disfraz de pastores, bajo cuyas aventuras ficticias se ocultan «casos que verdaderamente han sucedido», según declara el autor. Pero los personajes son ante todo amantes entregados al culto de un amor ideal. Por eso resulta tan difícil adivinar su identidad histórica, sin que las diversas hipótesis hayan tenido comprobación más que en el caso de Diana, cierta dama llamada Ana sobre la que hay noticia de que los reyes la recibieron al pasar por Valencia de San Juan (León) en 1602, donde aún guardaba su fama a los sesenta años. Igualmente la Naturaleza bucólica que sirve de escenario a la acción está embellecida y estilizada conforme al ideal estético del Renacimiento, aunque hay localización geográfica (la región de León y Portugal). Pero sus características son siempre la quietud y suavidad que se corresponden a la ternura de los sentimientos —tristes o alegres— y a la morosidad de la acción. La prosa de la novela va interrumpida con frecuencia por versos italianizantes y tradicionales a modo de intermedios musicales sobre los mismos sentimientos amorosos del relato. Son versos de tema forzado por la historia y de mediana calidad. Es en la prosa melodiosa, equilibrada e impecable (tan ajustada al espíritu platónico de la obra) donde mejor se revela el sentido musical y poético del autor.

Montemayor prometió al final de su obra una segunda parte que no llegó a escribir. Quien lo hizo fue Gaspar Gil Polo en *Los cinco libros de la Diana enamorada* (Valencia, 1564), acertada continuación de más valor lírico que novelístico.

TEXTO: JORGE DE MONTEMAYOR, *Los siete libros de la Diana* (ed. F. López Estrada),
«Clásicos Castellanos». Madrid, 1954.

LOS SIETE LIBROS DE LA DIANA

(¿1559?)

SELECCIÓN

ARGUMENTO DESTE LIBRO

En los campos de la principal y antigua ciudad de León, riberas del río Esla, hubo una pastora llamada Diana, cuya hermosura fue extremadísima sobre todas las de su tiempo. Ésta quiso y fue querida en extremo de un pastor llamado Sireno: en cuyos amores hubo toda la limpieza y honestidad posible. Y en el mismo tiempo, la quiso más que a sí, otro pastor llamado Silvano, el cual fue de la pastora tan aborrecido, que no había cosa en la vida a quien peor quisiese. Sucedió pues, que como Sireno fuese forzadamente fuera del reino, a cosas que su partida no podía excusarse, y la pastora quedase muy triste por su ausencia, los tiempos y el corazón de Diana se mudaron; y ella se casó con otro pastor llamado Delio, poniendo en olvido el que tanto había querido. El cual, viniendo después de un año de ausencia, con gran deseo de ver a su pastora, supo antes que llegase como era ya casada. Y de aquí comienza el primero libro, y en los demás hallarán muy diversas historias, de casos que verdaderamente han sucedido, aunque van disfrazados debajo de nombres y estilo pastoril.

Libro Primero

Bajaba de las montañas de León el olvidado Sireno, a quien amor, la fortuna, el tiempo, trataban de manera, que del menor mal que en tan triste vida padecía, no se esperaba menos que perdella.[1] Ya no lloraba el desventurado pastor el mal que la ausencia le prometía, ni los temores de olvido le importunaban, porque vía[2] cumplidas las profecías de su recelo, tan en perjuicio suyo, que ya no tenía más infortunios con que

amenazalle. Pues llegando el pastor a los verdes y deleitosos prados, que el caudaloso río Esla con sus aguas va regando, le vino a la memoria el gran contentamiento de que en algún tiempo allí gozado había: siendo tan señor de su libertad, como entonces subjecto a quien sin causa lo tenía sepultado en las tinieblas de su olvido. Consideraba aquel dichoso tiempo que por aquellos prados y hermosa ribera apacentaba su ganado, poniendo los ojos en sólo el interés que de traelle bien apacentado se le seguía, y las horas que le sobraban gastaba el pastor en sólo gozar del suave olor de las doradas flores, al tiempo que la primavera, con las alegres nuevas del verano, se esparce por el universo; tomando a veces su rabel, que muy polido[3] en un zurrón siempre traía, otras veces una zampoña,[4] al son de la cual componía los dulces versos con que de las pastoras de toda aquella comarca era loado. No se metía el pastor en la consideración de los malos o buenos sucesos de la fortuna, ni en la mudanza y variación de los tiempos; no le pasaba por el pensamiento la diligencia y codicias del ambicioso cortesano, ni la confianza y presunción de la Diana celebrada por sólo el voto y parecer de sus apasionados; tampoco le daba pena la hinchazón y descuido[5] del orgulloso privado.[6]

En el campo se crió, en el campo apacentaba su ganado, y ansí no salían del campo sus pensamientos, hasta que el crudo amor tomó aquella posesión de su libertad, que él suele tomar de los que más libres se imaginan. Venía pues el triste Sireno los ojos hechos fuentes, el rostro mudado, y el corazón tan hecho a sufrir desventuras que si la

---

[1] perderla
[2] veía
[3] pulido
[4] flauta rústica
[5] vanidad y afectación
[6] cortesano que goza del favor real

fortuna le quisiera dar algún contento fuera menester buscar otro corazón nuevo para recebille.[7] El vestido era de un sayal tan áspero como su ventura, un cayado en la mano, un zurrón del brazo izquierdo colgando. Arrimóse al pie de un haya, comenzó a tender sus ojos por la hermosa ribera, hasta que llegó con ellos al lugar donde primero había visto la hermosura, gracia, honestidad de la pastora Diana, aquella en quien naturaleza sumó todas las perfeciones que por muchas partes había repartido. Lo que su corazón sintió imagínelo aquel que en algún tiempo se halló metido entre memorias tristes.

No pudo el desventurado pastor poner silencio a las lágrimas ni excusar los sospiros[8] que del alma le salían. Y volviendo los ojos al cielo, comenzó a decir desta manera: ¡Ay, memoria mía! enemiga de mi descanso, ¿no os ocupárades mejor en hacerme olvidar disgustos presentes, que en ponerme delante los ojos contentos pasados? ¿Qué decís, memoria? Que en este prado vi a mi señora Diana. Que en él comencé a sentir lo que no acabaré de llorar. Que junto a aquella clara fuente, cercada de altos y verdes sauces, con muchas lágrimas algunas veces me juraba que no había cosa en la vida, ni voluntad de padres, ni persuasión de hermanos, ni importunidad de parientes que de su pensamiento le apartase. Y que cuando esto decía, salían por aquellos hermosos ojos unas lágrimas, como orientales perlas, que parecían testigos de lo que en el corazón le quedaba, mandándome so pena de ser tenido por hombre de bajo entendimiento, que creyese lo que tantas veces me decía. Pues espera un poco, memoria, ya que me habéis puesto delante los fundamentos de mi desventura (que tales fueron ellos, pues el bien que entonces pasé, fue principio del mal que ahora padezco), no se os olviden, para templarme este descontento, de ponerme delante los ojos uno a uno, los trabajos, los desasosiegos, los temores, los recelos, las

sospechas, los celos, las desconfianzas, que aun en el mejor estado no dejan al que verdaderamente ama. ¡Ay, memoria, memoria, destruidora de mi descanso! ¡cuán cierto está responderme que el mayor trabajo que en estas consideraciones se pasaba era muy pequeño, en comparación del contentamiento que a trueque dél recibía! Vos, memoria, tenéis mucha razón, y lo peor dello[9] es tenella[10] tan grande. Y estando en esto, sacó del seno un papel, donde tenía envueltos unos cordones de seda verde y cabellos, y poniéndolos sobre la verde yerba, con muchas lágrimas sacó su rabel, no tan lozano como lo traía al tiempo que de Diana era favorecido, y comenzó a cantar lo siguiente:

> ¡Cabellos, cuánta mudanza
> he visto después que os vi
> y cuán mal parece ahí
> esta color de esperanza!
> Bien pensaba yo cabe[11] ellos
> (aunque con algún temor)
> que no fuera otro pastor
> digno de verse cabe ellos.

> ¡Ay, cabellos, cuántos días
> la mi Diana miraba,
> si os traía, o si os dejaba,
> y otras cien mil niñerías!
> Y cuántas veces llorando
> ¡ay! lágrimas engañosas,
> pedía celos, de cosas
> de que yo estaba burlando.

> Los ojos que me mataban,
> decid, dorados cabellos,
> ¿qué culpa tuve en creellos,
> pues ellos me aseguraban?
> ¿No vistes vos que algún día,
> mil lágrimas derramaba
> hasta que yo le juraba,
> que sus palabras creía?

> ¿Quién vio tanta hermosura
> en tan mudable subjecto?
> y en amador tan perfecto,

---

[7] recibirle
[8] suspiros
[9] de ello

[10] tenerla
[11] junto a (juego de palabras con «cabellos»)

¿quién vio tanta desventura?
Oh, cabellos ¿no os corréis,
por venir de ado[12] venistes,
viéndome como me vistes
en verme como me veis?

Sobre el arena sentada
de aquel río le vi yo
do con el dedo escribió:
antes muerta, que mudada.
Mira el amor lo que ordena,
que os viene hacer creer
cosas dichas por mujer,
y escritas en el arena.

No acabara tan presto Sireno el triste canto, si las lágrimas no le fueran a la mano, tal estaba como aquel a quien fortuna tenía atajados todos los caminos de su remedio. Dejó caer su rabel, toma los dorados cabellos, vuélvelos a su lugar, diciendo: ¡Ay, prendas de la más hermosa y desleal pastora que humanos ojos pudieron ver! Cuán a vuestro salvo me habéis engañado. ¡Ay, que no puedo dejar de veros, estando todo mi mal en haberos visto! Y cuando del zurrón sacó la mano, acaso topó con una carta, que en tiempo de su prosperidad Diana le había enviado; y como lo vio, con un ardiente sospiro que del alma salía, dijo:

—¡Ay, carta, carta, abrasada te vea por mano de quien mejor lo pueda hacer que yo, pues jamás en cosa mía pude hacer lo que quisiese; malhaya quien ahora te leyere. Mas ¿quién podrá hacerlo? Y descogiéndola[13] vio que decía:

Carta de Diana a Sireno

«Sireno mío, cuán mal sufriría tus palabras, quien no pensase que amor te las hacía decir! Dícesme que no te quiero cuanto debo, no sé en que lo ves, ni entiendo cómo te pueda querer más. Mira que ya no es tiempo de no creerme, pues ves que lo que te quiero me fuerza a creer lo que de tu pensamiento me dices. Muchas veces imagino que así como piensas que no te quiero, queriéndote más que a mí, así debes pensar que me quieres teniéndome aborrecida. Mira, Sireno, que el tiempo lo ha hecho mejor contigo de lo que al principio de nuestros amores sospechaste, y quedando mi honra a salvo, la cual te debe todo lo del mundo, no habría cosa en él, que por ti no hiciese. Suplícote cuanto puedo, que no te metas entre celos y sospechas, que ya sabes cuán pocos escapan de sus manos con la vida, la cual te dé Dios con el contento que yo te deseo.»

¿Carta es ésta, dijo Sireno sospirando, para pensar que pudiera entrar olvido en el corazón donde tales palabras salieron? ¿Y palabras son éstas para pasallas por la memoria, al tiempo que quien las dijo no la tiene de mí? ¡Ay, triste, con cuánto contentamiento acabé de leer esta carta, cuando mi señora me la envió, y cuántas veces en aquella hora misma la volví a leer! Mas págola ahora con las setenas,[14] y no sufría menos sino venir de un extremo a otro, que mal contado le sería a la fortuna dejar de hacer conmigo lo que con todos hace.

A este tiempo, por una cuesta abajo que del aldea venía al verde prado, vio Sireno venir un pastor su paso a paso, parándose a cada trecho, unas veces mirando el cielo, otras, el verde prado y hermosa ribera que desde lo alto descubría; cosa que más le aumentaba su tristeza, viendo el lugar que fue principio de su desventura. Sireno lo conoció y dijo, vuelto el rostro hacia la parte donde venía:

—¡Ay, desventurado pastor, aunque no tanto como yo! ¿En qué han parado las competencias que conmigo traías por los amores de Diana, y los disfavores que aquella cruel te hacía, poniéndolo a mi cuenta?[15] Mas si tú entendieras que tal había de ser la suma, ¿cuánta mayor merced hallaras que la fortuna te hacía en sustentarte en un infelice

---

[12] adonde
[13] desdoblándola

[14] en exceso de la culpa («pagar con las setenas» era devolver siete veces lo robado)
[15] culpándome a mí de ello

estado que a mí en derribarme dél al tiempo que menos lo temía? [. . .]¹⁶

No estaba ocioso Sireno al tiempo que Silvano estos versos cantaba que con sospiros respondía a los últimos acentos de sus palabras y con lágrimas solemnizaba lo que dellas entendía. El desamado pastor, después que hubo acabado de cantar, se comenzó a tomar cuenta de la poca¹⁷ que consigo tenía, y cómo por su señora Diana había olvidado todo el hato y rebaño, y esto era lo menos. Consideraba que sus servicios eran sin esperanza de galardón, cosa que, a quien tuviera menos firmeza, pudiera fácilmente atajar el camino de sus amores. Mas era tanta su constancia que, puesto en medio de todas las causas que tenía de olvidar a quien no se acordaba de él, se salía tan a su salvo dellas y tan sin perjuicio del amor que a su pastora tenía, que sin miedo alguno cometía cualquiera imaginación que en daño de su fe le sobreviniese. Pues como vio a Sireno junto a la fuente, quedó espantado¹⁸ de velle¹⁹ tan triste, no porque ignorase la causa de su tristeza, mas porque le pareció que, si él hubiera recibido el más pequeño favor que Sireno algún tiempo recibió de Diana, aquel contentamiento bastara para toda la vida tenelle. Llegóse a él y, abrazándose los dos con muchas lágrimas, se volvieron a sentar encima de la menuda yerba, y Silvano comenzó a hablar desta manera:

—¡Ay, Sireno, causa de mi desventura o del remedio della!; nunca Dios quiera que yo de la tuya reciba venganza que, cuando muy a mi salvo pudiese hacello, no permitiría el amor que a mi señora Diana tengo, que yo fuese contra aquel en quien ella con tanta voluntad lo puso. Si tus trabajos no me duelen nunca en los míos, haya fin; si luego que Diana se quiso desposar, no se me acordó que su desposorio y tu muerte habían de ser a un tiempo, nunca en otro mejor me vea que éste en que ahora estoy. ¿Pensar debes, Sireno, que te quería yo mal porque

Dios te quería bien? ¿Y que los favores que ella te hacía, eran parte para que yo te desamase? Pues no era de tan bajos quilates mi fe, que no siguiese a mi señora, no sólo en quererla, sino en querer todo lo que ella quisiese. Pesarme de tu fatiga, no tienes por qué agradecérmelo; porque estoy tan hecho²⁰ a pesares que aun de bienes míos me pesaría, cuanto más de males ajenos.

No causó poca admiración a Sireno las palabras del pastor Silvano, y así estuvo un poco suspenso, espantado de tan gran sufrimiento y de la cualidad del amor que a su pastora tenía. Y volviendo en sí, le respondió desta manera:

—¿Por ventura, Silvano, has nacido tú para ejemplo de los que no sabemos sufrir las adversidades que la fortuna delante nos pone? ¿O acaso te ha dado naturaleza tanto ánimo en ellas, que no sólo baste para sufrir las tuyas, mas que aun ayudes a sobrellevar las ajenas? Veo que estás tan conforme con tu suerte que, no te prometiendo esperanza de remedio, no sabes pedille más de lo que te da. Yo te digo, Silvano, que en ti muestra bien el tiempo que cada día va descubriendo novedades muy ajenas de la imaginación de los hombres. ¡Oh, cuánta más envidia te debe tener este sin ventura pastor, en verte sufrir tus males que tú podrías tenelle a él al tiempo que le veías gozar sus bienes! ¿Viste los favores que me hacía? ¿Viste la blandura de palabra con que me manifestaba sus amores? ¿Viste cómo llevar el ganado al río, sacar los corderos al soto, traer las ovejas por la siesta a la sombra destos alisos, jamás sin mi compañía supo hacello? Pues nunca yo vea el remedio de mi mal si de Diana esperé ni deseé cosa que contra su honra fuese y, si por la imaginación me pasaba, era tanta su hermosura, su valor, su honestidad y la limpieza del amor que me tenía, que me quitaban del pensamiento cualquiera cosa que en daño de su bondad imaginase.

—Eso creo yo por cierto—dijo Silvano sospirando—, porque lo mismo podré afirmar

---

¹⁶ [*A continuación canta Silvano una canción de amor no correspondido.*]

¹⁷ [cuenta]

¹⁸ asombrado

¹⁹ verle

²⁰ acostumbrado

de mí. Y creo que no viviera nadie que en Diana pusiera los ojos, que osara desear otra cosa, sino verla y conversarla. Aunque no sé si hermosura tan grande en algún pensamiento, no tan sujeto como el nuestro, hiciera algún exceso, y más, si como yo un día la vi, acertara de vella, que estaba sentada contigo junto a aquel arroyo peinando sus cabellos de oro, y tú le estabas teniendo el espejo en que de cuando en cuando se miraba. Bien mal sabíades[21] los dos que os estaba yo acechando desde aquellas matas altas que están junto a las dos encinas, y aun se me acuerda de los versos que tú le cantaste sobre haberle tenido el espejo en cuanto se peinaba.

—¿Cómo los hubiste a las manos?—dijo Sireno.

Silvano le respondió:

—El otro día siguiente hallé aquí un papel en que estaban escritos, y los leí y aun los encomendé a la memoria. Y luego vino Diana por aquí llorando por habellos perdido, y me preguntó por ellos; y no fue pequeño contentamiento para mí ver en mi señora lágrimas que yo pudiese remediar. Acuérdome; aquélla fue la primera vez que de su boca oí palabras sin ira; y mira cuán necesitado estaba de favores, que de decirme ella que me agradecía darle lo que buscaba, hice tan grandes reliquias que más de un año de gravísimos males desconté por aquella sola palabra que traía alguna aparencia de bien. [. . .][22]

—Con poco me contentara yo, si mi fortuna quisiera; y bien pudiera Diana, sin ofender a lo que a su honra y a tu fe debía, darme algún contentamiento, mas no tan sólo huyó siempre de dármele, mas aun de hacer cosa por donde imaginase que yo algún tiempo podría tenelle. Decía yo muchas veces entre mí: —¿Ahora esta fiera endurecida no se enojaría algún día con Sireno de manera que por vengarse de él, fingiese favorecerme a mí? Que un hombre tan desconsolado y

falto de favores, aun fingidos los tendría por buenos. Pues, cuando desta ribera te partiste, pensé verdaderamente que el remedio de mi mal me estaba llamando a la puerta, y que el olvido era la causa más cierta que, después de la ausencia, se esperaba, y más en corazón de mujer. Pero cuando después vi las lágrimas de Diana, el no reposar en aldea, el amar la soledad, los continuos sospiros, Dios sabe lo que sentí. Que puesto caso que[23] yo sabía ser el tiempo un médico muy aprobado para el mal que la ausencia suele causar, una sola hora de tristeza no quisiera yo que por mi señora pasara, aunque della se me siguieran a mí cien mil de alegría. Algunos días, después que te fuiste, la vi junto a la dehesa del monte, arrimada a una encina, de pechos sobre su cayado, y desta manera estuvo gran pieza antes que me viese. Después alzó los ojos, y las lágrimas le estorbaron verme. Debía ella entonces imaginar[24] en su triste soledad, y en el mal que tu ausencia le hacía sentir, pero de ahí un poco, no sin lágrimas, acompañadas de tristes sospiros, sacó una zampoña que en el zurrón traía y la comenzó a tocar tan dulcemente que el valle, el monte, el río, las aves enamoradas y aun las fieras de aquel espeso bosque quedaron suspensas y, dejando la zampoña al son que en ella había tañido, comenzó esta canción [. . .][25]

Prosiguiendo, pues, Silvano por su historia adelante, le dijo:

—Como yo me llegase más adonde Diana estaba, vi que ponía los ojos en la clara fuente, adonde prosiguiendo su acostumbrado oficio, comenzó a decir: «¡Ay ojos, y cuánto más presto se os acabarán las lágrimas que la ocasión de derramallas!; ¡ay mi Sireno! Plega a Dios que antes que el desabrido invierno desnude el verde prado de frescas y olorosas flores, y el valle ameno de la menuda yerba y los árboles sombríos de su verde hoja, vean estos ojos tu presencia tan deseada de mi ánima, como de la tuya debo ser

---

[21] muy bien sabíais
[22] [*Silvano recita los versos que cantó Sireno a Diana y dice lo que sigue.*]
[23] aunque

[24] pensar
[25] [*Sigue la canción amorosa de Diana por Silvano, el cual continúa luego su historia.*]

aborrecida». A este punto alzó el divino rostro y me vio: trabajó por disimular el triste llanto, mas no lo pudo hacer de manera que las lágrimas no atajasen el paso a su disimulación. Levantóse a mí diciendo: —Siéntate aquí, Silvano, que asaz vengado estás y a costa mía. Bien paga esta desdichada lo que dices que a su causa sientes, si es verdad que ella la causa.

—¿Es posible, Diana —le respondí—, que eso me quedaba por oír? En fin, no me engaño en decir que nací para cada día descubrir nuevos géneros de tormentos, y tú para hacerme más sinrazones de las que en tu pensamiento pueden caber. ¿Ahora dudas ser tú la causa de mi mal? Si tú no eres la causa dél, ¿quién sospechas que mereciese tan gran amor? ¿O qué corazón habría en el mundo, si no fuese el tuyo, a quien mis lágrimas no hubiesen ablandado? Y a esto añadí otras muchas cosas de que ya no tengo memoria. Mas la cruel, enemiga de mi descanso, atajó mis razones diciendo: —Mira, Silvano, si otra vez tu lengua se atreve a tratar de cosa tuya y a dejar de hablarme en el mi Sireno,[26] a tu placer te dejaré gozar de la clara fuente donde estamos sentados. ¿Y tú no sabes que toda cosa que de mi pastor no tratare, me es aborrecible y enojosa? ¿Y que, a la persona que quiere bien, todo el tiempo que gasta en oír cosa fuera de sus amores, le parece mal empleado?

Yo entonces de miedo que mis palabras no fuesen causa de perder el descanso que su vista me ofrecía, puse silencio en ellas y estuve allí un gran rato, gozando de ver aquella hermosura sobrehumana, hasta que la noche se dejó venir con mayor presteza de lo que yo quisiera, y de allí nos fuimos los dos con nuestros ganados al aldea.

Sireno, sospirando, le dijo:

—Grandes cosas me has contado, Silvano, y todas en daño mío. ¡Desdichado de mí, cuán presto vine a experimentar la poca constancia que en las mujeres hay! Por lo que les debo, me pesa. No quisiera yo, pastor, que en algún tiempo se oyera decir que en un vaso, donde tan gran hermosura y discreción juntó naturaleza, hubiera tan mala mixtura, como es la inconstancia que conmigo ha usado. Y lo que más me llega al alma es que el tiempo le ha de dar a entender lo mal que conmigo lo ha hecho; lo cual no puede ser sino a costa de su descanso. ¿Cómo le va de contentamiento, después de casada?

Silvano respondió:

—Dícenme algunos que le va mal, y no me espanto, porque, como sabes, Delio, su esposo, aunque es rico de los bienes de fortuna, no lo es de los de naturaleza, que en esto de la disposición, ya ves cuán mal le va, pues de otras cosas de que los pastores nos preciamos, como son tañer, cantar, luchar, jugar al cayado, bailar con las mozas el domingo, parece que Delio no ha nacido para más que mirallo.

—Ahora, pastor —dijo Sireno—, toma tu rabel y yo tomaré mi zampoña, que no hay mal que con la música no pase, ni tristeza que con ella no se acreciente.

Y templando los dos pastores sus instrumentos con mucha gracia y suavidad, comenzaron a cantar lo siguiente [. . .][27]

[El Libro II relata el encuentro de los pastores desamados Sireno, Silvano y Selvagia, con tres ninfas de la diosa Diana (Dórida, Cintia y Polidora), quienes son asaltadas por tres salvajes ávidos de poseerlas y salvadas por la cazadora Felismena, que aparece de improviso y los mata. Felismena cuenta la triste historia de su amor cortesano con don Felis, que la dejó por otra dama. Las ninfas agradecidas ofrecen llevar a los pastores al palacio de la sabia Felicia para ser curados de sus males de amor.

El Libro III contiene la historia de la pastora Belisa, por cuyo amor rivalizaron un padre y un hijo, que ella cree haber muerto. Tras pasar la noche en la isleta de un estanque donde la infeliz Belisa vive apartada del mundo, prosiguen todos juntos el viaje al palacio de Felicia.]

---

[26] hablarme de; *el mi Sireno* era construcción más común en portugués que en castellano, y tiene un valor afectivo

[27] *[Los pastores entonan un canto dialogado sobre sus penas amorosas.]*

Libro Cuarto

Ya la estrella del alba comenzaba a dar su acostumbrado resplandor y con su luz los dulces ruiseñores enviaban a las nubes el suave canto, cuando las tres ninfas, con su enamorada compañía, se partieron de la isleta donde Belisa su triste vida pasaba. [. . .][28] Mas no hubieron andado mucho cuando llegaron a un espeso bosque y tan lleno de silvestres y espesos árboles que, a no ser de las tres ninfas guiados, no pudieran dejar de perderse en él. Ellas iban delante por una muy angosta senda, por donde no podían ir dos personas juntas. Y habiendo ido cuanto media legua por la espesura del bosque, salieron a un muy grande y espacioso llano en medio de dos caudalosos ríos, ambos cercados de muy alta y verde arboleda. En medio dél, aparecía una gran casa de tan altos y soberbios edificios que ponían gran contentamiento a los que los miraban porque los chapiteles, que por encima de los árboles sobrepujaban, daban de sí tan gran resplandor, que parecían hechos de un finísimo cristal. Antes que al gran palacio llegasen, vieron salir de él muchas ninfas de tan gran hermosura, que sería imposible podello decir. Todas venían vestidas de telillas blancas, muy delicadas, tejidas con plata y oro sutilísimamente, sus guirnaldas de flores sobre los dorados cabellos que sueltos traían. Detrás dellas, venía una dueña que, según la gravedad y arte de su persona, parecía mujer de grandísimo respeto, vestida de raso negro, arrimada a una ninfa muy más hermosa que todas. Cuando nuestras ninfas llegaron, fueron de las otras recibidas con muchos abrazos y con gran contentamiento. Como la dueña llegase, las tres ninfas le besaron con grandísima humildad las manos, y ella las recibió mostrando muy gran contento de su venida. Y antes que las ninfas le dijesen cosa de las que habían

pasado, la sabia Felicia, que así se llamaba la dueña, dijo contra[29] Felismena:

—Hermosa pastora, lo que por estas tres ninfas habéis hecho, no se puede pagar con menos que con tenerme obligada siempre ser en vuestro favor, que no será poco, según menester lo habéis, y pues yo, sin estar informada de nadie, sé quién sois y adónde os llevan vuestros pensamientos, con todo lo que hasta ahora os ha sucedido, ya entenderéis si os puedo aprovechar en algo. Pues tened ánimo firme que, si yo vivo, vos veréis lo que deseáis, y aunque hayáis pasado algunos trabajos, no hay cosa que sin ellos alcanzar se pueda.

La hermosa Felismena se maravilló de las palabras de Felicia y, queriendo dalle las gracias que a tan gran promesa se debían, respondió:

—Discreta señora mía, pues en fin lo habéis de ser de mi remedio; cuando[30] de mi parte no haya merecimiento donde pueda caber la merced que pensáis hacerme, poned los ojos en lo que a vos misma debéis, y yo quedaré sin deuda y vos muy bien pagada.

—Para tan grande merecimiento como el vuestro —dijo Felicia— y tan extremada hermosura como naturaleza os ha concedido, todo lo que por vos se puede hacer es poco.

La dama se abajó entonces por besalle las manos, y Felicia la abrazó con grandísimo amor y, volviéndose a los pastores y pastoras, les dijo:

—Animosos pastores y discretas pastoras, no tengáis miedo a la perseverancia de vuestros males, pues yo tengo cuenta[31] con el remedio dellos.

Las pastoras y pastores le besaron las manos y todos juntos se fueron al suntuoso palacio, delante del cual estaba una gran plaza cercada de altos cipreses, todos puestos muy por orden, y toda la plaza era enlosada con losas de alabastro y mármol negro a manera de ajedrez. En medio della, había una fuente de mármol jaspeado, sobre cuatro muy grandes leones de bronce. En medio de la

---

[28] [*Los pastores tratan de consolar a Belisa contándole sus propias penas.*]
[29] a (uno de los frecuentes lusitanismos del autor)

[30] aunque
[31] me encargo

fuente, estaba una columna de jaspe, sobre la cual cuatro ninfas de mármol blanco tenían sus asientos. Los brazos tenían alzados en alto, y en las manos sendos vasos, hechos a la romana. De los cuales, por unas bocas de leones que en ellos había, echaban agua. La portada del palacio era de mármol serrado,[32] con todas las basas y chapiteles de las columnas dorados. Y asimismo las vestiduras de las imágenes que en ello había, toda la casa parecía hecha de reluciente jaspe, con muchas almenas, y en ellas esculpidas algunas figuras de emperadores, matronas romanas y otras antiguallas semejantes. Eran todas las ventanas cada una de dos arcos; las cerraduras y clavazón[33] de plata; todas las puertas, de cedro. La casa era cuadrada, y a cada cantón había una muy alta y artificiosa torre. En llegando a la portada, se pararon a mirar su extraña hechura y las imágenes que en ella había, que más parecía obra de naturaleza que de arte ni aun de industria humana; entre las cuales había dos ninfas de plata que encima de los chapiteles de las columnas estaban, y cada una de su parte tenían una tabla de alambre con unas letras de oro que decían desta manera:

Quien entra, mire bien cómo ha vivido,
y el don de castidad, si lo ha guardado,
y la que quiere bien o le ha querido,
mire si a causa de otro se ha mudado.
Y si la fe primera no ha perdido
y aquel primer amor ha conservado,
entrar puede en el templo de Diana,
cuya virtud y gracia es sobrehumana.

Cuando esto hubo leído la hermosa Felismena, dijo contra las pastoras Belisa y Selvagia:

—¡Bien seguras me parece que podemos entrar en este suntuoso palacio de ir contra las leyes que aquel letrero nos pone!

Sireno se atravesó diciendo:

—Eso no pudiera hacer la hermosa Diana, según ha ido contra ellas y aun contra todas las que el buen amor manda guardar.

Felicia dijo:

—No te congojes, pastor, que antes de muchos días te espantarás de haberte congojado tanto por esa causa.

Y, trabados de las manos, se entraron en el aposento de la sabia Felicia, que muy ricamente estaba aderezado de paños de oro y seda de grandísimo valor. Y luego que fueron entrados, la cena se aparejó, las mesas fueron puestas, y cada uno por su orden se asentaron: junto a la gran sabia, la pastora Felismena, y las ninfas tomaron entre sí a los pastores y pastoras, cuya conversación les era en extremo agradable. Allí las ricas mesas eran de fino cedro, y los asientos, de marfil con paños de brocado; muchas tazas y copas, hechas de diversa forma, y todas de grandísimo precio; las unas, de vidrio artificiosamente labrado; otras, de fino cristal con los pies y asas de oro; otras de plata, y entre ellas engastadas piedras preciosas de grandísimo valor. Fueron servidos de tanta diversidad y abundancia de manjares, que es imposible podello decir. Después de alzadas las mesas, entraron tres ninfas por una sala, una de las cuales tañía un laúd, otra, un arpa y la otra, un salterio. Venían todas tocando sus instrumentos con tan grande concierto y melodía, que los presentes estaban como fuera de sí. Pusiéronse a una parte de la sala, y los dos pastores y pastoras, importunados de las tres ninfas y rogados de la sabia Felicia se pusieron a la otra parte con sus rabeles y una zampoña que Selvagia muy dulcemente tañía; y las ninfas comenzaron a cantar esta canción y los pastores a respondelles de la manera que oiréis [. . .][34]

Después de haber visto otras muchas sepulturas, muy riquísimamente labradas, salieron por una puerta falsa que en el jardín estaba, al verde prado, adonde hallaron a la sabia Felicia que sola se andaba

---

[32] láminas de mármol rectangulares
[33] conjunto de clavos decorativos
[34] [*Tras el canto dialogado de ninfas y pastores, éstos recorren las salas y jardines del suntuoso palacio de Felicia, admirando sus esculturas heroicas (de temas romanos y españoles) y oyendo cantar al propio Orfeo las bellezas de una serie de damas españolas a modo de homenaje cortesano.*]

recreando, la cual los recibió con muy buen semblante. Y en cuanto se hacía hora de cenar se fueron a una gran alameda que cerca de allí estaba, lugar donde las ninfas del suntuoso templo algunos días salían a recrearse. Y, sentados en un pradecillo, cerca de verdes salces, comenzaron a hablar unos con otros, cada uno en la cosa que más contento le daba. [. . .][35]

Pues queriendo Sireno que la plática y conversación se conformase con el tiempo y lugar, y también con la persona a quien hablaba, comenzó a hablar desta manera:

—No me parece fuera de propósito, señora Felicia, preguntar yo una cosa que jamás pude llegar al cabo del conocimiento della, y es ésta: Afirman todos los que algo entienden que el verdadero amor nace de la razón; y si esto es así, ¿cuál es la causa porque no hay cosa más desenfrenada en el mundo ni que menos se deje gobernar por ella?

Felicia le respondió:

—Así como esa pregunta es más que de pastor, así era necesario que fuese más que mujer la que a ella respondiese; mas, con lo poco que yo alcanzo, no me parece que, porque el amor tenga por madre a la razón, se ha de pensar que él se limite ni gobierne por ella. Antes has de presuponer que, después que la razón del conocimiento lo ha engendrado, las menos veces se quiere que le gobierne. Y es de tal manera desenfrenado, que las más de las veces viene en daño y perjuicio del amante, pues por la mayor parte, los que bien aman se vienen a desamar a sí mismos, que es contra razón y derecho de naturaleza.[36] Y ésta es la causa por la que le pintan ciego y falto de toda razón. Y como su madre Venus tiene los ojos hermosos, así él desea siempre lo más hermoso. Píntanlo desnudo, porque el buen amor ni puede disimularse con la razón, ni encubrirse con la prudencia. Píntanlo con alas, porque velocísimamente entra en el ánima del amante; y cuanto más perfecto es, con tanto mayor velocidad y enajenamiento de sí mismo va a buscar la persona amada; por lo cual, decía Eurípides que el amante vivía en el cuerpo del amado. Píntanlo asimismo flechando su arco, porque tira derecho al corazón como a propio blanco, y también porque la llaga de amor es como la que hace la saeta, estrecha en la entrada y profunda en lo intrínseco del que ama. Es esta llaga difícil de ver, mala de curar y muy tardía en el sanar. De manera, Sireno, que no debe admirarte, aunque el perfecto amor sea hijo de razón, que no se gobierne por ella, porque no hay cosa que después de nacida, menos corresponda al origen de adonde nació.

Algunos dicen que no es otra la diferencia entre el amor vicioso y el que no lo es, sino que el uno se gobierna por razón y el otro no se deja gobernar por ella; y engáñanse, porque aquel exceso e ímpetu no es más propio del amor deshonesto que del honesto; antes es una propiedad de cualquiera género de amor, salvo que el uno hace la virtud mayor, y en el otro acrecienta más el vicio. ¿Quién puede negar que en el amor que verdaderamente es honesto, no se hallen maravillosos y excesivos efectos?; pregúntenlo a muchos que, por sólo el amor de Dios, no hicieron cuenta de sus personas, ni estimaron por él perder la vida, aunque sabido el premio que por ello se esperaba, no daban mucho; pues, ¿cuántos han procurado consumir sus personas y acabar sus vidas, inflamados del amor de la virtud, y de alcanzar fama gloriosa? Cosa que la razón ordinaria no permite, antes guía cualquiera afecto, de manera que la vida pueda honestamente conservarse. Pues, ¡cuántos ejemplos te podría yo traer de muchos que por sólo el amor de sus amigos perdieron la vida y todo lo más que con ella se pierde! Dejemos este amor; volvamos al amor del hombre con la mujer. Has de saber que si el amor que el amador tiene a su dama, aunque inflamado

---

[35] [*Se detalla la colocación de cada uno de los asistentes al siguiente coloquio del amor.*]

[36] La siguiente descripción de la figura convencional del Amor es traducción casi literal de los *Dialoghi d'amore*, de León Hebreo (Judá Abrabanel), judío español emigrado a Italia, donde compuso su obra hacia 1502, publicándose en 1535. Los *Diálogos de amor* son una exposición de su «filografía» o teoría neoplatónica del amor y la belleza.

en desenfrenada afición, nace de la razón y del verdadero conocimiento y juicio, que por solas sus virtudes la juzgue digna de ser amada; que este tal amor, a mi parecer y no me engaño, no es ilícito ni deshonesto, porque todo el amor desta manera no tira a otro fin sino a querer la persona por ella misma, sin esperar otro interés ni galardón de sus amores. Así que esto es lo que me parece se puede responder a lo que en este caso me has preguntado.

Sireno entonces le respondió:

—Yo estoy, discreta señora, satisfecho de lo que deseaba entender y así creo que lo estaré, según tu claro juicio, de todo lo que quisiere saber de ti, aunque otro entendimiento era menester más abundante que el mío para alcanzar lo mucho que tus palabras comprehenden.

Silvano, que con Polidora estaba hablando, le decía:

—Maravillosa cosa es, hermosa ninfa, ver lo que sufre un triste corazón que a los trances de amor está sujeto, porque el menor mal que hace, es quitarnos el juicio, perder la memoria de toda cosa y henchirla de solo él; vuelve ajeno de sí todo hombre y propio de la persona amada. Pues, ¿qué hará el desventurado que se ve enemigo de placer, amigo de soledad, lleno de pasiones, cercado de temores, turbado de espíritu, martirizado [de deseo], sustentado de esperanza, fatigado de pensamiento, afligido de molestias, traspasado de celos, lleno perpetuamente de sospiros, enojos y agravios que jamás le faltan? Y lo que más me maravilla es que, siendo este amor tan intolerable y extremado en crueldad, no espere el espíritu apartarse dél, ni lo procure, mas antes tenga por enemigo a quien se lo aconseja.

—Bien está todo— dijo Polidora—, pero yo sé muy bien que, por la mayor parte, los que aman tienen más de palabras que de pasiones.

—Señal es ésa —dijo Silvano— que no las sabes sentir, pues no las puedes creer; y bien parece que no has sido tocada deste mal,

ni plega a Dios que lo seas; el cual, ninguno lo puede creer ni la calidad y multitud de los males que dél proceden, sino el que participa dellos. ¿Cómo, que piensas tú, hermosa ninfa, que hallándose continuamente el amante confusa la razón, ocupada la memoria, enajenada la fantasía y el sentido, del excesivo amor fatigado, quedará la lengua tan libre que pueda fingir pasiones, ni mostrar otra cosa de lo que sientes? Pues no te engañes en eso, que yo te digo que es muy al revés de lo que tú lo imaginas. Vesme aquí donde estoy, que verdaderamente ninguna cosa hay en mí que se pueda gobernar por razón, ni aun la podrá haber en quien tan ajeno estuviere de su libertad, como yo, porque todas las subjeciones corporales dejan libre a lo menos la voluntad, mas la subjeción de amor es tal, que la primera cosa que hace es tomaros posesión della: ¿y quieres tú, pastora, que forme quejas y finja sospiros el que desta manera se ve tratado? Bien parece, en fin, que estás libre de amor como poco ha te decía. [. . .][37]

[*En el Libro V la sabia Felicia cura a los pastores Sireno, Silvano y Selvagia de sus penas amorosas dándoles a beber su mágica «agua del olvido,» a la vez que hace posible el amor mutuo de Silvano y Selvagia. Belisa se reúne con el amado a quien creía muerto, mientras que Diana se lamenta a solas de su matrimonio sin amor.*]

Libro Sexto

[. . .][38] Pues Sireno, muy libre de amor, Selvagia y Silvano, muy más enamorados que nunca, la hermosa Diana muy descontenta del triste suceso de su camino, pasaban la vida apacentando su ganado por la ribera del caudaloso Esla, adonde muchas veces, topándose unos a otros, hablaban en lo que mayor contento les daba. Y estando la discreta Selvagia con el su Silvano junto a la fuente de los alisos, llegó acaso la pastora Diana, que venía en busca de un cordero que de la

---

[37] [*Siguen tratando otros temas hasta la hora de cenar en el jardín del palacio de Felicia.*]

[38] [*Precede un breve episodio de desavenencia amorosa entre dos pastores a los que reconcilia Felismena.*]

manada se le había huido, el cual Silvano tenía atado a un mirto, porque, cuando allí llegaron, le halló bebiendo en la clara fuente, y por la marca conoció ser de la hermosa Diana. Pues siendo, como digo, llegada y recibida de los dos nuevos amantes con gran cortesía, se asentó[39] entre la verde yerba, arrimada a uno de los alisos que la fuente rodeaban, y después de haber hablado en muchas cosas, le dijo Silvano:

—¿Cómo, hermosa Diana, no nos preguntas por Sireno?

Diana entonces le respondió:

—Como no querría tratar de cosas pasadas por lo mucho que me fatigan las presentes; tiempo fue que preguntar yo por él le diera más contento y aun a mí el hablalle, de lo wue a ninguno de los dos nos dará, mas el tiempo cura infinitas cosas que a la persona le parecen sin remedio. Y si esto así no entendiese, ya no habría Diana en el mundo, según los disgustos y pesadumbre que cada día se me ofrecen.

—No querrá Dios tanto mal al mundo —respondió Selvagia— que le quite tan grande hermosura como la tuya.

—Ésa no le faltará en cuanto tú vivieres— dijo Diana— y adonde está tu gracia y gentileza, muy poco se perdería en mí. Si no, míralo por el tu Silvano, que jamás pensé yo que él me olvidara por otra pastora alguna y en fin me ha dado de mano[40] por amor de ti.

Esto decía Diana con una risa muy graciosa, aunque no se reía destas cosas tanto ni tan de gana como ellos pensaban. Que puesto caso que ella hubiese querido a Sireno más que a su vida y a Silvano le hubiese aborrecido, más le pesaba del olvido de Silvano, por ser causa de otra,[41] de cuya vista estaba cada día gozando, con gran contentamiento de sus amores, que del olvido de Sireno, a quien no movía ningún pensamiento nuevo.

Cuando Silvano oyó lo que Diana había dicho, le respondió:

—Olvidarte yo, Diana, sería excusado,[42] porque no es tu hermosura y valor de los que olvidarse pueden. Verdad es que yo soy de la mi Selvagia, porque, demás de haber en ella muchas partes que hacello me obligan, no tuvo en menos su suerte por ser amada de aquel a quien tú en tan poco tuviste.

—Dejemos eso— dijo Diana— que tú estás muy bien empleado, y yo no lo miré bien en no quererte como tu amor me lo merecía. Si algún contento en algún tiempo deseaste darme, ruégote todo cuanto puedo que tú y la hermosa Selvagia cantéis alguna canción por entretener la siesta, que me parece que comienza de manera que será forzado pasalla debajo destos alisos, gustando del ruido de la clara fuente, el cual no ayudará poco a la suavidad de vuestro canto. [. . .][43]

Después que Sireno hubo cantado, en la voz fue conocido de la hermosa Diana y de los dos enamorados Selvagia y Silvano. Ellos le dieron voces diciendo que, si pensaba pasar la siesta en el campo, que allí estaba la sabrosa fuente de los alisos y la hermosa pastora Diana, que no sería mal entretenimiento para pasalla. Sireno les respondió que por fuerza había de esperar todo el día en el campo hasta que fuese hora de volver con el ganado a su aldea; y viniéndose a donde el pastor y pastoras estaban, se sentaron en torno de la clara fuente, como otras veces solían. Diana, cuya vida era tan triste cual puede imaginar quien viese una pastora la más hermosa y discreta que entonces se sabía, tan fuera de su gusto casada, siempre andaba buscando entretenimientos para pasar la vida hurtando el cuerpo a sus imaginaciones.[44] Pues estando los dos pastores hablando en algunas cosas tocantes al pasto de los ganados y al aprovechamiento dellos, Diana les rompió el hilo de su plática, diciendo contra Silvano:

—Buena cosa es, pastor, que estando

---

[39] sentó
[40] me ha dejado
[41] a causa de otra mujer
[42] imposible

[43] [*Cantan un dúo los nuevos enamorados, Silvano y Selvagia; después Sireno, al ver las ovejas de Diana, canta recordando a ésta.*]
[44] evitando sus propias cavilaciones

delante la hermosa Selvagia trates de otra cosa sino de encarecer su hermosura y el gran amor que te tiene; deja el campo y los corderos, los malos o buenos sucesos del tiempo y fortuna y goza, pastor, de la buena que has tenido en ser amado de tan hermosa pastora; que adonde el contentamiento del espíritu es razón que sea tan grande, poco al caso hacen los bienes de fortuna.

Silvano entonces le respondió:

—Lo mucho que yo, Diana, te debo, nadie lo sabría encarecer como ello es, sino quien hubiese entendido la razón que tengo de conocer esta deuda, pues no tan sólo me enseñaste a querer bien, mas aun agora me guías y muestras a usar de contentamiento que mis amores me dan. Infinita es la razón que tienes de mandarme que no trate de otra cosa, estando mi señora delante, sino del contento que su vista me causa, y así prometo de hacello, en cuanto[45] el alma no se despidiere destos cansados miembros. Mas de una cosa estoy espantado, y es de ver cómo el tu Sireno vuelve a otra parte los ojos cuando hablas; parece que no le agradan tus palabras ni se satisface de lo que respondes.

—No le pongas culpa, —dijo Diana— que hombres descuidados y enemigos de lo que a sí mismo deben, eso y más harán.

—¿Enemigo de lo que a mí mismo debo?— respondió Sireno—. Si yo jamás lo fui, la muerte me dé la pena de mi yerro.

—Buena manera es esa de disculparte.

—¡Disculparme yo —dijo Sireno—, si la primera culpa contra ti no tengo por cometer, jamás me vea con más contento que el que agora tengo!

—¡Bueno es que me pongas tú culpa por haberme casado, teniendo padres!

—Más bueno es —dijo Sireno— que casases teniendo amor.

—¿Y qué parte —dijo Diana— era el amor, adonde estaba la obediencia que a los padres se debía?

—¿Mas qué parte —respondió Sireno— eran los padres, la obediencia, los tiempos, ni los malos o favorables sucesos de la fortuna

para sobrepujar un amor tan verdadero, como antes de mi partida me mostraste? ¡Ah, Diana, Diana, que nunca yo pensé que hubiera cosa en la vida que una fe tan grande pudiera quebrar! Cuanto más, Diana, que bien te pudieras casar y no olvidar a quien tanto te quería. Mas mirándolo desapasionadamente, muy mejor fue para mí ya que te casabas, el olvidarme.

—¿Por qué razón? —dijo Diana.

—Porque no hay —respondió Sireno— peor estado que es querer un pastor a una pastora casada; ni cosa que más haga perder el seso al que verdadero amor le tiene. Y la razón dello es que, como todos sabemos, la principal pasión que a un amador atormenta, después del deseo de su dama, son los celos. Pues, ¿qué te parece que será para un desdichado que quiere bien, saber que su pastora está en brazos de su velado[46] y él llorando en la calle su desventura? Y no para aquí el trabajo; mas en ser un mal que no os podéis quejar de él, porque en la hora que os quejárades, os tendrán por loco o desatinado. Cosa la más contraria al descanso que puede ser, que ya cuando los celos son de otro pastor que la sirva, en quejar de los favores que le hace y en oír disculpas, pasáis la vida, mas este otro mal es de manera que en un punto la[47] perderéis, si no tenéis cuenta con vuestro deseo.

Diana entonces respondió:

—Deja esas razones, Sireno, que ninguna necesidad tienes de querer ni ser querido.

—A trueque de no tenella[48] de querer —dijo Sireno— me alegro en no tenella de ser querido.

—Extraña libertad es la tuya —dijo Diana.

—Más lo fue tu olvido— respondió Sireno— si miras bien en las palabras que a la partida me dijiste; mas, como dices, dejemos de hablar en cosas pasadas y agradezcamos al tiempo y a la sabia Felicia las presentes. Y tú, Silvano, toma tu flauta y templemos mi rabel con ella y cantaremos algunos versos; aunque corazón tan libre

---

[45] en tanto que
[46] esposo

[47] la [vida]
[48] tener [necesidad]

como el mío, ¿qué podrá cantar que dé contento a quien no le tiene?

—Para eso yo te daré buen remedio —dijo Silvano—; hagamos cuenta que estamos los dos de la manera que esta pastora nos traía al tiempo que por este prado esparcíamos nuestras quejas.

A todos pareció bien lo que Silvano decía, aunque Selvagia no estaba muy bien en ello, mas por no dar a entender celos donde tan gran amor conocía, calló por entonces y los pastores comenzaron a cantar [. . .][49]

En cuanto los pastores esto cantaban, estaba la pastora Diana con el hermoso rostro sobre la mano, cuya manga, cayéndose un poco, descubría la blancura de un brazo que a la de la nieve escurecía, tenía los ojos inclinados al suelo, derramando por ellos unas espaciosas lágrimas, las cuales daban a entender de su pena más de lo que ella quisiera decir; y en acabando los pastores de cantar, con un sospiro, en compañía del cual parecía habérsele salido el alma, se levantó y, sin despedirse de ellos, se fue por el valle abajo, entranzando[50] sus dorados cabellos, cuyo tocado se le quedó preso en un ramo al tiempo que se levantó. Y si con la poca mancilla[51] que Diana de los pastores había tenido, ellos no templaran la mucha que della tuvieron, no bastara el corazón de ninguno de los dos a podello sufrir. Y así, unas como otros, se fueron a recoger sus ovejas que desmandadas andaban saltando por el verde prado.

[*En el Libro VII y último, con trozos de prosa y verso en portugués, Felismena va a la patria de Montemayor, donde se encuentra a su antiguo amado don Felis peleando con tres caballeros y le salva con sus flechas antes de haberle reconocido. Reconciliados, vuelven al palacio de Felicia, se casan junto con las otras dos parejas de pastores, quedando pendiente la suerte de Sireno hasta la segunda parte de la novela, que no llegó a escribir su autor.*]

---

[49] [*Siguen los cantos de los pastores.*]
[50] trenzando (otro lusitanismo)

[51] compasión

Garcilaso de la Vega

(¿1501?-1536)

Corresponde al joven poeta Garcilaso de la Vega la gloria de realizar una de las revoluciones más decisivas en la historia de la poesía española, por iniciativa de un poeta catalán, Juan Boscán, a su vez estimulado por el humanista y embajador veneciano Andrea Navagiero.

Junto con las formas métricas de Italia, basadas en el verso endecasílabo, trajo una nueva manera de sentir y de hacer la poesía. Los poetas cortesanos de la época anterior habían limitado su horizonte poético a la realidad de unos hechos psíquicos, morales o sociales, transcritos con la mayor fidelidad e ingenio posibles. Ahora Garcilaso descubre una nueva realidad poética en el mundo ideal donde las cosas aparecen tal como *deberían ser*, para servir de refugio espiritual y deleite estético frente a las imperfecciones y frustraciones de la vida ordinaria. Se inicia así la tendencia dominante en la poesía del Siglo de Oro a alejarse de la visión realista de las cosas y sustituirla por una idealización o un formalismo metafórico, alcanzando un nivel estético no igualado hasta entonces.

El hombre responsable de este descubrimiento poético es tan típico del Renacimiento como su obra: aristócrata culto, soldado valiente, diplomático, músico y poeta, galante cortesano que en su vida y en sus versos rinde tributo al «amor cortés». Nacido en Toledo, era descendiente de hombres ilustres en las armas y en las letras, entre ellos el marqués de Santillana. Tomó muy pronto parte activa en las campañas militares del emperador Carlos V, primero en Castilla contra los Comuneros, opuestos a la autoridad de aquél, luego en contra de los franceses, los florentinos y los turcos, siendo herido varias veces. Fue embajador en la corte de Francia y distinguido por el emperador con el hábito de la Orden de Santiago. Tras breve destierro en una isla del Danubio (1532), por haber asistido a un casamiento familiar contra la voluntad real, pasó a Nápoles gracias a la intervención de su amigo el duque de Alba, adquiriendo allí íntimo contacto con el humanismo y las letras de Italia. Su matrimonio de conveniencia con doña Elena de Zúñiga (1529) no deja huella alguna en sus versos, dedicados principalmente a rendir un tributo de amor platónico, pero muy real y apasionado, a Isabel Freyre, dama portuguesa de la corte imperial, que prefirió casarse con otro y falleció dos años antes que el poeta. Éste halló también muerte prematura y característica en la campaña de Provenza (1536), cuando al mando de la infantería española asaltó temerariamente, sin casco siquiera, el fuerte francés de Muey, en presencia del emperador y para dar ejemplo a sus soldados. Gravemente herido, murió a los pocos días en Niza, cuando no tenía más de 35 años.

Nada de sus actividades públicas, como cortesano o soldado, se refleja en sus versos, dedicados exclusivamente a expresar el fondo íntimo de su personalidad, como un auténtico desahogo del espíritu, sin que se preocupase de publicar sus versos ni aun de conservarlos. Gracias a su amigo Boscán no se perdieron sus poesías castellanas, como sucedió con las que compuso en italiano y casi todas las latinas. Su obra, publicada junto con la de Boscán por la viuda de éste en 1543, es muy reducida: 3 églogas, 2 elegías, 1 epístola, 5 odas y 38 sonetos, además de unas coplas en verso menor al estilo de los *cancioneros* del siglo anterior. Garcilaso maneja estas formas métricas italianas con gran flexibilidad y delicadeza, a la vez que con tal precisión verbal y musicalidad que logra crear un nuevo lenguaje poético en castellano. El énfasis y la afectación de casi toda la poesía anterior son sustituidos por el equilibrio, la suavidad y la refinada naturalidad que caracterizan su estilo.

A la manera renacentista, utiliza los usuales disfraces pastoriles y símbolos mitológicos, para presentar veladamente sus sentimientos, pero el valor y la novedad de su poesía está en ser expresión de una auténtica experiencia poética. Ésta es, casi exclusivamente, la del amor, en parte idealizado como culto de la belleza al estilo neoplatónico del Renacimiento, pero también como una pasión verdadera. Su actitud vital es de desencanto ante la vida exterior, sin otro refugio que el íntimo y autónomo del propio espíritu, entregado a la contemplación creativa de la belleza.

Aunque la poesía italianizante de Garcilaso afectó a todos los poetas del Siglo de Oro y determinó la concepción poética dominante en esta era, no formó verdadera escuela ni produjo seguidores importantes. Y es que en el fondo resultaba una poesía extraña al genio castellano, demasiado introspectiva e indiferente a los grandes ideales colectivos—el religioso y el patriótico—que pronto habían de «nacionalizar» el espíritu pagano y cosmopolita del Renacimiento. La figura de Garcilaso queda así, prominente y aislada, en el Parnaso español, sin pérdida de prestigio a través de los cambios de moda poética, y acreedor indiscutido al título de «Príncipe de la poesía española» que le adjudicara su primer comentarista, el poeta Fernando de Herrera, ya en el siglo XVI.

TEXTO: GARCILASO. *Obras* (ed. T. Navarro Tomás), «Clásicos Castellanos». 3a. ed. Madrid, 1935.

Soneto X[1]

¡Oh dulces prendas[2] por mi mal halladas,
dulces y alegres cuando Dios quería,
juntas estáis en la memoria mía,
y con ella en mi muerte conjuradas![3]
  ¿Quién me dijera, cuando las pasadas
horas que en tanto bien por vos me vía,[4]
que me habíades de ser en algún día
con tan grave dolor representadas?
  Pues en una hora junto me llevastes
todo el bien que por términos me distes,
llevadme junto el mal que me dejastes;
  Si no, sospecharé que me pusistes
en tantos bienes porque deseastes
verme morir entre memorias tristes.

Égloga Primera[5]

AL VIRREY DE NÁPOLES.[6]

Personas: SALICIO, NEMOROSO

El dulce lamentar de dos pastores,
Salicio juntamente y Nemoroso,[7]
he de cantar, sus quejas imitando,
cuyas ovejas al cantar sabroso
estaban muy atentas, los amores,
de pacer olvidadas, escuchando.
Tú, que ganaste obrando
un nombre en todo el mundo
y un grado sin segundo,
agora estés atento sólo y dado
al ínclito gobierno del estado
albano,[8] agora vuelto a la otra parte,
resplandeciente, armado,
representando en tierra el fiero Marte;[. . .][9]
escucha tú el cantar de mis pastores.

Saliendo de las ondas encendido,
rayaba de los montes el altura
el sol, cuando Salicio, recostado
al pie de una alta haya, en la verdura
por donde un agua clara con sonido
atravesaba el fresco y verde prado,
él, con canto acordado[10]
al rumor que sonaba
del agua que pasaba,
se quejaba tan dulce y blandamente
como si no estuviera de allí ausente
la que de su dolor culpa tenía;
y así como presente,[11]
razonando con ella, le decía:

---

[1] Este soneto, el más famoso y conmovedor de Garcilaso, fue compuesto en Nápoles (1534), a raíz de la muerte de Isabel Freyre, su antigua amada.

[2] un recuerdo personal, probablemente cabellos de la amada

[3] conspirando

[4] veía

[5] A pesar del título con que se publicó, no es cronológicamente la primera égloga, pues se compuso tras la muerte de Isabel Freyre en 1534.

[6] Don Pedro Álvarez de Toledo, duque de Alba, amigo y protector del poeta

[7] *Salicio* es anagrama de (Gar)cilaso, y *Nemoroso* (del latín *nemus*, vega) se refiere al apellido del poeta.

[8] el reino de Nápoles, gobernado por el duque de Alba (o quizá el adjetivo aluda a la famosa ciudad de Alba-longa)

[9] [*Siguen dos estrofas más de esta dedicatoria y tributo al virrey de Nápoles en igual estilo encomiástico.*]

[10] «en armonía con», imagen reveladora de la correspondencia entre la Naturaleza y los sentimientos del poeta

[11] como [si ella estuviera] presente

SALICIO

¡Oh más dura que mármol a mis quejas,
y al encendido fuego en que me quemo,
más helada que nieve, Galatea!
Estoy muriendo y aun la vida temo;
témola con razón, pues tú me dejas,
que no hay sin ti el vivir para qué sea.
Vergüenza he que me vea
ninguno en tal estado,
de ti desamparado,
y de mí mismo yo me corro[12] agora.
¿De un alma te desdeñas ser señora,
donde siempre moraste, no pudiendo
della[13] salir una hora?
Salid sin duelo,[14] lágrimas, corriendo.

El sol tiende los rayos de su lumbre
por montes y por valles, despertando
las aves y animales y la gente:
cuál por el aire claro va volando,
cuál por el verde valle o alta cumbre
paciendo va segura y libremente,
cuál con el sol presente
va de nuevo al oficio,
y al usado ejercicio
do su natura o menester le inclina.
Siempre está en llanto esta ánima mezquina,
cuando la sombra el mundo va cubriendo
o la luz se avecina.
Salid sin duelo, lágrimas, corriendo.

Y tú, desta mi vida ya olvidada,
sin mostrar un pequeño sentimiento
de que por ti Salicio triste muera,
dejas llevar, desconocida, al viento
el amor y la fe que ser guardada
eternamente sólo a mí debiera.
¡Oh Dios! ¿Por qué siquiera,
pues ves desde tu altura
esta falsa perjura
causar la muerte de un estrecho amigo,
no recibe del cielo algún castigo?
Si en pago del amor yo estoy muriendo,

¿qué hará el enemigo?[15]
Salid sin duelo, lágrimas, corriendo.

Por ti el silencio de la selva umbrosa,
por ti la esquividad y apartamiento
del solitario monte me agradaba;
por ti la verde yerba, el fresco viento,
el blanco lirio y colorada rosa
y dulce primavera deseaba.
¡Ay, cuánto me engañaba!
¡Ay, cuán diferente era
y cuán de otra manera
lo que en tu falso pecho se escondía!
Bien claro con su voz me lo decía
la siniestra corneja,[16] repitiendo
la desventura mía.
Salid sin duelo, lágrimas, corriendo.

¡Cuántas veces, durmiendo en la floresta,
reputándolo yo por desvarío,
vi mi mal entre sueños,[17] desdichado!
Soñaba que en el tiempo del estío
llevaba, por pasar allí la siesta,
a beber en el Tajo mi ganado;
y después de llegado,
sin saber de cuál arte,
por desusada parte
y por nuevo camino el agua se iba;
ardiendo yo con la calor estiva,
el curso enajenado iba siguiendo
del agua fugitiva.
Salid sin duelo, lágrimas, corriendo.

Tu dulce habla ¿en cúya oreja suena?
Tus claros ojos ¿a quién los volviste?
¿Por quién tan sin respeto me trocaste?
Tu quebrantada fe ¿dó la pusiste?
¿Cuál es el cuello que, como en cadena,
de tus hermosos brazos anudaste?
No hay corazón que baste,
aunque fuese de piedra,
viendo mi amada yedra
de mí arrancada, en otro muro asida,
y mi parra en otro olmo[18] entretejida,
que no se esté con llanto deshaciendo
hasta acabar la vida.

---

[12] me avergüenzo
[13] de ella
[14] libremente
[15] ¿qué ocurriría a un enemigo de ella?
[16] ave de mal agüero cuando aparece a la izquierda del caminante; la alusión es un anacronismo literario, por influencia de Virgilio (*Égloga* IX, 15)

[17] Estos sueños proféticos eran frecuentes en la poesía pastoril. Aquí el río que cambia de curso e impide beber al sediento Salicio representa el temor de verse abandonado por su amada.
[18] Era costumbre ya entre los romanos cultivar las parras y los olmos juntos, por lo que se convirtieron en símbolos de la unión amorosa (como la yedra y el muro).

Salid sin duelo, lágrimas, corriendo.

    ¿Qué no se esperará de aquí adelante,
por difícil que sea y por incierto,
o qué discordia no será juntada?
Y juntamente ¿qué tendrá por cierto,
o qué de hoy más no temerá el amante,
siendo a todo materia por ti dada?
Cuando tú enajenada[19]
de mi cuidado fuiste,
notable causa diste
y ejemplo a todos cuantos cubre el cielo,
que el más seguro tema con recelo
perder lo que estuviere poseyendo.
Salid fuera sin duelo,
salid sin duelo, lágrimas, corriendo.

    Materia diste al mundo de esperanza
de alcanzar lo imposible y no pensado,
y de hacer[20] juntar lo diferente,
dando a quien diste el corazón malvado,
quitándolo de mí con tal mudanza
que siempre sonará de gente en gente.
La cordera paciente
con el lobo hambriento
hará su ajuntamiento,
y con las simples aves sin ruido
harán las bravas sierpes ya su nido;
que mayor diferencia comprehendo
de ti al que has escogido.
Salid sin duelo, lágrimas, corriendo.

    Siempre de nueva leche en el verano
y en el invierno abundo; en mi majada
la manteca y el queso está sobrado.
De mi cantar, pues, yo te vía[21] agradada
tanto que no pudiera el mantuano
Títiro[22] ser de ti más alabado.
No soy, pues, bien mirado,[23]
tan disforme ni feo,
que aun agora me veo
en esta agua que corre clara y pura,
y cierto no trocara mi figura
con ese[24] que de mí se está riendo.
¡Trocara mi ventura!
Salid sin duelo, lágrimas, corriendo.

    ¿Cómo te vine en tanto menosprecio?

¿Cómo te fui tan presto aborrecible?
¿Cómo te faltó en mí el conocimiento?[25]
Si no tuvieras condición terrible,
siempre fuera tenido de ti en precio,
y no viera de ti este apartamiento.
¿No sabes que sin cuento
buscan en el estío
mis ovejas el frío
de la sierra de Cuenca, y el gobierno
del abrigado Estremo[26] en el invierno?
Mas ¡qué vale el tener, si derritiendo
me estoy en llanto eterno!
Salid sin duelo, lágrimas, corriendo.

    Con mi llorar las piedras enternecen
su natural dureza y la quebrantan;
los árboles parece que se inclinan;
las aves que me escuchan, cuando cantan
con diferente voz se condolecen,
y mi morir cantando me adivinan;
las fieras que reclinan
su cuerpo fatigado,
dejan el sosegado
sueño por escuchar mi llanto triste:
tú sola contra mí te endureciste,
los ojos aun siquiera no volviendo
a lo que tú hiciste.
Salid sin duelo, lágrimas, corriendo.

    Mas ya que a socorrer aquí no vienes,
no dejes el lugar que tanto amaste,
que bien podrás venir de mí segura.
Yo dejaré el lugar do me dejaste;
ven si por sólo esto te detienes.
Ves aquí un prado lleno de verdura,
ves aquí una espesura,
ves aquí un agua clara,
en otro tiempo cara,
a quien de ti con lágrimas me quejo.
Quizá aquí hallarás, pues yo me alejo,
al que todo mi bien quitar me puede;
que pues el bien le dejo,
no es mucho que el lugar también le quede.

    Aquí dio fin a su cantar Salicio,
y sospirando en el postrero acento,
soltó de llanto una profunda vena.

---

[19] alusión a su matrimonio con Antonio de Fonseca
[20] La «h» se aspiraba todavía, por lo que el verso endecasílabo consta.
[21] veía
[22] Virgilio de Mantua, quien llamó *Titirus* a uno de sus pastores (*Égloga* I)

[23] después de todo
[24] Antonio de Fonseca, que era gordo
[25] el buen juicio
[26] Extremadura, al oeste de España, donde las ovejas pasan el invierno

Queriendo el monte al grave sentimiento
de aquel dolor en algo ser propicio,
con la pasada voz retumba y suena.
La blanca Filomena,[27]
casi como dolida,
y a compasión movida,
dulcemente responde al son lloroso.
Lo que cantó tras esto Nemoroso
decidlo vos, Piérides,[28] que tanto
no puedo yo ni oso,
que siento enflaquecer mi débil canto.

NEMOROSO

Corrientes aguas, puras, cristalinas,
árboles que os estáis mirando en ellas,
verde prado de fresca sombra lleno,
aves que aquí sembráis vuestras querellas,
yedra que por los árboles caminas,
torciendo el paso por su verde seno;
yo me vi tan ajeno
del grave mal que siento,
que de puro contento
con vuestra soledad me recreaba,
donde con dulce sueño reposaba,
o con el pensamiento discurría
por donde no hallaba
sino memorias llenas de alegría.

Y en este mismo valle, donde agora
me entristezco y me canso en el reposo,
estuve ya contento y descansado.
¡Oh bien caduco, vano y presuroso!
Acuérdome durmiendo aquí algún hora,
que, despertando, a Elisa[29] vi a mi lado.
¡Oh miserable hado!
¡Oh tela delicada,
antes de tiempo dada
a los agudos filos de la muerte!,
más convenible suerte
a los cansados años de mi vida,

que es más que el hierro fuerte,
pues no la ha quebrantado tu partida.
¿Dó están agora aquellos claros ojos[30]
que llevaban tras sí como colgada
mi alma, doquier que ellos se volvían?
¿Dó está la blanca mano delicada,
llena de vencimientos y despojos[31]
que de mí mis sentidos le ofrecían?
Los cabellos que vían
con gran desprecio al oro,
como a menor tesoro,
¿adónde están? ¿adónde el blanco pecho?
¿Dó la columna que el dorado techo[32]
con presunción graciosa sostenía?
Aquesto todo agora ya se encierra,
por desventura mía,
en la fría, desierta y dura tierra.

¿Quién me dijera, Elisa, vida mía,
cuando en aqueste valle al fresco viento
andábamos cogiendo tiernas flores,
que había de ver con largo apartamiento
venir el triste y solitario día
que diese amargo fin a mis amores?
El cielo en mis dolores
cargó la mano tanto,[33]
que a sempiterno llanto
y a triste soledad me ha condenado;
y lo que siento más es verme atado
a la pesada vida y enojosa,
solo, desamparado,
ciego, sin lumbre, en cárcel tenebrosa.

Después que nos dejaste, nunca pace
en hartura el ganado ya, ni acude
el campo al labrador con mano llena;
no hay bien que en mal no se convierta y mude,
la mala yerba al trigo ahoga, y nace
en lugar suyo la infelice[34] avena;
la tierra, que de buena
gana nos producía
flores con que solía
quitar en sólo vellas[35] mil enojos,
produce agora en cambio estos abrojos,

---

[27] ruiseñor; *Filomena* (Philomela) es el nombre mitológico de una princesa de Atenas convertida en ruiseñor para salvarla de su seductor Tereo, rey de Tracia; de ahí el adjetivo *blanca*, equivalente a hermosa

[28] musas (su lugar de origen era Pieria, en Grecia)

[29] anagrama de Isabel (Freyre)

[30] el tema elegíaco de *ubi sunt*, tan frecuente en la poesía del siglo anterior (*cf.* Manrique, pág. 86)

[31] resultado de su conquista amorosa

[32] el cuello (*columna*) y la cabeza (*techo*)

[33] me dio más de lo debido (expresión familiar enfática de las que Garcilaso hace uso ocasional en contraste con su dicción refinada)

[34] infeliz (por ser menos deseable que el trigo)

[35] verlas

ya de rigor de espinas intratable:
Yo hago con mis ojos
crecer, lloviendo, el fruto miserable.

Como al partir del sol la sombra crece,
y en cayendo su rayo se levanta
la negra oscuridad que el mundo cubre,
de do viene el temor que nos espanta
y la medrosa forma en que se ofrece
aquella[36] que la noche nos encubre
hasta que el sol descubre
su luz pura y hermosa:
tal es la tenebrosa
noche de tu partir, en que he quedado
de sombra y de temor atormentado,
hasta que muerte[37] el tiempo determine
que a ver el deseado
sol de tu clara vista me encamine.

Cual suele el ruiseñor con triste canto
quejarse, entre las hojas escondido,
del duro labrador que cautamente
le despojó su caro y dulce nido
de los tiernos hijuelos, entretanto
que del amado ramo estaba ausente,
y aquel dolor que siente
con diferencia tanta[38]
por la dulce garganta
despide, y a su canto el aire suena,
y la callada noche no refrena
su lamentable oficio[39] y sus querellas,
trayendo de su pena
el cielo por testigo y las estrellas;

desta manera suelto yo la rienda
a mi dolor y ansí me quejo en vano
de la dureza de la muerte airada;
ella[40] en mi corazón metió la mano
y de allí me llevó mi dulce prenda,[41]
que aquél[42] era su nido y su morada.
¡Ay, muerte arrebatada,
por ti me estoy quejando
al cielo y enojando
con importuno llanto al mundo todo!

El desigual dolor no sufre modo.[43]
No me podrán quitar el dolorido
sentir, si ya del todo
primero no me quitan el sentido.[44]

Tengo una parte aquí de tus cabellos,
Elisa, envueltos en un blanco paño,
que nunca de mi seno se me apartan.
Descójolos, y de un dolor tamaño
enternecer me siento que sobre ellos
nunca mis ojos de llorar se hartan.
Sin que de allí se partan,
con sospiros calientes,
más que la llama ardientes,
los enjugo del llanto, y de consuno[45]
casi los paso y cuento uno a uno;
juntándolos, con un cordón los ato.
Tras esto el importuno
dolor me deja descansar un rato.

Mas luego a la memoria se me ofrece
aquella noche tenebrosa, escura,
que tanto aflige esta ánima mezquina
con la memoria de mi desventura.
Verte presente agora me parece
en aquel duro trance de Lucina,[46]
y aquella voz divina
con cuyo son y acentos
a los airados vientos
pudieron amansar, que agora es muda,
me parece que oigo, que a la cruda,
inexorable diosa demandabas
en aquel paso ayuda.
Y tú, rústica diosa,[47] ¿dónde estabas?

¿Íbate tanto[48] en perseguir las fieras?
¿Íbate tanto en un pastor dormido?[49]
¿Cosa[50] pudo bastar a tal crueza,[51]
que, conmovida a compasión, oído
a los votos y lágrimas no dieras
por no ver hecha tierra tal belleza,
o no ver la tristeza
en que tu Nemoroso
queda, que su reposo

---

[36] Se refiere a *oscuridad*.
[37] con mi muerte
[38] en tonos muy diferentes
[39] la triste ocupación de lamentarse
[40] la muerte
[41] su amada
[42] Se refiere a *corazón*.
[43] no permite otra cosa
[44] la vida
[45] al mismo tiempo

[46] Alude al parto que costó la vida a Isabel. *Lucina* es la diosa de la luz, y por ello también de los nacimientos.
[47] Diana, diosa de la caza, que hubiera debido proteger a la pastora Elisa
[48] ¿tanto interés tenías...?
[49] Endimión, hijo de Júpiter, a quien la casta Diana besó de noche mientras dormía
[50] qué (italianismo)
[51] crueldad

era seguir tu oficio, persiguiendo
las fieras por los montes y ofreciendo
a tus sagradas aras los despojos?
¡Y tú, ingrata, riendo
dejas morir mi bien ante mis ojos!

    Divina Elisa, pues agora el cielo
con inmortales pies pisas y mides,
y su mudanza[52] ves, estando queda,
¿por qué de mí te olvidas y no pides
que se apresure el tiempo en que este velo[53]
rompa del cuerpo y verme libre pueda,
y en la tercera rueda,[54]
contigo mano a mano,
busquemos otro llano,
busquemos otros montes y otros ríos,
otros valles floridos y sombríos

donde descanse y siempre pueda verte
ante los ojos míos,
sin miedo y sobresalto de perderte?

    Nunca pusieran fin al triste lloro
los pastores, ni fueran acabadas
las canciones que sólo el monte oía,
si mirando las nubes coloradas,
al tramontar[55] del sol bordadas de oro,
no vieran que era ya pasado el día.
La sombra se veía
venir corriendo apriesa[56]
ya por la falda espesa
del altísimo monte, y recordando
ambos como de sueño, y acabando
el fugitivo sol de luz escaso,
su ganado llevando,
se fueron recogiendo paso a paso.

---

[52] movimiento (de las esferas celestes)
[53] la vida corporal que impide la liberación del espíritu

[54] el círculo u órbita de Venus, destino eterno de los enamorados
[55] ponerse
[56] aprisa

Fray Luis de León

(1528-91)

La tendencia del llamado «segundo Renacimiento» español, que combina las formas artísticas venidas de Italia con el fervor religioso de la tradición medieval, estimulada ahora por la Contrarreforma, tiene su más completo representante en Fray Luis de León. Éste es uno de los más grandes eruditos humanistas de su tiempo, conocedor a fondo de las lenguas antiguas (latín, griego, hebreo) y comentarista tanto de textos bíblicos como paganos, a la vez que eclesiástico inspirado por un ardiente amor divino. Se armonizan así en él la razón y la fe, el ideal de belleza y el de santidad, aunque en su vida no lograse gozar de la armonía y equilibrio que reflejan sus obras.

Nacido en Belmonte (Cuenca), de próspera familia burguesa, ingresó a los 17 años en la Orden de San Agustín, en Salamanca, donde estudió y ocupó sucesivamente las cátedras de Teología, Filosofía Moral y Biblia. Fue uno de los profesores más ilustres que ha tenido esa famosa Universidad, y su misma prominencia intelectual, así como su vehemencia en defensa de lo que estimaba justo y verdadero, le ganaron envidias y enemistades entre algunos colegas. Dos de ellos llegaron a denunciarle a la Inquisición como sospechoso de herejía por haber traducido al castellano el *Cantar de los cantares* de Salomón (cosa prohibida por el Concilio de Trento), aunque el manuscrito no se publicó y se había difundido contra los deseos del autor. Sobre todo, se le acusó de haber negado la autoridad textual de la Vulgata (traducción latina de la Biblia) cuando discrepaba de las fuentes semíticas originales. Por coincidir esto con la escuela rabínica y ser el propio Fray Luis de ascendencia judía, además de haber defendido al pueblo judío contra acusaciones injustas, la denuncia tuvo más peso y dio lugar a un largo proceso inquisitorial que duró casi cuatro años (1572–76). Este tiempo lo pasó en una cárcel de Valladolid, hasta su absolución, aunque fue amonestado por haber usado argumentos peligrosos en materias de la fe y se le confiscó su traducción del *Cantar de los cantares*. Pocos años después (1582), por sus ideas sobre la predestinación, era nuevamente procesado y absuelto. Restaurado a la vida universitaria con todos los honores, Fray Luis desempeñó importantes comisiones y fue elegido Provincial de su Orden poco antes de morir en Madrigal de las Altas Torres (Ávila).

La parte más voluminosa de su obra la constituyen varios tratados religiosos y morales, en latín y castellano, así como comentarios bíblicos. Uno de esos tratados morales es *La perfecta casada*, guía sobre la conducta y cualidades exigidas por el estado matrimonial conforme a la ley cristiana y a las costumbres de la sociedad contemporánea, que ofrece un grato cuadro doméstico de sencillez y austeridad. La obra maestra de este género es *De los nombres de Cristo*, compuesto en la cárcel y publicada en 1583. Es un extenso diálogo al estilo platónico, en que tres doctos amigos, bajo la dirección de uno de ellos, *Marcelo* (Fray Luis), conversan en *La Flecha*, finca de la Orden a orillas del río Tormes, cerca de Salamanca, sobre los distintos atributos y perfecciones de Jesucristo, tomando como base los nombres principales que se le dan en la Biblia: Pimpollo, Cara de Dios, Camino, Pastor, Monte, Padre del Siglo Futuro, Brazo de Dios, Rey, Príncipe de Paz, Esposo, Hijo de Dios, Amado, Cordero y Jesús. Al mismo tiempo expone Fray Luis todas sus ideas sobre Dios, el hombre, la naturaleza y la sociedad, haciendo de la obra un verdadero «manual de cristianismo interior», con gran belleza poética en los pasajes descriptivos de la naturaleza y un encendido fervor místico al contemplar la presencia divina en el mundo visible. El ideal renacentista de cultivar y perfeccionar la lengua vernácula se refleja en el estilo, elevando el nivel artístico de la prosa castellana a una altura comparable a la que Garcilaso había llevado el verso. Su estilo combina la naturalidad del habla ordinaria con una selección cuidadosa de las palabras para que, como él declara, «no solamente digan con claridad lo que se pretende decir, sino con armonía y dulzura.»

Artísticamente, lo mejor de Fray Luis de León y lo que más fama duradera le ha dado, es su reducida obra lírica, publicada 40 años después de su muerte por Francisco de Quevedo, como ejemplo de pureza y claridad poética frente a los excesos del gongorismo. Por razones desconocidas, el manuscrito que Fray Luis preparó para la imprenta al final de su vida no llegó a ver la luz y desapareció. Para la edición de 1631 hubo que utilizar las copias hechas por amigos, no siempre coincidentes. Aparte de traducciones en verso de la Biblia (los Salmos, especialmente), de poetas clásicos (como Píndaro, Virgilio y Horacio) e italianos (como Petrarca y Bembo), Fray Luis compuso 23 poesías originales, de temática limitada. Su tema central es el contraste entre las imperfecciones de esta vida (con sus injusticias, miserias y frustraciones) y la perfección celestial hacia la cual el alma aprisionada aspira a escapar. Reflejo de esa perfección divina son las bellezas del campo, de la noche estrellada, de la música religiosa, que despiertan en él vibrante nostalgia de un bienestar eterno, manifestada en el movimiento ascensional evocado por muchos de sus poemas. Sin ser un místico en el sentido estricto de la palabra, pues su contemplación extática no culmina en la unión con Dios, ideal para él inalcanzable en esta vida, la aspiración de llegar a la presencia divina es constante, con una combinación de fervor espiritual y de curiosidad intelectual por descubrir las causas ocultas del orden universal.

Sus versos carecen de la perfección formal que tiene su prosa, pues no era belleza verbal lo que él buscaba sino claridad y precisión para expresar hondas experiencias espirituales. Se limita a usar los metros italianos de Garcilaso, especialmente la lira, pero muy sobriamente y dándole a la poesía una nueva dimensión intelectual, meditativa y transcendente.

TEXTOS: Fray Luis de León. *De los nombres de Cristo* (ed. F. de Onís), «Clásicos Castellanos», 3 vols. Madrid, 1914–1921.

Poesías de Fray Luis de León (ed. Angel C. Vega). Madrid, 1955.

POESÍAS

Vida retirada[1]

¡Qué descansada vida
la del que huye el mundanal ruido,
y sigue la escondida
senda, por donde han ido
los pocos sabios que en el mundo han sido!

Que no le enturbia el pecho
de los soberbios grandes el estado,[2]
ni del dorado techo
se admira, fabricado
del sabio moro, en jaspes sustentado.

No cura[3] si la fama
canta con voz su nombre pregonera;[4]
no cura si encarama
la lengua lisonjera
lo que condena la verdad sincera.

¿Qué presta[5] a mi contento
si soy del vano dedo señalado,
si en busca de este viento[6]
ando desalentado[7]
con ansias vivas y mortal cuidado?

¡Oh campo! ¡Oh monte! ¡Oh río!
¡Oh secreto seguro[8] deleitoso!
Roto casi el navío,
a vuestro almo[9] reposo
huyo de aqueste mar tempestuoso.

Un no rompido[10] sueño,
un día puro, alegre, libre quiero;
no quiero ver el ceño
vanamente severo
del que la sangre sube[11] o el dinero.

Despiértenme las aves
con su cantar suave no aprendido;[12]
no los cuidados graves
de que es siempre seguido
quien al ajeno arbitrio está atenido.

Vivir quiero conmigo,[13]
gozar quiero del bien que debo al cielo,
a solas, sin testigo,
libre de amor, de celo,[14]
de odio, de esperanzas, de recelo.

Del monte en la ladera
por mi mano plantado tengo un huerto,[15]
que con la primavera,
de bella flor cubierto,
ya muestra en esperanza el fruto cierto.

Y como codiciosa
de ver y acrecentar su hermosura,
desde la cumbre airosa
una fontana pura
hasta llegar corriendo se apresura.

Y luego, sosegada,
el paso entre los árboles torciendo,
el suelo de pasada
de verdura vistiendo,
y con diversas flores va esparciendo.

El aire el huerto orea,[16]
y ofrece mil olores al sentido,
los árboles menea
con un manso ruido,
que del oro y del cetro[17] pone olvido.

---

[1] Poema temprano (prob. 1566–71), de los más famosos en toda la poesía española. Está derivado de la oda de Horacio «Beatus ille», pero con el goce epicúreo de la vida trascendido por el sentimiento religioso. Más que de la vida rústica, se trata de la espiritual, del refugio interior donde el alma se comunica con Dios. Los títulos de los poemas no son del autor.

[2] el rango social de los nobles soberbios (*estado* es sujeto de *enturbia*)

[3] se preocupa

[4] hipérbaton latino: *voz pregonera* (voz pública)

[5] ¿De qué sirve?

[6] vanidad (el *viento* de la fama)

[7] inquieto y sin aliento (con alusión a *viento*)

[8] retiro

[9] benéfico (latinismo)

[10] interrumpido

[11] ensalza la nobleza de sangre

[12] espontáneo, natural

[13] en paz conmigo mismo

[14] los *cuidados graves* de la estrofa anterior

[15] Este *huerto* es el de *La Flecha* descrito en la «Introducción» a *Los nombres de Cristo* (pág. 228), pero algunos de sus elementos tienen además un simbolismo religioso, como *monte*, explicado en dicha obra.

[16] refresca

[17] símbolo del poder

Ténganse su tesoro
los que de un flaco leño[18] se confían;
no es mío[19] ver el lloro
de los que desconfían
cuando el cierzo y el ábrego porfían.[20]

    La combatida antena[21]
cruje, y en ciega noche el claro día
se torna; al cielo suena
confusa vocería,
y la mar enriquecen a porfía.[22]

A mí una pobrecilla
mesa de amable paz bien abastada[23]
me baste, y la vajilla,
de fino oro labrada,
sea de quien la mar no teme airada.

    Y mientras miserable-[24]
mente se están los otros abrasando
con sed insaciable
del no durable mando,
tendido yo a la sombra esté cantando.

    A la sombra tendido,
de yedra y lauro eterno[25] coronado,
puesto el atento oído
al son dulce, acordado,[26]
del plectro[27] sabiamente meneado.

A Francisco Salinas[1]

El aire se serena
y viste de hermosura y luz no usada,[2]
Salinas, cuando suena
la música extremada
por vuestra sabia mano gobernada.

    A cuyo son divino
mi alma que en olvido[3] está sumida,
torna a cobrar el tino,
y memoria perdida
de su origen primera esclarecida.[4]

    Y como se conoce,
en suerte y pensamientos se mejora;
el oro desconoce
que el vulgo vil adora,
la belleza caduca engañadora.

    Traspasa el aire todo
hasta llegar a la más alta esfera,[5]
y oye allí otro modo
de no perecedera
música, que es la fuente y la primera.

---

[18] barco (sinécdoque)

[19] mi deseo

[20] los vientos Norte y Sur contienden

[21] mástil

[22] con el tesoro que arrojan rápidamente al mar para evitar el naufragio

[23] abastecida

[24] *tmesis* (corte de una palabra) de influencia latina, común en la poesía italiana del Renacimiento. Es un caso extremo del encabalgamiento frecuente en las liras de Luis de León.

[25] yedra y lauro, símbolos de la poesía; *eterno* (perenne) califica a ambos substantivos, según la sintaxis de la época

[26] armonioso

[27] palito o púa para tocar instrumentos de cuerda, aquí la lira poética

[1] Profesor de Música de la Universidad de Salamanca, organista ciego y autor de un famoso tratado, *De Musica* (1577). Fue amigo íntimo de Fray Luis, quien le conoció en 1567. Junto a la soberbia evocación del efecto ascensional de la música del órgano, esta oda presenta la idea neoplatónica de la liberación y retorno del alma hacia su origen divino. Se ignora la fecha, aunque parece plausible que se compusiera en los primeros años de su amistad con Salinas, quizá hacia 1570–72.

[2] desusada (el adjetivo califica a *luz* y *hermosura*)

[3] (de su origen divino)

[4] ilustre

[5] referencia neoplatónica al Empíreo, aquí la morada de Dios

Ve cómo el gran maestro,[6]
a aquesta inmensa cítara aplicado,
con movimiento diestro
produce el son sagrado,
con que este eterno templo es sustentado.

    Y como está[7] compuesta
de números concordes,[8] luego envía
consonante respuesta,
y entrambas a porfía
mezclan[9] una dulcísima armonía.

    Aquí la alma navega
por un mar de dulzura, y finalmente
en él ansí se anega[10]
que ningún accidente[11]
extraño o peregrino oye o siente.

    ¡Oh desmayo dichoso!
¡Oh muerte que das vida! ¡Oh dulce olvido!
¡Durase en tu reposo
sin ser restituido
jamás a aqueste bajo y vil sentido![12]

    A este bien os llamo,
gloria del apolíneo sacro coro,[13]
amigos, a quien amo
sobre todo tesoro;
que todo lo visible es triste lloro.

    ¡Oh! Suene de contino,
Salinas, vuestro son en mis oídos,
por quien al bien divino
despiertan los sentidos,
quedando a lo demás adormecidos.[14]

Noche serena[15]

Cuando contemplo el cielo
de innumerables luces adornado,
y miro hacia el suelo,
de noche rodeado,
en sueño y en olvido scpultado,

    el amor y la pena[16]
despiertan en mi pecho un ansia ardiente;
despiden larga vena
los ojos hechos fuente,
la lengua dice al fin con voz doliente:

    Morada de grandeza,
templo de claridad y hermosura:
mi alma que a tu alteza[17]
nació, ¿qué desventura
la tiene en esta cárcel[18] baja, escura?

    ¿Qué mortal desatino[19]
de la verdad aleja ansí[20] el sentido,
que de tu bien divino
olvidado, perdido,
sigue la vana sombra, el bien fingido?

    El hombre está entregado
al sueño, de su suerte no cuidando;
y con paso callado
el cielo, vueltas dando,[21]
las horas del vivir le va hurtando.

    ¡Ay, despertad, mortales!
Mirad con atención en vuestro daño.
¿Las almas inmortales,
hechas a bien tamaño,[22]
podrán vivir de sombra y solo engaño?

---

[6] el Creador de la música celestial en esta visión pitagórico-cristiana del universo

[7] El sujeto es «alma».

[8] sonidos armoniosos (los *números* pitagóricos eran la esencia de las cosas, lo que permitía sus relaciones armónicas)

[9] hacen

[10] sumerge

[11] contingencia (de esta vida)

[12] la vida corporal

[13] los amigos del poeta, asociados con Apolo como dios de la música y de la poesía

[14] indiferentes

[15] Poema del período de la cárcel, de elevada inspiración religiosa pero no estrictamente místico.

[16] referencia paralelística a los dos elementos de la estrofa anterior: el *amor* del cielo y la *pena* del suelo

[17] para tu altura (idea platónica del alma)

[18] Puede ser una doble referencia a la vida corporal, como cárcel del alma, y a su prisión inquisitorial.

[19] error

[20] así

[21] girando alrededor de la Tierra fija, según Ptolomeo

[22] nacidas para bien tan grande

¡Ay!, levantad los ojos
a aquesta celestial eterna esfera:
burlaréis los antojos
de aquesa lisonjera
vida, con cuanto teme y cuanto espera.

   ¿Es más que un breve punto
el bajo y torpe suelo, comparado
a aqueste gran trasunto,[23]
do vive mejorado
lo que es, lo que será, lo que ha pasado?

   Quien mira el gran concierto[24]
de aquestos resplandores eternales,
su movimiento cierto,
sus pasos desiguales,[25]
y en proporción concorde tan iguales;

   la luna cómo mueve
la plateada rueda, y va en pos de ella
la luz do el saber llueve,[26]
y la graciosa estrella
de Amor[27] la sigue reluciente y bella;

   y cómo otro camino
prosigue el sanguinoso[28] Marte airado,
y el Júpiter benino,[29]
de bienes mil cercado,
serena el cielo con su rayo amado.

   Rodéase en la cumbre
Saturno,[30] padre de los siglos de oro;[31]
tras él la muchedumbre[32]
del reluciente coro
su luz va repartiendo y su tesoro.

   ¿Quién es el que esto mira,
y precia la bajeza de la tierra,
y no gime, y suspira
por romper lo que encierra
el alma,[33] y de estos bienes la destierra?

   Aquí vive el contento,
aquí reina la paz; aquí, asentado
en rico y alto asiento,
está el Amor sagrado,
de glorias y deleites rodeado.

   Inmensa hermosura
aquí se muestra toda, y resplandece
clarísima luz pura,
que jamás anochece;
eterna primavera aquí florece.

   ¡Oh, campos verdaderos!
¡Oh, prados con verdad dulces y amenos!
¡Riquísimos mineros![34]
¡Oh, deleitosos senos![35]
¡Repuestos[36] valles, de mil bienes llenos!

DE LOS NOMBRES DE
CRISTO

INTRODUCCIÓN

   ... Era por el mes de junio, a las vueltas de[1] la fiesta de San Juan, al tiempo que en Salamanca comienzan a cesar los estudios, cuando Marcelo, el uno de los que digo (que ansí le quiero llamar con nombre fingido, por ciertos respectos que tengo, y lo mismo haré a los demás), después de una carrera tan larga como es la de un año en la vida que allí se vive, se retiró como a puerto sabroso, a la soledad de una granja que, como V. M.[2] sabe,

---

[23] reproducción, imagen
[24] La armonía de las esferas, conforme al sistema de Ptolomeo, con la Tierra inmóvil en el centro.
[25] las diferentes órbitas
[26] Mercurio, planeta asociado con la facultad de expresar el pensamiento
[27] Venus
[28] doble referencia al color rojizo del planeta y al dios de la guerra
[29] por su supuesta influencia «benigna» sobre la tierra
[30] alusión al anillo que rodea al «más alto» planeta solar

[31] Identificado por los romanos con Cronos, padre de Júpiter, Saturno gobernó el mundo en la Edad de Oro.
[32] la galaxia de estrellas
[33] lo que aprisiona al alma
[34] fuentes
[35] regazo, retiro
[36] escondidos
[1] alrededor de (exactamente cinco días después, el día de S. Pedro, como dice más adelante)
[2] vuestra merced (usted); la granja es *La Flecha*, a la que se refiere también en la poesía «Vida retirada»

tiene mi monasterio en la ribera de Tormes; y fuéronse con él, por hacerle compañía y por el mismo respecto, los otros dos. Adonde habiendo estado algunos días, aconteció que una mañana, que era la del día dedicado al apóstol San Pedro, después de haber dado al culto divino lo que se le debía, todos tres juntos se salieron de la casa a la huerta que se hace[3] delante de ella.

Es la huerta grande y estaba entonces bien poblada de árboles, aunque puestos sin orden; mas eso mismo hacía deleite en la vista, y sobre todo, la hora y la sazón. Pues entrados en ella, primero, y por un espacio pequeño, se anduvieron paseando y gozando del frescor, y después se sentaron juntos, a la sombra de unas parras y junto a la corriente de una pequeña fuente, en ciertos asientos. Nace la fuente de la cuesta que tiene la casa a las espaldas, y entrada en la huerta por aquella parte, y corriendo y tropezando, parecía reírse. Tenían también delante de los ojos y cerca de ellos una alta y hermosa alameda. Y más adelante, y no muy lejos, se veía el río Tormes, que aun en aquel tiempo, hinchiendo bien sus riberas, iba torciendo el paso por aquella vega. El día era sosegado y purísimo, y la hora, muy fresca. Así que, asentándose, y callando por un pequeño tiempo, después de sentados, Sabino (que así me place llamar al que de los tres era el más mozo), mirando hacia Marcelo y sonriéndose, comenzó a decir así:

—Algunos hay a quien la vista del campo los enmudece, y debe ser condición de espíritus de entendimiento profundo; mas yo, como los pájaros, en viendo lo verde, deseo o cantar o hablar.

—Bien entiendo por qué lo decís —respondió al punto Marcelo—, y no es alteza de entendimiento, como dais a entender por lisonjearme o por consolarme, sino cualidad de edad y humores diferentes, que nos predominan, y se despiertan con esta vista en vos de sangre, y en mí de melancolía. Mas sepamos —dice— de Juliano (que éste será el nombre del otro tercero) si es pájaro también o si es de otro metal.

—No soy siempre de uno mismo —respondió Juliano—, aunque agora al humor de Sabino me inclino algo más. Y pues él no puede agora razonar consigo mismo mirando la belleza del campo y la grandeza del cielo, bien será que nos diga su gusto acerca de lo que podremos hablar.

Entonces Sabino, sacando del seno un papel escrito y no muy grande:

—Aquí —dice— está mi deseo y mi esperanza.

Marcelo, que reconoció luego el papel, porque estaba escrito de su mano, dijo, vuelto a Sabino y riéndose:

—No os atormentará mucho el deseo a lo menos, Sabino, pues tan en la mano tenéis la esperanza; ni aun deben ser ni lo uno ni lo otro[4] muy ricos, pues se encierran en tan pequeño papel.

—Si fueren pobres —dijo Sabino— menos causa tendréis para no satisfacerme en una cosa tan pobre.

—¿En qué manera —respondió Marcelo— o qué parte soy yo para satisfacer a vuestro deseo, o qué deseo es el que decís?

Entonces Sabino, desplegando el papel, leyó el título, que decía:

DE LOS NOMBRES DE CRISTO; y no leyó más. Y dijo luego:

—Por cierto caso[5] hallé hoy este papel, que es de Marcelo, adonde, como parece, tiene apuntados algunos de los nombres con que Cristo es llamado en la Sagrada Escritura, y los lugares de ella adonde es llamado así. Y como le vi, me puso codicia de oírle algo sobre aqueste argumento, y por eso dije que mi deseo estaba en este papel; y está en él mi esperanza también, porque como parece de él,[6] éste es argumento en que Marcelo ha puesto su estudio y cuidado, y argumento que le debe tener en la lengua; y así, no podrá decirnos agora lo que suele decir cuando se excusa si le obligamos a hablar, que le tomamos desapercibido. Por manera

---

[3] se halla
[4] ni el deseo ni la esperanza

[5] por casualidad
[6] como se ve por el papel

que, pues le falta esta excusa, y el tiempo es nuestro, y el día santo, y la sazón tan a propósito de pláticas semejantes, no nos será dificultoso el rendir a Marcelo, si vos, Juliano, me favorecéis.

—En ninguna cosa me hallaréis más a vuestro lado, Sabino —respondió Juliano.

Y dichas y respondidas muchas cosas en este propósito, porque Marcelo se excusaba mucho, o a lo menos pedía que tomase Juliano su parte y dijese también, y quedando asentado que a su tiempo, cuando pareciese, o si pareciese ser menester, Juliano haría su oficio, Marcelo, vuelto a Sabino, dijo así:

—Pues el papel ha sido el despertador de esta plática, bien será que él mismo nos sea la guía en ella. Id leyendo, Sabino, en él, y de lo que en él estuviere, y conforme a su orden, así iremos diciendo, si no os parece otra cosa.

—Antes nos parece lo mismo —respondieron como a una[7] Sabino y Juliano.

Y luego Sabino, poniendo los ojos en el escrito, con clara y moderada voz leyó así: [. . .][8]

Pastor[9]

[. . .] Y Marcelo dijo luego:

—Lo que dije en el nombre pasado puedo también decir en éste, que es excusado probar que es nombre de Cristo, pues él mismo se lo pone. Mas, como esto es fácil, así es negocio de mucha consideración el traer a luz todas las causas por que se pone este nombre. Porque en esto que llamamos *Pastor* se pueden considerar muchas cosas; unas que miran propiamente a su oficio, y otras que pertenecen a las condiciones de su persona y su vida. Porque lo primero, la vida pastoril es vida sosegada y apartada de los ruidos de las ciudades y de los vicios y deleites de ellas. Es inocente así por esto como por parte del trato y granjería en que se emplea. Tiene sus deleites, y tanto mayores cuanto nacen de cosas más sencillas y más puras y más naturales. De la vista del cielo libre, de la pureza del aire, de la figura del campo, del verdor de las yerbas, y de la belleza de las rosas y de las flores. Las aves con su canto y las aguas con su frescura le deleitan y sirven. Y así, por esta razón es vivienda[10] muy natural y muy antigua entre los hombres, que luego en los primeros de ellos hubo pastores; y es muy usada por los mejores hombres que ha habido, que Jacob y los doce patriarcas la siguieron, y David fue pastor; y es muy alabada de todos, que, como sabéis, no hay poeta, Sabino, que no la cante y alabe.

—Cuando ninguno la loara —dijo Sabino entonces— basta para quedar muy loada lo que dice de ella el poeta latino,[11] que en todo lo que dijo venció a los demás, y en aquello parece que vence a sí mismo; tanto son escogidos y elegantes los versos con que lo dice. Mas porque, Marcelo, decís de lo que es ser pastor, y del caso que de los pastores la poesía hace, mucho es de maravillar con qué juicio los poetas, siempre que quisieron decir algunos accidentes de amor, los pusieron en los pastores, y usaron más que de otros de sus personas para representar aquesta pasión en ellas; que así lo hizo Teócrito[12] y Virgilio, y ¿quién no lo hizo, pues el mismo Espíritu Santo, en el libro de los *Cantares*, tomó dos personas de pastores para por[13] sus figuras de ellos y por su boca hacer representación del increíble amor que nos tiene? Y parece, por otra parte, que son personas no convenientes para esta representación los pastores, porque son toscos y rústicos. Y no parece que se conforman ni que caben las

---

[7] [voz]

[8] [*Siguen 4 capítulos sobre diversos nombres de Cristo.*]

[9] Es uno de los capítulos más poéticos, tanto por la belleza de sus descripciones de la Naturaleza como por su visión idealizada de la vida pastoril, al estilo renacentista.

[10] manera de vivir

[11] Virgilio

[12] Poeta griego (siglo III a.C.) que perfeccionó la poesía pastoril y sirvió de modelo a Virgilio (siglo I a.C.), cuyas *Églogas* introdujeron el género en la poesía latina y que el propio Fray Luis tradujo.

[13] mediante

finezas que hay en el amor, y lo muy agudo y propio de él con lo tosco y villano.

—Verdad es, Sabino—respondió Marcelo—, que usan los poetas de lo pastoril para decir del amor, mas no tenéis razón en pensar que para decir de él hay personas más a propósito que los pastores, ni en quien se represente mejor. Porque puede ser que en las ciudades se sepa mejor hablar, pero la fineza del sentir es del campo y de la soledad.

Y a la verdad los poetas antiguos, y cuanto más antiguos tanto con mayor cuidado, atendieron mucho a huir de lo lascivo y artificioso de que está lleno el amor que en las ciudades se cría, que tiene poco de verdad, y mucho de arte y de torpeza. Mas el pastoril, como tienen los pastores los ánimos sencillos, y no contaminados con vicios, es puro y ordenado a buen fin; y como gozan del sosiego y libertad de negocios que les ofrece la vida sola del campo, no habiendo en él cosa que los divierta,[14] es muy vivo y agudo. Y ayúdales a ello también la vista desembarazada, de que continuo gozan, del cielo y de la tierra y de los más elementos, que es ella en sí una imagen clara, o por mejor decir, una como escuela de amor puro y verdadero. Porque los demuestra[15] a todos amistados entre sí y puestos en orden, y abrazados, como si dijésemos, unos con otros, y concertados con armonía grandísima, y respondiéndose a veces y comunicándose sus virtudes, y pasándose unos en otros y ayuntándose y mezclándose todos, y con su mezcla y ayuntamiento sacando de continuo a luz y produciendo los frutos que hermosean el aire y la tierra. Así que los pastores son en esto aventajados a los otros hombres. Y así, sea ésta la segunda cosa que señalamos en la condición del pastor, que es muy dispuesto al bien querer. [...]

Veamos pues agora si Cristo tiene esto, y las ventajas con que lo tiene, y así veremos cuán merecidamente es llamado *Pastor*. Vive en los campos Cristo, y goza del cielo libre, y ama la soledad y el sosiego, y en el silencio de todo aquello que pone en alboroto la vida, tiene puesto él su deleite. Porque, así como lo que se comprehende en el campo es lo más puro de lo visible, y es lo sencillo, y como el original de todo lo que de ello se compone y se mezcla, así aquella región de vida adonde vive aqueste nuestro glorioso bien es la pura verdad y la sencillez de la luz de Dios y el original expreso de todo lo que tiene ser, y las raíces firmes de donde nacen y adonde estriban todas las criaturas. Y si lo habemos de decir así, aquéllos son los elementos puros y los campos de flor eterna vestidos, y los mineros[16] de las aguas vivas, y los montes verdaderamente preñados de mil bienes altísimos, y los sombríos y repuestos valles, y los bosques de la frescura, adonde exentos de toda injuria, gloriosamente florecen la haya y la oliva y el lináloe, con todos los demás árboles del incienso, en que reposan ejércitos de aves en gloria y en música dulcísima, que jamás ensordece. Con la cual región si comparamos aqueste nuestro miserable destierro, es comparar el desasosiego con la paz, y el desconcierto y la turbación y el bullicio y disgusto de la más inquieta ciudad con la misma pureza y quietud y dulzura. Que aquí se afana y allí se descansa. Aquí se imagina y allí se ve. Aquí las sombras de las cosas nos atemorizan y asombran,[17] allí la verdad sosiega y deleita. Esto es tinieblas, bullicio, alboroto; aquello es luz purísima en sosiego eterno. [...]

(*LIBRO I, Capítulo VI*)

Monte

[...] —Digamos, primero, qué quiere decir que Cristo se llame *Monte*; y dicho, y volviendo sobre estos mismos lugares, diremos algo de las cualidades que da en ellos el Espíritu Santo a este *Monte*. Pues digo así, que demás de la eminencia señalada que tienen los montes sobre lo demás de la tierra,

---

[14] desvíe
[15] muestra

[16] Véase su poesía «Noche serena» sobre el mismo asunto de todo este párrafo.
[17] espantan

como Cristo la tiene, en cuanto hombre, sobre todas las criaturas, la más principal razón por que se llama *Monte* es por la abundancia, o digámoslo ansí, por la preñez riquísima de bienes diferentes que atesora y comprehende en sí mismo. Porque, como sabéis, en la lengua hebrea, en que los sagrados libros en su primer origen se escriben, la palabra con que el monte se nombra, según el sonido de ella, suena[18] en nuestro castellano el *preñado*,[19] por manera que los que nosotros llamamos montes, llama el hebreo por nombre propio *preñados*. Y díceles aqueste nombre muy bien, no sólo por la figura que tienen alta y redonda, y como hinchada sobre la tierra, por lo cual parecen el vientre de ella, y no vacío ni flojo vientre, mas lleno y preñado; sino también porque tienen en sí como concebido, y lo paren y sacan a luz a sus tiempos, casi todo aquello que en la tierra se estima. Producen árboles de diferentes maneras, unos que sirven de madera para los edificios, y otros que con sus frutas mantienen la vida. Paren yerbas, más que ninguna otra parte del suelo, de diversos géneros y de secretas y eficaces virtudes. En los montes por la mayor parte se conciben las fuentes y los principios de los ríos, que naciendo de allí y cayendo en los llanos después, y torciendo el paso[20] por ellos, fertilizan y hermosean las tierras. Allí se cría el azogue y el estaño, y las venas ricas de la plata y del oro y de los demás metales, todas las minas, las piedras preciosas y las canteras de las piedras firmes, que son más provechosas, con que se fortalecen las ciudades con muros y se ennoblecen con suntuosos palacios. Y, finalmente, son como un arca los montes, y como un depósito de todos los mayores tesoros del suelo.

«Pues, por la misma manera Cristo Nuestro Señor, no sólo en cuanto Dios, que según esta razón, por ser el Verbo divino, por quien el Padre cría todas las cosas, las tiene todas en sí de mejores quilates y ser que son en sí mismas; mas también según que es hombre, es un *monte* y un amontonamiento y preñez de todo lo bueno y provechoso y deleitoso y glorioso que en el deseo y en el seno de las criaturas cabe, y de mucho más que no cabe. En él está el remedio del mundo y la destrucción del pecado y la victoria contra el demonio, y las fuentes y mineros de toda la gracia y virtudes que se derraman por nuestras almas y pechos, y los hacen fértiles, en él tienen su abundante principio; en él tienen sus raíces, y de él nacen y crecen con su virtud, y se visten de hermosura y de fruto las hayas altas y los soberanos cedros y los árboles de la mirra, como dicen los *Cantares*, y del incienso: los apóstoles y los mártires y profetas y vírgenes. Él mismo es el sacerdote y el sacrificio, el pastor y el pasto, el doctor y la doctrina, el abogado y el juez, el premio y el que da el premio, la guía y el camino, el médico, la medicina, la riqueza, la luz, la defensa y el consuelo es él mismo y sólo él. En él tenemos la alegría en las tristezas, el consejo en los casos dudosos, y en los peligrosos y desesperados el amparo y la salud.

Y por obligarnos más así, y porque buscando lo que nos es necesario en otras partes, no nos divirtiésemos[21] de él, puso en sí la copia y la abundancia, o si decimos la tienda y el mercado, o será mejor decir el tesoro abierto y liberal de todo lo que nos es necesario, útil y dulce, así en lo próspero como en lo adverso, así en la vida como en la muerte también, así en los años trabajosos de aqueste destierro como en la vivienda eterna y feliz a do caminamos. Y como el monte alto en la cumbre se toca[22] de nubes y las traspasa, y parece que llega hasta el cielo, y en las faldas cría viñas y mieses, y da pastos saludables a los ganados, ansí lo alto y la cabeza de Cristo es Dios, que traspasa los cielos, y es consejos altísimos de sabiduría, adonde no puede arribar ingenio ninguno mortal; mas lo humilde de él, sus palabras llanas, la vida pobre y sencilla y santísima que morando entre nosotros vivió, las obras que

---

[18] significa (como *sonido*, significado)
[19] la preñez
[20] zigzagueando

[21] apartásemos
[22] cubre

como hombre hizo, y las pasiones y dolores que de los hombres y por los hombres sufrió, son pastos de vida para sus fieles ovejas. Allí hallamos el trigo, que esfuerza el corazón de los hombres, y el vino, que les da verdadera alegría, y el olio, hijo de la oliva y engendrador de la luz, que destierra nuestras tinieblas. «El risco, dice el salmo, es refrigerio de los conejos.» Y en ti, ¡oh verdadera guarida de los pobrecitos amedrentados, Cristo Jesús!, y en ti, ¡oh amparo dulce y seguro, oh acogida llena de fidelidad!, los afligidos y acosados del mundo nos escondemos. Si vertieren agua las nubes y se abrieren las canales del cielo, y saliendo la mar de madre, se anegaren las tierras y sobrepujaren como en el diluvio sobre los montes las aguas, en este *Monte*, que se asienta sobre la cumbre de todos los montes, no las tememos. Y si los montes, como dice David, trastornados de sus lugares, cayeron en el corazón de la mar, en este *Monte* no mudable, enriscado,[23] carecemos del miedo. [. . .]

(*LIBRO I, Capítulo VII*)

Amado

[. . .]—Digo, pues —prosiguió luego Marcelo—, que es llamado Cristo el *Amado* en la Santa Escritura, como parece por lo que diré. [. . .]

Porque no queremos decir agora que Cristo es amable o que es merecedor del amor, ni queremos engrandecer su muchedumbre de bienes, con que puede aficionar a las almas, que eso es un abismo sin suelo, y no es lo propio que en este nombre se dice. Así que, no queremos decir que se le debe a Cristo amor infinito, sino decir que es Cristo el *Amado*; esto es, el que antes ha sido y agora es y será para siempre la cosa más amada de todas. Y dejando aparte el derecho, queremos decir del hecho y de lo que pasa en realidad de verdad, que es lo que propiamente importa[24] este nombre, no menos digno de

consideración que los demás nombres de Cristo. Porque, así como es sobre todo lo que emprende el juicio la grandeza de razones por las cuales Cristo es amable, así es cosa que admira la muchedumbre de los que siempre le amaron, y las veras y las finezas nunca oídas de amor con que los suyos le aman. Muchos merecen ser amados y no lo son, o lo son mucho menos de lo que merecen; mas a Cristo, aunque no se le puede dar el amor que se debe, diósele siempre el que es posible a los hombres. Y si de ellos levantamos los ojos, y ponemos en el cielo la vista, es amado de Dios todo cuanto merece; y así es llamado debidamente el *Amado*, porque ni una criatura sola ni todas juntas las criaturas son de Dios tan amadas, y porque él sólo es el que tiene verdaderos amadores de sí. Y aunque la prueba de este negocio es el hecho, digamos primero del dicho, y antes que vengamos a los ejemplos, descubramos las palabras que nos hacen ciertos de esta verdad, y las profecías que de ella hay en los libros divinos. [. . .]

Así que, cuanto son antiguas las cosas, tan antiguo es ser Jesucristo amado de ellas, y como si dijésemos, en sus amores de él se comenzaron los amores primeros, y en la afición de su vista[25] se dio principio al deseo, y su caridad se entró en los pechos angélicos, abriendo la puerta ella antes que ninguno otro que de fuera viniese. Y en la manera que San Juan le nombra «Cordero sacrificado desde la origen del mundo», así también le debemos llamar bien amado y deseado desde luego que nacieron las cosas; porque ansí como fue desde el principio del mundo sacrificado en todos los sacrificios que los hombres a Dios ofrecieron desde que comenzaron a ser, porque todos ellos eran imagen del único y grande sacrificio de este nuestro Cordero, ansí en todos ellos fue aqueste mismo Señor deseado y amado. Porque todas aquellas imágenes, y no solamente aquellas de los sacrificios, sino otras innumerables que se compusieron de las obras y de los sucesos y de las personas de los

---

[23] lleno de riscos o peñascos que dan protección
[24] significa

[25] el gusto de verle

padres pasados, voces eran que testificaban este nuestro general deseo de Cristo, y eran como un pedírsele a Dios, poniéndole devota y aficionadamente tantas veces su imagen delante. Y como los que aman una cosa mucho, en testimonio de cuanto la aman, gustan de hacer su retrato y de traerlo siempre en las manos, así el hacer los hombres tantas veces y tan desde el principio imágenes y retratos de Cristo, ciertas señales eran del amor y deseo de él que les ardía en el pecho. Y así las presentaban a Dios para aplacarle con ellas, que las hacían también para manifestar en ellas su fe para con Cristo y su deseo secreto.

Y este deseo y amor de Cristo, que digo que comenzó tan temprano en hombres y en ángeles, no feneció brevemente, antes se continuó con el tiempo y persevera hasta agora, y llegará hasta el fin y durará cuando la edad se acabare, y florecerá fenecidos los siglos, tan grande y tan extendido cuanto la eternidad es grande y se extiende; porque siempre hubo y siempre hay y siempre ha de haber almas enamoradas de Cristo. Jamás faltarán vivas demonstraciones de este bienaventurado deseo; siempre sed de él, siempre vivo el apetito de verle, siempre suspiros dulces, testigos fieles del abrasamiento del alma. Y como las demás cosas para ser amadas quieran primero ser vistas y conocidas, a Cristo le comenzaron a amar los ángeles y los hombres sin verle y con solas sus nuevas. Las imágenes y las figuras suyas, o diremos mejor aún, las sombras oscuras que Dios les puso delante, y el rumor sólo suyo y su fama, les encendió los espíritus con increíbles ardores. [. . .]

Conforme a lo cual, y para significación de ello, decía en los *Cantares* la Esposa[26] que Salomón hizo para sí una litera de cedro, cuyas columnas eran de plata, y los lados de la silla de oro, y el asiento de púrpura, y en medio el amor de las hijas de Jerusalén; porque esta litera, en cuyo medio Cristo reside y se asienta, es lo mismo que este templo del universo, que, como digo, é mismo hizo para sí en la manera como para tal Rey convenía, rico y hermoso, y lleno de variedad admirable y compuesto, y como si dijésemos artizado[27] con artificio grandísimo; en el cual se dice que anda él como en litera, porque todo lo que hay en él le trae consigo, y le demuestra y le sirve de asiento. En todo está, en todo vive, en todo gobierna, en todo resplandece y reluce. Y dice que está en medio, y llámale por nombre el «amor encendido de las hijas de Jerusalén» para decir que es el amor de todas las cosas, así las que usan de entendimiento y razón, como las que carecen de ella y las que no tienen sentido. Que a las primeras llama «hijas de Jerusalén,» y en orden de ellas le nombra amor encendido, para decir que se abrasan amándole todos los hijos de paz, o sean hombres o ángeles. Y las segundas demuestra por la litera y por las partes ricas, que la componen la caja, las columnas, el recodadero[28] y el respaldar y la peana[29] y asiento; respecto de todo lo cual, dice que este amor está en medio, para mostrar que todo ello le mira, y que como al centro de todo, su peso de cada uno le lleva a él los deseos de todas las partes derecha y fielmente, como van al punto las rayas desde la vuelta del círculo. [. . .]

Mas veremos evidentemente la grandeza no medida de este amor que decimos, si miraremos la muchedumbre y la dificultad de las cosas que son necesarias para conservarle y tenerle; porque no es mucho amar a uno si para alcanzar y conservar su amistad es poco lo que basta. Aquel amor es verdaderamente grande y de subidos quilates, que vence grandes dificultades. Aquél ama de veras que rompe por todo, que ningún estorbo le puede hacer que no ame; que no tiene otro bien sino al que ama; que con tenerle a él, perder todo lo demás no lo estima; que niega todos sus propios gustos, por gustar del amor solamente; que se desnuda todo de sí, para no ser más de amor.[30]

---

[26] *Cant.* III
[27] (hacer con artificio)
[28] apoyo para el codo

[29] para apoyar los pies
[30] más que de su amor

Cuales son los verdaderos amadores de Cristo.

Porque para mantener su amistad es necesario, lo primero, que se cumplan sus mandamientos. «Quien me ama a mí, dice, guardará lo que yo 'le mando»; que es no una cosa sola, o pocas cosas en número o fáciles para ser hechas, sino una muchedumbre de dificultades sin cuento. Porque es hacer lo que la razón dice y lo que la justicia manda y la fortaleza pide, y la templanza y la prudencia y todas las demás virtudes estatuyen y ordenan. Y es seguir en todas las cosas el camino fiel y derecho, sin torcerse por el interés, ni condescender por el miedo, ni vencerse por el deleite, ni dejarse llevar de la honra; y es ir siempre contra nuestro mismo gusto, haciendo guerra al sentido. Y es cumplir su ley en todas las ocasiones, aunque sea posponiendo la vida. Y es negarse a sí mismo, y tomar sobre sus hombros su cruz y seguir a Cristo, esto es, caminar por donde él caminó y poner en sus pisadas las nuestras. Y finalmente, es despreciar lo que se ve y desechar los bienes que con el sentido se tocan, y aborrecer lo que la experiencia demuestra ser apacible y ser dulce, y aspirar a sólo lo que no se ve ni se siente, y desear sólo aquello que se promete y se cree, fiándolo todo de su sola palabra. Pues el amor que con tanto puede, sin duda tiene gran fuerza. Y sin duda es grandísimo el fuego a quien no mata tanta muchedumbre de agua. Y sin duda lo puede todo, y sale valerosamente con ello,[31] este amor que tienen con Jesucristo los suyos. [...]

Por manera que es tan grande este amor, que desarraiga de nosotros cualquiera otra afición, y queda él señor universal de nuestra alma; y como es fuego ardentísimo, consume todo lo que se opone, y así destierra del corazón los otros amores de las criaturas, y hace él su oficio por ellos, y las ama a todas mucho más y mejor que las amaban sus propios amores. Que es otra particularidad y grandeza este amor con que es amado Jesús, que no encierra en solo él, sino en él y por él abraza a todos los hombres, y los mete dentro de sus entrañas con una afición tan pura, que en ninguna cosa mira a sí mismo; tan tierna, que siente sus males más que los propios; tan solícita, que se desvela en su bien; tan firme, que no se mudará de ellos si no se muda de Cristo. Y como sea cosa rarísima que un amigo según la amistad de la tierra quiera por su amigo padecer muerte, es tan grande el amor de los buenos con Cristo, que porque así le place a él, padecerán ellos daños y muerte, no sólo por los que conocen sino por los que nunca vieron, y no sólo por los que los aman, sino también por quien los aborrece y persigue. Y llega este *Amado* a ser tan amado, que por él lo son todos. Y en la manera como en las demás gracias y bienes es él la fuente del bien que se derrama en nosotros, así en esto lo es; porque su amor, digo, el que los suyos le tienen, nos provee a todos y nos rodea de amigos, que olvidados por nosotros, nos buscan, y no conocidos, nos conocen, y ofendidos, nos desean y nos procuran el bien, porque su deseo es satisfacer en todo a su *Amado*, que es el Padre de todos. Al cual aman con tan subido querer, cual es justo que lo sea el que hace Dios con sus manos, y por cuyo medio nos pretende hacer dioses, y en quien consiste el cumplimiento de todas sus leyes, y la victoria de todas las dificultades, y la fuerza contra todo lo adverso, y la dulzura en lo amargo, y la paz y la concordia, y el ayuntamiento y abrazo general y verdadero con que el mundo se enlaza. [...]

¡Oh grandeza de amor! ¡Oh el deseo único de todos los buenos! ¡Oh el fuego dulce por quien se abrasan las almas! Por ti, Señor, las tiernas niñas abrazaron la muerte, por ti la flaqueza femenil holló sobre el fuego tus dulcísimos amores fueron los que poblaron los yermos. Amándote a ti, oh dulcísimo bien, se enciende, se apura, se esclarece, se levanta, se arroba, se anega el alma, el sentido, la carne. [...]

(*LIBRO III, Capítulo III*)

---

[31] lo acaba con éxito

San Juan de la Cruz

(1542-1591)

El misticismo español tiene en San Juan de la Cruz su máxima expresión poética y doctrinal. Como pensador teológico, elabora una compleja y original teoría mística con todo el rigor intelectual y la erudición de un tratado científico, pero al mismo tiempo halla en el simbolismo poético un medio más adecuado para dar forma a su ardor emotivo y a lo inefable de su experiencia mística. También en su vida se combina el activismo del reformador monástico y el retraimiento del espíritu contemplativo. Humilde y austero como un santo franciscano, la ambición suprema de este hombrecito débil y enfermizo es llegar nada menos que a la unión con Dios en esta vida.

Juan de Yepes Álvarez nació en Fontiveros (Ávila) de humilde familia artesana, y gracias a la ayuda de un protector rico pudo estudiar en un colegio de jesuitas. Ingresado en la Orden Carmelita (1563), hace estudios teológicos en la Universidad de Salamanca, donde por entonces enseñaba Fray Luis de León. Allí debió de leer a Garcilaso y a los poetas que habían adaptado sus versos a lo divino, pero su lectura principal fue siempre la Biblia, que llegó a saberse casi de memoria. Deseoso de servir a Dios en un régimen de vida más austero que el de su Orden, se une a Santa Teresa en la tarea de reformarla, y durante diez años se dedica a fundar y organizar monasterios de carmelitas descalzos con fervor misionero y una abnegación ejemplar. Como Santa Teresa, tropieza con la hostilidad de los carmelitas no reformados, quienes logran encerrarle en una prisión conventual de Toledo (1577), sometiéndole a duras privaciones y castigos disciplinarios, hasta que consigue escapar a los ocho meses. Allí compone sus primeras poesías, a veces de memoria por falta de papel y tinta, y la experiencia del encierro le sugiere las frecuentes imágenes de huida y de vuelo, de luz y oscuridad, que expresan la reacción de su espíritu ante una realidad opresora. Desterrado primero a un solitario monasterio de Andalucía, donde goza al menos de paz espiritual en plena naturaleza, pronto pasa a ocupar cargos importantes en su Orden (definidor general, prior, vicario provincial de Andalucía). Al final de su vida, sin embargo, vuelve a ser víctima de las disensiones monásticas, esta vez entre los propios carmelitas descalzos, viéndose privado de sus dignidades y desterrado a un convento de Sierra Morena. A poco, muere de una fiebre en Úbeda (Jaén), a los 49 años, tan frágil de cuerpo como inquebrantable de espíritu. Fue beatificado en 1675, canonizado en 1726 y declarado Doctor de la Iglesia en 1926.

Su obra lírica, una de las cimas más altas de la poesía española, se reduce a una veintena de poemas, en los que emplea tanto la lira renacentista de Garcilaso como los romances y coplas tradicionales de Castilla. Aunque el tema de todos sus poemas es religioso, emplea imágenes de una gran belleza sensorial, en un estilo depurado y a la vez popular, con una fuerza expresiva y misteriosa sugestividad que les da su cualidad única. Igual que en Garcilaso, el amor es su tema exclusivo, a veces incluso con disfraz pastoril, pero es el amor exaltado y trascendente del alma por Dios, que tras muchas angustias culmina en el éxtasis del matrimonio espiritual. Si el verso de Garcilaso evoca la imagen de «aguas cristalinas» por su mesura, cadencia y equilibrio, el de San Juan es un «espíritu de llama», enervado y enervante. Los objetos naturales que presenta son símbolos del mundo espiritual en que el alma del poeta vive a solas con Dios. Y en esta transformación de la realidad concreta en realidad ideal y trascendente, pero sin abstracciones conceptuales, es donde reside la magia poética de sus versos.

La visión mística que inspira los poemas de San Juan, especialmente sus tres poemas fundamentales aquí incluidos, es un camino de perfección espiritual que tiene por meta la incondicional entrega amorosa a Dios. Es el resultado de combinar las ideas cristianas con las neoplatónicas puestas en circulación por el Renacimiento, como ya había hecho Fray Luis de León. Los poemas ofrecen en forma condensada y simbólica esta concepción mística que luego desarrolla en extensos comentarios doctrinales, explicando con gran detalle y penetración el sentido teológico de cada verso y palabra. Más que una simple glosa, son verdaderos tratados de teología mística expuestos con la claridad, fluidez y riqueza expresiva de un escritor genial. Aunque el carácter emotivo e imaginativo de los poemas resulta muy distante del riguroso intelectualismo de estos comentarios en prosa, ello sólo indica que detrás de la intuición poética había una compleja concepción metafísica de la que emana la honda significación simbólica de los versos.

Esa concepción de la vida mística se desarrolla en tres fases, ilustradas en grado diferente por cada poema y explicadas en los tratados correspondientes. En la primera, *vía purgativa*, el alma sufre la indecible angustia del vacío interior al romper cuantos lazos la atan a esta vida, sin recibir todavía ninguna prueba de la presencia divina. Es la «noche oscura» del sentido y del espíritu, la idea más importante y original del sistema místico de San Juan. Es el tema dominante del poema *Noche oscura*, sobre el cual compuso, además del comentario, un extenso tratado, *Subida del Monte Carmelo* (1578–83), con un libro dedicado a la «noche del sentido» (los apetitos y pasiones que oscurecen el alma y que han de reprimirse con la mortificación), y dos libros sobre la «noche del espíritu», cuando el alma ha de abandonar incluso sus intereses afectivos e intelectuales, sin más guía que la fe para llenar el vacío interior. En la segunda fase, *vía iluminativa*, el alma ya despojada de sus lazos terrenales recibe al fin la luz divina y goza del éxtasis de contemplación. En la fase última, *vía unitiva*, el alma experimenta el éxtasis de la unión divina, quedando como divinizada al sentir a Dios dentro de sí misma, pero sin perder por ello su identidad personal a la manera oriental.

Además de las fuentes seculares (poesía garcilasiana, popular y de los *cancioneros* cortesanos), que él transfiere «a lo divino» en un estilo finamente renacentista, la principal fuente inspiradora de San Juan de la Cruz es la Biblia, especialmente el *Cantar de los cantares* de Salomón, modelo de su *Cántico espiritual*, una alegoría amorosa del alma y Dios, llena de sensuales imágenes y exótica belleza.

Aunque las obras de San Juan de la Cruz circularon profusamente en vida del autor, no fueron impresas hasta 1618, debido sin duda a la oposición suscitada por su labor y al temor de una intervención inquisitorial. La edición impresa fue, en efecto, denunciada varias veces a la Inquisición, sin resultado ya ante el aura de santidad que dejara su autor.

TEXTO: *Obras completas de San Juan de la Cruz* (ed. José M. Gallegos Rocafull). México, 1942.

Cántico espiritual[1]

Canciones entre el Alma y el Esposo

ESPOSA

¿A dónde te escondiste,
Amado, y me dejaste con gemido?
Como el ciervo huiste
habiéndome herido,[2]
salí tras ti clamando y eras ido.
     Pastores los que fuerdes[3]
allá por las majadas al otero,

si por ventura vierdes[4]
Aquel que yo más quiero,
decidle que adolezco, peno y muero.
     Buscando mis amores,
iré por esos montes y riberas,
ni cogeré las flores,
ni temeré las fieras,
y pasaré los fuertes y fronteras.[5]

---

[1] Su título completo es: «Cántico espiritual entre el Alma y Cristo, su Esposo, en que se declaran varios y tiernos afectos de oración y contemplación en la interior comunicación con Dios». Compuesto probablemente en 1576-78, parte durante su encarcelamiento. En forma alegórica, derivada del *Cantar de los Cantares*, el santo describe las tres fases de la vía mística: la purgativa (est. 1-12) con la anhelante búsqueda de Dios (*Esposo*) por el alma (*Esposa*); la iluminativa (est. 13-19) con el éxtasis de la contemplación divina; y la unitiva (hasta el final) con el éxtasis supremo de la unión completa con Dios.

[2] herido [de amor]

[3] fuereis

[4] viereis

[5] Símbolos, explica el poeta, de las virtudes (*montes*), mortificaciones (*riberas*), deleites (*flores*), de los tres enemigos del alma: mundo, demonio y carne (*fieras, fuertes, fronteras*).

PREGUNTA A LAS CRIATURAS

¡Oh bosques y espesuras
plantadas por la mano del Amado,
oh prado de verduras
de flores esmaltado,
decid si por vosotros ha pasado!

RESPUESTA DE LAS CRIATURAS

Mil gracias derramando
pasó por estos sotos con presura,
y yéndolos mirando,
con sola su figura
vestidos los dejó de hermosura.[6]

ESPOSA

¡Ay, quién podrá sanarme!
Acaba de entregarte ya de vero;[7]
no quieras enviarme
de hoy más ya mensajero
que no saben decirme lo que quiero.

Y todos cuantos vagan
de ti me van mil gracias refiriendo,
y todos más me llagan,
y déjame muriendo
un no sé qué que quedan balbuciendo.

Mas ¿cómo perseveras,
oh vida, no viviendo donde vives
y haciendo por que mueras
las flechas que recibes
de lo que del Amado en ti concibes?[8]

¿Por qué, pues has llagado
aqueste corazón, no le sanaste?
Y pues me le has robado,
¿por qué así le dejaste
y no tomas el robo que robaste?

Apaga mis enojos,[9]
pues que ninguno basta a deshacellos,

y véante mis ojos,
pues eres lumbre dellos,
y sólo para ti quiero tenellos.

Descubre tu presencia,
y máteme tu vista y hermosura;
mira que la dolencia
de amor, que no se cura
sino con la presencia y la figura.

¡Oh cristalina fuente,[10]
si en esos tus semblantes plateados[11]
formases de repente
los ojos deseados
que tengo en mis entrañas dibujados!

Apártalos,[12] Amado,
que voy de vuelo.

ESPOSO

Vuélvete, paloma,
que el ciervo vulnerado[13]
por el otero asoma
al aire de tu vuelo, y fresco toma.

ESPOSA

Mi amado, las montañas,
los valles solitarios nemorosos,
las ínsulas extrañas,
los ríos sonorosos,
el silbo de los aires amorosos.

La noche sosegada
en par de los levantes de aurora,[14]
la música callada,
la soledad sonora,
la cena que recrea y enamora.

Cazadnos las raposas,[15]
que está ya florecida nuestra viña,
en tanto que de rosas
hacemos una piña,
y no parezca nadie en la montiña.[16]

---

[6] con «h» aspirada, que da las once sílabas del verso
[7] verdaderamente
[8] El poeta explica esta imagen conceptista así: «el alma concibe en sí algo de la belleza del Amado, y lo así concebido emite efluvios, como flechas que otra vez el alma vuelve a recibir, tan poderosas que malamente la hieren».
[9] calma mis ansias
[10] símbolo de la Fe y elemento tradicional de la poesía pastoril
[11] los objetos reflejados en el agua
[12] referencia a «ojos»; el ruego del alma ha sido

atendido y súbitamente se revela la presencia divina, empezando la fase iluminativa. Apropiadamente se acumulan ahora los adjetivos para expresar el éxtasis. (Véase la siguiente «Declaración»).
[13] herido (Cristo, herido también por la flecha amorosa)
[14] con la brisa del este
[15] «Cazadnos» se dirige a los ángeles; «raposas», a los apetitos y demás tentaciones que amenazan a la «viña» del alma (Cantar de los Cantares, II, 15)
[16] monte (la naturaleza humana, libre de distracciones)

Detente, cierzo[17] muerto;
ven, austro, que recuerdas[18] los amores,
aspira por mi huerto,
y corran tus olores,
y pacerá el Amado entre las flores.
¡Oh ninfas de Judea![19]
En tanto que en las flores y rosales
el ámbar perfumea
morá[20] en los arrabales
y no queráis tocar nuestros umbrales.
Escóndete, Carillo,[21]
y mira con tu haz a las montañas,
y no quieras decillo;[22]
mas mira las compañas
de la que va por ínsulas extrañas.

ESPOSO[23]

A las aves ligeras,
leones, ciervos, gamos saltadores,
montes, valles, riberas,
aguas, aires, ardores,
y miedos de las noches veladores:
Por las amenas liras
y canto de sirenas os conjuro
que cesen vuestras iras,
y no toquéis al muro,[24]
porque la Esposa duerma más seguro.
Entrádose ha la Esposa
en el ameno huerto deseado
y a su sabor reposa,
el cuello reclinado
sobre los dulces brazos del Amado.
Debajo del manzano[25]
allí conmigo fuiste desposada,
allí te di la mano

y fuiste reparada
donde tu madre fuera violada.

ESPOSA

Nuestro lecho florido,
de cuevas de leones enlazado,[26]
en púrpura tendido,
de paz edificado,[27]
de mil escudos de oro coronado.
A zaga de tu huella
las jóvenes discurren al camino,
al toque de centella,[28]
al adobado vino,[29]
emisiones de bálsamo divino.
En la interior bodega[30]
de mi Amado bebí, y cuando salía
por toda aquesta vega
ya cosa no sabía
y el ganado perdí que antes seguía.[31]
Allí me dio su pecho;
allí me enseñó ciencia muy sabrosa
y yo le di de hecho
a mí sin dejar cosa;
allí le prometí de ser su Esposa.
Mi alma se ha empleado
y todo mi caudal en su servicio.
Ya no guardo ganado
ni ya tengo otro oficio,
que ya sólo en amar es mi ejercicio.
Pues ya si en el ejido[32]
de hoy más no fuere vista ni hallada,
diréis que me he perdido,
que andando enamorada,
me hice perdidiza y fui ganada.[33]

---

[17] viento norte
[18] viento sur, que despiertas
[19] Curiosa mezcla de reminiscencia bíblica y pagana: Judea es el alma (como en el *Cantar* de Salomón) y las ninfas son, según el autor, «las operaciones y movimientos de la sensualidad sabrosa . . . que procuran atraer así la voluntad de la parte racional».
[20] morad, quedaos
[21] Escóndete: en el interior del alma; Carillo, «amado» (término pastoril)
[22] no hables al alma a través de los sentidos, sino directamente y en silencio
[23] Aquí empieza la última fase de la vía mística, la unitiva o matrimonio espiritual del alma y Dios.
[24] el muro [de la virtud] que rodea al huerto [del alma]

[25] El árbol de la Cruz, y a la vez el del pecado original, donde, dice el autor, «tu madre, la naturaleza humana, fue violada . . . y también debajo del árbol de la cruz fuiste reparada.»
[26] las virtudes que ahora posee el alma, fuertes e invencibles como leones
[27] otra imagen de las virtudes del alma. Todas estas exóticas e irreales imágenes vienen sugeridas por el *Cantar de los Cantares*.
[28] el rayo del amor divino
[29] el vino aromático del amor divino
[30] la bodega o interior del alma
[31] El alma se ha liberado al fin de toda preocupación por las cosas terrenas.
[32] tierra comunal para recrearse y pacer el ganado; simboliza aquí el mundo
[33] me perdí para el mundo y fui ganada por Dios

De flores y esmeraldas
en las frescas mañanas escogidas
haremos las guirnaldas
en tu amor floridas
y en un cabello mío entretejidas.

En sólo aquel cabello
que en mi cuello volar consideraste,
mirástele en mi cuello,
y en él preso quedaste,
y en uno de mis ojos te llagaste.

Cuando tú me mirabas
su gracia en mí tus ojos imprimían;
por eso me adamabas[34]
y en eso merecían
los míos adorar lo que en ti vían.[35]

No quieras despreciarme,
que si color moreno[36] en mí hallaste,
ya bien puedes mirarme,
después que me miraste,
que gracia y hermosura en mí dejaste.

ESPOSO

La blanca palomica
al arca[37] con el ramo se ha tornado;
y ya la tortolica
al socio[38] deseado
en las riberas verdes ha hallado.[39]

En soledad vivía
y en soledad ha puesto ya su nido,
y en soledad la guía

a solas su querido,
también en soledad de amor herido.

ESPOSA

Gocémonos, Amado,
y vámonos a ver en tu hermosura
al monte y al collado,
do mana el agua pura;
entremos más adentro en la espesura.

Y luego a las subidas
cavernas de la piedra[40] nos iremos
que están bien escondidas
y allí nos entraremos
y el mosto de granadas[41] gustaremos.

Allí me mostrarías
aquello que mi alma pretendía;
y luego me darías
allí tú, vida mía,
aquello que me diste el otro día.[42]

El aspirar del aire,
el canto de la dulce Filomena,[43]
el soto y su donaire,
en la noche serena
con llama que consume[44] y no da pena.

Que nadie lo miraba,
Aminadab[45] tampoco parecía
y el cerco[46] sosegaba.
Y la caballería[47]
a vista de las aguas descendía.

---

[34] enamorabas (término pastoril que el poeta explica como un «amar duplicadamente, esto es, por dos títulos o causas»)

[35] veían

[36] simboliza la oscuridad del alma en su imperfección anterior, pero era también muy usado en la poesía popular

[37] el Arca de Noé, símbolo de la Casa de Dios

[38] consorte

[39] alusión al popular romance de *Fonte frida* (pág. 100).

[40] los profundos misterios de la sabiduría divina

[41] la bebida divina del *Cantar de los Cantares*, VIII, 2; la granada simboliza los atributos de Dios

[42] Repítese el misterio de la Encarnación, como en cada Comunión, aunque aquí es una unión mística real («la consumación del amor de Dios»)

[43] el ruiseñor de la mitología clásica

[44] de «consumar,» como explica el poeta: «acabar y perfeccionar»

[45] el demonio, según el autor, aunque en la Biblia no tiene ese carácter sino que es un auriga veloz

[46] el sitio de las fuerzas enemigas del alma (pasiones y apetitos)

[47] imagen militar aplicada aquí a los sentidos corporales, que pueden ver aunque no participar y gozar de los bienes espirituales (aguas)

Declaración

[ESTROFA XIII]

En los grandes deseos y fervores de amor, cuales en las canciones pasadas ha mostrado el alma, suele el Amado visitar a su Esposa casta y delicada y amorosamente, y con grande fuerza de amor; porque, ordinariamente, según los grandes fervores y ansias de amor que han precedido en el alma, suelen ser también las mercedes y visitas que Dios le hace, grandes. Y como ahora el alma con tantas ansias había deseado estos divinos ojos, que en la canción pasada acaba de decir, descubrióle el Amado algunos rayos de su grandeza y divinidad, según ella deseaba; los cuales fueron de tanta alteza y con tanta fuerza comunicados, que la hizo salir por arrobamiento y éxtasi, lo cual acaece al principio con gran detrimento y temor del natural, y así, no pudiendo sufrir el exceso en sujeto tan flaco, dice en la presente canción: Apártalos, Amado; es a saber, esos tus ojos divinos, porque me hacen volar saliendo de mí a suma contemplación sobre lo que sufre el natural; lo cual dice porque le parecía volaba su alma de las carnes, que es lo que ella deseaba, que por eso le pidió que los apartase, conviene a saber, dejando de comunicárselos en la carne, en que no los puede sufrir y gozar como querría, comunicándoselos en el vuelo que ella hacía fuera de la carne. El cual deseo y vuelo le impidió luego el Esposo, diciendo; Vuélvete, paloma, que la comunicación que ahora de mí recibes, aún no es de ese estado de gloria que tú ahora pretendes, pero vuélvete a mí, que soy a quien tú, llagada de amor, buscas; que también yo, como el ciervo herido de tu amor, comienzo a mostrarme a ti por alta contemplación. Dice, pues, el alma al Esposo:

Apártalos, Amado.

Según habemos dicho, el alma conforme a los grandes deseos que tenía de estos divinos ojos, que significan la Divinidad, recibió del Amado interiormente tal comunicación y noticia de Dios, que le hizo decir; Apártalos, Amado; porque tal es la miseria del natural en esta vida, que aquello que al alma le es más vida y ella con tanto deseo desea, que es la comunicación y conocimiento de su Amado, cuando se le vienen a dar, no lo puede recibir sin que casi le cueste la vida, de suerte que los ojos que con tanta solicitud y ansias y por tantas vías buscaba, venga a decir cuando los recibe: Apártalos, Amado.

Porque es a veces tan grande el tormento que se siente en las semejantes visitas de arrobamientos, que no hay tormento que así descoyunte los huesos y ponga en estrecho al natural, tanto que, si no proveyese Dios, se acabaría la vida; y a la verdad, así parece al alma por quien pasa, porque siente como desasirse el alma de las carnes y desamparar el cuerpo. Y la causa es porque semejantes mercedes no se pueden recibir muy en carne, porque el espíritu es levantado a comunicarse con el Espíritu divino que viene al alma, y así por fuerza ha de desamparar en alguna manera la carne; y de aquí es que ha de padecer la carne, y, por consiguiente, el alma en la carne, por la unidad que tienen en un supuesto. Y, por tanto, el gran tormento que siente el alma al tiempo de este género de visita, y el gran pavor que le hace verse tratar por vía sobrenatural, le hacen decir: Apártalos, Amado.

Pero no se ha de entender que porque el alma diga que los aparte, querría que los apartase, porque aquél es un dicho del temor natural, como habemos dicho; antes, aunque mucho más le costase, no querría perder estas visitas y mercedes del Amado, porque aunque padece el natural, el espíritu vuela al recogimiento sobrenatural a gozar del espíritu del Amado, que es lo que ella deseaba y pedía; pero no quisiera ella recibirlo en carne, donde no se puede cumplidamente, sino poco y con pena, mas con el vuelo del espíritu fuera de la carne, donde libremente se goza, por lo cual dijo: Apártalos, Amado, es a saber, de comunicármelos en carne.

Noche oscura[48]

En una noche oscura
con ansias en amores inflamada,
¡oh dichosa ventura![49]
salí sin ser notada
estando ya mi casa sosegada.[50]

A oscuras, y segura
por la secreta escala disfrazada,[51]
¡oh dichosa ventura!
a oscuras, y en celada,
estando ya mi casa sosegada.

En la noche dichosa,
en secreto, que nadie me veía,
ni yo miraba cosa,
sin otra luz y guía,
sino la que en el corazón ardía.

Aquesta me guiaba
más cierto que la luz del mediodía,
a donde me esperaba
quien yo bien me sabía,[52]
en parte donde nadie parecía.[53]

¡Oh noche, que guiaste,
oh noche amable más que el alborada;
oh noche, que juntaste
Amado con amada,[54]
amada en el Amado transformada!

En mi pecho florido,
que entero para él sólo se guardaba,
allí quedó dormido,
y yo le regalaba,
y el ventalle[55] de cedros aire daba.

El aire de la almena,
cuando yo sus cabellos esparcía,
con su mano serena
en mi cuello hería,
y todos mis sentidos suspendía.

Quedéme, y olvidéme,
el rostro recliné sobre el Amado,
cesó todo, y dejéme,[56]
dejando mi cuidado
entre las azucenas olvidado.

Declaración

En esta noche oscura comienzan a entrar las almas cuando Dios las va sacando de estado de principiantes, que es de los que meditan en el camino espiritual, y las comienza a poner en el de los aprovechantes, que es ya el de los contemplativos, para que pasando por aquí, lleguen al estado de los perfectos, que es el de la divina unión del alma con Dios. Por tanto, para entender y declarar mejor qué noche sea ésta por que el alma pasa, y por qué causa la pone Dios en ella, primero convendrá tocar aquí algunas propiedades de los principiantes (lo cual, aunque será con la brevedad que pudiere, no dejará también

---

[48] El título completo es: «Canciones del alma que se goza de haber llegado al alto estado de la perfección, que es la unión con Dios, por el camino de la negación espiritual.» La *noche* es el vacío interior en que queda el alma al desligarse de los sentidos y facultades mentales para llegar a la unión mística sin otra ayuda que el amor divino. Es posible que el poeta aluda también a su escape de la prisión toledana. Compuesto de 1578 a 1583.

[49] fortuna

[50] La tranquilidad del alma tras haber dominado las pasiones y apetitos.

[51] En la explicación teológica del poeta, este disfraz era la túnica blanca, verde y roja de las virtudes teologales: fe, esperanza y caridad.

[52] el *Esposo* (Cristo)

[53] había

[54] el alma

[55] abanico

[56] me entregué

de servir a los mismos principiantes), para que, entendiendo la flaqueza del estado que llevan, se animen y deseen que les ponga Dios en esta noche, donde se fortalece y confirma en las virtudes, y para los inestimables deleites del amor de Dios. Y aunque nos detengamos un poco, no será más de lo que basta para tratar luego de esta noche oscura.

Es pues de saber que el alma, después que determinadamente se convierte a servir a Dios, ordinariamente la va Dios criando en espíritu y regalando, al modo que la amorosa madre hace al niño tierno, al cual al calor de sus pechos le calienta, y con leche sabrosa y manjar blando y dulce le cría, y en sus brazos le trae y le regala; pero a la medida que va creciendo le va la madre quitando el regalo, y escondiendo el tierno amor pone el amargo acíbar en el dulce pecho, y abajándole de los brazos, le hace andar por su pie, para que, perdiendo las propiedades de niño, se dé a cosas más grandes y sustanciales. La amorosa madre de la gracia de Dios, luego por nuevo calor y hervor de servir a Dios reengendra al alma, eso mismo hace con ella; porque la hace hallar dulce y sabrosa la leche espiritual sin algún trabajo suyo en todas las cosas de Dios, y en los ejercicios espirituales gran gusto, porque le da Dios aquí su pecho de amor tierno, bien así como niño tierno.

Por tanto, su deleite halla en pasarse grandes ratos en oración, y por ventura las noches enteras; sus gustos son las penitencias; sus contentos los ayunos, y sus consuelos usar de los sacramentos y comunicar en las cosas divinas. En las cuales cosas (aunque con gran eficacia y porfía asisten a ellas y las usan y tratan con grande cuidado los espirituales), hablando espiritualmente, comúnmente se han muy flaca e imperfectamente en ellas. Porque como son movidos a estas cosas y ejercicios espirituales por el consuelo y gusto que allí hallan, y como también ellos no están habilitados por ejercicios de fuerte lucha en las virtudes, acerca de estas sus obras espirituales tienen muchas faltas e imperfecciones; porque, al fin, cada uno obra conforme al hábito de perfección que tiene. Y como éstos no han tenido lugar de adquirir los dichos hábitos fuertes, de necesidad han de obrar como flacos niños, flacamente. Lo cual, para que más claramente se vea, y cuán faltos van estos principiantes en las virtudes acerca de lo que con el dicho gusto con facilidad obran, irémoslo notando por los siete vicios capitales, diciendo algunas de las muchas imperfecciones que en cada uno de ellos tienen, en que se verá claro cuán de niños es el obrar que éstos obran. Y veráse también cuántos bienes trae consigo la noche oscura de que luego habemos de tratar, pues de todas estas imperfecciones limpia al alma y la purifica.

[ESTROFA I]

Cuenta el alma en esta primera canción el modo y manera que tuvo en salir, según la afición, de sí y de todas las cosas, muriendo por verdadera mortificación a todas ellas y a sí misma, para venir a vivir vida de amor dulce y sabrosa con Dios; y dice que este salir de sí y de todas las cosas fue «una noche oscura», que aquí entiende por la contemplación purgativa, como después se dirá, la cual pasivamente causa en el alma la dicha negación de sí misma y de todas las cosas.

Y esta salida dice ella aquí, que pudo hacer con la fuerza y calor que para ello le dio el amor de su Esposo en la dicha contemplación oscura. En lo cual encarece la buena dicha que tuvo en caminar a Dios por esta noche con tan próspero suceso, que ninguno de los tres enemigos, que son mundo, demonio y carne (que son los que siempre contrarían este camino), se lo pudiese impedir; por cuanto la dicha noche de contemplación purificativa hizo adormecer y amortiguar en la casa de su sensualidad todas las pasiones y apetitos según sus apetitos y movimientos contrarios.

Dice, pues, el verso:

En una noche oscura.

Llama de amor viva[57]

¡Oh llama de amor viva,
que tiernamente hieres
de mi alma en el más profundo centro!
Pues ya no eres esquiva,
acaba ya si quieres,[58]
rompe la tela deste dulce encuentro.[59]
　　¡Oh cauterio suave!
¡Oh regalada llaga!
¡Oh mano blanda! ¡Oh toque delicado
que a vida eterna sabe,
y toda deuda paga!
Matando, muerte en vida la has trocado.[60]

¡Oh lámparas de fuego,
en cuyos resplandores
las profundas cavernas del sentido,[61]
que estaba oscuro y ciego,
con extraños primores,
calor y luz dan junto a su querido!
　　¡Cuán manso y amoroso
recuerdas en mi seno,
donde secretamente solo moras:
y en tu aspirar sabroso
de bien y gloria lleno
cuán delicadamente me enamoras!

Declaración

[ESTROFA I]

Sintiéndose ya el alma toda inflamada en la divina unión, y ya su paladar todo bañado en gloria y amor, y que hasta lo íntimo de su sustancia está revertiendo no menos que ríos de gloria, abundando en deleites, sintiendo correr de su vientre los ríos de agua viva, que dijo el Hijo de Dios que saldrían en semejantes almas, parécele que, pues con tanta fuerza está transformada en Dios y tan altamente de él poseída, y con tan ricas riquezas de dones y virtudes arreada,[62] que está tan cerca de la bienaventuranza, que no la divide sino una leve tela. Y como ve que aquella llama delicada de amor, que en ella arde, cada vez que la está embistiendo, la está como glorificando con suave y fuerte gloria, tanto, que cada vez que la absorbe y embiste le parece que le va a dar la vida eterna, y que va a romper la tela de la vida mortal, y que falta muy poco, y que por esto poco no acaba de ser glorificada esencialmente, dice con gran deseo a la llama, que es el Espíritu Santo, que rompa ya la vida mortal por aquel dulce encuentro, en que de veras la acabe de comunicar lo que cada vez parece que la va a dar cuando la encuentra, que es glorificarla entera y perfectamente, y así dice:

¡Oh llama de amor viva!

Para encarecer el alma el sentimiento y aprecio con que habla en estas cuatro canciones, pone en todas ellas estos términos: *oh* y *cuán*, que significan encarecimiento

[57] El título completo del poema y el comentario es: «Llama de amor viva y declaración de las Canciones que tratan de la muy íntima y calificada unión y transformación del alma en Dios». Como el tema único es el éxtasis de la unión mística, la nota dominante es de luz y fuego. El alma queda transformada por la llama viva del amor divino en otra llama viva. Compuesto de 1578 a 1583.

[58] consuma ya la unión con el alma

[59] Alusión a la vida corporal como la *tela* que cubre al alma y le impide consumar su *encuentro* con Dios.

[60] El oxímoron y otras paradojas parecidas son típicas de esta poesía que trata de expresar intuiciones no racionales e inefables.

[61] o «capacidad del alma para lo divino», *el más profundo centro del alma* (verso 3°); las *cavernas* (imagen del *Cantar de los Cantares*, II, 14)

[62] adornada

afectuoso; los cuales cada vez que se dicen, dan a entender del interior más de lo que se dice por la lengua. Y sirve el *oh* para mucho desear y para mucho rogar persuadiendo, y para entrambos efectos usa el alma de él en esta canción; porque en ella encarece e intima el gran deseo, persuadiendo al amor que la desate.

Esta llama de amor es el espíritu de su Esposo, que es el Espíritu Santo, al cual siente ya el alma en sí, no sólo como fuego que la tiene consumida y transformada en suave amor, sino como fuego que, demás de eso, arde en ella y echa llama, como dije; y aquella llama, cada vez que llamea, baña al alma en gloria y la refresca en temple de vida divina. Y ésta es la operación del Espíritu Santo en el alma transformada en amor, que los actos que hace interiores es llamera, que son inflamaciones de amor, en que unida la voluntad del alma, ama subidísimamente, hecha un amor con aquella alma. Y así, estos actos de amor del alma son preciosísimos, y merece más en uno y vale más que cuanto había hecho toda su vida sin esta transformación, por más que ello fuese. Y la diferencia que hay entre el hábito y el acto, hay entre la transformación en amor y la llama de amor, que es la que hay entre el madero inflamado y la llama de él, que la llama es efecto del fuego que allí está.

Santa Teresa de Jesús
(1515-1582)

Santa Teresa es la figura de más amplia resonancia universal en la literatura religiosa que ha producido España. Es también una de sus más poderosas y atractivas personalidades por la firmeza viril de su carácter unida a la más femenina ternura, por su capacidad de elevar el nivel espiritual de la vida ajena y por su auténtica humildad cristiana. Mujer tan humana y sencilla siempre, que era santa sin tratar de serlo, según se ha dicho bien. Obra y vida se combinan en ella indisolublemente como una entrega total a la voluntad divina que le sirve de inspiración. Por eso, sin ser una escritora culta, pues compuso sus obras a petición de sus confesores para edificación de unas pocas almas religiosas y no para ser publicadas, Santa Teresa ha llegado a figurar entre los clásicos de la literatura devocional cristiana. Fue canonizada en 1622 y fue además proclamada «doctora mística» de la iglesia.

Nació Teresa de Cepeda y Ahumada en Ávila, de familia distinguida. Entre los libros del padre se despertó su afición a las novelas de caballerías, entonces muy en boga, y a las vidas de santos, soñando con salir en compañía de su hermano a conquistar la gloria eterna como mártires en tierra de infieles. Muchacha hermosa y alegre, pasó año y medio en un convento para completar su educación, y sólo gradualmente, tras una grave enfermedad, empezó a sentir el deseo de dejar el mundo, profesando a los 19 años en el convento de las Carmelitas de Ávila. Su vida se transformó por completo, aunque todavía había de tardar veinte años en tener experiencias místicas, en lucha con su mala salud (fiebres, desmayos, catalepsia y parálisis) y con las prácticas un tanto mundanas del convento. Hacia 1555 empezó su «segunda conversión», experimentando la presencia de Dios dentro de sí, con visiones de Cristo y arrobamientos o éxtasis de amor divino. La revelación de tales experiencias a sus confesores le creó dificultades, pues casi todos ellos trataron de apartarla de tales tentaciones. Sólo su gran entereza de carácter le permitió salir de esta crisis espiritual fortalecida en su fe y dispuesta a realizar su misión reformadora en la segunda parte de su vida. A los 47 años y frente a la oposición inicial de sus superiores, fundó el primer convento de Carmelitas Descalzas (San José, en Ávila), con 12 monjas deseosas como ella de observar más estrictamente las reglas ascéticas de la Orden, que habían sido relajadas en el siglo XV. En la paz y recogimiento del nuevo convento acabó el *Libro de su vida* (1562–65), cuyo texto autógrafo se conserva en El Escorial. La época siguiente de su biografía está narrada en el *Libro de las fundaciones*, empezado en 1573 y acabado pocos meses antes de morir. Es la época de mayor dinamismo, en que funda 17 conventos y estimula la extensión de la reforma carmelita a los religiosos de esta orden, con la cooperación de San Juan de la Cruz, entre otros. Desarrolló estas actividades a pesar de que pasaba ya de los 50, de la falta de recursos económicos, de los graves obstáculos por parte de la vieja Orden no reformada y de algunas autoridades eclesiásticas y civiles, sin excluir las acusaciones ante la Inquisición. En compensación tuvo la protección del rey Felipe II, quien la recibió en cordial audiencia y le prometió ayudarla en su difícil tarea. Murió en su propio convento de Alba de Tormes, físicamente agotada, durante uno de los constantes e incómodos viajes a que la obligaban sus fundaciones. Allí se conserva la reliquia de su cuerpo.

La *Vida* es su primer libro (publicado póstumamente en Salamanca, en 1588) y, si no el mejor, es sin duda el más revelador de su personalidad y experiencias. Además de relatar los hechos externos de su vida, es una autobiografía espiritual y un tratado didáctico sobre la oración mental. Las cualidades humanas que sobresalen en el libro son la auténtica sensación de hallarse cerca de Dios; su fuerza de espíritu ante los peligros internos de una seudodevoción y los externos de la censura de sus superiories o la ridiculización de sus experiencias sobrenaturales; su sentido práctico y equilibrado ante la realidad y su humorismo. Los tres capítulos de la *Vida* aquí seleccionados ilustran su iniciación en la vía mística, los distintos grados de la oración mental, las visiones de Cristo, la transverberación por la saeta del amor divino, y el éxtasis de la unión espiritual.

Otro libro importante de la santa es *Camino de perfección*, tratado ascético compuesto a partir de 1565 para servir de guía espiritual a las monjas del convento de San José, lo cual explica su lenguaje afectivo y familiar. Más tarde fue revisado y ampliado para un círculo mayor de lectores. Su obra capital por la riqueza descriptiva de su visión mística es *Las moradas, o Castillo interior* (1577, publicada póstumamente en 1588) basado en la alegoría caballeresca del «castillo» del alma, hecho «todo de diamante» como símbolo de las virtudes, y dividido en siete moradas o mansiones por las que va pasando el alma en su vía mística hasta llegar a la más interior y secreta, que es la ocupada por Dios y donde se realiza la unión del alma con su Amado, anticipación en esta vida de la gloria celestial.

Santa Teresa ha dejado, junto a las nueve obras de prosa devocional, un extenso epistolario (incompleto), de gran interés para el conocimiento de su vida y carácter, y unas poesías de temas piadosos, en metros cortos y estilo popular, pero de escaso mérito poético.

Desde el punto de vista literario, el estilo de la Santa tiene un valor único por la fuerza expresiva con que revela su personalidad y las más hondas e inefables experiencias de su espíritu. Frente a la tendencia retórica y latinista del lenguaje renacentista, Santa Teresa emplea el lenguaje natural de quien escribe como habla, con regionalismos, vulgarismos, incorrecciones y digresiones, pero con una gran viveza y colorido, lo cual nos acerca a su humanidad sencilla y ordinaria en la forma que tanto atraía a quienes la conocieron.

NOTA: El texto se ha modernizado, conservando sólo algunos vulgarismos peculiares del estilo de Santa Teresa y fáciles de entender.

TEXTO: SANTA TERESA DE JESUS, *Vida* (Austral). Buenos Aires, 1951.

LA VIDA
DE LA SANTA MADRE TERESA DE JESÚS

Y ALGUNAS DE LAS MERCEDES QUE DIOS LE HIZO, ESCRITA POR ELLA MISMA

(1562-65)

POR MANDATO DE SU CONFESOR, A QUIEN LE ENVÍA Y DIRIGE, Y DICE ASÍ:

Quisiera yo que, como me han mandado y dado larga licencia para que escriba el modo de oración y las mercedes que el Señor me ha hecho, me la dieran para que muy por menudo y con claridad dijera mis grandes pecados y ruin[1] vida. Diérame gran consuelo, mas no han querido, antes atádome mucho en este caso; y por esto pido, por amor del Señor, tenga delante de los ojos, quien este discurso de mi vida leyere, que ha sido tan ruin, y que no he hallado santo, de los que se tornaron[2] a Dios, con quien me consolar. Porque considero que, después que el Señor los llamaba, no le tornaban a ofender: yo no sólo tornaba a ser peor, sino que parece traía estudio a resistir las mercedes que su Majestad me hacía como quien se vía[3] obligar a servir más, y entendía de sí[4] no podía pagar lo menos de lo que debía. Sea bendito por siempre, que tanto me esperó, a quien con todo mi corazón suplico, me dé gracia, para que con toda claridad y verdad yo haga esta relación, que mis confesores me mandan (y aun el Señor, sé yo, lo quiere muchos días ha, sino que yo no me he atrevido) y que sea para gloria y alabanza suya, y para que de aquí adelante, conociéndome ellos mejor, ayuden a mi flaqueza, para que pueda servir algo de lo que debo al Señor, a quien siempre alaben todas las cosas. Amén.

Capítulo Primero

En que trata cómo comenzó el Señor a despertar esta alma en su niñez a cosas virtuosas, y la ayuda que es para esto serlo los padres.

El tener padres virtuosos y temerosos de Dios me bastara, si yo no fuera tan ruin, con lo que el Señor me favorecía, para ser buena. Era mi padre[5] aficionado a leer buenos libros, y ansí[6] los tenía de romance[7] para que leyesen sus hijos. Éstos, con el cuidado que mi madre tenía de hacernos rezar, y ponernos en ser devotos de Nuestra Señora y de algunos santos, comenzó a despertarme, de edad, a mi parecer, de seis o siete años. Ayudábame, no ver en mis padres favor sino para la virtud. Tenían muchas. Era mi padre hombre de mucha caridad con los pobres y piedad con los enfermos, y aun con los criados; tanta, que jamás se pudo acabar con él[8] tuviese esclavos, porque los había gran piedad; y estando una vez en casa una de un su hermano, la regalaba como a sus hijos; decía que, de que no era libre, no lo podía sufrir de piedad. Era de

---

[1] mala (su vida)
[2] dedicaron
[3] veía
[4] que de por sí misma
[5] Don Alonso Sánchez de Cepeda, casado en segundas nupcias con doña Beatriz Dávila y Ahumada, madre de Teresa
[6] así
[7] castellano
[8] persuadirle a que

gran verdad, jamás nadie le oyó jurar ni murmurar. Muy honesto en gran manera. Mi madre también tenía muchas virtudes, y pasó la vida con grandes enfermedades. Grandísima honestidad: con ser de harta hermosura, jamás se entendió que diese ocasión a que ella hacía caso de ella; porque con morir de treinta y tres años, ya su traje era como de persona de mucha edad; muy apacible y de harto entendimiento. Fueron grandes los trabajos que pasaron el tiempo que vivió; murió muy cristianamente. Éramos tres hermanas y nueve hermanos; todos parecieron a sus padres, por la bondad de Dios, en ser virtuosos, sino fui yo, aunque era la más querida de mi padre; y antes que comenzase a ofender a Dios, parece tenía alguna razón, porque yo he lástima, cuando me acuerdo las buenas inclinaciones que el Señor me había dado, y cuán mal me supe aprovechar de ellas. Pues mis hermanos ninguna cosa me desayudaban a servir a Dios.

Tenía uno casi de mi edad[9], juntábamonos entramos[10] a leer vidas de santos, que era el que yo más quería, aunque a todos tenía gran amor y ellos a mí; como vía los martirios que por Dios los santos pasaban, parecíame compraban muy barato el ir a gozar de Dios, y deseaba yo mucho morir ansí, no por amor que yo entendiese tenerle, sino por gozar tan en breve de los grandes bienes que leía haber en el cielo y juntábame con este mi hermano a tratar qué medio habría para esto. Concertábamos irnos a tierra de moros, pidiendo por amor de Dios, para que allá nos descabezasen, y paréceme que nos daba el Señor ánimo en tan tierna edad,[11] si viéramos algún medio, sino que el tener padres nos parecía el mayor embarazo. Espantábanos[12] mucho el decir[13] que pena y gloria era para siempre en lo que leíamos. Acaecíanos estar muchos ratos tratando de esto; y gustábamos de decir muchas veces, para siempre, siempre, siempre. En pronunciar esto mucho rato, era el Señor servido,

me quedase en esta niñez imprimido el camino de la verdad. De que vi que era imposible ir adonde me matasen por Dios, ordenábamos ser ermitaños, y en una huerta que había en casa procurábamos, como podíamos, hacer ermitas, poniendo unas piedrecillas, que luego se nos caían, y ansí no hallábamos remedio en nada para nuestro deseo; que ahora me pone devoción ver cómo me daba Dios tan presto lo que yo perdí por mi culpa. Hacía limosna como podía poco.[14] Procuraba soledad para rezar mis devociones, que eran hartas, en especial el rosario, de que mi madre era muy devota, y ansí nos hacía serlo. Gustaba mucho, cuando jugaba con otras niñas, hacer monasterios, como que éramos monjas; y yo me parece deseaba serlo, aunque no tanto como las cosas que he dicho.

Acuérdome que cuando murió mi madre, quedé yo de edad de doce[15] años poco menos: como yo comencé a entender lo que había perdido, afligida fuime a una imagen de Nuestra Señora, y supliquéla fuese mi madre con muchas lágrimas. Paréceme que aunque se hizo con simpleza, que me ha valido; porque conocidamente he hallado a esta Virgen soberana en cuanto me he encomendado a ella, y en fin me ha tornado a sí. Fatígame ahora ver y pensar en qué estuvo el no haber yo estado entera en los buenos deseos que comencé. ¡Oh Señor mío! pues parece tenéis determinado que me salve, plega a vuestra Majestad sea ansí; y de hacerme tantas mercedes como me habéis hecho, ¿no tuviérades por bien, no por mi ganancia, sino por vuestro acatamiento, que no se ensuciara tanto posada[16] adonde tan continuo habíades de morar? Fatígame Señor aun decir esto, porque sé que fue mía toda la culpa; porque no me parece os quedó a vos nada por hacer, para que desde esta edad no fuera toda vuestra. Cuando voy a quejarme de mis padres tampoco puedo, porque no vía en ellos sino todo bien, y cuidado de

---

[9] probablemente su hermano Rodrigo, cuatro años mayor que ella
[10] entrambos
[11] Ella tenía 7 años.
[12] nos asombraba

[13] que dijera (el libro que leíamos)
[14] en lo poco que podía
[15] en realidad cerca de 14
[16] morada

mi bien. Pues pasando de esta edad, que comencé a entender las gracias de naturaleza, que el Señor me había dado, que según decían eran muchas, cuando por ellas le había de dar gracias, de todas me comencé a ayudar para ofenderle, como ahora diré.

Capítulo XI

Dice en qué está la falta de no amar a Dios con perfeción en breve tiempo; comienza a declarar, por una comparación que pone, cuatro grados de oración; va tratando aquí del primero; es muy provechoso para los que comienzan y para los que no tienen gustos en la oración.

Pues hablando ahora de los que comienzan a ser siervos del amor (que no me parece otra cosa determinarnos a seguir por este camino de oración al que tanto nos amó), es una divinidad tan grande, que me regalo[17] extrañamente en pensar en ella; porque el temor servil luego va fuera, si en este primer estado vamos como hemos de ir. ¡Oh Señor de mi alma y bien mío! ¿por qué no quisistes, que en determinándose un alma a amaros, con hacer lo que puede en dejarlo todo, para mejor se emplear en este amor de Dios, luego gózase de subir a tener este amor perfecto? Mal he dicho; había de decir y quejarme, porque no queremos nosotros (pues toda la falta nuestra es) en no gozar luego de tan gran dinidad,[18] pues en llegando a tener con perfeción este verdadero amor de Dios, trae consigo todos los bienes. Somos tan caros y tan tardíos de darnos del todo a Dios, que, como su Majestad no quiere gocemos de cosa tan preciosa sin gran precio, no acabamos de disponernos. Bien veo que no le hay, con que se pueda comprar tan gran bien en la tierra; mas, si hiciésemos lo que podemos en no nos asir a cosa della, sino que todo nuestro cuidado y trato fuese en el cielo: creo yo sin duda muy en breve se nos daría este bien, si en breve del todo nos dispusiésemos, como algunos santos lo hicieron. Más parécenos que lo damos todo; y es que ofrecemos a Dios la renta o los frutos, y quedámonos con la raíz y posesión. Determinámonos a ser pobres, y es de gran merecimiento; mas muchas veces tornamos a tener cuidado y diligencia para que no nos falte, no sólo lo necesario, sino lo superfluo, y aun granjear[19] los amigos que nos lo den, y ponernos en mayor cuidado y, por ventura, peligro, porque no nos falte, que antes teníamos en poseer la hacienda. Parece también que dejamos la honra en ser religiosos, o en haber ya comenzado a tener vida espiritual, y a seguir perfeción, y no nos han tocado en un punto de honra, cuando no se nos acuerda la hemos ya dado a Dios, y nos queremos tornar a alzar con ella, y tomársela, como dicen, de las manos, después de haberle de nuestra voluntad, al parecer, hecho Señor: ansí son todas las otras cosas.

¡Donosa manera de buscar amor de Dios! Y luego le queremos a manos llenas, a manera de decir; tenernos nuestras aficiones, ya que no procuramos efetuar nuestros deseos, y no acabarlos de levantar de la tierra, y muchas consolaciones espirituales con esto. No viene bien, ni me parece se compadece esto con estotro. Ansí que porque no se acaba de dar junto, no se nos da por junto este tesoro: plega al Señor que gota a gota nos le dé su Majestad, aunque sea costándonos todos los trabajos del mundo. Harto gran misericordia hace a quien da gracia y ánimo para determinarse a procurar con todas sus fuerzas este bien, porque si persevera, no se niega Dios a nadie, poco a poco va habilitando el ánimo, para que salga con esta vitoria. Digo ánimo, porque son tantas las cosas que el demonio pone delante a los principios para que no comiencen este camino de hecho, como quien sabe el daño que de aquí le viene, no sólo en perder aquel alma, sino a muchas. Si el que comienza se esfuerza con el favor de Dios a llegar a la cumbre de la perfeción, creo jamás va solo al cielo; siempre lleva mucha gente tras sí: como a buen capitán le da

---

[17] gozo
[18] dignidad

[19] ganar

251

Dios quien vaya en su compañía. Ansí que póneles tantos peligros y dificultades delante, que no es menester poco ánimo para no tornar atrás, sino muy mucho y mucho favor de Dios.

Pues hablando de los principios de los que ya van determinados a seguir este bien, y a salir con esta empresa (que de lo demás que comencé a decir de mística teología, que creo se llama ansí, diré más adelante) en estos principios está todo el mayor trabajo; porque son ellos los que trabajan, dando el Señor el caudal, que en los otros grados de oración lo más es gozar, puesto que primeros y medianos y postreros, todos llevan sus cruces, aunque diferentes; que por este camino que fue Cristo han de ir los que le siguen, si no se quieren perder: y bienaventurados trabajos, que aun acá en la vida tan sobradamente se pagan. Habré de aprovecharme de alguna comparación, que yo las quisiera excusar por ser mujer, y escribir simplemente lo que me mandan; mas este lenguaje de espítitu es tan malo[20] de declarar a los que no saben letras, como yo, que habré de buscar algún modo, y podrá ser las menos veces acierte a que venga bien la comparación: servirá de dar recreación a vuesa merced de ver tanta torpeza. Paréceme ahora a mí que he leído u oído esta comparación, que como tengo mala memoria, ni sé adónde, ni a qué propósito; mas para el mío ahora conténtame. Ha de hacer cuenta el que comienza, que comienza a hacer un huerto en tierra muy infructuosa, y que lleva muy malas yerbas, para que se deleite el Señor. Su Majestad arranca las malas yerbas y ha de plantar las buenas. Pues hagamos cuenta, que está ya hecho esto, cuando se determina a tener oración una alma, y lo ha comenzado a usar; y con ayuda de Dios hemos de procurar como buenos hortolanos, que crezcan estas plantas, y tener cuidado de regarlas, para que no se pierdan, sino que vengan a echar flores, que den de sí gran olor, para dar recreación a este Señor nuestro; y ansí se venga a deleitar muchas veces a esta huerta, y a holgarse entre estas virtudes.

Pues veamos ahora de la manera que se puede regar para que entendamos lo que hemos de hacer, y el trabajo que nos ha de costar, si es mayor la ganancia, u[21] hasta qué tanto tiempo se ha de tener. Paréceme a mí que se puede regar de cuatro maneras; u con sacar el agua de un pozo, que es a nuestro gran trabajo; u con noria y arcaduces, que se saca con un torno (yo la he sacado algunas veces), es a menos trabajo que estotro, y sácase más agua; u de un río u arroyo, esto se riega muy mijor, que queda más harta la tierra de agua, y no se ha menester regar tan a menudo, y es a menos trabajo mucho del hortolano; u con llover mucho, que lo riega el Señor sin trabajo ninguno nuestro, y es muy sin comparación mijor que todo lo que queda dicho. Ahora pues, aplicadas estas cuatro maneras de agua, de que se ha de sustentar este huerto, porque sin ella perderse ha, es lo que a mí me hace al caso, y ha parecido, que se podrá declarar algo de cuatro grados de oración, en que el Señor, por su bondad, ha puesto algunas veces mi alma. Plega a su bondad atine a decirlo, de manera que aproveche a una de las personas que esto me mandaron escribir, que la ha traído el Señor en cuatro meses, harto más adelante que yo estaba en diez y siete años: hase dispuesto mijor y ansí sin trabajo suyo riega este verjel con todas estas cuatro aguas; aunque la postrera aún no se le da sino a gotas, mas va de suerte, que presto se engolfará en ella, con ayuda del Señor; y gustaré que se ría, si le pareciese desatino la manera del declarar.

De los que comienzan a tener oración, podemos decir son los que sacan el agua del pozo, que es muy a su trabajo, como tengo dicho; que han de cansarse en recoger los sentidos, que como están acostumbrados a andar derramados, es harto trabajo. Han menester irse acostumbrando a no se les dar[22] nada de ver ni oír, y aun ponerlo por obra de las horas de la oración, sino estar en soledad, y apartados pensar su vida pasada. Aunque esto primeros y postreros todos lo han

---

[20] difícil
[21] o (vulgarismo)

[22] no importarles

de hacer muchas veces, hay más y menos de pensar en esto, como después diré. Al principio anda pena,[23] que no acaban de entender que se arrepienten de los pecados; y sí hacen,[24] pues se determinan a servir a Dios tan de veras. Han de procurar tratar de la vida de Cristo, y cánsase el entendimiento en esto. Hasta aquí podemos adquirir nosotros, entiéndese con el favor de Dios; que sin éste, ya se sabe no podemos tener un buen pensamiento. Esto es comenzar a sacar agua del pozo; y aun plega a Dios lo quiera tener, mas al menos no queda por nosotros, que ya vamos a sacarla, y hacemos lo que podemos para regar estas flores. Y es Dios tan bueno, que cuando por lo que su Majestad sabe (por ventura para gran provecho nuestro) quiere que esté seco el pozo, haciendo lo que es en nosotros, como buenos hortolanos, sin agua sustenta las flores, y hace crecer las virtudes: llamo agua aquí las lágrimas, y aunque no las haya, la ternura y sentimiento interior de devoción.

¿Pues qué hará aquí el que ve que en muchos días no hay sino sequedad y desgusto y desabor, y tan mala gana para venir a sacar el agua, que si no se le acordase que hace placer y servicio al Señor de la huerta, y mirase a no perder todo lo servido y aun lo que espera ganar del gran trabajo, que es echar muchas veces el caldero en el pozo y sacarle sin agua, lo dejaría todo? Y muchas veces le acaecerá aun para esto no se le alzar los brazos, ni podrá tener un buen pensamiento: que este obrar con el entendimiento, entendido va que es el sacar agua del pozo. Pues como digo, ¿qué hará aquí el hortolano? Alegrarse y consolarse y tener por grandísima merced de trabajar en huerto de tan gran emperador, y pues sabe le contenta en aquello, y su intento no ha de ser contentarse a sí, sino a Él, alábele mucho, que hace de él confianza, pues ve que sin pagarle nada tiene tan gran cuidado de lo que le encomendó, y ayúdele a llevar la cruz, y piense que toda la vida vivió en ella, y no quiera acá su reino, ni deje jamás la

oración; y ansí se determine aunque por toda la vida le dure esta sequedad, no dejar a Cristo caer con la cruz. Tiempo vendrá que se lo pague por junto; no haya miedo que se pierda el trabajo: a buen amo sirve, mirándolo está, no haga caso de malos pensamientos; mire que también los representaba el demonio a San Jerónimo en el desierto: su precio se tienen estos trabajos, que como quien los pasó muchos años, que cuando una gota de agua sacaba de este bendito pozo, pensaba me hacía Dios merced. Sé que son[25] grandísimos, y me parece es menester más ánimo que para otros muchos trabajos del mundo: mas he visto claro que no deja Dios sin gran premio, aun en esta vida; por que es ansí cierto que con una hora de las que el Señor me ha dado de gusto de sí, después acá me parece quedan pagadas todas las congojas, que en sustentarme en la oración mucho tiempo pasé. Tengo para mí, que quiere el Señor dar muchas veces al principio, y otras a la postre, estos tormentos y otras muchas tentaciones, que se ofrecen, para probar a sus amadores, y saber si podrán beber el cáliz, y ayudarle a llevar la cruz, antes que ponga en ellos grandes tesoros. Y para bien nuestro creo nos quiere su Majestad llevar por aquí, para que entendamos bien lo poco que somos, porque son de tan gran dinidad las mercedes de después, que quiere por espiriencia[26] veamos antes nuestra miseria primero que nos la dé, porque no nos acaezca lo que a Lucifer.

¿Qué hacéis vos, Señor mío, que no sea para mayor bien del alma, que entendéis que es ya vuestra, y que se pone en vuestro poder, para seguiros por donde fuéredes hasta muerte de cruz, y que está determinada ayudárosla a llevar, y a no dejarlos solo con ella? Quien viere en sí esta determinación . . . no, no hay que temer gente espiritual; no hay por qué se afligir puesto ya en tan alto grado, como es querer tratar a solas con Dios, y dejar los pasados tiempos del mundo, lo más está hecho: alabad por ello a su Majestad, y fiad en su bondad, que nunca faltó a sus

---

[23] sufren mucho
[24] se arrepienten

[25] El suejto es *trabajos*.
[26] experiencia

amigos; atapaos los ojos de pensar,[27] ¿por qué da a aquél de tan pocos días devoción, y a mí no de tantos años? Creamos, es todo para más bien nuestro; guíe su Majestad por donde quisiere, ya no somos nuestros, sino suyos; harta merced nos hace en querer que queramos cavar en su huerta, y estarnos cabe el Señor dél,[28] que cierto está con nosotros; si él quiere que crezcan estas plantas y flores, a unos con dar agua, que saquen deste pozo, a otros sin ella, ¿qué se me da a mí? Haced vos, Señor, lo que quisiéredes, no os ofenda yo, no se pierdan las virtudes, si alguna me habéis ya dado, por sola vuestra bondad; padecer quiero. Señor, pues vos padecistes, cúmplase en mí de todas maneras vuestra voluntad; y no plega a vuestra Majestad, que cosa de tanto precio como vuestro amor, se dé a gente que os sirva por gustos.

Háse de notar mucho, y dígolo porque lo sé por espiriencia, que el alma que en este camino de oración mental comienza a caminar con determinación, y puede acabar consigo de no hacer mucho caso, ni consolarse, ni desconsolarse mucho porque falten estos gustos y ternura, u la dé el Señor, que tiene andado gran parte del camino; y no haya miedo de tornar atrás, aunque más tropiece, porque va comenzado el edificio en firme fundamento. Sí, que no está el amor de Dios en tener lágrimas, ni estos gustos y ternura, que por la mayor parte los deseamos y consolámonos con ellos, sino en servir con justicia y fortaleza de ánimo y humildad. Recibir más me parece a mí eso que no dar nosotras nada. Para mujercitas como yo, flaca y con poca fortaleza, me parece a mí conviene (como ahora lo hace Dios) llevarme con regalos; porque pueda sufrir algunos trabajos, que ha querido su Majestad tenga. Mas para siervos de Dios, hombres de tomo,[29] de letras y entendimiento que veo hacer tanto caso de que Dios no les da devoción, que me hace disgusto oírlos. No digo yo que no la tomen, si Dios se la da, y la

tengan en mucho, porque entonces verá su Majestad que conviene; mas que cuando no la tuvieren, que no se fatiguen; y que entiendan que no es menester, pues su Majestad no la da, y anden señores de sí mesmos. Crean que es falta, yo lo he probado y visto. Crean que es imperfeción y no andar con libertad de espíritu, sino flacos para acometer.

Esto no lo digo tanto por los que comienzan, aunque pongo tanto en ello, porque les importa mucho comenzar con esta libertad y determinación, sino por otros; que habrá muchos que lo ha que comenzaron, y nunca acaban de acabar; y creo es gran parte éste no abrazar la cruz desde el principio; que andarán afligidos, pareciéndoles no hacen nada. En dejando de obrar el entendimiento no lo pueden sufrir; y por ventura entonces engorda la voluntad y toma fuerzas, y no lo entienden ellos. Hemos de pensar que no mira[30] el Señor en estas cosas, que, aunque a nosotros nos parecen faltas, no lo son: ya sabe su Majestad nuestra miseria y bajo natural,[31] mijor que nosotros mesmos, y sabe que ya estas almas desean siempre pensar en Él y amarle. Esta determinación es la que quiere; estotro afligimiento que nos damos no sirve de más de inquietar el alma, y si había de estar inhábil para aprovechar una hora, que lo esté cuatro. Porque muy muchas veces (yo tengo grandísima espiriencia de ello, y sé que es verdad, porque lo he mirado con cuidado, y tratado después a personas espirituales) que viene de indisposición corporal; que somos tan miserables, que participa esta encarceladita de esta pobre alma[32] de las miserias del cuerpo: y las mudanzas de los tiempos y las vueltas de los humores muchas veces hacen, que sin culpa suya, no pueda hacer lo que quiere, sino que padezca de todas maneras; y mientras más la quieren forzar en estos tiempos, es peor, y dura más el mal; sino que haya discreción para ver cuándo es desto, y no la ahoguen a la pobre: entienden

---

[27] cerrad los ojos y no penséis
[28] al lado del Señor
[29] peso, substancia

[30] presta atención
[31] baja naturaleza
[32] esta pobre alma encarcelada (en el cuerpo)

son enfermos; múdese la hora de la oración, y hartas veces será algunos días. Pasen como pudieren este destierro, que harta mala ventura es de un alma, que ama a Dios, ver que vive en esta miseria, y que no puede lo que quiere, por tener tan mal huésped, como este cuerpo. Dije con discreción, porque alguna vez el demonio lo hará; y ansí es bien ni siempre dejar la oración cuando hay gran distraimiento y turbación en el entendimiento, ni siempre atormentar el alma a lo que no puede; otras cosas hay exteriores de obras de caridad y de lición,[33] aunque a veces aún no estará para esto: sirva entonces al cuerpo por amor de Dios; porque otras veces muchas sirva él al alma, y tome algunos pasatiempos santos antes de conversaciones, que lo sean, u irse al campo, como aconsejare el confesor; y en todo es gran cosa la espiriencia, que da a entender lo que nos conviene, y en todo se sirve Dios. Suave es su yugo, y es gran negocio no traer el alma arrastrada, como dicen, sino llevarla con suavidad, para su mayor aprovechamiento. Ansí que torno a avisar, y aunque lo diga muchas veces no va nada, que importa mucho que de sequedades, ni de inquietud y distraimiento en los pensamientos, naide[34] se apriete ni aflija: si quiere ganar libertad de espíritu, y no andar siempre atribulado, comience a no se espantar de la cruz, y verá cómo se la ayuda también a llevar el Señor, y con el contento que anda, y el provecho que saca de todo; porque ya se ve, que si el pozo no mana, que nosotros no podemos poner el agua. Verdad es que no hemos de estar descuidados para cuando la haya sacarla; porque entonces ya quiere Dios por este medio multiplicar las virtudes.

Capítulo XXIX

Prosigue en lo comenzado, y dice algunas mercedes grandes que la hizo el Señor, y las cosas que su Majestad la decía para asegurarla, y para que respondiese a los que la contradecían.

Mucho he salido del propósito, porque trataba de decir las causas que hay, para ver que no es imaginación; porque ¿cómo podríamos representar con estudio la Humanidad de Cristo, ordenando con la imaginación su gran hermosura? Y no era menester poco tiempo, si en algo se había de parecer a ella. Bien la puede representar delante de su imaginación, y estarla mirando algún espacio, y las figuras que tiene, y la blancura, y poco a poco irla más perfecionando, y encomendando a la memoria aquella imagen; esto, ¿quién se lo quita? pues con el entendimiento la pudo fabricar. En lo que tratamos ningún remedio hay de esto, sino que la hemos de mirar cuando el Señor la quiere representar, y cómo quiere, y lo que quiere; y no hay quitar ni poner ni modo para ello, aunque más hagamos, ni para verlo cuando queremos, ni para dejarlo de ver; en queriendo mirar alguna cosa particular, luego se pierde Cristo. Dos años y medio me duró, que muy ordinario me hacía Dios esta merced. Habrá más de tres,[35] que tan contino[36] me la quitó de este modo, con otra cosa más subida (como quizá diré después) y con ver que me estaba hablando, y yo mirando aquella gran hermosura, y la suavidad con que hablaba aquellas palabras por aquella hermosísima y divina boca, y otras veces con rigor, y desear yo en extremo entender el color de sus ojos, o del tamaño que era, para que lo supiese decir, jamás lo he merecido ver, ni me basta procurarlo, antes se me pierde la visión del todo. Bien que algunas veces veo mirarme con piedad; mas tiene tanta fuerza esta vista que el alma no la puede sufrir, y queda en tan subido arrobamiento, que para más gozarlo todo, pierde esta hermosa vista.

---

[33] lectura (espiritual)
[34] nadie (vulgarismo)

[35] en 1561-62, pues escribía esto hacia 1565
[36] continuo

Ansí que aquí no hay que querer ni no querer: claro se ve quiere el Señor que no haya sino humildad y confusión, y tomar lo que nos dieren, y alabar a quien lo da. Esto es en todas las visiones, sin quedar ninguna, que ninguna cosa se puede, no para ver menos ni más hace ni deshace nuestra diligencia. Quiere el Señor que veamos muy claro: no es esta obra nuestra, sino de su Majestad; porque muy menos podemos tener soberbia, antes nos hace estar humildes y temerosos, viendo que como el Señor nos quita el poder, para ver lo que queremos, nos puede quitar estas mercedes y la gracia, y quedar perdidos del todo, y que siempre andemos con miedo, mientras en este destierro vivimos.

Casi siempre se me representa el Señor, ansí resucitado, y en la hostia lo mesmo; si no era algunas veces para esforzarme, si estaba en tribulación, que me mostraba las llagas; algunas veces en la cruz y en el huerto, y con la corona de espinas, pocas; y llevando la cruz también algunas veces, para, como digo, necesidades mías y de otras personas; mas siempre la carne glorificada. Hartas afrentas y trabajos he pasado en decirlo, y hartos temores y hartas persecuciones. Tan cierto les parecía que tenía demonio, que me querían conjurar algunas personas. De esto poco se me daba a mí, mas sentía cuando vía yo que temían los confesores de confesarme, o cuando sabía les decían algo. Con todo, jamás me podía pesar de haber visto estas visiones celestiales, y por todos los bienes y deleites del mundo sola una vez no lo trocara: siempre lo tenía por gran merced del Señor, y me parece un grandísimo tesoro; y el mismo Señor me aseguraba muchas veces. Yo me vía crecer en amarle muy mucho: íbame a quejar a Él de todos estos trabajos, siempre salía consolada de la oración, y con nuevas fuerzas. A ellos no los osaba yo contradecir, porque vía era todo peor, que les parecía poca humildad. Con mi confesor trataba: él siempre me consolaba mucho cuando me vía fatigada.

Como las visiones fueron creciendo, uno de ellos, que antes me ayudaba (que era con quien me confesaba algunas veces, que no podía el ministro) comenzó a decir, que claro era demonio. Mandábame que ya que no había remedio de resistir, que siempre me santiguase cuando alguna visión viese, y diese higas[37], y que tuviese por cierto era demonio, y con esto no vendría; y que no hubiese miedo, que Dios me guardaría y me lo quitaría. A mí me era esto grande pena; porque como yo no podía creer sino que era Dios, era cosa terrible para mí; y tan poco podía, como he dicho, desear se me quitase, mas en fin hacía cuanto me mandaba. Suplicaba mucho a Dios me librase de ser engañada, esto siempre lo hacía y con hartas lágrimas; y a san Pedro, y san Pablo, que me dijo el Señor (como fue la primera vez que me apareció en su día) que ellos me guardarían no fuese engañada: y ansí muchas veces los vía el lado izquierdo muy claramente, aunque no con visión imaginaria. Eran estos gloriosos santos muy mis señores.

Dábame este dar higas grandísima pena, cuando vía esta visión del Señor; porque cuando yo le vía presente, si me hicieran pedazos no pudiera yo creer que era demonio; y ansí era un género de penitencia grande para mí; y no por andar tanto santiguándome, tomaba una cruz en la mano. Esto hacía casi siempre, las higas no tan contino, porque sentía mucho; acordábame de las injurias que le habían hecho los judíos, y suplicábale me perdonase, pues yo lo hacía por obedecer al que tenía[38] en su lugar, y que no me culpase, pues eran los ministros que Él tenía puestos en su Ilesia.[39] Decíame, que no se me diese nada, que bien hacía en obedecer, mas que Él haría que se entendiese la verdad. Cuando me quitaban la oración, me pareció se había enojado. Díjome que los dijese, que ya aquello era tiranía. Dábame causas para que entendiese que no era demonio, alguna diré después.

Una vez teniendo yo la cruz en la mano, que la traía en un rosario, me la tomó con la

---

[37] gesto despectivo con la mano cerrada y el dedo pulgar entre el índice y el del medio

[38] El sujeto es Él.
[39] Iglesia

suya; y cuando me la tornó a dar, era de cuatro piedras grandes muy más preciosas que diamantes, sin comparación, porque no la hay casi a lo que se ve sobrenatural (diamante parece cosa contrahecha e imperfecta) de las piedras preciosas que se ven allá. Tenían las cinco llagas de muy linda hechura. Díjome que ansí la vería de aquí adelante, y ansí me acaecía, que no vía la madera de que era, sino estas piedras, mas no lo vía nadie, sino yo. En comenzando a mandarme hiciese estas pruebas y resistiese, era muy mayor el crecimiento de las mercedes: en queriéndome divertir,[40] nunca salía de oración, aun durmiéndome parecía estaba en ella, porque aquí era crecer el amor, y las lástimas que yo decía al Señor, y el no lo poder sufrir, ni era en mi mano (aunque yo quería y más lo procuraba) de dejar de pensar en Él: con todo obedecía cuanto podía, mas podía poco u no nada en esto. Y el Señor nunca me lo quitó, mas aunque me decía lo hiciese, asegurábame por otro cabo, y enseñábame lo que les había de decir, y ansí lo hace ahora, y dábame tan bastantes razones que a mí me hacía toda seguridad.

Desde a poco tiempo comenzó su Majestad, como me lo tenía prometido, a señalar más que era Él, creciendo en mí un amor tan grande de Dios, que no sabía quién me le ponía, porque era muy sobrenatural, ni yo le procuraba. Víame morir con el deseo de ver a Dios, y no sabía adónde había de buscar esta vida, si no era con la muerte. Dábanme unos ímpetus grandes de este amor, que aunque no eran tan insufrideros como los que ya otra vez he dicho, ni de tanto valor, yo no sabía qué me hacer, porque nada me satisfacía, ni cabía en mí, sino que verdaderamente me parecía se me arrancaba el alma. ¡Oh artificio soberano del Señor, qué industria tan delicada hacíades con vuestra esclava miserable! Escondíades os de mí, y apretábadesme con vuestro amor, con una muerte tan sabrosa, que nunca el alma querría salir de ella.

Quien no hubiese pasado estos ímpetus tan grandes, es imposible poderlo entender, que no es desasosiego del pecho; ni unas devociones que suelen dar muchas veces, que parece ahogan el espíritu, que no caben en sí. Esta es oración más baja, y hanse de evitar estos aceleramientos con procurar con suavidad recogerlos dentro de sí, y acallar el alma; que es esto como unos niños que tienen un acelerado llorar, que parece van a ahogarse, y con darles a beber, cesa aquel demasiado sentimiento: ansí acá la razón ataje a encoger la rienda, porque podría ser ayudar el mesmo natural. Vuelva la consideración con temer no es todo perfeto, sino que puede ser mucha parte sensual, y acalle este niño con un regalo de amor, que le haga mover a amar por vía suave, y no a puñadas, como dicen; que recojan este amor dentro, y no como olla que cuece demasiado, porque se pone la leña sin discreción, y se vierte toda; sino que moderen la causa que tomaron para este fuego y procuren matar la llama con lágrimas suaves y no penosas, que lo son las de estos sentimientos, y hacen mucho daño. Yo las tuve algunas veces a los principios, y dejábanme perdida la cabeza y cansado el espíritu, de suerte que otro día y más no estaba para tornar a la oración. Ansí que es menester gran discreción a los principios, para que vaya todo con suavidad, y se muestre el espíritu a obrar interiormente: lo exterior se procure mucho evitar.

Estotros ímpetus son diferentísimos, no ponemos nosotros la leña sino que parece que, hecho ya el fuego, de presto nos echan dentro para que nos quememos. No procura el alma que duela esta llaga de la ausencia del Señor, sino que hincan una saeta en lo más vivo de las entrañas y corazón a las veces, que no sabe el alma qué ha, ni qué quiere. Bien entiende que quiere a Dios, y que la saeta parece traía yerba[41] para aborrecerse a sí por amor de este Señor, y perdería de buena gana la vida por Él. No se puede encarecer, ni decir, el modo con que llaga[42] Dios el alma, y la grandísima

---

[40] distraer
[41] hierba [envenenada]

[42] hiere

pena que da, que la hace no saber de sí, mas es esta pena tan sabrosa, que no hay deleite en la vida que mas contento dé. Siempre querría el alma, como he dicho, estar muriendo de este mal.

Esta pena y gloria junta me traía desatinada, que no podía yo entender cómo podía ser aquello. ¡Oh qué es ver un alma herida! Que digo, que se entiende de manera que se puede decir herida, que tan excelente causa, y ve claro que no movió ella, por donde le viniese este amor, sino que del muy grande que el Señor la tiene, parece cayó de presto aquella centella en ella que la hace toda arder. Oh, cuántas veces me acuerdo, cuando ansí estoy, de aquel verso de David: *Que nadmodum desiderat Cervus a fontes aquarum*,[43] que me parece lo veo al pie de la letra en mí. Cuando no da esto muy recio, parece se aplaca algo (al menos busca el alma algún remedio, porque no sabe qué hacer) con algunas penitencias, y no se sienten más, ni hace más pena derramar sangre, que si estuviese el cuerpo muerto. Busca modos y maneras para hacer algo que sienta por amor de Dios, mas es tan grande el primer dolor, que no sé yo qué tormento corporal le quitase: como no está allí el remedio, son muy bajas estas medicinas para tan subido mal: alguna cosa se aplaca, y pasa algo con esto, pidiendo a Dios le dé remedio para su mal, y ninguno ve, sino la muerte, que con ésta piensa gozar del todo a su bien. Otras veces da tan recio que eso ni nada no se puede hacer, que corta todo el cuerpo; ni pies ni brazos no puede menear; antes si está en pie se sienta como una cosa transportada, que no puede, ni aun resolgar,[44] sólo da unos gemidos, no grandes, porque no puede, mas sonlo[45] en el sentimiento.

Quiso el Señor, que viese aquí algunas veces esta visión: vía un ángel cabe mí hacia el lado izquierdo en forma corporal; lo que no suelo ver sino por maravilla. Aunque muchas veces se me representan ángeles, es sin verlos, sino como la visión pasada, que dije primero. En esta visión quiso el Señor le viese ansí: no era grande, sino pequeño, hermoso mucho, el rostro tan encendido, que parecía de los ángeles muy subidos,[46] que parece todos se abrasan. Deben ser los que llaman querubines, que los nombres no me los dicen: mas bien veo que en el cielo hay tanta diferencia de unos ángeles a otros, y de otros a otros, que no lo sabría decir. Veíale en las manos un dardo de oro largo, y al fin del hierro me parecía tener un poco de fuego. Éste me parecía meter con el corazón algunas veces, y que me llegaba a las entrañas: al sacarlo me parecía las llevaba consigo, y me dejaba toda abrasada en amor grande de Dios. Era tan grande el dolor, que me hacía dar aquellos quejidos, y tan excesiva la suavidad que me pone este grandísimo dolor, que no hay desear que se quite, ni se contenta el alma con menos que Dios. No es dolor corporal, sino espiritual, aunque no deja de participar el cuerpo algo, y aun harto. Es un requiebro[47] tan suave que pasa entre el alma y Dios, que suplico yo a su bondad lo dé a gustar a quien pensare que miento.

Los días que duraba esto, andaba como embobada, no quisiera ver ni hablar, sino abrazarme con mi pena, que para mí era mayor gloria, que cuantas hay en todo lo criado. Esto tenía algunas veces, cuando quiso el Señor me viniesen estos arrobamientos tan grandes, que aun estando entre gentes, no lo podía resistir, sino que con harta pena mía se comenzaron a publicar. Después que los tengo no siento esta pena tanto, sino la que dije en otra parte antes, no me acuerdo en qué capítulo que es muy diferente en hartas cosas, y de mayor aprecio: antes en comenzando esta pena, de que ahora hablo, parece arrebata el Señor el alma y la pone en éxtasi, y ansí no hay lugar de tener pena, ni de padecer, porque viene luego el gozar. Sea bendito por siempre, que tantas mercedes hace a quien tan mal responde a tan grandes beneficios.

---

[43] «Como el ciervo desea las corrientes de las aguas, así clama por ti, oh Dios, el alma mía» (Salmo XLII, I).
[44] respirar
[45] son grandes (los gemidos)
[46] altos (cercanos al Señor)
[47] halago amoroso

SIGLO XVII

Miguel de Cervantes

(1547-1616)

En Miguel de Cervantes Saavedra, creador de la novela moderna y la figura más universal de la literatura española, hay que destacar la huella que su vida y su personalidad dejan en la obra, con sus ilusiones juveniles seguidas de los esfuerzos, frustraciones y fracasos de la madurez por encontrar en la sociedad el puesto que correspondía a sus méritos. A pesar de lo cual nunca se sintió amargado ni pesimista, sobreponiéndose a las adversidades con la ecuanimidad y el humor que sobresalen en sus obras. Se dan en Cervantes dos aspectos divergentes que sólo en su obra hallaron expresión armónica: el hombre de letras y el de acción. A pesar de su genio y sus éxitos aislados, en ninguna de las dos esferas logró asegurarse una posición holgada, pero la vida andariega a que le forzaron las necesidades económicas le sirvió al menos de rica experiencia para la creación literaria. De su infancia y juventud es poco lo que se sabe. Su educación debió de ser más autodidáctica que académica. Aunque nació en Alcalá de Henares, no estudió en la famosa Universidad por haber tenido que trasladarse a menudo de ciudad en compañía de su padre, modesto cirujano que se ganaba la vida con apuros para sostener a su numerosa familia y que en una ocasión fue encarcelado por deudas. Lo único conocido de su educación es que asistió en Madrid al Estudio del humanista Juan López de Hoyos, quien publicó los primeros versos de su discípulo predilecto con motivo de la muerte de la reina Isabel de Valois, esposa de Felipe II.

Su espíritu de aventura y el deseo de escapar a la justicia tras haber herido a alguien en una pendencia, le llevan a Italia (1569), donde pasó seis años y se familiarizó con la literatura renacentista que tanta influencia tuvo en su obra. Después de servir al cardenal Acquaviva, se alistó como soldado en el ejército español y en 1571 tomó parte heroica (aunque estaba enfermo) en la batalla naval de Lepanto contra los turcos, siendo herido en el pecho y en la mano izquierda, de la que quedó inválido. Sus servicios militares le valieron la recomendación del general en jefe don Juan de Austria (hermano de Felipe II) y del duque de Sessa, virrey de Sicilia, pero Cervantes no consiguió ningún ascenso y decidió volver a España en 1575 con la esperanza de obtener una capitanía. Al cruzar el Mediterráneo, sin embargo, su nave fue apresada por unos piratas turcos que le tuvieron cautivo en Argel durante cinco años. Las cartas de recomendación que llevaba sólo sirvieron para elevar el precio de su rescate por considerársele personaje importante. Con su valor y capacidad habitual organiza varios intentos de fuga colectiva, que fracasan por la traición de algún cautivo y que le acarrean castigos severos. Cuando al fin es rescatado por unos frailes trinitarios y regresa a su país, cuenta ya 33 años y no es más que un oscuro soldado y literato, para quien empieza una nueva vida de dificultades materiales, dedicado a ocupaciones ajenas a su talento. Sus peticiones de empleo en las Indias son rechazadas por el gobierno, y se ha de contentar con humildes y mal remuneradas tareas administrativas, como la requisa de aceite y cereales para los barcos reales (entre ellos los de la Armada Invencible), contribución irónica en un heroico soldado, y más tarde la recaudación de impuestos en la región de Granada. De estas ingratas labores sacó más disgustos que beneficios, siendo excomulgado por requisar trigo del Cabildo de Sevilla y encarcelado dos veces por irregularidades en sus cuentas al Tesoro (una de ellas debida a la quiebra del banquero). A su prisión en Sevilla (1597) se refiere seguramente al declarar que el *Quijote* fue engendrado en una cárcel, lo que no quiere decir que lo escribiese allí, como se ha creído a veces. En todo caso, la idea del *Quijote* como novela de aventuras del camino surge sin duda de estos años difíciles, con su vida azarosa por los caminos y ventas de La Mancha y Andalucía, en contacto directo con gentes de toda condición y con experiencias de todo género.

De su vida doméstica no se sabe mucho y tampoco parece haber sido muy afortunado. En 1584 se casa en Esquivias (Toledo) con doña Catalina de Palacios, mucho más joven que él, de familia hidalga y con algunos bienes, a quien conocería en uno de sus frecuentes viajes. Pero no vivieron siempre juntos ni tuvieron hijos. Cuando se traslada a Valladolid (hacia 1603) siguiendo a la corte, le acompañan dos hermanas, una sobrina y su hija natural. Allí sufre con toda la familia otro breve encarcelamiento por la muerte de cierto caballero delante de su casa, y aunque el proceso judicial probó su inocencia, quedó en entredicho la moralidad de la hija, cuyos asuntos amatorios le volverán a proporcionar disgustos. Sus últimos años, entre los 60 y 69, ya más asentado en Madrid (adonde vuelve con la corte en 1606, acompañado de su esposa), son literariamente los más fecundos, aunque nunca muy productivos. El éxito de la primera parte del *Quijote* fue sin duda un estímulo para él y para los impresores. A pesar de ello, y de la ayuda que recibe del conde de Lemos y de don Bernardo de Sandoval, cardenal-arzobispo de Toledo, Cervantes vive pobremente. Goza, sin embargo, de más consideración social y literaria, ingresando en prestigiosas organizaciones laicas de la Iglesia y en la Academia Selvaje, a la que pertenecían famosos escritores como Lope de Vega.

Los dos géneros que más atrajeron a Cervantes en un principio fueron la poesía y el teatro, los más prestigiosos en esa época clasicista. En la lírica fue donde menos talento demostró, como él mismo reconoce, y sus versos patrióticos, amorosos y pastoriles suelen ser convencionales de idea y expresión. Como dramaturgo tuvo más éxito, aunque se vio pronto eclipsado por la *comedia nueva* de Lope de Vega, que destacaba la acción, compleja y dinámica, frente a la concepción clasicista de Cervantes, más interesado en el análisis de las pasiones y de los caracteres. Las «20 ó 30 comedias» que dice haber estrenado entre 1583 y 1587 se han perdido, excepto dos: *El trato de Argel*, sobre sus experiencias del cautiverio, y *El cerco de Numancia*, tragedia alegórica al estilo clásico sobre la resistencia heroica de los iberos frente a los romanos, que ha mantenido su popularidad a través de los siglos. El año antes de morir publicó la colección de *Ocho comedias y ocho entremeses*, que no se estrenaron por no estar ya de moda, pero de indudable mérito por su observación psicológica, y con la típica dualidad de pintura realista y fantasía poética que aparece en sus novelas. En unas comedias se mezclan las experiencias personales del cautiverio con elementos románticos de tema oriental (*Los baños de Argel*); en otras, las crudas escenas de pícaros y gitanos con otras fantásticas de efecto cómico (*Pedro de Urdemalas*). Pero donde el talento dramático de Cervantes acierta más es en los *Entremeses*, breves farsas que se representaban entre los actos de la comedia principal, y de ahí su nombre, que combinan la certera caracterización con una acción simple, pero movida, y una fina comicidad. Cervantes lleva este género ligero de realismo costumbrista a su culminación, enriquecido por el elemento de fantasía con que él solía contrastar la realidad cotidiana. Uno de los mejores entremeses, *La cueva de Salamanca*, presenta el típico tema cervantino del matrimonio mal concertado, en forma paródica, con el conflicto entre el instinto natural por gozar de la vida, representado por una esposa liviana, y los estrictos convencionalismos sociales que son a menudo sólo una ficción hipócrita.

Como novelista, Cervantes siguió una doble tendencia, que refleja la estética idealista del Renacimiento por un lado y su instinto realista por otro. A la primera corresponde su novela inicial, *La Galatea* (1585), ficción pastoril a la moda que añade a las pacíficas escenas amorosas una serie de agitados incidentes románticos (naufragios, saqueos, raptos y duelos). Igualmente en su última novela, *Los trabajos de Persiles y Sigismunda* (póstuma, 1617), crea Cervantes un mundo idealizado de gran belleza poética al narrar los viajes, aventuras y adversidades de dos amantes a través de tierras en gran parte exóticas, hasta lograr reunirse y gozar de un amor perfecto. Representa el triunfo de la visión poética de la vida sobre las tristezas y miserias de la realidad prosaica, un escape de fantasía y belleza ante los desengaños que el autor había sufrido. Por ello consideraba él esta obra como la más artística y elevada que había compuesto.

Ya al final de su vida publicó Cervantes las *Novelas ejemplares*, colección de doce relatos que introducen en España con gran acierto la *novella* italiana. Su novedad está en que Cervantes, siguiendo la tradición española, sustituye el amoralismo de los italianos por una intención moral o «ejemplo provechoso», que no consiste en moralizar, como hacían las novelas picarescas, sino en presentar un mundo donde la nobleza de sentimientos y el buen sentido prevalecen sobre los bajos instintos y las pasiones ciegas. Se suelen clasificar estas novelas en idealistas y realistas, según que predominen en ellas las aventuras imaginativas, el embellecimiento poético y el exotismo ambiental, como *La española inglesa*, o bien contengan tipos y cuadros costumbristas, especialmente de la baja sociedad, como *Rinconete y Cortadillo*. Pero Cervantes no es nunca unilateral, y sabe cómo dar verosimilitud a las ficciones más

263

idealizadas así como infundir cierto refinamiento estético y moral en los ambientes sórdidos de la picaresca. Ambos aspectos se funden perfectamente en *La Gitanilla*, donde en medio de la vida maleante de los gitanos se mueven dos amantes de gran belleza física y moral, protagonistas de un amor ideal.

El Licenciado Vidriera es la más singular de estas novelas ejemplares, pues más bien se trata de un cuadro satírico de costumbres, basado en un caso curioso de locura que al parecer había existido y que le sirve al autor para hacer unos comentarios irónicos sobre la sociedad en forma de aforismos. Por ello y por la abundancia de elementos autobiográficos que contiene, es el relato que mejor idea nos da de la vida y carácter de Cervantes, la vida estudiantil, el viaje a Italia, las experiencias militares, la frustración del hombre de talento en una sociedad indiferente y frívola, el desprecio de lo falso y pretencioso junto a la moderación y el buen sentido. En una palabra, la voz de un hombre eminentemente sensato, íntegro y sagaz, a través de un licenciado loco.

La creación novelística de Cervantes tiene su obra maestra en *El ingenioso hidalgo don Quijote de la Mancha*, cuya primera parte apareció en 1605, haciéndose inmediatamente popular y traducida muy pronto al inglés y al francés. Inicialmente parece haber sido concebida como una *novela ejemplar* para satirizar los libros de caballerías con las aventuras divertidas de dos tipos contrapuestos y ridículos; pero gradualmente va creciendo hasta convertirse en una gran epopeya cómica de la sociedad contemporánea y de la vida humana en general, con su eterna antítesis de fantasía y realidad, de idealismo y materialismo. Su tema central es la noble aspiración de dar un sentido ideal a la existencia, intensificándola y elevándola por encima de la vulgaridad cotidiana. Aspiración que Cervantes ridiculiza en el demente Don Quijote por lo que tiene de antinatural e irracional, pero sin dejar de admirar el idealismo que le anima, como animaba al propio autor. En la segunda parte, publicada diez años después (1615), Cervantes cambia bastante la técnica y sentido de la novela. Abandona las historias interpoladas (especie de *novelas ejemplares*) con que su fantasía inventiva quiso dar más amenidad y variedad al relato de las aventuras de Don Quijote y Sancho Panza, concentrando todo el interés en los protagonistas y ahondando en su complejidad moral y psicológica. Si antes Don Quijote representaba la firme voluntad de imponer su visión ilusoria sobre la implacable realidad, ahora nos muestra él la gradual y sutil debilitación de la fantasía quijotesca en favor del buen sentido, hasta recuperar del todo la razón y renunciar a las quimeras caballerescas antes de morir. Este contraste queda ilustrado en los capítulos aquí reproducidos. Mientras que en la famosa aventura de los molinos de viento, Don Quijote sufre las consecuencias de su manía al tratar a los molinos como gigantes, en la de los leones, auténtica aventura heroica, se enfrenta con un peligro real y demuestra un valor plenamente consciente, sin distorsiones visionarias.

TEXTOS: MIGUEL DE CERVANTES SAAVEDRA, *Obras completas* (ed. A. Valbuena Prat). Madrid, 1943; *Don Quijote de la Mancha* (ed. Martín de Riquer). Barcelona, 1950.

EL INGENIOSO HIDALGO DON QUIJOTE DE LA MANCHA

SELECCIÓN

Primera Parte

(1605)

CAPÍTULO I

QUE TRATA DE LA CONDICIÓN Y EJERCICIO DEL FAMOSO HIDALGO DON QUIJOTE DE LA MANCHA.

En un lugar de la Mancha, de cuyo nombre no quiero acordarme,[1] no ha mucho tiempo que vivía un hidalgo de los de lanza en astillero,[2] adarga[3] antigua, rocín[4] flaco y galgo corredor. Una olla de algo más vaca que carnero, salpicón[5] las más noches, duelos y quebrantos[6] los sábados, lentejas los viernes, algún palomino de añadidura los domingos, consumían las tres partes de su hacienda. El resto della concluían sayo de velarte,[7] calzas de velludo[8] para las fiestas, con sus pantuflos de lo mesmo,[9] y los días de entresemana se honraba con su vellorí[10] de lo más fino. Tenía en su casa una ama que pasaba de los cuarenta, y una sobrina que no llegaba a los veinte, y un mozo de campo y plaza,[11] que así ensillaba el rocín como tomaba la podadera. Frisaba[12] la edad de nuestro hidalgo con los cincuenta años; era de complexión recia, seco de carnes, enjuto de rostro, gran madrugador y amigo de la caza. Quieren decir que tenía el sobrenombre de Quijada, o Quesada, que en esto hay alguna diferencia en los autores que deste caso escriben; aunque por conjeturas verosímiles se deja entender que se llamaba Quijana. Pero esto importa poco a nuestro cuento: basta que en la narración dél no se salga un punto de la verdad.

Es, pues, de saber que este sobredicho hidalgo, los ratos que estaba ocioso (que eran los más del año), se daba a leer libros de caballerías con tanta afición y gusto, que olvidó casi de todo punto el ejercicio de la caza, y aun la administración de su hacienda; y llegó a tanto su curiosidad y desatino en esto, que vendió muchas hanegas[13] de tierra de sembradura para comprar libros de caballerías en que leer, y así, llevó a su casa todos cuantos pudo haber dellos,[14] y de todos, ningunos le parecían tan bien como los que compuso el famoso Feliciano de Silva,[15]

---

[1] No hay base para determinar qué pueblo sea ni por qué lo calla Cervantes; quizá usase esta fórmula por no haber pensado en ningún lugar concreto, o por contraste paródico con los libros de caballerías que empezaban con tales datos biográficos del héroe.

[2] estante para las lanzas (o astas)

[3] escudo

[4] caballo de mala casta

[5] carne picada con sal, pimienta y aceite, a veces en frío. Estas comidas indican que la posición económica del hidalgo era modesta (por eso había más vaca que carnero, el cual era más caro).

[6] huevos con tocino

[7] vestido de paño fino y negro

[8] prenda de terciopelo que servía como pantalón y medias

[9] calzado que cubría los zapatos como abrigo; *mesmo* y *mismo* coexisten en el texto

[10] paño pardo inferior al velarte

[11] criado para todo: trabajos agrícolas y domésticos (Cervantes no volvió a mencionar a este criado, sustituido por Sancho Panza)

[12] *Frisaba . . . con*, era aproximadamente

[13] fanegas, medida agraria ($1\frac{1}{2}$ acres)

[14] de ellos

[15] autor de varios libros de caballerías (¿1492–1558?)

porque la claridad de su prosa y aquellas entricadas[16] razones suyas le parecían de perlas,[17] y más cuando llegaba a leer aquellos requiebros y cartas de desafíos, donde en muchas partes hallaba escrito: «La razón de la sinrazón que a mi razón se hace, de tal manera mi razón enflaquece, que con razón me quejo de la vuestra fermosura.»[18] Y también cuando leía: « . . . los altos cielos que de vuestra divinidad divinamente con las estrellas os fortifican, y os hacen merecedora del merecimiento que merece la vuestra grandeza».

Con estas razones perdía el pobre caballero el juicio, y desvelábase por entenderlas y desentrañarles el sentido, que no se lo sacara ni las entendiera el mesmo Aristóteles, si resucitara para sólo ello. No estaba[19] muy bien con las heridas que D. Belianís daba y recibía, porque se imaginaba que, por grandes maestros[20] que le hubiesen curado, no dejaría de tener el rostro y todo el cuerpo lleno de cicatrices y señales. Pero, con todo, alababa en su autor aquel acabar su libro con la promesa de aquella inacabable aventura, y muchas veces le vino deseo de tomar la pluma y dalle[21] fin al pie de la letra, como allí se promete; y sin duda alguna lo hiciera, y aun saliera con ello, si otros mayores y continuos pensamientos no se lo estorbaran. Tuvo muchas veces competencia con el cura de su lugar (que era hombre docto, graduado en Sigüenza),[22] sobre cuál había sido mejor caballero: Palmerín de Ingalaterra, o Amadís de Gaula; mas maese Nicolás, barbero del mismo pueblo, decía que ninguno llegaba al Caballero del Febo, y que si alguno se le podía comparar era D. Galaor, hermano de Amadís de Gaula, porque tenía muy acomodada condición para todo; que no era

caballero melindroso, ni tan llorón como su hermano, y que en lo de la valentía no le iba en zaga.[23]

En resolución, él se enfrascó tanto en su lectura, que se le pasaban las noches leyendo de claro en claro, y los días de turbio en turbio;[24] y así, del poco dormir y del mucho leer se le secó el cerebro de manera, que vino a perder el juicio. Llenósele la fantasía de todo aquello que leía en los libros, así de encantamentos como de pendencias, batallas, desafíos, heridas, requiebros, amores, tormentas y disparates imposibles; y asentósele de tal modo en la imaginación que era verdad toda aquella máquina de aquellas soñadas invenciones que leía, que para él no había otra historia más cierta en el mundo. Decía él que el Cid Ruy Díaz había sido muy buen caballero; pero que no tenía que ver con el Caballero de la Ardiente Espada,[25] que de solo un revés[26] había partido por medio dos fieros y descomunales gigantes. Mejor estaba con Bernardo del Carpio, porque en Roncesvalles había muerto a Roldán el encantado, valiéndose de la industria de Hércules, cuando ahogó a Anteo, el hijo de la Tierra, entre los brazos. Decía mucho bien del gigante Morgante, porque, con ser de aquella generación gigantea, que todos son soberbios y descomedidos, él solo era afable y bien criado. Pero, sobre todos, estaba bien con Reinaldos de Montalbán,[27] y más cuando le veía salir de su castillo y robar cuantos topaba, y cuando en allende[28] robó aquel ídolo de Mahoma que era todo de oro, según dice su historia. Diera él por dar una mano de coces[29] al traidor de Galalón,[30] al ama que tenía, y aun a su sobrina de añadidura.

En efeto, rematado[31] ya su juicio, vino a

---

[16] intrincadas
[17] excelentes
[18] hermosura
[19] no le parecían
[20] cirujanos
[21] darle
[22] irónico por ser universidad de poco prestigio
[23] detrás
[24] desde el amanecer hasta el anochecer, por analogía cómica con «de claro en claro» (toda la noche); es decir, que se pasaba el día y la noche leyendo

[25] Amadís de Grecia, por la espada que llevaba grabada al pecho (novela de Feliciano de Silva)
[26] golpe dado con la espada de izquierda a derecha
[27] héroe de la épica francesa (ciclo carolingio)
[28] al otro lado del mar (aquí tierra de moros)
[29] una serie de patadas
[30] Ganelón, culpable de la derrota de Roncesvalles en la *Chanson de Roland*
[31] perdido

dar en el más extraño pensamiento que jamás dio loco en el mundo, y fue que le pareció convenible y necesario, así para el aumento de su honra como para el servicio de su república, hacerse caballero andante, y irse por todo el mundo con sus armas y caballo a buscar las aventuras y a ejercitarse en todo aquello que él había leído que los caballeros andantes se ejercitaban, deshaciendo todo género de agravio, y poniéndose en ocasiones y peligros donde, acabándolos, cobrase eterno nombre y fama. Imaginábase el pobre ya coronado por el valor de su brazo, por lo menos, del imperio de Trapisonda,[32] y así, con estos tan agradables pensamientos, llevado del extraño gusto que en ellos sentía, se dio priesa a poner en efeto lo que deseaba. Y lo primero que hizo fue limpiar unas armas que habían sido de sus bisabuelos, que, tomadas de orín y llenas de moho,[33] luengos siglos había que estaban puestas y olvidadas en un rincón. Limpiólas y aderezólas lo mejor que pudo; pero vio que tenían una gran falta, y era que no tenían celada de encaje, sino morrión[34] simple; mas a esto suplió su industria, porque de cartones hizo un modo de media celada, que, encajada con el morrión, hacía una apariencia de celada entera. Es verdad que para probar si era fuerte y podía estar al riesgo de una cuchillada, sacó su espada y le dio dos golpes, y con el primero y en un punto deshizo lo que había hecho en una semana; y no dejó de parecerle mal la facilidad con que la había hecho pedazos, y, por asegurarse deste peligro, la tornó a hacer de nuevo, poniéndole unas barras de hierro por de dentro, de tal manera, que él quedó satisfecho de su fortaleza y, sin querer hacer nueva experiencia della, la diputó y tuvo por[35] celada finísima de encaje.

Fue luego a ver su rocín, y aunque tenía más cuartos[36] que un real y más tachas que el caballo de Gonela,[37] que *tantum pellis et ossa fuit*,[38] le pareció que ni el Bucéfalo de Alejandro ni Babieca el del Cid con él se igualaban. Cuatro días se le pasaron en imaginar qué nombre le pondría; porque (según se decía él a sí mesmo) no era razón que caballo de caballero tan famoso,[39] y tan bueno él por sí, estuviese sin nombre conocido; y ansí, procuraba acomodársele de manera, que declarase quién había sido antes que fuese de caballero andante, y lo que era entonces; pues estaba muy puesto en razón que, mudando su señor estado, mudase él también el nombre, y le cobrase famoso y de estruendo,[40] como convenía a la nueva orden y al nuevo ejercicio que ya profesaba; y así, después de muchos nombres que formó, borró y quitó, añadió, deshizo y tornó a hacer en su memoria e imaginación, al fin le vino a llamar *Rocinante*, nombre, a su parecer, alto, sonoro y significativo de lo que había sido cuando fue rocín, antes de lo que ahora era, que era antes y primero de todos los rocines del mundo.

Puesto nombre, y tan a su gusto, a su caballo, quiso ponérsele a sí mismo, y en este pensamiento duró otros ocho días, y al cabo se vino a llamar *don Quijote*,[41] de donde, como queda dicho, tomaron ocasión los autores desta tan verdadera historia que, sin duda, se debía de llamar Quijada, y no Quesada, como otros quisieron decir. Pero, acordándose que el valeroso Amadís, no sólo se había contentado con llamarse Amadís a secas, sino que añadió el nombre de su reino y patria, por hacerla famosa, y se llamó Amadís de Gaula, así quiso, como buen caballero, añadir al suyo el nombre de la suya y llamarse *don Quijote de la Mancha*, con

---

[32] Trebisonda, una de las capitales bizantinas
[33] cubiertas de óxido de hierro (*orín*) y de cobre (*moho*)
[34] casco sin parte delantera y movible para proteger la cara, como la celada de encaje
[35] la declaró y consideró ser
[36] juego de palabras: «cuartos» como moneda fraccionaria y como enfermedad de las caballerías, en los cascos
[37] Pietro Gonella, bufón italiano del siglo XV cuya

colección de anécdotas (impresa en 1568) hizo famoso a su caballo por lo flaco
[38] era todo piel y huesos (frase de Plauto, en su comedia *Aulularia*)
[39] excelente (sentido arcaico junto al de «conocido»)
[40] resonante
[41] sobrenombre doblemente apropiado por parecerse al suyo y designar una pieza de la armadura (la que cubre el muslo)

que a su parecer, declaraba muy al vivo su linaje y patria, y la honraba con tomar el sobrenombre della.

Limpias, pues, sus armas, hecho del morrión celada, puesto nombre a su rocín y confirmádose a sí mismo, se dio a entender que no le faltaba otra cosa sino buscar una dama de quien enamorarse; porque el caballero andante sin amores era árbol sin hojas y sin fruto y cuerpo sin alma. Decíase él: «Si yo, por malos de mis pecados,[42] o por mi buena suerte, me encuentro por ahí con algún gigante, como de ordinario les acontece a los caballeros andantes, y le derribo de un encuentro, o le parto por mitad del cuerpo, o, finalmente, le venzo y le rindo, ¿no será bien tener a quien enviarle presentado,[43] y que entre y se hinque de rodillas ante mi dulce señora, y diga con voz humilde y rendida: «Yo, señora, soy el gigante Caraculiambro, señor de la ínsula Malindrania, a quien venció en singular batalla el jamás como se debe alabado caballero don Quijote de la Mancha, el cual me mandó que me presentase ante la vuestra merced, para que la vuestra grandeza disponga de mí a su talante»?»[44] ¡Oh, cómo se holgó nuestro buen caballero cuando hubo hecho este discurso, y más cuando halló a quien dar nombre de su dama! Y fue, a lo que se cree, que en un lugar cerca del suyo había una moza labradora de muy buen parecer, de quien él un tiempo anduvo enamorado, aunque, según se entiende, ella jamás lo supo ni se dio cata[45] dello. Llamábase Aldonza[46] Lorenzo, y a ésta le pareció ser bien darle título de señora de sus pensamientos; y, buscándole nombre que no desdijese mucho del suyo y que tirase y se encaminase al de princesa y gran señora, vino a llamarla *Dulcinea del Toboso*, porque era natural del Toboso: nombre, a su parecer, músico y peregrino[47] y significativo, como todos los demás que a él y a sus cosas había puesto.

CAPÍTULO VIII

DEL BUEN SUCESO QUE EL VALEROSO DON QUIJOTE TUVO EN LA ESPANTABLE Y JAMÁS IMAGINADA AVENTURA DE LOS MOLINOS DE VIENTO, CON OTROS SUCESOS DIGNOS DE FELICE RECORDACIÓN.

En esto, descubrieron treinta o cuarenta molinos de viento que hay en aquel campo, y así como don Quijote los vio, dijo a su escudero:

—La ventura va guiando nuestras cosas mejor de lo que acertáramos a desear; porque ves allí, amigo Sancho Panza, dónde se descubren treinta, o pocos más, desaforados[1] gigantes, con quien pienso hacer batalla y quitarles a todos las vidas, con cuyos despojos comenzaremos a enriquecer, que ésta es buena guerra, y es gran servicio de Dios quitar tan mala simiente de sobre la faz de la tierra.

—¿Qué gigantes? —dijo Sancho Panza.

—Aquellos que allí ves —respondió su amo— de los brazos largos, que los suelen tener algunos de casi dos leguas.

—Mire vuestra merced —respondió Sancho— que aquellos que allí se parecen no son gigantes, sino molinos de viento, y lo que en ellos parecen brazos son las aspas, que, volteadas del viento, hacen andar la piedra del molino.

—Bien parece —respondió don Quijote— que no estás cursado en esto de las aventuras: ellos son gigantes; y si tienes miedo, quítate de ahí, y ponte en oración en el espacio que yo voy a entrar con ellos en fiera y desigual batalla.

Y diciendo esto, dio de espuelas a su caballo Rocinante, sin atender a las voces que su escudero Sancho le daba, advirtiéndole que, sin duda alguna, eran molinos de

---

[42] en castigo de mis pecados
[43] como presente
[44] a su voluntad
[45] cuenta

[46] nombre vulgar, usado en proverbios
[47] raro
[1] monstruosos

viento, y no gigantes, aquellos que iba a acometer. Pero él iba tan puesto[2] en que eran gigantes, que ni oía las voces de su escudero Sancho, ni echaba de ver, aunque estaba ya bien cerca, lo que eran; antes iba diciendo en voces altas:

—Non fuyades,[3] cobardes y viles criaturas; que un solo caballero es el que os acomete.

Levantóse en esto un poco de viento, y las grandes aspas comenzaron a moverse, lo cual visto por don Quijote, dijo:

—Pues aunque mováis más brazos que los del gigante Briareo,[4] me lo habéis de pagar.

Y diciendo esto, y encomendándose de todo corazón a su señora Dulcinea, pidiéndole que en tal trance le socorriese, bien cubierto de su rodela, con la lanza en el ristre,[5] arremetió a todo el galope de Rocinante y embistió con el primero molino que estaba delante; y dándole una lanzada en el aspa, la volvió el viento con tanta furia, que hizo la lanza pedazos, llevándose tras sí al caballo y al caballero, que fue rodando muy maltrecho por el campo. Acudió Sancho Panza a socorrerle, a todo el correr de su asno, y cuando llegó halló que no se podía menear: tal fue el golpe que dio con él Rocinante.

—¡Válame Dios! —dijo Sancho—. ¿No le dije yo a vuestra merced que mirase bien lo que hacía, que no eran sino molinos de viento, y no lo podía ignorar sino quien llevase otros tales en la cabeza?

—Calla, amigo Sancho —respondió don Quijote—; que las cosas de la guerra, más que otras, están sujetas a continua mudanza; cuanto más, que yo pienso, y es así verdad, que aquel sabio Frestón que me robó el aposento y los libros[6] ha vuelto estos gigantes

en molinos, por quitarme la gloria de su vencimiento: tal es la enemistad que me tiene; mas al cabo al cabo, han de poder poco sus malas artes contra la bondad de mi espada.

—Dios lo haga como puede —respondió Sancho Panza.

Y, ayudándole a levantar, tornó a subir sobre Rocinante, que medio despaldado[7] estaba. Y, hablando en[8] la pasada aventura, siguieron el camino del Puerto Lápice, porque allí decía don Quijote que no era posible dejar de hallarse muchas y diversas aventuras, por ser lugar muy pasajero,[9] sino que iba muy pesaroso, por haberle faltado la lanza; y diciéndoselo a su escudero, le dijo:

—Yo me acuerdo haber leído que un caballero español llamado Diego Pérez de Vargas,[10] habiéndosele en una batalla roto la espada, desgajó de una encina un pesado ramo o tronco, y con él hizo tales cosas aquel día, y machacó tantos moros, que le quedó por sobrenombre Machuca, y así él como sus descendientes se llamaron desde aquel día en adelante Vargas y Machuca. Hete dicho esto porque de la primera encina o roble que se me depare[11] pienso desgajar otro tronco, tal y tan bueno como aquel que me imagino; y pienso hacer con él tales hazañas, que tú te tengas por bien afortunado de haber merecido venir a vellas,[12] y a ser testigo de cosas que apenas podrán ser creídas.

—A la mano de Dios[13] —dijo Sancho—; yo lo creo todo así como vuestra merced lo dice; pero enderécese un poco; que parece que va de medio lado, y debe de ser del molimiento de la caída.

—Así es la verdad —respondió don Quijote—; y si no me quejo del dolor, es porque no es dado a los caballeros andantes

---

[2] seguro

[3] no huyáis (arcaísmo en imitación de los libros de caballerías)

[4] titán de cien brazos, uno de los que se rebelaron contra los dioses del Olimpo

[5] hierro donde se apoyaba la lanza al atacar

[6] Los familiares y amigos de D. Quijote habían quemado sus libros de caballerías y tapiado el cuarto o aposento en que los tenía, diciéndole que era obra de un encantador.

[7] con la espalda medio rota

[8] de

[9] de paso (en el camino real a Toledo y Madrid desde el sur)

[10] Vivió en el reinado de Fernando III el Santo (siglo XIII), y había un romance sobre su hazaña que Cervantes conocería.

[11] que me encuentre

[12] verlas

[13] Sea como Dios quiera (así sea).

quejarse de herida alguna, aunque se les salgan las tripas por ella.

—Si eso es así, no tengo yo que replicar —respondió Sancho—; pero sabe Dios si yo me holgara[14] que vuestra merced se quejara cuando alguna cosa le doliera. De mí sé decir que me he de quejar del más pequeño dolor que tenga, si ya no se entiende también con los escuderos de los caballeros andantes eso del no quejarse.

No se dejó de reír don Quijote de la simplicidad de su escudero; y así, le declaró que podía muy bien quejarse como y cuando quisiese, sin gana o con ella; que hasta entonces no había leído cosa en contrario en la orden de caballería. Díjole Sancho que mirase que era hora de comer. Respondióle su amo que por entonces no le hacía menester; que comiese él cuando se le antojase. Con esta licencia, se acomodó Sancho lo mejor que pudo sobre su jumento, y sacando de las alforjas lo que en ellas había puesto, iba caminando y comiendo detrás de su amo muy de su espacio,[15] y de cuando en cuando empinaba la bota,[16] con tanto gusto, que le pudiera envidiar el más regalado bodegonero[17] de Málaga. Y en tanto que él iba de aquella manera menudeando tragos, no se le acordaba de ninguna promesa que su amo le hubiese hecho, ni tenía por ningún trabajo, sino por mucho descanso, andar buscando las aventuras, por peligrosas que fuesen.

En resolución, aquella noche la pasaron entre unos árboles, y del uno dellos desgajó don Quijote un ramo seco que casi le podía servir de lanza, y puso en él el hierro que quitó de la que se le había quebrado. Toda aquella noche no durmió don Quijote, pensando en su señora Dulcinea, por acomodarse a lo que había leído en sus libros, cuando los caballeros pasaban sin dormir muchas noches en las florestas y despoblados, entretenidos con las memorias de sus señoras. No la pasó ansí Sancho Panza; que, como tenía el estómago lleno, y no de agua de chicoria,[18] de un sueño se la llevó toda, y no fueran parte para despertarle, si su amo no lo llamara, los rayos del sol, que le daban en el rostro, ni el canto de las aves, que, muchas y muy regocijadamente, la venida del nuevo día saludaban. Al levantarse dio un tiento a la bota, y hallóla algo más flaca que la noche antes, y afligiósele el corazón, por parecerle que no llevaban camino de remediar tan presto su falta. No quiso desayunarse don Quijote, porque, como está dicho, dio en sustentarse de sabrosas memorias. Tornaron a su comenzado camino del Puerto Lápice, y a obra[19] de las tres del día le descubrieron.

—Aquí —dijo en viéndole don Quijote— podemos, hermano Sancho Panza, meter las manos hasta los codos en esto que llaman aventuras. Mas advierte que, aunque me veas en los mayores peligros del mundo, no has de poner mano a tu espada para defenderme, si ya no vieres que los que me ofenden es canalla y gente baja, que en tal caso bien puedes ayudarme; pero si fueren caballeros, en ninguna manera te es lícito ni concedido por las leyes de caballería que me ayudes, hasta que seas armado caballero.

—Por cierto, señor —respondió Sancho—, que vuestra merced sea muy bien obedecido en esto; y más, que yo de mío[20] me soy pacífico y enemigo de meterme en ruidos ni pendencias; bien es verdad que en lo que tocare a defender mi persona no tendré mucha cuenta con esas leyes, pues las divinas y humanas permiten que cada uno se defienda de quien quisiere agraviarle.

—No digo yo menos —respondió don Quijote—; pero en esto de ayudarme contra caballeros has de tener a raya[21] tus naturales ímpetus.

—Digo que así lo haré —respondió Sancho— y que guardaré ese preceto[22] tan bien como el día del domingo. [. . .][23]

---

[14] que yo me alegrara
[15] a su placer
[16] bebía vino de la botella de cuero
[17] dueño de taberna aficionado a beber
[18] achicoria (infusión amarga tomada como tónico)
[19] a eso

[20] por naturaleza
[21] refrenar
[22] precepto
[23] [*Sigue una aventura con dos frailes, a quienes ataca D. Quijote, y el escudero vizcaíno, con quien se bate.*]

Segunda Parte

(1615)

CAPÍTULO XVII

Donde se declara el último punto y extremo adonde llegó y pudo llegar el inaudito ánimo de Don Quijote, con la felicemente acabada aventura de los leones.

Cuenta la historia que cuando don Quijote daba voces a Sancho que le trujese el yelmo, estaba él comprando unos requesones que los pastores le vendían; y acosado de la mucha priesa de su amo, no supo qué hacer dellos, ni en qué traerlos, y, por no perderlos, que ya los tenía pagados, acordó de echarlos en la celada de su señor, y con este buen recado volvió a ver lo que le quería; el cual, en llegando, le dijo:

—Dame, amigo, esa celada; que yo sé poco de aventuras, o lo que allí descubro es alguna que me ha de necesitar,[1] y me necesita, a tomar mis armas.

El del Verde Gabán,[2] que esto oyó, tendió la vista por todas partes, y no descubrió otra cosa que un carro que hacia ellos venía, con dos o tres banderas pequeñas, que le dieron a entender que el tal carro debía de traer moneda de su Majestad, y así se lo dijo a don Quijote; pero él no le dio crédito, siempre creyendo y pensando que todo lo que le sucediese habían de ser aventuras y más aventuras, y así, respondió al hidalgo.

—Hombre apercibido, medio combatido:[3] no se pierde nada en que yo me aperciba; que sé por experiencia que tengo enemigos visibles e invisibles, y no sé cuándo, ni adónde, ni en qué tiempo, ni en qué figuras me han de acometer.

Y volviéndose a Sancho, le pidió la celada; el cual, como no tuvo lugar de sacar los requesones, le fue forzoso dársela como estaba. Tomóla don Quijote, y sin que echase de ver lo que dentro venía, con toda priesa se la encajó en la cabeza; y como los requesones se apretaron y exprimieron, comenzó a correr el suero por todo el rostro y barbas de don Quijote, de lo que recibió tal susto, que dijo a Sancho:

—¿Qué será esto, Sancho, que parece que se me ablandan los cascos,[4] o se me derriten los sesos, o que sudo de los pies a la cabeza? Y si es que sudo, en verdad que no es de miedo; sin duda creo que es terrible la aventura que ahora quiere[5] sucederme. Dame, si tienes, con que me limpie; que el copioso sudor me ciega los ojos.

Calló Sancho y diole un paño, y dio, con él, gracias a Dios de que su señor no hubiese caído en el caso. Limpióse don Quijote, y quitóse la celada por ver qué cosa era la que, a su parecer, le enfriaba la cabeza, y viendo aquellas gachas blancas dentro de la celada, las llegó a las narices, y oliéndolas dijo:

—Por vida de mi señora Dulcinea del Toboso, que son requesones los que aquí me has puesto, traidor, bergante y mal mirado[6] escudero.

A lo que con gran flema y disimulación respondió Sancho:

—Si son requesones, démelos vuesa merced; que yo me los comeré . . . Pero cómalos el diablo, que debió de ser el que ahí los puso. ¿Yo había de tener atrevimiento de ensuciar el yelmo de vuesa merced? ¡Hallado le habéis el atrevido! A la fe, señor, a lo que Dios me da a entender, también debo yo de tener encantadores que me

---

[1] obligar
[2] el Caballero del Verde Gabán, D. Diego de Miranda, con quien se habían encontrado en el camino

[3] Refrán: el estar preparado equivale a tener medio ganada la victoria.
[4] cráneo
[5] va a
[6] desconsiderado

persiguen como a hechura y miembro[7] de vuesa merced, y habrán puesto ahí esa inmundicia para mover a cólera su paciencia, y hacer que me muela, como suele, las costillas. Pues en verdad que esta vez han dado salto en vago,[8] que yo confío en el buen discurso de mi señor, que habrá considerado que ni tengo yo requesones, ni leche, ni otra cosa que lo valga, y que si la tuviera, antes la pusiera en mi estómago que en la celada.

—Todo puede ser[9] —dijo don Quijote.

Y todo lo miraba el hidalgo, y de todo se admiraba, especialmente cuando, después de haberse limpiado don Quijote cabeza, rostro y barbas y celada, se la encajó, y afirmándose bien en los estribos, requiriendo[10] la espada y asiendo la lanza, dijo:

—Ahora, venga lo que viniere; que aquí estoy con ánimo de tomarme[11] con el mesmo Satanás en persona. Llegó en esto el carro de las banderas, en el cual no venía otra gente que el carretero, en las mulas, y un hombre sentado en la delantera. Púsose don Quijote delante, y dijo:

—¿Adónde vais, hermanos? ¿Qué carro es éste, qué lleváis en él y qué banderas son aquéstas?

A lo que respondió el carretero:

—El carro es mío; lo que va en él son dos bravos leones enjaulados, que el General de Orán envía a la Corte, presentados a su Majestad; las banderas son del Rey nuestro señor, en señal que aquí va cosa suya.

—Y ¿son grandes los leones? —preguntó don Quijote.

—Tan grandes —respondió el hombre que iba a la puerta del carro—, que no han pasado mayores, ni tan grandes, de África a España jamás; y yo soy el leonero, y he pasado otros; pero como éstos, ninguno. Son hembra y macho: el macho va en esta jaula primera, y la hembra en la de atrás, y ahora van hambrientos porque no han comido hoy; y así, vuesa merced se desvíe; que es menester llegar presto donde les demos de comer.

A lo que dijo don Quijote, sonriéndose un poco:

—¿Leoncitos a mí? ¿A mí leoncitos, y a tales horas? Pues ¡por Dios que han de ver esos señores que acá los envían si soy yo hombre que se espanta de leones! Apeaos, buen hombre, y pues sois el leonero, abrid esas jaulas y echadme esas bestias fuera; que en mitad desta campaña les daré a conocer quién es don Quijote de la Mancha, a despecho y pesar de los encantadores que a mí los envían.

—¡Ta! ¡ta![12] —dijo a esta sazón entre sí el hidalgo—. Dado ha señal de quién es nuestro buen caballero: los requesones, sin duda, le han ablandado los cascos y madurado[13] los sesos.

Llegóse en esto a él Sancho, y díjole:

—Señor, por quien Dios es que vuesa merced haga de manera que mi señor don Quijote no se tome con estos leones; que si se toma, aquí nos han de hacer pedazos a todos.

—Pues ¿tan loco es vuestro amo —respondió el hidalgo—, que teméis, y creéis, que se ha de tomar con tan fieros animales?

—No es loco —respondió Sancho—, sino atrevido.

—Yo haré que no lo sea —replicó el hidalgo.

Y llegándose a don Quijote, que estaba dando priesa al leonero que abriese las jaulas, le dijo:

—Señor caballero, los caballeros andantes han de acometer las aventuras que prometen esperanza de salir bien dellas, y no aquellas que de todo en todo[14] la quitan; porque la valentía que se entra en la juridición[15] de la temeridad más tiene de locura que de fortaleza. Cuanto más que estos leones no vienen contra vuesa merced, ni lo sueñan: van presentados a su Majestad, y no será bien detenerlos ni impedirles su viaje.

---

[7] como criado y dependiente
[8] han fallado
[9] todo es posible
[10] echando mano a (para asegurarse de que está en condiciones de usarla, pero sin llegar a sacarla)
[11] combatir

[12] sonido de desaprobación producido con un chasquido de la lengua contra los dientes
[13] hecho supurar
[14] por completo
[15] jurisdicción, territorio

—Váyase vuesa merced, señor hidalgo —respondió don Quijote—, a entender[16] con su perdigón[17] manso y con su hurón[18] atrevido, y deje a cada uno hacer su oficio. Éste es el mío, y yo sé si vienen a mí, o no, estos señores leones.

Y volviéndose al leonero, le dijo:

—¡Voto a tal, don bellaco, que si no abrís luego las jaulas, que con esta lanza os he de coser con el carro!

El carretero, que vio la determinación de aquella armada fantasma, le dijo:

—Señor mío, vuesa merced sea servido, por caridad, de dejarme desuncir las mulas y ponerme en salvo con ellas antes que se desenvainen[19] los leones, porque si me las matan, quedaré rematado[20] para toda mi vida; que no tengo otra hacienda sino este carro y estas mulas.

—¡Oh hombre de poca fe! —respondió don Quijote—. Apéate, y desunce, y haz lo que quisieres; que presto verás que trabajaste en vano y que pudieras ahorrar desta diligencia.

Apéose el carretero y desunció a gran priesa, y el leonero dijo a grandes voces:

—Séanme testigos cuantos aquí están como contra mi voluntad y forzado abro las jaulas y suelto los leones, y de que protesto a este señor que todo el mal y daño que estas bestias hicieron corra y vaya por su cuenta, con más mis salarios y derechos. Vuestras mercedes, señores, se pongan en cobro[21] antes que abra; que yo seguro estoy que no me han de hacer daño.

Otra vez le persuadió el hidalgo que no hiciese locura semejante; que era tentar a Dios acometer tal disparate. A lo que respondió don Quijote que él sabía lo que hacía. Respondióle el hidalgo que lo mirase bien; que él entendía que se engañaba.

—Ahora, señor —replicó don Quijote—, si vuesa merced no quiere ser oyente[22] desta que a su parecer ha de ser tragedia, pique la tordilla[23] y póngase en salvo.

Oído lo cual por Sancho, con lágrimas en los ojos le suplicó desistiese de tal empresa, en cuya comparación habían sido tortas y pan pintado[24] la de los molinos de viento y la temerosa de los batanes,[25] y, finalmente, todas las hazañas que había acometido en todo el discurso de su vida.

—Mire, señor —decía Sancho—, que aquí no hay encanto ni cosa que lo valga; que yo he visto por entre las verjas y resquicios de la jaula una uña de león verdadero, y saco por ella que el tal león cuya debe de ser la tal uña es mayor que una montaña.

—El miedo, a lo menos —respondió don Quijote—, te le hará parecer mayor que la mitad del mundo. Retírate, Sancho, y déjame; y si aquí muriere, ya sabes nuestro antiguo concierto:[26] acudirás a Dulcinea, y no te digo más.

A éstas añadió otras razones, con que quitó las esperanzas de que no había de dejar de proseguir su desvariado intento. Quisiera el del Verde Gabán oponérsele; pero viose desigual en las armas, y no le pareció cordura tomarse con un loco, que ya se lo había parecido de todo punto don Quijote; el cual, volviendo a dar priesa al leonero y a reiterar las amenazas, dio ocasión al hidalgo a que picase la yegua, y Sancho al rucio, y el carretero a sus mulas, procurando todos apartarse del carro lo más que pudiesen, antes que los leones se desembanastasen.[27] Lloraba Sancho la muerte de su señor, que aquella vez sin duda creía que llegaba en las garras de los leones; maldecía su ventura, y llamaba menguada[28] la hora en que le vino al pensamiento volver a servirle; pero no por llorar y lamentarse dejaba de aporrear[29] al rucio para que se alejase del carro. Viendo,

---

[16] ocupar
[17] macho de la perdiz que sirve de reclamo para cazar otras perdices
[18] animal usado para cazar conejos
[19] salgan
[20] arruinado (juego de vocablos con *matan*)
[21] a salvo
[22] espectador
[23] yegua

[24] fáciles y agradables (frase alusiva a las dulces tortas y el pan decorado de las fiestas, bodas, etc.)
[25] aventura nocturna junto a unos grandes mazos de batir el paño cuyo ruido continuo les asustó por no saber lo que era
[26] acuerdo
[27] saliesen de la jaula
[28] desgraciada
[29] pegar

pues, el leonero que ya los que iban huyendo estaban bien desviados, tornó a requerir y a intimar a don Quijote lo que ya le había requerido e intimado, el cual respondió que lo oía, y que no se curase de más intimaciones y requerimientos, que todo sería de poco fruto, y que se diese priesa.

En el espacio que tardó el leonero en abrir la jaula primera estuvo considerando don Quijote si sería bien hacer la batalla antes a pie que a caballo, y, en fin, se determinó de hacerla a pie, temiendo que Rocinante se espantaría con la vista de los leones. Por esto saltó del caballo, arrojó la lanza y embrazó el escudo, y desenvainando la espada, paso ante paso, con maravilloso denuedo y corazón valiente, se fue a poner delante del carro encomendándose a Dios de todo corazón, y luego a su señora Dulcinea. Y es de saber que, llegando a este paso el autor de esta verdadera historia, exclama y dice: «¡Oh fuerte y sobre todo encarecimiento animoso don Quijote de la Mancha, espejo donde se pueden mirar todos los valientes del mundo, segundo y nuevo don Manuel de León,[30] que fue gloria y honra de los españoles caballeros! ¿Con qué palabras contaré esta tan espantosa hazaña, o con qué razones la haré creíble a los siglos venideros, o qué alabanzas habrá que no te convengan y cuadren, aunque sean hipérboles sobre todos los hipérboles? Tú a pie, tú solo, tú intrépido, tú magnánimo, con sola una espada, y no de las del perrillo[31] cortadoras, con un escudo no de muy luciente y limpio acero, estás aguardando y atendiendo los dos más fieros leones que jamás criaron las africanas selvas. Tus mismos hechos sean los que te alaben, valeroso manchego; que yo los dejo aquí en su punto, por faltarme palabras con que encarecerlos.»

Aquí cesó la referida exclamación del autor, y pasó adelante, anudando el hilo de la historia, diciendo: que visto el leonero ya puesto en postura a don Quijote, y que no podía dejar de soltar al león macho, so pena[32] de caer en la desgracia del indignado y atrevido caballero, abrió de par en par[33] la primera jaula, donde estaba, como se ha dicho, el león, el cual pareció de grandeza extraordinaria y de espantable y fea catadura.[34] Lo primero que hizo fue revolverse en la jaula, donde venía echado, y tender la garra, y desperezarse todo; abrió luego la boca y bostezó muy despacio, y con casi dos palmos de lengua que sacó fuera se despolvoreó los ojos y se lavó el rostro; hecho esto, sacó la cabeza fuera de la jaula y miró a todas partes con los ojos hechos brasas, vista y ademán para poner espanto a la misma temeridad. Sólo don Quijote lo miraba atentamente, deseando que saltase ya del carro y viniese con él a las manos, entre las cuales pensaba hacerle pedazos.

Hasta aquí llegó el extremo de su jamás vista locura. Pero el generoso león, más comedido que arrogante, no haciendo caso de niñerías ni de bravatas, después de haber mirado a una y otra parte, como se ha dicho, volvió las espaldas y enseñó sus traseras partes a don Quijote, y con gran flema y remanso, se volvió a echar en la jaula; viendo lo cual don Quijote, mandó al leonero que le diese de palos y le irritase para echarle fuera.

—Eso no haré yo —respondió el leonero—; porque si yo le instigo, el primero a quien hará pedazos será a mí mismo. Vuesa merced, señor caballero, se contente con lo hecho, que es todo lo que puede decirse en género de valentía, y no quiera tentar segunda fortuna. El león tiene abierta la puerta: en su mano está salir, o no salir; pero pues no ha salido hasta ahora, no saldrá en todo el día. La grandeza del corazón de vuesa merced ya está bien declarada: ningún bravo peleante (según a mí se me alcanza) está obligado a más que a desafiar a su enemigo y esperarle en campaña; y si el contrario no acude, en él se queda la infamia, y el esperante gana la corona del vencimiento.

—Así es verdad —respondió don

---

[30] caballero de la corte de los Reyes Católicos que entró en una leonera a rescatar el guante de una dama
[31] *espadas del perrillo*, anchas y cortas, que llevaban grabado un perro pequeño como marca

[32] sin peligro
[33] por completo
[34] aspecto

Quijote—; cierra, amigo, la puerta, y dame por testimonio en la mejor forma que pudieres lo que aquí me has visto hacer; conviene a saber,[35] cómo tú abriste al león, yo le esperé, él no salió, volvíle a esperar, volvió a no salir, y volvióse a acostar. No debo más, y encantos afuera, y Dios ayude a la razón y a la verdad, y a la verdadera caballería, y cierra, como he dicho, en tanto que hago señas a los huidos y ausentes, para que sepan de tu boca esta hazaña.

Hízolo así el leonero, y don Quijote, poniendo en la punta de la lanza el lienzo con que se había limpiado el rostro de la lluvia de los requesones, comenzó a llamar a los que no dejaban de huir ni de volver la cabeza a cada paso, todos en tropa[36] y antecogidos[37] del hidalgo; pero alcanzando Sancho a ver la señal del blanco paño, dijo:

—Que me maten si mi señor no ha vencido a las fieras bestias, pues nos llama.

Detuviéronse todos, y conocieron que el que hacía las señas era don Quijote; y perdiendo alguna parte del miedo, poco a poco se vinieron acercando hasta donde claramente oyeron las voces de don Quijote, que los llamaba. Finalmente, volvieron al carro, y en llegando, dijo don Quijote al carretero:

—Volved, hermano, a uncir vuestras mulas y a proseguir vuestro viaje; y tú Sancho, dale dos escudos de oro, para él y para el leonero, en recompensa de lo que por mí se han detenido.

—Ésos daré yo de muy buena gana— respondió Sancho—; pero ¿qué se han hecho los leones? ¿Son muertos, o vivos?

Entonces el leonero, menudamente y por sus pausas, contó el fin de la contienda, exagerando como él mejor pudo y supo el valor de don Quijote, de cuya vista el león acobardado, no quiso ni osó salir de la jaula, puesto que[38] había tenido un buen espacio abierta la puerta de la jaula; y que por haber él dicho a aquel caballero que era tentar a Dios irritar al león para que por fuerza saliese, como él quería que se irritase, mal de

su grado[39] y contra toda su voluntad había permitido que la puerta se cerrase.

—¿Qué te parece desto, Sancho? —dijo don Quijote—. ¿Hay encantos que valgan contra la verdadera valentía? Bien podrán los encantadores quitarme la ventura; pero el esfuerzo y el ánimo, será imposible.

Dio los escudos Sancho, unció el carretero, besó las manos el leonero a don Quijote por la merced recibida, y prometióle de contar aquella valerosa hazaña al mismo Rey, cuando en la Corte se viese.

—Pues si acaso su Majestad preguntare quién la hizo, diréisle que *el Caballero de los Leones;* que de aquí adelante quiero que en éste se trueque, cambie, vuelva y mude el que hasta aquí he tenido de *el Caballero de la Triste Figura;* y en esto sigo la antigua usanza de los andantes caballeros, que se mudaban los nombres cuando querían, o cuando les venía a cuento.[40]

Siguió su camino el carro, y don Quijote, Sancho y el del Verde Gabán prosiguieron el suyo.

En todo este tiempo no había hablado palabra don Diego de Miranda, todo atento a mirar y anotar los hechos y palabras de don Quijote, pareciéndole que era un cuerdo loco y un loco que tiraba[41] a cuerdo. No había aún llegado a su noticia la primera parte de su historia; que si la hubiera leído, cesara la admiración en que lo ponían sus hechos y sus palabras, pues ya supiera el género de su locura; pero como no la sabía, ya le tenía por cuerdo, y ya por loco, porque lo que hablaba era concertado, elegante y bien dicho, y lo que hacía disparatado, temerario y tonto. Y decía entre sí: «¿Qué más locura puede ser que ponerse la celada llena de requesones y darse a entender que le ablandaban los cascos los encantadores? Y ¿qué mayor temeridad y disparate que querer pelear por fuerza con leones?» Destas imaginaciones y deste soliloquio le sacó don Quijote, diciéndole:

—¿Quién duda, señor don Diego de Miranda, que vuesa merced no me tenga en

---

[35] es decir
[36] grupo
[37] precedidos
[38] aunque

[39] a pesar suyo
[40] les convenía
[41] parecía

su opinión por un hombre disparatado y loco? Y no sería mucho que así fuese, porque mis obras no pueden dar testimonio de otra cosa. Pues, con todo esto, quiero que vuesa merced advierta que no soy tan loco ni tan menguado[42] como debo de haberle parecido. Bien parece un gallardo caballero, a los ojos de su rey, en la mitad de una gran plaza, dar una lanzada con felice suceso a un bravo toro; bien parece un caballero, armado de resplandecientes armas, pasar la tela[43] en alegres justas delante de las damas, y bien parecen todos aquellos caballeros que en ejercicios militares, o que lo parezcan, entretienen y alegran, y, si se puede decir, honran las cortes de sus príncipes; pero sobre todos éstos parece mejor un caballero andante que por los desiertos, por las soledades, por las encrucijadas, por las selvas y por los montes anda buscando peligrosas aventuras, con intención de darles dichosa y bien afortunada cima, sólo por alcanzar gloriosa fama y duradera; mejor parece, digo, un caballero andante socorriendo a una viuda en algún despoblado que un cortesano caballero requebrando a una doncella en las ciudades. Todos los caballeros tienen sus particulares ejercicios: sirva a las damas el cortesano; autorice[44] la corte de su rey con libreas;[45] sustente los caballeros pobres con el espléndido plato de su mesa; concierte justas, mantenga torneos, y muéstrese grande, liberal y magnífico, y buen cristiano, sobre todo, y desta manera cumplirá con sus precisas obligaciones; pero el andante caballero busque los rincones del mundo; éntrese en los más intrincados laberintos; acometa a cada paso lo imposible: resista en los páramos despoblados los ardientes rayos del sol en la mitad del verano, y en el invierno la dura inclemencia de los vientos y de los hielos; no le asombren leones, ni le espanten vestiglos, ni atemoricen endriagos,[46] que buscar éstos, acometer aquéllos y vencerlos a todos son sus principales y verdaderos ejercicios. Yo,

pues, como me cupo en suerte ser uno del número de la andante caballería, no puedo dejar de acometer todo aquello que a mí me pareciere que cae debajo de la juridición de mis ejercicios; y así, el acometer los leones que ahora acometí derechamente me tocaba, puesto que conocí ser temeridad exorbitante porque bien sé lo que es valentía, que es una virtud que está puesta entre dos extremos viciosos, como son la cobardía y la temeridad; pero menos mal será que el que es valiente toque y suba al punto de temerario que no que baje y toque en el punto de cobarde; que así como es más fácil venir el pródigo a ser liberal que el avaro, así es más fácil dar el temerario en verdadero valiente que no el cobarde subir a la verdadera valentía; y en esto de acometer aventuras, créame vuesa merced, señor don Diego, que antes se ha de perder por carta de más que de menos,[47] porque mejor suena en las orejas de los que lo oyen «el tal caballero es temerario y atrevido» que no «el tal caballero es tímido y cobarde».

—Digo, señor don Quijote —respondió don Diego—, que todo lo que vuesa merced ha dicho y hecho va nivelado con el fiel de la misma razón, y que entiendo que si las ordenanzas y leyes de la caballería andante se perdiesen, se hallarían en el pecho de vuesa merced como en su mismo depósito y archivo. Y démonos priesa, que se hace tarde, y lleguemos a mi aldea y casa, donde descansará vuesa merced del pasado trabajo, que si no ha sido del cuerpo, ha sido del espíritu, que suele tal vez redundar en cansancio del cuerpo.

—Tengo el ofrecimiento a gran favor y merced, señor don Diego —respondió don Quijote.

Y picando más de lo que hasta entonces, serían como las dos de la tarde cuando llegaron a la aldea y a la casa de don Diego, a quien don Quijote llamaba el Caballero del Verde Gabán.

---

[42] tonto
[43] la pista (de los torneos)
[44] dé lustre a
[45] uniformes de criados

[46] monstruos fabulosos
[47] es preferible perder por exceso (de audacia) que por defecto (expresión tomada de un juego de naipes)

CAPÍTULO LXXIV

DE CÓMO DON QUIJOTE CAYÓ MALO, Y
DEL TESTAMENTO QUE HIZO, Y SU
MUERTE.

Como las cosas humanas no sean eternas, yendo siempre en declinación de sus principios hasta llegar a su último fin,[1] especialmente las vidas de los hombres, y como la de don Quijote no tuviese privilegio del cielo para detener el curso de la suya, llegó su fin y acabamiento cuando él menos lo pensaba; porque, o ya fuese de la melancolía que le causaba el verse vencido, o ya por la disposición del cielo, que así lo ordenaba, se le arraigó una calentura, que le tuvo seis días en la cama, en los cuales fue visitado muchas veces del Cura, del Bachiller y del Barbero, sus amigos, sin quitársele de la cabecera Sancho Panza, su buen escudero. Éstos, creyendo que la pesadumbre de verse vencido y de no ver cumplido su deseo en la libertad y desencanto de Dulcinea le tenía de aquella suerte, por todas las vías posibles procuraban alegrarle, diciéndole el Bachiller que se animase y levantase, para comenzar su pastoral ejercicio,[2] para el cual tenía ya compuesta una égloga, que mal año para cuantos Sanazaro[3] había compuesto, y que ya tenía comprados de su propio dinero los famosos perros para guardar el ganado, el uno llamado Barcino, y el otro Butrón, que se los había vendido un ganadero del Quintanar.[4] Pero no por esto dejaba don Quijote sus tristezas.

Llamaron sus amigos al médico, tomóle el pulso, y no le contentó mucho, y dijo que, por sí o por no, atendiese a la salud de su alma, porque la del cuerpo corría peligro. Oyólo don Quijote con ánimo sosegado; pero no lo oyeron así su ama, su sobrina y su escudero, los cuales comenzaron a llorar tiernamente, como si ya le tuvieran muerto delante. Fue el parecer del médico que melancolías y desabrimientos[5] le acababan. Rogó don Quijote que le dejasen solo, porque quería dormir un poco. Hiciéronlo así y durmió de un tirón,[6] como dicen, más de seis horas; tanto, que pensaron el Ama y la Sobrina que se había de quedar en el sueño. Despertó al cabo del tiempo dicho, y dando una gran voz, dijo:

—¡Bendito sea el poderoso Dios, que tanto bien me ha hecho! En fin, sus misericordias no tienen límite, ni las abrevian ni impiden los pecados de los hombres.

Estuvo atenta la Sobrina a las razones del tío, y pareciéronle más concertadas que él solía decirlas, a lo menos, en aquella enfermedad, y preguntóle:

—¿Qué es lo que vuesa merced dice, señor? ¿Tenemos algo de nuevo? ¿Qué misericordias son éstas, o qué pecados de los hombres?

—Las misericordias —respondió don Quijote—, Sobrina, son las que en este instante ha usado Dios conmigo, a quien, como dije, no las impiden mis pecados. Yo tengo juicio ya, libre y claro, sin las sombras caliginosas[7] de la ignorancia, que sobre él me pusieron mi amarga y continua leyenda[8] de los detestables libros de las caballerías. Ya conozco sus disparates y sus embelecos[9], y no me pesa sino que este desengaño ha llegado tan tarde, que no me deja tiempo para hacer alguna recompensa, leyendo otros que sean luz del alma. Yo me siento, Sobrina, a punto de muerte; querría hacerla de tal modo, que diese a entender que no había sido mi vida tan mala, que dejase renombre de loco; que puesto que lo he sido, no querría confirmar esta verdad en mi muerte. Llámame, amiga, a mis buenos amigos: al Cura, al bachiller Sansón Carrasco y a maese

---

[1] la muerte
[2] D. Quijote había pensado hacerse pastor durante el año que debía abandonar las armas, según promesa hecha a su vencedor el Caballero de la Blanca Luna (que era su amigo Sansón Carrasco, disfrazado).
[3] Jacopo Sannazaro (1458–1530), autor italiano de *La Arcadia*, prototipo de la novela pastoril

[4] pueblo de Quintanar de la Orden (Toledo)
[5] disgustos
[6] sin interrupción
[7] oscuras
[8] lectura
[9] engaños

Nicolás el barbero que quiero confesarme y hacer mi testamento.

Pero de este trabajo se excusó la Sobrina con la entrada de los tres. Apenas los vio don Quijote, cuando dijo:

—Dadme albricias,[10] buenos señores, de que ya yo no soy don Quijote de la Mancha, sino Alonso Quijano, a quien mis costumbres me dieron renombre de *Bueno*. Ya soy enemigo de Amadís de Gaula y de toda la infinita caterva[11] de su linaje; ya me son odiosas todas las historias profanas de la andante caballería; ya conozco mi necedad y el peligro en que me pusieron haberlas leído; ya, por misericordia de Dios, escarmentando en cabeza propia,[12] las abomino.

Cuando esto le oyeron decir los tres, creyeron, sin duda, que alguna nueva locura le había tomado. Y Sansón le dijo:

—¿Ahora, señor don Quijote, que tenemos nueva[13] que está desencantada la señora Dulcinea, sale vuesa merced con eso? Y ¿agora que estamos tan a pique[14] de ser pastores, para pasar cantando la vida, como unos príncipes, quiere vuesa merced hacerse ermitaño? Calle, por su vida, vuelva en sí, y déjese de cuentos.

—Los de hasta aquí —replicó don Quijote—, que han sido verdaderos en mi daño, los ha de volver mi muerte, con ayuda del cielo, en mi provecho. Yo, señores, siento que me voy muriendo a toda priesa: déjense burlas aparte, y tráiganme un confesor que me confiese y un escribano que haga mi testamento; que en tales trances como éste no se ha de burlar el hombre con el alma; y así, suplico que en tanto que el señor Cura me confiesa, vayan por el escribano.

Miráronse unos a otros, admirados de las razones de don Quijote, y, aunque en duda, le quisieron creer; y una de las señales por donde conjeturaron se moría fue el haber vuelto con tanta facilidad de loco a cuerdo; porque a las ya dichas razones añadió otras muchas tan bien dichas, tan

cristianas y con tanto concierto, que del todo les vino a quitar la duda y a creer que estaba cuerdo.

Hizo salir la gente el Cura, y quedóse solo con él, y confesóle. El Bachiller fue por el escribano, y de allí a poco volvió con él y con Sancho Panza; el cual Sancho (que ya sabía por nuevas del Bachiller en qué estado estaba su señor), hallando a la Ama y a la Sobrina llorosas, comenzó a hacer pucheros[15] y a derramar lágrimas. Acabóse la confesión, y salió el Cura, diciendo:

—Verdaderamente se muere, y verdaderamente está cuerdo Alonso Quijano el Bueno; bien podemos entrar para que haga su testamento.

Estas nuevas dieron un terrible empujón a los ojos preñados de Ama, Sobrina, y de Sancho Panza su buen escudero, de tal manera, que los hizo reventar las lágrimas de los ojos y mil profundos suspiros del pecho; porque verdaderamente, como alguna vez se ha dicho, en tanto que don Quijote fue Alonso Quijano el Bueno, a secas, y en tanto que fue don Quijote de la Mancha, fue siempre de apacible condición y de agradable trato, y por esto no sólo era bien querido de los de su casa, sino de todos cuantos le conocían. Entró el escribano con los demás, y después de haber hecho la cabeza[16] del testamento y ordenado su alma don Quijote, con todas aquellas circunstancias cristianas que se requieren, llegando a las mandas,[17] dijo:

—Ítem, es mi voluntad que de ciertos dineros que Sancho Panza, a quien en mi locura hice mi escudero, tiene, que porque ha habido entre él y mí ciertas cuentas, y dares y tomares,[18] quiero que no se le haga cargo dellos, ni se le pida cuenta alguna, sino que si sobrare alguno después de haberse pagado de lo que le debo, el restante sea suyo, que será bien poco, y buen provecho le haga; y si como estando yo loco fui parte para darle el gobierno de la ínsula, pudiera agora,

---

[10] felicitadme
[11] hueste
[12] aprendiendo de la propia experiencia
[13] noticia
[14] cerca

[15] gesto de la cara que precede al llanto
[16] introducción
[17] disposición de bienes
[18] débitos y créditos

estando cuerdo, darle el de un reino, se le diera, porque la sencillez de su condición y fidelidad de su trato lo merece.

Y volviéndose a Sancho, le dijo:

—Perdóname, amigo, de la ocasión que te he dado de parecer loco como yo, haciéndote caer en el error en que yo he caído, de que hubo y hay caballeros andantes en el mundo.

—¡Ay! —respondió Sancho llorando—. No se muera vuesa merced, señor mío, sino tome mi consejo, y viva muchos años; porque la mayor locura que puede hacer un hombre en esta vida es dejarse morir, sin más ni más, sin que nadie le mate, ni otras manos le acaben que las de la melancolía. Mire no sea perezoso, sino levántese desa cama, y vámonos al campo vestidos de pastores, como tenemos concertado: quizá tras de alguna mata hallaremos a la señora doña Dulcinea desencantada, que no haya más que ver.[19] Si es que se muere de pesar de verse vencido, écheme a mí la culpa, diciendo que por haber yo cinchado mal a Rocinante le derribaron; cuanto más que vuesa merced habrá visto en sus libros de caballerías ser cosa ordinaria derribarse unos caballeros a otros, y el que es vencido hoy ser vencedor mañana.

—Así es —dijo Sansón—, y el buen Sancho Panza está muy en la verdad destos casos.

—Señores —dijo don Quijote—, vámonos poco a poco, pues ya en los nidos de antaño no hay pájaros hogaño.[20] Yo fui loco, y ya soy cuerdo: fui don Quijote de la Mancha, y soy agora, como he dicho, Alonso Quijano el Bueno. Pueda con vuesas mercedes mi arrepentimiento y mi verdad volverme a la estimación que de mí se tenía, y prosiga adelante el señor escribano. —Ítem, mando[21] toda mi hacienda, a puerta cerrada,[22] a Antonia Quijana mi sobrina, que está

presente, habiendo sacado primero de lo más bien parado[23] della lo que fuere menester para cumplir las mandas que dejo hechas; y la primera satisfacción que se haga quiero que sea pagar el salario que debo del tiempo que mi ama me ha servido, y más veinte ducados para un vestido. Dejo por mis albaceas[24] al señor Cura y al señor bachiller Sansón Carrasco, que están presentes. —Ítem, es mi voluntad que si Antonia Quijana mi sobrina quisiere casarse, se case con hombre de quien primero se haya hecho información que no sabe qué cosas sean libros de caballerías; y en caso que se averiguare que lo sabe, y con todo eso mi sobrina quisiere casarse con él, y se casare, pierda todo lo que le he mandado,[25] lo cual puedan mis albaceas distribuir en obras pías, a su voluntad. —Ítem, suplico a los dichos señores mis albaceas que si la buena suerte les trujere a conocer al autor[26] que dicen que compuso una historia que anda por ahí con el título de *Segunda parte de las hazañas de don Quijote de la Mancha*, de mi parte le pidan, cuan encarecidamente ser pueda, perdone la ocasión que sin yo pensarlo le di de haber escrito tantos y tan grandes disparates como en ella escribe; porque parto desta vida con escrúpulo de haberle dado motivo para escribirlos.

Cerró con esto el testamento, y tomándole un desmayo, se tendió de largo a largo en la cama. Alborotáronse todos, y acudieron a su remedio, y en tres días que vivió después deste donde hizo el testamento, se desmayaba muy a menudo. Andaba la casa alborotada;[27] pero, con todo, comía la Sobrina, brindaba[28] el Ama, y se regocijaba Sancho Panza; que esto del heredar algo borra o templa en el heredero la memoria de la pena que es razón que deje el muerto. En fin, llegó el último[29] de don Quijote, después de recibidos todos los sacramentos[30] y después de haber

---

[19] cosa más hermosa que ver
[20] Refrán: las cosas de hoy (hogaño) no son ya como las de antes (antaño).
[21] dejo
[22] en su totalidad
[23] más disponible
[24] ejecutores testamentarios
[25] legado

[26] alusión a Alonso Fernández de Avellaneda, seudónimo del desconocido autor del *Quijote* apócrifo (1614)
[27] en confusión
[28] bebía (a la salud de)
[29] último [fin]
[30] los sacramentos de la hora de la muerte: confesión, comunión y extremaunción

abominado con muchas y eficaces razones de los libros de caballerías. Hallóse el escribano presente, y dijo que nunca había leído en ningún libro de caballerías que algún caballero andante hubiese muerto en su lecho tan sosegadamente y tan cristiano como don Quijote; el cual entre compasiones y lágrimas de los que allí se hallaron, dio su espíritu: quiero decir que se murió.

Viendo lo cual el Cura, pidió al escribano le diese por testimonio cómo Alonso Quijano el Bueno, llamado comúnmente don Quijote de la Mancha, había pasado desta presente vida, y muerto naturalmente; y que el tal testimonio pedía para quitar la ocasión de que algún otro autor que Cide Hamete Benengeli[31] le resucitase falsamente, y hiciese inacabables historias de sus hazañas. Este fin tuvo el Ingenioso Hidalgo de la Mancha, cuyo lugar no quiso poner Cide Hamete puntualmente, por dejar que todas las villas y lugares de la Mancha contendiesen entre sí por ahijársele y tenérsele por suyo, como contendieron las siete ciudades de Grecia por Homero.[32]

Déjanse de poner aquí los llantos de Sancho, sobrina y ama de don Quijote, los nuevos epitafios de su sepultura, aunque Sansón Carrasco le puso éste:

Yace aquí el Hidalgo fuerte
Que a tanto extremo llegó
De valiente, que se advierte
Que la muerte no triunfó
De su vida con su muerte.
Tuvo a todo el mundo en poco;
Fue el espantajo y el coco[33]
Del mundo, en tal coyuntura,
Que acreditó su ventura,
Morir cuerdo y vivir loco.

Y el prudentísimo Cide Hamete dijo a su pluma: «Aquí quedarás, colgada desta espetera[34] y deste hilo de alambre, ni sé si bien cortada o mal tajada péñola[35] mía, adonde vivirás luengos siglos, si presuntuosos y malandrines historiadores no te descuelgan para profanarte. Pero antes que a ti lleguen, les puedes advertir, y decirles en el mejor modo que pudieres:

¡Tate, tate, folloncicos![36]
de ninguno sea tocada;
porque esta empresa, buen rey,
para mí estaba guardada.

Para mí sola nació don Quijote, y yo para él; él supo obrar, y yo escribir; solos los dos somos para en uno, a despecho y pesar del escritor fingido y tordesillesco[37] que se atrevió, o se ha de atrever, a escribir con pluma de avestruz grosera y mal adeliñada[38] las hazañas de mi valeroso caballero, porque no es carga de sus hombros, ni asunto de su resfriado ingenio; a quien advertirás, si acaso llegas a conocerle, que deje reposar en la sepultura los cansados y ya podridos huesos de don Quijote, y no le quiera llevar, contra todos los fueros[39] de la muerte, a Castilla la Vieja,[40] haciéndole salir de la fuesa,[41] donde real y verdaderamente yace tendido de largo a largo, imposibilitado de hacer tercera jornada y salida nueva; que para hacer burla de tantas como hicieron tantos andantes caballeros, bastan las dos que él hizo, tan a gusto y beneplácito de las gentes a cuya noticia llegaron, así en éstos como en los extraños reinos. Y con esto cumplirás con tu cristiana profesión, aconsejando bien a quien mal te quiere, y yo quedaré satisfecho y ufano de haber sido el primero que gozó el fruto de sus escritos enteramente, como deseaba, pues no ha sido otro mi deseo de poner en aborrecimiento de los hombres las fingidas y disparatadas historias de los libros de caballerías, que por las de mi verdadero don Quijote van ya tropezando, y han de caer del todo,[42] sin duda alguna.» *Vale.*[43]

---

[31] supuesto autor árabe de quien Cervantes «copió» el *Quijote*

[32] Contendieron sobre cuál era la patria de Homero.

[33] espanto y terror

[34] tabla con garfios para colgar alimentos y utensilios de cocina

[35] pluma

[36] (dim. de follón) ¡Deteneos, villanos!

[37] el falso Avellaneda decía ser de Tordesillas (Valladolid)

[38] cortada

[39] leyes

[40] la región del falso Avellaneda

[41] (huesa) tumba

[42] por completo

[43] adiós (latín)

NOVELAS EJEMPLARES

(1613)

PRÓLOGO AL LECTOR[1]

Quisiera yo si fuera posible, lector amantísimo, excusarme de escribir este prólogo, porque no me fue tan bien con el que puse en mi *Don Quijote*, que quedase con gana de segundar con éste. Desto tiene la culpa algún amigo de los muchos que en el discurso de mi vida he granjeado, antes con mi condición que con mi ingenio, el cual amigo bien pudiera, como es uso y costumbre, grabarme y esculpirme en la primera hoja deste libro, pues le diera mi retrato el famoso don Juan de Jáuregui,[2] y con esto quedara mi ambición satisfecha, y el deseo de algunos que querrían saber qué rostro y talle tiene quien se atreve a salir con tantas invenciones en la plaza del mundo, a los ojos de las gentes, poniendo debajo del retrato: Este que veis aquí, de rostro aguileño, de cabello castaño, frente lisa y desembarazada, de alegres ojos y de nariz corva, aunque bien proporcionada, las barbas de plata, que no ha veinte años que fueron de oro; los bigotes grandes, la boca pequeña, los dientes ni menudos ni crecidos, porque no tiene sino seis, y ésos mal acondicionados y peor puestos, porque no tienen correspondencia los unos con los otros; el cuerpo entre dos extremos, ni grande ni pequeño, la color viva, antes blanca que morena, algo cargado de espaldas y no muy ligero de pies; éste digo que es el rostro del autor de *La Galatea* y de *Don Quijote de la Mancha*, y del que hizo el *Viaje del Parnaso*, a imitación del de César Caporal Perusino, y otras obras que andan por ahí descarriadas y quizá sin el nombre de su dueño. Llámase comúnmente Miguel de Cervantes Saavedra. Fue soldado muchos años, y cinco y medio cautivo, donde aprendió a tener paciencia en las adversidades. Perdió en la batalla naval de Lepanto la mano izquierda de un arcabuzazo, herida que, aunque parece fea, él la tiene por hermosa, por haberla cobrado en la más memorable y alta ocasión que vieron los pasados siglos, ni esperan ver los venideros, militando debajo de las vencedoras banderas del hijo del rayo de la guerra, Carlo Quinto, de felice memoria. Y cuando a la[3] deste amigo, de quien me quejo, no ocurrieran otras cosas de las dichas que decir de mí, yo me levantara a mí mismo dos docenas de testimonios y se los dijera en secreto, con que extendiera mi nombre y acreditara mi ingenio. Porque pensar que dicen puntualmente la verdad los tales elogios es disparate, por no tener punto preciso ni determinado las alabanzas ni los vituperios.

El Licenciado Vidriera

Paseándose dos caballeros estudiantes por las riberas de Tormes,[4] hallaron en ellas, debajo de un árbol, durmiendo, a un muchacho de hasta edad de once años, vestido como labrador; mandaron a un criado que le despertase: despertó, y preguntáronle de adónde era y qué hacía durmiendo en aquella soledad. A lo cual el muchacho respondió que el nombre de su tierra se le había olvidado, y que iba a la ciudad de Salamanca a buscar un amo a quien servir,

---

[1] Tiene interés especial por el autorretrato de Cervantes.

[2] pintor y poeta, amigo de Cervantes (1583–1641); hay dudas sobre cuál de los retratos conservados sea el mencionado aquí

[3] la [memoria]

[4] el río que pasa por Salamanca (a veces se omitía el artículo con nombres de ríos)

por sólo que le diese estudio.[5] Preguntáronle si sabía leer; respondió que sí, y escribir también.

—Desa[6] manera —dijo uno de los caballeros—, no es por falta de memoria habérsete olvidado el nombre de tu patria.

—Sea por lo que fuere —respondió el muchacho—; que ni el della[7] ni el de mis padres sabrá ninguno hasta que yo pueda honrarlos a ellos y a ella.

—Pues ¿de qué suerte los piensas honrar? —preguntó el otro caballero.

—Con mis estudios —respondió el muchacho—, siendo famoso por ellos; porque yo he oído decir que de los hombres se hacen los obispos.

Esta respuesta movió a los dos caballeros a que le recibiesen y llevasen consigo, como lo hicieron, dándole estudio de la manera que se usa dar en aquella Universidad a los criados que sirven. Dijo el muchacho que se llamaba Tomás Rodaja,[8] de donde infirieron sus amos, por el nombre y por el vestido, que debía de ser hijo de algún labrador pobre. A pocos días le vistieron de negro[9] y a pocas semanas dio Tomás muestras de tener raro ingenio, sirviendo a sus amos con tanta fidelidad, puntualidad y diligencia, que, con no faltar un punto a sus estudios, parecía que sólo se ocupaba en servirlos; y como el buen servir del siervo mueve la voluntad del señor a tratarle bien, ya Tomás, no era criado de sus amos, sino su compañero. Finalmente, en ocho años que estuvo con ellos se hizo tan famoso en la Universidad por su buen genio y notable habilidad, que de todo género de gentes era estimado y querido. Su principal estudio fue de leyes; pero en lo que más[10] se mostraba era en letras humanas;[11] y tenía

tan felice memoria, que era cosa de espanto;[12] e ilustrábala tanto con su buen entendimiento, que no era menos famoso por él que por ella.

Sucedió que se llegó el tiempo que sus amos acabaron sus estudios, y se fueron a su lugar, que era una de las mejores ciudades de Andalucía. Lleváronse consigo a Tomás y estuvo con ellos algunos días; pero como le fatigasen los deseos de volver a sus estudios y a Salamanca (que enhechiza la voluntad de volver a ella a todos los que de la apacibilidad de su vivienda han gustado), pidió a sus amos licencia para volverse. Ellos, corteses y liberales, se la dieron, acomodándole de suerte que con lo que le dieron se pudiera sustentar tres años.

Despidióse dellos[13] mostrando en sus palabras su agradecimiento, y salió de Málaga[14] (que ésta era la patria de sus señores), y al bajar de la cuesta de la Zambra, camino de Antequera,[15] se topó con un gentilhombre a caballo, vestido bizarramente[16] de camino, con dos criados también a caballo. Juntóse con él y supo cómo llevaba su mismo viaje; hicieron camarada,[17] departieron[18] de diversas cosas, y a pocos lances[19] dio Tomás muestras de su raro ingenio, y el caballero las dio de su bizarría y cortesano trato, y dijo que era capitán de infantería por Su Majestad, y que su alférez estaba haciendo la compañía[20] en tierra de Salamanca. Alabó la vida de la soldadesca; pintóle muy al vivo la belleza de la ciudad de Nápoles, las holguras de Palermo, la abundancia de Milán,[21] los festines de Lombardía, las espléndidas comidas de las hosterías; dibujóle dulce y puntualmente el *aconcha, patrón; pasa acá, manigoldo; venga la macatela, li polastri, e li macarroni.*[22] Puso las alabanzas en el cielo

---

[5] Era costumbre que el estudiante pobre sirviese de criado a uno rico para poder vivir y estudiar.

[6] de esa

[7] de ella (el nombre de mi patria)

[8] rueda (nombre rústico)

[9] como vestían los estudiantes, especialmente los que eran criados

[10] mejor

[11] humanidades

[12] asombro

[13] de ellos

[14] puerto del sur de Andalucía, en el Mediterráneo

[15] ciudad entre Málaga y Córdoba; *la Zambra,*

lugar situado en la ladera norte de las montañas que van paralelas a la costa

[16] elegantemente

[17] compañeros de viaje y hospedaje

[18] hablaron

[19] en poco tiempo

[20] reclutando para formar una compañía

[21] ciudades italianas que entonces dominaba España y que Cervantes conocía bien de sus tiempos de soldado

[22] frases italianas pidiendo comida a la manera de los soldados españoles

de la vida libre del soldado, y de la libertad de Italia; pero no le dijo nada del frío de las centinelas, del peligro de los asaltos, del espanto de las batallas, de la hambre de los cercos, de la ruina de las minas, con otras cosas deste jaez,[23] que algunos las toman y tienen por añadiduras del peso de la soldadesca, y[24] son la carga principal della. En resolución, tantas cosas le dijo, y tan bien dichas, que la discreción de nuestro Tomás Rodaja comenzó a titubear, y la voluntad de aficionarse a aquella vida, que tan cerca tiene la muerte.

El capitán que don Diego de Valdivia se llamaba,[25] contentísimo de la buena presencia, ingenio y desenvoltura de Tomás, le rogó que se fuese con él a Italia, si quería, por curiosidad de verla; que él le ofrecía su mesa, y aun si fuese necesario su bandera,[26] porque su alférez la había de dejar presto. Poco fue menester para que Tomás tuviese el envite,[27] haciendo consigo en un instante un breve discurso de que sería bueno ver a Italia y Flandes, y otras diversas tierras y paisajes, pues las luengas peregrinaciones hacen a los hombres discretos, y que en esto a lo más largo podía gastar tres o cuatro años, que añadidos a los pocos que él tenía, no serían tantos que impidiesen volver a sus estudios. Y como si todo hubiera de suceder a la medida de su gusto, dijo al capitán que era contento de irse con él a Italia; pero había de ser condición que no se había de sentar debajo de bandera, ni poner en lista de soldado, por no obligarse a seguir su bandera. Y aunque el capitán le dijo que no importaba ponerse en lista, que ansí gozaría de los socorros y pagas que a la compañía se diesen, porque él le daría licencia todas las veces que se la pidiese.

—Eso sería —dijo Tomás—, ir contra mi conciencia y contra la del señor capitán; y así, más quiero ir suelto que obligado.

—Conciencia tan escrupulosa —dijo don Diego— más es de religioso que de soldado; pero como quiera que sea, ya somos camaradas.

Llegaron aquella noche a Antequera, y en pocos días y grandes jornadas se pusieron donde estaba la compañía, ya acabada de hacer, y que comenzaba a marchar la vuelta de Cartagena,[28] alojándose ella y otras cuatro por los lugares que le venían a mano. Allí notó Tomás la autoridad de los comisarios, la incomodidad de algunos capitanes, la solicitud de los aposentadores, la industria y cuenta de los pagadores, las quejas de los pueblos, el rescatar de las boletas, las insolencias de los bisoños,[29] las pendencias de los huéspedes, el pedir bagajes[30] más de los necesarios, y, finalmente, la necesidad casi precisa de hacer todo aquello que notaba y mal le parecía.

Habíase vestido Tomás de papagayo,[31] renunciando los hábitos de estudiante, y púsose a lo de Dios es Cristo,[32] como se suele decir. Los muchos libros que tenía los redujo a unas *Horas de Nuestra Señora* y un *Garcilaso* sin comento,[33] que en las dos faldriqueras[34] llevaba. Llegaron más presto de lo que quisieron a Cartagena, porque la vida de los alojamientos es ancha y varia, y cada día se topan cosas nuevas y gustosas. Allí se embarcaron en cuatro galeras de Nápoles, y allí notó también Tomás Rodaja la extraña vida de aquellas marítimas casas, adonde lo más del tiempo maltratan las chinches, roban los forzados, enfadan los marineros, destruyen los ratones y fatigan las maretas.[35] Pusiéronle temor las grandes borrascas y tormentas, especialmente en el golfo de León,[36] que tuvieron dos, que la

---

[23] de este tipo
[24] pero
[25] Es posible que Cervantes pensase en el juez de este nombre que le comisionó en Sevilla para abastecer de trigo a la Armada Invencible.
[26] la bandera que el alférez llevaba consigo durante la recluta
[27] aceptase la oferta (expresión del juego de naipes)
[28] en dirección a Cartagena (puerto del Mediterráneo)
[29] soldados noveles
[30] animales de carga
[31] de colores brillantes (según costumbre militar)
[32] vestido como un fanfarrón
[33] libro devoto el primero, y el segundo, libro de poesías de Garcilaso de la Vega (¿1501?-36), sin los extensos comentarios con que habían sido publicadas por Francisco Sánchez *el Brocense* y por el poeta Herrera
[34] bolsillos
[35] oleaje fuerte
[36] Lyon, al sur de Francia, temido por sus tormentas

una los echó en Córcega, y la otra los volvió a Tolón,[37] en Francia. En fin, trasnochados, mojados y con ojeras llegaron a la hermosa y bellísima ciudad de Génova,[38] y desembarcándose en su recogido Mandrache[39], después de haber visitado una iglesia dio el capitán con todos sus camaradas en una hostería, donde pusieron en olvido todas las borrascas pasadas con el presente *gaudeamus*.[40]

Allí conocieron la suavidad del Trebiano,[41] el valor del Montefrascón, la fuerza del Asperino, la generosidad de los dos griegos Candía y Soma; la grandeza del de las Cinco Viñas, la dulzura y apacibilidad de la señora Guarnacha, la rusticidad de la Chéntola, sin que entre todos estos señores osase parecer la bajeza del Romanesco. Y habiendo hecho el huésped la reseña de tantos y tan diferentes vinos se ofreció de hacer parecer allí, sin usar de tropelía,[42] ni como pintados en mapa,[43] sino real y verdaderamente, a Madrigal,[44] Coca, Alaejos, y a la Imperial más que Real Ciudad, recámara del Dios de la risa; ofreció a Esquivias, a Alanís, a Cazalla, Guadalcanal y la Membrilla, sin que se olvidase de Ribadavia y de Descargamaría. Finalmente, más vinos nombró el huésped, y más les dio, que pudo tener en sus bodegas el mismo Baco.[45]

Admiráronle también al buen Tomás los rubios cabellos de las genovesas y la gentileza y gallarda disposición de los hombres, la admirable belleza de la ciudad, que en aquellas peñas parece que tiene las casas engastadas como diamantes en oro. Otro día se desembarcaron todas las compañías que habían de ir al Piamonte;[46] pero no quiso Tomás hacer este viaje, sino irse desde allí por tierra a Roma y a Nápoles, como lo hizo, quedando de[47] volver por la gran Venecia y por Loreto[48] a Milán y al Piamonte, donde dijo don Diego de Valdivia que le hallaría, si ya no los hubiesen llevado a Flandes, según se decía. Despidióse Tomás del capitán de allí a dos días, y en cinco llegó a Florencia, habiendo visto primero a Luca,[49] ciudad pequeña, pero muy bien hecha, y en la que, mejor que en otras partes de Italia, son bien vistos y agasajados los españoles.

Contentóle Florencia en extremo, así por su agradable asiento como por su limpieza, suntuosos edificios, fresco río y apacibles calles. Estuvo en ella cuatro días, y luego se partió a Roma, reina de las ciudades y señora del mundo. Visitó sus templos, adoró sus reliquias y admiró su grandeza, y así como por las uñas del león se viene en conocimiento de su grandeza y ferocidad, así él sacó la[50] de Roma por sus despedazados mármoles, medias y enteras estatuas, por sus rotos arcos y derribadas termas, por sus magníficos pórticos y anfiteatros grandes, por su famoso y santo río, que siempre llena sus márgenes de agua y las beatifica con las infinitas reliquias de cuerpos de mártires que en ellas[51] tuvieron sepultura; por sus puentes, que parece que se están mirando unas a otras, y por sus calles, que con sólo el nombre cobran autoridad sobre todas las de las otras ciudades del mundo: la vía Apia, la Flaminia, la Julia, con otras deste jaez. Pues no le admiraba menos la división de sus montes dentro de sí misma: el Celio, el Quirinal y el Vaticano, con los otros cuatro,[52] cuyos nombres manifiestan la grandeza y majestad romana. Notó también la autoridad del Colegio de los Cardenales, la majestad del Sumo Pontífice,

---

[37] Córcega (Corse), isla francesa al oeste de Italia; Toulon, puerto
[38] puerto de Italia
[39] Mandraccio, parte SE. del puerto de Génova
[40] regocijo (de una famosa canción en latín)
[41] éste y los siguientes son vinos famosos de Italia
[42] injusticia
[43] ni meramente como [nombres] pintados en un mapa
[44] éste y los siguientes son vinos españoles
[45] dios del vino
[46] región al NO. de Italia

[47] pensando en
[48] centro de peregrinación en la provincia de Ancona, junto al Adriático
[49] Lucca, ciudad al oeste de Florencia, que en 1546 se acogió a la protección de España frente a la amenaza toscana; por ello eran allí populares los españoles.
[50] grandeza
[51] márgenes
[52] Capitolio, Palatino, Aventino, Esquilino y Viminal (cinco, pues el Vaticano no era una de las siete colinas originales)

el concurso y variedad de gentes y naciones. Todo lo miró, y notó, y puso en su punto. Y habiendo andado la estación de las siete Iglesias[53] y confesádose con un penitenciario, y besado el pie a Su Santidad, lleno de *agnusdeis* y cuentas,[54] determinó irse a Nápoles, y por ser tiempo de mutación,[55] malo y dañoso para todos los que en él entran o salen de Roma, como hayan caminado por tierra, se fue por mar a Nápoles, donde a la admiración que traía de haber visto a Roma, añadió la que le causó ver a Nápoles, ciudad, a su parecer y al de todos cuantos la han visto, la mejor de Europa, y aun de todo el mundo.

Desde allí se fue a Sicilia, y vio a Palermo, y después a Micina;[56] de Palermo le pareció bien el asiento y belleza y de Micina, el puerto, y de toda la isla, la abundancia, por quien propiamente y con verdad es llamada granero de Italia. Volvióse a Nápoles y a Roma, y de allí fue a Nuestra Señora de Loreto,[57] en cuyo santo templo no vio paredes ni murallas, porque todas estaban cubiertas de muletas, de mortajas, de cadenas, de grillos, de esposas,[58] de cabelleras, de medios bultos de cera y de pinturas y retablos, que daban manifiesto indicio de las innumerables mercedes que muchos habían recibido de la mano de Dios por intercesión de su divina Madre, que aquella sacrosanta imagen suya quiso engrandecer y autorizar con muchedumbre de milagros, en recompensa de la devoción que le tienen aquellos que con semejantes doseles tienen adornados los muros de su casa. Vio el mismo aposento y estancia donde se relató la más alta embajada[59] y de más importancia que vieron, y no entendieron, todos los cielos, y todos los ángeles, y todos los moradores de las moradas sempiternas.

Desde allí, embarcándose en Ancona,[60] fue a Venecia, ciudad que a no haber nacido Colón en el mundo, no tuviera en él semejante: merced al cielo y al gran Hernando Cortés, que conquistó la gran Méjico, para que la gran Venecia tuviese en alguna manera quien se le opusiese.[61] Estas dos famosas ciudades se parecen en las calles, que son todas de agua: la de Europa, admiración del mundo antiguo; la de América, espanto del mundo nuevo. Parecióle que su riqueza era infinita, su gobierno prudente, su sitio inexpugnable, su abundancia mucha, sus contornos alegres, y, finalmente, toda ella en sí y en sus partes digna de la fama que de su valor por todas las partes del orbe se extiende dando causa de acreditar más esta verdad la máquina[62] de su famoso arsenal, que es el lugar donde se fabrican las galeras, con otros bajeles que no tienen número.

Por poco fueran los de Calipso[63] los regalos y pasatiempos que halló nuestro curioso en Venecia, pues casi le hacían olvidar de su primer intento. Pero habiendo estado un mes en ella, por Ferrara, Parma y Plasencia volvió a Milán, oficina de Vulcano,[64] ojeriza del reino de Francia,[65] ciudad, en fin, de quien se dice que puede decir y hacer,[66] haciéndola magnífica la grandeza suya y de su templo, y su maravillosa abundancia de todas las cosas a la vida humana necesarias. Desde allí se fue a Aste,[67] y llegó a tiempo que otro día marchaba el tercio[68] a

---

[53] Se ganaban indulgencias visitando las famosas iglesias de San Pedro, San Pablo, S. Juan de Letrán, S. Sebastián, Santa María la Mayor, San Lorenzo y Santa Cruz.

[54] el *agnus dei* (Cordero de Dios) es una medalla de cera en forma ovalada o de corazón, con la imagen de un cordero; las *cuentas* son las del rosario

[55] cambio del tiempo

[56] Messina (Sicilia)

[57] santuario de una Virgen milagrosa

[58] Los *grillos* son anillas de hierro para sujetar los pies de los presos, y las *esposas* para las manos.

[59] la Anunciación de la Virgen, que se dice haber tenido lugar en la *Santa casa*, transportada milagrosamente por los ángeles a Loreto desde Nazareth en 1294

[60] puerto de Italia, en el Adriático

[61] algún rival

[62] las instalaciones

[63] la ninfa que entretuvo a Ulises siete años en la isla Ogigia del Mar Jónico, a cuyas atenciones casi se igualaban las recibidas en Venecia por el protagonista

[64] alusión a la fábrica de armas

[65] Los reyes de Francia habían reclamado y luchado por el dominio de Milán.

[66] es capaz de hacer lo que promete

[67] Asti (Piamonte), al NO. de Génova

[68] regimiento

Flandes. Fue muy bien recibido de su amigo el capitán, y en su compañía y camarada pasó a Flandes, y llegó a Amberes,[69] ciudad no menos para maravillar que las que había visto en Italia. Vio a Gante,[70] y a Bruselas,[71] y vio que todo el país se disponía a tomar las armas para salir en campaña el verano siguiente. Y habiendo cumplido con el deseo que le movió a ver lo que había visto, determinó volverse a España y a Salamanca a acabar sus estudios, y como lo pensó lo puso luego por obra, con pesar grandísimo de su camarada, que le rogó, al tiempo de despedirse, le avisase de su salud, llegada y suceso. Prometióselo ansí como lo pedía, y por Francia volvió a España, sin haber visto París, por estar puesta en armas.[72] En fin, llegó a Salamanca, donde fue bien recibido de sus amigos, y con la comodidad que ellos le hicieron prosiguió sus estudios hasta graduarse de licenciado en Leyes.

Sucedió que en este tiempo llegó a aquella ciudad una dama de todo rumbo y manejo.[73] Acudieron luego a la añagaza[74] y reclamo todos los pájaros[75] del lugar, sin quedar *vademecum*[76] que no la visitase. Dijéronle a Tomás que aquella dama decía que había estado en Italia y en Flandes y por ver si la conocía, fue a visitarla, de cuya visita y vista quedó ella enamorada de Tomás; y él, sin echar de ver en ello, si no era por fuerza y llevado de otros, no quería entrar en su casa. Finalmente, ella le descubrió su voluntad y le ofreció su hacienda; pero como él atendía más a sus libros que a otros pasatiempos, en ninguna manera respondía al gusto de la señora, la cual, viéndose desdeñada y, a su parecer, aborrecida, y que por medios ordinarios y comunes no podía conquistar la roca de la voluntad de Tomás, acordó de buscar otros modos, a su parecer, más eficaces y bastantes para salir con el cumplimiento de sus deseos. Y así aconsejada de una morisca,

en un membrillo toledano dio a Tomás unos destos que llaman hechizos, creyendo que le daba cosa que le forzase la voluntad a quererla; como si hubiese en el mundo yerbas, encantos ni palabras suficientes a forzar el libre albedrío; y así, las que dan estas bebidas o comidas amatorias se llaman *venéficas*[77] porque no es otra cosa lo que hacen sino dar veneno a quien las toma, como lo tiene mostrado la experiencia en muchas y diversas ocasiones.

Comió en tal mal punto Tomás el membrillo, que al momento comenzó a herir[78] de pie y de mano como si tuviera alferecía,[79] y sin volver en sí estuvo muchas horas, al cabo de las cuales volvió como atontado, y dijo con lengua turbada y tartamuda que un membrillo que había comido le había muerto, y declaró quién se le había dado. La justicia, que tuvo noticia del caso, fue a buscar la malhechora; pero ya ella, viendo el mal suceso, se había puesto en cobro,[80] y no pareció jamás.

Seis meses estuvo en la cama Tomás, en los cuales se secó y se puso, como suele decirse, en los huesos, y mostraba tener turbados todos los sentidos; y aunque le hicieron los remedios posibles, sólo le sanaron la enfermedad del cuerpo, pero no de lo del entendimiento; porque quedó sano, y loco de la más extraña locura que entre las locuras hasta entonces se había visto. Imaginóse el desdichado que era todo hecho de vidrio, y con esta imaginación, cuando alguno se llegaba a él, daba terribles voces, pidiendo y suplicando con palabras y razones concertadas que no se le acercasen, porque le quebrarían; que real y verdaderamente él no era como los otros hombres: que todo era de vidrio, de pies a cabeza.

Para sacarle desta extraña imaginación, muchos, sin atender a sus voces y rogativas, arremetieron a él y le abrazaron, diciéndole que advirtiese y mirase cómo no se quebraba.

---

[69] Antwerp (Bélgica)
[70] Ghent
[71] capital actual de Bélgica
[72] en guerra (1567 y 1588)
[73] forma irónica de referirse a una cortesana notoria
[74] engaño
[75] hombres (atraídos por ella)

[76] criado que acompañaba al estudiante rico llevándole los libros y guardándole el sitio en la clase
[77] de *veneficio*, veneno (latín)
[78] temblar
[79] epilepsia
[80] en lugar seguro

Pero lo que se granjeaba[81] en esto era que el pobre se echaba en el suelo dando mil gritos, y luego le tomaba un desmayo del cual no volvía en sí en cuatro horas; y cuando volvía, era renovando las plegarias y rogativas de que otra vez no le llegasen. Decía que le hablasen desde lejos, y le preguntasen lo que quisiesen, porque a todo les respondería con más entendimiento, por ser hombre de vidrio y no de carne; que el vidrio, por ser de materia sutil y delicada, obraba por ella[82] el alma con más promptitud y eficacia que no por la del cuerpo, pesada y terrestre. Quisieron algunos experimentar si era verdad lo que decía, y así le preguntaron muchas y difíciles cosas, a las cuales respondió espontáneamente con grandísima agudeza de ingenio; cosa que causó admiración a los más letrados de la Universidad y a los profesores de la Medicina y Filosofía, viendo que en un sujeto donde se contenía tan extraordinaria locura como era el pensar que fuese de vidrio, se encerrase tan grande entendimiento, que respondiese a toda pregunta con propiedad y agudeza.

Pidió Tomás le diesen alguna funda donde pusiese aquel vaso quebradizo de su cuerpo, porque al vestirse algún vestido estrecho no se quebrase; y así le dieron una ropa parda y una camisa muy ancha, que él se vistió con mucho tiento y se ciñó con una cuerda de algodón. No quiso calzarse zapatos en ninguna manera, y el orden que tuvo para que le diesen de comer sin que a él llegasen fue poner en la punta de una vara una vasera de orinal[83] en la cual le ponían alguna cosa de fruta, de las que la sazón del tiempo ofrecía. Carne ni pescado no lo quería; no bebía sino en fuente o en río y esto, con las manos; cuando andaba por calles, iba por mitad dellas, mirando a los tejados, temeroso no le cayese alguna teja encima y le quebrase; los veranos dormía en el campo al cielo abierto, y los inviernos se metía en algún mesón, y en el pajar se enterraba hasta la garganta, diciendo que aquélla era la más propia y más segura cama que podían tener los hombres de vidrio. Cuando tronaba, temblaba como un azogado y se salía al campo, y no entraba en el poblado hasta haber pasado la tempestad. Tuviéronle encerrado sus amigos mucho tiempo; pero viendo que su desgracia pasaba adelante, determinaron de conceder con lo que él les pedía, que era que le dejasen andar libre, y así le dejaron, y él salió por la ciudad, causando admiración y lástima a todos los que le conocían.

Cercáronle luego los muchachos; pero él con la vara los detenía, y les rogaba que le hablasen apartados, porque no se quebrase; que por ser hombre de vidrio, era muy tierno y quebradizo. Los muchachos que son la más traviesa generación[84] del mundo, a despecho de sus ruegos y voces, le comenzaron a tirar trapos, y aun piedras, por ver si era de vidrio, como él decía; pero él daba tantas voces y hacía tales extremos, que movía a los hombres a que riñesen y castigasen a los muchachos porque no le tirasen. Mas un día que le fatigaron mucho se volvió a ellos, diciendo:

—¿Qué me queréis, muchachos porfiados como moscas, sucios como chinches, atrevidos como pulgas? ¿Soy yo por ventura el monte Testacho[85] de Roma, para que me tiréis tantos tiestos y tejas?

Por oírle reñir y responder a todos, le seguían siempre muchos, y los muchachos tomaron y tuvieron por mejor partido antes oílle que tiralle.[86] Pasando, pues, una vez por la ropería[87] de Salamanca, le dijo una ropera:

—En mi ánima, señor Licenciado, que me pesa de su desgracia; pero ¿qué haré, que no puedo llorar?

Él se volvió a ella, y muy mesurado le dijo:

—*Filiae Hierusalem, plorate super vos et super fillos vestros.*[88]

---

[81] ganaba
[82] la materia
[83] cesta de paja para colocar este recipiente
[84] especie
[85] Testaccio, colina artificial formada por objetos de cerámica rotos y viejos
[86] oírle, tirarle
[87] tienda de ropa usada
[88] «Hijas de Jerusalén, llorad por vosotras y por vuestros hijos» (San Lucas, XXIII, 28)

Entendió el marido de la ropera la malicia del dicho, y díjole:

—Hermano Licenciado Vidriera —que así decía él que se llamaba—, más tenéis de bellaco que de loco.

—No se me da un ardite[89] —respondió él—, como no tenga nada de necio.

Pasando un día por la casa llana y venta común,[90] vio que estaban en la puerta della muchas de sus moradoras, y dijo que eran bagajes del ejército de Satanás, que estaban alojadas en el mesón del Infierno.

Preguntóle uno que qué consejo o consuelo daría a un amigo suyo, que estaba muy triste porque su mujer se le había ido con otro. A lo cual respondió:

—Dile que dé gracias a Dios por haber permitido le llevasen de casa a su enemigo.

—Luego ¿no irán a buscarla? —dijo el otro.

—Ni por pienso[91] —replicó Vidriera—; porque sería el hallarla hallar un perpetuo y verdadero testigo de su deshonra.

—Ya que eso sea así —dijo el mismo—, ¿qué haré yo para tener paz con mi mujer?

Respondióle:

—Dale lo que hubiere menester; déjala que mande a todos los de su casa; pero no sufras que ella te mande a ti.

Díjole un muchacho:

—Señor Licenciado Vidriera, yo me quiero desgarrar[92] de mi padre, porque me azota muchas veces.

Y respondióle:

—Advierte, niño, que los azotes que los padres dan a los hijos, honran; y los del verdugo, afrentan.

Estando a la puerta de una iglesia, vio que entraba en ella un labrador de los que siempre blasonan de cristianos viejos,[93] y detrás dél[94] venía uno que no estaba en tan buena opinión[95] como el primero, y el Licenciado dio grandes voces al labrador, diciendo:

—Esperad, Domingo, a que pase el sábado.[96]

De los maestros de escuela decía que eran dichosos, pues trataban siempre con ángeles, y que fueran dichosísimos si los angelitos no fueran mocosos.

Las nuevas de su locura y de sus respuestas y dichos se extendieron por toda Castilla, y llegando a noticia de un príncipe o señor que estaba en la Corte,[97] quiso enviar por él, y encargóselo a un caballero amigo suyo, que estaba en Salamanca, que se lo enviase, y topándole el caballero un día, le dijo:

—Sepa el señor Licenciado Vidriera que un gran personaje de la Corte le quiere ver y envía por él.

A lo cual respondió:

—Vuesa merced me excuse con ese señor; que ya no soy bueno para palacio, porque tengo vergüenza y no sé lisonjear.

Con todo esto, el caballero le envió a la Corte, y para traerle usaron con él desta invención: pusiéronle en unas árganas[98] de paja, como aquellas donde llevan el vidrio, igualando los tercios[99] con piedras, y entre paja puestos algunos vidrios, porque se diese a entender que como vaso de vidrio le llevaban. Llegó a Valladolid, entró de noche, y desembanastáronle en la casa del señor que había enviado por él, de quien fue muy bien recibido, diciéndole:

—Sea muy bien venido el señor Licenciado Vidriera. ¿Cómo ha ido en el camino? ¿Cómo va de salud?

—Ningún camino hay malo como se acabe, si no es el que va a la horca. De salud estoy neutral, porque están encontrados[1] mis pulsos con mi cerebro.

Otro día, habiendo visto en muchas alcándaras[2] muchos neblíes y azores y otros

---

89 No me importa eso nada (*ardite* era una moneda de poco valor)
90 casa de prostitución
91 ni pensarlo
92 separar
93 alardean de no tener sangre judía
94 de él
95 no se le consideraba cristiano viejo

96 el día santo de los judíos, aquí aludiendo sarcásticamente al segundo labrador
97 la capital, entonces Valladolid (1601–1606)
98 banastas o cestas grandes
99 contrapesando la carga
1 en conflicto
2 perchas para halcones y otras aves de presa

pájaros de volatería, dijo que la caza de altanería[3] era digna de príncipes y de grandes señores; pero que advirtiesen que con ella echaba el gusto censo sobre el provecho a más de dos mil por uno.[4] La caza de liebres dijo que era muy gustosa, y más cuando se cazaba con galgos prestados.

El caballero gustó de su locura, y dejóle salir por la ciudad, debajo del amparo y guarda de un hombre que tuviese cuenta que los muchachos no le hiciesen mal, de los cuales y de toda la Corte fue conocido en seis días, y a cada paso, en cada calle y en cualquiera esquina, respondía a todas las preguntas que le hacían; entre las cuales le preguntó un estudiante si era poeta, porque le parecía que tenía ingenio para todo. A lo cual respondió:

—Hasta ahora no he sido tan necio ni tan venturoso.

—No entiendo eso de necio y venturoso —dijo el estudiante.

—No he sido tan necio que diese en poeta malo, ni tan venturoso que haya merecido serlo bueno.

Preguntóle otro estudiante que en qué estimación tenía a los poetas. Respondió que a la ciencia, en mucha; pero que a los poetas, en ninguna. Replicáronle que por qué decía aquello. Respondió que del infinito número de poetas que había, eran tan pocos los buenos, que casi no hacían número; y así, como si no hubiese poetas, no los estimaba; pero que admiraba y reverenciaba la ciencia de la poesía, porque encerraba en sí todas las demás ciencias: porque de todas se sirve, de todas se adorna, y pule y saca a luz sus maravillosas obras, con que llena el mundo de provecho, de deleite y de maravilla. Añadió más:

—Yo bien sé en lo que se debe estimar un buen poeta, porque se me acuerda de aquellos versos de Ovidio que dicen:

Cura ducum fuerunt olim regumque poetae:
Praemiaque antiqui magna tulere chori.
Sanctaque majestas et erat venerabile nomen
Vatibus: et largae saepe dabantur opes.[5]

Y menos se me olvida la alta calidad de los poetas, pucs los llama Platón[6] intérpretes de los dioses, y dellos dice Ovidio:

Est Deus in nobis, agitante calescimus illo.[7]
Y también dice:

At sacri vates, et Divum cura vocamur.[8]
Esto se dice de los buenos poetas; que de los malos, de los churrulleros,[9] ¿qué se ha de decir sino que son la idiotez y la arrogancia del mundo?

Y añadió más:

—¡Qué es ver a un poeta destos de la primera impresión, cuando quiere decir un soneto a otros que le rodean, las salvas[10] que les hace, diciendo: «Vuesas mercedes escuchen un sonetillo que anoche a cierta ocasión hice, que a mi parecer, aunque no vale nada, tiene un no sé qué de bonito.» Y en esto tuerce los labios, pone en arco las cejas, y se rasca la faldriquera, y de entre otros mil papeles mugrientos y medio rotos, donde queda otro millar de sonetos, saca el que quiere relatar, y al fin le dice, con tono melifluo y alfeñicado.[11] Y si acaso los que le escuchan, de socarrones o de ignorantes, no se le alaban, dice: «O vuesas mercedes no han entendido el soneto, o yo no le he sabido decir; y así, será bien recitarle otra vez, y que vuesas mercedes le presten más atención, porque en verdad en verdad que el soneto lo merece.» Y vuelve como primero a recitarle, con nuevos ademanes y nuevas pausas. Pues, ¿qué es verlos censurar los unos a los otros? ¿Qué diré del ladrar que hacen los cachorros y modernos a los mastinazos[12] antiguos y graves? Y ¿qué de los que murmuran de algunos ilustres y excelentes sujetos, donde

---

[3] halconería (con halcones y otras aves de alto vuelo)
[4] el placer excedía (imponía un *censo* o gravamen) al provecho en una proporción mayor de dos mil por uno
[5] «En otros tiempos los poetas fueron protegidos por jefes y reyes; y ganaban grandes premios con sus coros. Los bardos tenían una dignidad sagrada y un nombre venerado; y a menudo se les daban grandes riquezas» (Ovidio, *Ars Amatoria*, III, 405–8).
[6] el filósofo griego (hacia 427–347 a.C.)

[7] «Hay un dios en nosotros, que nos enciende [el fuego poético] cuando nos excita» (*Fasti*, VI, 5).
[8] «Los poetas somos sagrados, y se nos llama protegidos de los dioses» (*Amores*, III, elegía 9, v. 17).
[9] fanfarrones, palabreros
[10] introducciones (con elogios y excusas)
[11] azucarado, afectado
[12] aumentativo de mastín (perro grande y agresivo)

resplandece la verdadera luz de la poesía, que, tomándola por alivio y entretenimiento de sus muchas y graves ocupaciones, muestran la divinidad de sus ingenios y la alteza de sus conceptos, a despecho y pesar del circunspecto ignorante que juzga de lo que no sabe y aborrece lo que no entiende, y del que quiere que se estime y tenga en precio la necedad que se sienta debajo de doseles y la ignorancia que se arrima a los sitiales?

Otra vez le preguntaron qué era la causa de que los poetas, por la mayor parte, eran pobres. Respondió que porque ellos querían, pues estaba en su mano ser ricos, si se sabían aprovechar de la ocasión que por momentos traían entre las manos, que eran las de sus damas, que todas eran riquísimas en extremo, pues tenían los cabellos de oro, la frente de plata bruñida, los ojos de verdes esmeraldas, los dientes de marfil, los labios de coral y la garganta de cristal transparente, y que lo que lloraban eran líquidas perlas; y más que lo que sus plantas pisaban, por dura y estéril tierra que fuese, al momento producía jazmines y rosas; y que su aliento era de puro ámbar, almizcle y algalia;[13] y que todas estas cosas eran señales y muestras de su mucha riqueza. Estas y otras cosas decía de los malos poetas; que de los buenos siempre dijo bien y los levantó sobre el cuerno de la luna.[14]

Vio un día en la acera de San Francisco[15] unas figuras pintadas de mala mano, y dijo que los buenos pintores imitaban a naturaleza; pero que los malos la vomitaban. Arrimóse un día con grandísimo tiento, porque no se quebrase, a la tienda de un librero, y díjole:

—Este oficio me contentara mucho si no fuera por una falta que tiene.

Preguntóle el librero se la dijese. Respondióle:

—Los melindres que hacen cuando compran un privilegio de un libro[16] y la burla que hacen a su autor si acaso le imprime a su costa, pues en lugar de mil y quinientos, imprimen tres mil libros, y cuando el autor piensa que se venden los suyos, se despachan los ajenos.

Acaeció este mismo día que pasaron por la plaza seis azotados, y diciendo el pregón:[17] «Al primero, por ladrón», dio grandes voces a los que estaban delante dél[18] diciéndoles:

—Apartaos, hermanos, no comience aquella cuenta por alguno de vosotros.

Y cuando el pregonero llegó a decir: «Al trasero»[19] dijo:

—Aquél debe de ser el fiador de los muchachos.[20]

Un muchacho le dijo:

—Hermano Vidriera, mañana sacan a azotar a una alcagüeta.[21]

Respondióle:

—Si dijeras que sacaban a azotar a un alcagüete, entendiera que sacaban a azotar un coche.[22]

Hallóse allí uno destos que llevan sillas de manos, y díjole:

—De nosotros, Licenciado, ¿no tenéis qué decir?

—No —respondió Vidriera—, sino que sabe cada uno de vosotros más pecados que un confesor; mas es con esta diferencia: que el confesor los sabe para tenerlos secretos, y vosotros, para publicarlos por las tabernas.[23]

Oyó esto un mozo de mulas, porque de todo género de gente le estaba escuchando contino[24] y díjole:

—De nosotros, señor Redoma,[25] poco o nada hay que decir, porque somos gente de bien, y necesaria en la república.

A lo cual respondió Vidriera:

—La honra del amo descubre la del criado; según esto, mira a quién sirves, y

---

13 perfume extraído del gato de este nombre
14 los puso tan altos como la luna
15 lado sur de la Plaza Mayor de Valladolid
16 autorización oficial para imprimir un libro, que el autor vendía al impresor (librero) junto con la propiedad. Cervantes tuvo seguramente experiencias desagradables en este aspecto.
17 el pregonero que va anunciando los delitos de los condenados
18 de Vidriera

19 último
20 el que respaldó o garantizó a los otros delincuentes
21 alcahueta, mediadora en amores
22 Los coches eran *alcahuetes* porque servían para encubrir muchas relaciones galantes.
23 Una orden real de 1611 prohibió el uso de sillas de manos a cierta clase de mujeres bajo graves penas.
24 continuamente
25 frasco (por lo del vidrio)

verás cuán honrado eres: mozos sois vosotros de la más ruin canalla que sustenta la tierra. Una vez, cuando no era de vidrio, caminé una jornada en una mula de alquiler tal, que le conté ciento y veinte y una tachas, todas capitales y enemigas del género humano.[26] Todos los mozos de mulas tienen su punta de rufianes, su punta de cacos,[27] y su es no es de truhanes:[28] si sus amos (que así llaman ellos a los que llevan en sus mulas) son boquimuelles,[29] hacen más suerte en ellos que las que echaran en esta ciudad los años pasados;[30] si son extranjeros, los roban; si estudiantes, los maldicen; si religiosos, los reniegan; y si soldados, los tiemblan. Éstos, y los marineros y carreteros y arrieros, tienen un modo de vivir extraordinario y sólo para ellos: el carretero pasa lo más de la vida en espacio de vara y media del lugar, que poco más debe de haber del yugo de las mulas a la boca del carro; canta la mitad del tiempo y la otra mitad reniega, y en decir: «Háganse a zaga,»[31] se les pasa otra parte; y si acaso les queda por sacar alguna rueda de algún atolladero, más se ayudan de los pésetes[32] que de tres mulas. Los marineros son gente gentil, inurbana, que no sabe otro lenguaje que el que se usa en los navíos; en la bonanza son diligentes y en la borrasca, perezosos; en la tormenta mandan muchos y obedecen pocos; su Dios es su arca y su rancho; y su pasatiempo, ver mareados a los pasajeros. Los arrieros son gente que ha hecho divorcio con las sábanas y se ha casado con las enjalmas;[33] son tan diligentes y presurosos que, a trueco de no perder la jornada, perderán el alma; su música es la del mortero; su salsa, la hambre; sus maitines, levantarse a dar sus piensos; y sus misas, no oír ninguna.

Cuando esto decía, estaba a la puerta de un boticario, y volviéndose al dueño, le dijo:

—Vuesa merced tiene un saludable oficio, si no fuese tan enemigo de sus candiles.

—¿En qué modo soy enemigo de mis candiles? —preguntó el boticario.

Y respondió Vidriera:

—Esto digo porque en faltando cualquiera aceite, la suple el del candil que está más a mano: y aún tiene otra cosa este oficio, bastante a quitar el crédito al más acertado médico del mundo.

Preguntándole por qué, respondió que había boticario que, por no decir que faltaba en su botica lo que recetaba el médico, por las cosas que le faltaban ponía otras que a su parecer tenían la misma virtud y calidad, no siendo así; y con esto, la medicina mal compuesta obraba al revés de lo que había de obrar la bien ordenada. Preguntóle entonces uno que qué sentía de los médicos, y respondió esto:

«—*Honora medicum propter necessitatem, etenim creavit eum Altissimus. A Deo enim est omnis medela et a rege accipiet donationem. Disciplina medici exaltabit caput illius, et in conspectu magnatum collaudabitur. Altissimus de terra creavit medicinam, et vir prudens non abhorrebit illam.*» Esto dice, dijo, el *Eclesiástico*[34] de la Medicina y de los buenos médicos, y de los malos se podría decir todo al revés, porque no hay gente más dañosa a la república que ellos. El juez nos puede torcer o dilatar la justicia; el letrado, sustentar por su interés nuestra injusta demanda; el mercader, chuparnos la hacienda; finalmente, todas las personas con quien de necesidad tratamos nos pueden hacer algún daño; pero quitarnos la vida sin quedar sujetos al temor del castigo, ninguno: sólo los médicos nos pueden matar y nos matan sin temor y a

---

[26] *enemigas . . . humano*: de carácter mortal
[27] ladrones
[28] su poco de sinvergüenzas
[29] crédulos
[30] con motivo del traslado de la Corte a Valladolid
[31] dirigido a las mulas para que se muevan hacia atrás
[32] exclamación de rabia, como «pese al diablo,» de donde el moderno «echar pestes»

[33] albardas
[34] «Honra al médico como es debido por la necesidad que puedes tener de él, pues el Altísimo lo ha creado. Porque toda curación viene de Dios y el rey le ofrecerá honores. La habilidad del médico le exaltará; y en presencia de los grandes hombres será admirado. El Altísimo ha creado las medicinas de la tierra y el hombre prudente no las aborrecerá» (*Eclesiástico*, XXXVIII, 1–4).

pie quedo,[35] sin desenvainar otra espada que de un *récipe*;[36] y no hay descubrirse sus delitos, porque al momento los meten debajo de la tierra. Acuérdaseme que cuando yo era hombre de carne, y no de vidrio como agora soy, que a un médico destos de segunda clase le despidió un enfermo por curarse con otros, y el primero, de allí a cuatro días,[37] acertó a pasar por la botica donde receptaba el segundo y preguntó al boticario que cómo le iba al enfermo que él había dejado, y que si le había recetado alguna purga el otro médico. El boticario le respondió que allí tenía una receta de purga, que el día siguiente había de tomar el enfermo; dijo que se la mostrase y vio que al fin della estaba escrito: «*Sumat diluculo,*»[38] y dijo: «Todo lo que lleva esta purga me contenta, si no es este *diluculo*, porque es húmido demasiadamente.»

Por estas y otras cosas que decía de todos los oficios, se andaban tras él, sin hacerle mal, y sin dejarle sosegar; pero, con todo esto, no se pudiera defender de los muchachos si su guardián no le defendiera. Preguntóle uno qué haría para no tener envidia a nadie. Respondióle:

—Duerme; que todo el tiempo que durmieres serás igual[39] al que envidias.

Otro le preguntó qué remedio tendría para salir con una comisión,[40] que había dos años que la pretendía. Y díjole:

—Parte a caballo y a la mira de quien la lleva,[41] y acompáñale hasta salir de la ciudad, y así saldrás con ella.

Pasó acaso una vez por delante donde él estaba un juez de comisión,[42] que iba de camino a una causa criminal, y llevaba mucha gente consigo y dos alguaciles; preguntó quién era, y como se lo dijeron, dijo:

—Yo apostaré que lleva aquel juez

víboras en el seno, pistoletes en la tinta[43] y rayos en las manos, para destruir todo lo que alcanzare su comisión. Yo me acuerdo haber tenido un amigo que en una comisión criminal que tuvo dio una sentencia tan exorbitante, que excedía en muchos quilates a la culpa de los delincuentes. Preguntéle que por qué había dado aquella tan cruel sentencia y hecho tan manifiesta injusticia. Respondióme que pensaba otorgar a la apelación, y que con esto dejaba campo abierto a los señores del Consejo para mostrar su misericordia, moderando y poniendo aquella su rigurosa sentencia en su punto y debida proporción. Yo le respondí que mejor fuera haberla dado de manera que les quitara de aquel trabajo, pues con esto le tuvieran a él por juez recto y acertado.

En la rueda de la mucha gente que, como se ha dicho, siempre le estaba oyendo, estaba un conocido suyo en hábito de letrado,[44] al cual otro le llamó *señor licenciado*; y sabiendo Vidriera que el tal a quien llamaron licenciado no tenía ni aun título de bachiller le dijo:

—Guardaos, compadre, no encuentren con vuestro título los frailes de la redención de cautivos; que os le llevarán por mostrenco.[45]

A lo cual dijo el amigo:

—Tratémonos bien, señor Vidriera, pues ya sabéis vos que soy hombre de altas y de profundas letras.

Respondióle Vidriera:

—Ya yo sé que sois un Tántalo[46] en ellas, porque se os van, por altas[47] y no las alcanzáis, de profundas.

Estando una vez arrimado a la tienda de un sastre, viole que estaba mano sobre mano, y díjole:

---

[35] sin moverse o esforzarse

[36] receta (del latín «recibe»)

[37] cuatro días después

[38] «*Tómese al amanecer*» (el médico confunde *diluculo* con «diluido»)

[39] estarás en la misma condición

[40] puesto oficial

[41] *a la mira . . . lleva*, con la vista en el que tiene la comisión; juego de palabras: *salir con* (obtener) y *salir de* (irse)

[42] juez especial enviado fuera de su distrito

[43] la tinta con que se escribe la sentencia

[44] (negro)

[45] objetos sin dueño conocido que estos frailes estaban autorizados a apropiarse para rescatar cristianos cautivados por los musulmanes

[46] El castigo del mítico Tántalo consistía en no poder alcanzar la fruta de un árbol que estaba sobre su cabeza ni beber del agua en que estaba inmerso hasta la cabeza.

[47] por ser demasiado elevadas

—Sin duda, señor maestro, que estáis en camino de salvación.

—¿En qué lo veis? —preguntó el sastre.

—¿En qué lo veo? —respondió Vidriera—. Véolo en que pues no tenéis qué hacer, no tendréis ocasión de mentir.

Y añadió:

—Desdichado del sastre que no miente y cose las fiestas:[48] cosa maravillosa es que casi en todos los deste oficio apenas se hallará uno que haga un vestido justo,[49] habiendo tantos que los hagan pecadores.

De los zapateros decía que jamás hacían conforme a su parecer zapato malo; porque si al que se le calzaban venía estrecho y apretado, le decían que así había de ser, por ser de galanes calzar justo, y que en trayéndolos dos horas, vendrían más anchos que alpargates; y si le venían anchos, que así habían de venir, por amor[50] de la gota.

Un muchacho agudo, que escribía en un oficio[51] de provincia, le apretaba mucho con preguntas y demandas, y le traía nuevas de lo que en la ciudad pasaba porque sobre todo discantaba[52] y a todo respondía. Éste le dijo una vez:

—Vidriera, esta noche se murió en la cárcel un banco[53] que estaba condenado a ahorcar.

A lo cual respondió:

—Él hizo bien a darse priesa a morir, antes que el verdugo se sentara sobre él.

En la acera de San Francisco estaba un corro de genoveses, y pasando por allí, uno dellos le llamó, diciéndole:

—Lléguese acá el señor Vidriera y cuéntenos un cuento.

Él respondió:

—No quiero, porque no me lo paséis[54] a Génova.

Topó una vez a una tendera[55] que lle-

vaba delante de sí una hija suya muy fea, pero muy llena de dijes, de galas y de perlas, y díjole a la madre:

—Muy bien habéis hecho en empedralla,[56] porque se pueda pasear.

De los pasteleros dijo que había muchos años que jugaban a la dobladilla[57] sin que les llevasen la pena,[58] porque habían hecho el pastel de a dos de a cuatro,[59] el de a cuatro de a ocho, y el de a ocho a medio real, por solo su albedrío y beneplácito. De los titereros[60] decía mil males; decía que era gente vagamunda y que trataba con indecencia de las cosas divinas, porque con las figuras que mostraban en sus retablos[61] volvían la devoción en risa, y que les acontecía envasar en un costal todas o las más figuras del Testamento Viejo y Nuevo, y sentarse sobre él a comer y beber en los bodegones y tabernas; en resolución, decía que se maravillaba de cómo quien podía no les ponía perpetuo silencio en sus retablos, o los desterraba del reino.

Acertó a pasar una vez por donde él estaba un comediante vestido como un príncipe, y en viéndole, dijo.

—Yo me acuerdo haber visto a éste salir al teatro enharinado el rostro y vestido un zamarro[62] del revés, y, con todo esto a cada paso, fuera del tablado, jura a fe de hijodalgo.[63]

—Débelo de ser —respondió uno—, porque hay muchos comediantes que son muy bien nacidos y hijosdalgo.

—Así será verdad —replicó Vidriera—; pero lo que menos ha menester la farsa[64] es personas bien nacidas; galanes sí, gentiles hombres y de expeditas lenguas. También sé decir dellos que en el sudor de su carga ganan su pan con inllevable trabajo,

---

[48] en los días de fiesta

[49] doble sentido: (moralmente) justo; bien hecho

[50] a causa

[51] tribunal

[52] disertaba

[53] banquero (el que cambiaba dinero sobre un *banco* y que era además usurero)

[54] el cuento (que significa también *millón*, dinero); aquí en el sentido de llevarse el «cuento» o «millón» como solían hacer los banqueros genoveses con el dinero de España

[55] dueña de una tienda

[56] empedrarla, en el doble sentido de cubrirla de piedras (preciosas) y de pavimentar la calle

[57] juego de naipes que consiste en doblar la cantidad con cada jugada

[58] sin tener que pagar lo perdido

[59] subir el precio de dos maravedís a cuatro

[60] los que iban por los pueblos con representaciones de *títeres* o muñecos

[61] pequeños escenarios

[62] chaqueta rústica de piel de oveja

[63] como si fuera un hidalgo

[64] el teatro

tomando[65] contino de memoria, hechos[66] perpetuos gitanos, de lugar en lugar y de mesón en venta, desvelándose en contentar a otros, porque en el gusto ajeno consiste su bien propio. Tienen más[67] que con su oficio no engañan a nadie, pues por momentos sacan su mercaduría a pública plaza, a juicio y a la vista de todos. El trabajo de los autores[68] es increíble, y su cuidado extraordinario, y han de ganar mucho para que al cabo del año no salgan tan empeñados que les sea forzoso hacer pleito de acreedores; y con todo esto son necesarios en la república, como lo son las florestas, las alamedas y las vistas de recreación, y como lo son las cosas que honestamente recrean.

Decía que había sido opinión de un amigo suyo que el que servía a una comedianta, en sola una servía a muchas damas juntas, como era a una reina, a una ninfa, a una diosa, a una fregona, a una pastora, y muchas veces caía la suerte en que sirviese en ella a un paje y a un lacayo; que todas estas y más figuras suele hacer una farsanta.

Preguntóle uno que cuál había sido el más dichoso del mundo. Respondió que *Nemo*,[69] porque *Nemo novit patrem; Nemo sine crimine vivit; Nemo sua sorte contentus; Nemo ascendit in coelum*.[70] De los diestros[71] dijo una vez que eran maestros de una ciencia o arte que, cuando la habían menester, no la sabían y que tocaban algo en presuntuosos, pues querían reducir a demostraciones matemáticas, que son infalibles, los movimientos y pensamientos coléricos de sus contrarios. Con los que se teñían las barbas tenía particular enemistad; y riñendo una vez

delante dél dos hombres, que el uno era portugués, éste dijo al castellano, asiéndose de las barbas que tenía muy teñidas:

—Por istas barbas que teño no rostro...[72]

A lo cual acudió Vidriera:

—Ollay, home, naon[73] digáis *teño*, sino *tiño*.

Otro traía las barbas jaspeadas y de muchas colores, culpa de la mala tinta; a quien dijo Vidriera que tenía las barbas de muladar overo.[74] A otro, que traía las barbas por mitad blancas y negras por haberse descuidado, y los cañones[75] crecidos, le dijo que procurase de no porfiar ni reñir con nadie, porque estaba aparejado a que le dijesen que mentía por la mitad de la barba.[76]

Una vez contó que una doncella discreta y bien entendida, por acudir[77] a la voluntad de sus padres, dio el sí de casarse con un viejo todo cano, el cual la noche antes del día del desposorio se fue, no al río Jordán,[78] como dicen las viejas, sino a la redomilla del agua fuerte y plata,[79] con que renovó de manera su barba que la acostó de nieve y la levantó de pez.[80] Llegóse la hora de darse las manos,[81] y la doncella conoció por la pinta y por la tinta la figura,[82] y dijo a sus padres que le diesen el mismo esposo que ellos le habían mostrado; que no quería otro. Ellos le dijeron que aquel que tenía delante era el mismo que le habían mostrado y dado por esposo. Ella replicó que no era, y trujo testigos cómo el que sus padres le dieron era un hombre grave y lleno de canas, y que pues el presente no las tenía, no era él, y se llamaba a engaño.[83] Atúvose a esto, corrióse[84] el teñido, y deshízose el casamiento.

---

[65] aprendiendo [papeles]

[66] convertidos en

[67] Hay que decir además

[68] autores (de comedias), directores de una compañía

[69] nadie (latín)

[70] Frases corrientes del día, de origen bíblico o clásico: «Nadie menosprecia a su padre»; «Nadie vive sin faltas»; «Nadie está contento de su suerte»; «Nadie asciende al cielo».

[71] esgrimidores

[72] *istas*: estas; *teño* (*tenho*): tengo; *no*: en el (portugués)

[73] «Mirad, hombre, no digáis...» (portugués *Olhay*)

[74] *de muladar* o basurero, por la suciedad; *overo*, por el color variado

[75] los pelos recios de la barba próximos a la piel

[76] paráfrasis de «mentir por toda la barba» (por completo)

[77] acceder

[78] Se decía *irse al río Jordán* de los que vuelven de un largo viaje con aspecto más joven por la virtud purificadora de sus aguas (alusión a la historia bíblica de Naaman).

[79] frasco de nitrato de plata

[80] negra

[81] unirse en matrimonio

[82] la clase de hombre que era por la pintura o el tinte (como si fuese la figura de los naipes, que se indica en una esquina)

[83] se consideraba engañada

[84] se avergonzó

Con las dueñas[85] tenía la misma ojeriza que con los escabechados,[86] decía maravillas de su *permafoy*,[87] de las mortajas de sus tocas,[88] de sus muchos melindres, de sus escrúpulos, y de su extraordinaria miseria; amohinábanle[89] sus flaquezas de estómago, sus vaguidos[90] de cabeza, su modo de hablar, con más repulgos[91] que sus tocas, y, finalmente, su inutilidad y sus vainillas.[92]

Uno le dijo:

—¿Qué es esto, señor Licenciado, que os he oído decir mal de muchos oficios, y jamás lo habéis dicho de los escribanos,[93] habiendo tanto que decir?

A lo cual respondió:

—Aunque de vidrio, no soy tan frágil que me deje ir con la corriente del vulgo, las más veces engañado. Paréceme a mí que la gramática de los murmuradores, y el *la, la, la* de los que cantan, son los escribanos; porque así como no se puede pasar a otras ciencias si no es por la puerta de la Gramática, y como el músico primero murmura que canta, así los maldicientes, por donde comienzan a mostrar la malignidad de sus lenguas es por decir mal de los escribanos y alguaciles y de los otros ministros de la justicia, siendo un oficio el del escribano sin el cual andaría la verdad por el mundo a sombra de tejados,[94] corrida y maltratada; y así dice el *Eclesiástico*: «*In manu Dei potestas hominis est, et super faciem scribae imponet honorem.*»[95] Es el escribano persona pública, y el oficio del juez no se puede ejercitar cómodamente sin el suyo. Los escribanos han de ser libres, y no esclavos, ni hijos de esclavos; legítimos, no bastardos, ni de ninguna mala raza nacidos.

Juran de secreto,[96] fidelidad y que no harán escritura usuraria; que ni amistad, ni enemistad, provecho o daño les moverá a no hacer su oficio con buena y cristiana conciencia. Pues si este oficio tantas buenas partes requiere, ¿por qué se ha de pensar que de más de veinte mil escribanos que hay en España se lleva el diablo la cosecha, como si fuesen cepas de su majuelo?[97] No lo quiero creer, ni es bien que ninguno lo crea; porque finalmente digo que es la gente más necesaria que había en las repúblicas bien ordenadas, y que si llevaban demasiados derechos, también hacían demasiados tuertos, y que destos dos extremos podía resultar un medio que les hiciese mirar por el virote.[98]

De los alguaciles[99] dijo que no era mucho que tuviesen algunos enemigos, siendo su oficio, o prenderte, o sacarte la hacienda de casa, o tenerte en la suya en guarda y comer a tu costa. Tachaba la negligencia e ignorancia de los procuradores y solicitadores,[1] comparándolos a los médicos, los cuales, que sane o no sane el enfermo, ellos llevan su propina, y los procuradores y solicitadores, lo mismo, salgan o no salgan[2] con el pleito que ayudan.

Preguntóle uno cuál era la mejor tierra. Respondió que la temprana y agradecida.[3] Replicó el otro:

—No pregunto eso, sino que cuál es mejor lugar: Valladolid o Madrid.

Y respondió:

—De Madrid, los extremos; de Valladolid, los medios.

—No lo entiendo —repitió el que se lo preguntaba.

---

[85] señoras de compañía
[86] teñidos
[87] del francés: *par ma foi*, a fe mía, exclamación considerada de buen tono
[88] tocas tan grandes como mortajas (las llevaban así para infundir más respeto)
[89] le irritaban
[90] vértigos
[91] dobleces (alude a su hipocresía y a los pliegues de sus tocas)
[92] doble sentido: tonterías y vainicas o adorno de los bordes de la tela
[93] notario y secretario judicial
[94] desamparada (sin otra sombra para protegerse del sol que la de los tejados)

[95] «En la mano de Dios está la potestad del hombre, y sobre la persona del escriba impondrá sus honores» (Eclesiástico X, 5).
[96] guardar secreto
[97] viña
[98] Proverbio: « Cada uno mire por el virote», cada uno se preocupe de su negocio (*virote*, saeta de caza)
[99] agentes encargados de ejecutar las órdenes judiciales
[1] dos clases de representantes o agentes para pleitos judiciales
[2] ganen o no
[3] la que da cosecha *temprana* y abundante

Y dijo:

—De Madrid, cielo y suelo; de Valladolid, los entresuelos.[4]

Oyó Vidriera que dijo un hombre a otro que así como había entrado en Valladolid, había caído su mujer muy enferma, porque la había probado la tierra.[5] A lo cual dijo Vidriera:

—Mejor fuera que se la hubiera comido, si acaso es celosa.

De los músicos y de los correos de a pie[6] decía que tenían las esperanzas y las suertes limitadas, porque los unos lo acababan[7] con llegar a serlo[8] de a caballo, y los otros con alcanzar a ser músicos del Rey. De las damas que llaman *cortesanas* decía que todas o las más tenían más de *corteses* que de *sanas*. Estando un día en una iglesia vio que traían a enterrar a un viejo, a bautizar a un niño y a velar[9] una mujer, todo a un mismo tiempo, y dijo que los templos eran campos de batalla, donde los viejos acaban, los niños vencen y las mujeres triunfan.

Picábale una vez una avispa en el cuello, y no se la osaba sacudir, por no quebrarse; pero, con todo eso, se quejaba. Preguntóle uno que cómo sentía aquella avispa si era su cuerpo de vidrio. Y respondió que aquella avispa debía de ser murmuradora, y que las lenguas y picos de los murmuradores eran bastantes a desmoronar cuerpos de bronce, no que[10] de vidrio. Pasando acaso un religioso[11] muy gordo por donde él estaba, dijo uno de sus oyentes:

—De ético[12] no se puede mover el padre.

Enojóse Vidriera, y dijo:

—Nadie se olvide de lo que dice el Espíritu Santo: «*Nolite tangere christos meos.*»[13]

Y subiéndose más en cólera, dijo que mirasen en ello, y verían que de muchos santos que de pocos años a esta parte había canonizado la Iglesia y puesto en el número de los bienaventurados, ninguno se llamaba el capitán don Fulano, ni el secretario don Tal de don Tales, ni el Conde, Marqués o Duque de tal parte, sino fray Diego, fray Jacinto, fray Raimundo, todos frailes y religiosos; porque las religiones son los Aranjueces del cielo,[14] cuyos frutos, de ordinario, se ponen en la mesa de Dios. Decía que las lenguas de los murmuradores eran como las plumas del águila: que roen y menoscaban todas las de las otras aves que a ellas se juntan. De los gariteros y tahures[15] decía milagros: decía que los gariteros eran públicos prevaricadores, porque en sacando el barato[16] del que iba haciendo suertes,[17] deseaban que perdiese y pasase el naipe adelante, porque el contrario las hiciese y él cobrase sus derechos. Alababa mucho la paciencia de un tahur, que estaba toda una noche jugando y perdiendo, y con ser de condición colérico y endemoniado, a trueco de que su contrario no se alzase, no descosía[18] la boca, y sufría lo que un mártir de Barrabás.[19] Alababa también las conciencias de algunos honrados gariteros que ni por imaginación consentían que en su casa se jugase otros juegos que polla[20] y cientos;[21] y con esto, a fuego lento, sin temor y nota de malsines,[22] sacaban al cabo del mes más barato que los que consentían los juegos de estocada,[23] del reparolo, siete y llevar, y pinta en la del punto.

---

[4] Las casas de Valladolid eran mejores que las de Madrid; pero su cielo menos claro y su suelo más cenagoso en invierno y polvoriento en verano. Estas comparaciones fueron frecuentes cuando se trasladó la Corte a Valladolid.

[5] le había sentado mal la tierra (*probar* significa también comer un poco y por eso Vidriera dice después que se la hubiera debido comer la tierra)

[6] portadores del correo a pie

[7] acababan (su destino)

[8] ser (correos)

[9] casar (por el velo usado en la ceremonia nupcial para cubrir a los casados)

[10] mucho más

[11] miembro de una orden religiosa

[12] débil

[13] «No toquéis a mis ministros» (Salmo CIV, 15)

[14] Las órdenes religiosas son comparadas a los palacios y jardines de Aranjuez, al sur de Madrid, famoso por sus excelentes frutas.

[15] dueños de casas de juego y jugadores

[16] parte que pagaba el ganador

[17] iba ganando

[18] no abría

[19] aquí, del demonio

[20] juego de puestas a una carta

[21] juego de cartas igual al *piquet* francés

[22] acusación por gente maliciosa

[23] Éste y los siguientes son juegos de naipes rápidos.

En resolución él decía tales cosas, que si no fuera por los grandes gritos que daba cuando le tocaban, o a él se arrimaban por el hábito que traía, por la estrecheza de su comida, por el modo con que bebía, por el no querer dormir sino al cielo abierto en el verano, y el invierno en los pajares, como queda dicho, con que daba tan claras señales de su locura, ninguno pudiera creer sino que era uno de los más cuerdos del mundo.

Dos años o poco más duró en esta enfermedad, porque un religioso de la orden de San Jerónimo, que tenía gracia y ciencia particular en hacer que los mudos entendiesen y en cierta manera hablasen y en curar locos, tomó a su cargo de curar a Vidriera, movido de caridad, y le curó y sanó, y volvió a su primer juicio, entendimiento y discurso. Y así como le vio sano, le vistió como letrado y le hizo volver a la Corte, adonde, con dar tantas muestras de cuerdo como las había dado de loco, podía usar su oficio y hacerse famoso por él. Hízolo así, y llamándose el Licenciado Rueda, y no Rodaja volvió a la Corte, donde apenas hubo entrado, cuando fue conocido de los muchachos; mas como le vieron en tan diferente hábito del que solía, no le osaron dar gritos ni hacer preguntas; pero seguíanle, y decían unos a otros:

—¿Éste no es el loco Vidriera? A fe[24] que es él. Ya viene cuerdo. Pero también puede ser loco bien vestido como mal vestido: preguntémosle algo, y salgamos desta confusión.

Todo esto oía el Licenciado, y callaba, e iba más confuso y más corrido que cuando estaba sin juicio. Pasó el conocimiento de los muchachos a los hombres, y antes que el Licenciado llegase al patio de los Consejos,[25] llevaba tras de sí más de doscientas personas de todas suertes. Con este acompañamiento, que era más que de un catedrático, llegó al patio, donde le acabaron de circundar cuantos en él estaban. Él, viéndose con tanta turba a la redonda, alzó la voz y dijo:

—Señores, yo soy el licenciado Vidriera; pero no el que solía: soy ahora el licenciado Rueda. Sucesos y desgracias que acontecen en el mundo por permisión del cielo me quitaron el juicio, y las misericordias de Dios me le han vuelto. Por las cosas que dicen que dije cuando loco podéis considerar las que diré y haré cuando cuerdo. Ya soy graduado en Leyes por Salamanca, adonde estudié con pobreza, y adonde llevé segundo en licencias;[26] de do se puede inferir que más la virtud que el favor me dio el grado que tengo. Aquí he venido a este gran mar de la Corte para abogar y ganar la vida; pero si no me dejáis, habré venido a bogar[27] y granjear la muerte: por amor de Dios que no hagáis que el seguirme sea perseguirme, y que lo que alcancé por loco, que es el sustento, lo pierda por cuerdo. Lo que solíades preguntarme en las plazas, preguntármelo ahora en mi casa, y veréis que el que os respondía bien, según dicen, de improviso, os responderá mejor de pensado.

Escucháronle todos y dejáronle algunos. Volvióse a su posada, con poco menos acompañamiento que había llevado. Salió otro día, y fue lo mismo: hizo otro sermón, y no sirvió de nada. Perdía mucho y no ganaba cosa; y viéndose morir de hambre, determinó de dejar la Corte y volverse a Flandes, donde pensaba valerse de las fuerzas de su brazo, pues no se podía valer de las de su ingenio. Y poniéndolo en efeto, dijo al salir de la Corte:

—¡Oh Corte, que alargas las esperanzas de los atrevidos pretendientes, y acortas las de los virtuosos encogidos; sustentas abundantemente a los truhanes desvergonzados, y matas de hambre a los discretos vergonzosos!

Esto dijo, y se fue a Flandes, donde la vida que había comenzado a eternizar[28] por las letras, la acabó de eternizar por las armas, en compañía de su buen amigo el capitán Valdivia, dejando fama en su muerte de prudente y valentísimo soldado.

---

[24] sin duda
[25] Consejos Reales en el Palacio Real, donde pensaba trabajar de abogado
[26] obtuve el número dos en la lista de licenciados
[27] juego de palabras con *abogar* (ejercer de abogado) y *bogar* (remar como un condenado a galeras)
[28] inmortalizar

OCHO COMEDIAS Y OCHO ENTREMESES

(1615)

ENTREMÉS DE

La Cueva de Salamanca

[*Salen* PANCRACIO, LEONARDA *y* CRISTINA]

PANCRACIO. —Enjugad, señora, esas lágrimas, y poned pausa a vuestros suspiros, considerando que cuatro días de ausencia no son siglos. Yo volveré, a lo más largo, a los cinco, si Dios no me quita la vida; aunque será mejor, por no turbar la vuestra, romper mi palabra y dejar esta jornada, que sin mi presencia se podrá casar mi hermana.

LEONARDA. —No quiero yo, mi Pancracio y mi señor, que por respeto mío vos parezcáis descortés. Id enhorabuena y cumplid con vuestras obligaciones, pues las que os llevan son precisas, que yo me apretaré con mi llaga[1] y pasaré mi soledad lo menos mal que pudiere. Sólo os encargo la vuelta, y que no paséis del término que habéis puesto. ¡Tenme, Cristina, que se me aprieta[2] el corazón!

[*Desmáyase.*]

CRISTINA. —¡Oh, qué bien hayan las bodas y las fiestas! En verdad, señor, que si yo fuera vuesa merced, que nunca allá fuera.

PANCRACIO. —Entra, hija, por un vidro[3] de agua para echársela en el rostro. Mas espera; diréle unas palabras que sé al oído, que tienen virtud para hacer volver los desmayos.

[*Dícele las palabras; vuelve* LEONARDA, *diciendo:*]

LEONARDA. —Basta; ello ha de ser forzoso: no hay sino tener paciencia. Bien mío, cuanto más os detuviéredes, más dilatáis mi contento. Vuestro compadre Leoniso os debe de aguardar ya en el coche. Andad con Dios. Que Él os vuelva tan presto y tan bueno como yo deseo.

PANCRACIO. —Mi ángel, si gustas que me quede, no me moveré de aquí más que una estatua.

LEONARDA. —No, no, descanso mío; que mi gusto está en el vuestro, y por agora más que os vais que no os quedéis, pues es vuestra honra la mía.

CRISTINA. —¡Oh, espejo del matrimonio! A fe que si todas las casadas quisiesen tanto a sus maridos como mi señora Leonarda quiere al suyo, que otro gallo les cantase.[4]

LEONARDA. —Entra, Cristinica, y saca mi manto, que quiero acompañar a tu señor hasta dejarlo en el coche.

PANCRACIO. —No, por mi amor; abrazadme y quedaos, por vida mía. Cristinica, ten en cuenta de regalar a tu señora, que yo te mando[5] un calzado cuando vuelva, como tú le quisieres.

CRISTINA. —Vaya, señor, y no lleve pena de mi señora, porque la pienso persuadir de manera a que nos holguemos, que no imagine en la falta que vuesa merced le ha de hacer.

LEONARDA. —¿Holgar yo? ¡Qué bien estás en la cuenta, niña! Porque, ausente de mi gusto, no se hicieron los placeres ni las glorias para mí; penas y dolores sí.

PANCRACIO. —Ya no lo puedo sufrir. Quedad en paz, lumbre destos ojos, los cuales no verán cosa que les dé placer hasta volveros a ver. [*Éntrase.*]

---

[1] me aguantaré el dolor
[2] me duele
[3] vaso de vidrio

[4] otra sería su suerte
[5] prometo

LEONARDA. —¡Alla darás, rayo, en casa de Ana Díaz![6] ¡Vayas, y no vuelvas! La ida del humo.[7] ¡Por Dïos, que esta vez no os han de valer vuestras valentías ni vuestros recatos!

CRISTINA. —Mil veces temí que con tus extremos[8] habías de estorbar su partida y nuestros contentos.

LEONARDA. —¿Si vendrán esta noche los que esperamos?

CRISTINA. —¿Pues no? Ya los tengo avisados, y ellos están tan en ello que esta tarde enviaron con la lavandera, nuestra secretaria,[9] como que eran paños, una canasta de colar[10] llena de mil regalos y de cosas de comer, que no parece sino uno de los serones[11] que da el rey el Jueves Santo a sus pobres; sino que la canasta es de Pascua, porque hay en ella empanadas, fiambres, manjar blanco[12] y dos capones que aún no están acabados de pelar; y todo género de fruta de la que hay ahora, y sobre todo, una bota de hasta una arroba de vino de lo de una oreja,[13] que huele que trasciende.[14]

LEONARDA. —Es muy cumplido[15] y lo fue siempre mi Reponce, sacristán de las telas de mis entrañas.[16]

CRISTINA. —¿Pues qué le falta a mi maese[17] Nicolás, barbero de mis hígados y navaja de mis pesadumbres, que así me las rapa y quita cuando le veo como si nunca las hubiera tenido?

LEONARDA. —¿Pusistes la canasta en cobro?[18]

CRISTINA. —En la cocina la tengo, cubierta con un cernadero[19] por el disimulo.

[*Llama a la puerta el* ESTUDIANTE *Carraolano, y en llamando, sin esperar que le respondan, entra.*]

LEONARDA. —Cristina, mira quién llama.

ESTUDIANTE. —Señoras, soy yo un pobre estudiante.

CRISTINA. —Bien se os parece que sois pobre y estudiante, pues lo uno muestra vuestro vestido, y el ser pobre, vuestro atrevimiento. Cosa extraña es ésta, que no hay pobre que no espere a que le saquen la limosna a la puerta, sino que se entran en las casas hasta el último rincón, sin mirar si despiertan a quien duerme o si no.

ESTUDIANTE. —Otra más blanda respuesta esperaba yo de la buena gracia de vuesa merced; cuanto más, que yo no quería ni buscaba otra limosna sino alguna caballeriza o pajar donde defenderme esta noche de las inclemencias del cielo, que, según se me trasluce, parece que con grandísimo rigor a la tierra amenaza.

LEONARDA. —¿Y de dónde bueno sois, amigo?

ESTUDIANTE. —Salmantino soy, señora mía; quiero decir que soy de Salamanca. Iba a Roma con un tío mío, el cual murió en el camino, en el corazón de Francia; vine solo; determiné volverme a mi tierra; robáronme los lacayos o compañeros de Roque Guinarde[20] en Cataluña, porque él estaba ausente; que, a estar allí, no consintiera que se me hiciera agravio, porque es muy cortés y comedido, y además limosnero; hame tomado a estas santas puertas la noche, que por tales las juzgo, y busco mi remedio.

LEONARDA. —En verdad, Cristina, que me ha movido a lástima el estudiante.

CRISTINA. —Ya me tiene a mí rasgadas las entrañas. Tengámosle en casa esta noche, pues de las sobras del castillo se podrá mantener el real[21]; quiero decir que en las reliquias de la canasta habrá en quien adore su hambre, y más que me ayudará a pelar la volatería[22] que viene en la cesta.

LEONARDA. —¿Pues cómo, Cristina, quieres

---

[6] proverbio usado cuando se echa a alguien que molesta

[7] desea que se vaya como el humo, para no volver

[8] lamentaciones

[9] guardadora de secretos (irónico)

[10] blanquear la ropa (con agua y lejía)

[11] cestas

[12] pechuga de ave

[13] vino bueno

[14] cuyo buen olor llega a todas partes

[15] obsequioso

[16] de mi corazón

[17] maestro (aplicado a los barberos con título de sangradores)

[18] lugar seguro

[19] lienzo que se pone sobre la cesta de la ropa para echar sobre él la lejía

[20] famoso bandido catalán a quien también alude Cervantes en el *Quijote*

[21] el ejército

[22] aves

que metamos en nuestra casa testigos de nuestras liviandades?

CRISTINA. —Así tiene él talle[23] de hablar por el colodrillo,[24] como por la boca. Venga acá, amigo ¿sabe pelar?

ESTUDIANTE. —¿Cómo si sé pelar? No entiendo eso de saber pelar, si no es que quiere vuesa merced motejarme de pelón;[25] que no hay para qué, pues yo me confieso por el mayor pelón del mundo.

CRISTINA. —No lo digo yo por eso, en mi ánima, sino por saber si sabía pelar dos o tres pares de capones.

ESTUDIANTE. —Lo que sabré responder es que yo, señoras, por la gracia de Dios soy graduado de bachiller por Salamanca, y no digo . . .

LEONARDA. —Desa manera, ¿quién duda sino que sabrá pelar, no sólo capones, sino gansos y avutardas? Y en esto del guardar secreto, ¿cómo le va? Y a dicha, ¿es tentado de decir todo lo que ve, imagina o siente?

ESTUDIANTE. —Así pueden matar delante de mí más hombres que carneros en el Rastro,[26] que yo despliegue mis labios para decir palabra alguna.

CRISTINA. —Pues atúrese[27] esa boca, y cósase esa lengua con una agujeta de dos cabos,[28] y amuélese[29] esos dientes, y éntrese con nosotras, y verá misterios, y cenará maravillas, y podrá medir en un pajar los pies que quisiere para su cama.

ESTUDIANTE. —Con siete tendré demasiado, que no soy nada codicioso ni regalado.

[*Entran el* SACRISTÁN *Reponce y el* BARBERO.]

SACRISTÁN. —¡Oh, que enhorabuena estén los automedontes[30] y guías de los carros de nuestros gustos, las luces de nuestras tinieblas y las dos recíprocas voluntades que sirven de basas y columnas a la amorosa fábrica de nuestros deseos!

LEONARDA. —Eso sólo me enfada dél.

Reponce mío, habla, por tu vida, a lo moderno y de modo que te entienda, y no te encarames donde no te alcance.

BARBERO. —Eso tengo yo bueno, que hablo más llano que una suela de zapato: pan por vino y vino por pan, o como suele decirse.

SACRISTÁN. —Sí; que diferencia ha de haber de un sacristán gramático a un barbero romancista.[31]

CRISTINA. —Para lo que yo he menester a mi barbero, tanto latín sabe, y aun más, que supo Antonio de Nebrija.[32] Y no se dispute agora de ciencia ni de modos de hablar, que cada uno habla, si no como debe, a lo menos como sabe. Y entrémonos, y manos a la labor, que hay mucho que hacer.

ESTUDIANTE. —Y mucho que pelar.

SACRISTÁN. —¿Quién es este buen hombre?

LEONARDA. —Un pobre estudiante salamanqueso que pide albergue para esta noche.

SACRISTÁN. —Yo le daré un par de reales para cena y para lecho, y váyase con Dios.

ESTUDIANTE. —Señor sacristán Reponce: recibo y agradezco la merced y la limosna; pero yo soy mudo, y pelón además, como lo ha menester esta señora doncella que me tiene convidado, y ¡voto a . . . ! de no irme esta noche desta casa, si todo el mundo me lo manda. Confíese vuesa merced mucho de enhoramala de un hombre de mis prendas que se contenta de dormir en un pajar; y si lo han[33] por sus capones, péleselos el Turco,[34] y cómanselos ellos y nunca del cuero les salgan.

BARBERO. —Éste más parece rufián que pobre; talle tiene de alzarse con[35] toda la casa.

CRISTINA. —No medre yo si no me contenta el brío. Entrémonos todos, y demos orden en lo que se ha de hacer; que el pobre pelará y callará como en misa.

ESTUDIANTE. —Y aun como en vísperas.

SACRISTÁN. —Puesto me ha miedo el pobre

---

[23] aspecto
[24] parte posterior de la cabeza; equivale a «no hablar»
[25] pobre (*lit.*, el que no tiene pelo)
[26] lugar donde se mataban carneros
[27] tápese bien
[28] correa fina con refuerzo metálico en cada punta (cabo) para atarse los calzones, etc.
[29] apriete

[30] cocheros (por el cochero de Aquiles)
[31] que sólo sabe «romance», no latín
[32] humanista español (1444–1522) que compuso una famosa gramática latina y un diccionario latino-español
[33] temen
[34] el Sultán de Turquía
[35] apoderarse de

estudiante; yo apostaré que sabe más latín que yo.

LEONARDA. —De ahí le deben de nacer los bríos que tiene. Pero no te pese,[36] amigo, de hacer caridad, que vale para todas las cosas.

[*Éntranse todos, y sale Leoniso,* COMPADRE *de* PANCRACIO, *y* PANCRACIO.[37]]

COMPADRE. —Luego lo vi yo que nos había de faltar la rueda. No hay cochero que no sea temático;[38] si él rodeara un poco y salvara aquel barranco, ya estuviéramos dos leguas de aquí.

PANCRACIO. —A mí no se me da nada;[39] que antes gusto de volverme y pasar esta noche con mi esposa Leonarda que en la venta,[40] porque la dejé esta tarde casi para expirar, del sentimiento de mi partida.

COMPADRE. —¡Gran mujer! ¡De buena os ha dado el cielo, señor compadre! Dadle gracias por ello.

PANCRACIO. —Yo se las doy como puedo y no como debo. No hay Lucrecia que se llegue ni Porcia[41] que se le iguale; la honestidad y el recogimiento han hecho en ella su morada.

COMPADRE. —Si la mía no fuera celosa, no tenía yo más que desear. Por esta calle está más cerca mi casa; tomad, compadre, por éstas, y estaréis presto en la vuestra, y veámonos mañana, que no me faltará coche para la jornada. ¡Adiós!

PANCRACIO. —¡Adiós!

[*Éntranse los dos. Vuelven a salir el* SACRISTÁN *y el* BARBERO, *con sus guitarras;* LEONARDA, CRISTINA *y el* ESTUDIANTE. *Sale el* SACRISTÁN *con la sotana alzada y ceñida al cuerpo, danzando al son de su misma guitarra, y a cada cabriola vaya diciendo estas palabras:*]

SACRISTÁN. —¡Linda noche, lindo rato, linda cena y lindo amor!

CRISTINA. —Señor sacristán Reponce: no es

éste tiempo de danzar. Dése orden en cenar y en las demás cosas, y quédense las danzas para mejor coyuntura.

SACRISTÁN. —¡Linda noche, lindo rato, linda cena y lindo amor!

LEONARDA. —Déjale, Cristina, que en extremo gusto de ver su agilidad.

[*Llama Pancracio a la puerta y dice:*]

PANCRACIO. —Gente dormida ¿no oís? ¿Cómo y tan temprano tenéis atrancada la puerta? Los recatos[42] de mi Leonarda deben de andar por aquí.

LEONARDA. —¡Ay, desdichada! ¡A la voz y a los golpes, mi marido Pancracio es éste! Algo le debe de haber sucedido, pues él se vuelve. Señores: a recogerse a la carbonera, digo al desván, donde está el carbón. Corre, Cristina, y llévalos, que yo entretendré a Pancracio de modo que tengas lugar para todo.

ESTUDIANTE. —¡Fea noche, amargo rato, mala cena y peor amor!

CRISTINA. —¡Gentil relente,[43] por cierto! ¡Ea, vengan todos!

PANCRACIO. —¿Qué diablos es esto? ¿Cómo no me abrís, lirones?[44]

ESTUDIANTE. —Es el toque[45] que yo no quiero correr la suerte destos señores. Escóndanse ellos donde quisieren y llévenme a mí al pajar, que si allí me hallan, antes pareceré pobre que adúltero.

CRISTINA. —¡Caminen, que se hunde la casa a golpes!

SACRISTÁN. —¡El alma llevo en los dientes!

BARBERO. —¡Y yo en los carcañares![46]

[*Éntranse todos y asómase* LEONARDA *a la ventana.*]

LEONARDA. —¿Quién está ahí? ¿Quién llama?

PANCRACIO. —Tu marido soy, Leonarda mía. Ábreme, que ha media hora que estoy rompiendo a golpes estas puertas.

LEONARDA. —En la voz bien me parece a mí

---

[36] lamentes
[37] [La escena es en la calle.]
[38] porfiado
[39] no me importa
[40] posada
[41] mujeres romanas que simbolizan la virtud heroica, habiéndose suicidado para evitar su deshonra: Lucrecia al ser ultrajada por un hijo de Tarquino el Soberbio, en el siglo VI a.C., Porcia al

morir su marido Bruto, uno de los asesinos de César (42 a.C.)
[42] precauciones de mujer honesta
[43] noche fresca (irónico)
[44] dormilones
[45] caso, cuestión
[46] vulgarismo por «calcañar» (parte posterior de la planta del pie)

que oigo a mi cepo[47] Pancracio; pero la voz de un gallo se parece a la de otro gallo, y no me aseguro.

PANCRACIO. —¡Oh, recato inaudito de mujer prudente! Que yo soy, vida mía, tu marido Pancracio. Ábreme con toda seguridad.

LEONARDA. —Venga acá; yo lo veré agora. ¿Qué hice yo cuando él se partió esta tarde?

PANCRACIO. —Suspiraste, lloraste, y al cabo te desmayaste.

LEONARDA. —Verdad. Pero, con todo esto, dígame ¿qué señales tengo yo en uno de mis hombros?

PANCRACIO. —En el izquierdo tienes un lunar del grandor de medio real, con tres cabellos como tres mil hebras de oro.

LEONARDA. —Verdad. Pero ¿cómo se llama la doncella de casa?

PANCRACIO. —Ea, boba; no seas enfadosa. Cristinica se llama. ¿Qué más quieres?

LEONARDA. —¡Cristinica, Cristinica! Tu señor es; ábrele, niña.

CRISTINA. —Ya voy, señora. Que él sea muy bien venido. ¿Qué es esto, señor de mi alma? ¿Qué acelerada vuelta es ésta?

LEONARDA. —¡Ay, bien mío! Decídnoslo presto, que el temor de algún mal suceso me tiene ya sin pulsos.

PANCRACIO. —No ha sido otra cosa sino que en un barranco se quebró la rueda del coche, y mi compadre y yo determinamos volvernos y no pasar la noche en el campo, y mañana buscaremos en qué ir, pues hay tiempo. Pero ¿qué voces hay?

[*Dentro, y como de muy lejos, diga el* ESTUDIANTE:]

ESTUDIANTE. —¡Ábranme aquí, señores, que me ahogo!

PANCRACIO. —¿Es en casa o en la calle?

CRISTINA. —Que me maten si no es el pobre estudiante que encerré en el pajar para que durmiese esta noche.

PANCRACIO. —¿Estudiante encerrado en mi casa y en mi ausencia? ¡Malo! En verdad, señora, que si no me tuviera asegurado

vuestra mucha bondad, que me causara algún recelo este encerramiento. Pero ve, Cristina, y ábrele, que se le debe de haber caído toda la paja a cuestas . . .

CRISTINA. —Ya voy.

LEONARDA. —Señor, que es un pobre salamanqueso, que pidió que le acogiésemos esta noche por amor de Dios, aunque fuese en el pajar, y ya sabes mi condición, que no puedo negar nada de lo que se me pide, y encerrámosle. Pero veisle aquí y mirad cuál sale.

[*Salen el* ESTUDIANTE *y* CRISTINA, *él lleno de paja las barbas, cabeza y vestido.*]

ESTUDIANTE. —Si yo no tuviera tanto miedo y fuera menos escrupuloso, yo hubiera excusado el peligro de ahogarme en el pajar y hubiera cenado mejor y tenido más blanda y menos peligrosa cama.

PANCRACIO. —¿Y quién os había de dar, amigo, mejor cena y mejor cama?

ESTUDIANTE. —¿Quién? Mi habilidad. Sino que el temor de la justicia me tiene atadas las manos.

PANCRACIO. —¡Peligrosa habilidad debe de ser la vuestra, pues os teméis de la justicia!

ESTUDIANTE. —La ciencia que aprendí en la cueva de Salamanca[48] de donde yo soy natural,[49] si se dejara usar sin miedo de la Santa Inquisición, yo sé que cenara y recenara a costa de mis herederos, y aun quizá no estoy muy fuera de usalla,[50] siquiera por esta vez, donde la necesidad me fuerza y me disculpa; pero no sé yo si estas señoras serán tan secretas como yo lo he sido.

PANCRACIO. —No se cure dellas,[51] amigo, sino haga lo que quisiere, que yo les haré que callen, y ya deseo en todo extremo ver alguna destas cosas que dicen que se aprenden en la cueva de Salamanca.

ESTUDIANTE. —¿No se contentará vuesa merced con que le saque aquí dos demonios en figuras humanas, que traigan a cuestas

---

[47] palabra inexplicada aquí, por su sentido peyorativo (estúpido); quizá una errata por *seor*, «señor»

[48] cueva famosa por la magia que según la leyenda se practicaba en ella

[49] nacido (en Salamanca)

[50] usarla

[51] preocupe de ellas

una canasta llena de cosas fiambres[52] y comederas?

PANCRACIO. —¿Demonios en mi casa y en mi presencia?

LEONARDA. —¡Jesús! ¡Librada sea yo de lo que librarme no sé!

CRISTINA. —¡El mismo diablo tiene el estudiante en el cuerpo! ¡Plega a Dios que vaya a buen viento esta parva![53] ¡Temblándome está el corazón en el pecho!

PANCRACIO. —Ahora bien; si ha de ser sin peligro y sin espantos, yo me holgaré de ver esos señores demonios y a la canasta de las fiambreras; y torno a advertir que las figuras no sean espantosas.

ESTUDIANTE. —Digo que saldrán en figura del sacristán de la parroquia y en la de un barbero, su amigo.

CRISTINA. —Mas que lo dice por el sacristán Reponce y por maese Roque, el barbero de casa. ¡Desdichados dellos que se han de ver convertidos en diablos! Y dígame, hermano: ¿y éstos han de ser diablos bautizados?

ESTUDIANTE. —¡Gentil novedad! ¿Adónde diablos hay diablos bautizados? ¿O para qué se han de bautizar los diablos? Aunque podrá ser que éstos lo fuesen, porque no hay regla sin excepción. Y apártense, y verán maravillas.

LEONARDA [Aparte.] —¡Ay, sin ventura! ¡Aquí se descose![54] ¡Aquí salen nuestras maldades a plaza![55] ¡Aquí soy muerta!

CRISTINA [Aparte]. —Ánimo, señora; que buen corazón quebranta mala ventura.[56]

ESTUDIANTE. —Vosotros, mezquinos que en la [carbonera hallasteis amparo a vuestra desgracia, salid, y en los hombros, con priesa y con [gracia, sacad la canasta de la fiambrera.

No me incitéis a que de otra manera más dura os conjure. ¡Salid! ¿Qué esperáis? Mirad que si, a dicha, el salir rehusáis, tendrá mal suceso mi nueva quimera.

Ora[57] bien; yo sé cómo me tengo de haber con estos demonios humanos. Quiero entrar allá dentro, y a solas hacer un conjuro tan fuerte, que los haga salir más que de paso.[58] Aunque la calidad destos demonios más está en sabellos aconsejar que en conjurallos. [Éntrase.]

PANCRACIO. —Yo digo que si éste sale con lo que ha dicho, que será la cosa más nueva y más rara que se haya visto en el mundo.

LEONARDA. —Sí saldrá; ¿quién lo duda? ¿Pues habíanos de engañar?

CRISTINA. —Ruido anda allá dentro; yo apostaré que los saca. Pero ve aquí do vuelve con los demonios y el apatusco[59] de la canasta.

LEONARDA. —¡Jesús! ¡Qué parecidos son los de la carga[60] al sacristán Reponce y al barbero de la plazuela!

CRISTINA. —Mira, señora, que donde hay demonios no se ha de decir Jesús.

SACRISTÁN. —Digan lo que quisieren, que nosotros somos como los perros del herrero, que dormimos al son de las martilladas; ninguna cosa nos espanta ni turba.

LEONARDA. —Lléguense a que yo coma de lo que viene en la canasta; no tomen menos.[61]

ESTUDIANTE. —Yo haré la salva,[62] y comenzaré por el vino. (Bebe.) ¡Bueno es! ¿Es de Esquivias,[63] señor sacridiablo?

SACRISTÁN. —De Esquivias es, juro a . . .

ESTUDIANTE. —Téngase,[64] por vida suya, y no pase adelante. ¡Amiguito soy yo de diablos juradores! Demonico, demonico, aquí no venimos a hacer pecados mortales, sino a pasar una hora de pasatiempo, y cenar y irnos con Cristo.

---

[52] alimentos fríos
[53] ¡Quiera Dios que todo acabe bien! (parva es el trigo que se separa de la paja aventándolo).
[54] descubre [nuestro secreto]
[55] en público
[56] Refrán: el valor vence a la mala fortuna.
[57] ahora
[58] deprisa
[59] utensilio

[60] los que llevan la canasta
[61] no lo tomen a menos (como desprecio)
[62] prueba (como se hacía con la comida de los reyes para asegurarse de que estaba salva, no envenenada)
[63] provincia de Toledo; uno de los mejores vinos de entonces
[64] deténgase

CRISTINA. —¿Y éstos han de cenar con nosotros?

PANCRACIO. —Sí, que los diablos no comen.

BARBERO. —Sí comen algunos, pero no todos; y nosotros somos de los que comen.

CRISTINA. —¡Ay, señores! Quédense acá los pobres diablos, pues han traído la cena; que sería poca cortesía dejarlos ir muertos de hambre, y parecen diablos muy honrados y muy hombres de bien.

LEONARDA. —Como no nos espanten, y si mi marido gusta, quédense en buen hora.

PANCRACIO. —Queden, que quiero ver lo que nunca he visto.

BARBERO. —Nuestro Señor pague a vuesas mercedes la buena obra, señores míos.

CRISTINA. —¡Ay, qué bien criados, qué corteses! Nunca medre yo, si todos los diablos son como éstos, si no han de ser mis amigos de aquí adelante.

SACRISTÁN. —Oigan, pues, para que se enamoren de veras.

[*Toca el* SACRISTÁN *y canta, y ayúdale el* BARBERO *con el último verso no más.*]

SACRISTÁN. Oigan los que poco saben
 lo que con mi lengua franca
 digo del bien que en sí tiene

BARBERO. *la cueva de Salamanca.*

SACRISTÁN. Oigan lo que dejó escrito
 della el bachiller Tudanca
 en el cuero de una yegua
 que dicen que fue potranca,[65]
 en la parte de la piel
 que confina con el anca,
 poniendo sobre las nubes

BARBERO. *la cueva de Salamanca.*

SACRISTÁN. En ella estudian los ricos
 y los que no tienen blanca,
 y sale entera y rolliza
 la memoria que está manca.
 Siéntanse los que allí enseñan
 de alquitrán en una banca,
 porque estas bombas[66] encierra

BARBERO. *la cueva de Salamanca.*

SACRISTÁN. En ella se hacen discretos
 los moros de la Palanca,[67]
 y el estudiante más burdo
 ciencias de su pecho arranca.
 A los que estudian en ella,
 ninguna cosa les manca.
 ¡Viva, pues, siglos eternos

BARBERO. *la cueva de Salamanca.*

SACRISTÁN. Y nuestro conjurador,
 si es, a dicha, de Loranca,
 tenga en ella cien mil vides
 de uva tinta y de uva blanca.
 Y al diablo que le acusare,
 que le den con una tranca,
 y para el tal jamás sirva

BARBERO. *la cueva de Salamanca.*

CRISTINA. —Basta; ¿qué también los diablos son poetas?

BARBERO. —Y aun todos los poetas son diablos.

PANCRACIO. —Dígame, señor mío, pues los diablos lo saben todo: ¿dónde se inventaron todos estos bailes de las zarabandas, zambapalo y *dello*[68] *me pesa*, con el famoso del nuevo escarramán?[69]

BARBERO. —¿Adónde? En el infierno; allí tuvieron su origen y principio.

PANCRACIO. —Yo así lo creo.

LEONARDA. —Pues en verdad que tengo yo mis puntas y collar escarramanesco, sino que, por mi honestidad y por guardar el decoro a quien soy, no me atrevo a bailarle.

SACRISTÁN. —Con cuatro mudanzas[70] que yo le enseñase a vuesa merced cada día, en una semana saldría única en el baile, que sé que le falta bien poco.

ESTUDIANTE. —Todo se andará; por ahora, entrémonos a cenar, que es lo que importa.

PANCRACIO. —Entremos, que quiero averiguar si los diablos comen o no, con otras cien mil cosas que dellos cuentan. Y, por Dios, que no han de salir de mi casa hasta que me dejen enseñado en la ciencia y ciencias que se enseñan en la cueva de Salamanca.

---

[65] yegua joven (ripio forzado por la rima)
[66] Se empleaban entonces bombas de alquitrán en la guerra.
[67] África occidental
[68] de ello
[69] baile lascivo, cuyo nombre llevaba también un famoso rufián sobre quien se compusieron romances
[70] pasos de baile

Francisco de Quevedo

(1580-1645)

Don Francisco de Quevedo y Villegas es uno de los genios más fecundos y polifacéticos de la literatura española, cultivador de los géneros más diversos con fuerte acento personal, desde la picaresca hasta la teología. Además de erudito humanista (traductor y comentarista de escritores hebreos, griegos, latinos, franceses e italianos), su nombre se ha hecho legendario entre el pueblo como autor de chistes salaces, mientras que sigue viva su influencia literaria. Hay un curioso dualismo en su personalidad que queda reflejado en sus obras: el idealista apasionado, ferviente católico y patriota, que compone obras ascéticas, teológicas y políticas con erudita documentación y elevado pensamiento, junto al satírico que se ríe de todo y de todos, censurando acremente los defectos de una sociedad en vías de decadencia. En realidad ambos aspectos son sólo maneras distintas de expresar una misma preocupación básica sobre la condición humana, que ve con pesimismo y de la que aspira a escapar, bien refugiándose en los valores superiores del espíritu o rebajándola como una farsa grotesca.

Su vida es la de un hombre honesto y orgulloso, intransigente con todo lo falso, pretencioso y estúpido, que vive en la corte corrompida e inepta de un Imperio en declive, donde unas veces su talento halla el favor oficial y otras se le persigue por su crítica mordaz. Nacido en Madrid, de familia noble, oriunda de La Montaña, se crió en el ambiente de la corte donde sus padres prestaron servicios a la familia real. Huérfano de niño, se educó en el Colegio Imperial de los Jesuitas y luego en la Universidad de Alcalá, donde estudia humanidades mientras cultiva ya sus aficiones literarias. Al trasladarse la corte a Valladolid en 1601, sigue allí sus estudios universitarios (teología) y su renombre de poeta le hace figurar ya a los 23 años en una notable colección de poesías (*Flores de poetas ilustres*). Su experiencia de la vida cortesana y los alarmantes síntomas de decadencia nacional le inducen a dedicar su talento satírico a la crítica político-social. Para protegerse de los enemigos que su espíritu combativo le va creando y satisfacer sus aspiraciones políticas, entra al servicio del duque de Osuna, quien le utiliza como consejero y confidente en su virreinato de Sicilia y después de Nápoles. Quevedo se ve así envuelto en delicadas misiones diplomáticas e intrigas cortesanas, obteniendo por sus servicios el hábito de Santiago, hasta que a raíz de la fracasada «conjuración de Venecia», pierde el favor oficial y es desterrado a su propiedad de La Torre de Juan Abad, al sur de La Mancha. Aquí halla un retiro rústico en medio de su agitada vida cortesana, combinando las tareas del campo con la creación literaria, aunque también hubo de sostener interminables litigios con el municipio (una de las causas de sus frecuentes sátiras contra los ministros de justicia). Con el cambio de monarca (Felipe IV) y de *valido* o favorito (conde-duque de Olivares), Quevedo se ve otra vez protegido en la corte (1623–1639), llegando a ser nombrado secretario honorario del rey. Compone obras de todas clases, incluso comedias en colaboración para el teatro real, y se decide ahora a publicar, con prudentes alteraciones, obras satíricas de su juventud, como *Los sueños* y el *Buscón*. A los 52 años, y pese a su mala opinión de las mujeres, contrae matrimonio con una dama aristocrática, viuda y con hijos, pero a los tres meses se separaron, sin que se sepa nada de las circunstancias. En 1639, por una misteriosa intriga palaciega, Quevedo es encerrado en una prisión de León, sin proceso alguno, y allí pasa cuatro años en pésimas condiciones que afectan su salud. Al caer Olivares del poder (1643), Quevedo es puesto en libertad y, enfermo y envejecido, terminan sus días en el retiro de La Torre de Juan Abad, muriendo dos años después en un pueblo vecino.

Las obras de Quevedo constituyen, como las de Lope de Vega, toda una literatura por su gran extensión y variedad, aunque unificadas siempre por el propósito moral de censurar los vicios y ensalzar las virtudes del hombre. Quevedo representa la típica tendencia barroca a dar una visión simbólica y desrealizadora de la vida humana, expresada en un lenguaje artificial pero intenso y expresivo. Es el estilo *conceptista*, del que Quevedo es maestro y que, a diferencia del *culteranismo*, no destaca la belleza formal de los vocablos e imágenes, sino los conceptos expresados con juegos de palabras ingeniosos y concisos. Se llama «concepto» a la relación establecida entre dos objetos por medio de antítesis e inesperadas asociaciones de palabras e ideas. El motivo puede ser profundo o trivial, pero el dominio del lenguaje justifica que se haya llamado a Quevedo «el primer artífice de las letras hispánicas».

Su obra en prosa ofrece la dualidad característica de su personalidad: la satírica y festiva (predominante en la primera época) y la doctrinal de carácter ascético y político. Quevedo es el mayor satírico de la literatura española. En su caricatura despiadada de la sociedad, se atacan con igual mordacidad los vicios graves y los defectos menudos de las distintas clases, desde los gobernantes hasta los zapateros, exagerando lo trivial y llegando a ridiculizar incluso los defectos físicos de las personas con el grueso humor de entonces. En una de sus obras festivas, *Premáticas y aranceles* (1600), Quevedo pasa revista con aguda observación a las manías y necedades de la vida cotidiana. En otra de las más famosas, *El caballero de la tenaza* (1606), ataca a las mujeres con su habitual animosidad y da consejos sobre cómo gastar palabras y ahorrar dinero con ellas. La obra satírica más típica e importante es *Los sueños*, iniciada en la juventud (1606) pero no acabada y publicada hasta quince años más tarde por dificultades con la censura inquisitorial. Después de la primera edición, con el título *Sueños y discursos de verdades descubridoras de abusos, vicios y engaños de todos los oficios y estados del mundo* (Barcelona, 1627), Quevedo hizo otra eliminando todos los pasajes relacionados con la Iglesia y los gobernantes. Cambia el carácter cristiano del asunto en gentílico con referencias a los dioses paganos en vez de a la religión y al clero, con nuevos títulos neutros, como *Sueño de las calaveras* en vez de *Juicio Final*, *Las zahurdas de Plutón* en vez de *Sueño del Infierno*, que dejaron la obra falseada y a veces sin un sentido claro. Se trata de cinco «visiones» de la sociedad en un ambiente infernal o en la hora decisiva de la muerte, cuando la verdad íntima de las personas es puesta al descubierto en grotesco contraste con su imagen social. Son rápidos apuntes impresionistas, por los que desfilan toda clase de tipos exponiendo las flaquezas y vicios de la sociedad. Objeto preferente de la sátira son los oficios y profesiones (especialmente funcionarios judiciales y médicos) y las mujeres en general. Sólo los soldados y los pobres se libran de sus ataques. El estilo es apropiado a esa visión deformadora de la realidad, al deformar y retorcer también el lenguaje, con abundantes juegos de palabras y usos peculiares que dan intensidad y humor a la expresión sin perder su efecto de aparente naturalidad. También en su juventud compuso Quevedo una de las mejores novelas picarescas, el *Buscón* (1604), en la que reduce el relato de la vida y andanzas del pícaro a una serie de cuadros breves e intensos, con la técnica impresionista desarrollada más libremente en *Los sueños*. Es otra caricatura pesimista de la sociedad española, exageradamente sórdida, hecha en forma sintética, sin digresiones morales y con su conceptismo habitual en vez del estilo llano propio del género.

Como poeta Quevedo figura igualmente entre los mejores, tanto por la maestría de su estilo como por la intensidad con que da expresión a su experiencia vital. Su obra poética es también vasta y variada, pero no llegó a publicarla él mismo y sólo se conserva una parte (unas 900 poesías recogidas póstumamente en *El Parnaso español*, 1648). Como en su prosa, hay dos tipos contrapuestos de poesía. Una, la satírica y cómica, generalmente en versos cortos populares (romances y letrillas), pero con los recursos estilísticos del conceptismo (antítesis, juegos de palabras, paradojas, etc.), que les dan cierto aire artificioso a la vez que ligero. Su objeto es, como en la prosa satírica, caricaturizar los tipos y costumbres del día en unos apuntes picarescos de gran viveza expresiva (sobre el poder del dinero, la liviandad de la mujer, la frivolidad cortesana, la deshonestidad de los empleados judiciales, etc.). En contraste, Quevedo compuso muchas poesías graves sobre temas morales, religiosos y políticos, en los metros cultos del Renacimiento (sonetos, silvas, tercetos), pero con más austeridad y sobriedad de estilo, sin artificios conceptistas apenas. Son poesías inspiradas por nobles sentimientos de virtud estoica, de perfección cristiana y de justicia, entre las que destacan por su honda emoción las que expresan su actitud ascética ante la caducidad de las cosas humanas y su inquietud existencial ante el paso inexorable del tiempo camino de la muerte. Era la común filosofía barroca del «desengaño» ante

307

las vanas ilusiones de esta vida, pero expresada como una auténtica experiencia personal, que nos comunica el estremecimiento del poeta al sentirse vivir para la muerte. Grupo aparte forman sus poemas amorosos (sonetos la mayoría) en que predominan los convencionalismos cortesanos, con exquisitas bellezas metafóricas al estilo culterano (como llamar a la boca de la amada «relámpago de risas carmesíes»). En algunos sonetos, sin embargo, logra dar una expresión tan personal e intensa a la pasión amorosa, en términos de anhelo metafísico, que hacen de Quevedo, a pesar de su antifeminismo y su escasa cordialidad, uno de los grandes poetas del amor en la literatura española.

Finalmente, entre las obras doctrinales destacan las ascéticas, en que Quevedo combina la moral cristiana con la estoica de Séneca (su admirado modelo), basado en su pesimismo radical sobre la vida humana y en su preocupación central por la muerte. Así, en *La cuna y la sepultura* (1612–1633) hace una serie de contrastes entre la futilidad de los bienes terrenales y los valores eternos del espíritu. Sus tratados políticos se inspiran también en la moral cristiana y en los ideales de justicia y virtud como normas de conducta para los príncipes, frente al triunfante maquiavelismo, como en *La política de Dios* (1617–1626); o en el modelo de austeridad y sana autoridad de la República romana, como en la *Vida de Marco Bruto* (1644). En el fondo había siempre una crítica de la decadencia política y social de España, con sus gobernantes ineptos y venales, el relajamiento de las costumbres y el olvido de los antiguos ideales heroicos en favor del lujo y los placeres frívolos. En estas obras doctrinales, la prosa es menos barroca, más sobria y austera, a tono con su elevado contenido moral.

TEXTO: DON FRANCISCO DE QUEVEDO Y VILLEGAS, *Obras completas*
(ed. F. Buendía), 2 vols. Madrid, 1961.

EL PARNASO ESPAÑOL

(1648)

Letrilla[1]

Poderoso caballero
es don Dinero.

    Madre, yo al oro me humillo;
él es mi amante y mi amado,
pues de puro enamorado,
anda contino amarillo;[2]
que pues, doblón o sencillo,[3]
hace todo cuanto quiero,
poderoso caballero
es don Dinero.

    Nace en las Indias honrado,
donde el mundo le acompaña;
viene a morir en España,
y es en Génova[4] enterrado.
Y pues quien le trae al lado
es hermoso, aunque sea fiero,[5]
poderoso caballero
es don Dinero.

    Son sus padres principales,
y es de nobles[6] descendiente,
porque en las venas[7] de Oriente
todas las sangres son reales;[8]
y pues es quien hace iguales
al rico y al pordiosero,
poderoso caballero
es don Dinero.

    ¿A quién no le maravilla
ver en su gloria sin tasa
que es lo más ruin de su casa
doña Blanca de Castilla?[9]
Mas pues que su fuerza humilla
al cobarde y al guerrero,
poderoso caballero
es don Dinero.

    Es tanta su majestad,
aunque son sus duelos hartos,
que aun con estar hecho cuartos,[10]
no pierde su calidad;
pero pues da autoridad
al gañán y al jornalero,
poderoso caballero
es don Dinero.

    Más valen en cualquier tierra
(mirad si es harto sagaz)
sus escudos[11] en la paz
que rodelas en la guerra;
pues al natural destierra
y hace propio al forastero,
poderoso caballero
es don Dinero.

---

[1] poesía juvenil, aparecida en la antología *Flores de poetas ilustres* (1605)
[2] continuamente; «amarillo» alude a la palidez del enamorado y al color del oro
[3] dos monedas y a la vez contraste de duplicidad y sencillez
[4] alusión a los banqueros genoveses que prestaban dinero al gobierno español sobre el oro de América.
[5] feo
[6] con el sentido, también, de «monedas de oro»
[7] alude a las venas o filones de oro
[8] alusión a la moneda y a la realeza
[9] la esposa de Luis VIII de Francia (1188-1252) y una moneda de poco valor
[10] pedazos y moneda de cobre de escaso valor
[11] moneda además de arma defensiva

Amor constante
más allá de la muerte

Cerrar podrá mis ojos la postrera
sombra que me llevare el blanco día,
y podrá desatar esta alma mía
hora a su afán ansioso lisonjera;[12]
    mas no de esotra parte en la ribera[13]
dejará la memoria, en donde ardía;[14]
nadar sabe mi llama la agua fría,
y perder el respeto a ley severa.[15]
    Alma a quien todo un dios[16] prisión ha sido,
venas que humor a tanto fuego han dado,
médulas que han gloriosamente ardido:
    su cuerpo dejará,[17] no su cuidado;
serán ceniza,[18] mas tendrá sentido;
polvo serán, mas polvo enamorado.

Todas las cosas
avisan de la muerte

Miré los muros de la patria mía,[19]
si un tiempo fuertes, ya desmoronados,
de la carrera de la edad cansados,
por quien caduca ya su valentía.
    Salíme al campo, vi que el sol bebía
los arroyos del hielo desatados,
y del monte quejosos los ganados,
que con sombras hurtó su luz al día.[20]
    Entré en mi casa; vi que, amancillada,
de anciana habitación era despojos;
mi báculo, más corvo y menos fuerte.
    Vencida de la edad sentí mi espada,
y no hallé cosa en que poner los ojos
que no fuese recuerdo de la muerte.

---

[12] *lisonjera* (amable) es adjetivo de *hora*, que es el sujeto de *podrá*

[13] alusión a la laguna Estigia en el reino de los muertos

[14] la memoria de su amor

[15] la ley de la mortalidad

[16] amor

[17] se refiere a *alma*, iniciando el paralelismo de los dos tercetos

[18] imagen compleja alusiva al cuerpo muerto y al fuego amoroso

[19] su cuerpo, según una fórmula literaria bastante común (el soneto tiene una significación personal, no nacional, como se ha solido pensar)

[20] La hora del crepúsculo, muy apropiada al tema, está sugerida al decir que *los ganados* se quejan del monte por ocultar al sol.

EL SUEÑO DEL JUICIO FINAL[1]

(1607)

AL CONDE DE LEMOS, PRESIDENTE DE INDIAS[2]

A manos de vuecelencia[3] van estas desnudas verdades, que buscan no quien las vista, sino quien las consienta; que a tal tiempo hemos venido, que con ser tan sumo bien, hemos de rogar con él. Prométese seguridad en ellas solas. Viva vuecelencia para honra de nuestra edad.

DON FRANCISCO DE QUEVEDO VILLEGAS

Discurso

Los sueños dice Homero que son de Júpiter y que él los envía; y en otro lugar, que se han de creer. Es así, cuando tocan en cosas importantes y piadosas, o las sueñan reyes y grandes señores, como se colige del doctísimo y admirable Propercio en estos versos:

Nec tu sperne piis venientia somnia portis.
Quum pia venerunt somnia, pondus habent.[4]

Dígolo a propósito que tengo por caído del cielo[5] uno que yo tuve estas noches pasadas, habiendo cerrado los ojos con el libro del beato Hipólito,[6] de la *Fin del mundo*

y segunda venida de Cristo, la cual fue causa de soñar que veía el Juicio final. Y aunque en casa de un poeta es cosa dificultosa creer que haya juicio (aun por sueños), le hubo en mí por la razón que da Claudiano[7] en la prefación al libro segundo del *Rapto*, diciendo que todos los animales sueñan de noche como sombras de lo que trataron de día. [. . .][8]

Parecióme, pues, que veía un mancebo que, discurriendo por el aire, daba voz de su aliento á una trompeta, afeando con su fuerza en parte su hermosura. Halló el son obediencia en los mármoles, y oídos en los muertos; y así, al punto comenzó a moverse toda la tierra, y a dar licencia a los huesos que ya andaban unos en busca de otros. Y pasando tiempo, aunque fue breve, vi los que habían sido soldados y capitanes levantarse de los sepulcros con ira juzgándola por seña de guerra; a los avarientos, con ansias y congojas, recelando algún rebato;[9] y los dados a vanidad y gula, con ser áspero el son, lo tuvieron por cosa de sarao[10] o caza.

Esto conocía yo en los semblantes de cada uno, y no vi que llegase el ruido de la trompeta a oreja que se persuadiese que era cosa de juicio. Después noté de la manera que algunas almas venían con asco y otras con miedo, huían de sus antiguos cuerpos:

---

[1] Se reproduce el texto de la primera ed. (1627), con las frases y párrafos suprimidos por la censura eclesiástica, pero dejando algunas variantes sintácticas que mejoran la lectura. A partir de la segunda ed. (1629), lleva el título menos comprometedor de *Sueño de las calaveras*. La Inquisición lo prohibió de nuevo, sin embargo, en el expurgatorio de 1631.

[2] Don Pedro Fernández de Castro, nombrado para ese importante cargo al trasladarse la corte a Valladolid (1603), cuando tenía 31 años, gracias a su suegro, el poderoso privado duque de Lerma. Fue gran protector de las letras y tuvo de secretario a Lope de Vega.

[3] Vuestra Excelencia

[4] Ni menosprecies los sueños cuando vienen de las santas puertas: cuando son santos los sueños, muy ponderables son. (*Elegías* de Propercio, poeta latino del siglo I a.C.)

[5] por piadoso (alusión al *pia* de la cita)

[6] presbítero de Roma, teólogo y mártir (¿165–235?)

[7] poeta latino del siglo IV, imitador de Virgilio

[8] [*Se omiten un par de citas latinas sobre lo mismo*]

[9] señal de alarma (dada en las ciudades ante el peligro de ataque)

[10] fiesta nocturna con baile o música

a cuál faltaba un brazo, a cuál un ojo; y diome risa ver la diversidad de figuras, y admiróme la Providencia de Dios en que, estando barajados[11] unos con otros, nadie por yerro de cuenta[12] se ponía las piernas ni los miembros de los vecinos. Sólo en un cementerio me pareció que andaban destrocando[13] cabezas, y que vi a un escribano[14] que no le venía bien el alma y quiso decir que no era suya por descartarse della.

Después, ya que a noticia de todos llegó que era el día del Juicio, fue de ver cómo los lujuriosos no querían que los hallasen sus ojos, por no llevar al tribunal testigos contra sí; los maldicientes las lenguas; los ladrones y matadores gastaban los pies en huir de sus mismas manos. Y volviéndome a un lado, vi a un avariento que estaba preguntando a uno (que por haber sido embalsamado y estar lejos sus tripas no habían llegado) si habían de resucitar aquel día todos los enterrados, si resucitarían unos bolsones[15] suyos.

Riérame si no me lastimara a otra parte el afán con que una gran chusma[16] de escribanos andaban huyendo de sus orejas, deseando no las llevar, por no oír lo que esperaban; mas sólo fueron sin ellas los que acá las habían perdido por ladrones,[17] que por descuido no fueron todos. Pero lo que más me espantó[18] fue ver los cuerpos de dos o tres mercaderes que se habían calzado[19] las almas al revés, y tenían todos los cinco sentidos en las uñas de la mano derecha.[20]

Yo veía todo esto de una cuesta muy alta, al punto que oigo dar voces a mis pies que me apartase; y no bien lo hice, cuando comenzaron a sacar las cabezas muchas mujeres hermosas, llamándome descortés y grosero, porque no había tenido más respeto a las damas (que aun en el infierno están las tales sin perder esta locura). Salieron fuera muy alegres de verse gallardas y desnudas y que tanta gente las viese, aunque luego, conociendo que era el día de la ira, y que la hermosura las estaba acusando de secreto, comenzaron a caminar al valle con pasos más entretenidos. Una que había sido casada siete veces iba trazando disculpas para todos los maridos. Otra dellas, que había sido pública ramera,[21] por no llegar al valle no hacía sino decir que se le habían olvidado las muelas y una ceja, y volvía y deteníase; pero, al fin, llegó a vista del teatro, y fue tanta la gente de los que había ayudado a perder y que señalándola daban gritos contra ella, que se quiso esconder entre una caterva de corchetes,[22] pareciéndole que aquélla no era gente de cuenta[23] aun en aquel día.

Divirtióme desto[24] un gran ruido que por la orilla de un río adelante venía de gente en cantidad tras un médico, que después supe lo que era en la sentencia. Eran hombres que había despachado sin razón antes de tiempo, por lo cual se había condenado, y venían por hacerle que pareciese[25] y, al fin, por fuerza, le pusieron delante del trono. A mi lado izquierdo oí como un ruido de alguno que nadaba y vi a un juez, que lo había sido, que estaba en medio del arroyo lavándose las manos, y esto hacía muchas veces. Lleguéme a preguntarle por qué se lavaba tanto; y díjome que en vida, sobre ciertos negocios, se las había untado,[26] que estaba porfiando allí por no parecer con ellas de aquella suerte delante de la universal residencia.[27]

Era de ver una legión de demonios con azotes, palos y otros instrumentos, cómo traían a la audiencia[28] una muchedumbre de taberneros, sastres, libreros y zapateros, que de miedo se hacían sordos; y aunque

---

[11] mezclados
[12] error que trae beneficio a costa ajena
[13] deshaciendo el trueque (cambio) de
[14] secretario judicial, uno de los oficios más criticados por su venalidad; aquí avergonzado de su conciencia
[15] bolsas de dinero
[16] muchedumbre (despectivo)
[17] Se castigaba al ladrón cortándole la oreja.
[18] asombró
[19] puesto

[20] gente de uña (ladrones)
[21] prostituta
[22] grupo de empleados judiciales encargados de prender a los delincuentes
[23] de temer
[24] me distraje de esto
[25] compareciese en juicio
[26] manchado (con dinero)
[27] cuenta que se exigía a los administradores públicos al término de su gestión
[28] al juicio

habían resucitado no querían salir de la sepultura. En el camino por donde pasaban, al ruido, sacó un abogado la cabeza y preguntóles que adónde iban; y respondiéronle «al justo Juicio de Dios, que era llegado». A lo cual, metiéndose más a hondo, dijo:

—Esto me ahorraré de andar después si he de ir más abajo.

Iba sudando un tabernero de congoja, tanto que, cansado, se dejaba caer a cada paso, y a mí me pareció que le dijo un demonio:

—Harto[29] es que sudéis el agua, no nos la vendáis por vino.

Uno de los sastres, pequeño de cuerpo, redondo de cara, malas barbas y peores hechos, no hacía sino decir:

—¿Qué pude hurtar yo, si andaba siempre muriéndome de hambre?

Y los otros le decían (viendo que negaba haber sido ladrón) qué cosa era despreciarse de su oficio.

Toparon con unos salteadores y capeadores[30] públicos que andaban huyendo unos de otros, y luego los diablos cerraron[31] con ellos, diciendo que los salteadores bien podían entrar en el número, porque eran a su modo sastres silvestres y monteses, como gatos del campo. Hubo pendencia entre ellos sobre de afrentarse los unos de ir con los otros; y al fin, juntos llegaron al valle.

Tras ellos venía la locura en una tropa, con sus cuatro costados: poetas, músicos, enamorados y valientes, gente en todo ajena deste día.[32] Pusiéronse a un lado, donde estaban los sayones,[33] judíos y los filósofos y decían juntos, viendo a los sumos pontífices en sillas de gloria:

—Diferentemente se aprovechan los papas de las narices que nosotros,[34] pues con diez varas dellas no vimos lo que traíamos entre las manos.[35]

Andaban contándose dos o tres procuradores[36] las caras que tenían, y espantábanse que les sobrasen tantas, habiendo vivido tan descaradamente.[37] Al fin vi hacer silencio a todos.

Hacíanle también un silenciero[38] de catedral, con más peluca que perro lanudo, dando tales golpes con su bastón campanilo,[39] que acudieron a ellos más de mil calóndrigos,[40] no pocos racioneros,[41] sacristanes y dominguillos[42] y hasta un obispo, un arzobispo y un inquisidor, trinidad profana y profanadora que se arañaba por arrebatarse[43] una buena conciencia que acaso andaba por allí distraída buscando a quien bien le viniese.

El trono era donde trabajaron la omnipotencia y el milagro. Dios estaba vestido de sí mismo, hermoso para los santos y enojado para los perdidos; el sol y las estrellas colgando de la boca, el viento quedo y mudo, el agua recostada en sus orillas; suspensa la tierra, temerosa en sus hijos, y cuál[44] amenazaba al que le enseñó con su mal[45] peores costumbres. Todos en general pensativos: los justos, en qué gracias darían a Dios, cómo rogarían por sí, y los malos en dar disculpas.

Andaban los ángeles custodios mostrando en los pasos y colores[46] las cuentas que tenían que dar de sus encomendados, y los demonios repasando sus tachas y procesos.[47] Al fin todos los defensores estaban de la parte de adentro y los acusadores de la de fuera. Estaban los diez mandamientos por guardas a una puerta tan angosta, que los

---

[29] mejor
[30] ladrones nocturnos de capas
[31] atacaron
[32] gente sin juicio (según el dicho: «de poetas y locos, todos tenemos un poco»)
[33] verdugos (de Cristo)
[34] los semitas
[35] traían a Cristo
[36] representantes legales (ante los tribunales)
[37] juego de palabras: «sin vergüenza» y «sin cara» (por cambiarla según la ocasión)
[38] el encargado de mantener silencio (todo este párrafo fue suprimido por la censura eclesiástica)

[39] como campana a cuya llamada acuden los eclesiásticos más codiciosos
[40] deformación de «canónigos»
[41] prebendado con ración (renta alimenticia) en una catedral
[42] ayudantes
[43] quitarse el uno al otro
[44] alguno
[45] mal [ejemplo]
[46] colores de la cara
[47] acusaciones y expedientes judiciales

que estaban a puros ayunos[48] flacos, aún tenían que dejar algo en la estrechura.

A un lado estaban juntas las desgracias, peste y pesadumbres, dando voces contra los médicos. Decía la peste que ella los había herido, pero que ellos los habían despachado. Las pesadumbres, que no habían muerto ninguno sin ayuda de los doctores; y las desgracias, que todos los que habían enterrado habían ido por[49] entrambos.

Con esto los médicos quedaron con cargo de dar cuenta de los difuntos; y así, aunque los necios decían que ellos habían muerto más, se pusieron los médicos con papel y tinta en un alto con su arancel,[50] y en nombrando la gente, luego salía uno dellos, y en alta voz decía:

—Ante mí pasó, a tantos de tal mes, etc.

Comenzóse por Adán la cuenta, y para que se vea si iba estrecha,[51] hasta de una manzana se la pidieron tan rigurosa que le oí decir a Judas:

—¿Qué tal la[52] daré yo, que le vendí al mismo dueño un cordero?[53]

Pasaron los primeros Padres, vino el Testamento nuevo, pusiéronse en sus sillas al lado de Dios los apóstoles todos con el santo Pescador.[54] Luego llegó un diablo y dijo:

—Éste es el que señaló con la mano al que San Juan con el dedo, y fue el que dio la bofetada a Cristo.

Juzgó él mismo su causa, y dieron con él en los entresuelos[55] del mundo.

Era de ver[56] cómo se entraban algunos pobres entre media docena de reyes que tropezaban con las coronas, viendo entrar las de los sacerdotes tan sin detenerse.

Asomaron las cabezas Herodes y Pilatos, y cada uno conociendo en el Juez, aunque glorioso, sus iras. Decía Pilatos:

—Esto se merece quien quiso ser gobernador de judigüelos.[57]

Y Herodes:

—Yo no puedo ir al cielo, pues al limbo no se querrán fiar de mí los inocentes con las nuevas que tienen de los otros que despaché. Ello es fuerza de ir al infierno, que al fin es posada conocida.

Llegó en esto un hombre desaforado de ceño,[58] y alargando la mano dijo:

—Esta es la carta de examen.[59]

Admiráronse todos y dijeron los porteros que quién era, y él, en altas voces respondió:

—Maestro de esgrima examinado y de los más diestros del mundo. Y sacando otros papeles de un lado dijo que aquéllos eran los testimonios de sus hazañas. Cayéronsele en el suelo, por descuido, los testimonios, y fueron a un tiempo a levantarlos dos diablos y un alguacil,[60] y él los levantó primero que los diablos. Llegó un ángel y alargó el brazo para asirle y meterle dentro[61] y él, retirándose, alargó el suyo, y dando un salto dijo:

—Ésta de puño es irreparable,[62] y si me queréis probar yo daré buena cuenta.

Riéronse todos, y un oficial algo moreno[63] le preguntó qué nuevas tenía de su alma. Pidiéronle no sé qué cosas, y respondió que no sabía tretas contra los enemigos della. Mandáronle que se fuese por línea recta al infierno, a lo cual replicó diciendo: que debían de tenerlo por diestro del libro matemático, que él no sabía qué era línea recta. Hiciéronselo aprender, y diciendo— «Entre otro»—, se arrojó.

Y llegaron unos despenseros a cuentas[64] (y no rechazándolas), y en el ruido con que venía la trulla[65] dijo un ministro:

—Despenseros son.

---

[48] a fuerza de ayunos
[49] a causa de
[50] lista
[51] estricta
[52] la [cuenta]
[53] vendió Cristo al demonio
[54] Cristo
[55] planta baja (aquí el infierno)
[56] era [asombroso] de ver
[57] judíos (despectivo)
[58] furioso, con gesto de ira
[59] certificado de aptitud necesario para practicar un oficio

[60] el alguacil (oficial menor que ejecuta las órdenes judiciales) demuestra ser más rápido que los diablos
[61] Ya dijo antes que los defensores estaban dentro del recinto celestial.
[62] Esta treta con el puño [de la espada] no tiene defensa posible
[63] negro o mulato
[64] los encargados de la despensa o suministro de comida en las casas nobles, que vienen ahora a dar cuentas de su vida (en vez de rechazar, como suelen, las cuentas de los abastecedores)
[65] tropel

Y otros dijeron:

—No son.

Y otros:

—Sí, son.

Y dioles tanta pesadumbre la palabra sisón[66] que se turbaron mucho. Con todo pidieron que se les buscase su abogado, y dijo un diablo:

—Ahí está Judas, que es apóstol descartado.

Cuando ellos oyeron esto, volviéndose a otro diablo, que no se daba manos a[67] señalar hojas para leer, dijeron:

—Nadie mire, y vamos a partido[68] y tomemos infinitos siglos de purgatorio.

El diablo, como buen jugador, dijo:

—¿Partido pedís? No tenéis buen juego.

Comenzó a descubrir[69] y ellos, viendo que miraba, se echaron en baraja[70] de su bella gracia.

Pero tales voces como venían detrás de un malaventurado pastelero no se oyeron jamás de hombres hechos cuartos,[71] y pidiéndole que declarase en qué había acomodado sus carnes confesó que en los pasteles, y mandaron que les fueren restituidos sus miembros de cualquier estómago en que se hallasen. Dijéronle si quería ser juzgado, y respondió que sí, a Dios y a la buena ventura. La primera acusación decía no sé qué de gato por liebre,[72] tanto de huesos y no de la misma carne, sino advenedizos,[73] tanto de oveja y cabra, caballo y perro; y cuando él vio que se les probaba a sus pasteles haberse hallado en ellos más animales que en el Arca de Noé (porque en ella no hubo ratones ni moscas, y en ellos sí) volvió las espaldas y dejólos con la palabra en la boca.

Fueron juzgados filósofos, y fue de ver cómo ocupaban sus entendimientos en hacer silogismos contra su salvación. Mas lo de los poetas fue de notar,[74] que de puro locos querían hacer creer a Dios que era Júpiter, y que por él decían ellos todas las cosas. Y Virgilio andaba con su *sicelides musae*[75] diciendo que era el nacimiento de Cristo; mas saltó un diablo, y dijo no sé qué de Mecenas y Octavia, y que había mil veces adorado unos cuernecillos[76] suyos que los traía por ser día de más fiesta; contó no sé qué cosas. Y al fin llegando Orfeo (como más antiguo) a hablar por todos, le mandaron que se volviese otra vez a hacer el experimento de entrar en el infierno para salir; y a los demás, por hacérseles camino, que le acompañasen.

Llegó tras ellos un avariento a la puerta y fue preguntado qué quería, diciéndole que los diez mandamientos guardaban aquella puerta de quien no los había guardado; y él dijo que en cosas de guardar era imposible que hubiese pecado. Leyó el primero: *Amar a Dios sobre todas las cosas;* y dijo que él sólo aguardaba a tenerlas todas para amar a Dios sobre ellas. *No jurar su nombre en vano;* dijo que aun jurándole falsamente, siempre había sido por muy grande interés, y que así, no había sido en vano. *Guardar las fiestas;* éstas, y aun los días de trabajo guardaba y escondía. *Honrar padre y madre:* siempre les quité el sombrero.[77] *No matar:* por guardar esto no comía, por ser matar la hambre, comer. *No fornicarás:* en cosas que cuestan dineros, ya está dicho. *No levantar falso testimonio.* —Aquí —dijo un diablo—es el negocio, avariento; que si confiesas haberle levantado, te condenas, y si no, delante del Juez te le levantarás a ti mismo. Enfadóse el avariento, y dijo:

---

[66] el que sisa (juego de palabras con *sí son*), como solían ser los despenseros; *sisar* es guardarse parte del dinero sobrante en una compra hecha a nombre de otro

[67] no paraba de

[68] nos consideramos vencidos (a condición de que *nadie mire*)

[69] juego de palabras: mostrar las cartas y descubrir las sisas o trampas de ellos

[70] en confusión (en el infierno)

[71] partidos en trozos. Alude a los fraudes de los pasteleros con la carne que ponían en los pasteles,

llegando a decirse en una ocasión que ciertos pasteles contenían carne humana.

[72] *dar gato por liebre*, engañar en el producto vendido

[73] extraños (de otro animal)

[74] [digno de] notar

[75] comienzo de la Égloga IV («Musas sicilianas» o bucólicas), interpretada por algunos como relativa al nacimiento de Cristo

[76] Alude a los dones de su protector Mecenas y de Octavia, la hermana del emperador Augusto Octaviano, así como a rumores maliciosos sobre sus complacencias conyugales (cuernos)

[77] me quité el sombrero en su presencia

—«Si no he de entrar, no gastemos tiempo». Que hasta aquello rehusó de gastar. Convencióse con su vida y fue llevado adonde merecía.

Entraron en esto muchos ladrones y salváronse dellos algunos ahorcados. Y fue de manera el ánimo que tomaron los escribanos que estaban delante de Mahoma, Lutero y Judas (viendo salvar ladrones), que entraron de golpe a ser sentenciados[78] de que les tomó a los diablos muy gran risa de ver eso.

Los ángeles de la guarda comenzaron a esforzarse y a llamar por abogados a los evangelistas.

Dieron principio a la acusación los demonios y no la hacían en los procesos que tenían hechos de sus culpas, sino con los que ellos habían hecho en esta vida. Dijeron lo primero:

—Éstos, Señor, la mayor culpa suya es ser escribanos. Y ellos respondieron a voces (pensando que disimularían algo) que no eran sino secretarios.

Los ángeles abogados comenzaron a dar descargo.[79] Uno decía: Es bautizado y miembro de la Iglesia.

Y no tuvieron muchos dellos que decir otra cosa.[80] Al fin se salvaron dos o tres y a los demás dijeron los demonios: Ya entienden. Hiciéronles del ojo,[81] diciendo que importaba allí para jurar contra cierta gente.[82]

Y viendo ellos que por ser cristianos daban más pena que los gentiles, alegaron que el ser cristianos no era por su culpa, que los bautizaron cuando niños, y que los padrinos la tenían.[83]

Digo verdad que vi a Judas, tan cerca de atreverse a entrar a juicio, y a Mahoma y a Lutero, animados de ver salvar a un escribano, que me espanté que no lo hiciesen.

Sólo se lo estorbó aquel médico que dije, que forzado de los que le habían traído, parecieron él, y un boticario y un barbero, a los cuales dijo un diablo que tenía las copias:

—Ante este doctor han pasado los más difuntos, con ayuda de este boticario y barbero[84] y a ellos se les debe gran parte deste día. Alegó un ángel por el boticario que daba de balde[85] a los pobres, pero dijo un diablo que hallaba por su cuenta que habían sido más dañosos dos botes de su tienda que diez mil de pica[86] en la guerra, porque todas sus medicinas eran espurias y que con esto había hecho liga[87] con una peste y había destruido dos lugares. El médico se disculpaba con él y al fin el boticario fue condenado. Y el médico y el barbero (intercediendo San Cosme y San Damián)[88] se salvaron. Fue condenado un abogado porque tenía todos los derechos con corcovas,[89] cuando descubierto un hombre que estaba detrás deste a gatas[90] porque no le viesen y preguntado quién era, dijo que cómico; pero un diablo, muy enfadado, replicó: «Farandulero[91] es, Señor y pudiera haber ahorrado aquesta venida sabiendo lo que hay.»[92]

Juró de irse y fuese al infierno sobre su palabra.

En esto dieron con[93] muchos taberneros en el puesto,[94] y fueron acusados de que habían muerto cantidad de sed a traición, vendiendo agua por vino. Éstos venían confiados en que habían dado a un hospital siempre vino puro para las misas; pero no les valió, ni a los sastres decir que habían vestido jesuses[95] y así, todos fueron despachados como siempre se esperaba.

Llegaron tres o cuatro genoveses ricos muy graves, pidiendo asientos[96] y dijo un diablo:

---

[78] esperando ser salvados, como esos otros ladrones
[79] descargo (de culpa), circunstancias exculpatorias o atenuantes
[80] Se entiende, en su favor (eran cristianos de nombre sólo).
[81] guiño de complicidad picaresca
[82] los herejes y demás enemigos de la religión católica
[83] Los padrinos tenían la culpa por ser los responsables del bautismo
[84] El barbero solía practicar cierta cirugía elemental.
[85] gratis
[86] [soldados] de pica

[87] alianza
[88] santos patronos de sus respectivas profesiones
[89] tuertos, torcidos
[90] con pies y manos en el suelo
[91] farsante (de la farándula o profesión teatral)
[92] alusión a su mala reputación moral
[93] se encontraron a
[94] puesto [de enjuiciamiento]
[95] niños vestidos de Jesús (especialmente en las procesiones de Semana Santa)
[96] doble sentido: *asientos* para sentarse y para operaciones de cambio (los banqueros genoveses tenían fama de llevarse el dinero de España)

—¿Piensan ganar ellos? Pues esto es lo que les mata. Esta vez han dado mala cuenta, y no hay donde se asienten, porque han quebrado el banco[97] de su crédito Y volviéndose a Dios, dijo un diablo:

—Todos los demás hombres, Señor, dan cuenta de lo que es suyo, mas éstos de lo ajeno y todo. Pronunció se la sentencia contra ellos; yo no la oí bien, pero ellos desaparecieron.

Vino un caballero tan derecho que al parecer quería competir con la misma justicia que le aguardaba; hizo muchas reverencias a todos y con la mano una ceremonia usada de los que beben en charco. Traía un cuello tan grande, que no se le echaba de[98] ver si tenía cabeza. Preguntóle un portero, de parte de Dios, que si era hombre y él respondió con grandes cortesías que sí y que por más señas se llamaba don Fulano, a fe de caballero. Rióse un diablo y dijo:

—De codicia[99] es el mancebo para el infierno.

Preguntáronle qué pretendía y respondió: «Ser salvado». Y fue remitido a los diablos para que le moliesen;[1] y él sólo reparó en que le ajarían[2] el cuello. Entró tras él un hombre dando voces diciendo:

—Aunque las doy, no tengo mal pleito;[3] que a cuantos santos hay en el cielo, o a los más, he sacudido[4] el polvo.

Todos esperaban ver un Diocleciano o Nerón,[5] por lo de sacudir el polvo, y vino a ser un sacristán que azotaba los retablos; y se había ya con esto puesto en salvo, sino que dijo un diablo que se bebía el aceite de las lámparas y echaba la culpa a una lechuza, por lo cual habían muerto sin ellas;[6] que pellizcaba de los ornamentos para vestirse;

que heredaba en vida las vinajeras[7] y que tomaba alforzas a los oficios.[8] No sé qué descargo se dio, que le enseñaron el camino de la mano izquierda.[9]

Dando lugar unas damas alcorzadas[10] que comenzaron a hacer melindres[11] de las malas figuras de los demonios, dijo un ángel a Nuestra Señora que habían sido devotas de su nombre aquéllas; que las amparase. Y replicó un diablo que también fueron enemigas de su castidad.

—Sí, por cierto—dijo una que había sido adúltera. Y el demonio la acusó que había tenido un marido en ocho cuerpos; que se había casado de por junto en uno para mil. Condenóse ésta sola e iba diciendo:

—Ojalá yo supiera que me había de condenar, que no hubiera oído misa los días de fiesta.

En esto que era todo acabado quedaron descubiertos Judas, Mahoma y Martín Lutero y preguntando un diablo cuál de los tres era Judas, Lutero y Mahoma dijeron cada uno que él; y corrióse[12] Judas tanto, que dijo en altas voces:

—Señor, yo soy Judas, y bien conocéis vos que soy mucho mejor que éstos, porque si os vendí remedié al mundo, y éstos, vendiéndose a sí y a vos, lo han destruido todo.

Fueron mandados quitar delante, y un ángel que tenía la copia, halló que asomaron al puesto muy tristes y dijeron: —Aquí lo damos por condenado; no es menester nada.

No bien lo dijeron, cuando cargado de astrolabios y globos entró un astrólogo dando voces, y diciendo que se habían engañado, que no había de ser aquel día el del Juicio, porque Saturno no había acabado sus movimientos, ni el de trepidación[13] el suyo. Volvióse un diablo y viéndole tan cargado de madera y

---

[97] otro doble sentido: romper el *banco* (de sentarse) y hacer bancarrota

[98] no se podía

[99] muy deseable

[1] moliesen [a palos]

[2] estropearían

[3] Refrán: «Quien mal pleito tiene, a voces lo mete»

[4] limpiado

[5] emperadores romanos que persiguieron cruelmente a los cristianos

[6] sin *lámparas* mortuorias (el verbo impersonal se refiere a personas en general)

[7] jarrillas de vino sacramental, que él se apropiaba con vino dentro (en vida)

[8] Se aprovechaba de los oficios divinos (la alforza es un doblez del vestido)

[9] el lado de los condenados, a la izquierda del Señor

[10] muy adornadas (como la alcorza o pasta de azúcar que cubre los dulces)

[11] reparos, críticas

[12] se avergonzó

[13] supuesto balanceo del firmamento, de norte a sur

papel, le dijo: —Ya os traéis la leña[14] con vos, como si supiérades que de cuantos cielos habéis tratado en vida estáis de manera que por la falta de uno solo en muerte, os iréis al infierno.

—Eso, no iré yo—dijo él.

—Pues llevaros han.

Y así se hizo.

Con esto se acabó la residencia y tribunal. Huyeron las sombras a su lugar, quedó el aire con nuevo aliento, floreció la tierra, rióse el cielo y Cristo subió consigo a descansar en los dichosos, por su pasión. Y yo me quedé en el valle y discurriendo por él oí mucho ruido y quejas en la tierra.

Lleguéme por ver lo que había y vi en una cueva honda (garganta del Averno)[15]

penar muchos, y entre otros un letrado removiendo no tanto leyes como caldos,[16] y un escribano comiendo sólo letras que no había querido leer en esta vida. Todos ajuares del infierno: las ropas y tocados de los condenados estaban allí prendidos, en vez de clavos y alfileres, con alguaciles; un avariento, contando más duelos que dineros; un médico, pensando en un orinal, y un boticario en una medicina. Diome tanta risa ver esto, que me despertaron las carcajadas; y fue mucho quedar de tan triste sueño más alegre que espantado.[17]

Sueños son éstos, que si se duerme vuecelencia sobre ellos, verá que por ver las cosas como las veo, las esperará como las digo.

---

[14] leña para el fuego infernal
[15] Infierno

[16] remover caldos: crear complicaciones y disgustos
[17] asombrado

Luis de Góngora y Argote

(1561-1627)

La tendencia poética del período barroco llamada *culteranismo* tiene su máximo representante en Góngora, quien quiso crear un lenguaje poético especial, de mayor intensidad, artificio y belleza que el tradicional. No era esto una completa novedad, sino la culminación del ideal renacentista de enriquecer y perfeccionar artísticamente el castellano, pero al acumular y exagerar los recursos retóricos se produce un estilo tan artificioso y hermético que exige del lector mucha concentración y preparación cultural para entenderlo. Después de Góngora este lenguaje culterano no podía progresar más, y aunque afecta al teatro y hasta a la oratoria sagrada del siglo barroco, sus continuadores se limitan a imitar al maestro y a hacer una poesía de formas brillantes pero bastante vacía de lirismo.

Don Luis de Góngora y Argote nació en Córdoba de padres nobles, y fue sacerdote por razones familiares y económicas más que por vocación. Un tío suyo le cedió su beneficio eclesiástico en la catedral de Córdoba, pero fue siempre un clérigo bastante mundano, aficionado a la poesía, al teatro, a la música, al juego y demás diversiones. Estas distracciones le impidieron llegar a graduarse en Salamanca, donde estudió, y más tarde le ocasionaron una amonestación episcopal. Aun después de muerto, la Inquisición prohibió la venta de la primera edición de sus poesías por razones morales. A pesar de lo cual, el capítulo le confió misiones de responsabilidad, como tesorero y representante suyo en visitas a otros lugares del país. Su renombre literario le permitió obtener una sinecura en la capellanía real y se trasladó a Madrid (1617) con la esperanza de un mejor porvenir que no llegó a realizarse. Al contrario, la vida en la corte le trajo más disgustos, desilusiones (como la caída del poder de sus protectores y la ejecución de uno de ellos, Rodrigo Calderón), y dificultades económicas debidas en parte a su pasión por el juego. Tras un ataque cerebral que le hizo perder la memoria, regresó a su ciudad natal (1626), donde murió al año siguiente. Góngora fue un hombre agresivo y bilioso que se vio envuelto en agrias polémicas personales y literarias (entre otros, con Lope de Vega y Quevedo), haciéndose temer por su mordacidad satírica. Al mismo tiempo poseía una fina sensibilidad musical, cantaba y tocaba la guitarra, y muchos de sus romancillos y letrillas llevaron música de los principales compositores de la época.

Literariamente, el hecho más significativo de su vida es la adopción en 1612-13 del estilo culterano en su forma más radical y oscura (para muchos tan disparatada que lo atribuyeron a un desequilibrio mental). Surgió así la noción de dos Góngoras contrapuestos: el «príncipe de la luz» o poeta genial de estilo llano, popular, y el «príncipe de las tinieblas» o poeta culto e incomprensible, corruptor de la lírica castellana. La crítica moderna ha disipado tales supuestos y prejuicios, mostrando que Góngora ya había usado recursos culteranos antes de esa fecha (aunque menos concentrados) y que después siguió componiendo versos de estilo llano.

En realidad la proporción de poesía puramente culterana y hermética es pequeña (menos de la cuarta parte). Consiste en varias odas y dos poemas extensos (el *Polifemo* y las *Soledades*), compuestos en 1613, que aunque Góngora no llegó a publicar sus poesías en vida, tuvieron enorme difusión manuscrita. La *Fábula de Polifemo y Galatea* es su más completo poema culterano y la mejor versión española de una fábula mitológica clásica. Derivada de la *Metamorfosis* de Ovidio, fue probablemente inspirado por un poema sobre el mismo tema, aparecido en 1611, de Luis Carrillo y Sotomayor, otro poeta cordobés, autor del primer «manifiesto» poético del culteranismo. Pero Góngora demostró su maestría poética tanto en la interpretación original del mito como en la creación del estilo culto, que quedó consagrado inmediatamente. El tema del gigantesco Polifemo, con su enamoramiento de la ninfa Galatea y su brutal venganza por celos del rival Acis (transformado en río al morir aplastado por una roca), le permite hacer un contraste típicamente barroco entre el delicado idilio pastoril de los amantes y la destructora violencia del odio encarnado en el monstruoso cíclope. La naturaleza deja de ser un escenario estático, como era en Garcilaso, y toma un carácter dinámico, participando en la acción de los personajes (la furia de Polifemo agita el mar, Acis se convierte en río) o ilustrando metafóricamente las cualidades humanas. El amor mismo es una fuerza cósmica que subyuga a todos, incluso al gigante Polifemo, y Galatea es su símbolo visible.

La obra más personal y ambiciosa de Góngora es las *Soledades*, verdadero *tour de force* del culteranismo cuyo propósito era presentar un amplio cuadro de la vida natural, con la naturaleza como tema central, pero que quedó sin acabar. De las cuatro *Soledades* o partes que se supone iban a componer la obra —sobre los campos, las riberas, las selvas y el yermo— Góngora sólo llegó a escribir la primera y parte de la segunda. El argumento apenas existe: la llegada a una costa indeterminada de un joven náufrago enamorado y su acogida hospitalaria por unos pescadores y pastores, cuya vida comparte por unos días. Es un mero pretexto para hacer una impresionante descripción de las bellezas y exuberancia de la naturaleza. La acumulación de recursos culteranos llega aquí al máximo: vocablos pictóricos y sonoros, neologismos, alusiones mitológicas y eruditas, metáforas encadenadas, inversiones sintácticas a imitación del latín (verbo colocado al final, separación del adjetivo o el artículo del correspondiente sustantivo).

La restante poesía de Góngora es más tradicional en su estilo y asuntos, pero casi nunca carece de elementos cultos, usados con moderación. Cultiva los romances y letrillas de temas amorosos y burlescos, combinando la gracia, sencillez y ligereza del estilo popular con los detalles refinados (imágenes y conceptos) del arte culto. En los sonetos, más íntimos y meditativos, es donde resalta su maestría técnica, perfeccionando esta forma métrica hasta el punto de haber sido llamado «el mejor constructor de sonetos en español».

Los dos temás básicos de la poesía de Góngora son los usuales de su época, generalmente presentados en forma de contrastes: uno, la brevedad de la vida y el anhelo de disfrutarla (*carpe diem*); otro, las bellezas de la naturaleza (idealizada a la manera pastoril) y las ventajas de la vida natural y sencilla frente a las ambiciones y corrupciones de la sociedad, que son objeto de sus burlas y sarcasmos. El interés de esta poesía no reside, sin embargo, en sus preocupaciones sobre la vida humana, sino en sus valores estéticos, como transformación de la realidad ordinaria en una intensa experiencia artística. Los artificios y dificultades de su lenguaje no son capricho retórico ni ornamentación hueca, sino la forma de mostrar con la mayor brillantez e intensidad el poder mágico de la palabra para revelar toda la belleza potencial de las cosas.

TEXTO: *Poems of Góngora* (ed. R. O. Jones), Cambridge University Press, Cambridge, 1966.

Romancillo[1]

(1580)

La más bella niña
de nuestro lugar,
hoy viuda[2] y sola
y ayer por casar,
viendo que sus ojos[3]
a la guerra van,
a su madre dice
que escucha su mal:
dejadme llorar
orillas del mar.
    Pues me distes, madre,
en tan tierna edad,
tan corto el placer,
tan largo el pesar,
y me cautivastes
de quien hoy se va
y lleva las llaves
de mi libertad,
dejadme llorar
orillas del mar.

En llorar conviertan
mis ojos, de hoy más,
el sabroso oficio
del dulce mirar,
pues que no se pueden
mejor ocupar,
yéndose a la guerra
quien era mi paz.
Dejadme llorar
orillas del mar.
    No me pongáis freno
ni queráis culpar;
que lo uno[4] es justo,
lo otro por demás.[5]
Si me queréis bien,
no me hagáis mal;
harto peor fuera
morir y callar.
Dejadme llorar
orillas del mar.

Dulce madre mía,
¿quién no llorará,
aunque tenga el pecho
como un pedernal,
y no dará voces
viendo marchitar
los más verdes años
de mi mocedad?
Dejadme llorar
orillas del mar.
    Váyanse las noches,
pues ido se han
los ojos que hacían
los míos velar;
váyanse y no vean
tanta soledad
después que en mi lecho
sobra la mitad.
Dejadme llorar
orillas del mar.

---

[1] Romance de versos de 6 sílabas, dividido en estrofas y con estribillo, por influencia de la canción popular.
[2] aquí «sin marido»
[3] su amado
[4] el llorar
[5] es inútil que me refrenéis

Letrilla[6]

(1581)

Ándeme yo caliente
y ríase la gente.

Traten otros del gobierno
del mundo y sus monarquías,
mientras gobiernen mis días
mantequillas y pan tierno,
y las mañanas de invierno
naranjada y aguardiente,
y ríase la gente.
Coma en dorada vajilla
el príncipe mil cuidados,
como píldoras dorados;
que yo en mi pobre mesilla
quiero más una morcilla
que en el asador reviente,
y ríase la gente.
Cuando cubra las montañas
de blanca nieve el enero,
tenga yo lleno el brasero
de bellotas y castañas,
y quien las dulces patrañas
del rey que rabió[7] me cuente,
y ríase la gente.

Busque muy en hora buena
el mercader nuevos soles;
yo conchas y caracoles
entre la menuda arena,
escuchando a Filomena[8]
sobre el chopo de la fuente,
y ríase la gente.
Pase a media noche el mar,
y arda en amorosa llama
Leandro[9] por ver su dama;
que yo más quiero pasar
del golfo de mi lagar
la blanca o roja corriente,[10]
y ríase la gente.
Pues Amor es tan cruel,
que de Píramo y su amada[11]
hace tálamo una espada,
do se junten ella y él,
sea mi Tisbe un pastel,
y la espada sea mi diente,
y ríase la gente.

Soneto[12]

(1582)

Mientras por competir con tu cabello,
oro bruñido al sol relumbra en vano;
mientras con menosprecio en medio el llano
mira tu blanca frente el lirio bello;
mientras a cada labio, por cogello,[13]
siguen más ojos que al clavel temprano,
y mientras triunfa con desdén lozano
del luciente cristal tu gentil cuello;

goza cuello, cabello, labio y frente,
antes que lo que fue en tu edad dorada
oro, lirio, clavel, cristal luciente,
no sólo en plata o viola troncada
se vuelva, mas tú y ello juntamente
en tierra, en humo, en polvo, en sombra, en
[nada.

---

[6] Con humor picaresco, Góngora se burla en esta letrilla satírica de los ideales y aspiraciones colectivos (poder, riqueza, amor), tan vanos como, a veces, dañosos. Originalmente estas composiciones eran para cantar, lo que explica el uso del estribillo.

[7] de los tiempos antiguos (expresión proverbial)

[8] Véase p. 220, n. 27

[9] ahogado al cruzar a nado el Helesponto para ver a su amada Hero

[10] el vino

[11] Tisbe, que se suicidó al ver muerto a su amado Píramo, quien a su vez se había matado por creerla muerta a ella.

[12] El tema clásico del *carpe diem* tiene aquí una brillante formulación barroca, con su despliegue de bellezas sensoriales que acaban en la elocuente *nada* del final.

[13] cogerlo

Romance

(1603)

En los pinares de Júcar[14]
vi bailar unas serranas
al son del agua en las piedras
y al son del viento en las ramas.
No es blanco coro de ninfas
de las que aposenta el agua,
o las que venera el bosque,
seguidoras de Diana.
Serranas eran de Cuenca,
honor de aquella montaña,
cuyo pie besan dos ríos[15]
por besar de ella las plantas.
Alegres corros tejían,
dándose las manos blancas
de amistad, quizá temiendo
no la truequen las mudanzas.[16]
 ¡Qué bien bailan las serranas!
 ¡Qué bien bailan!
 El cabello en crespos nudos
luz da al sol, oro a la Arabia,
cuál de flores impedido,[17]
cuál de cordones de plata.
Del color visten del cielo,
si no son de la esperanza,
palmillas[18] que menosprecian
al zafiro y la esmeralda.
El pie (cuando lo permite
la brújula[19] de la falda)
lazos calza, y mirar deja
pedazos de nieve y nácar.
Ellas, cuyo movimiento
honestamente levanta

el cristal de la columna[20]
sobre la pequeña basa,[21]
 ¡qué bien bailan las serranas!
 ¡qué bien bailan!
 Una entre los blancos dedos
hiriendo negras pizarras,[22]
instrumentos de marfil,[23]
que las musas le invidiaran,
las aves enmudeció
y enfrenó el curso del agua;
no se movieron las hojas,
por no impedir lo que canta:
 «Serranas de Cuenca
iban al pinar,
unas por piñones,
otras por bailar.
 «Bailando y partiendo
las serranas bellas
un piñón con otro,[24]
si ya no es con perlas,
de amor las saetas
huelgan de trocar,
unas por piñones,
otras por bailar.
 «Entre rama y rama,
cuando el ciego dios[25]
pide al sol los ojos
por verlas mejor,
los ojos del sol[26]
las veréis pisar,
unas por piñones,
otras por bailar.»

---

[14] En la Serranía de Cuenca, donde nace el río Júcar; Góngora había ido allí representando a su Cabildo. Al trasformar una escena real de baile rústico en un cuadro estético de exquisita belleza, Góngora utiliza todos los recursos del estilo culto (conceptos, metáforas, hipérboles, antítesis) junto con un metro popular y un ritmo ligero apropiado al asunto.

[15] El Júcar y el Huécar, que convergen al pie de Cuenca, situada en un monte.

[16] que (la *amistad*) cambie como las figuras del baile (*mudanzas*, que también significa inconstancias)

[17] enlazado

[18] tela hecha en Cuenca

[19] agujero que deja la falda al bailar por el cual se pueden ver a veces los pies

[20] la pierna

[21] el pie

[22] como castañuelas

[23] los dedos

[24] el diente, comparado por su forma y blancura al piñón; el verso siguiente extiende la comparación entre dientes = perlas.

[25] Cupido

[26] los rayos del sol que se filtran entre las hojas; a la vez implica que sus ojos superan al sol.

Letrilla[27]

(1609)

No son todos ruiseñores
los que cantan entre flores,
sino campanitas de plata,
que tocan a la alba;
sino trompeticas de oro,
que hacen la salva
a los soles[28] *que adoro.*

No todas las voces ledas
son de sirenas con plumas,[29]
cuyas húmidas espumas[30]
son las verdes alamedas.
Si suspendido te quedas
a los suaves clamores,

no son todos ruiseñores
los que cantan entre flores,
sino campanitas de plata,
que tocan a la alba;
sino trompeticas de oro,
que hacen la salva
a los soles que adoro.

Lo artificioso que admira,
y lo dulce que consuela,
no es de aquel violín que vuela[31]
ni de esotra inquieta lira;
otro instrumento es quien tira
de los sentidos mejores:

No son todos ruiseñores
los que cantan entre flores,
sino campanitas de plata,
que tocan a la alba;
sino trompeticas de oro,
que hacen la salva
a los soles que adoro.

---

[27] Se puede interpretar de varias maneras esta delicada y armoniosa letrilla, en que Góngora, tan aficionado a la música, expresa su preferencia por lo *artificioso* que admira en la creación estética. Es posible que se refiera a su propia canción, o a la música callada de ciertas flores con forma de *campanitas* y *trompeticas* que compiten con el canto de los ruiseñores en su homenaje a los ojos de la amada que las miran al despertar el día.

[28] ojos

[29] pájaros (típica metáfora gongorina)

[30] el mar de las sirenas

[31] pájaro

FÁBULA DE POLIFEMO
Y GALATEA[1]

(1613)

SELECCIÓN

[Descripción de Polifemo y su isla de Sicilia]

Donde espumoso el mar siciliano[2]
el pie argenta[3] de plata al Lilibeo,[4]
(bóveda o de las fraguas de Vulcano,
o tumba de los huesos de Tifeo),[5]
pálidas señas cenizoso un llano
—cuando no del sacrílego deseo—,[6]
del duro oficio da. Allí una alta roca
mordaza es a una gruta, de su boca.[7]

Guarnición tosca de este escollo duro
troncos robustos son, a cuya greña
menos luz debe, menos aire puro,
la caverna profunda, que a la peña;
caliginoso lecho, el seno oscuro
ser de la negra noche nos lo enseña
infame[8] turba de nocturnas aves,
gimiendo tristes y volando graves.

De este, pues, formidable de la tierra
bostezo, el melancólico vacío
a Polifemo, horror de aquella sierra,
bárbara choza es, albergue umbrío
y redil espacioso donde encierra
cuanto las cumbres ásperas cabrío,[9]
de los montes, esconde: copia[10] bella
que un silbo junta y un peñasco sella.[11]

Un monte era de miembros eminente
éste que —de Neptuno hijo fiero—
de un ojo ilustra el orbe de su frente,
émulo casi del mayor lucero;[12]
cíclope a quien el pino más valiente,[13]
bastón, le obedecía tan ligero,
y al grave peso junco tan delgado,[14]
que un día era bastón y otro cayado.

Negro el cabello, imitador undoso
de las oscuras aguas del Leteo,[15]
al viento que lo peina proceloso
vuela sin orden,[16] pende sin aseo;
un torrente es su barba impetuoso
que (adusto[17] hijo de este Pirineo)
su pecho inunda, o tarde o mal o en vano
surcada aun de los dedos de su mano.

[Descripción de Galatea]

Ninfa, de Doris[18] hija, la más bella,
adora,[19] que vio el reino de la espuma.
Galatea es su nombre, y dulce en ella
el terno Venus de sus Gracias[20] suma.
Son una y otra luminosa estrella
lucientes ojos de su blanca pluma:[21]
si roca de cristal no es de Neptuno,
pavón de Venus es, cisne de Juno.[22]

. . . .

---

[1] Góngora repite el mito narrado por Ovidio (*Metamorfosis* XIII): el cíclope Polifemo, de un ojo único, se enamora de la ninfa Galatea y al ver que ésta prefiere al pastor Acis, se venga aplastando a su rival con una roca. Al morir, Acis queda convertido en río.

[2] con diéresis: sicilïano

[3] adorna

[4] promontorio al SO. de Sicilia, aquí aplicado a toda la isla

[5] el jefe de los titanes rebelados contra Júpiter y enterrado bajo el monte Etna, donde también se situaba la fragua de Vulcano, causa de su fuego volcánico

[6] el deseo de asaltar el Olimpo de los dioses

[7] sirve de mordaza a la boca de una gruta

[8] latinismo derivado de Ovidio, que atribuía a causas infames la transformación de ciertos seres en aves nocturnas

[9] cuanto (ganado) cabrío esconde (cubre) las cumbres

[10] abundancia de cabras (latinismo)

[11] encierra Polifemo en su cueva

[12] el sol

[13] fuerte

[14] se doblaba bajo el peso de Polifemo

[15] el río del olvido en el mundo de los muertos

[16] *vuela al viento que . . . sin orden . . .*

[17] aquí «fragoso», «hirsuto». Compara Polifemo al Pirineo por su tamaño gigantesco y, como la leyenda atribuía el nombre de tales montes a un gran incendio, usa el adjetivo *adusto* también en su sentido latino de «quemado».

[18] diosa del mar, madre de las Nereidas o ninfas marinas, una de las cuales era Galatea

[19] adora una ninfa

[20] el trío de las Gracias de Venus

[21] Su piel es blanca como el cisne y sus ojos tan bellos como los círculos de la cola del pavo real.

[22] Al invertir los términos (el pavón corresponde a Juno y el cisne a Venus), se sugiere que en Galatea están mezcladas las bellezas de ambos.

Invidia de las ninfas y cuidado
de cuantas honra el mar deidades era;[23]
pompa del marinero niño alado
que sin fanal conduce su venera.[24]
Verde el cabello, el pecho no escamado,
ronco sí, escucha a Glauco[25] la ribera
inducir a pisar la bella ingrata
en carro de cristal, campos de plata.[26]

Marino joven, las cerúleas sienes
del más tierno coral ciñe Palemo,[27]
rico de cuantos la agua engendra bienes
del Faro odioso[28] al promontorio extremo;
mas en la gracia igual, si en los desdenes
perdonado algo más que Polifemo,[29]
de la que, aún no le oyó y, calzada plumas,[30]
tantas flores pisó como él espumas.

[*Encuentro de Acis y Galatea*]

Salamandria del Sol, vestido estrellas,
latiendo el Can del cielo estaba,[31] cuando
(polvo el cabello, húmidas centellas,
si no ardientes aljófares, sudando)[32]
llegó Acis; y de ambas luces bellas
dulce occidente viendo al sueño blando,[33]
su boca dio, y sus ojos cuanto pudo,
al sonoro cristal, al cristal mudo.[34]

Era Acis un venablo de Cupido,[35]
de un fauno —medio hombre, medio fiera—
en Simetis, hermosa ninfa, habido;

gloria del mar, honor de su ribera.
El bello imán, el ídolo dormido,[36]
que acero sigue, idólatra venera,[37]
rico de cuanto el huerto ofrece pobre,
rinden las vacas y fomenta el robre.[38]

· · · · · · · · · ·

La ninfa, pues, la sonorosa plata
bullir sintió del arroyuelo apenas,
cuando, a los verdes márgenes ingrata,
segur se hizo de sus azucenas.[39]
Huyera, mas tan frío se desata
un temor perezoso por sus venas,
que a la precisa fuga, al presto vuelo,
grillos de nieve fue, plumas de hielo.

· · · · · · · · · ·

Entre las ramas del que más se lava[40]
en el arroyo, mirto levantado,
carcaj de cristal hizo, si no aljaba,[41]
su blanco pecho, de un arpón dorado.
El monstruo de rigor, la fiera brava,
mira la ofrenda ya con más cuidado,
y aun siente que a su dueño sea, devoto,
confuso alcaide más, el verde soto.[42]

· · · · · · · · · ·

Acis, aún más de aquello que dispensa
la brújula del sueño vigilante,[43]
alterada la ninfa esté o suspensa,
Argos[44] es siempre atento a su semblante,
lince penetrador de lo que piensa,

---

[23] era amada de todos los dioses marinos
[24] Cupido que conduce su *venera* o concha (símbolo de Venus) a ciegas (sin *fanal* o linterna)
[25] dios marino enamorado de Galatea
[26] la superficie del mar
[27] otro dios marino
[28] El faro de Messina, *odioso* por el peligroso paso de Scila y Caribdis, entre Sicilia e Italia
[29] Palemo no es más favorecido de Galatea que Polifemo, aunque sí menos desdeñado.
[30] con pies alados (acusativo griego)
[31] Era en la canícula o pleno verano, cuando el sol entra en la constelación de Sirio (*Canis major*), estrella que compara a la salamandra por estar tan cerca del fuego solar y que, por llamarse *can*, está *latiendo* en el doble sentido de «ladrar» y «dar latidos de luz».
[32] El prosaico sudor de Acis es poetizado comparándolo a chispas acuosas o perlas calientes (combinación de los dos elementos, agua y fuego, que contiene el sudor).
[33] viendo los bellos ojos de Galatea ocultos por el sueño, como el sol al ponerse por el oeste
[34] típica construcción paralelística: *dio su boca al sonoro cristal* (al beber) *y sus ojos cuanto pudo al cristal mudo* (al mirar el callado rostro de Galatea)

[35] Su hermosura masculina le hace instrumento apropiado de Cupido para causar heridas amorosas.
[36] doble referencia a Galatea
[37] Acis es el sujeto de ambos verbos; [*como*] *acero* . . .
[38] probablemente la miel de las colmenas formadas en el roble, no las bellotas que produce
[39] Imagen complicada y muy gongorina que ha tenido interpretaciones diversas (incluso con la variante «seguir» por *segur* en algunos manuscritos). Probablemente las *azucenas* son los miembros de Galatea (como antes los llamó Góngora *jazmines*), que ella «corta» como si fuera una hoz (*segur*) al levantarse del suelo.
[40] El sujeto es *mirto*, uno de los dos mencionados previamente. Galatea se oculta en el árbol y recibe la flecha de Cupido (*arpón dorado*).
[41] Aunque suelen confundirse, el *carcaj* se llevaba colgado al hombro y se usaba para arpones; la *aljaba* era para flechas y se llevaba atravesada sobre la espalda.
[42] Ya atraída por Acis, ella siente que el soto denso (*confuso*) oculte más tiempo al dueño de la ofrenda (*devoto* porque así la adora), como el alcaide de una fortaleza oculta al que tiene en prisión.
[43] los ojos entreabiertos mientras finge dormir
[44] criatura mítica de cien ojos

326

cíñalo bronce o múrelo diamante;
que en sus paladïones[45] Amor ciego,
sin romper muros, introduce fuego.

    El sueño de sus miembros sacudido,
gallardo el joven la persona ostenta,
y al marfil luego de sus pies rendido,
el coturno besar dorado intenta.
Menos ofende el rayo prevenido
al marinero, menos la tormenta
prevista le turbó o pronosticada:
Galatea lo diga, salteada.[46]

    Más agradable, y menos zahareña,
al mancebo levanta venturoso,
dulce ya concediéndole y risueña,
paces no al sueño, treguas sí al reposo.

Lo cóncavo hacía de una peña
a un fresco sitial dosel umbroso,
y verdes celosías unas yedras,
trepando troncos y abrazando piedras.

  . . . .

    No[47] a las palomas concedió Cupido
juntar de sus dos picos los rubíes,
cuando al clavel el joven atrevido
las dos hojas le chupa carmesíes.[48]
Cuantas produce Pafo, engendra Gnido,[49]
negras violas, blancos alhelíes,
llueven sobre el que Amor quiere que sea
tálamo de Acis ya y de Galatea.

  . . . .

[Venganza de Polifemo]

    Viendo el fiero jayán con paso mudo
correr al mar la fugitiva nieve[50]
(que a tanta vista el líbico desnudo
registra el campo de su adarga breve)[51]
y al garzón viendo, cuantos mover pudo
celoso trueno, antiguas hayas mueve:[52]
tal, antes que la opaca nube rompa,
previene rayo fulminante trompa.[53]

    Con violencia desgajó infinita,
la mayor punta de la excelsa roca,
que al joven, sobre quien la precipita,
urna es mucha, pirámide no poca.[54]
Con lágrimas la ninfa solicita
las deidades del mar, que Acis invoca:
concurren todas, y el peñasco duro
la sangre que exprimió, cristal fue puro.[55]

    Sus miembros lastimosamente opresos
del escollo fatal fueron apenas,
que los pies de los árboles más gruesos
calzó el líquido aljófar[56] de sus venas.
Corriente plata al fin sus blancos huesos,
lamiendo flores y argentando arenas,
a Doris llega que, con llanto pío,
yerno lo saludó, lo aclamó río.

---

[45] con diéresis: *paladïones*; nombre dado a veces al caballo de Troya; como éste, el amor penetra y descubre a la persona amada

[46] asaltada (su libertad robada por Acis); se completa implícitamente la comparación empezada tres versos antes: « . . . de lo que sorprendió a Galatea »

[47] apenas

[48] Acis besa a Galatea

[49] Pafo en Chipre y Gnido en Asia Menor eran ciudades consagradas a Venus

[50] la blanca Galatea huyendo

[51] Hipérbole: la vista de Polifemo es tanta que ve el campo del pequeño escudo de los nativos desnudos de Libia (en África); *registra* aquí es «muestra».

[52] El sujeto es Polifemo.

[53] la fulminante trompa (del trueno) anuncia el rayo

[54] le sirve de enorme urna funeraria y de pirámide

[55] la sangre que exprimió el peñasco duro

[56] la sangre hecha agua (perla líquida) cubrió los pies de los árboles

Lope de Vega

(1562-1635)

Lope Félix de Vega Carpio, creador del teatro nacional, es el genio más fecundo de la literatura hispánica y quizá de todas las literaturas, admirado en su época como «monstruo de naturaleza» y «todopoderoso poeta del cielo y de la tierra», cuyo nombre llegó a servir de elogio proverbial. Dotado de enorme vitalidad es también uno de los españoles más representativos de su tiempo, con una vida intensa y multifacética de escritor (dramaturgo, poeta, novelista), soldado voluntario, secretario de varios nobles, galán enamoradizo, padre de familia, sacerdote. Plenamente identificado con el espíritu de su pueblo, refleja mejor que nadie los ideales y prejuicios, las virtudes y defectos de éste. Hombre de temperamento vehemente y cordial, dado a extremos de amor y odio, simpático y generoso, se dejaba arrastrar fácilmente por la pasión del momento —amorosa, patriótica o religiosa— y era poco escrupuloso en materia de decoro personal y social. Su agitada vida, tan novelesca como la de sus personajes, deja la impresión de un carácter ligero, apicarado y donjuanesco, pero Lope era también un infatigable trabajador, padre amantísimo y creyente piadoso. Los amores lícitos e ilícitos que abundan en su vida no son los de un Don Juan en busca de aventuras pasajeras, sino de un hombre que necesita el estímulo del amor para vivir y crear. Son pasiones hondas que se reflejan en su obra, marcando etapas cronológicas en las que cada amada aparece poetizada como figura inspiradora.

Lope de Vega nació en Madrid, de familia artesana procedente de la Montaña santanderina (el padre era maestro bordador), lo que explica tanto su popularismo como sus frustradas aspiraciones nobiliarias. Estudia con los jesuitas y luego en la Universidad de Alcalá, gracias a la protección de un obispo admirador de su precoz talento poético (se dice que componía comedias a los 13 años), pero no consta que llegara a graduarse. A los 20 años era ya un estimado autor novel y su nombre empieza pronto a figurar en algunas colecciones poéticas. Un impulso patriótico le hace alistarse en una expedición naval a las islas Azores (1583) y al regreso inicia su tormentosa aventura pasional con la comedianta Elena Osorio (la «Filis» de sus poesías), mujer casada y ligera, hija también de comediantes. Éstos se beneficiaron representando las obras del joven autor hasta que sobrevino la ruptura y el despechado Lope compuso unos versos ofensivos contra ellos por los que fue condenado a prisión y 8 años de destierro. Muy pronto, sin ambargo, quebranta el destierro para raptar en la capital a Isabel de Urbina («Belisa»), distinguida dama con la que se casa por poder, y un par de semanas después se embarca en la Armada Invencible contra Inglaterra (1588). Al volver se reúne con su esposa para cumplir el destierro en Valencia, donde se dedica activamente a escribir comedias para ganarse la vida, convirtiéndose a los 30 años en el primer dramaturgo del país. Luego reside en Toledo y Alba de Tormes como secretario del duque de Alba, y tras la muerte de su esposa y dos hijas, Lope vuelve a la corte, donde sirve de secretario a varios nobles. Allí contrae matrimonio con Juana de Guardo (1598), hija de un carnicero rico, lo que hace pensar en un casamiento de conveniencia, aunque Lope no se benefició de la dote. Pronto se inician sus amores con Micaela de Luján, otra comedianta (la hermosa «Lucinda»), sosteniendo dos familias numerosas por largos años hasta que en 1613 muere su paciente esposa. Al año siguiente Lope decide hacerse sacerdote y ordenar su vida, aunque sin abandonar los atractivos del mundo teatral. Es ahora cuando ya pasados los 50 concibe su gran pasión tardía por Marta de Nevares («Amarilis», «Marcia Leonarda»), joven casada y culta que al cabo de unos años quedó ciega y más tarde loca, muriendo en 1632. La triste vida de Lope en este último período se vio ensombrecida aún más por la muerte de su hijo militar en una expedición a las Indias y por el rapto de su hija por un galán cortesano que la abandonó sin que la justicia se atreviese a intervenir. A poco Lope moría devotamente en su casa de Madrid empobrecido y solitario, y su entierro fue una imponente manifestación de duelo nacional, con oraciones fúnebres por los más famosos predicadores.

La vasta obra de Lope presenta dos aspectos contrapuestos que reflejan el conflicto entre su instinto creador y su conciencia erudita como escritor del Renacimiento. El afán de emular a los clásicos latinos e italianos le hizo componer largos poemas épico-novelescos con más saber humanístico que contenido poético, como *La hermosura de Angélica* (1602), inspirado en Ariosto, y *La Jerusalén conquistada* (1608), a imitación de Tasso, sin más interés que el de algunos pasajes líricos y descriptivos. En cambio Lope acierta cuando se inspira directamente en su propia experiencia de la vida y del ambiente social, haciéndose fiel intérprete del espíritu nacional, con su tradición histórica y legendaria, su poesía popular, sus ideales y costumbres, que él siempre exalta con juvenil entusiasmo. El verdadero protagonista de su obra es el hombre español, en toda la multiplicidad de tipos y clases pero siempre encarnación del orgullo personal, del patriotismo y lealtad al rey, de una religiosidad piadosa y a la vez intolerante, del valor, el amor y el honor como resortes básicos de la conducta.

El teatro es la parte más importante de la obra lopesca por su enorme extensión, su originalidad y su influencia en el desarrollo del drama español. Aunque la fórmula dramática que él expone con modesta ironía en su *Arte nuevo de hacer comedias* no es entera invención suya, sino la síntesis y desarrollo de tendendias anteriores, él establece las bases de la *comedia* moderna, a saber: 1) división en tres actos en vez de los cinco clásicos, como más apropiados a las tres fases naturales de la acción dramática (exposición, nudo y desenlace); 2) abolición de las unidades clásicas de tiempo y lugar, como limitaciones artificiales, manteniendo la unidad de acción, pero no en forma simple sino como trama compleja unificada temática y estructuralmente; 3) mezcla de lo cómico y lo trágico, de idealización y realismo, como fiel reflejo de la vida en toda su diversidad; 4) uso exclusivo del verso, pero con polimetría para distinguir las situaciones dramáticas. El objetivo principal de Lope era crear un teatro vivo que mantuviese despierto el interés del público, y para ello desarrolla una acción movida, como si la comedia fuera una novela escenificada, mientras que los personajes son sólo instrumentos de esa acción, con una caracterización rápida para darles individualidad pero sin hacerlos objeto de estudio psicológico.

Se desconoce el número de obras dramáticas compuestas por Lope, aunque hay noticia de más de 700 comedias, de las cuales se conservan unas 470 (producción obligada por la incesante demanda de obras nuevas, que duraban sólo unos días en escena). Sus obras dramatizan todos los temas imaginables, tanto religiosos (bíblicos, de santos, autos sacramentales sobre la Eucaristía) como profanos (históricos y legendarios, sucesos de actualidad, costumbres picarescas, costumbres urbanas con intriga amorosa, como en las comedias de capa y espada), novelescos, mitológicos, pastoriles y entremeses o farsas de un acto. Las mejores comedias se encuentran entre las histórico-legendarias y las de capa y espada, con su mezcla de realismo e idealización de la vida colectiva. Aunque en general son obras de época que han perdido casi toda validez, al menos una media docena han pasado a la posteridad por su interés humano y excelente construcción, como *Fuenteovejuna* (¿1612–1614?), *Peribáñez* (¿1605–1608?), de tema histórico y social. *El castigo sin venganza* (1631), tragedia de honor conyugal, y *La dama boba* (1613), comedia de capa y espada con un perspicaz análisis del corazón femenino, especialidad lopesca.

Entre los mejores dramas de Lope, y de todo el teatro español, está *El caballero de Olmedo* (¿1620–1622?), en el que más se acerca a lo trágico, género poco cultivado por él. Se basa en un episodio histórico aludido en un cantar popular y que Lope dramatiza, con gran imaginación e ironía, como un patético contraste entre la vida y la muerte. Al tono ligero y alegre de los dos primeros actos, propio de una comedia de capa y espada, con sus amores, ilusiones y triunfos, sigue el trágico desenlace del acto tercero en un ambiente ominoso de sombras, nocturnidad y vagos presentimientos, con la muerte del protagonista en pleno goce vital como imagen del destino humano.

Lope de Vega es también uno de los mejores poetas líricos de España, el que con más naturalidad y verdad supo trasladar al verso todas sus experiencias, emociones y reflexiones. También cultivó la poesía renacentista en un estilo artificial y conceptuoso, de escaso lirismo excepto en los sonetos, lo mejor de esta clase de poesía por combinar la maestría técnica con la fuerza emotiva de su intimidad espiritual. Se conservan unos tres mil sonetos, esparcidos por todas sus obras dramáticas (como el resto de sus poesías), y algunos recogidos en volumen. El primero, *Rimas humanas* (1602), contiene 200 sonetos amorosos, llenos de pasión y colorido, aunque algo hiperbólicos a veces. En *Rimas sacras* (1614) Lope reunió 100 sonetos de asunto religioso, entre los que destacan los más subjetivos, inspirados por su sentimiento de culpa y contrición ante la misericordia divina. La lírica de tipo popular fue también cultivada por Lope con una gracia y finura incomparables, combinando la espontaneidad y sencillez del lenguaje con el gusto refinado del Renacimiento. Sus romances y canciones (letrillas, villancicos, seguidillas) unen la belleza melódica al vivo sentimiento y a la intuición lírica de lo popular.

Finalmente, Lope compuso novelas de carácter pastoril (*La Arcadia*, 1598) y cortas, de aventuras (*Novelas a Marcia Leonarda*, 1621–1624), pero con poco acierto por faltarle objetividad narrativa, interrumpida con frecuentes expansiones líricas y personales. Por ello tiene más éxito en *La Dorotea* (1632), novela en forma dialogada de carácter dramático y contenido autobiográfico (sus amores con Elena Osorio), que sigue el modelo de *La Celestina*. Es su obra más personal y madura, reflejo de las pasiones e ilusiones juveniles seguidas del desengaño y la tristeza ante el inevitable final que trae la vejez.

TEXTO: LOPE FÉLIX DE VEGA CARPIO, *Obras escogidas* (ed. F. C. Sainz de Robles).
Teatro (vols. I, III), *Poesía y prosa* (vol. II).
Madrid, 1952, 1953, 1955.

RIMAS HUMANAS

(1602)

Soneto[1]

Desmayarse, atreverse, estar furioso,
áspero, tierno, liberal, esquivo,
alentado, mortal, difunto, vivo,
leal, traidor, cobarde y animoso;
   no hallar fuera del bien[2] centro y reposo,
mostrarse alegre, triste, humilde, altivo,
enojado, valiente, fugitivo,
satisfecho, ofendido, receloso;
   huir el rostro al claro desengaño,
beber veneno por licor suave,[3]
olvidar el provecho, amar el daño;
   creer que un cielo en un infierno cabe,
dar la vida y el alma a un desengaño:
esto es amor, quien lo probó lo sabe.

RIMAS SACRAS

(1614)

Soneto

   ¿Qué tengo yo que mi amistad procuras?
¿Qué interés se te sigue,[4] Jesús mío,
que a mi puerta, cubierto de rocío
pasas las noches del invierno escuras?
   ¡Oh, cuánto fueron mis entrañas duras
pues no te abrí! ¡Qué extraño desvarío
si de mi ingratitud el hielo frío
secó las llagas de tus plantas puras!
   Cuántas veces el ángel me decía:
«¡Alma, asómate agora a la ventana,
verás con cuánto amor llamar porfía!»
   ¡Y cuántas, hermosura soberana,[5]
«mañana le abriremos,» respondía,
para lo mismo responder mañana!

---

[1] Con una serie de antítesis el poeta expresa muy vivamente la tensión interior del amante que sufre sin poder renunciar a la causa de su sufrimiento.
[2] la amada

[3] con diéresis: *süave*
[4] ¿Qué beneficio obtienes?
[5] Jesús

EL CABALLERO DE OLMEDO

(¿1620–1622?)

PERSONAS

DON ALONSO.	FABIA.
DON RODRIGO.	TELLO.
DON FERNANDO.	MENDO.
DON PEDRO.	LAIN.
EL REY DON JUAN II.	UN LABRADOR.
EL CONDESTABLE.	UNA SOMBRA.
DOÑA INÉS.	CRIADOS.
DOÑA LEONOR.	ACOMPAÑAMIENTO
ANA.	DEL REY.
	GENTE.

[*La acción en Olmedo, Medina del Campo y en un
camino entre estos dos pueblos*[6]]

Acto Primero

ESCENA I[7]

[*Sale* DON ALONSO]

D. ALONSO.
Amor, no te llame amor[8]
el que no te corresponde,
pues que no hay materia adonde
[no] imprima forma el favor.
Naturaleza, en rigor,
conservó tantas edades
correspondiendo amistades;
que no hay animal perfeto[9]
si no asiste a su conceto[10]

la unión de dos voluntades.
De los espíritus vivos
de unos ojos procedió
este amor, que me encendió
con fuegos tan excesivos.
No me miraron altivos,
antes con dulce mudanza,
me dieron tal confianza,
que, con poca diferencia,
pensando correspondencia,
engendra amor esperanza.
Ojos, si ha quedado en vos
de la vista el mismo efeto,[11]

---

[6] provincia de Valladolid (Castilla la Vieja)

[7] *La escena en una calle de Medina del Campo*. No
había división de escenas en las ediciones del Siglo
de Oro ni mención del lugar u hora, que se indicaban
en el diálogo, trajes, etc. Se marcaba, sin embargo, el
cambio de escena dejando vacío el escenario, y ése
es el criterio que se ha seguido aquí, en vez del

moderno basado en cada entrada o salida de personajes.

[8] La forma métrica es décimas, frecuente en soliloquios (para «quejas de amor», según la prescripción
de Lope).

[9] perfecto

[10] concepto (concepción)

[11] efecto

amor vivirá perfeto,
pues fue engendrado de dos;
pero si tú, ciego dios,
diversas flechas tomaste,
no te alabes que alcanzaste
la vitoria que perdiste
si de mí solo naciste
pues imperfeto quedaste.

[*Salen* TELLO, *criado, y* FABIA]

FABIA.

[*A Tello.*]
¿A mí, forastero?

TELLO.

A ti.

FABIA.

Debe de pensar que yo
soy perro de muestra.[12]

TELLO.

No.

FABIA.

¿Tiene algún achaque?[13]

TELLO.

Sí.

FABIA.

¿Qué enfermedad tiene?

TELLO.

Amor.

FABIA.

Amor, ¿de quién?

TELLO.

Allí está,
y él, Fabia, te informará
de lo que quiere mejor.

FABIA.

[*A D. Alonso.*]
Dios guarde tal gentileza.

D. ALONSO.

Tello, ¿es la madre?[14]

TELLO.

La propia.[15]

D. ALONSO.

¡Oh Fabia! ¡Oh retrato, oh copia
de cuanto naturaleza
puso en ingenio mortal!
¡Oh peregrino dotor,[16]
y para enfermos de amor
Hipócrates celestial!
Dame a besar esa mano,
honor de las tocas,[17] gloria
del monjil.[18]

FABIA.

La nueva historia
de tu amor cubriera en vano
vergüenza o respeto mío;
que ya en tus caricias veo
tu enfermedad.

D. ALONSO.

Un deseo
es dueño de mi albedrío.

FABIA.

El pulso de los amantes
es el rostro. Aojado[19] estás.
¿Qué has visto?

D. ALONSO.

Un ángel.

FABIA.

¿Qué más?

D. ALONSO.

Dos imposibles, bastantes,
Fabia, a quitarme el sentido;
que es dejarla de querer
y que ella me quiera.

FABIA.

Ayer
te vi en la feria perdido
tras una cierta doncella,
que en forma de labradora
encubría el ser señora,
no el ser tan hermosa y bella;
que pienso que doña Inés
es de Medina la flor.

---

[12] perro de caza que se para ante la presa como mostrándola al cazador
[13] molestia, dolor
[14] nombre afectuoso dado a las viejas
[15] misma

[16] extraño doctor
[17] paño que cubría la cabeza y los hombros
[18] vestido de mujer enlutada
[19] con mal de ojo, hechizado (por el amor)

D. ALONSO.
  Acertaste con mi amor:
  esa labradora es
  fuego que me abrasa y arde.
FABIA.
  Alto has picado.
D. ALONSO.
                    Es deseo
  de su honor.
FABIA.
              Así lo creo.
D. ALONSO.
  Escucha, así Dios te guarde.
  Por la tarde salió Inés
  a la feria de Medina,
  tan hermosa, que la gente
  pensaba que amanecía:
  rizado el cabello en lazos,
  que quiso encubrir la liga,[20]
  porque mal caerán las almas
  si ven las redes tendidas.[21]
  Los ojos, a lo valiente,[22]
  iban perdonando vidas,
  aunque dicen los que deja[23]
  que es dichoso a quien la quita.[24]
  Las manos haciendo tretas,[25]
  que como juego de esgrima
  tiene tanta gracia en ellas,
  que señala las heridas.
  Las valonas esquinadas[26]
  en manos de nieve viva;
  que muñecas de papel
  se han de poner en esquinas.[27]
  Con la caja de la boca
  allegaba infantería,[28]
  porque sin ser capitán,
  hizo gente[29] por la villa.
  Los corales y las perlas

dejó Inés, porque sabía
que las llevaban mejores
los dientes y las mejillas.
Sobre un manteo francés[30]
una verdemar basquiña,[31]
porque tenga en otra lengua
de su secreto la cifra.
No pensaron las chinelas[32]
llevar de cuantos la miran
los ojos en los listones,
las almas en las virillas.[33]
No se vio florido almendro
como toda parecía;
que del olor natural
son las mejores pastillas.[34]
Invisible fue con ella
el amor, muerto de risa
de ver, como pescador,
los simples peces que pican.
Unos le ofrecieron sartas,
y otros arracadas[35] ricas;
pero en oídos de áspid
no hay arracadas que sirvan.
Cuál[36] a su garganta hermosa
el collar de perlas finas;
pero como toda es perla,
poco las perlas estima.
Yo, haciendo lengua los ojos,
solamente le ofrecía
a cada cabello un alma,
a cada paso una vida.
Mirándome sin hablarme,
parece que me decía:
«No os vais,[37] don Alonso, a Olmedo;
quedaos agora en Medina.»
Creí mi esperanza, Fabia;
salió esta mañana a misa,
ya con galas de señora,

---

[20] materia viscosa y pegadiza para cazar pájaros, a la cual compara aquí el cabello de la dama en que quedan «prendidos» los hombres
[21] Sigue la imagen culterana del *cabello* = *redes* para cazar admiradores.
[22] fanfarronamente
[23] deja (con vida)
[24] Conceptismo: es dichoso quien «muere» de amor por ella.
[25] gestos (como si fueran movimientos de esgrima)
[26] puños grandes con puntas
[27] rincones (juego de palabras con *esquinadas*)
[28] como si su boca fuese un tambor, atraía admiradores.

[29] reclutaba mozos
[30] falda interior
[31] falda con mucho vuelo para la calle
[32] zapato de dos o tres suelas, sin talón, sujeto con *listones* o cintas de seda
[33] borde de plata u otro metal que se ponía a los zapatos de mujer como refuerzo y que era muy llamativo
[34] pastillas de olor para perfumar las habitaciones
[35] sartas, collares; arracadas, pendientes
[36] otros [le ofrecieron]
[37] vayáis

no labradora fingida.
Si has oído que el marfil
del unicornio santigua[38]
las aguas, así el cristal
de un dedo puso en la pila.[39]
Llegó mi amor basilisco,[40]
y salió del agua misma
templado el veneno ardiente
que procedió de su vista.
Miró a su hermana, y entrambas
se encontraron en la risa,
acompañando mi amor
su hermosura y mi porfía.
En una capilla entraron;
yo, que siguiéndolas iba,
entré imaginando bodas.
¡Tanto quien ama imagina!
Vime sentenciado a muerte,
porque el amor me decía:
«Mañana mueres, pues hoy
te meten en la capilla.»[41]
En ella estuve turbado;
ya el guante se me caía,
ya el rosario, que los ojos
a Inés iban y venían.
No me pagó mal: sospecho
que bien conoció que había
amor y nobleza en mí;
que quien no piensa no mira,
y mirar sin pensar, Fabia,
es de ignorantes, y implica
contradicción que en un ángel
faltase ciencia divina.
Con este engaño, en efeto,
le dije a mi amor que escriba
este papel; que si quieres
ser dichosa y atrevida
hasta ponerle en sus manos,
para que mi fe consiga
esperanzas de casarme
(tan honesto amor me inclina),
el premio será un esclavo
con una cadena rica,
encomienda[42] de esas tocas,
de malcasadas envidia.

FABIA.
    Yo te he escuchado.
D. ALONSO.
                    Y ¿qué sientes?
FABIA.
    Que a gran peligro te pones.
TELLO.
    Excusa, Fabia, razones,
    si no es que por dicha intentes,
    como diestro cirujano,
    hacer la herida mortal.
FABIA.
    Tello, con industria[43] igual
    pondré el papel en su mano,
    aunque me cueste la vida,
    sin interés, porque entiendas
    que donde hay tan altas prendas,
    sola yo fuera atrevida.
    Muestra el papel . . . (que primero
    lo tengo de aderezar).[44]
D. ALONSO.
    ¿Con qué te podré pagar
    la vida, el alma que espero,
    Fabia, de esas santas manos?
TELLO.
    ¿Santas?
D. ALONSO.
            ¿Pues no, si han de hacer
    milagros?
TELLO.
        De Lucifer.
FABIA.
    Todos los medios humanos
    tengo de intentar por ti,
    porque el darme esa cadena
    no es cosa que me da pena,
    mas confiada nací.
TELLO.
    ¿Qué te dice el memorial?
D. ALONSO.
    Ven, Fabia, ven, madre honrada.
    porque sepas mi posada.
FABIA.
    Tello . . .

---

[38] purifica
[39] pila del agua bendita
[40] pequeña serpiente africana, que ahuyenta a las demás serpientes con su silbo y las mata con su vista y aliento

[41] como a los condenados a muerte
[42] donativo o renta que el rey otorgaba sobre algún lugar o territorio
[43] habilidad
[44] preparar

TELLO.

Fabia . . .

FABIA.

[*Ap. a Tello.*]
No hables mal;
que tengo cierta morena
de extremado[45] talle y cara.

TELLO.

Contigo me contentara
si me dieras la cadena.   [*Vanse.*]

ESCENA II

[*Salen* DOÑA INÉS *y* DOÑA LEONOR][46]

D.ª INÉS.

Y todos dicen, Leonor,
que nace de las estrellas.

D.ª LEONOR.

De manera que sin ellas
¿no hubiera en el mundo amor?

D.ª INÉS.

Dime tú: si don Rodrigo
ha que me sirve dos años,
y su talle y sus engaños
son nieve helada conmigo,
y en el instante que vi
este galán forastero,
me dijo el alma: «Éste quiero»,
y yo le dije: «Sea ansí»,
¿quién concierta y desconcierta
este amor y desamor?

D.ª LEONOR.

Tira como ciego amor,
yerra mucho, y poco acierta.
Demás, que negar no puedo
(aunque es de Fernando amigo
tu aborrecido Rodrigo,
por quien obligada quedo
a intercederte por él)
que el forastero es galán.

D.ª INÉS.

Sus ojos causa me dan
para ponerlos en él,
pues pienso que en ellos vi
el cuidado que me dio,
para que mirase yo

con el que también le di.
Pero ya se habrá partido.

D.ª LEONOR.

No le miro yo de suerte
que pueda vivir sin verte.

[ANA, *criada*]

ANA.

Aquí, señora, ha venido
la Fabia . . . o la Fabiana.

D.ª INÉS.

Pues ¿quién es esa mujer?

ANA.

Una que suele vender
para las mejillas grana,
y para la cara nieve.[47]

D.ª INÉS.

¿Quieres tú que entre, Leonor?

D.ª LEONOR.

En casas de tanto honor
no sé yo cómo se atreve,
que no tiene buena fama;
mas ¿quién no desea ver?

D.ª INÉS.

Ana, llama a esa mujer.

ANA.

[*Llegándose a la puerta.*]
Fabia, mi señora os llama.

[FABIA, *con una canastilla.*]

FABIA.

(Y ¡cómo si yo sabía
que me habías de llamar!)
¡Ay! Dios os deje gozar
tanta gracia y bizarría,
tanta hermosura y donaire;
que cada día que os veo
con tanta gala y aseo,
y pisar de tan buen aire,
os echo mil bendiciones;
y me acuerdo como agora
de aquella ilustre señora,
que con tantas perfecciones
fue la fénix de Medina,
fue el ejemplo de lealtad.
¡Qué generosa piedad
de eterna memoria dina![48]

---

[45] lindo
[46] [*La escena cambia a la casa de estas hermanas.*]
[47] *grana, nieve,* cosméticos
[48] digna

¡Qué de pobres la lloramos!
¿A quién no hizo mil bienes?

D.ª INÉS.

Dinos, madre, a lo que vienes.

FABIA.

¡Qué de huérfanas quedamos
por su muerte malograda!
La flor de las Catalinas,
hoy la lloran mis vecinas,
no la tienen olvidada.
Y a mí, ¿qué bien no me hacía?
¡Qué en agraz[49] se la llevó
la muerte! No se logró.
Aún cincuenta no tenía.

D.ª INÉS.

No llores, madre, no llores.

FABIA.

No me puedo consolar
cuando le veo llevar
a la muerte las mejores,
y que yo me quede acá.
Vuestro padre, Dios le guarde,
¿está en casa?

D.ª LEONOR.

    Fue esta tarde
al campo.

FABIA.

   (Tarde vendrá.)
Si va[50] a deciros verdades,
mozas sois, vieja soy yo . . .
Más de una vez me fió
don Pedro sus mocedades;[51]
pero teniendo respeto
a la que pudre,[52] yo hacía
(como quien se lo debía)
mi obligación. En efeto,
de diez mozas, no le daba
cinco.

D.ª INÉS.

¡Qué virtud!

FABIA.

    No es poco,
que era vuestro padre un loco,
cuanto vía[53] tanto amaba.

Si sois de su condición,
me admiro de que no estéis
enamoradas. ¿No hacéis,
niñas, alguna oración
para casaros?

D.ª INÉS.

    No, Fabia.
Eso siempre será presto.

FABIA.

Padre que se duerme en esto,
mucho a sí mismo se agravia.
La fruta fresca, hijas mías,
es gran cosa, y no aguardar
a que la venga a arrugar
la brevedad de los días.
Cuantas cosas imagino,
dos solas, en mi opinión,
son buenas, viejas.

D.ª LEONOR.

    Y ¿son? . . .

FABIA.

Hija, el amigo[54] y el vino.
¿Veisme aquí? Pues yo os prometo[55]
que fue tiempo en que tenía
mi hermosura y bizarría
más de algún galán sujeto.
¿Quién no alababa mi brío?
¡Dichoso a quien yo miraba!
Pues ¿qué seda no arrastraba?
¡Qué gasto, qué plato el mío!
Andaba en palmas, en andas.[56]
Pues, ¡ay Dios!, si yo quería,
¿qué regalos no tenía
desta gente de hopalandas?[57]
Pasó aquella primavera,
no entra un hombre por mi casa;
que como el tiempo se pasa,
pasa la hermosura.

D.ª INÉS.

    Espera.
¿Qué es lo que traes aquí?

FABIA.

Niñerías que vender
para comer, por no hacer
cosas malas.

---

[49] sin madurar
[50] [uno] va (impersonal)
[51] aventuras amorosas
[52] la madre difunta
[53] veía

[54] amante
[55] aseguro
[56] vivía con todo confort, regalada por todos
[57] toga (hábito de letrados)

D.ª LEONOR.

       Hazlo ansí,
madre, y Dios te ayudará.

FABIA.

Hija, mi rosario y misa:
esto cuando estoy de prisa,
que si no . . .

D.ª INÉS.

       Vuélvete acá.
¿Qué es esto?

FABIA.

       Papeles son
de alcanfor y solimán.[58]
Aquí secretos están
de gran consideración
para nuestra enfermedad
ordinaria.

D.ª LEONOR.

       Y esto, ¿qué es?

FABIA.

No lo mires, aunque estés
con tanta curiosidad.

D.ª LEONOR.

¿Qué es, por tu vida?

FABIA.

       Una moza,
se quiere, niñas, casar;
mas acertóla a engañar
un hombre de Zaragoza.
Hase encomendado a mí . . .
Soy piadosa . . . y en fin es
limosna, porque después
vivan en paz.

D.ª INÉS.

       ¿Qué hay aquí?

FABIA.

Polvos de dientes, jabones
de manos, pastillas,[59] cosas
curiosas y provechosas.

D.ª INÉS.   ¿Y esto?

FABIA.

       Algunas oraciones.
¡Qué no me deben a mí
las ánimas![60]

D.ª INÉS.

       Un papel
hay aquí.

FABIA.

       Diste con él,
cual si fuera para ti.
Suéltale: no le has de ver,
bellaquilla,[61] curiosilla.

D.ª INÉS.

Deja, madre . . .

FABIA.

       Hay en la villa
cierto galán bachiller[62]
que quiere bien una dama;
prométeme una cadena
porque le[63] dé yo, con pena[64]
de su honor, recato y fama.[65]
Aunque es para casamiento,
no me atrevo. Haz una cosa
por mí, doña Inés hermosa,
que es discreto pensamiento.
Respóndeme a este papel,
y diré que me le ha dado
su dama.

D.ª INÉS.

       Bien lo has pensado
si pescas, Fabia, con él
la cadena prometida.
Yo quiero hacerte este bien.

FABIA.

Tantos los cielos te den,
que un siglo alarguen tu vida.
Lee el papel.

D.ª INÉS.

       Allá dentro
y te traeré la respuesta.
           [*Vase.*]

D.ª LEONOR.

¡Qué buena invención!

FABIA.

[*Ap.*]   Apresta,
fiero habitador del centro,[66]
fuego accidental[67] que abrase
el pecho de esta doncella.

---

[58] medicinas o cosméticos; el solimán (sublimado de mercurio) servía para quitar manchas de la cara

[59] Podían ser de olor o de boca.

[60] las ánimas [del Purgatorio] para las que son sus oraciones

[61] pícara

[62] licenciado

[63] Se refiere al papel.

[64] a costa

[65] honra

[66] el centro de la tierra o infierno

[67] fuego amoroso

ESCENA III[68]

[*Salen* DON RODRIGO *y* DON FERNANDO.]

D. RODRIGO.
[*A D. Fernando.*]
Hasta casarme con ella,
será forzoso que pase
por estos inconvenientes.

D. FERNANDO.
Mucho ha de sufrir quien ama.

D. RODRIGO.
Aquí tenéis vuestra dama.

FABIA.
[*Ap.*]
¡Oh, necios impertinentes!
¿Quién os ha traído aquí?

D. RODRIGO.
Pero ¡en lugar de la mía,
aquella sombra!

FABIA.
[*A D.ª Leonor.*] Sería
gran limosna para mí,
que tengo necesidad.

D.ª LEONOR.
Yo haré que os pague mi hermana.

D. FERNANDO.
Si habéis tomado, señora,
o por ventura os agrada
algo de lo que hay aquí
(si bien serán cosas bajas
las que aquí puede traer
esta venerable anciana,
pues no serán ricas joyas
para ofreceros la paga),
mandadme que os sirva yo.

D.ª LEONOR.
No habemos comprado nada;
que es esta buena mujer
quien suele lavar en casa
la ropa.

D. RODRIGO.
        ¿Qué hace don Pedro?

D.ª LEONOR.
Fue al campo; pero ya tarda.

D. RODRIGO.
¿Mi señora doña Inés . . .?

D.ª LEONOR.
Aquí estaba . . . Pienso que anda
despachando[69] esta mujer.

D. RODRIGO.
[*Ap.*]
Si me vio por la ventana,
¿quién duda que huyó por mí?
¿Tanto de ver se recata
quien más servirla desea?

D.ª LEONOR.
Ya sale.

[*Salga* DOÑA INÉS, *con un papel en la mano.*]

D.ª LEONOR.
[*A su hermana.*]
        Mira que aguarda
por la cuenta de la ropa
Fabia.

D.ª INÉS.
Aquí la traigo, hermana.
Tomad, y haced que ese mozo
la lleve.

FABIA.
        ¡Dichosa el agua
que ha de lavar, doña Inés,
las reliquias de la holanda[70]
que tales cristales[71] cubre!
[*Lea.*] Seis camisas, diez toallas,
cuatro tablas[72] de manteles,
dos cosidos[73] de almohadas,
seis camisas de señor,
ocho sábanas . . . Mas basta;
que todo vendrá más limpio
que los ojos de la cara.

D. RODRIGO.
Amiga, ¿queréis feriarme[74]
ese papel, y la paga
fiad de mí, por tener
de aquellas manos ingratas
letra siquiera en las mías?

FABIA.
¡En verdad que negociara
muy bien si os diera el papel!
Adiós, hijas de mi alma.   [*Vase.*]

---

[68] [*Frente a la casa de Inés.*]
[69] atendiendo al negocio de
[70] tela fina de hilo
[71] el cuerpo (cultismo)
[72] piezas
[73] fundas
[74] venderme

D. RODRIGO.

    Esta memoria[75] aquí había
de quedar, que no llevarla.

D.ª LEONOR.

    Llévala y vuélvela, a efeto
de saber si algo le falta.

D.ª INÉS.

    Mi padre ha venido ya.
Vuesas mercedes se vayan
o le visiten; que siente
que nos hablen, aunque calla.

D. RODRIGO.

    Para sufrir el desdén
que me trata desta suerte,
pido al amor y a la muerte
que algún remedio me den.
Al amor, porque también
puede templar tu rigor
con hacerme algún favor;
y a la muerte, porque acabe
mi vida; pero no sabe
la muerte, ni quiere amor.
Entre la vida y la muerte,
no sé qué medio tener,
pues amor no ha de querer
que con tu favor acierte;
y siendo fuerza quererte,
quiere el amor que te pida
que seas tú mi homicida.
Mata, ingrata, a quien te adora;
serás mi muerte, señora,
pues no quieres ser mi vida.
Cuanto vive, de amor nace,
y se sustenta de amor:
cuanto muere es un rigor
que nuestras vidas deshace.
Si al amor no satisface
mi pena, ni la hay tan fuerte
con que la muerte me acierte,
debo de ser inmortal,
pues no me hacen bien ni mal
ni la vida ni la muerte.

                [Vanse los dos.]

D.ª INÉS.

    ¡Qué de necedades juntas!

D.ª LEONOR.

    No fue la tuya menor.

D.ª INÉS.

    ¿Cuándo fue discreto amor
si del papel me preguntas?

Dª. LEONOR.

    ¿Amor te obliga a escribir
sin saber a quién?

D.ª INÉS.

              Sospecho
que es invención que se ha hecho,
para probarme a rendir,
de parte del forastero.

D.ª LEONOR.

    Yo también lo imaginé.

D.ª INÉS.

    Si fue ansí, discreto fue.
Leerte unos versos quiero.
    [Lea.] «Yo vi la más hermosa labradora
en la famosa feria de Medina,
que ha visto el sol adonde más se inclina
desde la risa de la blanca aurora.

Una chinela de color, que dora
de una coluna[76] hermosa y cristalina
la breve basa, fue la ardiente mina
que vuela el alma a la región que adora.

Que una chinela fuese vitoriosa,
siendo los ojos del amor enojos,
confesé por hazaña milagrosa.

Pero díjele dando los despojos:[77]
"Si matas con los pies, Inés hermosa,
¿qué dejas para el fuego de tus ojos?"»

D.ª LEONOR.

    Este galán, doña Inés,
te quiere para danzar.

D.ª INÉS.

    Quiere en los pies comenzar
y pedir manos después.

D.ª LEONOR.

    ¿Qué respondiste?

D.ª INÉS.

             Que fuese
esta noche por la reja
del huerto.

---

[75] nota
[76] columna

[77] los de la victoria de amor

D.ª LEONOR.

    ¿Quién te aconseja,
o qué desatino es ése?

D.ª INÉS.

No es para hablarle.

D.ª LEONOR.

    Pues ¿qué?

D.ª INÉS.

Ven conmigo y lo sabrás.

D.ª LEONOR.

Necia y atrevida estás.

D.ª INÉS.

¿Cuándo el amor no lo fue?

D.ª LEONOR.

Huir de amor cuando empieza.

D.ª INÉS.

Nadie del primero huye,
porque dicen que le influye
la misma naturaleza.   [*Vanse.*]

ESCENA IV

[*Salen* DON ALONSO, TELLO *y* FABIA.]

FABIA.

Cuatro mil palos me han dado.

TELLO.

¡Lindamente negociaste!

FABIA.

Si tú llevaras los medios . . .

D. ALONSO.

Ello ha sido disparate
que yo me atreviese al cielo.

TELLO.

Y que Fabia fuese el ángel,
que al infierno de los palos
cayese por levantarte.

FABIA.

¡Ay, pobre Fabia!

TELLO.

    ¿Quién fueron
los crueles sacristanes
del facistol[78] de tu espalda?

FABIA.

Dos lacayos y tres pajes.

Allá he dejado las tocas
y el monjil hecho seis partes.

D. ALONSO.

Eso, madre, no importara,
si a tu rostro venerable
no se hubieran atrevido.
¡Oh, qué necio fui en fiarme
de aquellos ojos traidores,
de aquellos falsos diamantes,
niñas que me hicieron señas
para engañarme y matarme!
Yo tengo justo castigo.
Toma este bolsillo, madre . . .
y ensilla, Tello; que a Olmedo
nos hemos de ir esta tarde.

TELLO.

¿Cómo, si anochece ya?

D. ALONSO.

Pues ¡qué!, ¿quieres que me mate?

FABIA.

No te aflijas, moscatel,[79]
ten ánimo; que aquí trae
Fabia tu remedio. Toma.

D. ALONSO.

¡Papel!

FABIA.

    Papel.

D. ALONSO.

      No me engañes.

FABIA.

Digo que es suyo, en respuesta
de tu amoroso romance.[80]

D. ALONSO.

Hinca, Tello, la rodilla.

TELLO.

Sin leer no me lo mandes;
que aun temo que hay palos dentro,
pues en mondadientes caben.[81]

D. ALONSO.

[*Lea.*] «Cuidadosa de saber si sois quien
presumo, y deseando que lo seáis, os suplico
que vais esta noche a la reja del jardín
desta casa, donde hallaréis atado el listón
verde de las chinelas, y ponésole mañana
en el sombrero para que os conozca.»

---

[78] atril del coro de las iglesias, al que compara la espalda de Fabia
[79] bobo

[80] Lo que don Alonso había enviado era un soneto, pero aquí *romance* equivale a composición lírica.
[81] juego de palabras: *palos* en el sentido de golpes y de materia de los *mondadientes* o palillos

FABIA.
¿Qué te dice?

D. ALONSO.
            Que no puedo
pagarte ni encarecerte
tanto bien.

TELLO.
            Ya desta suerte
no hay que ensillar para Olmedo.
¿Oyen, señores rocines?[82]
Sosiéguense, que en Medina
nos quedamos.

D. ALONSO.
            La vecina
noche, en los últimos fines
con que va expirando el día,
pone los helados pies.
Para la reja de Inés
aún importa bizarría;[83]
que podría ser que amor
la llevase a ver tomar
la cinta. Voyme a mudar.   [*Vase.*]

TELLO.
Y yo a dar a mi señor,
Fabia, con licencia tuya,
aderezo de sereno.[84]

FABIA.
Detente.

TELLO.
            Eso fuera bueno
a ser la condición suya
para vestirse sin mí.

FABIA.
Pues bien le puedes dejar,
porque me has de acompañar.

TELLO.
¿A ti, Fabia?

FABIA.
            A mí.

TELLO.
                        ¡Yo!

FABIA.
                                    Sí;
que importa a la brevedad
deste amor.

TELLO.
            ¿Qué es lo que quieres?

FABIA.
Con los hombres, las mujeres
llevamos seguridad.
Una muela he menester
del salteador[85] que ahorcaron
ayer.

TELLO.
            Pues ¿no le enterraron?

FABIA.
No.

TELLO.
            Pues ¿qué quieres hacer?

FABIA.
Ir por ella, y que conmigo
vayas sólo a acompañarme.

TELLO.
Yo sabré muy bien guardarme
de ir a esos pasos contigo.
¿Tienes seso?

FABIA.
                        Pues gallina,
adonde yo voy, ¿no irás?

TELLO.
Tú, Fabia, enseñada estás
a hablar al diablo.

FABIA.   Camina.

TELLO.
Mándame a diez hombres juntos
temerario acuchillar,
y no me mandes tratar
en materia de difuntos.

FABIA.
Si no vas, tengo de hacer
que él propio[86] venga a buscarte.

TELLO.
            ¡Que tengo de acompañarte!
¿Eres demonio o mujer?

FABIA.
Ven, llevarás la escalera;
que no entiendes destos casos.

TELLO.
Quien sube por tales pasos,
Fabia, el mismo fin espera.   [*Vanse.*]

---

[82] caballos
[83] elegancia
[84] traje para salir de noche, como el de *sereno* o vigilante nocturno

[85] ladrón que roba en los caminos
[86] haré que el diablo

ESCENA V

[*Salen* DON RODRIGO *y* DON FERNANDO, *en hábito de noche.*]

D. FERNANDO.
¿De qué sirve inútilmente
venir a ver esta casa?

D. RODRIGO.
Consuélase entre estas rejas,
don Fernando, mi esperanza.
Tal vez sus hierros guarnece
cristal de sus manos blancas;
donde las pone de día,
pongo yo de noche el alma;
que cuanto más doña Inés
con sus desdenes me mata,
tanto más me enciende el pecho;
así su nieve me abrasa.
¡Oh rejas, enternecidas
de mi llanto, quién pensara
que un ángel endureciera
quien vuestros hierros ablanda!
¡Oíd!: ¿qué es lo que está aquí?

D. FERNANDO.
En ellos mismos atada
está una cinta o listón.

D. RODRIGO.
Sin duda las almas atan
a estos hierros, por castigo
de los que su amor declaran.

D. FERNANDO.
Favor fue de mi Leonor:
tal vez por aquí me habla.

D. RODRIGO.
Que no lo será de Inés
dice mi desconfianza;
pero en duda de que es suyo,
porque sus manos ingratas
pudieron ponerle acaso,
basta que la fe me valga.
Dadme el listón.

D. FERNANDO.
                No es razón,
si acaso Leonor pensaba
saber mi cuidado ansí,
y no me le[87] ve mañana.

D. RODRIGO.
Un remedio se me ofrece.

D. FERNANDO.
¿Cómo?

D. RODRIGO.
                Partirle.

D. FERNANDO.
                ¿A qué causa?

D. RODRIGO.
A que las dos nos le vean,
y sabrán con esta traza
que habemos venido juntos.
                [*Dividen el listón.*]

D. FERNANDO.
Gente por la calle pasa.

[*Salen* DON ALONSO *y* TELLO, *de noche.*][88]

TELLO.
[*A su amo.*]
Llega de presto a la reja;
mira que Fabia me aguarda
para un negocio que tiene
de grandísima importancia.

D. ALONSO.
¡Negocio Fabia esta noche
contigo!

TELLO.
                Es cosa muy alta.

D. ALONSO.
¿Cómo?

TELLO.
                Yo llevo escalera,
y ella . . .

D. ALONSO.
                ¿Qué lleva?

TELLO.
                                Tenazas.

D. ALONSO.
Pues ¿qué habéis de hacer?

TELLO.
                                Sacar
una dama de su casa.

D. ALONSO.
Mira lo que haces, Tello;
no entres adonde no salgas.

TELLO.
No es nada, por vida tuya.

D. ALONSO.
Una doncella, ¿no es nada?

---

[87] *le*, el listón (*leísmo* frecuente)   [88] [con traje] de noche

TELLO.

Es la muela del ladrón
que ahorcaron ayer.

D. ALONSO.

Repara
en que acompañan la reja
dos hombres.

TELLO.   ¿Si están de guarda?

D. ALONSO.

¡Qué buen listón!

TELLO.

Ella quiso
castigarte.

D. ALONSO.

¿No buscara,
si fui atrevido, otro estilo?[89]
Pues advierta que se engaña.
Mal conoce a don Alonso,
que por excelencia llaman
El caballero de Olmedo.
¡Vive Dios, que he de mostrarla
a castigar de otra suerte
a quien la sirve!

TELLO.

No hagas
algún disparate.

D. ALONSO.

Hidalgos,
en las rejas de esa casa
nadie se arrima.

D. RODRIGO.

[*Ap. a D. Fern.*] ¿Qué es esto?

D. FERNANDO.

Ni en el talle ni en el habla
conozco este hombre.

D. RODRIGO.

¿Quién es
el que con tanta arrogancia
se atreve a hablar?

D. ALONSO.

El que tiene
por lengua, hidalgos, la espada.

D. RODRIGO.

Pues hallará quien castigue
su locura temeraria.

TELLO.

Cierra,[90] señor; que no son

muelas que a difuntos sacan. [*Retírenlos.*][91]

D. ALONSO.

No los sigas. Bueno está.

TELLO.

Aquí se quedó una capa.

D. ALONSO.

Cógela y ven por aquí;
que hay luces en las ventanas.   [*Vanse.*]

ESCENA VI

[*Salen* DOÑA LEONOR *y* DOÑA INÉS.]

D.ª INÉS.

Apenas la blanca aurora,
Leonor, el pie de marfil
puso en las flores de abril,
que pinta, esmalta y colora,
cuando a mirar el listón
salí, de amor desvelada,
y con la mano turbada
di sosiego al corazón.
En fin, él no estaba allí.

D.ª LEONOR.

Cuidado tuvo el galán.

D.ª INÉS.

No tendrá los[92] que me dan
sus pensamientos a mí.

D.ª LEONOR.

Tú, que fuiste el mismo hielo,
¡en tan breve tiempo estás
de esa suerte!

D.ª INÉS.

No sé más
de que me castiga el cielo.
O es venganza o es vitoria
de amor en mi condición;
parece que el corazón
se me abrasa en su memoria.
Un punto sólo no puedo
apartarla dél. ¿Qué haré?

[*Sale* DON RODRIGO, *con el listón verde en el sombrero.*]

D. RODRIGO.

(Nunca, amor, imaginé

---

[89] otra manera de castigarme
[90] ataca
[91] Los hacen salir de la escena batiéndose.

[92] los cuidados (aquí «preocupaciones», mientras que en el verso anterior significa «precaución»)

que te sujetara el miedo.
Ánimo para vivir,
que aquí está Inés.) Al señor
don Pedro busco.

D.ª INÉS.

Es error
tan de mañana acudir,
que no estará levantado.

D. RODRIGO.

Es un negocio importante.

D.ª INÉS.

[*Ap. a su hermana.*]
No he visto tan necio amante.

D.ª LEONOR.

Siempre es discreto lo amado
y necio lo aborrecido.

D. RODRIGO.

[*Ap.*]
¿Que de ninguna manera
puedo agradar una fiera
ni dar memoria a su olvido?

D.ª INÉS.

[*Ap. a su hermana.*]
¡Ay, Leonor! No sin razón
viene don Rodrigo aquí,
si yo misma le escribí
que fuese por el listón.

D.ª LEONOR.

Fabia este engaño te ha hecho.

D.ª INÉS.

Presto romperé el papel;
que quiero vengarme en él
de haber dormido en mi pecho.

[*Salen* DON PEDRO, *su padre, y* DON FERNAN-
DO, *con el listón verde en el sombrero.*]

D. FERNANDO.

[*Ap. a* DON PEDRO.]
Hame puesto por tercero
para tratarlo con vos.

D. PEDRO.

Pues hablaremos los dos
en el concierto primero.

D. FERNANDO.

Aquí está; que siempre amor
es reloj anticipado.

D. PEDRO.

Habróle Inés concertado
con la llave del favor.[93]

D. FERNANDO.

De lo contrario se agravia.

D. PEDRO.

Señor don Rodrigo . . .

D. RODRIGO.

Aquí
vengo a que os sirváis de mí.

[*Hablan bajo* DON PEDRO *y los dos galanes.*]

D.ª INÉS.

[*Ap. a Leonor.*]
Todo fue enredo de Fabia.

D.ª LEONOR.

¿Cómo?

D.ª INÉS.

¿No ves que también
trae el listón don Fernando?

D.ª LEONOR.

Si en los dos le estoy mirando,
entrambos te quieren bien.

D.ª INÉS.

Sólo falta que me pidas[94]
celos, cuando estoy sin mí.[95]

D.ª LEONOR.

¿Qué quieren tratar aquí?

D.ª INÉS.

¿Ya las palabras olvidas
que dijo mi padre ayer
en materia de casarme?

D.ª LEONOR

Luego bien puede olvidarme
Fernando, si él viene a ser.

D.ª INÉS.

Antes presumo que son
entrambos los que han querido
casarse, pues han partido
entre los dos el listón.

D. PEDRO.

[*A los caballeros.*]
Ésta es materia que quiere
secreto y espacio: entremos
donde mejor la tratemos.

---

[93] la llave de dar cuerda al reloj de pared, que D.
Pedro supone estar en favor del pretendiente Rodrigo

[94] tengas

[95] enojada y celosa ella misma

D. RODRIGO

Como yo ser vuestro[96] espere,
no tengo más de tratar.

D. PEDRO.

Aunque os quiero enamorado
de Inés, para el nuevo estado,
quien soy os ha de obligar.[97]

[*Vanse los tres.*]

D.ª INÉS.

¡Qué vana fue mi esperanza!
¡Qué loco mi pensamiento!
¡Yo papel a don Rodrigo!
¡Y tú de Fernando celos!
¡Oh forastero enemigo!
¡Oh Fabia embustera!

[*Sale* FABIA.]

FABIA.

Quedo;
que lo está escuchando Fabia.

D.ª INÉS.

Pues ¿cómo, enemiga, has hecho
un enredo semejante?

FABIA.

Antes fue tuyo el enredo,
si en aquel papel escribes
que fuese aquel caballero
por un listón de esperanza[98]
a las rejas de tu huerto,
y en ellas pones dos hombres
que le maten, aunque pienso
que a no se haber retirado
pagaran su loco intento.

D.ª INÉS.

¡Ay, Fabia! Ya que contigo
llego a declarar mi pecho,
ya que a mi padre, a mi estado
y a mi honor pierdo el respeto,
dime: ¿es verdad lo que dices?
Que siendo ansí, los que fueron
a la reja le tomaron,
y por favor se le han puesto.
De suerte estoy, madre mía,

que no puedo hallar sosiego
si no es pensando en quien sabes.

FABIA.

(¡Oh, qué bravo efeto hicieron
los hechizos y conjuros!
La vitoria me prometo.)
No te desconsueles, hija;
vuelve en ti, que tendrás presto
estado con el mejor
y más noble caballero
que agora tiene Castilla;
porque será por lo menos
el que por único llaman
El caballero de Olmedo.
Don Alonso en una feria
te vio, labradora Venus,
haciendo las cejas arco
y flecha los ojos bellos.
Disculpa tuvo en seguirte,
porque dicen los discretos
que consiste la hermosura
en ojos y entendimiento.
En fin, en las verdes cintas
de tus pies llevastes presos
los suyos; que ya el amor
no prende con los cabellos.[99]
Él te sirve, tú le estimas;
él te adora, tú le has muerto;
él te escribe, tú respondes:
¿quién culpa amor tan honesto?
Para él tienen sus padres,
porque es único heredero,
diez mil ducados de renta;
y aunque es tan mozo, son viejos.
Déjate amar y servir
del más noble, del más cuerdo
caballero de Castilla,
lindo talle, lindo ingenio.
El rey en Valladolid
grandes mercedes le ha hecho,
porque él solo honró las fiestas
de su real casamiento.[1]
Cuchilladas y lanzadas
dio en los toros como un Héctor;

---

[96] vuestro [hijo]
[97] Su generosidad dejará obligado a D. Rodrigo.
[98] de color verde
[99] alusión a la expresión usual de quedar el enamorado prendido por los cabellos de la dama

[1] El casamiento de Juan II de Castilla con María de Aragón (1418), en cuyas fiestas se destacó D. Alonso por su valor y maestría.

treinta precios[2] dio a las damas
en sortijas[3] y torneos.
Armado parece Aquiles
mirando de Troya el cerco;
con galas parece Adonis...
Mejor fin le den los cielos.[4]
Vivirás bien empleada
en un marido discreto.
¡Desdichada de la dama
que tiene marido necio!

D.ª INÉS.

¡Ay, madre! Vuélvesme loca.
Pero, ¡triste!, ¿cómo puedo
ser suya, si a don Rodrigo
me da mi padre don Pedro?
Él y don Fernando están
tratando mi casamiento.

FABIA.

Los dos haréis nulidad
la sentencia de este pleito.

D.ª INÉS.

Está don Rodrigo allí.

FABIA.

Eso no te cause miedo,
pues es parte y no juez.

D.ª INÉS.

Leonor, ¿no me das consejo?

D.ª LEONOR.

Y ¿estás tú para tomarle?

D.ª INÉS.

No sé; pero no tratemos
en público destas cosas.

FABIA.

Déjame a mí tu suceso.
Don Alonso ha de ser tuyo;
que serás dichosa espero
con hombre que es en Castilla
la gala de Medina,
la flor de Olmedo.

Acto Segundo

ESCENA I

[*Salen* TELLO *y* DON ALONSO][5]

D. ALONSO.

Tengo el morir por mejor,
Tello, que vivir sin ver.

TELLO.

Temo que se ha de saber
éste tu secreto amor;
que con tanto ir y venir
de Olmedo a Medina, creo
que a los dos da tu deseo
que sentir y aun que decir.

D. ALONSO.

¿Cómo puedo yo dejar
de ver a Inés, si la adoro?

TELLO.

Guardándole más decoro

en el venir y el hablar;
que en ser a tercero día,
pienso que te dan, señor,
tercianas[6] de amor.

D. ALONSO.

       Mi amor
ni está ocioso, ni se enfría.
Siempre abrasa, y no permite
que esfuerce naturaleza
un instante su flaqueza,
porque jamás se remite.
Mas bien se ve que es león,
amor, su fuerza, tirana;
pues que con esta cuartana[7]
se amansa mi corazón.
Es esta ausencia una calma[8]
de amor, porque si estuviera
adonde siempre a Inés viera,
fuera salamandra el alma.[9]

---

[2] premios
[3] juego consistente en pasar la lanza por un anillo o sortija
[4] Se refiere a Adonis, matado por un jabalí.
[5] [*En la calle, frente a la casa de Inés* (*Medina del Campo*)]
[6] fiebre que se repite cada tres días
[7] otra fiebre que se repite cada cuatro días
[8] intervalo triste y desolado como era la calma del mar para la navegación a vela
[9] Sería como la salamandra que vive en el fuego.

TELLO.

¿No te cansa y te amohína[10]
tanto entrar, tanto partir?

D. ALONSO.

Pues yo, ¿qué hago en venir,
Tello, de Olmedo a Medina?
Leandro pasaba un mar[11]
todas las noches, por ver
si le podía beber
para poderse templar;
pues si entre Olmedo y Medina
no hay, Tello, un mar, ¿qué me debe
Inés?

TELLO.

A otro mar se atreve
quien al peligro camina
en que Leandro se vio;
pues a don Rodrigo veo
tan cierto de tu deseo
como puedo estarlo yo;
que como yo no sabía
cúya aquella capa fue,
un día que la saqué...

D. ALONSO.

¡Gran necedad!

TELLO.

Como mía.
Me preguntó: «Diga, hidalgo,
¿quién esta capa le dio?
porque la conozco yo.»
Respondí: «Si os sirve en algo,
daréla a un criado vuestro.»
Con esto, descolorido,
dijo: «Habíala perdido
de noche un lacayo nuestro;
pero mejor empleada
está en vos: guardadla bien.»
Y fuese a medio desdén,
puesta la mano en la espada.
Sabe que te sirvo, y sabe
que la perdió con los dos.
Advierte, señor, por Dios,
que toda esa gente es grave,
y que están en su lugar,[12]
donde todo gallo canta.

Sin esto, también me espanta[13]
ver este amor comenzar
por tantas hechicerías,
y que cercos[14] y conjuros
no son remedios seguros
si honestamente porfías.
Fui con ella (que no fuera)
a sacar de un ahorcado
una muela; puse a un lado,
como Arlequín, la escalera.
Subió Fabia, quedé al pie,
y díjome el salteador:
«Sube, Tello, sin temor,
o si no, yo bajaré.»
¡San Pablo! Allí me caí.
Tan sin alma vine al suelo,
que fue milagro del cielo
el poder volver en mí.
Bajó, desperté turbado,
y de mirarme afligido,
porque, sin haber llovido,
estaba todo mojado.

D. ALONSO.

Tello, un verdadero amor
en ningún peligro advierte.
Quiso mi contraria suerte
que hubiese competidor,
y que trate, enamorado,
casarse con doña Inés;
pues ¿qué he de hacer, si me ves
celoso y desesperado?
No creo en hechicerías,
que todas son vanidades;
quien concierta voluntades,
son méritos y porfías.
Inés me quiere, yo adoro
a Inés, yo vivo en Inés;
todo lo que Inés no es
desprecio, aborrezco, ignoro.
Inés es mi bien, yo soy
esclavo de Inés; no puedo
vivir sin Inés; de Olmedo
a Medina vengo y voy,
porque Inés mi dueño es
para vivir o morir.[15]

---

[10] enoja
[11] el Helesponto (Grecia), que cruzaba a nado para ver a Hero
[12] pueblo

[13] asombra
[14] círculos (de magia)
[15] Hay aquí un eco de *La Celestina*, como confirma poco después Tello al mencionar a Melibea y Calisto.

TELLO.

Sólo te falta decir:
«Un poco te quiero, Inés.»
¡Plega a Dios que por bien sea!

D. ALONSO.

Llama, que es hora.

TELLO.   Yo voy.

[*Llama en casa de don Pedro.*]

[ANA *y* DOÑA INÉS, *dentro de la casa.*]

ANA.

[*Dentro.*]
¿Quién es?

TELLO.

¡Tan presto! Yo soy.
¿Está en casa Melibea?
Que viene Calisto aquí.

ANA.

[*Dentro.*]
Aguarda un poco, Sempronio.

TELLO.

¿Sí haré, falso testimonio?

D.ª INÉS.

[*Dentro.*]
¿El mismo?

ANA.

[*Dentro.*]   Señora, sí.

[*Ábrese la puerta y entran* DON ALONSO *y* TELLO
en casa de DON PEDRO.]

D.ª INÉS.

¡Señor mío!...

D. ALONSO.

Bella Inés,
esto es venir a vivir.

TELLO.

Agora no hay que decir:
«Yo te lo diré después.»

D.ª INÉS.

¡Tello amigo!...

TELLO.   ¡Reina mía!...

D.ª INÉS.

Nunca, Alonso de mis ojos,
por haberme dado enojos
esta ignorante porfía
de don Rodrigo esta tarde,
he estimado que me vieses...[16]

D. ALONSO.

Aunque fuerza de obediencia
te hiciese tomar estado,[17]
no he de estar desengañado
hasta escuchar la sentencia.
Bien el alma me decía,
y a Tello se lo contaba
cuando el caballo sacaba,
y el sol los que aguarda el día,[18]
que de alguna novedad
procedía mi tristeza,
viniendo a ver tu belleza,
pues me dices que es verdad.
¡Ay de mí si ha sido ansí!

D.ª INÉS.

No lo creas, porque yo
diré a todo el mundo no,
después que te dije sí.
Tú solo dueño has de ser
de mi libertad y vida;
no hay fuerza que el ser impida,
don Alonso, tu mujer.
Bajaba al jardín ayer,
y como por don Fernando
me voy de Leonor guardando,
a las fuentes, a las flores
estuve diciendo amores,
y estuve también llorando.
«Flores y aguas, les decía,
dichosa vida gozáis,
pues aunque noche pasáis,
veis vuestro sol cada día.»
Pensé que me respondía
la lengua de una azucena
(¡qué engaños amor ordena!):
«Si el sol que adorando estás
viene de noche, que es más,[19]
Inés, ¿de qué tienes pena?»

TELLO.

Así dijo a un ciego un griego
que le contó mil disgustos:
«Pues tiene la noche gustos,
¿para qué te quejas, ciego?»

D.ª INÉS.

Como mariposa llego
a estas horas, deseosa

---

[16] [*Faltan dos versos a esta redondilla.*]
[17] estado [matrimonial]
[18] los caballos mitológicos del carro del Sol conducido por Apolo
[19] Alonso supera al sol por venir de noche.

de tu luz. . .; no mariposa,
fénix[20] ya, pues de una suerte
me da vida y me da muerte
llama tan dulce y hermosa.

D. ALONSO.

¡Bien haya el coral,[21] amén,
de cuyas hojas de rosas,
palabras tan amorosas
salen a buscar mi bien!
Y advierte que yo también,
cuando con Tello no puedo,
mis celos, mi amor, mi miedo
digo en tu ausencia a las flores.

TELLO.

Yo le vi decir amores
a los rábanos de Olmedo;
que un amante suele hablar
con las piedras, con el viento.

D. ALONSO.

No puede mi pensamiento
ni estar solo, ni callar;
contigo, Inés, ha de estar,
contigo hablar y sentir.
¡Oh, quién supiera decir
lo que te digo en ausencia!
Pero estando en tu presencia
aun se me olvida el vivir.
Por el camino le cuento
tus gracias a Tello, Inés,
y celebramos después
tu divino entendimiento.
Tal gloria en tu nombre siento,
que una mujer recibí[22]
de tu nombre, porque ansí,
llamándola todo el día,
pienso, Inés, señora mía,
que te estoy llamando a ti.

TELLO.

Pues advierte, Inés discreta,
de los dos tan nuevo efeto,
que a él le has hecho discreto,
y a mí has hecho poeta.
Oye una glosa a un estribo[23]
que compuso don Alonso,
a manera de responso,[24]
si los hay en muerto vivo.

En el valle a Inés
la dejé riendo:
si la ves, Andrés,
dile cuál me ves
por ella muriendo.

D.ª INÉS.

¿Don Alonso la compuso?

TELLO.

Que es buena, jurarte puedo,
para poeta de Olmedo.
Escucha.

D. ALONSO.

Amor lo dispuso.

TELLO.

Andrés, después que las bellas
plantas de Inés goza el valle,
tanto florece con ellas,
que quiso el cielo trocalle
por sus flores sus estrellas.
Ya el valle es cielo, después
que su primavera es,
pues verá el cielo en el suelo
quien vio, pues Inés es cielo,
en el valle a Inés.
Con miedo y respeto estampo
el pie donde el suyo huella;
que ya Medina del Campo
no quiere aurora más bella
para florecer su campo.
Yo la vi de amor huyendo,
cuanto miraba matando,
su mismo desdén venciendo,
y aunque me partí llorando,
la dejé riendo.
Dile, Andrés, que ya me veo
muerto por volverla a ver,
aunque cuando llegues, creo
que no será menester;
que me habrá muerto el deseo.
No tendrás que hacer después
que a sus manos vengativas
llegues, si una vez la ves,
ni aun es posible que vivas
si la ves, Andrés.
Pero si matarte olvida
por no hacer caso de ti,

---

[20] como el ave fénix, ella resucita en la llama del amor
[21] la boca femenina, como la imagen siguiente *hojas de rosas*
[22] como sirvienta
[23] estribillo
[24] recitado que acompaña al rezo por los difuntos

dile a mi hermosa homicida
que por qué se mata en mí,
pues que sabe que es mi vida.
Dile: «Cruel, no le des
muerte si vengada estás,
y te ha de pesar después.»
Y pues no me has de ver más,
dile cuál[25] *me ves.*
Verdad es que se dilata
el morir, pues con mirar
vuelve a dar vida la ingrata,
y ansí se cansa en matar,
pues da vida a cuantos mata;
pero muriendo o viviendo,
no me pienso arrepentir
de estarla amando y sirviendo;
que no hay bien como vivir
por ella muriendo.

D.ª INÉS.
Si es tuya, notablemente
te has alargado en mentir
por don Alonso.

D. ALONSO.
                    Es decir,
que mi amor en versos miente.
Pues, señora, ¿qué poesía
llegará a significar
mi amor?

D.ª INÉS.
            ¡Mi padre!

D. ALONSO.
                    ¿Ha de entrar?

D.ª INÉS.
Escondeos.

D. ALONSO.
            ¿Dónde?

ESCENA II

[*Ellos se entran, y sale* DON PEDRO.]

D. PEDRO.
                    Inés mía,
¡agora por recoger!²⁶
¿Cómo no te has acostado?

D.ª INÉS.
Rezando, señor, he estado,

por lo que dijiste ayer,
rogando a Dios que me incline
a lo que fuere mejor.

D. PEDRO.
Cuando para ti mi amor
imposibles imagine,
no pudiera hallar un hombre
como don Rodrigo, Inés.

D.ª INÉS.
Ansí dicen todos que es
de su buena fama el nombre;
y habiéndome de casar,
ninguno en Medina hubiera,
ni en Castilla, que pudiera
sus méritos igualar.

D. PEDRO.
¿Cómo, habiendo de casarte?

D.ª INÉS.
Señor, hasta ser forzoso
decir que ya tengo esposo,
no he querido disgustarte.

D. PEDRO.
¡Esposo! ¿Qué novedad
es ésta, Inés?

D.ª INÉS.
                    Para ti
será novedad; que en mí
siempre fue mi voluntad.
Y, ya que estoy declarada,
hazme mañana cortar
un hábito,²⁷ para dar
fin a esta gala excusada;
que así quiero andar, señor,
mientras me enseñan latín.
Leonor te queda, que al fin
te dará nietos Leonor.
Y por mi madre te ruego
que en esto no me repliques,
sino que medios apliques
a mi elección y sosiego.
Haz buscar una mujer
de buena y santa opinión,
que me dé alguna lición
de lo que tengo de ser;
y un maestro de cantar,
de que latín sea también.

---

²⁵ cómo
²⁶ ¡todavía sin haberte recogido!

²⁷ vestido austero usado como penitencia o por
devoción; aquí ella sugiere que quiere hacerse monja

D. PEDRO.

¿Eres tú quien habla, o quién?

D.ª INÉS.

Esto es hacer, no es hablar.

D. PEDRO.

Por una parte, mi pecho
se enternece de escucharte,
Inés, y por otra parte,
de duro mármol le has hecho.
En tu verde edad mi vida
esperaba sucesión;
pero si esto es vocación,
no quiera Dios que lo impida.
Haz tu gusto, aunque tu celo
en esto no intenta el mío;
que ya sé que el albedrío
no presta obediencia al cielo.[28]
Pero porque suele ser
nuestro pensamiento humano
tal vez inconstante y vano,
y en condición de mujer,
que es fácil de persuadir,
tan poca firmeza alcanza,
que hay de mujer a mudanza
lo que de hacer a decir;
mudar las galas no es justo,
pues no pueden estorbar
a leer latín o cantar,
ni a cuanto fuere tu gusto.
Viste alegre y cortesana,
que no quiero que Medina,
si hoy te admirare divina,
mañana te burle humana.
Yo haré buscar la mujer
y quien te enseñe latín,
pues a mejor padre, en fin,
es más justo obedecer.
Y con esto, a Dios te queda;
que para no darte enojos,
van a esconderse mis ojos
adonde llorarte pueda.

[*Vase, y salgan* DON ALONSO *y* TELLO.]

D.ª INÉS.

Pésame de haberte dado
disgusto.

D. ALONSO.

A mí no me pesa,
por el que me ha dado el ver
que nuestra muerte concierta[s].
¡Ay, Inés! ¿Adónde hallaste
en tal desdicha, en tal pena,
tan breve remedio?

D.ª INÉS.

Amor
en los peligros enseña
una luz [por] donde el alma
posibles remedios vea.

D. ALONSO.

Éste ¿es remedio posible?

D.ª INÉS.

Como yo agora le tenga
para que este don Rodrigo
no llegue al fin que desea,
bien sabes que breves males
la dilación los remedia;
que no dejan esperanza
si no hay segunda sentencia.

TELLO.

Dice bien, señor; que en tanto
que doña Inés cante y lea,
podéis dar orden los dos
para que os valga[29] la Iglesia.
Sin esto, desconfiado
don Rodrigo, no hará fuerza
a don Pedro en la palabra,
pues no tendrá por ofensa
que le deje doña Inés
por quien dice que le deja.[30]
También es linda ocasión
para que yo vaya y venga
con libertad a esta casa.

D. ALONSO.

¡Libertad! ¿De qué manera?

TELLO.

Pues ha de leer latín,
¿no será fácil que pueda
ser yo quien venga a enseñarla?
Y ¡verás con qué destreza
le enseño a leer tus cartas![31]

D. ALONSO.

¡Que bien mi remedio piensas!

---

[28] en sentido astrológico, no religioso
[29] ayude (a evitar la boda)
[30] por Dios

[31] Con el engaño de leer podrá Tello darle las cartas de D. Alonso.

TELLO.

Y aun pienso que podrá Fabia
servirte en forma de dueña,
siendo la santa mujer
que con su falsa apariencia
venga a enseñarla.

D.ª INÉS.

Bien dices;
Fabia será mi maestra
de virtudes y costumbres.

TELLO.

¡Y qué tales serán ellas!

D. ALONSO.

Mi bien, yo temo que el día,
que es amor dulce materia
para no sentir las horas,
que por los amantes vuelan,
nos halle tan descuidados,
que al salir de aquí me vean,
o que sea fuerza quedarme.
¡Ay, Dios! ¡Qué dichosa fuerza!
Medina a la Cruz de Mayo
hace sus mayores fiestas:
yo tengo que prevenir,
que, como sabes, se acercan;
que, fuera de que en la plaza
quiero que galán me veas,
de Valladolid me escriben
que el rey don Juan viene a verlas;
que en los montes de Toledo
le pide que se entretenga
el condestable estos días,
porque en ellos convalezca,
y de camino, señora,
que honre esta villa le ruega;
y así, es razón que le sirva
la nobleza desta tierra.
Guárdete el cielo, mi bien.

D.ª INÉS.

Espera; que a abrir la puerta
es forzoso que yo vaya.

D. ALONSO.

¡Ay, luz! ¡Ay, aurora necia,
de todo amante envidiosa!

TELLO.

Ya no aguardéis que amanezca.

D. ALONSO.

¿Cómo?

TELLO.

Porque es de día.

D. ALONSO.

Bien dices, si a Inés me muestras.
Pero, ¿cómo puede ser,
Tello, cuando el sol se acuesta?

TELLO.

Tú vas despacio, él aprisa;
apostaré que te quedas. [*Vanse.*]

ESCENA III

[*Salen* DON RODRIGO *y* DON FERNANDO.]

D. RODRIGO.

Muchas veces había reparado,
don Fernando, en aqueste caballero,
del corazón solícito avisado.
El talle, el grave rostro, lo severo,
celoso me obligaban a miralle.

D. FERNANDO.

Efetos son de amante verdadero;
tienen temor que si le ve su dama,
será posible a fuerza codicialle.

D. RODRIGO.

Bien es verdad que él tiene tanta fama,
que por más que en Medina se encubría,
el mismo aplauso popular le aclama.
Vi, como os dije, aquel mancebo un día
que la capa perdida en la pendencia
contra el valor de mi opinión traía.
Hice secretamente diligencia
después de hablarle, y satisfecho quedo,
que tiene esta amistad correspondencia.
Su dueño es don Alonso, aquel de Olmedo,
alanceador galán y cortesano,
de quien hombres y toros tienen miedo.
Pues si éste sirve a Inés, ¿qué intento en
vano?
O ¿cómo quiero yo, si ya le adora,
que Inés me mire con semblante humano?

D. FERNANDO.

¿Por fuerza ha de quererle?

D. RODRIGO.

Él la enamora,
y merece, Fernando, que le quiera.
¿Qué he de pensar, si me aborrece agora?

D. FERNANDO.

Son celos, don Rodrigo, una quimera
que se forma de envidia, viento y sombra,
con que lo incierto imaginado altera,
una fantasma que de noche asombra,

un pensamiento que a locura inclina,
y una mentira que verdad se nombra.

D. RODRIGO.

Pues ¿cómo tantas veces a Medina
viene y va don Alonso? Y ¿a qué efeto
es cédula[32] de noche en una esquina?
Yo me quiero casar; vos sois discreto:
¿qué consejo me dais, si no es matalle?

D. FERNANDO.

Yo hago diferente mi conceto;[33]
que ¿cómo puede doña Inés amalle,
si nunca os quiso a vos?

D. RODRIGO.

     Porque es respuesta
que tiene mayor dicha o mejor talle.[34]

D. FERNANDO.

Mas porque doña Inés es tan honesta,
que aun la ofendéis con nombre de marido.

D. RODRIGO.

Yo he de matar a quien vivir me cuesta
en su desgracia, porque tanto olvido
no puede proceder de honesto intento.
Perdí la capa y perderé el sentido.

D. FERNANDO.

Antes dejarla a don Alonso, siento
que ha sido como echársela en los ojos.
Ejecutad, Rodrigo, el casamiento;
llévese don Alonso los despojos,
y la victoria vos.

D. RODRIGO.

     Mortal desmayo
cubre mi amor de celos y de enojos.

D. FERNANDO.

Salid galán para la Cruz de Mayo,
que yo saldré con vos; pues el rey viene,
las sillas[35] piden el castaño y bayo.
Menos aflige el mal que se entretiene.

D. RODRIGO.

Si viene don Alonso, ya Medina
¿qué competencia con Olmedo tiene?

D. FERNANDO.

¡Qué loco estáis!

D. RODRIGO.

    Amor me desatina.

        [*Vanse.*]

ESCENA IV

[*Salen* DON PEDRO, DOÑA INÉS *y* DOÑA
LEONOR.][36]

D. PEDRO.

No porfíes.

D.ª INÉS.

     No podrás
mi propósito vencer.

D. PEDRO.

Hija, ¿qué quieres hacer,
que tal veneno me das?
Tiempo te queda . . .

D.ª INÉS.

      Señor,
¿qué importa el hábito pardo,
si para siempre le aguardo?

D.ª LEONOR.

Necia estás.

D.ª INÉS.

    Calla, Leonor,

D.ª LEONOR.

Por lo menos estas fiestas
has de ver con galas.

D.ª INÉS.

      Mira
que quien por otras suspira,
ya no tiene el gusto en éstas.
Galas celestiales son
las que ya mi vida espera.

D. PEDRO.

¿No basta que yo lo quiera?

D.ª INÉS.

Obedecerte es razón.

[*Sale* FABIA, *con rosario y báculo y antojos.*][37]

FABIA.

Paz sea en aquesta casa.

D. PEDRO.

Y venga con vos.

FABIA.

     ¿Quién es
la señora doña Inés,
que con el Señor[38] se casa?

---

[32] aviso que se pegaba en la pared
[33] concepto, idea
[34] figura
[35] sillas [de montar a caballo]

[36] [*Casa de Inés*]
[37] anteojos
[38] usado ambiguamente como *Dios* y *D. Alonso*

¿Quién es aquella que ya
tiene su esposo elegida,
y como a prenda querida
esos impulsos le da?

D. PEDRO.

Madre honrada, ésta que veis,
y yo su padre.

FABIA.

Que sea
muchos años, y ella vea
el dueño que vos no veis.
Aunque en el Señor espero
que os ha de obligar piadoso
a que aceptéis tal esposo,
que es muy noble caballero.

D. PEDRO.

Y ¡cómo, madre, si lo es!

FABIA.

Sabiendo que anda a buscar
quien venga a morigerar
los verdes años de Inés,
quien la guíe, quien la muestre
las sémitas[39] del Señor,
y al camino del amor
como a principianta adiestre,
hice oración en verdad,
y tal impulso me dio,
que vengo a ofrecerme yo
para esta necesidad,
aunque soy gran pecadora.

D. PEDRO.

Ésta es la mujer, Inés,
que has menester.

D.ª INÉS.

Ésta es
la que he menester agora.
Madre, abrázame.

FABIA.

Quedito,
que el cilicio[40] me hace mal.

D. PEDRO.

No he visto humildad igual.

D.ª LEONOR.

En el rostro trae escrito
lo que tiene el corazón.

FABIA.

¡Oh, qué gracia! ¡Oh, qué belleza!
Alcance tu gentileza
mi deseo y bendición.
¿Tienes oratorio?

D.ª INÉS.

Madre,
comienzo a ser buena agora.

FABIA.

Como yo soy pecadora,
estoy temiendo a tu padre.

D. PEDRO.

No le pienso yo estorbar
tan divina vocación.

FABIA.

En vano, infernal dragón,
la pensabas devorar.
No ha de casarse en Medina;
monasterio tiene Olmedo;
Domine, si tanto puedo,
ad juvandum me festina.[41]

D. PEDRO.

Un ángel es la mujer.

TELLO.

[*Dentro.*]
Si con sus hijas está,
yo sé que agradecerá
que yo me venga a ofrecer.

[*Sale* TELLO, *de gorrón.*][42]

El maestro que buscáis
está aquí, señor don Pedro,
para latín y otras cosas,
que dirán después su efeto.
Que buscáis un estudiante
en la iglesia me dijeron,
porque ya desta señora
se sabe el honesto intento.
Aquí he venido a serviros,
puesto que[43] soy forastero,
si valgo para enseñarla.

D. PEDRO.

Ya creo y tengo por cierto,
viendo que todo se junta,
que fue voluntad del cielo.
En casa puede quedarse

---

[39] sendas (latinismo)
[40] faja de pelo áspero o cadenilla metálica para mortificar el cuerpo
[41] apresúrate a ayudarme (latín)
[42] vestido de estudiante pobre
[43] aunque

la madre, y este mancebo
venir a darte lición.
Concertadlo, mientras vuelvo,
las dos. [*A Tello.*] ¿De dónde es, galán?

TELLO.

Señor, soy calahorreño.[44]

D. PEDRO.

¿Su nombre?

TELLO.

Martín Peláez.

D. PEDRO.

Del Cid debe de ser deudo.[45]
¿Dónde estudió?

TELLO.

En La Coruña,[46]
y soy por ella maestro.

D. PEDRO.

¿Ordenóse?[47]

TELLO.

Sí, señor,
de vísperas.[48]

D. PEDRO.

Luego vengo.   [*Vase.*]

TELLO.

¿Eres Fabia?

FABIA.

¿No lo ves?

D.ª LEONOR.

Y ¿tú Tello?

D.ª INÉS.

¡Amigo Tello!

D.ª LEONOR.

¿Hay mayor bellaquería?

D.ª INÉS.

¿Qué hay de don Alonso?

TELLO.

¿Puedo
fiar de Leonor?

D.ª INÉS.   Bien puedes.

D.ª LEONOR.

Agraviara Inés mi pecho
y mi amor, si me tuviera
su pensamiento encubierto.

TELLO.

Señora, para servirte
está don Alonso bueno;[49]
para las fiestas de Mayo,
tan cerca ya, previniendo
galas, caballos, jaeces,
lanza y rejones; que pienso
que ya le tiemblan los toros.
Una adarga habemos hecho,
si se conciertan las cañas,[50]
como de mi raro ingenio.
Allá la verás, en fin.

D.ª INÉS.

¿No me ha escrito?

TELLO.

Soy un necio.
Ésta, señora, es la carta.

D.ª INÉS.

Bésola de porte[51] y leo.

[DON PEDRO, *vuelve.*]

D. PEDRO.

[*Hacia dentro.*]
Pues pon el coche, si está
malo el alazán.[52] —¿Qué es esto?

TELLO.

[*Ap. a doña Inés.*]
Tu padre. Haz que lees, y yo
haré que latín te enseño.
Dominus . . .

D.ª INÉS.

Dominus . . .

TELLO.

Diga.

D.ª INÉS.

¿Cómo más?

TELLO.

Dominus meus.

D.ª INÉS.

Dominus meus.

TELLO.

Ansí,
poco a poco irá leyendo.

---

[44] de Calahorra (Aragón)
[45] pariente
[46] invención de Tello, pues en La Coruña no había universidad
[47] ¿Se graduó?
[48] Referencia a la cátedra de *vísperas*, así llamada

por darse a esa hora canónica (seis de la tarde). Era la de menos prestigio y sueldo.
[49] bien
[50] juego de cañas, combate simulado entre varias cuadrillas a caballo, con cañas en vez de lanzas
[51] la beso en pago del porte
[52] caballo de color rojizo

D. PEDRO.

¿Tan presto tomas lición?

D.ª INÉS.

Tengo notable deseo.

D. PEDRO.

Basta; que a decir, Inés,
me envía el Ayuntamiento
que salga a las fiestas yo.

D.ª INÉS.

Muy discretamente han hecho,
pues viene a la fiesta el rey.

D. PEDRO.

Pues sea con un concierto:
que has de verlas con Leonor.

D.ª INÉS.

Madre, dígame si puedo
verlas sin pecar.

FABIA.

Pues ¿no?
No escrupulices en eso
como algunos tan mirlados.[53]
que piensan, de circunspectos,[54]
que en todo ofenden a Dios,
y olvidados de que fueron
hijos de otros como todos,
cualquiera entretenimiento
que los trabajos olvide,
tienen por notable exceso.
Y aunque es justo moderarlos,
doy licencia, por lo menos
para estas fiestas, por ser
jugatoribus paternus.[55]

D. PEDRO.

Pues vamos; que quiero dar
dineros a tu maestro,
y a la madre para un manto.

FABIA.

A todos cubra el del cielo.
Y vos, Leonor, ¿no seréis
como vuestra hermana presto?

D.ª LEONOR.

Sí, madre, porque es muy justo
que tome tan santo ejemplo.   [*Vanse.*]

ESCENA V

[*Sale el rey* DON JUAN *con acompañamiento
y el* CONDESTABLE.][56]

REY.

[*Al Condestable.*]
No me traigáis al partir
negocios que despachar.

CONDESTABLE.

Contienen sólo firmar;
no has de ocuparte en oír.

REY.

Decid con mucha presteza.

CONDESTABLE.

¿Han de entrar?

REY.

Ahora no.

CONDESTABLE.

Su santidad concedió
lo que le pidió vuestra alteza
por Alcántara,[57] señor.

REY.

Que mudase le pedí
el hábito, porque ansí
pienso que estará mejor.

CONDESTABLE.

Era aquel traje muy feo.

REY.

Cruz verde pueden traer.
Mucho debo agradecer
al pontífice el deseo
que de nuestro aumento muestra,
con que irán siempre adelante
estas cosas del infante[58]
en cuanto es de parte nuestra.

CONDESTABLE.

Éstas son dos provisiones,
y entrambas notables son.

REY.

¿Qué contienen?

---

[53] meticulosos
[54] [por ser tan] circunspectos
[55] con participantes paternos (seudo-latín)
[56] Juan II de Castilla (1419-1454) y el Condestable Álvaro de Luna, poderoso favorito que murió decapitado en 1453. La escena es en una casa de Olmedo.

[57] una de las cuatro órdenes militares
[58] el Infante castellano Don Fernando, tío de Juan II, luego elegido rey de Aragón con la ayuda del Papa Benedicto XIII (de hecho fue don Fernando y no Juan II quien pidió el cambio de hábito para la orden de Alcántara)

CONDESTABLE.

La razón
de diferencia que pones
entre los moros y hebreos
que en Castilla han de vivir.

REY.

Quiero con esto cumplir,
condestable, los deseos
de fray Vicente Ferrer,[59]
que lo ha deseado tanto.

CONDESTABLE.

Es un hombre docto y santo.

REY.

Resolví con él ayer
que en cualquiera reino mío
donde mezclados están,
a manera de gabán
traiga un tabardo el judío
con una señal en él,
y un verde capuz el moro.
Tenga el cristiano el decoro
que es justo: apártese dél;
que con esto tendrán miedo
los que su nobleza infaman.

CONDESTABLE.

A don Alonso, que llaman
el caballero de Olmedo,
hace vuestra Alteza aquí
merced de un hábito.[60]

REY.

Es hombre
de notable fama y nombre.
En esta villa le vi
cuando se casó mi hermana.

CONDESTABLE.

Pues pienso que determina,
por servirte, ir a Medina
a las fiestas de mañana.

REY.

Decidle que fama emprenda
en el arte militar,
porque yo le pienso honrar
con la primera encomienda.[61]   [*Vanse.*]

ESCENA VI

[*Sale* DON ALONSO.][62]

D. ALONSO.

¡Ay, riguroso estado,
ausencia mi enemiga,
que dividiendo el alma,
puedes dejar la vida!
¡Cuán bien por tus efetos
te llaman muerte viva,
pues das vida al deseo,
y matas a la vista!
¡Oh, cuán piadosa fueras,
si al partir de Medina
la vida me quitaras
como el alma me quitas!
En ti, Medina, vive
aquella Inés divina,
que es honra de la corte
y gloria de la villa.
Sus alabanzas cantan
las aguas fugitivas,
las aves que la escuchan,
las flores que la imitan.
Es tan bella, que tiene
envidia de sí misma,
pudiendo estar segura
que el mismo sol la envidia,
pues no la ve más bella
por su dorada cinta,
ni cuando viene a España,
ni cuando va a las Indias.[63]
Yo merecí quererla.
¡Dichosa mi osadía!,
que es merecer sus penas
calificar mis dichas.
Cuando pudiera verla,
adorarla y servirla,
la fuerza del secreto
de tanto bien me priva.
Cuando mi amor no fuera
de fe tan pura y limpia,

---

[59] fraile dominico de Valencia (1350–1419), profesor de teología y predicador de fama europea, que contribuyó a resolver pacíficamente muchos conflictos públicos, especialmente el pleito dinástico de Aragón (Compromiso de Caspe, 1412), en favor del Infante castellano Fernando de Antequera, lo cual fue la base de la futura unión nacional; canonizado en 1458

[60] el hábito de las órdenes militares era un codiciado honor nobiliario

[61] señorío de algunos caballeros de las órdenes militares sobre cierto territorio

[62] [*En su casa de Olmedo*]

[63] típico anacronismo del teatro del Siglo de Oro (las Indias no se habían descubierto todavía)

las perlas de sus ojos
mi muerte solicitan.
Llorando por mi ausencia
Inés quedó aquel día,
que sus lágrimas fueron
de sus palabras firma.
Bien sabe aquella noche
que pudiera ser mía.
Cobarde amor, ¿qué aguardas,
cuando respetos miras?
¡Ay, Dios, qué gran desdicha,
partir el alma y dividir la vida!

[*Sale* TELLO.]

TELLO.
¿Merezco ser bien llegado?
D. ALONSO.
No sé si diga que sí;
que me has tenido sin mí
con lo mucho que has tardado.
TELLO.
Si por tu remedio ha sido,
¿en qué me puedes culpar?
D. ALONSO.
¿Quién me puede remediar
si no es a quien le pido?
¿No me escribe Inés?
TELLO.
                 Aquí
te traigo cartas de Inés.
D. ALONSO.
Pues hablarásme despés
en lo que has hecho por mí.
[*Lea.*] «Señor mío, después que os partistes
no he vivido; que sois tan cruel, que aun
no me dejáis vida cuando os vais.»
TELLO.
¿No lees más?
D. ALONSO.   No.
TELLO.   ¿Por qué?
D. ALONSO.
Porque manjar tan suave
de una vez no se me acabe.
Hablemos de Inés.

TELLO.
                Llegué
con media sotana y guantes;
que parecía de aquellos
que hacen en solos los cuellos
ostentación de estudiantes.
Encajé salutación,
verbosa filatería,[64]
dando a la bachillería[65]
dos piensos[66] de discreción;
y volviendo el rostro, vi
a Fabia . . .
D. ALONSO.
             Espera, que leo
otro poco; que el deseo
me tiene fuera de mí.
[*Lea.*] «Todo lo que dejastes ordenado se
hizo; sólo no se hizo que viviese yo sin vos,
porque no lo dejastes ordenado.»
TELLO.
¿Es aquí contemplación?
D. ALONSO.
Dime cómo hizo Fabia
lo que dice Inés.
TELLO.
             Tan sabia
y con tanta discreción,
melindre e hipocresía,
que me dieron que temer
algunos[67] que suelo ver
cabizbajos todo el día.
De hoy más quedaré advertido
de lo que se ha de creer
de una hipócrita mujer
y un ermitaño fingido.
Pues si me vieras a mí
con el semblante mirlado[68]
dijeras que era traslado[69]
de un reverendo alfaquí.[70]
Creyóme el viejo, aunque en él
se ve de un Catón[71] retrato.
D. ALONSO.
Espera; que ha mucho rato
que no he mirado el papel.

---

[64] engañosa palabrería
[65] locuacidad
[66] raciones
[67] El sentido parece exigir *a algunos* (los devotos
hipócritas que se ven superados por la fingida virtud
de Fabia).

[68] de afectada gravedad
[69] retrato
[70] sabio de la ley musulmana
[71] Marcus Porcius Cato (239–149 a.C.), censor romano, símbolo de austeridad y sabiduría

[*Lea.*] «Daos prisa a venir, para que sepáis
cómo quedo cuando os partís, y cómo estoy
cuando volvéis.»

TELLO.

¿Hay otra estación[72] aquí?

D. ALONSO.

En fin, tú hallaste lugar
para entrar y para hablar.

TELLO.

Estudiaba Inés en ti;
que eras el latín, señor,
y la lición que aprendía.

D. ALONSO.

Leonor, ¿qué hacía?

TELLO.

Tenía
envidia de tanto amor,
porque se daba a entender
que de ser amado eres
digno; que muchas mujeres
quieren porque ven querer.
Que en siendo un hombre querido
de alguna con grande afeto,
piensan que hay algún secreto
en aquel hombre escondido.
Y engáñanse, porque son
correspondencias de estrellas.

D. ALONSO.

Perdonadme, manos bellas,
que leo el postrer renglón.
[*Lea.*] «Dicen que viene el rey a Medina, y
dicen verdad, pues habéis de venir vos,
que sois rey mío.»
Acabóseme el papel.

TELLO.

Todo en el mundo se acaba.

D. ALONSO.

Poco dura el bien.

TELLO.

En fin,
le has leído por jornadas.

D. ALONSO.

Espera, que aquí a la margen
vienen dos o tres palabras.
[*Lea.*] «Poneos esa banda al cuello.
¡Ay, si yo fuera la banda!»

TELLO.

¡Bien dicho, por Dios, y entrar
con doña Inés en la plaza!

D. ALONSO.

¿Dónde está la banda, Tello?

TELLO.

A mí no me han dado nada.

D. ALONSO.

¿Cómo no?

TELLO.

Pues ¿qué me has dado?[73]

D. ALONSO.

Ya te entiendo: luego saca
a tu elección un vestido.

TELLO.

Ésta es la banda.

D. ALONSO.

Extremada.

TELLO.

Tales manos la bordaron.

D. ALONSO.

Demos orden que me parta.
Pero ¡ay, Tello!

TELLO.

¿Qué tenemos?

D. ALONSO.

De decirte me olvidaba
unos sueños[74] que he tenido.

TELLO.

¿Agora en sueños reparas?

D. ALONSO.

No los creo, claro está;
pero dan pena.

TELLO.

Eso basta.

D. ALONSO.

No falta quien llama a algunos
revelaciones del alma.

TELLO.

¿Qué te puede suceder
en una cosa tan llana
como quererte casar?

D. ALONSO.

Hoy, Tello, al salir el alba,
con la inquietud de la noche,

---

[72] Alude a las estaciones o paradas del *Vía Crucis*
en las iglesias.

[73] Tello pide la usual recompensa al portador de
buenas noticias.

[74] presentimientos (*cf.* romance de Doña Alda, pág.
96)

me levanté de la cama,
abrí la ventana aprisa,
y mirando flores y aguas
que adornan nuestro jardín,
sobre una verde retama
veo ponerse un jilguero,
cuyas esmaltadas alas
con lo amarillo añadían
flores a las verdes ramas.
Y estando al aire trinando
de la pequeña garganta
con naturales pasajes
las quejas enamoradas,
sale un azor de un almendro,
adonde escondido estaba,
y como eran en los dos
tan desiguales las armas,
tiñó de sangre las flores,
plumas al aire derrama.
Al triste chillido, Tello,
débiles ecos del aura
respondieron, y, no lejos,
lamentando su desgracia,
su esposa, que en un jazmín
la tragedia viendo estaba.
Yo, midiendo con los sueños
estos avisos del alma,
apenas puedo alentarme;
que con saber que son falsas

todas estas cosas, tengo
tan perdida la esperanza,
que no me aliento a vivir.

TELLO.

Mal a doña Inés le pagas
aquella heroica firmeza
con que atrevida contrasta[75]
los golpes de la fortuna.
Ven a Medina, y no hagas
caso de sueños ni agüeros,
cosas a la fe contrarias.
Lleva el ánimo que sueles,
caballos, lanzas y galas,
mata de envidia los hombres,
mata de amores las damas.
Doña Inés ha de ser tuya
a pesar de cuantos tratan
dividiros a los dos.

D. ALONSO.

Bien dices, Inés me aguarda;
vamos a Medina alegres.
Las penas anticipadas
dicen que matan dos veces
y a mí sola Inés me mata,
no como pena, que es gloria.

TELLO.

Tú me verás en la plaza
hincar de rodillas toros
delante de sus ventanas.

Acto Tercero

ESCENA I

[*Suenan atabales, y entran con lacayos y rejones*
DON RODRIGO *y* DON FERNANDO.][76]

D. RODRIGO.
Poca dicha.

D. FERNANDO.
        Malas suertes.[77]

D. RODRIGO.
  ¡Qué pesar!

D. FERNANDO.
        ¿Qué se ha de hacer?

D. RODRIGO.
Brazo, ya no puede ser
que en servir a Inés aciertes.[78]

D. FERNANDO.
Corrido estoy.

D. RODRIGO.
          Yo, turbado.

D. FERNANDO.
Volvamos a porfiar.

---

[75] resiste
[76] [*En una calle de Medina.*] Los rejones son lanzas
cortas para torear a caballo.

[77] fases de la lidia taurina (y también «desgracia»)
[78] su brazo es inepto para torear en honor de Inés

D. RODRIGO.

Es imposible acertar
un hombre tan desdichadó.
Para el de Olmedo, en efeto,
guardó suertes la fortuna.

D. FERNANDO.

No ha errado el hombre ninguna.

D. RODRIGO.

Que la ha de errar os prometo.

D. FERNANDO.

Un hombre favorecido,
Rodrigo, todo lo acierta.

D. RODRIGO.

Abrióle el amor la puerta,
y a mí, Fernando, el olvido.
Fuera desto, un forastero
luego se lleva los ojos.

D. FERNANDO.

Vos tenéis justos enojos.
Él es galán caballero,
mas no para escurecer
los hombres que hay en Medina.

D. RODRIGO.

La patria me desatina;[79]
mucho parece mujer
en que lo propio desprecia,
y de lo ajeno se agrada.

D. FERNANDO.

De siempre ingrata culpada
son ejemplos Roma y Grecia.

[*Dentro ruido de pretales*[80] *y voces. Gente dentro.*]

HOMBRE 1.º

[*Dentro.*]
¡Brava suerte!

HOMBRE 2.º

[*Dentro.*]
¡Con qué gala
quebró el rejón!

D. FERNANDO.

      ¿Qué aguardamos?
Tomemos caballos.

D. RODRIGO.

      Vamos.

HOMBRE 1.º

[*Dentro.*]
Nadie en el mundo le iguala.

D. FERNANDO.

¿Oyes esa voz?

D. RODRIGO.

      No puedo
sufrirlo.

D. FERNANDO.

      Aun no lo encareces.

HOMBRE 2.º

[*Dentro.*]
¡Vítor[81] setecientas veces
el caballero de Olmedo!

D. RODRIGO.

¿Qué suerte quieres que aguarde,
Fernando, con estas voces?

D. FERNANDO.

Es vulgo, ¿no le conoces?

HOMBRE 1.º

[*Dentro.*]
Dios te guarde, Dios te guarde.

D. RODRIGO.

¿Qué más dijeran al rey?
Mas bien hacen: digan, rueguen
que hasta el fin sus dichas lleguen.

D. FERNANDO.

Fue siempre bárbara ley
seguir aplauso vulgar
las novedades.

D. RODRIGO.

      Él viene
a mudar caballo.

D. FERNANDO.

      Hoy tiene
la fortuna en su lugar.

[*Sale* TELLO *con rejón y librea, y* DON ALONSO.]

TELLO.

¡Valientes suertes, por Dios!

D. ALONSO.

Dame, Tello, el alazán.

TELLO.

Todos el lauro nos dan.

D. ALONSO.

¿A los dos, Tello?

TELLO.

      A los dos;
que tú a caballo, y yo a pie,
nos habemos igualado.

---

[79] mi pueblo me pone furioso
[80] parte delantera del arnés del caballo

[81] ¡Viva!

D. ALONSO.

¡Qué bravo, Tello, has andado!

TELLO.

Seis toros desjarreté,[82]
como si sus piernas fueran
rábanos de mi lugar.

D. FERNANDO.

Volvamos, Rodrigo, a entrar,
que por dicha nos esperan,
aunque os parece que no.

D. RODRIGO.

A vos, don Fernando, sí;
a mí no, si no es que a mí
me esperan para que yo
haga suertes que me afrenten,
o que algún toro me mate,
o me arrastre o me maltrate
donde con risa lo cuenten.

TELLO.

[*Ap. a su amo.*]

Aquéllos te están mirando.

D. ALONSO.

Ya los he visto envidiosos
de mis dichas, y aun celosos
de mirarme a Inés mirando.

[*Vanse los dos.*]

TELLO.

¡Bravos favores te ha hecho
con la risa!, que la risa
es lengua muda que avisa
de lo que pasa en el pecho.
No pasabas vez ninguna,
que arrojar no se quería
del balcón.

D. ALONSO.

¡Ay, Inés mía!

¡Si quisiese la fortuna
que a mis padres les llevase
tal prenda de sucesión![83]

TELLO.

Sí harás, como la ocasión
deste don Rodrigo pase;
porque satisfecho estoy
de que Inés por ti se abrasa.

D. ALONSO.

Fabia se ha quedado en casa.

Mientras una vuelta doy
a la plaza, ve corriendo,
y di que esté prevenida
Inés, porque en mi partida
la pueda hablar; advirtiendo
que si esta noche no fuese
a Olmedo, me han de contar
mis padres por muerto, y dar
ocasión, si no los viese,
a esta pena, no es razón;
tengan buen sueño, que es justo.

TELLO.

Bien dices: duerman con gusto,
pues es forzosa ocasión
de temer y de esperar.

D. ALONSO.

Yo entro.

TELLO.

Guárdete el cielo.

[*Vase don Alonso.*]

Pues puedo hablar sin recelo
a Fabia, quiero llegar.
Traigo cierto pensamiento
para coger la cadena
a esta vieja, aunque con pena
de su astuto entendimiento.
No supo Circe, Medea,
ni Hécate,[84] lo que ella sabe;
tendrá en el alma una llave
que de treinta vueltas sea.[85]
Mas no hay maestra[86] mejor
que decirle que la quiero,
que es el remedio primero
para una mujer mayor;
que con dos razones tiernas
de amores y voluntad,
presumen de mocedad,
y piensen que son eternas.
Acabóse. Llego, llamo.
Fabia... Pero soy un necio;
que sabrá que el oro precio,
y que los años desamo,
porque se lo ha de decir
el de las patas de gallo.[87]

[*Sale* FABIA *de casa de* DON PEDRO.]

---

[82] cortar las piernas del toro por el jarrete o corva para matarlo

[83] tener descendientes

[84] mujeres mitológicas de gran astucia y poder mágico

[85] una llave maestra, capaz de descubrir cualquier secreto

[86] [llave] maestra

[87] el demonio

FABIA.

¡Jesús, Tello! ¿Aquí te hallo?
¡Qué buen modo de servir
a don Alonso! ¿Qué es esto?
¿Qué ha sucedido?

TELLO.

          No alteres
lo venerable,[88] pues eres
causa de venir tan presto;
que por verte anticipé
de don Alonso un recado.

FABIA.

¿Cómo ha andado?

TELLO.

          Bien ha andado,
porque yo le acompañé.

FABIA.

¡Extremado fanfarrón!

TELLO.

Pregúntalo al rey, verás
cuál de los dos hizo más;
que se echaba del balcón
cada vez que yo pasaba.

FABIA.

¡Bravo favor!

TELLO.

          Más quisiera
los tuyos.

FABIA.

          ¡Oh, quién te viera!

TELLO.

Esa hermosura bastaba
para que yo fuera Orlando.[89]
¿Toros de Medina a mí?
¡Vive el cielo!, que les di
reveses, desjarretando,
de tal aire, de tal casta,
en medio del regocijo,
que hubo toro que me dijo:
«Basta, señor Tello, basta.»
«No basta,» le dije yo,
y eché de un tajo volado
una pierna en un tejado.

FABIA.

Y ¿cuántas tejas quebró?

TELLO.

Eso al dueño, que no a mí.
Dile, Fabia, a tu señora,
que ese mozo que la adora
vendrá a despedirse aquí;
que es fuerza volverse a casa,
porque no piensen que es muerto
sus padres. Esto te advierto.
Y porque la fiesta pasa
sin mí, y el rey me ha de echar
menos[90] (que en efeto soy
su toricida), me voy
a dar materia al lugar
de vítores y de aplauso,
si me das algún favor.

FABIA.

¿Yo favor?

TELLO.

          Paga mi amor.

FABIA.

¿Que yo tus hazañas causo?
Basta, que no lo sabía.
¿Qué te agrada más?

TELLO.

          Tus ojos.

FABIA.

Pues daréte mis antojos.

TELLO.

Por caballo, Fabia mía,
quedo confirmado ya.[91]

FABIA.

Propio favor de lacayo.

TELLO.

Más castaño soy que bayo.[92]

FABIA.

Mira cómo andas allá,
que esto de *no nos inducas*[93]
suelen causar los refrescos,[94]
no te quite los gregüescos[95]
algún mozo de San Lucas;[96]
que será notable risa,

---

[88] tu apariencia venerable

[89] Es decir, para hacer locuras de amor por Fabia (como el héroe del *Orlando furioso* de Ariosto).

[90] echar de menos

[91] juego de palabras: *antojos* de cristal para ver y de cuero para proteger los ojos de las caballerías

[92] blanco amarillento (color de caballo), sugiriendo que él no es tan ingenuo

[93] del Padrenuestro en latín: *ne nos inducas in tentationem*, no nos hagas caer en la tentación

[94] enfriamientos (al perder la ropa)

[95] calzones anchos y cerrados en las rodillas

[96] algún toro, animal simbólico de San Lucas Evangelista

Tello, que donde lo vea
todo el mundo, un toro sea
sumiller[97] de tu camisa.

TELLO.

Lo atacado[98] y el cuidado
volverán[99] por mi decoro.

FABIA.

Para un desgarro de un toro,
¿qué importa estar atacado?

TELLO.

Que no tengo a toros miedo.

FABIA.

Los de Medina hacen riza,[1]
porque tienen ojeriza[2]
con los lacayos de Olmedo.

TELLO.

Como ésos ha derribado,
Fabia, este brazo español.

FABIA.

Mas ¿que te ha de dar el sol
adonde nunca te ha dado?   [Vanse.]

ESCENA II

[Ruido de plaza y grita, y digan dentro.]

HOMBRE 1.º

[Dentro.]
Cayó don Rodrigo.

D. ALONSO.

[Dentro.]   ¡Afuera!

HOMBRE 2.º

[Dentro.]
¡Qué gallardo, qué animoso
don Alonso le socorre!

HOMBRE 1.º

[Dentro.]
Ya se apea don Alonso.

HOMBRE 2.º

[Dentro.]
¡Qué valientes cuchilladas!

HOMBRE 1.º

[Dentro.]
Hizo pedazos el toro.

[Salgan los dos; y DON ALONSO teniéndole.]

D. ALONSO.

Aquí tengo yo caballo;
que los nuestros van furiosos
discurriendo[3] por la plaza.
Ánimo.

D. RODRIGO.

                    Con vos le cobro.
La caída ha sido grande.

D. ALONSO.

Pues no será bien que al coso[4]
volváis; aquí habrá criados
que os sirvan, porque yo torno
a la plaza. Perdonadme,
porque cobrar es forzoso
el caballo que dejé.

[Vase y sale DON FERNANDO.]

D. FERNANDO.

                    ¿Qué es esto? ¡Rodrigo, y solo!
¿Cómo estáis?

DON RODRIGO.

                    Mala caída,
mal suceso, malo todo;
pero más deber la vida
a quien me tiene celoso
y a quien la muerte deseo.

D. FERNANDO.

¡Que sucediese a los ojos
del rey, y que viese Inés
que aquel su galán dichoso
hiciese el toro pedazos
por libraros!

D. RODRIGO.

                    Estoy loco.
No hay hombre tan desdichado,
Fernando, de polo a polo.
¡Qué de afrentas, qué de penas,
qué de agravios, qué de enojos,
qué de injurias, qué de celos,
qué de agüeros, qué de asombros!
Alcé los ojos a ver
a Inés, por ver si piadoso
mostraba el semblante entonces,
que aunque ingrato, necio adoro;
y veo que no pudiera

---

[97] cortesano encargado de cierta función en el palacio real (como la de vestir al rey, aludida aquí)
[98] el llevar bien atados los *gregüescos*
[99] guardarán

[1] destrozo
[2] mala voluntad
[3] corriendo
[4] plaza

mirar Nerón riguroso
desde la torre Tarpeya
de Roma el incendio, como
desde el balcón me miraba;
y que luego, en vergonzoso
clavel de púrpura fina
bañado el jazmín del rostro,
a don Alonso miraba,
y que por los labios rojos
pagaba en perlas el gusto
de ver que a sus pies me postro,
de la fortuna arrojado
y de la suya envidioso.
Mas ¡vive Dios, que la risa,
primero que la de Apolo[5]
alegre el Oriente y bañe
el aire de átomos de oro,
se le ha de trocar en llanto,
si hallo al hidalguillo loco
entre Medina y Olmedo!

D. FERNANDO.
    Él sabrá ponerse en cobro.

D. RODRIGO.
    Mal conocéis a los celos.

D. FERNANDO.
    ¿Quién sabe que no son monstruos?
    Mas lo que ha de importar mucho
    no se ha de pensar tan poco.   [*Vanse.*]

ESCENA III

[*Salen el* REY, *el* CONDESTABLE *y criados.*]

REY.
    Tarde acabaron las fiestas;
    pero ellas han sido tales,
    que no las he visto iguales.

CONDESTABLE.
    Dije a Medina que aprestas
    para mañana partir;
    mas tiene tanto deseo
    de que veas el torneo
    con que te quiere servir,
    que me ha pedido, señor,
    que dos días se detenga
    vuestra Alteza.

REY.
                    Cuando venga,
    pienso que será mejor.

CONDESTABLE.
    Haga este gusto a Medina
    vuestra Alteza.

REY.
                    Por vos sea,
    aunque el infante desea,
    con tanta prisa camina,
    estas vistas[6] de Toledo
    para el día concertado.

CONDESTABLE.
    Galán y bizarro ha estado
    el caballero de Olmedo.

REY.
    ¡Buenas suertes, condestable!

CONDESTABLE.
    No sé en él cuál es mayor,
    la ventura o el valor,
    aunque es el valor notable.

REY.
    Cualquiera cosa hace bien.

CONDESTABLE.
    Con razón le favorece
    vuestra Alteza.

REY.
                    Él lo merece
    y que vos le honréis también.   [*Vanse.*]

ESCENA IV

[*Salen* DON ALONSO *y* TELLO, *de noche.*][7]

TELLO.
    Mucho habemos esperado,
    ya no puedes caminar.[8]

D. ALONSO.
    Deseo, Tello, excusar
    a mis padres el cuidado:
    a cualquier hora es forzoso
    partirme.

TELLO.
              Si hablas a Inés,
    ¿qué importa, señor, que estés
    de tus padres cuidadoso?
    Porque os ha de hallar el día
    en esas rejas.

---

[5] el Sol (se refiere al alba)
[6] reunión

[7] [*La escena es la calle de Inés en Medina.*]
[8] marcharte (por ser tarde y peligroso)

D. ALONSO.

      No hará;
que el alma me avisará
como si no fuera mía.

TELLO.

Parece que hablan en ellas,
y que es en la voz Leonor.

D. ALONSO.

Y lo dice el resplandor
que da el sol a las estrellas.

[LEONOR, *en la reja.*]

D.ª LEONOR.

¿Es don Alonso?

D. ALONSO.

      Yo soy.

D.ª LEONOR.

Luego mi hermana saldrá,
porque con mi padre está
hablando en las fiestas de hoy.
Tello puede entrar; que quiere
daros un regalo Inés.   [*Quítase de la reja.*]

D. ALONSO.

Entra, Tello.

TELLO.

     Si después
cerraren y no saliere,
bien puedes partir sin mí;
que yo te sabré alcanzar.

[*Ábrese la puerta de casa de* DON PEDRO, *entra*
TELLO, *y vuelve* DOÑA LEONOR *a la reja.*]

D. ALONSO.

¿Cuándo, Leonor, podré entrar
con tal libertad aquí?

D.ª LEONOR.

Pienso que ha de ser muy presto,
porque mi padre de suerte
te encarece, que a quererte
tiene el corazón dispuesto.
Y porque se case Inés,
en sabiendo vuestro amor,
sabrá escoger lo mejor,
como estimarlo después.

[*Sale* DOÑA INÉS *a la reja.*]

D.ª INÉS.

¿Con quién hablas?

D.ª LEONOR.

     Con Rodrigo.

D.ª INÉS.

Mientes, que mi dueño es.

D. ALONSO.

Que soy esclavo de Inés,
al cielo doy por testigo.

D.ª INÉS.

No sois sino mi señor.

D.ª LEONOR.

Ahora bien, quiéroos dejar;
que es necedad estorbar
sin celos quien tiene amor.   [*Retírase.*]

D.ª INÉS.

¿Cómo estáis?

D. ALONSO.

     Como sin vida.
Por vivir os vengo a ver.

D.ª INÉS.

Bien había menester
la pena desta partida
para templar el contento
que hoy he tenido de veros,
ejemplo de caballeros,
y de las damas tormento.
De todas estoy celosa;
que os alabasen quería,
y después me arrepentía,
de perderos temerosa.
¡Qué de varios pareceres!
¡Qué de títulos y nombres
os dio a envidia en los hombres,
y el amor en las mujeres!
Mi padre os ha codiciado
por yerno para Leonor,
y agradecióle mi amor,
aunque celosa, el cuidado;
que habéis de ser para mí
y así se lo dije yo,
aunque con la lengua no,
pero con el alma sí.
Mas ¡ay! ¿Cómo estoy contenta
si os partís?

D. ALONSO.

     Mis padres son
la causa.

D.ª INÉS.

     Tenéis razón;
mas dejadme que lo sienta.

D. ALONSO.

Yo lo siento, y voy a Olmedo,
dejando el alma en Medina.

No sé cómo parto y quedo:
amor la ausencia imagina,
los celos, señora, el miedo.
Así parto muerto y vivo,
que vida y muerte recibo.
Mas ¿qué te puedo decir,
cuando estoy para partir,
puesto ya el pie en el estribo?[9]
Ando, señora, estos días,
entre tantas asperezas
de imaginaciones mías,
consolado en mis tristezas
y triste en mis alegrías.
Tengo, pensando perderte,
imaginación tan fuerte,
y así en ella vengo y voy,
que me parece que estoy
con las ansias de la muerte.
La envidia de mis contrarios
temo tanto, que aunque puedo
poner medios necesarios,
estoy entre amor y miedo
haciendo discursos varios.
Ya para siempre me privo
de verte, y de suerte vivo,
que mi muerte presumiendo,
parece que estoy diciendo:
Señora, aquésta te escribo.
Tener de tu esposo[10] el nombre
amor y favor ha sido;
pero es justo que me asombre,
que amado y favorecido
tenga tal tristeza un hombre.
Parto a morir, y te escribo
mi muerte, si ausente vivo,
porque tengo, Inés, por cierto
que si vuelvo será muerto,
pues partir no puedo vivo.
Bien sé que tristeza es;
pero puede tanto en mí,
que me dice, hermosa Inés:
«Si partes muerto de aquí,
¿cómo volverás después?»
Yo parto, y parto a la muerte,
aunque morir no es perderte;
que si el alma no se parte,
¿cómo es posible dejarte,
cuanto más volver a verte?

D.ª INÉS.
    Pena me has dado y temor
con tus miedos y recelos;
si tus tristezas son celos,
ingrato ha sido tu amor.
Bien entiendo tus razones;
pero tú no has entendido
mi amor.

D. ALONSO.
                    Ni tú, que han sido
estas imaginaciones
sólo un ejercicio triste
del alma, que me atormenta,
no celos; que fuera afrenta
del nombre, Inés, que me diste.
De sueños y fantasías,
si bien falsas ilusiones,
han nacido estas razones,
que no de sospechas mías.

D.ª INÉS.
    Leonor vuelve.   [*Leonor sale a la reja.*]
                    ¿Hay algo?

D.ª LEONOR.
                                            Sí.

D. ALONSO.
    ¿Es partirme?

D.ª LEONOR.
    [*A doña Inés.*] Claro está.
Mi padre se acuesta ya,
y me preguntó por ti.

D.ª INÉS.
    Vete, Alonso, vete. Adiós.
No te quejes, fuerza es.

D. ALONSO.
    ¿Cuándo querrá Dios, Inés,
que estemos juntos los dos?
Aquí se acabó mi vida,
que es lo mismo que partirme.
Tello no sale, o no puede
acabar de despedirse.
Voyme, que él me alcanzará.
                    [*Retírase doña Inés.*]
[*Al entrar* DON ALONSO, *una* SOMBRA *con una
máscara negra y sombrero, y puesta la mano en el
puño de la espada, se le ponga delante.*]

D. ALONSO.
    ¿Qué es esto? ¿Quién va? De oírme
no hace caso. ¿Quién es? Hable.

---

[9] Lope glosa aquí una copla tradicional

[10] prometido

¡Que un hombre me atemorice
no habiendo temido a tantos!
¿Es don Rodrigo? ¿No dice
quién es?

LA SOMBRA.

　　　　Don Alonso.

D. ALONSO.　　　　　¿Cómo?

LA SOMBRA.

　Don Alonso.

D. ALONSO.

　　　　　No es posible.
Mas otro será, que yo
soy don Alonso Manrique.
Si es invención, meta mano.[11]
Volvió la espalda.　　　[*Vase la Sombra.*]
　　　　　Seguirle,
desatino me parece.
¡Oh imaginación terrible!
Mi sombra debió de ser,
mas no; que en forma visible
dijo que era don Alonso.
Todas son cosas que finge
la fuerza de la tristeza,
la imaginación de un triste.
¿Qué me quieres, pensamiento,
que con mi sombra me afliges?
Mira que temer sin causa
es de sujetos humildes.
O embustes de Fabia son,
que pretenden persuadirme
porque no me vaya a Olmedo,
sabiendo que es imposible.
Siempre dice que me guarde,
y siempre que no camine
de noche, sin más razón
de que la envidia me sigue.
Pero ya no puede ser
que don Rodrigo me envidie,
pues hoy la vida me debe;
que esta deuda no permite
que un caballero tan noble
en ningún tiempo la olvide.
Antes pienso que ha de ser
para que amistad confirme
desde hoy conmigo en Medina;
que la ingratitud no vive
en buena sangre, que siempre

entre villanos reside.
En fin, es la quinta esencia
de cuantas acciones viles
tiene la bajeza humana,
pagar mal quien bien recibe.　　[*Vase.*]

ESCENA V

[*Salen* DON RODRIGO, DON FERNANDO, MENDO
y LAÍN.][12]

D. RODRIGO.

　Hoy tendrán fin mis celos y su vida.

D. FERNANDO.

　Finalmente, ¿venís determinado?

D. RODRIGO.

　No habrá consejo que su muerte impida,
después que la palabra me han quebrado.
Ya se entendió la devoción fingida,
ya supe que era Tello, su criado,
quien la enseñaba aquel latín que ha sido
en cartas de romance traducido.
¡Qué honrada dueña recibió en su casa
don Pedro en Fabia! ¡Oh mísera doncella!
Disculpo tu inocencia, si te abrasa
fuego infernal de los hechizos della.[13]
No sabe, aunque es discreta, lo que pasa,
y así el honor de entrambos atropella.
¡Cuántas casas de nobles caballeros
han infamado hechizos y terceros!
Fabia, que puede trasponer un monte;
Fabia, que puede detener un río,
y en los negros ministros de Aqueronte[14]
tiene, como en vasallos, señorío;
Fabia, que deste mar, deste horizonte,
al abrasado clima, al Norte frío,
puede llevar un hombre por el aire,
le da liciones: ¿hay mayor donaire?

D. FERNANDO.

　Por la misma razón yo no tratara
de más venganza.

D. RODRIGO.

　　　　　¡Vive Dios, Fernando,
que fuera de los dos bajeza clara!

D. FERNANDO.

　No la hay mayor que despreciar amando.

D. RODRIGO.

　Si vos podéis, yo no.

---

[11] saque la espada
[12] [*La escena es el camino entre Medina y Olmedo.*]

[13] de ella
[14] río del Infierno

MENDO.

Señor, repara
en que vienen los ecos avisando
de que a caballo alguna gente viene.

D. RODRIGO.

Si viene acompañado, miedo tiene.

D. FERNANDO.

No lo creas, que es mozo temerario.

D. RODRIGO.

Todo hombre con silencio esté escondido.
Tú, Mendo, el arcabuz,[15] si es necesario,
tendrás detrás de un árbol prevenido.

D. FERNANDO.

¡Qué inconstante es el bien, qué loco y
vario!
Hoy a vista de un rey salió lucido,
admirado de todos a la plaza,
y ¡ya tan fiera muerte le amenaza!

[*Escóndanse y salga* DON ALONSO.]

D. ALONSO.

Lo que jamás he temido,
que es algún recelo o miedo,
llevo caminando a Olmedo.
Pero tristezas han sido.
Del agua al manso ruido
y el ligero movimiento
destas ramas con el viento,
mi tristeza aumentan más.
Yo camino, y vuelve atrás
mi confuso pensamiento.
De mis padres el amor
y la obediencia me lleva,
aunque ésta es pequeña prueba
del alma de mi valor.
Conozco que fue rigor
el dejar tan presto a Inés...
¡Qué escuridad! Todo es
horror, hasta que el aurora
en las alfombras de Flora[16]
ponga los dorados pies.
Allí cantan. ¿Quién será?
Mas será algún labrador
que camina a su labor.
Lejos parece que está;
pero acercándose va,
Pues ¡cómo! Lleva instrumento

y no es rústico el acento.
sino sonoro y suave.
¡Qué mal la música sabe,[17]
si está triste el pensamiento!

[*Canten desde lejos en el vestuario, y véngase acercando la voz como que camina.*]

*Que de noche le mataron
al caballero,
la gala de Medina,
la flor de Olmedo.*

D. ALONSO.

¡Cielos! ¿Qué estoy escuchando?
Si es que avisos vuestros son,
ya que estoy en la ocasión,
¿de qué me estáis informando?
Volver atrás, ¿cómo puedo?
Invención de Fabia es,
que quiere, a ruego de Inés,
hacer que no vaya a Olmedo.

LA VOZ. [*Dentro.*]

*Sombras le avisaron
que no saliese,
y le aconsejaron
que no se fuese
el caballero,
la gala de Medina,
la flor de Olmedo.*

D. ALONSO.

¡Hola, buen hombre, el que canta!

LA VOZ

¿Quién me llama?

D. ALONSO.

Un hombre soy
que va perdido.

[*Sale un* LABRADOR.]

LABRADOR.

Ya voy.
Veisme aquí.

D. ALONSO.

Todo me espanta.   [*Ap.*]
¿Dónde vas?

LABRADOR.

A mi labor.

D. ALONSO.

¿Quién esa canción te ha dado,
que tristemente has cantado?

---

[15] especie de fusil
[16] los campos floridos

[17] parece

LABRADOR.

    Allá en Medina, señor.

D. ALONSO.

    A mí me suelen llamar
el caballero de Olmedo,
y yo estoy vivo.

LABRADOR.

               No puedo
deciros deste cantar
más historias ni ocasión,
de que a una Fabia la[18] oí.
Si os importa, yo cumplí
con deciros la canción.
Volved atrás; no paséis
deste arroyo.

D. ALONSO.

           En mi nobleza,
fuera ese temor bajeza.

LABRADOR.

    Muy necio valor tenéis.
Volved, volved a Medina.

D. ALONSO.

    Ven tú conmigo.

LABRADOR.

             No puedo.   [*Vase.*]

D. ALONSO.

    ¡Qué de sombras finge el miedo!
¡Qué de engaños imagina!
Oye, escucha. ¿Dónde fue,
que apenas sus pasos siento?
¡Ah, labrador! Oye, aguarda.
«Aguarda», responde el eco.
¡Muerto yo! Pero es canción
que por algún hombre hicieron
de Olmedo, y los de Medina
en este camino han muerto.
A la mitad dél estoy:
¿qué han de decir si me vuelvo?
Gente viene... No me pesa;
si allá van, iré con ellos.

    [*Salgan* DON RODRIGO *y* DON FERNANDO *y su
    gente.*]

D. RODRIGO.   ¿Quién va?

D. ALONSO.

          Un hombre. ¿No me ven?

D. FERNANDO.

    Deténgase.

D. ALONSO.

          Caballeros,
si acaso necesidad
los fuerza a pasos como éstos,
desde aquí a mi casa hay poco:
no habré menester dineros;
que de día y en la calle
se los doy a cuantos veo
que me hacen honra en pedirlos.

D. RODRIGO.

    Quítese las armas luego.

D. ALONSO.

    ¿Para qué?

D. RODRIGO.

          Para rendillas.

D. ALONSO.

    ¿Saben quién soy?

D. FERNANDO.

          El de Olmedo,
el matador de los toros,
que viene arrogante y necio
a afrentar los de Medina,
el que deshonra a don Pedro
con alcahuetes infames.

D. ALONSO.

    Si fuérades a lo menos
nobles vosotros allá,
pues tuvistes tanto tiempo,
me habláracles, y no agora,
que solo a mi casa vuelvo.
Allá en las rejas adonde
dejastes la capa huyendo,
fuera bien, y no en cuadrilla
a media noche, soberbios.
Pero confieso, villanos,
que la estimación[19] os debo,
que aun siendo tantos, sois pocos. [*Riñan.*]

D. RODRIGO.

    Yo vengo a matar, no vengo
a desafíos; que entonces
te matara cuerpo a cuerpo.
[*A Mendo.*]
Tírale.   [*Disparen dentro.*]

D. ALONSO.

         Traidores sois;
pero sin armas de fuego
no pudiérades matarme.
¡Jesús! [*Cae.*]

---

[18] *la* [*canción*]

[19] la *estimación* de su valor al atacarle varios juntos

D. FERNANDO.

    ¡Bien lo has hecho, Mendo!

[*Vanse* DON RODRIGO, DON FERNANDO *y su
gente.*]

D. ALONSO.

    ¡Qué poco crédito di
a los avisos del cielo!
Valor propio me ha engañado,
y muerto envidias y celos.
¡Ay de mí! ¿Qué haré en un campo
tan solo?

[*Sale* TELLO.]

TELLO.

        Pena me dieron
estos hombres que a caballo
van hacia Medina huyendo.
Si a don Alonso habían visto
pregunté; no respondieron.
¡Mala señal! Voy temblando.

D. ALONSO.

    ¡Dios mío, piedad! ¡Yo muero!
Vos sabéis que fue mi amor
dirigido a casamiento.
¡Ay, Inés!

TELLO.

        De lastimosas
quejas siento tristes ecos.
Hacia aquella parte suenan.
No está del camino lejos
quien las da. No me ha quedado
sangre. Pienso que el sombrero
puede tenerse en el aire
solo en cualquiera cabello.
¡Ah, hidalgo!

D. ALONSO.

        ¿Quién es?

TELLO.

           ¡Ay, Dios!
¿Por qué dudo lo que veo?
Es mi señor. ¡Don Alonso!

D. ALONSO.

    Seas bien venido, Tello.

TELLO.

    ¿Cómo, señor, si he tardado?
¿Cómo, si a mirarte llego
hecho una fiera de sangre?
¡Traidores, villanos, perros;

volved, volved a matarme,
pues habéis, infames, muerto
el más noble, el más valiente,
el más galán caballero
que ciñó espada en Castilla!

D. ALONSO.

    Tello, Tello, ya no es tiempo
más que de tratar del alma.
Ponme en tu caballo presto
y llévame a ver mis padres.

TELLO.

    ¡Qué buenas nuevas les llevo
de las fiestas de Medina!
¿Qué dirá aquel noble viejo?
¿Qué hará tu madre y tu patria?
¡Venganza, piadosos cielos!

(*Llévase a don Alonso.*)

ESCENA VI

[*Salen* DON PEDRO, DOÑA INÉS, DOÑA LEONOR
y FABIA.[20]]

D.ª INÉS.

    ¿Tantas mercedes ha hecho?

D. PEDRO.

    Hoy mostró con su real
mano heroica y liberal,
la grandeza de su pecho.
Medina está agradecida,
y por la que he recibido,
a besarla os he traído.

D.ª LEONOR.

    ¿Previene ya su partida?

D. PEDRO.

    Sí, Leonor, por el infante,
que aguarda al rey en Toledo.
En fin, obligado quedo;
que por merced semejante
más que por vosotras lo estoy,
pues ha de ser vuestro aumento.

D.ª LEONOR.

    Con razón estás contento.

D. PEDRO.

    Alcaide[21] de Burgos soy.
Besad la mano a su Alteza.

D.ª INÉS.

    [*Ap. a Fabia.*]

    ¡Ha de haber ausencia, Fabia!

---

[20] [*La escena es la casa de Medina donde se aloja el rey.*]   [21] jefe de una fortaleza

FABIA.

Más la fortuna te agravia.

D.ª INÉS.

No en vano tanta tristeza
he tenido desde ayer.

FABIA.

Yo pienso que mayor daño
te espera, si no me engaño,
como suele suceder;
que en las cosas por venir
no puede haber cierta ciencia.

D.ª INÉS.

¿Qué mayor mal que la ausencia,
pues es mayor que morir?

D. PEDRO.

Ya, Inés, ¿qué mayores bienes
pudiera yo desear,
si tú quisieras dejar
el propósito que tienes?
No porque yo te hago fuerza;
pero quisiera casarte.

D.ª INÉS.

Pues tu obediencia no es parte
que mi propósito tuerza.
Me admiro de que no entiendas
la ocasión.

D. PEDRO.

      Yo no la sé.

D.ª LEONOR.

Pues yo por ti la diré,
Inés, como no te ofendas.
No la casas a su gusto.
¡Mira qué presto!

D. PEDRO.

[A Inés.]   Mi amor
se queja de tu rigor,
porque a saber tu disgusto,
no lo hubiera imaginado.

D.ª LEONOR.

Tiene inclinación Inés
a un caballero, después
que el rey de una cruz le ha honrado;
que esto es deseo de honor,
y no poca honestidad.

D. PEDRO.

Pues si él tiene calidad
y tú le tienes amor,
¿quién ha de haber que replique?

Cásate en buen hora, Inés.
Pero ¿no sabré quién es?

D.ª LEONOR.

Es don Alonso Manrique.

D. PEDRO.

Albricias hubiera dado.
¿El de Olmedo?

D.ª LEONOR.   Sí, señor.

D. PEDRO.

Es hombre de gran valor,
y desde agora me agrado
de tan discreta elección;
que si el hábito[22] rehusaba,
era porque imaginaba
diferente vocación.[23]
Habla, Inés, no estés ansí.

D.ª INÉS.

Señor, Leonor se adelanta;
que la inclinación no es tanta
como ella te ha dicho aquí.

D. PEDRO.

Yo no quiero examinarte,
sino estar con mucho gusto
de pensamiento tan justo
y de que quieras casarte.
Desde agora es tu marido;
que me tendré por honrado
de un yerno tan estimado,
tan rico y tan bien nacido.

D.ª INÉS.

Beso mil veces tus pies.
Loca de contento estoy,
Fabia.

FABIA.

    El parabién te doy,
si no es pésame después.   [Ap.]

D.ª LEONOR.

El rey.

[Salen el REY, el CONDESTABLE y gente. DON
RODRIGO y DON FERNANDO.]

D. PEDRO.

[A sus hijas.]   Llegad a besar
su mano.

D.ª INÉS.   ¡Qué alegre llego!

D. PEDRO.

Dé vuestra Alteza los pies,
por la merced que me ha hecho

---

[22] de monja

[23] la de casarse

del alcaidía de Burgos,
a mí y a mis hijas.

REY.

Tengo
bastante satisfacción
de vuestro valor, don Pedro,
y de que me habéis servido.

D. PEDRO.

Por lo menos lo deseo.

REY.

¿Sois casadas?

D.ª INÉS.   No, señor.

REY.

¿Vuestro nombre?

D.ª INÉS.   Inés.

REY.   ¿Y el vuestro?

D.ª LEONOR.

Leonor.

CONDESTABLE.

Don Pedro merece
tener dos gallardos yernos,
que están presentes, señor,
y que yo os pido por ellos
los caséis de vuestra mano.

REY.

¿Quién son?

D. RODRIGO.

Yo, señor, pretendo,
con vuestra licencia, a Inés.

D. FERNANDO.

Y yo a su hermana le ofrezco
la mano y la voluntad.

REY.

En gallardos caballeros
emplearéis vuestras dos hijas,
don Pedro.

D. PEDRO.

Señor, no puedo
dar a Inés a don Rodrigo,
porque casada la tengo
con don Alonso Manrique,
el caballero de Olmedo,
a quien hicistes merced
de un hábito.

REY.

Yo os prometo
que la primera encomienda
sea suya...

D. RODRIGO.

[*Ap. a don Fernando.*]
¡Extraño suceso!

D. FERNANDO.

[*Ap. a don Rodrigo.*]
Ten prudencia.

REY.

Porque es hombre
de grandes merecimientos.

TELLO.

[*Dentro.*]
Dejadme entrar.

REY.   ¿Quién da voces?

CONDESTABLE.

Con la guarda un escudero
que quiere hablarte.

REY.   Dejadle.

CONDESTABLE.

Viene llorando y pidiendo
justicia.

REY.

Hacerla es mi oficio.
Eso significa el cetro.

[*Sale* TELLO.]

TELLO.

Invictísimo don Juan,
que del castellano reino,
a pesar de tanta envidia,[24]
gozas el dichoso imperio:
con un caballero anciano
vine a Medina, pidiendo
justicia de dos traidores;
pero el doloroso exceso
en tus puertas le ha dejado,
si no desmayado, muerto.
Con esto yo, que le sirvo,
rompí con atrevimiento
tus guardas y tus oídos;
oye, pues te puso el cielo
la vara de su justicia
en tu libre entendimiento
para castigar los malos
y para premiar los buenos.
La noche de aquellas fiestas
que a la Cruz de Mayo hicieron
caballeros de Medina,
para que fuese tan cierto

---

[24] alusión a las luchas con la nobleza

que donde hay cruz hay pasión,[25]
por dar a sus padres viejos
contento de verle libre
de los toros, menos fieros
que fueron sus enemigos,
partió de Medina a Olmedo
don Alonso, mi señor,
aquel ilustre mancebo
que mereció tu alabanza,
que es raro encarecimiento.
Quedéme en Medina yo,
como a mi cargo estuvieron
los jaeces y caballos,
para tener cuenta dellos.
Ya la destocada[26] noche,
de los dos polos en medio,
daba a la traición espada,
mano al hurto, pies al miedo,
cuando partí de Medina;
y al pasar un arroyuelo,
puente y señal del camino,
veo seis hombres corriendo
hacia Medina, turbados,
y aunque juntos, descompuestos.[27]
La luna, que salió tarde,
menguado el rostro sangriento,
me dio a conocer los dos;
que tal vez alumbra el cielo
con las hachas de sus luces
el más escuro silencio,
para que vean los hombres
de las maldades los dueños,
porque a los ojos divinos
no hubiese humanos secretos.
Paso adelante, ¡ay de mí!,
y envuelto en su sangre veo
a don Alonso expirando.
Aquí, gran señor, no puedo
ni hacer resistencia al llanto,
ni decir el sentimiento.
En el caballo le puse
tan animoso, que creo
que pensaban sus contrarios
que no le dejaban muerto.
A Olmedo llegó con vida
cuanto fue bastante, ¡ay cielo!,

para oír la bendición
de dos miserables viejos,[28]
que enjugaban las heridas
con lágrimas y con besos.
Cubrió de luto su casa
y su patria, cuyo entierro
será el del fénix, señor;
después de muerto viviendo
en las lenguas de la fama,
a quien conocen respeto
la mudanza de los hombres
y los olvidos del tiempo.

REY.

  ¡Extraño caso!

D.ª INÉS.   ¡Ay de mí!

D. PEDRO.

  Guarda lágrimas y extremos,
Inés, para nuestra casa,

. . . . [29]

D.ª INÉS.

  Lo que de burlas te dije,
señor, de veras te ruego.
Y a vos, generoso rey,
desos viles caballeros
os pido justicia.

REY.

  [*A Tello.*]   Dime,
pues pudiste conocerlos,
¿quién son esos dos traidores?
¿Dónde están? Que ¡vive el cielo,
de no me partir de aquí
hasta que los deje presos!

TELLO.

  Presentes están, señor:
don Rodrigo es el primero;
y don Fernando el segundo.

CONDESTABLE.

  El delito es manifiesto,
su turbación lo confiesa.

D. RODRIGO.

  Señor, escucha . . .

REY.   Prendellos,[30]
y en un teatro[31] mañana
cortad sus infames cuellos.
Fin de la trágica historia
del *Caballero de Olmedo*.

---

[25] juego de palabras con la *cruz* y *pasión* de Cristo
[26] (en plena noche) lit., descubierta, sin sombrero o toca
[27] doble sentido: desordenados y descorteses

[28] los padres
[29] [*Falta un verso.*]
[30] prendedlos
[31] tablado

Pedro Calderón de la Barca

(1600-1681)

La *comedia nueva*, creada por Lope de Vega con genial intuición e inventiva, es llevada a su perfección técnica y madurez reflexiva por Calderón, figura central del segundo ciclo dramático del Siglo de Oro. Esta tendencia indica tanto la evolución estética y espiritual de la época (un mayor barroquismo formal junto al creciente desengaño ante las vanaglorias de esta vida, reflejo de la decadencia político-social del país), como el temperamento del propio Calderón, más intelectual y moralizador que su antecesor, a quien supera en la rigurosa construcción de la comedia y en la dramatización de las preocupaciones éticas y filosóficas de su tiempo. La vida de don Pedro Calderón de la Barca, también muy distinta a la de Lope, es la vida fácil y reservada de un grave caballero, autor favorito de la corte y del pueblo, cuya energía se concentra en su trabajo dramático. Apenas aparecen elementos personales en sus obras, por considerarlo vulgar. En la primera época de su vida, fue cortesano y soldado, después de haberse educado con los jesuitas en Madrid, donde nació, y en la Universidad de Salamanca, donde se graduó de bachiller en cánones con la intención de hacerse eclesiástico. Esta preparación escolástica y jurídica se refleja en el contenido ideológico de sus principales obras y en la dialéctica con que suelen razonar su conducta los personajes. A los 20 años abandona la carrera eclesiástica para dedicarse a la literatura y a la vida mundana de la corte. Estrena sus primeras comedias y al parecer viaja por Flandes e Italia (quizá como soldado). Muy pronto se convierte en el primer dramaturgo cortesano, y la construcción de un teatro real en el palacio y jardines del Buen Retiro le ofrece ilimitadas posibilidades escénicas para desarrollar un nuevo tipo de representación espectacular, con utilización de escenarios múltiples y acuáticos, al que cooperan las artes plásticas, la arquitectura, la música y la danza. Culminación de todo ello fue la invención calderoniana de la *zarzuela*, obra mixta de ópera y comedia con tema mitológico-pastoril. Como recompensa a esta contribución de Calderón a las fiestas reales le concedió Felipe IV el codiciado hábito de la Orden de Santiago. Ya cerca de la madurez luchó como soldado contra los franceses en dos campañas fronterizas, la segunda en la rebelión de Cataluña (1640), experiencia militar que deja una de las pocas huellas biográficas en su obra.

En 1651 Calderón se ordena sacerdote, por razones mal conocidas (entre ellas quizá la muerte de su amante, de quien había tenido un hijo poco antes), aparte de su referencia al desengaño ante la fragilidad y poca estabilidad de las cosas de esta vida. Desde entonces su existencia es austera y ejemplar. Recibe una importante capellanía en Toledo y luego es nombrado capellán de honor del rey, componiendo sólo autos sacramentales y comedias para la corte (que luego pasaban, sin embargo, a los teatros públicos). A partir de 1665, tras la muerte de Felipe IV, su producción disminuye y otros dramaturgos le disputan el monopolio dramático. Se dedica entonces más bien a retocar y publicar comedias anteriores. En 1680 compone su última comedia, de tema caballeresco, por encargo real, y al año siguiente muere, anciano y un poco olvidado ya del público. Su última voluntad es típica del ascetismo de su carácter, al encargar un modesto entierro con su cadáver descubierto para que sirva como «públicos desengaños de mi muerte».

La producción dramática de Calderón es más limitada que la de Lope (unas 200 obras), pero no menos variada y con un estilo muy personal. En sus primeros años predominan las comedias de técnica realista a la manera lopesca, pero Calderón desarrolla la complicada intriga de capa y espada con tal habilidad que llega a hacerse maestro del género. Una de las mejores de este tipo, *La dama duende* (1629) es de las pocas que se siguen representando todavía. En otros casos imita directamente a Lope al tratar problemas de la honra sobre un fondo histórico. Así, el famoso *Alcalde de Zalamea* (¿1640–1644?) es una versión simplificada y mejorada de un drama del mismo título atribuido a Lope, en que Calderón sigue la actitud popularista del *Fénix* al exaltar la figura de un alcalde rústico como personificación de la dignidad y la justicia frente a los atropellos de un señor capitán. Sin embargo, en los típicos dramas calderonianos del honor, el tema de la honra tiende a hacerse más rígido y artificial, conforme a un código convencional que se aplica con razonamientos casuísticos y efectismos trágicos, por encima de todo sentimiento cordial o principio ético. Así, en *El médico de su honra* (1635), el marido hace matar a su esposa, a pesar de saberla inocente y de amarla, como único medio de salvaguardar su honra contra las sospechas de infidelidad. También en esta época dramatiza Calderón asuntos religiosos a la manera realista tradicional, como en las comedias de santos y de leyendas milagrosas, entre las que destaca *La devoción de la Cruz* (¿1623–1625?), sobre el viejo tema de la posible salvación eterna del pecador, con una complicada y melodramática intriga.

Más valiosas y originales son las obras en que Calderón dramatiza una idea teológica o filosófica con personajes a la vez simbólicos y humanos, una trama simple y una atmósfera intensamente poética. Es la clase de comedia que predomina en su segunda época, sobre todo a partir de su profesión sacerdotal, y que tiene su expresión máxima en los *autos sacramentales*, dramas alegóricos de un acto en conmemoración de la Eucaristía que representan con gran vitalidad abstractas cuestiones de la teología católica, personificando los vicios y virtudes, las potencias del alma, etc. Eran una supervivencia de los *misterios* medievales como parte de la fiesta anual del Corpus Christi, que encargaban y costeaban los municipios, por lo que la demanda era grande y todos los dramaturgos se dedicaban a componerlos; pero gradualmente adquirieron también un carácter espectacular, conforme al gusto barroco, combinando el lirismo culterano con la escenografía fastuosa y la música, igual que se hacía en las zarzuelas. El propósito del auto era, sin embargo, la defensa y exaltación del dogma católico frente al cisma protestante, estimulando tanto el fervor de la fe como el interés intelectual por los problemas esenciales del hombre (sus relaciones con Dios y con la Naturaleza, del cuerpo con el espíritu, del instinto con la razón). En ambos aspectos, el artístico y el ideológico, superó Calderón a los demás autores de su tiempo, convirtiéndose en el más genial cultivador de este género peculiar.

En *La vida es sueño* (publicado en 1636 y escrito probablemente el año anterior) se combinan con toda maestría las cualidades más típicas del teatro de Calderón, quien logra aquí el más universal de sus dramas y una de las cumbres de la literatura española. Es una interpretación simbólica y poética de la vida humana, basada en la doctrina del libre albedrío frente a la predestinación —tema favorito de Calderón, derivado del neoescolasticismo de los jesuitas—, pero que no está presentado en términos teológicos y alegóricos (como hace en el auto del mismo título), sino en forma hondamente, humana y dramática, como conflicto íntimo del protagonista, Segismundo. Éste representa al hombre natural («compuesto de hombre y fiera»), aislado de la sociedad aunque instruido en las ciencias y en la religión católica por su guardián, que sólo logra liberarse de sus instintos animales cuando su razón y la experiencia del mundo le enseñan que esta vida es como un sueño y sus goces una efímera ilusión. La conclusión no es sin embargo pesimista, pues Segismundo descubre también por su propia razón que «no se pierde obrar bien aun entre sueños». Para ello el hombre ha de «vencerse a sí mismo», dominando sus malas pasiones y venciendo con ello a la fuerza del destino. El mérito de Calderón no está en la originalidad o profundidad de las ideas sino en el claro y dramático planteamiento del problema ideológico, en la sutileza conceptual y en la nobleza del pensamiento. La localización del drama en una lejana Polonia es lo bastante vaga para facilitar la ilusión poética, y la versificación barroca combina las imágenes brillantes del culteranismo con la expresión concisa y sentenciosa del conceptismo. Incluso hay una intriga secundaria para dar variedad y contraste, desviando un poco la atención hacia un lance de amor y deshonra al estilo realista de la comedia de intriga palaciega (con su triángulo amoroso, identidad fingida y mujer vestida de varón en seguimiento del amante infiel), pero que Calderón sabe enlazar hábilmente con la acción principal, de suerte que las dos van a reforzarse mutuamente y a coincidir en su desenlace.

NOTA. El texto se imprime completo, excepto una escena de la intriga secundaria en el Acto II que no impide seguir el curso de la acción y que se resume oportunamente.

TEXTO: PEDRO CALDERÓN DE LA BARCA, *Obras completas*, 3 vols. Madrid, 1941, 1952, 1956.

LA VIDA ES SUEÑO

(1635)

PERSONAS

BASILIO, rey de Polonia, *padre de* SEGISMUNDO.

SEGISMUNDO, príncipe.

CLOTALDO, viejo, *padre de* ROSAURA.

ROSAURA, dama.

CLARÍN, gracioso, *criado de* ROSAURA.

ASTOLFO, duque de Moscovia, *sobrino de* BASILIO.

ESTRELLA, infanta, *sobrina de* BASILIO.

SOLDADOS.

GUARDAS.

CRIADOS.

DAMAS.

MÚSICOS Y ACOMPAÑAMIENTO.

Primera Jornada

[*A un lado monte fragoso, y al otro una torre, cuya planta baja sirve de prisión a* SEGISMUNDO. *La puerta que da frente al espectador está entreabierta. La acción principia al anochecer.*]

ESCENA I

[ROSAURA, CLARÍN]

[*Sale en lo alto de un monte* ROSAURA *en hábito de hombre de camino, y en representando los primeros versos va bajando.*]

ROSAURA.

Hipógrifo[1] violento
que corriste parejas con[2] el viento,
¿dónde, rayo sin llama,
pájaro sin matiz,[3] pez sin escama,
·y bruto sin instinto
natural,[4] al confuso laberinto
desas desnudas peñas
te desbocas,[5] te arrastras y despeñas?
Quédate en este monte,
donde tengan los brutos su Faetonte;[6]
que yo, sin más camino
que el que me dan las leyes del destino,
ciega y desesperada
bajaré la cabeza enmarañada[7]
deste monte eminente,[8]
que arruga al sol el ceño de su frente.[9]
Mal, Polonia, recibes
a un extranjero, pues con sangre escribes[10]
su entrada en tus arenas,
y apenas llega, çuando llega a penas.[11]

---

[1] Fabuloso animal alado, mitad grifo (águila), mitad caballo, al que Rosaura compara hiperbólicamente su caballo por lo impetuoso y veloz, como hace a continuación con el *viento*, el *rayo*, el *pájaro* y el *pez*. Derivado del *Orlando furioso* de Ariosto, donde el hipógrifo pertenece a Astolfo, nombre dado aquí al amante de Rosaura en cuya busca viene. Al llegar ella se ha caído del caballo, por lo cual le increpa con vehemencia. *Hipógrifo* se usa aquí como palabra esdrújula por su mayor sonoridad

[2] tan veloz como

[3] colores

[4] de conservación

[5] lanzas (sin freno)

[6] el hijo del Sol (Apolo) que al tratar de conducir el carro de éste se estrelló contra la tierra

[7] la cumbre cubierta de árboles

[8] muy alto

[9] el terreno accidentado del monte es como arrugas de su frente al mirar al sol poniente (típico *concepto*)

[10] la sangre de Rosaura

[11] a sufrir (juego de palabras típico del estilo barroco)

Bien mi suerte lo dice;
mas, ¿dónde halló piedad un infelice?

[*Sale* CLARÍN, *gracioso*].

CLARÍN.

Di dos, y no me dejes
en la posada[12] a mí cuando te quejes;
que si dos hemos sido
los que de nuestra patria hemos salido
a probar aventuras,
dos los que entre desdichas y locuras
aquí hemos llegado,
y dos los que del monte hemos rodado,
¿no es razón que yo sienta[13]
meterme en el pesar y no en la cuenta?[14]

ROSAURA.

No quise darte parte
en mis quejas, Clarín, por no quitarte,
llorando tu desvelo,
el derecho que tienes al consuelo.
Que tanto gusto había
en quejarse, un filósofo[15] decía,
que, a trueco[16] de quejarse,
habían las desdichas de buscarse.

CLARÍN.

El filósofo era
un borracho barbón:[17] ¡oh! ¡quién le
                                          diera[18]
más de mil bofetadas!
Quejárase después de muy bien dadas.[19]
Mas ¿qué haremos, señora,
a pie, solos, perdidos y a esta hora
en un desierto monte,
cuando se parte el sol a otro horizonte?

ROSAURA.

¡Quién ha visto sucesos tan extraños!
Mas si la vista no padece engaños
que hace la fantasía,

a la medrosa[20] luz que aún tiene el día,
me parece que veo
un edificio.

CLARÍN.

                    O miente mi deseo,
o termino las señas.[21]

ROSAURA.

Rústico nace entre desnudas peñas
un palacio tan breve,
que al sol apenas a mirar se atreve:
con tan rudo artificio
la arquitectura está de su edificio,
que parece, a las plantas
de tantas rocas y de peñas tantas[22]
que al sol tocan la lumbre,[23]
peñasco que ha rodado de la cumbre.

CLARÍN.

Vámonos acercando;
que éste es mucho mirar,[24] señora, cuando
es mejor que la gente
que habita en ella, generosamente
nos admita.

ROSAURA.

                    La puerta
(mejor diré funesta[25] boca) abierta
está y desde su centro
nace la noche, pues la engendra[26] dentro.
                    [*Suenan dentro cadenas.*]

CLARÍN.

¡Qué es lo que escucho, cielo!

ROSAURA.

Inmóvil bulto soy de fuego y hielo.[27]

CLARÍN.

¿Cadenita[28] hay que suena?
Mátenme si no es galeote en pena:[29]
bien mi temor lo dice.

[SEGISMUNDO, *dentro, en la torre.*]

---

[12] proverbial: no te olvides de mí
[13] lamente
[14] participar del sufrimiento y no ser mencionado
[15] algún filósofo de la antigüedad, quizá el estoico Séneca
[16] a cambio
[17] barbudo, viejo
[18] ¡quién (yo o alguien) pudiera darle . . . !
[19] ya se quejaría después de haberle dolido
[20] débil, tímida
[21] confirmo la suposición de ser un edificio
[22] El «quiasmo», con su repetición de términos invertidos, es otro recurso retórico frecuente en Calderón.

[23] hipérbole: tan altas son las rocas que tocan el fuego del sol.
[24] estamos mirando demasiado
[25] lúgubre
[26] El sujeto es *centro*, donde parece engendrarse la noche por lo oscuro que es.
[27] antítesis, uno de los recursos estilísticos más usados por Calderón: el *fuego* por estar viva y el *hielo* por el temor de morir; *bulto*, estatua
[28] El diminutivo tiene aquí efecto cómico por el miedo del *gracioso*.
[29] condenado a galeras haciendo penitencia como un alma en el purgatorio

SEGISMUNDO.

   ¡Ay mísero de mí! ¡Ay infelice!

ROSAURA.

   ¡Qué triste voz escucho!

   Con nuevas penas y tormentos lucho.

CLARÍN.

   Yo con nuevos temores.

ROSAURA.

   Clarín . . .

CLARÍN.

         Señora . . .

ROSAURA.

             Huyamos los rigores

desta encantada torre.

CLARÍN.

          Yo aun no tengo

ánimo de huir, cuando a eso vengo.

ROSAURA.

   ¿No es breve luz aquella

caduca exhalación, pálida estrella,

que en trémulos desmayos,

pulsando ardores y latiendo rayos,

hace más tenebrosa

la obscura habitación con luz dudosa?[30]

Sí, pues a sus reflejos

puedo determinar, aunque de lejos,

una prisión obscura,

que es de un vivo cadáver[31] sepultura;

y porque más me asombre,

en el traje de fiera yace un hombre

de prisiones[32] cargado

y sólo de la luz acompañado.

Pues huir no podemos,

desde aquí sus desdichas escuchemos:

sepamos lo que dice.

   [*Descúbrese* SEGISMUNDO *con una cadena y vestido de pieles. Hay luz en la torre.*]

SEGISMUNDO.

   ¡Ay mísero de mí y ay infelice![33]

Apurar,[34] cielos, pretendo,

ya que me tratáis así,

qué delito cometí

contra vosotros naciendo;

aunque si nací, ya entiendo

qué delito he cometido:

bastante causa ha tenido

vuestra justicia y rigor,

pues el delito mayor

del hombre es haber nacido.[35]

Sólo quisiera saber,

para apurar mis desvelos

(dejando a una parte, cielos,

el delito de nacer),

¿qué más os pude ofender,

para castigarme más?

¿No nacieron los demás?

Pues si los demás nacieron,

¿qué privilegios tuvieron

que yo no gocé jamás?

Nace el ave, y con las galas

qué le dan belleza suma,

apenas es flor de pluma,

o ramillete con alas,[36]

cuando las etéreas salas

corta con velocidad,

negándose a la piedad[37]

del nido que deja en calma:[38]

¿y teniendo yo más alma,

tengo menos libertad?

Nace el bruto, y con la piel

que dibujan manchas bellas,

apenas signo[39] es de estrellas

gracias al docto pincel,[40]

---

[30] débil, incierta (el claroscuro o contraste de luz y sombra es típico de la estética barroca)

[31] oxímoron (unión de cualidades contrapuestas), también muy típico de Calderón

[32] cadenas

[33] El metro cambia de *silvas* (versos de 11 y 7 sílabas sin estrofas) a *décimas* para este famoso soliloquio, en series paralelas, sobre la libertad del hombre comparada con la de los animales.

[34] averiguar

[35] Alude al pecado original.

[36] típicas metáforas culteranas con catacresis o transferencia de cualidades: el ave parece una flor por sus colores brillantes

[37] obligaciones filiales

[38] en estado de ansiedad

[39] como los signos del Zodiaco, marcados por estrellas

[40] el del Creador o la Naturaleza; aunque las *manchas bellas* sugieren un leopardo, este *bruto* es un animal genérico y hermoso, comparable a los del Zodiaco.

cuando atrevido y cruel
la humana[41] necesidad
le enseña a tener crueldad,
monstruo de su laberinto:[42]
¿y yo, con mejor instinto,
tengo menos libertad?

Nace el pez, que no respira,
aborto de ovas y lamas,[43]
y apenas bajel[44] de escamas
sobre las ondas se mira,
cuando a todas partes gira,
midiendo la inmensidad
de tanta capacidad
como le da el centro frío:[45]
¿y yo, con más albedrío,
tengo menos libertad?

Nace el arroyo, culebra
que entre flores se desata,
y apenas sierpe de plata,
entre las flores se quiebra,
cuando músico[46] celebra
de las flores la piedad
que le da la majestad
del campo abierto a su huida;
¿y teniendo yo más vida,
tengo menos libertad?

En llegando a esta pasión,[47]
un volcán, un Etna[48] hecho,
quisiera arrancar del pecho
pedazos del corazón:
¿qué ley, justicia o razón
negar a los hombres sabe
privilegio tan suave,
excepción[49] tan principal,
que Dios le ha dado a un cristal,[50]
a un pez, a un bruto y a un ave?

ROSAURA.

Temor y piedad en mí
sus razones han causado.

SEGIMSUNDO.

¿Quién mis voces ha escuchado?
¿Es Clotaldo?

CLARÍN.

[*Aparte a su amo.*]
     Di que sí.

ROSAURA.

No es sino un triste, ¡ay de mí!,
que en estas bóvedas frías
oyó tus melancolías.

SEGISMUNDO.

Pues la muerte te daré [*Ásela*]
porque no sepas que sé
que sabes flaquezas mías.
Sólo porque me has oído,
entre mis membrudos brazos
te tengo de[51] hacer pedazos.

CLARÍN.

Yo soy sordo, y no he podido
escucharte.[52]

ROSAURA.

    Si has nacido
humano, baste el postrarme
a tus pies para librarme.

SEGISMUNDO.

Tu voz pudo enternecerme,
tu presencia suspenderme,
y tu respeto turbarme.[53]

¿Quién eres? Que aunque yo aquí
tan poco del mundo sé,
que cuna y sepulcro fue
esta torre para mí;
y aunque desde que nací
(si esto es nacer) sólo advierto
este rústico desierto
donde miserable vivo,
siendo un esqueleto vivo,
siendo un animado muerto;

y aunque nunca vi ni hablé
sino a un hombre solamente
que aquí mis desdichas siente,

---

[41] natural
[42] alusión al Minotauro en el laberinto de Creta
[43] producto de una masa de huevecillos (dos palabras sinónimas)
[44] como un barco
[45] el fondo del mar
[46] como un músico (por el murmullo del agua)
[47] estado de ira

[48] monte volcánico de Sicilia
[49] favor
[50] agua; los objetos son ahora recapitulados en orden inverso (fórmula típica de estas construcciones paralelísticas)
[51] que
[52] El *gracioso* es miedoso siempre en la comedia.
[53] sorprenderme el respeto a ti

por quien las noticias sé
de cielo y tierra; y aunque
aquí por más que te asombres
y monstruo humano me nombres
entre asombros y quimeras,[54]
soy un hombre de las fieras
y una fiera de los hombres.[55]

Y aunque en desdichas tan graves
la política he estudiado,
de los brutos enseñado,
advertido de las aves,
y de los astros suaves
los círculos he medido,
tú sólo, tú has suspendido[56]
la pasión a mis enojos,
la suspensión a mis ojos,
la admiración[57] a mi oído.

Con cada vez que te veo
nueva admiración me das,
y cuando te miro más,
aun más mirarte deseo.
Ojos hidrópicos[58] creo
que mis ojos deben ser;
pues cuando es muerte el beber,
beben más, y desta suerte,
viendo que el ver me da muerte,
estoy muriendo por ver.

Pero véate yo y muera;
que no sé, rendido ya,
si el verte muerte me da,
el no verte qué me diera.[59]
Fuera más que muerte fiera,
ira, rabia y dolor fuerte;
fuera muerte: desta suerte
su rigor he ponderado,
pues dar vida a un desdichado
es dar a un dichoso muerte.[60]

ROSAURA.
Con asombro de mirarte,
con admiración de oírte,
ni sé qué pueda decirte,
ni qué pueda preguntarte;
sólo diré que a esta parte
hoy el cielo me ha guiado
para haberme consolado,
si consuelo puede ser
del que es desdichado, ver
a otro que es más desdichado.

Cuentan de un sabio que un día,[61]
tan pobre y mísero estaba,
que sólo se sustentaba
de unas hierbas que comía.
¿Habrá otro (entre sí decía)
más pobre y triste que yo?
Y cuando el rostro volvió,
halló la respuesta, viendo
que iba otro sabio cogiendo
las hojas que él arrojó.

Quejoso[62] de la fortuna
yo en este mundo vivía,
y cuando entre mí decía:
¿habrá otra persona alguna
de suerte más importuna?,
piadoso me has respondido;
pues volviendo en mi sentido,
hallo que las penas mías
para hacerlas tú alegrías
las hubieras recogido.[63]

Y por si acaso mis penas
pueden en algo aliviarte,
óyelas atento, y toma
las que dellas me sobraren.
Yo soy . . .[64]

---

[54] ser monstruoso de la mitología griega
[55] antítesis básica de *hombre-fiera* en la personalidad humana (representada por Segismundo)
[56] verbo principal de las cláusulas concesivas anteriores (*aunque . . .*)
[57] zeugma: el verbo *has suspendido* no concuerda con estos dos complementos (que requieren «has traído»).
[58] La hidropesía causa una sed insaciable y peligrosa al beber.
[59] Enamorado de Rosaura sin darse cuenta, Segis-

mundo usa aquí el lenguaje tradicional de la poesía cortesana.
[60] concepto sobre el efecto del amor en Segismundo, que si le ha dado nueva vida haciéndole dichoso, también le da muerte al no poder satisfacer su pasión
[61] anécdota antigua recogida en *El conde Lucanor* por don Juan Manuel
[62] masculino por ir Rosaura disfrazada de hombre
[63] hecho tuyas (como en efecto ocurrirá en el acto III)
[64] La historia queda en suspenso hasta el acto o jornada III. Desde estos últimos versos, al anunciar el relato, se emplea el romance (*a–e*).

ESCENA II

[*Dentro* CLOTALDO]

CLOTALDO.

       Guardas desta torre,
que, dormidas o cobardes,
disteis paso a dos personas
que han quebrantado la cárcel . . .

ROSAURA.

Nueva confusión padezco.

SEGISMUNDO.

Éste es Clotaldo, mi alcaide.
¿Aún no acaban mis desdichas?

CLOTALDO.

[*Dentro.*]
Acudid, y vigilantes,
sin que puedan defenderse,
o prendedles, o matadles.

VOCES.

[*Dentro.*]
¡Traición!

CLARÍN.

       Guardas desta torre,
que entrar aquí nos dejasteis,
pues que nos dais a escoger,
el prendernos es más fácil.

[*Salen* CLOTALDO *y los* SOLDADOS: *él con una
pistola, y todos con los rostros cubiertos.*]

CLOTALDO.

[*Aparte a los soldados al salir.*]
Todos os cubrid los rostros:
que es diligencia importante
mientras estamos aquí
que no nos conozca nadie.

CLARÍN.

¿Enmascaraditos[65] hay?

CLOTALDO.

¡Oh vosotros, que ignorantes
de aqueste vedado sitio,
coto y término pasasteis
contra el decreto del Rey,

que manda que no ose nadie
examinar el prodigio
que entre esos peñascos yace!
Rendid las armas y vidas,
o aquesta pistola, áspid[66]
de metal, escupirá
el veneno penetrante
de dos balas, cuyo fuego
será escándalo del aire.

SEGISMUNDO.

Primero,[67] tirano dueño,
que los ofendas ni agravies,
será mi vida despojo
destos lazos[68] miserables;
pues en ellos, ¡vive Dios!,
tengo de despedazarme
con las manos, con los dientes,
entre aquestas peñas, antes
que su[69] desdicha consienta
y que llore sus ultrajes.

CLOTALDO.

Si sabes que tus desdichas,
Segismundo, son tan grandes,
que antes de nacer moriste
por ley del cielo; si sabes
que aquestas prisiones son
de tus furias arrogantes
un freno que las detenga
y una rienda que las pare,
¿por qué blasonas? La puerta
              [*A los* SOLDADOS.]
cerrad desa estrecha cárcel;
escondedle en ella.

SEGISMUNDO.

[*Dentro.*]   ¡Ah, cielos,
qué bien hacéis en quitarme
la libertad! Porque fuera[70]
contra vosotros gigante,[71]
que para quebrar al sol
esos vidrios y cristales,[72]
sobre cimientos de piedra
pusiera montes de jaspe![73]

---

[65] otro diminutivo de efecto cómico con que el *gracioso* quiere ocultar su miedo

[66] pequeña víbora de Egipto, a cuyo veneno compara las balas en una metáfora muy culterana, pero clara por mencionar primero la *pistola*

[67] antes

[68] las cadenas

[69] Se refiere a Rosaura y Clarín.

[70] yo sería

[71] alusión al ataque de los Titanes contra los dioses del Olimpo, poniendo monte sobre monte

[72] *quebrar . . . cristales*, «extinguir la luz del sol»; éste gira en una esfera de cristal según el sistema de Ptolomeo.

[73] para asaltar el cielo, como los Titanes

CLOTALDO.

Quizá porque[74] no los pongas,
hoy padeces tantos males.

ROSAURA.

Ya que vi que la soberbia
te ofendió tanto, ignorante
fuera en no pedirte humilde
vida que a tus plantas yace.
Muévate en mí la piedad;[75]
que será rigor notable,
que no hallen favor en ti
ni soberbias ni humildades.

CLARÍN.

Y si Humildad y Soberbia
no te obligan, personajes
que han movido y removido
mil autos sacramentales,[76]
yo, ni humilde ni soberbio,
sino entre las dos mitades
entreverado,[77] te pido
que nos remedies y ampares.

CLOTALDO.

¡Hola!

SOLDADOS.

Señor . . .

CLOTALDO.

A los dos
quitad las armas, y atadles[78]
los ojos, por que no vean
cómo ni de dónde salen.

ROSAURA.

Mi espada es ésta, que a ti
solamente ha de entregarse,[79]
porque, al fin, de todos eres
el principal, y no sabe
rendirse a menos valor.

CLARÍN.

La mía[80] es tal, que puede darse
al más ruin: tomadla vos.

[*A un* SOLDADO.]

ROSAURA.

Y si he de morir, dejarte
quiero en fe desta piedad,
prenda[81] que pudo estimarse

por el dueño que algún día
se la ciñó: que la guardes
te encargo, porque aunque yo
no sé qué secreto alcance,[82]
sé que esta dorada espada
encierra misterios grandes,
pues sólo fiado en ella
vengo a Polonia a vengarme
de un agravio.

CLOTALDO.

(¡Santos cielos!
¡Qué es esto! Ya son más graves
mis penas y confusiones,
mis ansias y mis pesares.)
¿Quién te la dio?

ROSAURA.

Una mujer.

CLOTALDO.

¿Cómo se llama?

ROSAURA.

Que calle
su nombre es fuerza.[83]

CLOTALDO.

¿De qué
infieres agora, o sabes,
que hay secreto en esta espada?

ROSAURA.

Quien me la dio dijo: «Parte
a Polonia, y solicita
con ingenio, estudio o arte
que te vean esa espada
los nobles o principales,
que yo sé que alguno dellos
te favorezca y ampare»;
que por si acaso era muerto,
no quiso entonces nombrarle.

CLOTALDO.

[*Ap.*]
¡Válgame el cielo, qué escucho!
Aun no sé determinarme
si tales sucesos son
ilusiones o verdades.
Esta espada es la que yo
dejé a la hermosa Violante,

---

[74] para que
[75] que te mueva la piedad hacia mí
[76] sujeto de los verbos anteriores; en los autos sacramentales se personificaban los vicios y virtudes (véase la introducción)
[77] inserto
[78] vendadles
[79] La ironía dramática de estas palabras se hace evidente en la escena siguiente, al revelarse la identidad de Clotaldo.
[80] su espada
[81] señal
[82] posea
[83] forzoso, necesario

por señas que el que ceñida
la trujera había de hallarme
amoroso como hijo
y piadoso como padre.
Pues ¿qué he de hacer, ¡ay de mí!,
en confusión semejante,
si quien la trae por favor,
para su muerte la trae,
pues que sentenciado a muerte
llega a mis pies? ¡Qué notable
confusión! ¡Qué triste hado!
¡Qué suerte tan inconstante!
Éste es mi hijo, y las señas
dicen[84] bien con las señales
del corazón, que por verle
llama al pecho y en él bate
las alas,[85] y no pudiendo
romper los candados, hace
lo que aquel que está encerrado,
y oyendo ruido en la calle
se asoma por la ventana;
y él[86] así, como no sabe
lo que pasa, y oye el ruido,
va a los ojos a asomarse,
que son ventanas del pecho
por donde en lágrimas sale.
¿Qué he de hacer? ¡Válgame el cielo!
¿Qué he de hacer? Porque llevarle
al Rey es llevarle, ¡ay triste!,
a morir. Pues ocultarle
al Rey no puedo, conforme
a la ley del homenaje.[87]
De una parte el amor propio,
y la lealtad de otra parte
me rinden. Pero ¿qué dudo?
La lealtad al Rey ¿no es antes
que la vida y que el honor?
Pues ella viva y él falte.[88]

Fuera de que si ahora atiendo
a que dijo que a vengarse
viene de un agravio,[89] hombre
que está agraviado, es infame.
No es mi hijo, no es mi hijo,
ni tiene mi noble sangre.
Pero si ya ha sucedido
un peligro,[90] de quien nadie
se libró, porque el honor
es de materia tan frágil
que con una acción[91] se quiebra,
o se mancha con un aire,
¿qué más puede hacer, qué más
el que es noble, de su parte,
que a costa de tantos riesgos
haber venido a buscarle?[92]
Mi hijo es, mi sangre tiene,
pues tiene valor tan grande;
y así, entre una y otra duda,
el medio más importante
es irme al Rey y decirle
que es mi hijo y que le mate.
Quizá la misma piedad
de mi honor podrá obligarle;
y si le merezco vivo,
yo le ayudaré a vengarse
de su agravio, mas si el Rey,
en sus rigores constante,
le da muerte, morirá
sin saber que soy su padre.

[A ROSAURA y CLARÍN.]

Venid conmigo, extranjeros,
no temáis, no, de que os falte
compañía en las desdichas,
pues en duda semejante
de vivir o de morir
no sé cuáles son más grandes.

[Vanse.]

---

[84] concuerdan
[85] aurículas del corazón
[86] el corazón
[87] Clotaldo examina su conflicto íntimo entre el amor paternal y la lealtad al rey con lógica casuística, rasgo típico del drama calderoniano.

[88] ella [la lealtad]; él [el amor propio]
[89] Según el código del honor, el agravio quita la «fama» u honra hasta que es vengado.
[90] deshonra
[91] toque
[92] buscar el honor

ESCENA III

[Salón del Palacio Real en la corte]

[ASTOLFO *y* SOLDADOS, *que salen por un lado, y por el otro, la* INFANTA ESTRELLA *y damas. Música dentro.*]

ASTOLFO.

Bien al ver los excelentes
rayos, que fueron cometas,[1]
mezclan salvas[2] diferentes
las cajas[3] y las trompetas,
los pájaros y las fuentes;
siendo con música igual,
y con maravilla suma,
a tu vista celestial
unos, clarines de pluma,
y otras, aves de metal;[4]
y así os saludan, señora,
como a su reina las balas,[5]
los pájaros como a Aurora,[6]
las trompetas como a Palas[7]
y las flores como a Flora;[8]
porque sois, burlando el[9] día
que ya la noche[10] destierra,
Aurora, en el alegría,
Flora en paz, Palas en guerra,
y reina en el alma mía.

ESTRELLA.

Si la voz se ha de medir
con las acciones humanas,
mal habéis hecho en decir
finezas tan cortesanas,
donde os pueda desmentir
todo ese marcial trofeo[11]
con quien ya atrevida lucho;
pues no dicen,[12] según creo,
las lisonjas que os escucho,

con los rigores que veo.
Y advertid que es baja acción,
que sólo a una fiera toca,
madre de engaño y traición,
el halagar con la boca
y matar con la intención.

ASTOLFO.

Muy mal informada estáis,
Estrella, pues que la fe
de mis finezas dudáis,
y os suplico que me oigáis
la causa a ver si la sé.
Falleció Eustorgio tercero,[13]
Rey de Polonia, y quedó
Basilio por heredero,
y dos hijas, de quien[14] yo
y vos nacimos. —No quiero
cansar con lo que no tiene
lugar aquí—. Clorilene,
vuestra madre y mi señora,
que en mejor imperio ahora
dosel de luceros tiene,[15]
fue la mayor, de quien vos
sois hija; fue la segunda,
madre y tía de los dos,[16]
la gallarda Recisunda,
que guarde mil años Dios;
casó en Moscovia,[17] de quien
nací yo. Volver agora
al otro principio es bien.
Basilio, que ya, señora,
se rinde al común desdén
del tiempo,[18] más inclinado
a los estudios que dado
a mujeres, enviudó
sin hijos, y vos y yo
aspiramos a este Estado.

---

[1] Los ojos de Estrella son *rayos* por su brillantez y *cometas* por su fugacidad al desviarlos de Astolfo. El metro de estos versos cortesanos es la *copla real* o doble quintilla (*ababa/cdcdc*).

[2] saludos

[3] tambores

[4] *unos* (los *pájaros*), *otras* (las *trompetas*); más ejemplos de catacresis

[5] como a Belona, reina de la guerra

[6] diosa de la mañana

[7] Atenea, diosa de la sabiduría

[8] diosa de las flores

[9] venciendo al

[10] complemento de *destierra*

[11] pompa (el séquito militar de Astolfo, con el que

viene dispuesto a defender su derecho al trono frente a Estrella, aunque prefiere un acuerdo matrimonial con ella)

[12] concuerdan

[13] rey ficticio, seguramente derivado de la novela *Eustorgio y Clorilene, historia moscovita* (1629), de Enrique Suárez de Mendoza. Tampoco Basilio es histórico, aunque hubo varios reyes rusos de ese nombre, que Calderón elegiría por significar «rey» en griego.

[14] quienes

[15] [está en el cielo]

[16] madre mía y tía tuya

[17] Rusia

[18] conceptismo sobre la vejez del rey Basilio, a quien el tiempo trata con el mismo desdén que a todos

Vos alegáis que habéis sido
hija de hermana mayor;
yo, que varón he nacido,
y aunque de hermana menor,
os debo ser preferido.[19]
Vuestra intención y la mía
a nuestro tío contamos;
él respondió que quería
componernos, y aplazamos[20]
este puesto y este día.
Con esta intención salí
de Moscovia y de su tierra;
con ésta llegué hasta aquí,
en vez de haceros yo guerra
a que me la hagáis a mí.[21]
¡Oh! quiera Amor, sabio dios,
que el vulgo, astrólogo cierto,[22]
hoy lo sea con los dos,
y que pare este concierto
en que seáis reina vos,
pero reina en mi albedrío.
Dándoos, para más honor,
su corona nuestro tío,
sus triunfos vuestro valor
y su imperio el amor mío.

ESTRELLA.

A tan cortés bizarría
menos mi pecho no muestra,
pues la imperial monarquía,
para sólo hacerla vuestra
me holgara que fuese mía;
aunque no esté satisfecho
mi amor de que sois ingrato,
si en cuanto decís sospecho
que os desmiente ese retrato[23]
que está pendiente del pecho.

ASTOLFO.

Satisfaceros intento
con él . . . Mas lugar[24] no da
tanto[25] sonoro instrumento   [*Tocan.*]
que avisa que sale ya
el Rey con su parlamento.

[*Sale el* REY BASILIO, *viejo, y acompañamiento.*]

ESTRELLA.
    Sabio Tales . . .

ASTOLFO.
             Docto Euclides . . .[26]

ESTRELLA.
    Que entre signos . . .[27]

ASTOLFO.
                 Que entre estrellas . . .

ESTRELLA.
    Hoy gobiernas . . .

ASTOLFO.
           Hoy resides . . .

ESTRELLA.
    Y sus caminos . . .

ASTOLFO.
          Sus huellas . . .

ESTRELLA.
    Describes . . .

ASTOLFO.
        Tasas y mides . . .

ESTRELLA.
    Deja que en humildes lazos . . .

ASTOLFO.
    Deja que en tiernos abrazos . . .

ESTRELLA.
    Hiedra dese tronco sea . . .

ASTOLFO.
    Rendido a tus pies me vea.

BASILIO.
    Sobrinos, dadme los brazos,
y creed, pues que leales
a mi precepto amoroso
venís con afectos tales,
que a nadie deje quejoso
y los dos quedéis iguales.
Y así, cuando me confieso
rendido al prolijo peso,[28]
sólo os pido en la ocasión
silencio, que admiración
ha de pedirla el suceso.
Ya sabéis (estadme atentos,[29]
amados sobrinos míos,
corte ilustre de Polonia,

---

[19] tengo preferencia sobre vos
[20] acordamos
[21] [conquistando su corazón]
[22] Según el dicho *vox populi, vox dei,* el vulgo es certero en sus opiniones.
[23] el de Rosaura, que da celos a Estrella
[24] oportunidad
[25] tantos (instrumentos)
[26] *Tales de Mileto,* cosmógrafo griego; *Euclides,*

geómetra griego (sabios que sugieren las aficiones científicas del rey). El diálogo en forma paralelística (monólogo lírico a dos o más voces) era recurso retórico frecuente en Calderón.
[27] [del Zodiaco]
[28] [de los muchos años]
[29] Al iniciarse la relación, el metro cambia a romance (*i–o*) y sigue así hasta el final del acto.

vasallos, deudos y amigos),
ya sabéis que yo en el mundo
por mi ciencia he merecido
el sobrenombre de docto,
pues, contra el tiempo y olvido,
los pinceles de Timantes,[30]
los mármoles de Lisipo,[31]
en el ámbito del orbe
me aclaman el gran Basilio.
Ya sabéis que son las ciencias
que más curso[32] y más estimo,
matemáticas sutiles,
por quien[33] al tiempo le quito,
por quien a la fama rompo
la jurisdicción y oficio
de enseñar más cada día;[34]
pues cuando en mis tablas miro
presentes las novedades
de los venideros siglos,
le gano al tiempo las gracias
de contar lo que yo he dicho.
Esos círculos de nieve,[35]
esos doseles de vidrio
que el sol ilumina a rayos,[36]
que parte la luna a giros;[37]
esos orbes de diamantes,
esos globos cristalinos
que las estrellas adornan
y que campean los signos,
son el estudio mayor
de mis años, son los libros
donde en papel de diamante,
en cuadernos de zafiros,
escribe con líneas de oro,
en caracteres distintos,
el cielo nuestros sucesos,
ya adversos o ya benignos.
Éstos leo tan veloz,
que con mi espíritu sigo
sus rápidos movimientos
por rumbos y por caminos.

¡Pluguiera al cielo, primero[38]
que mi ingenio hubiera sido
de sus márgenes comento
y de sus hojas registro,[39]
hubiera sido mi vida
el primero desperdicio[40]
de sus iras, y que en ellas
mi tragedia hubiera sido;
porque de los infelices
aun el mérito es cuchillo,
que a quien le daña el saber
homicida es de sí mismo!
Dígalo yo,[41] aunque mejor
lo dirán sucesos míos,
para cuya admiración
otra vez silencio os pido.
En Clorilene, mi esposa,[42]
tuve un infelice hijo,
en cuyo parto los cielos
se agotaron de prodigios.
Antes que a la luz hermosa
le diese el sepulcro vivo
de un vientre (porque el nacer
y el morir son parecidos),
su madre infinitas veces,
entre ideas y delirios
del sueño, vio que rompía
sus entrañas, atrevido,
un monstruo en forma de hombre,
y entre su sangre teñido
le daba muerte, naciendo
víbora humana del siglo.[43]
Llegó de su parto el día,
y los presagios cumplidos
(porque tarde o nunca son
mentirosos los impíos),
nació en horóscopo tal,
que el sol, en su sangre tinto,
entraba sañudamente
con la luna en desafío;
y siendo valla la tierra,

---

[30] pintor griego (siglo V a.C.)
[31] escultor griego (siglo IV a.C.); usado, igual que el anterior, como símbolo de excelencia artística
[32] estudio
[33] las que
[34] compite con el tiempo y la fama al predecir el futuro
[35] las órbitas astronómicas
[36] con sus rayos
[37] con sus rotaciones

[38] antes
[39] *que mi . . . registro*, «que mi mente se hubiera dedicado a comentar las márgenes [del libro celeste] y a hacer índices de sus páginas»
[40] víctima (de las iras del *cielo*)
[41] sirva yo de ejemplo
[42] Quizá por confusión, el autor llamó Clorilene a la hermana y esposa del rey, ambas difuntas.
[43] alusión a la leyenda de la víbora que es devorada por su progenie

los dos faroles divinos
a luz entera luchaban,
ya que no a brazo partido.[44]
El mayor, el más horrendo
eclipse que ha padecido
el sol, después que con sangre
lloró la muerte de Cristo,
éste fue, porque anegado
el orbe en incendios vivos,
presumió que padecía
el último parasismo:
los cielos se oscurecieron,
temblaron los edificios,
llovieron piedras las nubes,
corrieron sangre los ríos.
En este mísero, en este
mortal planeta o signo
nació Segismundo, dando
de su condición indicios,
pues dio la muerte a su madre,
con cuya fiereza dijo:
«Hombre soy, pues que ya empiezo
a pagar mal beneficios.»
Yo, acudiendo a mis estudios,
en ellos y en todo miro
que Segismundo sería
el hombre más atrevido,
el príncipe más cruel
y el monarca más impío,
por quien su reino vendría
a ser parcial y diviso,
escuela de las traiciones
y academia de los vicios;
y él, de su furor llevado,
entre asombros y delitos,
había de poner en mí
las plantas,[45] y yo, rendido,
a sus pies me había de ver
(¡con qué congoja lo digo!)
siendo alfombra de sus plantas
las canas del rostro mío.
¿Quién no da crédito al daño,
y más al daño que ha visto
en su estudio, donde hace
el amor propio su oficio?
Pues dando crédito yo

a los hados, que divinos
me pronosticaban daños
en fatales vaticinios,
determiné de encerrar
la fiera que había nacido,
por ver si el sabio tenía
en las estrellas dominio.[46]
Publicóse que el infante
nació muerto, y prevenido
hice labrar una torre
entre las peñas y riscos
desos montes, donde apenas
la luz ha hallado camino,
por defenderle la entrada
sus rústicos obeliscos.[47]
Las graves penas y leyes,
que con públicos edictos
declararon que ninguno
entrase a un vedado sitio
del monte, se ocasionaron
de las causas que os he dicho.
Allí Segismundo vive
mísero, pobre y cautivo,
adonde sólo Clotaldo
le ha hablado, tratado y visto.
Éste le ha enseñado ciencias;
éste en la ley le ha instruido
católica, siendo solo
de sus miserias testigo.
Aquí hay tres cosas: la una
que yo, Polonia, os estimo
tanto, que os quiero librar
de la opresión y servicio
de un rey tirano, porque
no fuera señor benigno
el que a su patria y su imperio
pusiera en tanto peligro.
La otra es considerar
que si a mi sangre le quito
el derecho que le dieron
humano fuero y divino,
no es cristiana caridad;
pues ninguna ley ha dicho
que por reservar yo a otro[48]
de tirano y de atrevido,
pueda yo serlo, supuesto

---

[44] un eclipse de luna con la tierra en medio (*valla*), luchando el sol y la luna con su *luz* de lejos ya que no tienen brazos para luchar de cerca (*a brazo partido*)

[45] pies (profecía cumplida en el acto III)

[46] Según la máxima latina, *Sapiens dominabitur astris*, el sabio dominará las estrellas.

[47] peñas altas

[48] por impedir que otro tenga nombre

que si es tirano mi hijo,
porque él delitos no haga,
vengo yo a hacer los delitos.
Es la última y tercera
el ver cuánto yerro ha sido
dar crédito fácilmente
a los sucesos previstos;
pues aunque su inclinación
le dicte sus precipicios,[49]
quizá no le vencerán,
porque el hado más esquivo,
la inclinación más violenta,
el planeta más impío,
sólo el albedrío inclinan,
no fuerzan el albedrío.[50]
Y así, entre una y otra causa
vacilante y discursivo,
previne un remedio tal,
que os suspenda los sentidos.
Yo he de ponerle mañana,
sin que él sepa que es mi hijo
y rey vuestro, a Segismundo
(que aqueste su nombre ha sido)
en mi dosel, en mi silla,
y en fin, en el lugar mío,
donde os gobierne y os mande,
y donde todos rendidos
la obediencia le juréis;
pues con aquesto consigo
tres cosas, con que respondo
a las otras tres que he dicho.
Es la primera, que siendo
prudente, cuerdo y benigno,
desmintiendo en todo al hado
que dél tantas cosas dijo,
gozaréis el natural
príncipe vuestro, que ha sido
cortesano de unos montes
y de sus fieras vecino.
Es la segunda que si él,
soberbio, osado, atrevido
y cruel, con rienda suelta
corre el campo de sus vicios,

habré yo, piadoso, entonces
con mi obligación cumplido;
y luego en desposeerle
haré como rey invicto,
siendo el volverle a la cárcel
no crueldad, sino castigo.
Es la tercera, que siendo
el príncipe como os digo,
por lo que os amo, vasallos,
os daré reyes más dignos
de la corona y el cetro;
pues serán mis dos sobrinos,
junto en uno el derecho
de los dos, y convenidos
con la fe del matrimonio,
tendrán lo que han merecido.
Esto como rey os mando,
esto como padre os pido,
esto como sabio os ruego,
esto como anciano os digo;
y si el Séneca español[51]
que era humilde esclavo, dijo,[52]
de su república un rey,
como esclavo os lo suplico.

ASTOLFO.

Si a mí responder me toca,
como el que, en efeto, ha sido
aquí el más interesado,
en nombre de todos digo,
que Segismundo parezca,
pues le basta ser tu hijo.

TODOS.

Danos al príncipe nuestro,
que ya por rey le pedimos.

BASILIO.

Vasallos, esa fineza
os agradezco y estimo.
Acompañad a sus cuartos
a los dos atlantes[53] míos,
que mañana le veréis.

TODOS.

¡Viva el grande rey Basilio!
[*Éntranse todos, menos el* REY.]

---

[49] caídas
[50] Era la doctrina de la Iglesia, haciendo compatible la creencia en la astrología con el principio del libre albedrío (*Astra inclinant, non necessitant*).

[51] Lucius Annaeus Seneca, filósofo y dramaturgo hispano-romano, nacido en Córdoba
[52] dijo que el rey era esclavo de su país
[53] apoyos (Astolfo y Estrella)

ESCENA IV

[CLOTALDO, ROSAURA, CLARÍN.—BASILIO]

CLOTALDO.   [*Al* REY.]
¿Podréte hablar?
BASILIO.
                    ¡Oh Clotaldo!
Tú seas muy bien venido.
CLOTALDO.
Aunque viniendo a tus plantas
es fuerza el haberlo sido,
esta vez rompe, señor,
el hado triste y esquivo,
el privilegio a la ley
y a la costumbre el estilo[54]
BASILIO.
¿Qué tienes?
CLOTALDO.
                    Una desdicha,
señor, me ha sucedido,
cuando pudiera tenerla
por el mayor regocijo.
BASILIO.
Prosigue.
CLOTALDO.
                    Este bello joven,[55]
osado o inadvertido,
entró en la torre, señor,
adonde al Príncipe ha visto,
y es . . .
BASILIO.
                    No te aflijas, Clotaldo.
Si otro día hubiera sido,
confieso que lo sintiera;
pero ya el secreto he dicho,
y no importa que él lo sepa,
supuesto que yo lo digo.
Vedme después, porque tengo
muchas cosas que advertiros
y muchas que hagáis por mí;
que habéis de ser, os aviso,
instrumento del mayor
suceso que el mundo ha visto:
y a esos presos, porque al fin
no presumáis que castigo
descuidos vuestros, perdono.   [*Vase.*]

CLOTALDO.
¡Vivas, gran señor, mil siglos!

[CLOTALDO, ROSAURA, CLARÍN]

CLOTALDO
(Mejoró el cielo la suerte.
Ya no diré que es mi hijo,
pues que lo puedo excusar.)
Extranjeros peregrinos,
libres estáis.
ROSAURA.
                    Tus pies beso
mil veces.
CLARÍN.
                    Y yo los viso,[56]
que una letra más o menos
no reparan dos amigos.
ROSAURA.
La vida, señor, me has dado;
y pues a tu cuenta[57] vivo,
eternamente seré
esclavo tuyo.
CLOTALDO.
                    No ha sido
vida la que yo te he dado;
porque un hombre bien nacido,
si está agraviado, no vive;
y supuesto que has venido
a vengarte de un agravio,
según tú propio me has dicho,
no te he dado vida yo,
porque tú no la has traído;
que vida infame no es vida.
(Bien con aquesto le animo.)
ROSAURA.
Confieso que no la tengo,
aunque de ti la recibo;
pero yo con la venganza
dejaré mi honor tan limpio,
que pueda mi vida luego,
atropellando peligros,
parecer dádiva tuya.
CLOTALDO.
Toma el acero bruñido
que trujiste; que yo sé

---

[54] la *ley* y la *costumbre* de ser *bien venido* ante el rey
[55] Rosaura, vestida aún de hombre
[56] Certifico, chiste verbal con *beso*
[57] gracias a ti

que él baste, en sangre teñido
de tu enemigo, a vengarte;
porque acero que fue mío
(digo este instante, este rato
que en mi poder le he tenido)[58]
sabrá vengarte.

ROSAURA.

En tu nombre
segunda vez me lo ciño.
Y en él juro mi venganza,
aunque fuese mi enemigo
más poderoso.

CLOTALDO.

¿Eslo[59] mucho?

ROSAURA.

Tanto, que no te lo digo,
no porque de tu prudencia
mayores cosas no fío,
sino porque no se vuelva
contra mí el favor que admiro
en tu piedad.

CLOTALDO.

Antes fuera
ganarme a mí con decirlo;[60]
pues fuera cerrarme el paso
de ayudar a tu enemigo.
(¡Oh si supiera quién es!)

ROSAURA.

Porque no pienses que estimo
tan poco esa confianza,
sabe que el contrario ha sido
no menos que Astolfo, duque
de Moscovia.

CLOTALDO.

(Mal resisto
el dolor, porque es más grave,
que fue imaginado, visto.
Apuremos más el caso.)
Si moscovita has nacido,
el que es natural señor,
mal agraviarte ha podido:[61]
vuélvete a tu patria, pues,

y deja el ardiente brío
que te despeña.[62]

ROSAURA.

Yo sé
que aunque mi príncipe ha sido,
pudo agraviarme.

CLOTALDO.

No pudo,
aunque pusiera atrevido
la mano en tu rostro. (¡Ay cielos!)

ROSAURA.

Mayor fue el agravio mío.

CLOTALDO.

Dilo ya, pues que no puedes
decir más que yo imagino.

ROSAURA.

Sí dijera; mas no sé
con qué respeto te miro,
con qué afecto te venero,
con qué estimación te asisto,
que no me atrevo a decirte
que es este exterior vestido
enigma, pues no es de quien
parece: juzga advertido,
si no soy lo que parezco
y Astolfo a casarse vino
con Estrella, si podrá
agraviarme. Harto te he dicho.

[*Vanse* ROSAURA *y* CLARÍN.]

CLOTALDO.

¡Escucha, aguarda, detente!
¿Qué confuso laberinto
es éste, donde no puede
hallar la razón el hilo?
Mi honor es el agraviado,[63]
poderoso el enemigo,
yo vasallo, ella mujer:
descubra el cielo el camino;
aunque no sé si podrá,
cuando en tan confuso abismo
es todo el cielo un presagio,
y es todo el mundo un prodigio.

---

[58] Al rectificar su aparente error, Clotaldo resalta la verdad de éste con una forma de ironía dramática llamada entonces *engañar con la verdad*.

[59] ¿Lo es . . . ?

[60] mejor sería decírmelo para ganar mi ayuda

[61] El soberano legítimo no podía ofender el honor de sus vasallos por ser él mismo fuente del honor; así, un insulto del rey era una desgracia pero no una deshonra.

[62] impulsa

[63] Al darse cuenta de que Rosaura es su hija, la deshonra de ésta es suya y debe vengarse.

Segunda Jornada

[*Salón del Palacio Real*]

ESCENA I

[*Salen el* REY BASILIO *y* CLOTALDO.]

CLOTALDO.
  Todo, como lo mandaste,
  queda efectuado.
BASILIO.
                Cuenta,
  Clotaldo, cómo pasó.
CLOTALDO.
  Fue, señor, desta manera:
  con la apacible bebida
  que de confecciones llena
  hacer mandaste, mezclando
  la virtud de algunas yerbas,
  cuyo tirano poder
  y cuya secreta fuerza
  así al humano discurso
  priva, roba y enajena,
  que deja vivo cadáver
  a un hombre, y cuya violencia,
  adormecido, le quita
  los sentidos y potencias . . .
  No tenemos que argüir
  que aquesto posible sea,
  pues tantas veces, señor,
  nos ha dicho la experiencia,
  y es cierto, que de secretos
  naturales está llena
  la medicina, y no hay
  animal, planta ni piedra
  que no tenga calidad
  determinada, y si llega
  a examinar mil venenos
  la humana malicia nuestra
  que den la muerte, ¿qué mucho[1]
  que, templada su violencia,
  pues hay venenos que maten,
  haya venenos que aduerman?

Dejando aparte el dudar,
si es posible que suceda,
pues que ya queda probado
con razones y evidencias . . .
con la bebida, en efecto,
que el opio, la adormidera
y el beleño compusieron,
bajé a la cárcel estrecha
de Segismundo; con él
hablé un rato de las letras
humanas, que le ha enseñado
la muda naturaleza
de los montes y los cielos,
en cuya divina escuela
la retórica aprendió
de las aves y las fieras.
Para levantarle más
el espíritu a la empresa
que solicitas, tomé
por asunto la presteza
de un águila caudalosa,
que despreciando la esfera
del viento, pasaba a ser,
en las regiones supremas
del fuego, rayo de pluma,
o desasido[2] cometa.
Encarecí el vuelo altivo
diciendo: «Al fin eres reina
de las aves, y así, a todas
es justo que te prefieras».[3]
Él no hubo menester más;
que en tocando esta materia
de la majestad, discurre
con ambición y soberbia;
porque, en efecto, la sangre
le incita, mueve y alienta
a cosas grandes, y dijo:
«¡Que[4] en la república inquieta
de las aves también haya
quien les jure[5] la obediencia!

---

[1] ¿qué tiene de extraño . . . ?
[2] desorbitado, suelto
[3] aventajes

[4] Implica extrañeza: [¡Y pensar] que . . .
[5] rinda

En llegando a este discurso,
mis desdichas me consuelan;
pues, por lo menos, si estoy
sujeto, lo estoy por fuerza;
porque voluntariamente
a otro hombre no me rindiera.»
Viéndole ya enfurecido
con esto, que ha sido el tema
de su dolor, le brindé
con la pócima, y apenas
pasó desde el vaso al pecho
el licor, cuando las fuerzas
rindió al sueño, discurriendo
por los miembros y las venas
un sudor frío, de modo
que, a no saber yo[6] que era
muerte fingida, dudara
de su vida. En esto llegan
las gentes de quien tú fías
el valor desta experiencia,
y poniéndole en un coche
hasta tu cuarto le llevan,
donde prevenida estaba
la majestad y la grandeza
que es digna de su persona.
Allí en tu cama le acuestan,
donde al tiempo que el letargo
haya perdido la fuerza,
como a ti mismo, señor,
le sirven, que así lo ordenas.
Y si haberte obedecido
te obliga a que yo merezca
galardón, sólo te pido
(perdona mi inadvertencia)
que me digas ¿qué es tu intento
trayendo desta manera
a Segismundo a palacio?

BASILIO.

Clotaldo, muy justa es esa
duda que tienes, y quiero
sólo a vos satisfacerla.
A Segismundo, mi hijo,
el influjo de su estrella
(¡vos lo sabéis!) amenaza
mil desdichas y tragedias:

quiero examinar si el cielo,
—que no es posible que mienta,
y más habiéndonos dado
de su rigor tantas muestras,
en su cruel condición—
o se mitiga, o se templa
por lo menos, y, vencido,
con valor y con prudencia
se desdice; porque el hombre
predomina en las estrellas.[7]
Esto quiero examinar,
trayéndole donde sepa
que es mi hijo, y donde haga
de su talento[8] la prueba.
Si magnánimo se vence,
reinará; pero si muestra
el ser cruel y tirano,
le volveré a su cadena.
Agora preguntarás,
que para aquesta experiencia,
¿qué importó haberle traído
dormido desta manera?
Y quiero satisfacerte,
dándote a todo respuesta.
Si él supiera que es mi hijo
hoy, y mañana se viera
segunda vez reducido
a su prisión y miseria,
cierto es de su condición
que desesperara en ella;[9]
porque sabiendo quién es,
¿qué consuelo habrá que tenga?
Y así he querido dejar
abierta al daño esta puerta
del decir que fue soñado
cuanto vio. Con esto llegan
a examinarse dos cosas:
su condición, la primera;
pues él despierto procede
en cuanto imagina y piensa;
y el consuelo, la segunda,
pues aunque agora se vea
obedecido, y después
a sus prisiones se vuelva,
podrá entender que soñó,
y hará bien cuando lo entienda;

---

[6] si yo no supiera
[7] domina su hado

[8] carácter
[9] en la prisión

396

porque en el mundo, Clotaldo,
todos los que viven sueñan.[10]

CLOTALDO.

Razones no me faltaran
para probar que no aciertas;
mas ya no tiene remedio;
y, según dicen las señas,
parece que ha despertado,
y hacia nosotros se acerca.

BASILIO.

Yo me quiero retirar.
Tú, como ayo suyo, llega,
y de tantas confusiones
como su discurso[11] cercan,
le saca[12] con la verdad.

CLOTALDO.

¿En fin, que me das licencia
para que lo diga?

BASILIO.

         Sí;
que podrá ser, con saberla,
que, conocido el peligro,
más fácilmente se venza.   [*Vase.*]

ESCENA II

[*Sale* CLARÍN]

CLARÍN.

[*Aparte.*]

A costa de cuatro palos
que el llegar aquí me cuesta,
de un alabardero rubio
que barbó de su librea,[13]
tengo de ver cuanto pasa;
que no hay ventana[14] más cierta
que aquella que sin rogar
a un ministro de boletas,[15]
un hombre se trae consigo;[16]
pues para todas las fiestas,
despojado y despejado[17]
se asoma a su desvergüenza.

CLOTALDO.

[*Aparte.*]

Éste es Clarín, el criado
de aquella, ¡ay cielos!, de aquella
que, tratante[18] de desdichas,
pasó a Polonia mi afrenta.

[*A* CLARÍN.]

Clarín, ¿qué hay de nuevo?

CLARÍN.

                Hay,
señor, que tu gran clemencia,
dispuesta a vengar agravios
de Rosaura, la aconseja
que tome su propio traje.

CLOTALDO.

Y es bien, por que no parezca
liviandad.

CLARÍN.

       Hay, que mudando
su nombre, y tomando, cuerda,
nombre de sobrina tuya,
hoy tanto honor se acrecienta,
que dama en palacio ya
de la singular Estrella
vive.

CLOTALDO.

      Es bien que de una vez
tome su honor por mi cuenta.

CLARÍN.

Hay, que ella se está esperando
que ocasión y tiempo venga
en que vuelvas[19] por su honor.

CLOTALDO.

Prevención segura es ésa;
que al fin el tiempo ha de ser
quien haga esas diligencias.

CLARÍN.

Hay, que ella está regalada,
servida como una reina,
en fe de sobrina tuya.
Y hay, que viniendo con ella,
estoy yo muriendo de hambre[20]
y naide[21] de mí se acuerda,

---

[10] La idea central de la obra: esta vida es un sueño o ilusión.

[11] discurrir, pensamiento

[12] sácale

[13] que le salió la barba de su uniforme (era roja como éste)

[14] la ventana de las casas cuyo patio o corral servía de teatro

[15] el encargado de las entradas

[16] la *desvergüenza* mencionada después

[17] pobre pero listo

[18] como mercader

[19] defiendas

[20] El *gracioso*, como su congénere el pícaro, tiene siempre hambre.

[21] nadie (vulgarismo)

sin mirar que soy Clarín,
y que si el tal Clarín suena,[22]
podrá decir cuanto pasa
al Rey, a Astolfo y a Estrella;
porque Clarín y criado
son dos cosas que se llevan
con el secreto muy mal;
y podrá ser, si me deja
el silencio de su mano,[23]
se cante por mí esta letra:
Clarín que rompe el albor,
no suena mejor.

CLOTALDO.

Tu queja está bien fundada;
yo satisfaré tu queja,
y en tanto, sírveme a mí.

CLARÍN.

Pues ya Segismundo llega.

ESCENA III

[*Salen músicos cantando y criados dando de vestir*
a SEGISMUNDO, *que sale como asombrado.*]

SEGISMUNDO.

¡Válgame el cielo, qué veo!
¡Válgame el cielo, qué miro!
Con poco espanto lo admiro,
con mucha duda lo creo.
¿Yo en palacios suntuosos?
¿Yo entre telas y brocados?
¿Yo cercado de criados
tan lucidos y briosos?
¿Yo despertar de dormir
en lecho tan excelente?
¿Yo en medio de tanta gente
que me sirva de vestir?
Decir que es sueño es engaño:
bien sé que despierto estoy.
¿Yo Segismundo no soy?
Dadme, cielos, desengaño.
Decidme, ¿qué pudo ser
esto que a mi fantasía
sucedió mientras dormía,
que aquí me he llegado a ver?
Pero sea lo que fuere,
¿quién me mete en discurrir?

Dejarme quiero servir,
y venga lo que viniere.

CRIADO 1.º

[*Aparte al* CRIADO 2.º *y a* CLARÍN.]
¡Qué melancólico está!

CRIADO 2.º

Pues ¿a quién le sucediera
esto que no lo estuviera?

CLARÍN.

A mí.

CRIADO 2.º

Llega a hablarle ya.

CRIADO 1.º

[*A* SEGISMUNDO.]
¿Volverán a cantar?

SEGISMUNDO.   No.

No quiero que canten más.

CRIADO 2.º

Como tan suspenso estás,
quise divertirte.

SEGISMUNDO.   Yo
no tengo de divertir
con sus voces mis pesares;
las músicas militares
sólo he gustado de oír.

CLOTALDO.

Vuestra Alteza, gran señor,
me dé su mano a besar,
que el primero le ha de dar
esta obediencia mi honor.[24]

SEGISMUNDO.

[*Aparte.*]
Clotaldo es: pues ¿cómo así,
quien en prisión me maltrata,
con tal respeto me trata?
¿Qué es lo que pasa por mí?

CLOTALDO.

Con la grande confusión
que el nuevo estado te da,
mil dudas padecerá
el discurso y la razón;
pero ya librarte quiero
de todas (si puede ser),
porque has, señor, de saber
que eres príncipe heredero
de Polonia. Si has estado

---

[22] El clarín es una trompeta de sonido muy agudo.
[23] si me suelta la mano del silencio (si digo lo que
sé)

[24] rango

retirado y escondido,
por obedecer ha sido
a la inclemencia del hado,
que mil tragedias consiente
a este imperio, cuando en él
el soberano laurel
corone tu augusta frente.
Mas fiando a tu atención
que vencerás las estrellas,
porque es posible vencellas
un magnánimo varón,
a palacio te han traído
de la torre en que vivías,
mientras al sueño tenías
el espíritu rendido.
Tu padre, el Rey, mi señor,
vendrá a verte, y dél sabrás,
Segismundo, lo demás.

SEGISMUNDO.
Pues, vil, infame, traidor,
¿qué tengo más que saber,
después de saber quién soy,
para mostrar desde hoy
mi soberbia y mi poder?
¿Cómo a tu patria le has hecho
tal traición, que me ocultaste
a mí, pues que me negaste,
contra razón y derecho,
este estado?

CLOTALDO.   ¡Ay de mí, triste!

SEGISMUNDO.
Traidor fuiste con la ley,
lisonjero con el Rey,
y cruel conmigo fuiste:
y así el Rey, la ley y yo,
entre[25] desdichas tan fieras,
te condenan a que mueras
a mis manos.

CRIADO 2.º   Señor . . .

SEGISMUNDO.   No
me estorbe nadie, que es vana
diligencia; ¡y vive Dios!
si os ponéis delante vos,
que os eche por la ventana.

CRIADO 1.º
Huye, Clotaldo.

CLOTALDO.   ¡Ay de ti,

qué soberbia vas mostrando,
sin saber que estás soñando!   [Vase.]

CRIADO 1.º
Advierte . . .

SEGISMUNDO.   Apartad de aquí.

CRIADO 2.º
Que a su Rey obedeció.

SEGISMUNDO.
En lo que no es justa ley
no ha de obedecer al Rey,
y su príncipe era yo.

CRIADO 2.º
Él no debió examinar
si era bien hecho o mal hecho.

SEGISMUNDO.
Que estáis mal con vos[26] sospecho,
pues me dais que replicar.[27]

CLARÍN.
Dice el Príncipe muy bien,
y vos hicisteis muy mal.

CRIADO 1.º
¿Quién os dio licencia igual?

CLARÍN.
Yo me la he tomado.

SEGISMUNDO.   ¿Quién
eres tú, di?

CLARÍN.   Entremetido.
Y deste oficio soy jefe,
porque soy el mequetrefe
mayor que se ha conocido.

SEGISMUNDO.
Tú sólo en tan nuevos mundos
me has agradado.

CLARÍN.   Señor,
soy un grande agradador
de todos los Segismundos.[28]

[Sale ASTOLFO.]

ASTOLFO.
¡Feliz mil veces el día,
oh Príncipe, que os mostráis
sol de Polonia, y llenáis
de resplandor y alegría
todos esos horizontes
con tal divino arrebol;
pues que salís, como el sol,
de debajo de los montes!

---

[25] ante
[26] que os queréis mal a vos mismo
[27] me obligáis a discutir
[28] los hombres despóticos, como aquí Segismundo

Salid, pues, y aunque tan tarde
se corona vuestra frente
del laurel resplandeciente,
tarde muera.

SEGISMUNDO.   Dios os guarde.[29]

ASTOLFO.

El no haberme conocido
sólo por disculpa os doy
de no honrarme más. Yo soy
Astolfo, duque he nacido
de Moscovia, y primo vuestro:
haya igualdad en los dos.

SEGISMUNDO.

Si digo que os guarde Dios,
¿bastante agrado no os muestro?
Pero ya que haciendo alarde
de quien sois, desto os quejáis,
otra vez que me veáis
le diré a Dios que no os guarde.

CRIADO 2.º

[A ASTOLFO.]
Vuestra Alteza considere
que como en montes nacido
con todos ha procedido.   [A SEGISMUNDO.]
Astolfo, señor, prefiere . . .

SEGISMUNDO.

Cansóme como llegó
grave a hablarme, y lo primero
que hizo, se puso el sombrero.

CRIADO 2.º

Es grande.[30]

SEGISMUNDO.

                    Mayor soy yo.

CRIADO 2.º

Con todo eso, entre los dos
que haya más respeto es bien
que entre los demás.

SEGISMUNDO.   ¿Y quién
os mete[31] conmigo a vos?

[Sale ESTRELLA.]

ESTRELLA.

Vuestra Alteza, señor, sea
muchas veces bien venido
al dosel que agradecido
le recibe y le desea;

adonde, a pesar de engaños,
viva augusto y eminente,
donde su vida se cuente
por siglos, y no por años.

SEGISMUNDO.

[A CLARÍN.]
Dime tú agora, ¿quién es
esta beldad soberana?
¿Quién es esta diosa humana,
a cuyos divinos pies
postra el cielo su arrebol?
¿Quién es esta mujer bella?

CLARÍN.

Es, señor, tu prima Estrella.

SEGISMUNDO.

Mejor dijeras el sol.[32]
Aunque el parabién es bien[33] [A ESTRELLA.]
darme del bien que conquisto,
de sólo haberos hoy visto
os admito el parabién;
y así, de llegarme a ver
con el bien que no merezco,
el parabién agradezco.
Estrella, que amanecer
podéis, y dar alegría
al más luciente farol,[34]
¿qué dejáis que hacer al sol,
si os levantáis con el día?
Dadme a besar vuestra mano,
en cuya copa de nieve
el aura candores[35] bebe.

ESTRELLA.

Sed más galán cortesano.

ASTOLFO

[Aparte.]
Si él toma la mano, yo
soy perdido.

CRIADO 2.º

                    (El pesar sé
de Astolfo, y le estorbaré.)
Advierte, señor, que no
es justo atreverse así,
y estando Astolfo . . .

SEGISMUNDO.   ¿No digo
que vos no os metáis conmigo?

---

[29] saludo que indica poca consideración, en vez del más respetuoso «Os beso las manos»
[30] Los grandes [de España] tenían el privilegio de ponerse el sombrero delante del rey.
[31] ¿por qué os metéis vos . . . ?

[32] juego de palabras: Estrella–sol
[33] está bien la enhorabuena
[34] el sol
[35] blancuras

CRIADO 2.º

Digo lo que es justo.

SEGISMUNDO.   A mí

todo eso me causa enfado.
Nada me parece justo
en siendo contra mi gusto.

CRIADO 2.º

Pues yo, señor, he escuchado
de ti que en lo justo es bien
obedecer y servir.

SEGISMUNDO.

¿También oíste decir
que por un balcón, a quien
me canse, sabré arrojar?

CRIADO 2.º

Con los hombres como yo
no puede hacerse eso.

SEGISMUNDO.   ¿No?

¡Por Dios que lo he de probar!

[*Cógele en los brazos y éntrase, y todos tras él,
y torna a salir.*]

ASTOLFO.

¿Qué es esto que llego a ver?

ESTRELLA.

Llegad todos a ayudar.   [*Vase.*]

SEGISMUNDO. [*Volviendo.*]

Cayó del balcón al mar:
¡vive Dios que pudo ser!

ASTOLFO.

Pues medid con más espacio
vuestras acciones severas,
que lo[36] que hay de hombres a fieras,
hay desde un monte a palacio.

SEGISMUNDO.

Pues en dando[37] tan severo
en hablar con entereza,
quizá no hallaréis cabeza
en que se os tenga el sombrero.

                    [*Vase* ASTOLFO].

ESCENA IV

[*Sale* BASILIO.]

BASILIO.

¿Qué ha sido esto?

SEGISMUNDO.   Nada ha sido . . .

A un hombre que me ha cansado,
de ese balcón he arrojado.

CLARÍN

[*A* SEGISMUNDO.]

Que es el Rey está advertido.

BASILIO.

¿Tan presto una vida cuesta
tu venida el primer día?

SEGISMUNDO.

Díjome que no podía
hacerse, y gané la apuesta.

BASILIO.

Pésame mucho que cuando,
príncipe, a verte he venido,
pensando hallarte advertido,
de hados y estrellas triunfando,
con tanto rigor[38] te vea,
y que la primera acción
que has hecho en esta ocasión,
un grave homicidio sea.
¿Con qué amor llegar podré
a darte agora mis brazos,
si de sus soberbios lazos
que están enseñados sé[39]
a dar muerte? ¿Quién llegó
a ver desnudo el puñal
que dio una herida mortal,
que no temiese? ¿Quién vio
sangriento el lugar adonde
a otro hombre dieron muerte,
que no sienta? Que el más fuerte
a su natural[40] responde.
Yo así, que en tus brazos miro
desta muerte el instrumento,
y miro el lugar sangriento,
de tus brazos me retiro;
y aunque en amorosos lazos
ceñir tu cuello pensé,
sin ellos me volveré,
que tengo miedo a tus brazos.

SEGISMUNDO.

Sin ellos me podré estar
como me he estado hasta aquí;
que un padre que contra mí
tanto rigor sabe usar,

---

[36] la diferencia
[37] si insistís (en hablar)
[38] severidad

[39] *si . . . sé*, si sé que los soberbios lazos de tus brazos
están enseñados
[40] naturaleza, instinto

que su condición ingrata
de su lado me desvía,
como a una fiera me cría,
y como a un monstruo me trata
y mi muerte solicita,
de poca importancia fue[41]
que los brazos no me dé,[42]
cuando el ser de hombre me quita.

BASILIO.

Al cielo y a Dios pluguiera
que a dártele[43] no llegara;
pues ni tu voz escuchara,
ni tu atrevimiento viera.

SEGISMUNDO.

Si no me le[43] hubieras dado,
no me quejara de ti;
pero una vez dado, sí,
por habérmele quitado;
que aunque el dar la acción es
más noble y más singular,
es mayor bajeza dar
para quitarlo después.

BASILIO.

¡Bien me agradeces el verte
de[44] un humilde y pobre preso,
príncipe ya!

SEGISMUNDO. Pues en eso
¿qué tengo que agradecerte?
Tirano de mi albedrío,
si viejo y caduco estás,
muriéndote, ¿qué me das?
¿Dasme más de lo que es mío?
Mi padre eres y mi rey;
luego toda esta grandeza
me da la naturaleza
por derechos de su ley.
Luego, aunque esté en este estado,
obligado no te quedo,
y pedirte cuentas[45] puedo
del tiempo que me has quitado
libertad, vida y honor;
y así agradéceme a mí
que yo no cobre de ti,
pues eres tú mi deudor.

BASILIO.

Bárbaro eres y atrevido;

cumplió su palabra el cielo;
y así, para el mismo[46] apelo,
soberbio y desvanecido.[47]
Y aunque sepas ya quién eres,
y desengañado estés,
y aunque en un lugar te ves
donde a todos te prefieres,
mira bien lo que te advierto:
que seas humilde y blando,
porque quizá estás soñando,
aunque ves que estás despierto.   [Vase.]

SEGISMUNDO.

¿Que quizá soñando estoy
aunque despierto me veo?
No sueño, pues toco y creo
lo que he sido y lo que soy.
Y aunque ahora te arrepientas,
poco remedio tendrás:
sé quién soy, y no podrás
aunque suspires y sientas,
quitarme el haber nacido
desta corona heredero;
y si me viste primero
a las prisiones rendido,
fue porque ignoré quién era;
pero ya informado estoy
de quién soy, y sé que soy
un compuesto de hombre y fiera.

ESCENA V

[Sale ROSAURA, en traje de mujer.]

ROSAURA.

[Aparte.]
Siguiendo a Estrella vengo,
y gran temor de hallar a Astolfo tengo,
que Clotaldo desea
que no sepa quién soy, y no me vea,
porque dice que importa al honor mío;
y de Clotaldo fío
su efecto,[48] pues le debo, agradecida,
aquí el amparo de mi honor y vida.

CLARÍN

(A SEGISMUNDO.]
¿Qué es lo que te ha agradado
más de cuanto hoy has visto y admirado?

---

[41] es
[42] El sujeto es *padre.*
[43] Se refiere a *ser de hombre.*
[44] después de ser

[45] hacerte responsable
[46] el cielo
[47] vanidoso
[48] resultado (para su honor)

SEGISMUNDO.

Nada me ha suspendido,
que todo lo tenía prevenido;
mas, si admirar hubiera
algo en el mundo, la hermosura fuera
de la mujer. Leía
una vez en los libros que tenía,
que lo que a Dios mayor estudio debe,
era el hombre, por ser un mundo breve;[49]
mas ya que lo es recelo[50]
la mujer, pues ha sido un breve cielo;
y más beldad encierra
que el hombre, cuanto va de cielo a tierra:
y más si es la que miro.

ROSAURA.

[*Aparte.*]

El Príncipe está aquí; yo me retiro.

SEGISMUNDO.

Oye, mujer, detente;
no juntes el ocaso y el oriente,
huyendo al primer paso;[51]
que juntos el oriente y el ocaso,
la lumbre y sombra fría,
serás sin duda síncopa[52] del día.
Pero ¿qué es lo que veo?

ROSAURA.

Lo mismo que estoy viendo, dudo y creo.

SEGISMUNDO.

[*Aparte.*]

Yo he visto esta belleza
otra vez.

ROSAURA.

[*Ap.*]   Yo esta pompa, esta grandeza
he visto reducida
a una estrecha prisión.

SEGISMUNDO   (Ya hallé mi vida.)

Mujer, que aqueste nombre
es el mejor requiebro para el hombre,
¿quién eres? que sin verte
adoración me debes,[53] y de suerte
por la fe te conquisto
que me persuado a que otra vez te he visto.
¿Quién eres, mujer bella?

ROSAURA.

(Disimular me importa.) Soy de Estrella
una infelice dama.

SEGISMUNDO.

No digas tal: di el sol,[54] a cuya llama
aquella estrella vive,
pues de tus rayos resplandor recibe;
yo vi en reino de olores
que presidía entre comunes flores
la deidad de la rosa,
y era su emperatriz por más hermosa;
yo vi entre piedras finas
de la docta academia de sus minas
preferir el diamante,
y ser su emperador por más brillante;
yo en esas cortes[55] bellas
de la inquieta república de estrellas,
vi en el lugar primero
por rey de las estrellas al lucero;
yo en esferas perfetas,
llamando el sol a cortes los planetas,
le vi que presidía,
como mayor oráculo del día.
Pues ¿cómo si entre flores, entre estrellas,
piedras, signos, planetas, las más bellas
prefieren, tú has servido
la de menos beldad,[56] habiendo sido
por más bella y hermosa,
sol, lucero, diamante, estrella y rosa?

[*Sale* CLOTALDO, *que se queda al paño.*][57]

CLOTALDO.

[*Aparte.*]

A Segismundo reducir deseo,
porque en fin le he criado: mas ¡qué veo!

ROSAURA.

Tu favor reverencio;
respóndate retórico[58] el silencio:
cuando tan torpe la razón se halla,
mejor habla, señor, quien mejor calla.

SEGISMUNDO.

No has de ausentarte, espera.

---

[49] microcosmos (concepto corriente entonces que Calderón repite a menudo)
[50] mas ya recelo que lo es
[51] Rosaura es como un sol y al marcharse tan pronto, casi juntará su partida (*ocaso*) a su llegada (*oriente*).
[52] abreviación, contracción
[53] me debes agradecer la adoración que siento por ti
[54] di que eres el sol
[55] parlamento
[56] a Estrella
[57] la cortina de fondo
[58] elocuente

¿Cómo quieres dejar desa manera
a oscuras mi sentido?

ROSAURA.

Esta licencia a vuestra Alteza pido.

SEGISMUNDO.

Irte con tal violencia
no es pedir, es tomarte la licencia.

ROSAURA.

Pues si tú no la das, tomarla espero.

SEGISMUNDO.

Harás que de cortés pase a grosero,
porque la resistencia
es veneno cruel de mi paciencia.

ROSAURA.

Pues cuando⁵⁹ ese veneno,
de furia, de rigor y saña lleno,
la paciencia venciera,
mi respeto no osara, ni pudiera.⁶⁰

SEGISMUNDO.

Sólo por ver si puedo,
harás que pierda a tu hermosura el miedo,
que soy muy inclinado
a vencer lo imposible: hoy he arrojado
dese balcón a un hombre, que decía
que hacerse no podía;
y así por ver si puedo, cosa es llana
que arrojaré tu honor por la ventana.

CLOTALDO.

[Aparte.]

Mucho se va empeñando.⁶¹
¿Qué he de hacer, cielos, cuando
tras⁶² un loco deseo
mi honor segunda vez a riesgo veo?

ROSAURA.

No en vano prevenía
a este reino infeliz tu tiranía
escándalos tan fuertes
de delitos, traiciones, iras, muertes.
¿Mas qué ha de hacer un hombre
que de humano no tiene más que el nombre,
atrevido, inhumano,
cruel, soberbio, bárbaro y tirano,
nacido entre las fieras?

SEGISMUNDO.

Porque tú ese baldón no me dijeras,
tan cortés me mostraba,
pensando que con eso te obligaba;

mas si lo soy hablando deste modo,
has de decirlo, vive Dios, por todo.
Hola, dejadnos solos, y esa puerta
se cierre, y no entre nadie.

[Vanse CLARÍN y los criados.]

ROSAURA.

(Yo soy muerta.)
                    Advierte . . .

SEGISMUNDO.   Soy tirano,
y ya pretendes reducirme en vano.

CLOTALDO.

(¡Oh qué lance tan fuerte!
Saldré a estorbarlo, aunque me dé la muer-
                              [te.)
Señor, atiende, mira.   [Se acerca.]

SEGISMUNDO.

Segunda vez me has provocado a ira,
viejo caduco y loco.
¿Mi enojo y mi rigor tienes en poco?
¿Cómo hasta aquí has llegado?

CLOTALDO.

De los acentos desta voz llamado
a decirte que seas
más apacible, si reinar deseas;
y no, por verte ya de todos dueño,
seas cruel, porque quizá es un sueño.

SEGISMUNDO.

A rabia me provocas,
cuando la luz del desengaño tocas.
Veré, dándote muerte,
si es sueño o si es verdad.

[Al ir a sacar la daga, se la detiene CLOTALDO
        y se arrodilla.]

CLOTALDO.   Yo desta suerte
librar mi vida espero.

SEGISMUNDO.

Quita la osada mano del acero.

CLOTALDO.

Hasta que gente venga,
que tu furor y cólera detenga,
no he de soltarte.

ROSAURA.   ¡Ay cielos!

SEGISMUNDO.   Suelta, digo,
caduco, loco, bárbaro, enemigo,
o será desta suerte,   [Luchan.]
al darte ahora entre mis brazos muerte.

---

⁵⁹ aunque
⁶⁰ no osaría ni podría faltarme al respeto
⁶¹ está perseverando
⁶² a consecuencia de

ROSAURA.

Acudid todos presto,
que matan a Clotaldo.   [*Vase.*]

[*Sale* ASTOLFO *a tiempo que cae* CLOTALDO *a
sus pies y él se pone en medio.*]

ASTOLFO.

Pues ¿qué es esto,
príncipe generoso?
¿Así se mancha acero tan brioso
en una sangre helada?[63]
Vuelva a la vaina tu lucida espada.

SEGISMUNDO.

En viéndola teñida
en esa infame sangre.

ASTOLFO.   Ya su vida
tomó a mis pies sagrado,[64]
y de algo ha de servirle haber llegado.[65]

SEGISMUNDO.

Sírvate de morir,[66] pues desta suerte
también sabré vengarme con tu muerte
de aquel pasado enojo.[67]

ASTOLFO.   Yo defiendo
mi vida; así la majestad no ofendo.
                    [*Saca* ASTOLFO *la espada y riñen.*]

CLOTALDO.

No le ofendas, señor.

[*Salen* BASILIO, ESTRELLA *y acompañamiento.*]

BASILIO.   Pues ¿aquí espadas?[68]

ESTRELLA.

[*Aparte.*]

¡Astolfo es, ay de mí, penas airadas!

BASILIO.

Pues ¿qué es lo que ha pasado?

ASTOLFO.

Nada, señor, habiendo tú llegado.
                    [*Envainan.*]

SEGISMUNDO.

Mucho, señor, aunque hayas tú venido:
yo a ese viejo matar he pretendido.

BASILIO.

¿Respeto no tenías
a estas canas?

CLOTALDO.

Señor, ved que son mías;
que no importa veréis.

SEGISMUNDO.

Acciones vanas,
querer que tenga yo respeto a canas;
pues aun ésas podría [*Al* REY.]
ser que viese a mis plantas algún día,
porque aún no estoy vengado
del modo injusto con que me has criado.
                    [*Vase.*]

BASILIO.

Pues antes que lo veas,
volverás a dormir adonde creas
que cuanto te ha pasado,
como fue bien del mundo, fue soñado.
[*Vanse el* REY, CLOTALDO *y el acompañamiento.*]

ESCENA VI

[ESTRELLA, ASTOLFO]

ASTOLFO.

¡Qué pocas veces el hado
que dice desdichas, miente,
pues es tan cierto en los males,
cuanto dudoso en los bienes!
¡Qué buen astrólogo fuera,[69]
si siempre casos crueles
anunciara; pues no hay duda
que ellos fueran verdad siempre!
Conocerse esta experiencia
en mí y Segismundo puede,
Estrella, pues en los dos
hace muestras diferentes.
En él previno rigores,
soberbias, desdichas, muertes,
y en todo dijo verdad,
porque todo, al fin, sucede;
pero en mí, que al ver, señora,
esos rayos[70] excelentes,
de quien el sol fue una sombra
y el cielo un amago[71] breve,
que me previno venturas,

---

[63] helada o fría por la vejez
[64] Astolfo pone la vida de Clotaldo bajo su protección, como las iglesias a aquellos que se acogían a su
recinto *sagrado.*
[65] El sujeto es *yo.*
[66] que te sirva para morir

[67] la disputa anterior entre ambos (II, 3)
[68] Era una ofensa al rey sacar la espada en su
presencia.
[69] *el hado* (sujeto)
[70] los ojos
[71] intento (de competencia)

trofeos, aplausos, bienes,
dijo mal, y dijo bien;
pues sólo es justo que acierte
cuando amaga con favores,
y ejecuta con desdenes.

ESTRELLA.

No dudo que esas finezas
son verdades evidentes;
mas serán por otra dama,
cuyo retrato pendiente
trujistes al cuello cuando
llegastes, Astolfo, a verme;
y siendo así, esos requiebros
ella sola los merece.
Acudid a que ella os pague,
que no son buenos papeles
en el consejo de amor[72]
las finezas ni las fees
que se hicieron en servicio
de otras damas y otros reyes. [. . .][73]

[ASTOLFO *ofrece traerle a* ESTRELLA *el retrato
en cuestión, mientras* ROSAURA *observa a
escondidas. Ésta, bajo el seudónimo de Astrea,
es ahora dama confidente de* ESTRELLA, *quien
le encarga que espere a* ASTOLFO *y reciba el
retrato. Cuando trata de quitárselo, los sorprende* ESTRELLA *y, aunque cree la excusa de*
ROSAURA, *queda muy enojada con su prometido y éste alarmado ante la presencia de*
ROSAURA.]

ESCENA VII

[*Prisión del Príncipe en la torre.*]

[SEGISMUNDO, *como al principio, con pieles y
cadena, durmiendo en el suelo; salen* CLOTALDO,
dos criados y CLARÍN.]

CLOTALDO.

Aquí le habéis de dejar[74]
pues hoy su soberbia acaba
donde empezó.

UN CRIADO.

Como estaba,
la cadena vuelvo a atar.

CLARÍN.

No acabes de despertar,
Segismundo, para verte
perder, trocada la suerte,
siendo tu gloria fingida
una sombra de la vida
y una llama de la muerte.[75]

CLOTALDO.

A quien sabe discurrir
así, es bien que se prevenga
una estancia, donde tenga
harto lugar de argüir.
[*A los* CRIADOS.]
Éste es el que habéis de asir
y en ese cuarto encerrar.
[*Señalando la pieza inmediata.*]

CLARÍN.

¿Por qué a mí?

CLOTALDO.

Porque ha de estar
guardado en prisión tan grave
Clarín que secretos sabe,
donde no pueda sonar.[76]

CLARÍN.

¿Yo, por dicha, solicito
dar muerte a mi padre? No.
¿Arrojé del balcón yo
al Ícaro de poquito?[77]
¿Yo muero ni resucito?
¿Yo sueño o duermo? ¿A qué fin
me encierran?

CLOTALDO.

Eres Clarín.

CLARÍN.

Pues ya digo que seré
corneta, y que callaré
que es instrumento ruin.
[*Llévanle*]

[*Sale* BASILIO, *rebozado.*][78]

BASILIO.

¿Clotaldo?

CLO ALDO.

¡Señor! ¿Así
viene Vuestra Majestad?

---

[72] *no . . . amor,* «no son válidos títulos en la corte
de amor»
[73] [Se omite el resto de la escena, resumida a continuación.]
[74] Toda esta escena final va en décimas.

[75] antítesis doble: *sombra–llama, vida–muerte*
[76] juego con el nombre del *gracioso* (clarín)
[77] en miniatura (Ícaro trató de volar tan alto que
el sol derritió la cera de sus alas y se cayó al mar)
[78] cubierta la cara con una capa (de incógnito)

BASILIO.

La necia curiosidad
de ver lo que pasa aquí
a Segismundo, ¡ay de mí!,
deste modo me ha traído.

CLOTALDO.

Mírale allí reducido
a su miserable estado.

BASILIO.

¡Ay, príncipe desdichado
y en triste punto[79] nacido!
Llega a despertarle, ya
que fuerza y vigor perdió
ese lotos[80] que bebió.

CLOTALDO.

Inquieto, señor, está,
y hablando.

BASILIO.

         ¿Qué soñará
ahora? Escuchemos, pues.

SEGISMUNDO.   [En sueños.]

Piadoso príncipe es
el que castiga tiranos:
muera Clotaldo a mis manos,
bese mi padre mis pies.

CLOTALDO.

Con la muerte me amenaza.

BASILIO.

A mí con rigor y afrenta.

CLOTALDO.

Quitarme la vida intenta.

BASILIO.

Rendirme a sus plantas traza.

SEGISMUNDO.   [En sueños.]

Salga a la anchurosa plaza
del gran teatro del mundo
este valor sin segundo:
porque mi venganza cuadre,
vean triunfar de su padre
al príncipe Segismundo.   [Despierta.]
Mas ¡ay de mí!, ¿dónde estoy?

BASILIO.

Pues a mí no me ha de ver.
[A CLOTALDO.]
Ya sabes lo que has de hacer.
Desde allí a escucharle voy.   [Retírase.]

SEGISMUNDO.

¿Soy yo por ventura? ¿Soy
el que preso y aherrojado
llego a verme en tal estado?
¿No sois mi sepulcro vos,
torre? Sí. ¡Válgame Dios,
qué de[81] cosas he soñado!

CLOTALDO.

(A mí me toca llegar,
a hacer la deshecha[82] ahora.)

SEGISMUNDO.

¿Es ya de despertar hora?

CLOTALDO.

Sí; hora es ya de despertar.
¿Todo el día te has de estar
durmiendo? ¿Desde que yo
al águila que voló
con tarda vista seguí
y te quedaste tú aquí,
nunca has despertado?

SEGISMUNDO.

                No.
Ni aun agora he despertado;
que según, Clotaldo, entiendo,
todavía estoy durmiendo,
y no estoy muy engañado;
porque si ha sido soñado
lo que vi palpable y cierto,
lo que veo será incierto;
y no es mucho que rendido,[83]
pues veo estando dormido,
que sueñe estando despierto.

CLOTALDO.

Lo que soñaste me di.

SEGISMUNDO.

Supuesto que sueño fue,
no diré lo que soñé,
lo que vi, Clotaldo, sí.
Yo desperté, y yo me vi,
¡qué crueldad tan lisonjera!,
en un lecho que pudiera
con matices y colores,
ser el catre[84] de las flores

---

[79] hora
[80] Según los antiguos, el loto hacía perder la memoria.
[81] cuántas
[82] disimulación (para encubrir lo hecho)
[83] no es sorprendente que estando cansado
[84] lecho

que tejió la primavera.
Aquí mil nobles rendidos
a mis pies nombre me dieron
de su príncipe, y sirvieron
galas, joyas y vestidos.
La calma[85] de mis sentidos
tú trocaste en alegría,
diciendo la dicha mía,
que, aunque estoy desta manera,[86]
príncipe en Polonia era.

CLOTALDO.

Buenas albricias[87] tendría.

SEGISMUNDO.

No muy buenas; por traidor,
con pecho atrevido y fuerte
dos veces te daba muerte.[88]

CLOTALDO.

¿Para mí tanto rigor?

SEGISMUNDO.

De todos era señor,
y de todos me vengaba;
sólo a una mujer amaba . . .
que fue verdad creo yo,
en que todo se acabó,
y esto sólo no se acaba.   [*Vase el* REY.]

CLOTALDO.

(Enternecido se ha ido
el Rey de haberle escuchado.)
Como habíamos hablado
de aquella águila, dormido,
tu sueño imperios han sido;[89]
mas en sueños fuera bien
entonces honrar a quien
te crió en tantos empeños,
Segismundo, que aun en sueños
no se pierde el hacer bien.   [*Vase.*]

SEGISMUNDO.

Es verdad; pues reprimamos[90]
esta fiera condición,
esta furia, esta ambición,

por si alguna vez soñamos;
y sí haremos,[91] pues estamos
en mundo tan singular,
que el vivir sólo es soñar;
y la experiencia me enseña
que el hombre que vive, sueña
lo que es, hasta despertar.[92]

Sueña el rey que es rey, y vive
con este engaño mandando,
disponiendo y gobernando;
y este aplauso, que recibe
prestado, en el viento escribe,
y en cenizas le convierte
la muerte (¡desdicha fuerte!):
¿que hay quien intente reinar,
viendo que ha de despertar
en el sueño de la muerte?

Sueña el rico en su riqueza,
que más cuidados le ofrece;
sueña el pobre que padece
su miseria y su pobreza;
sueña el que a medrar empieza,
sueña el que afana y pretende,
sueña el que agravia y ofende,
y en el mundo, en conclusión,
todos sueñan lo que son,
aunque ninguno lo entiende.

Yo sueño que estoy aquí
destas prisiones cargado,
y soñé que en otro estado
más lisonjero me vi.
¿Qué es la vida?, un frenesí;
¿qué es la vida?, una ilusión,
una sombra, una ficción,
y el mayor bien es pequeño;
que toda la vida es sueño,
y los sueños, sueños son.

---

[85] inquietud
[86] [en cadenas]
[87] recompensa
[88] intenté matarte
[89] sujeto: *sueño*

[90] Aquí se muestra la identificación de Segismundo con el hombre en general.
[91] y en efecto lo haremos
[92] [en la vida eterna]

Tercera Jornada

ESCENA I

[*La torre-prisión anterior*]

[*Sale* CLARÍN.]

En una encantada torre,
por lo que sé, vivo preso.
¿Qué me harán por lo que ignoro
si por lo que sé me han muerto?
¡Que un hombre con tanta hambre
viniese a morir viviendo!
Lástima tengo de mí;
todos dirán: «bien lo creo»;
y bien se puede creer,
pues para mí este silencio
no conforma con el nombre
Clarín, y callar no puedo.
Quien me hace compañía
aquí, si a decirlo acierto,
son arañas y ratones:
¡miren qué dulces jilgueros!
De los sueños desta noche[93]
la triste cabeza tengo
llena de mil chirimías,[94]
de trompetas y embelecos,
de procesiones, de cruces,
de disciplinantes; y éstos
unos suben, otros bajan,
unos se desmayan viendo
la sangre que llevan otros;
mas yo, la verdad diciendo,
de no comer me desmayo;
que en una prisión me veo,
donde ya todos los días
en el filósofo leo
Nicomedes, y las noches
en el concilio Niceno.[95]

Si llaman santo al callar,[96]
como en calendario nuevo[97]
San Secreto[98] es para mí,
pues le ayuno y no le huelgo;[99]
aunque está bien merecido
el castigo que padezco,
pues callé, siendo criado,[1]
que es el mayor sacrilegio.
[*Ruido de cajas y gente dentro.*]

SOLDADO 1.º
[*Dentro.*]
Ésta es la torre en que está.
Echad la puerta en el suelo;
entrad todos.

CLARÍN.
        ¡Vive Dios!
Que a mí me buscan, es cierto,
pues que dicen que aquí estoy.
¿Qué me querrán?

SOLDADO 1.º
[*Dentro.*]   Entrad dentro.
[*Salen varios* SOLDADOS.]

SOLDADO 2.º
Aquí está.

CLARÍN.
      No está.

SOLDADOS.
        Señor . . .

CLARÍN.
[*Aparte.*]
¿Si vienen borrachos éstos?

SOLDADO 1.º
Tú nuestro príncipe eres;
ni admitimos ni queremos
sino al señor natural,
y no príncipe extranjero.
A todos nos da los pies.

---

[93] Este sueño del *gracioso* sobre el tema del hambre es una parodia del que Segismundo ha relatado antes.
[94] especie de clarinete
[95] chiste verbal: *ni comedes* (coméis), *ni ceno* (Concilio de Nicea, el primero de la Iglesia, año 325).
[96] Refrán: «Al bien callar llaman santo»

[97] El calendario gregoriano, con la lista oficial de santos, había sido adoptado en España en 1582.
[98] nombre cómico inventado por el gracioso
[99] lo celebro como día de ayuno pero no de fiesta
[1] a pesar de ser criado (o sea, hablador y chismoso)

SOLDADOS.

¡Viva el gran príncipe nuestro!

CLARÍN.

[*Aparte.*]

¡Vive Dios que va de veras!
¿Si es costumbre en este reino
prender uno cada día
y hacerle príncipe, y luego
volverle a la torre? Sí,
pues cada día lo veo;
fuerza es hacer mi papel.

SOLDADOS.

Danos tus plantas.

CLARÍN.   No puedo,
porque las he menester
para mí, y fuera defecto
ser príncipe desplantado.

SOLDADO 2.º

Todos a tu padre mismo
le dijimos que a ti solo
por príncipe conocemos,
no al de Moscovia.

CLARÍN.   ¿A mi padre
le perdisteis el respeto?
Sois unos tales por cuales.²

SOLDADO 1.º

Fue lealtad de nuestros pechos.

CLARÍN.

Si fue lealtad, yo os perdono.

SOLDADO 2.º

Sal a restaurar tu imperio.
¡Viva Segismundo!

TODOS.

                    ¡Viva!

CLARÍN.

[*Aparte.*]

¿Segismundo dicen? Bueno:
Segismundos llaman todos
los príncipes contrahechos.³

[*Sale* SEGISMUNDO.]

SEGISMUNDO.

¿Quién nombra aquí a Segismundo?

CLARÍN.

[*Aparte.*]

¡Mas que soy príncipe huero!⁴

SOLDADO 1.º

¿Quién es Segismundo?

SEGISMUNDO.   Yo.

SOLDADO 2.º

[*A* CLARÍN.]

Pues ¿cómo, atrevido y necio,
tú te hacías Segismundo?

CLARÍN.

¿Yo Segismundo? Eso niego.
Vosotros fuisteis quien
me segismundeasteis: luego
vuestra ha sido solamente
necedad y atrevimiento.

SOLDADO 1.º

Gran príncipe Segismundo
(que las señas que traemos
tuyas son, aunque por fe
te aclamamos señor nuestro),
tu padre, el gran rey Basilio,
temeroso que los cielos
cumplan un hado, que dice
que ha de verse a tus pies puesto,
vencido de ti, pretende
quitarte acción y derecho⁵
y dársela a Astolfo, duque
de Moscovia. Para esto
juntó su corte, y el vulgo,
penetrado ya y sabiendo
que tiene rey natural,
no quiere que un extranjero
venga a mandarle. Y así,
haciendo noble desprecio
de la inclemencia del hado,
te ha buscado donde preso
vives, para que valido
de sus armas, y saliendo
desta torre a restaurar
tu imperial corona y cetro,
se la quites a un tirano.
Sal, pues; que en ese desierto,
ejército numeroso
de bandidos⁶ y plebeyos
te aclaman: la libertad
te espera; oye sus acentos.

VOCES.   [*Dentro.*]

¡Viva Segismundo, viva!

---

² eufemismo que cubre cualquier término ofensivo
³ fingidos, imitados
⁴ vacío

⁵ el poder de reclamación y el título legal
⁶ partidarios de un bando en una guerra civil

SEGISMUNDO.

¿Otra vez (¡qué es esto, cielos!)
queréis que sueñe grandezas
que ha de deshacer el tiempo?
¿Otra vez queréis que vea,
entre sombras y bosquejos[7]
la majestad y la pompa
desvanecida del viento?
¿Otra vez queréis que toque
el desengaño o el riesgo
a que el humano poder
nace humilde y vive atento?
Pues no ha de ser, no ha de ser:
miradme otra vez sujeto
a mi fortuna; y pues sé
que toda esta vida es sueño,
idos, sombras que fingís
hoy a mis sentidos muertos
cuerpo y voz, siendo verdad
que ni tenéis voz ni cuerpo;
que no quiero majestades
fingidas, pompas no quiero,
fantásticas ilusiones
que al soplo menos[8] ligero
del aura han de deshacerse,
bien como el florido almendro,
que por madrugar sus flores,
sin aviso y sin consejo,
al primer soplo se apagan,
marchitando y desluciendo
de sus rosados capillos[9]
belleza, luz y ornamento.
Ya os conozco, ya os conozco,
y sé que os pasa lo mesmo
con cualquiera que se duerme;
para mí no hay fingimientos:
que, desengañado ya,
sé bien que la vida es sueño.

SOLDADO 2.º

Si piensas que te engañamos,
vuelve a esos montes soberbios
los ojos, para que veas
la gente que aguarda en ellos
para obedecerte.

SEGISMUNDO.

      Ya
otra vez vi aquesto mesmo
tan clara y distintamente
como agora lo estoy viendo,
y fue sueño.

SOLDADO 1.º

      Cosas grandes
siempre, gran señor, trujeron
anuncios; y esto sería,
si lo soñaste primero.

SEGISMUNDO.

Dices bien, anuncio fue;
y caso que fuese cierto,
pues que la vida es tan corta,
soñemos, alma, soñemos
otra vez; pero ha de ser
con atención y consejo
de que hemos de despertar
deste gusto al mejor tiempo;[10]
que llevándolo sabido,[11]
será el desengaño menos;
que es hacer burla del daño[12]
adelantarle el consejo.[13]
Y con esta prevención
de que, cuando fuese cierto,
es todo el poder prestado
y ha de volverse a su dueño,
atrevámonos a todo.
Vasallos, yo os agradezco
la lealtad; en mí lleváis
quien os libre osado y diestro
de extranjera esclavitud.
Tocad el arma, que presto
veréis mi inmenso valor.
Contra mi padre pretendo
tomar armas, y sacar
verdaderos a los cielos.[14]
Presto he de verle a mis plantas . . .
(Mas si antes desto despierto,
¿no será bien no decirlo,
supuesto que no he de hacerlo?)

TODOS.

¡Viva Segismundo, viva!

      [*Sale* CLOTALDO.]

---

[7] vagas figuras
[8] más
[9] capullos
[10] cuando mejor estamos
[11] sabiéndolo de antemano

[12] burlar (evitar) el daño
[13] saberlo por adelantado
[14] demostrar que los pronósticos celestes eran verdaderos

CLOTALDO.

¿Qué alboroto es éste, cielos?

SEGISMUNDO.

Clotaldo.

CLOTALDO.

Señor . . . [*Aparte.*] En mí
su rigor prueba.

CLARÍN.

[*Aparte.*]　　　Yo apuesto
que le despeña del monte.　　　[*Vase.*]

CLOTALDO.

A tus reales plantas llego,
ya sé que a morir.

SEGISMUNDO.

　　　　　Levanta,
levanta, padre, del suelo;
que tú has de ser norte y guía
de quien fíe mis aciertos;
que ya sé que mi crianza
a tu mucha lealtad debo.
Dame los brazos.

CLOTALDO.　　　¿Qué dices?

SEGISMUNDO.

Que estoy soñando, y que quiero
obrar bien, pues no se pierde
el obrar bien, aun en sueños.

CLOTALDO.

Pues, señor, si el obrar bien
es ya tu blasón, es cierto
que no te ofenda el que yo
hoy solicite lo mesmo.
¿A tu padre has de hacer guerra?
Yo aconsejarte no puedo
contra mi rey ni valerte.
A tus plantas estoy puesto;
dame la muerte.

SEGISMUNDO.　　　　　¡Villano,
traidor, ingrato! (Mas, ¡cielos!
reportarme me conviene,
que aún no sé si estoy despierto.)
Clotaldo, vuestro valor
os envidio y agradezco.
Idos a servir al rey,
que en el campo nos veremos.
Vosotros, tocad al arma.

CLOTALDO.

Mil veces tus plantas beso.　　　[*Vase.*]

SEGISMUNDO.

A reinar, fortuna, vamos;
no me despiertes, si duermo,
y si es verdad, no me duermas;
mas sea verdad o sueño,
obrar bien es lo que importa:
si fuere verdad, por serlo;
si no, por ganar amigos
para cuando despertemos.

　　　　　[*Vanse y tocan alarma.*]

ESCENA II

[*Salón del Palacio Real*]

[*Salen* BASILIO *y* ASTOLFO.]

BASILIO.

¿Quién, Astolfo, podrá parar prudente
la furia de un caballo desbocado?
¿Quién detener de un río la corriente
que corre al mar soberbio y despeñado?
¿Quién un peñasco suspender, valiente,
de la cima de un monte desgajado?
Pues todo fácil de parar ha sido
y un vulgo no, soberbio y atrevido.
Dígalo en bandos el rumor partido,[15]
pues se oye resonar en lo profundo
de los montes el eco repetido:
unos, ¡Astolfo!; y otros ¡Segismundo!
El dosel de la jura,[16] reducido
a segunda intención,[17] a horror segundo,
teatro funesto es, donde importuna
representa tragedias la fortuna.

ASTOLFO.

Suspéndase señor el alegría;
cese el aplauso y gusto lisonjero
que tu mano feliz me prometía;
que si Polonia (a quien mandar espero)
hoy se resiste a la obediencia mía,
es porque la merezca[18] yo primero.
Dadme un caballo, y de arrogancia lleno,
rayo descienda el que blasona trueno.[19]

　　　　　[*Vase.*]

---

[15] el tumulto dividido en dos bandos lo confirma
[16] el trono ante el que los nobles hacen juramento de lealtad al rey
[17] probablemente, el segundo intento de gobernar de Segismundo
[18] es para que tenga ocasión de merecerla
[19] descienda como un rayo (yo) el que habla como un trueno

BASILIO.

Poco reparo tiene lo infalible,
y mucho riesgo lo previsto tiene:
si ha de ser, la defensa es imposible,
que quien la excusa más, más la previene,
¡dura ley!, ¡fuerte caso!, ¡horror terrible!,
quien piensa huir el riesgo, al riesgo viene;
con lo que yo guardaba me he perdido;
yo mismo, yo mi patria he destruido.

[*Sale* ESTRELLA.]

ESTRELLA.

Si tu presencia, gran señor, no trata
de enfrenar el tumulto sucedido,
que de uno en otro bando se dilata
por las calles y plazas dividido,
verás tu reino en ondas de escarlata
nadar, entre la púrpura teñido
de tu sangre; que ya con triste modo,
todo es desdichas y tragedias todo.
Tanta es la ruina de tu imperio, tanta
la fuerza del rigor duro y sangriento,
que visto, admira,[20] y escuchado, espanta,
el sol se turba y se embaraza el viento;
cada piedra un pirámide levanta,
y cada flor construye un monumento;
cada edificio es un sepulcro altivo,
cada soldado un esqueleto vivo.

[*Sale* CLOTALDO.]

CLOTALDO.

¡Gracias a Dios que vivo a tus pies llego!

BASILIO.

Clotaldo, pues ¿qué hay de Segismundo?

CLOTALDO.

Que el vulgo, monstruo despeñado y ciego,
la torre penetró, y de lo profundo
della sacó su príncipe, que luego
que vio segunda vez su honor segundo,
valiente se mostró, diciendo fiero
que ha de sacar al cielo verdadero.[21]

BASILIO.

Dadme un caballo, porque yo en persona
vencer valiente a un hijo ingrato quiero;
y en la defensa ya de mi corona,
lo que la ciencia erró, venza el acero.

[*Vase.*]

ESTRELLA.

Pues yo al lado del Sol seré Belona.[22]
Poner mi nombre junto al suyo espero;
que he de volar sobre tendidas alas
a competir con la deidad de Palas.[23]

[*Vase, y tocan alarma.*]

ESCENA III

[*Sale* ROSAURA *y detiene a* CLOTALDO.]

ROSAURA.

Aunque el valor que se encierra
en tu pecho, desde allí
da voces, óyeme a mí,
que yo sé que todo es guerra.
Ya sabes que yo llegué
pobre, humilde y desdichada
a Polonia, y amparada
de tu valor, en ti hallé
piedad; mandásteme, ¡ay cielos!,
que disfrazada viviese
en palacio, y pretendiese,
disimulando mis celos,
guardarme de Astolfo. En fin,
él me vio, y tanto atropella
mi honor, que viéndome, a Estrella
de noche habla en un jardín;
déste la llave he tomado,
y te podré dar lugar
de que en él puedas entrar
a dar fin a mi cuidado.
Aquí, altivo, osado y fuerte,
volver[24] por mi honor podrás,
pues que ya resuelto estás
a vengarme con su muerte.

CLOTALDO.

Verdad es que me incliné,
desde el punto que te vi,
a hacer, Rosaura, por ti
(testigo tu llanto fue)
cuanto mi vida pudiese.
Lo primero que intenté,
quitarte aquel traje fue;
porque si Astolfo te viese,
te viese en tu propio traje,
sin juzgar a liviandad

---

[20] causa admiración
[21] hacer que se cumpla el pronóstico
[22] *Sol*, el rey; *Belona*, diosa romana de la guerra, pero sin las alas que dice Estrella
[23] diosa griega de la guerra
[24] defender

413

la loca temeridad
que hace del honor ultraje.
En este tiempo trazaba
cómo cobrar se pudiese
tu honor perdido, aunque fuese
(tanto tu honor me arrestaba)[25]
dando muerte a Astolfo. ¡Mira
qué caduco desvarío!
Si bien, no siendo rey mío,
ni me asombra ni me admira.
Darle, pensé, muerte, cuando
Segismundo pretendió
dármela a mí, y él[26] llegó
su peligro atropellando,
a hacer en defensa mía
muestras de su voluntad,
que fueron temeridad,
pasando de valentía.
Pues ¿cómo yo ahora (advierte),
teniendo alma agradecida,
a quien me ha dado la vida
le tengo de dar la muerte?
Y así, entre los dos[27] partido
el afecto y el cuidado,
viendo que a ti te la he dado,[28]
y que dél[26] la he recibido,
no sé a qué parte acudir,
no sé a qué parte ayudar.
Si a ti me obligué con dar,
dél lo estoy con recibir,
y así, en la acción que se ofrece,
nada a mi amor satisface,
porque soy persona que hace,
y persona que padece.

ROSAURA.

No tengo que prevenir
que en un varón singular,
cuanto es noble acción el dar,
es bajeza el recibir.
Y este principio asentado,
no has de estarle agradecido,
supuesto que si él ha sido
el que la vida te ha dado,
y tú a mí, evidente cosa
es que él forzó tu nobleza

a que hiciese una bajeza
y yo una acción generosa.
Luego estás dél ofendido,
luego estás de mí obligado,
supuesto[29] que a mí me has dado
lo que dél has recibido;
y así debes acudir
a mi honor en riesgo tanto,
pues yo le prefiero,[30] cuanto
va de dar a recibir.

CLOTALDO.

Aunque la nobleza vive
de la parte del que da,
el agradecerle está
de parte del que recibe;
y pues ya dar he sabido,
ya tengo con nombre honroso
el nombre de generoso;
déjame el de agradecido,
pues le puedo conseguir
siendo agradecido cuanto
liberal, pues honra tanto
el dar como el recibir.

ROSAURA.

De ti recibí la vida,
y tú mismo me dijiste,
cuando la vida me diste,
que la que estaba ofendida
no era vida; luego yo
nada de ti he recibido;
pues vida no vida ha sido
la que tu mano me dio.
Y si debes ser primero
liberal que agradecido
(como de ti mismo he oído),
que me des la vida espero,
que no me la has dado; y pues
el dar engrandece más,
sé antes liberal; serás
agradecido después.

CLOTALDO.

Vencido de tu argumento,
antes liberal seré.
Yo, Rosaura, te daré
mi hacienda, y en un convento[31]

---

[25] animaba
[26] Astolfo
[27] Astolfo y Rosaura
[28] la vida
[29] puesto

[30] tengo preferencia sobre él
[31] Para entrar en un convento, profesando o no, se requería una dote apropiada al rango social (equivalente a la dote matrimonial).

vive; que está bien pensado
el medio que solicito;
pues huyendo de un delito,
te recoges a un sagrado;
que cuando, tan dividido,
el reino desdichas siente,
no he de ser quien las aumente
habiendo noble nacido.
Con el remedio elegido
soy con el reino leal,
soy contigo liberal,
con Astolfo agradecido;
y así escoge el que te cuadre,
quedándose entre los dos,
que no hiciere, ¡vive Dios!,
más cuando fuera tu padre.

ROSAURA.
Cuando[32] tú mi padre fueras,
sufriera esa injuria yo;
pero, no siéndolo, no.

CLOTALDO.
Pues ¿qué es lo que hacer esperas?

ROSAURA.
Matar al duque.

CLOTALDO.
           ¿Una dama,
que padre no ha conocido,
tanto valor ha tenido?

ROSAURA.
Sí.

CLOTALDO.
      ¿Quién te alienta?

ROSAURA.
              Mi fama.

CLOTALDO.
Mira que a Astolfo has de ver . . .

ROSAURA.
Todo mi honor lo atropella.

CLOTALDO.
. . . tu rey y esposo de Estrella.

ROSAURA.
¡Vive Dios, que no ha de ser!

CLOTALDO.
Es locura.

ROSAURA.
      Ya lo veo.

CLOTALDO.
Pues véncela.

ROSAURA.
    No podré.

CLOTALDO.
Pues perderás . . .

ROSAURA.
          Ya lo sé.

CLOTALDO.
. . . vida y honor.

ROSAURA.
          Bien lo creo.

CLOTALDO.
¿Qué intentas?

ROSAURA.
        Mi muerte.

CLOTALDO.
              Mira
que eso es despecho.

ROSAURA.
         Es honor.

CLOTALDO.
Es desatino.

ROSAURA.
       Es valor.

CLOTALDO.
Es frenesí.

ROSAURA.
      Es rabia, es ira.

CLOTALDO.
En fin, ¿que no se da medio
a tu ciega pasión?

ROSAURA.
          No.

CLOTALDO.
¿Quién ha de ayudarte?

ROSAURA.
        Yo.

CLOTALDO.
¿No hay remedio?

ROSAURA.
      No hay remedio.

CLOTALDO.
Piensa bien si hay otros modos . . .

ROSAURA.
Perderme de otra manera.   [*Vase.*]

CLOTALDO.
Pues si has de perderte, espera,
hija, y perdámonos todos.   [*Vase.*]

---

[32] si

415

ESCENA IV

[*Campo*]

[*Tocan y salen, marchando, soldados,* CLARÍN *y*
SEGISMUNDO, *vestido de pieles.*]

SEGISMUNDO.

Si este día me viera
Roma en los triunfos de su edad primera,[33]
¡oh cuánto se alegrara
viendo lograr una ocasión tan rara
de tener una fiera
que sus grandes ejércitos rigiera,
a cuyo altivo aliento
fuera poca conquista el firmamento!
Pero el vuelo abatamos,
espíritu; no así desvanezcamos[34]
aqueste aplauso incierto,
si ha de pesarme cuando esté despierto,
de haberlo conseguido
para haberlo perdido;
pues mientras menos fuere,
menos se sentirá si se perdiere.

[*Tocan dentro un clarín.*]

CLARÍN.

En un veloz caballo
(perdóname, que fuerza es el pintallo
en viniéndome a cuento),[35]
en quien un mapa se dibuja atento,
pues el cuerpo es la tierra,
el fuego el alma que en el pecho encierra,
la espuma el mar, el aire su suspiro,
en cuya confusión un caos admiro,
pues en el alma, espuma, cuerpo, aliento,
monstruo es de fuego, tierra, mar y viento
de color remendado,[36]
rucio, y a su propósito rodado
del que bate la espuela,[37]
que en vez de correr, vuela,
a tu presencia llega
airosa una mujer.

SEGISMUNDO.

Su luz me ciega.

CLARÍN.

¡Vive Dios, que es Rosaura!   [*Retírase.*]

SEGISMUNDO.

El cielo a mi presencia la restaura.

[*Sale* ROSAURA, *con baquero,*[38] *espada y daga.*]

ROSAURA.

Generoso Segismundo,
cuya majestad heroica
sale al día de sus hechos
de la noche de sus sombras;
y como el mayor planeta,[39]
que en los brazos de la Aurora
se restituye luciente
a las plantas y a las rosas,
y sobre montes y mares,
cuando coronando asoma,
luz esparce, rayos brilla,[40]
cumbres baña, espumas borda;
así amanezcas al mundo,
luciente sol de Polonia,
que a una mujer infelice
que hoy a tus plantas se arroja,
ampares por ser mujer
y desdichada: dos cosas,
que para obligar a un hombre
que de valiente blasona,
cualquiera de las dos basta,
de las dos cualquiera sobra.
Tres veces son las que ya
me admiras, tres las que ignoras
quién soy, pues las tres me has visto
en diverso traje y forma.
La primera me creíste
varón en la rigurosa
prisión, donde fue tu vida
de mis desdichas lisonja.[41]

---

[33] la Edad de Oro
[34] no nos envanezcamos con
[35] El autor se excusa por boca de Clarín al repetir la común comparación del caballo con un mapa y los cuatro elementos.
[36] con manchas
[37] *rucio,* gris claro; *rodado,* con manchas redondas de un gris más oscuro. La interpretación es difícil; quizá signifique que las manchas del caballo están *a propósito* en el sitio donde se aplican las espuelas.
[38] (o *vaquero*) túnica que cubre todo el cuerpo y se ata por detrás
[39] el sol
[40] uso transitivo del verbo para mantener la construcción paralelística
[41] halago, consuelo (por ser la vida de Segismundo más desdichada que la de Rosaura)

La segunda me admiraste
mujer, cuando fue la pompa
de tu majestad un sueño,
una fantasma, una sombra.
La tercera es hoy, que siendo
monstruo de una especie y otra,
entre galas de mujer
armas de varón me adornan.
Y por que compadecido
mejor mi amparo dispongas,
es bien que de mis sucesos
trágicas fortunas oigas.
De noble madre nací
en la corte de Moscovia,
que, según fue desdichada,
debió de ser muy hermosa.
En ésta puso los ojos
un traidor, que no le nombra
mi voz por no conocerle,
de cuyo valor me informa
el mío;[42] pues siendo objeto
de su idea,[43] siento agora
no haber nacido gentil,[44]
para persuadirme, loca,[45]
a que fue algún dios de aquellos
que en *Metamorfosis* lloran[46]
(lluvia de oro, cisne y toro)
Dánae, Leda y Europa.
Cuando pensé que alargaba,
citando aleves historias,[47]
el discurso, hallo que en él
te he dicho en razones pocas
que mi madre, persuadida
a finezas amorosas,[48]
fue, como ninguna, bella,
y fue infeliz como todas.
Aquella necia disculpa
de fe y palabra de esposa
la alcanza tanto, que aún hoy
el pensamiento la cobra;[49]

habiendo sido un tirano
tan Eneas de su Troya,[50]
que la dejó hasta la espada.
Enváinese aquí su hoja,
que yo la desnudaré,
antes que acabe la historia.
Deste, pues, mal dado nudo,
que ni ata ni aprisiona,
o matrimonio o delito,
si bien[51] todo es una cosa,
nací yo tan parecida,
que fui un retrato, una copia,
ya que en la hermosura no,
en la dicha[52] y en las obras;
y así, no habré menester
decir que poco dichosa
heredera de fortunas
corrí con ella una propia.[53]
Lo más que podré decirte
de mí es el dueño que roba
los trofeos de mi honor,
los despojos de mi honra.
Astolfo . . . , ¡ay de mí!, al nombrarle
se encoleriza y se enoja
el corazón, propio efecto
de que enemigo se nombra.
Astolfo fue el dueño ingrato
que, olvidado de las glorias
(porque en un pasado amor
se olvida hasta la memoria),
vino a Polonia llamado
de su conquista famosa,
a casarse con Estrella,
que fue de mi ocaso antorcha.[54]
¿Quién creerá que habiendo sido
una estrella quien conforma[55]
dos amantes, sea una Estrella
la que los divida agora?
Yo ofendida, yo burlada,
quedé triste, quedé loca,

---

[42] Rosaura deduce el *valor* o nobleza de su desconocido padre por el de ella.

[43] Ella es el *objeto* o realización de la *idea* paterna.

[44] pagana

[45] locamente, sin fundamento racional

[46] Obra de Ovidio, en la que Júpiter sedujo a Dánae disfrazado de lluvia de oro, a Leda de cisne y a Europa de toro; ellas *lloran* después su engaño.

[47] historias de alevosía (perfidia)

[48] falsas promesas de amor y matrimonio

[49] retiene

[50] Compara el abandono de su madre por Clotaldo al de Dido por Eneas, aunque éste lo hizo en Cartago y no en Troya.

[51] aunque

[52] suerte (aquí mala)

[53] compartí con ella (la madre) la misma fortuna (desgraciada)

[54] juego de palabras con *Estrella* y *antorcha*, luz que aparece en el *ocaso* amoroso de Rosaura

[55] une (la *estrella* es Venus)

quedé muerta, quedé yo,
que es decir que quedó toda
la confusión del infierno
cifrada en mi Babilonia;[56]
y declarándome muda
(porque hay penas y congojas
que las dicen los afectos
mucho mejor que la boca)
dije mis penas callando,
hasta que una vez a solas,
Violante, mi madre, ¡ay cielos!,
rompió la prisión, y en tropa
del pecho salieron juntas,
tropezando unas con otras.
No me embaracé en decirlas;
que en sabiendo una persona
que a quien sus flaquezas cuenta
ha sido cómplice en otras,
parece que ya le hace
la salva[57] y le desahoga;
que a veces el mal ejemplo
sirve de algo. En fin, piadosa
oyó mis quejas, y quiso
consolarme con las propias:
juez que ha sido delincuente,
¡qué fácilmente perdona!
escarmentando en sí misma,[58]
y por negar a la ociosa
libertad, al tiempo fácil,
el remedio de su honra,
no le tuvo en mis desdichas;
por mejor consejo toma
que le siga, y que le obligue,
con finezas prodigiosas,
a la deuda de mi honor;
y para que a menos costa
fuese, quiso mi fortuna
que en traje de hombre me ponga.
Descolgó[59] una antigua espada
que es esta que ciño: agora
es tiempo que se desnude,
como prometí, la hoja,
pues confiada en sus señas,
me dijo: «Parte a Polonia,
y procura que te vean

ese acero que te adorna,
los más nobles; que en alguno
podrá ser que hallen piadosa
acogida tus fortunas,[60]
y consuelo tus congojas.»
Llegué a Polonia, en efecto.
Pasemos,[61] pues que no importa
el decirlo, y ya se sabe,
que un bruto que se desboca
me llevó a tu cueva, adonde
tú de mirarme te asombras.
Pasemos que aquí Clotaldo
de mi parte se apasiona,
que pide mi vida al rey,
que el rey mi vida le otorga,
que informado de quien soy,
me persuade a que me ponga
mi propio traje, y que sirva
a Estrella, donde ingeniosa
estorbé el amor de Astolfo
y el ser Estrella su esposa.
Pasemos que aquí me viste
otra vez confuso, y otra
con el traje de mujer
confundiste entrambas formas;
y vamos a que Clotaldo,
persuadido a que le importa
que se casen y que reinen
Astolfo y Estrella hermosa,
contra mi honor me aconseja
que la pretensión deponga.[62]
Yo, viendo que tú, ¡oh valiente
Segismundo!, a quien hoy toca
la venganza, pues el cielo
quiere que la cárcel rompas
desa rústica prisión,
donde ha sido tu persona
al sentimiento una fiera,
al sufrimiento una roca,
las armas contra tu patria
ya contra tu padre tomas,
vengo a ayudarte, mezclando
entre las galas costosas
de Diana los arneses
de Palas,[63] vistiendo agora,

---

[56] símbolo de su confusión emocional
[57] le autoriza a hablar
[58] aprendiendo de su propia experiencia
[59] Violante, la madre (sujeto)
[60] desgracias

[61] omitamos
[62] renuncie a mi reclamación
[63] Rosaura va vestida de cazadora (como Diana) contra Astolfo y va armada (como Palas) para ayudar a Segismundo en la rebelión.

ya la tela y ya el acero,
que entrambos juntos me adornan.
Ea, pues, fuerte caudillo,
a los dos juntos importa
impedir y deshacer
estas concertadas bodas:
a mí, porque no se case
el que mi esposo se nombra,
y a ti, porque, estando juntos
sus dos Estados, no pongan
con más poder y más fuerza
en duda nuestra vitoria.[64]
Mujer,[65] vengo a persuadirte
al remedio de mi honra,
y varón,[65] vengo a alentarte
a que cobres tu corona.
Mujer, vengo a enternecerte
cuando a tus plantas me ponga,
y varón, vengo a servirte
cuando a tus gentes socorra.
Mujer, vengo a que me valgas
en mi agravio y mi congoja,
y varón, vengo a valerte
con mi acero y mi persona.
Y así, piensa que si hoy
como mujer me enamoras,
como varón te daré
la muerte en defensa honrosa
de mi honor; porque he de ser,
en su conquista amorosa,[66]
mujer para darte quejas,
varón para ganar honras.

SEGISMUNDO.

[*Aparte.*]

Cielos, si es verdad que sueño,
suspendedme la memoria,
que no es posible que quepan
en un sueño tantas cosas.
¡Válgame Dios, quién supiera,[67]
o saber salir de todas,
o no pensar en ninguna!
¿Quién vio penas tan dudosas?
Si soñé aquella grandeza
en que me vi, ¿cómo agora
esta mujer me refiere
unas señas tan notorias?

Luego fue verdad, no sueño;
y si fue verdad (que es otra
confusión y no menor),
¿cómo mi vida le nombra
sueño? Pues ¿tan parecidas
a los sueños son las glorias,
que las verdaderas son
tenidas por mentirosas,
y las fingidas por ciertas?
¡Tan poco hay de unas a otras,
que hay cuestión sobre saber
si lo que se ve y se goza
es mentira o es verdad!
¿Tan semejante es la copia
al original, que hay duda
en saber si es ella propia?
Pues si es así, y ha de verse
desvanecida entre sombras
la grandeza y el poder,
la majestad y la pompa,
sepamos aprovechar
este rato que nos toca,
pues sólo se goza en ella[68]
lo que entre sueños se goza.
Rosaura está en mi poder;
su hermosura el alma adora;
gocemos, pues, la ocasión;
el amor las leyes rompa
del valor y confianza
con que a mis plantas se postra.
Esto es sueño; y pues lo es,
soñemos dichas agora,
que después serán pesares.
Mas ¡con mis razones propias
vuelvo a convencerme a mí!
Si es sueño, si es vanagloria,
¿quién por vanagloria humana
pierde una divina gloria?
¿Qué pasado bien no es sueño?
¿Quién tuvo dichas heroicas
que entre sí no diga, cuando
las revuelve en su memoria:
sin duda que fue soñado
cuanto vi? Pues si esto toca
mi desengaño, si sé
que es el gusto llama hermosa

---

[64] victoria; en este punto la intriga principal y la secundaria coinciden y se refuerzan mutuamente.
[65] [como] mujer; [como] varón
[66] la conquista de su honor
[67] ojalá supiera
[68] Se refiere a la *copia* (de la verdad).

que le convierte en cenizas
cualquiera viento que sopla,
acudamos a lo eterno,
que es la fama vividora[69]
donde ni duermen las dichas,
ni las grandezas reposan.
Rosaura está sin honor;
más a un príncipe le toca
el dar honor que quitarle.
¡Vive Dios! que de su honra
he de ser conquistador,
antes que de mi corona.
Huyamos de la ocasión,
que es muy fuerte. Al arma toca,
(*A un* SOLDADO.)
que hoy he de dar la batalla,
antes que a las negras sombras
sepulten los rayos de oro
entre verdinegras ondas.

ROSAURA.

¡Señor!, pues ¿así te ausentas?
Pues ¿ni una palabra sola
no te debe mi cuidado,
ni merece mi congoja?
¿Cómo es posible, señor,
que ni me mires ni oigas?
¿Aun no me vuelves el rostro?

SEGISMUNDO.

Rosaura, al honor le importa,
por ser piadoso contigo,
ser cruel contigo agora.
No te responde mi voz,
por que mi honor te responda;
no te hablo, porque quiero
que te hablen por mí mis obras;
no te miro, porque es fuerza,
en pena tan rigurosa,
que no mire tu hermosura
quien ha de mirar tu honra.
[*Vase, y los soldados con él.*]

ROSAURA.

¿Qué enigmas, cielos, son éstas?
Despúes de tanto pesar,

¡aún me queda que dudar
con equívocas respuestas!
[*Sale* CLARÍN.]

CLARÍN.

¿Señora, es hora de verte?

ROSAURA.

¡Ay Clarín!, ¿dónde has estado?

CLARÍN.

En una torre encerrado
brujuleando mi muerte,
si me da, o no me da;[70]
y a figura que me diera
pasante quínola[71] fuera
mi vida; que estuve ya
para dar un estallido.[72]

ROSAURA.

¿Por qué?

CLARÍN.

Porque sé el secreto
de quién eres, y en efeto,
Clotaldo . . . Pero ¿qué ruido
es éste? [*Suenen dentro cajas.*]

ROSAURA.

¿Qué puede ser?

CLARÍN.

Que del palacio sitiado
sale un escuadrón armado
a resistir y vencer
el del fiero Segismundo.

ROSAURA.

Pues ¿cómo cobarde estoy,
y ya a su lado no soy
un escándalo del mundo,
cuando ya tanta crueldad
cierra[73] sin orden ni ley? [*Vase.*]
[SOLDADOS, *dentro*]

VOCES DE UNOS.

¡Viva nuestro invicto Rey!

VOCES DE OTROS.

¡Viva nuestra libertad!

CLARÍN.

¡La libertad y el Rey vivan!
Vivan muy en hora buena;

---

[69] duradera
[70] mirando en los naipes si su suerte es morir o no
[71] *quínola*, juego de naipes que se gana con cuatro cartas del mismo palo; el exceso de puntos sobre el mínimo necesario para ganar se llama *pasante quínola*. Es un pasaje difícil en que Clarín parece decir que su

vida dependía de que le saliera una carta con *figura* (aquí también en el otro sentido de «persona»).
[72] a punto de estallar (con el secreto de Rosaura, cuya revelación le hubiera costado la vida)
[73] ataca

que a mí nada me da pena
como en cuenta me reciban,[74]
que yo, apartado este día
en tan grande confusión,
haga el papel de Nerón,[75]
que de nada se dolía.
Si bien me quiero doler
de algo y ha de ser de mí.
Escondido desde aquí
toda la fiesta he de ver.
El sitio es oculto y fuerte,
entre estas peñas. Pues ya
la muerte no me hallará,
dos higas[76] para la muerte.

[*Escóndese; suena ruido de armas.*]

ESCENA V

[*Salen* BASILIO, CLOTALDO *y* ASTOLFO, *huyendo.*
CLARÍN, *oculto.*]

BASILIO.
¡Hay más infelice rey!
¡Hay padre más perseguido!
CLOTALDO.
Ya tu ejército vencido
baja sin tino ni ley.[77]
ASTOLFO.
Los traidores, vencedores
quedan.
BASILIO.
En batallas tales,
los que vencen son leales,
los vencidos, los traidores.
Huyamos, Clotaldo, pues,
del cruel, del inhumano
rigor de un hijo tirano.

[*Disparan dentro y cae* CLARÍN *herido de donde
está.*]
CLARÍN.
¡Válgame el cielo!
ASTOLFO.
¿Quién es
este infelice soldado,

que a nuestros pies ha caído
en sangre todo teñido?
CLARÍN.
Soy un hombre desdichado,
que por quererme guardar
de la muerte, la busqué.
Huyendo della, topé
con ella, pues no hay lugar,
para la muerte, secreto:
de donde claro se arguye
que quien más su efeto huye,
es quien se llega a su efeto.
Por eso tornad, tornad
a la lid sangrienta luego;
que entre las armas y el fuego
hay mayor seguridad
que en el monte más guardado,
que no hay seguro camino
a[78] la fuerza del destino
y a la inclemencia del hado;
y así, aunque a libraros vais
de la muerte con huir,
mirad que vais a morir,
si está de Dios que muráis.   [*Cae dentro.*]
BASILIO.
¡Mirad que vais a morir,
si está de Dios que muráis!
¡Qué bien, ¡ay cielos!, persuade
nuestro error, nuestra ignorancia
a mayor conocimiento
este cadáver que habla
por la boca de una herida,
siendo el humor que desata[79]
sangrienta lengua que enseña
que son diligencias vanas
del hombre cuantas dispone
contra mayor fuerza y causa!
Pues yo, por librar de muertes
y sediciones mi patria,
vine a entregarla a los mismos
de quien pretendí librarla.
CLOTALDO.
Aunque el hado, señor, sabe
todos los caminos, y halla
a quien busca entre lo espeso

---

[74] con tal que me incluyan (en los beneficios de la victoria, sea de quien sea)
[75] espectador, como Nerón cuando ardía Roma
[76] expresión despectiva
[77] en completo desorden
[78] ante
[79] la sangre que vierte (comparada con una *lengua* parlante por razón de la *boca de una herida*)

de las peñas, no es cristiana
determinación decir
que no hay reparo a su saña.
Sí hay, que el prudente varón
vitoria del hado alcanza;
y si no estás reservado[80]
de la pena y la desgracia,
haz por donde[81] te reserves.

ASTOLFO.

Clotaldo, señor, te habla
como prudente varón
que madura edad alcanza;
yo, como joven valiente.
Entre las espesas ramas[82]
de este monte está un caballo,
veloz aborto del aura;[83]
huye en él, que yo entretanto
te guardaré las espaldas.

BASILIO.

Si está de Dios que yo muera.
o si la muerte me aguarda
aquí, hoy la quiero buscar,
esperando cara a cara.   [*Tocan alarma.*]

ESCENA VI

[*Sale* SEGISMUNDO *y toda la compañía.*]

SEGISMUNDO.

En lo intrincado del monte,
entre sus espesas ramas,
el Rey se esconde. ¡Seguidle!
No quede en sus cumbres planta
que no examine el cuidado,
tronco a tronco, y rama a rama.

CLOTALDO.

¡Huye, señor!

BASILIO.

                    ¿Para qué?

ASTOLFO.

¿Qué intentas?

BASILIO.

                    Astolfo, aparta.

CLOTALDO.

¿Qué quieres?

BASILIO.

                    Hacer, Clotaldo,
un remedio que me falta.
[*A* SEGISMUNDO, *arrodillándose.*]
Si a mí buscándome vas,
ya estoy, príncipe, a tus plantas:
sea dellas blanca alfombra
esta nieve de mis canas.
Pisa mi cerviz y huella
mi corona; postra, arrastra
mi decoro y mi respeto;
toma de mi honor venganza,
sírvete de mí cautivo;[84]
y tras prevenciones tantas,
cumpla el hado su homenaje,
cumpla el cielo su palabra.

SEGISMUNDO.

Corte ilustre de Polonia,
que de admiraciones tantas
sois testigos, atended,
que vuestro príncipe os habla.
Lo que está determinado
del cielo, y en azul tabla
Dios con el dedo escribió,
de quien son cifras y estampas
tantos papeles azules[85]
que adornan letras doradas,[86]
nunca engañan, nunca mienten;[87]
porque quien miente y engaña
es quien, para usar mal dellas,
las penetra y las alcanza.[88]
Mi padre, que está presente,
por excusarse a la saña[89]
de mi condición, me hizo
un bruto, una fiera humana:
de suerte que cuando yo
por mi nobleza gallarda,
por mi sangre generosa,

---

[80] protegido
[81] lo necesario para que
[82] árboles
[83] hijo del viento (imagen frecuente en Calderón, derivada de la creencia mitológica en el poder fecundador del viento como explicación de la velocidad del caballo)
[84] trátame como a un prisionero

[85] los cielos
[86] las estrellas
[87] El sujeto es probablemente *letras*, aunque en algunas ediciones se ponen los dos verbos en singular para concordar con *lo*.
[88] comprende
[89] para precaverse de la crueldad

por mi condición bizarra
hubiera nacido dócil
y humilde, sólo bastara
tal género de vivir,
tal linaje de crianza,
a hacer fieras mis costumbres:
¡qué buen modo de estorbarlas!
Si a cualquier hombre dijesen:
«Alguna fiera inhumana
te dará muerte», ¿escogiera
buen remedio en despertalla
cuando estuviese durmiendo?
Si dijeran: «Esta espada
que traes ceñida, ha de ser
quien te dé la muerte», vana
diligencia de evitarlo
fuera entonces desnudarla
y ponérsela a los pechos.
Si dijesen: «Golfos de agua[90]
han de ser tu sepultura
en monumentos de plata»,[91]
mal hiciera en darse[92] al mar,
cuando, soberbio, levanta
rizados montes de nieve,[93]
de cristal crespas[94] montañas.
Lo mismo le ha sucedido
que a quien, porque le amenaza
una fiera, la despierta;
que a quien, temiendo una espada,
la desnuda; y que a quien mueve
las ondas de una borrasca.[95]
Y cuando fuera —escuchadme—
dormida fiera mi saña,
templada espada mi furia,
mi rigor quieta bonanza,
la fortuna no se vence
con injusticia y venganza,
porque antes se incita más;
y así, quien[96] vencer aguarda
a su fortuna, ha de ser
con prudencia y con templanza.
No antes de venir el daño
se reserva ni se guarda
quien le previene; que aunque
puede humilde (cosa es clara)

reservarse dél, no es
sino después que se halla
en la ocasión, porque aquésta
no hay camino de estorbarla.
Sirva de ejemplo este raro
espectáculo, esta extraña
admiración, este horror,
este prodigio; pues nada
es más que llegar a ver
con prevenciones tan varias,
rendido a mis pies a mi padre
y atropellado a un monarca.
Sentencia del cielo fue:
por más que quiso estorbarla
él no pudo; ¿y podré yo
que soy menor en las canas,[97]
en el valor y en la ciencia,
vencerla? —Señor, levanta,   [Al REY.]
dame tu mano, que ya
que el cielo te desengaña
de que has errado en el modo
de vencerle, humilde aguarda
mi cuello a que tú te vengues:
rendido estoy a tus plantas.

BASILIO.

Hijo, que tan noble acción
otra vez en mis entrañas
te engendra, príncipe eres.
A ti el laurel y la palma[98]
se te deben; tú venciste;
corónente tus hazañas.

TODOS.

¡Viva Segismundo, viva!

SEGISMUNDO.

Pues que ya vencer aguarda
mi valor grandes vitorias,
hoy ha de ser la más alta
vencerme a mí. Astolfo dé
la mano luego a Rosaura,
pues sabe que de su honor
es deuda, y yo he de cobrarla.

ASTOLFO.

Aunque es verdad que la debo
obligaciones, repara
que ella no sabe quién es;

---

[90] el fondo del río
[91] el agua (como *monumento* sepulcral)
[92] salir
[93] la espuma de las olas
[94] rizadas (como en la imagen anterior)

[95] a quien navega en un mar tempestuoso
[96] si alguien
[97] la edad
[98] símbolos de victoria entre los antiguos

y es bajeza y es infamia
casarme yo con mujer. . .[99]

CLOTALDO.

No prosigas, tente, aguarda;
porque Rosaura es tan noble
como tú, Astolfo, y mi espada
lo defenderá en el campo;
que es mi hija, y esto basta.

ASTOLFO.

¿Qué dices?

CLOTALDO.

        Que yo hasta verla
casada, noble y honrada,
no la quise descubrir.
La historia desto es muy larga;
pero, en fin, es hija mía.

ASTOLFO.

Pues siendo así, mi palabra
cumpliré.

SEGISMUNDO.

        Pues porque Estrella
no quede desconsolada,
viendo que príncipe pierde
de tanto valor y fama,
de mi propia mano yo
con esposo he de casarla
que en méritos y fortuna,
si no le excede, le iguala.
Dame la mano.

ESTRELLA.

        Yo gano
en merecer dicha tanta.

SEGISMUNDO.

A Clotaldo, que leal
sirvió a mi padre, le aguardan

mis brazos, con las mercedes
que él pidiere que le haga.

SOLDADO 1.º

Si así a quien no te ha servido
honras, ¿a mí, que fui causa
del alboroto del reino,
y de la torre en que estabas
te saqué, qué me darás?

SEGISMUNDO.

La torre; y porque no salgas
della nunca, hasta morir
has de estar allí con guardas;
que el traidor no es menester
siendo la traición pasada.

BASILIO.

Tu ingenio a todos admira.[1]

ASTOLFO.

¡Qué condición tan mudada!

ROSAURA.

¡Qué discreto y qué prudente!

SEGISMUNDO.

¿Qué os admira? ¿Qué os espanta,
si fue mi maestro un sueño,
y estoy temiendo en mis ansias
que he de despertar y hallarme
otra vez en mi cerrada
prisión? Y cuando no sea,
el soñarlo sólo basta;
pues así llegué a saber
que toda la dicha humana,
en fin, pasa como sueño,
y quiero hoy aprovecharla
el tiempo que me durare,
pidiendo de nuestras faltas[2]
perdón, pues de pechos nobles
es tan propio el perdonarlas.

---

[99] Como noble, se degradaría casándose con mujer de clase inferior.

[1] causa admiración

[2] Pide al público perdón por las *faltas* de los actores, según fórmula usual de la comedia.

SIGLO XVIII

Fray Benito Jerónimo Feijoo

(1676-1764)

Por su valor histórico como creador del ensayo moderno y como típico representante del espíritu crítico del siglo XVIII, más que por la originalidad de sus ideas, la figura del padre Feijoo ocupa un lugar destacado en la literatura didáctica de España. Hombre enciclopédico, dotado de un gran afán de saber y divulgar sus conocimientos para sacar a su país del marasmo intelectual en que había caído, especialmente en el campo científico y filosófico, ha dejado un magnífico ejemplo de independencia y de valor para protestar contra los prejuicios, errores comunes e inercia mental que dominaban el ambiente cultural. Aunque sus críticas le convirtieron en el foco de una de las polémicas más apasionadas del siglo, llegando a ser denunciado a la Inquisición y salvándose gracias a la protección del rey Fernando VI, que fue uno de sus admiradores, la vida de Feijoo es la de un fraile estudioso, cuya celda sirve de centro de reunión a un grupo de intelectuales y donde compone los innumerables ensayos que le hacen famoso dentro y fuera del país. Había nacido en un pueblo de Orense (Galicia), de familia hidalga, a cuyo mayorazgo renuncia para entrar en un monasterio de benedictinos a los 14 años. Hace estudios de teología en la Universidad de Oviedo, donde obtiene el doctorado y enseña dicha disciplina hasta su jubilación en 1739 por razones de salud. Intelectual modesto, rehusó los cargos de abad y prelado que le ofrecieron para seguir en su cátedra de Oviedo, sosteniendo abundante correspondencia con cuantos le consultaban sobre cualquier tema. Algunos de sus artículos se tradujeron ya en vida del autor. Un ataque cerebral le dejó paralizado en 1764 y murió pocos meses después.

Aparte de sus estudios profesionales de teología y filosofía escolástica, Feijoo adquirió por su cuenta amplios y variados conocimientos sobre los que escribía con gran facilidad. Su iniciación crítica fue una defensa de la medicina experimental, en 1725, frente a los mantenedores de la tradición aristotélica. Al año siguiente empieza la publicación de su *Teatro crítico universal o discursos varios en todo género de materias*, que llega a formar ocho tomos (1726–39), seguido de otros cinco tomos de artículos en forma epistolar con el título de *Cartas eruditas y curiosas* (1742–60). La diversidad de temas a que alude el título de su primera colección abarca todo el campo del saber contemporáneo, desde las humanidades a las ciencias naturales y exactas, pero a todos los unifica un mismo propósito general: sustituir las falsas nociones de la realidad, corrientes en su época, por criterios racionales y científicos como único medio de conocer la verdad y asegurar el progreso cultural. El remedio se necesitaba por igual en todas las ramas de la cultura y a todas aplica por ello su crítica Feijoo. La aspiración de racionalizar la vida española tiene en Feijoo un aspecto positivo junto al de la crítica de falsas creencias: el fomento del progreso cultural y material del pueblo mediante la mejora y extensión de la educación, haciendo la enseñanza más accesible a todas las clases e introduciendo el estudio de las ciencias en las universidades, que seguían dedicadas a las disquisiciones verbalistas de la vieja escolástica. Para mostrar el camino, él se convierte en el primer divulgador de las novedades científicas y filosóficas de Europa y en defensor del método experimental como base del conocimiento, reflejando en esto la influencia directa del inglés Bacon más que de los enciclopedistas franceses. Lo que le diferencia esencialmente de éstos, a pesar de sus afinidades racionalistas, es que Feijoo, como buen católico, acata el dogma religioso y adopta el dualismo de la razón y la revelación como dos fuentes distintas del conocimiento en sus respectivas esferas de lo humano y lo divino.

En el ensayo aquí reproducido, «Astrología judiciaria y almanaques», condena los libros profetizadores que tan populares eran entonces. En «El no sé qué» defiende la tesis del subjetivismo del arte por encima de las reglas que prescribían los neoclásicos, y que no puede explicar la razón por provenir del genio intuitivo del autor. No es que Feijoo se opusiera por completo a los preceptos del arte, sino que los consideraba útiles sólo para evitar «groseros defectos», no como sustitución del talento creador. Igual que en el ensayo «Paralelo de las lenguas castellana y francesa», su posición moderada le hace condenar la moda abusiva de los galicismos, pero también defender la adopción de aquellos necesarios para enriquecer la lengua española, sobre todo en el terreno científico. Este ensayo lingüístico presenta además una de las cuestiones típicas del siglo XVIII: la apasionada división de los españoles entre los defensores de todo lo tradicional, sea bueno o malo, y los partidarios de todo lo extranjero, como superior a lo nacional. Feijoo, igual que tantos otros intelectuales de la época, busca una solución de «justo medio» a tales extremos, tratando de corregir los defectos del país y aprovechar las ideas útiles de fuera, al mismo tiempo que reconoce lo que de valioso había en la tradición nacional.

Interés especial ofrece el estilo de Feijoo por su naturalidad y claridad, cualidades apropiadas al carácter didáctico de su prosa y en marcado contraste con los artificios retóricos del estilo barroco que aún sobrevivía. Esa sencillez no sacrifica, sin embargo, la elegancia y amenidad de la exposición, mostrándose en ello también precursor de los ensayistas modernos.

TEXTOS: B. J. FEIJOO, *Teatro crítico universal* (ed. A. Millares Carlo), «Clásicos Castellanos», 3 vols. Madrid, 1923–25; *Cartas eruditas* (ed. A. Millares Carlo), «Clásicos Castellanos». Madrid, 1928.

TEATRO CRÍTICO UNIVERSAL

(1726-1739)

Astrología Judiciaria y Almanaques[1]

I

No pretendo desterrar del mundo los almanaques, sino la vana estimación de sus predicciones, pues sin ellas tienen sus utilidades, que valen por lo menos aquello que cuestan. La devoción y el culto se interesan en la asignación de fiestas y santos en sus propios días; el Comercio, en la noticia de las ferias francas; la Agricultura y acaso también la Medicina, en la determinación de las lunaciones: esto es cuanto pueden servir los almanaques; pero la parte judiciaria que hay en ellos, sin embargo de hacer su principal fondo en la aprensión común, es una apariencia ostentosa, sin sustancia alguna, y esto no sólo en cuanto predice los sucesos humanos que dependen del libre albedrío, mas aun en cuanto señala las mudanzas del tiempo o varias impresiones del aire.

Ya veo que, en consideración de esta propuesta, están esperando los astrólogos que yo les condene al punto por falsas predicciones de los futuros contingentes que traen sus repertorios. Pero estoy tan lejos de eso, que el capítulo por donde las juzgo más despreciables es ser ellas tan verdaderas ¿Qué nos pronostican estos judiciarios sino unos sucesos comunes, sin determinar lugar ni personas, los cuales, considerados en esta vaga indiferencia, sería milagro que faltasen en el mundo? Una señora que tiene en peligro su fama, la mala nueva que contrista a una corte, el susto de los dependientes por la enfermedad de un gran personaje, el feliz arribo de un navío al puerto, la tormenta que padece otro; tratados de casamientos, ya conducidos, al fin, y desbaratados, y otros sucesos de este género tienen tan segura su existencia, que cualquiera puede pronosticarlos sin consultar las estrellas; porque siendo los acaecimientos que se expresan nada extraordinarios y los individuos sobre quienes pueden caer innumerables, es moralmente imposible que en cualquier cuarto de luna no comprendan a algunos. A la verdad, con estas predicciones generales no puede decirse que se pronostica futuros contingentes, sino necesarios, porque aunque sea contingente que tal navío padezca naufragio, es moralmente necesario que entre tantos millares que siempre están surcando las ondas alguno peligre, y aunque sea contingente que tal príncipe esté enfermo, es moralmente imposible que todos los príncipes del mundo, en cualquier tiempo del año, gocen de entera salud. Por esto va seguro quien, sin determinar individuos ni circunstancias, al navío le pronostica el naufragio, al príncipe la dolencia y así de todo lo demás.

Si tal vez señalan algunas circunstancias, oscurecen el vaticinio en cuanto a lo sustancial del acaecimiento, de modo que es aplicable a mil sucesos diferentes, usando en esto del mismo arte que practicaban en sus respuestas los oráculos y el mismo de que se valió el francés Nostradamo[2] en sus predicciones, como también el que fabricó las supuestas profecías de Malaquías.[3] Así en este género de pronósticos halla cada uno lo que quiere, de que tenemos un reciente y señalado ejemplo en la triste borrasca que poco ha padeció esta monarquía, donde, según la división de los afectos, en la misma profecía de Malaquías, correspondiente al presente reinado, unos hallaban asegurado el cetro de España a Carlos VI, emperador de Alemania, y otros al monarca[4] que por disposición del cielo, ya sin contingencia alguna, nos domina.

---

[1] publicado en el tomo I (1726); *judiciaria*, vaticinadora (interpretación de los signos astronómicos como sucesos que han de ocurrir en el año)

[2] Nostradamus, astrólogo francés del siglo XVI

[3] San Malaquías, a quien se atribuía la predicción de los Papas que se sucederían a partir del siglo XII

[4] Felipe V de Borbón (1700–1724)

II

Pero, ¿qué más pueden hacer los pobres astrólogos si todos los astros que examinan no les dan luz para más? No me haré yo parcial del incomparable Juan Pico Mirandulano[5] en la opinión de negar a los cuerpos celestes toda la virtud operativa fuera de la luz y el movimiento; pero constantemente aseguraré que no es tanta su actividad cuanta pretenden los astrólogos. Y debiendo concederse lo primero que no rige el cielo con dominio despótico nuestras acciones, esto es, necesitándonos a ellas, de modo que no podamos resistir su influjo; pues con tanta violencia batería iba[6] por el suelo el albedrío y no quedaba lugar al premio de las acciones buenas, ni al castigo de las malas, pues nadie merece premio ni castigo con una acción a que le precisa el cielo sin que él pueda evitarlo, digo que, concedido esto, como es fuerza concederlo, ya no les queda a los astros para conducirnos a los sucesos o prósperos o adversos otra cadena que la de las inclinaciones. Pero fuera de que el impulso que por esta parte se da al hombre puede resistirlo su libertad, aun cuando no pudiera es inconexo con el suceso que predice el astrólogo.

Pongamos el caso que a un hombre, examinado su horóscopo, se le pronostica que ha de morir en la guerra. ¿Qué inclinaciones puede fingir en este hombre que le conduzcan a esta desdicha? Imprímale norabuena[7] Marte un ardiente deseo de militar, que es cuanto Marte puede hacer; puede ser que no lo logre, porque a muchos que lo desean se lo estorba, o el imperio de quien los domina o algún otro accidente. Pero vaya ya a la guerra, no por eso morirá en ella, pues no todos, ni aun los más que militan, rinden la vida a los rigores de Marte. Ni aun los riesgos que trae consigo aquel peligroso empleo le sirven de nada para su predicción al astrólogo, pues éste, por lo común, no sólo pronostica el género de muerte de aquel infeliz, mas también el tiempo en que ha de suceder, y los peligros del que milita no están limitados a aquel tiempo, sino extendidos a todo tiempo en que haya combates.

Ya veis aquí sobre esto un terrible embarazo de la judiciaria y no sé si bien advertido hasta ahora.

Para que el astrólogo conozca por los astros que un hombre por tal tiempo ha de morir en la batalla, es menester que por los mismos astros conozca que ha de haber batalla en aquel tiempo; y como esto los astros no pueden decírselo, sin mostrarle cómo influyen en ella (pues es conocimiento del efecto por la causa), es consiguiente que esto lo vea el astrólogo. Ahora, como el dar la batalla es acción libre en los jefes de estos partidos, o por lo menos en uno de ellos, no pueden los astros influir en la batalla sino inclinando a ella a los jefes. Por otra parte, esta inclinación de los jefes no puede conocerla el astrólogo, pues no examinó el horóscopo de ellos, como suponemos, y de allí depende en su sentencia toda la constitución de las inclinaciones y toda la serie de los sucesos.

Aún no para aquí el cuento. Es cierto que el jefe, influyan como quieran en él los astros, no determinará dar la batalla sino en suposición de haber hecho tales o tales movimientos el enemigo, y acaso de haber conspirado en lo mismo algunos votos de su consejo, de hallarse con fuerzas probablemente proporcionadas y de otras muchas circunstancias, cuya colección determina a semejantes decisiones, siendo infalible que el caudillo es inducido al combate por algún motivo, faltando el cual se estuviera quieto o se retirara. Con que es menester que todas estas disposiciones previas, sin las cuales no se tomará la resolución de batallar, por más fogoso que le haya hecho Marte al caudillo, las tenga presentes y las lea en las estrellas el astrólogo. Pasemos adelante. Estas mismas circunstancias que se prerrequieren para la resolución del choque,

---

[5] Giovanni Pico della Mirandola, filósofo y erudito italiano del Renacimiento, autor de una célebre crítica de la astrología (1463–94)

[6] iría (sería) abatido (anulado)
[7] *en hora buena,* felizmente

dependen necesariamente de otras muchas acciones anteriores, todas libres. El tener el campo más o menos gente depende de la voluntad del príncipe y más o menos cuidado de los ministros; los movimientos del enemigo, de mil circunstancias previas y noticias, verdaderas o falsas, que le administran; los votos del consejo de guerra nacen en gran parte del genio de los que votan, y retrocediendo más, el mismo rompimiento de la guerra entre los dos príncipes, sin el cual no llegará el caso de darse esta batalla, ¿en cuántos acaecimientos anteriores, todos contingentes y libres, se funda? De modo que ésta es una cadena de infinitos eslabones, donde el último, que es la batalla, se quedará en el estado de la posibilidad faltando cualquiera de los astros. De donde se colige que el astrólogo no podrá pronunciar nada en orden a este suceso, si no es que lea en las estrellas una dilatadísima historia. Y ni esta historia está escrita en los astros, ni aun cuando lo estuviera pudieran leerla los astrólogos. No está escrita en los astros, porque éstos sólo pueden inferir tantas operaciones como se representan en ella, influyendo en las inclinaciones de los actores; y esta ilación precisamente ha de flaquear, porque entre tanto número de sujetos, es totalmente inverosímil que alguno o algunos no obren contra la inclinación más poderosa, como sucede en el avaro vengativo, que por más que la ira le incite, deja vivir a su enemigo por no arriesgar su dinero; y una operación sola que falte de tantas a que los astros inclinan y que son precisamente necesarias para que llegue el caso de darse la batalla, no se dará jamás.

Tampoco, aunque toda aquella larga serie de sucesos y acciones, que precisamente han de preceder al combate, estuviera escrito en las estrellas, fuera legible por el astrólogo. La razón es clara, porque casi todos estos sucesos y acciones dependen de otros sujetos, cuyos horóscopos no ha visto el astrólogo (pues suponemos que sólo vio el horóscopo de aquel a quien pronostica la muerte en la batalla), y no viendo el horóscopo de los sujetos, no puede terminar nada la judiciaria de sus acciones.

IV

La correspondencia de los sucesos a algunas predicciones, que se alega a favor de los astrólogos, está tan lejos de establecer su arte, que antes, si se mira bien, lo arruina. Porque entre tantos millares de predicciones determinadas como formaron los astrólogos de mil y ochocientos años a esta parte, apenas se cuentan veinte o treinta que saliesen verdaderas: lo que muestra que fue casual y no fundado en reglas el acierto. Es seguro que si algunos hombres, vendados los ojos un año entero, estuviesen sin cesar disparando flechas al viento, matarían algunos pájaros. ¿Quién hay —decía Tulio—[8] que flechando aun sin arte alguna todo el día no dé tal vez en el blanco? *Quis est qui totum diem jaculans non aliquando collinet?* Pues esto es lo que sucede a los astrólogos. Echan pronósticos a montones, sin tino, y por casualidad uno u otro entre millares logra el acierto. Necesario es —decía con agudeza y gracia Séneca en la persona de Mercurio,[9] hablando con la Parca— que los astrólogos acierten con la muerte del emperador Claudio, porque desde que le hicieron emperador todos los años y todos los meses se la pronostican, y como no es inmortal, en algún año y en algún mes ha de morir: *Parece mathematicos aliquando verum dicere, qui illum, postquam princeps factus est, omnibus annis, omnibus mensis efferunt.*[10]

Este método, que es seguro para acertar alguna vez después de errar muchas, no les aprovechó a los astrónomos que quisieron determinar el tiempo en que había de morir el papa Alejandro VI,[11] por no haber sido constantes en él. Y fue el chiste harto gracioso. Refiere el Mirandulano que, formado el horóscopo de este Papa, de común acuerdo le pronosticaron la muerte para el año de 1495. Salió de aquel año Alejandro sin

---

[8] Cicerón (Marcus Tullius), el más grande orador romano (106–43 a.C.)

[9] (*In ludo de morte Claudii Caesaris*); *Parca* es la Muerte.

[10] «Es evidente que los astrólogos han de acertar alguna vez cuando le auguran la muerte cada año y cada mes desde que le hicieron emperador.»

[11] Papa nacido en Valencia (1431–1503)

riesgo alguno, con que los astrólogos le alargaron la muerte al año siguiente, del cual habiendo escapado también el Papa, consecutivamente, hasta el año 1502, casi cada año le pronosticaban la fatal sentencia. Finalmente, viéndose burlados tantas veces, en el año de 1503 quisieron enmendar la plana, tomando distinto rumbo para formar el pronóstico, en virtud del cual pronunciaron que aún le restaban al Papa muchos años de vida. Pero con gran confusión de los astrólogos, murió el mismo año de 1503. [. . .][12]

VI

Una u otra vez puede deberse el acierto de las predicciones, no a las estrellas, sino a políticas y naturales conjeturas, gobernándose en ellas los astrólogos, no por los preceptos de su arte, de que ellos mismos hacen bien poco aprecio, por más que los quieren ostentar al vulgo, sí por otros principios, que, aunque falibles, no son tan vanos. Por la situación de los negocios de una república se pueden conjeturar las mudanzas que arribarán en ella. Sabiendo por experiencia que raro valido[13] ha logrado constante la gracia de su príncipe, de cualquier ministro alto, cuya fortuna se ponga en cuestión, se puede pronunciar la caída con bastante probabilidad. Y con la misma, a un hombre de genio intrépido y furioso se le podrá amenazar muerte violenta. Por la fortuna, genio, temperamento e industria de los padres, se puede discurrir la fortuna, salud y genio de los hijos. Es cierto que por este principio se dirigieron los astrólogos de Italia, consultados por el Duque de Mantua, sobre la fortuna de un recién nacido, cuyo punto natalicio les había comunicado. En la noticia que les había dado el Príncipe se expresaba que el recién nacido era un bastardo de su casa, cuya circunstancia determinó a los astrólogos a vaticinarle dignidades eclesiásticas, siendo común que los hijos naturales y bastardos de los príncipes de Italia sigan este rumbo; y así, en esta parte fueron concordes todas las predicciones,

aunque discordes en todo lo demás. Pero el caso era que el tal bastardo de la casa de Mantua era un mulo, que había nacido en el palacio del Duque, al cual con bastante propiedad se le dio aquel nombre, para ocasionar a los astrólogos con la consulta la irrisión que ellos merecieron con la respuesta.

Algunas veces las mismas predicciones influyen en los sucesos, de modo que no sucede lo que el astrólogo predijo porque él lo leyó en las estrellas; antes sin haber visto él nada en las estrellas, sucede sólo porque él lo predijo. El que se ve lisonjeado con una predicción favorable, se arroja con todas sus fuerzas a los medios, ya de la negociación, ya del mérito, para conseguir el profetizado ascenso, y es natural lograrle de ese modo. Si a un hombre le pronostica el astrólogo la muerte en un desafío, sabiéndolo su enemigo le saca al campo, donde éste batalla con más esfuerzo, como seguro del triunfo, y aquél lánguidamente, como quien espera la ejecución de la fatal sentencia, al modo que nos pinta Virgilio el desafío de Turno y Eneas. Creo que no hubiera logrado Nerón el imperio si no le hubieran dado esa esperanza a su madre Agripina los astrólogos, pues sobre ese fundamento aplicó aquella ardiente y política Princesa todos los medios. Acaso César no muriera a puñaladas si los matadores no tuvieran noticia de la predicción de Spurina, que les aseguraba aquel día la empresa. Lo mismo digo de Domiciano y otros.

Es muy notable a este propósito el suceso de Armando, mariscal de Virón, padre del otro mariscal y Duque de Virón, que fue degollado de orden de Enrique IV de Francia.[14] Pronosticóle un adivino que había de morir al golpe de una bala de artillería, lo que le hizo tal impresión que, siendo un guerrero sumamente intrépido, después de notificado este presagio, siempre que oía disparar la artillería le palpitaba el corazón. Él mismo lo confesaba a sus amigos. Realmente una bala de artillería le mató; pero no le matara si él hubiera despreciado

---

[12] [*En la sección siguiente se refuta la certeza de algunas predicciones famosas.*]

[13] favorito real
[14] el primer rey Borbón (1553–1610)

el pronóstico. Fue el caso, que en el sitio de Epernai, oyendo el silbido de una bala hacia el sitio donde estaba, por hurtarle el cuerpo se apartó despavorido, y con el movimiento que hizo fue puntualmente al encuentro de la bala, la cual, si se estuviese quieto en su lugar, no le hubiera tocado. Así el pronóstico, haciéndole medroso para el peligro, vino a ser causa ocasional del daño. Refiere este suceso Mezeray.[15]

Últimamente, puede también tener alguna parte en estas predicciones el demonio, el cual, si los futuros dependen precisamente de causas necesarias o naturales, puede con la comprensión de ellas antever los efectos. Pongo por ejemplo la ruina de una casa, porque penetra mejor que todos los arquitectos del mundo el defecto de su contextura, o porque sabe que no basta su resistencia a contrapesar la fuerza de algún viento impetuoso, que en sus causas tiene previsto; y aquí con bastante probabilidad puede, por consiguiente, avanzar la muerte del dueño, si es por genio retirado a su habitación. Aun en las mismas cosas que dependen del libre albedrío puede lograr bastante acierto con la penetración grande que tiene de inclinaciones, genios y fuerzas de los sujetos, y de lo que él mismo ha de concurrir al punto destinado con sus sugestiones. Por esto son muchos, y entre ellos San Agustín,[16] de sentir, que algunos, que en el mundo suenan profesar la judiciaria, no son dirigidos en sus predicciones por las estrellas, sino por el oculto instituto de los espíritus malos. Yo convengo en que no se deben discurrir hombres de semejante carácter entre los astrólogos católicos. Sin embargo de que Jerónimo Cardano, que fue muy picado[17] de la judiciaria, no dudó declarar que era inspirado muchas veces de un espíritu, que familiarmente le asistía.

VII

Establecido ya que no pueden determinar cosa alguna los astrólogos en orden a los sucesos humanos, pasemos a despojarlos de lo poco que hasta ahora les ha quedado a salvo; esto es, la estimación de que por lo menos pueden averiguar los genios e inclinaciones de los hombres, y de aquí deducir con suficiente probabilidad sus costumbres. El arrancarlos de esta posesión parece arduo y es, sin embargo, facilísimo.

El argumento que comúnmente se les hace en esta materia es que no pocas veces dos gemelos que nacen a un tiempo mismo, descubren después ingenios, índoles y costumbres diferentes, como sucedió en Jacob y Esaú. A que responden que, moviéndose el cielo con tan extraña rapidez, aquel poco tiempo que media entre la salida de uno y otro infante a la luz basta para que la positura[18] y combinación de los astros sea diferente. Pero se les replica: si es menester tomar con tanta precisión el punto natalicio, nada podrán determinar los astrólogos por el horóscopo, porque no se observa ni se puede observar con tanta exactitud el tiempo del parto. No hay reloj de sol tan grande que, moviéndose en él la sombra por un imperceptible espacio, no avance el sol, entre tanto, un grande pedazo de cielo, y esto aun cuando se suponga ser un reloj excelentísimo, cual no hay ninguno. Ni aun cuando asistieran al nacer el niño astrónomos muy hábiles con cuadrantes y astrolabios pudieran determinar a punto fijo el lugar que entonces tienen los planetas, ya por la imperfección de los instrumentos, ya por la inexactitud de las tablas astronómicas; pues como confiesan los mismos astrónomos, hasta ahora no se han compuesto tablas tan exactas en señalar los lugares de los planetas, que tal vez no yerren hasta cinco o seis grados, especialmente en Mercurio y Venus.

Mas girando dos planetas con tanta rapidez, en que no hay duda, es cierto que en aquel poco tiempo que tarda en nacer el infante desde que empieza a salir del claustro materno hasta que acaba, camina el sol muchos millares de leguas; Marte, mucho

---

[15] François Eudes de Mézeray, *Histoire de France* (1598)
[16] *De Civitate Dei*, V, 9
[17] conocedor
[18] posición

más; más aún Júpiter, y más que todos Saturno. Ahora se pregunta: aun cuando el astrólogo pudiera averiguar exactísimamente el punto de tiempo que quiere y el lugar que los astros ocupan, ¿qué lugar ha de observar? Porque eso se vería sensiblemente entre tanto que acaba de nacer el infante. ¿Atenderá el lugar que ocupan cuando saca la cabeza? ¿Cuando descubre el cuello, o cuando saca el pecho, o cuando ya salió todo lo que se llama el tronco del cuerpo, o cuando ya hasta las plantas de los pies se aparecieron? Voluntario será cuanto a esto se responda. Lo más verisímil (si eso se pudiera lograr y la judiciaria tuviera algún fundamento) es que se debían formar sucesivamente diferentes horóscopos: uno para la cabeza, otro para el pecho y así de los demás; porque, si lo que dicen los judiciarios de los influjos de los astros en el punto natalicio fuera verdad, habían de ir sellando sucesivamente la buena o mala disposición de inclinaciones y facultades, así como fuesen saliendo a luz los miembros que le sirven de órganos: y así cuando saliese la cabeza, se había de imprimir la buena o mala disposición para discurrir; cuando el pecho, la disposición para la ira o para la mansedumbre, para la fortaleza o para la pusilanimidad, y así de las demás facultades a quienes sirven los demás miembros. Pero ni esa exactitud es posible, como se ha dicho, ni los astrólogos cuidan de ella.

Y si les preguntamos por qué los astros imprimen esas disposiciones cuando el infante nace y no anticiparon esa diligencia mientras estaba en el claustro materno, o cuando se animó el feto, o cuando se dio principio a la grande obra de formación del hombre, lo que parece más natural, nada responden que se pueda oír. Porque decir que aquella pequeña parte del cuerpo de la madre interpuesta entre el infante y los astros les estorba a éstos sus influjos, merece mil carcajadas cuando muchas brazas de tierra interpuesta no les impiden, en su sentencia, la generación

de los metales. Pensar, como algunos quieren persuadir, que por el tiempo del parto se puede averiguar el de la generación, es delirio, pues todos saben que la naturaleza en esto no guarda un método constante, y aun suponiendo que el parto sea regular, a novimestre[19] varía, no sólo horas, sino días enteros.

El caso es que aunque se formasen sobre el tiempo de la generación las predicciones, no salieran más verdaderas. Refiere Barclayo en su *Argenis*[20] que un astrólogo alemán, ansioso de lograr hijos entendidos y hábiles, no llegaba jamás a su esposa sino precisamente en aquel tiempo en que veía los planetas dispuestos a imprimir en el feto aquellas bellas prendas del espíritu que deseaba. ¿Qué sucedió? Tuvo este astrólogo algunos hijos, y todos fueron locos.

Ni aun cuando los astros hubiesen de influir las calidades que los genetliacos[21] pretenden en aquel tiempo que ellos observan, podrían concluir cosa alguna. Lo primero, porque son muchos los astros y puede uno corregir o mitigar el influjo de otro y aun trastornarle del todo. Aunque Mercurio, cuanto es de su parte, incline al recién nacido al robo, ¿de dónde sabe el astrólogo que no hay al mismo tiempo en el cielo otras estrellas combinadas de modo que estorben el mal influjo de Mercurio? ¿Comprende, por ventura, las virtudes de todos los astros, según las innumerables combinaciones que pueden tener entre sí? Lo segundo, porque aun cuando esto fuera comprensible y de hecho lo comprendiera el astrólogo, aún le restaba mucho camino que andar; esto es, saber cómo influyen otras muchas causas inferiores que concurren con los astros, y con harto mayor virtud que ellos, a producir esas disposiciones. El temperamento de los padres, el régimen de la madre y afectos que padece mientras conserva el feto en las entrañas, los alimentos con que después le crían, el clima en que nace y vive, son principios que concurren con incomparablemente mayor fuerza que

---

[19] nueve meses
[20] poema alegórico y satírico de carácter político (París, 1622) por John Barclay (1582-1621)

[21] pronosticadores de la suerte de una persona por el día de su nacimiento

todas las estrellas a variar el temperamento y cualidades del niño, dejando aparte lo que la educación o lo que el uso recto o perverso de las seis cosas no naturales pueden hacer. Si tal vez una enfermedad basta a mudar un temperamento y destruir el uso de alguna facultad del alma como el de la memoria, por más que se empeñen todos los astros en conservar su hechura, ¿qué no harán tantos principios juntos como hemos expresado? Y pues los astrólogos no consideran nada de esto y por la mayor parte les es oculto, nada podrán deducir por el horóscopo en orden a costumbres, inclinaciones y habilidades, aun cuando les concediésemos todo lo demás que pretenden. [. . .][22]

Paralelo de las lenguas castellana y francesa[1]

I

Dos extremos, entrambos reprehensibles, noto en nuestros españoles, en orden a las cosas nacionales: unos las engrandecen hasta el cielo; otros las abaten hasta el abismo. Aquellos que ni con el trato de los extranjeros, ni con la lectura de los libros espaciaron su espíritu fuera del recinto de su patria, juzgan que cuanto hay de bueno en el mundo está encerrado en ella. De aquí aquel bárbaro desdén con que miran a las demás naciones, asquean su idioma, abominan sus costumbres, no quieren escuchar o escuchan con irrisión sus adelantamientos en artes y ciencias. Bástales ver a otro español con un libro italiano o francés en la mano, para condenarle por genio extravagante o ridículo. Dicen que cuanto hay bueno y digno de ser leído se halla escrito en los idiomas latino y castellano; que los libros extranjeros, especialmente franceses, no traen de nuevo sino bagatelas y futilidades; pero del error que padecen en esto diremos algo abajo.

Por el contrario, los que han peregrinado por varias tierras, o sin salir de la suya comerciado con extranjeros, si son picados tanto cuanto[2] de la vanidad de espíritus amenos, inclinados a lenguas y noticias, todas las cosas de otras naciones miran con admiración; las de la nuestra, con desdén. Sólo en Francia, pongo por ejemplo, reinan, según su dictamen, la delicadeza, la policía, el buen gusto; acá todo es rudeza y barbarie. Es cosa graciosa ver a algunos de estos nacionistas[3] (que tomo por lo mismo que antinacionales) hacer violencia a todos sus miembros para imitar a los extranjeros en gestos, movimientos y acciones, poniendo especial estudio en andar como ellos andan, sentarse como se sientan, reírse como se ríen, hacer la cortesía como la hacen, y así de todo lo demás. Hacen todo lo posible por desnaturalizarse, y yo me holgaría que lo lograsen enteramente porque nuestra nación descartase tales figuras.

Entre éstos y aun fuera de éstos sobresalen algunos apasionados amantes de la lengua francesca, que, prefiriéndola con grandes ventajas a la castellana, ponderan sus hechizos, exaltan sus primores, y no pudiendo sufrir ni una breve ausencia de su adorado idioma, con algunas voces que usurpan de él salpican la conversación, aun cuando hablan en castellano. Esto, en parte, puede decirse que ya se hizo moda, pues los que hablan castellano puro casi son mirados como hombres del tiempo de los godos.

II

Yo no estoy reñido con la curiosa aplicación a instruirse en las lenguas extranjeras. Conozco que son ornamento, aun cuando estén desnudas de utilidad. Veo que se hicieron inmortales en las historias Mitrídates, rey de Ponto, por saber veinte y dos idiomas diferentes; Cleopatra, reina de Egipto, por ser su lengua, como llama Plutarco, órgano en quien, variando a su

---

[22] [*Sigue el ensayo mostrando el fracaso de los pronósticos meteorológicos, la falta de base racional y experimental en las predicciones, y la actitud condenatoria de la Iglesia respecto a los judiciarios.*]

[1] aparecido en el tomo I (1726)
[2] afectados un poco
[3] neologismo del autor para designar a los admiradores de naciones distintas a la suya

arbitrio los registros, sonaban alternativamente las voces de muchas naciones; Amalasunta, hija de Teodorico, rey de Italia, porque hablaba las lenguas de todos los reinos que comprehendía el imperio romano. No apruebo la austeridad de Catón,[4] para quien la aplicación a la lengua griega era corrupción digna de castigo; ni el escrupuloso reparo de Pomponio Leto,[5] que huía como de un áspid del conocimiento de cualquier voz griega, por el miedo de manchar con ella la pureza latina. [. . .][6]

Así que, el que quisiere limitar su estudio a aquellas facultades que se enseñan en nuestras escuelas, Lógica, Metafísica, Jurisprudencia, Medicina galénica, Teología escolástica y moral, tiene con la lengua latina cuanto ha menester. Mas para sacar de este ámbito o su erudición o su curiosidad, debe buscar como muy útil, si no absolutamente necesaria, la lengua francesa. Y esto basta para que se conozca el error de los que reprueban como inútil la aplicación a este idioma.

III

Mas no por eso concederemos, ni es razón, alguna ventaja a la lengua francesa sobre la castellana. Los excesos de una lengua respecto de otra pueden reducirse a tres capítulos: *propiedad, armonía y copia*.[7] Y en ninguna de estas calidades cede la lengua castellana a la francesa.

En la propiedad juzgo, contra el común dictamen, que todas las lenguas son iguales en cuanto a todas aquellas voces que específicamente significan determinados objetos. La razón es clara, porque la propiedad de una voz no es otra cosa que su específica determinación a significar tal objeto; y como ésta es arbitraria o dependiente de la libre voluntad de los hombres, supuesto que en

una región esté tal voz determinada a significar tal objeto, tan propria es como otra cualquiera que le[8] signifique en idioma diferente. Así, no se puede decir, pongo por ejemplo, que el verbo francés *tromper* sea más ni menos *proprio* que el castellano *engañar*; la voz *rien* que la voz *nada*. Puede haber entre dos lenguas la desigualdad de que una abunde más de voces particulares o específicas. Mas esto, en rigor, será ser más copiosa, que es capítulo distinto, quedando iguales en la propiedad en orden a todas las voces específicas que haya en una y otra.

De la propiedad del idioma se debe distinguir la propiedad del estilo, porque ésta, dentro del mismo idioma, admite más y menos, según la habilidad y genio del que habla o escribe. Consiste la propriedad del estilo en usar de las locuciones más naturales y más inmediatamente representativas de los objetos. En esta parte, si se hace el cotejo entre escritores modernos, no puedo negar que, por lo común, hacen ventaja los franceses a los españoles. En aquéllos se observa más naturalidad; en éstos más afectación. Aun en aquellos franceses que más sublimaron el estilo, como el arzobispo de Cambray, autor del *Telémaco*, y Magdalena Scuderi,[9] se ve que el arte está amigablemente unido con la naturaleza. Resplandece en sus obras aquella gala nativa, única hermosura con que el estilo hechiza al entendimiento. Son sus escritos como jardines, donde las flores espontáneamente nacen; no como lienzos, donde estudiosamente se pintan. En los españoles, picados de cultura, dio en reinar de algún tiempo a esta parte una afectación pueril de tropos retóricos, por la mayor parte vulgares; una multitud de epítetos sinónimos, una colocación violenta de voces pomposas que hacen el estilo, no gloriosamente majestuoso, sí asquerosamente entumecido.[10] A que añaden muchos una

---

[4] Catón el Viejo o el Censor, Marcus Porcius Cato (234-149 a.C.), estadista y autor romano que se opuso a la dominación cultural de Grecia en su país.
[5] filólogo italiano del Renacimiento (1425-1497)
[6] [*Sigue una relación bibliográfica de libros franceses indispensables, como prueba de la utilidad de dicha lengua.*]

[7] abundancia (de léxico); *propriedad* es latinismo: propiedad.
[8] lo (*leísmo* usual del autor)
[9] Fénelon (1651-1715) y una novelista francesa de la escuela preciosista (1607-1701)
[10] referencia al estilo culterano que aún perduraba en el primer tercio del siglo XVIII

temeraria introducción de voces, ya latinas, ya francesas, que debieran ser decomisadas como contrabando del idioma o idioma de contrabando en estos reinos. Ciertamente en España son pocos los que distinguen el estilo sublime del afectado y muchos los que confunden uno con otro.

He dicho que por lo común hay este vicio en nuestra nación; pero no sin excepciones, pues no faltan españoles que hablan y escriben con una naturalidad y propriedad el idioma nacional. Sirvan por todos y para todos de ejemplares don Luis de Salazar y Castro,[11] archivo grande, no menos de la lengua castellana antigua y moderna en toda su extensión, que de la historia, la genealogía y la crítica más sabia, y el mariscal de campo, vizconde del Puerto,[12] que con sus excelentes libros de *Reflexiones militares* dio tanto honor a la nación española entre las extranjeras. No nace, pues, del idioma español la impropiedad o afectación de algunos de nuestros compatriotas, sí de falta de conocimiento del mismo idioma, o defecto de genio, o corrupción de gusto.

IV

En cuanto a la armonía o grato sonido del idioma, no sé cuál de dos cosas diga: o que no hay exceso de unos idiomas a otros en esta parte, o que no hay juez capaz de decidir la ventaja. A todos suena bien el idioma nativo y mal el forastero hasta que el largo uso le hace propio. Tenemos hecho concepto de que el alemán es áspero; pero el padre Kircher, en su *Descripción de la torre de Babel*,[13] asegura que no cede en elegancia a otro alguno del mundo. Dentro de España parece a castellanos y andaluces humilde y plebeya la articulación de la *jota* y *g* de portugueses y gallegos. Pero los franceses, que pronuncian del mismo modo no sólo las dos letras dichas, mas también la *ch*, escuchan

con horror la articulación castellana que resultó en estos reinos del hospedaje de los africanos. No hay nación que pueda sufrir hoy el lenguaje que en ella misma se hablaba doscientos años ha. Los que vivían en aquel tiempo gustaban de aquel lenguaje, sin tener el órgano del oído diferente en nada de los que viven ahora, y, si resucitasen, tendrían por bárbaros a sus propios compatriotas. El estilo de Alano Chartier,[14] secretario del rey Carlos VII de Francia, fue encanto de su siglo; en tal grado que la princesa Margarita de Escocia, esposa del Delfín,[15] hallándole una vez dormido en la antesala de palacio, en honor de su rara facundia,[16] a vista de mucha corte, estampó un ósculo en sus labios. Digo que en honor de su rara facundia y sin intervención de alguna pasión bastarda, por ser Alano extremadamente feo; y así, reconvenida sobre este capítulo[17] por los asistentes, respondió que había besado, no aquella feísima cara, sino aquella hermosísima boca. Y hoy, tanto las prosas como las poesías de Alano, no pueden leerse en Francia sin tedio, habiendo variado la lengua francesa de aquel siglo a éste mucho más que la castellana. ¿Qué otra cosa que la falta de uso convirtió en disonancia ingrata aquella dulcísima armonía?

De modo que puede asegurarse que los idiomas no son ásperos o apacibles sino a proporción que son o familiares o extraños. La desigualdad verdadera está en los que los hablan, según su mayor o menor genio y habilidad. Así entre los mismos escritores españoles (lo mismo digo de las demás naciones) en unos vemos un estilo dulce, en otros áspero, en unos enérgico, en otros lánguido; en unos majestuoso, en otros abatido. No ignoro que en opinión de muchos críticos hay unos idiomas más oportunos que otros para exprimir[18] determinados afectos. Así se dice que para representaciones trágicas no hay lengua como la inglesa. Pero yo creo

[11] famoso genealogista y amigo de Feijoo (1657-1734)
[12] Don Álvaro Navia Osorio Vigil, más conocido como marqués de Santa Cruz de Marcenado, cuya obra citada, en 11 volúmenes, apareció en 1724-27.
[13] *Turris Babel* (1667)

[14] Alain Chartier, prosista francés del siglo XV
[15] título dado al primogénito y heredero del rey de Francia
[16] afluencia o facilidad de palabra
[17] punto
[18] expresar (galicismo)

que el mayor estudio que los ingleses, llevados de su genio feroz, pusieron en las piezas dramáticas de este carácter por la complacencia que logran de ver imágenes sangrientas en el teatro, los hizo más copiosos en expresiones representativas de un coraje bárbaro, sin tener parte en esto la índole del idioma. Del mismo modo la propriedad que algunos encuentran en las composiciones portuguesas, ya oratorias, ya poéticas, para asuntos amatorios, se debe atribuir, no al genio del lenguaje, sino al de la nación. Pocas veces se explica mal lo que se siente bien; porque la pasión, que manda en el pecho, logra casi igual obediencia en la lengua y en la pluma.

Una ventaja podrá pretender la lengua francesa sobre la castellana, deducida de su más fácil articulación. Es cierto que los franceses pronuncian más blando, los españoles más fuerte. La lengua francesa (digámoslo así) se desliza, la española golpea. Pero, lo primero, esta diferencia no está en la sustancia del idioma, sino en el accidente de la pronunciación; siendo cierto que una misma dicción, una misma letra, puede pronunciarse o fuerte o blanda, según la varia aplicación del órgano, que por la mayor parte es voluntaria. Y así, no faltan españoles que articulen con mucha suavidad, y aun creo que casi todos los hombres de alguna policía[19] hoy lo hacen así. Lo segundo, digo, que aun cuando se admitiese esta diferencia entre los dos idiomas, más razón habría de conceder el exceso al castellano, siendo prenda más noble del idioma una valentía varonil que una blandura afeminada.

Marco Antonio Mureto,[20] en sus *Notas sobre Catulo*, notó en los españoles el defecto de hablar hueco y fanfarrón. Yo confieso que es ridiculz hablar hinchando las mejillas, como si se inspirase el aliento a una trompeta, y en una conversación de paz entonar la solfa de la ira. Pero este defecto no existe sino en los plebeyos, entre quienes el esfuerzo material de los labios pasa por suplemento de la eficacia de las razones.

V

En la copia de voces (único capítulo que puede desigualar sustancialmente los idiomas) juzgo que excede conocidamente el castellano al francés. Son muchas las voces castellanas que no tienen equivalente en la lengua francesa y pocas he observado en ésta que no le tengan en la castellana. Especialmente de voces compuestas abunda tanto nuestro idioma, que dudo que le iguale aun el latino ni otro alguno, exceptuando el griego. El canciller Bacón,[21] ofreciéndose hablar de aquella versatilidad política que constituye a los hombres capaces de manejar en cualquiera ocurrencia su fortuna, confiesa que no halla en alguna de las cuatro lenguas, inglesa, latina, italiana y francesa, voz que signifique lo que la castellana *desenvoltura*. Y acá estamos tan de sobra, que para significar lo mismo tenemos otras dos voces equivalentes: *despejo y desembarazo*. [. . .][22]

. . . Singularmente se ve que la lengua castellana tiene para la poesía heroica tanta fuerza como la latina en la traducción de Lucano, que hizo don Juan de Jáuregui;[23] donde aquella arrogante valentía, que aún hoy asusta a los más apasionados de Virgilio, se halla con tanta integridad trasladada a nuestro idioma, que puede dudarse en quién brilla más espíritu, si en la copia, si en el original. Últimamente, escribió de todas las matemáticas, estudio en que hasta ahora se habían descuidado los españoles, el padre Vicente de Tosca,[24] corriendo su dilatado campo sin salir del patrio idioma. En tanta variedad de asuntos se explicaron excelentemente los autores referidos y otros infinitos que pudiera alegar, sin tomar ni una voz de la lengua francesa. Pues ¿a qué propósito nos la introducen ahora? El empréstito de voces que se hacen unos idiomas a otros es sin duda útil a todos, y ninguno hay que no se haya interesado en este comercio. La lengua latina quedaría en un árido esqueleto si le hiciesen restituir todo lo que debe a la

---

[19] urbanidad
[20] humanista francés del siglo XVI
[21] Francis Bacon (1561–1626), estadista y filósofo inglés

[22] [*Sigue una relación de famosos prosistas y poetas españoles del Siglo de Oro.*]
[23] *La Farsalia* (siglo XVII)
[24] Compuso un *Compendio mathemático* (1707–15).

griega; la hebrea, con ser madre de todas, heredó después algunas voces, como afirma San Jerónimo: *Omnium poene linguarum verbis utuntur hebraei.*[25] Lo más singular es que siendo la castellana que hoy se usa dialecto de la latina, se halla que la latina mendigó algunas voces de la lengua antigua española. Aulo Gelio, citando a Varrón,[26] dice que la voz *lancea*[27] la tomaron los latinos de los españoles; y Quintiliano,[28] que la voz *gurdus*, que significa hombre rudo o de corta capacidad, fue trasladada de España a Roma. Pero cuando el idioma nativo tiene voces propias, ¿para qué se han de sustituir por ellas las del ajeno? Ridículo pensamiento el de aquellos que, como notaba Cicerón[29] en un amigo suyo, con voces inusitadas juzgan lograr opinión de discretos: *Qui recte putabat loqui esse inusitate loqui.*[30] Ponen por medio el no ser entendidos, para ser reputados por entendidos; cuando el lucirse con voces extrañas de la inteligencia de los oyentes en vez de avecindarse en la cultura, es, en dictamen de San Pablo, hospedarse en la barbarie: *Si nesciero virtutem vocis, ero ci cui loquor, barbarus; et qui loquitur, mihi barbarus.*[31]

A infinitos españoles les oigo usar de la voz *remarcable* diciendo: *es un suceso remarcable, una cosa remarcable.* Esta voz francesa no significa más ni menos que la castellana *notable* así como la voz *remarque*, de donde viene *remarcable*, no significa más ni menos que la voz castellana *nota*, de donde viene *notable*. Teniendo, pues, la voz castellana la misma significación que la francesa y siendo, por otra parte más breve y de pronunciación menos áspera, ¿no es extravagancia usar de la extranjera, dejando la propia? Lo mismo puedo decir de muchas voces que cada día nos traen de nuevo las gacetas.

La conservación del idioma patrio es de tanto aprecio en los espíritus amantes de la nación, que el gran juicio de Virgilio tuvo este derecho por digno de capitularse[32] entre dos deidades, Júpiter y Juno, al convenirse en que los latinos admitiesen en su tierra a los troyanos: *Sermonem Ausonii patrium, moresque tenebunt.*[33]

No hay que admirar, pues la introducción del lenguaje forastero es nota indeleble de haber sido vencida la nación a quien se despojó de su antiguo idioma. Primero se quita a un reino la libertad que el idioma. Aun cuando se cede a la fuerza de las armas, lo último que se conquista son lenguas y corazones. Los antiguos españoles, conquistados por los cartagineses, resistieron constantemente, como prueba Aldrete en sus *Antigüedades de España*,[34] la introducción de la lengua púnica. Dominados después por los romanos, tardaron mucho en sujetarse a la latina. ¿Diremos que son legítimos descendientes de aquéllos los que hoy, sin necesidad, estudian en afrancesar la castellana?

En la forma, pues, que está hoy nuestra lengua, puede pasar sin los socorros de otra alguna. Y uno de los motivos que he tenido para escribir en castellano esta obra, en cuya prosecución apenas habrá género de literatura o erudición que no se toque, fue para mostrar que para escribir en todas materias, basta por sí solo nuestro idioma, sin los subsidios del ajeno, exceptuando, empero, algunas voces facultativas cuyo empréstito es indispensable de unas naciones a otras. [. . .][35]

Paréceme que la lengua italiana suena mejor que las demás en la poesía; pero también juzgo que esto no nace de la excelencia del idioma, sí del mayor ingenio

---

[25] «Los hebreos usan palabras de casi todas las lenguas»

[26] Aulo Gelio, gramático y crítico latino del siglo II, en sus *Noches áticas*; Varrón, poeta y sabio enciclopédico latino (siglo I a.C.)

[27] lanza

[28] retórico latino del siglo I, nacido en España

[29] Marcus Tullius Cicero, orador y escritor romano (106-43 a.C.)

[30] «Pensaba que era hablar correctamente el emplear palabras inusitadas»

[31] «Si desconozco el significado de la palabra, seré extranjero para el que habla y éste lo será para mí»

[32] ser incluido en las capitulaciones (convenio de matrimonio)

[33] «Conservarán los ausonios la lengua y las costumbres de su patria» (*Eneida*, XII, 834)

[34] Bernardo de Aldrete, lingüista y arqueólogo, que compuso *Varias antigüedades de España, África y otras provincias* (1614)

[35] [*Sigue una referencia al portugués como dialecto latino.*]

de la naturaleza o mayor cultivo del arte. Aquella fantasía propia a animar los rasgos en la pintura, es, por la simbolización de las dos artes, la más acomodada a exaltar los colores de la poética: *Ut pictura poesis erit*.[36] Después de los poemas de Homero y Virgilio no hay cosa que iguale en el género épico a la *Jerusalén* del Tasso.[37]

Los franceses notan[38] las poesías italiana y española de muy hiperbólicas. Dicen que las dos naciones dan demasiado entusiasmo, y por excitar la admiración se alejan de la verosimilitud. Pero yo digo que quien quiere que los poetas sean muy cuerdos, quiere que no haya poetas. El furor es el alma de la poesía. El rapto de la mente es el vuelo de la pluma: *Impetus ille sacer, qui vatum pectora nutrit*,[39] dijo Ovidio. En los poetas franceses se ve que, por afectar ser muy regulares en sus pensamientos, dejan sus composiciones muy lánguidas, cortan a las musas las alas o con el peso del juicio les abaten al suelo las plumas. Fuera de que también la decadencia de sus rimas es desairada. Pero la crisis[40] de la poesía se hará de intento en otro tomo.

El «no sé qué»[41]

I

En muchas producciones, no sólo de la naturaleza, mas aun del arte, encuentran los hombres fuera de aquellas perfecciones sujetas a su comprensión, otro género de primor misterioso que cuando lisonjea el gusto, atormenta el entendimiento; que palpa el sentido y no puede descifrar la razón; y así, al querer explicarle, no encontrando voces ni conceptos que satisfagan la idea, se dejan caer desalentados en el rudo informe de que tal cosa tiene un *no sé qué* que agrada, que enamora, que hechiza, y

no hay que pedirles revelación más clara de este natural misterio.

Entran en un edificio que al primer golpe que da en la vista los llena de gusto y admiración. Repasándole luego con un atento examen, no hallan que ni por su grandeza, ni por la copia de luz, ni por la preciosidad del material, ni por la exacta observancia de las reglas de Arquitectura exceda, ni aun acaso iguale a otros que han visto sin tener que gustar o que admirar en ellos. Si les preguntan qué hallan de exquisito o primoroso en éste responden que tiene un *no sé qué* que embelesa.

Llegan a un sitio delicioso cuya amenidad costeó la naturaleza por sí sola. Nada encuentran de exquisito en sus plantas; ni en su colocación, figura o magnitud, aquella estudiada proporción que emplea el arte en los plantíos[42] hechos para la diversión de los Príncipes o los pueblos. No falta en él la cristalina hermosura del agua corriente, complemento preciso de todo sitio agradable; pero que bien lejos de observar en su curso las mensuradas direcciones, despeños[43] y resaltes con que se hacen jugar las ondas de los reales jardines, camina por donde la casual abertura del camino da paso al arroyo. Con todo, el sitio le hechiza; no acierta a salir de él, y sus ojos se hallan más prendados de aquel desaliño que de todos los artificiosos primores que hacen ostentosa y grata vecindad a las quintas[44] de los magnates. ¿Pues qué tiene este sitio que no haya en aquéllos? Tiene un *no sé qué*, que aquéllos no tienen. Y no hay que apurar, que no pasarán de aquí.

Ven una dama, o, para dar más sensible idea del asunto, digámoslo de otro modo: ven una graciosita aldeana que acaba de entrar en la corte; y, no bien fijan en ella los ojos, cuando la imagen que de ellos trasladan a la imaginación, les representa un objeto amabilísimo. Los mismos que miraban

---

[36] «Como la pintura será la poesía»

[37] Torcuato Tasso, poeta italiano, autor de *La Jerusalén libertada* (1544–1595)

[38] censuran

[39] «Ese ímpetu sagrado que nutre el pecho de los poetas»

[40] análisis

[41] Tomo IV (1730)

[42] jardines

[43] caídas (de agua)

[44] casas de campo

con indiferencia o con una inclinación tibia las más celebradas hermosuras del pueblo, apenas pueden apartar la vista de la rústica belleza. ¿Qué encuentran en ella de singular? La tez no es tan blanca como otras muchas que ven todos los días, ni las facciones son más ajustadas, ni más rasgados los ojos, ni más encarnados los labios, ni tan espaciosa la frente, ni tan delicado el talle. No importa. Tiene un *no sé qué* la aldeanita que vale más que todas las perfecciones de las otras. No hay que pedir más, que no dirán más. Este *no sé qué* es el encanto de su voluntad y atolladero[45] de su entendimiento.

II

Si se mira bien, no hay especie alguna de objetos donde no se encuentre este *no sé qué*. Elévanos tal vez con su canto una voz que ni es tan clara, ni de tanta extensión ni de tan libre juego como otra que hemos oído. Sin embargo, ésta nos suspende más que las otras. ¿Pues cómo, si es inferior a ellas en claridad, extensión y gala? No importa. Tiene esta voz un *no sé qué*, que no hay en las otras. Enamóranos el estilo de un autor que ni en la tersura y brillantez iguala a otros que hemos leído, ni en la propiedad los excede: con todo interrumpimos la lectura de éstos sin violencia y aquél apenas podemos dejarle de la mano. ¿En qué consiste? En que este autor tiene en el modo de explicarse un *no sé qué*, que hace leer con deleite cuanto dice. En las producciones de todas las artes hay este mismo *no sé qué*. Los pintores lo han reconocido en la suya debajo del nombre de *manera*, voz que, según ellos la entienden, significa lo mismo y con la misma confusión que el *no sé qué*; porque dicen que la manera de la pintura es una gracia oculta, indefinible, que no está sujeta a regla alguna y sólo depende del particular genio del artífice. [. . .][46]

III

No sólo se extiende el *no sé qué* a los objetos gratos, mas también a los enfadosos;

de suerte que, como en algunos de aquéllos hay un primor que no se explica, en algunos de éstos hay una fealdad que carece de explicación.

Bien vulgar es decir: *Fulano*[47] *me enfada sin saber por qué*. No hay sentido que no represente este o aquel objeto desapacible, en quienes hay cierta cualidad displicente, que se resiste a los conatos que el entendimiento hace para explicarla, y últimamente la llama un *no sé qué* que disgusta, un *no sé qué* que fastidia, un *no sé qué* que da en rostro, un *no sé qué* que horroriza.

Intentamos, pues, en el presente discurso explicar lo que nadie ha explicado, descifrar este natural enigma, sacar esta cosicosa[48] de las misteriosas tinieblas en que ha estado hasta ahora; en fin, decir lo que es esto que todo el mundo dice que no sabe qué es.

IV

Para cuyo efecto supongo lo primero, que los objetos que nos agradan (entendiéndose, desde luego, que lo que decimos de éstos es igualmente en su género aplicable a los que nos desagradan) se dividen en simples y compuestos. Dos o tres ejemplos explicarán esta división. Una voz sonora nos agrada, aunque esté fija en un punto, esto es, no varíe, o alterne por varios tonos, formando algún género de melodía. Éste es un objeto simple del gusto del oído. Agrádanos también, y aún más, la misma voz procediendo por varios puntos dispuestos de tal modo, que formen una combinación musical grata al oído. Éste es un objeto compuesto, que consiste en aquel complejo de varios puntos, dispuestos en tal proporción, que el oído se prenda de ella. Asimismo a la vista agradan un verde esmeraldino, un fino blanco. Éstos son objetos simples. También le agrada el juego que hacen entre sí varios colores (v. gr.: en una tela o en un jardín), los cuales están respectivamente colocados de modo que hacen una armonía apacible a los ojos, como la disposición de diferentes

---

[45] impedimento, obstáculo
[46] [*Siguen unas citas y ejemplos clásicos.*]
[47] tal hombre
[48] quisicosa (cosa insignificante)

puntos de música a los oídos. Éste es un objeto compuesto.

Supongo lo segundo, que muchos objetos compuestos agradan o enamoran, aun no habiendo en ellos parte alguna que, tomada de por sí, lisonjee el gusto. Esto es decir que hay muchos cuya hermosura consiste precisamente en la recíproca proporción o captación que tienen las partes entre sí. Las voces de la música tomadas cada una de por sí o separadas, ningún atractivo tienen para el oído; pero artificiosamente dispuestas por un buen compositor, son capaces de embelesar el espíritu. Lo mismo sucede en los materiales de un edificio, en las partes de un sitio ameno, en las dicciones de una oración, en los varios movimientos de una danza. Generalmente hablando: que las partes tengan por sí mismas hermosura o atractivo, o que no es cierto que hay otra hermosura distinta de aquélla, que es la del complejo y consiste en la grata disposición, orden y proporción, o sea natural o artificiosa, recíproca de las partes.

Supongo lo tercero, que el agradar los objetos consiste en tener un género de proporción y congruencia con la potencia que los percibe, o sea con el órgano de la potencia, que todo viene a reincidir en lo mismo, sin meternos por ahora en explicar en qué consiste esta proporción. De suerte, que en los objetos simples sólo hay una proporción, que es la que tienen ellos con la potencia; pero en los compuestos se deben considerar dos proporciones, la una de las partes entre sí, la otra de esta misma proporción de las partes con la potencia, que viene a ser proporción de aquella proporción. La verdad de esta suposición consta claramente, de que un mismo objeto agrada a unos y desagrada a otros, pudiendo asegurarse que no hay cosa alguna en el mundo que sea del gusto de todos; lo cual no puede depender de otra cosa, que de que un mismo objeto tiene proporción de congruencia respecto del temple, textura o disposición de los órganos de uno y desproporción respecto de los otros.

V

Sentados estos supuestos, advierto que la duda o ignorancia expresada en el *no sé qué* puede entenderse determinada a dos cosas distintas: al qué y al por qué. Explícome con el primero de los ejemplos propuestos. Cuando uno dice: «Tiene esta voz un *no sé qué*, que me deleita más que las otras», puede querer decir o que no sabe qué es lo que le agrada en aquella voz, o que no sabe por qué aquella voz le agrada. Muy frecuentemente, aunque la expresión suena lo primero, en la mente del que la usa significa lo segundo. Pero que signifique lo uno o lo otro ves aquí descifrado el misterio. El *qué* de la voz precisamente se reduce a una de dos cosas; o al sonido de ellas (llámase comúnmente el metal de la voz), o al modo de jugarla, y a casi nada de reflexión que hagas, conocerás cuál de estas es la que te deleita con especialidad. Si es el sonido (como por lo regular acontece), ya sabes cuanto hay que saber en orden al *qué*. Pero me dices: no está resuelta la duda, porque este sonido tiene un *no sé qué*, que no hallo en los sonidos de otras voces. Respóndote (y atiende bien lo que te digo), que ese que llamas *no sé qué*, no es otra cosa que el ser individual del mismo sonido, el cual perciben claramente tus oídos y por medio de ellos llega también su idea clara al entendimiento. ¿Acaso te matas porque no puedes definir ni dar nombre a ese sonido según su ser individual? ¿Pero no adviertes que eso mismo te sucede con los sonidos de todas las demás voces que escuchas? Los individuos no son definibles. Los nombres, aunque voluntariamente se les impongan, no explican ni dan idea alguna distintiva de su ser individual. ¿Por ventura llamarse fulano *Pedro* y citano[49] *Francisco*, me da algún concepto de aquella particularidad de su ser, por la cual cada uno de ellos se distingue de todos los demás hombres? Fuera de esto, ¿no ves que tampoco das, ni aciertas a dársele, nombre particular a ninguno de los sonidos de todas las demás voces? Créeme, pues, que también entiendes lo que hay de particular en

---

[49] tal otro hombre

ese sonido como lo que hay de particular en cualquiera de todos los demás, y sólo te falta entender que lo entiendes. [. . .]⁵⁰

Hemos explicado el *qué* del *no sé qué* en el ejemplo propuesto. Resta explicar el *por qué*. Pero éste queda explicado antes, así para éste como para todo género de objetos: de suerte, que sabido *qué* es lo que agrada en el objeto, en el *por qué* no hay que saber, sino que aquello está en la proporción debida, congruente a la facultad perceptiva o al temple de su órgano. Y para que se vea que no hay más que saber en esta materia, escoja cualquiera un objeto de su gusto, aquél en quien no halle nada de este misterioso *no sé qué*, y dígame por qué es de su gusto, o por qué le agrada. No responderá otra cosa que lo dicho.

VI

El ejemplo propuesto da una amplísima luz para descifrar el *no sé qué* en todos los demás objetos, a cualquier sentido que pertenezca. Explica adecuadamente el *qué* de los objetos simples y el *por qué* de simples y compuestos. El *por qué* es uno mismo en todos. El *qué* de los simples es aquella diferencia individual privativa de cada uno, en la forma que la explicamos. De suerte que toda la distinción que hay en orden a esto entre los objetos agradables, en que no se halla *no sé qué* y aquellos en que se halla, consiste en que aquéllos agradan por su especie o ser específico, éstos por su ser individual. A éste le agrada el color blanco por ser blanco, a aquél el verde por ser verde. Aquí no encuentran misterio que descifrar. La especie les agrada; pero encuentran tal vez un blanco o un verde que, sin tener más intenso el color, les agrada mucho más que los otros. Entonces dicen que aquel blanco o aquel verde tienen un *no sé qué* que los enamora; y este *no sé qué* digo yo que es la diferencia individual de esos dos colores; aunque tal vez puede consistir en la insensible mezcla de otro color, lo cual ya pertenece a los objetos compuestos, de que trataremos luego.

Pero se ha de advertir que la diferencia individual no se ha de tomar aquí con tan exacto rigor filosófico que a todos los demás individuos de la misma especie esté negado el propio atractivo. En toda la colección de los individuos de una especie hay algunos recíprocamente muy semejantes, de suerte que apenas los sentidos los distinguen. Por consiguiente, si uno de ellos por su diferencia individual agrada, también agradará el otro por la suya.

Dije que el ejemplo propuesto explica adecuadamente el *qué* de los objetos simples. Y porque a esto acaso se me opondrá que la explicación del manejo de la voz no es adaptable a otros objetos distintos, por consiguiente, es inútil para explicar el *qué* de otros. Respondo que todo lo dicho en orden al manejo de la voz, ya no toca a los objetos simples, sino a los compuestos. Los gorjeos son compuestos de varios puntos. El descanso y entonación no constituyen perfección distinta de la que en sí tiene la música que se canta, la cual también es compuesta; quiero decir, sólo son condiciones para que la música suene bien, la cual se desluce mucho faltando la debida entonación, o cantando con fatiga. Pero por no dejar incompleta la explicación del *no sé qué* de la voz, nos extendimos también al manejo de ella; y también porque lo que hemos escrito en esta parte puede habilitar mucho a los lectores para discurrir en orden a otros objetos diferentísimos.

VII

Vamos ya a explicar el *no sé qué* de los objetos compuestos. En éstos es donde más frecuentemente ocurre el *no sé qué* y tanto que rarísima vez se encuentra el *no sé qué* en objeto donde no haya algo de composición. ¿Y qué es el *no sé qué* en los objetos compuestos? La misma composición. Quiero decir, la proporción y congruencia de las partes que los componen.

Opondráseme que apenas ignora nadie que la simetría y recta disposición de las partes

---

⁵⁰ [*Sigue tratando de la entonación como clave del* no sé qué *de la voz.*]

hace la principal, a veces la única hermosura de los objetos. Por consiguiente, ésta no es aquella gracia misteriosa, a quien por ignorancia, o falta de penetración, se aplica el *no sé qué*.

Respondo que, aunque los hombres entienden esto en alguna manera, lo entienden con notable limitación, porque sólo llegan a percibir una proporción determinada comprendida en angostísimos límites o reglas, siendo así que hay otras innumerables proporciones distintas de aquélla que perciben. Explicárame un ejemplo. La hermosura de un rostro es cierto que consiste en la proporción de sus partes, o en una buena dispuesta combinación del color, magnitud y figura de ellas. Como esto es una cosa en que se interesan tanto los hombres, después de pensar mucho en ello han llegado a determinar o especificar esta proporción diciendo que ha de ser de esta manera la frente, de aquélla los ojos, de la otra las mejillas, etc. ¿Pero qué sucede muchas veces? Que ven este o aquel rostro en quien no se observa aquella estudiada proporción y que con todo les agrada muchísimo. Entonces dicen que, no obstante esa falta o faltas, tiene aquel rostro un *no sé qué* que hechiza. Y ese *no sé qué*, digo yo que es una determinada proporción de las partes en que aquéllos habían pensado y distinta de aquella que tienen por única para el efecto de hacer el rostro grato a los ojos.

De suerte que Dios, de mil maneras diferentes y con innumerables diversísimas combinaciones de las partes, puede hacer hermosísimas caras. Pero los hombres, reglando inadvertidamente la inmensa amplitud de las ideas divinas por la estrechez de las suyas, han pensado reducir toda la hermosura a una combinación sola o, cuando más, a un corto número de combinaciones, y en saliendo de allí todo es para ellos un misterioso *no sé qué*.

Lo propio sucede en la disposición de un edificio, en la proporción de las partes de un sitio ameno. Aquel *no sé qué* de gracia que tal vez los ojos encuentran en uno y otro, no es otra cosa que una determinada combinación simétrica, colocada fuera de las comunes reglas. Encuéntrase alguna vez un edificio que en esta o aquella parte suya desdice[51] de las reglas establecidas por los arquitectos, y que, con todo, hace a la vista un efecto admirable agradando mucho más que otros muy conformes a los preceptos del arte. ¿En qué consiste esto? ¿En que ignoraba esos preceptos el artífice que le ideó? Nada menos. Antes bien, en que sabía más y era de más alta idea que los artífices ordinarios. Todo lo hizo según regla; pero según una regla superior que existe en su mente, distinta de aquellas comunes que la escuela enseña. Proporción y grande; simetría y ajustadísima hay en las partes de esa obra; pero no es aquella simetría que regularmente se estudia, sino otra más elevada donde arribó por su valentía la sublime idea del arquitecto. Si esto sucede en las obras de arte, mucho más en las de la naturaleza, por ser éstas efectos de un Artífice de infinita sabiduría cuya idea excede infinitamente, tanto en la intención como en la extensión, a toda idea humana y aun angélica.

En nada se hace tan perceptible esta máxima como en las composiciones musicales. Tiene la música un sistema formado de varias reglas que miran como completo los profesores, de tal suerte que, en violando alguna de ellas, condenan la composición por defectuosa. Sin embargo se encuentra una u otra composición que falta a esta o a aquella regla y que agrada infinito aun en aquel pasaje donde falta a la regla. ¿En qué consiste esto? En que el sistema de reglas que los músicos han admitido como completo no es tal, antes muy incompleto y diminuto. Pero esta imperfección del sistema sólo la comprehenden los compositores de alto numen,[52] los cuales alcanzan que se pueden dispensar aquellos preceptos en tales o tales circunstancias, o hallan modo de circunstanciar la música, de suerte que, aun faltando aquellos preceptos, sea sumamente armoniosa y grata. Entretanto los compositores de clase inferior

---

[51] contradice [52] genio

claman que aquello es una herejía. Pero clamen lo que quisieren; que el juez supremo y único de la música es el oído. Si la música agrada al oído, y agrada mucho, es buena y bonísima; y siendo bonísima, no puede ser absolutamente contra las reglas, sino contra unas reglas limitadas y mal entendidas. Dirán que está contra arte, mas con todo tiene un *no sé qué*, que la hace parecer bien. Y yo digo que ese *no sé qué* no es otra cosa que estar hecha según arte, pero según un arte superior al suyo. Cuando empezaron a introducirse las falsas[53] en la música, yo sé que, aun cubriéndolas oportunamente, clamaría la mayor parte de los compositores que eran contra arte; hoy ya todos las consideran según arte, porque el arte, que antes estaba diminutísimo, se dilató con este descubrimiento.

VIII

Aunque la explicación que hasta aquí hemos dado del *no sé qué* es adaptable a cuanto debajo de esta confusa expresión está escondido, debemos confesar que hay cierto *no sé qué* propio de nuestra especie, el cual por razón de su especial carácter pide más determinada explicación. Dijimos arriba que aquella gracia o hermosura del rostro, a la cual, por no entendida, se aplica el *no sé qué*, consiste en una determinada proporción de sus partes, la cual proporción es distinta de aquella que vulgarmente está admitida como pauta indefectible de la hermosura. Mas como quiera que esto sea verdad, hay en algunos rostros otra gracia más particular, la cual, aun faltando la de la ajustada proporción de las facciones, los hace muy agradables. Ésta es aquella representación que hace el rostro de las buenas cualidades del alma, en la forma que para otro intento hemos explicado en [otro lugar de esta obra]. En el complejo de aquellos varios sutiles movimientos de las partes del rostro, especialmente de los ojos, de que se compone la representación expresada, no tanto se mira la hermosura corpórea como la espiritual; o aquel complejo parece hermoso, porque muestra la hermosura del ánimo que atrae sin duda mucho más que la del cuerpo. Hay sujetos que, precisamente con aquellos movimientos y postura de ojos, que se requieren para formar una majestuosa y apacible risa, representan un ánimo excelso, noble, perspicaz, complaciente, dulce, amoroso, activo, lo que sin libertad los hace amar a cuantos les miran.

Esta es la gracia suprema del semblante humano. Esta es la que, colocada en el otro sexo, ha encendido pasiones más violentas y pertinaces que el nevado candor y ajustada simetría de las facciones. Y esta es la que los mismos, cuyas pasiones ha encendido, por más que la están contemplando cada instante, no acaban de descifrar; de modo que, cuando se ven precisados de los que pretenden corregirlos a señalar el motivo por qué tal objeto los arrastra (tal objeto digo que carece de las perfecciones comunes) no hallan que decir, sino que tiene un *no sé qué*, que enteramente les roba la libertad. Téngase siempre presente (para evitar objeciones) que esta gracia, como todas las demás que andan rebozadas[54] debajo del manto del *no sé qué*, es respectiva al genio, imaginación y conocimiento del que la percibe. Más me ocurría qué decir sobre la materia; pero por algunas razones me hallo precisado concluir aquí este discurso.

---

[53] cuerda disonante que no se ajusta con las demás del instrumento

[54] ocultas

José Cadalso
(1741-1782)

En José de Cadalso y Vázquez tiene el siglo XVIII una de sus figuras más representativas e influyentes, sobre todo como crítico de la vida española, a la que desea emancipar de los viejos prejuicios y falsos valores que la tenían estancada y atrasada con respecto al resto de Europa. Es el típico intelectual europeizado de la *Ilustración*, admirador del progreso cultural y social del extranjero, a la vez que amante fervoroso de su patria, a la que sirvió toda su vida como militar. Era lo que se llamaba entonces un «hombre de bien», bondadoso y sensible, movido por un alto sentido ético y humanitario de la vida. Nació en Cádiz, aunque su padre era vizcaíno, de familia hidalga pero escasa de fortuna. El padre se dedicó al comercio y sus largos viajes por el extranjero le tuvieron casi siempre lejos del hogar. El niño José se educa en el colegio de jesuitas de Cádiz, del que era rector un tío suyo, y después de viajar por Europa (quizá con su padre), ingresa a los 17 años en el Real Seminario de Nobles de Madrid, también dirigido por los jesuitas. En 1762 se alista como voluntario en la guerra contra Portugal y en corto tiempo es ascendido a capitán por su valor y talento, continuando ya en la milicia hasta su muerte. Muy joven aún ingresa en la aristocrática Orden de Santiago, aunque su escepticismo religioso le impedía creer en los milagros bélicos del apóstol y su actitud crítica ante las costumbres de la nobleza le produjo enemigos e incluso un breve destierro de Madrid. A su vuelta conoce a la famosa actriz María Ignacia Ibáñez, que le inspira una gran pasión y a la que dedica versos amorosos, una égloga y hasta una tragedia neoclásica de tema nacional (*Don Sancho García*), estrenada por ella en 1771 sin éxito. La muerte inesperada de su «Filis» le causa un dolor intenso que le inspira sus *Noches lúgubres*, extraño librito en prosa publicado póstumamente (1789–90), quizá por sus temores a la censura, con el episodio del desenterramiento del cadáver de una mujer por un amante desesperado y su encarcelamiento consiguiente. Aunque se suele decir que el episodio es autobiográfico, no hay pruebas suficientes de ello ni faltan antecedentes literarios que permitan suponerlo más ficción que realidad. Lo interesante es que con este relato dialogado se anticipó Cadalso al romanticismo, tanto por el tema de la locura de amor en un ambiente nocturno, sepulcral y triste, como por la queja del hombre solitario y desgraciado contra la injusticia, crueldad e inmoralidad de la sociedad.

Ya era conocido en los círculos literarios como estimable poeta neoclásico, de versos bucólicos y mitológicos en un estilo llano y natural, recogidos en *Ocios de mi juventud* (1773), con el seudónimo pastoril de «Dalmiro». Su contribución principal fue haber renovado el cultivo de la poesía anacreóntica, sobre el goce sensual de la vida. En Salamanca, donde estuvo desterrado y también destinado como militar, conoció entre otros al joven poeta y estudiante Meléndez Valdés, en cuyo espíritu impresionable ejerció notable influencia. En Madrid tomó parte en la célebre tertulia de la Fonda de San Sebastián, con destacados escritores como Moratín (padre) e Iriarte, todos defensores de las nuevas ideas reformadoras y los ideales estéticos del neoclasicismo.

Es en la prosa satírica, sin embargo, donde Cadalso alcanza su mayor popularidad, iniciada con la obrita *Los eruditos de la violeta* (1772), parodia ligera del saber superficial de tantos seudo-eruditos «que pretenden saber mucho estudiando poco», de mucha actualidad en una época que había puesto de moda los conocimientos enciclopédicos.

Cada vez más desilusionado con la vida militar, la hubiera abandonado por la de las letras, que consideraba muy superior, de no sobrevenir la campaña contra Gibraltar (1779). Allí luchó con fervor patriótico y también con indiferencia a perder una vida de la que estaba ya cansado, hasta que al fin le mató una de las granadas inglesas contra las que no se preocupaba de protegerse.

Su obra principal, las *Cartas marruecas*, se publicó póstumamente y por separado en el *Correo de Madrid* (1789), con numerosas ediciones posteriores hasta la mitad del siglo XIX. Su modelo más directo es las *Lettres persanes* de Montesquieu, de quien toma la forma epistolar y la idea de unos visitantes musulmanes que comentan críticamente las costumbres de un país occidental. El contenido del libro de Cadalso es, sin embargo, netamente español y original, sin el efecto demoledor de las instituciones fundamentales (Iglesia y Monarquía) que tuvo la de Montesquieu. No es obra de ficción ni de confidencias epistolares, sino de crítica social. A través de unos personajes ficticios sin personalidad propia, Cadalso expone sus ideas sobre las causas de la decadencia nacional y los medios de sacar al país de su inercia social y cultural, para incorporarlo al nivel progresivo de los demás países occidentales. Con ironía suave, sobriedad y sensatez, ataca cuanto hay de ridículo, arcaico y censurable en las distintas clases sociales y en la mentalidad colectiva, pero el impulso que le anima no es el placer de burlarse de las flaquezas humanas sino el deseo humanitario de mejorar el clima moral y mental del país sobre bases de tolerancia y racionalidad.

Como causas históricas de la decadencia señala las guerras casi continuas que el país había venido sosteniendo por siglos, la política imperialista de la dinastía austriaca, y el descuido de la ciencia. Pero también busca causas psicológicas en el carácter de los españoles, cuyos defectos principales considera ser el orgullo, el falso patriotismo, el menosprecio del trabajo, la intolerancia, la pereza mental y la consiguiente ignorancia. Su propósito no es, sin embargo, condenar todo lo tradicionalmente español como arcaico y primitivo ni tampoco elogiar todo lo extranjero como más avanzado, sino buscar el «justo medio» entre ambos extremos, conservando lo que hay de sano y valioso en la tradición, los viejos valores de la raza que él admira. Los remedios que propone son típicos de la era racionalista e «ilustrada»: el cultivo de las ciencias y el fomento del trabajo en todas sus formas útiles como instrumentos regeneradores del carácter, poniendo su esperanza de un progreso futuro en la juventud laboriosa.

La obra de Cadalso es la de un observador inteligente y honesto que con sorprendente modernidad de espíritu aspira a liquidar todo lo arcaico y letárgico del país para iniciar la marcha hacia el futuro, sustituyendo los prejuicios tradicionales por dos principios básicos: lo útil en la esfera material y lo bueno en la moral.

TEXTO: JOSÉ CADALSO, *Cartas marruecas* (ed. J. Tamayo y Rubio), «Clásicos Castellanos». Madrid, 1963.

CARTAS MARRUECAS

(1789)

INTRODUCCIÓN

Desde que Miguel de Cervantes compuso su inmortal novela, en que critica con tanto acierto algunas viciosas costumbres de nuestros abuelos, que sus nietos hemos reemplazado con otras, se han multiplicado las críticas de las naciones más cultas de Europa en las plumas de autores más o menos imparciales; pero las que han tenido más aceptación entre los hombres de mundo y de letras son las que llevan el nombre de cartas, que suponen escritas en éste o aquel país por viajeros naturales de reinos no sólo distantes, sino opuestos en religión, clima y gobierno. El mayor suceso de esta especie de críticas debe atribuirse al método epistolar, que hace su lectura más cómoda, su distribución más fácil, y su estilo más ameno; como también a lo extraño del carácter de los supuestos autores, de cuyo conjunto resulta que, aunque en muchos casos no digan cosas nuevas, las profieren siempre con cierta novedad que gusta.

Esta ficción no es tan natural en España, por ser menos el número de los viajeros a quienes atribuir semejante obra. Sería increíble el título de Cartas Persianas, Turcas o Chinescas, escritas de este lado de los Pirineos. Esta consideración me fue siempre sensible, porque, en vista de las costumbres que aún conservamos de nuestros antiguos, las que hemos contraído del trato de los extranjeros, y las que ni bien están admitidas ni desechadas, siempre me pareció que podría trabajarse sobre este asunto con suceso, introduciendo algún viajero venido de lejanas tierras, o de tierras muy diferentes de la nuestra en costumbres y usos.

La suerte quiso que, por muerte de un conocido mío cayese en mis manos un manuscrito cuyo título es: *Cartas escritas por un moro llamado Gazel Ben-Aly, a Ben-Beley, amigo suyo, sobre los usos y costumbres de los españoles antiguos y modernos, con algunas respuestas de Ben-Beley, y otras cartas relativas a éstas.* Acabó su vida mi amigo antes que pudiese explicarme si eran efectivamente cartas escritas por el autor que sonaba, como se podía inferir del estilo, o si era pasatiempo del difunto, en cuya composición hubiese gastado los últimos años de su vida. Ambos casos son posibles: el lector juzgará lo que piense más acertado, conociendo que, si estas cartas son útiles o inútiles, malas o buenas, importa poco la calidad del verdadero autor.

Me he animado a publicarlas por cuanto en ellas no se trata de religión ni de gobierno; pues se observará fácilmente que son pocas las veces que por muy remota conexión se toca algo de estos dos asuntos.

No hay en el original serie alguna de fechas, y me pareció trabajo que dilataría mucho la publicación de esta obra el de coordinarlas; por cuya razón no me he detenido en hacerlo ni en decir el carácter de los que las escribieron. Esto último se inferirá de su lectura. Algunas de ellas mantienen todo el estilo, y aun el genio, digámoslo así, de la lengua arábiga su original; parecerán ridículas sus frases a un europeo, sublimes y pindáricas[1] contra el carácter del estilo epistolar y común; pero también parecerán inaguantables nuestras locuciones a un africano. ¿Cuál tiene razón? No lo sé. No me atrevo a decirlo, ni creo que pueda hacerlo sino uno que ni sea africano ni europeo. La naturaleza es la única que

---

[1] en el estilo majestuoso y metafórico de las odas de Píndaro, poeta helénico (siglo V a.C.)

puede ser juez; pero su voz, ¿dónde suena? Tampoco lo sé. Es demasiada la confusión de otras voces para que se oiga la de la común madre en muchos asuntos de los que se presentan en el trato diario de los hombres [...][2]

Algo más me ha detenido otra consideración, que, a la verdad, es muy fuerte, y tanto, que me hubo de resolver a no publicar esta obra, a saber: que no ha de gustar, ni puede gustar. Me fundo en lo siguiente: Estas cartas tratan del carácter nacional, cual lo es en el día, y cual lo ha sido. Para manejar esta crítica al gusto de algunos sería preciso ajar a la nación, llenarla de improperios y no hallar en ella cosa de mediano mérito. Para complacer a otros, sería igualmente necesario alabar todo lo que nos ofrece el examen de su genio y ensalzar todo lo que en sí es reprensible. Cualquiera de estos dos sistemas que se siguiese en las Cartas tendría gran número de apasionados; y a costa de mal conceptuarse con unos el autor, se hubiera congraciado con otros. Pero en la imparcialidad que reina en ellas, es indispensable contraer el odio de ambas parcialidades. Es verdad que este justo medio es el que debe procurar seguir un hombre que quiera hacer algún uso de su razón; pero es también el de hacerse sospechoso a los preocupados de ambos extremos. Por ejemplo: un español de los que llaman rancios,[3] irá perdiendo parte de su gravedad, y casi casi llegará a sonreírse cuando lea alguna especie de sátira contra el amor a la novedad; pero cuando llegue al párrafo siguiente y vea que el autor de la carta alaba en la novedad alguna cosa útil, que no conocieron los antiguos, tirará el libro al brasero y exclamará: ¡Jesús, María y José! Este hombre es traidor a su patria. Por el contrario, cuando uno de estos que se avergüenzan de haber nacido de este lado de los Pirineos vaya leyendo un panegírico de muchas cosas buenas que podemos

haber contraído de los extranjeros, dará sin duda mil besos a tan agradables páginas; pero si tiene la paciencia de leer pocos renglones más, y llega a alguna reflexión sobre lo sensible que es la pérdida de alguna parte de nuestro antiguo carácter, arrojará el libro a la chimenea y dirá a su ayuda de cámara: esto es absurdo, ridículo, impertinente, abominable y pitoyable.[4]

En consecuencia de esto, si yo, pobre editor de esta crítica, me presento en cualquiera casa de estas dos órdenes, aunque me reciban con algún buen modo,[5] no podrán quitarme que yo me diga según las circunstancias: en este instante están diciendo entre sí: *este hombre es un mal español*; o bien: *este hombre es un bárbaro*. Pero mi amor propio me consolará (como suele a otros en muchos casos), y me diré a mí mismo: yo no soy más que un hombre de bien, que he dado a luz un papel, que me ha parecido muy imparcial, sobre el asunto más delicado que hay en el mundo, que es la crítica de una nación.

Carta VII

DE GAZEL A BEN-BELEY[6]

En el imperio de Marruecos todos somos igualmente despreciables en el concepto del emperador y despreciados en el de la plebe: o por mejor decir, todos somos plebe, siendo muy accidental la distinción de uno u otro individuo por él mismo, y de ninguna esperanza para sus hijos; pero en Europa son varias las clases de vasallos en el dominio de cada monarca.

La primera consta de hombres que poseen inmensas riquezas de sus padres, y dejan por el mismo motivo a sus hijos considerables bienes. Ciertos empleos se dan a éstos solos, y gozan con más inmediación el favor del soberano. A esta jerarquía sigue

---

[2] [Cadalso justifica la omisión de notas por ser costumbre pedante y pesada]

[3] defensor de las viejas costumbres

[4] lamentable (típico galicismo de la época, que no ha sobrevivido)

[5] cierta cortesía

[6] El imaginario moro *Gazel Ben-Aly* escribe a su viejo maestro *Ben-Beley* desde España, donde está con una misión diplomática.

otra de nobles menos condecorados y poderosos. Su mucho número llena los empleos de las tropas, armadas, tribunales, magistraturas y otros, que en el gobierno monárquico no suelen darse a los plebeyos, sino por algún mérito sobresaliente.

Entre nosotros, siendo todos iguales, y poco duraderas las dignidades y posesiones, no se necesita diferencia en el modo de criar los hijos; pero en Europa la educación de la juventud debe mirarse como objeto de la mayor importancia. El que nace en la ínfima clase de las tres, y que ha de pasar su vida en ella, no necesita estudios, sino saber el oficio de sus padres en los términos en que se lo ve ejercer. El de la segunda ya necesita otra educación para desempeñar los empleos que ha de ocupar con el tiempo. Los de la primera se ven precisados a esto mismo con más fuerte obligación, porque a los veinticinco años, o antes, han de gobernar sus estados, que son muy vastos, disponer de inmensas rentas, mandar cuerpos militares, concurrir con los embajadores, frecuentar el palacio, y ser el dechado[7] de los de la segunda clase.

Esta teoría no siempre se verifica con la exactitud que se necesita. En este siglo se nota alguna falta de esto en España. Entre risa y llanto me contó Nuño[8] un lance que parece de novela, en que se halló, y que prueba evidentemente esta falta, tanto más sensible cuanto de él mismo se prueba la viveza de los talentos de la juventud española, singularmente en algunas provincias; pero antes de contarlo, puso el preludio siguiente:

—Días ha que vivo en el mundo, como si me hallara fuera de él. En este supuesto, no sé a cuántos estamos[9] de educación pública; y lo que es más, tampoco quiero saberlo. Cuando yo era capitán de infantería, me hallaba en frecuentes concursos de gentes de todas clases: noté esta misma desgracia; y queriendo remediarla en mis hijos, si Dios me los daba, leí, oí, medité y hablé mucho

sobre esta materia. Hallé diferentes pareceres: unos sobre que convenía tal educación, otros sobre que convenía tal otra y también algunos sobre que no convenía ninguna.

Me acuerdo que yendo a Cádiz, donde se hallaba mi regimiento de guarnición,[10] me extravié y me perdí en un monte. Iba anocheciendo, cuando me encontré con un caballero de hasta unos veintidós años, de buen porte y presencia. Llevaba un arrogante caballo, sus dos pistolas primorosas, calzón y ajustador de ante con muchas docenas de botones de plata, el pelo dentro de una redecilla blanca, capa de verano caída sobre el anca del caballo, sombrero blanco finísimo y pañuelo de seda morada al cuello. Nos saludamos, como era regular, y preguntándole por el camino de tal parte me respondió que estaba lejos de allí; que la noche ya estaba encima y dispuesta a tronar; que el monte no era seguro; que mi caballo estaba cansado, y que, en vista de todo esto, me aconsejaba y suplicaba que fuese con él a un cortijo[11] de su abuelo, que estaba a media legua corta. Lo dijo todo con tanta franqueza y agasajo, y lo instó con tanto empeño, que acepté la oferta. La conversación cayó, según costumbre, sobre el tiempo y cosas semejantes; pero en ella manifestaba el mozo una luz natural clarísima con varias salidas de viveza y feliz penetración, lo cual, junto con una voz muy agradable y gesto muy proporcionado, mostraba en él todos los requisitos naturales de un perfecto orador; pero de los artificiales, esto es, de los que enseña el arte por medio del estudio, no se hallaba ni uno siquiera. Salimos ya del monte, cuando no pudiendo menos de notar lo hermoso de los árboles le pregunté si cortaban de aquella madera para construcción de navíos.

—¿Qué sé yo de eso? —me respondió con presteza.— Para eso, mi tío el comendador. En todo el día no habla sino de navíos, brulotes,[12] fragatas y galeras. ¡Válgame Dios,

---

[7] modelo

[8] imaginario español viejo y cristiano que sirve de consejero al musulmán Gazel (son representantes de las dos razas enemigas, ahora unidos por la amistad y la comprensión; a través de ellos es Cadalso quien habla)

[9] en qué fecha (estado)

[10] detalle autobiográfico

[11] casa de campo

[12] barcos incendiarios que se lanzaban sobre los buques enemigos para quemarlos

y qué pesado está el buen caballero! Poquitas veces hemos oído de su boca, algo trémula por sobra de años y falta de dientes, la batalla de Tolón,[13] la toma de los navíos la *Princesa* y el *Glorioso*, la colocación de los navíos de Leso en Cartagena.[14] Tengo la cabeza llena de almirantes holandeses e ingleses. Por cuanto hay en el mundo dejará de rezar todas las noches a San Telmo por los navegantes; y luego entra en un gran parladillo[15] sobre los peligros de la mar, al que se sigue otro sobre la pérdida de toda una flota entera, no sé qué año, en que se escapó el buen señor nadando, y luego una digresión natural y bien traída sobre lo útil que es el saber nadar. Desde que tengo uso de razón no le he visto corresponderse por escrito sino con el marqués de la Victoria,[16] ni le he conocido más pesadumbre que la que tuvo cuando supo la muerte de don Jorge Juan.[17] El otro día estábamos muy descuidados comiendo, y al dar el reloj las tres, dio una gran palmada en la mesa, que hubo de romperla[18] o romperse las manos, y dijo, no sin mucha cólera: —A esta hora fue cuando se llegó a nosotros, que íbamos en el navío la *Princesa*, el tercer navío inglés. Y a fe que era muy hermoso y de noventa cañones. ¡Y qué velero! De eso no he visto. Lo mandaba un señor oficial. Si no es por él, los otros dos no hubieran contado el lance. ¿Pero qué se ha de hacer? ¡Tantos a uno!
—En esto le asaltó la gota que padece días ha, y que nos valió un poco de descanso, porque si no, tenía traza de irnos contando de uno en uno todos los lances de mar que ha habido en el mundo desde el arca de Noé.

Cesó por un rato el mozalbete la murmuración contra su tío, tan respetable según lo que él mismo contaba; y al entrar en un campo muy llano, con dos lugarcillos que se descubrían a corta distancia el uno del otro:
—¡Bravo campo —dije yo— para disponer setenta mil hombres en batalla!

—Con ésas a mi primo el cadete de Guardias —respondió el señorito con igual desembarazo—, que sabe cuántas batallas se han dado desde que los ángeles buenos derrotaron a los malos. Y no es lo más esto, sino que sabe también las que se perdieron, por qué se perdieron y las que se ganaron, por qué se ganaron, y por qué se quedaron indecisas las que ni se perdieron ni ganaron. Ya lleva gastados no sé cuántos doblones en instrumentos de matemáticas, y tiene un baúl lleno de unos que él llama planos, y son unas estampas feas que ni tienen caras ni cuerpos.

Procuré no hablarle más de ejército que de marina, y sólo le dije:
—No sería lejos de aquí la batalla que se dio en tiempo de don Rodrigo,[19] y fue tan costosa como nos dice la historia.
—¡Historia! —dijo—. Me alegrara que estuviera aquí mi hermano el canónigo de Sevilla. Yo no la he aprendido, porque Dios me ha dado en él una biblioteca viva de todas las historias del mundo. Es mozo que sabe de qué color era el vestido que llevaba puesto el rey San Fernando cuando tomó a Sevilla.[20]

Llegábamos ya cerca del cortijo, sin que el caballero me hubiese contestado a materia alguna de cuantas le toqué. Mi natural sinceridad me llevó a preguntarle cómo le habían educado, y me respondió:
—A mi gusto, al de mi madre y al de mi abuelo, que era un señor muy anciano, que me quería como a las niñas de sus ojos. Murió de cerca de cien años de edad. Había sido capitán de Lanzas de Carlos II,[21] en cuyo palacio se había criado. Mi padre bien quería que yo estudiase, pero tuvo poca vida y autoridad para conseguirlo. Murió sin tener el gusto de verme escribir. Ya me había buscado un ayo, y la cosa iba de veras, cuando cierto accidentillo lo descompuso todo.
—¿Cuáles fueron sus primeras lecciones? —le pregunté.

---

[13] Toulon, puerto del Sur de Francia, frente al cual la escuadra española y la francesa derrotaron a la inglesa (1744)
[14] Blas de Lezo (1687–1741), marino español que defendió el puerto de Cartagena de Indias (Colombia) contra los ingleses
[15] dim. de *parla*, verbosidad insubstancial
[16] el jefe de la escuadra española, don José Navarro

[17] gran marino y geógrafo español, muerto en 1773
[18] (expresa probabilidad, en sentido figurado)
[19] el último rey godo de España, derrotado por los moros en Guadalete
[20] Fernando III el Santo, rey de Castilla y León, conquistó Sevilla a los moros en 1248.
[21] último rey Hapsburgo de España (1665–1700)

—Ninguna —respondió el mocito—; en sabiendo leer un romance y tocar un polo,[22] ¿para qué necesita más un caballero? Mi *dómine*[23] bien quiso meterme en honduras; pero le fue muy mal y hubo de irle mucho peor. El caso fue que había yo ido con otros camaradas a un encierro.[24] Súpolo el buen maestro y vino tras mí a oponerse a mi voluntad. Llegó precisamente a tiempo que los vaqueros me andaban enseñando cómo se toma la vara. No pudo su desgracia traerle a peor ocasión. A la segunda palabra que quiso hablar, le di un varazo tan divino en medio de los sentidos,[25] que le abrí la cabeza en más cascos que una naranja; y gracias que me contuve, porque mi primer pensamiento fue ponerle una vara lo mismo que a un toro de diez años; pero, por primera vez, me contenté con lo dicho. Todos gritaban: ¡Viva el señorito!; y hasta el tío Gregorio, que es hombre de pocas palabras, exclamó: «Lo ha hecho usía como un ángel del cielo.»

—¿Quién es ese tío Gregorio? —pregúntéle atónito de que aprobase tal insolencia; y me respondió:

—El tío Gregorio es un carnicero de la ciudad que suele acompañarnos a comer, fumar y jugar. ¡Poquito[26] lo queremos todos los caballeros de por acá! Con ocasión de irse mi primo Jaime María a Granada y yo a Sevilla, hubimos de sacar la espada sobre quién se lo había de llevar; y en esto hubiera parado la cosa, si en aquel tiempo mismo no le hubiera preso la Justicia por no sé qué puñaladillas y otras friolerillas[27] semejantes, que todo ello se compuso[28] al mes de cárcel.

Dándome cuenta del carácter del tío Gregorio y otros iguales personajes, llegamos al cortijo. Presentóme a los que allí se hallaban, que eran varios amigos o parientes suyos de la misma edad, clase y crianza, que se habían juntado para ir a una cacería, y esperando la hora competente pasaban la noche jugando, cenando, cantando y bailando; para todo lo que se hallaban muy bien provistos, porque habían concurrido algunas gitanas con sus venerables padres, dignos esposos y preciosos hijos. Allí tuve la dicha de conocer al señor tío Gregorio. A su voz ronca y hueca, patilla larga, vientre redondo, modales bastos, frecuentes juramentos y trato familiar, se distinguía entre todos. Su oficio era hacer cigarros,[29] dándolos ya encendidos de su boca a los caballeritos, atizar los velones,[30] decir el nombre y mérito de cada gitana, llevar el compás con las palmas de las manos cuando bailaba alguno de sus apasionados protectores, y brindar a su salud con medios cántaros de vino. Conociendo que venía cansado, me hicieron cenar luego y me llevaron a un cuarto algo apartado para dormir, destinando a un mozo del cortijo para que me llamase y condujese al camino. Contarte los dichos y hechos de aquella academia fuera imposible, o tal vez indecente; sólo diré que el humo de los cigarros, los gritos y palmadas del tío Gregorio, la bulla de voces, el ruido de las castañuelas, lo destemplado de la guitarra, el chillido de las gitanas sobre cuál había de tocar el polo para que lo bailase Preciosilla, el ladrido de los perros y el desentono de los que cantaban, no me dejaron pegar los ojos en toda la noche. Llegada la hora de marchar, monté a caballo, diciéndome a mí mismo en voz baja: ¿Así se cría una juventud que pudiera ser tan útil si fuera la educación igual al talento? Y un hombre serio, que al parecer estaba de mal humor con aquel género de vida, oyéndome, me dijo con lágrimas en los ojos:

—Sí, señor; así se cría.

Carta XXXVIII

DEL MISMO AL MISMO

Uno de los defectos de la nación española, según el sentir de las demás europeas, es el orgullo. Si esto es así, es muy extraña la

[22] aire flamenco (aquí, «tocar la guitarra»)
[23] ayo, maestro
[24] selección de los toros que se llevan a encerrar para la corrida
[25] la frente
[26] mucho
[27] dim. de *frioleras*, insignificancias
[28] arregló
[29] liar cigarrillos
[30] avivar la luz de las lámparas de aceite

proporción en que este vicio se nota entre los españoles, pues crece según disminuye el carácter del sujeto, parecido en algo a lo que los físicos dicen haber hallado en el descenso de los graves hacia el centro; tendencia que crece mientras más baja el cuerpo que la contiene. El rey lava los pies a doce pobres en ciertos días del año, acompañado de sus hijos, con tanta humildad, que yo, sin entender el sentido religioso de esta ceremonia, cuando asistí a ella me llené de ternura y prorrumpí en lágrimas. Los magnates o nobles de primera jerarquía, aunque de cuando en cuando hablan de sus abuelos, se familiarizan hasta con sus ínfimos criados. Los nobles menos elevados hablan con más frecuencia de sus conexiones, entronques y enlaces. Los caballeros de las ciudades ya son algo pesados en punto de nobleza. Antes de visitar a un forastero o admitirle en sus casas, indagan quién fue su quinto abuelo, teniendo buen cuidado de no bajar un punto de esta etiqueta, aunque sea en favor de un magistrado del más alto mérito y ciencia, ni de un militar lleno de heridas y servicios. Lo más es que aunque uno y otro forastero tengan un origen de los más ilustres, siempre se mira como tacha inexcusable el no haber nacido

en la ciudad donde se halla de paso; pues se da por regla general que nobleza como ella no la hay en todo el reino.

Todo lo dicho es poco en comparación de la vanidad de un hidalgo de aldea. Éste se pasea majestuosamente en la triste plaza de su pobre lugar, embozado en su mala capa, contemplando el escudo de armas que cubre la puerta de su casa medio caída y dando gracias a la providencia divina de haberle hecho don Fulano de Tal. No se quitará el sombrero (aunque lo pudiera hacer sin desembozarse); no saludará al forastero que llega al mesón, aunque sea el general de la provincia o el presidente del primer tribunal de ella. Lo más que se digna hacer es preguntar si el forastero es de casa solar[31] conocida al fuero[32] de Castilla; qué escudo es el de sus armas y si tiene parientes conocidos en aquellas cercanías.

Pero lo que te ha de pasmar es el grado en que se halla este vicio en los pobres mendigos. Piden limosna; si se les niega con alguna aspereza, insultan al mismo a quien poco ha suplicaban. Hay un proverbio por acá que dice: «El alemán pide limosna cantando, el francés llorando y el español regañando».

---

[31] familia noble

[32] ley que otorga un privilegio a cierta clase o persona

Los Fabulistas

Por su valor histórico y representativo, si no poético, las fábulas en verso son un género indispensable para conocer la literatura del siglo XVIII. Al buscar una poesía que ofreciese enseñanzas útiles más que impresiones estéticas, ironía más que emoción, pensamiento más que imaginación, las fábulas clásicas de Esopo y Fedro, o las francesas de La Fontaine, fueron modelos admirados en esta era neoclásica y afrancesada. Con ellos se reanuda, a la vez, la tradición didáctica de los apólogos medievales, pero utilizando el verso y conforme a la mentalidad y preocupaciones del día. En forma ligera, la fábula ofrece los dos rasgos característicos de la literatura del siglo «ilustrado» —el didacticismo y la crítica— bajo la doble inspiración de la ideología enciclopedista y de la estética neoclásica. Es precisamente este género menor, de escasas pretensiones literarias, el único que ha logrado popularidad y permanencia entre todos los producidos entonces, especialmente por haber servido de lectura tradicional en las escuelas españolas, gracias a la sencillez y gracia con que cuenta unas anécdotas, y a pesar de que muchas de las ideas implícitas resulten ya anticuadas o incomprensibles para el lector profano.

Félix María de Samaniego
(1745-1801)

Uno de los dos fabulistas más notables y populares de esta época es Félix María de Samaniego, natural de la Rioja y señor de cinco pueblos en el valle de Arraya (Vitoria). Sus estudios escolares no pasaron de dos años, pero vivió algún tiempo en Francia y allí absorbió las nuevas ideas enciclopedistas, así como el espíritu escéptico y burlón de los volterianos. Contribuyó a crear la Sociedad Vascongada, importante corporación dedicada a fomentar el desarrollo cultural y económico de la región. Procesado por ciertas sátiras anticlericales, pasó una temporada refugiado en un convento próximo a Bilbao y al salir volvió a satirizar la vida regalada de los frailes. En 1781 y a petición de su tío, el conde de Peñaflorida, publicó sus

Fábulas morales con destino a los alumnos del Seminario de Vergara, donde él había vivido algunas veces. Era una colección de 137 apólogos, basados casi todos en los fabulistas clásicos y en La Fontaine, aunque algunos eran originales. Su objeto principal era ridiculizar defectos comunes del hombre, como el orgullo, la vanidad, la hipocresía, la pereza; el tono, bastante práctico y superficial. Su mérito principal está en la forma plástica con que presenta la anécdota y en su graciosa espontaneidad. Las fábulas de Samaniego se hicieron rápidamente populares, reeditándose numerosas veces en todo el siglo siguiente.

TEXTO: FÉLIX MARÍA DE SAMANIEGO. *Poesías.* «Biblioteca Autores Españoles», LXI. Madrid, 1869.

FÁBULAS MORALES
(1781)

La lechera[1]

Llevaba en la cabeza
una lechera el cántaro al mercado
con aquella presteza,
aquel aire sencillo, aquel agrado,
que va diciendo a todo el que lo advierte:
«¡Yo sí que estoy contenta con mi suerte!»
    Porque no apetecía
más compañía que su pensamiento,
que alegre le ofrecía
inocentes ideas de contento,
marchaba sola la feliz lechera,
y decía entre sí de esta manera:
    «Esta leche, vendida,
en limpio me dará tanto dinero,
y con esta partida
un canasto de huevos comprar quiero,
para sacar cien pollos, que al estío
me rodeen cantando el *pío, pío.*
    «Del importe logrado
de tanto pollo mercaré un cochino;
con bellota, salvado,[2]
berza, castaña, engordará sin tino;[3]
tanto, que puede ser que yo consiga
ver cómo se le arrastra la barriga.

    «Llevarélo al mercado;
sacaré de él sin duda buen dinero:
compraré de contado
una robusta vaca y un ternero,
que salte y corra toda la campaña,
hasta el monte cercano a la cabaña.»
    Con este pensamiento
enajenada, brinca de manera,
que a su salto violento
el cántaro cayó. ¡Pobre lechera!
¡Qué compasión! Adiós leche, dinero,
huevos, pollos, lechón, vaca y ternero.
    ¡Oh, loca fantasía,
qué palacios fabricas en el viento!
Modera tu alegría;
no sea que saltando de contento,
al contemplar dichosa tu mudanza,
quiebre su cantarillo la esperanza.
    No seas ambiciosa
de mejor o más próspera fortuna;
que vivirás ansiosa
sin que pueda saciarte cosa alguna.
    No anheles impaciente el bien futuro:
mira que ni el presente está seguro.

---

[1] el antecedente medieval de esta fábula oriental está en *El conde Lucanor* (*supra*, pág. 42) y otro más inmediato en La Fontaine (1621-1695)

[2] cáscara del grano molido
[3] enormemente

El Cuervo y el Zorro

En la rama de un árbol,
bien ufano y contento,
con un queso en el pico
estaba el señor Cuervo.
Del olor atraído
un zorro muy maestro,
le dijo estas palabras,
o poco más o menos:
«Tenga usted buenos días,
señor Cuervo, mi dueño;
vaya que estáis donoso;
mono, lindo en extremo;
yo no gusto lisonjas,
y digo lo que siento;
que si a tu bella traza
corresponde el gorjeo,
juro a la diosa Ceres,[4]
siendo testigo el cielo,

que tú serás el fénix[5]
de sus vastos imperios.»
Al oír un discurso
tan dulce y halagüeño,
de vanidad llevado,
quiso cantar el cuervo.
Abrió su negro pico,
dejó caer el queso;
el muy astuto zorro,
después de haberlo preso,
le dijo: «Señor bobo,
pues sin otro alimento,
quedáis con alabanzas
tan hinchado y repleto,
digerid las lisonjas
mientras yo como el queso.»
Quien oye aduladores,
nunca espere otro premio.

El Camello y la Pulga

Al que ostenta valimiento,
cuando su poder es tal
que ni influye en bien ni en mal,
le quiero contar un cuento.
En una larga jornada,
un camello muy cargado,
exclamó ya fatigado:
«¡Oh qué carga tan pesada!»
Doña Pulga, que montada
iba sobre él, al instante
se apea, y dice arrogante:
«Del peso te libro yo.»
El camello respondió:
«Gracias, señor Elefante.»

---

[4] protectora de la agricultura y demás frutos de la tierra

[5] ave fabulosa e inmortal que renace de sus propias cenizas

Tomás de Iriarte

(1750-1791)

El otro renombrado fabulista del siglo XVIII, Tomás de Iriarte, nació en la isla de Tenerife (Canarias), de familia intelectual, pero se educó desde los trece años en Madrid, bajo la protección de un tío que era bibliotecario del Palacio Real y buen latinista. Más tarde le sucedió en el cargo de traductor oficial. Iriarte alcanzó alta reputación en los medios literarios como defensor del neoclasicismo. Era asiduo de las principales tertulias madrileñas, como la de la Fonda de San Sebastián, en las que se practicaba sobre todo el arte de la crítica mordaz bajo modales aristocráticos, y se vio envuelto en las violentas polémicas literarias y personales que caracterizaron a la vida cultural del siglo. Tuvo por enemigos a casi todos los escritores prominentes, como Samaniego (su amigo hasta la aparición de las fábulas rivales de Iriarte), Meléndez Valdés, los dramaturgos Ramón de la Cruz y García de la Huerta. Tropezó también con la Inquisición por cierta sátira sobre el Papado. Hasta que los disgustos de tantos ataques contribuyeron a precipitar su muerte, a la edad de 41 años.

Entre las obras que le dieron más renombre en su tiempo figuran una traducción del *Arte poética* de Horacio (1777) y un poema didáctico, *La Música* (1779), en cinco cantos, donde aplicó las rígidas normas estéticas del neoclasicismo con más industria que inspiración. La obra tuvo éxito sobre todo en el extranjero, siendo traducida a varios idiomas y elogiada por los preceptistas más prestigiosos. Compuso también algunas comedias de sátira costumbrista, como *La señorita mal criada* (1788) y *El señorito mimado* (1790), que tuvieron bastante éxito entonces pero que no han sobrevivido por su superficialidad. Fue, como es natural, académico de la lengua. Su estilo es siempre correcto, pero frío.

La fama de Iriarte se debe hoy exclusivamente a las *Fábulas literarias* (1782), en las que defiende los preceptos neoclásicos de moda (necesidad de reglas en el arte, de claridad y sencillez, de armonizar lo útil y lo bello, y otros) atacando a aquellos escritores que los niegan u olvidan, en un tono ligero e irónico. Son, pues, una contribución más a la gran controversia literaria entre tradicionalistas y afrancesados.

Aunque sus versos carecen de la gracia y espontaneidad de Samaniego, tienen al menos el mérito de su variedad métrica (tanto de arte mayor como menor) y de su originalidad temática.

TEXTO: TOMÁS DE IRIARTE. *Poesías* (ed. A. Navarro González), «Clásicos Castellanos». Madrid, 1953.

FÁBULAS LITERARIAS
(1782)

El Oso, la Mona y el Cerdo

*Nunca una obra se acredita
tanto de mala como cuando la
aplauden los necios.*

Un oso con que la vida
ganaba un piamontés,
la no muy bien aprendida
danza ensayaba en dos pies.
Queriendo hacer de persona,
dijo a una mona: «¿Qué tal?»
Era perita[1] la mona,
y respondióle: «Muy mal.»
«Yo creo, replicó el oso,
que me haces poco favor.
¡Pues qué! ¿Mi aire no es garboso?
¿No hago el paso con primor?»
Estaba el cerdo presente,
y dijo: «¡Bravo, bien va!

Bailarín más excelente
no se ha visto ni verá.»
Echó el oso, al oír esto,
sus cuentas allí entre sí,
y con ademán modesto,
hubo de exclamar así:
«Cuando me desaprobaba
la mona, llegué a dudar;
mas ya que el cerdo me alaba,
muy mal debo de bailar.»
Guarde para su regalo
esta sentencia un autor:
Si el sabio no aprueba, ¡malo!
si el necio aplaude, ¡peor!

El Burro flautista

*Sin reglas del arte, el que en
algo acierta, acierta por casualidad.*

Esta fabulilla,
salga bien o mal,
me ha ocurrido ahora
por casualidad.
Cerca de unos prados
que hay en mi lugar,
pasaba un borrico
por casualidad.
Una flauta en ellos
halló, que un zagal
se dejó olvidada
por casualidad.
Acercóse a olerla
el dicho animal,

y dio un resoplido
por casualidad.
En la flauta el aire
se hubo de colar,
y sonó la flauta
por casualidad.
«¡Oh —dijo el borrico—:
qué bien sé tocar!
¡Y dirán que es mala
la música asnal!»
Sin reglas del arte,
borriquitos hay
que una vez aciertan
por casualidad.

---

[1] experta

Juan Meléndez Valdés

(1754-1817)

La escuela neoclásica del siglo XVIII fue poco propicia al desarrollo de la poesía lírica por su tendencia a reprimir los vuelos de la imaginación y de las emociones en nombre de lo razonable o «buen gusto,» según se llamaba a su ideal estético. Al reaccionar contra los artificios retóricos y extravagante imaginería del culteranismo, se cae en una poesía prosaica y fría, correcta de forma, clara y sencilla, más pensada que sentida. En la segunda mitad del siglo, sin embargo, aparece en Salamanca una escuela poética de hombres universitarios que inicia la revitalización de la lírica, dando expresión a un sentimiento vehemente y a menudo lacrimógeno que anuncia ya el emocionalismo romántico de la era siguiente. El poeta más notable de esta «escuela salmantina» es Juan Meléndez Valdés, cuyo seudónimo pastoril de *Batilo* alcanzó gran renombre en su tiempo. Sin pasar de poeta menor, fue el lírico más auténtico del siglo y el que mejor representa los distintos temas y formas métricas cultivados por la poesía neoclásica.

Era extremeño (de Ribera del Fresno, Badajoz) y estudió humanidades en un colegio de dominicos en Madrid y después Leyes en la Universidad de Salamanca, donde ocupó una cátedra de letras clásicas (1778-1789) y formó parte del grupo poético en que figuraban destacados escritores, como Fr. Diego González y José Cadalso. Este último fue uno de sus más íntimos amigos y ejerció gran influencia en sus aficiones literarias, especialmente en el cultivo de la poesía ligera y amatoria de tipo anacreóntico, así como en sus ideas enciclopedistas. En 1789 Meléndez dejó la enseñanza para dedicarse a la carrera judicial, siendo magistrado en varias ciudades. Entonces conoció al gran escritor y político Jovellanos, a quien admira como maestro y por cuya instigación se dedica a cultivar una poesía más solemne y ambiciosa de carácter filosófico-moral. Esa amistad le cuesta persecuciones políticas cuando Jovellanos cae del poder y es encarcelado. Por unos años vive retirado en Salamanca, gozando de la paz campestre y dedicado a la creación literaria. Al producirse la ocupación napoleónica de la Península, colaboró con los franceses, como tantos otros intelectuales «ilustrados», y fue nombrado Presidente de la Junta de Instrucción Pública y Consejero de Estado. Después se vio obligado a emigrar a Francia, donde murió amargado a los cuatro años, en Montpellier.

Meléndez Valdés fue un hombre de fina sensibilidad y carácter tímido, vacilante, que en su vida y en su obra se dejó llevar fácilmente por la fuerza de la amistad, de los modelos literarios y de los acontecimientos públicos. Hay dos tipos contrapuestos de poesías suyas, que revelan el dualismo de su personalidad y la vacilación de su vocación. Uno, la poesía ligera, de carácter bucólico-amoroso, dedicada al goce voluptuoso de la naturaleza y de los sentidos, que corresponde al lado más frívolo, sensual y mundano del joven poeta. Otro es la poesía de meditaciones filosóficas y morales sobre la condición del hombre y de la sociedad que revelan al grave magistrado y enciclopedista.

Corresponden a la primera manera sus romances, letrillas y odas ana-creónticas de expresión dulce y musical, en que el tema amoroso aparece envuelto en una refinada sensualidad y la naturaleza es un escenario decorativo de idealizada belleza. En este paraíso bucólico, las impresiones sensoriales —vivos colores, sonidos armoniosos, olores fragantes, contactos delicados— quedan suavizadas por el uso frecuente de diminutivos («palomita pequeñuela», «fuentecilla», «arroyuelo») y de adjetivos dulces y placenteros («alegre», «grato», «melifluo»). Todo lo cual produce un efecto de ternura y delicadeza, de preciosa miniatura, que tanta admiración causaba en su tiempo.

En sus *Odas filosóficas y sagradas*, el estilo de Meléndez Valdés se hace discursivo, en forma de odas, sonetos, epístolas y tercetos, con versos largos a la manera clasicista. Trata de crear un lenguaje poético que conserve la grandilocuencia de la época barroca pero sin su «ridícula hinchazón». En vez de imágenes, predominan los conceptos abstractos sobre temas morales como la amistad, la calumnia o el fanatismo; temas de filantropía social (la agricultura, las artes, la cultura); cantos religiosos a la Naturaleza y al Creador; elogios de la vida retirada del campo y la «humilde medianía» horaciana; lamentos ante los sufrimientos y desilusiones ocasionados por la maldad humana con una naturaleza sombría y solitaria como fondo. En todo ello había, junto al elemento intelectual y prosaico, la expresión de experiencias personales que dan a su poesía una autenticidad de sentimiento poco común desde el Siglo de Oro, con lo cual viene a servir de enlace entre esta época y la romántica.

TEXTO: JUAN MELÉNDEZ VALDÉS. *Poesías* (ed. P. Salinas), «Clásicos Castellanos». Madrid, 1925; 1955.

POESÍAS
(1785, 1797)

LETRILLA

La flor del Zurguén[1]

Parad, airecillos,
y el ala encoged,
que en plácido sueño
reposa mi bien.
  Parad, y de rosas
tejedme un dosel,
do del sol se guarde
  la flor del Zurguén.
  Parad, airecillos,
parad, y veréis
a aquella que ciego
de amor os canté:
  a aquella que aflije
mi pecho cruel,
la gloria del Tormes,[2]
  la flor del Zurguén.
  Sus ojos luceros,
su boca un clavel,
rosa las mejillas;
y atónitos ved
  do artero Amor sabe
mil almas prender,
si al viento las tiende[3]
  la flor de Zurguén.

Volad a los valles;
veloces traed
la esencia más pura
que sus flores den.
  Veréis, cefirillos,
con cuánto placer
respira su aroma
  la flor del Zurguén.
  Soplad ese velo,
sopladlo, y veré
cuál late, y se agita
su seno con él:
  el seno turgente,
do tanta esquivez
abriga en mi daño
  la flor del Zurguén.
  ¡Ay cándido seno!
¡quién sola una vez
dolido te hallase
de su padecer!
  Mas ¡oh! ¡cuán en vano
mi súplica es!
que es cruda cual bella
  la flor del Zurguén.

---

[1] El poeta explica el título en una nota: «Así llamaba el autor a una niña muy bella de un valle cercano a Salamanca». Este lamento amoroso tiene frescura natural a pesar del convencionalismo pastoril.

[2] río de Salamanca

[3] Se refiere a «trenzas», palabra omitida del verso *y atónitos ved.*

La ruego, y mis ansias
altiva no cree:
suspiro, y desdeña
mi voz atender.
   ¿Decidme, airecillos,
decidme qué haré,
para que me escuche
   la flor del Zurguén?

Vosotros felices
con vuelo cortés
llegad, y besadle
por mí el albo pie.
   Llegad, y al oído
decidle mi fe;
quizá os oiga afable
   la flor del Zurguén.

Con blando susurro
llegad sin temer,
pues leda reposa,
su altivo desdén.
   Llegad y piadosos,
de un triste os doled;
así os dé su seno
   la flor del Zurguén.

SONETO

El despecho[4]

   Los ojos tristes, de llorar cansados,
alzando al cielo, su clemencia imploro;
mas vuelven luego al encendido lloro,
que el grave peso no los sufre alzados.
   Mil dolorosos ayes desdeñados
son ¡ay! trasunto de la luz[5] que adoro,
y ni me alivia el día, ni mejoro
con la callada noche mis cuidados.
   Huyo a la soledad, y va conmigo
oculto el mal, y nada me recrea;
en la ciudad en lágrimas me anego.
   Aborrezco mi ser, y aunque maldigo
la vida, temo que la muerte aun sea
remedio débil para tanto fuego.

---

[4] Como casi todos los sonetos, éste es de la primera
época, pero ya tiene algo de prerromántico en su
sentimiento lacrimoso de amante desdeñado.

[5] la mujer

ODA

El hombre imperfecto a
su perfectísimo Autor[6]

Señor, a cuyos días son los siglos
instantes fugitivos; Ser eterno,
torna a mí tu clemencia,
pues huye, vana sombra, mi existencia.

Tú, que hinches con tu espíritu inefable
el universo y más; Ser infinito,
mírame en faz pacible,[7]
pues soy menos que un átomo invisible.

Tú, en cuya diestra excelsa valedora
el cielo firme se sustenta, oh Fuerte,
pues sabes del ser mío
la vil flaqueza, me defiende pío.

Tú, que la inmensa creación alientas,
oh fuente de la vida indefectible,
oye mi voz rendida,
pues es muerte ante Ti mi triste vida.

Tú, que ves cuanto ha sido en tu honda
                             [mente,
cuanto es, cuanto será, Saber inmenso,
tu eterna luz imploro,
pues en sombras de error perdido lloro.

Tú, que allá sobre el cielo el trono
                             [santo
en luz gloriosa asientas, oh Inmutable,
con tu eternal firmeza
sostén, Señor, mi instable ligereza.

Tú, que si el brazo apartas, al abismo
los astros ves caer, oh Omnipotente,
pues yo no puedo nada,
de mi miseria duélete extremada.

Tú, a cuya mano por sustento vuela
el pajarillo, oh Bienhechor, oh Padre,
tus dones con largueza
derrama en mí, que todo soy pobreza.

Ser eterno, infinito, fuerte, vida,
sabio, inmutable, poderoso, Padre,
desde tu inmensa altura
no te olvides de mí, pues soy tu hechura

---

[6] una de las *Odas filosóficas y sagradas* (1797), muy influidas por *Night Thoughts on Life, Death and Immortality*, de Edward Young

[7] apacible, benévolo

Leandro Fernández de Moratín

(1760-1828)

Con una obra modesta pero bien pensada, Moratín llena el vacío creado en el teatro del siglo XVIII por la degeneración de la comedia tradicional, todavía popular pero inartística, y los dramas seudoclásicos de imitación extranjera, correctamente escritos pero poco representables. Moratín deja el camino falso de la tragedia clásica para cultivar la comedia de costumbres y crítica social que inicia el curso de la comedia moderna. Esta renovación fue hecha por un hombre tímido y reflexivo, de espíritu moderado e inclinado a observar el lado ridículo o absurdo de la gente, como buen intelectual de la Ilustración, pero temperamentalmente refractario a las violentas polémicas de su tiempo. Su obra es, como su carácter, sencilla, ordenada y sensata, sin altos vuelos imaginativos ni fuertes pasiones.

Leandro Fernández de Moratín fue hijo del poeta y dramaturgo Nicolás, destacado neoclásico cuya biblioteca y tertulia literaria en su casa de Madrid sirven de iniciación cultural al estudioso niño. El padre se opone, sin embargo, a que vaya a la universidad o se dedique a las letras, haciéndole aprender el oficio de joyero como medio más seguro de ganarse la vida. Es una actitud sintomática de la valorización del trabajo manual en esta época, sobre todo dada la ascendencia noble de Moratín. No obstante, el joven cultiva los versos, y a los 18 años gana el segundo premio en un concurso poético de la Real Academia Española con un romance histórico. Al morir sus padres abandona la joyería para dedicarse enteramente a la literatura. En 1786 lee su primera comedia (*El viejo y la niña*) a una compañía teatral, pero decide retirarla ante los obstáculos de la censura.

Conocido su talento en los círculos intelectuales, es nombrado secretario del conde de Cabarrús en una misión diplomática a París, donde acaba otra comedia (*El barón*). La caída política de Cabarrús y su encarcelamiento al volver a España asustan al tímido Moratín, quien se aleja de la vida pública, quedando sin empleo. Pero los gobiernos del siglo «ilustrado» desean fomentar la cultura y Moratín obtiene pronto varios beneficios eclesiásticos (que le obligan a recibir las primeras órdenes sacerdotales), tomándole el nuevo favorito Manuel Godoy bajo su protección. Pensionado para viajar por el extranjero, presencia con horror los excesos de la Revolución francesa en París y se marcha a Londres, donde se familiariza con el teatro inglés, especialmente el de Shakespeare, cuyo valor no llegó a apreciar completamente por sus prejuicios neoclásicos. Su traducción en prosa de *Hamlet*, aunque mediana, fue la primera en español hecha directamente del original. Viaja luego por toda Italia, pasando por los Países Bajos, Francia y Alemania, escribiendo sin cesar, entre otras cosas un *Viaje a Italia* con todas sus observaciones del país. Tras cuatro años de ausencia, vuelve a Madrid y es nombrado Secretario de Interpretación de Lenguas, así como director de una nueva Junta de teatros encargada de depurar y estimular la escena española, cargo de corta duración por haber chocado Moratín con el ignorante e irascible general que presidía la Junta. Cuando después se le nombra Director de los teatros, Moratín renuncia al puesto. Ahora conoce a Goya, que pinta su conocido retrato, y se enamora de la joven Francisca Muñoz, quien tras largo noviazgo termina casándose con otro ante las vacilaciones del escritor.

Durante la ocupación napoleónica (1808–14), Moratín es uno de tantos intelectuales de ideas progresistas que colaboran con los franceses, siendo nombrado bibliotecario mayor de la Biblioteca Real (hoy Nacional) y Caballero del Pentágono, orden creada por el rey José Bonaparte. Luego emigra a Francia con los demás «afrancesados», aunque le fueron devueltos los bienes confiscados y pasó un año en Barcelona durante el período liberal (1820–21). Acogido en casa de unos amigos en Bayona, se dedicó los últimos años a leer y a componer su valiosa historia crítica *Orígenes del teatro español*, pero abandona la creación dramática. Muere en París, de una apoplejía.

Aparte de sus poesías neoclásicas, de un valor discreto, compuso una buena sátira literaria en prosa, *La derrota de los pedantes*, en la que los buenos poetas y las Musas arrojan del Parnaso a los malos escritores españoles, usando como proyectiles los libros condenados con un estrecho criterio clasicista. Su obra creativa principal consiste en cinco comedias que, sin ser grandes, cumplen con moderación y finura artística su cometido: presentar un tema moral tomado de la vida ordinaria y desarrollado con una acción simple y divertida en un lenguaje natural y correcto. Su acierto está en combinar el elemento realista de la comedia del Siglo de Oro como pintura de costumbres, la lección moral en defensa de los sanos sentimientos naturales frente a la autoridad doméstica y los convencionalismos sociales, y una construcción lógica y bien medida. Este acierto lo tuvo Moratín a pesar de los preceptos neoclásicos que defendía—las tres unidades de tiempo, lugar y acción, el propósito moralizante de «ridiculizar los vicios y errores de la sociedad» y recomendar «la verdad y la virtud», la acción limitada a unas pocas personas ordinarias, y otras condiciones limitadoras de la concepción dramática que no le impidieron dar vitalidad y gracia a sus creaciones.

Dos temas críticos inspiran sus comedias. En *La comedia nueva o El café* (1792) hace una sátira de la degenerada comedia nacional, cultivada con fines comerciales y llena de extravagancias y burdas imperfecciones, que él condena en nombre de los preceptos neoclásicos del buen gusto y del decoro literario. Como es natural, la obra le convirtió en ídolo de la escuela clasicista. El tema de las demás comedias es la defensa del matrimonio basado en la libre elección y la igualdad de edad y condición frente a los enlaces de conveniencia impuestos por la autoridad paterna. Era una idea bastante revolucionaria para una sociedad tradicionalista y jerárquica, sobre todo por mostrar la hipocresía y mentira del sistema. De ahí que provocase la censura de algunos representantes del orden establecido como ataque peligroso para la familia. Ya en *El viejo y la niña* (estrenada en 1790) se presenta el fracaso matrimonial de la joven casada, por obediencia familiar, con un viejo avaro y tiránico, y su refugio ulterior en un convento. En *La mojigata* (1791), también en verso como la anterior (siguiendo todavía la tradición del Siglo de Oro), censura el uso que hace una mujer de la devoción fingida para lograr sus planes matrimoniales.

En *El sí de las niñas*, la última comedia que compuso (1801, estrenada en 1806), y la mejor y más aplaudida de Moratín, combina el tema del matrimonio desigual con los defectos de la educación conventual de la mujer y el torpe egoísmo de los padres que anteponen los intereses materiales a los verdaderos sentimientos de los hijos. Aquí la desgracia se evita gracias a la sensatez y generosidad del viejo que en parte representa al propio Moratín. Como las otras, es una comedia de trama simple y perfectamente desarrollada, con algunos arrebatos sentimentales de las víctimas del amor que se anticipan al Romanticismo, y su equilibrada crítica de costumbres. Los caracteres son buenos retratos individuales, incluso los secundarios, aunque de escasa dimensión universal; y el diálogo, perfectamente adaptado a los personajes, tiene alta calidad literaria sin dejar de ser natural y expresivo. A pesar del parecido, el asunto no está inspirado en los amores de Moratín con Francisca Muñoz (como suele creerse), ya que la comedia se compuso mucho antes de terminar tales amores. La fuente más probable es una comedia del Siglo de Oro (*Entre bobos anda el juego*, de Rojas Zorrilla).

TEXTO: MORATÍN. *Teatro* (ed. F. Ruiz Morcuende), «Clásicos Castellanos». Madrid, 1933.

EL SÍ DE LAS NIÑAS

(1801)

COMEDIA EN TRES ACTOS Y EN PROSA

[Estrenada en el Teatro de la Cruz (Madrid) el 24 de enero de 1806]

PERSONAJES

DON DIEGO
SIMÓN, *criado de* DON DIEGO
DON CARLOS, *sobrino de* DON DIEGO
CALAMOCHA, *criado de* DON CARLOS
DOÑA IRENE
DOÑA FRANCISCA, *hija de* DOÑA IRENE
RITA, *criada*

La escena es en una posada de Alcalá de Henares.[1]

El teatro representa una sala de paso[2] *con cuatro puertas de habitaciones para huéspedes, numeradas todas. Una más grande en el foro,*[3] *con escalera que conduce al piso bajo de la casa. Ventana de antepecho*[4] *a un lado. Una mesa en medio, con banco, sillas, etc.*

La acción empieza a las siete de la tarde y acaba a las cinco de la mañana siguiente.

Acto Primero

ESCENA PRIMERA

[DON DIEGO, SIMÓN]

[*Sale* DON DIEGO *de su cuarto.* SIMÓN, *que está sentado en una silla, se levanta.*]

DON DIEGO. —¿No han venido todavía?
SIMÓN. —No, señor.
DON DIEGO. —Despacio la han tomado,[5] por cierto.
SIMÓN. —Como su tía la quiere tanto, según parece, y no la ha visto desde que la llevaron a Guadalajara[6] ...

DON DIEGO. —Sí. Yo no digo que no la viese, pero con media hora de visita y cuatro lágrimas estaba[7] concluido.
SIMÓN. —Ello también ha sido extraña determinación la de estarse usted dos días enteros sin salir de la posada. Cansa el leer, cansa el dormir ... Y, sobre todo, cansa la mugre del cuarto, las sillas desvencijadas, las estampas del *hijo pródigo*, el ruido de campanillas y cascabeles[8] y la conversación ronca de carromateros y patanes, que no permiten un instante de quietud.

---

[1] a unos 20 Km. al este de Madrid, camino de Guadalajara
[2] de espera
[3] al fondo
[4] con reja a la altura del pecho para asomarse
[5] la [cosa]: están tardando mucho
[6] capital de la provincia, a unos 40 Km. al NE. de Madrid. (Don Diego acompaña a Doña Irene y Francisca en el viaje de Guadalajara a Madrid y se han parado en Alcalá de Henares para descansar y visitar a la tía.)
[7] habría estado (el imperfecto aquí equivale al condicional y es más enfático)
[8] (de los coches de viajeros)

DON DIEGO. —Ha sido conveniente el hacerlo así. Aquí me conocen todos y no he querido que nadie me vea.

SIMÓN. —Yo no alcanzo la causa de tanto retiro. Pues ¿hay más en esto que haber acompañado usted a doña Irene hasta Guadalajara para sacar del convento a la niña y volvernos con ellas a Madrid?

DON DIEGO. —Sí, hombre; algo más hay de lo que has visto.

SIMÓN. —Adelante.

DON DIEGO. —Algo, algo . . . Ello tú al cabo lo has de saber y no puede tardarse mucho . . . Mira, Simón, por Dios te encargo que no lo digas . . . Tú eres hombre de bien y me has servido muchos años con fidelidad . . . Ya ves que hemos sacado a esa niña del convento y nos la llevamos a Madrid.

SIMÓN. —Sí, señor.

DON DIEGO. —Pues bien . . . Pero te vuelvo a encargar que a nadie lo descubras.

SIMÓN. —Bien está, señor. Jamás he gustado de chismes.

DON DIEGO. —Ya lo sé, por eso quiero fiarme de ti. Yo, la verdad, nunca había visto a la tal doña Paquita;[9] pero mediante la amistad con su madre he tenido frecuentes noticias de ella; he leído muchas de las cartas que escribía; he visto algunas de su tía la monja, con quien ha vivido en Guadalajara; en suma, he tenido cuantos informes pudiera desear acerca de sus inclinaciones y conducta. Ya he logrado verla; he procurado observarla en estos pocos días, y, a decir verdad, cuantos elogios hicieron de ella me parecen escasos.

SIMÓN. —Sí, por cierto . . . Es muy linda y . . .

DON DIEGO. —Es muy linda, muy graciosa, muy humilde . . . Y sobre todo, ¡aquel candor, aquella inocencia! Vamos, es de lo que no se encuentra por ahí[10] . . . Y talento . . . Sí, señor, mucho talento . . . Conque, para acabar de informarte, lo que yo he pensado es . . .

SIMÓN. —No hay que decírmelo.

DON DIEGO. —¿No? ¿Por qué?

SIMÓN. —Porque ya lo adivino. Y me parece excelente idea.

DON DIEGO. —¿Qué dices?

SIMÓN. —Excelente.

DON DIEGO. —¿Conque al instante has conocido?

SIMÓN. —Pues ¿no es claro? . . . ¡Vaya! . . . Dígole a usted que me parece muy buena boda; buena, buena.

DON DIEGO. —Sí, señor . . . Yo lo he mirado bien, y lo tengo por cosa muy acertada.

SIMÓN. —Seguro que sí.

DON DIEGO. —Pero quiero absolutamente que no se sepa hasta que esté hecho.

SIMÓN. —Y en eso hace usted muy bien.

DON DIEGO. —Porque no todos ven las cosas de una manera, y no faltaría quien murmurase y dijese que era una locura, y me . . .

SIMÓN. —¿Locura? ¡Buena locura! . . . ¿Con una chica como ésa, eh?

DON DIEGO. —Pues ya ves tú. Ella es una pobre . . . Eso, sí . . . Pero yo no he buscado dinero, que dineros tengo; he buscado modestia, recogimiento, virtud.

SIMÓN. —Eso es lo principal . . . Y, sobre todo, lo que usted tiene ¿para quién ha de ser?

DON DIEGO. —Dices bien . . . ¿Y sabes tú lo que es una mujer aprovechada,[11] hacendosa, que sepa cuidar de la casa, economizar, estar en todo? . . . Siempre lidiando con amas, que si una es mala, otra es peor, regalonas,[12] entrometidas, habladoras, llenas de histérico, viejas, feas como demonios . . . No, señor; vida nueva. Tendré quien me asista con amor y fidelidad y viviremos como unos santos . . . Y deja que hablen y murmuren y . . .

SIMÓN. —Pero siendo a gusto de entrambos, ¿qué pueden decir?

DON DIEGO. —No, yo ya sé lo que dirán; pero . . . Dirán que la boda es desigual, que no hay proporción en la edad, que . . .

SIMÓN. —Vamos, que no me parece tan notable la diferencia. Siete u ocho años, a lo más.

DON DIEGO. —¡Qué, hombre! ¿Qué hablas de

_____

[9] forma familiar de Francisca
[10] Bueno, es de una clase que no se encuentra en todas partes

[11] económica
[12] aficionadas a su propio regalo o comodidad

siete u ocho años? Si ella ha cumplido dieciséis años pocos meses ha.

SIMÓN. —Y bien, ¿qué?

DON DIEGO. —Y yo, aunque gracias a Dios estoy robusto y ... Con todo eso, mis cincuenta y nueve años no hay quien me los quite.

SIMÓN. —Pero si yo no hablo de eso.

DON DIEGO. —Pues ¿de qué hablas?

SIMÓN. —Decía que ... Vamos, o usted no acaba de explicarse,[13] o yo lo entiendo al revés ... En suma, esta doña Paquita ¿con quién se casa?

DON DIEGO. —¿Ahora estamos ahí?[14] Conmigo.

SIMÓN. —¿Con usted?

DON DIEGO. —Conmigo.

SIMÓN. —¡Medrados quedamos![15]

DON DIEGO. —¿Qué dices? Vamos, ¿qué?

SIMÓN. —¡Y pensaba yo haber adivinado!

DON DIEGO. —Pues ¿qué creías? ¿Para quién juzgaste que la destinaba yo?

SIMÓN. —Para don Carlos, su sobrino de usted, mozo de talento, instruido, excelente soldado, amabilísimo por todas sus circunstancias ... Para ése juzgué que se guardaba la tal niña.

DON DIEGO. —Pues no, señor.

SIMÓN. —Pues bien está.

DON DIEGO. —¡Mire usted[16] qué idea! ¡Con el otro la había de ir a casar! ... No, señor; que estudie sus matemáticas.

SIMÓN. —Ya las estudia, o, por mejor decir, ya las enseña.

DON DIEGO. —Que se haga hombre de valor y ...

SIMÓN. —¡Valor! ¿Todavía pide usted más valor a un oficial que en la última guerra, con muy pocos que se atrevieron a seguirle, tomó dos baterías, clavó los cañones, hizo algunos prisioneros y volvió al campo lleno de heridas y cubierto de sangre? ... Pues bien satisfecho quedó usted entonces del valor de su sobrino, y yo le vi a usted más de cuatro veces llorar de alegría cuando el rey le premió con el grado de teniente coronel y una cruz de Alcántara.[17]

DON DIEGO. —Sí, señor; todo es verdad; pero no viene a cuento. Yo soy el que me caso.

SIMÓN. —Si está usted bien seguro de que ella le quiere, si no le asusta la diferencia de la edad, si su elección es libre ...

DON DIEGO. —Pues ¿no ha de serlo? ... ¿Y qué sacarían con engañarme? Ya ves tú la religiosa de Guadalajara si es mujer de juicio; ésta de Alcalá, aunque no la conozco sé que es una señora de excelentes prendas; mira tú si doña Irene querrá el bien de su hija ...; pues todas ellas me han dado cuantas seguridades puedo apetecer ... La criada, que la ha servido en Madrid y más de cuatro años en el convento, se hace lenguas[18] de ella, y, sobre todo, me ha informado de que jamás observó en esta criatura la más remota inclinación a ninguno de los pocos hombres que ha podido ver en aquel encierro. Bordar, coser, leer libros devotos, oír misa y correr por la huerta detrás de las mariposas y echar agua en los agujeros de las hormigas: éstas han sido su ocupación y sus diversiones ... ¿Qué dices?

SIMÓN. —Yo nada, señor.

DON DIEGO. —Y no pienses tú que, a pesar de tantas seguridades, no aprovecho las ocasiones que se presentan para ir ganando su amistad y su confianza y lograr que se explique conmigo en absoluta libertad ... Bien que aún hay tiempo ... Sólo que aquella doña Irene siempre la interrumpe; todo se lo habla ...[19] Y es muy buena mujer, buena ...

SIMÓN. —En fin, señor, yo desearé que salga como usted apetece.

DON DIEGO. —Sí, yo espero en Dios que no ha de salir mal. Aunque el novio no es muy de tu gusto ... ¡Y qué fuera de tiempo me recomendabas al tal sobrinito![20] ¿Sabes tú lo enfadado que estoy con él?

---

[13] no se explica del todo

[14] ¿Eso preguntas ahora?

[15] ¡Buen negocio! (irónico)

[16] El *usted* no implica cambio en el tratamiento, sino que es impersonal y exclamativo.

[17] una de las órdenes militares creadas para combatir a los moros; fundada en Alcántara (Extremadura) en 1156

[18] hace elogios

[19] siempre está hablando

[20] El diminutivo con *tal* expresa irritación.

SIMÓN. —Pues ¿qué ha hecho?

DON DIEGO. —Una de las suyas[21]. . . Y hasta pocos días ha no lo he sabido. El año pasado, ya lo viste, estuvo dos meses en Madrid . . . Y me costó buen dinero la tal visita . . . En fin, es mi sobrino, bien dado está; pero voy al asunto. Llegó el caso de irse a Zaragoza[22] su regimiento . . . Ya te acuerdas de que a muy pocos días de haber salido de Madrid recibí la noticia de su llegada.

SIMÓN. —Sí, señor.

DON DIEGO. —Y que siguió escribiéndome, aunque algo perezoso, siempre con la data de Zaragoza.

SIMÓN. —Así es la verdad.

DON DIEGO. —Pues el pícaro no estaba allí cuando me escribía las tales cartas.

SIMÓN. —¿Qué dice usted?

DON DIEGO. —Sí, señor. El día tres de julio salió de mi casa, y a fines de septiembre aún no había llegado a sus pabellones . . . ¿No te parece que para ir por la posta hizo muy buena diligencia?[23]

SIMÓN. —Tal vez se pondría malo en el camino, y por no darle a usted pesadumbre . . .

DON DIEGO. —Nada de eso. Amores del señor oficial y devaneos que le traen loco . . .[24] Por ahí, en esas ciudades, puede que . . . ¿Quién sabe? Si encuentra un par de ojos negros, ya es hombre perdido . . . ¡No permita Dios que me le engañe alguna bribona de estas que truecan el honor por el matrimonio!

SIMÓN. —¡Oh!, no hay que temer . . . Y si tropieza con alguna fullera[25] de amor, buenas cartas ha de tener[26] para que le engañe.

DON DIEGO. —Me parece que están ahí . . . Sí. Busca al mayoral y dile que venga para quedar de acuerdo en la hora a que deberemos salir mañana.

SIMÓN. —Está bien.

DON DIEGO. —Ya te he dicho que no quiero que esto se trasluzca ni . . . ¿Estamos?[27]

SIMÓN. —No haya miedo que a nadie lo cuente. [SIMÓN *se va por la puerta del foro. Salen*[28] *por la misma las tres mujeres con mantillas y basquiñas.*[29] RITA *deja un pañuelo atado sobre la mesa y recoge las mantillas y las dobla.*]

ESCENA II

[DOÑA IRENE, DOÑA FRANCISCA, RITA, DON DIEGO]

DOÑA FRANCISCA. —Ya estamos acá.

DOÑA IRENE. —¡Ay, qué escalera!

DON DIEGO. —Muy bien venidas, señoras.

DOÑA IRENE. —¿Conque usted, a lo que parece, no ha salido? [*Se sientan* DOÑA IRENE *y* DON DIEGO.]

DON DIEGO. —No, señora. Luego, más tarde, daré una vueltecilla por ahí . . . He leído un rato. Traté de dormir, pero en esta posada no se duerme.

DOÑA FRANCISCA. —Es verdad que no . . . ¡Y qué mosquitos! Mala peste en ellos. Anoche no me dejaron parar . . . Pero mire usted, mire usted [*Desata el pañuelo y manifiesta algunas cosas de las que indica el diálogo*] cuántas cosillas traigo. Rosarios de nácar, cruces de ciprés, la regla de San Benito,[30] una pililla de cristal . . .[31] Mire usted qué bonita. Y dos corazones[32] de talco . . . ¡Qué sé yo cuánto viene aquí! ¡Ay!, y una campanilla de barro bendito para los truenos . . . ¡Tantas cosas!

DOÑA IRENE. —Chucherías que le han dado las madres.[33] Locas estaban con ella.

DOÑA FRANCISCA. —¡Cómo me quieren todas! ¡Y mi tía, mi pobre tía, lloraba tanto! . . . Es ya muy viejecita.

DOÑA IRENE. —Ha sentido mucho no conocer a usted.

---

[21] sus travesuras
[22] capital de una de las provincias de Aragón
[23] fue muy diligente (irónico); hay juego de palabras con *posta* y *diligencia*, que significan coche de viajeros
[24] le hacen perder la cabeza
[25] engañadora
[26] cartas (de la baraja): ha de ser muy hábil
[27] ¿Estamos [de acuerdo]?
[28] [a escena]

[29] falda exterior usada antiguamente para la calle (generalmente negra)
[30] *Regula monachorum*, librito de instrucciones para la vida monástica por el fundador de la orden benedictina (480–543)
[31] pila pequeña para agua bendita
[32] corazones de Jesús
[33] monjas

DOÑA FRANCISCA. —Sí, es verdad. Decía: ¿por qué no ha venido aquel señor?

DOÑA IRENE. —El padre capellán y el rector de los Verdes[34] nos han venido acompañando hasta la puerta.

DOÑA FRANCISCA. —Toma [*Vuelve a atar el pañuelo y se lo da a* RITA, *la cual se va con él y con las mantillas al cuarto de* DOÑA IRENE], guárdamelo todo allí, en la excusabaraja.[35] Mira, llévalo así, de las puntas . . . ¡Válgate Dios! ¿Eh? ¡Ya se ha roto la santa Gertrudis de alcorza![36]

RITA. —No importa; yo me la comeré.

ESCENA III

[DOÑA IRENE, DOÑA FRANCISCA, DON DIEGO]

DOÑA FRANCISCA. —¿Nos vamos adentro, mamá, o nos quedamos aquí?

DOÑA IRENE. —Ahora, niña, que quiero descansar un rato.

DON DIEGO. —Hoy se ha dejado sentir el calor en forma.[37]

DOÑA IRENE. —¡Y qué fresco tiene aquel locutorio![38] Está hecho un cielo . . . [*Siéntase* DOÑA FRANCISCA *junto a su madre.*] Mi hermana es la que sigue siempre bastante delicada. Ha padecido mucho este invierno . . . Pero, vaya, no sabía qué hacerse con su sobrina la buena señora. Está muy contenta de nuestra elección.

DON DIEGO. —Yo celebro que sea tan a gusto de aquellas personas a quienes debe usted particulares obligaciones.

DOÑA IRENE. —Sí, Trinidad[39] está muy contenta; y en cuanto a Circuncisión,[39] ya lo ha visto usted. Le ha costado mucho despegarse de ella, pero ha conocido que siendo para su bienestar es necesario pasar por todo . . . Ya se acuerda usted de lo expresiva[40] que estuvo, y . . .

DON DIEGO. —Es verdad. Sólo falta que la parte interesada tenga la misma satisfacción que manifiestan cuantas la quieren bien.

DOÑA IRENE. —Es hija obediente, y no se apartará jamás de lo que determine su madre.

DON DIEGO. —Todo eso es cierto, pero . . .

DOÑA IRENE. —Es de buena sangre, y ha de pensar bien, y ha de proceder con el honor que la[41] corresponde.

DON DIEGO. —Sí, ya estoy, pero ¿no pudiera, sin faltar a su honor ni a su sangre . . .?

DOÑA FRANCISCA. —¿Me voy, mamá? [*Se levanta y vuelve a sentarse.*]

DOÑA IRENE. —No pudiera, no, señor. Una niña bien educada, hija de buenos padres, no puede menos de conducirse en todas ocasiones como es conveniente y debido. Un vivo retrato es la chica, ahí donde usted la ve, de su abuela, que Dios perdone, doña Jerónima de Peralta . . . En casa tengo el cuadro, ya le[42] habrá usted visto. Y le hicieron, según me contaba su merced, para enviárselo a su tío carnal el padre fray Serapión de San Juan Crisóstomo, electo obispo de Mechoacán.[43]

DON DIEGO. —Ya.[44]

DOÑA IRENE. —Y murió en el mar el buen religioso, que fue un quebranto para toda la familia . . . Hoy es, y todavía estamos sintiendo su muerte; particularmente mi primo don Cucufate, regidor perpetuo de Zamora,[45] no puede oír hablar de su ilustrísima sin deshacerse en lágrimas.

DOÑA FRANCISCA. —Válgale Dios, qué moscas tan . . .

DOÑA IRENE. —Pues murió en olor de santidad.

DON DIEGO. —Eso bueno es.

DOÑA IRENE. —Sí, señor; pero como la familia ha venido tan a menos . . . ¿Qué quiere usted? Donde no hay facultades . . .[46]

---

[34] Colegio de Santa Catalina, en Alcalá de Henares, llamado así por el color del uniforme usado por los estudiantes
[35] cesta (para guardar cosas de uso común)
[36] pasta de azúcar y almidón
[37] muy fuerte
[38] sala (del convento)
[39] nombres de las monjas parientes (adoptados al profesar y relacionados con celebraciones religiosas)
[40] emocionada
[41] le (*laísmo* típico de Madrid)
[42] lo (*leísmo*)
[43] estado de México, cerca de la capital
[44] Comprendo
[45] capital de provincia en Castilla la Vieja
[46] recursos

Bien que por lo que pueda tronar,[47] ya se le está escribiendo la vida; y quién sabe que el día de mañana no se imprima con el favor de Dios.

DON DIEGO. —Sí, pues ya se ve.[48] Todo se imprime.

DOÑA IRENE. —Lo cierto es que el autor, que es sobrino de mi hermano político[49] el canónigo de Castrojeriz,[50] no la deja de la mano; y a la hora de ésta[51] lleva ya escritos nueve tomos en folio, que comprenden los nueve años primeros de la vida del santo obispo.

DON DIEGO. —¿Conque para cada año un tomo?

DOÑA IRENE. —Sí, señor; ese plan se ha propuesto.

DON DIEGO. —¿Y de qué edad murió el venerable?

DOÑA IRENE. —De ochenta y dos años, tres meses y catorce días.

DOÑA FRANCISCA. —¿Me voy, mamá?

DOÑA IRENE. —Anda, vete. ¡Válgame Dios, qué prisa tienes!

DOÑA FRANCISCA. —¿Quiere usted [*Se levanta, y después de hacer una graciosa cortesía a* DON DIEGO, *da un beso a* DOÑA IRENE *y se va al cuarto de ésta*] que le haga una cortesía[52] a la francesa, señor don Diego?

DON DIEGO. —Sí, hija mía. A ver.

DOÑA FRANCISCA. —Mire usted, así.

DON DIEGO. —¡Graciosa niña! ¡Viva la Paquita, viva!

DOÑA FRANCISCA. —Para usted, una cortesía, y para mi mamá, un beso.

ESCENA IV

[DOÑA IRENE, DON DIEGO]

DOÑA IRENE. —Es muy gitana[53] y muy mona,[54] mucho.

DON DIEGO. —Tiene un donaire personal que arrebata.

DOÑA IRENE. —¿Qué quiere usted? Criada sin artificio ni embelecos de mundo, contenta de verse otra vez al lado de su madre, y mucho más de considerar tan inmediata su colocación, no es maravilla que cuanto hace y dice sea una gracia, y máxime[55] a los ojos de usted, que tanto se ha empeñado en favorecerla.

DON DIEGO. —Quisiera sólo que se explicase libremente acerca de nuestra proyectada unión, y . . .

DOÑA IRENE. —Oiría usted lo mismo que le he dicho ya.

DON DIEGO. —Sí, no lo dudo, pero el saber que le merezco alguna inclinación, oyéndoselo decir con aquella boquilla tan graciosa que tiene, sería para mí una satisfacción imponderable.

DOÑA IRENE. —No tenga usted sobre ese particular la más leve desconfianza; pero hágase usted cargo de que a una niña no la es lícito decir con ingenuidad lo que siente. Mal parecería, señor don Diego, que una doncella de vergüenza y criada como Dios manda, se atreviese a decirle a un hombre: yo le quiero a usted.

DON DIEGO. —Bien; si fuese un hombre a quien hallara por casualidad en la calle y le espetara ese favor de buenas a primeras,[56] cierto que la doncella haría muy mal, pero a un hombre con quien ha de casarse dentro de pocos días, ya pudiera decirle alguna cosa que . . . Además, que hay ciertos modos de explicarse . . .

DOÑA IRENE. —Conmigo usa de más franqueza . . . A cada instante hablamos de usted, y en todo manifiesta el particular cariño que a usted le tiene . . . ¡Con qué juicio hablaba ayer noche después que usted se fue a recoger! No sé lo que hubiera dado por que hubiese podido oírla.

DON DIEGO. —¿Y qué? ¿Hablaba de mí?

DOÑA IRENE. —¡Y qué bien piensa acerca de lo preferible que es para una criatura de

---

[47] ocurrir (su posible canonización)
[48] sabe
[49] cuñado
[50] pueblo cerca de Burgos (Castilla la Vieja)
[51] hasta ahora
[52] saludo

[53] encantadora
[54] bonita
[55] sobre todo
[56] *le espetara . . . primeras*, le lanzase esa declaración amorosa de repente

sus años un marido de cierta edad, experimentado, maduro y de conducta!

DON DIEGO. —¡Calle! ¿Eso decía?

DOÑA IRENE. —No, esto se lo decía yo, y me escuchaba con una atención como si fuera una mujer de cuarenta años, lo mismo . . . ¡Buenas cosas la dije! Y ella, que tiene mucha penetración, aunque me esté mal el decirlo . . . ¿Pues no da lástima, señor, el ver cómo se hacen los matrimonios hoy en día? Casan a una muchacha de quince años con un arrapiezo[57] de dieciocho, a una de diecisiete con otro de veintidós; ella niña, sin juicio ni experiencia, y él niño también, sin asomo de cordura ni conocimiento de lo que es mundo. Pues, señor, que es lo que yo digo, ¿quién ha de gobernar la casa? ¿Quién ha de mandar a los criados? ¿Quién ha de enseñar y corregir a los hijos? Porque sucede también que estos atolondrados de chicos suelen plagarse de criaturas en un instante que da compasión.

DON DIEGO. —Cierto que es un dolor el ver rodeados de hijos a muchos que carecen del talento, de la experiencia y de la virtud que son necesarios para dirigir su educación.

DOÑA IRENE. —Lo que sé decirle a usted es que aún no había cumplido los diecinueve cuando me casé de primeras nupcias con mi difunto don Epifanio, que esté en el cielo. Y era un hombre que, mejorando lo presente,[58] no es posible hallarle de más respeto, más caballeroso . . . Y al mismo tiempo más divertido y decidor. Pues, para servir a usted, ya tenía los cincuenta y seis, muy largos de talle,[59] cuando se casó conmigo.

DON DIEGO. —Buena edad . . . No era un niño, pero . . .

DOÑA IRENE. —Pues a eso voy . . . Ni a mí podía convenirme en aquel entonces un boquirrubio con los cascos a la jineta . . .[60]

No, señor . . . Y no es decir tampoco que estuviese achacoso ni quebrantado de salud, nada de eso. Sanito estaba, gracias a Dios, como una manzana; ni en su vida conoció otro mal, sino una especie de alferecía[61] que le amagaba[62] de cuando en cuando. Pero luego que nos casamos, dio en darle[63] tan a menudo y tan de recio, que a los siete meses me hallé viuda y encinta de una criatura que nació después, y al cabo y al fin se me murió de alfombrilla.[64]

DON DIEGO. —¡Oiga! . . . Mire usted[65] si dejó sucesión el bueno de don Epifanio.

DOÑA IRENE. —Sí, señor; pues ¿por qué no?

DON DIEGO. —Lo digo porque luego saltan con . . .[66] Bien que si uno hubiera de hacer caso . . . ¿Y fue niño, o niña?

DOÑA IRENE. —Un niño muy hermoso. Como una plata era el angelito.

DON DIEGO. —Cierto que es un consuelo tener así, una criatura y . . .

DOÑA IRENE. —¡Ay, señor! Dan malos ratos, pero, ¿qué importa? Es mucho gusto, mucho.

DON DIEGO. —Ya lo creo.

DOÑA IRENE. —Sí, señor.

DON DIEGO. —Ya se ve que será una delicia y . . .

DOÑA IRENE. —¡Pues no ha de ser!

DON DIEGO. —Un embeleso el verlos juguetear y reír, acariciarlos, merecer sus fiestecillas[67] inocentes.

DOÑA IRENE. —¡Hijos de mi vida! Veintidós he tenido en los matrimonios que llevo[68] hasta ahora, de los cuales sólo esta niña me ha venido a quedar; pero le aseguro a usted que . . .

ESCENA V

[SIMÓN, DOÑA IRENE, DON DIEGO]

SIMÓN. —[*Sale por la puerta del foro.*] Señor, el mayoral está esperando.

---

[57] muchacho
[58] exceptuando a los presentes (fórmula de cortesía al elogiar a un ausente)
[59] pasados
[60] *boquirrubio . . . jineta*, joven imberbe y ligero de cabeza (el «montar a la jineta» era ir a caballo con estribos cortos y poca seguridad)
[61] epilepsia
[62] atacaba
[63] le daba [el ataque]
[64] escarlatina
[65] Ya se ve
[66] la gente dice . . . (alude a la posibilidad de tener hijos a su edad)
[67] atenciones
[68] he contraído

DON DIEGO. —Dile que voy allá . . . ¡Ah! Tráeme primero el sombrero y el bastón, que quisiera dar una vuelta por el campo. [*Entra* SIMÓN *al cuarto de* DON DIEGO, *saca un sombrero y un bastón, se los da a su amo, y al fin de la escena se va con él por la puerta del foro.*] ¿Conque supongo que mañana tempranito saldremos?

DOÑA IRENE. —No hay dificultad. A la hora que a usted le parezca.

DON DIEGO. —A eso de las seis, ¿eh?

DOÑA IRENE. —Muy bien.

DON DIEGO. —El sol nos da de espaldas . . . Le diré que venga una media hora antes.

DOÑA IRENE. —Sí, que hay mil chismes[69] que acomodar.

ESCENA VI

[DOÑA IRENE, RITA]

DOÑA IRENE. —¡Válgame Dios! Ahora que me acuerdo . . . ¡Rita! . . . Me[70] le habrán dejado morir. !Rita!

RITA. —Señora. [*Saca debajo del brazo almohadas y sábanas.*]

DOÑA IRENE. —¿Qué has hecho del tordo? ¿Le diste de comer?

RITA. —Sí, señora. Más ha comido que un avestruz. Ahí le puse, en la ventana del pasillo.

DOÑA IRENE. —¿Hiciste las camas?

RITA. —La de usted ya está. Voy a hacer esotras[71] antes que anochezca, porque si no, como no hay más alumbrado que el del candil y no tiene garabato,[72] me veo perdida.

DOÑA IRENE. —Y aquella chica, ¿qué hace?

RITA. —Está desmenuzando un bizcocho, para dar de cenar a don Periquito.[73]

DOÑA IRENE. —¡Qué pereza tengo de escribir! [*Se levanta y se marcha a su cuarto.*] Pero es preciso, que estará con mucho cuidado la pobre Circuncisión.

RITA. —¡Qué chapucerías![74] No ha dos horas, como quien dice, que salimos de allá, y ya empiezan a ir y venir correos. ¡Qué poco me gustan a mí las mujeres gazmoñas y zalameras! [*Éntrase en el cuarto de* DOÑA FRANCISCA.]

ESCENA VII

[CALAMOCHA]

CALAMOCHA. —[*Sale por la puerta del foro con unas maletas, botas y látigos. Lo deja todo sobre la mesa y se sienta.*] ¿Conque ha de ser el número tres? Vaya en gracia . . .[75] Ya, ya conozco el número tres. Colección de bichos más abundante, no la tiene el gabinete de Historia Natural . . . Miedo me da de entrar . . . ¡Ay, ay! . . . ¡Y qué agujetas![76] Éstas sí que son agujetas . . . Paciencia, pobre Calamocha, paciencia . . . Y gracias a que los caballitos dijeron: no podemos más; que si no, por esta vez no veía[77] yo el número tres, ni las plagas de Faraón[78] que tiene dentro . . . En fin, como los animales amanezcan vivos,[79] no seráp oco . . . Reventados están . . . [*Canta* RITA *desde adentro.* CALAMOCHA *se levanta desperezándose.*] !Oiga! . . . . ¿Seguidillitas? . . .[80] Y no canta mal . . . Vaya, aventura tenemos . . . ¡Ay, qué desvencijado estoy!

ESCENA VIII

[RITA, CALAMOCHA]

RITA. —Mejor es cerrar, no sea que nos alivien[81] de ropa, y . . . [*Forcejeando para echar la llave.*] Pues cierto que está bien acondicionada la llave.

CALAMOCHA. —¿Gusta usted de que eche una mano, mi vida?

RITA. —Gracias, mi alma.

---

[69] cosas
[70] dativo de interés
[71] esas otras
[72] gancho para colgar el candil
[73] el tordo
[74] tonterías
[75] *Vaya en gracia* [de Dios], Todo sea por Dios, Bien está (resignación irónica)

[76] dolores musculares de montar a caballo
[77] vería
[78] Alude a los insectos de la posada, comparables a las plagas de Egipto.
[79] si los caballos están vivos por la mañana
[80] dim. de *seguidillas*, canción popular de tono vivo y alegre
[81] roben

CALAMOCHA. —!Calle!... ¡Rita!

RITA. —¡Calamocha!

CALAMOCHA. —¿Qué hallazgo es éste?

RITA. —¿Y tu amo?

CALAMOCHA. —Los dos acabamos de llegar.

RITA. —¿De veras?

CALAMOCHA. —No, que es chanza. Apenas recibió la carta de doña Paquita, yo no sé adónde fue, ni con quién habló, ni cómo lo dispuso; sólo sé decirte que aquella tarde salimos de Zaragoza. Hemos venido como dos centellas por ese camino. Llegamos esta mañana a Guadalajara, y a las primeras diligencias nos hallamos con que los pájaros volaron ya. A caballo otra vez, y vuelta[82] a correr y sudar y a dar chasquidos... En suma, molidos los rocines, y nosotros a medio moler, hemos parado aquí con ánimo de salir mañana... Mi teniente se ha ido al Colegio Mayor[83] a ver a un amigo, mientras se dispone algo que cenar... Ésta es la historia.

RITA. —¿Conque le tenemos aquí?

CALAMOCHA. —Y enamorado más que nunca, celoso amenazando vidas... Aventurado a quitar el hipo[84] a cuantos le disputen la posesión de su Currita[85] idolatrada.

RITA. —¿Qué dices?

CALAMOCHA. —Ni más ni menos.

RITA. —¡Qué gusto me das!... Ahora sí se conoce que la tiene amor.

CALAMOCHA. —¿Amor?... ¡Friolera![86] El moro Gazul fue para él un pelele, Medoro un zascandil y Gaiferos un chiquillo de la doctrina.[87]

RITA. —¡Ay, cuando la señorita lo sepa!

CALAMOCHA. —Pero acabemos. ¿Cómo te hallo aquí? ¿Con quién estás? ¿Cuándo llegaste? Que...

RITA. —Ya te lo diré. La madre de doña Paquita dio en[88] escribir cartas y más cartas, diciendo que tenía concertado su casamiento en Madrid con un caballero rico, honrado, bienquisto;[89] en suma, cabal y perfecto, que no había más que apetecer. Acosada la señorita con tales propuestas, y angustiada incesantemente con los sermones de aquella bendita monja, se vio en la necesidad de responder que estaba pronta a todo lo que la mandasen... Pero no te puedo ponderar cuánto lloró la pobrecita, qué afligida estuvo. Ni quería comer, ni podía dormir... Y al mismo tiempo era preciso disimular, para que su tía no sospechara la verdad del caso. Ello es que cuando, pasado el primer susto, hubo lugar de discurrir escapatorias y arbitrios, no hallamos otro que el de avisar a tu amo, esperando que si era su cariño tan verdadero y de buena ley como nos había ponderado, no consentiría que su pobre Paquita pasara a manos de un desconocido, y se perdiesen para siempre tantas caricias, tantas lágrimas y tantos suspiros estrellados en las tapias del corral. A los pocos días de haberle escrito, cata el coche de colleras[90] y el mayoral Gasparet con sus medias azules, y la madre y el novio que vienen por ella; recogimos a toda prisa nuestros meriñaques,[91] se atan los cofres, nos despedimos de aquellas buenas mujeres, y en dos latigazos llegamos antes de ayer a Alcalá. La detención ha sido para que la señorita visite a otra tía monja que tiene aquí, tan arrugada y tan sorda como la que dejamos allá. Ya la ha visto, ya la han besado bastante una por una todas las religiosas, y creo que mañana temprano saldremos. Por esta casualidad nos...

CALAMOCHA. —Sí. No digas más. Pero... ¿Conque el novio está en la posada?

RITA. —Ése es su cuarto [*Señalando el cuarto de* DON DIEGO, *el de* DOÑA IRENE *y el de*

---

[82] de nuevo

[83] Colegio de San Ildefonso de la Universidad de Alcalá de Henares (transferida a Madrid en 1836)

[84] a matar

[85] otra forma familiar de Francisca

[86] ¡ Eso es poco decir!

[87] amantes famosos por su ardiente pasión: *Gazul*, héroe de romances moriscos; *Medoro*, moro que ganó el amor de Angélica en el *Orlando furioso* de Ariosto; *Gaiferos*, héroe de los romances carolingios; *chiquillo . . . doctrina* [cristiana], pobre colegial (de escuela para huérfanos)

[88] adquirió la manía de

[89] apreciado

[90] aparece el coche de viajeros (con tres pares de mulas enlazadas por el cuello)

[91] *miriñaques*, alhajas y otros adornos de poco valor

DOÑA FRANCISCA], éste el de la madre y aquél el nuestro.

CALAMOCHA. —¿Cómo nuestro? ¿Tuyo y mío?

RITA. —No por cierto. Aquí dormiremos esta noche la señorita y yo; porque ayer, metidas las tres en ése de enfrente, ni cabíamos de pie, ni pudimos dormir un instante, ni respirar siquiera.

CALAMOCHA. —Bien. Adiós. [*Recoge los trastos que puso sobre la mesa, en ademán de irse.*]

RITA. —¿Y adónde?[92]

CALAMOCHA. —Yo me entiendo . . . Pero el novio ¿trae consigo criados, amigos o deudos que le quiten la primera zambullida[93] que le amenaza?

RITA. —Un criado viene con él.

CALAMOCHA. —¡Poca cosa! . . . Mira, dile en caridad que se disponga, porque está en peligro. Adiós.

RITA. —¿Y volverás presto?

CALAMOCHA. —Se supone. Estas cosas piden diligencia, y aunque apenas puedo moverme, es necesario que mi teniente deje la visita y venga a cuidar de su hacienda, disponer el entierro de ese hombre, y . . . ¿Conque ése es nuestro cuarto, eh?

RITA. —Sí. De la señorita y mío.

CALAMOCHA. —¡Bribona!

RITA. —¡Botarate! Adiós.

CALAMOCHA. —Adiós, aborrecida. [*Éntrase con los trastos en el cuarto de* DON CARLOS.]

ESCENA IX

[DOÑA FRANCISCA, RITA]

RITA. —¡Qué malo es! . . . Pero . . . ¡Válgame Dios, don Félix aquí . . . Sí, la quiere, bien se conoce . . . [*Sale* CALAMOCHA *del cuarto de* DON CARLOS, *y se va por la puerta del foro.*] ¡Oh!, por más que digan, los hay muy finos;[94] y entonces, ¿qué ha de hacer una? . . . Quererlos; no tiene remedio, quererlos . . . Pero ¿qué dirá la señorita cuando le vea, que está ciega por él? ¡Pobrecita! Pues, ¿no sería una lástima

que . . . ? Ella es. [*Sale* DOÑA FRANCISCA.]

DOÑA FRANCISCA. —¡Ay, Rita!

RITA. —¿Qué es eso? ¿Ha llorado usted?

DOÑA FRANCISCA. —Pues, ¿no he de llorar? Si vieras mi madre . . . Empeñada está en que he de querer mucho a ese hombre . . . Si ella supiera lo que sabes tú, no me mandaría cosas imposibles . . . Y que es tan bueno, y que es rico, y que me irá tan bien con él . . . Se ha enfadado tanto, y me ha llamado picarona, inobediente . . . ¡Pobre de mí! Porque no miento ni sé fingir, por eso me llaman picarona.

RITA. —Señorita, por Dios, no se aflija usted.

DOÑA FRANCISCA. —Ya, como tú no lo has oído . . . Y dice que don Diego se queja de que yo no le digo nada . . . Harto le digo, y bien he procurado hasta ahora mostrarme contenta delante de él, que no lo estoy por cierto, y reírme y hablar niñerías . . . Y todo por dar gusto a mi madre, que si no . . . Y bien sabe la Virgen que no me sale del corazón. [*Se va oscureciendo lentamente el teatro.*]

RITA. —¡Vaya, vamos, que no hay motivo todavía para tanta angustia! . . . ¡Quién sabe . . . ! ¿No se acuerda usted ya de aquel día de asueto[95] que tuvimos el año pasado en la casa de campo del intendente?[96]

DOÑA FRANCISCA. —¡Ay! ¿Cómo puedo olvidarlo? . . . Pero ¿qué me vas a contar?

RITA. —Quiero decir, que aquel caballero que vimos allí con aquella cruz verde,[97] tan galán, tan fino . . .

DOÑA FRANCISCA. —¡Qué rodeos! Don Félix. ¿Y qué?

RITA. —Que nos fue acompañando hasta la ciudad . . .

DOÑA FRANCISCA. —Y bien . . . Y luego volvió, y le vi, por mi desgracia, muchas veces . . . mal aconsejada de ti.

RITA. —¿Por qué, señora? . . . ¿A quién dimos escándalo? Hasta ahora nadie lo ha sospechado en el convento. Él no entró jamás por las puertas, y cuando de noche

---

[92] adónde [vas]
[93] ataque (en esgrima)
[94] digan lo que digan, hay amadores muy fieles

[95] libre (del colegio)
[96] jefe provincial de Hacienda
[97] la cruz de Alcántara

hablaba con usted, mediaba entre los dos una distancia tan grande, que usted la maldijo no pocas veces ... Pero esto no es del caso. Lo que voy a decir es que un amante como aquél no es posible que se olvide tan presto de su querida Paquita ... Mire usted que todo cuanto hemos leído a hurtadillas[98] en las novelas no equivale a lo que hemos visto en él. ¿Se acuerda usted de aquellas tres palmadas que se oían entre once y doce de la noche, de aquella sonora punteada[99] con tanta delicadeza y expresión?

DOÑA FRANCISCA. —¡Ay, Rita! Sí, de todo me acuerdo, y mientras viva conservaré la memoria ... Pero está ausente ... y entretenido acaso con nuevos amores.

RITA. —Eso no lo puedo yo creer.

DOÑA FRANCISCA. —Es hombre, al fin, y todos ellos ...

RITA. —¡Qué boberías! Desengáñese usted, señorita. Con los hombres y las mujeres sucede lo mismo que con los melones de Añover.[1] Hay de todo; la dificultad está en saber escogerlos. El que se lleve chasco[2] en la elección, quéjese de su mala suerte, pero no desacredite la mercancía ... Hay hombres muy embusteros, muy picarones; pero no es creíble que lo sea el que ha dado pruebas tan repetidas de perseverancia y amor. Tres meses duró el terrero[3] y la conversación a oscuras, y en todo aquel tiempo, bien sabe usted que no vimos en él una acción descompuesta, ni oímos de su boca una palabra indecente ni atrevida.

DOÑA FRANCISCA. —Es verdad. Por eso le quise tanto, por eso le tengo tan fijo aquí ..., aquí ... [Señalando el pecho.] ¿Qué habrá dicho al ver la carta? ... ¡Oh! Yo bien sé lo que habrá dicho ...! ¡Válgate Dios! ¡Es lástima! Cierto. ¡Pobre Paquilla! ... Y se acabó ... No habrá dicho más ... Nada más.

RITA. —No, señora, no ha dicho eso.

DOÑA FRANCISCA. —¿Qué sabes tú?

RITA. —Bien lo sé. Apenas haya leído la carta se habrá puesto en camino, y vendrá volando a consolar a su amiga ... Pero ... [Acercándose a la puerta del cuarto de DOÑA IRENE.]

DOÑA FRANCISCA. —¿Adónde vas?

RITA. —Quiero ver si ...

DOÑA FRANCISCA. —Está escribiendo.

RITA. —Pues ya presto habrá de dejarlo, que empieza a anochecer ... Señorita, lo que la he dicho a usted es la verdad pura. Don Félix está ya en Alcalá.

DOÑA FRANCISCA. —¿Qué dices? No me engañes.

RITA. —Aquél es su cuarto ... Calamocha acaba de hablar conmigo.

DOÑA FRANCISCA. —¿De veras?

RITA. —Sí, señora ... Y le ha ido a buscar para ...

DOÑA FRANCISCA. —¿Conque me quiere? ... ¡Ay, Rita! Mira tú si hicimos bien de avisarle ... Pero ¿ves qué fineza? ...[4] ¿Si vendrá bueno? ¡Correr tantas leguas sólo por verme ... porque yo se lo mando! ... ¡Qué agradecida le debo estar! ... ¡Oh!, yo le prometo que no se quejará de mí. Para siempre agradecimiento y amor.

RITA. —Voy a traer luces. Procuraré detenerme por allá abajo hasta que vuelvan ... Veré lo que dice y qué piensa hacer, porque hallándonos todos aquí, pudiera haber una de Satanás[5] entre la madre, la hija, y el novio y el amante; y si no ensayamos bien esta contradanza, nos hemos de perder en ella.

DOÑA FRANCISCA. —Dices bien ... Pero no; él tiene resolución y talento, y sabrá determinar lo más conveniente ... ¿Y cómo has de avisarme? ... Mira que así que llegue le quiero ver.

RITA. —No hay que dar cuidado. Yo le traeré por acá, y en dándome aquella tosecilla seca ... ¿me entiende usted?

DOÑA FRANCISCA. —Sí, bien.

RITA. —Pues entonces no hay más que salir con cualquiera excusa. Yo me quedaré con

---

[98] secretamente (por estar prohibida tal lectura en el convento)
[99] guitarra tocada
[1] pueblecito de Toledo, a orillas del Tajo
[2] una desilusión

[3] cortejar a una dama de día desde enfrente de su casa
[4] fidelidad
[5] un lío tremendo

la señora mayor,[6] la hablaré de todos sus maridos y de sus concuñados,[7] y del obispo que murió en el mar ... Además, que si está allí don Diego ...

DOÑA FRANCISCA. —Bien, anda; y así que llegue ...

RITA. —Al instante.

DOÑA FRANCISCA. —Que no se te olvide toser.

RITA. —No haya miedo.

DOÑA FRANCISCA. —¡Si vieras qué consolada estoy!

RITA. —Sin que usted lo jure, lo creo.

DOÑA FRANCISCA. —¿Te acuerdas cuando me decía que era imposible apartarme de su memoria, que no habría peligros que le detuvieran, ni dificultades que no atropellara por mí?

RITA. —Sí, bien me acuerdo.

DOÑA FRANCISCA. —¡Ah! ... Pues mira cómo me dijo la verdad. [DOÑA FRANCISCA *se va al cuarto de* DOÑA IRENE; RITA, *por la puerta del foro.*]

Acto Segundo

ESCENA PRIMERA

[*Teatro oscuro*]

[DOÑA FRANCISCA]

DOÑA FRANCISCA. —Nadie parece aún ... [DOÑA FRANCISCA *se acerca a la puerta del foro y vuelve.*] ¡Qué impaciencia tengo! ... Y me dice mi madre que soy una simple, que sólo pienso en jugar y reír, y que no sé lo que es amor ... Sí, diecisiete años y no cumplidos; pero ya sé lo que es querer bien, y la inquietud y las lágrimas que cuesta.

ESCENA II

[DOÑA IRENE, DOÑA FRANCISCA]

DOÑA IRENE. —Sola y a oscuras me habéis dejado allí.

DOÑA FRANCISCA. —Como estaba usted acabando su carta, mamá, por no estorbarla me he venido aquí, que está mucho más fresco.

DOÑA IRENE. —Pero aquella muchacha, ¿qué hace que no trae una luz? Para cualquiera cosa se está un año. Y yo que tengo un genio como una pólvora.[8] [*Siéntase.*] Sea todo por Dios ... ¿Y don Diego? ¿No ha venido?

DOÑA FRANCISCA. —Me parece que no.

DOÑA IRENE. —Pues cuenta, niña, con lo que te he dicho ya. Y mira que no gusto de repetir una cosa dos veces. Este caballero está sentido,[9] y con muchísima razón.

DOÑA FRANCISCA. —Bien; sí, señora; ya lo sé. No me riña usted más.

DOÑA IRENE. —No es esto reñirte, hija mía; esto es aconsejarte. Porque como tú no tienes conocimiento para considerar el bien que se nos ha entrado por las puertas ... Y lo atrasada[10] que me coge, que yo no sé lo que hubiera sido de tu pobre madre ..., siempre cayendo y levantando. Médicos, boticas ... Que se dejaba pedir aquel caribe[11] de don Bruno (Dios lo haya coronado de gloria)[12] los veinte y los treinta reales por cada papelito de píldoras de coloquíntida[13] y asafétida[14] ... Mira que un casamiento como el que vas a hacer, muy pocas le consiguen. Bien que a las

[6] la madre
[7] hermanos de los cuñados
[8] muy irritable
[9] ofendido
[10] [en el pago de deudas]
[11] Porque llegaba a pedir aquel bárbaro (el farmacéutico)
[12] otra fórmula al mencionar a los difuntos, aquí inconscientemente irónica
[13] planta purgante
[14] planta usada como antiespasmódico

oraciones de tus tías, que son unas bienaventuradas, debemos agradecer esta fortuna, y no a tus méritos ni a mi diligencia . . . ¿Qué dices!

DOÑA FRANCISCA. —Yo, nada, mamá.

DOÑA IRENE. —Pues nunca dices nada. ¡Válgame Dios, señor! . . . En hablándote de esto no te ocurre nada que decir.

ESCENA III

[DOÑA IRENE, DOÑA FRANCISCA, RITA]

[*Sale* RITA *por la puerta del foro con luces y las pone encima de la mesa.*]

DOÑA IRENE. —Vaya, mujer, yo pensé que en toda la noche venías.[15]

RITA. —Señora, he tardado porque han tenido que ir a comprar las velas. ¡Como el tufo del velón la hace a usted tanto daño! . . .

DOÑA IRENE. —Seguro que me hace muchísimo mal con esta jaqueca que padezco. . . . Los parches de alcanfor al cabo tuve que quitármelos; ¡si no me sirvieron de nada! Con las obleas me parece que va mejor. Mira, deja una luz ahí, y llévate la otra a mi cuarto, y corre la cortina, no se me llene todo de mosquitos.

RITA. —Muy bien. [*Toma una luz y hace que se va.*[16]]

DOÑA FRANCISCA. —(*Aparte a* RITA.) ¿No ha venido?

RITA. —Vendrá.

DOÑA IRENE. —Oyes, aquella carta que está sobre la mesa dásela al mozo de la posada para que la lleve al instante al correo . . . [*Vase* RITA *al cuarto de* DOÑA IRENE.] Y tú, niña, ¿qué has de cenar? Porque será menester recogernos presto para salir mañana de madrugada.

DOÑA FRANCISCA. —Como las monjas me hicieron merendar . . .

DOÑA IRENE. —Con todo esto . . . Siquiera unas sopas del puchero para el abrigo[17] del estómago . . . [*Sale* RITA *con una carta en la mano, y hasta el fin de la escena hace que se va y vuelve, según lo indica el diálogo.*] Mira, has de calentar el caldo que apartamos al mediodía, y haznos un par de tazas de sopas, y tráetelas luego que estén.[18]

RITA. —¿Y nada más?

DOÑA IRENE. —No, nada más . . . . . . ¡Ah!, y házmelas bien caldositas.[19]

RITA. —Sí, ya lo sé.

DOÑA IRENE. —¡Rita!

RITA. —[*Aparte.*] ¡Otra! ¿Qué manda usted?

DOÑA IRENE. —Encarga mucho al mozo que lleve la carta al instante . . . Pero no, señor; mejor es . . . No quiero que la lleve él, que son unos borrachones, que no se les puede. . .[20] Has de decir a Simón que digo yo que me haga el gusto de echarla en el correo; ¿lo entiendes?

RITA. —Sí, señora.

DOÑA IRENE. —¡Ah!, mira.

RITA. —[*Aparte.*] ¡Otra!

DOÑA IRENE. —Bien que ahora no corre prisa . . . Es menester que luego me[21] saques de ahí al tordo y colgarle por aquí, de modo que no se caiga y se me[21] lastime . . . [*Vase* RITA *por la puerta del foro.*] ¡Qué noche tan mala me dio! . . . ¡Pues no se estuvo toda la noche de Dios rezando el Gloria Patri y la oración del Santo Sudario![22] . . . Ello, por otra parte, edificaba, cierto; pero cuando se trata de dormir . . .

ESCENA IV

[DOÑA IRENE, DOÑA FRANCISCA]

DOÑA IRENE. —Pues mucho será[23] que don Diego no haya tenido algún encuentro por ahí y eso le detenga. Cierto que es un señor muy mirado,[24] muy puntual . . . ¡Tan buen cristiano! ¡Tan atento! ¡Tan bien hablado! ¡Y con qué garbo y generosidad se porta! . . . Ya se ve, un sujeto de

---

[15] no vendrías en toda la noche
[16] empieza a marcharse
[17] para calentar
[18] estén [preparadas]
[19] con mucho caldo
[20] puede [confiar nada]

[21] dativo ético
[22] la sábana mortuoria de Cristo (Moratín ridiculiza la pueril religiosidad de creer que un tordo puede rezar)
[23] será [sorprendente]
[24] considerado

bienes y de posibles . . .[25] ¡Y qué casa tiene! Como un ascua de oro[26] la tiene . . . Es mucho aquello. ¡Qué ropa blanca! ¡Qué batería[27] de cocina y qué despensa, llena de cuanto Dios crió! . . . Pero tú no parece que atiendes a lo que estoy diciendo.

DOÑA FRANCISCA. —Sí, señora, bien lo oigo; pero no la quería interrumpir a usted.

DOÑA IRENE. —Allí estarás, hija mía, como el pez en el agua; pajaritas del aire que apetecieras las tendrías, porque como él te quiere tanto y es un caballero tan de bien y tan temeroso de Dios . . . Pero mira, Francisquita, que me cansa de veras el que siempre que te hablo de esto hayas dado en la flor[28] de no responderme palabra . . . ¡Pues no es caso particular,[29] señor!

DOÑA FRANCISCA. —Mamá, no se enfade usted.

DOÑA IRENE. —¡No es buen empeño de . . . ![30] ¿Y te parece a ti que no sé yo muy bien de dónde viene todo eso? . . . ¿No ves que conozco las locuras que se te han metido en esa cabeza de chorlito? . . .[31] ¡Perdóneme Dios!

DOÑA FRANCISCA. —Pero . . . Pues ¿qué sabe usted?

DOÑA IRENE. —Me quieres engañar a mí, ¿eh? ¡Ay, hija! He vivido mucho, y tengo yo mucha trastienda[32] y mucha penetración para que tú me engañes.

DOÑA FRANCISCA. —[Aparte.] ¡Perdida estoy!

DOÑA IRENE. —Sin contar con su madre . . . Como si tal madre no tuviera . . . Yo te aseguro que aunque no hubiera sido con esta ocasión, de todos modos era ya necesario sacarte del convento. Aunque hubiera tenido que ir a pie y sola por ese camino, te hubiera sacado de allí . . . ¡Mire usted qué juicio de niña éste! Que porque ha vivido un poco de tiempo entre monjas, ya se la puso en la cabeza el ser ella monja también . . . Ni qué entiende ella de eso, ni qué . . . En todos los estados se sirve a Dios, Francisquita; pero el complacer a su madre, asistirla, acompañarla y ser el consuelo en sus trabajos, ésa es la primera obligación de una hija obediente . . . y sépalo usted, si no lo sabe.

DOÑA FRANCISCA. —Es verdad, mamá . . . Pero yo nunca he pensado abandonarla a usted.

DOÑA IRENE. —Sí, que no sé yo . . .[33]

DOÑA FRANCISCA. —No, señora; créame usted. La Paquita nunca se apartará de su madre ni la dará disgustos.

DOÑA IRENE. —Mira si es cierto lo que dices.

DOÑA FRANCISCA. —Sí, señora; que yo no sé mentir.

DOÑA IRENE. —Pues, hija, ya sabes lo que te he dicho. Ya ves lo que pierdes y la pesadumbre que me darás si no te portas en un todo como corresponde . . . Cuidado con ello.

DOÑA FRANCISCA. —[Aparte.] ¡Pobre de mí!

ESCENA V

[DOÑA IRENE, DOÑA FRANCISCA, DON DIEGO]

[Sale DON DIEGO por la puerta del foro y deja sobre la mesa sombrero y bastón.]

DOÑA IRENE. —Pues ¿cómo tan tarde?

DON DIEGO. —Apenas salí tropecé con el rector de Málaga y el doctor Padilla, y hasta que me han hartado bien de chocolate y bollos no me han querido soltar . . . [Siéntase junto a DOÑA IRENE.] Y a todo esto, ¿cómo va?

DOÑA IRENE. —Muy bien.

DON DIEGO. —¿Y doña Paquita?

DOÑA IRENE. —Doña Paquita siempre acordándose de sus monjas. Ya la digo que es tiempo de mudar de bisiesto[34] y pensar sólo en dar gusto a su madre y obedecerla.

DON DIEGO. —¡Qué diantre! ¿Conque tanto se acuerda de . . . ?

---

[25] medios de vida
[26] reluciente de limpia
[27] utensilios
[28] adoptado la costumbre
[29] ¡Qué cosa tan extraña!

[30] ¡Qué obstinación de . . .
[31] mala cabeza
[32] experiencia
[33] yo sé [lo que tú piensas]
[34] cambiar de actitud

DOÑA IRENE. —¿Qué se admira[35] usted? Son niñas . . . No saben lo que quieren ni lo que aborrecen . . . En una edad, así tan . . .

DON DIEGO. —No; poco a poco; eso, no. Precisamente en esa edad son las pasiones algo más enérgicas y decisivas que en la nuestra, y por cuanto la razón se halla todavía imperfecta y débil, los ímpetus del corazón son mucho más violentos . . . [*Asiendo de una mano a* DOÑA FRANCISCA, *la hace sentar inmediata a él.*] Pero de veras, doña Paquita, ¿se volvería usted al convento de buena gana? . . . La verdad.

DOÑA IRENE. —Pero si ella no . . .

DON DIEGO. —Déjela usted, señora, que ella responderá.

DOÑA FRANCISCA. —Bien sabe usted lo que acabo de decirla . . . No permita Dios que yo la dé que sentir.

DON DIEGO. —Pero eso lo dice usted tan afligida y . . .

DOÑA IRENE. —Si es natural, señor. ¿No ve usted que . . . ?

DON DIEGO. —Calle usted, por Dios, doña Irene, y no me diga usted a mí lo que es natural. Lo que es natural es que la chica esté llena de miedo y no se atreva a decir una palabra que se oponga a lo que su madre quiere que diga . . . Pero si esto hubiese, por vida mía que estábamos lucidos.[36]

DOÑA FRANCISCA. —No, señor; lo que dice su merced,[37] eso digo yo; lo mismo. Porque en todo lo que me mande la obedeceré.

DON DIEGO. —¡Mandar, hija mía! . . . En estas materias tan delicadas los padres que tienen juicio no mandan. Insinúan, proponen, aconsejan; eso, sí; todo eso sí; ¡pero mandar! . . . ¿Y quién ha de evitar después las resultas funestas de lo que mandaron? . . . Pues ¿cuántas veces vemos matrimonios infelices, uniones monstruosas verificadas solamente porque un padre tonto se metió a mandar lo que no debiera? . . . ¡Eh! No, señor; eso no va bien . . . Mire usted, doña Paquita, yo no soy de aquellos hombres que se disimulan los defectos. Yo sé que ni mi figura ni mi edad son para enamorar perdidamente a nadie, pero tampoco he creído imposible que una muchacha de juicio y bien criada llegase a quererme con aquel amor tranquilo y constante que tanto se parece a la amistad, y es el único que puede hacer los matrimonios felices. Para conseguirlo no he ido a buscar a ninguna hija de familia[38] de estas que viven en una decente libertad . . . Decente, que yo no culpo lo que no se opone al ejercicio de la virtud. Pero ¿cuál sería entre todas ellas la que no estuviese ya prevenida en favor de otro amante más apetecible que yo? Y en Madrid. ¡Figúrese usted en un Madrid! . . .[39] Lleno de estas ideas, me pareció que tal vez hallaría en usted todo cuanto deseaba.

DOÑA IRENE. —Y puede usted creer, señor don Diego, que . . .

DON DIEGO. —Voy a acabar, señora; déjeme usted acabar. Yo me hago cargo,[40] querida Paquita, de lo que habrán influido en una niña tan bien inclinada como usted las santas costumbres que ha visto practicar en aquel inocente asilo de la devoción y la virtud; pero si a pesar de todo esto la imaginación acalorada, las circunstancias imprevistas la hubiesen hecho elegir sujeto más digno, sepa usted que yo no quiero nada con violencia. Yo soy ingenuo; mi corazón y mi lengua no se contradicen jamás. Esto mismo la pido a usted, Paquita: sinceridad. El cariño que a usted la tengo no la debe hacer infeliz . . . Su madre de usted no es capaz de querer una injusticia, y sabe muy bien que a nadie se le hace dichoso por fuerza. Si usted no halla en mí prendas que la inclinen, si siente algún otro cuidadillo en su corazón, créame usted, la menor disimulación en esto nos daría a todos muchísimo que sentir.

DOÑA IRENE. —¿Puedo hablar ya, señor?

DON DIEGO. —Ella, ella debe hablar y sin apuntador y sin intérprete.

DOÑA IRENE. —Cuando yo se lo mande.

---

[35] asombra
[36] estaríamos en una situación lamentable
[37] mi madre
[38] joven criada con su familia (y no en un convento)
[39] en una ciudad como Madrid
[40] comprendo

DON DIEGO. —Pues ya puede usted mandárselo, porque a ella la toca responder... Con ella he de casarme; con usted, no.

DOÑA IRENE. —Yo creo, señor don Diego, que ni con ella ni conmigo. ¿En qué concepto nos tiene usted?... Bien dice su padrino, y bien claro me lo escribió días ha, cuando le di parte[41] de este casamiento. Que aunque no la ha vuelto a ver desde que la tuvo en la pila,[42] la quiere muchísimo, y a cuantos pasan por el Burgo de Osma[43] les pregunta cómo está, y continuamente nos envía memorias con el ordinario.[44]

DON DIEGO. —Y bien, señora, ¿qué escribió el padrino?... O por mejor decir, ¿qué tiene que ver nada de eso con lo que estamos hablando?

DOÑA IRENE. —Sí, señor, que tiene que ver; sí, señor. Y aunque yo lo diga, le aseguro a usted que ni un padre de Atocha[45] hubiera puesto una carta mejor que la que él me envió sobre el matrimonio de la niña... Y no es ningún catedrático, ni bachiller, ni nada de eso, sino un cualquiera, como quien dice, un hombre de capa y espada,[46] con un empleíllo infeliz en el ramo del viento[47] que apenas le da para comer... Pero es muy ladino, y sabe de todo, y tiene una labia[48] y escribe que da gusto... Casi toda la carta venía en latín, no le parezca a usted, y muy buenos consejos que me daba en ella... Que no es posible sino que adivinase lo que nos está sucediendo.

DON DIEGO. —Pero, señora, si no sucede nada ni hay cosa que a usted la deba disgustar.

DOÑA IRENE. —Pues ¿no quiere usted que me disgustte oyéndole hablar de mi hija en términos que...? ¡Ella otros amores ni otros cuidados!... Pues si tal hubiera... ¡Válgame Dios!..., la mataba[49] a golpes, mire usted... Respóndele una vez que quiere que hables y que yo no chiste.[50] Cuéntale los novios que dejaste en Madrid cuando tenías doce años y los que has adquirido en el convento al lado de aquella santa mujer. Díselo para que se tranquilice, y...

DON DIEGO. —Yo, señora, estoy más tranquilo que usted.

DOÑA IRENE. —Respóndele.

DOÑA FRANCISCA. —Yo no sé qué decir. Si ustedes se enfadan.

DON DIEGO. —No, hija mía; esto es dar alguna expresión a lo que se dice, pero ¡enfadarnos!, no por cierto. Doña Irene sabe lo que yo la estimo.

DOÑA IRENE. —Sí, señor, que lo sé, y estoy sumamente agradecida a los favores que usted nos hace... Por eso mismo...

DON DIEGO. —No se hable de agradecimiento; cuanto yo puedo hacer, todo es poco... Quiero sólo que doña Paquita esté contenta.

DOÑA IRENE. —Pues ¿no ha de estarlo? Responde.

DOÑA FRANCISCA. —Sí, señor, que lo estoy.

DON DIEGO. —Y que la mudanza de estado que se la previene no la cueste el menor sentimiento.

DOÑA IRENE. —No, señor; todo al contrario... Boda más a gusto de todos no se pudiera imaginar.

DON DIEGO. —En esa inteligencia puedo asegurarla que no tendrá motivos de arrepentirse después. En nuestra compañía vivirá querida y adorada, y espero que a fuerza de beneficios he de merecer su estimación y su amistad.

DOÑA FRANCISCA. —Gracias, señor don Diego... ¡A una huérfana pobre, desvalida como yo!...

DON DIEGO. —Pero de prendas tan estimables que la hacen a usted digna todavía de mayor fortuna.

DOÑA IRENE. —Ven aquí, ven... Ven aquí, Paquita.

DOÑA FRANCISCA. —¡Mamá! [*Levántase, abraza a su madre y se acarician mutuamente.*]

---

[41] noticia
[42] pila [del bautismo]
[43] pueblo de Soria (Castilla la Vieja)
[44] recuerdos con el recadero
[45] fraile de la Orden de Predicadores del monasterio de Nuestra Señora de Atocha (Madrid)
[46] hombre ordinario
[47] El *ramo* o alcabala *del viento* era el tributo pagado por los vendedores forasteros (en la calle, o sea, expuestos al viento)
[48] elocuencia
[49] mataría
[50] abra la boca

DOÑA IRENE. —¿Ves lo que te quiero?

DOÑA FRANCISCA. —Sí, señora.

DOÑA IRENE. —¿Y cuánto procuro tu bien, que no tengo otro pío[51] sino el de verte colocada antes que yo falte?[52]

DOÑA FRANCISCA. —Bien lo conozco.

DOÑA IRENE. —¡Hija de mi vida! ¿Has de ser buena?

DOÑA FRANCISCA. —Sí, señora.

DOÑA IRENE. —¡Ay, que no sabes tú lo que te quiere tu madre!

DOÑA FRANCISCA. —Pues qué, ¿no la quiero yo a usted?

DON DIEGO. —Vamos, vamos de aquí. [*Levántase* DON DIEGO *y después* DOÑA IRENE.] No venga alguno y nos halle a los tres llorando como tres chiquillos . . .

DOÑA IRENE. —Sí, dice usted bien. [*Vanse los dos al cuarto de* DOÑA IRENE. DOÑA FRANCISCA *va detrás, y* RITA, *que sale por la puerta del foro, la hace detener.*]

ESCENA VI

[DOÑA FRANCISCA, RITA]

RITA. —Señorita . . . ¡Eh! . . . chit . . . , señorita . . .

DOÑA FRANCISCA. —¿Qué quieres?

RITA. —Ya ha venido.

DOÑA FRANCISCA. —¿Cómo?

RITA. —Ahora mismo acaba de llegar. Le he dado un abrazo con licencia de usted y ya sube la escalera.

DOÑA FRANCISCA. —¡Ay, Dios! ¿Y qué debo hacer?

RITA. —¡Donosa[53] pregunta! . . . Vaya, lo que importa es no gastar el tiempo en melindres de amor . . . Al asunto . . . y juicio . . . Y mire usted que en el paraje en que estamos la conversación no puede ser muy larga . . . Ahí está.

DOÑA FRANCISCA. —Sí . . . Él es.

RITA. —Voy a cuidar de aquella gente . . . Valor, señorita, y resolución. [RITA *se entra en el cuarto de* DOÑA IRENE.]

DOÑA FRANCISCA. —No, no; que yo también . . . Pero no lo merece.[54]

ESCENA VII

[DOÑA FRANCISCA, DON CARLOS]

[*Sale* DON CARLOS *por la puerta del foro.*]

DON CARLOS. —¡Paquita! . . . ¡Vida mía! . . . Ya estoy aquí . . . ¿Cómo va, hermosa, cómo va?

DOÑA FRANCISCA. —Bien venido.

DON CARLOS. —¿Cómo tan triste? . . . ¿No merece mi llegada más alegría?

DOÑA FRANCISCA. —Es verdad; pero acaban de sucederme cosas que me tienen fuera de mí . . . Sabe usted . . . Sí, bien lo sabe usted . . . Después de escrita aquella carta, fueron por mí . . . Mañana, a Madrid . . . Ahí está mi madre.

DON CARLOS. —¿En dónde?

DOÑA FRANCISCA. —Ahí, en ese cuarto. [*Señalando al cuarto de* DOÑA IRENE.]

DON CARLOS. —¿Sola?

DOÑA FRANCISCA. —No, señor.

DON CARLOS. —Estará en compañía del prometido esposo. [*Se acerca al cuarto de* DOÑA IRENE, *se detiene y vuelve.*] Mejor . . . Pero ¿no hay nadie más con ella?

DOÑA FRANCISCA. —Nadie más, solos están . . . ¿Qué piensa usted hacer?

DON CARLOS. —Si me dejase llevar de mi pasión y de lo que esos ojos me inspiran, una temeridad . . . Pero tiempo hay . . . Él también será hombre de honor, y no es justo insultarle porque quiere bien a una mujer tan digna de ser querida . . . Yo no conozco a su madre de usted ni . . . Vamos, ahora nada se puede hacer . . . Su decoro de usted merece la primera atención.

DOÑA FRANCISCA. —Es mucho el empeño que tiene en que me case con él.

DON CARLOS. —No importa.

DOÑA FRANCISCA. —Quiere que esta boda se celebre así que lleguemos a Madrid.

DON CARLOS. —¿Cuál? . . . No. Eso, no.

DOÑA FRANCISCA. —Los dos están de acuerdo, y dicen . . .

DON CARLOS. —Bien . . . Dirán[55] . . . Pero no puede ser.

---

[51] deseo
[52] muera
[53] bonita (superflua)

[54] él [Carlos] no merece que huya de él
[55] dirán [lo que quieran]

DOÑA FRANCISCA. —Mi madre no me habla continuamente de otra materia. Me amenaza, me ha llenado de temor . . . Él insta por su parte, me ofrece tantas cosas, me . . .

DON CARLOS. —Y usted ¿qué esperanza le da? . . . ¿Ha prometido quererle mucho?

DOÑA FRANCISCA. —¡Ingrato! . . . Pues ¿no sabe usted que . . . ? ¡Ingrato!

DON CARLOS. —Sí, no lo ignoro, Paquita . . . Yo he sido el primer amor.

DOÑA FRANCISCA. —Y el último.

DON CARLOS. —Y antes perderé la vida que renunciar al lugar que tengo en ese corazón . . . Todo él es mío . . . ¿Digo bien? [*Asiéndola de las manos.*]

DOÑA FRANCISCA. —Pues ¿de quién ha de ser?

DON CARLOS. —¡Hermosa! ¡Qué dulce esperanza me anima! . . . Una sola palabra de esa boca me asegura . . . Para todo me da valor . . . En fin, ya estoy aquí . . . ¿Usted me llama para que la defienda, la libere, la cumpla una obligación mil y mil veces prometida? Pues a eso mismo vengo yo . . . Si ustedes se van a Madrid mañana, yo voy también. Su madre de usted sabrá quién soy . . . Allí puedo contar con el favor de un anciano respetable y virtuoso, a quien más que tío debo llamar amigo y padre. No tiene otro deudo más inmediato ni más querido que yo; es hombre muy rico, y si los dones de la fortuna tuviesen para usted algún atractivo, esta circunstancia añadiría felicidades a nuestra unión.

DOÑA FRANCISCA. —¿Y qué vale para mí toda la riqueza del mundo?

DON CARLOS. —Ya lo sé. La ambición no puede agitar a un alma tan inocente.

DOÑA FRANCISCA. —Querer y ser querida . . . Ni apetezco más ni conozco mayor fortuna.

DON CARLOS. —Ni hay otra . . . Pero usted debe serenarse y esperar que la suerte mude nuestra aflicción presente en durables dichas.

DOÑA FRANCISCA. —¿Y qué se ha de hacer para que a mi pobre madre no le cueste una pesadumbre? . . . ¡Me quiere tanto! . . . Si acabo de decirla que no la disgustaré ni me apartaré de su lado jamás, que siempre seré obediente y buena . . . ¡Y me abrazaba con tanta ternura! Quedó tan consolada con lo poco que acerté a decirla . . . Yo no sé, no sé qué camino ha de hallar usted para salir de estos ahogos.

DON CARLOS. —Yo le buscaré . . . ¿No tiene usted confianza en mí?

DOÑA FRANCISCA. —Pues ¿no he de tenerla? ¿Piensa usted que estuviera yo viva si esa esperanza no me animase? Sola y desconocida de todo el mundo, ¿qué había yo de hacer? Si usted no hubiese venido, mis melancolías me hubieran muerto sin tener a quién volver los ojos ni poder comunicar a nadie la causa de ellas . . . Pero usted ha sabido proceder como caballero y amante y acaba de darme con su venida la prueba mayor de lo mucho que me quiere. [*Se enternece y llora.*]

DON CARLOS. —¡Qué llanto! ¡Cómo persuade! . . . Sí, Paquita, yo solo basto para defenderla a usted de cuantos quieran oprimirla. A un amante favorecido, ¿quién puede oponérsele? Nada hay que temer.

DOÑA FRANCISCA. —¿Es posible?

DON CARLOS. —Nada . . . Amor ha unido nuestras almas con estrechos nudos, y sólo la muerte bastará a dividirlas.

ESCENA VIII

[DOÑA FRANCISCA, DON CARLOS, RITA]

RITA. —Señorita, adentro. La mamá pregunta por usted. Voy a traer la cena, y se van a recoger al instante . . . Y usted, señor galán, ya puede también disponer de su persona.

DON CARLOS. —Sí, que no conviene anticipar[56] sospechas . . . Nada tengo que añadir.

DOÑA FRANCISCA. —Ni yo.

DON CARLOS. —Hasta mañana. Con la luz del día veremos a este dichoso competidor.

RITA. —Un caballero muy honrado, muy rico, muy prudente; con su chupa[57] larga,

---

[56] provocar

[57] especie de chaleco con mangas y faldilla de la cintura abajo

su camisola limpia y sus sesenta años debajo del peluquín. [*Se va por la puerta del foro.*]

DOÑA FRANCISCA. —Hasta mañana.

DON CARLOS. —Adiós, Paquita.

DOÑA FRANCISCA. —Acuéstese usted y descanse.

DON CARLOS. —¿Descansar de celos?

DOÑA FRANCISCA. —¿De quién?

DON CARLOS. —Buenas noches... Duerma usted bien, Paquita.

DOÑA FRANCISCA. —¿Dormir con amor?

DON CARLOS. —Adiós, vida mía.

DOÑA FRANCISCA. —Adiós. [*Éntrase al cuarto de* DOÑA IRENE.]

ESCENA IX

[DON CARLOS, CALAMOCHA, RITA]

DON CARLOS. —¡Quitármela! [*Paseándose inquieto.*] No... Sea quien fuere, no me la quitará. Ni su madre ha de ser tan imprudente que se obstine en verificar ese matrimonio repugnándolo su hija..., mediando yo...[58] ¡Sesenta años!... Precisamente será muy rico... ¡El dinero! Maldito él sea, que tantos desórdenes origina.

CALAMOCHA. —Pues, señor [*Sale por la puerta del foro*], tenemos un medio cabrito asado, y... a lo menos parece cabrito. Tenemos una magnífica ensalada de berros, sin anapelos[59] ni otra materia extraña, bien lavada, escurrida y condimentada por estas manos pecadoras, que no hay más que pedir. Pan de Meco, vino de la Tercia...[60] Conque si hemos de cenar y dormir, me parece que sería bueno...

DON CARLOS. —Vamos... ¿Y adónde ha de ser?

CALAMOCHA. —Abajo. Allí he mandado disponer una angosta y fementida[61] mesa, que parece un banco de herrador.

RITA. —¿Quién quiere sopas? [*Sale por la puerta del foro con unos platos, taza, cuchara y servilleta.*]

DON CARLOS. —Buen provecho.[62]

CALAMOCHA. —Si hay alguna real moza que guste de cenar cabrito, levante el dedo.

RITA. —La real moza se ha comido ya media cazuela de albondiguillas... Pero lo agradece, señor militar. [*Éntrase al cuarto de* DOÑA IRENE.]

CALAMOCHA. —Agradecida te quiero yo, niña de mis ojos.[63]

DON CARLOS. —Conque, ¿vamos?

CALAMOCHA. —¡Ay, ay, ay!... [CALAMOCHA *se encamina a la puerta del foro y vuelve; hablan él y* DON CARLOS, *con reserva, hasta que* CALAMOCHA *se adelanta a saludar a* SIMÓN.] ¡Eh! Chit digo...

DON CARLOS. —¿Qué?

CALAMOCHA. —¿No ve usted lo que viene por allí?

DON CARLOS. —¿Es Simón?

CALAMOCHA. —El mismo... pero ¿quién diablos le...?

DON CARLOS. —¿Y qué haremos?

CALAMOCHA. —¿Qué sé yo? Sonsacarle, mentir y... ¿Me da usted licencia para que...?

DON CARLOS. —Sí; miente lo que quieras. ¿A qué habrá venido este hombre?

ESCENA X

[DON CARLOS, CALAMOCHA, SIMÓN.]

[SIMÓN *sale por la puerta del foro*]

CALAMOCHA. —Simón, ¿tú por aquí?

SIMÓN. —Adiós,[64] Calamocha. ¿Cómo va?

CALAMOCHA. —Lindamente.

SIMÓN. —¡Cuánto me alegro de...!

DON CARLOS. —¡Hombre! ¿Tú en Alcalá? Pues ¿qué novedad es ésta?

SIMÓN. —¡Oh, que estaba usted ahí, señorito! ¡Voto a sanes![65]

DON CARLOS. —¿Y mi tío?

SIMÓN. —Tan bueno.

CALAMOCHA. —Pero ¿se ha quedado en Madrid, o...?

---

[58] si yo intervengo
[59] acónito (planta venenosa)
[60] *Meco*, aldea cerca de Alcalá; *Tercia del Camino*, pueblo de la prov. de León
[61] mala

[62] que les siente bien (fórmula de cortesía)
[63] expresión de cariño (*niña* es «muchacha» y «pupila del ojo»)
[64] Hola
[65] ¡Juro por los santos! (expresión de sorpresa)

SIMÓN. —¿Quién me había de decir a mí . . . ? ¡Cosa como ella! Tan ajeno estaba yo ahora de . . . Y usted, de cada vez más guapo . . . ¿Conque usted irá a ver al tío, eh?

CALAMOCHA. —Tú habrás venido con algún encargo del amo.

SIMÓN. —¡Y qué calor traje,[66] y qué polvo por ese camino! ¡Ya, ya!

CALAMOCHA. —Alguna cobranza tal vez, ¿eh?

DON CARLOS. —Puede ser. Como tiene mi tío ese poco de hacienda en Ajalvir . . .[67] ¿No has venido a eso?

SIMÓN. —¡Y qué buena maula[68] le ha salido el tal administrador! Labriego más marrullero y más bellaco no le hay en toda la campiña . . . ¿Conque usted viene ahora de Zaragoza?

DON CARLOS. —Pues . . . Figúrate tú.

SIMÓN. —¿O va usted allá?

DON CARLOS. —¿Adónde?

SIMÓN. —A Zaragoza. ¿No está allí el regimiento?

CALAMOCHA. —Pero, hombre, si salimos el verano pasado de Madrid, ¿no habíamos de haber andado más de cuatro leguas?

SIMÓN. —¡Qué sé yo! Algunos van por la posta, y tardan más de cuatro meses en llegar. . . Debe de ser un camino muy malo.

CALAMOCHA. —[Aparte, separándose de SIMÓN.] ¡Maldito seas tú y tu camino, y la bribona que te dio papilla![69]

DON CARLOS. —Pero aún no me has dicho si mi tío está en Madrid o en Alcalá, ni a qué has venido, ni . . .

SIMÓN. —Bien, a eso voy . . . Sí, señor, voy a decir a usted . . . Conque . . . Pues el amo me dijo . . .

ESCENA XI

[DON DIEGO, DON CARLOS, SIMÓN, CALAMOCHA]

DON DIEGO. —[Desde adentro.] No, no es menester; si hay luz aquí. Buenas noches, Rita. [DON CARLOS se turba y se aparta a un extremo del teatro.]

DON CARLOS. —¡Mi tío!

DON DIEGO. —¡Simón! [Sale DON DIEGO del cuarto de DOÑA IRENE, encaminándose al suyo; repara en DON CARLOS y se acerca a él. SIMÓN le alumbra y vuelve a dejar la luz sobre la mesa.]

SIMÓN. —Aquí estoy, señor.

DON CARLOS. —[Aparte.] ¡Todo se ha perdido!

DON DIEGO. —Vamos . . . Pero . . . ¿quién es?

SIMÓN. —Un amigo de usted, señor.

DON CARLOS. —[Aparte.] ¡Yo estoy muerto!

DON DIEGO. —¿Cómo un amigo? . . . ¿Qué? Acerca esa luz.

DON CARLOS. —¡Tío! [En ademán de besar la mano de DON DIEGO, que la aparta de sí con enojo.]

DON DIEGO. —Quítate de ahí.

DON CARLOS. —¡Señor!

DON DIEGO. —Quítate . . . No sé cómo no le . . .[70] ¿Qué haces aquí?

DON CARLOS. —Si usted se altera[71] y . . .

DON DIEGO. —¿Qué haces aquí?

DON CARLOS. —Mi desgracia me ha traído.

DON DIEGO. —¡Siempre dándome que sentir, siempre! Pero . . . [Acercándose a DON CARLOS.] ¿Qué dices? ¿De veras ha ocurrido alguna desgracia? Vamos . . . ¿Qué te sucede? . . . ¿Por qué estás aquí?

CALAMOCHA. —Porque le tiene a usted ley,[72] y le quiere bien, y . . .

DON DIEGO. —A ti no te pregunto nada . . . ¿Por qué has venido de Zaragoza sin que yo lo sepa? . . . ¿Por qué te asusta el verme? . . . Algo has hecho: sí, alguna locura has hecho que le habrá de costar la vida a tu pobre tío.

DON CARLOS. —No, señor; que nunca olvidaré las máximas de honor y prudencia que usted me ha inspirado tantas veces.

DON DIEGO. —Pues ¿a qué viniste? ¿Es desafío? ¿Son deudas? ¿Es algún disgusto con tus jefes? . . . Sácame de esta inquietud, Carlos . . . Hijo mío, sácame de este afán.

CALAMOCHA. —Si todo ello no es más que . . .

DON DIEGO. —Ya he dicho que calles . . . Ven acá. [Tomándole de la mano se aparta con él a

---

[66] pasé
[67] aldea próxima a Alcalá
[68] gran pícaro
[69] *la bribona . . . papilla,* la mujer que te crió

[70] Implica una amenaza de pegarle.
[71] se enfada
[72] cariño

un extremo del teatro, y le habla en voz baja.]
Dime qué ha sido.

DON CARLOS. —Una ligereza, una falta de sumisión a usted . . . Venir a Madrid sin pedirle licencia primero . . . Bien arrepentido estoy, considerando la pesadumbre que le he dado al verme.

DON DIEGO. —¿Y qué otra cosa hay?

DON CARLOS. —Nada más, señor.

DON DIEGO. —Pues ¿qué desgracia era aquélla de que me hablaste?

DON CARLOS. —Ninguna. La de hallarle a usted en este paraje . . . y haberle disgustado tanto, cuando yo esperaba sorprenderle en Madrid, estar en su compañía algunas semanas, y volverme contento de haberle visto.

DON DIEGO. —¿No hay más?

DON CARLOS. —No, señor.

DON DIEGO. —Míralo bien.

DON CARLOS. —No, señor . . . A eso venía. No hay nada más.

DON DIEGO. —Pero no me digas tú a mí . . . Si es imposible que estas escapadas se . . . No, señor . . . ¿Ni quién ha de permitir que un oficial se vaya cuando se le antoje, y abandone de ese modo sus banderas? . . . Pues si tales ejemplos se repitieran mucho, adiós disciplina militar . . . Vamos . . . Eso no puede ser.

DON CARLOS. —Considere usted, tío, que estamos en tiempo de paz; que en Zaragoza no es necesario un servicio tan exacto como en otras plazas, en que no se permite descanso a la guarnición . . . Y en fin, puede usted creer que este viaje supone la aprobación y la licencia de mis superiores, que yo también miro por mi estimación, y que cuando me he venido, estoy seguro de que no hago falta.

DON DIEGO. —Un oficial siempre hace falta a sus soldados. El rey le tiene allí para que los instruya, los proteja, y les dé ejemplo de subordinación, de valor, de virtud.

DON CARLOS. —Bien está; pero ya he dicho los motivos . . .

DON DIEGO. —Todos esos motivos no valen nada . . . ¡Porque le dio la gana de ver al tío! . . . Lo que quiere su tío de usted[73] no es verle cada ocho días, sino saber que es hombre de juicio, y que cumple con sus obligaciones. Eso es lo que quiere . . . Pero [*Alza la voz y se pasea con inquietud.*] yo tomaré mis medidas para que estas locuras no se repitan otra vez . . . Lo que usted ha de hacer ahora es marcharse inmediatamente.

DON CARLOS. —Señor, si . . .

DON DIEGO. —No hay remedio . . . Y ha de ser al instante. Usted no ha de dormir aquí.

CALAMOCHA. —Es que los caballos no están ahora para correr . . . ni pueden moverse.

DON DIEGO. —Pues con ellos [*A* CALAMOCHA] y con las maletas al mesón de afuera. Usted [*A* DON CARLOS] no ha de dormir aquí . . . Vamos [*A* CALAMOCHA] tú, buena pieza,[74] menéate. Abajo con todo. Pagar el gasto que se haya hecho, sacar los caballos y marchar[75] . . . Ayúdale tú . . . [*A* SIMÓN.] ¿Qué dinero tienes ahí?

SIMÓN. —Tendré unas cuatro o seis onzas.[76] [*Saca de un bolsillo algunas monedas y se las da a* DON DIEGO.]

DON DIEGO. —Dámelas acá. Vamos, ¿qué haces? [*A* CALAMOCHA.] ¿No he dicho que ha de ser al instante? Volando. Y tú [*A* SIMÓN], ve con él, ayúdale, y no te me apartes de allí hasta que se hayan ido. [*Los dos criados entran en el cuarto de* DON CARLOS.]

ESCENA XII

[DON DIEGO, DON CARLOS]

DON DIEGO. —Tome usted. [*Le da el dinero.*] Con eso hay bastante para el camino. Vamos, que cuando yo lo dispongo así, bien sé lo que me hago . . . ¿No conoces que es todo por tu bien, y que ha sido un desatino lo que acabas de hacer? . . . Y no hay que afligirse por eso, ni creas que es falta de cariño . . . Ya sabes lo que te he querido siempre, y en obrando tú según

---

[73] Al enfadarse con su sobrino, D. Diego emplea *usted* en vez del *tú* familiar.
[74] buen hombre (irónico)

[75] infinitivos usados como imperativos
[76] onzas [de oro]

corresponde, seré tu amigo, como lo he sido hasta aquí.

DON CARLOS. —Ya lo sé.

DON DIEGO. —Pues bien, ahora obedece lo que te mando.

DON CARLOS. —Lo haré sin falta.

DON DIEGO. —Al mesón de afuera. [*A los criados que salen con los trastos del cuarto de* DON CARLOS *y se van por la puerta del foro.*] Allí puedes dormir, mientras los caballos comen y descansan . . . Y no me vuelvas aquí por ningún pretexto ni entres en la ciudad . . . ¡Cuidado! Y a eso de las tres o las cuatro, marchar. Mira que he de saber a la hora que sales. ¿Lo entiendes?

DON CARLOS. —Sí, señor.

DON DIEGO. —Mira que lo has de hacer.

DON CARLOS. —Sí, señor; haré lo que usted manda.

DON DIEGO. —Muy bien. Adiós . . . Todo te lo perdono . . . Vete con Dios . . . Y yo sabré también cuándo llegas a Zaragoza; no te parezca que estoy ignorante de lo que hiciste la vez pasada.

DON CARLOS. —Pues ¿qué hice yo?

DON DIEGO. —Si te digo que lo sé, y que te lo perdono, ¿qué más quieres? No es tiempo ahora de tratar de eso. Vete.

DON CARLOS. —Quede usted con Dios. [*Hace que se va, y vuelve.*]

DON DIEGO. —¿Sin besar la mano a su tío, eh?

DON CARLOS. —No me atreví. [*Besa la mano a* DON DIEGO, *y se abrazan.*]

DON DIEGO. —Y dame un abrazo, por si no nos volvemos a ver.

DON CARLOS. —¿Qué dice usted? ¡No lo permita Dios!

DON DIEGO. —¡Quién sabe, hijo mío! ¿Tienes algunas deudas? ¿Te falta algo?

DON CARLOS. —No, señor; ahora no.

DON DIEGO. —Mucho es, porque tú siempre tiras por largo . . .[77] Como cuentas con la bolsa de tu tío . . . Pues bien, yo escribiré al señor Aznar para que te dé cien doblones[78] de orden mía. Y mira cómo los gastas. ¿Juegas?

DON CARLOS. —No, señor; en mi vida.[79]

DON DIEGO. —Cuidado con eso . . . Conque buen viaje. No te acalores: jornadas regulares y nada más. ¿Vas contento?

DON CARLOS. —No, señor. Porque usted me quiere mucho, me llena de beneficios, y yo le pago mal.

DON DIEGO. —No se hable ya de lo pasado . . . Adiós.

DON CARLOS. —¿Queda usted enojado conmigo?

DON DIEGO. —No, por cierto . . . Me disgusté bastante, pero ya se acabó . . . No me des que sentir. [*Poniéndole ambas manos sobre los hombros.*] Portarse como hombre de bien.

DON CARLOS. —No lo dude usted.

DON DIEGO. —Como oficial de honor.

DON CARLOS. —Así lo prometo.

DON DIEGO. —Adiós, Carlos. [*Abrazándose.*]

DON CARLOS. —[*Aparte, al irse por la puerta del foro.*] ¡Y la dejo! ¡Y la pierdo para siempre!

ESCENA XIII

[DON DIEGO]

DON DIEGO. —Demasiado bien se ha compuesto . . . Luego lo sabrá enhorabuena . . . Pero no es lo mismo escribírselo que . . . Después de hecho no importa nada . . . ¡Pero siempre aquel respeto al tío! . . . Como una malva es.[80] [*Se enjuga las lágrimas, toma una luz y se va a su cuarto. El teatro queda solo y oscuro por un breve espacio.*]

ESCENA XIV

[DOÑA FRANCISCA, RITA]

[*Salen del cuarto de* DOÑA IRENE. RITA *sacará una luz y la pone encima de la mesa.*]

RITA. —Mucho silencio hay por aquí.

DOÑA FRANCISCA. —Se habrán recogido ya . . . Estarán rendidos.

RITA. —Precisamente.

DOÑA FRANCISCA. —¡Un camino tan largo!

RITA. —¡A lo que obliga el amor, señorita!

DOÑA FRANCISCA. —Sí, bien puedes decirlo: amor . . . Y yo, ¿qué no hiciera por él?

---

[77] gastas demasiado
[78] moneda de oro
[79] jamás
[80] es muy dócil

RITA. —Y deje usted, que no ha de ser éste el último milagro. Cuando lleguemos a Madrid, entonces será ella . . .[81] El pobre don Diego ¡qué chasco se va a llevar! Y, por otra parte, vea usted qué señor tan bueno, que por cierto da lástima . . .

DOÑA FRANCISCA. —Pues en eso consiste todo. Si él fuese un hombre despreciable, ni mi madre hubiera admitido su pretensión, ni yo tendría que disimular mi repugnancia . . . Pero ya es otro tiempo, Rita. Don Félix ha venido, y ya no temo a nadie. Estando mi fortuna en su mano, me considero la más dichosa de las mujeres.

RITA. —¡Ay! Ahora que me acuerdo . . . Pues poquito[82] me lo encargó . . . Ya se ve, si con estos amores tengo yo también la cabeza . . . Voy por él. [*Encaminándose al cuarto de* DOÑA IRENE.]

DOÑA FRANCISCA. —¿A qué vas?

RITA. —El tordo, que ya se me olvidaba sacarlo de allí.

DOÑA FRANCISCA. —Sí, tráele, no[83] empiece a rezar como anoche . . . Allí quedó junto a la ventana . . . Y ve con cuidado, no despierte mamá.

RITA. —Sí, mire usted el estrépito de caballerías que andan por allá abajo . . . Hasta que lleguemos a nuestra calle del Lobo,[84] número siete, cuarto segundo, no hay que pensar en dormir . . . Y ese maldito portón que rechina que . . .

DOÑA FRANCISCA. —Te puedes llevar la luz.

RITA. —No es menester, que ya sé dónde está. [*Vase al cuarto de* DOÑA IRENE.]

ESCENA XV

[DOÑA FRANCISCA, SIMÓN]

[*Sale por la puerta del foro* SIMÓN]

DOÑA FRANCISCA. —Yo pensé que estaban ustedes acostados.

SIMÓN. —El amo ya habrá hecho esa diligencia;[85] pero yo todavía no sé en dónde he de tender el rancho . . .[86] Y buen sueño que tengo.

DOÑA FRANCISCA. —¿Qué gente nueva ha llegado ahora?

SIMÓN. —Nadie. Son unos que estaban allí, y se han ido.

DOÑA FRANCISCA. —¿Los arrieros?

SIMÓN. —No, señora. Un oficial y un criado suyo, que parece que se van a Zaragoza.

DOÑA FRANCISCA. —¿Quiénes dice usted que son?

SIMÓN. —Un teniente coronel y su asistente.[87]

DOÑA FRANCISCA. —¿Y estaban aquí?

SIMÓN. —Sí, señora; ahí en ese cuarto.

DOÑA FRANCISCA. —No los he visto.

SIMÓN. —Parece que llegaron esta tarde y . . . A la cuenta[88] habrán despachado ya la comisión que traían . . . Conque se han ido . . . Buenas noches, señorita. [*Vase al cuarto de* DON DIEGO.]

ESCENA XVI

[DOÑA FRANCISCA, RITA]

DOÑA FRANCISCA. —¡Dios mío de mi alma! ¿Qué es esto? ¡No puedo sostenerme. ¡Desdichada! [*Siéntase en una silla junto a la mesa.*]

RITA. —Señorita, yo vengo muerta. [*Saca la jaula del tordo y lo deja encima de la mesa; abre la puerta del cuarto de* DON CARLOS *y vuelve.*]

DOÑA FRANCISCA. —¡Ay, que es cierto! ¿Tú lo sabes también?

RITA. —Deje usted, que todavía no creo lo que he visto . . . Aquí no hay nadie . . ., ni las maletas, ni ropa, ni . . . Pero ¿cómo podía engañarme? Si yo misma los he visto salir.

DOÑA FRANCISCA. —¿Y eran ellos?

RITA. —Sí, señora. Los dos.

DOÑA FRANCISCA. —Pero ¿se han ido fuera de la ciudad?

RITA. —Si no los he perdido de vista hasta que salieron por Puerta de Mártires . . .[89] Como está un paso de aquí.

---

[81] vendrá lo peor
[82] tanto como (se refiere a Doña Irene)
[83] antes que
[84] en Madrid (hoy calle de Echegaray)
[85] asunto

[86] he de acostarme
[87] soldado-criado
[88] según parece
[89] entrada de Alcalá por el camino de Zaragoza (Aragón)

DOÑA FRANCISCA. —¿Y es ése el camino de Aragón?

RITA. —Ése es.

DOÑA FRANCISCA. —¡Indigno! ¡Hombre indigno!

RITA. —¡Señorita!

DOÑA FRANCISCA. —¿En qué te ha ofendido esta infeliz?

RITA. —Yo estoy temblando toda . . . Pero . . . Si es incomprensible . . . Si no alcanzo a descubrir qué motivo ha podido haber para esta novedad.

DOÑA FRANCISCA. —Pues ¿no le quise más que a mi vida? . . . ¿No me ha visto loca de amor?

RITA. —No sé qué decir al considerar una acción tan infame.

DOÑA FRANCISCA. —¿Qué has de decir? Que no me ha querido nunca, ni es hombre de bien . . . ¿Y vino para esto? ¡Para engañarme, para abandonarme así! [*Levántase y* RITA *la sostiene.*]

RITA. —Pensar que su venida fue con otro designio, no me parece natural . . . Celos . . . ¿Por qué ha de tener celos? . . . Y aun eso mismo debiera enamorarle más . . . Él no es cobarde, y no hay que decir que habrá tenido miedo de su competidor.

DOÑA FRANCISCA. —Te cansas en vano. Di que es un pérfido, di que es un monstruo de crueldad, y todo lo has dicho.

RITA. —Vamos de aquí, que puede venir alguien y . . .

DOÑA FRANCISCA. —Sí, vámonos . . . Vamos a llorar . . . ¡Y en qué situación me deja! . . . Pero ¿ves qué malvado?

RITA. —Sí, señora; ya lo conozco.

DOÑA FRANCISCA. —¡Qué bien supo fingir! ¿Y con quién? Conmigo . . . Pues, ¿yo merecí ser engañada tan alevosamente? . . . ¿Mereció mi cariño este galardón? . . . ¡Dios de mi vida! ¿Cuál es mi delito, cuál es? [RITA *coge la luz y se van entrambas al cuarto de* DOÑA FRANCISCA.]

Acto Tercero

ESCENA PRIMERA

[*Teatro oscuro. Sobre la mesa habrá un candelero con vela apagada y la jaula del tordo.* SIMÓN *duerme tendido en el banco*]

[DON DIEGO, SIMÓN]

DON DIEGO. —[*Sale de su cuarto poniéndose la bata.*] Aquí, a lo menos, ya que no duerma no me derretiré . . . Vaya, si alcoba como ella no se . . .[90] ¡Cómo ronca éste! . . . Guardémosle el sueño[91] hasta que venga el día, que ya poco puede tardar . . . [SIMÓN *despierta y se levanta.*] ¿Qué es eso? Mira no te caigas, hombre.

SIMÓN. —Qué, ¿estaba usted ahí, señor?

DON DIEGO. —Sí, aquí me he salido, porque allí no se puede parar.

SIMÓN. —Pues yo, a Dios gracias, aunque la cama es algo dura, he dormido como un emperador.

DON DIEGO. —¡Mala comparación! Di que has dormido como un pobre hombre, que no tiene ni dinero, ni ambición, ni pesadumbres, ni remordimientos.

SIMÓN. —En efecto, dice usted bien . . . ¿Y qué hora será ya?

DON DIEGO. —Poco ha que sonó el reloj de San Justo,[92] y si no conté mal, dio las tres.

SIMÓN. —¡Oh!, pues ya nuestros caballeros irán por ese camino adelante echando chispas.[93]

DON DIEGO. —Sí, ya es regular[94] que hayan salido. Me lo prometió y espero que lo hará.

SIMÓN. —Pero ¡si usted viera qué apesadumbrado lo dejé! ¡Qué triste!

DON DIEGO. —Ha sido preciso.

SIMÓN. —Ya lo conozco.

---

[90] no se [encuentra]
[91] velaré mientras duerme
[92] una iglesia

[93] a toda velocidad (las *chispas* de las herraduras al galopar)
[94] probable

DON DIEGO. —¿No ves qué venida tan intempestiva?

SIMÓN. —Es verdad. Sin permiso de usted, sin avisarle, sin haber un motivo urgente . . . Vamos, hizo muy mal. Bien que por otra parte él tiene prendas suficientes para que se le perdone esta ligereza. Digo . . . Me parece que el castigo no pasará adelante, ¿eh?

DON DIEGO. —¡No, qué! No, señor. Una cosa es que le haya hecho volver . . . Ya ves en qué circunstancias nos cogía . . . Te aseguro que cuando se fue me quedó un ansia en el corazón. [*Suenan a lo lejos tres campanadas, y poco después se oye que puntean un instrumento.*] ¿Qué ha sonado?

SIMÓN. —No sé. Gente que pasa por la calle. Serán labradores.

DON DIEGO. —Calla.

SIMÓN. —Vaya, música tenemos, según parece.

DON DIEGO. —Sí, como lo hagan bien.

SIMÓN. —¿Y quién será el amante infeliz que se viene a puntear a estas horas en ese callejón tan puerco? Apostaré que son amores con la moza de la posada, que parece un mico.

DON DIEGO. —Puede ser.

SIMÓN. —Ya empiezan, oigamos. [*Tocan una sonata desde adentro.*] Pues dígole a usted que toca muy lindamente el pícaro del barberillo.

DON DIEGO. —No; no hay barbero que sepa hacer eso, por muy bien que afeite.

SIMÓN. —¿Quiere usted que nos asomemos un poco, a ver? . . .

DON DIEGO. —No, dejarlos. ¡Pobre gente! ¡Quién sabe la importancia que darán ellos a la tal música! No gusto yo de incomodar a nadie. [*Salen de su cuarto* DOÑA FRANCISCA *y* RITA, *encaminándose a la ventana.* DON DIEGO *y* SIMÓN *se retiran a un lado y observan.*]

SIMÓN. —¡Señor! ¡Eh! . . . presto, aquí a un ladito.[95]

DON DIEGO. —¿Qué quieres?

SIMÓN. —Que han abierto la puerta de esa alcoba y huele a faldas que trasciende.[96]

DON DIEGO. —¿Sí? . . . Retirémonos.

ESCENA II

[DOÑA FRANCISCA, DON DIEGO, RITA, SIMÓN]

RITA. —Con tiento, señorita.

DOÑA FRANCISCA. —Siguiendo la pared, ¿no voy bien? [*Vuelven a puntear el instrumento.*]

RITA. —Sí, señora . . . Pero vuelven a tocar . . . Silencio . . .

DOÑA FRANCISCA. —No te muevas . . . Deja . . . Sepamos primero si es él.

RITA. —Pues ¿no ha de ser? . . . La seña no puede mentir.

DOÑA FRANCISCA. —Calla. Sí, él es . . . ¡Dios mío! [*Acércase* RITA *a la ventana, abre la vidriera y da tres palmadas. Cesa la música.*] Ve, responde . . . Albricias,[97] corazón. Él es.

SIMÓN. —¿Ha oído usted?

DON DIEGO. —Sí.

SIMÓN. —¿Qué querrá decir esto?

DON DIEGO. —Calla.

DOÑA FRANCISCA. —[*Se asoma a la ventana.* RITA *se queda detrás de ella. Los puntos suspensivos indican las interrupciones más o menos largas.*] Yo soy . . . ¿Y qué había de pensar viendo lo que usted acababa de hacer? . . . ¿Qué fuga es ésta? [*Apártase de la ventana, y vuelve después a asomarse.*] Amiga, por Dios, ten cuidado, y si oyeres algún rumor, al instante avísame . . . ¿Para siempre? ¡Triste de mí! Bien está, tírela usted . . . Pero yo no acabo de entender . . . ¡Ay, don Félix! Nunca le he visto a usted tan tímido . . . [*Tiran desde adentro[98] una carta que cae por la ventana al teatro.* DOÑA FRANCISCA *la busca, y no hallándola vuelve a asomarse.*] No, no la he cogido; pero aquí está, sin duda . . . ¿Y no he de saber yo, hasta que llegue el día, los motivos que tiene usted para dejarme muriendo? . . . Sí, yo quiero saberlo de boca de usted. Su Paquita de usted se lo manda . . . ¿Y cómo le parece a usted que estará el mío? . . .[99] No me cabe en el pecho . . ., diga usted. [*SIMÓN se adelanta un poco, tropieza con la jaula y la deja caer.*]

RITA. —Señorita, vamos de aquí . . . Presto, que hay gente.

---

[95] venga aquí a este lado
[96] *huele . . . trasciende*, está claro que hay mujeres por medio
[97] alégrate
[98] la calle (*dentro* es lo que está detrás del escenario)
[99] mi corazón

DOÑA FRANCISCA. —¡Infeliz de mí!... Guíame.

RITA. —Vamos [*Al retirarse tropieza con* SIMÓN. *Las dos se van al cuarto de* DOÑA FRANCISCA.] ¡Ay!

DOÑA FRANCISCA. —¡Muerta voy!

ESCENA III

[DON DIEGO, SIMÓN]

DON DIEGO. —¿Qué grito fue ése?

SIMÓN. —Una de las fantasmas, que al retirarse tropezó conmigo.

DON DIEGO. —Acércate a esa ventana y mira si hallas en el suelo un papel... ¡Buenos estamos![1]

SIMÓN. —[*Tentando por el suelo cerca de la ventana.*] No encuentro nada, señor.

DON DIEGO. —Búscale bien, qué por ahí ha de estar.

SIMÓN. —¿Le tiraron desde la calle?

DON DIEGO. —Sí... ¿Qué amante es éste? ¡Y dieciséis años y criada en un convento! Acabó ya toda mi ilusión.

SIMÓN. —Aquí está. [*Halla la carta y se la da a* DON DIEGO.]

DON DIEGO. —Vete abajo y enciende una luz... En la caballeriza o en la cocina... Por ahí habrá algún farol... Y vuelve con ella al instante. [*Vase* SIMÓN *por la puerta del foro.*]

ESCENA IV

[DON DIEGO]

DON DIEGO. —¿Y a quién debo culpar? [*Apoyándose en el respaldo de una silla.*] ¿Es ella la delincuente, o su madre, o sus tías, o yo? ¿Sobre quién..., sobre quién ha de caer esta cólera, que por más que procuro no la sé reprimir?... ¡La Naturaleza la hizo tan amable a mis ojos!... ¡Qué esperanzas tan halagüeñas concebí! ¡Qué felicidades me prometía!... ¡Celos!... ¿Yo? ¡En qué edad tengo celos! Vergüenza es... Pero esta inquietud que yo siento, esta indignación, estos deseos de venganza, ¿de

qué provienen? ¿Cómo he de llamarlos? Otra vez parece que... [*Advirtiendo que suena ruido en la puerta del cuarto de* DOÑA FRANCISCA, *se retira a un extremo del teatro.*] Sí.

ESCENA V

[DON DIEGO, RITA, SIMÓN]

RITA. —Ya se han ido... [*Observa, escucha, asómase después y busca la carta por el suelo.*] ¡Válgame Dios!... El papel estará muy bien escrito, pero el señor don Félix es un grandísimo picarón... ¡Pobrecita de mi alma! Se muere sin remedio... Nada, ni perros por la calle... ¡Ojalá no nos hubiéramos conocido! ¿Y este maldito papel?... Pues buena la hiciéramos[2] si no pareciese... ¿Qué dirá? Mentiras, mentiras y todo mentira.

SIMÓN. —Ya tenemos luz. [*Sale con luz.* RITA *se sorprende.*]

RITA. —¡Perdida soy!

DON DIEGO. —[*Acercándose.*] ¡Rita! ¿Pues tú aquí?

RITA. —Sí, señor, porque...

DON DIEGO. —¿Qué buscas a estas horas?

RITA. —Buscaba... Yo le diré a usted... Porque oímos un ruido tan grande...

SIMÓN. —¿Sí, eh?

RITA. —Cierto... Un ruido y... mire usted [*Alza la jaula que está en el suelo*]: era la jaula del tordo... Pues la jaula era, no tiene duda. ¡Válgame Dios! ¿Si habrá muerto? No, vivo está, vaya... Algún gato habrá sido. Preciso.[3]

SIMÓN. —Sí, algún gato.

RITA. —¡Pobre animal! ¡Y que asustadillo se conoce que está todavía!

SIMÓN. —Y con mucha razón... ¿No te parece, si le hubiera pillado el gato?...

RITA. —Se lo hubiera comido. [*Cuelga la jaula de un clavo que habrá en la pared.*]

SIMÓN. —Y sin pebre...[4]; ni plumas hubiera dejado.

DON DIEGO. —Tráeme esa luz.

RITA. —¡Ah! Deje usted, encenderemos ésta [*Encendiendo la vela que está sobre la mesa*] que

---

[1] ¡En mal asunto estamos!
[2] quedaríamos en una situación terrible
[3] seguro
[4] sin salsa

ya lo que no se ha dormido.[5]

DON DIEGO. —Y doña Paquita, ¿duerme?

RITA. —Sí, señor.

SIMÓN. —Pues mucho[6] es que con el ruido del tordo . . .

DON DIEGO. —Vamos. [*Se entra en su cuarto.* SIMÓN *va con él, llevándose una de las luces.*]

ESCENA VI

[DOÑA FRANCISCA, RITA]

DOÑA FRANCISCA. —[*Saliendo de su cuarto.*] ¿Ha parecido el papel?

RITA. —No, señora.

DOÑA FRANCISCA. —¿Y estaban los dos cuando tú saliste?

RITA. —Yo no lo sé. Lo cierto es que el criado sacó una luz, y me hallé de repente, como por máquina, entre él y su amo, sin poder escapar ni saber qué disculpa darles. [*Coge la luz y vuelve a buscar la carta cerca de la ventana.*]

DOÑA FRANCISCA. —Ellos eran, sin duda . . . Aquí estarían cuando yo hablé desde la ventana . . . ¿Y ese papel?

RITA. —Yo no lo encuentro, señorita.

DOÑA FRANCISCA. —Le[7] tendrán ellos, no te canses . . . Si es lo único que faltaba a mi desdicha . . . No le busques. Ellos le tienen.

RITA. —A lo menos, por aquí . . .

DOÑA FRANCISCA. —¡Yo estoy loca! [*Siéntase.*]

RITA. —Sin haberse explicado este hombre, ni decir siquiera . . .

DOÑA FRANCISCA. —Cuando iba a hacerlo me avisaste y fue preciso retirarnos . . . Pero, ¿sabes tú con qué temor que habló, qué agitación mostraba? Me dijo que en aquella carta vería yo los motivos justos que le precisaban a volverse; que la había escrito para dejársela a persona fiel que la pusiera en mis manos, suponiendo que el verme sería imposible. Todo engaños, Rita, de un hombre aleve que prometió lo que no pensaba cumplir . . . Vino, halló un competidor y diría: «Pues yo ¿para qué he de molestar a nadie ni hacerme ahora de-

fensor de una mujer? . . . ¡Hay tantas mujeres! Cásenla . . . Yo nada pierdo . . . Primero es mi tranquilidad que la vida de esa infeliz.» ¡Dios mío, perdón! . . . !Perdón de haberle querido tanto!

RITA. —¡Ay, señorita! [*Mirando hacia el cuarto de* DON DIEGO.] Que parece que salen ya.

DOÑA FRANCISCA. —No importa, déjame.

RITA. —Pero si don Diego la ve a usted de esa manera . . .

DOÑA FRANCISCA. —Si todo se ha perdido ya, ¿qué puedo temer? . . . ¿Y piensas tú que tengo alientos para levantarme? . . . Que venga, nada importa.

ESCENA VII

[DON DIEGO, DOÑA FRANCISCA, SIMÓN, RITA]

SIMÓN. —Voy enterado, no es menester más.

DON DIEGO. —Mira, y haz que ensillen inmediatamente al *Moro* mientras tú vas allá. Si han salido, vuelves, montas a caballo y en una buena carrera que des[8] los alcanzas . . . Los dos aquí, ¿eh? . . . Conque vete, no se pierda tiempo. [*Después de hablar los dos junto al cuarto de* DON DIEGO, *se va* SIMÓN *por la puerta del foro.*]

SIMÓN. —Voy allá.

DON DIEGO. —Mucho se madruga, doña Paquita.

DOÑA FRANCISCA. —Sí, señor.

DON DIEGO. —¿Ha llamado ya doña Irene?

DOÑA FRANCISCA. —No, señor . . . Mejor es que vayas allá, por si ha despertado y se quiere vestir. [RITA *se va al cuarto de* DOÑA IRENE.]

ESCENA VIII

[DON DIEGO, DOÑA FRANCISCA]

DON DIEGO. —¿Usted no habrá dormido bien esta noche?

DOÑA FRANCISCA. —No, señor. ¿Y usted?

DON DIEGO. —Tampoco.

DOÑA FRANCISCA. —Ha hecho demasiado calor.

DON DIEGO. —¿Está usted desazonada?

---

[5] no dormiremos ya el resto de la noche
[6] extraño

[7] lo (caso de *leísmo*)
[8] *en . . . des*, corriendo bastante de prisa

DOÑA FRANCISCA. —Alguna cosa.[9]

DON DIEGO. —¿Qué siente usted? [*Siéntase junto a* DOÑA FRANCISCA.]

DOÑA FRANCISCA. —No es nada . . . Así, un poco de . . . Nada . . . , no tengo nada.

DON DIEGO. —Algo será, porque la veo a usted muy abatida, llorosa, inquieta. ¿Qué tiene usted, Paquita? ¿No sabe usted que la quiero tanto?

DOÑA FRANCISCA. —Sí, señor.

DON DIEGO. —Pues ¿por qué no hace usted más confianza de mí? ¿Piensa usted que no tendré yo mucho gusto en hallar ocasiones de complacerla?

DOÑA FRANCISCA. —Ya lo sé.

DON DIEGO. —Pues ¿cómo sabiendo que tiene usted un amigo no desahoga con él su corazón?

DOÑA FRANCISCA. —Porque eso mismo me obliga a callar.

DON DIEGO. —Eso quiere decir que tal vez soy yo la causa de su pesadumbre de usted.

DOÑA FRANCISCA. —No, señor; usted en nada me ha ofendido . . . No es de usted de quien yo me debo quejar.

DON DIEGO. —Pues ¿de quién, hija mía? . . . Venga usted acá . . . [*Acércase más.*] Hablemos siquiera una vez sin rodeos ni disimulación. Dígame usted: ¿no es cierto que usted mira con algo de repugnancia este casamiento que se la propone? ¿Cuánto va[10] que si la dejasen a usted entera libertad para la elección no se casaría conmigo?

DOÑA FRANCISCA. —Ni con otro.

DON DIEGO. —¿Será posible que usted no conozca otro más amable que yo, que la quiera bien y que la corresponda como usted merece?

DOÑA FRANCISCA. —No, señor; no, señor.

DON DIEGO. —Mírelo usted bien.

DOÑA FRANCISCA. —¿No le digo a usted que no?

DON DIEGO. —¿Y he de creer, por dicha, que conserve usted tal inclinación al retiro en que se ha criado, que prefiera la austeridad del convento a una vida más . . . ?

DOÑA FRANCISCA. —Tampoco; no, señor . . . Nunca he pensado así.

DON DIEGO. —No tengo empeño de saber más . . . Pero de todo lo que acabo de oír resulta una gravísima contradicción. Usted no se halla inclinada al estado religioso, según parece. Usted me asegura que no tiene queja ninguna de mí, que está persuadida de lo mucho que la estimo, que no piensa casarse con otro ni debo recelar que nadie me dispute su mano . . . Pues ¿qué llanto es ése? ¿De dónde nace esa tristeza profunda que en tan poco tiempo ha alterado su semblante de usted en términos que apenas le reconozco? ¿Son éstas señales de quererme exclusivamente a mí, de casarse gustosa conmigo dentro de pocos días? ¿Se anuncian así la alegría y el amor? [*Vase iluminando lentamente la escena, suponiendo que viene la luz del día.*]

DOÑA FRANCISCA. —¿Y qué motivos le he dado a usted para tales desconfianzas?

DON DIEGO. —Pues, ¿qué? Si yo prescindo de estas consideraciones, si apresuro las diligencias[11] de nuestra unión, si su madre de usted sigue aprobándola, y llega el caso de . . .

DOÑA FRANCISCA. —Haré lo que mi madre me manda, y me casaré con usted.

DON DIEGO. —¿Y después, Paquita?

DOÑA FRANCISCA. —Después . . . y mientras me dure la vida, seré mujer de bien.

DON DIEGO. —Eso no lo puedo yo dudar. Pero si usted me considera como el que ha de ser hasta la muerte su compañero y su amigo, dígame usted: estos títulos, ¿no me dan algún derecho para merecer que usted me diga la causa de su dolor? Y no para satisfacer una impertinente curiosidad, sino para emplearme todo en su consuelo, en mejorar su suerte, en hacerla dichosa, si mi conato y mis diligencias pudiesen tanto.

DOÑA FRANCISCA. —¡Dichas para mí! . . . Ya se acabaron.

DON DIEGO. —¿Por qué?

DOÑA FRANCISCA. —Nunca diré por qué.

---

[9] un poco
[10] ¿Cuánto apuesta . . . ?

[11] preparativos

DON DIEGO. —Pero ¡qué obstinado, que imprudente silencio! . . . Cuando usted misma debe presumir que no estoy ignorante de lo que hay.

DOÑA FRANCISCA. —Si usted lo ignora, señor don Diego, por Dios no finja que lo sabe, y si en efecto lo sabe usted, no me lo pregunte.

DON DIEGO. —Bien está. Una vez que[12] no hay nada que decir, que esa aflicción y esas lágrimas son voluntarias, hoy llegaremos a Madrid, y dentro de ocho días será usted mi mujer.

DOÑA FRANCISCA. —Y daré gusto a mi madre.

DON DIEGO. —Y vivirá usted infeliz.

DOÑA FRANCISCA. —Ya lo sé.

DON DIEGO. —Ve aquí los frutos de la educación. Esto es lo que se llama criar bien a una niña: enseñarla a que desmienta y oculte las pasiones más inocentes con una pérfida disimulación. Las juzgan honestas luego que las ven instruidas en el arte de callar y mentir. Se obstinan en que el temperamento, la edad ni el genio no han de tener influencia alguna en sus inclinaciones, o en que su voluntad ha de torcerse al capricho de quien las gobierna. Todo se las permite, menos la sinceridad. Con tal que no digan lo que sienten, con tal que finjan aborrecer lo que más desean, con tal que se presten a pronunciar, cuando se lo manden, un sí perjuro, sacrílego, origen de tantos escándalos, ya están bien criadas, y se llama excelente educación la que inspira en ellas el temor, la astucia y el silencio de un esclavo.

DOÑA FRANCISCA. —Es verdad . . . Todo esto es cierto . . . Eso exigen de nosotras, eso aprendemos en la escuela que se nos da . . . Pero el motivo de mi aflicción es mucho más grande.

DON DIEGO. —Sea cual fuere, hija mía, es menester que usted se anime . . . Si la ve a usted su madre de esa manera, ¿qué ha de decir? . . . Mire usted que ya parece que se ha levantado.

DOÑA FRANCISCA. —¡Dios mío!

DON DIEGO. —Sí, Paquita; conviene mucho que usted vuelva un poco sobre sí . . .[13] No abandonarse[14] tanto . . . Confianza en Dios . . . Vamos, que no siempre nuestras desgracias son tan grandes como la imaginación las pinta . . . ¡Mire usted qué desorden éste! ¡Qué agitación! ¡Qué lágrimas! Vaya, ¿me da usted palabra de presentarse así . . . con cierta serenidad y . . . ?, ¿eh?

DOÑA FRANCISCA. —Y usted, señor . . . Bien sabe usted el genio de mi madre. Si usted no me defiende, ¿a quién he de volver los ojos? ¿Quién tendrá compasión de esta desdichada?

DON DIEGO. —Su buen amigo de usted . . . Yo . . . ¿Cómo es posible que yo la abandonase . . . , ¡criatura! . . . , en la situación dolorosa en que la veo? [*Asiéndola de las manos.*]

DOÑA FRANCISCA. —¿De veras?

DON DIEGO. —Mal conoce usted mi corazón.

DOÑA FRANCISCA. —Bien le conozco. [*Quiere arrodillarse;* DON DIEGO *se lo estorba, y ambos se levantan.*]

DON DIEGO. —¿Qué hace usted, niña?

DOÑA FRANCISCA. —Yo no sé . . . ¡Qué poco merece toda esa bondad una mujer tan ingrata para con usted! . . . No, ingrata, no; infeliz . . . ¡Ay, qué infeliz soy, señor don Diego!

DON DIEGO. —Yo bien sé que usted agradece como puede el amor que la tengo . . . Lo demás todo ha sido . . . ¿qué sé yo? . . . , una equivocación mía, y no otra cosa . . . Pero usted, ¡inocente!, usted no ha tenido la culpa.

DOÑA FRANCISCA. —Vamos . . . ¿No viene usted?

DON DIEGO. —Ahora no, Paquita. Dentro de un rato iré por allá.

DOÑA FRANCISCA. —Vaya usted presto. [*Encaminándose al cuarto de* DOÑA IRENE, *vuelve y se despide de* DON DIEGO, *besándole las manos.*]

---

[12] puesto que
[13] recupere el control de sí misma

[14] desesperarse

ESCENA IX

[DON DIEGO, SIMÓN]

SIMÓN. —Ahí están, señor.

DON DIEGO. —¿Qué dices?

SIMÓN. —Cuando yo salía de la Puerta, los vi a lo lejos, que iban ya de camino. Empecé a dar voces y hacer señas con el pañuelo; se detuvieron, y apenas llegué le dije al señorito lo que usted mandaba, volvió las riendas, y está abajo. Le encargué que no subiera hasta que le avisara yo, por si acaso había gente aquí, y usted no quería que le viesen.

DON DIEGO. —¿Y qué dijo cuando le diste el recado?

SIMÓN. —Ni una sola palabra... Muerto viene. Ya digo, ni una sola palabra... A mí me ha dado compasión el verle así tan...[15]

DON DIEGO. —No me empieces ya a interceder por él.

SIMÓN. —¿Yo, señor?

DON DIEGO. —Sí, que no te entiendo yo...[16] ¡Compasión!... Es un pícaro...

SIMÓN. —Como yo no sé lo que ha hecho...

DON DIEGO. —Es un bribón, que me ha de quitar la vida... Ya te he dicho que no quiero intercesores.

SIMÓN. —Bien está, señor. [*Vase por la puerta del foro.* DON DIEGO *se sienta, manifestando inquietud y enojo.*]

DON DIEGO. —Dile que suba.

ESCENA X

[DON CARLOS, DON DIEGO]

DON DIEGO. —Venga usted acá, señorito; venga usted... ¿En dónde has estado desde que no nos vemos?

DON CARLOS. —En el mesón de afuera.

DON DIEGO. —¿Y no has salido de allí en toda la noche, eh?

DON CARLOS. —Sí, señor, entré en la ciudad y...

DON DIEGO. —¿Qué?... Siéntese usted.

DON CARLOS. —Tenía precisión de hablar con un sujeto...[17] [*Siéntase.*]

DON DIEGO. —¡Precisión!

DON CARLOS. —Sí, señor... Le debo muchas atenciones, y no era posible volverme a Zaragoza sin estar primero con él.

DON DIEGO. —Ya. En habiendo tantas obligaciones de por medio...[18] Pero venirle a ver a las tres de la mañana, me parece mucho desacuerdo... ¿Por qué no le escribiste un papel?... Mira, aquí he de tener... Con este papel que le hubieras enviado en mejor ocasión, no había necesidad de hacerle trasnochar, ni molestar a nadie. [*Dándole el papel que tiraron por la ventana.* DON CARLOS, *luego que le reconoce, se le vuelve y se levanta en ademán de irse.*]

DON CARLOS. —Pues si todo lo sabe usted, ¿para qué me llama? ¿Por qué no me permite seguir mi camino, y se evitaría una contestación de la cual ni usted ni yo quedaremos contentos?

DON DIEGO. —Quiere saber su tío de usted lo que hay en esto, y quiere que usted se lo diga.

DON CARLOS. —¿Para qué saber más?

DON DIEGO. —Porque yo lo quiero y lo mando. ¡Oiga!

DON CARLOS. —Bien está.

DON DIEGO. —Siéntate ahí... [*Siéntase* DON CARLOS.] ¿En dónde has conocido a esta niña?... ¿Qué amor es ése? ¿Qué circunstancias han ocurrido?...[19] ¿Qué obligaciones hay entre los dos? ¿Dónde, cuándo la viste?

DON CARLOS. —Volviéndome a Zaragoza el año pasado, llegué a Guadalajara sin ánimo de detenerme; pero el intendente, en cuya casa de campo nos apeamos, se empeñó en que había de quedarme allí todo aquel día, por ser cumpleaños de su parienta, prometiéndome que al siguiente me dejaría proseguir mi viaje. Entre las gentes convidadas hallé a doña Paquita, a quien la señora había sacado aquel día del convento para que se esparciese un poco... Yo no

---

[15] tan [triste]
[16] que te entiendo muy bien
[17] persona
[18] cuando tienes tantas obligaciones con esa persona
[19] ¿En qué circunstancias ha ocurrido?

sé qué vi en ella, que excitó en mí una inquietud, un deseo constante, irresistible, de mirarla, de oírla, de hallarme a su lado, de hablar con ella, de hacerme agradable a sus ojos ... El intendente dijo entre otras cosas ..., burlándose ..., que yo era muy enamorado, y le ocurrió fingir que me llamaba don Félix de Toledo.[20] Yo sostuve esa ficción, porque desde luego concebí la idea de permanecer algún tiempo en aquella ciudad, evitando que llegase a noticia de usted ... Observé que doña Paquita me trató con un agrado particular, y cuando por la noche nos separamos, yo quedé lleno de vanidad y de esperanza, viéndome preferido a todos los concurrentes de aquel día, que fueron muchos. En fin ... Pero no quisiera ofender a usted refiriéndole ...

DON DIEGO. —Prosigue.

DON CARLOS. —Supe que era hija de una señora de Madrid, viuda y pobre, pero de gente muy honrada ... Fue necesario fiar de mi amigo los proyectos de amor que me obligaban a quedarme en su compañía; y él, sin aplaudirlos ni desaprobarlos, halló disculpas, las más ingeniosas, para que ninguno de su familia extrañara mi detención. Como su casa de campo está inmediata a la ciudad, fácilmente iba y venía de noche ... Logré que doña Paquita leyese algunas cartas mías; y con las pocas respuestas que de ella tuve, acabé de precipitarme en una pasión que mientras viva me hará infeliz.

DON DIEGO. —Vaya ... Vamos, sigue adelante.

DON CARLOS. —Mi asistente (que, como usted sabe, es hombre de travesura y conoce el mundo), con mil artificios que a cada paso le ocurrían, facilitó los muchos estorbos que al principio hallábamos ... La seña era dar tres palmadas, a las cuales respondían con otras tres desde una ventanilla que daba al corral de las monjas. Hablábamos todas las noches, muy a deshora,[21] con el recato y las precauciones que ya se dejan enten-

der ... Siempre fui para ella don Félix de Toledo, oficial de un regimiento, estimado de mis jefes y hombre de honor. Nunca la dije más, ni la hablé de mis parientes ni de mis esperanzas, ni la di a entender que casándose conmigo podría aspirar a mejor fortuna; porque ni me convenía nombrarle a usted, ni quise exponerla a que las miras de interés, y no el amor, la inclinasen a favorecerme. De cada vez la hallé más fina, más hermosa, más digna de ser adorada ... Cerca de tres meses me detuve allí; pero al fin era necesario separarnos, y una noche funesta me despedí, la dejé rendida a un desmayo mortal, y me fui ciego de amor adonde mi obligación me llamaba ... Sus cartas consolaron por algún tiempo mi ausencia triste, y en una, que recibí pocos días ha, me dijo cómo su madre trataba de casarla, que primero perdería la vida que dar su mano a otro que a mí; me acordaba mis juramentos, me exhortaba a cumplirlos ... Monté a caballo, corrí precipitado el camino, llegué a Guadalajara, no la encontré, vine aquí ... Lo demás bien lo sabe usted, no hay para qué[22] decírselo.

DON DIEGO. —¿Y qué proyectos eran los tuyos en esta venida?

DON CARLOS. —Consolarla, jurarla de nuevo un eterno amor, pasar a Madrid, verle a usted, echarme a sus pies, referirle todo lo ocurrido, y pedirle, no riquezas, ni herencias, ni protecciones, ni ... eso no ... Sólo su consentimiento y su bendición para verificar un enlace tan suspirado, en que ella y yo fundábamos toda nuestra felicidad.

DON DIEGO. —Pues ya ves, Carlos, que es tiempo de pensar muy de otra manera.

DON CARLOS. —Sí, señor.

DON DIEGO. —Si tú la quieres, yo la quiero también. Su madre y toda su familia aplauden este casamiento. Ella ..., y sean las que fueren las promesas que a ti te hizo ..., ella misma, no ha[23] media hora, me ha dicho que está pronta a obedecer a su madre y darme la mano, así que ...

---

[20] En algunas ediciones se añade: *nombre que dio Calderón a algunos de sus amantes de sus comedias.*
[21] muy tarde

[22] necesidad de
[23] [hace menos de] media hora

DON CARLOS. —Pero no el corazón. [*Levántase.*]

DON DIEGO. —¿Qué dices?

DON CARLOS. —No, eso no . . . Sería ofenderla . . . Usted celebrará sus bodas cuando guste; ella se portará siempre como conviene a su honestidad y a su virtud; pero yo he sido el primero, el único objeto de su cariño, lo soy, lo seré . . . Usted se llamará su marido; pero si alguna o muchas veces la sorprende, y ve sus ojos hermosos inundados en lágrimas, por mí las vierte . . . No la pregunte usted jamás el motivo de sus melancolías . . . Yo, yo seré la causa . . . Los suspiros, que en vano procurará reprimir, serán finezas dirigidas a un amigo ausente.

DON DIEGO. —¿Qué temeridad es ésta? [*Se levanta con mucho enojo, encaminándose hacia* DON CARLOS, *que se va retirando.*]

DON CARLOS. —Ya se lo dije a usted . . . Era imposible que yo hablase una palabra sin ofenderle . . . Pero acabemos esta odiosa conversación . . . Viva usted feliz, y no me aborrezca, que yo en nada le he querido disgustar . . . La prueba mayor que yo puedo darle de mi obediencia y mi respeto es la de salir de aquí inmediatamente . . . Pero no se me niegue a lo menos el consuelo de saber que usted me perdona.

DON DIEGO. —¿Conque, en efecto, te vas?

DON CARLOS. —Al instante, señor . . . Y esta ausencia será bien larga.

DON DIEGO. —¿Por qué?

DON CARLOS. —Porque no me conviene verla en mi vida . . . Si las voces que corren de una próxima guerra se llegaran a verificar . . . , entonces . . .

DON DIEGO. —¿Qué quieres decir? [*Asiendo de un brazo a* DON CARLOS *le hace venir más adelante.*]

DON CARLOS. —Nada . . . Que apetezco la guerra, porque soy soldado.

DON DIEGO. —¡Carlos! . . . ¡Qué horror! . . . ¿Y tienes corazón para decírmelo?

DON CARLOS. —Alguien viene . . . [*Mirando con inquietud hacia el cuarto de* DOÑA IRENE *se desprende de* DON DIEGO *y hace que se va por la puerta del foro.* DON DIEGO *va detrás de él y quiere detenerle.*] Tal vez será ella . . . Quede usted con Dios.

DON DIEGO. —¿Adónde vas? . . . No, señor; no has de irte.

DON CARLOS. —Es preciso. Yo no he de verla . . . Una sola mirada nuestra pudiera causarle a usted inquietudes crueles.

DON DIEGO. —Ya te he dicho que no ha de ser . . . Entra en ese cuarto.

DON CARLOS. —Pero si . . .

DON DIEGO. —Haz lo que te mando. [*Éntrase* DON CARLOS *en el cuarto de* DON DIEGO.]

ESCENA XI

[DOÑA IRENE, DON DIEGO]

DOÑA IRENE. —Conque, señor don Diego, ¿es ya la de vámonos? . . . [24] Buenos días . . . [*Apaga la luz que está sobre la mesa.*] ¿Reza usted?

DON DIEGO. —[*Paseándose con inquietud.*] Sí, para rezar estoy ahora. [25]

DOÑA IRENE. —Si usted quiere, ya pueden ir disponiendo el chocolate, y que avisen al mayoral para que enganchen luego que . . . Pero ¿qué tiene usted, señor? . . . ¿Hay alguna novedad?

DON DIEGO. —Sí, no deja de haber [26] novedades.

DOÑA IRENE. —Pues, ¿qué? Dígalo usted, por Dios . . . ¡Vaya, vaya! . . . No sabe usted lo asustada que estoy . . . Cualquiera cosa, así, repentina, me remueve toda y me . . . Desde el último mal parto que tuve, quedé tan sumamente delicada de los nervios . . . Y va [27] ya para diecinueve años, si no son veinte; pero desde entonces, ya digo, cualquiera friolera me trastorna . . . Ni los baños, ni caldos de culebra, ni la conserva de tamarindos, nada me ha servido; de manera que . . .

DON DIEGO. —Vamos, ahora no hablemos de malos partos ni de conservas . . . Hay otra cosa más importante que tratar . . . ¿Qué hacen esas muchachas?

---

[24] la hora de irnos
[25] irónico: no estoy de humor para rezar
[26] no faltan
[27] hace

DOÑA IRENE. —Están recogiendo la ropa y haciendo el cofre, para que todo esté a la vela y no haya detención.

DON DIEGO. —Muy bien. Siéntese usted . . . Y no hay que asustarse ni alborotarse [*Siéntanse los dos*] por nada de lo que yo diga; y cuenta,[28] no nos abandone el juicio cuando más lo necesitamos . . . Su hija de usted está enamorada . . .

DOÑA IRENE. —Pues ¿no lo he dicho ya mil veces? Sí, señor que lo está; y bastaba que yo lo dijese para que . . .

DON DIEGO. —¡Este vicio maldito de interrumpir a cada paso! Déjeme usted hablar.

DOÑA IRENE. —Bien, vamos, hable usted.

DON DIEGO. —Está enamorada; pero no está enamorada de mí.

DOÑA IRENE. —¿Qué dice usted?

DON DIEGO. —Lo que usted oye.

DOÑA IRENE. —Pero ¿quién le ha contado a usted esos disparates?

DON DIEGO. —Nadie. Yo lo sé, yo lo he visto, nadie me lo ha contado, y cuando se lo digo a usted, bien seguro estoy de que es verdad . . . Vaya, ¿qué llanto es ése?

DOÑA IRENE. —[*Llora.*] ¡Pobre de mí!

DON DIEGO. —¿A qué viene eso?

DOÑA IRENE. —¡Porque me ven sola y sin medios, y porque soy una pobre viuda, parece que todos me desprecian y se conjuran contra mí!

DON DIEGO. —Señora doña Irene . . .

DOÑA IRENE. —Al cabo de mis años y de mis achaques, verme tratada de esta manera, como un estropajo, como una puerca cenicienta,[29] vale al decir . . . ¿Quién lo creyera de usted? . . . ¡Válgame Dios! . . . ¡Si vivieran mis tres difuntos! . . . Con el último difunto que me viviera, que tenía un genio como una serpiente . . .

DON DIEGO. —Mire usted, señora, que se me acaba ya la paciencia.

DOÑA IRENE. —Que lo mismo era replicarle, que se ponía hecho una furia del infierno, y un día del Corpus,[30] yo no sé por qué friolera, hartó de mojicones[31] a un comisario ordenador,[32] y si no hubiera sido por dos padres del Carmen,[33] que se pusieron de por medio, le estrella[34] contra un poste en los portales de Santa Cruz.[35]

DON DIEGO. —Pero ¿es posible que no ha de atender usted a lo que voy a decirla?

DOÑA IRENE. —¡Ay, no, señor; que bien lo sé, que no tengo pelo de[36] tonta, no, señor! . . . Usted ya no quiere a la niña, y busca pretextos para zafarse de la obligación en que está . . . ¡Hija de mi alma y de mi corazón!

DON DIEGO. —Señora doña Irene, hágame usted el gusto de oírme, de no replicarme, de no decir despropósitos, y luego que usted sepa lo que hay, llore y gima, y grite, y diga cuanto quiera . . . Pero entretanto, no me apure usted el sufrimiento, ¡por amor de Dios!

DOÑA IRENE. —Diga usted lo que le dé la gana.

DON DIEGO. —Que no volvamos otra vez a llorar y a . . .

DOÑA IRENE. —No, señor; ya no lloro. [*Enjugándose las lágrimas con un pañuelo.*]

DON DIEGO. —Pues hace ya cosa de[37] un año, poco más o menos, que doña Paquita tiene otro amante. Se han hablado muchas veces, se han escrito, se han prometido amor, fidelidad, constancia . . . Y, por último, existe en ambos una pasión tan fina, que las dificultades y la ausencia, lejos de disminuirla, han contribuido eficazmente a hacerla mayor. En este supuesto . . .

DOÑA IRENE. —Pero ¿no conoce usted, señor, que todo es un chisme inventado por alguna mala lengua que no nos quiere bien?

DON DIEGO. —Volveremos otra vez a lo mismo. No, señora; no es un chisme. Repito de nuevo que lo sé.

DOÑA IRENE. —¿Qué ha de saber usted, señor, ni qué traza tiene eso de verdad? Conque la

---

[28] cuidado
[29] mujer despreciada injustamente (*Cinderella*)
[30] *Corpus Christi*, fiesta de la Eucaristía celebrada en junio
[31] golpes en la cara
[32] oficial encargado de los gastos en el ejército
[33] frailes carmelitas
[34] hubiera lanzado
[35] plaza de Madrid con soportales
[36] no soy
[37] aproximadamente

hija de mis entrañas, encerrada en un convento, ayunando los siete reviernes,[38] acompañada de aquellas santas religiosas! . . . ¡Ella, que no sabe lo que es mundo, que no ha salido todavía del cascarón[39] como quien dice! . . . Bien se conoce que no sabe usted el genio que tiene Circuncisión . . . ¡Pues bonita es ella[40] para haber disimulado a su sobrina el menor desliz!

DON DIEGO. —Aquí no se trata de ningún desliz, señora doña Irene; se trata de una inclinación honesta, de la cual hasta ahora no habíamos tenido antecedente alguno. Su hija de usted es una niña muy honrada, y no es capaz de deslizarse . . . Lo que digo es que la madre Circuncisión, y la Soledad, y la Candelaria, y todas las madres y usted y yo el primero nos hemos equivocado solemnemente. La muchacha se quiere casar con otro, y no conmigo. Hemos llegado tarde; usted ha contado muy de ligero con la voluntad de su hija. Vaya, ¿para qué es cansarnos? Lea usted este papel, y verá si tengo razón. [*Saca el papel de* DON CARLOS *y se le da a* DOÑA IRENE. *Ella, sin leerle, se levanta muy agitada, se acerca a la puerta de su cuarto y llama. Levántase* DON DIEGO *y procura en vano contenerla.*]

DOÑA IRENE. —¡Yo he de volverme loca! . . . ¡Francisquita! . . . ¡Virgen del Tremedal! . . . , ¡Rita! ¡Francisca!

DON DIEGO. —Pero, ¿a qué llamarlas?

DOÑA IRENE. —Sí, señor, que quiero que venga, y que se desengañe la pobrecita de quién es usted . . .

DON DIEGO. —Lo echó todo a rodar . . .[41] Esto le sucede a quien se fía de la prudencia de una mujer.

ESCENA XII

[DOÑA FRANCISCA, DOÑA IRENE, DON DIEGO, RITA]

[*Salen* DOÑA FRANCISCA *y* RITA *de su cuarto.*]

RITA. —¡Señora!

DOÑA FRANCISCA. —¿Me llamaba usted?

DOÑA IRENE. —Sí, hija, sí; porque el señor don Diego nos trata de un modo que ya no se puede aguantar. ¿Qué amores tienes, niña? ¿A quién has dado palabra de matrimonio? ¿Qué enredos son éstos? . . . Y tú, picarona . . . Pues tú también lo has de saber . . . Por fuerza lo sabes . . . ¿Quién ha escrito este papel? ¿Qué dice? [*Presentando el papel abierto a* DOÑA FRANCISCA.]

RITA. —[*Aparte a* DOÑA FRANCISCA.] Su letra es.

DOÑA FRANCISCA. —¡Qué maldad! . . . Señor don Diego, ¿así cumple usted su palabra?

DON DIEGO. —Bien sabe Dios que no tengo la culpa . . . Venga usted aquí. [*Tomando de una mano a* DOÑA FRANCISCA *la pone a su lado.*] No hay que temer . . . Y usted, señora, escuche y calle, y no me ponga en términos de[42] hacer un desatino . . . Déme usted ese papel. [*Quitándola el papel.*] Paquita, ya se acuerda usted de las tres palmadas de esta noche.

DOÑA FRANCISCA. —Mientras viva me acordaré.

DON DIEGO. —Pues éste es el papel que tiraron a la ventana. No hay que asustarse, ya lo he dicho. [*Lee.*] «*Bien mío: si no consigo hablar con usted, haré lo posible para que llegue a sus manos esta carta. Apenas me separé de usted, encontré en la posada al que yo llamaba mi enemigo, y al verle no sé cómo no expiré de dolor. Me mandó que saliera inmediatamente de la ciudad, y fue preciso obedecerle. Yo me llamo don Carlos, no don Félix. Don Diego es mi tío. Viva usted dichosa, y olvide para siempre a su infeliz amigo. — Carlos de Urbina.*»

DOÑA IRENE. —¿Conque hay eso?

DOÑA FRANCISCA. —¡Triste de mí!

DOÑA IRENE. —¿Conque es verdad lo que decía el señor, grandísima picarona? Te has de acordar de mí. [*Se encamina hacia* DOÑA FRANCISCA, *muy colérica y en ademán de maltratarla.* RITA *y* DON DIEGO *la estorban.*]

DOÑA FRANCISCA. —¡Madre! . . . ¡Perdón!

DOÑA IRENE. —No, señor; que la he de matar.

DON DIEGO. —¿Qué locura es ésta?

DOÑA IRENE. —He de matarla.

---

[38] los siete viernes después del Viernes Santo (el *re* indica la repetición de la ceremonia religiosa)

[39] huevo (es muy inocente)

[40] irónico: es demasiado severa ella

[41] lo estropeó todo

[42] no me obligue a

ESCENA XIII

[DON CARLOS, DON DIEGO, DOÑA IRENE, DOÑA FRANCISCA, RITA]

[*Sale* DON CARLOS *del cuarto precipitadamente; coge de un brazo a* DOÑA FRANCISCA, *se la lleva hacia el fondo del teatro y se pone delante de ella para defenderla.* DOÑA IRENE *se asusta y se retira.*]

DON CARLOS. —Eso no. Delante de mí nadie ha de ofenderla.

DOÑA FRANCISCA. —¡Carlos!

DON CARLOS. —[*A* DON DIEGO.] Disimule[43] usted mi atrevimiento . . . He visto que la insultaban, y no me he sabido contener.

DOÑA IRENE. —¿Qué es lo que me sucede? ¡Dios mío! ¿Quién es usted? . . . ¿Qué acciones son éstas? . . . ¿Qué escándalo!

DON DIEGO. —Aquí no hay escándalos. Ése es de quien su hija de usted está enamorada. Separarlos y matarlos viene a ser lo mismo . . . Carlos . . . No importa . . . Abraza a tu mujer. [*Se abrazan* DON CARLOS *y* DOÑA FRANCISCA, *y después se arrodillan a los pies de* DON DIEGO.]

DOÑA IRENE. —¿Conque su sobrino de usted?

DON DIEGO. —Sí, señora; mi sobrino, que con sus palmadas, y su música, y su papel me ha dado la noche más triste que he tenido en mi vida . . . ¿Qué es esto, hijos míos, qué es esto?

DOÑA FRANCISCA. —¿Conque usted nos perdona y nos hace felices?

DON DIEGO. —Sí, prendas de mi alma . . . Sí. [*Los hace levantar con expresión de ternura.*]

DOÑA IRENE. —¿Y es posible que usted se determine a hacer un sacrificio?

DON DIEGO. —Yo pude separarlos para siempre y gozar tranquilamente la posesión de esta niña amable; pero mi conciencia no lo sufre . . . ¡Carlos! . . . ¡Paquita! . . . ¡Qué dolorosa impresión me deja en el alma el esfuerzo que acabo de hacer! . . . Porque, al fin, soy hombre miserable y débil.

DON CARLOS. —[*Besándole las manos.*] Si nuestro amor, si nuestro agradecimiento pueden bastar a consolar a usted en tanta pérdida . . .

DOÑA IRENE. —¡Conque el bueno de don Carlos! Vaya que . . .

DON DIEGO. —Él y su hija de usted estaban locos de amor, mientras que usted y las tías fundaban castillos en el aire y me llenaban la cabeza de ilusiones, que han desaparecido como un sueño . . . Esto resulta del abuso de autoridad, de la opresión que la juventud padece, y éstas son las seguridades que dan los padres y los tutores, y esto es lo que se debe fiar en EL SÍ DE LAS NIÑAS . . . Por una casualidad he sabido a tiempo el error en que estaba. ¡Ay de aquellos que lo saben tarde!

DOÑA IRENE. —En fin, Dios los haga buenos, y que por muchos años se gocen . . . Venga usted acá, señor; venga usted, que quiero abrazarle. [*Abrazando a* DON CARLOS. DOÑA FRANCISCA *se arrodilla y besa la mano a la madre.*] Hija, Francisquita. ¡Vaya! Buena elección has tenido . . . Cierto que es un mozo galán . . . Morenillo, pero tiene un mirar de ojos muy hechicero.

RITA. —Sí, dígaselo usted, que no lo ha reparado la niña . . . Señorita, un millón de besos. [*Se besan* DOÑA FRANCISCA *y* RITA.]

DOÑA FRANCISCA. —Pero ¿ves qué alegría tan grande? . . . ¡Y tú, como me quieres tanto! Siempre, siempre serás mi amiga.

DON DIEGO. —Paquita hermosa [*Abraza a* DOÑA FRANCISCA], recibe los primeros abrazos de tu nuevo padre . . . No temo ya la soledad terrible que amenazaba a mi vejez . . . Vosotros [*Asiendo de las manos a* DOÑA FRANCISCA *y a* DON CARLOS] seréis la delicia de mi corazón; y el primer fruto de vuestro amor . . . , sí, hijos, aquél . . . , no hay remedio, aquél es para mí. Y cuando le acaricie en mis brazos podré decir: a mí me debe su existencia este niño inocente; si sus padres viven, si son felices, yo he sido la causa.

DON CARLOS. —¡Bendita sea tanta bondad!

DON DIEGO. —Hijos, bendita sea la de Dios.

---

[43] perdone

SIGLO XIX

El Duque de Rivas
(1791-1865)

El duque de Rivas (Ángel de Saavedra) es un típico sucesor de la vieja aristocracia ilustrada convertido al liberalismo en la vida política y al romanticismo en literatura. Nacido en Córdoba, de noble familia andaluza (cuyo título no hereda hasta la muerte de su hermano en 1834), se educó en el Seminario de Nobles de Madrid y luchó como alférez de la Guardia de Corps en la guerra de la Independencia contra los franceses, siendo herido gravemente y destinado al Estado Mayor en Cádiz. Aquí tuvo ocasión de conocer a figuras prominentes de la política y las letras reunidas con motivo de las Cortes, quienes despertaron en el joven Saavedra inclinaciones literarias y liberales. Durante el régimen liberal de 1820–23 figuró ya activamente en la vida parlamentaria, siendo secretario de las Cortes y viéndose luego condenado a muerte por el gobierno absolutista de Fernando VII. Como tantos otros liberales, hubo de vivir en el exilio los diez años que duró ese gobierno, entrando en contacto con el movimiento romántico europeo que luego habían de llevar consigo a España. Tras una breve estancia en Inglaterra, Rivas pasó cinco años en la isla de Malta, donde hizo amistad con el dipomático inglés Sir John Hookham Frere, poeta y crítico que había traducido trozos del *Poema del Cid* y que le animo a inspirarse en la literatura medieval y el Romancero en vez de imitar a los autores neoclásicos. En 1830, al caer los Borbones de Francia, se traslada a este país, donde su conversión al romanticismo se completa bajo la influencia de autores como Víctor Hugo. Rivas era también pintor competente, lo que le permitió hacer frente a las estrecheces del exilio en Francia y que explica su afición a las descripciones de gran plasticidad y colorido, rasgo saliente de su obra literaria.

Tras el regreso de los exilados en 1833, Rivas ocupa altos cargos en la nueva monarquía constitucional, como diputado a Cortes, senador, ministro, embajador y presidente de la Real Academia de la Lengua, mientras en la vida literaria triunfa como poeta y dramaturgo. El espíritu revolucionario de su juventud cedió muy pronto el paso a una posición conservadora más en consonancia con su condición aristocrática. Murió en Madrid con los honores oficiales propios de un gran personaje de la política y las letras.

Las primeras obras poéticas de Rivas, recogidas en *Poesías* (1814), son todavía versos pastoriles y anacreónticos de la escuela salmantina de Meléndez Valdés; poemas históricos como *El paso honroso*, con alusiones mitológicas y un estilo artificial; y poemas patrióticos inspirados por la guerra de la Independencia, como la oda *A la victoria de Bailén*, en un tono heroico que no era su fuerte. También compuso tragedias históricas de asunto nacional, como *Lanuza* (1822), que tuvo gran éxito entre el público liberal por sus ataques al absolutismo encarnado en Felipe II.

La experiencia del destierro le inspira los primeros ensayos de tema y tono romántico, con el individuo como víctima de la injusticia y la sociedad en una atmósfera vaga y sombría. Uno de los mejores es *El faro de Malta* (1828), que ilustra su transición del neoclasicismo al romanticismo, visible el primero en el metro (la oda), las imágenes convencionales (como la luz de la razón simbolizada por el faro) y el estilo grandilocuente; mientras el segundo aparece en la descripción del mar tormentoso y en el subjetivismo de su lamento nostálgico.

Con *El moro expósito* (publicado en París, 1834), inicia Rivas el tipo de leyendas en verso que va a ser el género poético más notable y original del romanticismo español, basado en la tradición histórico-legendaria nacional. Con la trágica leyenda medieval de los «*Siete Infantes de Lara*», decapitados por una venganza personal, Rivas construye un extenso poema en romances «heroicos» o endecasílabos que resalta sobre todo por su brillantez descriptiva al evocar el contraste entre la España cristiana de Burgos y la árabe de Córdoba en el siglo X (con bastantes anacronismos, desde luego). El protagonista es típicamente romántico: un «joven infeliz», de origen noble pero bastardo, y víctima de un destino cruel que le fuerza a optar entre el amor y el deber de venganza familiar. La debilidad del poema está en su extensión, con caídas prosaicas que hacen el conjunto muy desigual.

Es en los *Romances históricos* (Madrid, 1841) donde consigue Rivas su mejor obra poética. Más breves y sobrios en su uso de elementos románticos, sobresalen por sus cualidades descriptivas y narrativas. Con ellos logró rehabilitar esta forma de poesía tradicional que había degenerado durante el siglo XVIII y que sigue siendo cultivada hasta hoy con renovada actualidad. Los romances de Rivas (18 en total) son animados cuadros históricos que reconstruyen con detallado realismo episodios del pasado nacional, tomados de leyendas folklóricas o de las crónicas históricas. Su objeto, aparte del artístico, suele ser exaltar algunos valores tradicionales del espíritu español, como el honor, la lealtad, el sentido justiciero. Uno de los mejores, *Un castellano leal*, ilustra con gran fuerza dramática el orgullo y la dignidad de un noble español que incendia su palacio para borrar la vergüenza de haber alojado en él, por orden imperial, a un duque francés traidor a su patria. En *Una antigualla de Sevilla* presenta al rey Pedro I de Castilla (siglo XIV), famoso por su inhumana crueldad, condenándose a sí mismo en un acto de justicia simbólica. En *El solemne desengaño* muestra la renuncia a las vanidades de este mundo por el duque de Gandía, luego San Francisco de Borja (siglo XVI).

La contribución más notoria de Rivas al romanticismo fue su drama *Don Álvaro o la fuerza del sino* (estrenado en Madrid el año 1835), que contiene todos los elementos típicos del nuevo género dramático, tanto buenos como malos. Su tema central es el destino fatal que pesa sobre el protagonista y le lleva al suicidio tras una serie de coincidencias arbitrarias que cuestan la vida a su amada y a los parientes de ella, al tratar éstos de vengar el honor familiar. Prescinde de las unidades dramáticas e introduce los más diversos elementos—trágicos y cómicos, prosa y verso, polimetría, ambientes callejeros y exóticos. Junto a las cualidades positivas de dinamismo, intensidad poética y plasticidad de las escenas, tiene los defectos propios del drama romántico en sus excesos melodramáticos, situaciones inverosímiles y caracterización superficial. En las demás obras dramáticas que compuso tampoco logró superar el nivel de *Don Álvaro*. Entre éstas se halla *El desengaño de un sueño* (1842), que intenta adaptar al romanticismo el teatro simbólico de Calderón.

La principal significación de Rivas está en haber dado al romanticismo español una orientación tradicionalista, al buscar la reconstrucción poética del pasado nacional y restablecer el contacto con la literatura medieval y del Siglo de Oro, sin que en su obra entren apenas las preocupaciones ideológicas y revolucionarias del romanticismo liberal.

TEXTO: *Obras completas de Ángel de Saavedra, duque de Rivas* (ed. E. Ruiz de la Serna). Madrid, 1945.

El Faro de Malta[1]

(1828)

Envuelve al mundo extenso triste noche,
ronco huracán y borrascosas nubes
confunden y tinieblas impalpables
    el cielo, el mar, la tierra;
y tú[2] invisible te alzas, en tu frente
ostentando de fuego una corona,
cual rey del caos, que refleja y arde
    con luz de paz y vida.

En vano ronco el mar alza sus montes,
y revienta a tus pies, do rebramante,
creciendo en blanca espuma, esconde y borra[3]
    el abrigo del puerto:
Tú con lengua de fuego *aquí está* dices,
sin voz hablando al tímido piloto,
que como a numen[4] bienhechor te adora,
    y en ti los ojos clava.

Tiende apacible noche el manto rico,
que céfiro[5] amoroso desenrolla,
con recamos[6] de estrellas y luceros,
    por él rueda la luna;
y entonces tú, de niebla vaporosa
vestido, dejas ver en formas vagas
tu cuerpo colosal, y tu diadema
    arde a par de los astros.

Duerme tranquilo el mar, pérfido esconde
rocas aleves, áridos escollos
falso señuelo[7] son, lejanas lumbres
    engañan a las naves;
mas tú, cuyo esplendor todo lo ofusca,[8]
tú, cuya inmoble posición indica
el trono de un monarca, eres su norte,
    les adviertes su engaño.

Así de la razón arde la antorcha,
en medio del furor de las pasiones,
o de aleves halagos de Fortuna,
    a los ojos del alma.
Desque[9] refugio de la airada suerte
en esta escasa tierra que presides,
y grato albergue el cielo bondadoso
    me concedió propicio,

ni una vez sola a mis pesares busco
dulce olvido del sueño entre los brazos,
sin saludarte, y sin tornar los ojos
    a tu espléndida frente.
¡Cuántos, ay, desde el seno de los mares
al par[10] los tornarán! . . . Tras larga ausencia
unos, que vuelven a su patria amada,
    a sus hijos y esposa;

otros, prófugos, pobres, perseguidos,
que asilo buscan, cual busqué, lejano,
y a quienes, que lo hallaron, tu luz dice,
    hospitalaria estrella.[11]
Arde, y sirve de norte a los bajeles,
que de mi patria, aunque de tarde en tarde,
me traen nuevas amargas, y renglones
    con lágrimas escritos.

Cuando la vez primera deslumbraste
mis afligidos ojos, ¡cuál mi pecho
destrozado y hundido en amargura,
    palpitó venturoso!
Del Lacio[12] moribundo las riberas
huyendo inhospitables, contrastado[13]
del viento y mar, entre ásperos bajíos,[14]
    vi tu lumbre divina.

Viéronla como yo los marineros,
y olvidando los votos y plegarias
que en las sordas tinieblas se perdían,
    ¡Malta! ¡Malta! gritaron;
y fuiste a nuestros ojos la aureola
que orna la frente de la santa imagen,
en quien busca afanoso peregrino
    la salud y el consuelo.

Jamás te olvidaré, jamás . . . Tan sólo
trocara tu esplendor, sin olvidarlo,
rey de la noche, y de tu excelsa cumbre
    la benéfica llama,
por la llama y los fúlgidos destellos,
que lanza, reflejando al sol naciente,
el arcángel dorado, que corona
    de Córdoba la torre.

---

[1] Compuesto por Rivas durante su estancia de cinco años en la isla de Malta, como exiliado político. La forma es todavía clásica: oda sáfica con versos sueltos de 11 y 7 sílabas.

[2] el faro; la serie anafórica que inicia este *tú* sirve para destacar la prominencia del faro solitario.

[3] hace desaparecer

[4] divinidad

[5] viento suave y apacible

[6] adornos

[7] reclamo engañador (por parecer tierra firme)

[8] oscurece

[9] desde que

[10] a la vez

[11] en aposición de *luz*

[12] *Latium* (Italia)

[13] batido

[14] bancos de arena

ROMANCES HISTÓRICOS

(1841)

Un castellano leal

ROMANCE I

«Hola, hidalgos y escuderos[15]
de mi alcurnia y mi blasón
mirad, como bien nacidos,
de mi sangre y casa en pro.

«Estas puertas se defiendan,
que no ha de entrar ¡vive Dios!
por ellas, quien no estuviere
más limpio que lo está el sol.

«No profane mi palacio
un fementido traidor,
que contra su rey combate
y que a su patria vendió.

«Pues si él es de reyes primo,
primo de reyes soy yo;
y conde de Benavente,
si él es duque de Borbón.[16]

«Llevándole de ventaja,
que nunca jamás manchó
la traición mi noble sangre,
y haber nacido español.»

Así atronaba la calle
una ya cascada voz,
que de un palacio salía
cuya puerta se cerró;

y a la que[17] estaba a caballo
sobre un negro pisador,[18]
siendo en su escudo las lises
más bien que timbre,[19] baldón;

y de pajes y escuderos
llevando un tropel en pos,
cubiertos de ricas galas,
el gran duque de Borbón.

El que, lidiando en Pavía,
más que valiente, feroz,
gozóse en ver prisionero
a su natural señor;

y que a Toledo ha venido,
ufano de su traición,
para recibir mercedes,
y ver al Emperador.

ROMANCE II

En una anchurosa cuadra
del alcázar de Toledo,
cuyas paredes adornan
ricos tapices flamencos,

al lado de una gran mesa
que cubre de terciopelo
napolitano tapete
con borlones de oro y flecos;

ante un sillón de respaldo,
que entre bordado arabesco
los timbres de España ostenta
y el águila del Imperio,

de pie estaba Carlos Quinto,
que en España era primero,
con gallardo y noble talle,
con noble y tranquilo aspecto.

---

[15] Habla el conde de Benavente a sus hombres desde su palacio. El comienzo *in medias res* era un recurso dramático para despertar el interés muy practicado por los románticos.

[16] Duque francés que luchó a favor del emperador Carlos V en Pavía (1524), donde el rey de Francia, Francisco I, fue derrotado y llevado prisionero a Madrid. Para el «castellano leal», esta traición es siempre deshonrosa aunque beneficie a la causa propia, dando con ello una lección de «honra» al Emperador.

[17] ante la cual

[18] caballo que levanta mucho las manos y pisa fuerte

[19] emblemas heráldicos

De brocados de oro y blanco
viste tabardo tudesco;
de rubias martas orlado
y desabrochado y suelto,

dejando ver un justillo[20]
de raso jalde,[21] cubierto
con primorosos bordados
y costosos sobrepuestos;

y la excelsa y noble insignia
del toisón de oro,[22] pendiendo
de una preciosa cadena
en la mitad de su pecho.

Un birrete de velludo
con un blanco airón,[23] sujeto
por un joyel de diamantes
y un antiguo camafeo,

descubre por ambos lados,
tanta majestad cubriendo,
rubio, cual barba y bigote,
bien atusado el cabello.

Apoyada en la cadera
la potente diestra ha puesto,
que aprieta dos guantes de ámbar
y un primoroso mosquero.[24]

Y con la siniestra halaga,
de un mastín muy corpulento,
blanco y las orejas rubias,
el ancho y carnoso cuello.

Con el Condestable[25] insigne,
apaciguador del reino,
de los pasados disturbios
acaso está discurriendo,

o del trato que dispone
con el rey de Francia, preso,
o de asuntos de Alemania,
agitada por Lutero,

cuando un tropel de caballos
oye venir a lo lejos
y ante el alcázar pararse,
quedando todo en silencio,

en la antecámara suena
rumor impensado luego;
ábrese al fin la mampara
y entra el de Borbón soberbio.

Con el semblante de azufre
y con los ojos de fuego,
bramando de ira y de rabia
que enfrena mal el respeto,

y con balbuciente lengua
y con mal borrado ceño,[26]
acusa al de Benavente,
un desagravio pidiendo.

Del español Condestable
latió con orgullo el pecho,
ufano de la entereza
de su esclarecido deudo.[27]

Y aunque advertido procura
disimular cual discreto,
a su noble rostro asoman
la aprobación y el contento.

El Emperador un punto
quedó indeciso y suspenso,
sin saber qué responderle
al francés, de enojo ciego.[28]

Y aunque en su interior se goza
con el proceder violento
del conde de Benavente,
de altas esperanzas lleno

por tener tales vasallos,
de noble lealtad modelos,
y con los que el ancho mundo
será a sus glorias estrecho;

mucho al de Borbón le debe
y, es fuerza satisfacerlo,
le ofrece para calmarlo
un desagravio completo.

Y llamando a un gentilhombre,
con el semblante severo
manda que el de Benavente
venga a su presencia presto.

---

[20] especie de chaleco
[21] seda amarilla satinada
[22] La Orden del Toisón de Oro fue fundada por el duque de Borgoña en Brujas (Países Bajos) en 1429 y pasó a España con Carlos V.
[23] adorno de plumas
[24] espantamoscas

[25] El Condestable o general en jefe Velasco, que había vencido a los Comuneros de Castilla rebelados contra Carlos V en 1521.
[26] apenas disimulado gesto de ira
[27] pariente
[28] ciego de enojo

ROMANCE III

Sostenido por sus pajes,
desciende de su litera
el conde de Benavente
del alcázar a la puerta.

Era un viejo respetable,
cuerpo enjuto, cara seca,
con dos ojos como chispas,
cargados de largas cejas,

y con semblante muy noble,
mas de gravedad tan seria,
que veneración de lejos
y miedo causa de cerca.

Era su traje unas calzas[29]
de púrpura de Valencia,
y de recamado ante
un coleto a la leonesa.[30]

De fino lienzo gallego
los puños y la gorguera,[31]
unos y otra guarnecidos
con randas[32] barcelonesas.

Un birretón de velludo[33]
con un cintillo de perlas,
y el gabán de paño verde
con alamares[34] de seda.

Tan sólo de Calatrava[35]
la insignia española lleva,
que el Toisón ha despreciado
por ser orden extranjera.

Con paso tardo, aunque firme,
sube por las escaleras,
y al verle, las alabardas
un golpe dan en la tierra.

Golpe de honor y de aviso
de que en el alcázar entra
un grande,[36] a quien se le debe
todo honor y reverencia.

Al llegar a la antesala,
los pajes que están en ella
con respeto le saludan,
abriendo las anchas puertas.

Con grave paso entra el Conde,
sin que otro aviso preceda,
salones atravesando
hasta la cámara regia.

Pensativo está el Monarca,
discurriendo cómo pueda
componer aquel disturbio,
sin hacer a nadie ofensa.

Mucho al de Borbón le debe,
aún mucho más de él espera,
y al de Benavente mucho
considerar le interesa.

Dilación no admite el caso,
no hay quien dar consejo pueda,
y Villalar[37] y Pavía
a un tiempo se le recuerdan.[38]

En el sillón asentado,
y el codo sobre la mesa,
al personaje recibe,
que comedido se acerca.

Grave el Conde lo saluda
con una rodilla en tierra,
mas como grande del reino
sin descubrir la cabeza.

El Emperador, benigno,
que alce del suelo le ordena,
y la plática difícil
con sagacidad empieza.

Y entre severo y afable,
al cabo le manifiesta
que es el que a Borbón aloje
voluntad suya resuelta.

Con respeto muy profundo,
pero con la voz entera,
respóndele Benavente
destocando la cabeza:[39]

«Soy, señor, vuestro vasallo;
vos sois mi rey en la tierra,
a vos ordenar os cumple[40]
de mi vida y de mi hacienda.

---

[29] pantalón corto (como buen patriota, toda la ropa del conde es de fabricación nacional)
[30] una chaqueta al estilo de León
[31] cuello rizado
[32] especie de encaje
[33] gorro de terciopelo
[34] presilla para abrochar el gabán
[35] Orden religioso-militar creada en el siglo XIII

[36] noble del más alto rango
[37] pueblo castellano cerca del cual fueron derrotados los Comuneros en 1521 por las tropas del Emperador
[38] el recuerdo de lo que debe al conde español por la victoria de Villalar y al duque francés por la de Pavía
[39] quitándose el gorro
[40] corresponde

«Vuestro soy, vuestra mi casa,
de mí disponed y de ella,
pero no toquéis mi honra
y respetad mi conciencia.

«Mi casa Borbón ocupe,
puesto que es voluntad vuestra,
contamine sus paredes,
sus blasones envilezca;

«que a mí me sobra en Toledo
donde vivir, sin que tenga
que rozarme con traidores,
cuyo solo aliento infesta;

«y en cuanto él deje mi casa,
antes de tornar yo a ella,
purificaré con fuego
sus paredes y sus puertas.»

Dijo el Conde, la real mano
besó, cubrió su cabeza
y retiróse, bajando
a do estaba su litera.

Y a casa de un su pariente
mandó que lo condujeran,
abandonando la suya
con cuanto dentro se encierra.

Quedó absorto Carlos Quinto
de ver tan noble firmeza,
estimando la de España
más que la imperial diadema.

ROMANCE IV

Muy pocos días el Duque
hizo mansión en Toledo,
del noble Conde ocupando
los honrados aposentos.[41]

Y la noche en que el palacio
dejó vacío, partiendo
con su séquito y sus pajes
orgulloso y satisfecho,

turbó la apacible luna
un vapor blanco y espeso,
que de las altas techumbres
se iba elevando y creciendo.

A poco rato tornóse
en humo confuso y denso,
que en nubarrones oscuros
ofuscaba el claro cielo;

después en ardientes chispas
y en un resplandor horrendo
que iluminaba los valles,
dando en el Tajo[42] reflejos,

y al fin su furor mostrando
en embravecido incendio,
que devoraba altas torres
y derrumbaba altos techos.

Resonaron las campanas,
conmovióse todo el pueblo,
de Benavente el palacio
presa[43] de las llamas viendo.

El Emperador confuso
corre a procurar remedio,
en atajar tanto daño
mostrando tenaz empeño.

En vano todo; tragóse
tantas riquezas el fuego,
a la lealtad castellana
levantando un monumento.

Aún hoy unos viejos muros
del humo y las llamas negros,
recuerdan acción tan grande
en la famosa Toledo.

---

[41] habitaciones
[42] río que pasa por Toledo
[43] víctima

José de Espronceda

(1808-1842)

El romanticismo de tipo revolucionario tuvo en el joven José de Espronceda su hombre más representativo y uno de los mejores poetas del siglo. Entre su vida y su obra hay cierto paralelismo, conforme al criterio romántico de hacer literatura con la propia vida y de vivir la propia literatura. Su vida es agitada, impulsiva y rebelde; su obra apasionada, irregular, innovadora e inconformista. Hijo de padres andaluces, nació accidentalmente en una aldea de Extremadura (Villafranca de los Barros) donde se hallaba el regimiento de su padre, quien se había de distinguir en la guerra contra los franceses mientras el niño se criaba en Madrid con su madre. Fue un niño cuya educación en un colegio particular se interrumpió pronto debido a su precoz actuación política. Su maestro, el poeta Alberto Lista, le inició en la literatura neoclásica, encontrando en el alumno más talento que aplicación y disciplina. Al producirse la reacción absolutista de 1823 y empezar la persecución de los liberales, Espronceda forma con otros colegiales una sociedad secreta, *Los Numantinos*, donde conspiran contra el gobierno y juran matar al rey Fernando VII, hasta que son descubiertos por la policía y recluidos en diversos monasterios durante algún tiempo. En 1826 emigra a Lisboa, pero es también expulsado por la policía portuguesa y se refugia en Londres, con otros muchos liberales españoles, de donde pasa a Francia y toma parte en la revolución de 1830 contra los Borbones, así como en un fallido intento de invasión de España por los Pirineos. También en París tuvo la gran aventura amorosa de su vida con Teresa Mancha, hija de un coronel emigrado a la que había tratado en Lisboa y en Londres. Casada ya con un respetable burgués, probablemente por motivos económicos, Teresa y Espronceda deciden fugarse y vuelven a España (1833), pero a los pocos años ella le abandona también, muriendo en 1839, enferma y depravada. Bajo la nueva monarquía liberal, Espronceda sigue siendo un inquieto radical de ideas republicanas que combina la agitación política con la producción literaria. Escribe una mediocre novela histórica, *Sancho Saldaña*, durante su destierro en Cuéllar (Segovia), estrena comedias en Madrid que no tienen éxito, colabora en periódicos, se destaca en las tertulias literarias por su dandismo y sus epigramas subversivos. La publicación de *Poesías* (1840), por unos amigos del poeta, consagró su nombre, y bajo el nuevo gobierno progresista acepta un puesto diplomático y es elegido diputado a Cortes, mostrando inesperada moderación y preparación en sus discursos sobre asuntos económico-sociales. Pero una rápida enfermedad de la garganta le quita la vida a los pocos meses de iniciar esta fase más serena y constructiva de su carrera, cuando contaba sólo 34 años.

El temperamento de Espronceda ofrece dos aspectos que se reflejan en su obra: uno, el idealista con nobles sueños de gloria, de amor y de libertad, cantados en versos llenos de exaltación vital y de fe en el individuo; otro, el hombre desilusionado y escéptico para quien la vida es un inevitable fracaso, una «vana quimera» destinada a desaparecer con la muerte. La actitud básica de su poesía es el conflicto violento con la realidad, cuyas limitaciones e impurezas le impiden dar satisfacción a su idealismo. Aunque sus primeras poesías siguen todavía dentro del cauce clasicista de sus maestros del colegio madrileño, pronto el conocimiento de los poetas románticos ingleses (especialmente Byron, a quien tanto admira como poeta y como hombre de acción), y de los franceses (Hugo y Béranger), le ayuda a emanciparse del neoclasicismo y dar libre expresión a su personalidad poética, con un estilo original.

Entre sus poesías hay un grupo de tema político y social que exalta a los héroes de la libertad y a la patria oprimida con fervoroso entusiasmo y crudas invectivas; otras que destacan el valor del individuo y de la libertad personal frente a una sociedad corrompida, decadente y vulgar, con figuras como el pirata o los cosacos; o que simpatizan cínicamente con los parias (el mendigo, el verdugo, el delincuente) como productos de esa sociedad injusta e indiferente. Junto a estas poesías están las predominantemente subjetivas, en que expresa su experiencia íntima de la vida como una serie de ilusiones desvanecidas. Son las mejores, entre ellas *A Jarifa en una orgía*. Donde más ampliamente desarrolla Espronceda su filosofía de la vida, y la del romanticismo rebelde en general, es en *El diablo mundo* (1841), extenso poema inacabado, en seis cantos, con una visión simbólica de la sociedad como un caos de pasiones, crueldades e injusticias, donde el individuo inocente acaba siendo corrompido o destruido. La vida misma no es más que un engaño bajo cuyos aparentes placeres se esconden el dolor y la muerte. Todo ello presentado en una forma también caótica y fragmentaria («sin ton ni son», dice el poeta), con una gran multiplicidad de elementos narrativos, dramáticos y líricos, escenas costumbristas y fantásticas, digresiones filosóficas, sarcasmos antisociales. Como ilustración personal de tal visión de la vida, Espronceda insertó el «Canto a Teresa», un «desahogo del corazón» que no tiene conexión alguna con el argumento pero que expresa con auténtica emoción el patético fracaso de sus propias ilusiones de amor y felicidad, simbolizado en su antigua amada Teresa Mancha, cuya muerte miserable le inspira esta elegía. Es tal vez su mejor poema lírico y uno de los mejores de todo el romanticismo español. También excelente por su íntimo lirismo y belleza formal es el «Canto de la Muerte», inserto en *El diablo mundo*.

La obra extensa más acabada y valiosa de Espronceda es *El estudiante de Salamanca* (1839), leyenda en verso que acertadamente combina el lirismo con la forma narrativa y dramática, creando un modelo de este género tan cultivado por el romanticismo. Con el doble tema de Don Juan y del libertino que presencia su propio funeral, tomados de la literatura tradicional, hace un animado relato y además presenta con gran fuerza dramática los motivos principales de su obra, como la idealización del amor en forma de mujer angelical, el fracaso de la ilusión amorosa, el individualismo orgulloso y rebelde, la realidad patética de la vida que lleva oculta el desengaño y la muerte.

Más que por la profundidad u originalidad de su filosofía pesimista de la vida, que era la convencional del romanticismo inconformista, la poesía de Espronceda es valiosa y tuvo gran influencia en todo el siglo XIX por la forma artística con que da expresión armoniosa y dramática a sus ardientes sentimientos. Es un virtuoso del verso que logra revitalizar el lenguaje poético, haciéndolo más vigoroso y expresivo, mediante una musicalidad briosa, plasticidad de las imágenes, y constantes variaciones métricas (polimetría) dentro del poema para reflejar y reforzar el sentido.

TEXTO: JOSÉ DE ESPRONCEDA, *Obras poéticas* (ed. J. Moreno Villa), «Clásicos Castellanos», vols. I y II. Madrid, 1923.

POESÍAS
(1840)

Canción del pirata[1]

Con diez cañones por banda,[2]
viento en popa a toda vela,[3]
no corta el mar, sino vuela,
un velero[4] bergantín:
bajel pirata que llaman
por su bravura, el *Temido*,
en todo mar conocido
del uno al otro confín.

La luna en el mar riela,[5]
en la lona gime el viento,
y alza en blando movimiento
olas de plata y azul;
y ve el capitán pirata,
cantando alegre en la popa,
Asia a un lado; al otro, Europa,
y allá a su frente, Stambul.

—Navega, velero mío,
         [sin temor,
que ni enemigo navío,
ni tormenta, ni bonanza,
tu rumbo a torcer alcanza
ni a sujetar tu valor.

Veinte presas[6]
hemos hecho
a despecho
del inglés,
y han rendido
sus pendones
cien naciones
a mis pies.

Que es mi barco mi tesoro,
que es mi Dios la libertad;
mi ley, la fuerza del viento;
mi única patria, la mar.

Allá muevan feroz guerra
         [ciegos reyes
por un palmo más de tierra,
que yo tengo aquí por mío
cuanto abarca el mar bravío,
a quien nadie impuso leyes.

Y no hay playa,
sea cualquiera,
ni bandera
de esplendor[7]
que no sienta
mi derecho,
y dé pecho[8]
a mi valor.

Que es mi barco mi tesoro...
A la voz de «¡Barco viene!»,
         [es de ver
cómo vira y se previene
a todo trapo[9] a escapar;
que yo soy el rey del mar
y mi furia es de temer.

En las presas
yo divido
lo cogido[10]
por igual:
sólo quiero
por riqueza
la belleza
sin rival.

Que es mi barco mi tesoro...
¡Sentenciado estoy a muerte!
Yo me río:
no me abandone la suerte,
y al mismo que me condena,

---

[1] Este pirata es un símbolo romántico del individuo excepcional frente a la mediocre sociedad: bravo, independiente, generoso, justiciero y amante de la belleza. El poema ilustra el eficaz uso de la polimetría para resaltar el sentido y el sentimiento: octavillas octosilábicas para las dos primeras estrofas descriptivas que introducen la canción del pirata, copla de pie quebrado, octavilla de cuatro sílabas de ritmo más rápido y una copla de romance (estribillo) con el lánguido balanceo del mar. Las rimas agudas también dan énfasis a los finales estróficos.

[2] a cada lado
[3] velocidad (con todas las velas desplegadas)
[4] de velas
[5] brilla
[6] barcos capturados
[7] ilustre (ripio forzado por la rima)
[8] pague tributo
[9] a toda vela, velozmente
[10] el botín

colgaré de alguna entena,[11]
quizá en su propio navío.
  Y si caigo,
  ¿qué es la vida?
Por perdida
ya la di
cuando el yugo
del esclavo,
como un bravo,
sacudí.
  Que es mi barco mi tesoro . . .
  Son mi música mejor
      [aquilones;[12]

el estrépito y temblor
de los cables sacudidos,
del negro mar los bramidos
y el rugir de mis cañones.
  Y del trueno
  al son violento,
y del viento
al rebramar,
yo me duermo
sosegado,
arrullado
por el mar.
  Que es mi barco mi tesoro . . .

Soneto[13]

  Fresca, lozana, pura y olorosa,
gala y adorno del pensil[14] florido,
gallarda puesta sobre el ramo erguido,
fragancia esparce la naciente rosa;
  mas si el ardiente sol lumbre enojosa
vibra del can en llamas encendido,[15]
el dulce aroma y el color perdido,
sus hojas lleva el aura presurosa.
  Así brilló un momento mi ventura
en alas del amor, y hermosa nube
fingí tal vez de gloria y de alegría;
  mas ¡ay! que el bien trocóse en amargura,
y deshojada por los aires sube
la dulce flor de la esperanza mía.

---

[11] mástil
[12] vientos nórdicos
[13] Neoclásico de estilo, este soneto es romántico por el sentimiento: la vida como una ilusión condenada a desvanecerse.

[14] jardín primoroso
[15] hipérbaton: *vibra encendido en llamas del can*; cuando el sol arde más fuertemente en plena canícula (*cf.* Góngora, pág. 326, *n.*31)

A Jarifa, en una orgía

Trae, Jarifa,[16] trae tu mano;
ven y pósala[17] en mi frente,
que en un mar de lava hirviente[18]
mi cabeza siento arder.

Ven y junta con mis labios
esos labios que me irritan,
donde aún los besos palpitan
de tus amantes de ayer.

¿Qué es la virtud, la pureza?
¡Qué la verdad y el cariño?
Mentida ilusión de niño,
que halagó mi juventud.

Dadme vino: en él se ahoguen
mis recuerdos; aturdida,
sin sentir huya la vida;
paz me traiga el ataúd.

El sudor mi rostro quema,
y en ardiente sangre rojos
brillan inciertos mis ojos,
se me salta el corazón.

Huye, mujer; te detesto;
siento tu mano en la mía
y tu mano siento fría,
y tus besos hielos son.

¡Siempre igual! Necias mujeres,
inventad otras caricias,
otro mundo, otras delicias,
o maldito sea el placer.

Vuestros besos son mentira,
mentira vuestra ternura.
Es fealdad vuestra hermosura,
vuestro gozo es padecer.

Yo quiero amor, quiero gloria,
quiero un deleite divino,
como en mi mente imagino,
como en el mundo no hay;

y es la luz de aquel lucero
que engañó mi fantasía,
fuego fatuo,[19] falso guía
que errante y ciego me tray.[20]

¿Por qué murió para el placer mi alma
y vive aún para el dolor impío?
¿Por qué, si yazgo[21] en indolente calma,
siento, en lugar de paz, árido hastío?

¡Por qué este inquieto, abrasador deseo?
¿Por qué este sentimiento extraño y vago,
que yo mismo conozco un devaneo,[22]
y busco aún su seductor halago?

¿Por qué aún fingirme amores y placeres
que cierto estoy de que serán mentira?
¿Por qué en pos de fantásticas mujeres
necio tal vez mi corazón delira,

si luego, en vez de prados y de flores,
halla desiertos áridos y abrojos,
y en sus sandios y lúbricos amores
fastidio sólo encontrará y enojos?

Yo me arrojé, cual rápido cometa,
en alas de mi ardiente fantasía:
doquier mi arrebatada[23] mente inquieta
dichas[24] y triunfos encontrar creía.

Yo me lancé con atrevido vuelo
fuera del mundo, en la región etérea,[25]
y hallé la duda, y el radiante cielo
vi convertirse en ilusión aérea.

Luego, en la tierra, la virtud, la gloria
busqué con ansia y delirante amor,
y hediondo polvo y deleznable escoria
mi fatigado espíritu encontró.

Mujeres vi de virginal limpieza
entre altas nubes de celeste lumbre;
yo las toqué y en humo su pureza
trocarse vi, y en lodo y podredumbre.

---

[16] *Jarifa* es el nombre convencional de la dama cantada por los poetas del Siglo de Oro en los romances *moriscos*; aquí es una cortesana que simboliza el fracaso del ideal amoroso y con la cual, como víctima de la vida, se identifica el poeta. La primera parte está en octavillas (*abbc deec*), con un movimiento rápido apropiado al dinamismo de las imágenes, seguida de lentos serventesios (11 sílabas) para el pasaje meditativo.
[17] ponla

[18] típica hipérbole romántica, alusiva a la vehemencia de sus deseos
[19] luz falsa o engañosa
[20] trae
[21] estoy tendido (de *yacer*)
[22] sé que es una vana distracción
[23] dondequiera mi impetuosa
[24] felicidad
[25] en busca de Dios

Y encontré mi ilusión desvanecida
y eterno e insaciable mi deseo;
palpé la realidad y odié la vida;
sólo en la paz de los sepulcros creo.

Y busco aún y busco codicioso,
y aún deleites el alma finge y quiere:
pregunto y un acento pavoroso
«¡Ay!», me responde, «desespera y muere.»

«Muere, infeliz: la vida es un tormento,
un engaño el placer; no hay en la tierra
paz para ti, ni dicha, ni contento,
sino eterna ambición y eterna guerra.»

«Que así castiga Dios el alma osada,
que aspira loca, en su delirio insano,
de la verdad para el mortal velada
a descubrir el insondable arcano.»

¡Oh! cesa; no, yo no quiero
ver más, ni saber ya nada:
harta mi alma y postrada,
sólo anhela descansar.

En mí muera el sentimiento,
pues ya murió mi ventura,
ni el placer, ni la tristura
vuelvan mi pecho a turbar.

Pasad, pasad en óptica ilusoria
y otras jóvenes almas engañad;
nacaradas imágenes de gloria,
coronas de oro y de laurel, pasad.

Pasad, pasad, mujeres voluptuosas,
con danza y algazara en confusión;
pasad como visiones vaporosas
sin conmover ni herir mi corazón.

Y aturdan mi revuelta[26] fantasía
los brindis y el estruendo del festín,
y huya la noche y me sorprenda el día
en un letargo estúpido y sin fin.

Ven, Jarifa; tú has sufrido
como yo; tú nunca lloras;
mas, ¡ay triste!, que no ignoras
cuán amarga es mi aflicción.

Una misma es nuestra pena,
en vano el llanto contienes . . .
Tú también, como yo, tienes
desgarrado el corazón.

---

[26] confusa

EL DIABLO MUNDO

(1841)

Canto de la Muerte[27]

Débil mortal, no te asuste
mi oscuridad ni mi nombre;
en mi seno encuentra el hombre
un término a su pesar.
Yo, compasiva, le ofrezco
lejos del mundo un asilo,
donde a mi sombra tranquilo
para siempre duerma en paz.

Isla yo soy de reposo
en medio el mar de la vida,
y el marinero allí olvida
la tormenta que pasó;
allí convidan al sueño
aguas puras sin murmullo,
allí se duerme al arrullo
de una brisa sin rumor.

Soy melancólico sauce
que su ramaje doliente
inclina sobre la frente
que arrugara[28] el padecer,
y aduerme al hombre, y sus sienes
con fresco jugo rocía,
mientras el ala sombría
bate el olvido sobre él.

Soy la virgen misteriosa
de los últimos amores,
y ofrezco un lecho de flores
sin espinas ni dolor,
y amante doy mi cariño
sin vanidad ni falsía;
no doy placer ni alegría,
mas es eterno mi amor.

En mí la ciencia enmudece,
en mí concluye la duda,
y árida, clara, desnuda,
enseño yo la verdad;
y de la vida y la muerte
al sabio muestro el arcano,
cuando al fin abre mi mano
la puerta a la eternidad.

Ven y tu ardiente cabeza
entre mis manos reposa;
tu sueño, madre[29] amorosa,
eterno regalaré.
Ven y yace para siempre
en blanda cama mullida,
donde el silencio convida
al reposo y al no ser.

Deja que inquieten al hombre,
que loco al mundo se lanza,
mentiras de la esperanza,
recuerdos del bien que huyó:
mentira son sus amores,
mentira son sus victorias,
y son mentira sus glorias,
y mentira su ilusión.

Cierre mi mano piadosa
tus ojos al blando sueño
y empape suave beleño[30]
tus lágrimas de dolor:
yo calmaré tu quebranto
y tus dolientes gemidos,
apagando los latidos
de tu herido corazón.

[Canto I]

---

[27] Esta canción de cuna de la Muerte al hombre
muestra un aspecto más intimista y resignado de
Espronceda. Ve la muerte como la negación de la
existencia (un *no ser*), pero deja la impresión de que
la vida continúa como un sueño, en reposo eterno.

[28] arrugó
[29] [como una] madre
[30] planta narcótica

Mariano José de Larra

(1809-1837)

Por su penetrante visión crítica de la vida española y su prosa ágil, irónica, expresiva, Mariano José de Larra figura entre los mejores escritores costumbristas y satíricos, unánimemente admirado como modelo del periodismo moderno. Nacido en Madrid durante la guerra de la Independencia, era hijo de un médico militar que colaboró con los invasores franceses y tuvo que salir del país al ser vencidos éstos en 1813. El pequeño Larra, de inteligencia muy precoz, empezó su educación en Francia (Burdeos y París), y la continuó en Madrid cuando su padre pudo repatriarse en 1818. Tras un año en la Universidad de Valladolid, un grave disgusto doméstico le hizo abandonar el hogar y los estudios para ganarse la vida por su cuenta. Empieza a escribir artículos periodísticos y versos con bastante éxito, se casa a los 20 años y publica su propia revista, *El Duende Satírico del Día*, para poder expresar sus ideas moderadamente críticas. Pronto la censura del gobierno absolutista de Fernando VII prohibe la revista y Larra permanece silencioso hasta 1832, cuando la regencia de María Cristina, algo más tolerante, le permite publicar *El Pobrecito Hablador*, otra revista satírica que le da gran popularidad pero que también muere pronto a manos de la censura. Con el triunfo del liberalismo en 1833, Larra participa de lleno en la actividad periodística de la capital, atacando mordazmente a los enemigos carlistas en la guerra civil y a los elementos más radicales dentro del régimen liberal. Bajo el nuevo seudónimo de «Fígaro» se convierte en el periodista más conocido y mejor remunerado de su tiempo. Se le admira y teme por su ingenio satírico, y la propia Reina Regente pide que le presenten al brillante joven. Pero en contraste con este éxito profesional, la vida privada de Larra fue poco afortunada. A los cinco años de matrimonio sobrevino la separación por cierta «ofensa imperdonable» de la mujer, mientras que él era víctima de una pasión fatal por una dama casada que al fin decidió romper las relaciones para salvar su reputación. El estado de depresión producido por este fracaso amoroso, unido a los anteriores disgustos familiares, vino a agravarlo la pérdida de su primer puesto parlamentario a consecuencia de un golpe militar en 1836. Dominado por el morboso pesimismo y misantropía que sus últimos artículos revelan, Larra se suicida disparándose un tiro al ser definitivamente rechazado por su antigua amada, con un final trágico que puso la última nota romántica a su figura juvenil de genio desgraciado.

Además de los versos neoclásicos con que empezó su carrera literaria y que pronto abandonó al darse cuenta de su escaso talento lírico, Larra compuso una novela histórica, *El doncel de don Enrique el Doliente* (1834), sobre el amor trágico del trovador Macías el Enamorado, que a pesar de sus defectos melodramáticos es una de las pocas contribuciones de algún mérito hechas por el Romanticismo español en este género. Larra cultivó también el teatro, principalmente con traducciones y adaptaciones de piezas francesas contemporáneas, muy en demanda entonces por la pobreza del drama nacional. En 1834 estrenó su primera obra original, *Macías*, drama en verso sobre el mismo tema de su novela—el amor frustrado por los obstáculos sociales—, al que se sentía atraído como reflejo de su propia experiencia. Inferior a la novela, tuvo más influencia literaria que ésta por ser el primer drama de rebeldía romántica aparecido en España.

La mayor parte y lo mejor de la obra de Larra son los artículos (cuatro volúmenes) que publicó en periódicos y revistas sobre las costumbres y el carácter de los españoles, sobre política y literatura. Viendo en el periodismo un «símbolo de la civilización», lo cultivó como eficaz instrumento de observación crítica, con un estilo natural y lúcido, bajo cuya aparente ligereza de tono hay un pensamiento penetrante. Sus cuadros satíricos de la vida intelectual y social contemporánea no se limitan a mostrar los defectos y prejuicios de una España atrasada y apática, sino que exploran las causas del mal en las raíces mismas del carácter y la tradición nacional. Los *artículos de crítica literaria* suelen ser reseñas de libros, obras dramáticas y óperas compuestas para los periódicos, en las que fue desarrollando sus propias ideas estéticas en forma coherente. Su principio básico es romántico («libertad en literatura, como en las artes ... »), aunque todavía pide, a la manera neoclásica, que la literatura sea socialmente útil y divulgadora de verdades racionales. Es un crítico ecléctico, que juzga con independencia las virtudes y defectos de clásicos y románticos, aunque en sus obras de ficción y en algunos de sus artículos satíricos hace pura literatura romántica de vehementes sentimientos personales.

Como escritor satírico, Larra alcanzó su mayor reputación con los *artículos políticos*, en los que hizo mordaces ataques contra los reaccionarios carlistas en defensa del régimen liberal y contra los liberales extremistas que alteraban el nuevo orden constitucional. Pero no eran sólo un comentario sobre la actualidad política, sino una perspicaz diagnosis de ciertas debilidades básicas que todavía afligen a la vida española, como la falta de cohesión social y de preparación para un sistema representativo de libertad y tolerancia. En el tercer grupo de artículos, los de *costumbres*, Larra hizo la más notable contribución al desarrollo del género costumbrista que más tarde tiene su plenitud en la novela regionalista. Los tipos y costumbres que presenta interesan como síntomas de los defectos nacionales, no meramente por sus rasgos pintorescos y satíricos. Es la pintura irónica de un «país de obstáculos» donde reinan la indiferencia ante el progreso, la resistencia a las innovaciones, la pereza mental, la ignorancia, la insociabilidad, la incompetencia, el inmovilismo burocrático; todo ello, asentado sobre un falso orgullo de sí mismo y de su patria por parte del español *castizo* que supervalora todo lo propio por el hecho de serlo. Es el tema de uno de sus mejores artículos, *El castellano viejo*, con la reacción del europeo refinado que era Larra ante las groseras costumbres de sus paisanos. Aunque su actitud crítica resulta inevitablemente unilateral y ha sido a veces tachada de antipatriótica, Larra escribe como un verdadero patriota que por amar a su país quiere exponer todos sus defectos para lograr la regeneración necesaria. De ahí que en otro artículo, *En este país*, especie de réplica al anterior, Larra satirice igualmente el esnobismo de elogiar sistemáticamente todo lo extranjero y menospreciar lo español. La angustiada preocupación de Larra por el «problema nacional» (las causas de la decadencia del país y su incierto porvenir), junto a su sincera autocrítica de la mentalidad colectiva y los valores tradicionales, hecha con gran agudeza de observación, le dan una modernidad y permanencia de interés que tienen pocos escritores de su tiempo. La generación de 1898, a la que también «le duele España», ve en él un precursor; y la mayoría de los «articulistas» contemporáneos le han dedicado su tributo de admiración.

TEXTO: *Obras de Mariano José de Larra (Fígaro)* (ed. C. Seco Serrano), «Biblioteca Autores Españoles», 4 vols. Madrid, 1960.

EL CASTELLANO VIEJO[1]

(1832)

Ya en mi edad pocas veces gusto de alterar el orden que en mi manera de vivir tengo hace tiempo establecido, y fundo esta repugnancia en que no he abandonado mis lares[2] ni un solo día para quebrantar mi sistema, sin que haya sucedido el arrepentimiento más sincero al desvanecimiento de mis engañadas esperanzas. Un resto, con todo eso, del antiguo ceremonial que en su trato tenían adoptado nuestros padres, me obliga a aceptar a veces ciertos convites a que parecería el negarse grosería o, por lo menos, ridícula afectación de delicadeza.

Andábame[3] días pasados por esas calles a buscar materiales para mis artículos. Embe-bido en mis pensamientos, me sorprendí varias veces a mí mismo riendo como un pobre hombre de mis propias ideas y moviendo maquinalmente los labios; algún tropezón me recordaba de cuando en cuando que para andar por el empedrado de Madrid no es la mejor circunstancia la de ser poeta ni filósofo; más de una sonrisa maligna, más de un gesto de admiración de los que a mi lado pasaban, me hacía reflexionar que los soliloquios no se deben hacer en público; y no pocos encontrones que al volver las esquinas di con quien tan distraída y rápidamente como yo las doblaba, me hicieron conocer que los distraídos no entran en el número de los cuerpos

---

[1] artículo publicado en *El Pobrecito Hablador*. El título es aplicable al español *castizo* en general, tradicionalista y orgulloso de su casta.

[2] hogar, vida doméstica

[3] yo andaba (el dativo de interés tiene aquí cierto efecto irónico)

elásticos, y mucho menos de los seres gloriosos e impasibles.[4] En semejante situación de espíritu, ¿qué sensación no debería producirme una horrible palmada que una gran mano, pegada (a lo que por entonces entendí) a un grandísimo brazo, vino a descargar sobre uno de mis dos hombros, que por desgracia no tienen punto alguno de semejanza con los de Atlante?[5]

Una de esas interjecciones que una repentina sacudida suele, sin consultar el decoro, arrancar espontáneamente de una boca castellana, se atravesó entre mis dientes y hubiérale echado redondo[6] a haber estado esto en mis costumbres y a no haber reflexionado que semejantes maneras de anunciarse, en sí algo exageradas, suelen ser las inocentes muestras de afecto o franqueza de este país de *exabruptos*.

No queriendo dar a entender que desconocía este enérgico modo de anunciarse, ni desairar el agasajo de quien sin duda había creído hacérmele[7] más que mediano, dejándome torcido para todo el día, traté sólo de volverme por conocer quién fuese tan mi amigo para tratarme tan mal; pero mi castellano viejo es hombre que cuando está de gracias[8] no se ha de dejar ninguna en el tintero. ¿Cómo dirá el lector que siguió dándome pruebas de confianza y cariño? Echóme las manos a los ojos, y sujetándome por detrás:

—¿Quién soy? —gritaba, alborozado con el buen éxito de su delicada travesura.— ¿Quién soy?

—Un animal —iba a responderle; pero me acordé de repente de quién podría ser, y sustituyendo cantidades iguales,[9]

—Braulio eres —le dije.

Al oírme, suelta sus manos, ríe, se aprieta los ijares, alborota la calle, y pónenos a entrambos en escena.[10]

—¡Bien, mi amigo! ¿Pues en qué me has conocido?

—¿Quién pudiera si no tú . . .?

—¿Has venido ya de tu Vizcaya?[11]

—No, Braulio, no he venido.

—Siempre el mismo genio. ¿Qué quieres? es la pregunta del batueco.[12] ¡Cuánto me alegro de que estés aquí! ¿Sabes que mañana son mis días?[13]

—Te los deseo muy felices.

—Déjate de cumplimientos entre nosotros; ya sabes que yo soy franco y castellano viejo: el pan pan y el vino vino;[14] por consiguiente, exijo de ti que no vayas a dármelos,[15] pero estás convidado.

—¿A qué?

—A comer conmigo.

—No es posible.

—No hay remedio.

—No puedo —insisto, ya temblando.

—¿No puedes?

—Gracias.

—¿Gracias? Vete a paseo.[16] Amigo, como no soy el duque de F. . . . , ni el conde de P. . . .

¿Quién se resiste a una alevosa sorpresa de esta especie?

¿Quién quiere parecer vano?

—No es eso, sino que . . .

—Pues si no es eso —me interrumpe—, te espero a las dos: en casa se come a la española; temprano. Tengo mucha gente; tendremos al famoso X, que nos improvisará de lo lindo;[17] T. nos cantará de sobremesa una rondeña[18] con su gracia natural; y por la noche J. cantará y tocará alguna cosilla.

Esto me consoló algún tanto, y fue preciso ceder.

—Un día malo —dije para mí —cualquiera lo pasa. En este mundo para conservar amigos es preciso tener el valor de aguantar sus obsequios.

---

[4] celestiales e incorpóreos
[5] Atlas (dios griego que sostenía el mundo)
[6] hubiera dicho un juramento o blasfemia (exabruptos)
[7] Se refiere a *agasajo* (*leísmo*).
[8] hace bromas
[9] sustituyendo una cosa por otra igual
[10] nos pone en ridículo

[11] provincia vasca
[12] tonto
[13] cumpleaños
[14] me gusta hablar clara y simplemente (proverbial)
[15] darme los [días], felicitarme
[16] exclamación ofensiva
[17] improvisará versos muy bien
[18] de Ronda (Andalucía), cantar flamenco típico

—No faltarás, si no quieres que riñamos.

—No faltaré —dije con voz exánime y ánimo decaído, como el zorro que se revuelve inútilmente dentro de la trampa donde se ha dejado coger.

—Pues hasta mañana —y me dio un torniscón[19] por despedida.

Vile marchar como el labrador ve alejarse la nube[20] de su sembrado, y quedéme discurriendo cómo podían entenderse estas amistades tan hostiles y tan funestas.

Ya habrá conocido el lector, siendo tan perspicaz como yo le imagino, que mi amigo Braulio está muy lejos de pertenecer a lo que se llama gran mundo y sociedad de buen tono; pero no es tampoco un hombre de la clase inferior, puesto que es un empleado[21] de los de segundo orden, que reúne entre su sueldo y su hacienda cuarenta mil reales[22] de renta; que tiene una cintica[23] atada al ojal, y una crucecita a la sombra[24] de la solapa; que es persona, en fin, cuya clase, familia y comodidades de ninguna manera se oponen a que tuviese una educación más escogida y modales más suaves e insinuantes. Mas la vanidad le ha sorprendido por donde ha sorprendido casi siempre a toda o a la mayor parte de nuestra clase media, y a toda nuestra clase baja. Es tal su patriotismo, que dará todas las lindezas del extranjero por un dedo de su país. Esta ceguedad le hace adoptar todas las responsabilidades de tan inconsiderado cariño; de paso que defiende que no hay vinos como los españoles, en lo cual bien puede tener razón, defiende que no hay educación como la española, en lo cual bien pudiera no tenerla; a trueque de defender que el cielo de Madrid es purísimo, defenderá que nuestras manolas[25] son las más encantadoras de todas las mujeres; es un hombre, en fin, que vive de exclusivas, a quien le sucede

poco más o menos lo que a una parienta mía, que se muere por las jorobas sólo porque tuvo un querido[26] que llevaba una excrecencia bastante visible sobre entrambos omoplatos.

No hay que hablarle, pues, de estos usos sociales, de estos respetos mutuos, de estas reticencias urbanas, de esa delicadeza de trato que establece entre los hombres una preciosa armonía, diciendo sólo lo que debe agradar y callando siempre lo que puede ofender. Él se muere *por plantarle una fresca al lucero del alba*,[27] como suele decir, y cuando tiene un resentimiento, se le *espeta a uno cara a cara*.[28] Como tiene trocados todos los frenos,[29] dice de los cumplimientos que ya se sabe lo que quiere decir *cumplo y miento*; llama a la urbanidad hipocresía, y a la decencia,[30] monadas;[31] a toda cosa buena le aplica un mal apodo; el lenguaje de la finura es para él poco más que griego: cree que toda la crianza está reducida a decir *Dios guarde a ustedes* al entrar en una sala, y añadir *con permiso de usted* cada vez que se mueve; a preguntar a cada uno por toda su familia, y a despedirse de todo el mundo; cosas todas que así se guardará él de olvidarlas como de tener pacto con franceses.[32] En conclusión, hombre de estos que no saben levantarse para despedirse sino en corporación con alguno o algunos otros, que han de dejar humildemente debajo de una mesa su sombrero, que llaman *su cabeza*, y que cuando se hallan en sociedad, por desgracia, sin un socorrido bastón, darían cualquier cosa por no tener manos ni brazos, porque en realidad no saben dónde ponerlos ni qué cosa se puede hacer con los brazos en una sociedad.

Llegaron las dos, y como yo conocía ya a mi Braulio, no me pareció conveniente acicalarme demasiado para ir a comer; estoy

---

[19] ligero golpe en la cara con la mano
[20] nube de tormenta peligrosa para la cosecha
[21] funcionario público
[22] moneda de plata que fue la unidad monetaria hasta la adopción de la peseta (4 reales) y del sistema decimal en 1868
[23] cinta indicadora de alguna distinción honorífica, como la *cruz* siguiente
[24] detrás
[25] madrileñas de la clase baja

[26] amante
[27] «por decirle lo que siente a la persona más elevada» (familiar)
[28] decir algo desagradable abiertamente a una persona
[29] todo lo desfigura (cambia el sentido a todo)
[30] decoro
[31] tonterías, escrúpulos
[32] alusión a la ocupación francesa de 1808–1813, hecha en nombre de un pacto internacional

seguro de que se hubiera picado:[33] no quise, sin embargo, excusar un frac de color y un pañuelo blanco, cosa indispensable en un día de días[34] y en semejantes casas. Vestíme sobre todo lo más despacio que me fue posible, como se reconcilia al pie del suplicio el infeliz reo, que quisiera tener cien pecados más cometidos que contar para ganar tiempo. Era citado a las dos, y entré en la sala a las dos y media.

No quiero hablar de las infinitas visitas ceremoniosas que antes de la hora de comer entraron y salieron en aquella casa, entre las cuales no eran de despreciar todos los empleados de su oficina, con sus señoras y sus niños, y sus capas, y sus paraguas, y sus chanclos, y sus perritos; déjome en blanco[35] los necios cumplimientos que se dijeron al señor de los días; no hablo del inmenso círculo con que guarnecía la sala el concurso de tantas personas heterogéneas, que hablaron de que el tiempo iba a mudar y de que en invierno suele hacer más frío que en verano. Vengamos al caso: dieron las cuatro, y nos hallamos solos los convidados. Desgraciadamente para mí, el señor de X., que debía divertirnos tanto, gran conocedor de esta clase de convites, había tenido la habilidad de ponerse malo aquella mañana; el famoso T. se hallaba oportunamente comprometido para otro convite; y la señorita que también había de cantar y tocar estaba ronca, en tal disposición, que se asombraba ella misma de que se la entendiese una sola palabra, y tenía un panadizo en un dedo. ¡Cuántas esperanzas desvanecidas!

—Supuesto que estamos los que hemos de comer —exclamó don Braulio—, vamos a la mesa, querida mía.

—Espera un momento —le contestó su esposa casi al oído—; con tanta visita[36] yo he faltado algunos momentos de allá dentro, y . . .

—Bien, pero mira que son las cuatro . . .

—Al instante comeremos.

Las cinco eran cuando nos sentábamos a la mesa.

—Señores —dijo el anfitrión al vernos titubear en nuestras respectivas colocaciones—, exijo la mayor franqueza; en mi casa no se usan cumplimientos. ¡Ah, Bachiller!, quiero que estés con toda comodidad; eres poeta, y además estos señores, que saben nuestras íntimas relaciones, no se ofenderán si te prefiero; quítate el frac, no sea que le manches.

—¿Qué tengo de manchar?[37] —le respondí, mordiéndome los labios.

—No importa; te daré una chaqueta mía; siento que no haya para todos.

—No hay necesidad.

—¡Oh, sí, sí! ¡Mi chaqueta! Toma, mírala; un poco ancha te vendrá.

—Pero, Braulio . . .

—No hay remedio; no te andes con etiquetas.

Y en esto me quita él mismo el frac, *velis, nolis*,[38] y quedo sepultado en una cumplida[39] chaqueta rayada, por la cual sólo asomaba los pies y la cabeza, y cuyas mangas no me permitirían comer, probablemente. Dile las gracias: ¡al fin el hombre creía hacerme un obsequio!

Los días en que mi amigo no tiene convidados se contenta con una mesa baja, poco más que banqueta de zapatero, porque él y su mujer, como dice, ¿para qué quieren más? Desde la tal mesita, y como se sube el agua de un pozo, hace subir la comida hasta la boca, adonde llega goteando después de una larga travesía; porque pensar que estas gentes han de tener una mesa regular, y estar cómodos todos los días del año, es pensar en lo excusado.[40] Ya se concibe, pues, que la instalación de una gran mesa de convite era un acontecimiento en aquella casa; así que se había creído capaz de contener catorce personas que éramos una mesa donde apenas podrían comer ocho cómodamente. Hubimos de sentarnos de medio lado, como quien va

---

[33] ofendido
[34] cumpleaños
[35] no digo nada de
[36] visitante, invitado

[37] Yo no me mancho
[38] quiera o no
[39] amplia
[40] lo inútil o imposible

a arrimar el hombro[41] a la comida, y entablaron los codos de los convidados íntimas relaciones entre sí con la más fraternal inteligencia del mundo. Colocáronme, por mucha distinción, entre un niño de cinco años, encaramado en unas almohadas que era preciso enderezar a cada momento porque las ladeaba la natural turbulencia de mi joven adlátere,[42] y entre uno de esos hombres que ocupan en el mundo el espacio y sitio de tres, cuya corpulencia por todos lados se salía de madre[43] de la única silla en que se hallaba sentado, digámoslo así, como en la punta de una aguja. Desdobláronse silenciosamente las servilletas, nuevas a la verdad, porque tampoco eran muebles en uso para todos los días, y fueron izadas por todos aquellos buenos señores a los ojales de sus fraques como cuerpos intermedios entre las salsas y las solapas.

—Ustedes harán penitencia,[44] señores —exclamó el anfitrión una vez sentado—; pero hay que hacerse cargo que no estamos en Genieys[45] —frase que creyó preciso decir.

—Necia afectación es ésta, si es mentira —dije yo para mí—; y si verdad, gran torpeza convidar a los amigos a hacer penitencia.

Desgraciadamente no tardé mucho en conocer que había en aquella expresión más verdad de la que mi buen Braulio se figuraba. Interminables y de mal gusto fueron los cumplimientos con que, para dar y recibir cada plato, nos aburrimos unos a otros.

—Sírvase usted.

—Hágame usted el favor.

—De ninguna manera.

—No lo recibiré.

—Páselo usted a la señora.

—Está bien ahí.

—Perdone usted.

—Gracias.

—Sin etiqueta, señores —exclamó Braulio—; y se echó el primero con su propia cuchara. Sucedió a la sopa un cocido[46]

surtido de todas las sabrosas impertinencias de este engorrosísimo, aunque buen plato: cruza por aquí la carne; por allá la verdura; acá los garbanzos; allá el jamón; la gallina por la derecha; por medio el tocino; por izquierda los embuchados de Extremadura. Siguióle un plato de ternera mechada, que Dios maldiga, y a éste otro, y otros, y otros, mitad traídos de la fonda, que esto basta para que excusemos hacer su elogio, mitad hechos en casa por la criada de todos los días, por una vizcaína auxiliar tomada al intento para aquella festividad y por el ama de la casa, que en semejantes ocasiones debe estar en todo, y por consiguiente suele no estar en nada.

—Este plato hay que disimularle —decía ésta de unos pichones—; están un poco quemados.

—Pero, mujer...

—Hombre, me aparté un momento, y ya sabes lo que son las criadas.

—¡Qué lástima que este pavo no haya estado media hora más al fuego! Se puso algo tarde.

—¿No les parece a ustedes que está algo ahumado este estofado?

—¿Qué quieres? Una no puede estar en todo.

—¡Oh, está excelente! —exclamábamos todos dejándonoslo en el plato— ¡excelente!

—Este pescado está pasado.[47]

—Pues en el despacho de la diligencia del fresco[48] dijeron que acababa de llegar; ¡el criado es tan bruto!

—¿De dónde se ha traído este vino?

—En eso no tienes razón, porque es...

—Es malísimo.

Estos diálogos cortos iban exornados con una infinidad de miradas furtivas del marido para advertirle continuamente a su mujer alguna negligencia, queriendo darnos a entender entrambos a dos que estaban muy al corriente de todas las fórmulas que en semejantes casos se reputan finura, y que

---

[41] el gesto de empujar o ayudar a mover algo con el hombro
[42] compañero (latinismo)
[43] se desbordaba
[44] compartirán nuestra comida ordinaria

[45] el restaurante más elegante de Madrid entonces
[46] plato popular de garbanzos, patatas, legumbre y carnes diversas
[47] rancio
[48] el transporte en diligencia del pescado fresco

todas las torpezas eran hijas[49] de los criados, que nunca han de aprender[50] a servir. Pero estas negligencias se repetían tan a menudo, servían tan poco ya las miradas, que le fue preciso al marido recurrir a los pellizcos y a los pisotones; y ya la señora, que a duras penas había podido hacerse superior hasta entonces a las persecuciones de su esposo, tenía la faz encendida y los ojos llorosos.

—Señora, no se incomode usted por eso —le dijo el que a su lado tenía.

—¡Ah! Les aseguro a ustedes que no vuelvo a hacer estas cosas en casa; ustedes no saben lo que es esto: otra vez, Braulio, iremos a la fonda y no tendrás...

—Usted, señora mía, hará lo que...

—¡Braulio! ¡Braulio!

Una tormenta espantosa estaba a punto de estallar; empero todos los convidados a porfía probamos a aplacar aquellas disputas, hijas del deseo de dar a entender la mayor delicadeza, para lo cual no fue poca parte la manía de Braulio y la expresión concluyente que dirigió de nuevo a la concurrencia acerca de la inutilidad de los cumplimientos, que así llama él al estar bien servido y al saber comer. ¿Hay nada más ridículo que estas gentes que quieren pasar por finas en medio de la más crasa ignorancia de los usos sociales, que para obsequiarle le obligan a usted a comer y beber por fuerza y no le dejan medio de[51] hacer su gusto? ¿Por qué habrá gentes que sólo quieren comer con alguna más limpieza los días de días?

A todo esto, el niño que a mi izquierda tenía hacía saltar las aceitunas a un plato de magras[52] con tomate, y una vino a parar[53] a uno de mis ojos, que no volvió a ver claro en todo el día, y el señor gordo de mi derecha había tenido la precaución de ir dejando en el mantel, al lado de mi pan, los huesos de las suyas, y los de las aves que había roído; el convidado de enfrente, que se preciaba de trinchador, se había encargado de hacer la autopsia de un capón, o sea gallo, que esto

nunca se supo: fuese por la edad avanzada de la víctima, fuese por los ningunos conocimientos anatómicos del victimario, jamás parecieron las coyunturas.

—Este capón no tiene coyunturas— exclamaba el infeliz sudando y forcejeando, más como quien cava que como quien trincha—. ¡Cosa más rara!

En una de las embestidas resbaló el tenedor sobre el animal como si tuviera escama, y el capón, violentamente despedido, pareció querer tomar su vuelo como en sus tiempos más felices, y se posó en el mantel tranquilamente como pudiera en un palo de un gallinero.

El susto fue general y la alarma llegó a su colmo cuando un surtidor de caldo, impulsado por el animal furioso, saltó a inundar mi limpísima camisa. Levántase rápidamente a este punto el trinchador con ánimo de cazar el ave prófuga, y al precipitarse sobre ella, una botella que tiene a la derecha, con la que tropieza su brazo, abandonando su posición perpendicular, derrama un abundante caño de Valdepeñas[54] sobre el capón y el mantel. Corre el vino, auméntase la algazara, llueve la sal sobre el vino para salvar el mantel y para salvar la mesa se ingiere por debajo de él una servilleta, y una eminencia se levanta sobre el teatro de tantas ruinas. Una criada toda azorada retira el capón en el plato de su salsa; al pasar sobre mí hace una pequeña inclinación, y una lluvia maléfica de grasa desciende, como el rocío sobre los prados, a dejar eternas huellas en mi pantalón color de perla; la angustia y el aturdimiento de la criada no conocen término; retírase atolondrada sin acertar con las excusas; al volverse tropieza con el criado que traía una docena de platos limpios y una salvilla[55] con las copas para los vinos generosos,[56] y toda aquella máquina viene al suelo con el más horroroso estruendo y confusión.

—¡Por San Pedro! —exclama dando una voz Braulio, difundida ya sobre sus facciones

---

[49] obras
[50] aprenderán
[51] no le permiten
[52] jamón
[53] dar

[54] vino de mesa original de este pueblo de La Mancha
[55] bandeja con redondeles para las copas
[56] vinos fuertes y añejos

una palidez mortal, al paso que brota fuego el rostro de su esposa—. Pero sigamos, señores; no ha sido nada— añade volviendo en sí.

¡Oh honradas casas donde un modesto cocido y un principio final constituyen la felicidad diaria de una familia; huid del tumulto de un convite de día de días! Sólo la costumbre de comer y servirse bien diariamente puede evitar semejantes destrozos.

¿Hay más desgracias? ¡Santo cielo! Sí, las hay para mí, ¡infeliz! Doña Juana, la de los dientes negros y amarillos, me alarga de su plato y con su propio tenedor una fineza, que es indispensable aceptar y tragar; el niño se divierte en despedir a los ojos de los concurrentes los huesos disparados de las cerezas; don Leandro me hace probar el manzanilla[57] exquisito, que he rehusado, en su misma copa, que conserva las indelebles señales de sus labios grasientos; mi gordo fuma ya sin cesar y me hace cañón de su chimenea; por fin ¡oh última de las desgracias! crece el alboroto y la conversación; roncas ya las voces, piden versos y décimas y no hay más poeta que el Bachiller.[58]

—Es preciso. Tiene usted que decir algo— claman todos.

—Désele pie forzado;[59] que diga una copla a cada uno.

—Yo le daré el pie: *A don Braulio en este día.*

—¡Señores, por Dios!

—No hay remedio.

—En mi vida he improvisado.

—No se haga usted el chiquito.[60]

—Me marcharé.

—Cerrar la puerta.

—No se sale de aquí sin decir algo.

Y digo versos por fin, y vomito disparates, y los celebran, y crece la bulla, y el humo, y el infierno.

A Dios gracias, logro escaparme de aquel nuevo *Pandemonio.* Por fin, ya respiro el aire fresco y desembarazado de la calle, ya no hay necios, ya no hay castellanos viejos a mi alrededor.

—¡Santo Dios, yo te doy gracias! —exclamo respirando, como el ciervo que acaba de escaparse de una docena de perros y que oye ya apenas sus ladridos—. Para de aquí en adelante no te pido riquezas, no te pido empleos, no honores; líbrame de los convites caseros y de días de días; líbrame de estas casas en que es un convite un acontecimiento, en que sólo se pone la mesa decentemente para los convidados, en que creen hacer obsequios cuando dan mortificaciones, en que se hacen finezas, en que se dicen versos, en que hay niños, en que hay gordos, en que reina, en fin, la brutal franqueza de los castellanos viejos. Quiero que, si caigo de nuevo en tentaciones semejantes, me falte un *roastbeef*, desaparezca del mundo el *beefsteak*, se anonaden los timbales[61] de macarrones, no haya pavos en Périgueux ni pasteles en Périgord,[62] se sequen los viñedos de Burdeos,[63] y beban, en fin, todos menos yo la deliciosa espuma del champagne.

Concluida mi deprecación mental, corro a mi habitación a despojarme de mi camisa y de mi pantalón, reflexionando en mi interior que no son unos[64] todos los hombres, puesto que los de un mismo país, acaso de un mismo entendimiento, no tienen las mismas costumbres, ni la misma delicadeza, cuando ven las cosas de tan distinta manera. Vístome y vuelo a olvidar tan funesto día entre el corto número de gentes que piensan, que viven sujetas al provechoso yugo de una buena educación libre y desembarazada, y que fingen acaso estimarse y respetarse mutuamente para no incomodarse, al paso que las otras hacen ostentación de incomodarse, y se ofenden y se maltratan, queriéndose y estimándose tal vez verdaderamente.

---

[57] vino blanco de Andalucía, de bajo contenido alcohólico

[58] Larra, uno de cuyos seudónimos era «El Bachiller don Juan Pérez de Munguía»

[59] verso que se ha de repetir al final de cada estrofa

[60] modesto

[61] pastel de harina y manteca que se rellena de macarrones u otros manjares

[62] ciudades francesas

[63] Bordeaux (Francia)

[64] iguales

José Zorrilla

(1817-1893)

El poeta y dramaturgo de mayor popularidad que produjo el romanticismo fue José Zorrilla, y aunque su fama resulte hoy desproporcionada ante la superficialidad de su poesía, se explica por sus dotes de versificador fácil, musical e imaginativo, con las que él cantó la tradición nacional encarnada en el doble ideal de «religión y patria». Zorrilla completa así la nacionalización del romanticismo, abandonando la tendencia pesimista y rebelde, para buscar en la reconstrucción ideal del pasado y en la exaltación de los valores tradicionales un escape y una réplica ante la crisis de la sociedad contemporánea, atribuida al espíritu racionalista y secularista.

A los 19 años el inquieto Zorrilla abandonó su casa y sus estudios de Leyes en Valladolid, donde había nacido, y huyó a Madrid en busca de la gloria literaria, cuando el romanticismo estaba en plena efervescencia. A ello contribuyó también su fracaso como estudiante y el temor al castigo del padre, hombre severo y reaccionario que había sido jefe superior de Policía bajo el absolutismo de Fernando VII. Versificador precoz, sus primeras poesías habían aparecido ya en el periódico romántico *El Artista*, y a los pocos meses de llegar a Madrid el joven Zorrilla adquirió repentina fama con la lectura de un patético poema fúnebre en el entierro de Larra, el gran escritor satírico que se había suicidado por desesperación amorosa. La escena ha quedado como un típico cuadro romántico del nacimiento de un genio junto a la tumba del desaparecido. Empleado en un periódico, Zorrilla produce poesía y teatro en tal cantidad que hacia 1840 llenan ya ocho volúmenes. Su matrimonio a los 22 años con una viuda de 38 resultó desgraciado y contribuyó, según él, a que dejase de escribir para el teatro (por celos de ella hacia las actrices), y al fin le forzó a salir de España por largo tiempo (1850–66), que pasó en Francia y Méjico, sin cesar de publicar poesías. Tan popular en Méjico como en su patria, Zorrilla fue nombrado director del Teatro Nacional por el emperador Maximiliano. A su vuelta a España recibió una acogida entusiasta como el poeta nacional por excelencia, título consagrado oficialmente con su coronación por la reina en Granada (1889). Ya antes había ingresado en la Academia Española, con un apropiado discurso en verso. Era la fama que él había anhelado, aunque no le libró de las estrecheces económicas con que casi siempre vivió por su carácter bohemio, ni aun cuando las Cortes le concedieron una pensión.

Su viaje al extranjero separa dos épocas distintivas de su producción. La primera, más breve, es la que contiene casi toda su obra lírica y dramática; la segunda es principalmente la de su poesía narrativa y legendaria. Sus mejores versos líricos aparecen en *Cantos del trovador* (1841), y aspiran a endulzar la vida con una serie de imágenes sensoriales, llenas de color y musicalidad, que crean la ilusión de un mundo más bello y mejor. Más que en lo que dice, el valor de sus versos está en su magia verbal, como el propio poeta admite modestamente («no es tal vez más que un son mi poesía»). Las más típicas de estas poesías son sus *Orientales*, inspiradas por Víctor Hugo y dedicadas a evocar con mucha fantasía y brillantez decorativa la España árabe en torno a algún trivial episodio amoroso. Su último y más ambicioso poema de este tipo, *Granada* (1852), es una pintura fastuosa de la civilización hispano-árabe vista como un ensueño de bellezas sensoriales.

Es en las *leyendas* donde Zorrilla logra mejores resultados por su índole narrativa y dramática más que lírica. Siguiendo el ejemplo de Rivas, recoge episodios legendarios de la tradición nacional, novelescos más que épicos, y trata de evocar su encanto poético con una mezcla de descripción realista y de elementos misteriosos o sobrenaturales. Uno de sus temas favoritos es el de Don Juan, como conflicto entre la perversidad seductora del hombre y la inocencia de la mujer, a quien protege la intervención divina. Así, en las famosas leyendas devotas de *Margarita la tornera*, de origen medieval, sobre la monja seducida cuya falta encubre la Virgen hasta que vuelve al convento arrepentida; o en *A buen juez, mejor testigo*, donde la imagen del Cristo de la Vega, en Toledo, da testimonio judicial contra el amante falso.

Sus obras dramáticas (unas treinta) son también, en general, adaptación romántica de episodios legendarios tomados del Siglo de Oro. Son dramas en verso, de acción rápida y escenas llenas de color, con bastantes efectismos melodramáticos. El primer éxito teatral lo obtuvo con *El zapatero y el rey*, en dos partes (1840, 1841), obra en que trata al rey Pedro I (siglo XIV) como símbolo, no de crueldad sino de justicia popular, pero hombre fatalmente destinado a un fin trágico a la manera romántica. Era el tema tratado por Rivas en su romance *Una antigualla de Sevilla*. Su último drama, *Traidor, inconfeso y mártir* (1849), el preferido del autor y el de más madurez, presenta el intrigante caso histórico del pastelero de Madrigal, ejecutado en 1595 por haber pretendido ser el rey D. Sebastián de Portugal, cuya desaparición en una batalla había permitido a Felipe II ocupar el trono del país vecino.

La obra más popular de Zorrilla es *Don Juan Tenorio*, «drama religioso-fantástico», estrenado en 1844, que sigue todavía representándose anualmente como un rito nacional con motivo del día de Difuntos (dos de noviembre). El modelo era *El burlador de Sevilla*, de Tirso de Molina (1617 ó 1618), y la conocida adaptación hecha por Zamora a principios del siglo XVIII. Fue compuesto en tres semanas para cumplir un compromiso con cierto teatro de Madrid y revela los defectos propios del genio improvisador de Zorrilla. Pese a esos defectos (exageraciones, melodrama, lirismos vulgares), que el propio autor condenó con su habitual franqueza, es el único drama del siglo XIX que sigue interesando al público por su eficacia teatral. Junto a la simplicidad de concepción dramática, al ritmo dinámico de la acción, a la sonoridad y fluidez del verso, ofrece una clara y elemental interpretación del legendario Don Juan, como un libertino audaz, desaprensivo y valiente, que es además capaz de sentir un amor puro y redentor. En este último rasgo, que contradice el concepto mismo del donjuanismo, está la contribución más original de Zorrilla, al hacer posible la salvación de Don Juan gracias a la infinita piedad divina y a la intercesión amorosa de una mujer que simboliza el ideal romántico femenino. Con esta salvación acertó Zorrilla a expresar la simpatía de los románticos y del pueblo español en general por el tipo humano del individualista rebelde y libre gozador de los placeres de esta vida, a la vez que evitó su glorificación permitiéndole arrepentirse de sus pecados a la hora de la muerte, conforme a la doctrina católica.

Se reproduce aquí el drama completo a excepción de cuatro escenas marginales, indicadas en el texto.

TEXTO: JOSÉ ZORRILLA, *Obras completas* (ed. N. Alonso Cortés), 2 vols. Valladolid, 1943.

DON JUAN TENORIO

(1844)

PERSONAJES

DON JUAN TENORIO.

DON LUIS MEJÍA.

DON GONZALO DE ULLOA,
  comendador de Calatrava.

DON DIEGO TENORIO, padre.

DOÑA INÉS DE ULLOA.

DOÑA ANA DE PANTOJA.

CHRISTÓFANO BUTTARELLI.

MARCO CIUTTI.

BRÍGIDA.

PASCUAL.

EL CAPITÁN CENTELLAS.

DON RAFAEL DE AVELLANEDA.

LUCÍA.

LA ABADESA DE LAS CALATRAVAS
  DE SEVILLA.

LA TORNERA DE ídem.

GASTÓN.

MIGUEL.

UN ESCULTOR.

ALGUACILES 1.º y 2.º

UN PAJE (que no habla).

LA ESTATUA DE DON GONZALO
  (él mismo).

LA SOMBRA DE DOÑA INÉS
  (ella misma).

Caballeros sevillanos, encubiertos, curiosos, esqueletos, estatuas, ángeles, sombras, justicia y pueblo.

La acción en Sevilla, por los años de 1545, últimos del emperador Carlos V. Los cuatro primeros actos pasan en una sola noche. Los tres restantes, cinco años después y en otra noche.

PRIMERA PARTE

Acto Primero

LIBERTINAJE Y ESCÁNDALO

[*Hostería de* CHRISTÓFANO BUTTARELLI. *Puerta en el fondo que da a la calle; mesas, jarros y demás utensilios propios de semejante lugar.*]

ESCENA I

[DON JUAN, *con antifaz, sentado a una mesa escribiendo;* CIUTTI *y* BUTTARELLI *a un lado esperando. Al levantarse el telón se ven pasar por la puerta del fondo máscaras, estudiantes y pueblo con hachones, músicas, etc.*]

D. JUAN.
　¡Cuál gritan esos malditos![1]
　¡Pero mal rayo me parta
　si, en concluyendo la carta,
　no pagan caros sus gritos!
　[*Sigue escribiendo.*]
BUTTARELLI.
　[*A* CIUTTI.] ¡Buen Carnaval!
CIUTTI.
　[*A* BUTTARELLI.] Buen agosto[2]
　para rellenar la arquilla.
BUTTARELLI.
　¡Quia! Corre ahora por Sevilla
　poco gusto y mucho mosto.[3]
　Ni caen aquí buenos peces,[4]
　que son cosas mal miradas
　por gentes acomodadas,
　y atropelladas[5] a veces.

CIUTTI.
　Pero hoy . . .
BUTTARELLI.
　　　　　Hoy no entra en la cuenta,
　Ciutti; se ha hecho buen trabajo.
CIUTTI.
　¡Chist! Habla un poco más bajo,
　que mi señor se impacienta
　pronto.
BUTTARELLI.
　　　¿A su servicio estás?
CIUTTI.
　Ya ha un año.
BUTTARELLI.
　　　　　¿Y qué tal te sale?
CIUTTI.
　No hay prior que se me iguale;
　tengo cuanto quiero y más.
　Tiempo libre, bolsa llena,
　buenas mozas y buen vino.
BUTTARELLI.
　¡Cuerpo de tal, qué destino![6]
CIUTTI.
　[*Señalando a* DON JUAN.]
　Y todo ello a costa ajena.
BUTTARELLI.
　¿Rico, eh?
CIUTTI.
　　　　Varea la plata.[7]
BUTTARELLI.
　¿Franco?

---

[1] Redondillas (*abba*). La versificación sigue la técnica polimétrica del teatro del Siglo de Oro, pero limitada casi exclusivamente a estrofas de versos octosílabos de ritmo rápido y tono conversacional. Sólo al comienzo de la Parte II, Acto III, hay unos pocos endecasílabos. Predominan las redondillas y el romance.

[2] ocasión
[3] vino
[4] clientes
[5] lugar donde se cometen atropellos o violencias
[6] *cuerpo de tal* es un juramento; *destino,* empleo
[7] gasta mucho dinero

CIUTTI.

      Como un estudiante.

BUTTARELLI.

  ¿Y noble?

CIUTTI.

      Como un infante.

BUTTARELLI.

  ¿Y bravo?

CIUTTI.

      Como un pirata.

BUTTARELLI.

  ¿Español?

CIUTTI.

      Creo que sí.

BUTTARELLI.

  ¿Su nombre?

CIUTTI.

     Lo ignoro en suma.

BUTTARELLI.

  ¡Bribón! ¿Y dónde va?

CIUTTI.

        Aquí.

BUTTARELLI.

  Largo plumea.[8]

CIUTTI.

     Es gran pluma.

BUTTARELLI.

  ¿Y a quién mil diablos escribe
  tan cuidadoso y prolijo?

CIUTTI.

  A su padre.

BUTTARELLI.

     ¡Vaya un hijo!

CIUTTI.

  Para el tiempo en que se vive
  es un hombre extraordinario;
  más silencio.

D. JUAN.

  [*Cerrando la carta.*]

     Firmo y plego.
  ¡Ciutti!

CIUTTI.

  Señor.

D. JUAN.

    Este pliego

irá, dentro del Horario
en que reza doña Inés,
a sus manos a parar.

CIUTTI.

  ¿Hay respuesta que aguardar?

D. JUAN.

  Del diablo con guardapiés[9]
que la asiste; de su dueña,
que mis intenciones sabe,
recogerás una llave,
una hora y una seña,
y más ligero que el viento,
aquí otra vez.

CIUTTI.

     Bien está.   [*Vase.*]

ESCENA II

[DON JUAN *y* BUTTARELLI]

D. JUAN.

  Christófano, vieni qua.[10]

BUTTARELLI.

  ¡Eccellenza!

D. JUAN.

     Senti.[11]

BUTTARELLI.

     Sento.
  Ma ho imparato il castigliano,
  se è più facile al signor[12]
  la sua lingua . . .

D. JUAN.

     Sí, es mejor;
  lascia dunque il tuo toscano,[13]
  y dime: ¿don Luis Mejía
  ha venido hoy?

BUTTARELLI.

     Excelencia,
  no está en Sevilla.

D. JUAN.

     ¿Su ausencia
  dura en verdad todavía?

BUTTARELLI.

  Tal creo.

---

[8] escribe
[9] faldas
[10] Como tantos caballeros españoles de entonces, D. Juan había estado en Italia y habla al hostelero en italiano.
[11] oye
[12] pero he aprendido el castellano, si le es más fácil al señor
[13] deja pues tu toscano

D. JUAN.
　　　　¿Y noticia alguna
no tenéis de él?

BUTTARELLI.
　　　　　¡Ah! Una historia
me viene ahora a la memoria
que os podrá dar . . .

D. JUAN.
　　　　　　¿Oportuna
luz sobre el caso?

BUTTARELLI.
　　　　　Tal vez.

D. JUAN.
　Habla, pues.

BUTTARELLI.
　[*Hablando consigo mismo.*]
　　　　No, no me engaño;
esta noche cumple el año,
lo había olvidado.

D. JUAN.
　　　　　¡Pardiez!
¿Acabarás con tu cuento?

BUTTARELLI.
　Perdonad, señor; estaba
recordando el hecho.

D. JUAN.
　　　　　Acaba,
vive Dios, que me impaciento.

BUTTARELLI.
　Pues es el caso, señor,[14]
que el caballero Mejía,
por quien preguntáis, dio un día
en la ocurrencia peor
que ocurrírsele podía.

D. JUAN.
　Suprime lo al hecho extraño;
que apostaron me es notorio
a quién haría en un año,
con más fortuna, más daño,
Luis Mejía y Juan Tenorio.

BUTTARELLI.
　¿La historia sabéis?

D. JUAN.
　　　　　Entera;
por eso te he preguntado
por Mejía.

BUTTARELLI.
　　　　¡Oh! Me pluguiera
que la apuesta se cumpliera,
que pagan bien y al contado.[15]

D. JUAN.
　¿Y no tienes confianza
en que don Luis a esta cita
acuda?

BUTTARELLI.
　　　　¡Quia!, ni esperanza;
el fin del plazo se avanza,
y estoy cierto que maldita
la memoria que ninguno
guarda de ello.

D. JUAN.
　　　　　Basta ya.
Toma.

BUTTARELLI.
　　　Excelencia, ¿y de alguno
de éstos sabéis vos?

D. JUAN.
　　　　　Quizá.

BUTTARELLI.
　¿Vendrán, pues?

D. JUAN.
　　　　　Al menos uno;
mas por si acaso los dos
dirigen aquí sus huellas
el uno del otro en pos,
tus dos mejores botellas
prevenles.

BUTTARELLI.
　　　　Mas . . .

D. JUAN.
　　　　　¡Chito! . . . Adiós.

ESCENA III

[BUTTARELLI]

BUTTARELLI.
　¡Santa Madona! De vuelta[16]
Mejía y Tenorio están
sin duda . . . y recogerán
los dos la palabra suelta.
¡Oh! Sí; ese hombre tiene traza
de saberlo a fondo. (*Ruido dentro.*) Pero
¿qué es esto? [*Se asoma a la puerta.*]

---

[14] Empiezan las quintillas (*abbab*), hasta el fin de la escena.

[15] dinero en mano
[16] Redondillas hasta la escena IX.

¡Anda! ¡El forastero
está riñendo en la plaza!
¡Válgame Dios! ¡Qué bullicio!
¡Cómo se le arremolina
chusma . . . , y cómo la acoquina[17]
él solo! . . . ¡Puf! ¡Qué estropicio!
¡Cuál corren delante de él!
No hay duda; están en Castilla
los dos, y anda ya Sevilla
toda revuelta. ¡Miguel! [. . .][18]

ESCENA V

[BUTTARELLI y DON GONZALO][19]

D. GONZALO.
  Aquí es. ¡Patrón!

BUTTARELLI.
  ¿Qué se ofrece?

D. GONZALO.
        Quiero
hablar con el hostelero.

BUTTARELLI.
  Con él habláis; decid, pues.

D. GONZALO.
  ¿Sois vos?

BUTTARELLI.
     Sí; mas despachad,
que estoy de priesa.

D. GONZALO.
      En tal caso,
ved si es cabal y de paso
esa dobla,[20] y contestad.

BUTTARELLI.
  ¡Oh, excelencia!

D. GONZALO.
     ¿Conocéis
a don Juan Tenorio?

BUTTARELLI.
     Sí.

D. GONZALO.
  ¿Y es cierto que tiene aquí
hoy una cita?

BUTTARELLI.
    ¡Oh! ¿Seréis
vos el otro?

D. GONZALO.
  ¿Quién?

BUTTARELLI.
    Don Luis.

D. GONZALO.
  No; pero estar me interesa
en su entrevista.

BUTTARELLI.
    Esta mesa
les preparo; si os servís
en esotra colocaros,
podréis presenciar la cena
que les daré . . . ¡Oh! Será escena
que espero que ha de admiraros.

D. GONZALO.
  Lo creo.

BUTTARELLI.
    Son, sin disputa,
los dos mozos más gentiles
de España.

D. GONZALO.
    Sí, y los más viles
también.

BUTTARELLI.
    ¡Bah! Se les imputa
cuanto malo se hace hoy día;
mas la malicia lo inventa,
pues nadie paga su cuenta
como Tenorio y Mejía.

D. GONZALO.
  ¡Ya![21]

BUTTARELLI.
    Es afán de murmurar;
porque conmigo, señor,
ninguno lo hace mejor,
y bien lo puedo jurar.

D. GONZALO.
  No es necesario; mas . . .

BUTTARELLI.
    ¿Qué?

D. GONZALO.
  Quisiera yo ocultamente
verlos, y sin que la gente
me reconociera.

---

[17] atemoriza
[18] [Se omite una breve escena en italiano en que Buttarelli manda a un criado que sirva vino.]
[19] El comendador D. Gonzalo de Ulloa es un noble de la Orden de Calatrava, fundada a fines del siglo XII para luchar en la Reconquista.
[20] moneda de oro; de paso, legítima
[21] ¡Ya entiendo! (irónico)

BUTTARELLI.

          A fe
que eso es muy fácil, señor.
Las fiestas de Carnaval,
al hombre más principal
permiten, sin deshonor
de su linaje, servirse
de un antifaz, y bajo él
¿quién sabe, hasta descubrirse,
de qué carne es el pastel?

D. GONZALO.

Mejor fuera en aposento
contiguo . . .

BUTTARELLI.

          Ninguno cae[22]
aquí.

D. GONZALO.

        Pues entonces trae
un antifaz.

BUTTARELLI. Al momento.

ESCENA VI

[DON GONZALO]

D. GONZALO.

No cabe en mi corazón
que tal hombre pueda haber,
y no quiero cometer
con él una sinrazón.
Yo mismo indagar prefiero
la verdad . . . ; mas, a ser cierta
la apuesta, primero muerta
que esposa suya la quiero.
No hay en la tierra interés
que si la daña me cuadre;[23]
primero seré buen padre,
buen caballero después.
Enlace es de gran ventaja;
mas no quiero que Tenorio
del velo del desposorio
le recorte una mortaja.

ESCENA VII

[DON GONZALO y BUTTARELLI, *que trae un antifaz.*]

BUTTARELLI.

Ya está aquí.

D. GONZALO.

         Gracias, patrón;
¿tardarán mucho en llegar?

BUTTARELLI.

Si vienen, no han de tardar;
cerca de las ocho son.

D. GONZALO.

¿Esa es la hora señalada?

BUTTARELLI.

Cierra el plazo, y es asunto
de perder quien no esté a punto
de la primer campanada.

D. GONZALO.

Quiera Dios que sea chanza,
y no lo que se murmura.

BUTTARELLI.

No tengo aún por muy segura
de que cumplan, la esperanza;[24]
pero si tanto os importa
lo que ello sea saber,
pues la hora está al caer,
la dilación es ya corta.

D. GONZALO.

Cúbrome, pues, y me siento.

[*Se sienta en una mesa a la derecha, y se pone el antifaz.*]

BUTTARELLI.

[*Aparte.*] Curioso el viejo me tiene
del misterio con que viene . . . ,
y no me quedo contento
hasta saber quién es él.

[*Limpia y trajina, mirándole de reojo.*]

D. GONZALO.

[*Aparte.*] ¡Que un hombre como yo tenga
que esperar aquí y se avenga
con semejante papel!
En fin, me importa el sosiego
de mi casa, y la ventura
de una hija sencilla y pura,
y no es para echarlo a juego.[25]

ESCENA VIII

[DON GONZALO, BUTTARELLI y DON DIEGO *a la puerta del fondo*]

D. DIEGO.

La seña está terminante;

---

[22] tiene ventana
[23] me satisfaga si daña [a la hija]

[24] la esperanza de que cumplan
[25] para no tomarlo en serio

aquí es; bien me han informado;
llego, pues.

BUTTARELLI.

¿Otro embozado?

D. DIEGO.

¡Ah de esta casa![26]

BUTTARELLI.

Adelante.

D. DIEGO.

¿La Hostería del Laurel?

BUTTARELLI.

En ella estáis, caballero.

D. DIEGO.

¿Está en casa el hostelero?

BUTTARELLI.

Estáis hablando con él.

D. DIEGO.

¿Sois vos Buttarelli?

BUTTARELLI.

Yo.

D. DIEGO.

¿Es verdad que hoy tiene aquí
Tenorio una cita?

BUTTARELLI.

Sí.

D. DIEGO.

¿Y ha acudido a ella?

BUTTARELLI.

No.

D. DIEGO.

¿Pero acudirá?

BUTTARELLI.

No sé.

D. DIEGO.

¿Le esperáis vos?

BUTTARELLI.

Por si acaso
venir le place.

D. DIEGO.

En tal caso,
yo también le esperaré.
[*Se sienta al lado opuesto a* DON GONZALO.]

BUTTARELLI.

¿Que os sirva vianda alguna
queréis mientras?

D. DIEGO.   No; tomad. [*Dale dinero.*]

BUTTARELLI.

¡Excelencia!

D. DIEGO.

Y excusad
conversación importuna.

BUTTARELLI.

Perdonad.

D. DIEGO.

Vais perdonado;
dejadme, pues.

BUTTARELLI.

[*Aparte.*] ¡Jesucristo!
En toda mi vida he visto
hombre más malhumorado.

D. DIEGO.

[*Aparte.*] ¡Que un hombre de mi linaje
descienda a tan ruin mansión!
Pero no hay humillación
a que un padre no se baje
por un hijo. Quiero ver
por mis ojos la verdad,
y el monstruo de liviandad
a quien pude dar el ser.
[BUTTARELLI, *que anda arreglando sus trastos,*
contempla desde el fondo a DON GONZALO *y a*
DON DIEGO, *que permanecerán embozados y en*
silencio.]

BUTTARELLI.

¡Vaya un par de hombres de piedra!
Para éstos sobra mi abasto;
mas, ¡pardiez!, pagan el gasto
que no hacen, y así se medra.

ESCENA IX

[DON GONZALO, DON DIEGO, BUTTARELLI, EL
CAPITÁN CENTELLAS, AVELLANEDA *y* DOS
CABALLEROS]

AVELLANEDA.

Vinieron, y os aseguro[27]
que se efectuará la apuesta.

CENTELLAS.

Entremos, pues. ¡Buttarelli!

BUTTARELLI.

Señor capitán Centellas,
¿vos por aquí?

CENTELLAS.

Sí, Christófano.
¿Cuándo aquí, sin mi presencia,

---

[26] expresión arcaica para llamar

[27] Romance (*e–a*)

tuvieron lugar orgías
que han hecho raya en la época?
BUTTARELLI.
Como ha tanto tiempo ya
que no os he visto . . .
CENTELLAS.
             Las guerras
del emperador, a Túnez
me llevaron; mas mi hacienda[28]
me vuelve a traer a Sevilla,
y según lo que me cuentan,
llego lo más a propósito
para renovar añejas
amistades. Conque apróntanos
luego unas cuantas botellas,
y en tanto que humedecemos
la garganta, verdadera
relación haznos de un lance
sobre el cual hay controversia.
BUTTARELLI.
Todo se andará; mas antes
dejadme ir a la bodega.
VARIOS.
Sí, sí.

ESCENA X

[DICHOS, *menos* BUTTARELLI]

CENTELLAS.
        Sentarse, señores,
y que siga Avellaneda
con la historia de don Luis.
AVELLANEDA.
No hay ya más que decir de ella
sino que creo imposible
que la de Tenorio sea
más endiablada, y que apuesto
por don Luis.
CENTELLAS.
        Acaso pierdas.
Don Juan Tenorio se sabe
que es la más mala cabeza
del orbe, y no hubo hombre alguno
que aventajarle pudiera
con sólo su inclinación;[29]
conque ¿qué hará si se empeña?
AVELLANEDA.
Pues yo sé bien que Mejía

las ha hecho tales, que a ciegas
se puede apostar por él.
CENTELLAS.
Pues el capitán Centellas
pone por don Juan Tenorio
cuanto tiene.
AVELLANEDA.
         Pues se acepta
por don Luis, que es muy mi amigo.
CENTELLAS.
Pues todo en contra se arriesga;
porque no hay como Tenorio
otro hombre sobre la tierra,
y es proverbial su fortuna
y extremadas sus empresas.

ESCENA XI

[DICHOS *y* BUTTARELLI, *con botellas*]

BUTTARELLI.
Aquí hay Falerno, Borgoña,
Sorrento.
CENTELLAS.
       De lo que quieras
sirve, Christófano, y dinos:
¿qué hay de cierto en una apuesta
por don Juan Tenorio ha un año
y don Luis Mejía hecha?
BUTTARELLI.
Señor capitán, no sé
tan a fondo la materia
que os pueda sacar de dudas,
pero os diré lo que sepa.
VARIOS.
Habla, habla.
BUTTARELLI.
        Yo, la verdad,
aunque fue en mi casa mesma
la cuestión entre ambos, como
pusieron tan larga fecha
a su plazo, creí siempre
que nunca a efecto viniera.
Así es que ni aun me acordaba
de tal cosa a la hora de ésta.
Mas esta tarde, sería
al anochecer apenas,
entróse aquí un caballero
pidiéndome que le diera

---

[28] patrimonio

[29] si él meramente se inclinaba a hacer algo

recado con que escribir
una carta; y a sus letras
atento no más, me dio
tiempo a que charla metiera
con un paje que traía,
paisano mío, de Génova.
No saqué nada del paje,
que es, por Dios, muy brava pesca;[30]
mas cuando su amo acababa
la carta, le envió con ella
a quien iba dirigida;
el caballero en mi lengua
me habló, y me dio noticias
de don Luis; dijo que entera
sabía de ambos la historia,
y tenía la certeza
de que, al menos uno de ellos,
acudiría a la apuesta.
Yo quise saber más de él;
mas púsome dos monedas
de oro en la mano, diciéndome:
«Y por si acaso los dos
al tiempo aplazado[31] llegan,
ten prevenidas para ambos
tus dos mejores botellas.»
Largóse sin decir más;
y yo, atento a sus monedas,
les puse en el mismo sitio
donde apostaron, la mesa.
Y vedla allí con dos sillas,
dos copas y dos botellas.

AVELLANEDA.
  Pues, señor, no hay que dudar;
era don Luis.

CENTELLAS.   Don Juan era.

AVELLANEDA.
  ¿Tú no le viste la cara?

BUTTARELLI.
  ¡Si la traía cubierta
con un antifaz!

CENTELLAS.
        Pero, hombre,
¿tú a los dos no los recuerdas?
¿O no sabes distinguir
a las gentes por sus señas
lo mismo que por sus caras?

BUTTARELLI.
  Pues confieso mi torpeza;
no lo supe conocer,
y lo procuré de veras.
Pero silencio.

AVELLANEDA.
         ¿Qué pasa?

BUTTARELLI.
  A dar el reloj comienza
los cuartos[32] para las ocho.   [*Dan.*]

CENTELLAS.
  Ved la gente que se entra.

AVELLANEDA.
  Como que está de este lance
curiosa Sevilla entera.

[*Se oyen dar las ocho; varias personas entran y se reparten en silencio por la escena; al dar la última campanada,* DON JUAN, *con antifaz, se llega a la mesa que ha preparado* BUTTARELLI *en el centro del escenario y se dispone a ocupar una de las dos sillas que están delante de ella. Inmediatamente después de él entra* DON LUIS, *también con antifaz, y se dirige a la otra. Todos los miran.*]

ESCENA XII

[DICHOS, DON JUAN, DON LUIS, CABALLEROS, CURIOSOS *y* ENMASCARADOS]

AVELLANEDA.
  [*A* CENTELLAS, *por* DON JUAN.]
Verás aquél, si ellos vienen,
qué buen chasco que se lleva.

CENTELLAS.
  [*A* AVELLANEDA, *por* DON LUIS.]
Pues allí va otro a ocupar
la otra silla. ¡Uf! ¡Aquí es ella![33]

D. JUAN.
  [*A* DON LUIS.]
Esa silla está comprada,[34]
hidalgo.

D. LUIS.
  [*A* DON JUAN.]
        Lo mismo digo,
hidalgo; para un amigo.
tengo yo esotra[34] pagada.

---

[30] muy astuto
[31] acordado
[32] campanadas

[33] Aquí empieza el conflicto.
[34] El cambio métrico a redondillas resalta el nuevo diálogo más tenso; *esotra*, esa otra (arcaísmo)

D. JUAN.

Que ésta es mía haré notorio.

D. LUIS.

Y yo también que ésta es mía.

D. JUAN.

Luego sois don Luis Mejía.

D. LUIS.

Seréis, pues, don Juan Tenorio.

D. JUAN.

Puede ser.

D. LUIS.

   Vos lo decís.

D. JUAN.

 ¿No os fiáis?

D. LUIS.

    No.

D. JUAN.

    Yo tampoco.

D. LUIS.

Pues no hagamos más el coco.[35]

D. JUAN.

Yo soy don Juan.

   [*Quitándose la máscara.*]

D. LUIS.

[*Ídem.*]   Yo don Luis.

[*Se descrubren y se sientan. El capitán* CENTE-LLAS, AVELLANEDA, BUTTARELLI *y algunos otros se van a ellos y les saludan, abrazan y dan la mano, y hacen otras semejantes muestras de cariño y amistad.* DON JUAN *y* DON LUIS *las aceptan cortésmente.*]

CENTELLAS.

¡Don Juan!

AVELLANEDA.

   ¡Don Luis!

D. JUAN.

     ¡Caballeros!

D. LUIS.

¡Oh amigos! ¿Qué dicha es ésta?

AVELLANEDA.

Sabíamos vuestra apuesta,
y hemos acudido a veros.

D. LUIS.

Don Juan y yo tal bondad
en mucho os agradecemos.

D. JUAN.

El tiempo no malgastemos,
don Luis. [*A los otros.*] Sillas arrimad.

[*A los que están lejos.*]

Caballeros, yo supongo
que a ustedes también aquí
les trae la apuesta, y por mí,
a antojo tal no me opongo.

D. LUIS.

Ni yo, que aunque nada más
fue el empeño entre los dos,
no ha de decirse, por Dios,
que me avergonzó jamás.

D. JUAN.

Ni a mí, que el orbe es testigo
de que hipócrita no soy,
pues por doquiera que voy
va el escándalo conmigo.

D. LUIS.

¡Eh! ¿Y esos dos no se llegan
a escuchar? Vos.

   [*Por* DON DIEGO *y* DON GONZALO.]

D. DIEGO.

     Yo estoy bien.

D. LUIS.

¿Y vos?

D. GONZALO.

   De aquí oigo también.

D. LUIS.

Razón tendrán si se niegan.

[*Se sientan todos alrededor de la mesa en que están* DON LUIS MEJÍA *y* DON JUAN TENORIO.]

D. JUAN.

¿Estamos listos?

D. LUIS.

    Estamos.

D. JUAN.

Como quien somos cumplimos.

D. LUIS.

Veamos, pues, lo que hicimos.

D. JUAN.

Bebamos antes.

D. LUIS.

   Bebamos. [*Lo hacen.*]

D. JUAN.

La apuesta fue . . .

D. LUIS.

    Porque un día
dije que en España entera
no habría nadie que hiciera
lo que hiciera Luis Mejía.

---

[35] No juguemos más a asustarnos bajo un disfraz

D. JUAN.

Y siendo contradictorio
al vuestro mi parecer,
yo os dije: «Nadie ha de hacer
lo que hará don Juan Tenorio.»
¿No es así?

D. LUIS.   Sin duda alguna;
y vinimos a apostar
quién de ambos sabría obrar
peor, con mejor fortuna,
en el término de un año;
juntándonos aquí hoy
a probarlo.

D. JUAN.   Y aquí estoy.

D. LUIS.

Y yo.

CENTELLAS.

              ¡Empeño bien extraño,
por vida mía!

D. JUAN.   Hablad, pues.

D. LUIS.

No, vos debéis empezar.

D. JUAN.

Como gustéis, igual es,
que nunca me hago esperar.
Pues señor, yo desde aquí,[36]
buscando mayor espacio
para mis hazañas, di
sobre Italia, porque allí
tiene el placer un palacio.
De la guerra y del amor
antigua y clásica tierra,
y en ella el Emperador,
con ella y con Francia en guerra,
díjeme: «¿Dónde mejor?
Donde hay soldados hay juego,
hay pendencias y amoríos.»
Di, pues, sobre Italia luego,
buscando a sangre y a fuego
amores y desafíos.
En Roma, a mi apuesta fiel,
fijé entre hostil y amatorio,
en mi puerta este cartel:
Aquí está don Juan Tenorio
para quien quiera algo de él.
De aquellos días la historia
a relataros renuncio;

remítome a la memoria
que dejé allí, y de mi gloria
podéis juzgar por mi anuncio.
Las romanas caprichosas,
las costumbres licenciosas,
yo gallardo y calavera,
¿quién a cuento redujera[37]
mis empresas amorosas?
Salí de Roma por fin
como os podéis figurar,
con un disfraz harto ruin
y a lomos de un mal rocín,
pues me querían ahorcar.
Fui al ejército de España;
mas todos paisanos míos,
soldados y en tierra extraña,
dejé pronto su compaña
tras cinco o seis desafíos.
Nápoles, rico vergel
de amor, de placer emporio,
vio en mi segundo cartel:
Aquí está don Juan Tenorio,
y no hay hombre para él.
Desde la princesa altiva
a la que pesca en ruin barca,
no hay hembra a quien no suscriba,
y cualquier empresa abarca
si en oro o valor estriba.
Búsquenle los reñidores;
cérquenle los jugadores;
quien se precie que le ataje,
a ver si hay quien le aventaje
en juego, en lid o en amores.
Esto escribí; y en medio año
que mi presencia gozó
Nápoles, no hay lance extraño,
no hubo escándalo ni engaño
en que no me hallara yo.
Por dondequiera que fui,
la razón atropellé,
la virtud escarnecí,
a la justicia burlé
y a las mujeres vendí.
Yo a las cabañas bajé,
yo a los palacios subí,
yo los claustros escalé
y en todas partes dejé

---

[36] El metro cambia (quintillas) para el relato, con rima aguda apropiada al énfasis bravucón (*abaab*).

[37] quién pudiera contar; *calavera,* libertino

memoria amarga de mí.
Ni reconocí sagrado,
ni hubo razón ni lugar
por mi audacia respetado;
ni en distinguir me he parado
al clérigo del seglar.
A quien quise provoqué,
con quien quiso me batí,
y nunca consideré
que pudo matarme a mí
aquel a quien yo maté.
A esto don Juan se arrojó,
y escrito en este papel
está cuanto consiguió,
y lo que él aquí escribió,
mantenido está por él.

D. LUIS.
Leed, pues.

D. JUAN.   No; oigamos antes
vuestros bizarros extremos,
y si traéis terminantes
vuestras notas comprobantes,
lo escrito cotejaremos.

D. LUIS.
Decís bien; cosa es que está,
don Juan, muy puesta en razón,
aunque, a mi ver, poco irá
de una a otra relación.

D. JUAN.
Empezad, pues.

D. LUIS.   Allá va.
Buscando yo, como vos,
a mi aliento empresas grandes,
dije: «¿Dó iré, ¡vive Dios!,
de amor y lides en pos
que vaya mejor que a Flandes?
Allí, puesto que empeñadas
guerras hay, a mis deseos
habrá al par centuplicadas
ocasiones extremadas
de riñas y galanteos.»
Y en Flandes conmigo di;
mas con tan negra fortuna,
que al mes de encontrarme allí
todo mi caudal perdí,
dobla a dobla, una por una.
En tan total carestía
mirándome de dinero,

de mí todo el mundo huía;
mas yo busqué compañía
y me uní a unos bandoleros.
Lo hicimos bien, ¡voto a tal!,
y fuimos tan adelante,
con suerte tan colosal,
que entramos a saco en Gante
el palacio episcopal.
¡Qué noche! Por el decoro
de la Pascua, el buen obispo
bajó a presidir el coro,
y aún de alegría me crispo
al recordar su tesoro.
Todo cayó en poder nuestro;
mas mi capitán, avaro,
puso mi parte en secuestro;
reñimos, fui yo más diestro,
y le crucé sin reparo.[38]
Juróme al punto la gente
capitán por más valiente;
juréles yo amistad franca;
pero a la noche siguiente
hui y les dejé sin blanca.
Yo me acordé del refrán
de que quien roba al ladrón
ha cien años de perdón,
y me arrojé a tal desmán
mirando a mi salvación.
Pasé a Alemania opulento;
mas un provincial jerónimo,[39]
hombre de mucho talento,
me conoció y al momento
me delató en un anónimo.
Compré a fuerza de dinero
la libertad y el papel,
y topando en un sendero
al fraile, le envié certero
una bala envuelta en él.
Salté a Francia, ¡buen país!,
y como en Nápoles vos,
puse un cartel en París
diciendo: *Aquí hay un don Luis*
que vale lo menos dos.
Parará aquí algunos meses,
y no trae más intereses
ni se aviene a más empresas,
que adorar a las francesas,
y a reñir con los franceses.

---

[38] le atravesé (con la espada) sin dificultad.

[39] Superior provincial de la Orden de San Jerónimo

Esto escribí; y en medio año
que mi presencia gozó
París, no hubo lance extraño,
no hubo escándalo ni daño
donde no me hallara yo.
Mas, como don Juan, mi historia
también a alargar renuncio,
que basta para mi gloria
la magnífica memoria
que allí dejé con mi anuncio.
Y cual vos, por donde fui
la razón atropellé,
la virtud escarnecí,
a la justicia burlé
y a las mujeres vendí.
Mi hacienda llevo perdida
tres veces; mas se me antoja
reponerla, y me convida
mi boda comprometida
con doña Ana de Pantoja.
Mujer muy rica me dan,
y mañana hay que cumplir
los tratos que hechos están;
lo que os advierto, don Juan,
por si queréis asistir.
A esto don Luis se arrojó,
y escrito en este papel
está lo que consiguió;
y lo que él aquí escribió,
mantenido está por él.

D. JUAN.
La historia es tan semejante,
que está en fiel la balanza;
mas vamos a lo importante,
que es el guarismo a que alcanza
el papel; conque adelante.

D. LUIS.
Razón tenéis en verdad.
Aquí está el mío; mirad,
por una línea apartados
traigo los nombres sentados
para mayor claridad.

D. JUAN.
Del mismo modo arregladas
mis cuentas traigo en el mío:
en dos líneas separadas
los muertos en desafío
y las mujeres burladas.
Contad.

D. LUIS.   Contad.

D. JUAN.   Veintitrés.

D. LUIS.
Son los muertos. A ver vos.
¡Por la cruz de San Andrés!
Aquí sumo treinta y dos.

D. JUAN.
Son los muertos.

D. LUIS.   Matar es.[40]

D. JUAN.
Nueve os llevo.

D. LUIS.
                    Me vencéis.
Pasemos a las conquistas.

D. JUAN.
Sumo aquí cincuenta y seis.

D. LUIS.
Y yo sumo en vuestras listas
setenta y dos.

D. JUAN.
                    Pues perdéis.

D. LUIS.
¡Es increíble, don Juan!

D. JUAN.
Si lo dudáis, apuntados
los testigos ahí están,
que si fueren preguntados
os lo testificarán.

D. LUIS.
¡Oh! Y vuestra lista es cabal.

D. JUAN.
Desde una princesa real
a la hija de un pescador,
¡oh!, ha recorrido mi amor
toda la escala social.
¿Tenéis algo que tachar?

D. LUIS.
Sólo una os falta en justicia.

D. JUAN.
¿Me lo podéis señalar?

D. LUIS.
Sí, por cierto; una novicia
que esté para profesar.

D. JUAN.
¡Bah! Pues yo os complaceré
doblemente, porque os digo

---

[40] Eso es mucho matar.

que a la novicia uniré
la dama de algún amigo
que para casarse esté.

D. LUIS.

¡Pardiez, que sois atrevido!

D. JUAN.

Yo os lo apuesto si queréis.

D. LUIS.

Digo que acepto el partido;
para darlo por perdido,
¿queréis veinte días?

D. JUAN.

Seis.

D. LUIS.

¡Por Dios que sois hombre extraño!
¿Cuántos días empleáis
en cada mujer que amáis?

D. JUAN.

Partid los días del año
entre las que ahí encontráis.
Uno para enamorarlas,
otro para conseguirlas,
otro para abandonarlas,
dos para sustituirlas
y una hora para olvidarlas.
Pero la verdad a hablaros,
pedir más no se me antoja,
y pues que vais a casaros,
mañana pienso quitaros
a doña Ana de Pantoja.

D. LUIS.

Don Juan, ¿qué es lo que decís?

D. JUAN.

Don Luis, lo que oído habéis.

D. LUIS.

Ved, don Juan, lo que emprendéis.

D. JUAN.

Lo que he de lograr, don Luis.

D. LUIS.

¡Gastón!

GASTÓN.

Señor.

D. LUIS.

Ven acá.

[*Habla* DON LUIS *en secreto con* GASTÓN, *y éste
se va precipitadamente.*]

D. JUAN.

¡Ciutti!

CIUTTI.

Señor.

[DON JUAN *ídem con* CIUTTI, *que hace lo
mismo.*]

D. JUAN.

Ven aquí.

D. LUIS.

¿Estáis en lo dicho?

D. JUAN.

Sí.

D. LUIS.

Pues va la vida.[41]

D. JUAN.

Pues va.

[DON GONZALO, *levantándose de la mesa en que
ha permanecido inmóvil durante la escena
anterior se afronta con* DON JUAN *y* DON LUIS.]

D. GONZALO.

¡Insensatos! Vive Dios
que, a no temblarme las manos,
a palos, como villanos,
os diera muerte a los dos.

D. LUIS.   }
            Veamos. [*Empuñando.*]
D. JUAN.   }

D. GONZALO.

Excusado es,
que he vivido lo bastante
para no estar arrogante
donde no puedo.

D. JUAN.

Idos, pues.

D. GONZALO.

Antes, don Juan, de salir
de donde oírme podáis,
es necesario que oigáis
lo que os tengo que decir.
Vuestro buen padre don Diego,
porque pleitos acomoda,
os apalabró una boda
que iba a celebrarse luego;
pero por mí mismo yo,
lo que erais queriendo ver,
vine aquí al anochecer,
y el veros me avergonzó.

D. JUAN.

¡Por Satanás, viejo insano,
que no sé cómo he tenido
calma para haberte oído

---

[41] va [en apuesta] la vida

sin asentarte la mano!
Pero ¡di pronto quién eres,
porque me siento capaz
de arrancarte el antifaz
con el alma que tuvieres!

D. GONZALO.
¡Don Juan!

D. JUAN.
      ¡Pronto!

D. GONZALO.
        Mira, pues.

D. JUAN.
¡Don Gonzalo!

D. GONZALO.
      El mismo soy.
Y adiós, don Juan; mas desde hoy
no penséis en doña Inés.
Porque antes que consentir
en que se case con vos,
el sepulcro, ¡juro a Dios!,
por mi mano la he de abrir.

D. JUAN.
Me hacéis reír, don Gonzalo;
pues venirme a provocar,
es como ir a amenazar
a un león con un mal palo.
Y pues hay tiempo, advertir
os quiero a mi vez a vos
que, o me la dais, o por Dios
que a quitárosla he de ir.

D. GONZALO.
¡Miserable!

D. JUAN.
     Dicho está;
sólo una mujer como ésta
me falta para mi apuesta;
ved, pues, que apostada va.

[DON DIEGO, *levantándose de la mesa en que ha permanecido encubierto mientras la escena anterior, baja al centro de la escena, encarándose con* DON JUAN.]

D. DIEGO.
No puedo más escucharte,
vil don Juan, porque recelo
que hay algún rayo en el cielo
preparado a aniquilarte.
¡Ah!... No pudiendo creer
lo que de ti me decían,
confiado en que mentían,
te vine esta noche a ver.

Pero te juro, malvado,
que me pesa haber venido
para salir convencido
de lo que es para ignorado.
Sigue, pues, con ciego afán
en tu torpe frenesí,
mas nunca vuelvas a mí;
no te conozco, don Juan.

D. JUAN.
¿Quién nunca a ti se volvió,
ni quién osa hablarme así,
ni qué se me importa a mí
que me conozcas o no?

D. DIEGO.
Adiós, pues; mas no te olvides
de que hay un Dios justiciero.

D. JUAN.
Ten. [*Deteniéndole.*]

D. DIEGO.
     ¿Qué quieres?

D. JUAN.
        Verte quiero.

D. DIEGO.
Nunca; en vano me lo pides.

D. JUAN.
¿Nunca?

D. DIEGO.
     No.

D. JUAN.
       Cuando me cuadre.

D. DIEGO.
¿Cómo?

D. JUAN.
     Así. [*Le arranca el antifaz.*]

TODOS.
      ¡Don Juan!

D. DIEGO.
        ¡Villano!
Me has puesto en la faz la mano.

D. JUAN.
¡Válgame Cristo, mi padre!

D. DIEGO.
Mientes; no lo fui jamás.

D. JUAN.
¡Reportaos, por Belcebú!

D. DIEGO.
No; los hijos como tú
son hijos de Satanás.
Comendador, nulo sea
lo hablado.

D. GONZALO.
                    Ya lo es por mí;
vamos.
D. DIEGO.
              Sí; vamos de aquí
donde tal monstruo no vea.
Don Juan, en brazos del vicio
desolado te abandono;
me matas . . . , mas te perdono
de Dios en el santo juicio.
[*Vanse poco a poco* DON DIEGO *y* DON GONZALO.]
D. JUAN.
    Largo el plazo me ponéis;
mas ved que os quiero advertir
que yo no os he ido a pedir
jamás que me perdonéis.
Conque no paséis afán
de aquí adelante por mí,
que como vivió hasta aquí,
vivirá siempre don Juan.

ESCENA XIII

[DON JUAN, DON LUIS, CENTELLAS, AVELLANEDA,
    BUTTARELLI, CURIOSOS *y* MÁSCARAS.]
D. JUAN.
    ¡Eh! Ya salimos del paso,
y no hay que extrañar la homilía;
son pláticas de familia,
de las que nunca hice caso.
Conque lo dicho, don Luis,
van doña Ana y doña Inés
en apuesta.
D. LUIS.
              Y el precio es
la vida.
D. JUAN.
            Vos lo decís;
vamos.
D. LUIS.
            Vamos.
[*Al salir se presenta una ronda, que los detiene.*]

ESCENA XIV

[DICHOS *y* UNA RONDA DE ALGUACILES.]
ALGUACIL.
                Alto allá.
¿Don Juan Tenorio?

D. JUAN.
                    Yo soy.
ALGUACIL.
    Sed preso.
D. JUAN.
                  ¿Soñando estoy?
¿Por qué?
ALGUACIL.
                Después lo verá.
D. LUIS.
[*Acercándose a* DON JUAN *y riéndose.*]
    Tenorio, no lo extrañéis,
pues mirando a lo apostado,
mi paje os ha delatado
para que vos no ganéis.
D. JUAN.
    ¡Hola! ¡Pues no os suponía
con tal despejo,[42] pardiez!
D. LUIS.
    Id, pues, que por esta vez,
don Juan, la partida es mía.
D. JUAN.
    Vamos, pues.

[*Al salir, los detiene otra ronda que entra en la
escena.*]

ESCENA XV

[DICHOS *y* UNA RONDA]

ALGUACIL.
    [*Que entra.*]   Téngase allá.
¿Don Luis Mejía?
D. LUIS.
                    Yo soy.
ALGUACIL.
    Sed preso.
D. LUIS.
                  ¿Soñando estoy?
¡Yo preso!
D. JUAN.
    [*Soltando la carcajada.*]   ¡Ja, ja, ja, ja!
Mejía, no lo extrañéis,
pues mirando a lo apostado,
mi paje os ha delatado
para que no me estorbéis.

---

[42] talento

D. LUIS.

Satisfecho quedaré
aunque ambos muramos.

D. JUAN.

Vamos;

conque, señores, quedamos
en que la apuesta está en pie.

[*Las rondas se llevan a* DON JUAN *y a* DON LUIS; *muchos los siguen.* EL CAPITÁN CENTELLAS, AVELLANEDA *y sus amigos quedan en la escena mirándose unos a otros.*]

ESCENA XVI

[EL CAPITÁN CENTELLAS, AVELLANEDA *y* CURIOSOS]

AVELLANEDA.

¡Parece un juego ilusorio!

CENTELLAS.

¡Sin verlo no lo creería!

AVELLANEDA.

Pues yo apuesto por Mejía.

CENTELLAS.

Y yo pongo por Tenorio.

Acto Segundo

DESTREZA

[*Exterior de la casa de* DOÑA ANA, *vista por una esquina. Las dos paredes que forman el ángulo se prolongan igualmente por ambos lados, dejando ver en la de la derecha una reja, y en la izquierda una reja y una puerta.*]

ESCENA I

[DON LUIS MEJÍA, *embozado*]

D. LUIS.

Ya estoy frente de la casa
de doña Ana, y es preciso
que esta noche tenga aviso
de lo que en Sevilla pasa.
No di con persona alguna
por dicha mía . . . ¡Oh, qué afán!
Por ahora, señor don Juan,
cada cual con su fortuna.
Si honor y vida se juega,
mi destreza y mi valor
por mi vida y por mi honor
jugarán . . . ; mas alguien llega.

[D. LUIS, *puesto en libertad por la influencia de un pariente, pide ayuda a* PASCUAL, *criado de* DOÑA ANA, *para poder ver a ésta y protegerla de* D. JUAN.]

ESCENA III

[DON LUIS]

D. LUIS.

Jamás tal desasosiego
tuve. Paréceme que es
esta noche hora menguada[1]
para mí . . . , y no sé qué vago
presentimiento, qué estrago
teme mi alma acongojada.
Por Dios, que nunca pensé
que a doña Ana amara así,
ni por ninguna sentí
lo que por ella . . . ¡Oh! Y a fe
que de don Juan me amedrenta
no el valor, mas la ventura.
Parece que le asegura
Satanás en cuanto intenta.
No, no; es un hombre infernal,
y téngome para mí
que, si me aparto de aquí,
me burla, pese a Pascual.
Y aunque me tenga por necio,
quiero entrar; que con don Juan
las precauciones no están
para vistas con desprecio.
[*Llama a la ventana.*]

---

[1] desgraciada

ESCENA IV

[DON LUIS *y* DOÑA ANA]

D.ª ANA.
¿Quién va?

D. LUIS.   ¿No es Pascual?

D.ª ANA.   ¡Don Luis!

D. LUIS.
¡Doña Ana!

D.ª ANA.
                    ¿Por la ventana
llamas ahora?

D. LUIS.
               ¡ Ay, doña Ana,
cuán a buen tiempo salís!

D.ª ANA.
Pues ¿qué hay, Mejía?

D. LUIS.
                    Un empeño[2]
por tu beldad con un hombre
que temo.

D.ª ANA.
               ¿Y qué hay que te asombre
en él, cuando eres tú el dueño
de mi corazón?

D. LUIS.
               Doña Ana,
no lo puedes comprender
de ese hombre, sin conocer
nombre y suerte.

D.ª ANA.
                    Será vana
su buena suerte conmigo;
ya ves, sólo horas nos faltan
para la boda, y te asaltan
vanos temores.

D. LUIS.
               Testigo
me es Dios que nada por mí
me da pavor mientras tenga
espada, y ese hombre venga
cara a cara contra ti.
Mas, como el león audaz,
y cauteloso y prudente,
como la astuta serpiente . . .

D.ª ANA.
¡Bah!, duerme, don Luis, en paz;

que su audacia y su prudencia
nada lograrán de mí,
que tengo cifrada en ti
la gloria de mi existencia.

D. LUIS.
Pues bien, Ana; de ese amor
que me aseguras en nombre,[3]
para no temer a ese hombre,
voy a pedirte un favor.

D.ª ANA.
Di; mas bajo, por si escucha
tal vez alguno.

D. LUIS.   Oye, pues.

ESCENA V

[DOÑA ANA *y* DON LUIS, *a la reja derecha;* DON
JUAN *y* CIUTTI, *en la calle izquierda*]

CIUTTI.
Señor, por mi vida que es
vuestra suerte buena y mucha.

D. JUAN.
Ciutti, nadie como yo;
ya viste cuán fácilmente
el buen alcaide prudente
se avino, y suelta me dio.
Mas no hay ya en ello que hablar;
¿mis encargos has cumplido?

CIUTTI.
Todos los he concluido
mejor que pude esperar.

D. JUAN.
¿La beata? . . .[4]

CIUTTI.
                    Ésta es la llave
de la puerta del jardín,
que habrá de escalar al fin;
pues como usarced ya sabe,
las tapias de este convento
no tienen entrada alguna.

D. JUAN.
¿Y te dio carta?

CIUTTI.   Ninguna;
me dijo que aquí al momento
iba a salir de camino;
que al convento se volvía,
y que con vos hablaría.

---

[2] cuestión, disputa
[3] inversión: *en nombre de ese amor* . . .

[4] mujer devota, aquí la alcahueta o tercera en amores

D. JUAN.
Mejor es.

CIUTTI.
            Lo mismo opino.

D. JUAN.
¿Y los caballos?

CIUTTI.
                Con silla
y freno los tengo ya.

D. JUAN.
¿Y la gente?

CIUTTI.
            Cerca está.

D. JUAN.
Bien, Ciutti; mientras Sevilla
tranquila en sueño reposa
creyéndome encarcelado,
otros dos nombres añado
a mi lista numerosa.
¡Ja, ja!

CIUTTI.
        Señor.

D. JUAN.   ¿Qué?

CIUTTI.
                Callad.

D. JUAN.
¿Qué hay, Ciutti?

CIUTTI.
            Al doblar la esquina,
en esa reja vecina
he visto un hombre.

D. JUAN.
                Es verdad;
pues ahora sí que es mejor
el lance; ¿y si es ése?

CIUTTI.
                    ¿Quién?

D. JUAN.
Don Luis.

CIUTTI.
        Imposible.

D. JUAN.
                ¡Toma!
¿No estoy yo aquí?

CIUTTI.
            Diferencia
va de él a vos.

D. JUAN.
            Evidencia
lo creo, Ciutti; allí asoma
tras de la reja una dama.

CIUTTI.
Una criada tal vez.

D. JUAN.
Preciso es verlo, pardiez;
no perdamos lance y fama.
Mira, Ciutti: a fuer de⁵ ronda,
tú, con varios de los míos,
por esa calle escurríos,
dando vuelta a la redonda
a la casa.

CIUTTI.
        Y en tal caso
cerrará ella.

D. JUAN.
                Pues con eso,
ella ignorante y él preso,
nos dejará franco el paso.

CIUTTI.
Decís bien.

D. JUAN.
            Corre y atájale,
que en ello vencer consiste.

CIUTTI.
¿Mas si el truhán se resiste? . . .

D. JUAN.
Entonces, de un tajo rájale.

ESCENA VI

[DOÑA ANA *y* DON LUIS]

D. LUIS.
¿Me das, pues, tu asentimiento?⁶

D.ª ANA.
            Consiento.

D. LUIS.
¿Complácesme de ese modo?

D.ª ANA.
            En todo.

D. LUIS.
Pues te velaré hasta el día.

D.ª ANA.
        Sí, Mejía.

---

⁵ a manera de

⁶ versos de pie quebrado llamados *ovillejos,* también derivados de la comedia del Siglo de Oro

D. LUIS.

Páguete el cielo, Ana mía,
satisfacción tan entera.

D.ª ANA.

Porque me juzgues sincera,
consiento en todo, Mejía.

D. LUIS.

Volveré, pues, otra vez.

D.ª ANA.

Sí, a las diez.

D. LUIS.

¿Me aguardarás, Ana?

D.ª ANA.

Sí.

D. LUIS.

Aquí.

D.ª ANA.

¿Y tú estarás puntual, eh?

D. LUIS.

Estaré.

D.ª ANA.

La llave, pues, te daré.

D. LUIS.

Y dentro yo de tu casa,
venga Tenorio.

D.ª ANA.

Alguien pasa.
A las diez.

D. LUIS.

Aquí estaré.

ESCENA VII

[DON JUAN y DON LUIS]

D. LUIS.

Mas se acercan. ¿Quién va allá?

D. JUAN.

Quien va.

D. LUIS.

De quien va así, ¿qué se infiere?

D. JUAN.

Que quiere.

D. LUIS.

¿Ver si la lengua le arranco?

D. JUAN.

El paso franco.

D. LUIS.

Guardado está.

D. JUAN.

¿Y yo soy manco?

D. LUIS.

Pidiéraislo en cortesía.

D. JUAN.

¿Y a quién?

D. LUIS.

A don Luis Mejía.

D. JUAN.

Quien va quiere el paso franco.

D. LUIS.

¿Conocéisme?

D. JUAN.

Sí.

D. LUIS.

¿Y yo a vos?

D. JUAN.

Los dos.

D. LUIS.

¿Y en qué estriba el estorballe?[7]

D. JUAN.

En la calle.

D. LUIS.

¿De ella los dos por ser amos?

D. JUAN.

Estamos.

D. LUIS.

Dos hay no más que podamos
necesitarla a la vez.

D. JUAN.

Lo sé

D. LUIS.

Sois don Juan.

D. JUAN.

¡Pardiez!
Los dos ya en la calle estamos.

D. LUIS.

¿No os prendieron?

D. JUAN.

Como a vos.

D. LUIS.

¡Vive dios!
¿Y huisteis?

D. JUAN.

Os imité:
¿y qué?

D. LUIS.

Que perderéis.

---

[7] estorbarle (arcaísmo)

D. JUAN. No sabemos.

D. LUIS. Lo veremos.

D. JUAN.
La dama entrambos tenemos
sitiada, y estáis cogido.

D. LUIS.
Tiempo hay.

D. JUAN. Para vos perdido.

D. LUIS.
¡Vive Dios que lo veremos!

[DON LUIS *desenvaina su espada; mas* CIUTTI, *que ha bajado con los suyos cautelosamente hasta colocarse tras él, le sujeta.*]

D. JUAN.
Señor don Luis, vedlo, pues.

D. LUIS. Traición es.

D. JUAN.
La boca . . .

[*A los suyos, que se la tapan a* DON LUIS.]

D. LUIS. ¡Oh! [*Le sujetan los brazos.*]

D. JUAN. Sujeto atrás.
Más.
La empresa es, señor Mejía,
como mía.
Encerrádmele hasta el día. [*A los suyos.*]
La apuesta está ya en mi mano.
[*A don Luis.*]
Adiós, don Luis; si os la gano,
traición es, mas como mía.

ESCENA VIII

[DON JUAN]

D. JUAN.
Buen lance, ¡viven los cielos!
Éstos son los que dan fama;
mientras le soplo la dama,[8]
él se arrancará los pelos
encerrado en mi bodega.
¿Y ella? . . . Cuando crea hallarse
con él . . . ¡Ja, ja! ¡Oh!, y quejarse
no puede; limpio se juega.

A la cárcel le llevé,
y salió; llevóme a mí,
y salí; hallarnos aquí
era fuerza . . . , ya se ve;
su parte en la grave apuesta
defendía cada cual.
Mas con la suerte está mal
Mejía, y también pierde ésta.
Sin embargo, y por si acaso,
no es de más asegurarse
de Lucía, a desgraciarse
no vaya por poco el paso.[9]
Mas por allí un bulto negro
se aproxima . . . y, a mi ver,
es el bulto una mujer.
¿Otra aventura? Me alegro.

ESCENA IX

[DON JUAN *y* BRÍGIDA]

BRÍGIDA.
¿Caballero?

D. JUAN. ¿Quién va allá?

BRÍGIDA.
¿Sois don Juan?

D. JUAN. ¡Por vida de . . . ![10]
¡Si es la beata! ¡Y a fe
que la había olvidado ya!
Llegaos; don Juan soy yo.

BRÍGIDA.
¿Estáis solo?

D. JUAN. Con el diablo.

BRÍGIDA.
¡Jesucristo!

D. JUAN. Por vos lo hablo.

BRÍGIDA.
¿Soy yo el diablo?

D. JUAN. Créolo.

BRÍGIDA.
¡Vaya! ¡Qué cosas·tenéis!
Vos sí que sois un diablillo . . .

---

[8] expresión del juego de damas al tomar una pieza al contrario

[9] para evitar que el asunto fracase por un pequeño detalle

[10] (un juramento)

D. JUAN.
Que te llenará el bolsillo
si le sirves.
BRÍGIDA.
Lo veréis.
D. JUAN.
Descarga, pues, ese pecho.
¿Qué hiciste?
BRÍGIDA.
Cuanto me ha dicho
vuestro paje . . . , ¡y qué mal bicho
es ese Ciutti!
D. JUAN.
¿Qué ha hecho?
BRÍGIDA.
¡Gran bribón!
D. JUAN.
¿No os ha entregado
un bolsillo y un papel?
BRÍGIDA.
Leyendo estará ahora en él
doña Inés.
D. JUAN.
¿La has preparado?
BRÍGIDA.
¡Vaya!, y os la he convencido
con tal maña y de manera
que irá como una cordera
tras vos.
D. JUAN.
¿Tan fácil te ha sido?
BRÍGIDA.
¡Bah!, pobre garza enjaulada,
dentro la jaula nacida,
¿qué sabe ella si hay más vida
ni más aire en que volar?
Si no vio nunca sus plumas
del sol a los replandores,
¿qué sabe de los colores
de que se puede ufanar?
No cuenta la pobrecilla
diecisiete primaveras,
y aún virgen a las primeras
impresiones del amor,
nunca concibió la dicha
fuera de su propia estancia
tratada desde la infancia
con cauteloso rigor.
Y tantos años monótonos
de soledad y convento

tenían su pensamiento
ceñido a punto tan ruin,
a tan reducido espacio
y a círculo tan mezquino,
que era el claustro su destino
y el altar era su fin.
«Aquí está Dios», le dijeron;
y ella dijo: «Aquí le adoro.»
«Aquí está el claustro y el coro.»
Y pensó: «No hay más allá.»
Y sin otras ilusiones
que sus sueños infantiles,
pasó diecisiete abriles
sin conocerlo quizá.
D. JUAN.
¿Y está hermosa?
BRÍGIDA.
¡Oh! Como un ángel.
D. JUAN.
Ya le has dicho . . .
BRÍGIDA.
Figuraos
si habré metido mal caos
en su cabeza, don Juan.
Le hablé del amor, del mundo,
de la corte y los placeres,
de cuánto con las mujeres
erais pródigo y galán.
Le dije que erais el hombre
por su padre destinado
para suyo; os he pintado
muerto por ella de amor,
desesperado por ella,
y por ella perseguido
y por ella decidido
a perder vida y honor.
En fin, mis dulces palabras,
al posarse en sus oídos,
sus deseos mal dormidos
arrastraron de sí en pos,
y allá dentro de su pecho
han inflamado una llama
de fuerza tal que ya os ama
y no piensa más que en vos.
D. JUAN.
Tan incentiva pintura
los sentidos me enajena,
y el alma ardiente me llena
de su insensata pasión.
Empezó por una apuesta,

siguió por un devaneo,
engendró luego un deseo,
y hoy me quema el corazón.
Poco es el centro de un claustro;
¡al mismo infierno bajara,
y a estocadas la arrancara
de los brazos de Satán!
¡Oh! Hermosa flor cuyo cáliz
al rocío aun no se ha abierto,
a trasplantarte va al huerto
de sus amores don Juan.
¿Brígida?

BRÍGIDA.

      Os estoy oyendo,
y me hacéis perder el tino;
yo os creía un libertino
sin alma y sin corazón.

D. JUAN.

      ¿Eso extrañas? ¿No está claro
que en un objeto tan noble
hay que interesarse doble
que en otros?

BRÍGIDA.   Tenéis razón.

D. JUAN.

      ¿Conque a qué hora se recogen
las madres?

BRÍGIDA.

      Ya recogidas
estarán. ¿Vos prevenidas
todas las cosas tenéis?

D. JUAN.
Todas.

BRÍGIDA.

      Pues luego que doblen
a las ánimas,[11] con tiento,
saltando al huerto, al convento
fácilmente entrar podéis
con la llave que os he enviado;
de un claustro oscuro y estrecho
es; seguidlo bien derecho,
y daréis con poco afán
en nuestra celda.

D. JUAN.

      Y si acierto
a robar tan gran tesoro,
te he de hacer pesar en oro.[12]

BRÍGIDA.

Por mí no queda, don Juan.

D. JUAN.

Ve y aguárdame.

BRÍGIDA.

      Voy, pues,
a entrar por la portería,
y a cegar a sor María
la tornera. Hasta después.

[*Vase* BRÍGIDA, *y un poco antes de concluir esta escena sale* CIUTTI, *que se para en el fondo esperando.*]

ESCENA X

[DON JUAN *y* CIUTTI]

D. JUAN.

Pues, señor, ¡soberbio envite![13]
Muchas hice, hasta esta hora,
mas, por Dios, que la de ahora
será tal que me acredite.
Mas ya veo que me espera
Ciutti. ¡Lebrel![14]   [*Llamándole.*]

CIUTTI.

      Aquí estoy.

D. JUAN.

¿Y don Luis?

CIUTTI.

      Libre por hoy
estáis de él.

D. JUAN.

      Ahora quisiera
ver a Lucía.

CIUTTI.

      Llegar
podéis aquí. [*A la reja derecha.*] Yo la
                       [llamo,
y al salir a mi reclamo[15]
la podéis vos abordar.

D. JUAN.

Llama, pues.

CIUTTI.

      La seña mía
sabe bien[16] para que dude
en acudir.

---

[11] toquen las campanas para el servicio de difuntos
[12] te daré el oro que pesas
[13] jugada
[14] perro de caza
[15] llamada (como en la caza de aves)
[16] demasiado bien

D. JUAN.

  Pues si acude,
lo demás es cuenta mía.

[CIUTTI *llama a la reja con una seña que parezca*
convenida. LUCÍA *se asoma a ella, y, al ver a* DON
JUAN, *se detiene un momento.*]

ESCENA XI

[DON JUAN, LUCÍA *y* CIUTTI]

LUCÍA.

  ¿Qué queréis, buen caballero?

D. JUAN.

  Quiero . . .

LUCÍA.

  ¿Qué queréis? Vamos a ver.

D. JUAN.

  Ver.

LUCÍA.

  ¿Ver? ¿Qué veréis a esta hora?

D. JUAN.

  A tu señora.

LUCÍA.

  Idos, hidalgo, en mal hora;
¿quién pensáis que vive aquí?

D. JUAN.

  Doña Ana de Pantoja, y
quiero ver a tu señora.

LUCÍA.

  ¿Sabéis que casa doña Ana?

D. JUAN.

  Sí, mañana.

LUCÍA.

  ¿Y ha de ser tan infiel ya?

D. JUAN.

  Sí será.

LUCÍA.

  Pues ¿no es de don Luis Mejía?

D. JUAN.

  ¡Ca! Otro día.
Hoy no es mañana, Lucía;
yo he de estar hoy con doña Ana,
y si se casa mañana,
mañana será otro día.

LUCÍA.

  ¡Ah! ¿En recibiros está?

D. JUAN.

  Podrá.

LUCÍA.

  ¿Qué haré si os he de servir?

D. JUAN.

  Abrir.

LUCÍA.

  ¡Bah! ¿Y quién abre este castillo?

D. JUAN.

  Este bolsillo.

LUCÍA.

  ¡Oro!

D. JUAN.

  Pronto te dio el brillo.

LUCÍA.

  ¿Cuánto?

D. JUAN.

  De cien doblas pasa.

LUCÍA.

  ¡Jesús!

D. JUAN.

  Cuenta y di: esta casa
¿podrá abrir este bolsillo?

LUCÍA.

  ¡Oh! Si es quien me dora el pico[17] . . .

D. JUAN.

  Muy rico.[17] [*Interrumpiéndola.*]

LUCÍA.

  ¿Sí? ¿Qué nombre usa el galán?

D. JUAN.

  Don Juan.

LUCÍA.

  ¿Sin apellido notorio?

D. JUAN.

  Tenorio.

LUCÍA.

  ¡Ánimas del purgatorio!
¿Vos don Juan?

D. JUAN.

  ¿Qué te amedrenta
si a tus ojos se presenta
muy rico don Juan Tenorio?

LUCÍA.

  Rechina la cerradura.

D. JUAN.

  Se asegura.[18]

LUCÍA.

  ¿Y a mí quién?[18] ¡Por Belcebú!

---

[17] la boca (me compra con oro); *rico*, bonito

[18] lo impides; *quién* [me asegura]

D. JUAN.
          Tú.

LUCÍA.
   ¿Y qué me abrirá el camino?

D. JUAN.
          Buen tino.

LUCÍA.
   ¡Bah! Id en brazos del destino . . .

D. JUAN.
   Dobla el oro.

LUCÍA.
          Me acomodo.

D. JUAN.
   Pues mira cómo de todo
   se asegura tu buen tino.

LUCÍA.
   ¡Dadme algún tiempo, pardiez!

D. JUAN.
          A las diez.

LUCÍA.
   ¿Dónde os busco, o vos a mí?

D. JUAN.
          Aquí.

LUCÍA.
   ¿Conque estaréis puntual, eh?

D. JUAN.
          Estaré.

LUCÍA.
   Pues yo una llave os traeré.

D. JUAN.
   Y yo otra igual cantidad.

LUCÍA.
   No me faltéis.

D. JUAN.
                No, en verdad;
   a las diez aquí estaré.
   Adiós, pues, y en mí te fía.

LUCÍA.
   Y en mí el garboso galán.

D. JUAN.
   Adiós, pues, franca Lucía.

LUCÍA.
   Adiós, pues, rico don Juan.

   [LUCÍA *cierra la ventana.* CIUTTI *se acerca a*
   DON JUAN, *a una seña de éste.*]

ESCENA XII

[DON JUAN *y* CIUTTI]

D. JUAN.
   [*Riéndose.*]
   Con oro nada hay que falle;
   Ciutti, ya sabes mi intento;
   a las nueve en el convento;
   a las diez, en esta calle. [*Vanse.*][19]

Acto Tercero

PROFANACIÓN

[*Celda de* DOÑA INÉS. *Puerta en el fondo y a la
   izquierda.*]

ESCENA I

[DOÑA INÉS *y* LA ABADESA]

ABADESA.
   ¿Conque me habéis entendido?

D.ª INÉS.
   Sí, señora.

ABADESA.
                Está muy bien;[1]
   la voluntad decisiva
   de vuestro padre tal es.
   Sois joven, cándida y buena;
   vivido en el claustro habéis
   casi desde que nacisteis;

---

[19] Uno de los descuidos técnicos de la obra está en el uso del tiempo, que transcurre más lento en la escena que fuera de ella. En menos de una hora, los personajes han hecho ante el público más cosas de las que el reloj les permitía.

[1] El metro es romance con asonancia aguda *(é)*, lo que exige sólo 7 sílabas.

y para quedar en él
atada con santos votos
para siempre, ni aun tenéis,
como otras, pruebas difíciles
ni penitencias que hacer.
¡Dichosa mil veces vos;
dichosa, sí, doña Inés,
que, no conociendo el mundo,
no le debéis de temer!
¡Dichosa vos, que del claustro
al pisar en el dintel,[2]
no os volveréis a mirar
lo que tras vos dejaréis!
Y los mundanos recuerdos
del bullicio y del placer
no os turbarán, tentadores,
del ara santa a los pies;
pues ignorando lo que hay
tras esa santa pared,
lo que tras ella se queda
jamás apeteceréis.
Mansa paloma, enseñada
en las palmas a comer
del dueño que la ha criado
en doméstico vergel,
no habiendo salido nunca
de la protectora red,
no ansiaréis nunca las alas
por el espacio tender.
Lirio gentil, cuyo tallo
mecieron sólo tal vez
las embalsamadas brisas
del más florecido mes,
aquí a los besos del aura
vuestro cáliz abriréis,
y aquí vendrán vuestras hojas
tranquilamente a caer.
Y en el pedazo de tierra
que abarca nuestra estrechez,
y en el pedazo de cielo
que por las rejas se ve,
vos no veréis más que un lecho
do en dulce sueño yacer,
y un velo azul suspendido
a las puertas del Edén . . .
¡Ay! En verdad que os envidio,
venturosa doña Inés,

con vuestra inocente vida,
la virtud del no saber.
Mas ¿por qué estáis cabizbaja?
¿Por qué no me respondéis
como otras veces, alegre,
cuando en lo mismo os hablé?
¿Suspiráis? . . . ¡Oh! Ya comprendo;
de vuelta aquí hasta no ver[3]
a vuestra aya, estáis inquieta,
pero nada receléis.
A casa de vuestro padre
fue casi al anochecer,
y abajo en la portería
estará; ya os la enviaré,
que estoy de vela esta noche.
Conque, vamos, doña Inés,
recogeos, que ya es hora;
mal ejemplo no me deis
a las novicias, que ha tiempo
que duermen ya; hasta después.

D.ª INÉS.
    Id con Dios, madre Abadesa.
ABADESA.
    Adiós, hija.

ESCENA II

[DOÑA INÉS]

D.ª INÉS.
        Ya se fue.
No sé qué tengo, ¡ay de mí!,
que en tumultoso tropel
mil encontradas ideas
me combaten a la vez.
Otras noches, complacida,
sus palabras escuché,
y de esos cuadros tranquilos,
que sabe pintar tan bien,
de esos placeres domésticos
la dichosa sencillez
y la calma venturosa,
me hicieron apetecer
la soledad de los claustros
y su santa rigidez.
Mas hoy la oí distraída,
y en sus pláticas hallé,
si no enojosos discursos,

---

[2] un barbarismo común por «umbral» (*dintel* es la parte superior de una puerta o ventana)

[3] hasta que veáis

a lo menos aridez.
Y no sé por qué al decirme
que podría acontecer
que se acelerase el día
de mi profesión,[4] temblé,
y sentí del corazón
acelerarse el vaivén,
y teñírseme el semblante
de amarilla palidez.
¡Ay de mí!... Pero mi dueña,
¿dónde estará?... Esa mujer,
con sus pláticas, al cabo,
me entretiene alguna vez.
Y hoy la echo menos... Acaso
porque la voy a perder;
que en profesando, es preciso
renunciar a cuanto amé.
Mas pasos siento en el claustro;
¡oh!, reconozco muy bien
sus pisadas... Ya está aquí.

ESCENA III

[DOÑA INÉS *y* BRÍGIDA]

BRÍGIDA.
Buenas noches, doña Inés.
D.ª INÉS.
¿Cómo habéis tardado tanto?
BRÍGIDA.
Voy a cerrar esta puerta.
D.ª INÉS.
Hay orden de que esté abierta.
BRÍGIDA.
Eso es muy bueno y muy santo
para las otras novicias
que han de consagrarse a Dios;
no, doña Inés, para vos.
D.ª INÉS.
Brígida, ¿no ves que vicias
las reglas del monasterio,
que no permiten...?
BRÍGIDA.
                    ¡Bah! ¡Bah!
Más seguro así se está,
y así se habla sin misterio
ni estorbos. ¿Habéis mirado
el libro que os he traído?

D.ª INÉS.
¡Ay, se me había olvidado!
BRÍGIDA.
Pues ¡me hace gracia el olvido!
D.ª INÉS.
¡Como la madre abadesa
se entró aquí inmediatamente!
BRÍGIDA.
¡Vieja más impertinente!
D.ª INÉS.
Pues ¿tanto el libro interesa?
BRÍGIDA.
¡Vaya si interesa, y mucho!
Pues ¡quedó con poco afán
el infeliz!
D.ª INÉS.
            ¿Quién?
BRÍGIDA.
                    Don Juan.
D.ª INÉS.
¡Válgame el cielo! ¿Qué escucho?
¿Es don Juan quien me le envía?
BRÍGIDA.
Por supuesto.
D.ª INÉS.
              ¡Oh! Yo no debo
tomarle.
BRÍGIDA.
          ¡Pobre mancebo!
Desairarle así, sería
matarle.
D.ª INÉS.
          ¿Qué estás diciendo?
BRÍGIDA.
Si ese Horario[5] no tomáis,
tal pesadumbre le dais
que va a enfermar, lo estoy viendo.
D.ª INÉS.
¡Ah! No, no; de esa manera
le tomaré.
BRÍGIDA.
            Bien haréis.
D.ª INÉS.
¡Y qué bonito es!
BRÍGIDA.
                  Ya veis;
quien quiere agradar, se esmera.

---

[4] de hacerme monja

[5] *Libro de Horas* (para rezar)

D.ª INÉS.

Con sus manecillas[6] de oro.
¡Y cuidado que está prieto!
A ver, a ver si completo
contiene el rezo del coro.
[*Le abre y cae una carta de entre sus hojas.*]
Mas ¿qué cayó?

BRÍGIDA.

Un papelito.

D.ª INÉS.

¡Una carta!

BRÍGIDA.

Claro está;
en esa carta os vendrá
ofreciendo el regalito.

D.ª INÉS.

¡Qué! ¿Será suyo el papel?

BRÍGIDA.

¡Vaya que sois inocente!
Pues que os feria,[7] es consiguiente
que la carta será de él.

D.ª INÉS.

¡Ay, Jesús!

BRÍGIDA.

¿Qué es lo que os da?

D.ª INÉS.

Nada, Brígida, no es nada.

BRÍGIDA.

No, no; ¡si estáis inmutada![8]
[*Aparte.*]
Ya presa en la red está.
¿Se os pasa?

D.ª INÉS.

Sí.

BRÍGIDA.

Eso habrá sido
cualquier mareíllo[9] vano.

D.ª INÉS

¡Ay, se me abrasa la mano
con que el papel he cogido!

BRÍGIDA.

Doña Inés, ¡válgame Dios!
Jamás os he visto así;
estáis trémula.

D.ª INÉS.

¡Ay de mí!

BRÍGIDA.

¿Qué es lo que pasa por vos?

D.ª INÉS.

No sé ... El campo de mi mente
siento que cruzan perdidas
mil sombras desconocidas
que me inquietan vagamente,
y ha tiempo al alma me dan
con su agitación tortura.

BRÍGIDA.

¿Tiene alguna,[10] por ventura,
el semblante de don Juan?

D.ª INÉS.

No sé; desde que le vi,
Brígida mía, y su nombre
me dijiste, tengo a ese hombre
siempre delante de mí.
Por doquiera me distraigo
con su agradable recuerdo,
y si un instante le pierdo,
en su recuerdo recaigo.
No sé qué fascinación
en mis sentidos ejerce,
que siempre hacia él se me tuerce
la mente y el corazón;
y aquí, y en el oratorio,
y en todas partes, advierto
que el pensamiento divierto[11]
con la imagen de Tenorio.

BRÍGIDA.

¡Válgame Dios! Doña Inés,
según lo vais explicando,
tentaciones me van dando
de creer que eso amor es.

D.ª INÉS.

¿Amor has dicho?

BRÍGIDA.

Sí, amor.

D.ª INÉS.

No, de ninguna manera.

BRÍGIDA.

Pues por amor lo entendiera
el menos entendedor;
mas vamos la carta a ver.
¿En qué os paráis? ¿Un suspiro?

---

[6] broches para cerrarlo
[7] hace un regalo
[8] alterada por la emoción
[9] ligero mareo o desvanecimiento
[10] [de esas sombras]
[11] desvío

D.ª INÉS.

¡Ay! Que cuanto más la miro,
menos me atrevo a leer.
[*Lee.*]
«Doña Inés del alma mía.»
¡Virgen Santa, qué principio!

BRÍGIDA.

Vendrá en verso, y será un ripio[12]
que traerá la poesía.
¡Vamos, seguid adelante!

D.ª INÉS.

[*Lee.*]
«Luz de donde el sol la toma,
hermosísima paloma
privada de libertad;
si os dignáis por estas letras
pasar vuestros lindos ojos,
no los tornéis con enojos
sin concluir; acabad.»

BRÍGIDA.

¡Qué humildad y qué finura!
¿Dónde hay mayor rendimiento?

D.ª INÉS.

Brígida, no sé qué siento.

BRÍGIDA.

Seguid, seguid la lectura.

D.ª INÉS.

[*Lee.*]
«Nuestros padres de consuno
nuestras bodas acordaron,
porque los cielos juntaron
los destinos de los dos;
y halagado desde entonces
con tan risueña esperanza,
mi alma, doña Inés, no alcanza
otro porvenir que vos.
De amor con ella[13] en mi pecho,
brotó una chispa ligera,
que han convertido en hoguera
tiempo y afición tenaz.
Y esta llama, que en mí mismo
se alimenta, inextinguible,
cada día más terrible
va creciendo y más voraz.»

BRÍGIDA.

Es claro; esperar le hicieron
en vuestro amor algún día,

y hondas raíces tenía
cuando a arrancársele fueron.
Seguid.

D.ª INÉS.

[*Lee.*]
«En vano a apagarla
concurren tiempo y ausencia,
que, doblando su violencia,
no hoguera ya, volcán es.
Y yo, que en medio del cráter
desamparado batallo,
suspendido en él me hallo
entre mi tumba y mi Inés.»

BRÍGIDA.

¿Lo veis, Inés? Si ese Horario
le despreciáis, al instante
le preparan el sudario.

D.ª INÉS.

Yo desfallezco.

BRÍGIDA.

                    Adelante.

D.ª INÉS.

[*Lee.*]
«Inés, alma de mi alma,
perpetuo imán de mi vida,
perla sin concha escondida
entre las algas del mar;
garza que nunca del nido
tender osastes el vuelo
al diáfano azul del cielo
para aprender a cruzar;
si es que a través de esos muros
el mundo apenada miras,
y por el mundo suspiras,
de libertad con afán,
acuérdate que al pie mismo
de esos muros que te guardan,
para salvarte te aguardan
los brazos de tu don Juan.»

[*Representa.*]
¿Qué es lo que me pasa, ¡cielo!,
que me estoy viendo morir?

BRÍGIDA.

[*Aparte.*]
(Ya tragó todo el anzuelo.)
Vamos, que está al concluir.

---

[12] palabra forzada por la rima (como el propio Zorrilla emplea a menudo)

[13] Se refiere a *esperanza*.

D.ª INÉS.

[*Lee.*]

«Acuérdate de quien llora
al pie de tu celosía,
y allí le sorprende el día
y le halla la noche allí;
acuérdate de quien vive
sólo por ti, ¡vida mía!,
y que a tus pies volaría
si me llamaras a ti.»

BRÍGIDA.

¿Lo veis? Vendría.

D.ª INÉS.

¿Vendría?

BRÍGIDA.

A postrarse a vuestros pies.

D.ª INÉS.

¿Puede?

BRÍGIDA.

¡Oh, sí!

D.ª INÉS.

¡Virgen María!

BRÍGIDA.

Pero acabad, doña Inés.

D.ª INÉS.

[*Lee.*]

«Adiós, ¡oh luz de mis ojos!;
adiós, Inés de mi alma;
medita, por Dios, en calma
las palabras que aquí van;
y si odias esa clausura
que ser tu sepulcro debe,
manda, que a todo se atreve
por tu hermosura, don Juan.»

[*Representa* DOÑA INÉS.]

¡Ay! ¿Qué filtro envenenado
me dan en este papel,
que el corazón desgarrado
me estoy sintiendo con él?
¿Qué sentimientos dormidos
son los que revela en mí;
qué impulsos jamás sentidos,
qué luz que hasta hoy nunca vi?
¿Qué es lo que engendra en mi alma
tan nuevo y profundo afán?
¿Quién roba la dulce calma
de mi corazón?

BRÍGIDA.

Don Juan.

D.ª INÉS.

¡Don Juan dices!...¿Conque ese hombre
me ha de seguir por doquier?
¿Sólo he de escuchar su nombre,
sólo su sombra he de ver?
¡Ah, bien dice! Juntó el cielo
los destinos de los dos,
y en mi alma engendró este anhelo
fatal.

BRÍGIDA.

¡Silencio, por Dios!

[*Se oyen dar las ánimas.*]

D.ª INÉS.

¿Qué?

BRÍGIDA.

Silencio.

D.ª INÉS.

Me estremeces.

BRÍGIDA.

¿Oís, doña Inés, tocar?

D.ª INÉS.

Sí; lo mismo que otras veces,
las ánimas oigo dar.

BRÍGIDA.

Pues no habléis de él.

D.ª INÉS.

¡Cielo santo!
¿De quién?

BRÍGIDA.

¿De quién ha de ser?
De ese don Juan que amáis tanto,
porque puede aparecer.

D.ª INÉS.

¡Me amedrentas! ¿Puede ese hombre
llegar hasta aquí?

BRÍGIDA.

Quizá,
porque el eco de su nombre
tal vez llega a donde está.

D.ª INÉS.

¡Cielos! ¿Y podrá?...

BRÍGIDA.

¡Quién sabe!

D.ª INÉS.

¿Es un espíritu, pues?

BRÍGIDA.

No; mas si tiene una llave...

D.ª INÉS.

¡Dios!

BRÍGIDA.

      Silencio, doña Inés.
¿No oís pasos?

D.ª INÉS.

          ¡Ay! Ahora
nada oigo.

BRÍGIDA.

        Las nueve dan.
Suben . . . , se acercan . . . , señora . . . ;
ya está aquí.

D.ª INÉS.

        ¿Quién?

BRÍGIDA.

          ¡Don Juan!

ESCENA IV

[DOÑA INÉS, DON JUAN *y* BRÍGIDA]

D.ª INÉS.

   ¿Qué es esto? ¿Sueño . . . , deliro ?

D. JUAN.

   ¡Inés de mi corazón!

D.ª INÉS.

   ¿Es realidad lo que miro,
o es una fascinación? . . .
Tenedme . . . , apenas respiro . . . ;
sombra . . . , ¡huye, por compasión!
¡Ay de mí!

[*Desmáyase* DOÑA INÉS, *y* DON JUAN *la sostiene.
La carta de* DON JUAN *queda en el suelo, abandonada por* DOÑA INÉS *al desmayarse.*]

BRÍGIDA.

      La ha fascinado
vuestra repentina entrada,
y el pavor la ha trastornado.

D. JUAN.

   Mejor; así nos ha ahorrado
la mitad de la jornada.
¡Ea! No desperdiciemos
el tiempo aquí en contemplarla,
si perdernos no queremos.
En los brazos a tomarla
voy, y cuanto antes, ganemos
ese claustro solitario.

BRÍGIDA.

   ¡Oh! ¿Vais a sacarla así?

D. JUAN.

   Necia, ¿piensas que rompí
la clausura, temerario,
para dejármela aquí?
Mi gente abajo me espera;
sígueme.

BRÍGIDA.

      ¡Sin alma estoy!
¡Ay! Este hombre es una fiera;
nada le ataja ni altera . . .
Sí, sí, a su sombra me voy.

ESCENA V

[LA ABADESA]

ABADESA.

   Jurara que había oído
por estos claustros andar;
hoy a doña Inés velar
algo más la he permitido,
y me temo . . . Mas no están
aquí. ¿Qué pudo ocurrir
a las dos para salir
de la celda? ¿Dónde irán?
¡Hola! Yo las ataré
corto para que no vuelvan
a enredar y me revuelvan
a las novicias . . . ; sí, a fe.
Mas siento por allá afuera
pasos. ¿Quién es?

ESCENA VI

[LA ABADESA *y* LA TORNERA[14]]

TORNERA.

        Yo, señora.

ABADESA.

   ¡Vos en el claustro a esta hora!
¿Qué es esto, hermana Tornera?

TORNERA.

   Madre Abadesa, os buscaba.

ABADESA.

   ¿Qué hay? Decid.

TORNERA.

        Un noble anciano
quiere hablaros.

---

[14] monja portera (para el torno y la puerta)

ABADESA.
                Es en vano.
TORNERA.
    Dice que es de Calatrava
    caballero; que sus fueros
    le autorizan a este paso,[15]
    y que la urgencia del caso
    le obliga al instante a veros.
ABADESA.
    ¿Dijo su nombre?
TORNERA.
                El señor
    don Gonzalo Ulloa.
ABADESA.
                    ¿Qué
    puede querer? . . . Ábrale,
    hermana; es comendador
    de la Orden, y derecho
    tiene en el claustro de entrada.

ESCENA VII

[LA ABADESA]

ABADESA.
    ¿A una hora tan avanzada
    venir así? No sospecho
    qué pueda ser . . . ; mas me place,
    pues no hallando a su hija aquí,
    la reprenderá, y así
    mirará otra vez lo que hace.

ESCENA VIII

[LA ABADESA *y* DON GONZALO. LA TORNERA
a la puerta]

D. GONZALO.
    Perdonad, madre Abadesa,
    que en hora tal os moleste;
    mas para mí, asunto es éste
    que honra y vida me interesa.
ABADESA.
    ¡Jesús!
D. GONZALO.
        Oíd.
ABADESA.
        Hablad, pues.

D. GONZALO.
    Yo guardé hasta hoy un tesoro
    de más quilates que el oro,
    y ese tesoro es mi Inés.
ABADESA.
    A propósito . . .
D. GONZALO.
                Escuchad.
    Se me acaba de decir
    que han visto a su dueña ir
    ha poco por la ciudad
    hablando con el criado
    de un don Juan, de tal renombre,
    que no hay en la tierra otro hombre
    tan audaz y tan malvado.
    En tiempo atrás se pensó
    con él a mi hija casar,
    y hoy, que se la fui a negar,
    robármela me juró;
    que por el torpe doncel
    ganada la dueña está,
    no puedo dudarlo ya;
    debo, pues, guardarme de él.
    Y un día, una hora quizá
    de imprevisión le bastara
    para que mi honor manchara
    ese hijo de Satanás.
    He aquí mi inquietud cuál es;
    por la dueña, en conclusión,
    vengo; vos la profesión
    abreviad de doña Inés.
ABADESA.
    Sois padre, y es vuestro afán
    muy justo, Comendador;
    mas ved que ofende a mi honor.
D. GONZALO.
    No sabéis quién es don Juan.
ABADESA.
    Aunque le pintáis tan malo,
    yo os puedo decir de mí:
    mientras Inés esté aquí,
    segura está, don Gonzalo.
D. GONZALO.
    Lo creo; mas las razones
    abreviemos; entregadme
    a esa dueña, y perdonadme
    mis mundanas opiniones.

---

[15] como Comendador de la Orden de Calatrava, a
la cual pertenecía el convento en que estaba su hija

Si vos de vuestra virtud
me respondéis, yo me fundo
en que conozco del mundo
la insensata juventud.

ABADESA.

Se hará como lo exigís.
Hermana Tornera, id, pues,
a buscar a doña Inés
y a su dueña. [*Vase la tornera.*]

D. GONZALO.

        ¿Qué decís,
señora? O traición me ha hecho
mi memoria, o yo sé bien
que ésta es hora de que estén
ambas a dos en su lecho.

ABADESA.

Ha un punto sentí a las dos
salir de aquí, no sé a qué.

D. GONZALO.

¡Ay! ¡Por qué tiemblo, no sé!,
mas ¡qué veo, santo Dios!
Un papel . . . Me lo decía
a voces mi mismo afán.
[*Leyendo.*]
«Doña Inés del alma mía . . .»
¡Y la firma de don Juan!
Ved . . . , ved . . . , esa prueba escrita.

Leed ahí . . . ¡Oh! Mientras vos
por ella rogáis a Dios,
viene el diablo y os la quita.

ESCENA IX

[LA ABADESA, DON GONZALO *y* LA TORNERA]

TORNERA.

  Señora . . .

ABADESA.

        ¿Qué?

TORNERA.

            Vengo muerta.

D. GONZALO.

  Concluid.

TORNERA.

        No acierto a hablar . . .
He visto a un hombre saltar
por las tapias de la huerta.

D. GONZALO.

¿Veis? ¡Corramos, ay de mí!

ABADESA.

¿Dónde vais, Comendador?

D. GONZALO.

¡Imbécil! Tras de mi honor,
que os roban a vos de aquí.

Acto Cuarto

EL DIABLO A LAS PUERTAS DEL CIELO

[*Quinta de* DON JUAN TENORIO, *cerca de Sevilla
y sobre el Guadalquivir. Balcón en el fondo. Dos
puertas a cada lado.*]

ESCENA I

[BRÍGIDA *y* CIUTTI]

BRÍGIDA.

¡Qué noche, válgame Dios!
A poderlo calcular,
no me meto yo a servir
a tan fogoso galán.
¡Ay, Ciutti! Molida estoy;
no me puedo menear.

CIUTTI.

Pues ¿qué os duele?

BRÍGIDA.

           Todo el cuerpo,
y toda el alma además.

CIUTTI.

¡Ya! No estáis acostumbrada
al caballo, es natural.

BRÍGIDA.

Mil veces pensé caer.
¡Uf! ¡Qué mareo! ¡Qué afán!
Veía yo uno tras otros
ante mis ojos pasar
los árboles como en alas
llevados de un huracán,

tan apriesa y produciéndome
ilusión tan infernal,
que perdiera los sentidos
si tardamos en parar.

CIUTTI.

Pues de estas cosas veréis,
si en esta casa os quedáis,
lo menos seis por semana.

BRÍGIDA.

¡Jesús!

CIUTTI.

   ¿Y esa niña, está
reposando todavía?

BRÍGIDA.

¿Y a qué se ha de despertar?

CIUTTI.

Sí; es mejor que abra los ojos
en los brazos de don Juan.

BRÍGIDA.

Preciso es que tu amo tenga
algún diablo familiar.

CIUTTI.

Yo creo que sea él mismo
un diablo en carne mortal,
porque a lo que él,[1] solamente
se arrojara Satanás.

BRÍGIDA.

¡Oh! ¡El lance ha sido extremado!

CIUTTI.

Pero al fin logrado está.

BRÍGIDA.

¡Salir así de un convento,
en medio de una ciudad
como Sevilla!

CIUTTI.

   Es empresa
tan sólo para hombre tal;
mas, ¡qué diablos! si a su lado
la fortuna siempre va,
y encadenado a sus pies
duerme sumiso el azar.

BRÍGIDA.

Sí; decís bien.

CIUTTI.

   No he visto hombre
de corazón más audaz;
no halla riesgo que le espante,
ni encuentra dificultad

que, al empeñarse en vencer,
le haga un punto vacilar.
A todo osado se arroja;
de todo se ve capaz;
ni mira dónde se mete,
ni lo pregunta jamás.
«Allí hay un lance», le dicen;
y él dice: «Allá va don Juan.»
Mas ya tarda, ¡vive Dios!

BRÍGIDA.

Las doce en la catedral
han dado ha tiempo.

CIUTTI.

     Y de vuelta
debía a las doce estar.

BRÍGIDA.

Pero ¿por qué no se vino
con nosotros?

CIUTTI.

   Tiene allá
en la ciudad todavía
cuatro cosas que arreglar.

BRÍGIDA.

¿Para el viaje?

CIUTTI.

   Por supuesto;
aunque muy fácil será
que esta noche a los infiernos
le hagan a él mismo viajar.

BRÍGIDA.

¡Jesús, qué ideas!

CIUTTI.

   Pues ¡digo!
¿Son obras de caridad
en las que nos empleamos
para mejor esperar?
Aunque seguros estamos,
como vuelva por acá.

BRÍGIDA.

¿De veras, Ciutti?

CIUTTI.

   Venid
a este balcón y mirad;
¿qué veis?

BRÍGIDA.

   Veo un bergantín
que anclado en el río está.

---

[1] [se arroja] se atreve

CIUTTI.

Pues su patrón sólo aguarda
las órdenes de don Juan,
y salvos en todo caso
a Italia nos llevará.

BRÍGIDA.

¿Cierto?

CIUTTI.

Y nada receléis
por nuestra seguridad,
que es el barco más velero
que boga sobre la mar.[2]

BRÍGIDA.

¡Chist! Ya siento a doña Inés...

CIUTTI.

Pues yo me voy, que don Juan
encargó que sola vos
debíais con ella hablar.

BRÍGIDA.

Y encargó bien, que yo entiendo
de esto.

CIUTTI.

Adiós, pues.

BRÍGIDA.

Vete en paz.

ESCENA II

[DOÑA INÉS y BRÍGIDA]

D.ª INÉS.

¡Dios mío, cuánto he soñado!
¡Loca estoy! ¿Qué hora será?
Pero ¡qué es esto, ay de mí!
No recuerdo que jamás
haya visto este aposento.
¿Quién me trajo aquí?

BRÍGIDA.   Don Juan.

D.ª INÉS.

Siempre don Juan...; pero di,
¿aquí tú también estás,
Brígida?

BRÍGIDA.   Sí, doña Inés.

D.ª INÉS.

Pero dime, en caridad,
¿dónde estamos? ¿Este cuarto
es del convento?

BRÍGIDA.

No tal;
aquello era un cuchitril,
en donde no había más
que miseria.

D.ª INÉS.

Pero, en fin,
¿en dónde estamos?

BRÍGIDA.

Mirad,
mirad por este balcón,
y alcanzaréis lo que va[3]
desde un convento de monjas
a una quinta de don Juan.

D.ª INÉS.

¿Es de don Juan esta quinta?

BRÍGIDA.

Y creo que vuestra ya.

D.ª INÉS.

Pero no comprendo, Brígida,
lo que dices.

BRÍGIDA.

Escuchad.
Estabais en el convento
leyendo con mucho afán
una carta de don Juan,
cuando estalló en un momento
un incendio formidable.

D.ª INÉS.

¡Jesús!

BRÍGIDA.

Espantoso, inmenso;
el humo era ya tan denso,
que el aire se hizo palpable.

D.ª INÉS.

Pues no recuerdo...

BRÍGIDA.

Las dos,
con la carta entretenidas,
olvidamos nuestras vidas,
yo oyendo, y leyendo vos.
Y estaba en verdad tan tierna,
que entrambas a su lectura
achacamos la tortura
que sentíamos interna.
Apenas ya respirar
podíamos, y las llamas

---

[2] una reminiscencia de Espronceda (*La canción del pirata*)

[3] la diferencia que hay

prendían en nuestras camas;
nos íbamos a asfixiar,
cuando don Juan, que os adora,
y que rondaba el convento,
al ver crecer con el viento
la llama devastadora,
con inaudito valor,
viendo que ibais a abrasaros,
se metió para salvaros
por donde pudo mejor.
Vos, al verle así asaltar
la celda tan de improviso,
os desmayasteis . . . , preciso,
la cosa era de esperar.
Y él, cuando os vio caer así,
en sus brazos os tomó
y echó a huir; yo le seguí,
y del fuego nos sacó.
¿Dónde íbamos a esta hora?
Vos seguíais desmayada;
yo estaba casi ahogada.
Dijo, pues: «Hasta la aurora
en mi casa la tendré.»
Y henos, doña Inés, aquí.

D.ª INÉS.

¿Conque ésta es su casa?

BRÍGIDA.

Sí.

D.ª INÉS.

Pues nada recuerdo a fe.
Pero . . . ¡en su casa! . . . ¡Oh, al punto
salgamos de ella! . . . Yo tengo
la de mi padre.

BRÍGIDA.

Convengo
con vos; pero es el asunto . . .

D.ª INÉS.

¿Qué?

BRÍGIDA.

Que no podemos ir.

D.ª INÉS.

Oír tal me maravilla.

BRÍGIDA.

Nos aparta de Sevilla.

D.ª INÉS.

¿Quién?

BRÍGIDA. Vedlo, el Guadalquivir.

D.ª INÉS.

¿No estamos en la ciudad?

BRÍGIDA.

A una legua nos hallamos
de sus murallas.

D.ª INÉS.

¡Oh! ¡Estamos
perdidas!

BRÍGIDA.

¡No sé, en verdad,
por qué!

D.ª INÉS.

Me estás confundiendo,
Brígida . . . , y no sé qué redes
son las que entre estas paredes
temo que me estás tendiendo.
Nunca el claustro abandoné,
ni sé del mundo exterior
los usos; mas tengo honor;
noble soy, Brígida, y sé
que la casa de don Juan
no es buen sitio para mí;
me lo está diciendo aquí
no sé qué escondido afán.
Ven, huyamos.

BRÍGIDA.

Doña Inés,
la existencia os ha salvado.

D.ª INÉS.

Sí, pero me ha envenenado
el corazón.

BRÍGIDA. ¿Le amáis, pues?

D.ª INÉS.

No sé . . . ; mas, por compasión,
huyamos pronto de ese hombre,
tras de cuyo solo nombre
se me escapa el corazón.
¡Ah! Tú me diste un papel,
de manos de ese hombre escrito,
y algún encanto maldito
me diste encerrado en él.
Una sola vez le vi
por entre unas celosías,[4]
y que estaba, me decías,
en aquel sitio por mí.
Tú, Brígida, a todas horas,
me venías de él a hablar,

---

[4] ventana del convento con un enrejado de madera
que permite ver sin ser visto

haciéndome recordar
sus gracias fascinadoras.
Tú me dijiste que estaba
para mío destinado
por mi padre, y me has jurado
en su nombre que me amaba.
¿Que le amo dices? . . . Pues bien,
si esto es amar, sí, le amo;
pero yo sé que me infamo
con esa pasión también.
Y si el débil corazón
se me va tras de don Juan,
tirándome de él están
mi honor y mi obligación.
Vamos, pues; vamos de aquí,
primero que ese hombre venga,
pues fuerza acaso no tenga
si le veo junto a mí.
Vamos, Brígida.

BRÍGIDA.

   Esperad.
¿No oís?

D.ª INÉS.

   ¿Qué?

BRÍGIDA.

   Ruido de remos.

D.ª INÉS.

Sí, dices bien; volveremos
en un bote a la ciudad.

BRÍGIDA.

Mirad, mirad, doña Inés.

D.ª INÉS.

Acaba . . . , por Dios; partamos.

BRÍGIDA.

Ya, imposible que salgamos.

D.ª INÉS.

¿Por qué razón?

BRÍGIDA.

   Porque él es
quien en ese barquichuelo
se adelanta por el río.

D.ª INÉS.

¡Ay! ¡Dadme fuerzas, Dios mío!

BRÍGIDA.

Ya llegó; ya está en el suelo.
Sus gentes nos volverán
a casa; mas antes de irnos,
es preciso despedirnos
a lo menos de don Juan.

D.ª INÉS.

Sea, y vamos al instante.
No quiero volverle a ver.

BRÍGIDA.

[*Aparte.*]
Los ojos te hará volver
al encontrarte delante.
Vamos.

D.ª INÉS.

   Vamos.

CIUTTI.

[*Dentro.*] Aquí están.

D. JUAN.

[*Dentro.*]
Alumbra.

BRÍGIDA.

   ¡Nos busca!

D.ª INÉS.

    Él es.

ESCENA III

[DICHOS *y* DON JUAN]

D. JUAN.

¿Adónde vais, doña Inés?

D.ª INÉS.

Dejadme salir, don Juan.

D. JUAN.

¿Que os deje salir?

BRÍGIDA.

   Señor,
sabiendo ya el accidente
del fuego, estará impaciente
por su hija el Comendador.

D. JUAN.

¡El fuego! ¡Ah! No os dé cuidado
por don Gonzalo, que ya
dormir tranquilo le hará
el mensaje que le he enviado.

D.ª INÉS.

¿Le habéis dicho . . . ?

D. JUAN.

   Que os hallabais
bajo mi amparo segura,
y el aura del campo pura
libre por fin respirabais. [*Vase* BRÍGIDA.]
Cálmate, pues, vida mía;
reposa aquí, y un momento
olvida de tu convento
la triste cárcel sombría.

¡Ah! ¿No es cierto, ángel de amor,
que en esta apartada orilla
más pura la luna brilla
y se respira mejor?
Esta aura que vaga, llena
de los sencillos olores
de las campesinas flores
que brota esa orilla amena;
esa agua limpia y serena
que atraviesa sin temor
la barca del pescador
que espera cantando el día,
¿no es cierto, paloma mía,
que están respirando amor?
Esa armonía que el viento
recoge entre esos millares
de floridos olivares,
que agita con manso aliento;
ese dulcísimo acento
con que trina el ruiseñor,
de sus copas morador,
llamando al cercano día,
¿no es verdad, gacela mía,
que están respirando amor?
Y estas palabras que están
filtrando insensiblemente
tu corazón, ya pendiente
de los labios de don Juan,
y cuyas ideas van
inflamando en su interior
un fuego germinador
no encendido todavía,
¿no es verdad, estrella mía,
que están respirando amor?
Y esas dos líquidas perlas
que se desprenden tranquilas
de tus radiantes pupilas
convidándome a beberlas,
evaporarse a no verlas
de sí mismas al calor;
y ese encendido color
que en tu semblante no había,
¿no es verdad, hermosa mía,
que están respirando amor?
¡Oh! Sí, bellísima Inés,
espejo y luz de mis ojos;
escucharme sin enojos
como lo haces, amor es;
mira aquí a tus plantas, pues,
todo el altivo rigor

de este corazón traidor
que rendirse no creía,
adorando, vida mía,
la esclavitud de tu amor.

D.ª INÉS.

Callad, por Dios, ¡oh!, don Juan,
que no podré resistir
mucho tiempo, sin morir,
tan nunca sentido afán.
¡Ah! Callad, por compasión;
que, oyéndoos, me parece
que mi cerebro enloquece
y se arde mi corazón.
¡Ah! Me habéis dado a beber
un filtro infernal, sin duda,
que a rendiros os ayuda
la virtud de la mujer.
Tal vez poseéis, don Juan,
un misterioso amuleto,
que a vos me atrae en secreto
como irresistible imán.
Tal vez Satán puso en vos
su vista fascinadora,
su palabra seductora
y el amor que negó a Dios.
¿Y qué he de hacer, ¡ay de mí!,
sino caer en vuestros brazos,
si el corazón en pedazos
me vais robando de aquí?
No, don Juan; en poder mío
resistirte no está ya;
yo voy a ti, como va
sorbido al mar ese río.
Tu presencia me enajena,
tus palabras me alucinan,
y tus ojos me fascinan,
y tu aliento me envenena.
¡Don Juan! ¡Don Juan! Yo lo imploro
de tu hidalga compasión:
o arráncame el corazón,
o ámame, porque te adoro.

D. JUAN.

¡Alma mía! Esa palabra
cambia de modo mi ser,
que alcanzo que puede hacer
hasta que el Edén se me abra.
No es, doña Inés, Satanás
quien pone este amor en mí;
es Dios, que quiere por ti
ganarme para Él quizá.

No; el amor que hoy se atesora
en mi corazón mortal,
no es un amor terrenal
como el que sentí hasta ahora;
no es esa chispa fugaz
que cualquier ráfaga apaga;
es incendio que se traga
cuanto ve, inmenso, voraz.
Desecha, pues, tu inquietud,
bellísima doña Inés,
porque me siento a tus pies
capaz aun de la virtud.
Sí; iré mi orgullo a postrar
ante el buen Comendador,
y o habrá de darme tu amor,
o me tendrá que matar.

D.ª INÉS.

¡Don Juan de mi corazón!

D. JUAN.

¡Silencio! ¿Habéis escuchado?

D.ª INÉS.

¿Qué?

D. JUAN.

      Sí; una barca ha atracado
debajo de este balcón.
Un hombre embozado de ella
salta . . . Brígida, al momento
[*Entra* BRÍGIDA.]
pasad a esotro aposento,
y perdonad, Inés bella,
si solo me importa estar.

D.ª INÉS.

¿Tardarás?

D. JUAN.

      Poco ha de ser.

D.ª INÉS.

A mi padre hemos de ver.

D. JUAN.

Sí, en cuanto empiece a clarear.
Adiós.

ESCENA IV

[DON JUAN *y* CIUTTI]

CIUTTI.

    Señor.

D. JUAN.   ¿Qué sucede,
Ciutti?

CIUTTI.

      Ahí está un embozado,
en veros muy empeñado.

D. JUAN.

¿Quién es?

CIUTTI.

      Dice que no puede
descubrirse más que a vos,
y que es cosa de tal priesa,
que en ella se os interesa
la vida a entrambos a dos.

D. JUAN.

¿Y en él no has reconocido
marca ni señal alguna
que nos oriente?

CIUTTI.

      Ninguna;
mas a veros decidido
viene.

D. JUAN.

    ¿Trae gente?

CIUTTI.

      No más
que los remeros del bote.

D. JUAN.

Que entre.

      [*Se va* CIUTTI.]

ESCENA V

[DON JUAN]

D. JUAN.

      ¡ Jugamos a escote[5]
la vida! . . . Mas si es quizá
un traidor que hasta mi quinta
me viene siguiendo el paso . . .
Hálleme, pues, por si acaso,
con las armas en la cinta.
[*Se ciñe la espada y suspende al cinto un par de
pistolas, que habrá colocado sobre la mesa a su
salida en la escena tercera. Al momento sale*
CIUTTI, *conduciendo a* DON LUIS, *que, embozado
hasta los ojos, espera a que se queden solos.* DON
JUAN *hace a* CIUTTI *una seña para que se retire.
Lo hace.*]

---

[5] como apuesta

ESCENA VI

[DON JUAN y DON LUIS]

D. JUAN.
[*Aparte.*]
(Buen talante.)⁶ Bien venido,
caballero.

D. LUIS.
   Bien hallado,
señor mío.

D. JUAN.
    Sin cuidado
hablad.

D. LUIS.
   Jamás lo he tenido.

D. JUAN.
Decid, pues: ¿a qué venís
a esta hora y con tal afán?

D. LUIS.
Vengo a mataros, don Juan.

D. JUAN.
Según eso, ¿sois don Luis?

D. LUIS.
No os engañó el corazón,
y el tiempo no malgastemos,
don Juan; los dos no cabemos
ya en la tierra.

D. JUAN.
    En conclusión,
señor Mejía: ¿es decir,
que, porque os gané la apuesta,
queréis que acabe la fiesta
con salirnos a batir?

D. LUIS.
Estáis puesto en la razón;
la vida apostado habemos,
y es fuerza que nos paguemos.

D. JUAN.
Soy de la misma opinión.
Mas ved que os debo advertir
que sois vos quien la ha perdido.

D. LUIS.
Pues por eso os la he traído;
mas no creo que morir
deba nunca un caballero
que lleva en el cinto espada
como una res destinada
por su dueño al matadero.

D. JUAN.
Ni yo creo que resquicio
habréis jamás encontrado
por donde me hayáis tomado
por un cortador de oficio.

D. LUIS.
De ningún modo; y ya veis
que, pues os vengo a buscar,
mucho en vos debo fiar.

D. JUAN.
No más de lo que podéis.
Y por mostraros mejor
mi generosa hidalguía,
decid si aún puedo, Mejía,
satisfacer vuestro honor.
Leal la apuesta gané;
mas si tanto os ha escocido,
mirad si halláis conocido
remedio, y le aplicaré.

D. LUIS.
No hay más que el que os he propuesto,
don Juan. Me habéis maniatado
y habéis la casa asaltado
usurpándome mi puesto;
y pues el mío tomasteis
para triunfar de doña Ana,
no sois vos, don Juan, quien gana,
porque por otro jugasteis.

D. JUAN.
Ardides del juego son.

D. LUIS.
Pues no os lo quiero pasar,
y por ellos a jugar
vamos ahora el corazón.

D. JUAN.
¿Le arriesgáis, pues, en revancha
de doña Ana de Pantoja?

D. LUIS.
Sí, y lo que tardo me enoja
en lavar tan fea mancha.
Don Juan, yo la amaba, sí;
mas con lo que habéis osado,
imposible la hais⁷ dejado
para vos y para mí.

D. JUAN.
¿Por qué la apostasteis, pues?

---

⁶ aspecto   ⁷ habéis

D. LUIS.
Porque no pude pensar
que la pudierais lograr.
Y . . . vamos, por San Andrés,
a reñir, que me impaciento.

D. JUAN.
Bajemos a la ribera.

D. LUIS.
Aquí mismo.

D. JUAN.
Necio fuera;
¿no veis que en este aposento
prendieran al vencedor?
Vos traéis una barquilla.

D. LUIS.
Sí.

D. JUAN.
Pues que lleve a Sevilla
al que quede.

D. LUIS.
Eso es mejor;
salgamos, pues.

D. JUAN.
Esperad.

D. LUIS.
¿Qué sucede?

D. JUAN.
Ruido siento.

D. LUIS.
Pues no perdamos momento.

ESCENA VII

[DON JUAN, DON LUIS y CIUTTI]

CIUTTI.
Señor, la vida salvad.

D. JUAN.
¿Qué hay, pues?

CIUTTI.
El Comendador,
que llega con gente armada.

D. JUAN.
Déjale franca la entrada,
pero a él solo.

CIUTTI.
Mas señor . . .

D. JUAN.
Obedéceme. [*Vase* CIUTTI.]

ESCENA VIII

[DON JUAN y DON LUIS]

D. JUAN.
Don Luis,
pues de mí os habéis fiado,
como dejáis demostrado
cuando a mi casa venís,
no dudaré en suplicaros,
pues mi valor conocéis,
que un instante me aguardéis.

D. LUIS.
Yo nunca puse reparos
en valor que es tan notorio;
mas no me fío de vos.

D. JUAN.
Ved que las partes son dos
de la apuesta con Tenorio,
y que ganadas están.

D. LUIS.
¡Lograsteis a un tiempo . . . !

D. JUAN.
Sí,
la del convento está aquí;
y pues viene de don Juan
a reclamarla quien puede,
cuando me podéis matar
no debo asunto dejar
tras mí que pendiente quede.

D. LUIS.
Pero mirad que meter
quien puede el lance impedir
entre los dos, puede ser . . .

D. JUAN.
¿Qué?

D. LUIS.
Excusaros de reñir.

D. JUAN.
¡Miserable! . . . De don Juan
podéis dudar sólo vos;
mas aquí entrad, vive Dios,
y no tengáis tanto afán
por vengaros, que este asunto
arreglado con ese hombre,
don Luis, yo os juro a mi nombre
que nos batimos al punto.

D. LUIS.
Pero . . .

D. JUAN.

> ¡Con una legión
> de diablos! Entrad aquí,
> que harta nobleza es en mí
> aun daros satisfacción.
> Desde ahí ved y escuchad;
> franca tenéis esa puerta;
> si veis mi conducta incierta,
> como os acomode obrad.

D. LUIS.

> Me avengo, si muy reacio
> no andáis.

D. JUAN.

> Calculadlo vos
> a placer; mas, vive Dios,
> que para todo hay espacio.
> [*Entra* DON LUIS *en el cuarto que* DON JUAN
> *señala.*]
> Ya suben. [DON JUAN *escucha.*]

D. GONZALO.

> [*Dentro.*] ¿Dónde está?

D. JUAN.

> Él es.

ESCENA IX

[DON JUAN *y* DON GONZALO]

D. GONZALO.

> ¿Adónde está ese traidor?

D. JUAN.

> Aquí está, Comendador.

D. GONZALO.

> ¿De rodillas?

D. JUAN.

> Y a tus pies.

D. GONZALO.

> Vil eres hasta en tus crímenes.

D. JUAN.

> Anciano, la lengua ten,
> y escúchame un solo instante.

D. GONZALO.

> ¿Qué puede en tu lengua haber
> que borre lo que tu mano
> escribió en este papel?
> ¡Ir a sorprender, infame,
> la cándida sencillez
> de quien no pudo el veneno
> de esas letras precaver!
> ¡Derramar en su alma virgen

> traidoramente la hiel
> en que rebosa la tuya,
> seca la virtud y fe!
> ¡Proponerse así enlodar
> de mis timbres la alta prez,
> como si fuera un harapo
> que desecha un mercader!
> ¿Ése es el valor, Tenorio,
> de que blasonas? ¿Ésa es
> la proverbial osadía
> que te da al vulgo a temer?
> ¿Con viejos y con doncellas
> la muestras? . . . ¿Y para qué?
> ¡Vive Dios! Para venir
> sus plantas así a lamer,
> mostrándote a un tiempo ajeno
> de valor y de honradez.

D. JUAN.

> ¡Comendador!

D. GONZALO.

> ¡Miserable!
> Tú has robado a mi hija Inés
> de su convento, y yo vengo
> por tu vida o por mi bien.

D. JUAN.

> Jamás delante de un hombre
> mi alta cerviz incliné,
> ni he suplicado jamás
> ni a mi padre, ni a mi rey.
> Y pues conservo a tus plantas
> la postura en que me ves,
> considera, don Gonzalo,
> qué razón debo tener.

D. GONZALO.

> Lo que tienes es pavor
> de mi justicia.

D. JUAN.

> ¡Pardiez!
> Óyeme, Comendador,
> o tenerme[8] no sabré,
> y seré quien siempre he sido,
> no queriéndolo ahora ser.

D. GONZALO.

> ¡Vive Dios!

D. JUAN.

> Comendador,
> yo idolatro a doña Inés,
> persuadido de que el cielo
> me la quiso conceder

---

[8] contenerme

para enderezar mis pasos
por el sendero del bien.
No amé la hermosura en ella,
ni sus gracias adoré;
lo que adoro es la virtud,
don Gonzalo, en doña Inés.
Lo que justicias ni obispos
no pudieron de mí hacer
con cárceles y sermones,
lo pudo su candidez.
Su amor me torna en otro hombre,
regenerando mi ser,
y ella puede hacer un ángel
de quien un demonio fue.
Escucha, pues, don Gonzalo,
lo que te puede ofrecer
el audaz don Juan Tenorio
de rodillas a tus pies.
Yo seré esclavo de tu hija;
en tu casa viviré;
tú gobernarás mi hacienda
diciéndome *esto ha de ser*.
El tiempo que señalares,
en reclusión estaré;
cuantas pruebas exigieres
de mi audacia o mi altivez,
del modo que me ordenares,
con sumisión te daré.
Y cuando estime tu juicio
que la pueda merecer,
yo la daré un buen esposo,
y ella me dará el Edén.

D. GONZALO.
Basta, don Juan; no sé cómo
me he podido contener,
oyendo tan torpes pruebas
de tu infame avilantez.
Don Juan, tú eres un cobarde
cuando en la ocasión te ves,
y no hay bajeza a que no oses
como te saque con bien.

D. JUAN.
¡Don Gonzalo!

D. GONZALO.   Y me avergüenzo
de mirarte así a mis pies,
lo que apostabas por fuerza
suplicando por merced.

D. JUAN.
Todo así se satisface,
don Gonzalo, de una vez.

D. GONZALO.
¡Nunca! ¡Nunca! ¿Tú su esposo?
Primero la mataré.
Ea, entregádmela al punto,
o, sin poderme valer,[9]
en esa postura vil
el pecho te cruzaré.

D. JUAN.
Míralo bien, don Gonzalo,
que vas a hacerme perder
con ella hasta la esperanza
de mi salvación tal vez.

D. GONZALO.
¿Y qué tengo yo, don Juan,
con tu salvación que ver?

D. JUAN.
¡Comendador, que me pierdes!

D. GONZALO.
¡Mi hija!

D. JUAN.
                Considera bien
que por cuantos medios pude
te quise satisfacer,
y que con armas el cinto
tus denuestos toleré,
proponiéndote la paz
de rodillas a tus pies.

ESCENA X

[DICHOS *y* DON LUIS, *soltando una carcajada de burla*]

D. LUIS.
Muy bien, don Juan.

D. JUAN.
                              ¡Vive Dios!

D. GONZALO.
¿Quién es ese hombre?

D. LUIS.
                              Un testigo
de su miedo, y un amigo,
Comendador, para vos.

D. JUAN.
¡Don Luis!

---

[9] sin poderlo evitar (preferiría batirse con D. Juan,
no matarle indefenso)

D. LUIS.　　　Ya he visto bastante,
don Juan, para conocer
cuál uso puedes hacer
de tu valor arrogante;
y quien hiere por detrás
y se humilla en la ocasión,
es tan vil como el ladrón
que roba y huye.

D. JUAN.　　　　¿Esto más?

D. LUIS.
Y pues la ira soberana
de Dios junta, como ves,
al padre de doña Inés
y al vengador de doña Ana,
mira el fin que aquí te espera
cuando a igual tiempo te alcanza
aquí dentro su venganza
y la justicia allá fuera.

D. GONZALO.
¡Oh! Ahora comprendo . . . ¿Sois vos
el que . . . ?

D. LUIS.　　　Soy don Luis Mejía,
a quien a tiempo os envía
por vuestra venganza Dios.

D. JUAN.
¡Basta, pues, de tal suplicio!
Si con hacienda y honor
ni os muestro ni doy valor
a mi franco sacrificio,
y la leal solicitud
con que ofrezco cuanto puedo
tomáis, vive Dios, por miedo
y os mofáis de mi virtud,
os acepto el que me dais
plazo breve y perentorio,
para mostrarme el Tenorio
de cuyo valor dudáis.

D. LUIS.
Sea, y cae a nuestros pies
digno al menos de esa fama,
que por tan bravo te aclama . . .

D. JUAN.
Y venza el infierno, pues.
Ulloa, pues mi alma así
vuelves a hundir en el vicio,

cuando Dios me llame a juicio,
tú responderás por mi.
　　　　　　　　[*Le da un pistoletazo.*]

D. GONZALO.
[*Cayendo.*]
¡Asesino!

D. JUAN.　　　Y tú, insensato,
que me llamas vil ladrón,
di en prueba de tu razón
que cara a cara te mato.
　　　　　　　[*Riñen, y le da una estocada.*]

D. LUIS.
[*Cayendo.*]
¡Jesús!

D. JUAN.
　　　　Tarde tu fe ciega
acude al cielo, Mejía,
y no fue por culpa mía;
pero la justicia llega,
y a fe que ha de ver quién soy.

CIUTTI.
[*Dentro.*]
¡Don Juan!

D. JUAN.　　　　[*Asomándose al balcón.*]
　　　　¿Quién es?

CIUTTI.
[*Dentro.*]　　　　Por aquí;
salvaos.

D. JUAN.
　　　　¿Hay paso?

CIUTTI.
　　　　　　　Sí;
arrojaos.

D. JUAN.
　　　Allá voy.
Llamé al cielo, y no me oyó;
y pues sus puertas me cierra,
de mis pasos en la tierra
responda el cielo, no yo.[10]

[*Se arroja por el balcón, y se le oye caer en el agua
del río, al mismo tiempo que el ruido de los remos
muestra la rapidez del barco en que parte; se oyen
golpes en las puertas de la habitación; poco
después entra la justicia, soldados, etc.*][11]

---

[10] D. Juan expresa aquí la desesperación del héroe
romántico al sentirse abandonado por Dios, en quien
sigue creyendo aunque le haga responsable de su
destino fatal.

[11] [*Se omite la breve escena siguiente, en que Inés encuentra
el cadáver de su padre, y que el propio Zorrilla indica que
«puede suprimirse en la representacón».*]

SEGUNDA PARTE

Acto Primero

LA SOMBRA DE DOÑA INÉS

[Panteón de la familia Tenorio. El teatro representa un magnífico cementerio, hermoseado a manera de jardín. En primer término, aislados y de bulto, los sepulcros de DON GONZALO DE ULLOA, *de* DOÑA INÉS *y de* DON LUIS MEJÍA, *sobre los cuales se ven sus estatuas de piedra. El sepulcro de* DON GONZALO, *a la derecha, y su estatua de rodillas; el de* DON LUIS, *a la izquierda, y su estatua también de rodillas; el de* DOÑA INÉS, *en el centro, y su estatua de pie. En segundo término, otros dos sepulcros en la forma que convenga; y en tercer término, y en puesto elevado, el sepulcro y estatua del fundador,* DON DIEGO TENORIO, *en cuya figura remata la perspectiva de los sepulcros. Una pared llena de nichos y lápidas circuye el cuadro hacia el horizonte. Dos florones a cada lado de la tumba de* DOÑA INÉS, *dispuestos a servir de la manera que a su tiempo exige el juego escénico. Cipreses y flores de todas clases embellecen la decoración, que no debe tener nada de horrible. La acción se supone en una tranquila noche de verano y alumbrada por una clarísima luna.]*

[ESCENA I: Soliloquio del Escultor despidiéndose de las estatuas sepulcrales que ha hecho conforme a los deseos del difunto D. DIEGO TENORIO.*]*

ESCENA II

[EL ESCULTOR *y* DON JUAN, *que entra embozado.]*

ESCULTOR.
               Caballero . . .
D. JUAN.
  Dios le guarde.
ESCULTOR.   Perdonad,
  mas ya es tarde, y . . .

D. JUAN.
              Aguardad
un instante, porque quiero
que me expliquéis . . .
ESCULTOR.
              ¿Por acaso
sois forastero?
D. JUAN.
           Años ha
que falto de España ya,
y me chocó el ver al paso,
cuando a esas verjas llegué,
que encontraba este recinto
enteramente distinto
de cuando yo le dejé.
ESCULTOR.
  Ya lo creo; como que esto
era entonces un palacio,
y hoy es panteón el espacio
donde aquél estuvo puesto.
D. JUAN.
  ¡El palacio hecho panteón!
ESCULTOR.
  Tal fue de su antiguo dueño
la voluntad, y fue empeño
que dio al mundo admiración.
D. JUAN.
  ¡Y, por Dios, que es de admirar!
ESCULTOR.
  Es una famosa historia,
a la cual debo mi gloria.
D. JUAN.
  ¿Me la podéis relatar?
ESCULTOR.
  Sí; pero sucintamente,
pues me aguardan.
D. JUAN.
              Sea.
ESCULTOR.
              Oíd,
la verdad pura.

D. JUAN.
　　　　　Decid,
que me tenéis impaciente.

ESCULTOR.
　Pues habitó esta ciudad
y este palacio, heredado,
un varón muy estimado
por su noble calidad.

D. JUAN.
Don Diego Tenorio.

ESCULTOR.
　　　　　El mismo.
Tuvo un hijo este don Diego,
peor mil veces que el fuego,
un aborto del abismo,
mozo sangriento y cruel,
que, con tierra y cielo en guerra,
dicen que nada en la tierra
fue respetado por él.
Quimerista seductor
y jugador con ventura,
no hubo para él segura
vida, ni hacienda, ni honor.
Así le pinta la historia;
y si tal era, por cierto
que obró cuerdamente el muerto
para ganarse la gloria.

D. JUAN.
Pues ¿cómo obró?

ESCULTOR.
　　　　　Dejó entera
su hacienda al que la empleara
en panteón que asombrara
a la gente venidera.
Mas con la condición, dijo,
que se enterrara en él
los que a la mano cruel
sucumbieron de su hijo.
Y mirad en derredor
los sepulcros de los más
de ellos.

D. JUAN.　¿Y vos sois quizá
el conserje?

ESCULTOR.
　　　　El escultor
de estas obras encargado.

D. JUAN.
¡Ah! ¿Y las habéis concluido?

ESCULTOR.
　Ha un mes; mas me he detenido
hasta ver ese enverjado
colocado en su lugar,
pues he querido impedir
que pueda el vulgo venir
este sitio a profanar.

D. JUAN.
[Mirando.]
　Bien empleó sus riquezas
el difunto.

ESCULTOR.
　　　　¡Ya lo creo!
Miradle allí.

D. JUAN.
　　　　Ya le veo.

ESCULTOR.
　¿Le conocisteis?

D. JUAN.
　　　　　　　Sí.

ESCULTOR.
　　　　　Piezas
son todas muy parecidas,[1]
y a conciencia trabajadas.

D. JUAN.
¡Cierto que son extremadas!

ESCULTOR.
　¿Os han sido conocidas
las personas?

D. JUAN.　　Todas ellas.

ESCULTOR.
　¿Y os parecen bien?

D. JUAN.
　　　　　　Sin duda,
según lo que a ver me ayuda
el fulgor de las estrellas.

ESCULTOR.
　¡Oh! Se ven como de día
con esta luna tan clara,
Ésta es de mármol Carrara.
　　　　[Señalando a la de DON LUIS.]

D. JUAN.
¡Buen busto es el de Mejía!
¡Hola! Aquí el Comendador
se representa muy bien.

ESCULTOR.
　Yo quise poner también
la estatua del matador

---

[1] fieles retratos

entre sus víctimas; pero
no pude a manos haber
su retrato. Un Lucifer
dicen que era el caballero
don Juan Tenorio.

D. JUAN.　　　　　¡Muy malo!
Mas como pudiera hablar,
le había algo de abonar
la estatua de don Gonzalo.

ESCULTOR.
¿También habéis conocido
a don Juan?

D. JUAN.
　　　　　Mucho.

ESCULTOR.
　　　　　　Don Diego
le abandonó desde luego,
desheredándole.

D. JUAN.　　　Ha sido
para don Juan poco daño
ése, porque la fortuna
va tras él desde la cuna.

ESCULTOR.
Dicen que ha muerto.

D. JUAN.
　　　　　　　Es engaño;
vive.

ESCULTOR.
　　¿Y dónde?

D. JUAN.
　　　　　Aquí, en Sevilla.

ESCULTOR.
¿Y no teme que el furor
popular . . . ?

D. JUAN.
　　　　En su valor
no ha echado el miedo semilla.

ESCULTOR.
Mas cuando vea el lugar
en que está ya convertido
el solar que suyo ha sido,
no osará en Sevilla estar.

D. JUAN.
Antes ver tendrá a fortuna[2]
en su casa reunidas
personas de él conocidas,
puesto que no odia a ninguna.

ESCULTOR.
¿Creéis que ose aquí venir?

D. JUAN.
¿Por qué no? Pienso, a mi ver,
que donde vino a nacer
justo es que venga a morir.
Y pues le quitan su herencia
para enterrar a éstos bien,
a él es muy justo también
que le entierren con decencia.

ESCULTOR.
Sólo a él le está prohibida
en este panteón la entrada.

D. JUAN.
Trae don Juan muy buena espada,
y no sé quién se lo impida.

ESCULTOR.
¡Jesús! ¡Tal profanación!

D. JUAN.
Hombre es don Juan que, a querer,
volverá el palacio a hacer
encima del panteón.

ESCULTOR.
¿Tan audaz ese hombre es
que aun a los muertos se atreve?

D. JUAN.
¿Qué respetos gastar debe
con los que tendió a sus pies?

ESCULTOR.
Pero ¿no tiene conciencia
ni alma ese hombre?

D. JUAN.　　　　Tal vez no,
que al cielo una vez llamó
con voces de penitencia,
y el cielo, en trance tan fuerte[3]
allí mismo le metió,
que a dos inocentes dio,
para salvarse, la muerte.

ESCULTOR.
¡Qué monstruo, supremo Dios!

D. JUAN.
Podéis estar convencido
de que Dios no le ha querido.

ESCULTOR.
Tal será.[4]

D. JUAN.
　　　　Mejor que vos.

---

[2] más bien considerará afortunado ver
[3] en tal apuro

[4] tan malo será

ESCULTOR.

[*Aparte.*]

(¿Y quién será el que a don Juan
abona con tanto brío?)
Caballero, a pesar mío,
como aguardándome están . . .

D. JUAN.

Idos, pues, en hora buena.[5]

ESCULTOR.

He de cerrar.

D. JUAN.

No cerréis
y marchaos.

ESCULTOR.

Mas ¿no veis . . . ?

D. JUAN.

Veo una noche serena,
y un lugar que me acomoda
para gozar su frescura,
y aquí he de estar a mi holgura,
si pesa a[6] Sevilla toda.

ESCULTOR.

[*Aparte.*]
¿Si acaso padecerá
de locura desvaríos?

D. JUAN.

[*Dirigiéndose a las estatuas.*]
Ya estoy aquí, amigos míos.

ESCULTOR.

¿No lo dije? Loco está.

D. JUAN.

Mas, ¡cielos!, ¿qué es lo que veo?
¡O es ilusión de mi vista,
o a doña Inés el artista
aquí representa, creo!

ESCULTOR.

Sin duda.

D. JUAN.

¿También murió?

ESCULTOR.

Dicen que de sentimiento
cuando de nuevo al convento
abandonada volvió
por don Juan.

D. JUAN.

¿Y yace aquí?

ESCULTOR.

Sí.

D. JUAN.

¿La visteis muerta vos?

ESCULTOR.

Sí.

D. JUAN.

¿Cómo estaba?

ESCULTOR.

¡Por Dios,
que dormida la creí!
La muerte fue tan piadosa
con su cándida hermosura,
que le envió la frescura
y las tintas de la rosa.

D. JUAN.

¡Ah! Mal la muerte podría
deshacer con torpe mano
el semblante soberano
que un ángel envidiaría.
¡Cuán bella y cuán parecida
su efigie en el mármol es!
¡Quién pudiera, doña Inés,
volver a darte la vida!
¿Es obra del cincel vuestro?

ESCULTOR.

Como todas las demás.

D. JUAN.

Pues bien merece algo más
un retrato tan maestro.
Tomad.

ESCULTOR.

¿Qué me dais aquí?

D. JUAN.

¿No lo veis?

ESCULTOR.

Mas . . . , caballero . . . ,
¿por qué razón? . . .

D. JUAN.

Porque quiero
yo que os acordéis de mí.

ESCULTOR.

Mirad que están bien pagadas.

D. JUAN.

Así lo estarán mejor.

ESCULTOR.

Mas vamos de aquí, señor,
que aún las llaves entregadas
no están, y al salir la aurora
tengo que partir de aquí.

---

[5] con felicidad

[6] aunque sea contra

D. JUAN.
Entregádmelas a mí,
y marchaos desde ahora.
ESCULTOR.
¿A vos?
D. JUAN. A mí; ¿qué dudáis?
ESCULTOR.
Como no tengo el honor . . .
D. JUAN.
Ea, acabad, escultor.
ESCULTOR.
Si el nombre al menos que usáis
supiera . . .
D. JUAN. ¡Viven los cielos!
Dejad a don Juan Tenorio
velar el lecho mortuorio
en que duermen sus abuelos.
ESCULTOR.
¡Don Juan Tenorio!
D. JUAN. Yo soy.
Y si no me satisfaces,
compañía juro que haces
a tus estatuas desde hoy.
ESCULTOR.
[*Alargándole las llaves.*]
Tomad. [*Aparte.*] No quiero la piel
dejar aquí entre sus manos.
Ahora, que los sevillanos
se las compongan[7] con él. [*Vase.*]

ESCENA III

[DON JUAN]

D. JUAN.
Mi buen padre empleó en esto
entera la hacienda mía;
hizo bien; yo al otro día
la hubiera a una carta puesto. [*Pausa.*]
No os podréis quejar de mí,
vosotros a quien maté;
si buena vida os quité,
buena sepultura os di.
¡Magnífica es en verdad
la idea del tal panteón!
Y . . . siento que el corazón
me halaga esta soledad.

¡Hermosa noche! . . . ¡Ay de mí!
¡Cuántas como ésta tan puras
desatinado perdí!
¡Cuántas, al mismo fulgor
de esa luna transparente,
arranqué a algún inocente
la existencia o el honor!
Sí; después de tantos años
cuyos recuerdos espantan,
siento que aquí se levantan
[*Señalando a la frente.*]
pensamientos en mí extraños.
¡Oh! Acaso me los inspira
desde el cielo, en donde mora,
esa sombra protectora
que por mi mal no respira.
[*Se dirige a la estatua de DOÑA INÉS, hablándole
con respeto.*]
Mármol en quien doña Inés[8]
en cuerpo sin alma existe,
deja que el alma de un triste
llore un momento a tus pies.
De azares mil a través
conservé tu imagen pura;
y pues la mala ventura
te asesinó de don Juan,
contempla con cuánto afán
vendrá hoy a tu sepultura.
En ti nada más pensó
desde que se fue de ti,
y desde que huyó de aquí
sólo en volver meditó.
Don Juan tan sólo esperó
de doña Inés su ventura,
y hoy que en pos de su hermosura
vuelve el infeliz don Juan,
mira cuál será su afán
al dar con tu sepultura.
Inocente doña Inés,
cuya hermosa juventud
encerró en el ataúd
quien llorando está a tus pies;
si de esa piedra a través
puedes mirar la amargura
del alma que tu hermosura
adoró con tanto afán,

---

[7] se entiendan
[8] Conforme a la tradición métrica del teatro del
Siglo de Oro, Zorrilla usa aquí décimas para este
lamento de amor, con el último verso de cada estrofa
formando estribillo para resaltar el lirismo de este
dúo amoroso.

prepara un lado a don Juan
en tu misma sepultura.
Dios te crió por mi bien,
por ti pensé en la virtud,
adoré su excelsitud
y anhelé su santo Edén.
Sí; aun hoy mismo en ti también
mi esperanza se asegura,
y oigo una voz que murmura
en derredor de don Juan
palabras con que su afán
se calma en la sepultura.
¡Oh doña Inés de mi vida!
Si esa voz con quien deliro
es el postrimer suspiro
de tu eterna despedida;
si es que de ti desprendida
llega esa voz a la altura,
y hay un Dios tras de esa anchura
por donde los astros van,
dile que mire a don Juan
llorando en tu sepultura.

[*Se apoya en el sepulcro, ocultando el rostro; y
mientras se conserva en esta postura, un vapor
que se levanta del sepulcro oculta la estatua de*
DOÑA INÉS. *Cuando el vapor se desvanece, la
estatua ha desaparecido.* DON JUAN *sale de su
enajenamiento.*]

Este mármol sepulcral
adormece mi vigor,
y sentir creo en redor
un ser sobrenatural.
Mas... ¡cielos! ¡El pedestal
no mantiene su escultura!
¿Qué es esto? ¿Aquella figura
fue creación de mi afán?

ESCENA IV

[DON JUAN *y* LA SOMBRA DE DOÑA INÉS. *El
florón y las flores de la izquierda del sepulcro de*
DOÑA INÉS *se cambian en una apariencia,*[9] *dejando
ver dentro de ella, y en medio de resplandores, la
sombra de* DOÑA INÉS.]

SOMBRA.
No; mi espíritu, don Juan,
te aguardó en mi sepultura.

D. JUAN.
[*De rodillas.*]
¡Doña Inés, sombra querida,
alma de mi corazón,
no me quites la razón
si me has de dejar la vida!
Si eres imagen fingida,
sólo hija de mi locura,
no aumentes mi desventura
burlando mi loco afán.

SOMBRA.
Yo soy doña Inés, don Juan,
que te oyó en su sepultura.

D. JUAN.
¿Conque vives?

SOMBRA.
                        Para ti;
mas tengo mi purgatorio
en ese mármol mortuorio
que labraron para mí.
Yo a Dios mi alma ofrecí
en precio de tu alma impura,
y Dios, al ver la ternura
con que te amaba mi afán,
me dijo: «Espera a don Juan
en tu misma sepultura.
Y pues quieres ser tan fiel
a un amor de Satanás,
con don Juan te salvarás,
o te perderás con él.
Por él vela; mas si cruel
te desprecia tu ternura,
y en su torpeza y locura
sigue con bárbaro afán,
llévese tu alma don Juan
de tu misma sepultura.»

D. JUAN.
[*Fascinado.*]
¡Yo estoy soñando quizá
con las sombras de un Edén!

SOMBRA.
No, y ve que si piensas bien,
a tu lado me tendrás;
mas si obras mal, causarás
nuestra eterna desventura.
Y medita con cordura
que es esta noche, don Juan,
el espacio que nos dan

---

[9] decoración escénica, aquí telón transparente

para buscar sepultura.
Adiós pues; y en la ardua lucha
en que va a entrar tu existencia,
de tu dormida conciencia
la voz que va a alzarse escucha;
porque es de importancia mucha
meditar con sumo tiento
la elección de aquel momento
que, sin poder evadirnos,
al mal o al bien ha de abrirnos
la losa del monumento.
[*Ciérrase la apariencia; desaparece* DOÑA INÉS,
*y todo queda como al principio del acto, menos
la estatua de* DOÑA INÉS, *que no vuelve a su
lugar.* DON JUAN *queda atónito.*]

ESCENA V

[DON JUAN]

D. JUAN.
  ¡Cielos! ¿Qué es lo que escuché?
¡Hasta los muertos así
dejan sus tumbas por mí!
Mas . . . , sombra, delirio fue.
Yo en mi mente lo forjé;
la imaginación le dio
la forma en que se mostró,
y ciego, vine a creer
en la realidad de un ser
que mi mente fabricó.
Mas nunca de modo tal
fanatizó mi razón
mi loca imaginación[10]
con su poder ideal.
Sí; algo sobrenatural
vi en aquella doña Inés
tan vaporosa, a través
aun de esa enramada espesa;
mas . . . ¡bah! Circunstancia es ésa
que propia de sombra es.
¿Qué más diáfano y sutil
que las quimeras de un sueño?
¿Dónde hay nada más risueño,
más flexible y más gentil?
¿Y no pasa veces mil
que, en febril exaltación,

ve nuestra imaginación
como ser y realidad
la vacía vanidad
de una anhelada ilusión?
Sí, por Dios, ¡delirio fue!
Mas su estatua estaba aquí.
Sí, yo la vi y la toqué,
y aun en albricias[11] le di
al escultor no sé qué.
¡Y ahora, sólo el pedestal
veo en la urna funeral!
¡Cielos! ¿La mente me falta,
o de improviso me asalta
algún vértigo infernal?
¿Qué dijo aquella visión?
¡Oh! Yo la oí claramente,
y su voz, triste y doliente,
resonó en mi corazón.
¡Ah! ¡Y breves las horas son
del plazo que nos augura!
¡No, no; de mi calentura
delirio insensato es!
Mi fiebre fue a doña Inés
quien abrió la sepultura.
¡Pasad y desvaneceos;
pasad, siniestros vapores
de mis perdidos amores,
de mis fallidos deseos!
¡Pasad, vanos devaneos
de un amor muerto al nacer;
no me volváis a traer
entre vuestro torbellino
ese fantasma divino
que recuerda a una mujer!
¡Ah! ¡Estos sueños me aniquilan;
mi cerebro se enloquece . . . ,
y esos mármoles parece
que estremecidos vacilan!
[*Las estatuas se mueven lentamente, vuelven la
cabeza hacia él.*]
¡Sí, sí; sus bustos oscilan,
su vago contorno medra! . . .[12]
Pero don Juan no se arredra:
¡alzaos, fantasmas vanos,
y os volveré con mis manos
a vuestros lechos de piedra!
No, no me causan pavor

---

[10] sujeto de *fanatizó*
[11] recompensa

[12] crece (en precisión)

vuestros semblantes esquivos;
jamás, ni muertos ni vivos,
humillaréis mi valor.
Yo soy vuestro matador,
como al mundo es bien notorio;
si en vuestro alcázar mortuorio
me aprestáis venganza fiera,
daos prisa, que aquí os espera
otra vez don Juan Tenorio.

ESCENA VI

[DON JUAN, EL CAPITÁN CENTELLAS y
AVELLANEDA]

CENTELLAS.
[*Dentro.*]
¿Don Juan Tenorio?
D. JUAN.
[*Volviendo en sí.*]   ¿Qué es eso?
¿Quién me repite mi nombre?
AVELLANEDA.
[*Saliendo.*]
¿Veis a alguien?   [*A Centellas.*]
CENTELLAS.
[*Saliendo.*]   Sí; allí hay un hombre.
D. JUAN.
¿Quién va?
AVELLANEDA. Él es.
CENTELLAS.
[*Yéndose a* DON JUAN.]
      Yo pierdo el seso
con la alegría. ¡Don Juan!
AVELLANEDA.
¡Señor Tenorio!
D. JUAN.   ¡Apartaos,
vanas sombras!
CENTELLAS.
      Reportaos,
señor don Juan . . . Los que están
en vuestra presencia ahora
no son sombras, hombres son,
y hombres cuyo corazón
vuestra amistad atesora.
A la luz de las estrellas
os hemos reconocido,
y un abrazo hemos venido
a daros.

D. JUAN.
      Gracias, Centellas.
CENTELLAS.
Mas ¿qué tenéis? Por mi vida
que os tiembla el brazo, y está
vuestra faz descolorida.
D. JUAN.
[*Recobrando su aplomo.*]
La luna tal vez lo hará.
AVELLANEDA.
Mas, don Juan, ¿qué hacéis aquí?
¿Este sitio conocéis?
D. JUAN.
¿No es un panteón?
CENTELLAS.   ¿Y sabéis
a quién pertenece?
D. JUAN.   A mí;
mirad a mi alrededor,
y no veréis más que amigos
de mi niñez, o testigos
de mi audacia y mi valor.
CENTELLAS.
Pero os oímos hablar:
¿con quién estabais?
D. JUAN.
      Con ellos.
CENTELLAS.
¿Venís aún a escarnecellos?[13]
D. JUAN.
No; los vengo a visitar.
Mas un vértigo insensato
que la mente me asaltó
un momento me turbó,
y a fe que me dio un mal rato.
Esos fantasmas de piedra
me amenazaban tan fieros,
que a mí acercado no haberos[14]
pronto . . .
CENTELLAS.
      ¡Ja, ja, ja! ¿Os arredra,
don Juan, como a los villanos,
el temor a los difuntos?
D. JUAN.
No a fe; contra todos juntos
tengo aliento y tengo manos.
Si volvieran a salir
de las tumbas en que están,
a las manos de don Juan

---

[13] escarnecerlos

[14] si no os hubierais acercado a mí

volverían a morir.
Y desde aquí en adelante
sabed, señor Capitán,
que yo soy siempre don Juan,
y no hay cosa que me espante.
Un vapor calenturiento
un punto me fascinó,
Centellas, mas ya pasó;
cualquiera duda un momento.

AVELLANEDA. } Es verdad.
CENTELLAS.

D. JUAN.

Vamos de aquí.

CENTELLAS.

Vamos, y nos contaréis
cómo a Sevilla volvéis
tercera vez.

D. JUAN.

Lo haré así.
Si mi historia os interesa,
a fe que oírse merece,
aunque mejor me parece
que la oigáis de sobremesa.
¿No opináis?...

AVELLANEDA. } Como gustéis.
CENTELLAS.

D. JUAN.

Pues bien, cenaréis conmigo,
y en mi casa.

CENTELLAS.   Pero digo:
¿es cosa de que dejéis
algún huésped por nosotros?
¿No tenéis gato encerrado?[15]

D. JUAN.

¡Bah! Si apenas he llegado;
no habrá allí más que vosotros
esta noche.

CENTELLAS.

¿Y no hay tapada
a quien algún plantón demos?[16]

D. JUAN.

Los tres solos cenaremos.
Digo, si de esta jornada
no quiere igualmente ser
alguno de éstos.

[*Señalando a las estatuas de los sepulcros.*]

CENTELLAS.

Don Juan,
dejad tranquilos yacer
a los que con Dios están.

D. JUAN.

¡Hola! ¿Parece que vos
sois ahora el que teméis,
y mala cara ponéis
a los muertos? Mas ¡por Dios!
que ya que de mí os burlasteis
cuando me visteis así,
en lo que penda de mí
os mostraré cuánto errasteis.
Por mí, pues, no ha de quedar
y, a poder ser, estad ciertos
que cenaréis con los muertos,
y os los voy a convidar.

AVELLANEDA.

Dejaos de esas quimeras.

D. JUAN.

¿Duda en mi valor ponerme,[17]
cuando hombre soy para hacerme
platos de sus calaveras?
Yo a nada tengo pavor:

[*Dirigiéndose a la estatua de* DON GONZALO,
que es la que tiene más cerca.]

tú eres el más ofendido;
mas, si quieres, te convido
a cenar, Comendador.
Que no lo puedes hacer
creo, y es lo que me pesa;
mas, por mi parte, en la mesa
te haré un cubierto poner.
Y a fe que favor me harás,
pues podré saber de ti
si hay más mundo que el de aquí
y otra vida, en que jamás,
a decir verdad, creí.[18]

CENTELLAS.

Don Juan, eso no es valor;
locura, delirio es.

D. JUAN.

Como lo juzguéis mejor;
yo cumplo así. Vamos, pues.
Lo dicho, Comendador.

---

[15] plan oculto (aquí con alguna mujer)
[16] hagamos esperar
[17] sujeto impersonal: ¿Quién pone en duda mi valor...?

[18] Aunque aquí parece D. Juan un incrédulo, en el fondo debe de creer en la posibilidad de la otra vida, pues de otro modo no necesitaría valor para desafiar al muerto.

Acto Segundo

LA ESTATUA DE DON GONZALO

[*Aposento de* DON JUAN TENORIO. *Dos puertas en el fondo a derecha e izquierda, preparadas para el juego escénico del acto. Otra puerta en el bastidor que cierra la decoración por la izquierda. Ventana en el de la derecha. Al alzarse el telón, están sentados a la mesa* DON JUAN, CENTELLAS *y* AVELLANEDA. *La mesa, ricamente servida; el mantel, cogido con guirnaldas de flores, etc. Enfrente del espectador,* DON JUAN, *y a su izquierda,* AVELLANEDA; *en el lado izquierdo de la mesa,* CENTELLAS, *y en el de enfrente de éste, una silla y un cubierto desocupados.*]

ESCENA I

[DON JUAN, EL CAPITÁN CENTELLAS, AVELLANEDA, CIUTTI *y* UN PAJE]

D. JUAN.
Tal es mi historia, señores;
pagado[1] de mi valor,
quiso el mismo Emperador
dispensarme sus favores.
Y aunque oyó mi historia entera,
dijo: «Hombre de tanto brío
merece el amparo mío;
vuelva a España cuando quiera»;
y heme aquí en Sevilla ya.

CENTELLAS.
¡Y con qué lujo y riqueza!

D. JUAN.
Siempre vive con grandeza
quien hecho a grandeza está.

CENTELLAS.
A vuestra vuelta.

D. JUAN.
                    Bebamos.

CENTELLAS.
Lo que no acierto a creer
es cómo, llegando ayer,
ya establecido os hallamos.

D. JUAN.
Fue el adquirirme, señores,
tal casa con tal boato,
porque se vendió barato,
para pago de acreedores.
Y como al llegar aquí
desheredado me hallé,
tal como está la compré.

CENTELLAS.
¿Amueblada y todo?

D. JUAN.
                    Sí;
un necio que se arruinó
por una mujer, vendióla.

CENTELLAS.
¿Y vendió la hacienda sola?

D. JUAN.
Y el alma al diablo.

CENTELLAS.
                    ¿Murió?

D. JUAN.
De repente; y la justicia,
que iba a hacer de cualquier modo
pronto despacho de todo,
viendo que yo su codicia
saciaba, pues los dineros
ofrecía dar al punto,
cedióme el caudal por junto
y estafó a los usureros.

CENTELLAS.
Y la mujer, ¿qué fue de ella?

D. JUAN.
Un escribano la pista
le siguió, pero fue lista
y escapó.

CENTELLAS.
            ¿Moza?

D. JUAN.
                    Y muy bella.

CENTELLAS.
Entrar hubiera debido
en los muebles de la casa.[2]

---

[1] orgulloso

[2] debiera haber sido vendida con la casa

D. JUAN.

Don Juan Tenorio no pasa
moneda que se ha perdido.
Casa y bodega he comprado;
dos cosas que, no os asombre,
pueden bien hacer a un hombre
vivir siempre acompañado;
como lo puede mostrar
vuestra agradable presencia,
que espero que con frecuencia
me hagáis ambos disfrutar.

CENTELLAS.

Y nos haréis honra inmensa.

D. JUAN.

Y a mí vos. ¡Ciutti!

CIUTTI.   Señor.

D. JUAN.

Pon vino al Comendador.
[Señalando al vaso del puesto vacío.]

CENTELLAS.

Don Juan, ¿aún en eso piensa
vuestra locura?

D. JUAN.

                    ¡Sí, a fe!
Que si él no puede venir,
de mí no podréis decir
que en ausencia no le honré.

CENTELLAS.

¡Ja, ja, ja! Señor Tenorio,
creo que vuestra cabeza
va menguando en fortaleza.

D. JUAN.

Fuera en mí contradictorio
y ajeno de mi hidalguía
a un amigo convidar,
y no guardar el lugar
mientras que llegar podría.
Tal ha sido mi costumbre
siempre, y siempre ha de ser ésa;
y al mirar sin él la mesa,
me da, en verdad, pesadumbre.
Porque si el Comendador
es difunto tan tenaz
como vivo, es muy capaz
de seguirnos el humor.

CENTELLAS.

Brindemos a su memoria,
y más en él no pensemos.

D. JUAN.

Sea.

CENTELLAS.

Brindemos.

AVELLANEDA.

                    Brindemos.

CENTELLAS.

A que Dios le dé su gloria.

D. JUAN.

Mas yo, que no creo que haya
más gloria que esta mortal,
no hago mucho en brindis tal;
¡mas por complaceros, vaya!
Y brindo a que Dios te dé
la gloria, Comendador.

[Mientras beben, se oye lejos un aldabonazo,
que se supone dado en la puerta de la calle.]
Mas ¿llamaron?

CIUTTI.

                    Sí, señor.

D. JUAN.

Ve quién.

CIUTTI.

[Asomando por la ventana.]
                    A nadie se ve.
¿Quién va allá? Nadie responde.

CENTELLAS.

Algún chusco.[3]

AVELLANEDA.

                    Algún menguado
que al pasar habrá llamado,
sin mirar siquiera dónde.

D. JUAN.

[A CIUTTI.]
Pues cierra y sirve licor.
                    [Llamando otra vez más recio.]
Mas llamaron otra vez.

CIUTTI.

                    Sí.

D. JUAN.

Vuelve a mirar.

CIUTTI.

                    ¡Pardiez!
A nadie veo, señor.

D. JUAN.

Pues, por Dios, que del bromazo
quien es no se ha de alabar.

---

[3] bromista

587

Ciutti, si vuelve a llamar,
suéltale un pistoletazo.
[*Llaman otra vez, y se oye un poco más cerca.*]
¿Otra vez?

CIUTTI.
                ¡Cielos!

CENTELLAS.
AVELLANEDA. } ¿Qué pasa?

CIUTTI.
Que esa aldabada postrera
ha sonado en la escalera,
no en la puerta de la casa.

AVELLANEDA.
CENTELLAS. } ¿Qué dices?

                [*Levantándose asombrados.*]

CIUTTI.
Digo lo cierto,
nada más; dentro han llamado
de la casa.

D. JUAN.
                ¿Qué os ha dado?
¿Pensáis ya que sea el muerto?
Mis armas cargué con bala;
Ciutti, sal a ver quién es.
                [*Vuelven a llamar más cerca.*]

AVELLANEDA.
¿Oísteis?

CIUTTI.
                ¡Por San Ginés,
que eso ha sido en la antesala!

D. JUAN.
¡Ah! Ya lo entiendo; me habéis
vosotros mismos dispuesto
esta comedia, supuesto
que lo del muerto sabéis.

AVELLANEDA.
Yo os juro, don Juan . . .

CENTELLAS.
                Y yo.

D. JUAN.
¡Bah! Diera en ello el más topo,[4]
y apuesto a que ese galopo[5]
los medios para ello os dio.

AVELLANEDA.
Señor don Juan, escondido
algún misterio hay aquí.
                [*Vuelven a llamar más cerca.*]

CENTELLAS.
¡Llamaron otra vez!

CIUTTI.
                Sí,
y ya en el salón ha sido.

D. JUAN.
¡Ya! Mis llaves en manojo
habréis dado a la fantasma,
y que entre así no me pasma;
mas no saldrá a vuestro antojo,
ni me han de impedir cenar
vuestras farsas desdichadas.
[*Se levanta y corre los cerrojos de la puerta del fondo, volviendo a su lugar.*]
Ya están las puertas cerradas;
ahora el coco, para entrar,
tendrá que echarlas al suelo
y en el punto que lo intente,
que con los muertos se cuente
y apele después al cielo.

CENTELLAS.
¡Qué diablos, tenéis razón!

D. JUAN.
Pues ¿no temblabais?

CENTELLAS.
                Confieso,
que, en tanto que no di en eso,
tuve un poco de aprensión.

D. JUAN.
¿Declaráis, pues, vuestro enredo?

AVELLANEDA.
Por mi parte, nada sé.

CENTELLAS.
Ni yo.

D. JUAN.
                Pues yo volveré
contra el inventor el miedo,
mas sigamos con la cena;
vuelva cada uno a su puesto,
que luego sabremos de esto.

AVELLANEDA.
Tenéis razón.

D. JUAN.
[*Sirviendo a* CENTELLAS.]
                Cariñena;[6]
sé que os gusta, capitán.

CENTELLAS.
Como que somos paisanos.[6]

---

[4] se daría cuenta de ello el más torpe
[5] pícaro (el criado Ciutti)

[6] de Aragón

D. JUAN.

[*A* AVELLANEDA *sirviéndole de otra botella.*]
Jerez a los sevillanos,
don Rafael.

AVELLANEDA.

Hais,[7] don Juan,
dado a entrambos por el gusto;
mas ¿con cuál brindaréis vos?

D. JUAN.

Yo haré justicia a los dos.

CENTELLAS.

Vos siempre estáis en lo justo.

D. JUAN.

Sí, a fe; bebamos.

AVELLANEDA. }
CENTELLAS. }   Bebamos.

[*Llaman a la misma puerta de la escena, fondo derecha.*]

D. JUAN.

Pesada me es ya la broma;
mas veremos quién asoma
mientras en la mesa estamos.
[*A* CIUTTI, *que se manifiesta asombrado.*]
¿Y qué haces tú ahí, bergante?
¡Listo! Trae otro manjar.
           [*Vase* CIUTTI.]
Mas me ocurre en este instante
que nos podemos mofar
de los de afuera, invitándoles
a probar su sutileza,
entrándose hasta esta pieza
y sus puertas no franqueándoles.

AVELLANEDA.

Bien dicho.

CENTELLAS.

Idea brillante.
      [*Llaman fuerte, fondo derecha.*]

D. JUAN.

¡Señores! ¿A qué llamar?
Los muertos se han de filtrar
por la pared, ¡adelante!

[*La estatua de* DON GONZALO *pasa por la puerta sin abrirla y sin hacer ruido.*]

ESCENA II

[DON JUAN, CENTELLAS, AVELLANEDA *y* LA
ESTATUA DE DON GONZALO]

CENTELLAS.

¡Jesús!

AVELLANEDA.

¡Dios mío!

D. JUAN.

¡Qué es esto!

AVELLANEDA.

Yo desfallezco.
           [*Cae desvanecido.*]

CENTELLAS.

Yo expiro.
         [*Cae lo mismo.*]

D. JUAN.

¡Es realidad o deliro!
Es su figura . . . , su gesto.

ESTATUA.

¿Por qué te causa pavor
quien convidado a tu mesa
viene por ti?

D. JUAN.

       ¡Dios! ¿No es ésa
la voz del Comendador?

ESTATUA.

Siempre supuse que aquí
no me habías de esperar.

D. JUAN.

Mientes, porque hice arrimar
esa silla para ti.
Llega, pues, para que veas
que, aunque dudé en un extremo
de sorpresa, no te temo,
aunque el mismo Ulloa seas.

ESTATUA.

¿Aún lo dudas?

D. JUAN.

        No lo sé.

ESTATUA.

Pon, si quieres, hombre impío,
tu mano en el mármol frío
de mi estatua.

D. JUAN.

       ¿Para qué?
Me basta oírlo de ti;
cenemos, pues; mas te advierto . . .

---

[7] habéis

ESTATUA.

   ¿Qué?

D. JUAN.

      Que si no eres el muerto,
lo[8] vas a salir de aquí.
¡Eh! Alzad.

        [*A* CENTELLAS *y* AVELLANEDA.]

ESTATUA.   No pienses, no,
que se levanten, don Juan,
porque en sí no volverán
hasta que me ausente yo.
Que la divina clemencia
del Señor para contigo
no requiere más testigo
que tu juicio y tu conciencia.
Al sacrílego convite
que me has hecho en el panteón,
para alumbrar tu razón
Dios asistir me permite.
Y heme que vengo en su nombre
a enseñarte la verdad,
y es: que hay una eternidad
tras de la vida del hombre.
Que numerados están
los días que has de vivir,
y que tienes que morir
mañana mismo, don Juan.
Mas como esto que a tus ojos
está pasando, supones,
ser del alma aberraciones
y de la aprensión antojos,
Dios, en su santa clemencia,
te concede todavía
un plazo hasta el nuevo día
para ordenar tu conciencia.
Y su justicia infinita
porque conozcas mejor,
espero de tu valor
que me pagues la visita.
¿Irás, don Juan?

D. JUAN.   Iré, sí;
mas me quiero convencer
de lo vago de tu ser
antes que salgas de aquí.

           [*Coge una pistola.*]

ESTATUA.

Tu necio orgullo delira,

don Juan; los hierros más gruesos
y los muros más espesos
se abren a mi paso; mira.

    [*Desaparece la estatua, sumiéndose por la pared.*]

ESCENA III

[DON JUAN, CENTELLAS *y* AVELLANEDA,
dormidos.]

D. JUAN.

¡Cielos! Su esencia se trueca[9]
el muro hasta penetrar,
cual mancha de agua que seca
el ardor canicular.
¿No me dijo: «El mármol toca
de mi estatua?» ¿Cómo, pues,
se desvanece una roca?
¡Imposible! Ilusión es.
Acaso su antiguo dueño
mis cubas[10] envenenó,
y el licor tan vano ensueño
en mi mente levantó.
Mas si éstas que sombras creo
espíritus reales son,
que por celestial empleo
llaman a mi corazón,
entonces, para que iguale
su penitencia don Juan
con sus delitos, ¿qué vale
el plazo ruin que le dan?...
¡Dios me da tan sólo un día!...
Si fuese Dios en verdad,
a más distancia pondría
su aviso a mi eternidad.
«Piensa bien que al lado tuyo
me tendrás...», dijo de Inés
la sombra; y si bien arguyo,
pues no la veo, sueño es.

    [*Transparéntase en la pared la sombra de* DOÑA
INÉS.]

ESCENA IV

[DON JUAN, LA SOMBRA DE DOÑA INÉS.
CENTELLAS *y* AVELLANEDA, *dormidos.*]

SOMBRA.

Aquí estoy.

---

[8] *lo* se refiere a *muerto*
[9] el ser (del aparecido) se cambia

[10] barriles de vino

D. JUAN.

¡Cielos!

SOMBRA.

Medita
lo que al buen Comendador
has oído y ten valor
para acudir a su cita.
Un punto se necesita
para morir con ventura;
elígele con cordura,
porque mañana, don Juan,
nuestros cuerpos dormirán
en la misma sepultura.
[*Desaparece la sombra.*]

ESCENA V

[DON JUAN, CENTELLAS *y* AVELLANEDA]

D. JUAN.

Tente, doña Inés, espera;
y si me amas en verdad,
hazme al fin la realidad
distinguir de la quimera.
Alguna más duradera
señal dame, que segura
me pruebe que no es locura
lo que imagina mi afán,
para que baje don Juan
tranquilo a la sepultura.
Mas ya me irrita, por Dios,
verme por todos burlado,
corriendo desatentado
siempre de sombras en pos.
¡Oh! Tal vez todo esto ha sido
por estos dos preparado,
y mientras se ha ejecutado,
su privación[11] han fingido.
Mas, ¡por Dios!, que si es así,
se han de acordar de don Juan.
¡Eh! Don Rafael, Capitán,
ya basta, alzaos de ahí.
[DON JUAN *mueve a* CENTELLAS *y a* AVELLA-
NEDA, *que se levantan como quien vuelve de un
profundo sueño.*]

CENTELLAS.

¿Quién va?

D. JUAN.

Levantad.

AVELLANEDA.

¿Qué pasa?

Hola, ¿sois vos?

CENTELLAS.

¿Dónde estamos?

D. JUAN.

Caballeros, claros vamos.
Yo os he traído a mi casa,
y temo que a ella, al venir,
con artificio apostado,
habéis sin duda pensado
a costa mía reír;
mas basta ya de ficción
y concluid de una vez.

CENTELLAS.

Yo no os entiendo.

AVELLANEDA.   ¡Pardiez!
Tampoco yo.

D. JUAN.

En conclusión:
¿nada habéis visto ni oído?

AVELLANEDA.

CENTELLAS.   } ¿De qué?

D. JUAN.

No finjáis ya más.

CENTELLAS.

Yo no he fingido jamás,
señor don Juan.

D. JUAN.

¡Habrá sido
realidad! ¿Contra Tenorio
las piedras se han animado
y su vida han acotado
con plazo tan perentorio?
Hablad, pues, por compasión.

CENTELLAS.

Voto a Dios! ¡Ya comprendo
lo que pretendéis!

D. JUAN.

Pretendo
que me deis una razón
de lo que ha pasado aquí,
señores, o juro a Dios
que os haré ver a los dos
que no hay quien me burle a mí.

CENTELLAS.

Pues ya que os formalizáis,[12]
don Juan, sabed que sospecho

---

[11] estado inconsciente

[12] os ponéis serio

que vos la burla habéis hecho
de nosotros.

D. JUAN.
                    ¡Me insultáis!

CENTELLAS.
No, por Dios; mas si cerrado
seguís en que aquí han venido
fantasmas, lo sucedido
oíd cómo me he explicado.
Yo he perdido aquí del todo
los sentidos, sin exceso
de ninguna especie, y eso,
lo entiendo yo de otro modo.

D. JUAN.
A ver, decídmelo, pues.

CENTELLAS.
Vos habéis compuesto el vino,
semejante desatino
para encajarnos[13] después.

D. JUAN.
¡Centellas!

CENTELLAS.
                    Vuestro valor
al extremo por mostrar,
convidasteis a cenar
con vos al Comendador.
Y para poder decir
que a vuestro convite exótico
asistió, con un narcótico
nos habéis hecho dormir.
Si es broma, puede pasar;
mas a ese extremo llevada,
ni puede probarnos nada,
ni os la hemos de tolerar,

AVELLANEDA.
Soy de la misma opinión.

D. JUAN.
¡Mentís!

CENTELLAS.
                    Vos.

D. JUAN.
                    Vos, Capitán.

CENTELLAS.
Esa palabra, don Juan . . .

D. JUAN.
La he dicho de corazón.
Mentís; no son a mis bríos
menester falsos portentos,
porque tienen mis alientos
su mejor prueba en ser míos.

AVELLANEDA. }
CENTELLAS.   } Veamos.

[*Ponen mano a las espadas.*]

D. JUAN.
                    Poned a tasa[14]
vuestra furia, y vamos fuera,
no piense después cualquiera
que os asesiné en mi casa.

AVELLANEDA.
Decís bien . . . , mas somos dos.

CENTELLAS.
Reñiremos, si os fiáis,
el uno del otro en pos.

D. JUAN.
O los dos, como queráis.

CENTELLAS.
¡Villano fuera, por Dios!
Elegid uno, don Juan,
por primero.

D. JUAN.
                    Sedlo vos.

CENTELLAS.
Vamos.

D. JUAN.
                    Vamos, Capitán.

---

[13] hacernos creer   [14] Refrenad

Acto Tercero

MISERICORDIA DE DIOS Y APOTEOSIS
DEL AMOR

[*Panteón de la familia Tenorio. Como estaba en el acto primero de la segunda parte, menos las estatuas de* DOÑA INÉS *y de* DON GONZALO, *que no están en su lugar.*]

ESCENA I

[DON JUAN, *embozado y distraído, entra en la escena lentamente.*]

D. JUAN.

Culpa mía no fue; delirio insano[1]
me enajenó la mente acalorada.
Necesitaba víctimas mi mano
que inmolar a mi fe desesperada,
y al verlos en mitad de mi camino,
presa los hice allí de mi locura.
¡No fui yo, vive Dios! ¡Fue su destino!
Sabían mi destreza y mi ventura.
¡Oh! Arrebatado el corazón me siento
por vértigo infernal . . . Mi alma perdida
va cruzando el desierto de la vida
cual hoja seca que arrebata el viento.
Dudo . . . , temo . . . , vacilo . . . En mi
              [cabeza
siento arder un volcán . . . Muevo la planta
sin voluntad, y humilla mi grandeza
un no se qué de grande que me espanta.
[*Un momento de pausa.*]
¡Jamás mi orgullo concibió que hubiere
nada más que el valor! . . . Que se aniquila
el alma con el cuerpo cuando muere
creí . . . , mas hoy mi corazón vacila.
¡Jamás creí en fantasmas! . . . ¡Desvaríos!
Mas del fantasma aquel, pese a mi aliento,
los pies de piedra caminando siento,
por doquiera que voy tras de los míos.

¡Oh! Y me trae a este sitio irresistible,
misterioso poder . . .
[*Levanta la cabeza y ve que no está en su pedestal la estatua de* DON GONZALO.]
           Pero ¡qué veo!
¡Falta allí su estatua! . . . Sueño horrible,
déjame de una vez . . . ¡No, no te creo!
Sal; huye de mi mente fascinada,
fatídica ilusión . . . Están en vano
con pueriles asombros empeñada
en agotar mi aliento sobrehumano.
Si todo es ilusión, mentido sueño,
nadie me ha de aterrar con trampantojos;[2]
si es realidad, querer es necio empeño
aplacar de los cielos los enojos.
No; sueño o realidad, del todo anhelo
vencerle o que me venza; y si piadoso
busca tal vez mi corazón el cielo,
que lo busque más franco y generoso.
La efigie de esa tumba me ha invitado
a venir a buscar prueba más cierta
de que la verdad en que dudé obstinado . . .
Heme aquí, pues, Comendador, despierta.
[*Llama al sepulcro del comendador. Este sepulcro se cambia en una mesa que parodia horriblemente la mesa en que comieron en el acto anterior* DON JUAN, CENTELLAS *y* AVELLANEDA. *En vez de las guirnaldas que cogían en pabellones sus manteles, de sus flores y lujoso servicio, culebras, huesos y fuego, etc. (A gusto del pintor.) Encima de esta mesa aparece un plato de ceniza, una copa de fuego y un reloj de arena. Al cambiarse este sepulcro, todos los demás se abren y dejan paso a las osamentas de las personas que se suponen enterradas en ellos, envueltas en sus sudarios. Sombras, espectros y espíritus pueblan el fondo de la escena. La tumba de* DOÑA INÉS *permanece.*]

---

[1] único ejemplo de versos endecasílabos (en cuartetos, *ABAB*), para este importante soliloquio introspectivo

[2] trampas y antojos (engaños)

ESCENA II

[DON JUAN, LA ESTATUA DE DON GONZALO y
LAS SOMBRAS]

ESTATUA.
 Aquí me tienes, don Juan,
 y he aquí que vienen conmigo
 los que tu eterno castigo
 de Dios reclamando están.

D. JUAN.
 ¡Jesús!

ESTATUA.
  ¿Y de qué te alteras
 si nada hay que a ti te asombre,
 y para hacerte eres hombre[3]
 platos con sus calaveras?

D. JUAN.
 ¡Ay de mí!

ESTATUA.
   ¿Qué? ¿El corazón
 te desmaya?

D. JUAN.
   No lo sé;
 concibo que me engañé;
 ¡no son sueños . . . , ellos son!
 [*Mirando a los espectros.*]
 Pavor jamás conocido
 el alma fiera me asalta,
 y aunque el valor no me falta,
 me va faltando el sentido.

ESTATUA.
 Eso es, don Juan, que se va
 concluyendo tu existencia,
 y el plazo de tu sentencia
 fatal ha llegado ya.

D. JUAN.
 ¡Qué dices!

ESTATUA.
  Lo que hace poco
 que doña Inés te avisó,
 lo que te he avisado yo,
 y lo que olvidaste loco.
 Mas el festín que me has dado
 debo volverte; y así,
 llega don Juan, que yo aquí
 cubierto te he preparado.

D. JUAN.
 ¿Y qué es lo que ahí me das?

ESTATUA.
 Aquí fuego, allí ceniza.

D. JUAN.
 El cabello se me eriza.

ESTATUA.
 Te doy lo que tú serás.

D. JUAN.
 ¡Fuego y ceniza he de ser!

ESTATUA.
 Cual los que ves en redor;
 en eso para el valor,
 la juventud y el poder.

D. JUAN.
 Ceniza, bien; pero ¡fuego . . . !

ESTATUA.
 El de la ira omnipotente,
 do arderás eternamente
 por tu desenfreno ciego.

D. JUAN.
 ¿Conque hay otra vida más
 y otro mundo que el de aquí?
 ¿Conque es verdad, ¡ay de mí!,
 lo que no creí jamás?
 ¡Fatal verdad que me hiela
 la sangre del corazón!
 ¡Verdad que mi perdición
 solamente me revela!
 ¿Y ese reloj?[4]

ESTATUA.   Es la medida
 de tu tiempo.

D. JUAN.   ¿Expira ya?

ESTATUA.
 Sí; en cada grano se va
 un instante de tu vida.

D. JUAN.
 ¿Y ésos me quedan no más?

ESTATUA.
 Sí.

D. JUAN.
  ¡Injusto Dios! Tu poder
 me haces ahora conocer,
 cuando tiempo no me das
 de arrepentirme.

ESTATUA.
   Don Juan,
 un punto de contrición
 da a un alma la salvación,
 y ese punto aún te lo dan.

---

[3] eres hombre para hacerte

[4] [de arena]

D. JUAN.

¡Imposible! ¡En un momento
borrar treinta años malditos
de crímenes y delitos!

ESTATUA.

Aprovéchale con tiento,
[*Tocan a muerto.*]
porque el plazo va a expirar,
y las campanas doblando
por ti están, y están cavando
la fosa en que te han de echar.
[*Se oye a lo lejos el oficio de difuntos.
Se ve pasar por la izquierda luz de difuntos.*]

D. JUAN.

¿Conque por mí doblan?

ESTATUA.

              Sí.

D. JUAN.

¿Y esos cantos funerales?

ESTATUA.

Los salmos penitenciales
que están cantando por ti.
[*Se ve pasar por la izquierda luz de hachones, y
rezan dentro.*]

D. JUAN.

¿Y aquel entierro que pasa?

ESTATUA.

Es el tuyo.

D. JUAN.

         ¡Muerto yo!

ESTATUA.

El Capitán te mató
a la puerta de tu casa.

D. JUAN.

Tarde la luz de la fe
penetra en mi corazón,
pues crímenes mi razón
a su luz tan sólo ve.
Los ve . . . y con horrible afán,
porque al ver su multitud,
ve a Dios en su plenitud
de su ira contra don Juan.
¡Ah! Por doquiera que fui
la razón atropellé,
la virtud escarnecí
y a la justicia burlé.
Y emponzoñé cuanto vi,
y a las cabañas bajé,
y a los palacios subí,
y los claustros escalé;

y pues tal mi vida fue,
no, no hay perdón para mí.
¡Mas ahí estáis todavía
[*A los fantasmas.*]
con quietud tan pertinaz!
Dejadme morir en paz,
a solas con mi agonía.
Mas con esa horrenda calma,
¿qué me auguráis, sombras fieras?
¿Qué esperáis de mí?

ESTATUA.

              Que mueras
para llevarse tu alma.
Y adiós, don Juan, ya tu vida
toca a su fin; y pues vano
todo fue, dame la mano
en señal de despedida.

D. JUAN.

¿Muéstrasme ahora amistad?

ESTATUA.

Sí, que injusto fui contigo,
y Dios me manda tu amigo
volver a la eternidad.

D. JUAN.

Toma, pues.

ESTATUA.

           Ahora, don Juan,
pues desperdicias también
el momento que te dan,
conmigo al infierno ven.

D. JUAN.

¡Aparta, piedra fingida!
Suelta, suéltame esa mano,
que aún queda el último grano
en el reloj de mi vida.
Suéltala, que si es verdad
que un punto de contrición
da a un alma la salvación
de toda una eternidad,
yo, Santo Dios, creo en Ti;
si es mi maldad inaudita,
tu piedad es infinita . . .
¡Señor, ten piedad de mí!

ESTATUA.

Ya es tarde.
[DON JUAN *se hinca de rodillas, tendiendo al
cielo la mano que le deja libre la estatua. Las
sombras, esqueletos, etc., van a abalanzarse
sobre él, en cuyo momento se abre la tumba de*
DOÑA INÉS *y aparece ésta.* DOÑA INÉS *toma la
mano que* DON JUAN *tiende al cielo.*]

ESCENA III

[DON JUAN, LA ESTATUA DE DON GONZALO, DOÑA INÉS, SOMBRAS, *etc.*]

D.ª INÉS.

              No; heme ya aquí,
don Juan; mi mano asegura
esta mano que a la altura
tendió tu contrito afán,
y Dios perdona, don Juan
al pie de mi sepultura.

D. JUAN.

    ¡Dios clemente! ¡Doña Inés!

D.ª INÉS.

    Fantasmas, desvaneceos;
su fe nos salva . . . ; volveos
a vuestros sepulcros, pues.
La voluntad de Dios es;
de mi alma con la amargura
purifiqué un alma impura,
y Dios concedió a mi afán
la salvación de don Juan
al pie de la sepultura.

D. JUAN.

    ¡Inés de mi corazón!

D.ª INÉS.

    Yo mi alma he dado por ti,
y Dios te otorga por mí
tu dudosa salvación.
Misterio es que en comprensión
no cabe de criatura,
y sólo en vida más pura
los justos comprenderán
que el amor salvó a don Juan
al pie de la sepultura.
Cesad, cantos funerales;
[*Cesa la música y salmodia.*]
callad, mortuorias campanas;
[*Dejan de tocar a muerto.*]

ocupad, sombras livianas,
vuestras urnas sepulcrales;
[*Vuelven los esqueletos a sus tumbas, que se cierran.*]
volved a los pedestales,
animadas esculturas;
[*Vuelven las estatuas a sus lugares.*]
y las celestes venturas
en que los justos están
empiecen para don Juan
en las mismas sepulturas.
[*Las flores se abren y dan paso a varios angelitos, que rodean a* DOÑA INÉS *y a* DON JUAN, *derramando sobre ellos flores y perfumes, y al son de una música dulce y lejana se ilumina el teatro con luz de aurora.* DOÑA INÉS *cae sobre un lecho de flores, que quedará a la vista, en lugar de su tumba, que desaparece.*]

ESCENA ÚLTIMA

[DOÑA INÉS, DON JUAN *y* LOS ÁNGELES]

D. JUAN.

    ¡Clemente Dios, gloria a Ti!
Mañana a los sevillanos
aterrará el creer que a manos
de mis víctimas caí.
Mas es justo; quede aquí
al universo notorio
que, pues me abre el purgatorio
un punto de penitencia,
es el Dios de la clemencia
el Dios de don Juan Tenorio.
[*Cae* DON JUAN *a los pies de* DOÑA INÉS, *y mueren*[5] *ambos. De sus bocas salen sus almas, representadas en dos brillantes llamas, que se pierden en el espacio al son de la música. Cae el telón.*]

---

[5] Figurativamente, pues ya estaban muertos.

GLOSARIO DE ARCAÍSMOS

Los arcaísmos siguientes, usados más de una vez en el texto, no están anotados en todos los casos. El infinitivo del verbo, seguido del pronombre complemento de tercera persona (enclítico) da, por asimilación de la «r» a la «l» la forma: *velle, -o, -a, -os, -as* (verle, etc.). Las terminaciones verbales de segunda persona plural en *-des*: *queredes* (queréis), *vengades* (vengáis), *habíades* (habíais), *hablárades* (hablarais), *tuviérades* (tuvierais), etc.

acullá, allá
afeto, afecto
agora, ahora
aína, pronto
ál, otra cosa
allende, además
apriesa, aprisa
aqueste, -o, -a, -os, -as, este, etc.
ansí, así
asaz, bastante
ca, porque
cabe, junto a, lado
catar, mirar
conceto, concepto
contrahecho, imitado
cuidado, preocupación
cuidar, pensar, preocuparse
cuita, aflicción
cuitado, desgraciado
curar, pensar, cuidar, preocuparse
dea, diosa
dél, de él; *dello, -a, -os, -as,* de ello, etc.
dende, de allí, por ello
dese, -o, -a, -os, -as, de ese, etc.
desque, cuando
deste, -o, -a, -os, -as, de este, etc.
diz, dice
do, donde
e, y
efeto, efecto
ende (por ende), de ello (por ello)
escuro (escurecer), oscuro, (oscurecer)
esotro, -a, ese otro, -a
espanto (espantar), asombro (asombrar)
estotro, -a, este otro, -a
fablar, hablar

facer, hacer
felice, feliz
fermoso, hermoso
guisa, manera
ha, hace, tiene
habemos, hemos
haber, tener
hacienda, asuntos personales, patrimonio
hijodalgo, hidalgo
hinojos (de), de rodillas
hora, ahora
ínsula, isla
invidia (invidiar), envidia (envidiar)
laceria, pobreza, miseria, males
lición, lección
luengo, largo
membrarse, acordarse
mesmo, -a, mismo, -a
negro, maldito
nin, ni
non, no
ora, ahora
otrosí, así, así como, también
par, cerca
perfeto, perfecto
priesa, prisa
quien, quienes
sinon, si no
sospiro (sospirar), suspiro (suspirar)
¡sus!, ¡vamos!
tener de, tener que
truje, -ere, traje, -ere *(inf.* traer)
usarced, usted
vía, veía
vitoria, victoria
vos, os

ÍNDICE ALFABÉTICO

El número romano indica el tomo